第一届海峡两岸都市交通学术研讨会大会会场

原海协会会长汪道涵接见台湾学者

第一届海峡两岸都市交通学术研讨会代表合影

第二届海峡两岸都市交通学术研讨会在台北市举行

原住建部部长汪光焘作特邀报告

辽宁省副省长滕卫平在第十八届“两岸会议”上致辞

中国工程院院士、国家轨道交通电气化与自动化工程技术研究中心主任、西南交通大学教授钱清泉在第二十二届“两岸会议”上作主题报告

中国科协交流部副部长李秀亭致辞

上海市科协副主席陆檩、同济大学党委书记方守恩、上海市交通工程学会理事长许培星报告“两岸会议”筹备工作

“两岸会议”首场青年论坛

第二十二届“两岸会议”建言献策会

点评人对交流论文认真点评

上海市交通工程学会理事长许培星向台北市交通安全促进会理事长林志盈赠送纪念品

上海市科协杨建荣书记向台湾黄台生教授颁发“突出贡献奖”

上海市科协副主席孙正心代表大陆代表团向嘉义县红十字会捐款

两岸专家参访海信研发中心智能交通实验室

天灯表达两岸“心手相连，共创未来”的愿望

部分公开出版的研讨会论文集

四分之一世纪的城市交通发展与未来挑战

——第 25 届海峡两岸都市交通学术研讨会论文集

上海市科学技术协会
上海市交通工程学会 编

同济大学出版社
TONGJI UNIVERSITY PRESS

内 容 简 介

本书以“四分之一世纪的城市交通发展与未来挑战”为题，围绕城市群(圈、带)综合交通规划设计、供给侧改革与城市交通结构优化、交通在城市更新再造中的重塑作用、交通设计与交通安全、城市公共交通一体化建设、智能交通与智能城市建设、城市地下交通空间开发、绿色生态交通发展以及陆岛交通解决方案等子题展开学术研究，介绍了当前海峡两岸都市交通领域的研究热点及关键点。

本书适合于交通领域工作的专业人员以及对都市交通感兴趣的人员阅读和参考。

图书在版编目(CIP)数据

四分之一世纪的城市交通发展与未来挑战：第 25 届海峡两岸都市交通学术研讨会论文集/上海市交通工程学会，上海市交通工程学会编. --上海：同济大学出版社，2018.8

ISBN 978-7-5608-7995-6

Ⅰ. ①四…　Ⅱ. ①上…　Ⅲ. ①城市交通系统－中国－学术会议－文集　Ⅳ. ①U491.2-53

中国版本图书馆 CIP 数据核字(2018)第 153667 号

四分之一世纪的城市交通发展与未来挑战——第 25 届海峡两岸都市交通学术研讨会论文集

上海市科学技术协会
上海市交通工程学会　编著

责任编辑　姚烨铭　　责任校对　徐春莲　　封面设计　陈益平

出版发行　同济大学出版社　　www.tongjipress.com.cn
(地址：上海市四平路 1239 号　邮编：200092　电话：021-65985622)
经　　销　全国各地新华书店
印　　刷　深圳市国际彩印有限公司
开　　本　889mm×1194mm　1/16
印　　张　37.75　　插页　4
字　　数　1208000
版　　次　2018 年 8 月第 1 版　　2018 年 8 月第 1 次印刷
书　　号　ISBN 978-7-5608-7995-6

定　　价　790.00 元

前　言

岁月荏苒，在中国科协的指导和支持下，在海峡两岸各相关单位的协助下，在一批热心两岸交流的中坚的努力下，海峡两岸都市交通学术研讨会（以下简称研讨会或两岸会议）已在两岸不同城市成功举办了25届，知名度和影响力年益增长，成为两岸交通运输领域合作时间最长、学术层次最高、跨学科跨部门最宽、系列成果最多的两岸交流品牌项目。

历届研讨会上，两岸交通领域专家学者秉承解决交通问题，方便市民出行的共同意愿，就对外交通五大方式、城市客货运交通、综合交通枢纽等多领域，交通理论、科研课题、规划设计、运营管理等多学科，以及具有应用前景的新技术、新材料、新设备、新工艺等进行深入探讨，无私奉献多年积累的学术和科技成果，为改善都市交通提供了许多行之有效的建设性建议和理论依据，对研讨会举办城市的交通改善和经济社会发展起到了促进作用。借由研讨会这一平台，两岸主承办单位还为相关单位牵线，扩大交流范围，促进业务合作。

2017年7月，在研讨会走过近四分之一世纪之际，研讨会首次回到创办地——上海。

包括69位台湾专家在内的近200位两岸交通界专家学者与会，以"四分之一世纪的城市交通发展与未来挑战"为主题，从"交通战略与规划""交通设计""智能交通与交通控制""交通营运与管理"等方面总结25年来的交通建设成果，分析当前面临的挑战，并对未来交通发展进行展望。

主题报告会上，国际欧亚科学院院士、原建设部部长汪光焘作了题为"从经济大国到经济强国——城市群综合交通体系"的特邀报告，台湾土木水利工程学会常务理事曹寿民和上海市交通工程学会理事长许培星分别作了题为"都市交通的几个新课题"和"路因交而宽，情因通而浓——有感于第二十五届海峡两岸都市交通学术研讨会顺利召开"的主题报告。

本届研讨会首次设置青年论坛，邀请两岸青年硕博士围绕都市交通热点问题展开讨论，与会青年学者均感到受益匪浅。两岸专家学者亦对第二十五届研讨会设置青年论坛给予很高评价，对首次青年论坛的形式、取得的成果表示满意。

为使与会专家在建言献策会上更有针对性、目的性地就上海交通出谋划策，取得实效，承办单位上海市交通工程学会在征询市规划院、市城乡建设交通院、市交通港航发展中心等单位意见后，请专家们就3个方面的问题建言：一是上海控制小汽车拥有与使用的措施如何融合实施；设置哪些控制、参考指标以及权重、赋值，达到临界点便实施单项或综合控制使用手段。二是电动自行车如何定位，其发展趋势（最终结局）如何；是否需要向其他交通方式引导转移，如何安全管理。三是在有限的道路资源分配和再分配中，如何兼顾机动车和慢行交通，使之有机结合。

本次学术研讨会的论文征集工作，得到广大城市交通领域专家、学者的大力支持及踊跃投稿。经评审，大会录用论文96篇，其中大陆55篇，台湾41篇。我们将入选论文86篇（撤稿除外）和2篇主题报告结集成册，供与会者与业界人士学习交流和研究借鉴，以期共享资源，共同进步。

因全书中有不少论文的作者为台湾地区的专家，文中的繁体字及当地习惯用语我们按大陆出版要求尽力作了编辑加工，但仍有部分地方因为技术原因无法处理，敬请读者谅解。

由于论文集的编辑时间仓促、水平有限，在审编过程中难免存在疏漏，敬请各位同仁批评指正。

编者

2018年6月

目 录

第二篇　交通设计

第三篇 智能交通与交通控制

第四篇 交通营运与管理

第五篇 青年论坛

附录

路因交而宽，情因通而浓

——有感于第二十五届海峡两岸都市交通学术研讨会顺利召开

上海市交通工程学会理事长　许培星

海峡两岸都市交通学术研讨会(以下简称两岸研讨会)已历经四分之一世纪。多少往事历历在目，多少感人至深的情景随着时间的冲刷，竟然变得如此分明，永远留在我的忆念之中。

1993 年 4 月 4—6 日，由上海市科协主办，上海市交通工程学会和台北市交通安全促进会共同承办的第一届两岸研讨会在上海举行。时任海协会会长汪道涵、上海市副市长夏克强到会讲话，台湾有王传芳、陈武正、陈光华、蓝武王、曹寿民和黄台生等一批教授莅临上海交流，由此开创海峡两岸交通运输领域学术交流之先河。第一届两岸研讨会主题为"都市现代化过程中所面临的交通问题及其对策"。其背景是，大陆随着改革开放和经济社会发展，城镇化和交通现代化开始加快进程。为应对城市急剧扩展和需求大幅增长，上海开始兴建高架道路、高速公路、轨道交通等重大基础设施。建设前期，我们遇到许多新问题：比如上海建设内环高架，高架道路如何确定应力分布、载荷取值和合理布置匝道？建设轨道交通，如何避免地铁隧道区间(特别是非盾构施工区间)不均匀沉降对周边建筑的影响，以及保护区施工对既有隧道结构本身的不良影响？如何根据地质情况区分确定保护区的范围，根据变形、沉降收敛情况灵活确定检测周期？站厅、通道、楼梯如何布局与设计，最大限度地减少客流对冲等。而在交通建设领域，不少项目台湾比大陆起步早。而最主要的是，大陆与台湾地域相邻、文化相融、亲缘相连、俗缘相同、物缘相合、神缘相通，交流几乎没有障碍。于是，上海市科协、上海市交通工程学会和台北市交通安全促进会便积极筹划、认真组织两岸研讨会和两岸专家学者交流，为都市交通改善和发展奉献科技工作者的聪明才智。当第一届两岸研讨会结束时，台湾专家学者向上海同行送上了《改善上海都市交通建言书》。至今读来，仍然倍感亲切。海峡两岸交通科技工作者致力于都市交通改善和发展的意愿及付出，成为两岸研讨会成功举办 25 届，并将持续下去的不竭动源。

一、25 年上海城市交通的巨变

25 年来，上海和大陆其他城市一样，城市交通发生了根本性的惊人变化。上海土地面积 6340.5 平方公里。至 2016 年年底，全市常住人口总数 2419.7 万人，其中户籍人口 1439.5 万人，外来常住人口 980.2 万人。公路总长 13292 公里，高速公路从无到有，现市境内高速公路通车 825 公里，形成了两环、十射、一纵、一横、多联格局。城市道路总长 5129 公里，其中高架快速路从无到有达 200 公里；道路面积 112.5 平方公里。中心城(不含外环路)越江工程共有"3 桥 12 隧"79 条车道，越江机动车日均交通量达到 99.1 万辆。中心城跨苏州河桥梁 29 座，日均交通量 126.1 万车次，其中南北高架桥、内环高架桥、真北路桥占苏州河桥梁交通量 49%。

2016 年年末，全市机动车保有量 359.9 万辆，其中汽车保有量 327.2 万辆。机动车千人拥有 149 辆，同比增长 7.8%。机动车中，私人机动车保有量 272.4 万辆，其中客车 241.3 万辆，私人客车千人拥有率 100 辆。驻沪外省市号牌车辆 2016 年年末达到 139 万辆。全市非机动车注册量 1737.3 万辆，其中电动车 616.7 万辆。

以市内客运交通为例，至 2016 年底，轨道交通线路 15 条(含磁浮线 1 条)，线路长度 617.53 公里，线网长度 606 公里，车站 366 座，车辆 4008 节(不含磁浮列车)，编组 677 列(不含磁浮列车)。地面公交线路 1457 条，线路长度 24169 公里，线网长度 8412 公里，车站 22674 座，车辆 16678 辆。公交专用道 325 公里。公交 500 米服务半径覆盖率全市 55.6%，其中中心城 91.2%。

2016 年公共交通日均客运总量 1832.0 万人次，较上年增长 0.7%，其中：轨道交通 929.3 万人次，占比 50.7%；地面公交 653.3 万人次，占比 35.6%；出租汽车 235.6 万人次，占比 12.9%；市内轮渡 14.9 万人次，占比 0.8%。

二、25 年两岸专家的才智奉献

上海都市交通建设快速发展与持续改善，也得益于两岸专家学者无私奉献自己多年来的学术成果和实践经验。比如，上海地铁4号线进水后如何修复，台北捷运遭遇强台风进水停运后如何恢复运行，我们组织专场交流，互相借鉴经验；2010年上海世博会，2011年台北花博会，时间跨度长、涉及地域广，大型公共活动如何组织交通保障，两岸又有专题研讨，互相汲取智慧；上海建设虹桥国际机场2号航站楼和虹桥综合交通枢纽，台湾带来了《城市机场功能之探讨》报告，应用东亚主要机场和松山机场改造的案例，介绍了机场城市(Airport City)的全新概念，提出机场功能不仅为运输，还应考虑人潮、信息、购物、洽公、物流和娱乐等因素。上海专家提交《虹桥综合交通枢纽总体设计方案》报告，阐述了大型交通枢纽建设需要处理好的若干重大关系，以及规划建设的切身体验，互相启示，得益匪浅。台北致力于改善自行车交通环境，努力推广新自行车骑行文化，加上便利的公共自行车租借系统，使得台北成为全球自行车城市发展的范例之一。上海历次交通大调查皆将自行车(后含助动车)作为调查的重要内容之一，多次组织自行车课题研究，积累了丰富的资料和成果。台北市的经验对于上海在编制"十三五"综合交通规划、修编城市总体规划中完善自行车等慢行交通规划和建设具有借鉴意义和参考价值。

三、城市交通面临的新问题更需两岸专家凝智聚力

解决好大城市交通问题是世界性难题。当前，大陆比任何时候都更加重视解决城市交通问题的顶层设计。顶层设计的核心之一是确定未来的交通模式。适合中国的未来交通模式是什么？是否符合世界交通发展的趋势？基于资源、环境、土地的刚性约束，我们认为，最终交通模式只能是"公交优先＋慢行交通＋汽车共享"，即市民出行将公共交通和慢行交通作为主要出行方式，放弃拥有和过度使用家庭小汽车；当确实需要使用小汽车时，尽可能改用"共享汽车"。如果将上述交通模式设定为最终目标，那么，现在的一切政策措施就应该根据这一目标去制定、去推进。

我们希望台湾专家学者围绕大陆这一目标引申出来的有关问题建言献策，与大陆同行凝智聚力，将目标落实到有关政策的制定和具体的行动中。

1. 关于优先发展公共交通

大陆早就将优先发展公共交通作为产业政策，将建设城市轨道交通作为解决大城市交通问题的技术政策。我们着力形成公共交通优势和主导地位，增强其对市民的吸引力。一方面，我们非常重视城市土地使用规划，包括城市发展方向、空间形态、结构布局等与交通生成及吸引、交通分布与强度之间的密切关系。从合理组织和均衡疏导交通角度出发，土地使用规划必须综合考量、紧密联系综合交通规划。不仅认清二者之间互相依存、互为促进的内在关系，还应重视交通的能动作用、引导作用。规划建设新城须"产城融合"，减少长距离客流；对"功能分区"与"产住平衡"进行比选，减少钟摆式交通；城市结构由"单心"变为"多心"，均衡分布公共服务和活动中心，减少向心式交通，其实质都是为了减少小汽车出行。另一方面，建立以公共交通为导向的土地配置模式和城市发展模式，例如依靠轨道交通来适应城市的外溢拓展和出行总量的持续攀升。在轨道交通沿线站点建设大型居住区和路网格局，发展接驳公交，引导慢行交通。有条件地建设"销品茂"，就近满足居民生活文化需求，逐渐养成出行依靠公共交通＋慢行交通方式的习惯。

2. 关于大力倡导慢行交通

慢行交通在一定范围内具有其他交通方式所无法比拟的时空优势。上海居民慢行交通占出行方式的比重在相当长时期内会维持在40%左右。我们将非机动车定位为：短途出行工具、接驳公交工具；当然还有健身、休闲、体育竞技等功能；不鼓励超过合理时距仍然使用非机动车。倡导慢行交通，我们一方面编制慢行交通专项规划，如在新一轮上海城市总体规划中，提出了打造15分钟生活圈；建设2000公里的绿带、步道、连廊等慢行交通网络，加密非机动车道网络密度，提供多通道、高保障的路径服务，深入众多门户家庭；国家和上海还制订了步行、骑行等慢行交通设计导则和街道设计导则等。另一方面，开始探索与实践，如何在规划设计、城市设计、建筑设计和环境设计时，从慢行者的视觉出发塑造怡人环境和稳静环境：林带步道、绿地花圃、雕塑小品、亲水幽径，以及建筑立面、色彩，慢行空间的各种景观要素和细节，有意识地进行艺术化处理，着力于人性化、个性化、精细化的设计与建造，提升城市环境质量和市民生活品质。我们已经认识到，如何使慢行交通在合理时距内使用，关键是形成发达的公共交通系统，以及建设便利的换乘条件。公共交通首末站，重要的中途站、换乘站均须有非机动车换乘的停放场地，且尽可能做到"零换乘"(换乘时距越短越好)。

3. 关于合理分配道路资源

行成于思。发展公共交通和慢行交通，重要的是，以车为本的观念需转换为以人为本的理念。这一理念体现在公共交通、慢行交通的物质前提——道路上，首先要明确城市道路既是人的移动的空间，也是人的交往、人的活动的空间。以往重道路容量、轻道路环境，重汽车空间、轻慢行交通，重道路尺度、轻用地协调，这种现象正在被道路空间资源再分配的努力所逐渐改变。现在，交通领域越来越多的领导和管理者、科技工作者认识到，城市道路是人的移动、人的活动的载体，需以人的出行为优先，将有限的道路资源优先分配给步行、非机动车和公共交通；道路建设需依据两侧用地性质，确定道路功能，合理布置断面，做出差异化的安排和设计，而不是整条道路的设计、建造整齐划一；须更注重道路等级与功能、道路景观与沿途建筑的高度融合，使街道、街区经过更新再造充满活力。如上海杨浦区正在按照这一思路，在大学路改造获得成功后，政通路正在精心设计慢行交通系统，充分对接沿线居民、复旦大学学子们宜居、宜行、宜憩的需求；结合军工路大修工程，对道路空间资源进行再分配，在中环高架下的地面道路因地制宜地建设自行车道，给自行车以路权，同时进一步改善人行道；规划设计杨树浦路和滨江路，既保持海派文化特质，又充分体现现代都市气息。

4. 关于正确引导共享交通

伴随着汽车共享的理念传入我国，以及智能手机的普及和移动互联网的发展，近几年汽车共享正在成为一种新的出行模式。分时租赁、车位共享、共享单车等新的交通业态不断涌现。国外汽车共享是指，拥有多种车型的组织向其固定成员，随时提供便捷使用的汽车出行服务，使用者主要通过移动互联网完成汽车租赁的全过程，并根据使用时间（里程）支付费用的汽车共享模式。这是汽车共享的定义。我对汽车共享的定位是，城市交通的组成部分，是居民出行方式之一，具有小汽车出行的替代功能，是一种新的消费理念和消费方式。

对于具有小汽车出行替代功能的分时租赁，我认为，第一，经营者应是实体经济，既有网络平台，还需有多车型车队、网点泊位、充电桩、经营和服务团队等，具有线上线下服务的能力。第二，仅为组织成员提供一般是中短距离的汽车出行服务。按国外经验，1 辆共享汽车可服务 13～15 名用户。如个别用户频繁或长距离租赁使用，可建议其向汽车租赁公司租赁汽车或选用其他交通方式。第三，按小时（里程）结算费用。符合这些特征，分时租赁应是汽车共享，也是我们当前需要引导分时租赁健康发展的方向。当然，汽车共享网点泊位、充电桩建设，以及与全市公共停车场库信息平台的对接；将汽车共享失信行为及其人员纳入社会征信体系；形成汽车共享完整的上下游产业链，保障行业相关产业的互联互通；形成市场稳定、风险预警等机制，加强汽车共享平台监控与服务质量提升等，仍需要政府管理部门发挥重要作用。

海峡两岸的交通专家学者，我们已经架起了学术交流的桥梁，情感交融的平台。阿里山、日月潭，山因水而活，水因山而媚，山水相依，绚丽画卷。我向往祖国宝岛，常常浮现台湾美景；我更时时惦念你们，祈愿台湾专家学者身体健康，万事如意，阖家幸福！

谢谢大家。

都市交通的几个新课题

曹寿民

1 引 言

随着科技的进步与社会的变迁，都市的交通问题推陈出新，旧的问题解决了，新的问题又产生了，这是都市交通的本质，也是其复杂与有趣之所在。对于交通专业人士来说，"新问题"或"新课题"就是"新挑战"，无法漠视与回避，只能尽速寻找改善与解决之道。

2 新课题与新挑战

今就个人所见的五个新课题提出如下鄙见，并就教于各位先进。

2.1 行人过街看手机

随着手机的方便与内容的丰富，行人过街看手机日趋普遍，对于这个新的现象，目前产生两种看法，"处罚"与"顺应"。主张"处罚"者认为，该行为已危及个人与他人的交通安全，应尽速订定法规，规范行人之不当行为，以遏止其继续发展；因为一旦行为变成习惯之后，将更难改正，应防患于未然之时。主张"顺应"者则认为，该行为是用路人的新趋势，道路设计应该顺从适应这种行为，以满足民众的需要。

行人与驾驶人都是用路人，用路人的行为与道路设计原则必须互相配合，行人过街看手机与现行的道路设计原则有以下数点相违背：

1. 道路设计是以用路人"看路"为基本前提，故有交通号志、标志、标线。

2. 行人过街所需时间是以行人平均速率(70 米/分)为计算依据，如行车管制号志之"最短绿灯时间"与行人专用号志之"闪光绿灯时间"，看手机会自然放慢脚步，影响行走速率。

3. 用路人有关路况信息的获取是来自"视觉"与"听觉"，故紧急车辆用警示灯与警笛以引起用路人注意，但有些行人不但看手机不看路，且戴耳机而有碍"听觉"。

4. 行人穿越道并非单向，不看前方，可能与对向行人或自行车相撞。

2.2 共享单车的管理

"共享经济"可以充分利用资源，减少闲置与浪费，利己利人，因此日趋普遍，并逐渐形成风潮。共享单车其实就是公共自行车，台北市自 1998 年试办至今已有 20 年的历史，其演进见表 1 所示。"共享单车"的形式有"定点式"与"非定点式"两种，其利弊得失见表 2 所示。"非定点式"利用无线通信提供使用者更多方便，却衍生了管理上的困难与失控。两岸部分城市的共享单车营运形式与状况见表 3 所示，从该表似乎无法归纳出最佳的营运模式。近年来有些大城市由于车辆数剧增、押金总额庞大以及非定点取(还)车，产生以下问题：

(1) 市场恶性竞争，服务质量下降，甚至厂商倒闭。

(2) 车辆乱停阻碍交通，且破坏市容。

(3) 押金保管不善，消费者权益受损。

(4) 车辆失窃或严重损坏，追究责任困难。

(5) 造成资源浪费，违背"共享经济"初衷。

作者简介：台湾土木水利工程学会常务理事

表 1　　台北市公共自行车的演进

时间	相关重要工作	辆数	地点	借用方式	车种
1998.08～1999.08	第一次试办 526 辆（因高估民众的公德心而失败）	356 辆失窃、75 辆无法使用、95 辆尚可使用	6 处市区公园与河滨公园	免费、自由借用	单一
2000.08～2007.12	第二次试办（检讨改进重新出发）	550	4 处河滨公园	收费、押证件、原地借还	成人车 儿童车 幼儿车
2008.01～迄今	河滨公园休闲自行车移交水利处	2800	10 处	同上，可异地借还	9 种
2009.03～迄今	定点式 YouBike	11800	342 处	悠游卡	3 段变速豪华型
2017.04～迄今	非定点式 oBike	8000	无所不在	手机	无变速 阳春型

表 2　　共享单车的形式与利弊得失

定点式取车与还车	非定点式取车与还车
责任清楚，容易管理，整齐有序，不破坏市容	方便取用与停放，提供及门服务
主要是提供地铁的接驳服务	促进绿色运输与大众运输
方便性较差，不易提供及门服务	随意停放，严重破坏市容，造成新问题
若无停车位，无法还车	责任不清，管理不易，失窃严重，维修困难

表 3　　各城市的共享单车

城市	人口(万)	形式	站点数(个)	车辆数(万)	周转率(人次/车日)
北京	2300	非定点	—	70	10
上海	2400	非定点	—	45	2.2
杭州	919	定点	3500	8.58	4.3
太原	400	定点	1285	4.1	10.2
台北	270	定点	342	1.12	6.2
高雄	278	定点	248	0.29	5.0

资料来源：Google

“共享单车”近年快速崛起，各国城市均愿尝试，但“共享单车”的定位却仍待厘清。“共享单车”究竟是公共运输系统中不可或缺的一环？抑或是民众可有可无的交通工具？若是前者，政府则应加强督导，创造良善的经营环境，使业者有合理的保障与利润，并使消费者得到物美价廉的服务。若是后者，政府则可放任业者自由竞争，自生自灭。

2.3　便利商店的停车问题

台湾地区的“便利商店”(convenience store)引进自美国及日本，其在大陆称为“便利店”，台湾地区“便利商店”的功能之多与数量之大可能是世界之冠，其特性如表 4 所示。由于其功能繁多，颇能符合民众的日常需要；加以地点适宜，进出方便，所以人车不少，造成停车问题。其特性如下：

(1)“便利商店”没有提供自己卸货与顾客短暂所需之停车空间。

(2) 违规停车占用车道，形成交通瓶颈。

(3) 路口停车，阻碍视线，导致交通事故。

(4) 短暂停车，取缔困难，且易生民怨。

(5)“便利商店”是否应该自备路外停车空间，使社会成本内部化？其设置地点是否应该有所规范，以减轻交通冲击？

表 4　　台湾地区“便利商店”的特性

功　能	卖杂货、缴费、售票、快递业收(取)货等
数　量	约 1 万家，平均 2300 人有 1 家
营业额	总计 3 千亿新台币/年
服务人次	每年约 30 亿人次，平均每人每月去“便利商店”11 次
位置偏好	路口、车流量高的道路、行人量大的地点、居住人口多的地区

2.4 都市货物运输

由于人会抱怨，货物不会说话，所以长期以来都市交通管理都是重视人员运输而轻忽货物运输。但是随着网购与快递的发展，都市货物运输快速成长，除了造成车流量的增加，加重道路系统的负担外，其停车问题更是棘手。都市货运的特性如下：

(1) 短时停车，违规严重，但取缔不易。

(2) 货物不会走动，必须靠人搬运，所以人行道必须平整，并设有斜坡道，以利“手推货车”之使用。

(3) 多数货车体积较“小客车”大，而且装卸货需要额外空间，因此小客车的停车位无法适用，必须视货运需求沿街设置“货车装卸专用区”，其他车辆不准使用。

(4) “货车装卸专用区”只是提供短时间货物装卸之用，而非提供长时间货车停放，因此其管理方式不同于一般停车位，宜采“限时计次”收费。

2.5 运输系统的恐怖攻击

近年来由于政治或宗教的冲突日趋严重，恐怖攻击因成本低、机动性高、伤害大成了最常见的报复方式。运输系统与大型活动场所聚集人潮，一旦遭受恐怖攻击，后果严重，因此往往成为恐怖分子的首选。近年来运输系统的恐怖攻击事件如表5所示，从地下到天上，从行人徒步区到大众运输，从运输工具到运输场站，各种类型都有。

运输系统恐怖攻击的特性如下：

(1) 运输系统成为恐怖攻击的对象，不易防范，十分脆弱。

(2) 运输工具成为恐怖分子的武器，获得枪械炸药不易，而车辆随处可取。

(3) 飞机在天上，地铁在地下，救援逃生不易。

(4) 若地铁车辆不可互通，救援逃生更加困难。

(5) 运输系统遭受恐怖攻击，停止运行后，都市交通瘫痪。

表5　　近年运输系统的恐怖攻击

日期	城市	运输系统	死亡人数
1995.07.25	巴黎	地铁站	10
1996.12.03	巴黎	地铁站	4
2001.09.11	纽约	航空	2996
2005.07.07	伦敦	地铁站与巴士	56
2014.05.21	台北	地铁列车上	4
2016.12.19	柏林	卡车冲入市场	12
2017.04.07	斯德哥尔摩	卡车冲入徒步区	4
2017.06.03	伦敦	面包车冲撞行人	7

数据来源：Google

运输系统是任何都市所必需，即使在网络时代，人的流动与接触仍不可少。因此如何将恐怖攻击的因素纳入运输系统的设计与管理实属必要，事前的防范与事后的救援并重才是上策。

3 结语

就处理问题的能力而言，或许可以分为以下四等：

第一等：预见问题，且防患于未然者；

第二等：发生问题，可以解决问题者；

第三等：面对问题，无法解决问题者；

第四等：没有问题，反而制造问题者。

针对上述都市交通的新课题，有些已经找到部分对策，问题得以控制与减缓；有些仍然束手无策，问题持续扩大与恶化。这些新课题正在考验相关人士处理问题的能力，并给予评等，大家能不在意吗？

第一篇

交通战略与规划

弹性工作制下出行分布机理研究

Impacts of Flexible Work Arrangement on Departure Patterns

宁煦棋 李 浩 涂辉招

摘 要:弹性工作制是交通需求管理的有效措施之一。弹性工作员工占比对交通出行分布机理解析及其对拥堵缓解的效果研究有待深入。以基于活动的出行行为建模方法为基础,针对由核心和弹性工作时段形成的弹性工作制,构建了区别于传统弹性系数法的新的行为模型,并通过解析法和仿真方法分析和对比了不同弹性员工比例下出行分布机理及相应的路网延误。结果表明,随着弹性员工比例的增加,路网平均行程时间减少,弹性员工的行程时间基本不变,非弹性员工的行程时间则下降明显,但对交通拥堵的缓解效果逐渐减弱。
关键词:弹性工作制;核心工作时段;活动效用模型;用户均衡

Abstract: Flexible work arrangement, a measure of traffic demand management, has been improved to be efficient inrelieving congestion. In reality, only a part of commuters have flexible work opportunities. The influence of varied ratios of flexible commuters on congestion and how to set up flexible work arrangements are still unknown. In this paper, we proposean-activity-based model to explicitly model the travel behavior for both flexible and non-flexible commuters under a core-time flexible work arrangement, which differs from the traditional flexibility parameter-based approach for flexible commuters. Fromthe analyses of the commute patterns and total delays under varied flexible commuter ratios, we foundthat with increasing number of flexible commuters, the average travel time decreases and the effects diminishes gradually. When the ratio reaches about 60%, the average travel time on the network level do not decrease any more.
Keywords: Flexible work arrangement; Core work time; Activity-based utility model; User equilibrium

0 引言

利用交通需求管理的方法来引导居民出行,可以达到调节出行在时间和空间上的分布以及优化出行结构的效果,从而解决交通拥堵问题[1]。弹性工作制是需求管理的措施之一,是指员工在完成规定工作任务或固定工作时长下,可以灵活、自主地选择工作的具体时间或地点,以代替统一、固定的上下班时间的制度[2]。当员工开始工作时间选择的自由度变大后,其在安排工作和其他活动时就能更加灵活自主,并可根据交通拥堵状况调整出发时间,避开高峰出行,达到自身效益的最大化;对整个交通系统来说,出行较分散,拥堵时间减少,系统效率得到提高。非弹性的员工有严格固定的上班时间,不得不在高峰时段出行,忍受较长的出行时间。研究表明,当减少通勤活动的时空制约时,居民会明显地选择避让"高峰"[3]。欧洲等国家已经通过实施弹性工作制来缓解通勤时的拥堵,并取得了较好的效果。目前德国约 1/4 的员工、美国近 43%的全职员工可以弹性地选择上班时间[2]。韩国自 2014 年起开始广泛实施"5 小时弹性工作制"。我国目前实施弹性工作制度的企业较少,在很多城市实施错峰上下班来缓解高峰拥堵,但是错峰出行本质上不同于弹性工作制,员工不具备灵活选择上班时间的自由,对高峰拥堵的缓解效果十分有限。

弹性系数可描述某项活动在时间安排上的灵活性[4,5]。针对单次出行或早晚出行链构建出行效用方程,分析弹性工作制对通勤者出行时间选择的影响和缓解交通拥堵的效果。Ettema 等[5]在此基础上进行了多个方面的延伸,定义多项活动的弹性系数,构建了出行者同时考虑多项活动的效用最大化模型,研究多项弹性活动的弹性制度对出行者出发时间选择的影响。Ettema 等[6]拓展了基于活动效用模型的应用,提出了同时考虑出发时间和活动持续时间的多维出行选择模型。弹性系数法可以使得出发时间选择函数连续化,能简化模型的建立和求解,但无法描述特定的弹性工作制度,其含义与实际应用较难对应。

研究将弹性工作制对通勤拥堵的研究拓展至早晚出行链[7,8]。通勤者不仅需要考虑早上单次出行的效

作者简介:同济大学交通运输工程学院 上海嘉定

用,还将同时考虑早上出发时间的选择对晚上下班时间的影响。Li 等[8]将早到(迟到)的惩罚费用加入出行效用方程中,构建基于活动的出行模型,结果表明出行者早晚出发率的解析解存在的条件为上班活动的边际效用为常值。Jenelius[9]进一步对弹性活动下的平均行程时间价值和行程时间可靠度价值进行了研究。这些研究通过建立模型对弹性工作制的治堵效果进行了分析,但仍缺乏对混合弹性和非弹性员工共同出行的研究。员工是否可以采用弹性工作制或其弹性时间很大程度取决于其岗位性质,不同企业中可采用弹性工作制的员工比例也不相同。因此,研究弹性和非弹性多用户出行更符合实际应用的要求。

除了建模分析法,后评估法通过调查收集弹性工作制实施后的交通数据,分析弹性工作制对通勤者出行行为和交通拥堵的影响。Tacken 和 de Boer[10]对 400 名阿姆斯特丹的工人进行调查,在考虑很多出发时间约束的情况下(如预约医生、道路拥挤情况等),实行弹性工作制后,员工仍会通过改变出发时刻降低个人的出行时长,通勤的整体交通量在时间维度上得以分散。部分学者对弹性工作制实施前后整体的出行时长变化、出行分布变化等进行了更加详细的分析。He[11]对美国加利福尼亚州两个较拥堵的区进行统计,发现弹性工作制员工比非弹性工作制员工在高峰时间前出发率低 3.3%,在高峰期间出发率低 4.11%,在高峰后出发率高 7.41%,表明了弹性工作制员工会延后其出行来避开拥堵。

国内外研究表明,弹性工作制缓解交通拥堵的作用是显而易见的,但其不足之处主要体现在:①未考虑弹性工作制的实施规模对交通出行分布的影响。在现实情况中,不同类型的企业或者同一企业不同类型的岗位适合不同的工作制度,并非所有员工都适用弹性工作制度[12]。例如,流水线作业的员工不适合弹性工作制,而对从事创造性工作的员工实施弹性工作制却能增加其工作效率。对于不同的地区,其产业模式、产业比例不同,可采取弹性工作制的员工比例也不同。因此,不能一概而论。分析不同弹性工作制员工比例下的出行分布和路网拥堵情况是十分必要的。②以基于弹性系数的行为建模为主。弹性系数的概念不容易解释现实中具体的弹性工作制度。例如,一家公司允许员工上班迟到两个小时,通过延迟两小时下班来弥补迟到,弹性系数方法无法模拟这种上班形式。针对以上不足,本文建立基于活动效用的出发时间选择模型,提出针对核心和弹性工作时间段结合的弹性工作制度建模方法,对不同弹性工作制员工比例下的出行分布以及拥堵情况进行分析,为制定弹性工作制度提供了决策支持和理论依据。

1 弹性工作制下出行分布机理

1.1 弹性工作制形式

用开始上班的弹性时间长度来表示弹性程度。员工的工作时间由弹性时间段和核心时间段组成。弹性员工可以选择在弹性时间段内根据自身需求抵达或离开单位,核心时间段是必须保证的工作时间。本文采用的弹性工作制度与传统使用弹性系数的工作制度相比,从本质上讲都是用来调节工作的开始时刻。本文采用的形式可以看作在弹性系数方法中设置弹性系数为 1,并添加了弹性区间约束,是一种明确的弹性工作制度形式(图 1)。

图 1 核心工作时段和弹性时段结合的上班制度

图 1 中 SOT(Start Operating Time)为公司开始营业时间,PAT (Preferred Arriving Time)表示公司规定的必须在岗的开始时间,PDT(Preferred Departure Time)表示必须在岗时间段的结束时间,EOT(End Operating Time)为公司停止营业时间。通常情况下,员工每天期望工作的时段(或者说工作效率较高的时段)是比较固定的,这里我们用 SWT(Start Working Time)来表示这个时段的起始时间。

为了达到较高的效益,公司开始营业的时间应满足 $SOT<SWT$,规定必须在岗的开始时间满足 $PAT>SWT$。同理,必须在岗的结束时间应满足 $PDT<EOT$。本文中用 T_{work} 表示员工的工作时间,对于所有员工假设 T_{work} 固定且相等,另外还需满足:$SOT+T_{wor}<EOT$,$PAT+T_{work}\leqslant EOT$。

1.2 弹性员工的出行行为建模

常见的行为选择模型分为基于出行效用和基于活动效用的模型。基于出行效用的模型通常仅考虑出行成本对出行选择的影响。但出行选择依赖于一天内完成活动的相互关系以及活动的效用。因此,本文采用基于活动效用的方法构建行为模型。根据 Kawakami 和 Isobe[13]的调查研究,大约有 90%的员工都符合“家—公司—家”这类典型的活动链。影响出行的主要活动有三个：早上居家、上班、晚上居家。活动之间分别由从家到工作地点的早通勤出行和从工作地点到家的晚通勤连接。

为了更方便地建立、求解模型，考虑了以下3个假设来简化模型：

假设1：不考虑寻找车位时间，假设到达公司的时刻立即投入工作。

假设2：员工的活动边际效用假设为时间变量的任意连续可导函数。

假设3：弹性工作制员工晚上的出发时间根据早上的到达时间和工作时间长度确定。当工作时间（工作效用）相同时，第一个结束工作的员工会因为没有拥堵而最早出发，也会最早到达，相比与后出发的员工有较高的居家效用。当达到用户均衡时所有员工的效用相同，较晚下班的员工同样会较晚上班来满足居家效用相同。

出行者的效用由以下几部分组成：早（晚）居家效用、上班效用、早（晚）通勤出行损失、早到（或晚到）惩罚和下班早退（或较晚离开）惩罚。对于弹性员工，在弹性时间段内到达或离开将不会产生早晚到惩罚和早晚退惩罚。在 SOT 之前到达会产生早到费用，迟于 PAT 到达需要接受公司的惩罚而产生晚到费用；对于下班离开时间，亦同。弹性员工的效用与早上出发时间 t_{d1} 和晚上出发时间 t_{d2} 有关，可用式(1)表示：

$$\begin{aligned}U(t_{d1},t_{d2})=&\theta\int_{t_{s2}}^{t_{d1}}[u_2(t-(\langle\max(t_{s2},SOT),PAT\rangle^{-}-SWT))]\mathrm{d}t+\\&\theta\int_0^{t_{d1}}u_1(t)\mathrm{d}t-\upsilon T_1(t_{d1})+\theta\int_{t_{s2}}^{24}u_3(t)\mathrm{d}t-\upsilon T_2(t_{d2})-\\&\gamma_1\max\{0,t_{s2}-PAT\}-\gamma_2\max\{0,PDT-t_{d2}\}-\eta_1\max\{0,SOT-t_{s2}\}-\eta_2\max\{0,t_{d2}-EOT\}\end{aligned}\tag{1}$$

式(1)中，$u_i(t)$ 表示活动 i 在 t 时刻的边际效用，下标1表示早上居家活动、下标2表示工作活动、下标3表示晚上居家活动；t_{si} 表示活动 i 的开始时间，t_{di} 表示出行 i 的出发时间；η_1 和 γ_1 为早上早到和晚到的单位时间的效用损失，γ_2 和 η_2 为晚上早离开和晚离开公司的单位时间的效用损失；$T_1(t_{d1})$，$T_2(t_{d2})$ 分别为早晚出行的行程时间；υ 为早晚出行的单位时间效用损失；θ 为系数。

式(1)表明，在早上 t_{d1} 时刻出发，晚上 t_{d2} 时刻离开公司的弹性员工，其一天的效用等于早上居家、上班工作和晚上居家的活动效用总和与早上上班早到或迟到、晚上下班早退或晚退的惩罚以及早晚出行成本的差值。

1.3　完全弹性工作制度下的出行分布

基于 Vickrey[14] 的瓶颈模型，分析100%的员工都可以实施弹性工作制（完全弹性工作制度）下的出行分布。Vickrey 的瓶颈模型假设居民从家到工作地点只有一条道路连接，在道路的某处存在瓶颈，其通行能力为 S。基于瓶颈模型的早晚出行链模型(图2)。

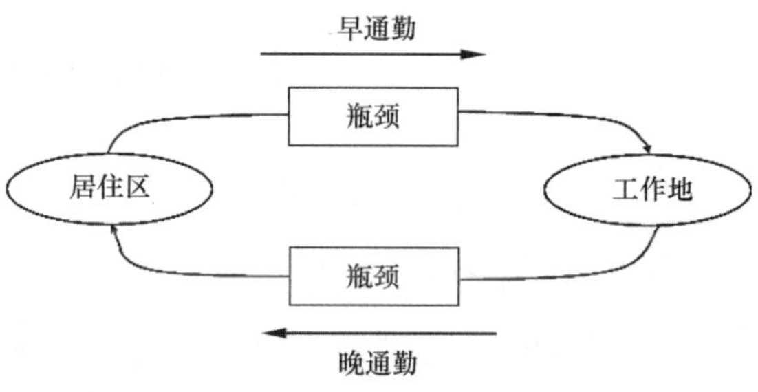

图2　基于瓶颈的早晚出行链模型

由于在通勤路段上存在瓶颈，故当交通量超过其通行能力时就会产生拥堵。此时，行程时间为自由流行程时间（固定值）和排队拥堵时间之和，表示为：

$$T_1=\overleftarrow{T}+\frac{D_1(t_{d1})}{S}-(t_{d1}-t_{d1}^{\text{begin}})\tag{2}$$

$$T_2=\overleftarrow{T}+\frac{D_2(t_{d2})}{S}-(t_{d2}-t_{d2}^{\text{begin}})\tag{3}$$

$$t_{s2}=t_{d1}+T_1=\overleftarrow{T}+\frac{D_1(t_{d1})}{S}+t_{d1}^{\text{begin}}\tag{4}$$

$$t_{s3}=t_{d2}+T_2=\overleftarrow{T}+\frac{D_2(t_{d2})}{S}+t_{d2}^{\text{begin}}\tag{5}$$

式(2)～式(5)中，上下班途中自由流行程时间均为 $\overleftarrow{T}$，t_{d1}^{begin} 表示早上第一个出行者的出发时刻，t_{d2}^{begin} 表示晚上第一个出行者的下班时刻，$D_1(t)$、$D_2(t)$ 分别表示 t 时刻早上、晚上累计出发流量。

当路网达到用户均衡状态时，每个用户不能通过改变早（晚）出发时间（t_{d1}，t_{d2}）来提高自己的效用。根据前文的假设3，将早晚出发时间的关系，$t_{s2}=t_{d1}+T_1$；$t_{s3}=t_{s2}+T_{\text{work}}+T_2$，代入式(1)，效用方程只与 t_{d1} 有关，如式(6)所示：

$$U(t_{d1}=\theta\int_{t_{s2}}^{t_{s2}+T_{\text{work}}}[u_2(t-(\langle\max(t_{s2},SOT),PAT\rangle-SWT))]\mathrm{d}t+\theta\int_0^{t_{d1}}u_1(t)\mathrm{d}t-\upsilon T_1(t_{d1})+$$
$$\theta\int_{t_{s3}}^{24}u_3(t)\mathrm{d}t-\nu T_2(t_{s2})-\gamma_1\max\{0,t_{s2}-PAT\}-\gamma_2\max\{0,PDT,t_{s2}-T_{\text{work}}\}-$$
$$\eta_1\max\{0,SOT-t_{s2}\}-\eta_2\max\{0,t_{s2}+T_{\text{work}}-EOT\} \tag{6}$$

根据上述分析，弹性工作者出发时间的选择模型为：

$$\begin{aligned}&\max_{t_{d1}}U(t_{d1})\\ &\text{s. t.}\quad 0\leqslant t_{d1}<24\\ &\qquad t_{s2}+T_{\text{work}}\leqslant t_{s3}\\ &\qquad 0<t_{s3}\leqslant 24\\ &\qquad 0<T_{\text{work}}\leqslant 24\end{aligned} \tag{7}$$

1.3.1 边际效用为常数的模型求解及案例

假设活动的边际效用服从如下函数：

$$u_1=\begin{cases}\alpha & 0<t<t_0\\ 0 & t\in\text{其他}\end{cases}$$

$$u_2=\begin{cases}\beta & SWT\leqslant t\leqslant t_1\\ 0 & t\in\text{其他}\end{cases}$$

$$u_3=\begin{cases}\alpha & t_2<t<24\\ 0 & t\in\text{其他}\end{cases}$$

式中：t_0 表示在家效用的截止时间，晚于 PAT；t_2 为晚上居家效用开始时间，不妨设其为小于 PDT 的某个值；α，β 分别为居家边际效用和工作的边际效用，且 $\alpha<\beta$；$t_1=SWT+T_{\text{work}}$，效用函数(图 3)。

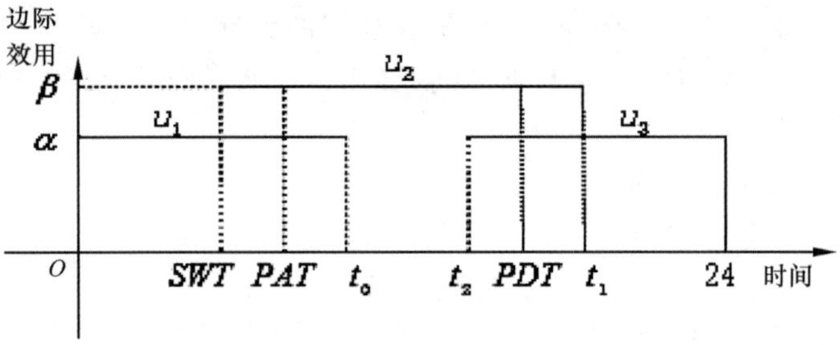

图 3　活动边际效用为常数

对于瓶颈模型来说，早上流量到达率不会超过瓶颈的通行能力，加之固定的工作时长 T_{work}，则有 $T_2=\overleftarrow{T}$；$\partial T_2/\partial t_{d1}=0$。可将效用方程写成与出发时间和到达时间相关的形式：

$$U(t_{d12})=\varphi(t_{d1})+\psi(t_{d2}) \tag{8}$$

$$\varphi(t_{d1})=\theta\alpha t_{d1}+\upsilon t_{d1}-\upsilon\overleftarrow{T} \tag{9}$$

$$\psi(t_{s2})=-\upsilon t_{s2}-\theta\alpha(t_{s2}+T_{\text{work}}-24)+\Xi+\Theta \tag{10}$$

$$\Xi=\theta\cdot\int_{t_{s2}}^{t_{s2}+T_{\text{work}}}u_2(t-(\langle\max(t_{s2},SOT),PAT\rangle^{-}-SWT))\mathrm{d}t \tag{11}$$

$$\Theta=-\gamma_1\max\{0,t_{s2}-PAT\}-\gamma_2\max\{0,PDT-t_{s2}-T_{\text{work}}-\eta_1\max\{0,SOT-t_{s2}\}-\eta_2\max\{0,t_{s2}+T_{\text{work}}-EOT\} \tag{12}$$

Han 等[15]和 Heydecker 和 Addison[16]分别使用了不同的方法对包含出发时间选择的动态用户均衡状态进行分析，Han 等[15]指出当 $\varphi'(t_{d1})\geqslant 0$，$\psi'(t_{s2})\leqslant 0$ 时，方程存在解。对式(9)、式(10)进行求导，得

$$\varphi'(t_{d1})=\theta\cdot\alpha+\upsilon \tag{13}$$

$$\psi'(t_{s2})=-\upsilon-\theta\cdot\alpha+\partial\Xi/\partial t_{s2}+\partial\Theta/\partial t_{s2} \tag{14}$$

其中，

$$\frac{\partial\Xi}{\partial t_{s2}}=\begin{cases}\theta\cdot\beta & t_{s2}\leqslant SOT\\ -\theta\cdot\beta & PAT\leqslant t_{s2}\\ 0 & \text{其他}\end{cases} \tag{15}$$

$$\frac{\partial \Theta}{\partial t_{s2}}=\begin{cases}-(\gamma_2+\eta_1) & ①\\ -(\eta_2+\eta_1) & ②\\ -(\gamma_2+\gamma_1) & ③\\ -(\gamma_1+\eta_2) & ④\\ 0 & \text{其他}\end{cases} \tag{16}$$

式(16)中，①：$t_{s2}\leqslant SOT \quad \forall t_{d2}\leqslant PDT$，②：$t_{s2}\leqslant SOT \quad \forall EOT<t_{d2}$，③：$PAT<t_{s2} \quad \forall t_{d2}\leqslant PDT$，④：$PAT<t_{s2} \quad \forall EOT<t_{d2}$。

对于式(13)，$\varphi'(t_{d1})=\theta\cdot\alpha+\upsilon>0$ 恒成立，因此，边际效用为常数时模型存在解析解只需要满足 $-\upsilon-\theta\cdot(\alpha-\beta)-\eta_1-\min(\gamma_2,\eta_2)\leqslant 0$ 即可，整理得

$$\upsilon+\eta_1+\min\{\gamma_2,\eta_2\}\geqslant\theta\cdot(\beta-\alpha) \tag{17}$$

在求解析解时，需要将时间看作连续变量，将假设参数代入公式(1)中，可得：

$$U(t_{d1},t_{d2})=\theta\alpha t_{d1}+\theta\beta T_{\text{work}}+\theta\alpha(24-t_{s1})-\upsilon(T_1+T_2)-\begin{cases}(\eta_1+\theta\beta)\times(SOT-t_{s2})+\gamma_2(PDT-t_{d2}) & ①\\ (\eta_1+\theta\beta)\times(SOT-t_{s2})+\eta_2(t_{d2}-EOT) & ②\\ (\theta\beta+\gamma_1)\times(t_{s2}-PAT)+\gamma_2(PDT-t_{d2}) & ③\\ (\theta\beta+\gamma_1)\times(t_{s2}-PAT)+\eta_2(t_{d2}-EOT) & ④\\ 0 & \text{其他}\end{cases} \tag{18}$$

将瓶颈模型行程时间代入式(18)，得到：

$$U=\theta\alpha t_{d1}+\theta\beta T_{\text{work}}+\theta\alpha(24-t_{s2}-T_{\text{work}}-\overleftarrow{T})-\upsilon\left(\overrightarrow{T}+\frac{D_1(t_{d1})}{S}-t_{d1}+t_{d1}^{\text{begin}}+\overleftarrow{T}\right)-\begin{cases}(\eta_1+\theta\beta)\times(SOT-t_{s2})+\gamma_2(PDT-t_{s2}-T_{\text{work}}) & ①\\ (\eta_1+\theta\beta)\times(SOT-t_{s2})+\eta_2(t_{s2}+T_{\text{work}}-EOT) & ②\\ (\theta\beta+\gamma_1)\times(t_{s2}-PAT)+\gamma_2(PDT-t_{s2}-T_{\text{work}}) & ③\\ (\theta\beta+\gamma_1)\times(t_{s2}-PAT)+\eta_2(t_{s2}+T_{\text{work}}-EOT) & ④\\ 0 & \text{其他}\end{cases} \tag{19}$$

式(19)是 υ 关于 t_{d1} 的函数，当满足用户均衡时，$\partial U/\partial t=0$，即可求得 t_{d1} 时刻的出发率 $f_1(t_{d1}$：

$$f_1(t_{d1})=\frac{\mathrm{d}D_1}{\mathrm{d}t_{d1}}=\begin{cases}\dfrac{\theta\alpha+\upsilon}{\theta\alpha+\upsilon-\eta_1-\theta\beta-\gamma_1}S & ①\\ \dfrac{\theta\alpha+\upsilon}{\theta\alpha+\upsilon+\eta_2-\theta\beta-\eta_1}S & ②\\ \dfrac{\theta\alpha+\upsilon}{\theta\alpha+\upsilon+\gamma_1+\theta\beta-\gamma_2}S & ③\\ \dfrac{\theta\alpha+\upsilon}{\theta\alpha+\upsilon+\gamma_1+\theta\beta-\eta_2}S & ④\\ S & \text{其他}\end{cases} \tag{20}$$

晚上出发时间受到瓶颈限制，t_{d2} 时刻的出发率 $f_2(t_{d2})$ 出发率为瓶颈的通行能力：

$$f_2(t_{d2})=\frac{\mathrm{d}D_2}{\mathrm{d}t_{d2}}=S \tag{21}$$

为了更加清晰直观地分析完全弹性工作制下员工早、晚出行分布的特征，通过设定案例来分析弹性工作制下员工出发时间选择的特点。假设瓶颈模型的基本参数(表1)。

表1　　瓶颈模型参数

参数	自由流时间 T	瓶颈通行能力 S	总需求 N
设定值	30min	1000(veh/h)	2500(veh)

参考 Tseng 和 Verhoef[17] 的调查数据(表2)。

表 2　　居民出行特征参数

上班时间节点	$SWT=8.5\text{h}$；$SOT=8\text{h}$；$EOT=18\text{h}$； $PAT=10\text{h}$；$PDT=16\text{h}$；$T_{\text{work}}=8\text{h}$
系数	$\alpha=20$；$\gamma_1=1.93$；$\gamma_2=1.93$；$\eta_1=0.378$； $\eta_2=0.378$；$\upsilon=2.842$；$\beta=25$；$\theta=0.1$；

根据式(17)，$(\upsilon+\eta_1+\min\{\gamma_2,\eta_2\})/\beta_\tau+\alpha=55.98\geqslant 25$，显然表 2 的参数满足解存在的要求。当达到用户均衡时，每个出行者的效用相同，目标方程的一阶偏导为零，可以得到居民出发时间分布的解析解，其早晚出发率(f_1，f_2)的时间分布(图 4)。

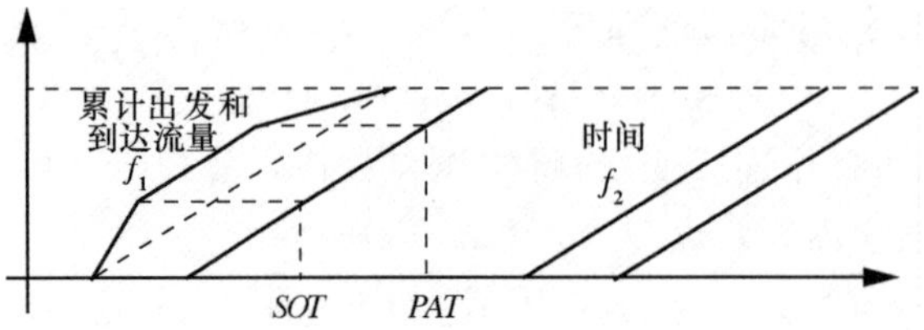

图 4　活动边际效用为常数的累计出发和到达流量分布(完全弹性工作制)

出行平均行程时间：

$$\bar{\tau}=\begin{cases}\vec{T} & \text{if}\quad N\leqslant(PAT-SOT)S\\ 13.40+T & N=2\,500,S=1\,000\end{cases}\tag{22}$$

1.3.2　边际效用为指数函数的模型求解及案例

实际生活中活动的边际效用函数通常不是常数。根据 Tseng 和 Verhoef[17] 的调查，上班出行阶段活动效用的影子价格随时间变化很大。例如在工作的开始阶段，员工逐渐进入工作状态，这时的边际活动效用逐渐增加；随后进入一个相对稳定的阶段，员工的边际活动效用趋于一个比较稳定的较高值；最后，由于员工疲劳等因素，员工的边际活动效用逐渐下降，直至下班。Jenelius 等[7] 曾使用指数边际效用的形式研究弹性工作制，本文同样选取活动边际效用函数为指数的情况，通过仿真的方法得到出行规律。

假设活动边际效用函数为：

$$u_1(t)=u_1^{\max}-\frac{u_1^{\max}-u_1^{\min}}{1+\exp(-\varphi_1[t-\omega_1])}\quad 0<t<24$$

$$u_2(t)=\begin{cases}u_2^{\min}+\dfrac{u_2^{\max}-u_2^{\min}}{1+\exp(-\varphi_2^1[t-\omega_2^1])} & t_2^{\text{shift}}\\ u_2^{\max}-\dfrac{u_2^{\max}-u_2^{\min}}{1+\exp(-\varphi_2^2(t-\omega_2^2])} & t_2^{\text{shift}}<t\leqslant 24\end{cases}\tag{23}$$

$$u_3(t)=u_3^{\min}+\frac{u_3^{\max}-u_3^{\min}}{1+\exp(-\varphi_3[t-\omega_3])}\quad 0<t<24$$

其中 t_2^{shift} 为工作边际效用开始转换的点，$t_2^{\text{shift}}=[\varphi_2^1\omega_2^1+\varphi_2^2\omega_2^2]/[\varphi_2^1+\varphi_2^2]$。

参考 Jenelius 等[7] 所用的边际效用形式，基于上海市居民的出行规律，调整工作时间参数和工作的边际效用(表 3)。居民的边际活动效用(图 5)。每个活动的开始阶段都有一段“预热”时间，结束阶段有“降温”的时间。

表 3　　活动边际效用参数

活动 1 (早上居家)	活动 2 (工作)	活动 3 (居家晚上)
$u_1^{\max}=20$(元/h)	$u_2^{\max}=25$(元/h) $u_2^{\min}=0$(元/h)	$u_3^{\max}=u_1^{\max}$(元/h)
$u_1^{\max}=0$(元/h)	$\varphi_2^1=3.3333(\text{h}^{-1})$	$u_3^{\min}=u_1^{\min}$(元/h)
$\varphi_1=2.50(\text{h}^{-1})$	$\varphi_2^2=1.6667(\text{h}^{-1})$	$\varphi_1=2.708(\text{h}^{-1})$
$\omega_1=8.50(\text{h})$	$\omega_2^1=8.5680(\text{h})$ $\omega_2^2=18.0720(\text{h})$	$\omega_2=17.9920(\text{h})$

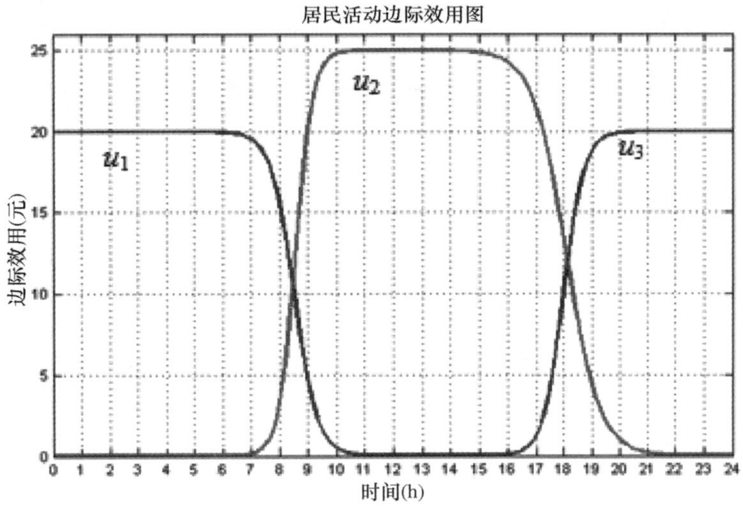

图 5　活动边际效用为指数函数示意图

当活动的边际效用函数不是常数值时，根据 Li 等[18]和 Jenelius 等[7]的分析，在非常严格而苛刻的条件下(Jenelius 等假设了行程时间为固定值)，才可以得到解析解。即便如此，仍旧得不到早晚出发时间组合解。解析解需要满足如下条件：

$$\varphi(t_{d1})=\beta_\tau\int_0^{t_{d1}}u_1(t)\mathrm{d}t+\upsilon t_{d1}-\upsilon\overleftarrow{T}\tag{24}$$

$$\psi(t_{s2})=-\upsilon t_{s2}-\beta_\tau\int_{t_{s3}}^{24}u_3(t)\mathrm{d}t+\Xi+\Theta\tag{25}$$

显然，若满足 $\partial\Xi/\partial t_{s2}\leqslant\beta_\tau u_2^{\max}$，$\varphi'(t_{d1})=\beta_\tau u_1(t_{d1})+\upsilon>0$，则需要满足

$$\frac{\upsilon+\eta_1+\min\{\gamma_2,\eta_2\}}{\beta_\tau}+u_3^{\min}\geqslant u_2^{\max}\tag{26}$$

将表 2 和表 3 的数据代入式(26)，可得到：(2.842+0.378+0.378)/0.1+0=35.98>25。因此，当瓶颈模型中只存在弹性工作制用户时，边际效用为指数函数且采用表 2 和表 3 的参数的情况下存在解。

根据以往的研究，当活动的边际效用函数采用如图 5 所示的模型时，难以得到解析解。因此，本文通过仿真的方法得到完全弹性工作制下的早晚出发流量(图 6)。

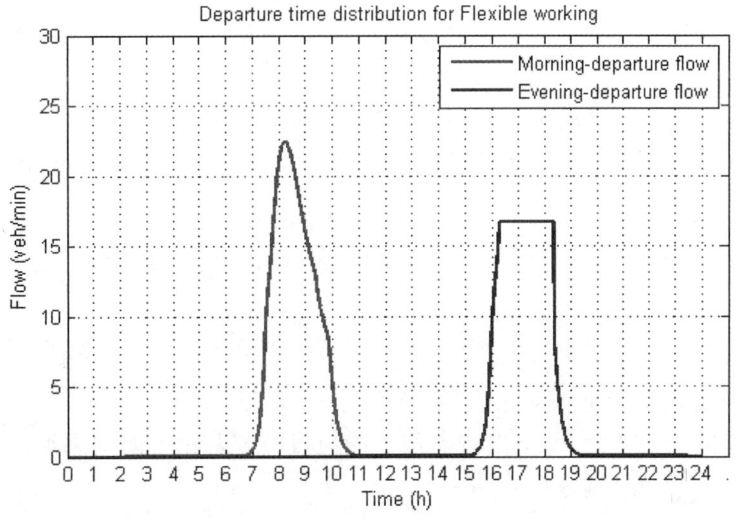

图 6　完全弹性时指数边际效用下的出发流量

(1) 早高峰流量较大，最大出行流量超过瓶颈通行能力(17veh/min)35%左右，持续时间约 1h；

(2) 由于边际效用连续平缓变化，早高峰的出行流量图为尖峰状，即存在明显的高峰；而在边际效用为常数值的状况下“*SOT*，*PAT*”时段内的出行流量始终相同；

(3) 仿真在经过 100 次左右的循环后收敛指标趋于稳定，维持在 0.02 左右。从一天总效用随出发

时间变化图可以看出，所有居民在有出发流量的时间段内总效用基本相同，说明仿真结果几乎达到了用户均衡状态(图 7)。

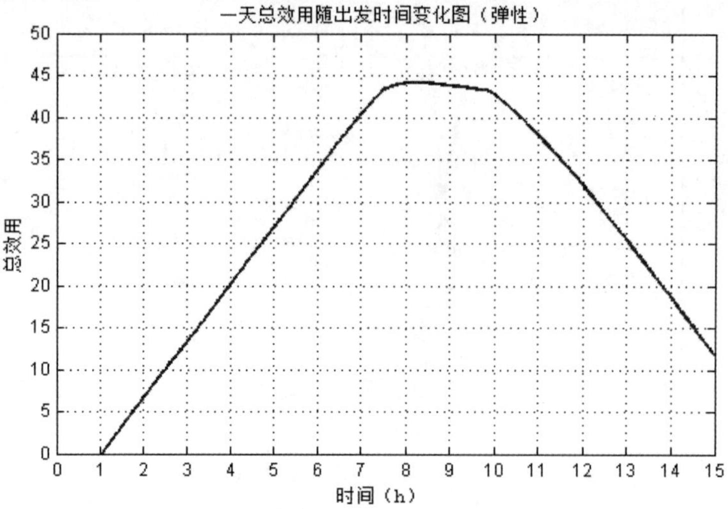

图 7　完全弹性下的总效用变化图

2　非弹性工作制下出行分布机理

通过对非弹性工作制下的出行分布以及用户均衡下的人均效用的分析，与弹性工作制对交通拥堵的消散效果进行对比。

2.1　非弹性员工出行行为建模

与弹性工作制的出行效用方程类似分析，非弹性工作制总效用方程可以表示为：

$$U(t_{d1},t_{d2})=\theta\int_0^{t_{d1}} u_1(t)\mathrm{d}t+\theta\int_{s2}^{t_{d2}} u_2(t)\mathrm{d}t-\upsilon T_1(t_{d1})+$$
$$\theta\int_{t_{s3}}^{24} u_3(t)\mathrm{d}t-\upsilon T_2(t_{d2})-\gamma_1\max\{0,t_{s2}-PAT\}-\eta_1\max\{0,PAT-t_{s2}\}-$$
$$\gamma_2\max\{0,PDT-t_{d2}\}-\eta_2\max\{0,t_{d2}-PDT\} \tag{27}$$

式(27)表明，非弹性员工在早上 t_{d1} 时刻出发，晚上 t_{d2} 时刻离开公司的一天效用，包括早上居家、上班工作和晚上居家的活动效用和与早上上班早到或迟到、晚上下班早离开或晚离开的惩罚以及出行成本的差值。本文假设非弹性员工的效用方程参数与弹性员工相同。

由于单位或者公司规定了具体的上下班时间，员工不能自主决定上下班时间，可以认为非弹性员工的早晚出发时间互不相关。因此，出行者早晚的效用可以单独求解，早上与晚上出行的效用函数如下所示：

$$U(t_{d1})=\beta_\tau\int_0^{t_{d1}} u_1(t)\mathrm{d}t+\beta_\tau\int_{t_{s2}}^{t_e} u_2(t)\mathrm{d}t-\upsilon T_1(t_{d1})-\gamma_1\max\{0,t_{s2}-PAT\}-\eta_1\max\{0,PAT-t_{s2}\} \tag{28}$$

$$U(t_{d2})=\beta_\tau\int_{t_e}^{t_{d2}} u_2(t)\mathrm{d}t+\beta_\tau\int_{t_{s3}}^{t_{24}} u_3(t)\mathrm{d}t-\upsilon T_2(t_{d2})-\gamma_2\max\{0,PDT-t_{d2}\}-\eta_2\max\{0,t_{d2}-PDT\} \tag{29}$$

其中 t_e 表示早上所有通勤者全部到达公司的时刻。

非弹性员工在达到用户均衡时，每个出行者都不能通过改变其出发时间来增加其出行效用。根据用户均衡特点，对式(28)、式(29)求偏导得：

$$\frac{\partial U}{\partial t_{d1}}=\beta_\tau u_1(t_{d1})-\upsilon\frac{\partial T_1}{\partial t_{d1}}-\beta_\tau u_2(t_{s2})\frac{\partial t_{s2}}{\partial t_{d1}}+\begin{cases}-\gamma_1\dfrac{\partial t_{s2}}{\partial t_{d1}} & t_{s2}>PATA\\ \eta_1\dfrac{\partial t_{s2}}{\partial t_{d1}} & t_{s2}\leqslant PAT\end{cases} \tag{30}$$

$$\frac{\partial U}{\partial t_{d2}}=\beta_\tau u_2(t_{d2})-\upsilon\frac{\partial T_2}{\partial t_{d2}}-\beta_\tau u_3(t_{s3})\frac{\partial t_{s3}}{\partial t_{d2}}+\begin{cases}\gamma_2 & t_{d3}<PDT\\ -\eta_2 & t_{d2}\geqslant PDT\end{cases} \tag{31}$$

2.2 非弹性工作制下出行分布

为了与弹性工作制对比分析对交通拥堵消散的影响，假设非弹性工作制员工和弹性工作制员工有相同的边际效用函数和参数。在对非弹性工作制员工的出行规律进行研究时，标定参数 $PAT=9\text{h}$，$PDT=17\text{h}$。

2.2.1 边际效用为常数的模型求解

令式(30)、式(31)为零可得：

$$f_1(t_{d1})=\frac{\mathrm{d}D_1}{\mathrm{d}t_{d1}}=\begin{cases}\dfrac{\theta\alpha+\upsilon}{\theta\beta+\upsilon+\gamma_1}S & t_{s2}>PAT\\ \dfrac{\theta\alpha+\upsilon}{\upsilon-\eta_1}S & t_{s2}\leqslant PAT\end{cases} \tag{32}$$

$$f_1(t_{d2})=\frac{\mathrm{d}D_2}{\mathrm{d}t_{d2}}=\begin{cases}\dfrac{\theta\beta+\upsilon+\gamma_2}{\theta\alpha+\upsilon}S & t_{d2}<PDT\\ \dfrac{\upsilon-\eta_2}{\theta\alpha+\upsilon}S & t_{d2}\geqslant PDT\end{cases} \tag{33}$$

同样，由式(32)、式(33)加上出行总量约束、最早和最晚出发用户行程时间为自由流时间约束，可以得到居民早晚出发时间分布的解析解(图 8)。

依照弹性工作制案例设定的参数，通过计算得到，早上居民平均行程时间为 $\bar{\tau}=48.62\text{min}$；晚上出行平均时间为 $\bar{\tau}=48.62\text{min}$。对比图 8(非弹性工作制)和图 4(完全弹性工作制)发现，弹性工作制起到了"削峰"和节省平均行程时间的作用。

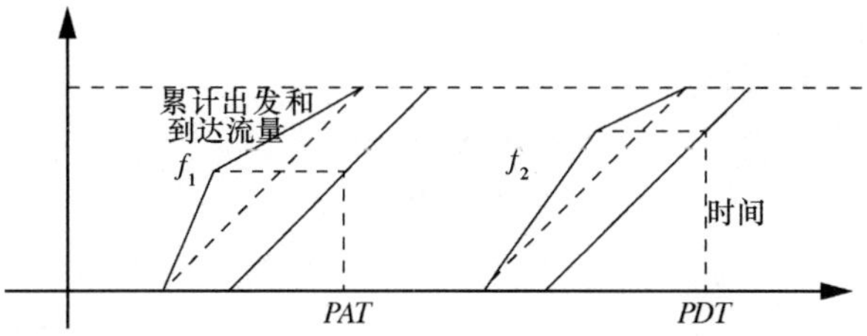

图 8 活动边际效用为常数的累计出发流量(非弹性工作制)

2.2.2 边际效用为指数函数的模型求解

采用与求解弹性工作制模型同样的方法，通过仿真求解边际效用为指数函数时，非弹性工作制下的出发率分布。由于早晚出行独立，假设 t_e 为正常上班的中间时间点，本文取中午 12 点。仿真得到的出发流量(图 9)。从图中可以看出，早高峰时段十分拥挤，出行流量超过瓶颈通行能力(17veh/min)53%左右；晚高峰拥挤持续时间较长，拥堵状况比早高峰严重。

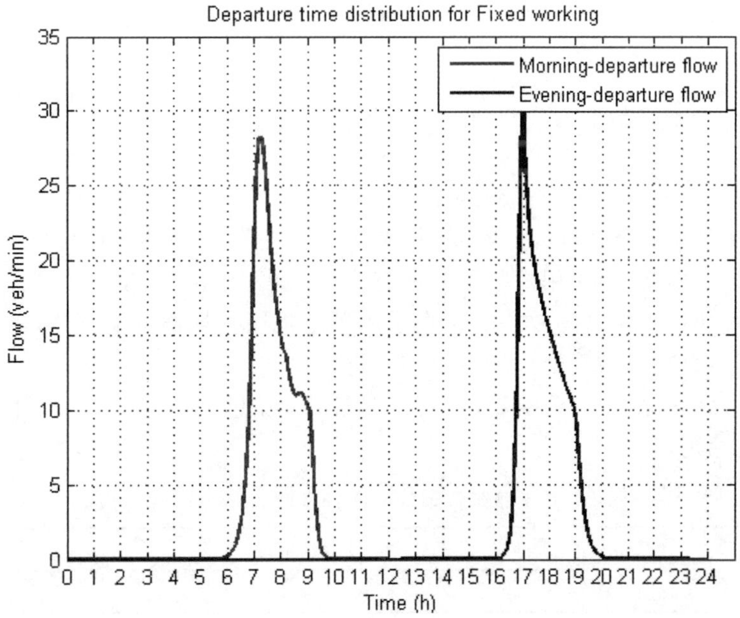

图 9 指数边际效用的出发流量(非弹性工作制)

上午(下午)总效用随时间的动态变化。可以看出所有员工在有出发流量的时间段内(上午出行时间段为 7:00—9:00，下午出行时间段为 17:00—19:00)总效用基本相同，说明仿真近似达到了用户均衡状态(图 10、图 11)。

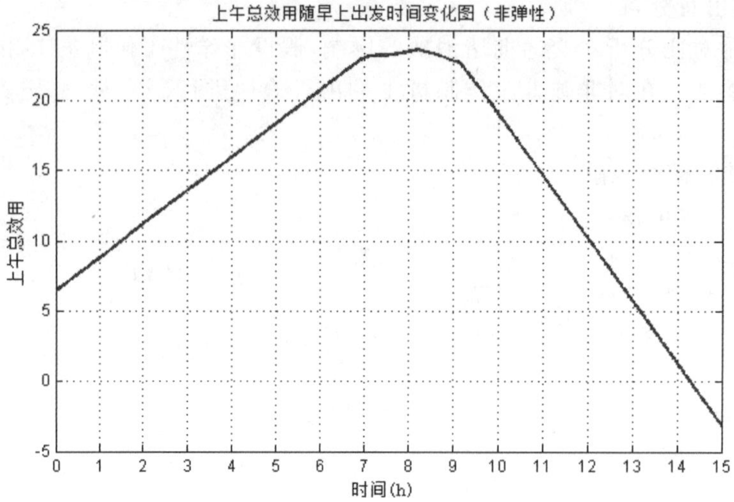

图 10　出行者上午总效用随出发时间的动态变化(非弹性工作制)

2.3　讨论

表 6 对比了两种工作制度下的路网平均行程时间，可以发现：

(1) 在瓶颈模型下，边际效用函数无论是采用常数值形式还是采用指数函数形式，弹性工作制下的交通状态都优于非弹性工作制下的交通状态。

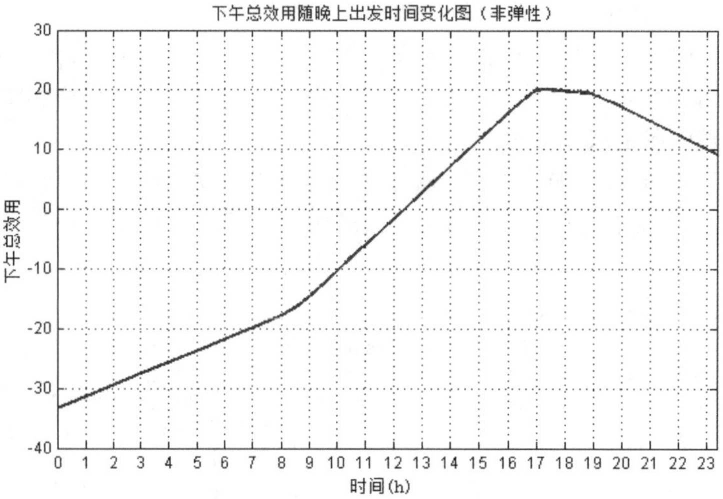

图 11　出行者下午总效用随下班时间的动态变化(非弹性工作制)

(2) 边际效用函数为非常数值时(例如指数函数形式)，边际效用随时间连续平缓变化，弹性工作制员工也出现了明显的集中出行，而采用常数值时没有明显的集中出行现象(表 4)。说明采用常数边际效用会在一定程度上夸大弹性工作制的效果。仿真采用了随机用户均衡分配方法，而解析结果采用的是确定性用户均衡方法，不能直接对仿真结果和解析结果进行对比。

(3) 由式(22)可以看出，在瓶颈模型下，当可以弹性出行的时间长度大于全部需求与瓶颈通行能力的比值时，可以完全消除延误。

表 4　　基于瓶颈模型的平均行程时间(min)

边际效用形式	工作制度	评价时段			路网改善程度
		早上	晚上	全天	
常数值(解析方法)	弹性	43.40	30	36.70	21.32%
	非弹性	48.62	48.62	48.62	—
指数函数(仿真方法)	弹性	37.19	30	33.59	17.93%
	非弹性	41.51	40.35	40.93	—

注：自由流时间均为 30min

3　弹性与非弹性混合工作制度下的出行分布机理

由于不同的工作岗位适合不同的工作制度，现实中普遍存在同一公司两种制度混合实施的情况。因此，本节将分析不同弹性员工比例下的混合多用户均衡，研究混合工作制度对交通出行分布的影响。由于动态交通仿真需要大量的运行时间，边际效用函数为常数时运算速度快，于是本文建立边际效用为常数的行为模型。

弹性工作者早晚出发时间相互关联，非弹性工作者早晚出发时间相互独立。两类用户的早晚出发时间分布相互影响，两类用户通过调整各自的出发时间，最终达到各自在出发时间上的均衡。以弹性员工早上出发率作为输入基准，并将弹性员工早上出发流量的相对变化值作为收敛指标，仿真流程图(图12)。

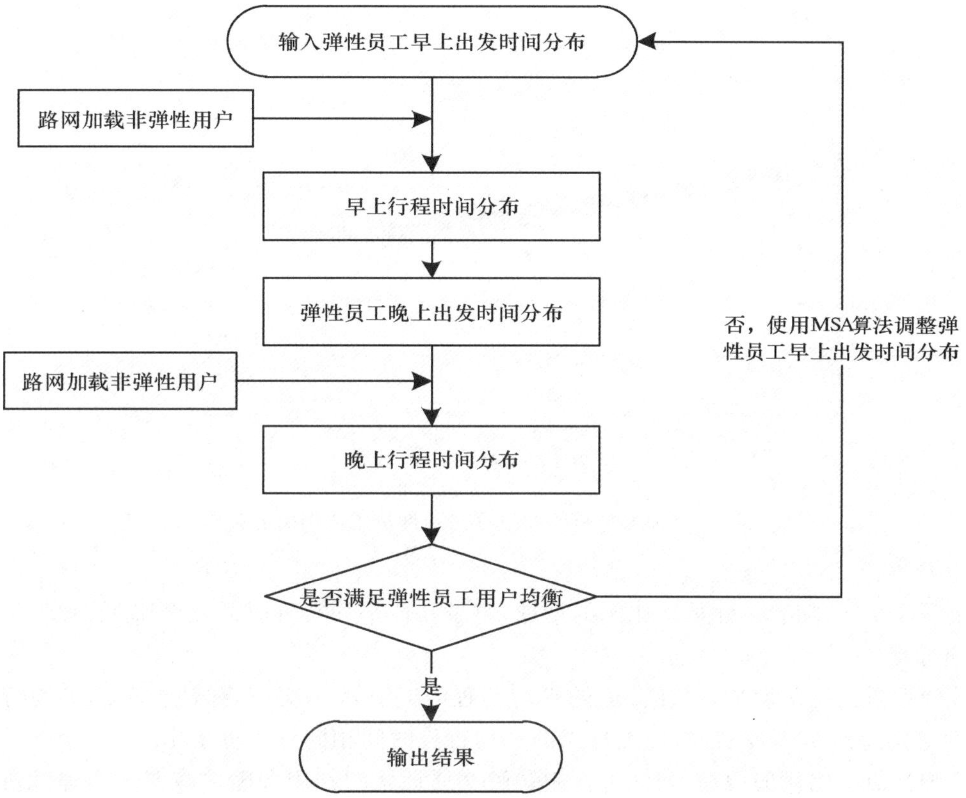

图12　两类用户均衡仿真流程图

表5　不同弹性比例下的平均行程时间(min)

弹性员工比例	弹性员工			非弹性员工			系统		
	早上出行	晚上出行	全天	早上出行	晚上出行	全天	早上出行	晚上出行	全天
0%	—	—	—	42.42	41.28	43.45	42.42	41.28	43.45
10%	31.65	35.89	35.37	41.62	42.40	42.01	40.94	41.75	41.35
20%	31.49	35.06	31.67	40.69	40.25	40.47	39.49	39.21	39.35
30%	31.26	34.24	34.35	39.65	38.15	38.90	38.09	36.98	37.54
40%	34.16	33.37	33.77	38.52	36.08	37.30	36.77	35.00	35.88
50%	33.80	32.56	33.18	37.32	34.27	35.80	35.56	33.41	31.29
60%	33.42	31.69	32.55	36.13	32.62	34.37	31.30	32.06	33.28
70%	32.99	31.14	32.07	31.75	31.48	33.22	33.58	31.24	32.41
80%	32.53	30.80	31.66	33.82	30.86	32.34	32.78	30.81	31.80
90%	32.03	30.82	31.42	32.75	30.85	31.80	32.10	30.82	31.46
100%	31.49	31.76	31.62	—	—	—	31.49	31.76	31.62

为了便于比较弹性工作制对缓解路网拥堵的效果，采用用户的平均行程时间作为评判指标(表5)。给出了仿真不同弹性比例下两类员工的平均行程时间。路网的人均延误和不同用户全天人均延误随着弹性比例的变化而变化(图13、图14)。

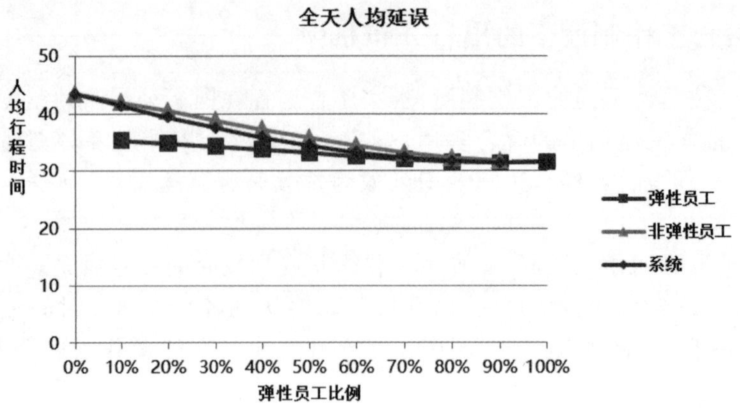

图 13　不同用户全天人均延误与弹性员工比例的关系

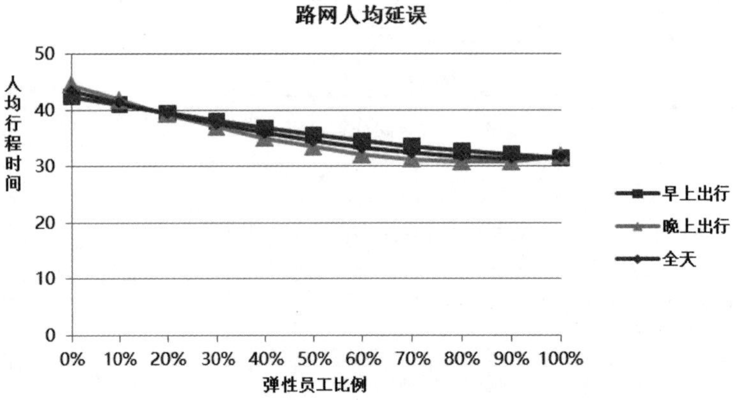

图 14　早晚路网人均延误与弹性员工比例的关系

由此可以看出：

(1) 在瓶颈模型下，随着弹性员工比例的增加，整条路段平均行程时间逐渐降低，弹性工作制度可以缓解早晚交通拥堵。

(2) 随着弹性员工比例增加，弹性员工的平均行程时间基本不变，非弹性员工的平均行程时间下降明显。当弹性比例达到 60%左右时，两类员工的平均行程时间相同且不再变化。

(3) 随着弹性员工比例的增加，弹性工作制缓解交通拥堵的作用会随之减弱。当弹性员工比例增加到 60%～70%时，无论是早上出行还是晚上出行的平均行程时间都不再有明显下降。说明弹性员工的比例增加到一定程度时，其缓解拥堵的作用不再明显。

4　结论与展望

考虑早晚通勤出行链，基于活动效用最大化理论，建立了弹性和非弹性用户的出行模型，并通过解析法和仿真方法分别分析了弹性工作制对交通拥堵的缓解效果。

首先，基于 Vickrey 瓶颈模型，利用解析法分析了活动边际效用为常数和指数函数两种情况下完全弹性工作制和固定上班时间制度的出行分布。案例分析表明，弹性工作制下的拥堵情况得到明显缓解，平均行程时间减少了 27%。

其次，仿真模拟了弹性和非弹性多用户均衡状态下的交通出行分布。分别分析了弹性员工比例从 0%～100%情况下的出行分布。结果表明，在瓶颈模型下，弹性工作制度可以明显缓解早晚高峰的拥堵，出行者的平均行程时间减少 15%～25%。随着弹性员工比例的增加，人均行程时间逐渐降低。当弹性比例达到 60%～70%，人均延误不再随弹性员工比例的增加而降低。

本文假设了弹性工作员工的工作时间长度是固定的，并证明了解的存在性。针对现实中存在弹性工作员工在公司的时间可变现象，后续研究可以考虑采用其他的方法对这种可变时长进行建模和分析。

参考文献

[1] Kuzmyak JR, Schreffler EN. Evaluation of Travel Demand Management (TDM). Measures to relieve congestion[J]. Evaluation. 1990.

[2] 张瑞玲. 弹性工作制及其应用现状[J]. 东方企业文化. 2013(4):59-60.

[3] 陈梓烽, 柴彦威. 通勤时空弹性对居民通勤出发时间决策的影响——以北京上地—清河地区为例[J]. 城市发展研究. 2014(12):65-76.

[4] Yoshimura M, Okumura M, editors. Optimal commuting and work start time distribution under flexible work hours system on motor commuting. Proceedings of the Eastern Asia Society for Transportation Studies; 2001.

[5] Ettema D, Timmermans H. Modeling departure time choice in the context of activity scheduling behavior[J]. Transportation Research Record Journal of the Transportation Research Board. 2003,1831(1):39-46.

[6] Ettema D, Bastin F, Polak J, Ashiru O. Modelling the joint choice of activity timing and duration[J]. Transportation Research Part A-Policy and Practice. 2007,41(9):827-41.

[7] Jenelius E, Mattsson LG, Levinson D. Traveler delay costs and value of time with trip chains, flexible activity scheduling and information[J]. Transp Res Pt B-Methodol. 2011,45(5):789-807.

[8] Li ZC, Lam WHK, Wong SC. Bottleneck model revisited: An activity-based perspective[J]. Transportation Research Part B Methodological. 2014,68:262-87.

[9] Jenelius E. The value of travel time variability with trip chains, flexible scheduling and correlated travel times[J]. Transp Res Pt B-Methodol. 2012,46(6):762-80.

[10] Tacken M, De Boer E. Flexitime and the Spread of Traffic Pead Hour, an Analysis of Conditions and Behaviour[J]. OSPA-RAPPORT. 1990(27).

[11] He SY. Does flexitime affect choice of departure time for morning home-based commuting trips? Evidence from two regions in California[J]. Transport Policy. 2013,25:210-21.

[12] 刘春波. M公司弹性工作制方案设计研究[D]. 大连: 大连理工大学, 2014.

[13] Kawakami S, Isobe T. Development of a one-day travel-activity scheduling model for workers[J]. Developments in dynamic and activity-based approaches to travel analysis. 1990:184-205.

[14] Vickrey WS. Congestion theory and transport investment[J]. The American Economic Review. 1969,59(2):251-60.

[15] Han K, Friesz TL, Yao T. Existence of simultaneous route and departure choice dynamic user equilibrium[J]. Transportation Research Part B: Methodological. 2013,53:17-30.

[16] Heydecker BG, Addison J. Analysis of dynamic traffic equilibrium with departure time choice[J]. Transportation Science. 2005,39(1):39-57.

[17] Tseng Y-Y, Verhoef ET. Value of time by time of day: A stated-preference study[J]. Transportation Research Part B: Methodological. 2008,42(7):607-18.

[18] Li Z-C, Lam WH, Wong S. Bottleneck model revisited: An activity-based perspective[J]. Transportation research part B: methodological. 2014,68:262-87.

生态社子岛之永续交通运输规划

The Sustainable Transportation Planning of Ecological Shezidao

黄惠如 谢霆霖 陈映嘉

摘 要：社子岛位于台北市西北侧，位于基隆河、淡水河下游交会地区，并为二河所环绕，北面隔基隆河邻接关渡平原及关渡自然保留区，西南面隔淡水河与新北市五股区、芦洲区相对，东南面与社子、葫芦堵相接。因防洪因素禁限建迄今已40余年，后因社子岛地区已调整防洪计划而朝解除禁建方向进行都市计划检讨，台北市政府自2015举办社子岛户外开讲听取居民意见，后续提出三个方案，经i-Voting选出”“生态社子岛”为开发方向。岛内人口数预计从现住户约1.1万人于目标年2031年增长至3.2万人，开发后之重大工程建设及人口成长预期对当地新增大量衍生交通的需求，故本计划重点系针对生态社子岛做长期永续运输规划。

社子岛三面环河，现况仅有延平北路、社子大桥两条联外道路，为因应未来岛内3.2万人日常通勤运输，以契合生态社子岛主轴及本市共享、绿能、E化之交通政策，以大众运输系统路网覆盖全岛为原则，配置完整大众运输路廊，串连居民日常生活，使大众运输成为居民区内外运输主轴，道路配置则缩减车道使用宽度，优先提供完整、连续之自行车及人行空间，并结合停车供给导向政策，以法定停车位折减策略，配合道路取消路边停车、停车内部化管理，建构总量管制停车管理计划。最后，台北市政府于社子岛预留电动车等新形态绿能运输工具发展之机会，兴建再生能源建筑供车辆充电，并于公共设施用地则配合制订再生能源政策、设置共享运具及相关设施，以车站向外扩建YouBike、共享车辆系统，提升居民使用便利性，降低车辆持有及使用，以达成绿运输使用率80%目标之永续交通。

关键词：大众运输系统；运输规划；绿色运输

Abstract: Shezidao is located on the northwest of Taipei City. It's in the downstream intersect area of the Keelung River and the DanShui River, surrounded by these two rivers. In the north side, Gundu Plain and Gundu Nature Reserve is connected to the Keelung River; in the southwest side, Wugu District and Luzhou District in New Taipei City is connected to DanSui River. On the account of flood prevention, Shezidao has been prohibited from being constructed for about forty years. It is urgent to be developed after a new flood plan was launched. Therefore, Taipei City held the out-door speech of Shezidao to embrace citizens'suggestion in 2015, subsequently proposing three policies. After Internet voting was conducted, "Ecological Shezidao" was chosen as the future development direction. The population will grow from 11,000 to 32,000 in 2031. The major construction and population growth in the next ten years will be expected to impact local traffic condition. As a result, we must blueprint the sustainable transportation planning of Ecological Shezidao.

Shezidao is ringed on three sides by river. There are only two access road to Shezidao, Yanping N. Rd and Shezi-Bridge, so its connected transportation has been underdeveloped for a long time. Dealing with 32000 people'daily commute to be in accordance with the main principal of Ecological Shezidao and the sharing, green, modern transportation policy, the sustainable transportation planning of Ecological Shezidao follows the principle that the public transportation system can extend to all area, allocating the complete transportation corridor to make people mainly use public transportation to enter or exit Shezidao. The road allocation is to eliminate the width of traffic lanes and offer complete, continual cycle path and pedestrian walk. It also combines the supply-oriented parking policy, the strategy of reducing legal parking spaces. Internalization of parking management, building the parking plan with total amount control. Eventually, Taipei City gives priority to introduce new electric cars into Shezidao, constructing buildings offering renewable energy to provide electric vehicle charging service. The related public facility policy is to formulate renewable energy policy, arranging vehicle -sharing facilities, augmenting YouBike system and car-sharing system from the station. We look forward to evaluating the accessibility to citizens and reducing the possession and use of vehicle to achieve the goal that the percentage of using green transportation will get 80.

Keywords: public transportation system; transportation planning; green transportation

作者简介：黄惠如，台北市交通安全促进会总干事。
谢霆霖，台北市交通安全促进会委员。
陈映嘉，台北市交通安全促进会委员。

1　背景说明

社子岛地处台北市西北侧，三面环河，位于基隆河、淡水河下游交会地区，并为二河所环绕，现况仅有延平北路、社子大桥两条联外道路（图 1）。社子岛地区自 1970 年起即因台北地区防洪计划规范，长期受到开发限制，后于 1993 年及 2010 年防洪计划之检讨调整，台北市始于 2011 年公告实施“变更台北市士林社子岛地区主要计划案”检讨朝解除禁建方向进行，复于 2016 年进行 i-Voting 作业，整体社子岛民投票率为 35.16%，社子岛民与台北市民均有接近 6 成之比例选择“生态社子岛”为开发方向。

社子岛计划范围面积共 294.13 公顷，其中高保护范围计有 240 公顷，目标年期（2041 年）计划容纳居住人口约为 32000 人，经依“生态社子岛”为方向重新检讨都市计划，于高保护范围内划分住宅区、商业区及科技产专用区等三大使用分区，并配合划设必要之公共施用地（图 2）。为因应未来岛内日常通勤运输，在联外孔道有限的情况下，仅依靠私人运具预期无法负荷未来的运输需求，且以契合生态社子岛主轴及本市共享、绿能、E 化之交通政策，岛内未来整体交通运输规划以发展大众运输系统为主，故以大众运输系统路网覆盖全岛为原则，配置完整大众运输路廊，串连居民日常生活。

为使大众运输成为居民区内外运输主轴，道路配置则采缩减车道使用宽度，优先提供完整、连续之自行车及人行空间，并结合停车供给导向政策，以法定停车位折减策略，配合道路取消路边停车、停车内部化管理，建构总量管制停车管理计划。除以绿色运输为目标的道路功能设计外，亦于社子岛岛内预留电动车等新形态绿能运输工具发展。于公共设施用地则配合制订共享运具及相关设施，以大众运输路廊车站站点为发展基础向外辟建 YouBike、共享车辆系统，提升居民使用便利性，降低车辆持有及使用，以提升绿运输使用率。

图 1　计划范围示意图

图 2　细部计划案示意图

2　规划准则

社子岛联外运输孔道受限于社子大桥与延平北路的容量限制，需要改变过去都市规划以机动车辆运输服务为主的模式，而且为了实践生态社子岛理念，本计划的交通运输，以发展大众运输、绿色运输为优先，朝向大众运输使用率达到 80%为目标。

除规划开放空间系统、道路系统等以永续交通运输为原则规划，并配置完善的大众运输路廊、区内交通转运、蓝色公路运输及完整绿色运输服务系统，并以停车供给限制，限缩机动车辆使用。其规划依下列 5 点原则说明。

(1) 发展大众运输系统为主轴。社子岛规划以绿运输使用率以 80%为目标，于计划范围南北二侧设置运输服务中心，以大众运输系统路网(公交车、YouBike)覆盖全岛为原则，串连日常活动，提供岛内居民及外来访客多元完整的运输服务。通过规划完整公共运输路廊，于社子大桥及延平北路的主要联外廊道，配置 45 米、30 米道路及大众运输路廊，视开发进程、产业发展与人口规模需求规划公交车专用道、BRT、轻轨等，服务区内及联外运输需求，实践公民共享生活，满足整体大众运输所需。

(2) 以绿色运输为目标的道路功能。

(3) 全岛为交通宁静区、慢行交通优先。透过绿色运输目标的道路空间配置原则，并缩减车道使用宽度，建立完整且连续之自行车道及人行系统。

(4) 配合绿色运输为目标的停车政策。建构总量管制停车管理计划，朝向停车供给公共化；并以法定停车位折减作为车辆管制策略，计划道路则以不提供路边停车为原则。

(5) 引入新形态节能运具、共享模式。公共设施用地配合再生能源政策设置共享运具及相关设施，且优先引入电动车，以再生能源建筑供给车辆电力，提升使用便利性。

3　规划内容

3.1　完整公共运输路廊，服务区内及联外交通

社子岛规划 2 处交通转运核心，沿着大众运输廊道配置主线公交车，另有 2 条支线公交车串联岛内各区域，期望提供民众完整公共运输路廊串连日常活动，成为岛内居民区内外运输主轴(图 3)。另配合多元土地使用，满足区内日常活动需求(居住、就业、就学、购物、休闲)，降低联外交通需求。

3.2　以绿色运输为目标作道路功能规划

社子岛全岛规划为交通宁静区，以慢行交通优先的理念作为道路空间分配设计准则，建立细腻道路设计规范。全岛都市计划道路配置以考量大众运输系统、行人通道及自行车通道需求，配置道路宽度，道路以不提供路边停车为原则。

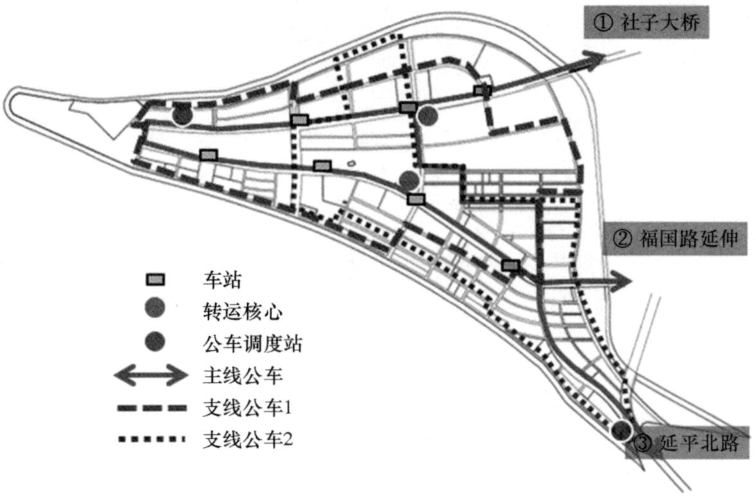

图 3　社子岛区内公共运输系统规划示意图

3.2.1　道路系统

联外道路系统含社子大桥衔接立贤路往北投士林，延平北路衔接环河北路往台北市市区，福国路延伸段跨河桥梁衔接福国路往士林(限通行大众运输、自行车及行人)。新增桥梁则以绿运输优先理念进行设计，区内联外道路、主次要道路及地区道路规划如图 4 所示。

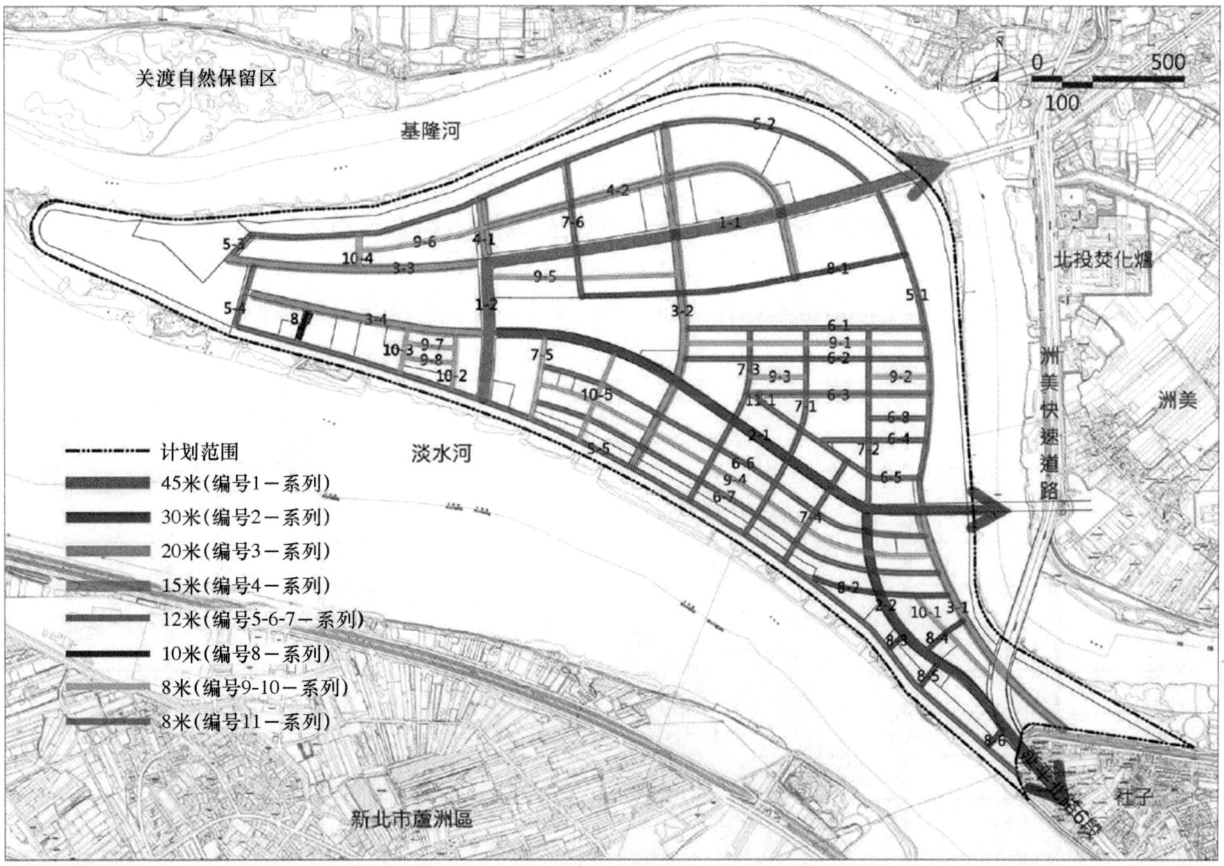

图 4　计划范围道路宽度

1) 联外道路

(1) 编号 1-1 道路(45 米)：社子岛内中央偏北侧之东西向道路，连接至社子大桥，需配合大众运输系统留设大众运输专用道。

(2) 编号 1-2 道路(45 米)：社子岛内中央之南北向道路，需配合大众运输系统留设大众运输专用道。

(3) 编号 2-1 道路(30 米)：社子岛内中央之东西向道路，连接至福国路延伸段大桥，跨基隆河衔接北投士林科技园区，需配合大众运输系统留设大众运输专用道。

(4) 编号 2-2 道路(30 米)：社子岛内南侧之南北向道路，衔接延平北路 6 段及环河北路。

2) 主要道路

提供岛内大众运输系统服务，串联南北核心区，道路宽度 15～20 米。

(1) 编号 3-1 号道路(20 米)：社子岛内东侧沿高保护堤防之环状道路，属于环岛防汛道路之一段，对外联系至洲美快速道路及社子堤防道路。

(2) 编号 3-2 号道路(20 米)：社子岛内中央南北贯串之主要道路，联系社子岛基隆河至淡水河，需将空桥系统纳入道路设计。

(3) 编号 3-3 号道路(20 米)：社子岛内东西向联系岛头地区之主要道路，东侧联结 1-1 号道路至社子大桥；需配合大众运具路线留设大众运输专用道。

(4) 编号 3-4 号道路(20 米)：社子岛内东西向联系岛头地区之主要道路，东侧联结 2-1 号道路至福国路延伸段大桥；需配合大众运输系统留设大众运输专用道。

(5) 编号 4-1 号道路(15 米)：社子岛内北侧道路，南向联系 1-2 号联外道路；东向联系 4-2 号主要道路。

(6) 编号 4-2 号道路(15 米)：社子岛内北侧道路，联系计划范围内科技产业专用区、项目住宅区，至公 5(中央生态公园)。

3) 次要、地区道路

道路宽度 8～12 米，分别有社子岛内连接公共设施、商业区、住宅区之次要道路，提供邻里单元出入之通道，以及编号 5-1 至编号 5-5 号 12 米之环岛防汛道路。

3.2.2 道路工程断面设计

(1) 社子岛内道路用地应设置人行道，提供兼具人行、自行车道、植栽绿化及生态廊道等功能，计划道路内设置之人行道得与相邻之建筑基地指定留设之带状式开放空间整体配合或设计(图 5、图 6)，提供兼具人行、植栽绿化及生态廊道等功能之考量。

(2) 社子岛内临接水岸之道路，以生态工法原则规划设置亲水步道系统，并与全区整体人行系统联系。

(3) 沿主要联外道路且面临两条道路以上之建筑基地，其地下停车场出入口不得由主要联外道路进出为原则。

(4) 指定特定大众运输站位预留土地作为停靠站区，并采退缩建筑及指定留设方式取得预留空间。

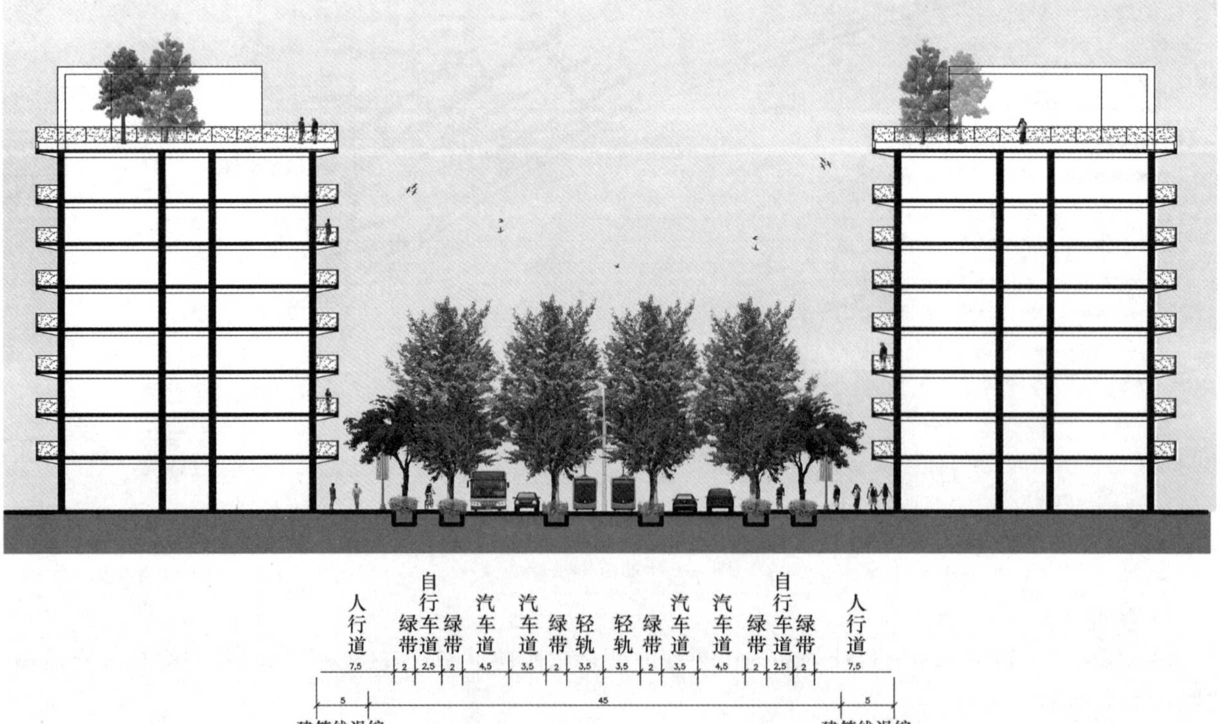

图 5　道路规划建议示意图(45 米道路)

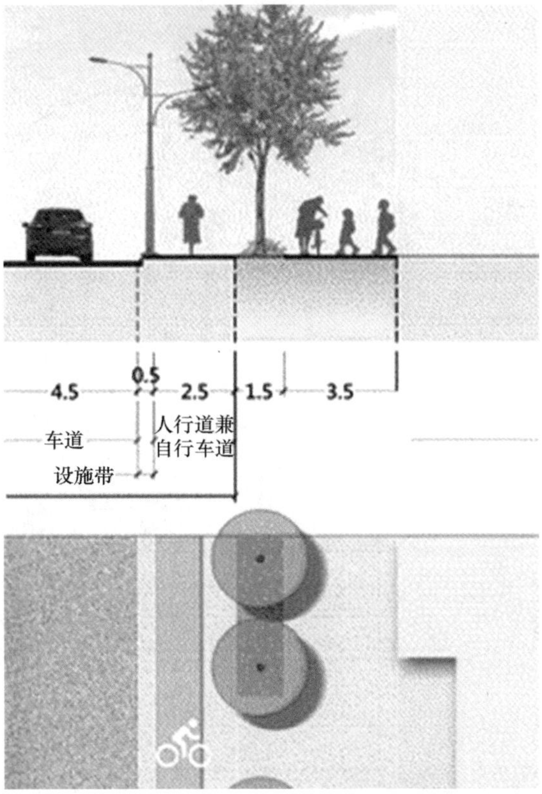

图 6　计划道路人行道及带状空间整体设计示意图

3.3　降低停车供给及公共化

社子岛现况为低度开发区域，主要道路均未划设禁止临时停车标线。因此，均允许停车。未来计划全区重新开发，为符合生态社子岛主轴及永续绿运输目标，交通规划系以提升绿运输使用为优先，停车政策则采停车供给为导向，参考台北市汽机车持有率推算计划区内停车需求，住宅区以满足停车需求为原则，法定停车格位采折减为 80%，可满足居民基本停车需求；为减少区域内私人运具使用及抑制外来私人运具进入社子岛，商业区法定停车位折减为 50%，科技产业专用区法定停车位折减为 30%。

未来岛内以降低私人运具使用需求为目标，进行法定停车位数总量控制之停车管理。岛内计划道路不提供停车，并以停车内部化处理，通过搭配完整的公交车系统、YouBike 系统、慢行环境系统，以提升未来计划地区绿运输使用率。

3.4　透过都市设计方式规划完善的慢行系统

社子岛中央公园区设计 2 座桥梁供慢行运具使用；并规划设置有南北向中央空桥及码头商业区空桥（图 7）。为维护社子岛内生活质量及强化绿色运输的服务，配合大众运输、道路及公共开放空间系统，规划完整之自行车及人行步道系统网，未来除要求岛区内基地开发时留设慢行运具至少 2 米以上通行走廊，亦于基地退缩部分留设街角广场，且道路两侧均设置实体人行道，提供行人及自行车完整的通行空间。

3.5　引入再生能源充电无污染车辆及共享模式

社子岛规划完整自行车路网系统，都市计划道路均配置自行车道，并规划绿运输廊道专供自行车及行人使用，并留设共享车辆服务站点（图 8）。全岛公共设施用地配合再生能源政策设置共享运具及相关设施；公共自行车提供民众便利无缝地衔接使用岛内公交车系统，公共租赁电动车则可提供居民在有必要使用自用车辆时的优质选择，以绿能环保的共享交通工具辅助永续运输的目标，并与停车供给管制策略相契合，减少民众对自有车辆持有的需求。

4　都市设计管制规定

为创造社子岛地区串连双河水域、社六湿地、北侧关渡平原以建立“生态廊道”之可能性，并达成全岛绿运输使用率 80%之目标，将下列交通准则纳入都市计划内，希冀通过管制要点形塑社子岛整体永续运输环境。

图 7 慢行系统设施图

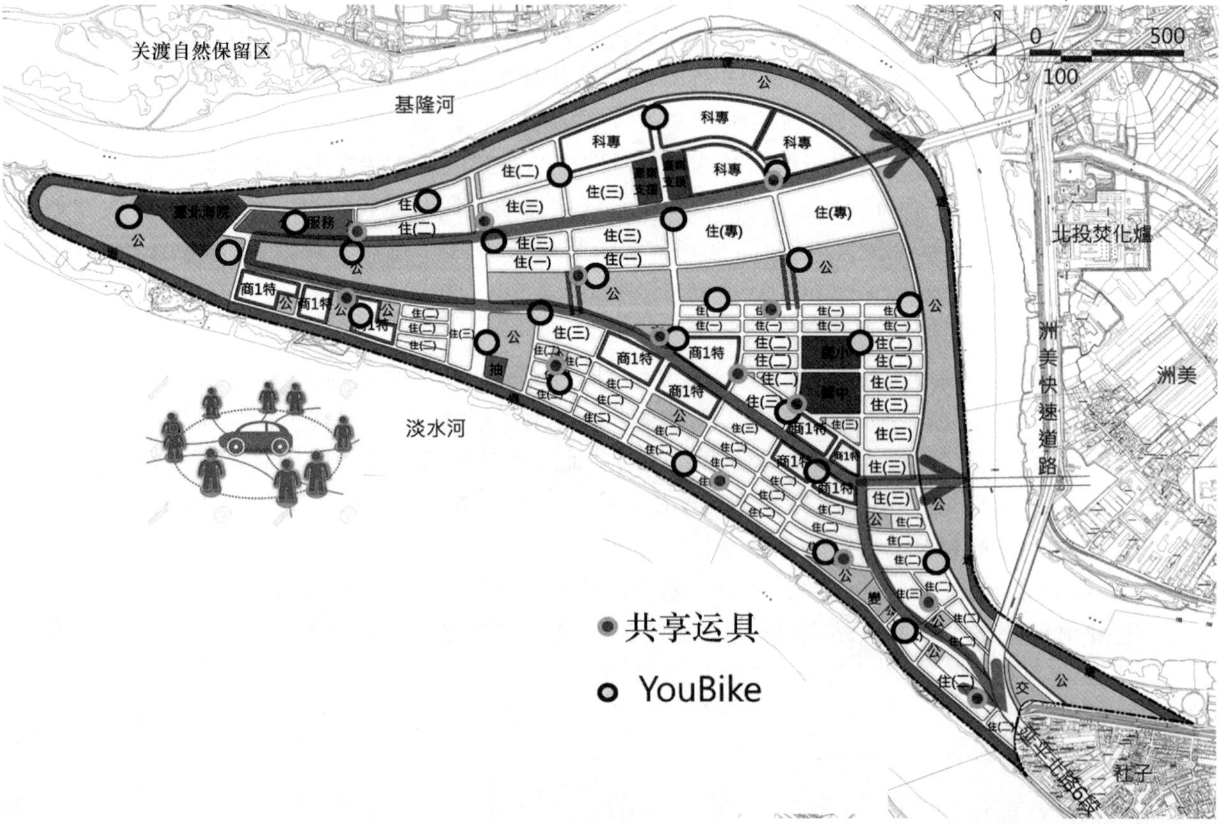

图 8 YouBike 及共享运具站点图

4.1 公共开放空间及景观系统

1）街廓及建筑基地指定留设公共开放空间系统，如图 9 所示。

2）指定留设之公共开放空间设计和各街廓及建筑基地留设之人行及自行车空间

（1）临 25 米以上计划道路之街廓及建筑基地，应于地面层自道路境界线退缩 5 米作为带状式开放空间；

（2）临 8 米，10 米，12 米，15 米，20 米计划道路之街廓及建筑基地，应自道路境界线退缩 4 米作为带状式开放空间；

（3）台北海院校地北侧，应由基地境界线退缩 10 米作为带状式开放空间；

（4）前述退缩 10 米，5 米，4 米之带状式开放空间，应自道路或基地境界线起算 1.5 米范围内栽植复层式乔木行道树，其间距不得大于 6～8 米为原则，其余空间以提供人行通道为原则；

（5）沿主要联外道路之建筑物，地面层应留设骑楼，住商混合区街廓间邻道路侧，应保留设置联系通道（如天桥、地下道或人工地盘等设施）之弹性。

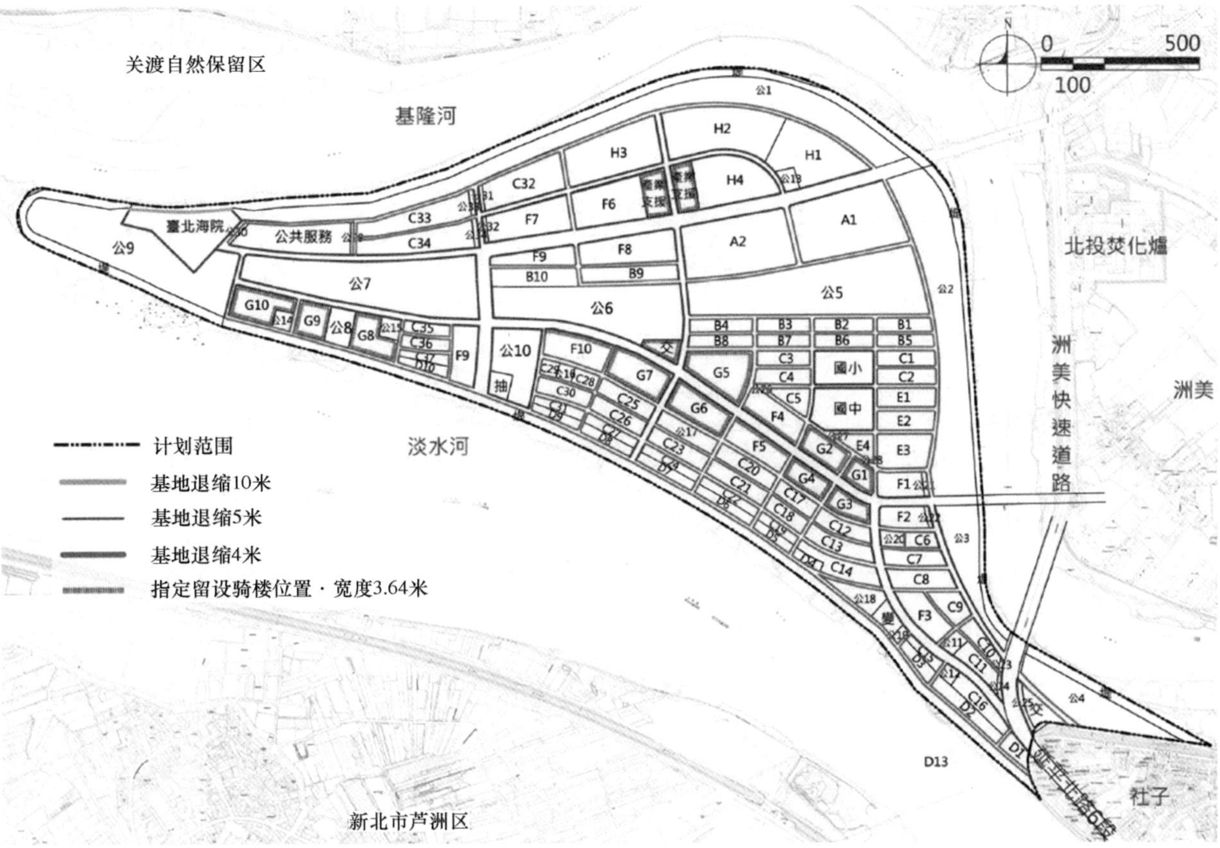

图 9　指定道路退缩与留设骑楼位置示意图

4.2　停车空间与出入口管制

（1）本计划范围朝向大众运输系统路网之规划，汽车、机车停车位管制。

① “项目住宅区”得依“台北市土地使用分区管制自治条例”规定留设法定汽车、机车停车位及装卸位，其中机车停车位 1/2 得以设置自行车停车位替代，并已设置于地面层为原则。

② “住宅区（一）、（二）、（三）”之汽、机车停车位留设数量以不得超过“台北市土地使用分区管制自治条例”规定数量之 80％为原则，且机车停车位数量之 1/2 得以设置自行车停车位替代。

③ “第一种商业区（特）”之汽、机车停车位留设数量以不得超过“台北市土地使用分区管制自治条例”规定数量之 50％为原则，且机车停车位数量之 1/2 得以设置自行车停车位替代。

④ “科技产业专用区”之汽、机车停车位留设数量以不得超过“台北市土地使用分区管制自治条例”规定数量之 30％为原则，且机车停车位数量之 1/2 得以设置自行车停车位替代。

⑤ 公有建筑建筑基地除依“台北市土地使用分区管制自治条例”规定留设法定汽、机车停车位及装卸位外，其原法定机车停车位数 1/2 之空间面积，得以规划设置地面层自行车停车位替代。

（2）基地开发之停车出入口，除基地条件限制外，不得设置于下列地点。

① 沿主要联外道路且面临两条道路以上之建筑基地，其停车场出入口不得由主要联外道路进出为原则（图 10）。

② 自道路交叉截角线、人行穿越道、通学步道、斑马线距离 5 米范围内。

③ 丁字路及其他有碍公共安全及公共交通之道路、路段及场所。

④ 紧邻绿地或公园之建筑基地，其停车场出入口以不由该绿地或公园进出为原则，以维持绿带系统之完整。

(3) 为避免停车场汽车出入利用道路作为缓冲空间，延滞道路车流，基地内应自行留设汽车进出之停等空间，并不得占用公共开放空间。

(4) 考量汽、机车车道出入口设置及周围环境交通安全，有关车道出入口缓冲空间、带状空间铺面高程应连续，但于材质、颜色上应能明确区分予以标示并设置警示号志及防滑处理，且出入口相关界面高程、尺寸应标示清楚。

图 10　建筑基地停车出入口管制示意图

5　结语

生态社子岛开发计划自规划之初，即确立大众运输导向为发展方向，依都市计划土地分区、目标居住人口数及科技产业专用区目标就业人数等资料，估算衍生交通量等交通分析，评析尖峰时段计划区内及周边主要道路容受力，配合减少区域内私人运具使用及抑制外来私人运具进入社子岛之规划方向，据以修订区内联外道路系统、计划道路配置、大众运输廊道。

透过提供多元公共运输服务、共享运具、法定停车位数总量控制之停车管理、土地使用等多项政策，搭配区内完整公交车系统、YouBike、慢行环境系统，并预留共享车辆之服务站点，除提供科专区就业者便利的交通服务外，希望透过一系列完整的大众运输配套措施，达成社子岛绿运输使用率 80% 目标，期能强化社子岛永续之交通运输发展。

参考文献

[1]　台北市政府. 变更台北市士林社子岛地区主要计划案(草案)[R]. 2016.

[2]　台北市政府. 变更台北市士林社子岛地区细部计划案(草案)[R]. 2016.

[3]　台北市政府地政局土地开发总队台北市士林区社子岛地区开发计划环境影响说明书(初稿)[R]. 台北：台北市政府地政局土地开发总队，2017.

基于都市慢行活力重塑为导向的创新性绿道研究

——以上海市长宁区西部自行车绿道规划为例

Innovative Research with Multi-functional Bicycle Greenway Based on Restoring City Vitality

— A Case study of Changning West Bicycle Greenway in Shanghai

黄江锋　杨熙宇　鲍征飞

摘　要：近年来，随着市民休闲健身的观念逐渐提高，长宁区体育基础设施供不应求，规划体育用地面积受限，市民锻炼需求无法得到满足。以上海市长宁区西部自行车绿道为研究载体，提出"平赛合一"的规划理念，探讨城市中心城区特色的城市绿道建设模式，为城市中心区更新提升探求新思路。

关键词：自行车绿道；规划；概念提升

Abstract: In recent years, citizens in Shanghai have raised the awareness of fitness gradually. However, the desire can't be satisfied because of the lack of sports facilities and the limit of planning land. Based on the bicycle greenway of Shanghai, a concept that the greenway can be specially designed for both races and daily life is proposed, by discussing the characteristic mode of greenways in city center, in order to seek a new idea for updating the heart of city.

Keywords: bicycle greenways; planning; conceptive promotion

1　引言

纵观绿道发展史，社会对绿道的关注点随时间层层递进。19 世纪，绿道是指公园道和绿化带的结合，并向公众提供景色优美的道路休闲娱乐。20 世纪 60 年代，绿道所产生的经济功能、环境教育功能、历史和审美功能得到社会重视。20 世纪 80 年代以后，社会更加关注绿道的生态价值。如今，绿道的社会功能被提上日程，而随着土地获得难度的增加，单一目标的绿道往往很难实现，多目标的绿道其各功能之间常常存在冲突[1]。这种冲突在城市绿道中表现最为明显，城市绿道主要连接城市里的公园、广场、游憩空间和风景名胜，由于用地限制，城市绿道的景观作用被削弱，大多仅起连接作用，使用功能单一，管理模式缺乏灵活性。本文以长宁区西部自行车绿道为例，从功能拓展和管理创新方面，提升城市自行车绿道概念。

近年来，长宁区市民体育健身休闲的愿望日益高涨，社会体育娱乐消费的需求快速增长，但是长宁社会体育基础设施稀缺，体育场地总面积位列上海所有区县倒数第 2 位，仅高于静安区；人均体育场地面积位列上海所有区县倒数第 3 位，仅高于普陀区和原闸北区。这使长宁区建设社会体育基础设施的任务迫在眉睫，而城市用地又大大局限了体育基础设施的建设，利用现有市政道路发展自行车绿道，成为长宁区发展体育基础设施的最佳途径。长宁区北靠苏州河，南至上海动物园，西临上海外环绿带，东至淞虹路，毗邻虹桥枢纽中心，地铁 2 号、10 号、13 号线附近穿过，交通区位优越，拥有七大特色主题公园、苏州河滨江绿带等休闲旅游景点；虹桥临空经济园区包含众多企业总部、SOHO 等大型办公区，新乐汇美食公园、神州智慧天地等大型商业服务组团。商业基础丰富、人流量大，这为长宁区西部提供了最合适的自行车绿道示范区的建设条件(图 1)。长宁区还曾举办过自行车体育赛事，这给长宁区自行车绿道"平赛合一"的概念奠定了基础。"平赛合一"自行车绿道突破原有自行车绿道的概念，创新地集平时休闲运动功能与

作者简介：黄江锋，上海林同炎李国豪土建工程咨询有限公司，大学学士。
杨熙宇，上海林同炎李国豪土建工程咨询有限公司，博士研究生。
鲍征飞，上海林同炎李国豪土建工程咨询有限公司，硕士研究生。

自行车赛事场地功能为一体，拓展城市自行车绿道的功能层次。研究成果对城市自行车绿道的概念革新、功能拓展具有积极意义。

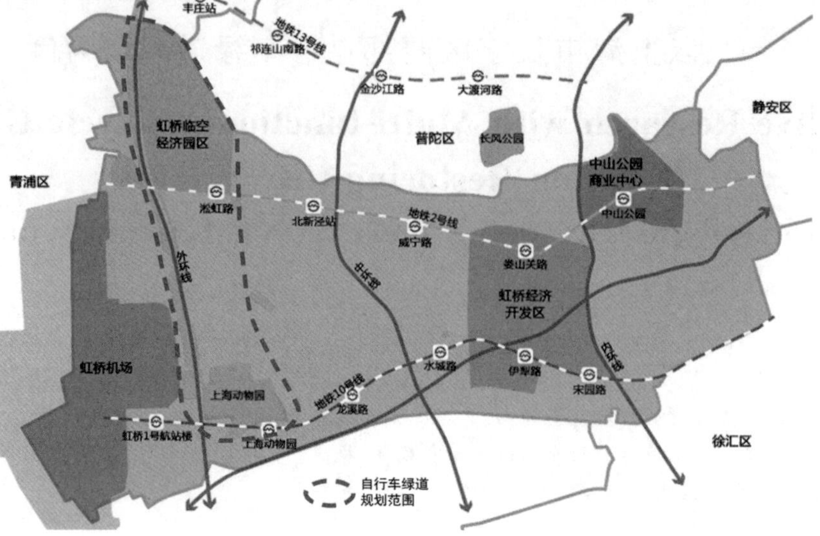

图1　长宁区区位图

2　建设目标及规划理念

2.1　建设目标

将长宁区西部建设成为一个全国领先的“平赛合一”自行车绿道示范区、一块新兴体育健康休闲基地、一片都市文化重塑的示范区，使自行车绿道成为长宁区社会基础事业发展的品牌性项目。

2.2　规划理念

(1) 通过自行车绿道建设，串联长宁西部七大主题公园、临空商务办公组团、各大商业休闲中心和星级酒店等众多分散的功能节点，实现片区多功能整合，发挥其综合效益，并提供平时市民休闲健身娱乐的慢行环境。

(2) 为了满足现在日益高涨的体育竞技需求，将自行车绿道建设成为平时能够供市民休闲健身娱乐需要，赛时能够提供体育竞技比赛场地需求的“平赛合一”绿道，发挥城市自行车绿道的特色功能，带动区域的价值提升。

(3) 配套建设以公共自行车为主的空间接驳系统，衔接轨道、公交等公共交通系统和各功能节点，为临空经济园区内大量白领解决上下班通勤“最后一公里”的问题并缩短多功能节点分散布局的空间距离。

(4) 通过休闲绿道系统、赛事绿道系统、空间接驳系统三大系统构建的人流集聚和循环，振兴片区商业活力，带动产业发展。

3　自行车绿道系统规划

以一个“平赛合一”自行车绿道示范区为建设目标，规划休闲绿道系统、赛事绿道系统、空间接驳系统这三大系统(图2)。

3.1　休闲绿道系统，满足平时健身休闲娱乐的需求

根据功能节点的分布和线路选择，规划形成“一环两横三纵”的休闲绿道系统，总长约24公里，其中包含开放式自行车绿道和独立式自行车绿道(表1、表2)。

开放式自行车绿道建设以现有市政道路为基础，拟对现有自行车道进行铺装改造，增设自行车绿道标识系统，并对沿街道路景观提升改造和10处驿站的功能提升改造。

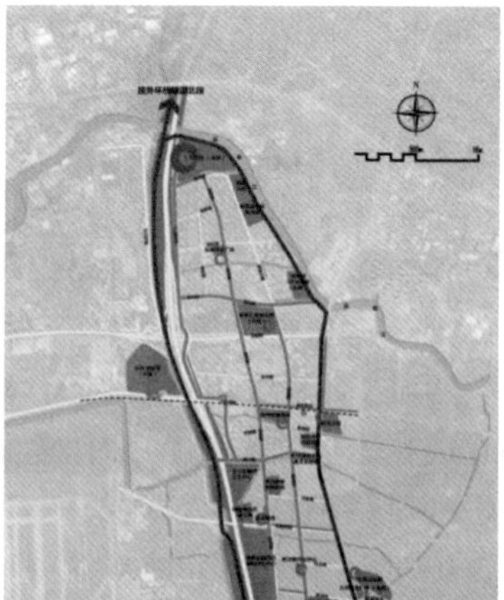

图2　自行车绿道系统规划图

独立式自行车绿道分为两段，其中滨江段总长2.1公里，以1号公园、

2 号公园、苏州河 50 米林带现有或拟建的 3～6 米的防汛通道为基础，再通过 3 个过河桥梁进行连通，作为平时休闲使用；外环绿带段总长 5 公里，不仅供平时休闲使用，也是赛事的主选线，宽度需保持 6 米，对现有环绿路、北祥路及已有绿带内道路或防汛通道进行改造提升，局部拓宽和新建，以过街天桥方式下穿北翟路高架、以潜埋式地道方式通过天山西路、新建桥梁下穿仙霞西路高架，整体保持自行车绿道的连续性。

表 1　　自行车绿道系统规划统计表

类型	区段	包含道路	宽度/m	长度/m	备注
独立式自行车绿道	滨江段	1 号公园、2 号公园、苏州河 50 米绿带防汛通道	3～6	2 100	道路宽度较窄，不做赛事线路选择
	外环绿带段	环绿路、北祥路、外环绿带内部道路	6	5 000	道路通畅且无机动车，是赛事主选线
开放式自行车绿道	市政道路段	新潮路南段、金浜路、广顺路、福泉北路、福泉路、通协路、临华路、协和路、泉口路、广顺北路、淞虹路	2.5～3.5	16 900	赛时需进行机动车管制，择优进行赛时路线选择

表 2　　自行车绿道驿站系统规划统计表

类型	位置	规划功能	面积/m^2
一级驿站	1 号公园对面闲置用房，共 1 处	公共停车场、信息咨询亭、餐饮点、医疗点、零售亭、行人休憩点、自行车服务区、公共自行车、公共厕所、治安点、消防点	500
二级驿站	400 米林带体育公园，共 1 处	公共停车场、零售亭、自行车服务区、公共自行车、行人休憩点、公共厕所、治安点	120
三级驿站	仙霞西路协和路路口修车点、环绿路南、弘基休闲广场、新乐汇美食公园、新泾公园、神州智慧天地、中新泾公园、社区文化中心，共 8 处	行人休憩点、零售亭、公共自行车	50

3.2 体育赛事系统，提供体育竞技场地的需求

体育赛事系统由部分开放式自行车绿道和外环绿带段独立式自行车绿道组成，拟进行马拉松赛事、公路自行车赛或其他公路赛事，其中公路自行车赛赛道宽度一般不少于 6 米。大型赛事起讫点拟选址为一级驿站位置，采用广顺北路苏州河至通协路段 1.4 公里的直道。

开放式自行车绿道选线以"低交通影响"为原则，选线以支路为主，加上外环绿带段独立式自行车绿道，选定了两个大环赛事方案，两个小环赛事方案和一个独立式赛道方案作为赛事线路选择方案，分别为 12.9 公里、11.1 公里、3.3 公里、5.1 公里和 5.0 公里，依据不同的赛事进行选择。其中 21 公里的半程马拉松赛事可通过选择两圈两个大环选线的方案进行；公路自行车赛个人赛和团体赛依据比赛的规模大小进行大小线路的选择；5 公里独立式赛段可以进行一些不需成环的跑步或自行车赛事（表 3、图 3）。

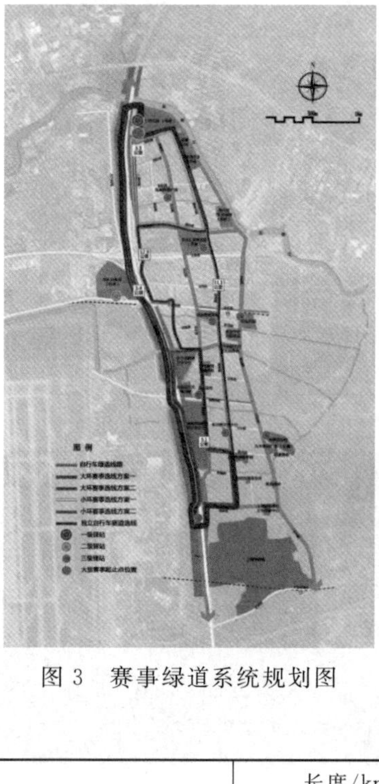

图 3　赛事绿道系统规划图

表 3　　体育赛事线路规划表

类型	途经道路	长度/km
大环赛事选线方案一	外环绿带段独立式赛段、广顺北路、临华路、福泉北路、通协路、广顺北路、广顺路、泉口路、协和路、新泾路、福泉路、金浜路	12.9
大环赛事选线方案二	外环绿带段独立式赛段、广顺北路、临华路、福泉北路、福泉路、金浜路	11.1
小环赛事选线方案一	临华路、福泉北路、通协路、广顺北路	3.3
小环赛事选线方案二	泉口路、协和路、新泾路、福泉路、金浜路、环绿路、北祥路	5.1
独立式路段选线	外环绿带段独立式赛道（包含北祥路、环绿路）	5.0

3.3 空间接驳系统,提供上下班通勤接驳和旅游休闲接驳功能

规划区北部临空园区商务办公集聚,周边则居住组团密集,上下班通勤的需求旺盛,需要有一个公共自行车为主的空间接驳系统来解决之间的通勤需求和公共交通“最后一公里”的接驳问题。另外,也为到片区休闲旅游、参加赛事的人群提供集散的工具。公共自行车规划选点主要依托公共交通集散中心,再结合自行车驿站、商务办公组团、居住组团和重要节点按一定服务半径分配,共规划 25 处公共自行车租赁点(图 4)。

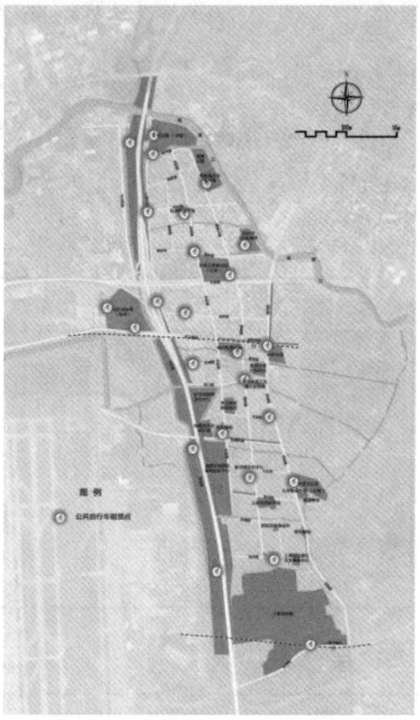

图 4 空间接驳系统规划图

4 自行车绿道系统建设、维护及管理

4.1 自行车绿道建设

4.1.1 开放式自行车绿道施工

开放式自行车绿道与原有市政道路结合,在原有非机动车道上进行改造。

综合考虑投资与工期要求,自行车绿道采用彩色沥青混凝土面层,施工工艺较为简单。施工过程:对现状非机动车道进行铣刨,喷洒乳化沥青,使新摊路面与下层能完全黏结,最后进行彩色沥青路面施工(图 5)。在人行道上按一定间距设置标志标牌,并对沿街绿化进行改造(图 6)。

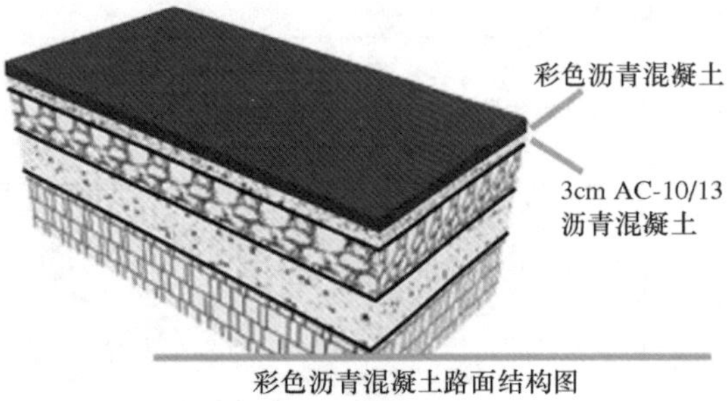

图 5 彩色沥青混凝土路面结构图

图 6 开放式自行车绿道效果图

4.1.2 独立式自行车绿道施工

独立式自行车绿道结合现有绿带进行建设,独立式绿道分为公园段和绿带段,公园段道路较为完整,施工时保持原有路宽改造,并进行绿化改造;绿带段开发程度低,道路现状较差,施工时应拓宽原有道路至 6 米,并对不连续的绿带段进行改造,公园段和绿道段均采用彩色沥青路面。独立式绿道景观建设,根据地形分为滨水段、林地段和草地段,使市民有移步换景之感(图 7—图 9)。

图 7 滨水段效果图

图 8 林地段效果图

图 9 草地段效果图

4.2 自行车绿道交叉口建设

为保持绿道连续性与美观,在经过的各个交叉路口均采取全铺式彩色沥青混凝土进行改造。重新整合原有斑马线,采用绿道式人行过街通道。人行绿道与交叉口全铺式绿道采用有明显色差的彩色沥青,提醒进入交叉口的车辆注意行人,在进入交叉口前进行绿道交叉口预告。由于非机动车右转不受信号灯控制,在右转绿道处易与行人发生冲突,减少交叉口处不必要的公用设施,清除右转的视野障碍,减少安全隐患。

4.3　自行车绿道体系维护

绿道维护关系到公用设施寿命和社会满意度。国内绿道建设维护主要是“自上而下”的政府行为，项目实施主体为地方政府及其各组成部门，个体或私人组织在绿道建设中参与程度较低，仅在后期运营中有所参与[2]。美国绿道建设维护由国家公园管理局主要负责，社会的非营利组织也积极参加响应，政府与社会的作用相辅相成，使美国绿道蓬勃发展。长宁区两种自行车绿道，所处位置不同，发挥的主要作用存在差异，使用程度相差明显。在自行车绿道维护方面，应采用不同的维护模式。

4.3.1　独立式自行车绿道维护

独立式自行车绿道位置较偏，使用频率低，路网总长度小，但跨度范围大，不利于政府集中维护管理，应采用社会为主、政府为辅的维护模式。政府通过绿道标识标牌等措施诱导社会对绿道进行自觉维护，社会人员通过集中自发性维护行为(如社会公益活动、遵守绿道法规等)，保护自行车绿道。

4.3.2　开放式自行车绿道维护

开放式自行车绿道使用频率高，路网总长度大，且区域集中，利于政府集中维护管理。采用政府为主、社会为辅的维护模式。政府通过公益广告、社会通知、法律法规等措施使社会人员对绿道进行自觉维护，并定期对绿道进行集中维护，社会人员通过自发性维护行为，保护自行车绿道。

政府集中可行的维护措施：

(1) 开放式自行车绿道的磨损掉色现象较普遍，根据开放式绿道疲劳损坏程度，定期对绿道维护。

(2) 夏季高温时，利用道路洒水车对沿街自行车绿道进行降温处理。冬季积雪时，及时利用撒盐、铲扫等措施除雪。

(3) 在绿化不足的人行道处，增加成型行道树，形成绿化景观。一方面避免阳光直射，发生路面发软或推移破乳化沥青的现象而降低绿道寿命，另一方面改善城市市容，提高出行舒适度。

(4) 在开放式自行车绿道途中，增加环境卫生基础设施，间接维护绿道。

4.4　自行车绿道管理

4.4.1　独立式自行车绿道平时管理

独立式自行车绿道跨度范围大，应禁止擅自占用区域绿道或者改变绿道用途；禁止在绿道控制区范围内新建、扩建、改建不符合规划要求的各类建筑物、构筑物，现有的不符合管制要求的建筑物、构筑物及其他设施，应当逐步迁出；因生产和管理需要进行树木抚育、更新、改造的，应经相关部门会审同意，报法定审批机关批准后方可实施[3]。此外，独立式绿道靠近外环高速，地理环境较为偏僻，应建立完善的监控网络，保证绿道使用安全与长久。

4.4.2　开放式自行车绿道平时管理

开放式绿道对外开放度高，使用率高，监管难度大。对于此类道路，欧洲国家广泛采用人车非分离的街道形式与管理制度，例如荷兰的生活化道路“乌纳夫”(Woonerf)，通过缩减机动车道数量，配合绿化设施设计，将道路空间改造为植物景观丰富的生活性道路，迫使机动车慢速行驶[4]，从而降低安全隐患，达到管理目的。但是上海人口基数大，长宁区生活性城市支路行人与车辆较多，交通状况复杂，人车混行存在较大的安全隐患，人车非分离的街道形式与管理制度难以实施。开放式自行车绿道管理模式应另辟蹊径。

明确路权对自行车绿道管理制度有先决作用。我国交通法规中对路权没有进行明确定义，但在路权原则上有所规定。其中非机动车没有特殊优先权。针对开放式自行车绿道，非机动车之间应予以分级。自行车路权大于电动车、助力车、三轮车等路权，并对电动车、助力车等进行限速。非机动车驶入绿道交叉口时，禁止驶入人行绿道，自行车可以推行进入交叉口人行绿道。

为保障路权且最大利用自行车绿道，建议开放式自行车绿道可以采用分时段管理制度：

(1) 早晨7点至晚上8点，社会人员活动频繁，自行车绿道仅对非机动车开放。晚上8点以后，自行车绿道暂时对夜跑锻炼的市民开放。道路照明系统可以保证夜跑市民的安全。当非机动车与行人相遇时，非机动车主动示意并礼让行人，人权大于车权。

(2) 开放式绿道存在多条自行车绿道与机动车道之间未设置隔离带的生活化道路(如泉口路、金滨路、协和路)，且道路靠近小区，机动车占道停车时有发生。为最大利用绿道，早晨6点至晚上23点，禁止机动车非法占道行驶或停车，保证市民正常出行及锻炼不受限制；晚上23点至次日6点，允许借道停车以缓解小区停车难的问题。因自行车绿道被占用无法在本车道内行驶的非机动车，可以在受阻的路段借用相邻的机动车道行驶并在驶过被占用路段后迅速驶回非机动车道，机动车遇此情况应当减速让行[5]。

5 “平赛”体系转换管理

5.1 独立式自行车绿道“平赛转换”

独立式绿道与城市道路分离，连接公园节点，道路两边为绿化带。赛时整个道路作为比赛道路，无信号灯控制，管制较为简单。观众席设置在赛道起点和讫点，利用遥控航拍或汽车跟拍，在起讫点进行直播。比赛期间，除直播车辆外禁止其他车辆进入赛道范围。参与保障比赛的工作用车、执勤车辆，停放在赛事起点或终点且不影响车辆通行的地方。

以大环赛事选线一为例，大环赛事是由独立式绿道与开放式绿道组合而成，赛道起讫点设置在一号公园大型驿站处，采取顺时针赛道方向，其中独立式绿道作为冲刺段，以过街天桥方式下穿北翟路高架、以潜埋式地道方式通过天山西路、新建桥梁下穿仙霞西路高架，对外交通影响较小，将整幅道路作为比赛道路。开放式绿道部分经过临华路→福泉北路→通协路→广顺北路→泉口路→协和路，交通流量较小，采取整幅道路作为比赛道路。开放式绿道穿过协和路节点，赛时需要进行重点交通管制，过境车流可以从北翟路和天山西路分流。沿途设有三个三级驿站和一个二级驿站，方便游客及运动员补给。此外，医疗急救点和志愿者裁判沿赛道布置，交警在重要节点处进行管制，防止意外发生（图10）。

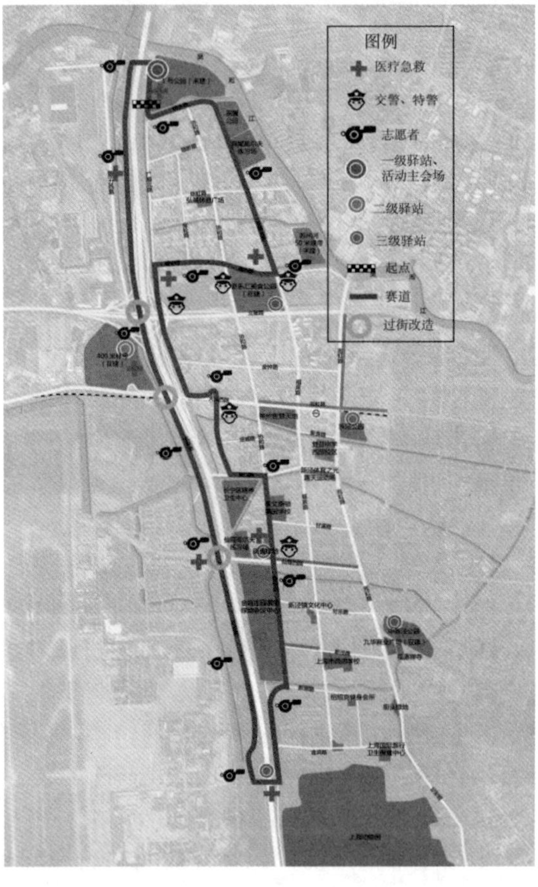

图10 大环赛事选线——转换体系图

5.2 开放式自行车绿道“平赛转换”

开放式绿道利用城市道路进行规划建设。赛时需进行区域交通管制，将整幅流量较小的支路（如泉口路等）作为比赛道路，对于流量较大的主干路或经过住宅小区出入口的道路（如淞虹路等）实行赛时半封闭，即占用半幅道路作为比赛道路，预留住宅小区出入口。观众席可设置在沿途人行道处，比赛直播同独立式自行车绿道。赛事前，应尽早通知赛道范围内办公、住宅区域，避免比赛当天给范围内社会活动带来不便。比赛期间，比赛路段沿线单位、个人提前做好车辆停放及生活事宜的安排，严禁任何单位、个人驾驶的各类车辆在禁停路段停放，参与保障比赛的工作用车、执勤车辆停放在赛事路段以外停车场或不影响车辆通行的地方。

以小环赛事选线方案一为例，赛道起点设置在一号公园大型驿站处，赛道为广顺北路-通协路-福泉北路-临华路，采取逆时针的赛道方向，整幅道路作为比赛道路。在广顺北路—通协路、协和路—通协路、福泉北路—通协路三个交叉口派遣交警、特警对进出区域口进行交通管制及安全检查。赛道沿线按相应间隔设置志愿者裁判，在重要交叉节点处设置医疗急救点(图11)。

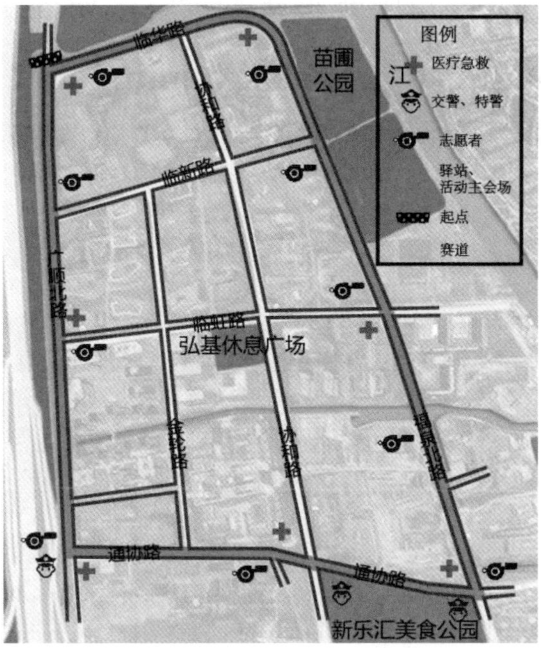

图11 小环赛事选线——转换体系图

6 结语

通过对长宁区西部自行车绿道的规划研究，突破传统自行车绿道单一模式，将市政道路与自行车绿道结合，整合沿线片区资源，盘活区域联系，拓展其公路赛事的功能，创新提出自行车绿道“平赛合一”概念，并对自行车绿道维护管理机制和“平赛转换”理念提出了合理易行的实行方法。本研究是对“平赛合一”自行车绿道理念的初探，研究对象也有特殊性，提出的管理建议仍有不足之处，应根据自行车绿道试行期间路况及市民的遵守情况进行深入研究。

参考文献

[1] 周年兴，俞孔坚，黄震方. 绿道及其研究进展[J]. 生态学报，2006，26(9):3108-3116.

[2] 冉鑫，舒婷. 中、美绿道建设与维护机制比较研究[J]. 特区经济，2013(9):59-60.

[3] 郭建华，高磊，黄卓，等. 绿道管理机制初探——以珠三角绿道网为例[J]. 南方建筑，2010(04):44-46.

[4] 郭建华，吴昊.《绿道连接线建设及绿道与道路交叉路段建设技术指引》解读[J]. 城市交通，2012，10(4):19-23.

[5] 杨永勤，于泉，刘小明. 城市道路交叉口路权研究[J]. 道路交通与安全，2005(4):20-23.

台湾都市人本交通

——通学步道规划设计之研究

A Study of Safe Routes to Schools Planning and Design for Human — Oriented Transport for Urban Area in Taiwan

孟晓兰　邓大光

摘　要:通学步道规划设计于都市人本交通理念中属于实现"人性关怀"的一环,目的系为提供安全的通学路径以降低学童进出校园过程中发生交通事故之几率。从都市人本交通环境角度来检视,通学道设置之内容与精神与都市人行环境规划设计之内涵相比较,二者之间并无差异。因此,我们可以将推动通学道视为建构整体都市人本交通环境的一部分,透过:点——从邻里交通改善与交通宁静区出发;线—— 建置学区通学道路径进行串连;面—— 结合成整体人本交通都市人行环境目标期能透过落实人性关怀之都市空间,以永续、安全的交通思维,来建构以人为本的宜居生活环境。
关键词:人本交通;通学步道

Abstract: The planning and design of safe routes to schools is part of the conception of "human care" in the human-oriented transportation concept for urban area. The purpose is to provide a safe path to reduce the possibility of traffic accidents when students enter and leave the campus. The content and intention of safe routes to schools is no different from the one of urban environmental design for pedestrians. Therefore, we can incorporate the campaign of the safe routes to schools into overall development of human-oriented transportation for urban area through: Point — Starting from the improvement of neighborhood traffic condition and traffic calming zone. Beeline — Connecting all safe routes within school districts. Plane — Integrating with overall urban environmental planning and design for pedestrians. The objective is to develop a human friendly living environment with sustainable human care and safe traffic in mind.
Keywords: Human-oriented transportation; Safe routes to schools

1　前言

通学步道规划设计于都市人本交通理念中属于实现"人性关怀"的一环,目的系为提供安全的通学路径以降低学童进出校园过程中发生交通事故之几率。从都市人本交通环境角度来检视,通学道设置之内容与精神与都市人行环境规划设计之内涵相比较,二者之间并无差异(表 1),因此,我们可以将推动通学道视为建构整体都市人本交通环境的一部分,通过:

点——从邻里交通改善与交通宁静区出发;

线——建置学区注 1 通学道路径进行串连;

面——结合成整体人本交通都市人行环境。

期能透过落实人性关怀之都市空间,以永续、安全的交通思维,来建构以人为本的宜居生活环境。

表 1　　都市人行环境与通学道核心项目比较表

项次	核心项目	人本交通都市人行环境	通学道
1	主体对象	以各类型人为主体对象	身份以学生/老师/家长为主要对象,亦涵盖各类型人
2	空间范围	都市人行环境	学生出入校园之主要路径
3	目标	兼顾环境的负荷与民众安全,以绿色交通的建设思维,来达到以人为本的交通环境	提供安全的通学路径以降低学童进出校园过程中发生意外事故之几率

资料来源:本研究绘制

作者简介:孟晓兰,台湾世曦工程顾问公司运输土木部副理。
邓大光,台湾世曦工程顾问公司运输土木部正工程师。

1.1　研究动机与目的

1.1.1　研究动机

依据台湾教育事务主管部门2015年各级学校校园安全及灾害事件分析报告统计，学生意外事件以校外交通事件所占比例为最高（全年共计6975人次），事故地点多发生在居家与学校周边环境，事故时间多为学童上下学时段。因此，通学环境设置与通学环境安全性之改善有其重要性。期盼透过现况检讨改善实质环境，推广安全通学促进学童健康进而达到健康城市的环境指标与永续运输的目标。

1.1.2　研究目的

基于上述研究动机说明，本文研究目的：通过文献回顾、通学步道之相关政策、理论与相关案例分析，了解通学步道现况课题，并提出改善建议。

1.2　研究内容与方法

1.2.1　研究内容

本研究之内容包含：文献回顾、相关理论说明、评估指标探讨、通学步道规划流程、通学步道空间案例以及结论与建议。

1.2.2　研究方法

本研究方法借助文献搜集法、实证调查法与归纳分析法来厘清通学道基本定义，并针对通学道建置环境现况及空间相关课题提出有关通学道建置考量因素、通学道的规划设计准则作为日后相关道路规范设定之参考。

2　文献回顾与相关理论

2.1　人本交通

人本交通中的“人本”来自“人本主义（Humanism）”，基本意涵为一种强调伦理、理性及慈悲的生活方式，以人类的生活经验为依据，透过理性与科学的方法来探讨人类的价值与自我实现。人本交通基于这样的概念为基础，以“人为本位，追求人类永续美好生活”作为基本定义，同时考量交通发展需以“人”作为发展取向。因此，取Humanity-Oriented来界定“人本”意涵，以符合交通实质环境建设之理念。

2.1.1　都市人本交通理念沟化

“人本交通”的发展概念，主要起因于“车本交通”发展所带来环境之负面影响，进而随着思考重点的转变而来（表2）。随着经济建设、都市发展以及社会人口结构改变等因素，市区道路解决交通问题之功能性，从以往“车辆”为道路空间主角的观念，逐渐转变为以人为空间主角之思考模式，透过强调人性化之都市空间与运输系统来兼顾民众的安全与环境的负荷，希望成就出以人为本来思考的生活与交通环境。人本交通理念包含（表3）。

表2　　车本交通与人本交通理念比较表

主题比较 \ 交通理念		车本交通	人本交通
1	空间主体	空间规划以机动车辆为主体考量	空间规划以人为主体考量（图1）
2	优先级	主干道优先、直行优先	以行人为最优先，其次依序为自行车、大众运输工具与私人运具（图2）
3	运输目标	追求高效率与便利性	追求可靠性与亲和性
4	友善性	易产生交通壅塞、路口延滞等交通问题，使道路服务水平下降	以较高运量大众运具因应使用需求，节省道路使用比率
5	能源消耗	大量消耗非再生能源	以使用自然能之运具为主，力求低耗能
6	污染性	污染性较高	主要使用绿色运具，讲求低污染
7	景观性	整体景观容易造成破坏	整体景观在设计时被纳入考量
8	事故冲击性	车辆间、车辆与使用者间易发生交通冲突与事故	重视各运具使用者之安全

资料来源：本研究整理

表 3 人本交通理念说明表

人本交通理念		理念说明
1	在地生活化	检讨区域道路系统，透过交通设施、安全教育倡导，创造在地生活、通学用路空间，提供安全、健康与舒适的通勤环境
2	人性化	追求社会公平性，考量老弱妇孺及身心障碍者，确保满足民众对于行的基本需求
3	绿色（节能减碳）设计	借助运输相关配套措施（运输需求管理、停车管理、土地使用及景观规划等）与智能型运输系统（Intelligent Transportation System，ITS），以降低运输活动衍生的环境冲击
4	环境永续	发展低污染、低耗能的运输系统以减少对环境质量的危害

资料来源：本研究整理

1. 在地生活化：检讨区域道路系统，透过交通设施、安全教育倡导，创造在地生活、通学用路空间，提供安全、健康与舒适的通勤环境。

2. 人性化：追求社会公平性，考量老弱妇孺及身心障碍者，确保满足民众对于行的基本需求。

3. 绿色（节能减碳）设计：借助运输相关配套措施（运输需求管理、停车管理、土地使用及景观规划等）与智能型运输系统（Intelligent Transportation System，ITS），以降低运输活动衍生的环境冲击。

4. 环境永续：发展低污染、低耗能的运输系统以减少对环境质量的危害。

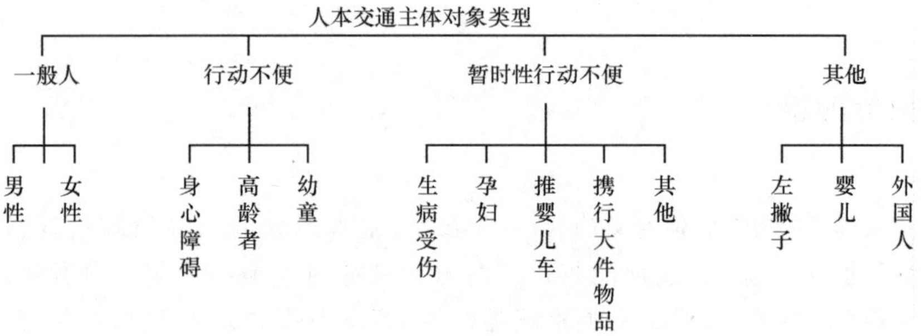

图 1 人本交通主体对象类型分类图
资料来源：本研究绘制

图 2 人本交通主体考量优先级说明图
资料来源：本研究绘制

2.2 通学步道

通学道设置主要目的是为了提供安全的通学路径，以降低学童交通事故之发生几率。

2.2.1 定义与范围界定

1）定义

在学区范围内，规划设计作为学生出入校园之主要路径。

2）范围界定

通学道范围界定以民众教育或义务教育阶段招收学龄儿童的居住范围为通学道设定范围。

2.2.2 通学步道建置考量课题

由于通学道与学校区位之选定并无明确法令规范与规划制度，遂易造成学区被主次要干道穿越、通学道未能有系统地架构、且无适当之步行设施管理制度。加上民众的守法性不足，常使人行道或骑楼等步行空间被侵占，导致学校管理及维护学童上下学交通安全之措施无法落实，影响学童之交通安全，上述情况已成为现有通学道在建置与维护管理上之重要课题。有关通学道建置之考量课题说明如下：

1）影响通学道建置之因素

通学道需要考量之因素及说明(表 4)。可作为实施通学道前之初步定性评估考量。

表 4　　通学道建置考量因素与说明

项次	考量因素	说明
1	通学道实施区位	交通环境越复杂、车流量越大之处，步行学童的交通安全越受到威胁，故理应越加强通学步道之实施；但实际上，交通环境复杂处不仅不易设置通学步道，易因降低居民之行车与停车便利性而遭反对，且通学道之实施成效更会因为交通环境之复杂而降低
2	通学道实施方式	通学道的实施成效与其施作的交通工程有直接关系，适当的设置方式将有效地告知驾驶人通学步道的位置，并促使其遵守规定，进而提高实施成效；然而交通工程手段有时却不易使驾驶人知晓此地为通学道，须借助人力辅助。所以在交通工程的施作上，是否能采取较为明显、突出的工程手法，将成为通学步道功能否发挥的关键因素
3	通学道民众参与程度	通学步道的实施必须经由多方之沟通与配合可有所成效，若能经过与居民之沟通与协调，取得维护学童安全优先之共识后，方可促成通学步道实施之成效。

资料来源：本研究整理

2）通学道规划困难点

通学道规划困难点及说明(表 5)。可作为实施通学道单位协调及民众沟通的主要课题。

表 5　　通学道规划困难点及说明

项次	困难点	说明
1	现阶段通学道计划有一相同的趋势即强调沿着校园围墙的人行步道之安全性、舒适性与美观性，以符合学生之使用需求、家长接送之便利与安全，并兼顾都市景观美感。然而通学道人行用地从何而来	社区发展团体认为校方应以校地退缩使用，以维护校外之停车需求，但校方却认为校地不敷使用，退缩实为困难等争议，故台湾地区对于通学道之规划，在学童通学之交通安全与地方居民之便利性上仍为待解决之议题
2	学童的交通安全与居民的便利性之间权衡取舍的关系	学童需要的是明确的人车动线与舒适的人行空间，以避免与车争道以及突如其来的车流而发生人车冲突；另一方面，居民需要的是便利的行车动线与充足的停车空间。然而在有限的道路空间中，若增加人行空间，势必将缩减停车或车道空间，即若为满足学童步行安全之需求，则势必牺牲居民的使用需求
3	导护与交通管制人员	多数学校以组织健全的导护制度方式来维护学童的通学安全，一旦导护或交通管制人员撤离通学道规划设定区域，学童通学安全保障即受影响

资料来源：本研究整理

3）其他面向之考量

通学步道规划其他面向上之考量及说明(表 6)。可作为规划设计、执法、教育及宣传方面努力方向。

表 6　　通学道其他面向之考量

项次	考量面向	说明
1	规划面向	应尊重行人基本的路权，尤其是儿童行人，应给予充足且安全的步行及等待空间，并重新检讨学校周边之交通号志、运输设施、道路层级架构，及人车冲突之整合措施等；另外，更应将通学道路、学区范围与学校区位划设之规划机制法制化，使学童之通学安全更有保障
		以社区营造的概念与手法来推动“社区通学道计划”。参与的学校应结合校方、师生、社区居民及社区建筑师等，依照学校的特色与需求规划出所需要的计划
		“社区通学道计划”应融入社区营造的精神，亦即社区通学道的参与式设计应广为市民所接受，工程参与者从师生、家长、校方到整个社区里民，甚至还扩及至周遭店家

续表

项次	考量面向	说明
2	设计面向	应尊重行人基本的路权，尤其是儿童行人，应给予充足且安全的步行及等待空间，并重新检讨学校周边之交通号志、运输设施、道路层级架构，及人车冲突之整合措施等；另外，更应将通学道路、学区范围与学校区位划设之规划机制法制化，使学童之通学安全更有保障
		在社区通学道主体施作之前，主管单位(例如违章建筑处理大队）应针对每所学校通学道施作范围，会同校方、区公所、派出所、建设局(处)、交通局(处)、工务局(处)及环保局(处)等单位，共同执行通学道的打通，清查校区周遭街廓道路、人行道及骑楼等步行空间，如有妨碍通行的违建或路霸，应先予以沟通劝导，完成查报处分等法定程序，并通知限期改善，如未改善应执行联合强制取缔拆除的工作
		划设人行专用道 条件：需有较宽之路面，约 8 米以上之巷道，且只能单边停车；可利用时间限制方式配合执行
3	执法面向	执法单位应加强取缔违法占用步行空间之车辆、摊贩或商家等，以及取缔不遵守交通规则之用路人。
		时段性禁止车辆进出 条件：需具有取缔权威者在场指挥；特别是上下学时段
		时段性单向管制并设置活动护栏 条件：需有大型告示牌前后设置及充足人力机动性摆设交通锥；例如考量居民上班特性，管制区内车辆只出而不入
		为便利学生通行，巷道内单侧绘设红线禁止停车。 条件：需 8 米以上巷道且加强拖吊
		单向时段性管制，巷道仍有车辆进入。 条件：上下学时段需具有取缔权威者在场指挥
4	教育面向	对学童之交通安全教育、对学校导护人员的专业训练，以及对民众守法能力之加强，皆为应努力改善之事项
5	宣传面向	对通学道之范围、对交通上的冲击影响，以及民众应配合之措施等，皆为应努力宣传之事项

资料来源：本研究整理

3 通学步道规划设计

3.1 参与者之需求

通学步道于规划设计中所谓之参与者，将从使用、管理与规划三个面向来进行说明(表 7)：

表 7 通学步道参与者课题需求汇整表

<table>
<tr><th colspan="2">参与者</th><th>通学步道现况课题</th><th>通学步道相关需求</th></tr>
<tr><td rowspan="4">使用</td><td>居民</td><td>区域交通管制降低既有道路行车便利性</td><td>不可损害在地居民停车与行车之便利性</td></tr>
<tr><td>学童</td><td rowspan="3">1. 人行空间缺乏或不安全。
2. 人行空间受迫中断不连续。
3. 接送停等区空间不足</td><td rowspan="3">1. 人行空间安全受保护。
2. 人行空间铺面平整、舒适。
3. 人行空间净空、连续。
4. 接送停等区空间设置充裕。
5. 有趣的步行空间</td></tr>
<tr><td>家长</td></tr>
<tr><td rowspan="2">老师</td></tr>
<tr><td rowspan="3">管理</td><td rowspan="2">1. 老师导护或志工导护人数不足。
2. 家长接送车辆停等造成交通阻塞。
3. 通学步道因居民反对无法实施</td><td rowspan="2">1. 以交通工程、智慧工程方式弥补人力不足之限制。
2. 兼顾各方利益以达成双赢</td></tr>
<tr><td>学校</td></tr>
<tr><td>交维主管机关</td><td>碍于人力有限而无法特别针对学校需求长期提供协助，仅得针对整体交通环境进行疏导</td><td>1. 以交通工程、智慧工程方式弥补人力不足之限制。
2. 需兼顾学童安全与行车顺畅</td></tr>
<tr><td>规划</td><td>规划主管机关</td><td>1. 碍于居民反对而许多维护学童安全之措施皆无法实施
2. 碍于都市计划未留设充足人行空间且人车动线不明确而造成使用需求之冲突</td><td>1. 应确实落实都市计划对于道路人行空间之划设。
2. 应将学童步行安全之考量制度化。
3. 应考量人为的配合</td></tr>
</table>

资料来源：本研究整理

3.2 通学步道评估指标建立

通学环境检核评估项目包含以下六个项目：

人行道/骑楼、家长接送区、交通设施、停车管制与停车场、驾驶行为、其他(表8)。

表8　　通学步道评估指标

评估项目			等级表现		
			低	中	高
人行道与骑楼	1	人行道、骑楼铺面平整度	人行铺面多下陷、龟裂、高低落差或地砖松动等情形，严重影响学童步行安全	人行铺面有少许下陷、龟裂、高低落差或地砖松动等情形，大致上仍可安全行走	人行铺面平整并无任何缺失，学童行走舒适度高
	2	人行道、骑楼遭占用面积	人行道、骑楼遭占用面积达50%以上	人行道、骑楼遭占用面积达50%以下	无任何占用情形，学童步行通畅不受影响
	3	人行道、骑楼有效宽度	人行道步行空间宽度小于1.5米	人行道步行空间宽度介于1.5米与1.8米之间	人行道步行空间宽度大于1.8米可供二人并肩舒适行走
	4	人行道、骑楼的斜坡道之坡度	坡度陡峭，不利于学童行走	坡度适中，有缓坡但不影响学童行走	无任何坡度，不阻碍学童步行
	5	人行道系统完整性	人行道系统无任何规划，对学童步行通学情形极度不友善	人行道系统虽有规划，但仍有断续情形及改进空间	人行道系统的规划毫无疏漏，对学童步行通学有完善的照顾
家长接送区	6	家长接送区设置之面积	无设置家长接送区，造成上放学时段接送学童情形混乱	有设置家长接送区，但未且符合学校出入口两侧或邻近街廓规划15～50米长之原则	有设置家长接送区，且符合学校出入口两侧或邻近街廓规划15～50米长之原则
	7	家长接送区被占用之比例	家长接送区被占用达50%以上	家长接送区被占用达50%以上	无任何占用情形，上放学时段接送情形不受影响
	8	家长接送区机动车与非机动车混合比例	家长接送区机动车混合比50%以上，机动车与非机动车混杂相当严重	家长接送区机动车混合比50%以下，机动车与非机动混杂情形虽有但不严重	家长接送区机动车混合比为零，机动车与非机动车分流情形相当良好
	9	家长接送区与学校出入口之距离	接送区设置地点距学校出入口大于100米，或二者距离过近，时常有人车冲突情形	接送区设置地点距学校出入口虽小于100米，却未保持适度之距离，偶尔有零星人车冲突情形	接送区设置地点距学校出入口小于100米，且有保持适度之距离，无发生人车冲突情形
交通设施	10	交通标线设置完整性	交通标线设置有严重缺失，造成人车冲突严重	虽有交通标线设置，但还有不足之处，对于学童步行通学环境有潜在风险	交通标线设置妥善，能使车辆驾驶人及行人完全遵守
	11	交通号志设置完整性	交通号志设置有严重缺失，造成人车冲突严重	虽有交通号志设置，但还有不足之处，对于学童步行通学环境有潜在风险	交通号志设置妥善，能使车辆驾驶人及行人完全遵守
	12	交通标志设置完整性	交通标志设置有严重缺失，造成人车冲突严重	虽有交通标志设置，但还有不足之处，对于学童步行通学环境有潜在风险	交通标志设置妥善，能使车辆驾驶人及行人完全遵守
停车管制与停车场	13	学校附近停车场出入口的警示设施完整性	出入口无架设“警示灯”或“警示响铃”	出入口有架设“警示灯”或“警示响铃”，用来提醒学童	出入口有架设“警示灯”及“警示响铃”，保障学童行走安全
	14	学校附近之停车场出入口人车冲突次数	从现场环境判断，有一个以上“人车冲突”	从现场环境判断，只有一个“人车冲突”	无任何“人车冲突”
	15	学校内之停车场出入口的警示设施完整性	出入口无架设“警示灯”或“警示响铃”	出入口有架设“警示灯”或“警示响铃”，用来提醒学童	出入口有架设“警示灯”及“警示响铃”，保障学童行走安全
	16	学校内之停车场出入口人车冲突次数	从现场环境判断，有一个以上“人车冲突”	从现场环境判断，只有一个“人车冲突”	无任何“人车冲突”

续表

评估项目			等级表现		
			低	中	高
驾驶行为	17	上放学时段学校周边汽机车闯红灯比例	汽机车闯红灯比例5%以上	汽机车闯红灯比例介于0%～5%	汽机车闯红灯比例为零
	18	上放学时段学校周边汽机车违规回转比例	汽机车违规回转比例5%以上	汽机车违规回转比例介于0%～5%	汽机车违规回转比例为零
	19	上放学时段学校周边汽机车逆向行驶比例	汽机车逆向行驶比例5%以上	汽机车逆向行驶比例介于0%～5%	汽机车逆向行驶比例为零
其他	20	上放学时段周边道路汽机车流量	上放学时段每小时PCU大于700辆	上放学时段每小时PCU介于350～700	上放学时段每小时PCU小于350辆
	21	重车比例	砂石车、水泥车、货柜车等占上放学时段的车流量比例2%以上	砂石车、水泥车、货柜车等占上放学时段的车流量比例0%～2%以上	砂石车、水泥车、货柜车等占上放学时段的车流量比例为零

资料来源：本研究整理

3.3 通学步道推动流程

以下将通学步道之推动区分为都市计划层级(面)、学区通学环境改善层级(线)与邻里交通改善层级(点)，分别说明各层级相关推动流程。

3.3.1 都市计划层级(面)(图3)。

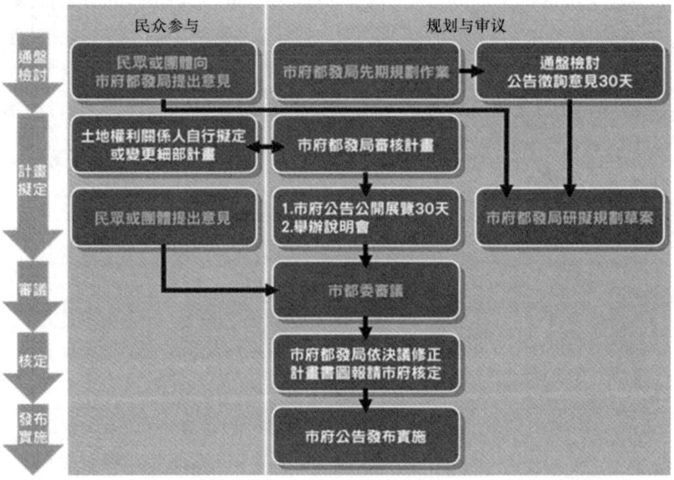

图3　通学步道于都市计划层级推动流程说明图

3.3.2 学区通学环境改善层级(线)(图4)。

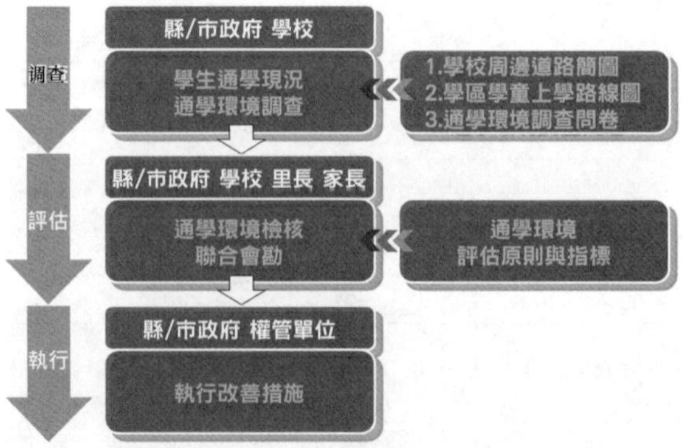

图4　通学步道于学区通学环境改善层级推动流程说明图

3.3.3 邻里交通改善层级(点)(图 5)。

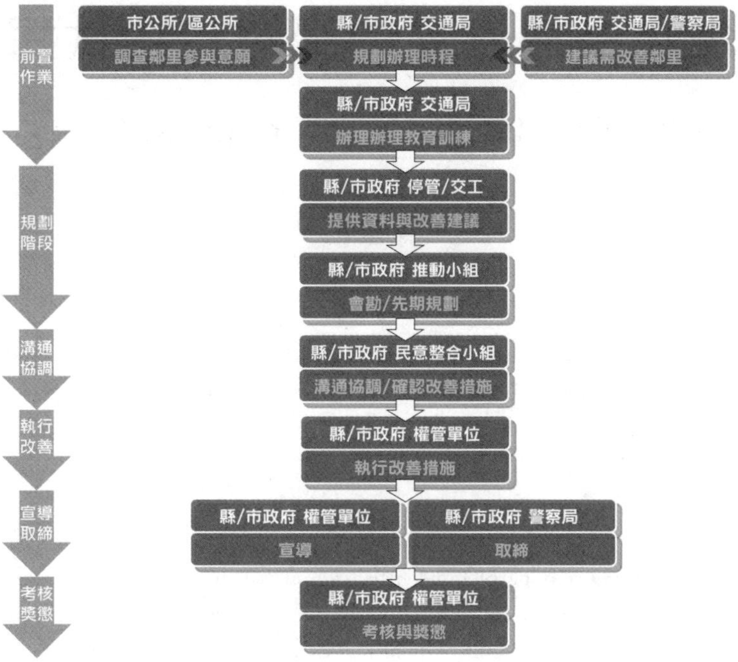

图 5　通学步道于邻里交通改善层级推动流程说明图

3.4 通学步道规划设计准则

(1) 确定通学道的范围,并以明确的标线、标志、标字等设施告知用路人。

(2) 计划应结合校方、师生、社区居民及社区建筑师等之共识,配合学校及周边社区特色与需求进行通学道的建置。

(3) 主管单位应针对每所学校通学道施作范围,会同校方、区公所、派出所、建设局(处)、交通局(处)、工务局(处)及环保局(处)等单位,共同执行通学道的打通或净空,包括校区周遭街廓道路、人行道、走廊及骑楼等。

(4) 通学道应订定管制的方式,包括时间与空间的管制,必要时由警力或学校导护人员协助执行,并持之以恒。

(5) 应制定通学道维护管理计划(含定期或不定期)。

4　结论与建议

通学步道规划设计于都市人本交通理念中属于实现“人性关怀”的一环,目的系为提供安全的通学路径以降低学童进出校园过程中发生交通事故几率。从都市人本交通环境角度来检视,通学道设置之内容与精神与都市人行环境规划设计之内涵相比较,二者之间并无差异。因此,我们可以将推动通学道视为建构整体都市人本交通环境的一部分。

本研究从规划制度着手检讨通学步道规划之困境与课题,最后提出通学步道在点、线、面不同空间层级中的推动建议:

都市计划层级(面)

建议着重于检讨现行都市整体规划制度与法规对于行人路权维护的规划理念与规范,以使安全步行需求在上位都市整体规划时就被优先考量,使通学步道规划的必要性能在法治面获得保障。

学区通学环境改善层级(线)

建议着重于学区范围内的运输规划,透过成立以学校为主导的”交通安全委员会”来执行并维护学童进出校园主要动线的步行安全。

邻里交通改善层级(点)

建议着重于社区、邻里间内的人行安全规划,设置人行优先区并以符合社区交通特性与学童步行需求之规划方式来维护学童在住家与学校间的步行安全。

城市交通发展的绿色转向试探

Exploration into the Thinking of Green Change in Urban Transportation

何玉宏

摘　要：当代中国正处于一个比以往任何时候、任何国家都未曾经历的快速城市化阶段，与此同时，其发展受到来自环境、资源、社会等的多重压力，城市交通问题正演变成为中国城市环境恶化的首要难题。交通问题的解决，需要超越交通本身来思考。解决中国城市交通问题、选择绿色交通体现的是交通发展的绿色转向思路，这一思路与中共中央政治局审议通过的《关于加快推进生态文明建设的意见》中首次提出的"绿色化"所蕴含理念一致。交通发展的绿色转向正是党中央所倡导的"绿色化"在城市交通领域的具体实践。

关键词：城市交通；发展；绿色化；转向

Abstract: Currently China is undergoing a stage of rapid urbanization which has not never been experienced by any other countries than ever before. Meanwhile, its development is under the pressure from the environment, resources and our society. In this situation, urban traffic issue is becoming the primary issue of environmental degradation. The solution of traffic problems needs to go beyond the traffic itself. Therefore, to solve the problem of urban traffic and to choose green transportation reflects green change in traffic development, which is in accord with concept of "greening" firstly put forward and adopted by "Opinions on speeding up the construction of ecological civilization" from Political Bureau of the CPC Central Committee. Consequently, green change of traffic development is a concrete practice in urban traffic field advocated by Central Committee of the Communist of China.

Keywords: urban traffic; development; greening; change

0　引言

城市交通问题正演变成为中国城市环境恶化的首要难题。如何面对、又如何破解这道难题，在深刻地考验着我们的智慧。交通问题的解决，需要超越交通本身来思考。发展绿色交通被认为是解决问题的一个出路。换言之，城市交通发展的绿色转向已经成为一种重要选择。那么，何谓交通发展的"绿色转向"？城市交通发展"绿色转向"何以可能？其理论基础何在？面对交通发展"绿色转向"我们又该何去何从？本文就此做出自己的思考与分析。

1　城市交通发展绿色转向是中国国情需要

资源是城市交通发展的物质基础。中国作为一个人口众多而人均资源却极其有限的国家。要解决中国的城市交通问题，使城市交通逐步走上健康发展的轨道，必须立足于当代中国"直接碰到的、既定的、从过去承继下来的条件"，即必须从中国的"国情"出发。

1.1　中国国情现实：地大物博抑或资源匮乏

长期以来，"地大物博，人口众多"成了我国妇孺皆知的对国情最恰当的概括之辞。说我国"地大物博"，则要看从什么角度而言。从绝对量即总量上来分析，我国国土面积 960 万平方公里，仅次于俄罗斯和加拿大，位居世界第 3 位。但由于我国人口众多，因而从相对量即人均占有量上来分析，我国的资源就显得非常匮乏，"地"既不"大"，"物"也不"博"。目前制约我国走向汽车社会进程的最严重的资源问题，当数能源与土地资源的缺乏。政府不从这个国情出发，不现实。因为小汽车交通作为居民提高生活质量的消费选择，他必须建立在可持续的基础上。这样我们就不得不面对能源与土地资源的双重挑战。

一是能源挑战。由于我国的石油储藏量和开采量有限，石油需求将越来越多地依赖进口。汽车拥有

基金项目：本文为江苏省高校哲学社会科学重点项目（项目批准号：2017ZDIXM088）、江苏省"六大人才高峰"高层次人才培养项目（项目编号：JNHB-020C）资助成果。

作者简介：何玉宏，南京交通学院教授，博士，研究方向：城市绿色交通、环境伦理等。

量的增加，引发了强劲的石油需求，进而对能源供给提出了严峻的挑战。从1993年开始，中国就进入了石油净进口国的行列，而且进口量与日俱增。如果中国的汽车人均拥有量达到每10人一辆的世界平均水平，全世界的石油出口总量也不能满足我国的要求；如果中国的轿车发展达到美国那样的水平，而全世界的石油产量都无法满足我国的需求。

二是土地资源挑战。以占世界7%的耕地养活占世界22%的人口，这既是我国人民创造的一项惊人奇迹，也是中华民族背负的一个沉重包袱。我国人均占有耕地面积仅为1.3亩，不足世界水平（人均4.8亩）的1/3，而且我国耕地总量以及人均占有量减少的趋势仍然十分明显。毫不夸张地说，耕地已成为中华民族赖以生存和发展的生命线。中国作为一个人口大国，绝对不允许将养命活口的土地被大量用来修建道路或停车场。否则，美国地球政策研究所所长莱斯特·布朗博士在1994年提出的"谁来养活中国"问题就不再是预测，而会是现实。

1.2　城市交通发展绿色转向正切合中国实际需要

当前，在我国多数城市特别是人口200万以上的大城市中，随着私人小汽车进入家庭的步伐加快，交通越来越拥挤，行车难、停车难、交通堵塞状况日益严重；并导致城市生态环境恶化，大气环境污染日益严重，使得城市交通污染已成为当今难以解决的顽症。因此，如何重新定义与发展交通系统，成为现代文明下一步发展不可或缺的内容，其中，如何使交通系统的发展符合未来环境保护、健康、安全和效率的共同需要是其重点之一。在此情形下，从国外将"绿色交通"引入中国正契合了社会的实际需要。

在国外，自1992年里约热内卢世界环发会议诞生《21世纪议程》，向世界敲响环境恶化的警钟以来，保护生态环境、实现可持续发展就成为人类为自己的未来奋斗的共同目标。为了解决日趋严重的城市环境危机，呼唤绿色交通就成了全人类共同的呼声。欧美等西方国家先后推广的"自行车交通""交通安宁运动""无车日"以及使用轨道交通、电动汽车、太阳能汽车等无污染新能源交通工具，正是这种努力的具体表现。可以说，绿色交通是世界发展对21世纪交通提出的一种更高的要求，是交通可持续发展的必然趋势，是解决长期以来一直困扰我们的交通发展与交通对环境污染日趋严重矛盾的重要途径，他的实现与否关乎这个生态环境被破坏得伤痕累累的世界的未来以及与之相连的人类的命运。

2　城市交通发展绿色转向的理论依据

城市化和工业化的进程带来了环境严重破坏、资源能源快速耗竭等矛盾与问题，说明外延增长式城市发展模式已难以适应新的发展需求，城市与交通发展模式面临着转型的抉择。城市交通发展为何需要绿色转向，其理论依据何在？

2.1　交通绿色转向是生态学发展的必然结果

生态学作为一门科学，最早由德国动物学家海克尔（E. Haeckel）于1886年提出。生态学从诞生至今，随着研究的纵深以及学科交叉研究重点和对象有所不同。现代生态学发展的突出特点表现在逐渐把人类这一特殊生物与其生产、生活和环境之间的关系也纳入研究视野中。这主要是由于人类社会进入20世纪60年代后，在全球范围内出现了许多涉及人类生存和发展的重大问题，如人口膨胀、能源危机、自然资源匮乏和环境恶化等。这些问题表面上看有些是人的问题，有些是环境问题，实质上都可归纳为人与环境或者从根本上说是人与人这一矛盾上。这些问题一而再地出现，给人类敲响了警钟，使人类意识到了高速发展的社会不断向环境索取所造成的后果，反过来也会阻碍社会发展并危及人类自身的生存。这些问题迫切需要生态学作出回答：解释出现这些问题的深层原因和解决这些问题的生态学对策。现代生态学的发展也可用一个形象的词来概括，即"绿色"，他体现了一种可持续发展的观念。生态科学要求人们遵循生态智慧，以生态学的原理和方法去认识我们生存于此的这个世界，按照生态平衡的思想去努力调控经济、社会与自然之间的关系，建立一个更加协调和更加稳定的社会。生态学的理论与思想给城市交通发展带来了有益的启示，是交通绿色转向理论形成的重要思想基础。没有生态学的指导，交通发展的绿色转向也就失去了行动准则。

2.2　交通绿色转向与环境伦理观

环境伦理孕育于20世纪初至20世纪中叶。在西方，工业革命的兴起促进了生产力的巨大进步，同时也造成森林资源和野生物种的破坏，带来城市的空气、水源和生活环境的污染。一些有识之士开始关注人类保护生态环境的责任和义务，反思人与自然关系的本质。1923年，德国人道主义思想家阿尔伯特·史怀泽出版《文明与伦理》一书，提出"敬畏生命"的伦理思想。1949年，美国著名的科学家和环境保护主义者奥尔多·利奥波德的论文集《沙乡年鉴》出版。他提出为了保护“生命共同体的和谐、稳定和美丽”,需要一种新的大地伦理。在这个生命共同体中,人类只是“普通的成员和公民”。

环境伦理学倡导尊重生命、尊重自然、热爱自然,不仅关心人的幸福,而且关心其他所有生物和环境的福利。应当说,作为生存智慧的环境伦理学,从生存理性的高度倡导人类对待环境的责任,将环境问题这一长期主要为自然科学所关注的问题纳入伦理的范畴,其背后隐含着对人类生存现状的深切关注。环境伦理学在注重伦理研究的同时也注重实践,余谋昌认为:“任何一种思想,它的活力主要表现在实践中,只有面向现实生活,从理论走向实践,对解决现实生活的问题给予指导,才能充分体现他的价值,他才是有前途的。环境伦理学理论的实践应用,将表现和发展他的强大的生命力。”环境伦理学对现代工业社会的物质主义、享乐主义和消费主义持批评态度,他倡导一种与大自然协调相处的“绿色生活方式”,主张用节制物质欲望的“生活质量”(living quality)概念来代替工业社会的“生活标准”(living standard)概念。为促进实现全球的可持续发展,世界各国在多个领域就不同的问题采取了共同的行为,其中包括绿色交通实践。“绿色交通”的实施推广,不仅有赖于交通建设方案的科学化、标准化、绿色化,而且有赖于人的道德的自觉。绿色交通构想凝聚了人类对环境危机的忧虑,是支撑人类持续发展的信心、勇气和使命感,表现了一种全新的交通文化意识和改善生态环境,提高环境质量的强烈的道德责任意识。

3 城市交通发展绿色转向何以可能

“绿色”是象征生命的颜色,代表着生机和活力,在当代语境中,特指尊重生态规律,实现生物多样性的和谐发展。“转向”则表征着一种不同以往的趋势,呈现出一种异质性乃至“断裂”①。城市交通发展绿色转向何以可能取决于两个问题:一是转向何处,二是如何转。而绿色交通与绿色化恰好对这二个问题进行了回答。

3.1 绿色交通是城市交通绿色转向的目标

1994 年,加拿大环保学者克里斯·布拉德肖(Chris Bradshaw)首次提出了“绿色交通体系(Green Transportation Hierarchy)”的概念,并将绿色交通工具进行优先排级,依次为步行、自行车、公共交通、共乘车,最末者为单人驾驶自用车(Single-Occupant Automobile)。根据有关文献,台湾鼎汉国际工程顾问股份有限公司沈添财先生是第一个将克里斯·布拉德肖的观点介绍到国内的学者,他认为,“绿色交通系基于永续运输的内涵,发展一套多元化的都市交通工具,以减低交通拥挤、降低污染、促进社会公平、节省费用的交通运输系统”,并对绿色交通做了具体化的阐述,“减少个人机动车辆的使用;提倡步行,提倡使用自行车与公共交通”。台湾大学的张学孔教授则认为,绿色交通本着永续发展的理念,将促进城乡发展、民众生活、交通运输及资源应用等全面性的调整改变。绿色交通的意义是人类完成社会经济活动所需各种运输方式,能符合生态均衡及环境容忍力之基准,并确保人类在旅途过程中达到安全、便利、舒适及可靠等目标。

绿色交通的本质是建立维持城市可持续发展的交通体系,以满足人们的交通需求。这样一个交通体系必须做到:具有明确的可持续发展的交通战略;能够以最少的社会成本实现最大的交通效率;与城市环境相协调;与城市的土地使用模式相适应;多种交通方式共存、优势互补。需要特别强调的是,在推动绿色交通发展的进程中,我们必须紧密结合中国国情,在城市可持续发展的前提下,构建中国特色的城市绿色交通系统。绿色交通的核心是倡导步行、自行车等慢行交通及优先发展公共交通的观念。

交通运输是人类追求良好生活品质的一个方法,干净清新的空气是优质生活的一个内涵。良好的生活品质,也是人的生命的价值之一,其愿景不仅在于追求自已高品质的生活内涵,同时也造福别人的高品质生活。只有健康的城市交通系统才会有健康发展的城市,才会有健康的人类社会。绿色交通就是实现健康的、可持续发展城市交通系统的必由之路。

3.2 交通发展绿色转向是“绿色化”在城市交通领域的体现

党的“十八”大提出“促进工业化、信息化、城镇化、农业现代化同步发展”。2015 年 3 月 24 日中共中央政治局召开会议,审议通过《关于加快推进生态文明建设的意见》,指出“协同推进新型工业化、城镇化、信息化、农业现代化和绿色化”。第一次提出“绿色化”概念,并将“四化”拓展为“五化”,表明党中央对生态文明建设的高度重视,已将其上升为战略部署。

“绿色化”内涵丰富。如前所述,绿色是生命的本色,是生态系统生机勃勃的自然展现。化是一个过

---

① “断裂”是一个很有穿透力和学术潜力的概念。孙立平用这个概念来表明我国社会生活中存在的种种不和谐的现象及其背后的原因(李强)。参见,孙立平:《断裂——20 世纪 90 年代以来的中国社会》,社会科学文献出版社,2003 年。但作者在此所表达与这个意思有别。

程，指事物要达到的某种状态。绿色化不仅表现为生态系统的自然本性，而且体现在人的精神世界中，即把绿色的理念、价值观，内化为人的绿色素养，外化为人的绿色行为。党的十八大把绿色发展作为生态文明建设的重要发展方式之一，绿色化就是绿色发展的内在要求和外在体现。绿色化赋予了生态文明建设新的内涵：它是一种绿色化的生产方式，也是一种绿色化的生活方式，还是一种以绿色为主导的价值观。

“绿色化”是一项重大的历史使命。在改革开放推进到深水区和攻坚期，我们党果断提出推进“绿色化”，就是从过去常规手段的环境治理提升到政治任务的高度，体现了共产党人的责任和担当。“绿色化”发展，是全面建成小康社会的重要方面，有利于实现人民对绿色福利、生态福祉的新期待；“绿色化”发展，符合世界发展的时代潮流，有利于在国际上树立我国负责任大国的形象；“绿色化”发展，关系到子孙后代的生存发展空间，有利于民族未来的长远发展。“绿色化”意味着从改变自然观和发展观开始，驱动生产方式与生活方式转变，培育生态文化，并浸染社会的价值底色，融入社会主义核心价值体系，形成一个以观念转变助推制度建设、再由制度建设凝练价值共识的良性发展路径。

绿色交通作为一种新的理念和目标，与可持续发展密切相连，因符合可持续发展而具有生命力，而可持续发展又通过他的实施得以实现。可以说，交通发展的绿色转向思路正是党中央所倡导的“绿色化”在城市交通领域的具体实践。

4　城市交通发展绿色转向实施途径

城市交通发展绿色转向是一个系统工程，涉及交通运输的每一个环节和相关要素，从车、路（基础设施）到交通环境、交通组织、交通管理乃至其所处的整个社会系统。城市绿色交通体系的形成必须依靠政府的力量进行推动，避免各种交通方式以自我为中心，各自规划、各自建设，最终导致系统总体效率降低、资源浪费。具体拟建议从如下五个方面入手。

4.1　优先公交发展，构造“公交都市”

优先发展公共交通是当今世界各国解决城市交通问题的共识。世界上许多国家在经历了痛苦的曲折后，才重新认识到其对解决城市地区尤其是大城市地区交通问题的重要性和有效性。罗伯特·瑟夫洛通过 12 个城市的实地考察，引入了“交通都市”的概念。公交都市其实质是公共交通与城市的和谐共存。成功的公交都市不仅在整个区域范围内享有良好的出行机动性，而且还能支持着更大的政策性目标，包括促进城市的可持续发展、提高出行的可达性、建设更宜居城市等。从当前我国的实际情况来看，如何通过寻找合理的途径来构造公交都市、实现公交都市已到了一个重要关口，正确选择城市绿色交通发展模式刻不容缓。

4.2　鼓励自行车交通，推广公共自行车服务

曾几何时，中国一度被誉为“自行车王国”，仅仅因为“国家形象问题”，居然有多个城市把自行车看成是落后的交通工具而处处被歧视。然而，出地铁或下了公交车，离目的地还有“最后一公里”，或许一辆自行车是最需要的。今天我们不仅要明确自行车交通在城市交通中的不可替代性，更应该明确他在城市公共交通体系中的定位——给自行车形成一个交通网络，才是切合实际的、符合绿色交通转向的真正要义。

依据中国国情，需要在借鉴国内外成功经验的基础上，探索出一条我国自行车出行的“共享单车”和谐发展之路。让自行车带来的革命在全社会形成一种尊重自行车的车文化。

4.3　重建“慢行系统”，让步行融入城市生活

城市从根本上来说需要步行这种基本的交通方式。汽车城市有许多固有的问题，但问题的根源都是缺乏步行的能力。门到门的汽车出行固然方便，但对于我们的健康、家庭、社区以及城市却是有害的。

人们只有充分学会享受城市“慢生活”，“慢行系统”才能释放出城市的现代文明精神。城市实施并完善“慢行系统”，让人们主动选择绿色、低碳出行，既能体现环境保护人人有责的担当，更能为构建和谐稳定的社会环境尽力。具有充分自由选择权的交通系统，必须给骑车者、步行者留有足够的空间。试图通过公交优先解决交通拥堵的大城市，不可能不考虑自行车道和人行道路网的建设。当在一个很优雅的环境中漫步，步行成为一种高雅的行为时，这种行为就不仅意味着环保的交通模式，更是一个城市现代文明的标志。

4.4　建立“汽车共享”制度，减少汽车依赖现象。

城市交通绿色转向的最大威胁是对汽车的依赖。驾车已成为人类的第二天性。当人们拥有一辆汽车时，更倾向的是使用他；而当人们在真正需要一辆汽车时，才去使用他，将有可能减少道路上的车辆，并且也能提高公共交通、自行车及其他出行方式的使用率。“想象一下当我们需要时就可以有一辆小汽车，而当我们不用时又用不着为他操心”，如此美妙又富于创意的方案就是“汽车共享”。美国建筑师莫

什·萨夫迪，首先提出了公用汽车或汽车共享的概念，他甚至将这种交通方式称之为“公共私人交通”。

作为一种新型的交通服务方式，“汽车共享”对我国城市交通机动化发展有着重要的借鉴意义。对于中国这样一个人口大国而言，一旦实施汽车共享会比欧美国家效果更明显，也更有益。因此，有必要建议由政府组织推动，在全国逐步推广这种交通出行方式，从而使这种新型的交通方式受惠于国内民众，并在缓解城市交通问题中发挥其重要作用。

4.5 调控与引导私家车发展，必要时实行“计划生育”政策。

作为美国经济学家阿罗获得诺贝尔奖的主要成果，“阿罗定理”通过严密的数理推导揭示出：在自主平等的市场体制下，个人利益的被满足，并不意味着整个社会利益也被满足；社会整体的利益，是不能由自主平等的市场主体的行为自身自动满足的，他首先应该由一个超越市场主体的“裁决者”来识别和确定。按中国的现实情况，“阿罗定理”恰好说明了当初实行人口控制政策符合整个社会的根本利益；同样，“阿罗定理”也揭示了目前应该由一个超越于市场主体的“裁决者”来识别和确定“控制私车”国策的合理性。小汽车拥有是个人行为。现代社会应满足人们的心理需求，乃至部分人的奢侈型消费需求；但小汽车使用也是社会行为，小汽车的使用需要公共的道路空间，并造成交通拥挤而使社会成本上升。我们的政府有充分的理由和必要，引导对小汽车的拥有行为，同时限制和管理小汽车的使用行为，让消费者支付真实的成本。

5 结语

任何事物的发展都有其客观规律。人们一直在努力寻求解决城市交通问题的对策与摆脱困境的途径而收效甚微，究其原因，固然有诸多主客观因素的制约，但很大程度上还由于我们对城市交通的属性特征及其内在发展规律还缺乏足够准确的认识。城市交通问题不单单是一个工程技术问题，更是一个社会生态问题。为此，解决城市交通问题需要超越交通发展的技术、经济指标，重新审视交通与人、交通与社会、交通与自然（资源、环境）等的关系，透过交通思考人类生存的方式和意义。解决城市交通问题应有社会学、生态学及环境哲学思想的指导，选择绿色交通体现的是城市交通治理转向的思路。

人类生活的终极目标在于追求健康舒适的生活环境，社会经济发展的根本目的是为了改善人的生活质量，扩大人的发展机会，提高人的发展能力。从这方面说，城市交通亦应当如此，即以人为本，以人为中心。在人的方面，城市交通的根本目标是：在安全、经济、高效、舒适和选择性好的条件下，充分保证全体市民拥有最低的可达能力，即向市民提供能够到达市内任何地方的可达能力。这一交通权利不可能指望普及私人小汽车来实现，而只能建立在公共交通通达城市的各个街区，通过构造公交都市去实现。公共交通是中国城市交通的治本之路，而以人为本的绿色交通发展方式是中国城市交通发展的核心。

参考文献

[1] 何玉宏.挑战、冲突与代价：中国走向汽车社会的忧思[J].中国软科学，2005(12).

[2] [美]莱斯特·R·布朗.生态经济：有利于地球的经济构想[M].林自新等译.北京：东方出版社，2002.

[3] [美]奥尔多·利奥波德.沙乡年鉴[M].侯文蕙译，吉林人民出版社，1997：213.

[4] 王国聘.生存的智慧—环境伦理的理论与实践[M].北京：中国林业出版社，1998：7.

[5] 余谋昌.生态伦理学—从理论走向实践[M].北京：首都师范大学出版社，1999：3.

[6] 何玉宏.汽车社会与城市交通：交通社会学的探索[M].上海：上海三联书店，2012.

[7] Chris Bradshaw，The Valuing of Trips. Revised Sep 1994. Prepared for Ottwalk and the Transportation Working Committer of the Ottawa-Carleton Round-Table on the Environment.

[8] 沈添财.绿色交通与空气质量的改善[J].城市交通，2001(2).

[9] 张学孔.永续发展与绿色交通[J].台湾：经济前瞻，2001(76)：116-121.

[10] 梁勇，龚剑飞.绿色化：开拓生态文明建设新路径[N].光明日报，2015-11-07.

[11] 光明日报编辑部.为什么要在“新四化”之后增加“绿色化”[N].光明日报，2015-5-6.

[12] [美]罗伯特·瑟夫洛.公交都市[M].宇恒可持续交通研究中心译.北京：中国建筑工业出版社，2007.

[13] [英]罗德尼·托利.可持续的交通：城市交通与绿色出行[M].孙文财，等译.北京：机械工业出版社，2013.

[14] [美]莫什·萨夫迪.后汽车时代的城市[M].吴越译.北京：人民文学出版社，2001.

[15] [美]苏珊·汉森，吉纳维夫·朱利亚诺.城市交通地理学[M].金凤君，王姣娥，等译.北京：商务印书馆，2014.

[16] [美]彼得·纽曼，杰弗里·肯沃西.可持续发展与城市：克服汽车依赖问题[M].吴田，吴德纲，等译.北京：中国建筑工业出版社，2016.

[17] 梁从诫，康雪.走向绿色文明[M].北京：百花文艺出版社，2006.

构建功能完善、衔接高效的综合交通枢纽体系

——以海口市综合交通枢纽体系规划为例

Create Full-featured, Efficiently Linking Comprehensive Transport Hub System

— Acase Study of Haikou's Integrated Transport Hub Planning

顾 煜 吉婉欣 杨 晨 韩 洁

摘 要:综合交通枢纽是城市交通网络体系的重要基础,也是各种交通方式衔接的纽带。目前,随着城市化发展,传统的以机场、火车站、汽车站各为主体的枢纽模式在提高交通换乘衔接效率、引导城市空间发展、用地优化等方面存在较多问题。本文以海口市为例,分析了目前交通枢纽体系存在的问题,结合未来海口市作为"一带一路"支点城市和环北部湾经济区区域中心城市的定位要求,从能级提升、功能强化、布局优化等方面的要求,提出海口市枢纽的层次架构、功能定位、布局优化思路和相关交通集疏运配套要求。本文可作为传统中等规模城市综合交通枢纽体系优化的案例借鉴参考。
关键词:交通枢纽;交通规划;海口市

Abstract: Integrated transport hub is the important basis of urban transportation network system, and also a link between various transportation modes. At present, with the development of city, the traditional hub mode has more and more problems in transfer efficiency, development of city space. Taking Haikou city as an example, the article analyzes the existing problems of traffic hub system. Combined with the future of Haikou city building "the Silk Road Economic Belt and the 21st-Century Maritime Silk Road" Strategic City and the central city ofBeibu Gulf economic zone. From the aspect of the energy level, strengthen the function and layout optimization requirements, proposed hierarchy, the article analyze the hub function, layout optimization ideas and the traffic transportation facilities requirements of the Haikou hub system. This paper can be used as a reference for the optimization of traditional integrated transportation hub system in medium-sized cities.
Keyword: transport hub; transportation planning; Haikou

0 引言

综合交通枢纽是实现交通功能转换的场所,是城市对内、对外交通的结合部。为适应铁路、水运、公路、航空,管道等城市间运输和城市内部运输的需要,综合交通枢纽担负着长途、短途和城市内部交通的客货流转运的任务[1]。本文以海口市为例,梳理了目前综合交通枢纽体系存在的问题,分析了"一带一路"支点城市、环北部湾经济区区域中心城市的定位对交通枢纽发展的要求,提出了海口市综合交通枢纽体系、层次架构、功能定位、布局优化思路和交通配套要求。

1 海口综合交通枢纽体系发展现状

1.1 发展概况

海口作为海南省的省会,是海南省的政治中心、文化中心、经济中心、物流中心和交通枢纽[2]。海口背靠华南,面向东盟,连接东南亚,是大陆通往南海的桥头堡,是"丝绸之路经济带"和"21 世纪海上丝绸之路"规划中的 6 个"重要支点城市"之一。海口市域交通资源丰富,承担着海南省际交通衔接、省内交通

作者简介:顾煜,上海市城乡建设和交通发展研究院综合交通规划研究所建设室主任。
吉婉欣,上海市城乡建设和交通发展研究院。
杨晨,上海市城乡建设和交通发展研究院。
韩洁,上海市城乡建设和交通发展研究院。

联系的重要功能，是海南省进出岛的门户城市。目前，与国内其他城市相比，海口市未有陆路通道联系，对外客运交通依赖航空、水运。

目前，海口市已基本建成包含“空、海、铁、公”的立体综合交通枢纽构架，投入使用的枢纽有机场1个，客货运港口2个，铁路客运站3个，铁路货运站1个，主要公路客运站4个。其中，美兰机场有1条跑道，停机坪6.57公顷，设计旅客吞吐能力1500万人次/年，设计货物吞吐能力18万吨/年。客货运港口包括粤海南港、秀英港，粤海南港主要承担铁路过海和部分客货滚装过海（海安线）；秀英港为客货滚装过海港口，主要航线为海安线（广东）和北海线（广西）。铁路客运站包括海口站、海口东站、美兰站，设计旅客吞吐能力分别为400万、1000万、300万人次/年，海口南站为铁路货运站，设计货物吞吐能力600万吨/年。主要公路客运站为港口汽车站、海口省际总站、海口汽车东站及海口汽车南站。此外，新海港为规划的滚装客货运枢纽，未来将承接目前秀英港功能的转移。

1.2 交通运输情况

海口市对外客运以航空和公路为主，并呈现逐年增长的态势。2015年，海口市对外旅客运输量7079万人次，其中航空方式的有2310万人次，占对外客运总量33%，比例最高。公路客运2170万人次，占比31%；铁路客运1670万人次，占比23%。水路客运929万人次，占比为13%。2010—2015年海口市客运总量逐年增长，2013年航空客运量超过公路客运量成为最高，2011年铁路客运量大幅增加，之后稳步提升，水运客运量则相对稳定[3]。

水运和公路是海口市主要的对外货运方式，二者占比高达90%以上。2015年，海口市对外货物运输量达到11308万吨。其中水路完成货物运输6929万吨，占比61.2%。公路完成货物运输3558万吨，占比31.4%。铁路和航空则承担货运量较少，铁路791万吨，占比7%；航空30万吨，占比仅为0.26%[3]。

1.3 现状主要问题

枢纽发展面临能级提升、功能强化等问题。航空方面，美兰机场枢纽的辐射服务能力亟待加强，现状机场容量已难以适应日益增长的旅客需求，机场以本地客流为主，对区域的服务能力不够；铁路方面，海口站作为海南省唯一与内陆联系的铁路出口，目前通过跨海铁路轮渡，日开行仅6对普速列车，至主要铁路枢纽城市的时间偏长。

客运枢纽布局与城市空间布局的协调性不够。秀英港作为全省最大的客货运滚装码头，与城市发展矛盾日渐突出，进出港口的货车需穿越城市中心区，导致货运交通对城市交通干扰较大。铁路枢纽设施现状处境尴尬，秀英、长流站设置与城际线路的功能不相匹配，既不能有效服务区域对外联系，又难以带动海澄文城市群一体化发展。此外，现状公路客运站基本集中在中心城区组团，对长流、江东组团的服务有限。

各类客运枢纽之间衔接效率较差。目前，各类客运枢纽布局相对独立，缺乏一体化考虑，枢纽多式联运和内外交通衔接水平较低。如新海港、海口站、粤海南港虽然均位于西部滨海，但彼此距离2—3km，主要依赖道路交通进行联系，且无轨道交通规划联系，换乘联系效率较差。

2 海口市交通枢纽体系发展目标与战略

2.1 趋势要求

提升海口对外通道衔接的作用。海口作为“21世纪海上丝绸之路”六大支点城市之一，其衔接内陆、辐射东盟的门户枢纽功能需要进一步提升（图1）。21世纪海上丝绸之路不仅是沿线海运货物的流通，更有航空货邮、资金、信息和客流的交互流通。海口市需要建成区域性国际航运中心和物流中心，打造海上丝绸之路空中走廊的核心节点。

促进环岛经济社会发展的作用。海口市为海南省最大的交通枢纽，是海南省与内陆联系的门户城市。需要增强海口综合交通枢纽为海南岛的服务功能，加强服务海南国际旅游岛建设。

打造绿色海口实现城市集约发展的作用。2010年1月发布《关于推进海南国际旅游岛建设发展的若干意见》，海南国际旅游岛建设正式步入正轨。同时海口市是全国生态文明建设示范城市和花园城市。绿色海口应加强绿色交通体系的建设，优化枢纽集疏运方式结构，提升综合客货运枢纽集疏运系统中集约化方式的比重，实现交通的高效节能发展。

2.2 发展目标

全力打造衔接大陆腹地、辐射东南亚、服务海南全省和促进海澄文一体化发展的功能清晰、布局合

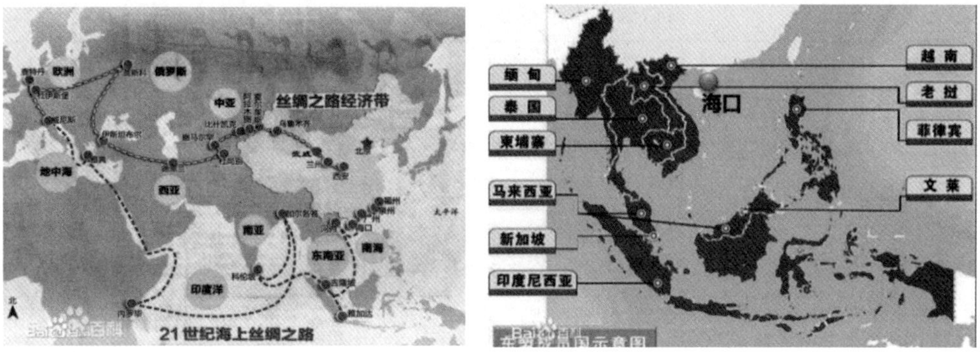

图 1　海口位于“一带一路”及东盟经济圈的区位

理、换乘便捷的综合交通枢纽体系，全面支撑“21 世纪海上丝绸之路”重要支点城市、大南海开发区域中心城市和海南国际旅游岛建设。具体目标包括以下三方面：

运输效率目标：从满足海口对外衔接功能来讲，实现三个圈。(1)0.5 小时交通圈。满足通过客运枢纽衔接城际铁路、市域快轨，半小时可达海澄文范围。(2)1 小时交流圈。通过客运枢纽，衔接城际铁路、长途客运，1 小时可达包括琼海、临高的范围。(3)2.0 小时经济圈。通过客运枢纽衔接高铁 2 小时可达包括三亚、东方在内的环岛经济圈。

从满足海口内快速交流功能来讲，实现两个圈。(1)30 分钟市区通勤圈。通过轨道和公交换乘枢纽，衔接市区轨道、地面公交等方式，半小时可达海口城区范围。(2)60 分钟市域通达圈。通过轨道和公交换乘枢纽，衔接市域快轨、市区轨道、长途客运等方式，1 小时可达海口市域范围。

集疏运结构目标：实现轨道交通(包括铁路)、公交等集约化方式在枢纽集疏运结构中的主体地位，比例达到 50%以上。

一体化整合目标：统筹各种运输方式之间、对内对外交通之间、客货运之间的关系，实现枢纽设施功能互补化、空间立体化、运营无缝化。内外客运交通最大换乘时间不超过 15 分钟、地面公交和轨道最大换乘时间不超过 10 分钟。

2.3　发展策略

策略一：加快海空枢纽建设，带动城市发展。加强港口、机场等对外互联互通基础设施建设，积极拓展对外交通干线，扩大支线覆盖范围，大幅度提升海港、空港国内外中转服务功能，显著增强海口区域性交通枢纽地位，建成面向东南亚的航运枢纽。依托美兰机场和高铁站，打造美兰综合枢纽，促进和带动美兰新城、木兰新城发展，强化与文昌联系。以新海港、马村港建设，加快长流组团开发建设，引导产业向西部转移，推动临港产业和园区发展，带动澄迈老城经济开发区。

策略二：弥补“交通短板”，分级构筑多层次枢纽体系。构建功能清晰、布局合理、换乘便捷的四级综合交通枢纽体系。完善综合交通枢纽体系建设，发挥机场、铁路站、长途客运站承担专业对外客运主体功能。中心城区长途客运站“外迁整合”，实现“多式衔接”。结合远期大中运量公共交通站点和既有长途客运站置换资源，规划多级公交换乘枢纽。

策略三：围绕枢纽综合开发，支撑引导区域发展。大力推广和实施以公共交通为导向(TOD)的土地综合开发。将铁路枢纽、轨道交通枢纽和公交枢纽作为新城发展和老城更新的核心，围绕枢纽进行多功能复合式、高强度开发。

3　海口市综合交通枢纽体系规划

3.1　综合客运枢纽功能分类

从衔接大陆腹地、辐射东南亚、服务海南全省和促进海澄文一体化发展的目标出发，构建功能清晰、布局合理、换乘便捷的四级综合交通枢纽体系(图 2)。A 类枢纽依托美兰机场、新海港、海口火车站等出岛枢纽，打造衔接大陆腹地、辐射东南亚的航空、公路、铁路门户枢纽。B 类枢纽依托城际铁路车站、长途客运站，形成衔接省内其他城市及特殊功能的交通枢纽。C 类枢纽为轨道交通换乘枢纽，主要为城市公交换乘提供服务。D 类枢纽为一般轨道交通车站和地面公交枢纽，为公共交通内部多种方式间以及公交与个体方式间的换乘集散服务(表 1)。

表 1　　海口综合客运枢纽功能分级体系建议

分类	定义	枢纽	规划思路	功能定位
A类	衔接大陆腹地、辐射东南亚的门户枢纽	美兰枢纽	结合美兰机场、美兰火车站、美兰汽车站(规划)打造集航空、铁路、公路客运为一体的综合枢纽	最重要的进出岛的客运枢纽
		海口东站枢纽	将现有汽车东站迁至铁路东站附近，形成铁路、公路综合客运枢纽	省内对外客运功能； 全市铁路对外客运功能
		新海港枢纽	结合新海港、海口火车站形成功能一体的综合客运枢纽	泛珠三角与环北部湾的区域性枢纽；对接大陆的公路、铁路门户
B类	衔接省内其他城市及特殊功能的交通枢纽	长流站枢纽	分别结合既有的火车站规划长途汽车站，形成铁路、公路客运枢纽	城际铁路客运功能；省内长途客运功能，兼顾部分离岛客运
		秀英站枢纽		
		秀英港枢纽	外移货运功能，主要承担旅游观光客流	国际邮轮、游艇帆船码头、公交首末站
		江东客运枢纽	服务江东的长途枢纽，衔接轨道1号线	
C类	轨道交通换乘枢纽	长堤路枢纽	轨道交通2号、3号线换乘枢纽	为轨道交通之间，轨道交通与地面公交，公交与个体交通之间提供换乘服务
		海府立交枢纽	轨道交通1号、2号线换乘枢纽	
		秀华路枢纽	轨道交通1号、3号线换乘枢纽	
		西海岸枢纽	轨道交通1号线枢纽，服务长流组团	
		……	部分轨道交通首末站	
D类	一般轨道车站	轨道车站	轨道交通1号、2号、3号线	一般轨道车站、公交换乘站
	地面公交枢纽	公交枢纽	根据公交线网优化调整、客流需求，结合既有公交场站、长途客运站置换用地规划公交枢纽	公共交通内部多种方式间以及公交与个体方式间的换乘集散 兼顾首末站、停保功能
		公交首末站	大型商贸娱乐文化中心、高等院校、医院、公共场馆及居民小区等人口密集区域规划公交首末站。	市内公交首末站

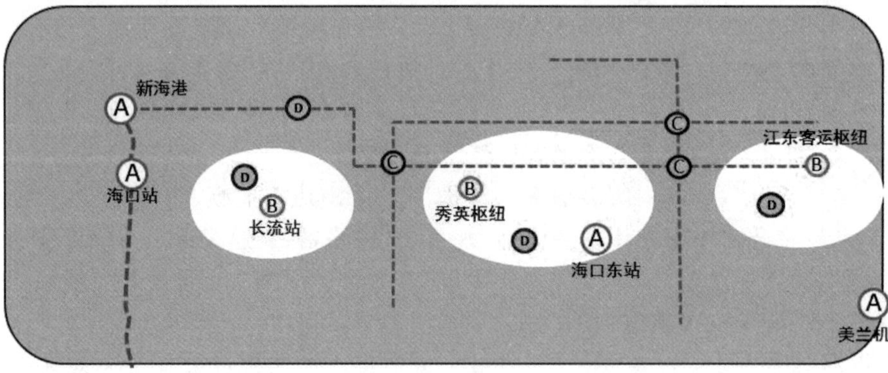

图 2　海口市综合交通枢纽体系图

3.2　综合客运枢纽优化

由于各个枢纽发展基础和功能定位不同，所以本文从各个枢纽现状面临的主要问题和未来发展需求出发，分别提出了优化方案建议。例如航空枢纽方面，美兰机场一期已建成，二期扩建工程也在2015年底开工。主体布局已无太大调整空间。面临的主要问题是地面交通中心(GTC)规划布局问题，所以本文更多从集疏运体系优化角度提出建议。而铁路枢纽方面，各个铁路车站功能定位尚不明晰，海口东站面临容量饱和等问题，故本文从铁路枢纽体系构建、东环铁路改线等方面提出优化建议。长途客运站方面，既有车站布局与城市用地发展矛盾突出，故本文从整合资源、长途客运站布局等方面提出优化建议。

3.2.1　航空枢纽

优化思路：重点完善美兰机场地面交通的多层次体系，整合铁路、城市轨道、公路客运、城市公交及机场巴士等多方式，强调综合换乘衔接。提供轨道交通(铁路)等集约化交通服务，构建服务琼北地区的机场地面交通1小时航空圈。

(1) 构建多层次、分区域服务的轨道交通集散体系。现状美兰枢纽包括美兰机场与东环铁路美兰站。交通集疏运主要依靠道路交通，出租车、小客车集疏运比例高达90%。建议海口东环线在市区段向南侧外移，将城际功能外移后，东环既有线市区段改为市域铁路功能，充分利用起现状的长流站、秀英站等闲置设施，形成城际铁路、市域快轨和城市轻轨的多层次机场轨道集疏运体系。

(2) 建立相对独立的机场快速集散道路体系。建议完善形成美兰枢纽至市区各组团的多通道体系，分担绕城高速运行压力，建议加快包括滨江路、新大洲大道、琼山大道等道路的快速化改造。并结合机场二期改扩建，完成机场进场道路快速化改造(图3)。

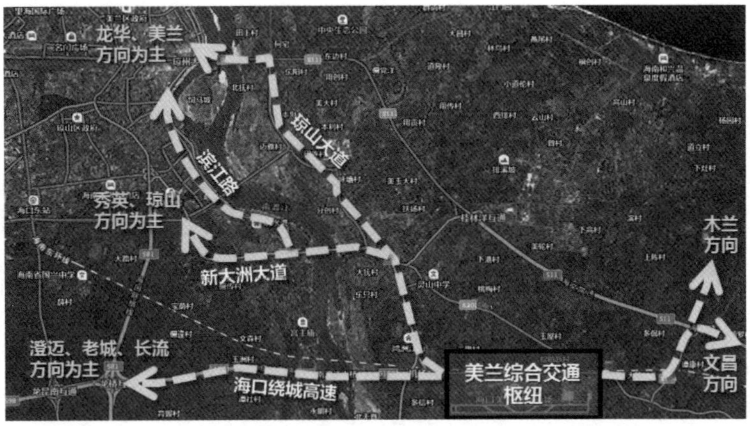

图3　美兰机场道路集疏运通道规划方案

(3) 构建"一体化交通中心"。整合轨道交通、机场大巴、出租车和公交枢纽等路测交通资源构建一体化地面交通中心，提高换乘衔接效率，提升美兰机场的不同交通方式换乘体验，优化完善美兰机场的集疏运体系。

3.2.2　铁路枢纽

(1) 构建"3+N"的铁路枢纽体系：3大客运主枢纽+若干客运站。3大客流主枢纽具体为：跨海铁路枢纽(海口站)、环岛铁路枢纽(海口东站)、空港铁路枢纽(美兰站)；若干客运站为市域及周边区域服务为主的铁路站(表2)。

表2　铁路枢纽的功能和衔接要求

站名	功能	衔接要求
海口站	跨海铁路客运功能为主	港口客运、公路客运、城市轨道、常规公交
海口东站	环岛客运铁路主枢纽	公路客运、城市轨道、常规公交
美兰站	为机场承担集疏运服务，兼顾城际和都市圈客运功能	机场、公路客运、常规公交
长流站、秀英站、城西站等	以服务都市圈城镇(组团)之间的客流联系为主	城市轨道、常规公交

(2) 东环铁路线路布局优化。东环线路目前沿南海大道走行，穿越中心城与城市发展矛盾日益突出。本文提出将东环线路外移，方案一与环线高速并行，方案二与椰海大道并行(图4)。方案二位于中心城区组团与城市隔离绿带边缘，距离城市核心区更近，可达性更强。充分利用海口东站既有设施资源，做强海口东站枢纽。且可规划与轨道3号线衔接车站，无须轨道进一步延伸。方案二为本文主推方案。

3.2.3　新海港枢纽

新海港枢纽是海口市三个衔接大陆腹地、辐射东南亚的门户枢纽之一，是泛珠三角与环北部湾的区域性航运枢纽，对接大陆的公路、铁路门户。与汽车站、地面交通中心结合形成功能一体的综合客运枢纽。新海港于2015年12月底开港运行，未来将承接目前秀英港客货滚装功能。

吞吐量预测：根据近年来港口吞吐量预测和未来发展形势判断，预计2020年汽车吞吐量达到280万辆，2030年达到400万辆左右。其中小汽车比例为59%，货车、瓜果蔬菜车各占20%，大巴车比例将下降至1%左右。旅客吞吐量方面，2030年将达到1400万人次左右，其中散客比例为15%[4](表3)。

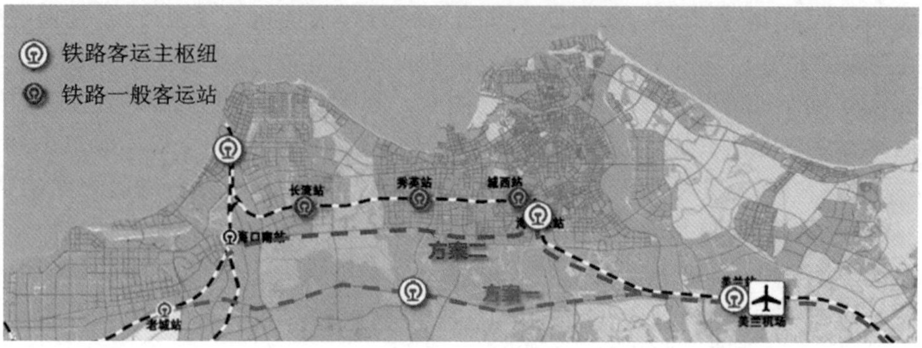

图 4　东环铁路外绕方案比选

集疏运设施规划：新海港枢纽服务对象包括散客、过海大巴、小汽车和货车等，针对每类服务对象，枢纽提供配套设施。

表 3　　**新海港交通配套设施规划**

服务对象	服务功能	设施	功能
散客	地面公交、出租车、私家车、长途巴士	城市综合交通枢纽	售票窗口、公交枢纽、出租车上下客区、社会客车停车场、旅游服务中心
过海大巴	待渡场	港口配建	/
小汽车	买票、安检、待渡场、候船室	各个码头配建	/
货车	买票、安检、待渡场	各个码头配建	/

城市综合交通中心规划：规划在新海中路东侧，长椰路两侧打造城市交通换乘中心，包含公交、小客车停车、长途客运和旅游服务等功能，兼顾高峰期待过海车辆临时停放功能(图 5—图 7)。

图 5　城市综合交通中心选址布局

3.2.4　长途客运枢纽

优化思路：整合资源一体化规划，结合航空、铁路枢纽等规划布局，突出枢纽的综合、一体化；中心城区客运站外移，将目前位于中心城区的客运总站、东站、西站等功能调整至外围区；根据海口市空间特点，确保做到一组团至少两个枢纽；规划形成合理分工、功能互相配合的 3 个 A 类、3 个 B 类长途客运站，承担不同方向客流。

结合美兰机场、新海港、火车东站三个 A 类枢纽布设长途客运站。其中美兰机场客运站主要承担澄迈、定安—万宁—三亚、屯县—琼中—乐东方向的长途客运，新海港汽车站主要承担省外过海长途客运，

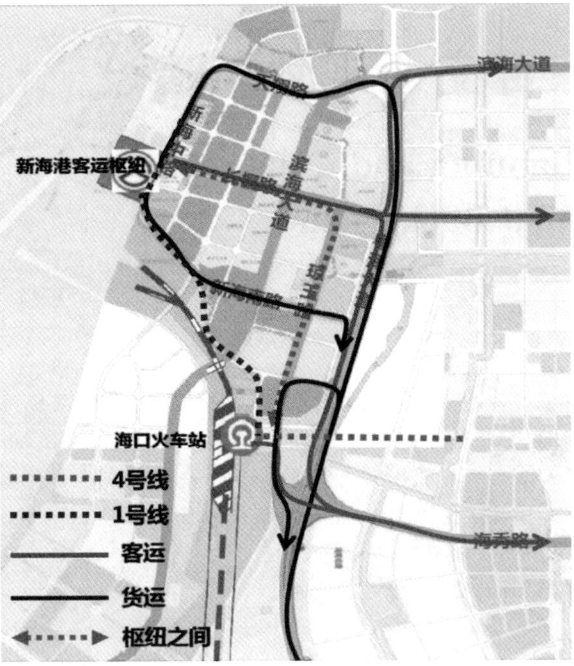

图 6　外部交通组织

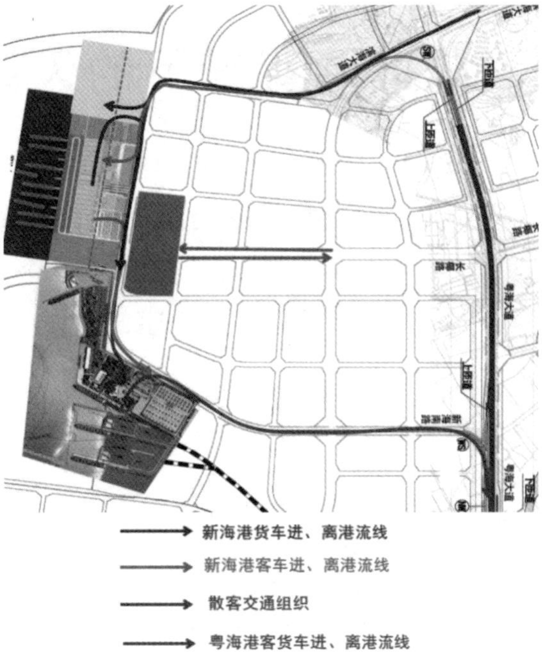

图 7　滚装车辆交通组织

海口东站客运站主要承担澄迈、定安—万宁—三亚、屯县—琼中—乐东、文昌方向的长途客运。结合长流站布设长途客运站，江东组团新增江东汽车站。长流站枢纽主要负责东方市、澄迈方向长途客运，江东客运枢纽主要负责澄迈、定安—万宁—三亚、屯县—琼中—乐东方向长途客运(图 8)。

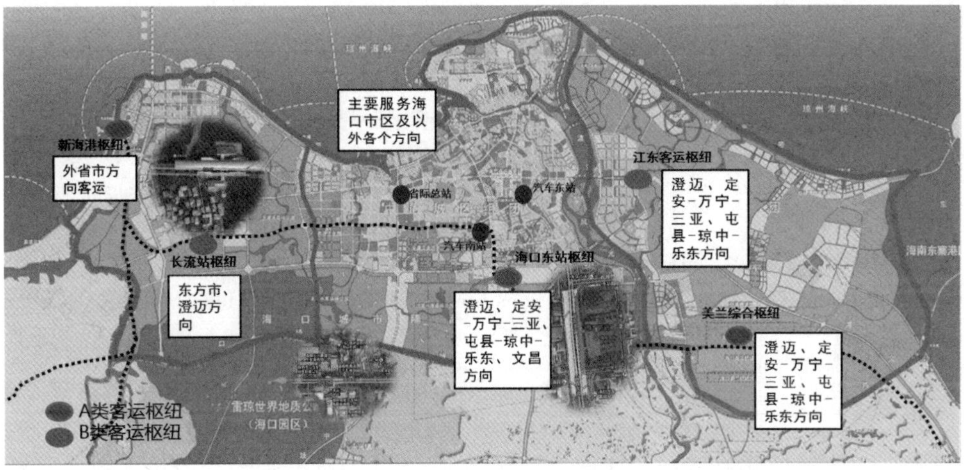

图 8　长途客运站规划布局方案

4　结语

综合交通枢纽是城市规划的重要内容之一，但是其规划在城市早期建设中并没有受到足够的重视，在城市发展过程中，暴露了与枢纽层次不清、枢纽能级待提升、功能混杂及布局不合理等问题。本文全面梳理了海口市不同交通枢纽存在的现状问题，并结合未来发展趋势对交通枢纽体系构建的要求，提出了构建功能清晰、布局合理、换乘便捷的四级综合交通枢纽体系。此外，针对目前不同枢纽在发展过程中的问题，从功能定位、集疏运优化、总体方案布局等方面提出了优化建议。

参考文献

[1]　胡思继. 综合运输工程学[M]. 北京：清华大学出版社，2005.
[2]　中国城市规划设计研究院，海南省住房和城乡建设厅. 海南省城乡经济社会发展一体化总体规划[Z]. 2011.
[3]　海口市统计局. 海口市统计年鉴(2015)[Z]. 2016.
[4]　海南港航控股有限公司. 2015 年轮渡运输统计表[Z]. 2016.

面向区域背景下的天津综合交通规划与建设

Comprehensive Transportation Planning and Construction for Tianjin under Regional Background

李祚达　王士敏　范小勇　万　涛　张廉青

摘　要：按照"京津冀协同发展是重大国家战略"的部署，三年来天津在已取得了一些成效的基础上，积极贯彻京津冀协同发展规划纲要，构建了以轨道交通为骨干的多节点、全覆盖的交通网络，拉近京津冀生活圈，实现京津冀1小时交通圈，加快形成安全、便捷、高效、绿色和经济的一体化综合交通体系格局。根据天津特定的地理位置和优势，疏解北京非首都功能，继续推进天津综合交通工程规划建设，包括：一、海港、空港交通工程规划建设（北方国际航运核心区、国际邮轮母港、城市候机楼。）；二、轨道交通工程规划建设（铁路：京津第二条高铁、京沪高铁二通道、津保忻、津承、京滨、津唐。地铁：7条线路156公里在建。）；三、道路交通工程规划建设（高速公路、城市道路、乡村公路、公交专用道）。

关键词：综合交通；规划建设；京津冀；方便出行

Abstract: Last three years, following the Party Central Committee's national strategy of Coordinated development of Beijing, Tianjin and Hebei, Tianjin is actively implementing the guidelines of Coordinated development of Beijing, Tianjin and Hebei, and constructing a rail-based, multi-nodes, high-coverage network to shorten the time-space distance within this area, to make an One-Hour Time-space circle. A safe, convenient, efficient, low-carbon and economic comprehensive transportation systems are shaping rapidly. To carry on non-capital function released from Beijing, Tianjin are going to promote the comprehensive transportation project planning and construction, based on its specific geographic location and development advantages. The planning and construction are composed of three parts: (1) Seaport and airport planning and construction, including North China international shipping core area, cruise home-port and city airport terminals; (2) Rail transport planning and construction, in national railway side, planning or constructing the second Beijing-Tianjin High-speed railway, the second Beijing-Shanghai high-speed railway, Tianjin-Baoding-Xinzhou railway, Tianjin-Chengde railway and Beijing-Binhai railway, in city rail transport side, 7 routes, totally 156 kilometers'metro railway will be built. (3) Road planning and construction, including a set of highways, city streets, rural roads and bus-only lanes.

Keywords: comprehensive transportation; planning and construction; Beijing-Tianjin-Hebei; facility travelling

1　背景

改革开放以来，天津城镇化进程进入加速发展时期，经济社会发展水平和质量得到全面提升，各项事业取得全面进步，城市地位显著提升，现代化大都市面貌基本形成。当前城市发展还处于以集聚为主的发展阶段，城市发展的外溢效应和门户带动作用还不足，突出表现在综合交通系统的能级与国家战略要求还有一定差距。从区域交通一体化发展现状看，以北京为单核心放射的区域交通格局使北京过境交通压力大，区域空港和海港资源缺乏有效整合，港口之间分工不明确，港口功能定位存在无序竞争，同时天津港的航运物流服务功能有待提升，部分港口的腹地通道不畅通。铁路和公路互联互通程度需进一步提高，这些制约了区域一体化发展。从天津市交通发展基础看，港口高端航运服务要素不发达，与北方国际航运核心区的目标还存在差距。机场枢纽能力未能有效发挥，机场旅客吞吐量仅位列全国第20名，货运航班起降频次仅为北京的1/2。京津冀协同发展上升到国家战略为天津综合交通发展带来了巨大机遇。为此，天津市结合城市总体规划修编和十三五综合交通规划建设，提出了推进天津综合交通发展的系列工作。

作者简介：李祚达，天津市城乡建设委员会原软科学研究发展中心主任，高级工程师，国务院特贴专家。
王士敏，天津市城乡建设委员会科技处处长，城市经济学硕士，主要研究方向为城市建设与经济研究。
范小勇，天津市城市规划设计研究院教授级高级工程师，工学博士，主要研究方向为城市交通规划。
万涛，天津市城市规划设计研究院高级工程师，工学硕士，主要研究方向为交通规划、交通模型。
张廉青，天津市交通科学研究院工程师。

2 综合交通规划建设的思路

依照《京津冀协同发展规划纲要》，按照建设世界级城市群发展目标和建设“轨道上的京津冀”的要求，天津市未来综合交通的规划建设要充分发挥公共交通集约高效、节能环保等优点，坚持公交优先，把发展公共交通提到城市可持续发展的高度来谋划，从区域发展和城市发展两个层面积极探索建立适合天津市发展要求的新型公共交通体系，提高天津综合交通系统的区域辐射服务能力和服务水平。

在区域层面，构建与京津冀重点城镇互联互通的城际铁路网，形成天津联系北京、石家庄、保定、秦皇岛、承德、唐山、廊坊的1小时交通圈，强化天津综合交通枢纽地位和对外辐射服务能力，让城际快速公共交通成为京津冀协同发展的有力助推器。加快统筹和协调城际铁路、市郊铁路规划建设，充分利用既有铁路富余运能开行市郊列车，带动和支撑外围各区中等城市发展建设。

市域层面要构建以公共交通为主导的城市交通系统。加快推进城市轨道线网规划建设，完善城市公共交通系统主骨架。进一步优化公共交通线网架构，构建市域线与中心城区、滨海新区的城区线换乘网络，加强各辅城、功能组团与主城的联系。重视轨道站点接驳规划，实现轨道交通、常规公交、慢行交通和小汽车交通的无缝衔接，最大程度发挥轨道交通的效益。积极推动常规公交“快干普支”四级线网的优化调整，形成多层次立体化公交网络体系，满足多元化公交出行需求。公共交通占机动化出行比例达到60%以上，实现公交都市目标。同时，完善级配合理的城市路网系统，形成多层次、高等级、广覆盖，安全便捷、畅通高效、绿色智能的现代化综合交通运输体系。构建以人为本的道路微循环系统。强化“窄路密网”的空间布局，着力提升路网的整体通行效率和服务能力。倡导慢行优先，优化道路断面设计，大力推进公交优先道和专用道建设，积极发展公共自行车系统，形成优良的绿色交通出行环境。

3 综合交通工程规划建设

2017年，是实现京津冀协同发展战略近期目标的关键之年。

天津市积极推进京津冀协同发展深入落实国家《京津冀协同发展规划纲要》和本市的具体实施意见，按照国家批准的三地协同发展交通一体化规划开展具体工作，京津石中心区域与周边城镇一小时通勤圈，京、津、保、唐一小时交通圈正在逐步成为现实。在协同发展中发挥天津的优势，疏解北京非首都功能，必须继续推进天津综合交通工程规划建设，包含以下几方面内容：

（1）海港、空港交通工程规划建设（包括北方国际航运核心区、国际邮轮母港、城市候机楼）；

（2）轨道交通工程规划建设（包括京津第二条高铁、京沪高铁二通道、津保忻、津承等铁路京滨、津唐等城际铁路，以及7条在建的156公里的城区地铁线路）；

（3）道路交通工程规划建设（包括高速公路、城市道路、乡村公路、公交专用道等）。

上述建设完成后，将最终实现一小时交通圈，方便京津冀百姓出行。

3.1 海港、空港交通工程规划建设

3.1.1 北方国际航运核心区工程规划建设

建设北方国际航运核心区是京津冀协同发展规划纲要赋予天津市的重要功能定位，2016年《天津市建设北方国际航运核心区实施方案》正式实施，定位精准，措施细化，目标明确，进一步推动本市发挥港口核心战略资源优势，增强辐射服务全球的能力。

近年来，天津港不断提升港航设施能级，30万吨级航道二期工程及复式航道工程建成投用，南疆26号30万吨级矿石码头、中海油LNG码头竣工投入使用。目前，天津港共在京冀地区建设了10个内陆无水港，在国内港口中率先完成了京津冀地区“8＋2”的无水港网络布局。作为目前世界等级最高的人工深水港，天津港同180多个国家和地区的500多个港口保持着贸易往来，集装箱班轮航线达到120条，每月航班550余班，通往世界各地港口。

同时拥有国际化的海港、空港是天津在京津冀城市群中独具的优势，在推动本市经济发展的同时，航运辐射半径不断扩大。2016年，本市港口货物吞吐量达5.5亿吨，同比增长1.86%，其中65%服务于京津冀地区；集装箱吞吐量达1452万标准箱，同比增长2.9%，其中78%服务于京津冀地区。机场旅客吞吐量1687万人次，同比增长17.9%；货邮吞吐量23.7万吨，同比增长9.1%，增幅双居全国干线机场前列。

2017年，天津港建成京津冀地区第一个海铁联运综合性集装箱铁路枢纽——中铁天津集装箱中心

站，集装箱海铁联运功能全面升级。同时，持续扩大与河北港口的合作，共同成立了渤海津冀港口投资发展有限公司，与唐山港、沧州港签署合作协议，进一步整合资源，津冀两港由竞争走向竟合。

与此同时，瞄准建成区域枢纽机场和中国国际航空物流中心的目标，天津机场通过新开、加密航线，增加通航城市，进一步优化航线网络，承接首都机场溢出需求，实现“双区、双楼、双跑道”运营。大力拓展空域，高峰小时容量标准已由24架次逐步提升至28架次、32架次。加快推进7.6平方公里航空物流区建设，目前已初步建立起国内干支结合，国际主要通航东北亚、东南亚、欧洲的客运航线网络，以及国内通航重点城市，国际通航日韩、欧美的全货运航线网络。

3.1.2 打造航运服务集聚区

建设北方国际航运核心区，天津不仅大力发展航运主业，还注重与服务业“双轮驱动”。对比，本市充分利用自由贸易试验区海运政策优惠，打造航运服务集聚区。东疆保税港区的融资租赁业领跑全国，航空租赁、国际船舶租赁业务持续增长，医疗、新能源、汽车等新兴租赁业务也加快布局。多家知名航运物流企业以东疆为平台，进入航运高端业务市场。2017年全年，东疆新增国贸及结算类企业1000多家。金融、保险、法律和咨询等高端航运服务业多点开花，为本市航运业发展增添了动能与活力。

“十三五”期间，本市将建成航运基础设施完善、航运资源高度集聚、航运服务功能优良和资源配置能力突出的国际一流大港、国际一流口岸、国际物流网络重要节点、京津冀协同发展重要载体和我国高水平对外开放平台。

到2020年，天津港将基本形成体系结构合理、内外衔接高效、通道便捷畅通的立体综合港口集疏运体系；机场基本建成区域枢纽机场和中国国际航空物流中心；实现自贸试验区口岸监管服务功能复制推广，基本建成符合国际惯例的口岸监管体系；建成全球重要的航运资源配置中心。

3.1.3 天津国际邮轮母港工程规划建设

天津国际邮轮母港位于天津港东疆港区南端，总建筑面积160万平方米，岸线长2000米，6个泊位，初期面积70万平方米，2个大型国际邮轮泊位及配套客运站房。码头岸线长625米，可停靠世界上最大的邮轮，设计年旅客通行能力50万人次。

2016年，天津国际邮轮母港首次实现全航季运营，共接待邮轮42艘次，同比增长48%；进出港邮轮旅客71.5万人次，同比增长65%，双创历史新高。

目前从天津乘邮轮出入境的游客中，天津本地的游客占30%，有近70%的游客来自北京、河北等周边地区。

天津邮轮母港辐射京津冀、山东、内蒙古等地区，已经成为国际各大邮轮公司辟建亚洲航线的重点港口之一。从各公司的航线计划来看，这些知名品牌近年来纷纷加大了在天津市场的投放力度。

2018年预计将有40余艘次国际邮轮，美国皇家加勒比邮轮，意大利歌诗达大西洋邮轮，德国海洋赞礼号邮轮，公主号等豪华邮轮，以及新投入的歌诗达“幸运号”和“诺唯真”喜悦号两艘新邮轮，也将投入天津母港航线运营。为天津国际邮轮母港带来了巨大商机。全年停靠天津港的邮轮艘次也将会达到新的峰值。

3.1.4 城市候机楼工程规划建设

为打造“进出北京第二空中通道”，天津机场近年来动作频出，机场交通中心实现了航空、地铁、大巴等多种交通方式的无缝衔接：目前已建设运行北京铁路南站、北京八王坟客运站、河北省保定、廊坊、唐山等地共20座城市候机楼，覆盖京津冀辽鲁五省市；“空铁联运”服务范围扩大至京冀辽鲁的8个城市和天津1个区，涉及6条铁路；天津机场—北京八王坟长途客运站发车班次从每天4班增加到24班，满足往来京津地区旅客的需求。

建设与世界级城市群相匹配的世界级机场群——这是京津冀三地机场未来的发展目标。对于天津机场来说，将进一步承接首都机场溢出需求，加大布局二、三、四线城市力度。建设区域枢纽机场，疏解北京航线客流压力。

坐高铁到天津乘飞机，“空铁联运”是天津机场的特色品牌，已经成为京津冀旅客的主要出行方式之一。与此同时，今年本市还将协调推动航空物流区建设，推动7×24小时通关服务，天津机场航线网络通达性将进一步提升。

3.2 轨道交通工程规划建设

2016年11月，京津冀地区城际铁路网规划获得批复，以京津、京保石、京唐秦三大通道为主轴，以京、津、石三大城市为核心，重要城镇和主要产业集聚区被打通，最终基本形成“四纵四横一环”城际铁路网。

3.2.1　铁路交通工程规划建设

图 1 为京津冀核心区域主要的现状及规划铁路，其中津保铁路于 2015 年底通车运营。为自津保铁路正式通车以来，运送旅客 800 多万人次，使天津与保定之间往来不需再绕道北京换乘，乘客的乘车时间缩短为原来的 1/5 至 1/3。

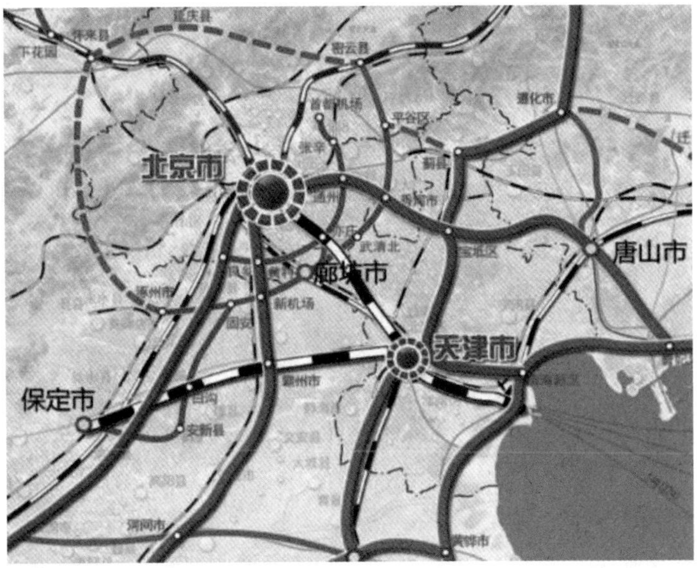

图 1　轨道上的京津冀

作为津保铁路两端起始站，天津西站和保定东站客流增幅十分明显。天津西站由开通日均发送旅客 9110 人增加至 1.8 万人，增幅达到 97%；保定东站由开通前日均发送旅客 6200 人增至 9500 人，增幅达 53%。

京津冀区域铁路还将进一步发展，以满足居民对于轨道上的京津冀的期待。北京和天津之间的第二条高铁京滨城际铁路以及联系北京与唐山的京唐城际铁路前期工作将加快推进，实现西南环线、大北环铁路竣工验收，目前正在进行联调联试，南港铁路建设也顺利进行。同时，天津还将开展京沪高铁二通道、津保忻、津承铁路通道规划研究。

3.2.2　地铁工程规划建设

截至目前，本市 7 条线路 156 公里在建工程继续向前推进。

地铁 5 号线主体结构完成 95%，区间盾构完成 90%，铺轨完成 55%，设备安装完成 50%。地铁 6 号线一期南段主体结构完成 95%，区间盾构完成 70%。地铁 1 号线东延线 10 座车站主体、附属结构、区间、联络通道全部完成，双桥河车站段主体完成 30%，刘园停车场改造工程完成 40%，铺轨完成 90%。双林站去年年底停运，目前正在拆改，进行新双林站建设。地铁 4 号线一期管线切改完成 90%，围护结构完成 50%，主体结构完成 6%。地铁 10 号线一期管线切改完成 50%，围护结构完成 20%。地铁 7 号线和 11 号线一期土地房屋征收核量已完成，正在进行管线切改综合设计。

3.3　道路交通工程规划建设

3.3.1　高快速道路通道工程

三地间纵横交错的道路网。2017 年 12 月 9 日，京台高速北京段开通，《国家高速公路网规划》中涉及的 7 条放射线已全部建成。这是继京沪、京津高速后，北京去往天津方向的第三条快速通道，将北京与河北间的车程缩短了 40 分钟。未来 4 年，每年都将有新高速建成，以缩短京津冀三地间距离。同时唐廊高速天津段一期将在今年建成开通，进一步完善京津冀地区高速公路网布局；津汉高速、津港高速二期也将于今年通车，方便滨海新区市民出行。此外本市还将推动西外环高速和津沧高速建设，津石高速建设也将进一步推进，力争 2018 年内东段开工，推进西段前期工程。

3.3.2　打通公路瓶颈

2016 年 7 月，拦在蓟州城区与毛家峪村之间的最后一道石壁被打穿，津围公路北二线工程毛家峪隧道正式宣告贯通，全长 425 米。

津围公路北二线工程全长 31 公里，起于喜邦公路止于津围公路河北省兴隆界，是京津冀交通一体化重点工程。毛家峪隧道建成后缩短了蓟州城区至穿芳峪、罗庄子两镇及九龙山、毛家峪、小穿芳峪等周边景区的距离，可节省大约30分钟的车程。该公路连接起了北辰、武清、宝坻、蓟州和河北省承德，是本市通往承德方向的主要过境通道。为了打通现有津围公路与河北省兴隆连接的瓶颈，津围公路北二线工程于2014年开工建设，目前，已实现了部分路段通车，预计2018年年内完工。津围公路北二段工程通车后，将带动山区农村经济以及蓟州区毛家峪、梨木台、九龙山国家森林公园和黄崖关长城等旅游景区的发展。

为进一步打通路网的"毛细血管"，2018年天津还将建成梅丰公路，同时推动滨玉公路建设，高王公路等4个项目正在开展前期工作。这些项目建成后，将助力本市"八横六纵"高速公路网的形成，打通普通国省道的瓶颈路段。

2018年将维修改造乡村公路500公里，实施农村公路新建改建工程，扩大农村公路服务范围，基本实现与周边省市接口农村公路断头路的对接。

3.3.3 提升城市道路

外环线提升改造工程将在今年完成，还将建成津围北二线、梅丰公路、104国道路网改造等项目，推进外环线国道功能外迁，推动滨玉公路建设，开工建设喜邦、港静、九园改建宝坻北段、津保公路宝坻北段等项目，开展津汉公路改建、工农大道等项目前期工作。2018年，本市将对快速路黑牛城道等路线进行整修提升，同时整修12条城市次支道路。优化环城四区和远郊各区公交线网，协调推动宝坻区公交服务均等化。同时推进传统出租汽车转型升级，促进网约车、共享单车规范发展。

4 结语

一亿人口迈向1小时交通圈。在京津冀的版图上，轨道网、公路网的建设正如火如荼，进入建设黄金期。"轨道上的京津冀"正逐步实施，"同城"效应愈加显现——以北京为中心，50～70公里半径范围内的1小时(天津至保定缩短至1小时，北京至天津滨海新区缩短至1小时)交通圈将在4年内建成；7条国家高速放射线同时在建，未来4年内每年都有新路开通。京津冀一亿人口将逐步迈进1小时交通圈。

经过3年的发展，三地居民绿色出行也更便捷了。京津冀"互联互通卡"在三地累计发卡31.7万张。同时，高速路的一卡通已经实现，截至2017年年底，京津冀三地ETC用户数量达到273.9万户，电子收费流量占总通行量的40%。最近，京津两地高铁已正式发行"京津城际同城优惠卡"，直接受益的旅客预计超20万人以上。

交通工程建设推进将有助于满足京津冀居民日益增长的出行需求，全面提升该地区的整体竞争力，天津也将成为"北京—天津—雄安"中及其重要的一环，支撑京津冀协同发展国家战略的实现，促进该地区的一体化与协同化发展。

参考文献

[1] 王东峰. 政府工作报告[N]. 天津日报，2017-01-23(3).
[2] 马晓东，万红. 交通一体拉近三地生活圈[N]. 天津日报，2017-02-24(12).
[3] 马晓东，万红. "双轮驱动"建设北方国际航运核心区[N]. 天津日报，2017-02-25(12).
[4] 刘雅坤，魏彧. 中国铁路总公司与本市签署《会谈纪要》推进天津铁路建设发展共同打造"轨道上的京津冀"[N]. 天津日报，2017-04-28(1).
[5] 胡晓伟，刘斌. 7条地铁线在建工程稳步推进 地铁5号线主体结构完成95%[N]. 天津日报，2017-02-04(5).
[6] 刘斌. 今年：外环改造完成黑牛城道提升，唐廊、津汉、津港3条段高速通车[N]. 天津日报，2017-02-08(5).
[7] 站在时代的潮头筑造历史性工程——以习近平同志为核心的党中央谋划指导京津冀协同发展三周年纪实[N]. 天津日报，2017-02-27(3).
[8] 刘斌. 城际"月票"首日卖了660张[N]. 天津日报，2017-05-02(5).

第五代交通科技与共识管理趋势

Transportation 5.0 and Cooperative Management

张堂贤

摘　要：本文提出在第五代通讯(5G)即将来临之际，智能运输系统也将进入第五代的思维。这个发展主要是在第五代通讯是长距与短距技术相融合运用的，长距在于云端(远距数据库及运作)结合，而短距在于物联技术或随意网(Ad Hoc Networking)技术运用。过去短距关注 WiFi 或 Bluetooth，而第五代最受瞩目的会是 LTE-V。因为它可兼容长短一体于一个运作体系＝LTE＋LTEv，也就是一只手机一个通讯芯片即可达成多工作任务，即可联云端有可执行随意网域，手机体积变小又省成本，最重要的是市场在一个体系内。因可执行随意网，交通应用面将会有很大发挥余地，它可随时追踪轨迹，于是过去谈人本交通、绿色交通，将是可依附在此架构下。例如，交通控制可以依人的方式计算号志时制、ETC 不再需要其他额外装置、事故鉴定的回复技术变得可行且可靠、许多卡口都可免去使设计更人性，等等。当然更要谈共识管理的理念了。

关键词：第五代通讯；智能交通；物联网；随意网；LTE-V；共识管理

Abstract: 5G era will emerge on the horizon estimated by 2020. 5G mobile communication will make our living more convenient and diversified. Internet of Things (IoT) is developed as a network of objects and/or things. Through the networks, huge big data are collected, analyzed, synthesized and uploaded onto the clouds to produce valuable applications. Regardless of IoT, Internet of Vehicles (IOV), or Connected Vehicles (CV), short range communication technologies are indeed playing an important role in this domain, such as Wi-Fi direct, Bluetooth (iBeacon), RFID, WAVE (IEEE802.11p), LTE-V and LoRa. Herein, the general demand of public is directly to connect among Vehicles, Infrastructure and Persons (cVIP). This leads to complete the need to a seamless circumstance. This presentation discusses which technology for connecting VIPs in 5G era will win the market. Meanwhile, the change will obviously and strictly affect traffic and transportation engineering. Advanced ITS (Intelligent Transportation Systems) to enter 5th generation of transportation era (Tx5.0) will be discussed.

Keywords: ITS, Transportation 5.0; Internet of things; Ad Hoc networking; LTE-V; Cooperative Management

1　前言

行动通讯技术的(大网)发展脚步非常快速，从 1990 年的 2G(GSM)语音＋讯息服务，到 2000 年后的 3G 云计算，再迈向现在的 4G 云＋端服务。每一个通讯时代的到来，都引爆庞大的商机。在享用方便快速的 4G 网络同时，全球行动通讯业者也已经开始投入 5G 技术领域开发。预估到了 2020 年，甚至不到 2020 年，5G 时代就会来临，届时人们生活中所使用的行动通讯生活，将更加精彩(图 1)。

另一方面，在当今火红的物联网(物物相连)及车联网及联网车议题的技术范畴里，短距通讯无疑是另一重要的讯息数据传递支信道(小网)，譬如，我们常用的 Wi-Fi、高速公路收费的 eTag 等。事实上从人们需求看，就应用面就是车(Vehicles)、物(Things 或 Infrastructure)、人(Persons)的网域，我们简称 cVIP 网。而彼此之间哪些是目前不很贯通的，在 5G 时代将会更能做到，见图 2 中 N-Fi 部分。

在这里，通讯的发展是显而易见的，我们要前瞻地关切第五代运输(Tx5.0)的议题，主要是什么是我们过去想要做却难度高及未来可能出现的变迁，例如电子收费 eTag 会有什么样的挑战或发展上值得我们来进行投入。而这些，我们发现很多政策方向未有着墨。

2　cVIP 发展趋势

参考国外车路整合交通信息服务及弱势用路人交通安全应用发展，可了解在人、车与路设施之间的相互通讯技术（及前面称的 cVIP 网），除 GPRS/3G/4G 的广域网外，尚包含短距无线通信，常见的有 5.9 GHz

---

作者简介：福建工程学院交通运输学院教授兼院长，台湾大学土木工程学系暨所 兼任教授。

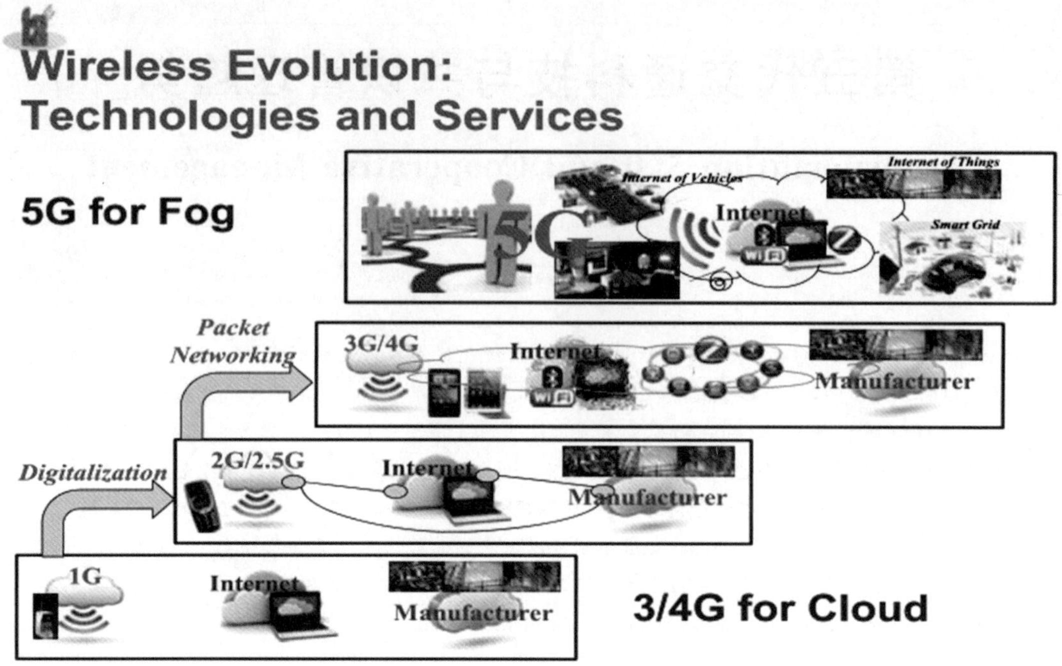

图 1　行动通讯发展

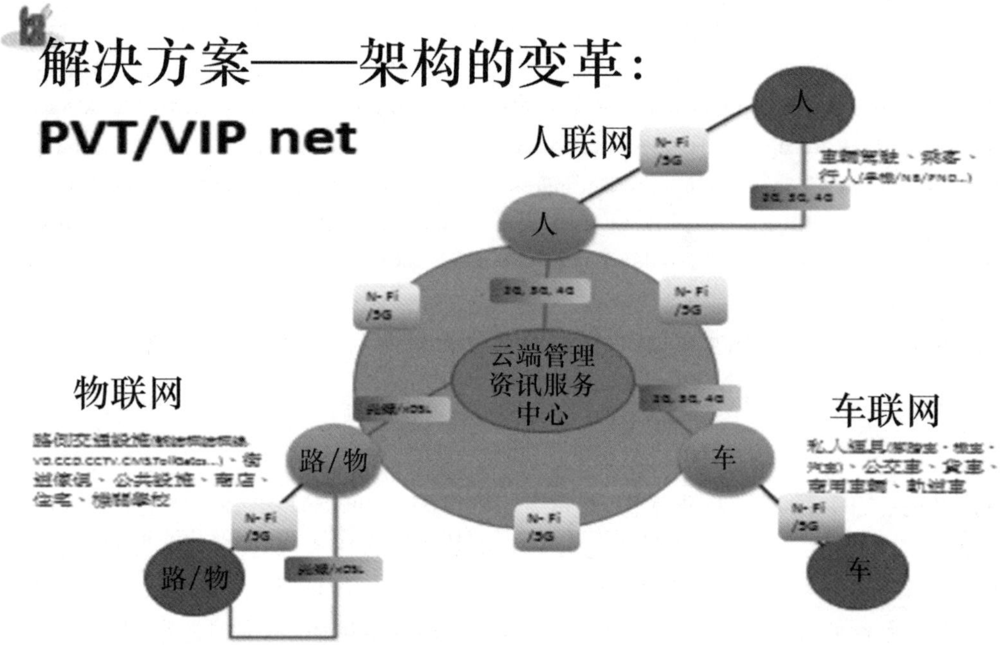

图 2　cVIP 网

WAVE /DSRC (Wireless Access in Vehicular Environments/ Dedicated Short-Range Communications, IEEE 802.11p)通讯技术、Wi-Fi (IEEE 802.11b&g)、RFID (eTag)、蓝牙(IEEE802.15.1)及 ZigBee (IEEE802.15.4)等。如今 4G 网络使用已逐渐取代 3G 成为广域网主流，下一代的 5G 网络也蓄势待发，只等共通规范制订完整即可快速衔接。以下就交通领域所使用到之短距通讯技术发展介绍与比较：

2.1　Wi-Fi

Wi-Fi 是大众广为应用的技术，几乎手机也都预设有此连接技术，运作在 2.45GHz 上。Wi-Fi 的网络设置至少需要一个 Access Point (AP)和一个或一个以上的 client。AP 每 100ms 将 SSID (Service Set Identifier) 经由 beacons (信号台) 封包广播一次，beacons 封包的传输速率是 1 Mbit/s，长度相当短。所以这个广播动作对网络效能的影响不大。由于 Wi-Fi 规定的最低传输速率是 1 Mbit/s，以确保所有的 Wi-Fi client 端都能收到这个 SSID 广播封包，此时 client 可以借此决定是否要和这一个 SSID 的 AP 联机。使用者亦可设定要联机到哪一个 SSID，以进行双向通讯。另外 Wi-Fi direct 是为非在 internet 互联网下可自接取的技术应用。

2.2　RFID/eTag(标签)

RFID (Radio Frequency Identification,无线射频识别) 是一种无线通信技术,可以通过无线电讯号辨识特定目标并读写相关数据,而无须在特定目标之间建立机械或者光学接触。该无线电讯号是通过调成调频的电磁场,把数据从附着在物品上的 RFID 上传送出去,得以自动辨识与追踪该物品。某些 RFID 在识别时从识别器发出的电磁场中就可以得到能量,并不需要电池(被动式),如 eTag;也有 RFID 本身拥有电源(主动式),并可以主动发出无线电波(调成调频的电磁场)。RFID 包含了电子存储的信息,数米之内都可以识别。与条形码(barcode/QRcode)不同的是,RFID 不需要处在识别器视线之内,也可以嵌入被追踪物体中,惟被动式无法进行双向传输。

2.3　蓝牙

蓝牙的运作原理是在 2.45 GHz 的频带上传输作业,除了数据外,也可以传送声音。每个蓝牙技术连接装置都具有根据 IEEE 802 标准所制定的 48-bit 地址;可以一对一或一对多来连接,蓝牙的传输范围在 10m 到 100m 左右,采用每秒 1600 次跳频展频技术,同时可进行双向通讯。常见是充当手机的无线转接耳机或家庭音响喇叭,近年也广被用于充当 Beacon 以补强 GPS 的误差或空缺处之应用定位。

2.4　ZigBee

ZigBee 是一种低速短距离传输的无线网络协议,底层是采用 IEEE 802.15.4 标准规范的媒体存取层与物理层。主要特色有低速、低耗电、低成本、支持大量网络节点、支持多种网络拓扑、低复杂度、快速、可靠及安全。2.4 GHz 的物理层支持空气中 250kb/s 的速率,由于数据包开销和处理延迟,实际的数据吞吐量会小于规定的比特率。作为支持低速率、低功耗、短距离无线通信的协议标准,802.15.4 在一些物联网如广泛的农场作物温湿控制、无线电表、交通控制、路灯控制等方面应用。Zigbee 可以一对一或一对多及多对多来连接,ZigBee 的传输范围在 10 m 到 1000 m 左右,以 5 ms 为传输反应间隔,并可实现双向通讯。

2.5　WAVE /DSRC

DSRC (Dedicated Short Range Communication) 系为短距离的无线通信技术,包含不同技术及规格,目前广为开发的为 IEEE802.11p。802.11p 是 IEEE 在 2003 年以 802.11a 为基础所 制定 ,又称为 WAVE (Wireless Access in the Vehicular Environment)。其优点为可用于高速移动,亦为美国运输部目前所订定之联网车规范标准。目前的芯片开发大致是 5.9 GHz,5.8GHz,应用依各国频谱分配有关,如欧日以 5.8GHz 为主。台湾工研院也着墨多年在开发此类车载机。WAVE 大致分为两个大段频:一是为行车安全(或控制)Channel,专为 V2V 及 V2I 而设;另一是为多媒体传输用,将包括短讯及影音。然而,5.9GHz 这波段却受 Wi-Fi Chapter 要求开放,也就是 Wi-Fi Chapter 也可使用此波段,以补 2.45 GHz 的拥挤。

2.6　LTE-V

这里要特别介绍 LTE-V,是 LTE 的变种,是用来辅助 LTE 的 V2V 及 V2I 方面之短距通讯应用域。这在台湾似乎极少被关注,然而这个产品可能两到三年内其商品将被广泛地发展(或被称 4.5G 通讯)。由于透过 M2M 主干线,LTE 网络将会布建于当代城市,未来在智慧交通管理上会得到许多意想不到的方便与升级功能。过去光纤铺设在新旧城区更新,路网拓展,建物或地下管道整建当中遭遇种种不便,LTE 无线宽带就完全跳脱了这些束缚,可以自由自在地展延、扩充,再也没有最后一里(last mile) 将管线拉入任一斗室的困扰。对于讲求实时,宽带传输的交通运输,LTE + LTE-V 网络可以完全负荷各交通方面的需求。由于它同时一体支持 cVIP 网,这会是我们很关注的主题。

就车路人信息网 (VIP-net)上的应用规划,本应考虑不同情境采用适当之短距无线通信及短距感测技术搭配应用,如通讯对象的相对移动速度、通讯范围、建立连接时间、传输速度,以及双向通讯需求。但亦需额外考虑此短距无线通信及短距感测技术搭配应用是否会增加用户需购置额外装置之负担。以上各项短距无线通信及短距感测技术条件及运作原理,初步对通讯对象的相对移动速度、通讯范围、建立连接时间、传输速度的运用情境分析,其适用性比较如表 1 所示。从表 1 可看出,虽然 Wi-Fi 及蓝牙是手机内建,但不适合高速移动载具,在移动载具来说,显然只有 WAVE 与 LTE-V 合适。然 LTE-V 与手机内建 LTE 兼容,因此从市场面看,LTE-V 会远胜 WAVE。如此看来 LTE+LTE-V 适用于长短距又手机内建、带宽又大(适用多媒体影音)、Handover 换手容易又适用于高速载具,无疑它可能是未来非移动装置及移动载具的通讯技术明星,Wi-Fi 都可能被打趴。

表 1　　各式短距通讯技术比较表

短距通讯技术 短距减测技术	Wi-Fi	RFID (860～9650MHz)	蓝牙	ZigBee	WaveDSRC	LTE-V
相对移动速度(kph)	<40	30～80	<5	>100	<100	>40
0dB 通讯范围(m)	100	<10	10～100	>100	100	>100
建立连线速度(s)	1～10	<1	5～10	<1	<1	<1
传输速度(bit/s)	>1M	250K	1M	250K	27M	1G
双向通讯需求	双向通讯	单向通讯	双向通讯	双向通讯	双向通讯	双向通讯
HandOver 换手能力	×	×	×	转传	×	相对高
使用者负担	手机内建	可用 eTag	手机内建	额外购置	额外购置	预估手机内建
市场面	高	中	中	低	低	高

3　第五代的交通科技与需求

大家较熟知的是工业 4.0，走的是自动化模式或智能化制造趋势。台湾地区的高速公路 ETC(Electronic Toll Collection)是目前世界最大的公路电子收费系统，就能称符合工业 4.0，在台湾地区称为交通 4.0。交通收费系统从最早期的人工收费到当今的电子收费系统，中间发展过程并非一蹴可几，而是经过数代的演化。图 3 是交通收费系统(停车场为例)的演进回顾：

(1) Tx 1.0 人工收费时代，现场设收费亭＋闸口或巡场开单方式；

(2) Tx 2.0 投币式时代，现场设闸口＋收现钞(币)机；

(3) Tx 3.0 刷芯片卡时代，现场设闸口＋刷卡卡片阅读机，储值预付卡式；

(4) Tx 3.5 现场设有 RF 收费认证闸门、行车慢，储值预付卡式；

(5) Tx 4.0 现场设有 RF 收费认证门架，但免停车行车自由流，特许第三方交易平台。

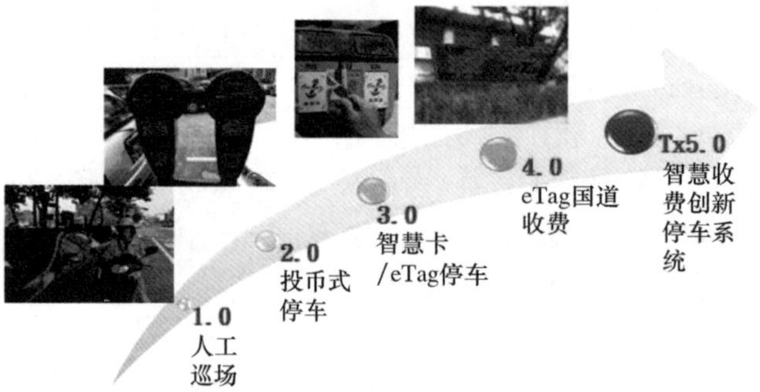

图 3　资通讯技术在交通应用的演进(停车场收费为例)

就前段 cVIP 发展所述，似乎会对移动载具或交通技术有很大演进想象空间，届时，随着 cVIP 的蓬勃发展以及普及率逐渐提高，在万物互联的互联网时代，所有物品都可以借由简单的加工便连上网络，很多过去很难达成的研究或功能或行动，也许就一蹴可即了，这些我们把它称作交通技术 5.0 (Tx5.0)。以下就 Tx5.0 可能发展的潜在需求或议题提出抛砖引玉探讨。

(1) 从以车为本的检测及算法移往以人为本的关注：过去交通控制基本是以车为单元的计算模式，所有时制配时都以几辆车流纾解或延迟的架构，也因交通侦测检测都是在检测车的流量、速率、密度等参数。在 Tx5.0，显然可以检测人流量、速率与密度了，依交通的以人为本理念，未来交通控制计算式需要更改了。

(2) 路口车流变成以人流等价单位(equivalent)换算＝passenger car unit (pcu)➡person in car unit：过去交通规划与控制一直是以 pcu 为计算单元，为达到以人为本，显然需要一套计算以车及单位路段的用路人密度计算法，例如 person in car unit 或 person in a unit space 或 a unit length…。

(3) 电子引擎号与车牌：既然每人有手机作为类 ID，车一样可以是需要类 ID，电子引擎号与车牌是必然的结果，就像手机的 Mac Code 及手机号。

(4) 开放式(停车场)收费无纸、无门、无卡或 TAG、无收费机 (路外停车与路边停车无差异)：既然车及用路人都有类 ID 与 IOT 检测系统(及大数据追踪)，又有第三方支付成熟体系，停车及停车场管理可以更简便、更灵活。显然道路定价、绿色交通管制便有实现的可能。

(5) 事故轨迹的可回复性(肇事重建技术更可能)：肇事鉴定一直是件困难的事，因为事故事件无法现场回复，鉴定全凭专家经验。Tx5.0 是可以让车辆轨迹回复，于是未来肇事鉴定有了更可靠的事证。

(6) 事故、灾害信息与道路信息更及时、更无缝：LTE-V 的硬件支持布局将使 VIP 更紧密，加上数学模型在大数据支持下，其算法可使空间时间更无缝。

(7) 电子收费 eTag 会有相当的挑战，未来发展可期：LTE-V 的硬件支持布局将使 VIP 关系更紧密下，未来每路口及交流道口即布局一个 LTE-V 的设备，车辆甚至用路人是一直可追踪的，加上第三方支付的普及，于是，新一代的 ETC 即孕育而生，也就是 Tx5.0 的 ETC 时代。新的 ETC 不需门架、闸门、无卡口，等。

(8) 交通运行与环境保护事关地球未来与我们的世世代代：车辆排放污染一直是大气层主要的破坏源之一。我们需要密实的监控，LTE-V 是好的应用技术，收集数据做绿色交通指针 gLOS 及依照在低碳排施行道路定价与收费可以对用车人收取破坏环境代价费，对人类永续做贡献。

4　共识管理

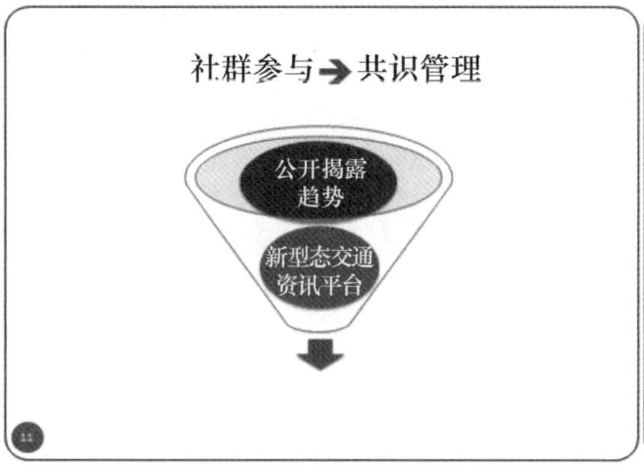

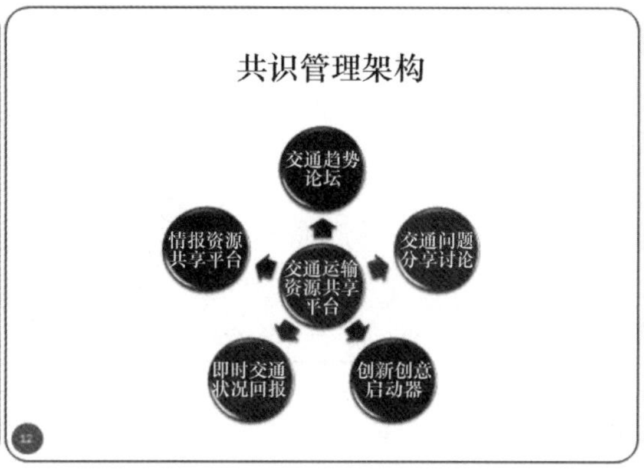

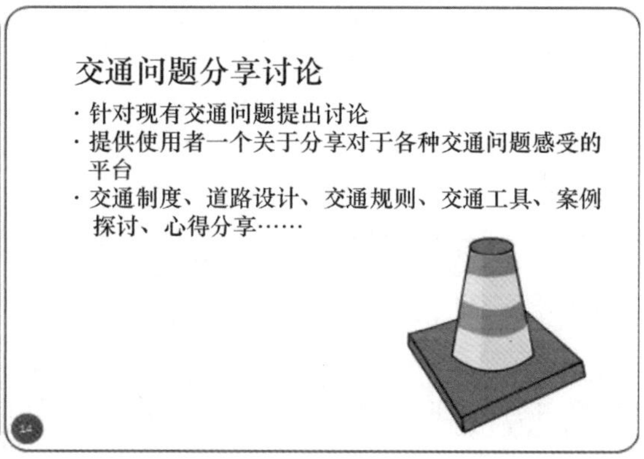

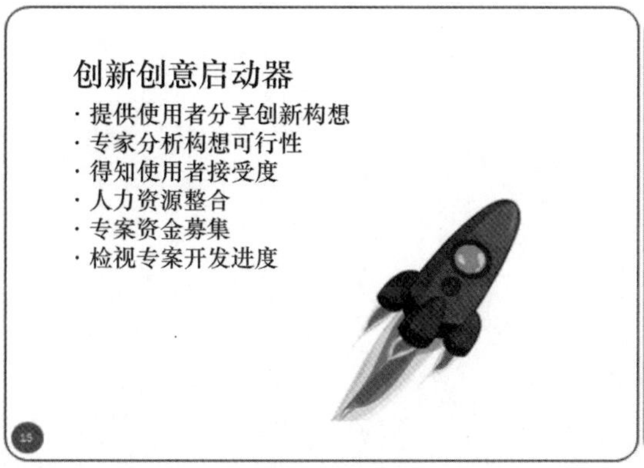

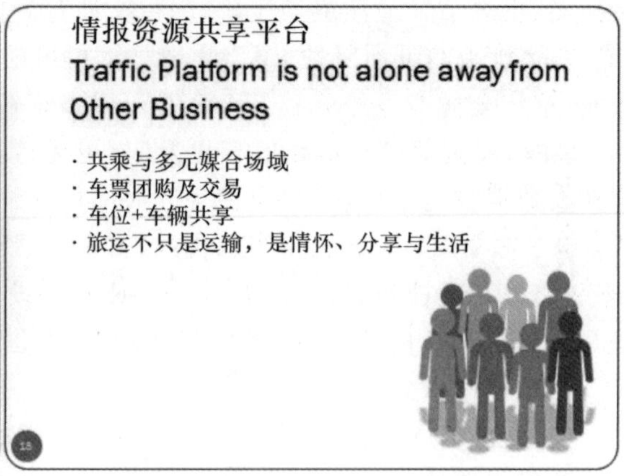

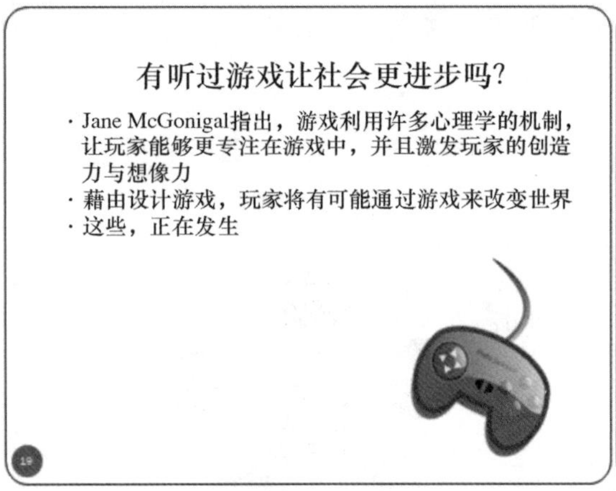

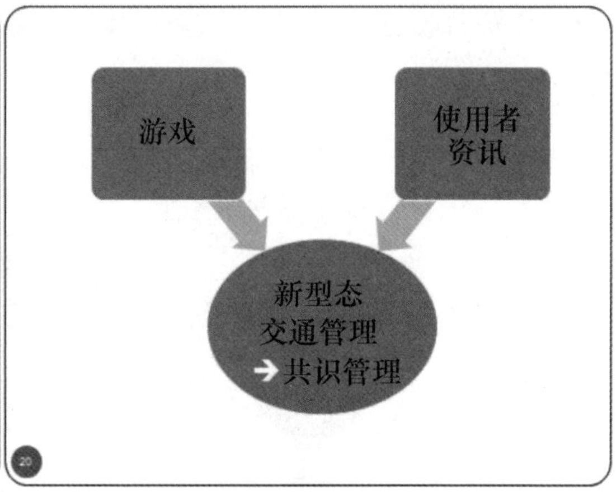

参考文献

[1] Chang, T.-H. The Revolution of ITS—Introduction to PVT-net with N-Fi Technology, anIOT/Telematics System [R]. International Symposium on ITS Research, Taiwan University, Taipei, 2011.

[2] Chang, T.-H., Yang, L.-K., and Tsai, J.-J. A Telematic Builder for V2V and V2I via N-Fi System[R]. 19th World Congress on ITS, Vienna, Austria, 2012.

[3] Chang, T.-H. Near Field Informatics with a PVT-net Building up Seamless Life[R]. 14th International Conference on Computing in Civil and Building Engineering, Moscow, 2012.

[4] Chang, T.-H., Yang, L.-K. and Hsieh, B.-C. Building iCaution and Traffic Game in Smart Cities[R]. The 3rd International Conference on Internet of Vehicles (IOV), Nadi, Fiji, 2016.

[5] Chang, T.-H., Tseng, J.-S. and Ye, Y.-H. Green Safety Index Representing Traffic Level of Services for online APP[J]. IET Intelligent Transportation Systems, 2016, 10 (6):421-427.

城市交通供给侧改革的若干思考

Thoughts on Promoting the Urban Transport Supply Side Reform in China

晏克非　谢　辉

摘　要：从我国大城市交通存在的交通问题入手，分析其问题的成因，进一步诠释交通供给侧结构性改革的内涵为“载运工具与交通设施”，明确技术创新和制度创新是当前交通供给侧改革的重要抓手，并从“调存量、优增量、补短板”的角度，结合实际情况，提出精明增长，提质增效；源头上釜底抽薪，改变小汽车的低成本使用；推进资源共享，联网管理；政府主导监管的地位与作用等城市交通供给侧改革的若干建议。

关键词：城市交通；供给侧改革；若干建议

Abstract: Based on the existing traffic problems in large city traffic, the connotations of the traffic supply side structural reform were explained in this paper. The technological innovation and the system innovation were the important content of the transportation supply side reform. Taking the Shanghai urban traffic as an example, the tasks of the traffic supply side reform were put forward, including traffic facilities perfection, service quality promotion, traffic model upgrading and market function.

Keywords: Urban Traffic; Supply-side Reform; Some Suggestion

1　我国城市交通面临的问题

1.1　城市机动车总量增长态势持续不减

截至 2016 年年末，据国家统计局发布的统计信息：全国机动车保有量 2.83 亿辆(民用汽车 1.94 亿)。其中私人汽车 1.65 亿(轿车达 1.08 亿同比增长 15.5%)(图 1)。全国已有 42 个城市汽车保有量超过百万辆，其中包括京、沪、广、深、成都、重庆、天津、郑州、南京及西安等 18 个城市汽车保有量超过 200 万辆。两个方面的原因，一是社会经济持续发展，带动汽车保有量持续快速增长，千人拥有率已达到 90 辆。二是汽车消费潜力不断释放，年产销量从 2009 年突破 1000 万辆；2013 年、2016 年分别达到 2200 万辆、2800 万辆。乘用车的销量增长超过 GDP 增长的 1.3 倍(图 2)。

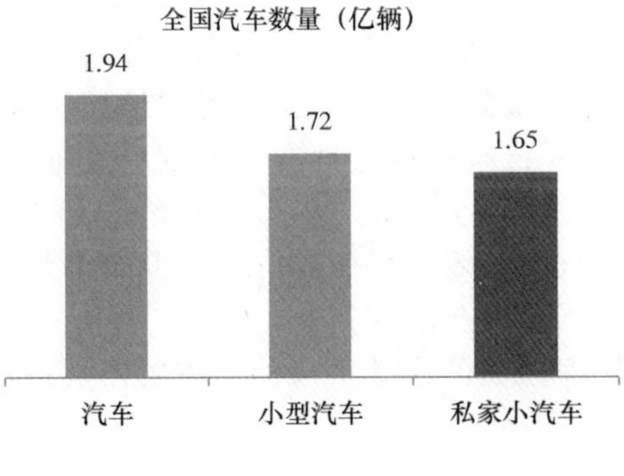

图 1　全国汽车数量情况

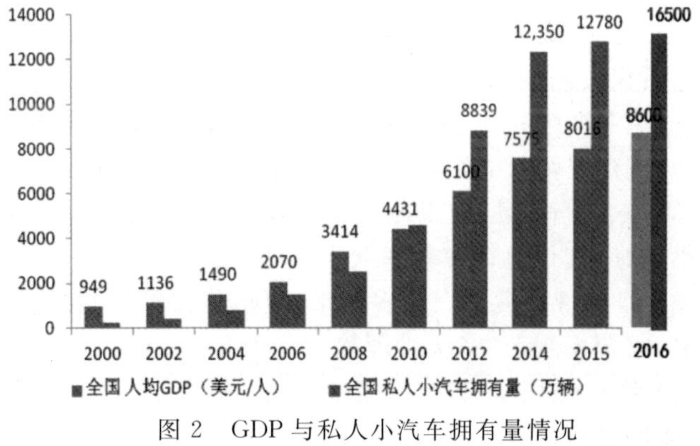

图 2　GDP 与私人小汽车拥有量情况

1.2　城市交通的供给结构严重失衡

一是交通方式结构失衡。小汽车的竞争优势明显，小汽车比例下不来，公交比重上不去，慢行交通举步维艰(图 3)。上海近 20 多年来，牌照竞拍，限购、限行的执行，每年的小汽车增长仍超过 30 万辆以上(2016 增加 36 万辆)；北京的三高(高速度增长、高强度使用、高密度集聚)尽管近年来出台“摇号”限购，增长趋势不减；南京，作为没有限购小汽车的省会城市，其小汽车增速较快，出行比例逐年提高(图 4)。小汽车在城市交通的竞争中，优势不减。

作者简介：晏克非，同济大学交通运输工程学院教授，博导。

谢辉，上海市城乡建设和交通发展研究院，博士，研究方向：交通运输规划与管理。

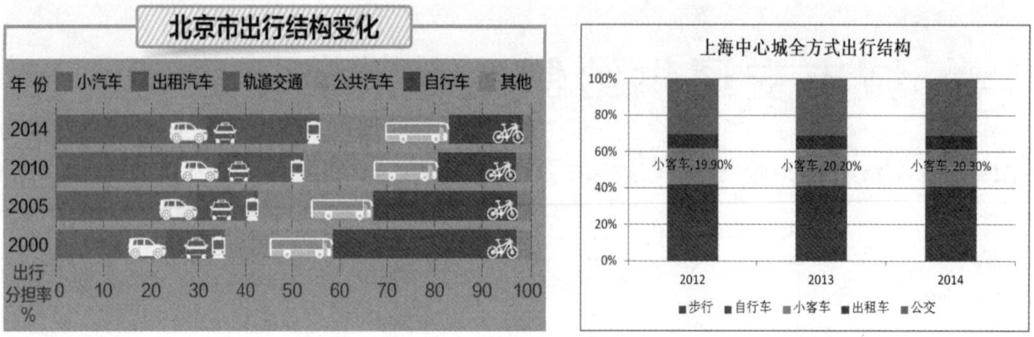

图 3 北京-上海城市出行结构变化

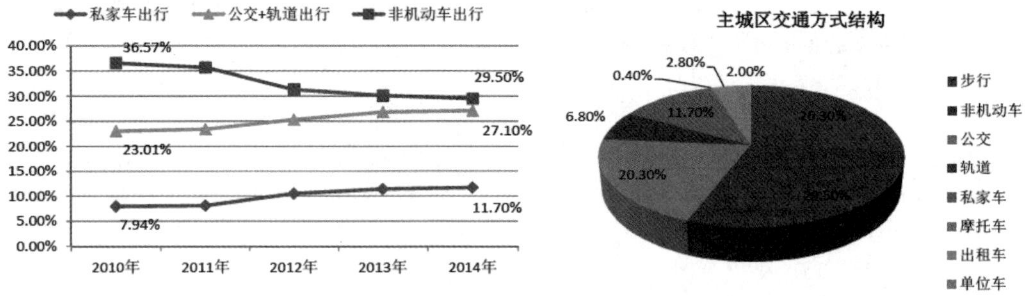

图 4 南京市主城区交通方式结构

二是道路结构比例失衡。诸多城市重视了干道网络的建设，其密度远远超过国标，而忽视了支路网络的形成，导致了路网结构体系的不匹配。干道的红线宽度大大突破国标规定（快速路、主干道超过80m，100m）不在少数。中心城区多种功能的机动交通出行（长距离、短距离、过境与境内）都集中在干道上，“微循环”不通。

1.3 停车难日益加剧，供需矛盾凸显

（1）自备车位（基本停车）缺口严重。截至 2014 年以来，我国汽车保有量已经超过 1.5 亿辆，当时我国的汽车保有量与停车位的平均比例大城市为 1∶0.8，中小城市为 1∶0.5，车位总缺口已经高达 5 000 万以上。上海小客车保有量达 320 多万辆，而全市外环线内的中心城区域共有的小客车泊位约 111.6 万个，按传统规范短缺不下 150 万。北京短缺 250 万，广州短缺 150 万，深圳短缺 200 万，南京短缺 150 万。

（2）国标《城市道路交通规划设计规范》(GB 50220－95)作为强制性国家标准，20 年来在公共停车场用地面积按照规划人口 0.8～1.0m^2/人（机动车占 80%～90%）规划实施难以落实。上海曾按照国标的要求，编制研究过中心城内社会停车场规划与布局，包括内环内外各行政区社会停车场密度与选址分布，但实施建设滞缓，效益低下（资金短缺、经营困难入不敷出）。即使世博会以来，围绕地铁站建设的 6 个 P＋R 公共停车场，效果冷热不均，除了淞虹路站（2 号线，500 个泊位）与锦江乐园（1 号线，70 个泊位）效果比较好，其他也存在效率低下问题。

（3）停车管理混乱。诸多城市（包括一线城市）停车难往往是管理层面的混乱形成的。主要体现：占地为牢，收费不规范，多头管理等。

（4）信息化程度低，难以实现联网。

1.4 成因分析

（1）我国城市交通的供给侧存在的问题：供需失衡 、车多路堵、越修越堵，其背景是小汽车的急剧增长和高强度使用的结果。近 20 年来，城市交通印证了普遍认可的“当斯定律”（Downs Law），表述为：在政府对城市交通不进行有效管控的情况下，新建的道路设施会诱发更多的交通量，而交通需求总是倾向于超过交通供给。多年来各类城市都把修路架桥、拓展道路供给作为满足城市交通需求的单一取向，从城市交通可持续发展看，是不可取的。

（2）由于小汽车出行竞争优势明显（小汽车具有快速、舒适、灵活、门到门且低成本的消费优势），加上小汽车在我国诸多城市的发展事实上存在着“拥有、使用、停放”与“违章、违法”低成本政策导向，刺激了城市小汽车“三高” 需求。

我国城市交通供给已经处于转型发展的历史阶段；交通拥堵的常态和供需关系“面多了加水、水多了加面”恶性循环，表明了以车为本的交通政策规划，已经走到了尽头。

2　城市交通供给侧结构性改革的内涵

2.1　城市交通供给侧的界定

城市交通作为城市四大功能之一，又是保障城市功能活动的基础。作为先导性、基础性产业，在关系的认定上，满足以人与物的移动（经济活动）出行需求的其他供给侧应包括两个主要方面：一是载运交通工具，如地铁、公交、小汽车和自行车等；二是基础设施，如道路、桥梁、轨道及车站等。

2.2　供给侧改革的内涵：“调存量、优增量、补短板”

城市交通供给侧改革的关键就是如何做好“调存量、优增量、补短板”。

（1）调存量：重点是如何对现有存量的调整与盘活，如何化解现成的交通拥堵为总体缓解，并进一步实现交通品质重大提升。

（2）优增量：如何从实际出发，对城市交通的载体，通过供需关系及其适应性的科学评估，推进公共交通、慢行交通为主导的供给结构的优化。

（3）补短板：如何进一步对小汽车的拥有、使用、停放进行切实的调控（包括政策和市场机制）；在道路网络和停车体系的建设上，如何推进“窄马路、密路网、开放街区”的支路建设和停车位建设，补短板微循环。

2.3　新形势下城市交通供给侧改革的目标

我国城市交通供给侧改革，包括落后、低效的交通方式改革和基础设施存量与增量的改革。从国情、市情出发，转型发展和以问题导向的供给侧改革为导向，正本清源，坚定改变“以车为本”为“以人为本”的发展理念，服务大众、惠及民生是城市交通的根本目标。

按照中央、国务院部委的“十三五”规划 要求，供给侧改革的最终目标就是建成安全、便捷、高效、绿色的现代城市交通综合运输体系。

3　推进城市交通供给侧改革的若干建议

供给侧改革的重点与措施如下：

3.1　精明增长，提质增效

供给侧的结构变化，关键是让公交优先，推进到公交优势（从政策、规划、资金、通行权等方面）；加强地面公交信息化的发布和智能化的调度，提高公交的服务水平。

一是继续大力推进轨道交通建设。要将轨道交通（大、中、小不同运量）的供给成为人们出行的主体工具。

二是推动公交供给侧的结构改革。综合考虑用户出行核心区域公交站点覆盖率（500 米半径全覆盖）、线网覆盖率、轨道交通覆盖情况、城市出行单位耗时、单位花费。中心城出行轨道占公交的比重达到 60%，绿色交通不低于 80%。

三是推进新能源公交（纯电动、混合动力、超级电容）的普及应用。上海新能源公交已达 20 万辆，物流配送已达 10 万辆。新能源、清洁能源公交比重超过 50%。

3.2　源头上釜底抽薪，改变小汽车的低成本使用

改变现有的小汽车出行理念，学习诸多国际都市出行方式的新选择。

一是供给侧改革主攻方向：从城市交通运行体系运行的目标看，从社会公平、资源占有、环境影响上看，我国小汽车已经退蜕变为城市交通供给产品中落后、低效的交通方式。要借鉴欧、日、新加坡和我国香港的城市交通供给模式，进行改革。

二是坚定不移地推进城市小汽车牌照的控制，与限行、限停政策。按照“落后的产能必须退出市场”的原则，采取精准做减法的政策措施，从源头上对小汽车釜底抽薪。

三是基础设施建设（道路与轨道），要以提升公交比重和服务质量为导向，从源头上防止小汽车和公交（轨道）的“齐头并进、竞争替演”。包括道路网络的存量改革和增量，要严格按照供给侧改革导向原则和相关政策。

3.3　推进资源共享，联网管理

推进供给侧资源共享、盘活存量、联网管理的智能化。

（1）推进互联网＋交通。促进城市交通载运工具和基础设施存量的共享与联网管理，借鉴“北斗导航”覆盖的优势和信息的精准服务。

（2）共享停车：解决三件事。一是推进城市停车泊位存量的一体化规划，突破“配建、公共、路边”停

车场(库)传统的分别设置模式。按照不同区域用地分类(行政大区、街道社区、P+R集散点等)差别化特点,实施分区"停车泊位密度"的指标(按距离)来盘活存量规划(三类泊位融合覆盖);二是突破停车泊位体制机制的障碍,建立全市的各类泊位资源的共享平台,将现有泊位属性、位置、使用状态、收费标准和寻车路径指引等信息整合,为联网管理奠定基础(将现有的停车APP功能拓展)。三是按照"分散、就近、方便"的原则,制定差别化的停车收费政策(包括政府定价、政府指导价与市场定价相结合)上网发布。

(3) 共享汽车(分时租赁)。通过资质认证、规范操作,解决好租赁平台A监管、充电设备、停车网点、规范收费、违章处理及事故保险等问题。

(4) 共享单车。一是助解出行"最后一公里"问题,提升了出行可达性。二是弥补了现有交通运输网络的不足,短途出行的考虑权重就会越高。三是鼓励人们使用多样化的交通出行方式。

4 政府主导监管的地位与作用

4.1 依法施政、责任担当

调存量、优增量、补短板,交通供给侧改革,涉及多元主体、多个职能部门、机构重叠、部门利益,物权分散,职能交叉。改革机制复杂,决定权与话语权不再由政府说了算,这既是城市管理的进步,也是城市交通改革的困难。政府要责无旁贷成为改革的主导。

4.2 政企合力、公众监督

政府、市场、公众,三者关系中,政府的作用不是削弱,而是应该加强,政府是城市交通供给侧改革的主导者和担责者。加强互联网+停车大数据的平台(硬件与软件)的建设以及递阶管理,落实计算机动态静态控制系统、感应式智能卡、车牌图像识别、车位引导与检索、视频监控及电子收费等。

4.3 推进PPP模式,在供给侧改革中的应用

交通供给侧改革涉及的重点如地铁、公交枢纽等建设项目,乃至停车场(库)、智能化管理、社区交通微循环(街区打通、断头路改造更新)等。需要大量的资金投入。

PPP模式由政府购买服务,鼓励社会资本投入,委托专业公司运营,可以有效地解决供给侧改革中"盘活存量"与"优化增量"的交通建设和运营维护中的一系列难题。

SPV(Special Purpose Vehicle)项目公司是由项目的参与方(包括政府及实施机构、社会资本、金融机构、专业运营企业等)共同设立的特殊机构。政府以该机构为载体引入社会资本,双方对改革产品或服务进行共同设计开发,共同承担风险,全过程合作,期满后再将项目移交给政府。SPV公司运作可以分为两个阶段进行:

第一阶段为建设阶段:由政府授予SPV公司特许经营权,项目的股东为政府授权国有投资公司 、建设公司和其合作的基金管理公司组成。根据特许经营项目融资和股权结构特点,在项目建设阶段通过三家公司的股权结构优势(投融资、建设总承包、增资扩股),既保证了项目资金需求,又降低融资风险和建设风险成本。

第二阶段为运营阶段:PPP项目投入运营后项目公司SPV的收入为市场收入和政府补贴支持,投融资公司发挥对项目的管理和监督作用,建设总承包公司在获得项目利润的基础上获得项目的工程利润,基金公司在一定期限内逐步退出项目并收回投资。在此阶段设计由项目公司逐渐受让基金公司的股权,实现基金公司的投资商业目的。通过第二阶段的完成,三家公司都实现了参与本PPP项目的部分或全部目的,项目也实现了PPP模式的顺利发展。

香港是实施PPP模式进行轨道交通建设开发最成功的城市。其特点有两个值得我们借鉴:一是高度重视项目前期策划。在香港,策划是创造价值最大的阶段。策划阶段包括交通,地面和地下、机动化和非机动化、各种交通方式的衔接,包括街区的整体开发,包括文化和产业内容的安排,包括经济和产业等。香港的项目前期策划基本 法制化。二是香港的相关开发项目,地上地下(如地铁车站和上盖桩基),必须统一设计。所有用地与建筑等设施(公共活动空间、绿化、道路)开发无一例外。像车站50米范围内是轨道交通的控制保护区域,如果不与轨道交通建设结合,则无法实施这种开发(上盖开发二次利用)。

参考文献

[1] 晏克非.交通需求管理理论与方法[M].上海:同济大学出版社,2012.

[2] 晏克非.城市交通也要将供给侧改革作为主攻方向——浙江师范大学2017校庆论坛讲稿[C],2017.

[3] 杨传堂.推进供给侧结构性改革 提升交通运输供给的质量和效率[C/OL],http://news.xinhuanet.com/info/2016-03/08/c_135164017.htm。

运用巨量资料分析道路交通信息：以新北市为例

Analysis of Traffic Information Using Big Data in New Taipei City

钟鸣时　林碧芬　林昭贤　陈冠旭　叶诗笛

摘　要：道路交通信息（如旅行时间、旅行速率）为道路交通管理重要之参考指标。相较于传统车辆侦测器及GPS定位技术，行动通讯探侦车技术显然具有高覆盖率及低建置及营运成本之优势。基此，本研究旨在结合地图匹配算法及最短路径算法提出一套行动通讯算法。本研究以新北市市区道路及重要道路为分析对象，利用前述分析流程计算每五分钟之道路交通信息，并借助行动通讯资料探讨路段壅塞之原因。

关键词：巨量资料；探侦车手机讯号之探侦车；行动通讯资料；地图匹配

Abstract: Road traffic information (e.g. travel time and travel speed) is imperial for road traffic management. Comparing to traditional vehicle detection or GPS-based positioning technologies, cellular vehicle probe (CVP) has advantages on large coverage and low installation and communication costs. Based on this, this study aims to propose a CVP algorithm based on the topological map-matching algorithm and the shortest path to determine the travel path and travel time of travelers. This study employs the proposed method to analyze the every 5 minutes traffic information of urban roads and main roads in New Taipei city. The result of CVP is used to figure out the factors of traffic congestion.

Keywords: Big Data; Cellular probe vehicle; Cellular data; Topological map-matching

1　前言

1.1　研究背景与动机

有鉴于传统道路交通分析需耗费人力至现场调查计算，耗时费力且调查成果仅是以单一时段来代表不够全面。随着网际网络、云端运算以及行动化装置等技术普及，目前各项交通服务资料量迅速地成长，已累积许多信息，因此，借助大数据整理分析等技术，获得全面性的道路交通信息作为交通管理之基础，以因应用路环境的动态变化及用路人的实时需求。

1.2　研究目的与问题

本研究应用CVP (Cellular Vehicle Probe)行动网络信令车辆探侦技术所产生之巨量资料，运用于分析道路交通信息之整体规划。随着科技的发展，行动通讯已经广泛为大众所使用。尤其第四代通讯技术之发展（4G LTE），透过手机传输或接收信息（各式应用软件、通讯软件等）更为普遍，使得行动通讯资料量的与日俱增，大幅提升通讯资料应用的领域。CVP (Cellular Vehicle Probe)行动网络信令车辆探侦技术透过行动通讯装置与基地台（Base Transceiver Station, BTS）互动时产生之数据通讯纪录（Data Communications Detail Records, DCDR）进行用户移动分析，包含用路人定位、行驶路径追踪，以及移动速率计算，进而据以产制实时道路行驶速率信息，整体架构如图1所示。CVP (Cellular Vehicle Probe)行动网络信令车辆探侦技术之发展，突破传统透过家访调查进行起讫矩阵推估之抽样误差及缺乏动态性及实时性之限制，并可作为运输规划动态起讫矩阵推估的基础，以及运输系统规划与交通管理的有力依据。

本研究之目的与问题如下：

（1）应用交通巨量资料分析道路交通信息；

（2）巨量交通资料验证分析。

作者简介：钟鸣时，台北市交通安全促进会理事。
林碧芬，台北市交通安全促进会委员。
林昭贤，台北市交通安全促进会委员。
陈冠旭，台北市交通安全促进会委员。
叶诗笛，台北市交通安全促进会委员。

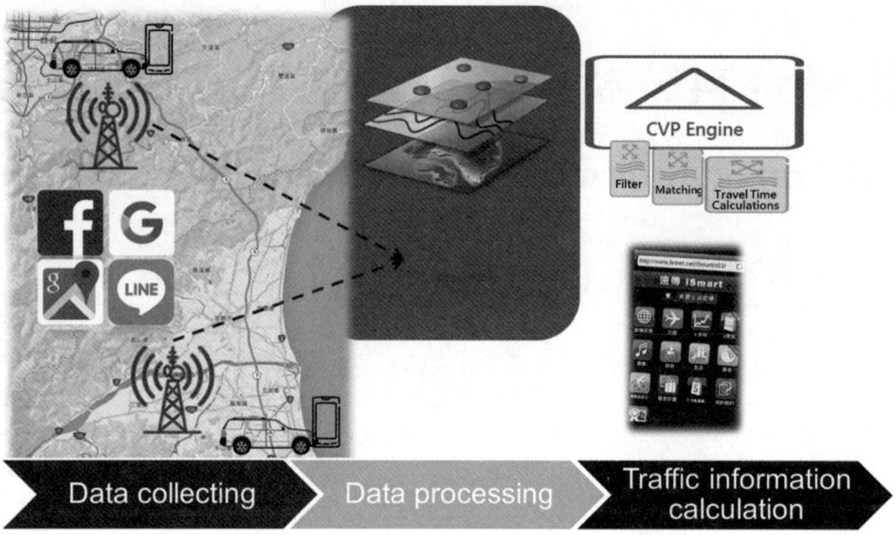

图 1　CVP 行动网络信令车辆探侦技术示意

2　研究方法

2.1　手机信令资料在交通运输之应用

随着行动通讯资料量的与日俱增，政府、电信业者与专家学者开始研究这些通讯资料可以应用的领域。20 世纪 90 年代后期，开始有专家学者与电信业者将手机当成探侦车来使用，之后的研究将手机信令资料应用在计算车流运行速率、旅行时间、推估旅次起讫矩阵、起讫区位人潮数量、区分土地使用类别等，应用的范围十分广泛。

Bar-Gera 在 2007 年的研究以以色列为研究对象，评估利用手机信令资料计算车流运行速率与旅行时间之绩效，将其所计算结果与实际车辆侦测器所计算结果进行比较，结果显示手机信令资料确可反应道路交通信息，如图 2 所示。

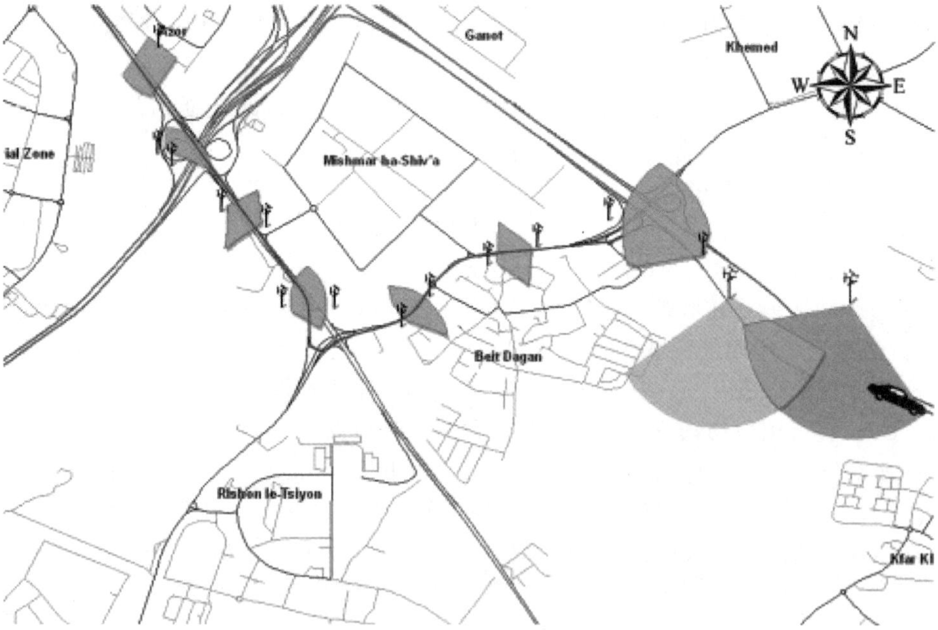

图 2　应用手机信令资料分析交通信息示意图

资料来源：Bar-Gera.（2007）

Maerivoet and Logghe 在 2007 年的研究中，探讨利用手机进行车流运行资料之搜集方法（Cellular Floating Vehicle Data，CFVD），该研究将其所估计出之旅行时间，与车辆侦测器以及 GPS 车辆所估计出之资料进行比较，结果显示相当良好，如图 3 所示。

Larijani et al.（2015）透过手机讯号资料分析巴黎地区起讫点流量信息。该研究指出透过手机资料分析起讫信息时，资料搜集相对经济便利，且一家电信公司有许多用户，透过电信公司可以实时性获得大

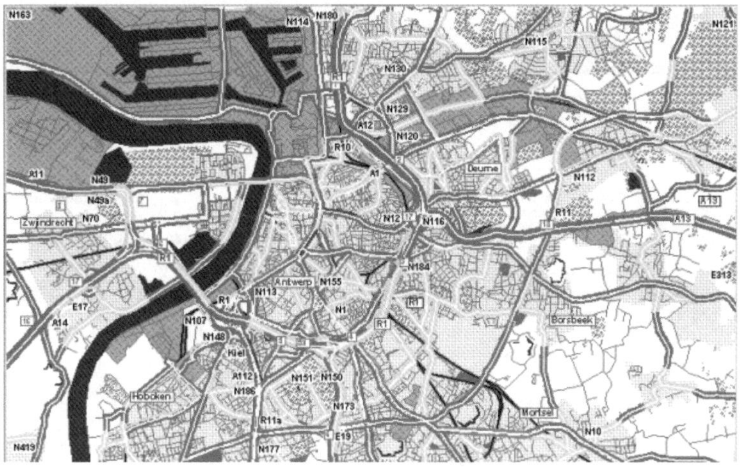

图 3　比利时应用手机信令信息于交通分析范例

资料来源：Maerivoet and Logghe (2007)

规模的资料，与传统方法比较起来，在资料规模及资料更新频率方面，相当具有优势。

2.2　道路交通信息计算方式

本研究在严格的个资保护条件下，以 CVP 技术应用去识别化之行动通讯资料提供高涵盖率且长时间道路交通信息。采用之 CVP 技术系利用手机用户与基地台 (Base Transceiver Station, BTS) 互动时产生之数据通讯纪录 (Data Communications Detail Records, DCDR) 进行用户移动分析，道路交通信息计算系依据 DCDR 资料纪录行动通讯使用者在时间与空间的变动关系，分析使用者的位移信息及同一名使用者于 DCDR 纪录之时间差，而 DCDR 纪录之时空变动纪录可应用于旅行时间推估、道路管理及旅行信息的提供。CVP 资料系由 DCDR 资料与 BTS 资料串联而得，CVP 资料仅能反映通讯时间与 BTS 站台位置之关系，未包含道路信息。基此，CVP 资料需配合道路图资才能推估道路交通信息。基此，建构 CVP 道路交通信息计算流程包含三大步骤：步骤 1 资料串接、步骤 2 路径配适及步骤 3 道路交通信息计算，如图 4 所示。

2.2.1　行动信息资料与道路图资串接

流程资料串接程序，主要有四个步骤：步骤 1.1 设定基地台服务范围、步骤 1.2 搜寻基地台服务范围 (AR) 涵盖之路段、步骤 1.3 配对基地台与道路编号及步骤 1.4 配对行动通讯资料与道路信息(图 5)。搜寻基地台范围涵盖之路段系根据基地台服务范围半径搜寻涵盖之路段，该路段位置与基地台之距离符合服务范围，即将该路段与基地台进行配对，产生基地台与路段之配对资料；行动通讯资料与道路图资配对流程则根据基地台涵盖路段配对资料与行动通讯之基地台进行配对，此步骤可产生行动通讯纪录与道路图资配对资料 (CVP 资料) 包含行动通讯时间及可能路段候选点，作为后续路径推估之使用。

2.2.2　路网匹配

透过地图匹配程序，将 CVP 透射在地图上两点位置，分别作为起点和终点，进而在起、讫点间规划多条由起点到讫点的路线，其中，只要不来回绕圈、不重复经过同一个点、同一条连接的路线，就是一条“路径”，而“最短路径”是这些路径中，旅行成本 (旅行时间) 最小的路径，可能有许多条，也可能不存在，但是最短路径不见得是连接最少、点最少的路径。不过如果当起点到终点无连接、路径不存在的时候，就没有最短路径。本研究应用 Dijkstra 最短路径算法推估可能路径，Dijkstra 最短路径算法由荷兰计算机科学家 Dijkstra 于 1959 年提出，是从一个端点到其余各顶点的最短路径算法。其基本算法为：在扩展节点时，采同心圆向外扩展方式，每次新扩展一个距离最短的点，更新与其相邻的点的距离。由于此算法演算之结果不会存在一个距离更短的没扩展过的点，所以这个点的距离永远不会再被改变，因而保证了算法的正确性。不过根据这个原理，用 Dijkstra 求最短路径时节点旅行成本不可为负数，因为扩展到此路径的时候会产生更短的距离，有可能就破坏了已经更新的点距离不会改变的性质。此算法虽在处理时间上比较耗时，但其优点是只需要知道个别路段之成本信息即可运算，不需要提供其他信息，此特性符合本研究在有限的 CVP 信息下，利用路段之旅行时间作为路段成本进行估算。

借助前述路网匹配及路径寻找算法，可推估手机使用者在路网上之起点及讫点位置，并根据起讫点之位置寻找出若干条可能路径。为推估 CVP 之代表路径，需从若干条可能路径中，定义一条最佳配适路径，进而计算道路交通信息。本研究应用 Dijkstra 最短路径在多组起讫候选点中找出多条候选路径，再

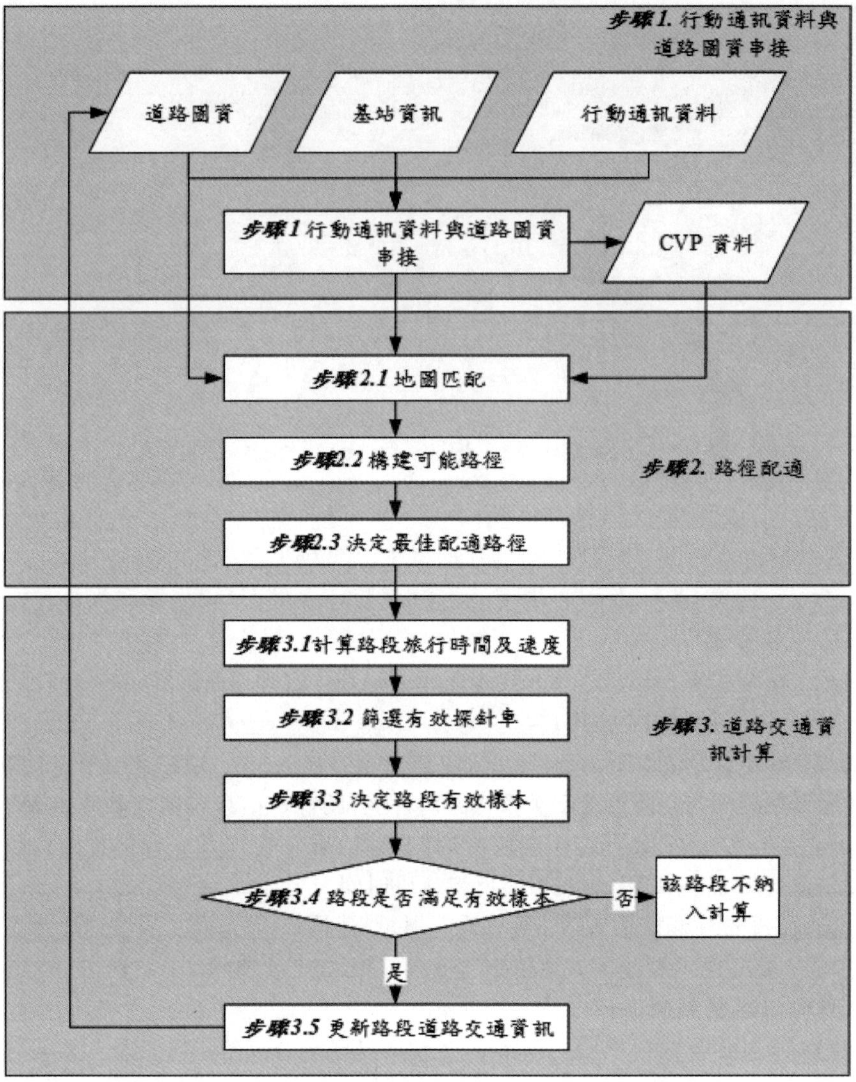

图 4　应用行动通讯资料计算道路交通信息演算流程

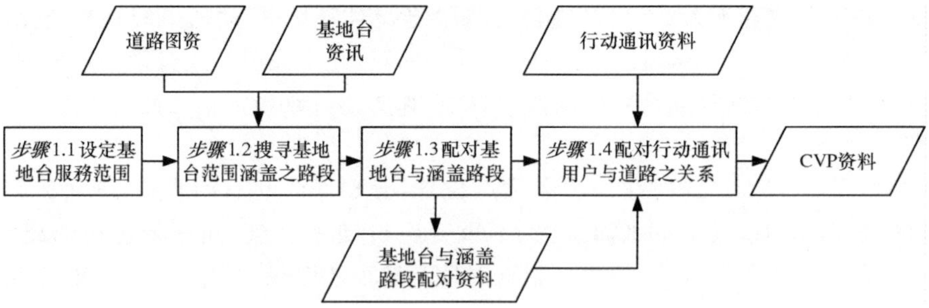

图 5　行动通讯资料与道路图资串接流程图

利用各路线与 CVP 之空间关系与时间关系为条件决定最佳配适路径。

2.2.3　道路交通信息计算

道路交通信息计算程序主要包含路段旅行速率计算、CVP 速度筛选及交通信息可靠度判别等程序。路段旅行速率计算系在确定推估之路径后，将旅行时间分配至各路段，再根据该路段与分配之旅行时间计算旅行速度。台湾地区市区道路包含汽车、机车及行人，行动通讯资料无法判别使用者使用之运具，故需借助 CVP 筛选机制进行判断是行人或是使用汽机车之 CVP。基此，本研究分别以行人及汽机车之平均速度及速度标准差，分别建构常态几率密度函数，将 CVP 推估之速度带入几率密度函数计算其速度属于行人或机动车辆之几率，判别其为机动车辆或行人之 CVP。此外，各路段之 CVP 样本数将影响道路交通信息之可靠度，本研究设定最小有效样本数（minimum number of valid samples）判断该路段推估速度之可靠度，借助设定希望达到之统计信心水平及信赖区间，设定最小样本数之门槛值。样本数将影响估计结果之涵盖率,样本数设定之门槛值越高,则满足此门槛之路段越少,涵盖率则越低。反之,设定越低则涵盖率则越高,但其可到度则越低。

3　研究结果

本章节说明分析路之路段、道路交通信息分析结果、连续假日分析结果以及晴天与雨天交通行为之差异分析等。

3.1　分析路段说明

本研究分析路段包含新北市各行政区,择142个路段如附录1所示,包含连续假日易塞车路段,如老街或热门景点之区域。其中,服务水平系参考2011年公路容量手册之划分标准,道路服务水平评估指标系以平均旅行速率为基础,就各道路等级依序分为Ⅰ级至Ⅲ级,并依各级干道服务水平评定标准分析道路之服务水平如表1所示。其中,若同一道路速限不同,则以该路段最高速限判断其道路等级。

本研究分析资料日期平日为2017年3月22日(三),假日为2017年3月26日(日)。连续假日分析则采2017年4月1日与2017年4月2日(清明连假)。另为分析晴雨天之差异为2017年4月11日作为雨天分析日,择县民大道一二段作为晴雨天分析路段。

表1　服务水平划分标准

道路等级	Ⅰ	Ⅱ	Ⅲ
自由车流速率/(km・h)	50	60	70
服务等级	平均旅行速率/(km・h)	平均旅行速率/(km・h)	平均旅行速率/(km・h)
A	≥35	≥40	≥45
B	30～35	35～40	30～45
C	25～30	30～35	35～40
D	20～25	25～30	30～35
E	15～20	20～25	25～30
F	<15	<20	<25

资料来源:2011公路容量手册

3.2　道路交通信息分析

3.2.1　平假日旅行速率分析

本研究分析142个路段,综整各路段晨峰(上午7点～9点)、昏峰(下午17点～19点)、及离峰时段(上午10点～12点)旅行速率及旅行时间。平日旅行速率于离峰时间平均高于晨峰0.42km/h、昏峰2.38km/h,而晨峰较昏峰快1.96km/h,显示平日昏峰时间较晨峰壅塞(图6)。假日部分,旅行速率于离峰时间较晨峰慢1.75km/h、昏峰0.77km/h,而晨峰较昏峰快0.98km/h,显示假日晨峰和昏峰之差异较小,而10点～12点速度较尖峰时间慢(图7)。

3.2.2　连续假日旅行速率分析

从142路段中选择12处观光景点周边道路分析连续假日交通信息,并以2017年清明连假(4月1日与4月2日)作为分析目标。本研究整理12处连续假日分析路段平日、一般假日及连续假日之平均速度,可发现大部分路段连续假日4月2日速率低于其他日期,连假第一天4月1日速率则无较大的变化。进一步分析4月2日全天速度分布,如图8所示,将12个路段平均,观察整体趋势,可发现连续假日尖峰时间落于上午10点到12点之间,显示大多人出游会在这时间抵达观光景点。

3.2.3　雨晴分析

本研究择县民大道一二段一雨天作为晴雨天分析路段。因此,此部分比较2017年3月22日(晴天)与2017年4月11日(雨天)之差异。雨天之旅行速率较晴天慢约3.04km/h～3.51km/h,旅行时间则增加0.85～0.98分钟。另由图9、10可得知,尖峰时段速旅行速率差异较大,显示雨天对于该路段之车流行为有显著的影响。

3.3　巨量交通资料验证分析

为确保本研究之交通资料具有其效度,分别将本研究推估之道路交通资料与测试车及VD进行比较分析。

3.3.1　测试车比较分析

本研究分析14段路段,各路段包含双向及上午尖峰、下午尖峰及离峰时段,总共约有84个比较样本,并将调查结果与前述分析之该路段道路信息进行比较,其比较以平均绝对百分比误差(Mean Abso-

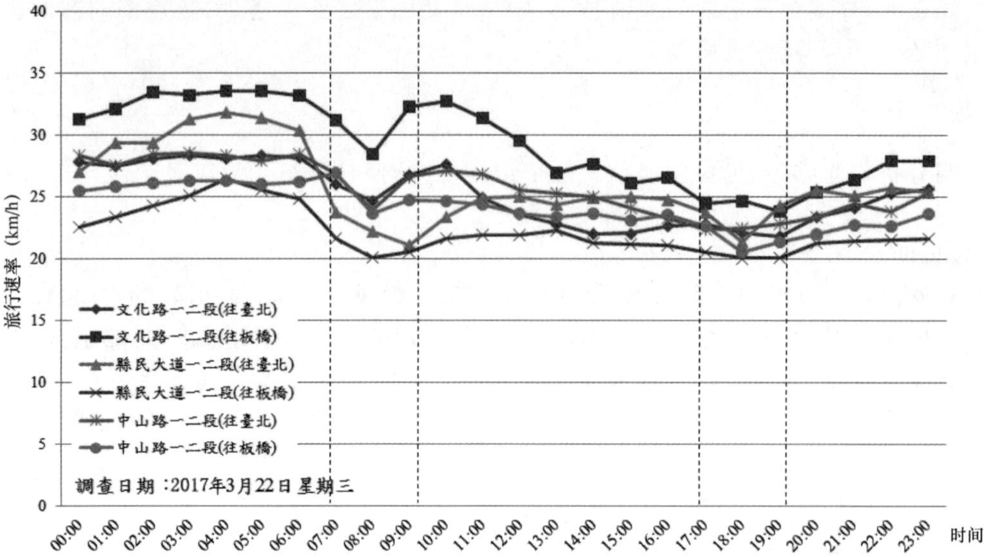

图 6　单日旅行速率变化示意图(以新北市板桥区往台北市主要道路为例)

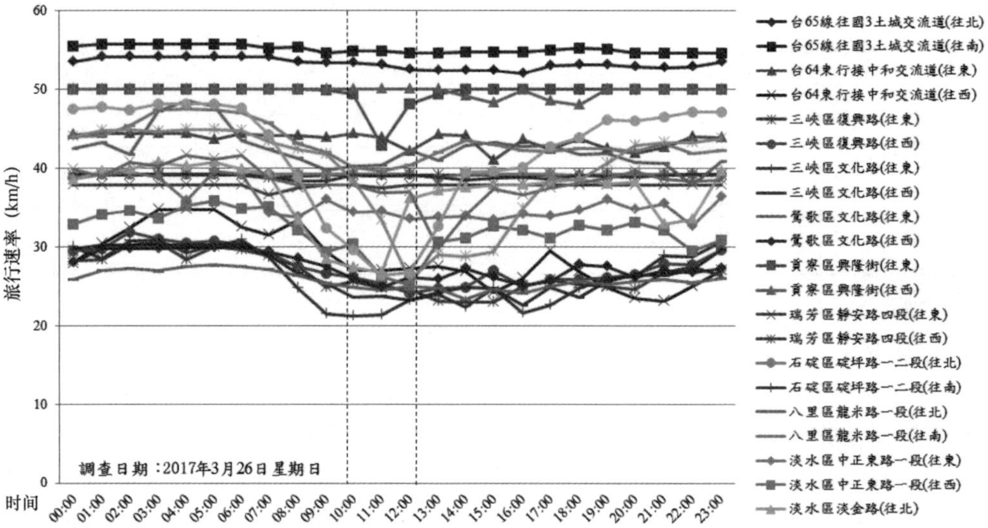

图 7　假日易壅塞路段旅行速率变化示意图

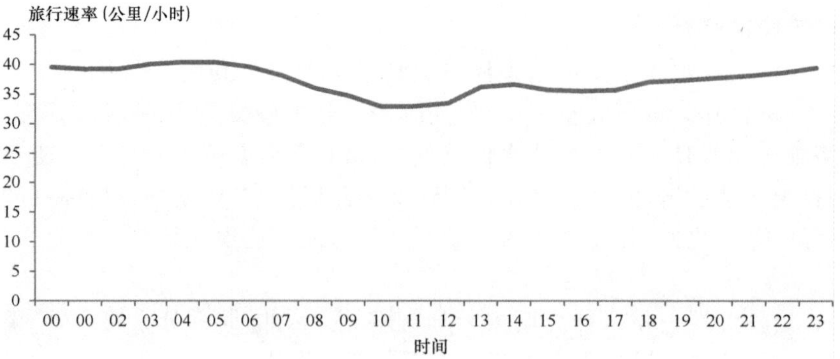

图 8　清明假期速度变化趋势

lute Percentage Error, MAPE)表之。验证结果比较巨量交通资料计算之旅行速度与调查车调查之旅行速度,以单一路段为单位,并依照调查车调查之旅行速率进行分群,分群原则及 MAPE 标准如表 2 所示。

比较结果如附件 2 所示,其中,验证结果符号○代表该路段双向均满足 MAPE 标准,◎表示仅单向满足 MAPE 标准,╳则代表双向均不满足 MAPE 标准。经过分析比对,共有 62 个样本满足 MAPE 标准,准确度为 74%,大部分误差集中在下午尖峰时段。囿于下午尖峰时间,车流速度变异较大,本研究计算之速度系采该时段之平均速度,与测试车容易产生较大的差异。

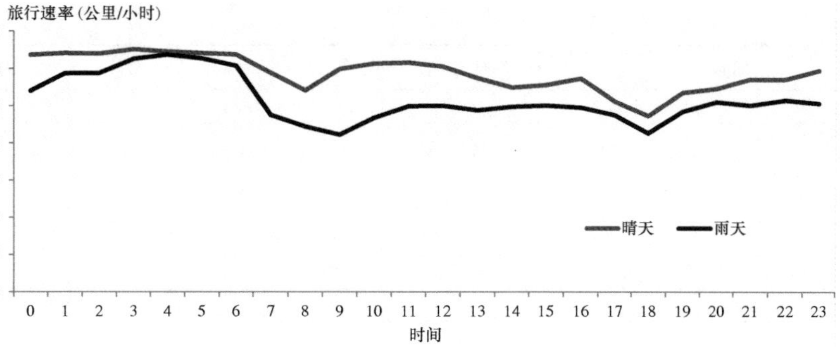

图 9　县民大道一二段（板城路往民生路）旅行速率分布

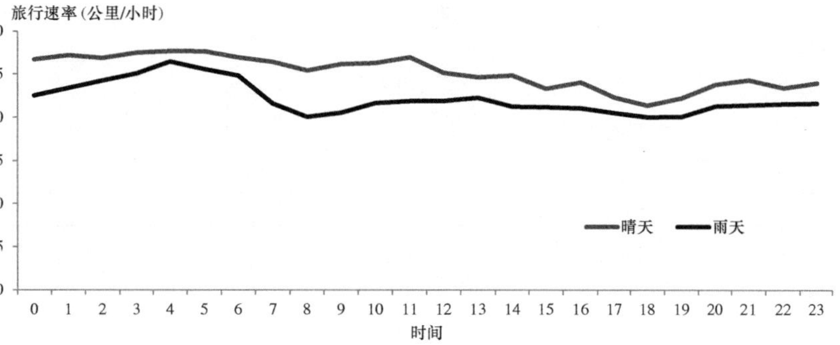

图 10　县民大道一二段（民生路往板城路）旅行速率分布

表 2　　MAPE 评估标准

群组(旅行速率(km/h) 区域类别	路段(Link)准确性(MAPE)可接受标准(%)
第一组:0～20	50
第二组:21～40	38
第三组:41～60	33
第四组:61～80	31
第五组:81 以上	25

3.3.2　VD 比较分析

为验证本研究道路交通信息与既有 VD 之差异,搜集新北市相关路段 VD 并进行比较,比较结果如表 3 所示。表 3 为各路段之 MAPE 值,比较结果整体 MAPE 值为 35.53%,显示本研究分析之道路交通信息与 VD 之差异约 35.53%。

表 3　　VD 比较分析结果 (MAPE %)

行政区	编号	路段名称	3 月 22 日	3 月 26 日	4 月 1 日	4 月 2 日	4 月 11 日
板桥区	2	文化路一二段	47.58	53.95	-	-	-
板桥区	3	县民大道一二段	18.47	27.25	-	-	37.52
板桥区	5	中山路一二段	37.37	46.13	-	-	-
板桥区	7	双十路一二段	36.49	38.27	-	-	-
土城区	17	金城路一二三段	42.69	36.69	-	-	-
土城区	18	中央路一二三段	31.85	38.10	-	-	-
土城区	19	中华路一二段	47.07	32.56	-	-	-
永和区	28	中正路	47.08	-	-	-	-
永和区	29	环河西路一二段	42.98	41.31	-	-	-
永和区	30	环河东路一二三段	32.67	26.04	-	-	-
永和区	35	永和路一二段	53.00	-	-	-	-
新店区	48	北新路一二三段	31.09	28.95	-	-	-
新店区	50	中正路	36.00	16.60	-	-	-
新店区	58	安康路一二三段	36.96	26.71	-	-	-
三重区	62	环河南路	30.75	-	-	-	-
三重区	63	环河北路一二三段	29.49	44.19	-	-	-
三重区	66	重阳路一二三四段	58.08	67.22	-	-	-

续表

行政区	编号	路段名称	3月22日	3月26日	4月1日	4月2日	4月11日
三重区	68	过圳街	33.78	42.83	-	-	-
三重区	76	新北大道一段	29.11	31.15	-	-	-
三重区	77	光复路一二段	30.58	17.20	-	-	-
三重区	78	三民路	34.21	37.67	-	-	-
芦洲区	85	中正路	31.38	16.46	-	-	-
新庄区	89	新北大道二三四段	18.15	22.57	-	-	-
新庄区	90	新北大道四五六段	37.16	37.30	-	-	-
泰山区	104	新五路一段	31.21	-	-	-	-
泰山区	105	中正路	22.85	25.80	-	-	-
树林区	106	复兴路	34.19	41.17	-	-	-
三峡区	115	兴隆街	39.28	38.26	31.89	31.11	-
贡寮区	128	龙米路一段	72.52	81.04	48.95	59.69	-
八里区	131	中正东路一段	28.06	28.10	17.81	15.92	-
淡水区	132	淡金路	41.75	31.12	32.37	31.46	-
淡水区	133	新台五路	39.44	41.36	23.06	26.02	-
汐止区	136	文化一路	44.28	33.80	-	-	-
林口区	140		8.72	23.56	-	-	-

4 结论与建议

4.1 结论

（1）平日平均旅行速率离峰时间高于晨峰 0.42km/h、昏峰 2.38km/h，而晨峰较昏峰快 1.96 公里/小时，显示平日昏峰时间较晨峰壅塞。

（2）假日平均旅行速率部离峰时间较晨峰慢 1.75km/h、昏峰 0.77km/h，而晨峰较昏峰快 0.98km/h，显示假日晨峰和昏峰之差异较小，而 10 点～12 点速度较尖峰时间慢。

（3）连续假日尖峰时间落于上午 10 点到 12 点之间。

（4）雨天旅行速率较晴天慢 3.04 ～3.51km/h，尖峰时段旅行速率差异较大。

（5）经过分析比对，共有 62 个样本满足 MAPE 标准，准确度为 74%，大部分误差集中在下午尖峰时段。囿于下午尖峰时间，车流速度变异较大，本研究计算之速度系采该时段之平均速度，与测试车容易产生较大的差异。

（6）本研究道路交通信息与既有 VD 之差异，比较结果各路段之 MAPE 值，显示本研究分析之道路交通信息与 VD 之差异约 35.53%。

4.2 建议

（1）未来除了与 VD 资料做验证外，亦可与 e-tag，e-bus 及 google maps 等资料并同检讨巨量资料之合理性。

（2）后续研究可运用巨量资料分析 OD 对矩阵，进一步应用于交通管理。

参考文献

[1] 黄铭崇，邱裕钧. 区域交通控制中心云端化计划(3/4)[C]. 1-21.

[2] 邱裕钧，谢志伟. 应用行动通讯资料于道路交通信息之搜集与分析[C]. 台湾运输学会 2016 年学术论文研讨会，2016.

[3] 苏振维，等. 以大数据技术建置宜兰地区交通管理预警机制之应用服务[R]. 交通事务主管部门运输研究所.

[4] Bar-Gera，H. Evaluation of a cellular phone-based system for measurements of traffic speeds and travel times：A case study from Israel[J]. Transportation Research Part C：Emerging Technologies，2007，15(6)：380-391.

[5] Dong，H.，Wu，M.，Ding，X.，Chu，L.，Jia，L.，Qin，Y.，& Zhou，X. Traffic zone division based on big data from mobile phone base stations[J]. Transportation Research Part C：Emerging Technologies，2015，58：278-291.

[6] Larijani，A. N.，Olteanu-Raimond，A. M.，Perret，J.，Br dif，M.，& Ziemlicki，C. Investigating the Mobile Phone Data to Estimate the Origin Destination Flow and Analysis；Case Study：Paris Region[J]. Transportation Research Procedia，2014，6(6)：64-78.

[7] Maerivoet，S.，& Logghe，S. Validation of Travel Times based on Cellular Floating Vehicle Data[R]. 6th European Congress and Exhibition on Intelligent Transport Systems and Services(ITS'07)，2007，32(0)：1-9.

附件:测试车比较分析结果

编号	道路名称		路段范围		资料日期		验证结果
2	文化路一二段		民权路至民治街		2017/3/22		
	方向	南/北	道路等级	Ⅰ	长度	2.9	
时段	巨量交通信息旅行速率(km/h)		测试车旅行速率(km/h)		准确率 MAPE (验证接受标准)		
方向	往东	往西	往东	往西	往东	往西	
上午尖峰	25.76	30.64	18.93	25.48	36.10%(50)	20.26%(38)	○
下午尖峰	22.21	24.31	17.21	17.83	29.10%(50)	36.36%(50)	○
离峰	25.34	31.21	25.01	24.18	1.31%(38)	29.07%(38)	○
编号	道路名称		路段范围		资料日期		验证结果
3	县民大道一二段		板城路至民生路		2017/3/22		
	方向	东/西	道路等级	Ⅰ	长度	2.5	
时段	巨量交通信息旅行速率(km/h)		测试车旅行速率(km/h)		准确率 MAPE (验证接受标准)		
方向	往东	往西	往东	往西	往东	往西	
上午尖峰	28.78	25.99	19.13	17.89	50.41%(50)	45.25%(50)	◎
下午尖峰	29.90	25.57	17.37	13.00	72.11%(50)	96.72%(50)	×
离峰	25.33	21.97	23.92	18.15	5.88%(38)	21.07%(50)	○
编号	道路名称		路段范围		资料日期		验证结果
4	县民大道三段		民生路至环河西路四段		2017/3/22		
	方向	东/西	道路等级	Ⅰ	长度	1.5	
时段	巨量交通信息旅行速率(km/h)		测试车旅行速率(km/h)		准确率 MAPE (验证接受标准)		
方向	往东	往西	往东	往西	往东	往西	
上午尖峰	28.78	25.99	17.04	23.19	68.86%(50)	12.04%(38)	◎
下午尖峰	25.33	21.97	17.69	23.21	43.19%(50)	5.34%(38)	○
离峰	30.54	26.12	16.08	22.81	89.88%(50)	14.51%(38)	◎
编号	道路名称		路段范围		资料日期		验证结果
17	金城路一二三段		中华路二段至延寿路		2017/3/22		
	方向	东/西	道路等级	Ⅰ	长度	4.2	
时段	巨量交通信息旅行速率(km/h)		测试车旅行速率(km/h)		准确率 MAPE (验证接受标准)		
方向	往东	往西	往东	往西	往东	往西	
上午尖峰	30.40	29.76	24.66	17.79	23.31%(38)	67.30%(50)	◎
下午尖峰	28.52	28.13	21.28	18.28	34.01%(38)	53.84%(50)	◎
离峰	30.23	29.77	23.21	21.92	30.24%(38)	35.86%(38)	○
编号	道路名称		路段范围		资料日期		验证结果
32	景平路		景安路至成功路		2017/3/22		
	方向	东/西	道路等级	Ⅰ	长度	2.1	
时段	巨量交通信息旅行速率(km/h)		测试车旅行速率(km/h)		准确率 MAPE (验证接受标准)		
方向	往东	往西	往东	往西	往东	往西	
上午尖峰	33.10	37.21	17.48	12.06	89.33%(50)	208.65%(50)	×
下午尖峰	29.51	35.49	23.87	15.37	23.61%(38)	130.94%(50)	◎
离峰	34.68	39.26	28.24	23.27	22.80%(38)	68.72%(38)	◎

续表

编号	道路名称		路段范围		资料日期		验证结果
36	中和路		永贞路至中山路二段		2017/3/22		
	方向	东/西	道路等级	I	长度	1.7	
时段	巨量交通信息旅行速率(km/h)		测试车旅行速率(km/h)		准确率 MAPE (验证接受标准)		
方向	往东	往西	往东	往西	往东	往西	
上午尖峰	25.08	24.41	18.03	17.89	39.09%(50)	36.43%(50)	○
下午尖峰	21.38	19.79	14.63	13.28	46.07%(50)	48.97%(50)	○
离峰	25.30	24.12	19.04	15.16	32.88%(50)	59.14%(50)	◎
编号	道路名称		路段范围		资料日期		验证结果
48	北新路一二三段		新店路至顺安街		2017/3/22		
	方向	东/西	道路等级	I	长度	2.9	
时段	巨量交通信息旅行速率(km/h)		测试车旅行速率(km/h)		准确率 MAPE (验证接受标准)		
方向	往南	往北	往南	往北	往南	往北	
上午尖峰	26.27	26.59	21.45	18.42	22.48%(38)	44.36%(50)	○
下午尖峰	22.91	23.62	17.87	17.75	28.19%(50)	33.09%(50)	○
离峰	26.81	26.43	17.55	21.12	52.77%(50)	25.18%(38)	◎
编号	道路名称		路段范围		资料日期		验证结果
66	重新路一二三段		环河北路至重安街		2017/3/22		
	方向	东/西	道路等级	I	长度	0.45	
时段	巨量交通信息旅行速率(km/h)		测试车旅行速率(km/h)		准确率 MAPE (验证接受标准)		
方向	往东	往西	往东	往西	往东	往西	
上午尖峰	28.11	28.55	20.54	24.74	36.83%(38)	15.41%(38)	○
下午尖峰	25.85	21.88	24.91	24.34	3.77%(38)	10.11%(38)	○
离峰	29.02	29.30	25.39	21.84	14.29%(38)	34.15%(38)	○
编号	道路名称		路段范围		资料日期		验证结果
85	三民路		长荣路至中山一路		2017/3/22		
	方向	东/西	道路等级	I	长度	1.8	
时段	巨量交通信息旅行速率(km/h)		测试车旅行速率(km/h)		准确率 MAPE (验证接受标准)		
方向	往东	往西	往东	往西	往东	往西	
上午尖峰	27.01	28.31	17.19	19.90	57.11%(50)	42.26%(50)	◎
下午尖峰	22.68	24.07	17.60	23.53	28.89%(50)	2.28%(38)	○
离峰	26.88	28.14	19.26	21.15	39.58%(50)	33.07%(38)	○
编号	道路名称		路段范围		资料日期		验证结果
92	思源路		中原路至环汉路二段		2017/3/22		
	方向	南/北	道路等级	I	长度	1.9	
时段	巨量交通信息旅行速率(km/h)		测试车旅行速率(km/h)		准确率 MAPE (验证接受标准)		
方向	往南	往北	往南	往北	往南	往北	
上午尖峰	31.30	34.35	22.72	20.89	37.72%(38)	64.46%(38)	◎
下午尖峰	27.33	30.44	17.70	17.62	54.42%(50)	72.75%(50)	×
离峰	32.16	33.64	21.23	28.61	51.45%(38)	17.56%(38)	◎

续表

编号	道路名称		路段范围		资料日期		验证结果
97	幸福路		思源路至泰林路一段		2017/3/22		
	方向	东/西	道路等级	Ⅰ	长度	1.9	
时段	巨量交通信息旅行速率(km/h)		测试车旅行速率(km/h)		准确率 MAPE（验证接受标准）		
方向	往东	往西	往东	往西	往东	往西	
上午尖峰	21.18	20.26	11.56	11.93	83.32%(50)	69.88%(50)	×
下午尖峰	19.25	17.23	15.17	9.63	26.95%(50)	78.90%(50)	◎
离峰	21.87	19.99	20.15	12.95	8.53%(38)	54.32%(50)	◎
编号	道路名称		路段范围		资料日期		验证结果
99	新五路二段		成泰路三段至自强路		2017/3/22		
	方向	南/北	道路等级	Ⅰ	长度	3	
时段	巨量交通信息旅行速率(km/h)		测试车旅行速率(km/h)		准确率 MAPE（验证接受标准）		
方向	往南	往北	往南	往北	往南	往北	
上午尖峰	37.93	40.64	41.25	32.51	8.05%(33)	24.99%(38)	○
下午尖峰	37.52	39.20	42.92	30.43	12.58%(33)	28.83%(38)	○
离峰	38.18	41.77	39.01	37.03	2.13%(38)	12.79%(38)	○
编号	道路名称		路段范围		资料日期		验证结果
104	思源路		中原路至环汉路二段		2017/3/22		
	方向	南/北	道路等级	Ⅰ	长度	1.7	
时段	巨量交通信息旅行速率(km/h)		测试车旅行速率(km/h)		准确率 MAPE（验证接受标准）		
方向	往南	往北	往南	往北	往南	往北	
上午尖峰	40.56	39.90	29.71	30.70	36.55%(38)	29.98%(38)	○
下午尖峰	39.43	35.81	29.55	28.91	33.44%(38)	23.87%(38)	○
离峰	41.53	40.47	31.41	35.14	32.22%(38)	15.16%(38)	○
编号	道路名称		路段范围		资料日期		验证结果
114	中正路一二三路		介寿路一段至信义路		2017/3/22		
	方向	东/西	道路等级	Ⅰ	长度	3.9	
时段	巨量交通信息旅行速率(km/h)		测试车旅行速率(km/h)		准确率 MAPE（验证接受标准）		
方向	往东	往西	往东	往西	往东	往西	
上午尖峰	37.41	39.86	37.42	38.42	0.02%(38)	3.74%(38)	○
下午尖峰	35.97	38.97	34.00	34.30	5.79%(38)	13.61%(38)	○
离峰	38.13	40.31	40.76	39.57	6.45%(33)	1.89%(38)	○

注：○代表该路段双向均满足 MAPE 标准，◎表示仅单向满足 MAPE 标准，×则代表双向均不满足 MAPE 标准。

医院新一轮楼宇改扩建交通评估及近期停车对策研究

Traffic Evaluation of A New Round of Hospital Building Reconstruction and Expansion and Research on the Countermeasures for Recent Parking Issue

金　昊

摘　要：进出堵、停车难是目前上海各医院普遍面临的一个棘手问题，在看病需求不断增长，就医出行机动化持续提升，交通设施配建及预留严重不足，医院的交通出行需求与交通设施供给之间矛盾日益突出，造成医院停车资源供应紧张，同时排队等候进院车辆又引发道路拥堵及车辆绕行等一系列交通热点问题。伴随着各大医院新一轮楼宇设施改、扩建及功能调整、优化的契机，如何进一步减轻病患出行对周边常规交通的影响，逐步缓解停车供需矛盾是新一轮医院楼宇改扩建中重点关注的问题。通过对重点问题的分析，提出近、远期相结合的停车改善对策，以达到为病患提供一个便利、畅达、舒适的交通空间。

关键词：医院改扩建；交通评估；停车对策

Abstract: Blocking and parking difficulties are currently thorny issues bothering hospitals in Shanghai. The demand for medical services and the motorization of medical trips continue to grow. The transportation facilities are seriously insufficient. The contradiction between the supply and need of transportation facilities become increasingly prominent. All resulting in tight supply of parking resources for hospitals. At the same time, queues waiting for entrance have caused a series of traffic issues such as road congestion and vehicle detours. Accompanied with the new round of renovation and expansion of building facilities and function adjustment and optimization in major hospitals, how to further reduce the impact of patient travel on surrounding normal traffic and gradually ease the contradiction between parking supply and demand is a major concern in the new round of hospital building reconstruction and expansion. Through the analysis of key issues, we propose a combination of near and long-term parking improvement strategy to achieve a convenient, accessible, and comfortable transportation space for patients.

Keywords: hospital renovation; traffic evaluation; parking strategy

1　现状调查分析

1.1　医院人员出行特征调查分析

医院职工规模保持稳定，出行需求及方式相对固定，机动车拥有率及使用率均较高。医院内医生、护士都需通过长时间学习及实践，专业技术性强，职业稳定性高，故各医院职工数量历年来总体规模变化不大。职工的通勤规模及出行方式相对固定，其中医生作为高收入群体，小汽车的拥有率及使用率相对较高。根据职工问询调查，如同济医院职工小汽车拥有率在30%以上，每日通勤以小汽车方式出行的比例约为28%；杨浦区中心医院职工小汽车拥有率在27%左右，每日通勤以小汽车方式出行的比例约为25%。

医疗设施作为相对固定设施，其服务能力有限，近年来随着患者看病需求持续增长，医疗设施的利用程度基本已接近饱和。如同济医院实际床位溢出率达13.4%，床位使用率为98.7%。杨浦区中心医院实际床位溢出率高达49.6%，床位使用率接近100%。而患者数量将受医疗设施的服务能力限制相对稳定，一定程度上抑制病患的快速增长。

病患吸引量随医院等级上升而增长，且机动化出行需求高。在区域公共服务无法实现均等化的情况下，医院对病患吸引的服务范围也在悄然发生变化，从社区到市区、从长三角乃至全国范围，对病患的吸引范围随医院等级上升而增长。患者因身体不适、行动不便，对机动化出行方式较为依赖，并伴随机动车的快速增长，致患者机动车化出行需求持续上升。

作者简介：金昊，女，上海市城乡建设和交通发展研究院。

探病访客出行多集中于晚间下班后及周末。探病访客主要指探视住院患者的来访者，其出行多集中于晚间下班后及周末，且停留时间也不会太长。访客出行依托于医院周边公交的便捷程度。

1.2 医院停车设施使用特征分析

在优先满足病患使用前提下，院内停车设施仅能满足患者停车需求五成左右，满足职工需求则不足三成。在建院初期，各医院普遍缺乏对小汽车使用快速普及和机动车迅猛增长等因素的考量及场地预留，机动车停车泊位配建数量较少。在停车需求与停车资源供应不匹配的情况下，各医院多选择优先满足患者使用。即便如此，医院内部的停车供应能力仅占患者日均停放需求的三到五成。院内职工日均停放量仅占职工总需求 10%～25%，剩余职工停车需自找车位，多数选择停放于周边的办公楼、住宅小区等。

医院停车需求高峰出现在工作日早上 7 点～8 点，病患停车周转率高，职工停车时间长。根据停车系统显示，医院停车高峰出现在工作日早上 7 点～8 点，高峰小时停车量占设施供应能力 84%以上。数据显示，同济医院患者院内高峰时段平均停车量为 180 车次/小时，占院内停车设施供应量 84%，停车周转率为 6.2。杨浦区中心医院患者院内高峰时段平均停车量为 72 车次/小时，占院内停车设施供应量 96%，停车周转率为 7.5。职工(除倒班及夜班)停车时间多与医院常态运营时间等长，停车周转率为 1.1。

院内停放以地面为主，且供应有限。医院建院初期一方面是地下空间开发的理念缺乏，另一方面是院方仅重视医疗设施建设而忽视交通设施配建，导致院区内未预留地下车库的设置空间。现状停车泊位设置数量仅为总体需求的 20%～25%。如同济医院现有泊位多数设置于地面，地下仅有 25 个，仅能满足总体停放需求两成左右。杨浦区中心医院现有泊位全部布设于地面，能满足自身使用需求的 1/4。

院外租借泊位以满足职工使用为主，作为院内停车供应的补充。同济医院在院区外 4 处地点共租借机动车泊位 70 个，以周边住宅小区等为主。杨浦区中心医院在院外 2 处地点共租赁泊位 112 个，一处为待建空地，一处为创意园区。院外租赁地点均与院方签订租赁合同，故作为院内停车供应的延伸开放给职工停放。

2 现状交通评估

院内机动车泊位使用已达饱和，医患停车近动态平衡，但需求缺口依然较大。目前，各医院内白天机动车泊位的使用率维持在 90%以上，晚间回落至 20%以下。在院内停车泊位供应不足的情况下，院方对院区内部进行挖潜，即将内部较宽通道也用作停车使用(挖潜车位都为临时停放使用)。挖潜增能后对于平日非高峰时段来说，院内的车位使用基本可达到动态平衡状态。但对于周一、周二医院出行高峰日的高峰时段仍会出现进场车辆在出入口短时的排队现象。

院内停车措施多样，管理措施仅能维持现状使用。在院内停车资源紧张的情况下，院方也采取的多种措施，如规定主任医生以上级别可在院内停放车，职工可按照车牌尾号单双号隔天轮换停放等。施行医生与患者分区域停放管理，即患者停放车利用院内楼前广场等开阔空地，方便车辆进出并组织保安人员进行引导和布位，职工停放车多安置于院内办公区域或较宽通道等，以提高院内泊位使用效率，减少因寻找车位绕行所带来的交通压力。

院外租借泊位总量有限，租借周期不稳定。各医院多位于开发成熟区域，区域内以老式住宅小区等为主，辅以少量配套办公、商业设施。住宅小区将居民白天空置的泊位错峰租借，而配套办公、商业设施自身配置的机动车泊位数量不多，对外供应也少之又少，故区域内总体泊位供应能力较为有限。虽然院外与院外地点均签有租赁合同，但合同签署时长一般在 1～2 年，若租借地点有变故，院方将另寻他处。故对于有长期停放需求的医院来说，院外租赁泊位的使用存在一定的不确定性。

3 医院新一轮楼宇改造方案

新一轮改造将分阶段，逐步实施。随着病患人数的增长，医疗设施、设备的承载能力已达饱和，就医环境持续恶化，致各医院纷纷开始新一轮扩能、扩容改造。受资金量及工程体量巨大等因素限制，院方对改造施行先总体规划，后分期建设。近期改造以拆旧建新，整合、优化各楼宇功能布局为主，总建筑面积变化不大；远期改造以大幅增加地下空间的开发力度为主，旨在提供机动车泊位的供给能力，从根本上解决停车供应紧缺的问题。

近期改造泊位增能有限，填补现状停车缺口效果不明显。近期局部改造受场地狭小、周边楼宇空间关联、医院常态运转等多重因素影响，新建设施机动车泊位数量配置有限，多数仅占实际需求三到五成。新增泊位数量对缓解现状停车矛盾效用不大。

远期增加地下空间的开发，停车泊位供应大幅增长。多数医院在增加地下空间开发力度后，大幅提升机动车泊位供应能力，在满足规范设置要求及自身需求的同时，还可预留为医患停车需求的增长留有一定空间。

4　近期停车对策研究

进一步摸排挖潜，利用多渠道资金，增设机械式泊位。对医院内部场地停车情况进行摸排，统筹考虑院内机动车泊位的布设，进一步挖掘医院内部停车资源，优化停车布局。同时，可考虑对医院内开阔空地或广场等地面平面停车地点进行立体化改造，合理利用向上空间，增设机械泊位以进一步增能。在机动车泊位机械化改造过程中，资金来源也是多方关注的问题，建议在申请政府专项拨款的同时考虑社会资金的引入，通过多渠道资金的利用，可增加改造实施的灵活性，且进一步保障改造实施的可能性。

泊位供应实现院内管理精细化，院外租借多样化。在院内泊位供应管理上，在保持原有管理政策的基础上，需进一步精细化。如，根据医、患停车周转率不同的特征，对院内进行停车区域分功能划分，将方便进出的泊位留给患者使用，将职工车辆停放迁至院外租赁场地，释放院内更多的停车资源，以充分提高泊位的使用效率等。院外停车泊位租借，除保持现状数量外，可通过对周边用地的走访调查，摸清周边闲置泊位、待建空地等，利用多种渠道、多样化手段进行多方租借，弥补为院内停车供应不足。

增加周边绿地地下空间开发，提高泊位供应。通过走访调查，发现医院周边均设有公共绿地或公园，如同济医院西北侧有甘泉公园，紧邻杨浦区中心医院北侧为波阳公园，可考虑对公共绿地或公园进行地下空间开发，新建绿地地下公共停车场，此举将大大提高区域停车泊位的供应能力。

增设停车诱导，加装指示标识。增设停车诱导应从两个方面入手：一方面是对于院外到达车辆的停车诱导，增设情报板提前告知到达车辆院内剩余空置泊位数量，以及周边建筑可提供的空置泊位数量及位置，从外围进行停放需求分流，并且可减少因寻找车位产生的绕行交通，以降低医院周边道路交通压力；另一方面应做好院内车辆停靠引导，设置明晰的停车区域指示、引导标志标牌，提高院内车辆进出及停靠效率。

加强需求管控，倡导公交出行。医院总体改造完成后，新增泊位的大幅增长，将吸引院外停放的职工车辆回流，同时新增泊位需求也会随之增长，故应加强职工泊位需求的管控，倡导职工更多使用公共交通出行。

参考文献

[1]　上海市城乡建设和交通发展研究院. 上海同济医院内科医技综合楼项目交通影响分析[R]. 上海市城乡建设和交通发展研究院. 2016.

[2]　上海城市综合交通规划科技咨询有限公司. 杨浦区中心医院国家全科医生临床培养基地项目交通影响评估[R]. 上海城市综合交通规划科技咨询有限公司. 2016.

[3]　上海市城乡建设和管理委员会. 上海市工程建设规范-建筑工程交通设计及停车库(场)设置标准(DG/TJ08-7-2014)[S].

以美国 ITS 联合计划办公室为例探讨台湾地区 ITS 项目办公室之角色与任务

The Study of the Role and Mission of Taiwan ITS Project office Refer to American ITS Joint Program Office

吕思慧 陈其华

摘 要：智慧运输服务之提供，往往需经过前期之研究、雏形开发、测试、效益评估、先期推广、沟通、教育训练和应用普及化等阶段，在各个不同的阶段中，皆需与不同组织共同进行规划、协调、资源分配及效益检核等事宜。为能有效整合 ITS 之规划与发展应用，使各项资源得以发挥最大综效，规划透过 ITS 项目办公室之设立，作为跨部门之沟通平台。本研究以美国 ITS 联合计划办公室(joint program office, JPO)为例，并依据台湾地区 ITS 之发展需求及趋势，探讨台湾地区 ITS 项目办公室之角色与任务。

关键词：智慧运输；项目办公室；沟通平台

Abstract: The Intelligent Transportation Services always need early stage research, prototype development, testing, benefit evaluation, advance promotion, communication, training and application popularized that before supplied. At any stage, we should plan, coordinate, allocate resource and check benefit with different groups. Establishing the ITS project office as a communication platform to integrate the plan and application of ITS effectively and make the resources bring max utilities. This study discusses the characters and missions of Taiwan ITS project office by taking American ITS Joint Program Office as a reference and taking the ITS development demands and trends of Taiwan into consideration.

Keywords: intelligent transportation; project office; communication platform

1 前言

智慧运输服务之提供，往往需经过前期之研究、雏形开发、测试、效益评估、先期推广、沟通、教育训练和应用普及化等阶段，在各个不同的阶段中，皆须面对跨组织间的规划、协调、资源分配及效益检核等议题。在过去 ITS 的发展、建置及应用推广，多由各地方政府及业务单位进行，彼此间缺乏沟通协调、资源整合及协同合作等，使得 ITS 的应用发展较难得到加乘效果。

此外，在过去 ITS 的发展上，交通部门主要着重于设施设备之建置与服务的提供；随着多元应用服务需求的扩增、车载资讯技术发展、附加价值提升、产业链接与发展等，智慧运输发展策略之规划，除考量当今及未来发展趋势、民众需求外，产业面的发展亦成为规划重点之一；为能有效整合 ITS 之规划与发展应用，使各项资源得以发挥最大综效，实有需要成立 ITS 项目办公室，以作为跨部门之沟通平台。

本研究将以美国 ITS 联合计划办公室(joint program office, JPO)为例，并依据台湾地区 ITS 之发展需求及趋势，探讨 ITS 项目办公室之角色及任务；期透过 ITS 项目办公室之设立，作为公私部门间协调与沟通之平台，建立产官学研间的合作关系，协调资源分配及整合，除建立台湾地区 ITS 跨域整合的特色外，亦期催化 ITS 产业之发展。

2 美国 ITS 发展策略架构及联合计划办公室(JPO)

2.1 ITS 发展策略架构(2015—2019)

2014 年 12 月美国联邦运输部发表 2015－2019 年的智能型运输系统发展策略，期借由技术之应用，改善交通安全及机动性，减少运输行为对环境所造成的影响，并且透过先进资讯之整合应用及交通设备

作者简介：吕思慧，台湾地区交通主管部门运输研究所运资组助理研究员。
陈其华，台湾地区交通主管部门运输研究所运资组组长。

与车辆之电子化，强化运输系统生产力。

前揭发展策略之规划，主要系以未来发展趋势及现阶段之研究发展为基础，拟订 2015－2019 年间主要发展议题、方向及实际应用领域。该发展策略之架构，以提升车路间之安全性、增加机动性、减少对环境所造成之影响、提倡创新技术之应用、支援交通信息的共享等为 5 大策略议题(愿景)。在此策略议题下，研拟 6 大发展计划，分别为车联网应用、自动化、新技术/新生产力、交通数据应用分析、设备与系统之整合应用、加速布设/实际应用等，其中更明确了"车联网"及"自动化"为 2 大优先发展计划。

图 1 为 ITS 发展策略及执行架构，核心架构为 ITS 发展策略、执行计划及优先计划。底层架构为计划的生命周期；每项计划之生命周期，皆分别历经研究、发展及采用等 3 个阶段，而各个计划于不同的阶段，皆有其所需探讨及考量之议题、评估项目及阶段目标等。上层架构则包含了绩效管理及技术追踪；在绩效管理层面，透过预期绩效及产出之锁定，确保实际执行时是朝对的方向与目标前进；另外，技术追踪，于各生命周期阶段中皆占有重要角色，透过追踪技术之应用发展，取得最新的智识，以进一步了解该如何应用、改善计划或是作为未来更进一步建置之基础。

图 1　美国 2015－2019 年 ITS 发展策略及执行理念架构图

资料来源：USDOT's Intelligent Transportation Systems(ITS)ITS Strategic Plan 2015－2019，本研究参考绘制

2.2　JPO 成立缘由与组织架构

美国运输部门(Department of Transportation ，TOD)中设有秘书部门(Office of the Secretary ，OST)，职掌包含运输政策之规划、推广复合运输、对外协商、执行国际性运输协定、制定运输相关法律等。2014 年 1 月，美国国会将 RITA(Research and Innovative Technology Administration，研究与创新科技部门)组织整并于 OTS 中，其中有关计划办公室、统计资料及研究活动等业务分配于 OTS 中的研究与科技部门(The Office of Assistant Secretary for Research and Technology ，OTS-R)。在此组织架构下，OST-R 的主要任务为借以提升各研究/领域间的合作性及协调性、统整各运输统计资料、确保各研究活动及预算资源之运用，得以与政策目标及主要发展领域相互呼应。

OTS-R 中设有 ITS 联合计划办公室(Joint Program Office，JPO)，由原美国运输部"研究与创新科技部门"(RITA)之行政官员为领导者，JPO 的组织成员来自各运输部门中的智慧运输领域之相关人员。相关组织架构图图 2、图 3 所示。

2.3　JPO 组织任务

JPO 的组织任务包含 (1)引领科技研究及政策制订之相关研究、(2)发展及评估 ITS 相关应用、(3)担任各计划及公私部门间协调与互补之角色、(4)促进科技发展及应用之角色、(5)在 DOT 及相关群体中扮演提倡新科技应用之领导角色、(6)设定策略方向及优先性等(图 4)。由前述任务性质可知，JPO 对于 ITS 之应用发展具有举足轻重的意义，从基础阶段之研究与评估，发展及执行阶段之策略拟定、沟通与领导，以及应用推广阶段之促进，JPO 皆有其角色与任务。

另如前所述，美国 2015－2019 年 ITS 的发展策略及执行理念架构，可分为两大层面(图 1)，(1)组织

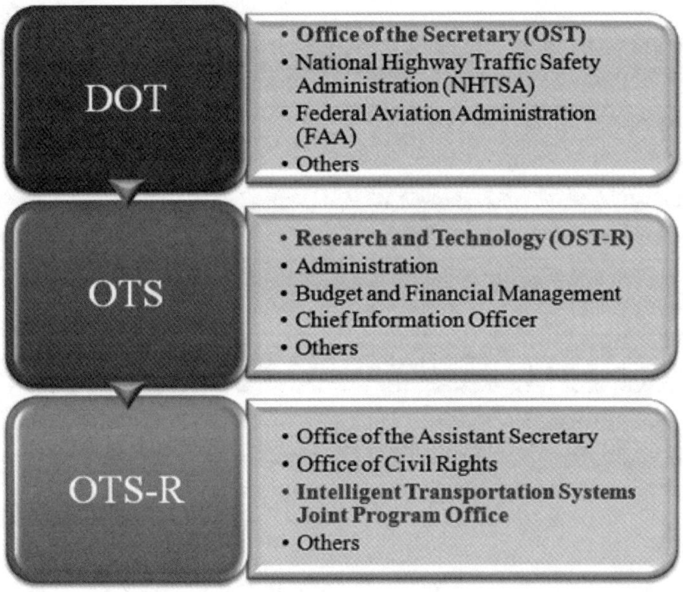

图 2　美国运输部门相关组织架构

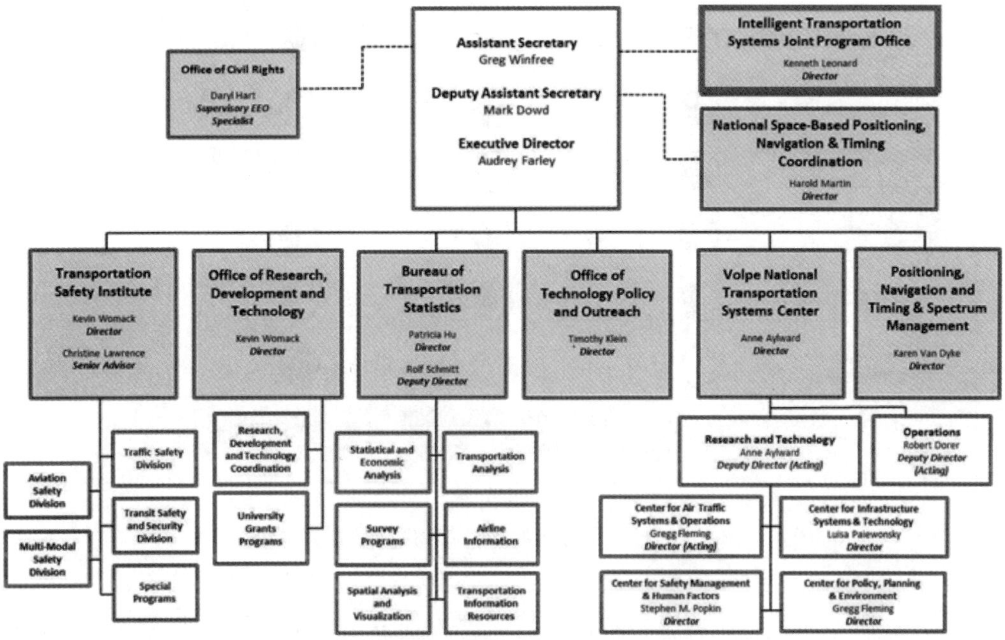

图 3　OST-R 组织架构

资料来源：http://www.rita.dot.gov/

及操作层面、(2)策略议题及计划之着重领域层面。在各层面中，JPO 与各个构面具有不同之关联性，举例如下：

(1) JPO 与研究、发展、采用构面之关联性：如前所述美国 2015—2019 年间 ITS 6 大发展计划，分别为车联网应用、自动化、新技术/新生产力、交通数据应用分析、设备与系统之整合应用、加速布设/实际应用等，每项计划之生命周期，皆分别历经研究、发展及采用等 3 大阶段，并由 ITS JPO 针对各计划特性，探讨其于不同阶段，所需考量之议题、评估项目及阶段目标等，图 4 所示。为研究、发展及采用等 3 大阶段，于各计划生命周期中之重要性，填满的范围越大，则表示该阶段于计划生命周期中的重要程度越高；例如对于车联网计划而言，最终的采用阶段是最重要的，图 5 所示。为自动化计划各生命周期阶段所需考量之议题(图 6)。

(2) JPO 与 6 大计画之关联性：JPO 于各计划之研究、发展及采用阶段皆负有不同任务；如研究阶段负有领导研究方向与活动之任务，发展过程中负有鼓励、推动与协助执行之任务，实际应用阶段负有教育

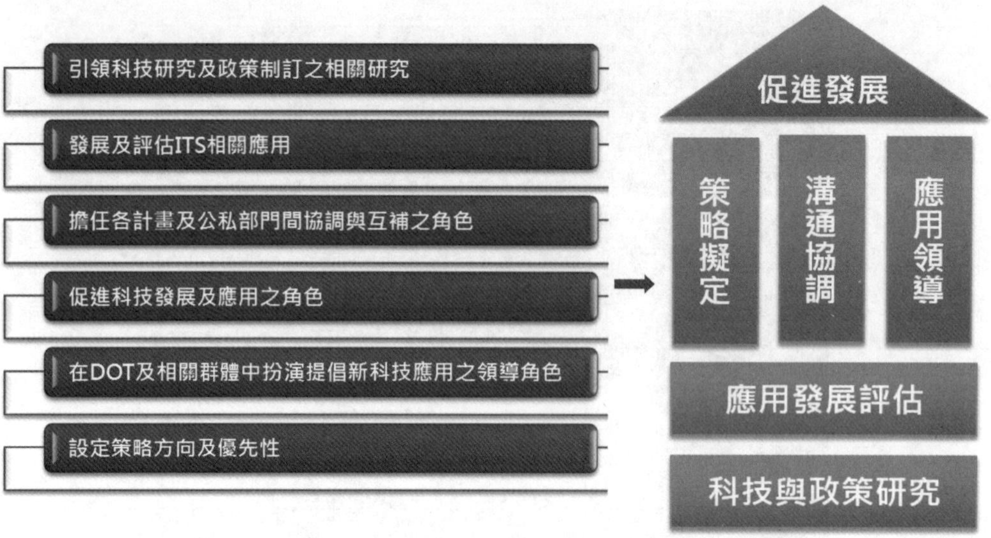

图 4　JPO 组织任务

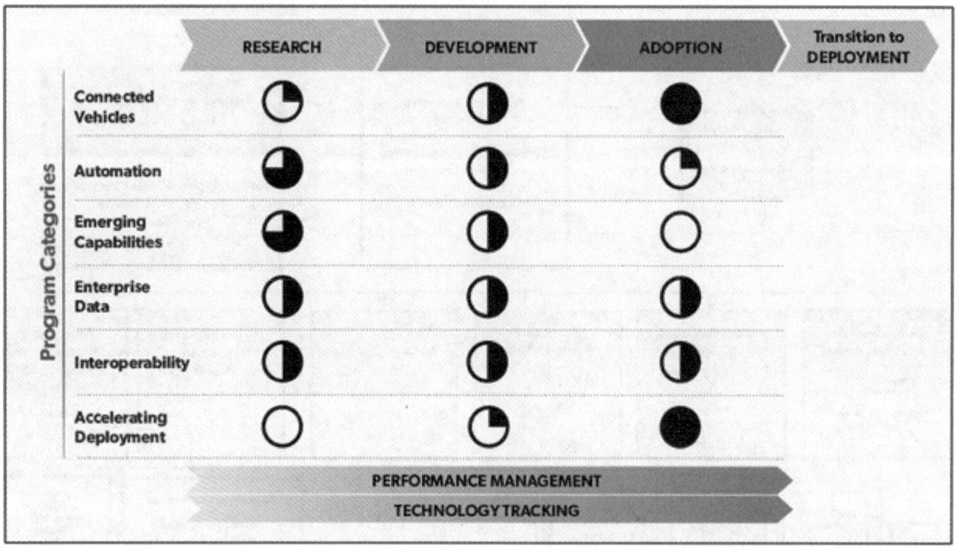

图 5　研究、发展、采用等阶段于各计划生命周期中之重要性

资料来源：USDOT's Intelligent Transportation Systems(ITS)ITS Strategic Plan 2015—2019

训练、营销与沟通、价值了解及增加该应用之社会认知度等任务。例如在 6 大计画中的“加速布设/实际应用计划”，JPO 扮演着支持、训练、沟通及未来拓展延伸的角色，主要任务为沟通与教育训练，以及建立跨公私部门、跨国界、跨区域合作之伙伴关系，并促进其活化。另如在沟通与教育训练的任务上，JPO 组织执行 PCB(Professional Capacity Building)计划，该计划系为 JPO 组织中重要且优先的计划，PCB 计划透过技术追踪、专业发展、知识交换及领导之扩展，发展 ITS 最新应用并填补旧有应用之缝隙，锁定对的伙伴，扩展合作关系，并且借由评估，维成本效益性。

(3) JPO 与绩效管理、技术追踪之关联性：绩效管理与技术追踪机制，使 JPO 能对新科技或发展趋势做出实时反应，以利获得相关信息及需求，确保发展方向之正确性、投入具有收益性及资源得以最佳化分配。在绩效管理层面，主要任务包含(1)锁定预期绩效及产出，确保执行时是朝对的方向及目标前进。(2)规划评估架构及里程碑，以利计划执行时知道什么该做、什么不该做及需要调整或改善之处。在技术追踪层面，主要任务系为取得更佳的知识、技术，了解如何采行或改善计划，亦作为未来更进一步建置之基础，图 7 所示。

TABLE 4 Automation Research Questions that Guide the Detailed Programs
Research
What should be the role of the Federal government in automation research and development?
What policies are needed to harness benefits from automated vehicles?
What are the benefits from establishing connected automation?
What are users' expectations for automated vehicles?
What are the security needs for various levels of automated environments?
What are the liability issues related to automation?
How to define characteristics for the automation environment?
What are the core elements and the performance criteria for automation?
What are the risks associated with automation applications?
What role will infrastructure play in an automated environment?
Development
What are the non-technical barriers to deployment of automated systems?
What automated vehicle applications can be demonstrated before 2019?
What technical challenges are barriers to deployment of automated systems?
What aspects of automated vehicles impact current law enforcement activities?
How does data produced from "opt in" systems or applications impact policy?
How do vehicle automation systems leverage connectivity to improve their performance and reliability?
What type of naturalistic testing should the USDOT support for automated vehicle systems?
Is there a consolidated focus between CV pilots and automation?
Adoption
What is the appropriate Federal role in facilitating and encouraging deployment of automated systems? Is this different at different levels of automation?
What is the role of early adopters (specialized drivers) in automation adoption and deployment?

图 6 自动化计划各生命周期阶段所需考量之议题

资料来源：USDOT's Intelligent Transportation Systems(ITS)ITS Strategic Plan 2015—2019

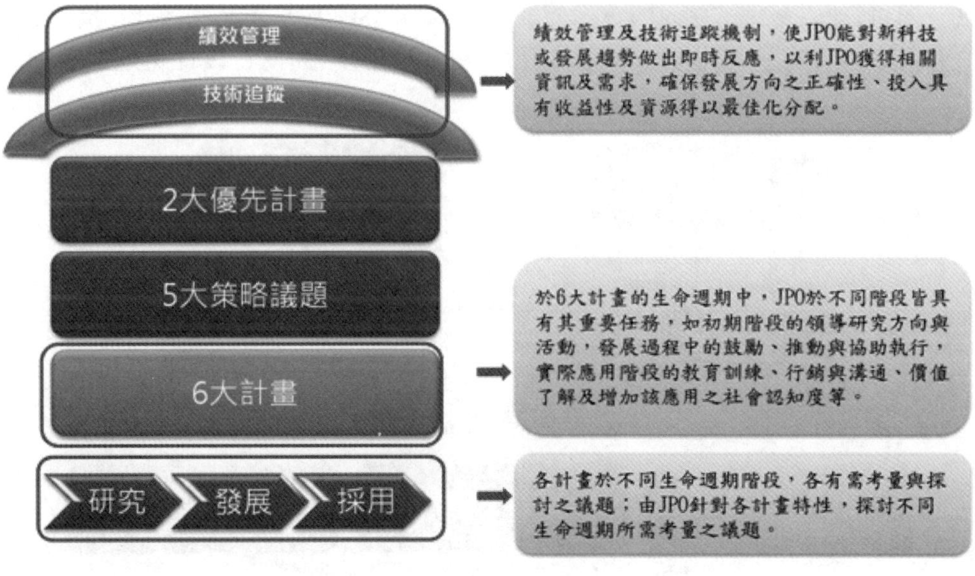

图 7 JPO 与各个构面之关联性

3 台湾地区 ITS 项目办公室角色与任务之探讨

3.1 ITS 项目办公室之角色

ITS 的应用服务范围广泛，包含陆、海、空运等领域皆可透过先进之电子、通信、计算机、控制及感测等技术，提升运输系统之服务效率；随着 ITS 发展之成熟，除已由过去的系统建置走向提供整合型智慧运输服务外，车载资讯产业之发展亦为现今所注重的。此外，智慧运输服务之提供，往往需经过前期研究、雏形开发、测试、效益评估、先期推广、沟通、教育训练、应用普及化等阶段，在各个不同的阶段中，皆须与不同组织进行规划、协调、资源分配、效益检核等事宜。以 ITS 项目办公室作为跨部门之沟通平台，有效整合 ITS 之规划与发展应用，使各项资源得以发挥最大综效（图 8）。

为能有效整合交通事务主管部门及所属单位对于 ITS 之发展规划，并确保在执行过程中具有相同目标，在交通事务主管部门及所属相关单位间，ITS 项目办公室应作为各组织间的沟通桥梁，并引领科技研究、发展及评估 ITS 相关应用、拟定策略方向及优先性，促进智慧运输服务之发展及应用。

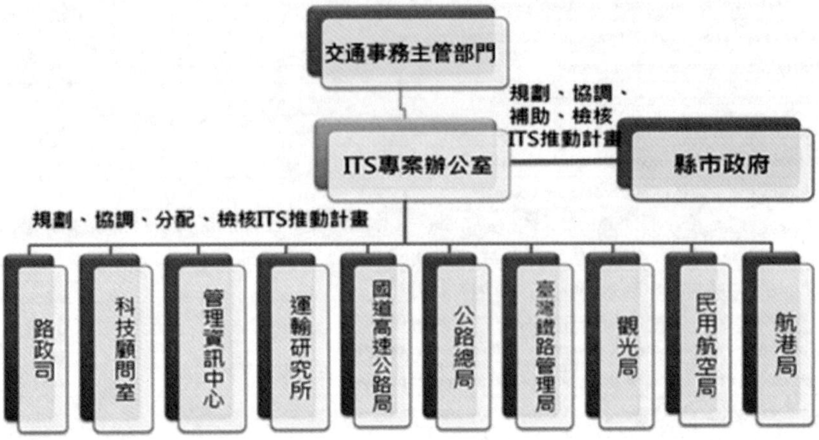

图 8　ITS 办公室——交通事务主管部门与所属相关单位之跨组织沟通平台

另以台湾地区推动车载资讯产业发展为例，由于车载资讯之应用发展，需跨领域整合且涉及不同部门之职责，因此在行政管理机构协调下，由经济事务主管部门成立车载资讯产业推动小组，规划车载政策方向及其目标，透过各部门协调，进行相关基础环境与验证平台之建置，并推动台湾地区产业与国际共构产业链。在过去智慧运输的发展上，交通部门主要着重于设施设备之建置与服务之提供；在多元应用服务需求之扩增、车载资讯技术发展、附加价值提升、产业链接与发展等趋势下，智慧运输发展策略之规划，除考量当今及未来发展趋势、民众需求外，产业面的发展亦成为规划重点之一；透过 ITS 项目办公室作为外部沟通协调之对口，建立产官学研间的合作关系，协调资源分配及整合，共同规划、执行大型项目；除拓展彼此间的合作关系、达成技术交流并扩大推动 ITS 相关计划外，亦期得以催化地区 ITS 产业之发展，如图 9 所示。

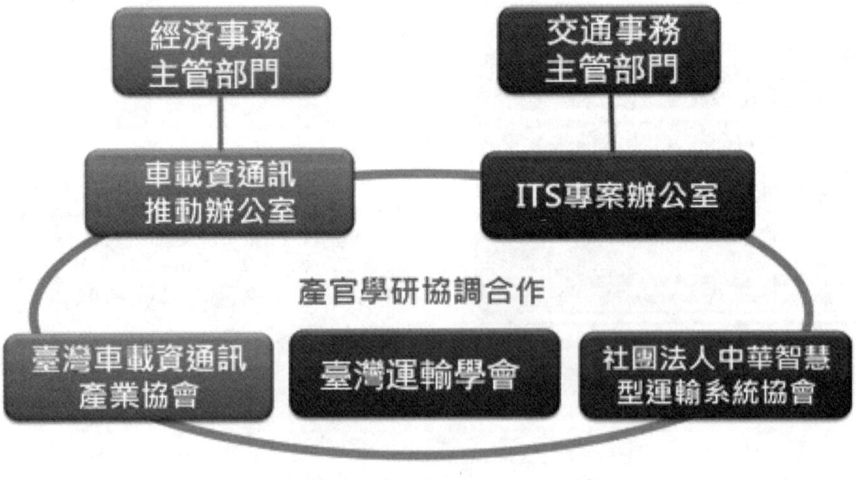

图 9　ITS 办公室——交通事务主管部门与外部相关单位之跨组织沟通平台

3.2　ITS 项目办公室之任务

美国运输部门中设有 ITS 联合计划办公室（Joint Program Office），主要负责引领科技及政策制订之相关研究、发展及评估 ITS 相关应用、促进科技发展及应用、设定策略方向及优先性，于各计划/公私部门间担任协调与互补角色及提倡新科技应用之领导角色。

就过去台湾地区 ITS 发展应用经验而言，纵使交通事务主管部门订有未来发展方向，然因运输需求及服务具有地区性之差异，不同的运输系统或运输服务亦分属于不同权管单位，因此 ITS 之建置与推动主要系由各地政府或各业务单位进行，彼此间较少有沟通协调或合作机会。再者，为加速国际间智慧运输之发展与交流，订定标准化格式与交换机制、采用与提倡全球统一之相关规范等，亦成为国际间的发展趋势。因此将参考美国 ITS JPO 之任务性质，并依据国际发展趋势及地区之发展需求，探讨台湾地区 ITS 项目办公室所肩负之任务。

依前述讨论，ITS 项目办公室对内及对外分别具有“建立智慧运输发展机制”与“跨部门协调及对外营销”之角色；对交通事务主管部门及所属相关单位而言，ITS 项目办公室应以综合考量之概念，规划 ITS 整体发展方向及执行策略，并且协调整合各单位之资源；透过资源整合与分配，进而达成计划整合，避免资源重复投入于相同计划中或遗漏应投入资源发展之领域。另为提升台湾地区应用发展及技术交流性，除应追踪相关技术之发展及研拟与国际接轨之规范设计、标准格式外，透过统一的规范设计及标准格式，亦可促进台湾地区资料开放应用，提升 ITS 服务之多元性。

另对跨部门合作而言，透过 ITS 项目办公室作为交通部门对外沟通协调之平台，致力推动跨域及跨单位间的合作；除借由产官学研界共同参与以拓展计划深度及广度外，亦须重视计划执行所产生的外部效果，因此在计划规划与执行阶段，除强化其所产生之正向效果外，亦应尽可能降低所衍生出的负向效果（如显、隐性之社会成本或经济成本），以兼顾社会、经济及环境之永续发展。

综合上述讨论，依角色定位之不同，ITS 项目办公室之任务亦可分为对内及对外之任务；对内任务，可分为规划面、技术面及执行面之任务性质，考量发展趋势及民众需求，健全智慧运输之发展与服务；对外任务，可分为永续面及跨域合作面之任务性质，透过多元应用服务之提供，创造民众有感的智慧运输服务效益。如图 10 所示。

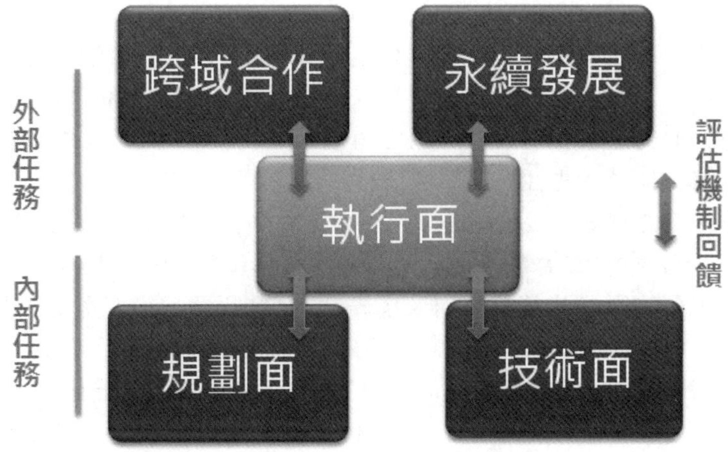

图 10　ITS 项目办公室任务架构图

3.2.1　对内任务性质

1）规划面

（1）规划 ITS 发展方向、目标及拟订相关发展策略。

（2）依据前述策略规划，拟定执行计划及研拟评估机制。

（3）针对欲执行之计划，进行成本效益评估，包含探讨各阶段及各种需考量之议题、评估项目、预期效益及订定阶段性目标等，以确保发展方向之正确性、投入具有效益性及资源得以最佳化分配。

2）技术面

（1）追踪最新技术发展及应用趋势，滚动修订台湾地区应用发展方向。

（2）考量台湾地区应用需求，研拟技术规范及技术发展机制。

（3）制订标准化格式/协定与交换机制，以利地区内外技术应用之接轨及资料共享、多元应用之发展。

（4）建立与推动验证机制，确保运输系统之质量、效能及安全性。

3）执行面

（1）健全并整合交通事务主管部门及所属单位之计划研拟与推动机制，建立合作关系与模式，扩大计划执行综效。

（2）推动相关教育训练，以利技术、应用及经验之传承与普及。

(3) 定期进行绩效评估,评估预期绩效及实际产出之差异性,并实时针对需调整或改善之处进行反应,以确保实际执行与目标的一致性。

(4) 筹划地区内外营销机制,以利提升社会认知、拓展合作关系及促进整厂输出。

3.2.2 对外任务性质

1) 永续面

(1) 建立产、官、学、研之沟通协调机制,并提升社会大众对于相关建设与应用之认知,以利智慧运输发展永续性,并同时兼顾社会、经济及环境面之永续发展。

(2) 持续追踪运输活动所造成的外部效果,如空气污染、噪声、事故所造成之经济损失等,并反馈予前端之规划与执行面,作为滚动调整的依据之一。

2) 跨域合作面

(1) 扩展跨域及跨部门之合作关系,综整各界发展资源、经验及技术,除拓展计划深度及广度外,亦催化智慧运输之应用发展。

(2) 推动地区内外技术及经验交流,协助相关产业及经验之整厂输出。

4 结论与建议

4.1 结论

(1) 美国 ITS 联合计划办公室(JPO)设立于运输部(Department of Transportation ,TOD)之秘书部门(Office of the Secretary ,OST)中的研究与科技部门(The Office of Assistant Secretary for Research and Technology , OTS-R)项下,其组织成员来自各运输部门中,智慧运输领域之相关人员。JPO 的组织任务包含:(1)引领科技研究及政策制订之相关研究;(2)发展及评估 ITS 相关应用;(3)担任各计划/公私部门间协调与互补角色;(4)促进科技发展及应用之角色;(5)在 DOT 及相关群体中扮演提倡新科技应用之领导角色;(6)设定策略方向及优先性。

(2) 为能有效整合 ITS 之规划与发展应用,使各项资源得以发挥最大综效,透过 ITS 项目办公室之设立,作为跨部门沟通平台;对内(交通事务主管部门暨所属单位间)为各组织间之沟通桥梁,并引领科技研究、发展及评估 ITS 相关应用、拟定策略方向及优先性,促进智慧运输服务之发展及应用;对外则作为外部沟通协调之平台,建立产官学研间的合作关系,协调资源分配及整合,共同规划、执行大型项目,除拓展彼此间的合作关系、达技术交流及扩大推动 ITS 相关计划外,亦期得以催化 ITS 产业之发展。

(3) ITS 项目办公室对内及对外分别具有"建立智慧运输发展机制"与"跨部门协调及对外营销"之角色,依角色定位之不同,ITS 项目办公室之任务亦可分为对内及对外之任务。对内任务,可分为规划面、技术面及执行面之任务性质;考量发展趋势及民众需求,健全智慧交通之发展与服务。对外任务,可分为永续面及跨域合作面之任务性质;透过多元应用服务之提供,创造民众有感的智慧运输服务效益。

4.2 建议

(1) 本研究以美国 ITS 联合计划办公室(JPO)为参考依据,并考量台湾地区 ITS 之发展趋势及需求,探讨 ITS 项目办公室角色与任务性质,然其组成方式、成员架构、维运方式等,尚涉及交通事务主管部门组织编制、预算编列及政府采购法等相关因素,建议后续研究可针对此部分进行探讨,以利台湾地区 ITS 项目办公室之设立及永续维运。

(2) 本研究规划探讨之台湾地区 ITS 项目办公室角色与其肩负之任务,可作为运输部门设立项目办公室之相关研究参考。

参考文献

[1] 交通事务主管部门. 2012 年运输政策文件[z].

[2] Jim Barbaresso, Gustave Cordahi, Dominie Garcia, Christopher Hill, Alex Jendzejec, Karissa Wright. [R]. USDOT's Intelligent Transportation Systems(ITS)ITS Strategic Plan 2015-2019, FHWA-JPO, 2014:14-145.

[3] http://www. rita. dot. gov[OL].

[4] https://www. transportation. gov[OL].

海口市主城区道路网改善研究

Study on the Improvement of Road Network in Main Urban Area of Haikou City

江文平　龙　力

摘　要：本文基于2015年海口市第一次综合交通大调查的研究成果，总结海口市城市交通发展特征，分析现状交通存在的主要问题。在分析城市空间发展及城市交通发展趋势的基础上，提出海口市主城区路网布局优化方案和提出相关建议。
关键词：道路交通；路网优化；海口主城区

Abstract: Based on the results of the first comprehensive transport survey of Haikou City in 2015, this paper summarizes the characteristics of urban transport development, and analyzes the main problems existing in the currenttransport system. According to the development trend of urban space and urbantransport, the optimization plan of the road network layout in Main Urban Area of Haikou City and some relevant suggestions are proposed.
Keywords: road transport, road network optimization, Haikou

1　引言

海口市是海南省政治、经济、文化、交通的中心，重要的热带海滨旅游度假城市，在海南国际旅游岛建设中举足轻重。近年来随着社会经济持续快速发展、机动车总量不断加速增长，城市道路交通设施已经不能满足国际旅游岛中心城市建设的发展需求，中心城区交通拥堵尤为严重。随着城市空间的拓展、海秀快速路等工程的建设，海口市主城区用地和路网格局正处于快速变化中，局部改善和修补已不足以扭转道路交通日益恶化的趋势，迫切需要对主城区路网进行重新梳理，优化和完善路网布局。2015年开展的《海口市综合交通调查》，获得了较为全面的综合交通数据，为诊断海口市交通发展存在的主要问题，判断海口未来交通发展态势，科学制定交通发展规划和交通改善对策提供了良好的依据。

2　现状基本情况

2.1　用地与人口

海口市下辖秀英、龙华、琼山和美兰四区，陆域面积2 304.8平方公里。其中，主城区为绕城高速公路以北与海口市东、西行政界线围合区域，面积562.4平方公里，由中心城区、长流组团、江东组团构成，呈东西带状结构，建设用地184平方公里。截至2014年年底，全市常住人口220万人，其中，主城区173万人，包括中心城区153万人，长流组团7万人，江东组团13万人。如图1、图2所示。

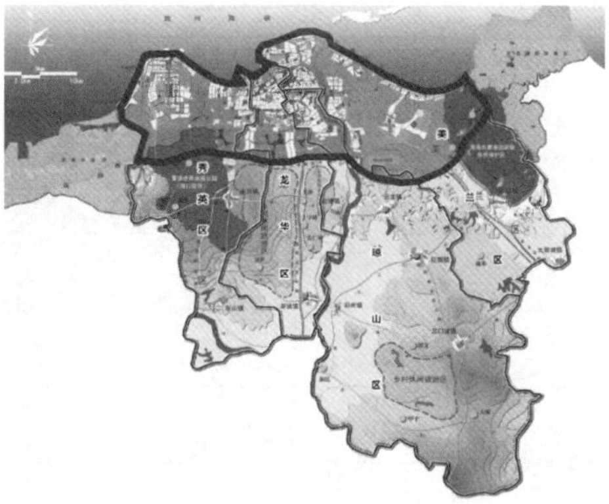

图1　海口市域范围和主城区范围

2.2　出行特征

调查范围内（由于江东组团没有实行网格化管理，调查范围只包括主城区的中心城区和长流组团，不包括江东组团，下同）人员出行总量为481万人次/日，其中常住人口出行总量为430万人次/日，人均出行次数2.69次/日。常住人口出行方式以小客车和电动自行车两类个体交通方式为主，公交、小客车和电动自行车出行分担率分别为10%，22%，35%（图3）。

出行主要发生在中心城区（具体分为中心区、外围区、海甸岛和南部近郊区），其中以中心区与外围

作者简介：江文平，上海市城乡建设和交通发展研究院。
龙力，女，上海市城乡建设和交通发展研究院。

区、中心区与海甸岛的出行联系为主(图 4)。

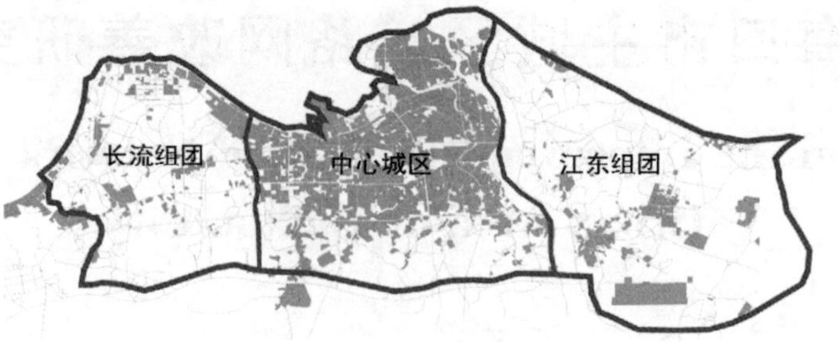

图 2 主城区现状建设用地分布

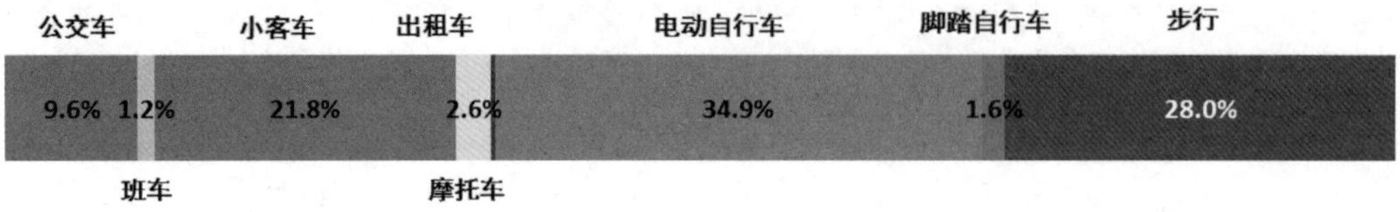

图 3 常住人口出行方式结构

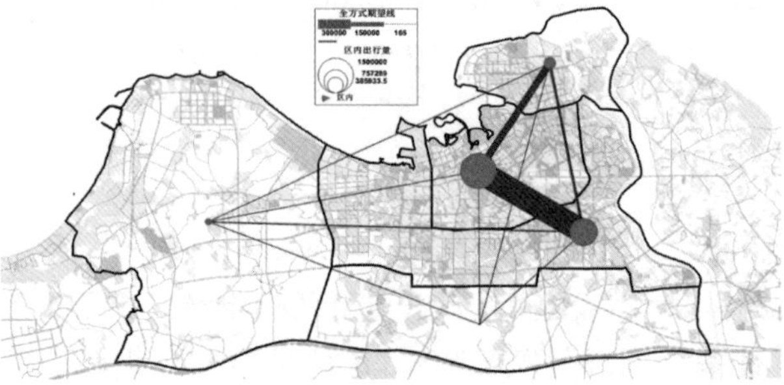

图 4 人员出行空间分布

2.3 车辆发展情况

2015 年年底,全市注册机动车总量为 61 万辆,其中注册小客车为 46 万辆,与 2010 年相比,年均增长 20%,年均增量从 4 万辆/年上升到近几年 7 万~8 万辆/年。经推算,调查范围内(中心城区和长流组团)注册小客车 41 万辆,千人拥有率 256 辆。

2015 年底,全市注册蓝牌电动车 52 万辆,近几年年均增速为 8 万~10 万辆/年。2010 年"禁摩"以来,电动自行车增长更加迅速,主城区在空间尺度、气候条件、经济因素等各方面都适合电动自行车的发展,其保有量已经与汽车保有量基本相当。如图 5 所示。

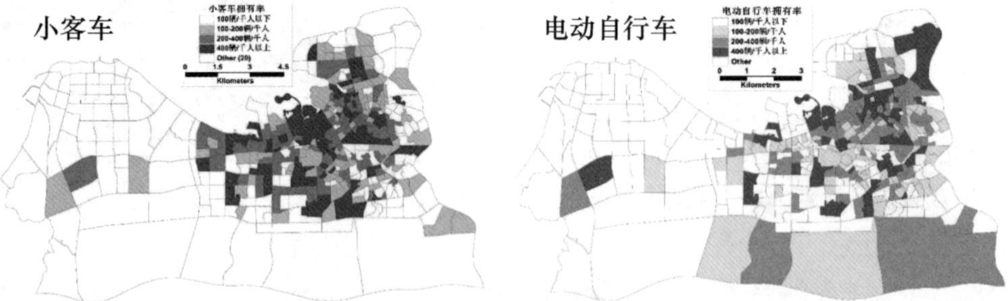

图 5 主城区小客车和电动自行车拥有率(辆/千人)分布图

3 道路交通发展情况

3.1 路网布局与规模

现状主城区路网布局与城市空间形态相一致,骨干路网形成 5 横 10 纵。主城区道路总长 832.7 公里,整体路网密度较低,长流、江东等外围组团尚未形成规模,重点是分析发展比较成熟的中心区、外围区和海甸新埠的路网指标。从指标上看,路网结构存在缺陷,级配不合理。承担穿越性交通的快速路缺失,承担集散性交通的次、支路不足且连通性差。见图 6 和表 1 所示。

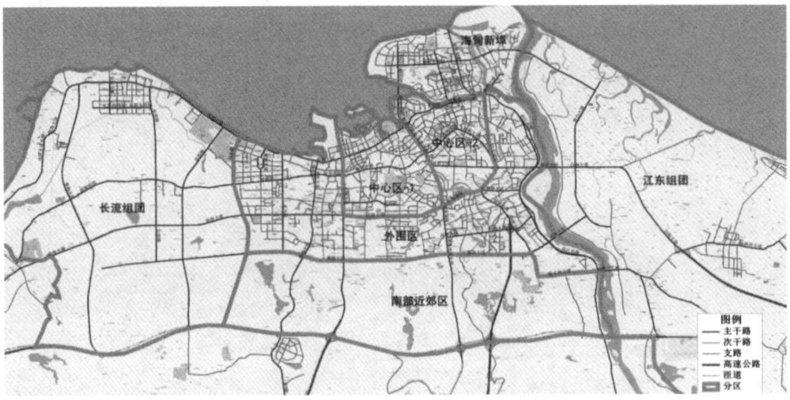

图 6　主城区分区

表 1　　**主城区路网密度分区统计**　　**单位:公里/平方公里**

道路密度 km/km^2		快速路	主干路	次干路	支路	合计
中心区	中心区 1	—	0.98	1.72	2.28	4.97
	中心区 2	—	1.34	0.73	3.47	5.54
	小计	—	1.14	1.26	2.83	5.23
外围区		0	1.24	0.80	1.82	3.86
海甸新埠		—	0.72	1.25	2.61	4.58
规范标准		0.4～0.5	0.8～1.2	1.2～1.4	3～4	5.4～7.1

3.2　道路交通运行状况

调查范围内常住人口小客车出行总量为 67.4 万车次/日。平均每车每日出行 2.1 次,每车次行驶里程 7 公里。小客车车流量主要集中在中心城区滨海大道、海秀路、南海大道、龙昆南路、丘海大道、人民大道和海府路等主干路上,且跨区交通高峰潮汐明显。电动自行车主要集中在中心区内。由于次支路网密度偏低,主干道电动自行车流量较为集中,与小客车车流通道重叠,机非不能有效分离(图 7)。

图 7　小客车与电动自行车交通量分布

跨区域联系通道(滨海大道、海秀路、南海大道和世纪大道—龙昆路、人民大道、和平大道—海府大道)和中心区(国贸地区、解放西路地区)拥堵较为严重(图 8)。

3.3　问题分析

3.3.1　总体路网容量满足需求,但出行分布集中,呈现局部拥堵

根据测算,主城区现状路网容量约能容纳 60 万～70 万辆出行,现状主城区机动车拥有量约为 55 万辆,能满足需求,由于出行分布集中,局部区域较为拥堵。随着人口数量增加,小客车拥有量持续增长,出行需求规模不断增长,未来路网面临较大压力。

3.3.2　个体交通方式过度发展,集约化方式比重低

常住人口出行主要依靠个体化的小客车和电动自行车出行,两类个体交通方式分别占 22%,35%,合计近 60%,而公共交通不足 10%,道路设施容量无法满足个体交通出行需求的急剧增长。

3.3.3　路网布局与结构不够合理

中心区南北向干路缺少。龙昆南路与东侧主干路白龙南路—琼州大道相隔 3 公里,与西侧主干路丘

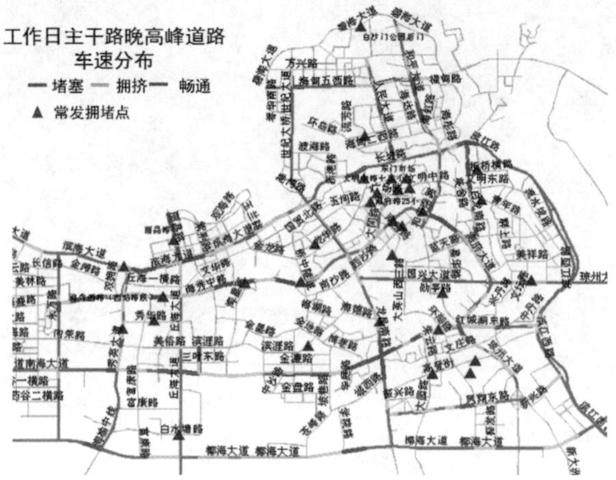

图 8　工作日主干路晚高峰道路车速分布

海大道相隔 4.5 公里，中间没有纵向干路，造成龙昆南路流量过于集中。

道路功能层次不清，通过与到发交通不能有效分离。缺少服务穿越性交通的快速通道，造成现状交通运行中长、短距离交通混杂，通过性交通与到发性交通不能分离。

次支路密度不足且连通性差，路网可达性较差。所有交通均经由主干道转换，加剧主干道压力；无法为机、非交通分流提供路网条件，主干路上非机动车流量过大。

4　主城区道路网改善研究

4.1　城市空间发展趋势分析

根据《海口市城市总体规划(2011—2020)》，海口市空间发展策略为“东进、西扩、南优、北拓、中强”。主城区采用“3＋1”组团带状的空间布局结构，“3＋1”分别为滨海旅游发展轴线、城市发展轴线和生态控制轴线以及沿南渡江的纵向发展轴线。主城区形成“一个中心、两个组团”的用地布局形态，“一个中心”为中心城区组团；两个组团为长流组团和江东组团。

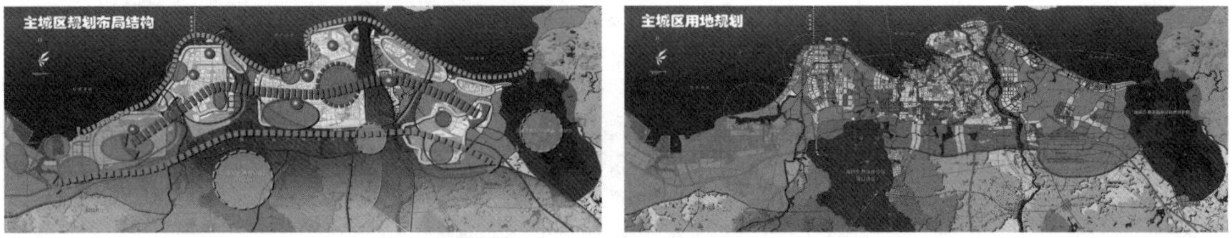

图 9　海口市城市总体规划

远期市域总人口 245 万～255 万人，其中主城区常住人口控制在 180 万以内。中心城区组团逐步降低人口密度，控制在 110 万，长流组团 37 万，江东组团 33 万。远期主城区建设用地 209 平方公里，中心城区组团、长流组团、江东组团分别控制在 112 平方公里，44 平方公里，53 平方公里。如图 9 所示。

4.2　城市交通发展趋势分析

4.2.1　交通发展目标

至规划期末 2020 年，主城区公交出行分担率达到 15%，步行交通分担率为 30%，自行车交通分担率为 30%，将小汽车交通分担率控制在 25%。

4.2.2　机动车拥有量预测

全市机动车保有量预计达到 90 万～100 万辆，主城区为 80 万～90 万辆。主城区小客车出行总量预测为 120 万车次/日，比现状增长近 1 倍。

4.2.3　交通发展对策

问题一：现状路网总体能满足需求，但出行分布集中，中心区拥堵严重。

对策：城市空间外拓，拉开城市框架，疏解中心城区功能。

问题二：中心城区功能集聚，外围组团未成规模，交通时空分布不均匀，向心集聚。中心城区与长流组团、中心区与海甸岛联系通道高峰潮汐明显。

对策:加快骨干路网建设,构筑新老城区车流走廊(快速路及多条平行干道)和公共交通走廊,引导和支撑外围组团发展。

问题三:个体交通方式过度发展,集约化方式比重低。

对策:大力发展公共交通,提高公共交通分担率。

问题四:路网结构不够合理,次支路比例低且连通性差。

对策:加密次支路网,提高路网可达性,分流主干道压力,并为机非分流创造路网条件。

4.3　路网优化方案

4.3.1　总体策略

根据海口市交通发展战略目标,要构建一个与城市发展布局相协调、功能明确、结构合理,衔接良好、运行高效的道路系统,确定如下发展策略。

快速路系统:建设外围绕城通道,分离过境和货运车辆。充分利用快速路服务于城市对外交通衔接和组团间主要车流走廊。

主干路系统:加强南北向通道建设,分流和均衡南北向交通流量。中心区与周边各功能组团之间,以及各功能组团之间,要有相互平行的多条干道联系。

次支路网系统:中心区结合城市改造,加密次支路路网;新区内部路网提倡"高密度、小尺度"模式,以达到合理的路网密度和道路级配。

4.3.2　快速路优化思路

快速路的功能主要是承担市区对外交通及市区各组团、片区之间的联系,不直接为道路两侧用地服务,并避免与轨道交通线位重合(图 10)。

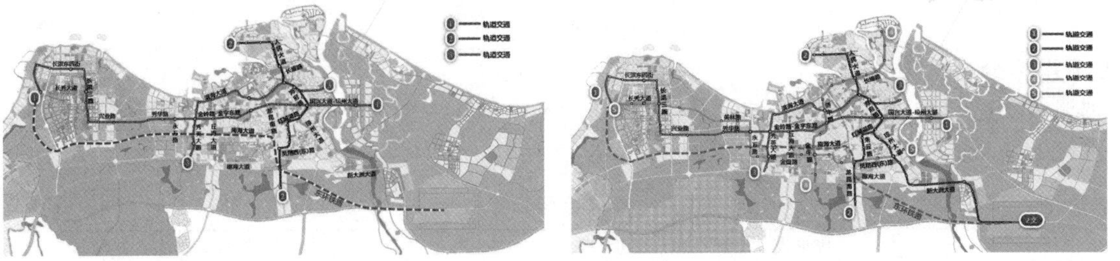

图 10　轨道交通远期 3 条线路和远景 5 条线路

东西向快速路:滨海大道因滨海景观不宜作为快速路。南海大道现状为环岛铁路线位。海秀路贯穿中心区,本应为轨道交通线位,但现状已经建设为快速路,为既成事实,规划将海秀路作为服务中心组团与长流、江东组团的内部联系通道,不直接联系对外通道(海文高速)。将椰海大道-新大洲大道作为对接高速公路、贯通三大组团、联系海澄文的快速通道。

南北向快速路:南北向距离较短,规划 2～3 条快速路即可满足需求。粤海大道是规划的跨海通道线位,应规划为快速路。长彤路快速化,连接椰海大道和滨江大道。现状中心区南北向干路稀少,造成龙昆南路流量过于集中,压力较大,特别是海秀快速路建成后,拥堵加剧,应规划新通道分流龙昆路压力。规划将丘海大道、龙昆路、滨江路、江东大道—海甸五路和海榆大道定位为结构性/骨架性主干路,这些道路或因滨江、滨海景观,或因位于城市中心区而不宜作为快速路。见图 11 所示。

图 11　快速路优化思路

4.3.3　路网优化方案

快速路形成 2 横 2 纵 2 联。2 横为海秀快速路、椰海大道—新大洲大道;2 纵为粤海大道、长彤路;2

联为海榆中心高速联络线(接丘海大道)、东线高速联络线(接琼州大道)。

结构性/骨架性主干路形成1横4纵。1横是海甸五路—江东大道;4纵是丘海大道、龙昆路、滨江路和海榆大道。

一般性主干路形成5横11纵。5横是滨海大道、美林路、海秀路—海秀东路—海府大道、南海大道和椰海大道;11纵是长滨七路(长荣路)、长滨五路(海涛西路)、长滨路、长天路(创业路)、蓝城大道—港澳大道、永万路、秀英大道、海垦路、金垦路、白龙南路—琼州大道和琼山大道。见图12所示。

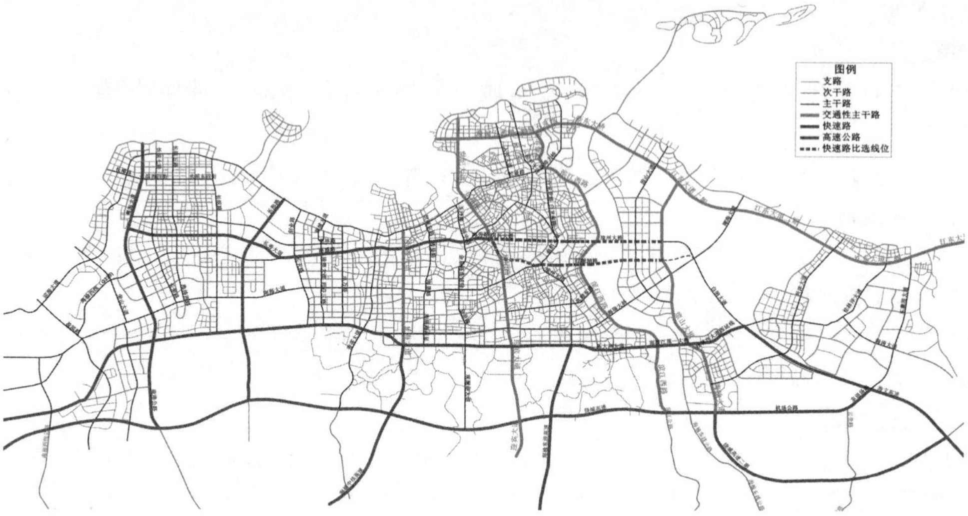

图12 路网优化方案

4.4 方案指标分析

根据测算,主城区规划路网指标达到规范要求,路网容量约能容纳120万~130万辆出行,现状主城区机动车拥有量约55万辆,按照现在增长速度,能容纳10年的机动车增量(表2、表3)。

表2 总体路网指标

	快速路	主干路	次干路	主要支路	合计
长度(km)	96.9	323.6	495.0	798.6	1714.1
路网密度(km/km^2)	0.32	1.02	1.62	2.61	5.51
国标规范(km/km^2)	0.4~0.5	0.8~1.2	1.2~1.4	3~4	5.4~7.1

表3 分区路网指标

km/km^2	快速路	主干路	次干路	支路	合计
中心区	0.21	1.06	2.03	4.56	7.86
外围区	0.45	1.18	2.29	3.27	7.19
海甸新埠	0.00	0.80	1.76	3.21	5.77
长流组团	0.55	1.16	1.44	2.35	5.50
江东组团	0.15	0.83	1.13	1.53	3.64
规范标准	0.4~0.5	0.8~1.2	1.2~1.4	3~4	5.4~7.1

5 其他建议

主城区道路交通改善除了优化干道网布局,还需要进一步完善次支路网。结合中心城区城中村改造,打通微循环道路,重点增加中心区支路和外围区次干路。

此外,进一步优化道路交通组织管理,形成非机动车通行网,分流主干路非机动车流;主要干线实行"线控",优化禁左、单行,优化交叉口渠化和信号配时;加强道路施工交通组织,减少对道路交通的影响。针对海口市多暴雨的气候特点,建立大雨天等恶劣天气下道路交通预警机制和应急预案,研究储备小客车和电动自行车需求管理政策等。

参考文献

[1] 海口市统计局.海口市统计年鉴(2015)[Z].2016.
[2] 上海市城乡建设和交通发展研究院.海口市综合交通调查报告[R].

当城市交通遇见城市双修时

——基于城市热岛理论的绿色生态交通发展研究

When Urban Transportation Meets Urban Double Repair

——Research on the Development of Green Ecological Transportation Based on Urban Heat Island Theory

保林彤

摘 要:城市热岛效应随着城市化的进程日益增强。本文在“城市双修”的大背景下,首先指出城市热岛对城市发展产生的负面效应,着重探讨了城市道路交通的发展对城市热岛的影响因素;其次,提出要有效减缓城市热岛效应,在交通规划领域要提倡绿色生态交通,促进城市交通与城市生态环境的协同发展;接着,通过对传统交通规划与绿色生态交通规划的比较分析,突出绿色生态交通对城市宜居环境的营造、热岛效应的缓解产生的积极作用,强调了其重要的现实意义;最后对全文进行总结,并对未来城市交通发展提出了展望。

关键词:城市双修;城市热岛;绿色生态交通;协同发展

Abstract: The urban heat island effect is increasing with the process of urbanization. Based on the background of "city double repair", this paper firstly points out the negative effects of urban heat island on urban development, and discusses how urban road traffic influences urban heat island. Secondly, this paper raises that to effectively reduce urban heat island effect, green ecological traffic should be promoted in the field of traffic planning, which is aimed to promote the coordinated development of urban traffic and urban ecological environment. Then, through the comparative analysis of traditional traffic planning and green ecological transportation planning, it highlights that green ecological transportation is helpful for the construction of urban livable environment and the ease of heat island effect and emphasizes its important practical significance. Finally, it summarizes the whole paper and puts forward the prospect of the future urban traffic development.

Keywords: urban double repair; urban heat island; green and ecological transportation; coordinated development

1 引言

随着城市化进程的日益加快,钢筋混凝土堆砌起来的城市的热岛效应日趋明显。城市热岛效应加剧城市污染,降低城市的宜居度、舒适度,同时加大城市能耗及地表大气的热扩散,对人们的身体健康造成很大的影响。引起城市热岛的原因很多,如建筑容积率增加、植被覆盖率下降、水体面积减少和人口迁徙导致的市人口密度加大、人为热排放、空气污染。有一点不容忽视的是,道路交通的建设与发展也是导致热岛现象的重要原因之一。因此,发展绿色生态交通、提升生态环境质量、促进城市交通与生态环境的协同发展是当今城市交通规划建设的当务之急。

2 城市热岛及道路交通对其产生的影响分析

2.1 城市热岛的含义及特征

城市热岛效应是一种特殊的城市气候现象,是指城市因大量的人工发热、建筑物和道路等高蓄热体及绿地减少等因素,造成城市“高温化”,城市中的气温明显高于外围郊区的现象。它的特征表现为:城市内局部环境气温较郊外正常气温偏高,日高温时间延长和酷热天气日数延长。城市的交通中心、商业中心或者是人口密度比较高的居住区等公共环境,是热岛现象最明显的场所。

作者简介:保林彤,女,南京林业大学(本科),城乡规划专业。

2.2 城市交通对城市热岛的影响分析

2.2.1 城市机动化水平

城市化水平的提高势必会导致城市机动化水平的提高。现如今，拥有私家车已经不再是一个家庭遥不可及的梦想，这也导致了无论修建多宽的城市道路都会变得拥挤不堪，机动车排放出的汽车尾气成为城市环境的杀手，城市热岛效应由此不断增强。

2.2.2 道路密度和路幅宽度

一个区域道路密度和路幅宽度决定了道路通行能力，“窄而密”的道路形式将逐步成为未来道路的发展趋势，以适应城市化水平不断提高的需求。

相关研究表明，道路密度与城市热岛呈现显著的正相关关系，但二者的相关性存在昼夜差异。总体说来，夜间地表温度与道路密度的相关性高于日间。[1]

狭窄道路不利于高温气流的疏散，4 车道以上的道路可有效分隔岛状高温区，从而避免大量热集中，有效缓解城市热岛效应。

2.2.3 道路材料特性

不同的路面材质因热容量、导热率等要素的不同而对城市热岛产生了不同程度的影响。

与自然土壤相比，沥青路面的热容量低，导热率和热导纳明显要小，而导温系数偏大。说明沥青路面具有较大的吸热能力、蓄热能力及导热能力。在吸收相同的热量时，其温度上升较快，而散热较慢，对周围大气温度的影响显著，很大程度上加剧了城市热岛效应。

另外，路面材料颜色的深浅也会产生不同的对太阳辐射的反射率。沥青路面与水泥混凝土路面相比颜色要深，新建沥青路面比老的沥青路面颜色要深，而深颜色路面对太阳辐射的反射率比浅颜色小得多，路面温度就会随之升高，对城市热岛有很大的负面作用。

2.2.4 道路走向及风向

道路的走向决定风向，路面热岛强度的大小随道路走向与主风向夹角的增大而增大。当二者的夹角足够小时，道路与其主导季候风向趋于一致，从而形成有利于路表热量疏散的通风道，在一定程度上缓解城市热岛效应。[2]

由此可见，道路交通的建设与发展在很多方面影响着城市的气候、环境，科学合理的规划建设才能促进城市品质的提升，否则只会让城市以牺牲环境为代价盲目发展，最终导致城市发展失衡。

3 “城市双修”大背景下的绿色生态交通发展研究

3.1 “城市双修”及绿色生态交通理念的提出

城市双修指的是“城市修补、生态修复”，它是我国在经济新常态下实现城市发展模式和治理方式转型的重要手段，是增量规划向存量规划转变过程中必须坚持的理念。

在不少城市，不仅早晚高峰堵得一塌糊涂，平时也存在严重的“行车难”问题，这是先“摊大饼”再修路的结果。“大饼”是一个面，道路只是一条线，堵路表象背后折射出人流、货流疏导的短板，要在城市修补中修正，科学利用城市空间。同时，逐渐暴露出来的道路规划的弊端也导致了城市气温的不断上升，城市就像一个不断膨胀的孤岛，城市中人们的生活幸福指数大打折扣。

面对交通需求与城市生态环境之间的日益增长的矛盾，绿色生态交通的发展也被逐渐提上了日程。1994 年，Chris Bradhaw 提出了绿色交通的等级层次，用出行方式、耗能种类、出行距离、出行速度、交通工具大小、交通工具有效利用程度、出行过程与建筑的关联程度、出行目的和出行者个体特征九类要素来评价交通出行的优先等级(图 1)。

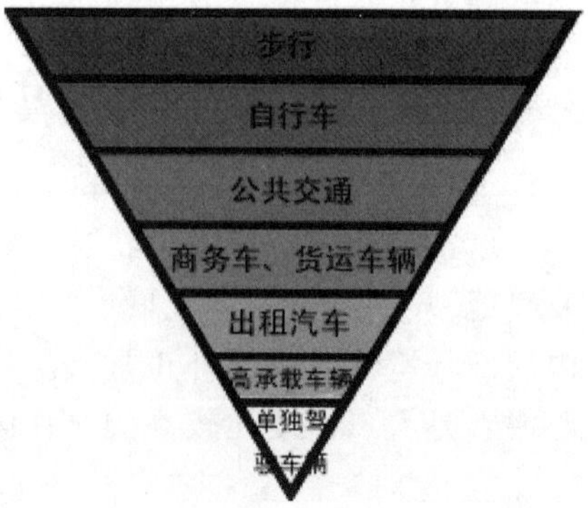

图 1 绿色交通优先级体系

绿色交通体系建设的内涵是保持经济上的可持续，降低交通生态足迹和碳排放总量，减缓城市热岛效应。其规划、建设应统筹考虑经济社会发展需求与交通尾气排放、生态环境保护之间的平衡，对每个社会对象有服务公平的理念，要让每一个社会阶层都能从绿色交通体系中获得益处，最终在资源上实现集约发展。但是，在追求低碳、生态发展的同时要兼顾交通效率、安全和舒适性的要求，满足现代化条件下的交通服务需求，脱离这个基本前提谈绿色生态是毫无意义的。

3.2　传统交通规划与绿色生态交通规划的比较分析

传统城市交通规划的主要内容是根据交通 OD 调查和交通需求预测，制定交通规划方案和进行规划方案评价，其一般规划流程为：交通生成、交通分布、交通方式划分和交通量分配四个阶段。交通预测模型是传统交通规划理论中的“重中之重”，俗称“四阶段法”。然而，这一源于美国的方法体系尤其适用于对服务小汽车交通为主的道路交通系统进行规划、评价，对公共交通、慢行交通以及交通与生态环境关系等方面的关注甚微。

正因为传统的交通系统与外部环境、资源的互动机制缺乏，绿色生态交通应运而生。要客观反映交通规划是否与生态环境协同发展，要通过与交通相关的两个生态环境变量来定量分析：交通环境容量与交通环境承载力。见图 2 所示。

交通环境容量（TEC）是环境系统允许交通系统所占用的环境资源的最大值，即指在一定时期、一定区域内，在生态环境系统的自我维持、自我调节范围内，现实或拟定的交通环境结构不发生恶性质变的前提条件下，交通环境系统发挥正常功能时所能承受交通系统所占用的资金、容纳的污染物质和消耗的自然资源的最大值。

交通环境容量的表达式如下：

$$TEC=\eta \cdot EC$$

式中：TEC——交通环境容量；

η——交通环境分担率，表示交通环境容量占环境容量的百分比；

EC——环境容量。

交通环境承载力（$TECC$）是由环境承载力概念派生出的，是指在一定时期和一定区域内，以及特定交通结构下，在交通环境系统的功能和结构不向恶性方向转变的条件下，交通环境所承受交通系统的最大发展规模，即交通环境承载力。

绿色生态交通规划不是被动地接受交通环境承载力的约束，而是根据 TEC 和 $TECC$ 这两个关键指标的约束，制定交通规划方案及相应的发展对策、建议。充分考虑交通系统发展与承载力之间的双向作用关系，进行协调优化，使交通发展与交通环境达到“双赢”。[3]

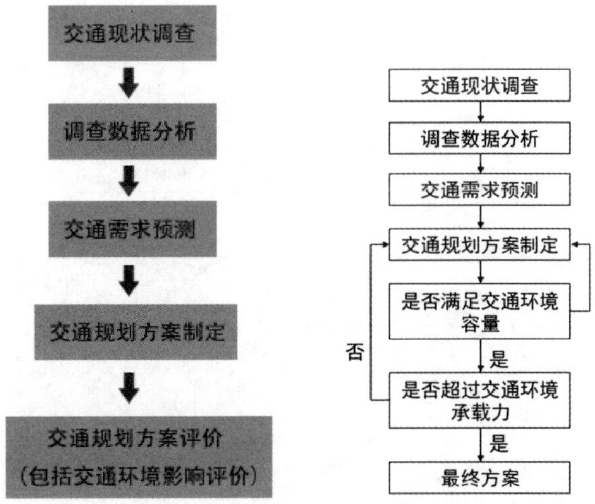

图 2　传统交通规划及绿色生态交通规划的一般流程比较

3.3　发展绿色生态交通的现实意义

绿色生态交通理念主要提倡公交优先、慢行友好、停车调控，如上海前不久投入运营的中运量公交，为解决城市公共交通“最后一公里”的难题应运而生的共享单车，它们都是绿色交通的代表，为城市增添了活力。现如今，在城市的大街小巷，摩拜、ofo、hellobike 比比皆是，为市民提供了便捷，也一定程度上对城市环境的提升产生了积极作用。巴西库里蒂巴作为一个典型的生态城市，发达的快速公交 BRT 网络、依托于此的“公交导向式的城市开发规划”让这座城市有了绿色生态的交通系统，80%以上的公交出行比例，是很多城市在进行规划建设中值得学习的。

绿色生态的交通发展模式一方面能够减少机动车的使用，减少碳排放，对城市热岛效应的缓解有一定的积极影响；另一方面也有利于加强人们绿色出行的意识，以更有效地促进交通模式的转变（图 3）。

图 3　绿色生态交通与交通发展要求统筹示意图

4　结语

城市热岛问题对城市的发展产生了潜移默化的影响，是城市规划建设中不可忽视的一个现象。因此，在进行道路交通规划时，也应该充分考虑道路、交通工具对城市热环境的影响，以绿色出行为原则，大力发展绿色生态交通，营造宜居的城市环境。

一座城市环境质量的好差直接影响着市民的居住状况。未来的城市交通发展过程中，生态环境问题一定是必须重视的要素。如何合理地进行交通规划，不但不能破坏生态环境，更要对生态环境的保护起到一定的引导作用，在城市交通满足经济社会发展需求的同时保护生态环境，让城市朝着绿色、健康、宜居的方向发展，这是我们需要思考的问题。

参考文献

[1]　曾胜兰.道路建设对成都市热岛效应的影响[J]. 生态环境学报，2014，23(10)：1622-1627.

[2]　李源渊，李艳春，孙建勇.沥青路面对城市热岛效应的影响分析[J]. 市政公用建，2009.

[3]　张泉，黄富民，王树盛.低碳生态的城市交通规划应用方法与技术[M].北京：中国建筑工业出版社，2015.

差别化城市轨道接驳规划研究

——以天津市为例

Research on the Planning of Differential Feeding System of Urban Rail Transit

—A Case Study of Tianjin

安　斌

摘　要：科学合理规划设计轨道交通与其他交通方式的一体化衔接，决定了城市交通能否形成以轨道交通为主体的一体化交通系统，这也是落实党中央关于加强生态文明建设要求、大力推进绿色交通发展的具体体现。本文以天津市为例，研究城市不同区域、不同层级的轨道交通枢纽的差别化接驳设施供给，这对于建立城市公共交通一体化体系、促进地区交通可持续发展具有较为重要的现实意义。
关键字：轨道交通；接驳；差别化；规划；天津

Abstract: Scientific and rational planning of integration of rail transit with other modes of transport determines whether the formation of urban traffic to rail transit as the main integrated transport system. And it is also the implementation of the CPC Central Committee on strengthening the ecological civilization construction requirements, and vigorously promotes the development of green transport Concrete manifestation. This paper takes Tianjin as an example to research on the different facilities of urban rail transit hub in different regions and different levels. This is of great practical significance to establish the urban public transport integration system and promote the sustainable development of regional traffic.
Keywords: rail transit; feeding system; differentiation; planning; Tianjin

0　引言

轨道交通对于解决城市机动化交通拥堵问题、构筑"绿色"的一体化交通系统、合理引导城市土地利用和产业空间布局等方面具有极为重要的作用。想要充分发挥轨道交通的"大运量"的运输潜能，在推进城市轨道建设的同时，还应进一步研究轨道交通与其他交通方式衔接体系。因为，轨道交通高效便捷的换乘系统不仅可以吸引客流、扩大轨道站点服务范围、为运营主体增收创优，还可以引导市民出行方式选择、优化交通出行结构、提高城市交通运行效率。

1　城市轨道交通衔接经验

1.1　国家规范及相关规定

一直以来，国家层面的关于城市轨道交通衔接的具体规范要求研究较少，直至 2015 年，住房和城乡建设部颁布了《城市轨道沿线地区规划设计导则》(下面简称"导则")，填补了相关领域的空白。

根据导则对于轨道交通衔接规划引导的要求，站点分类主要根据线网等级以及站点类型进行判别，具体来说，线网分级是根据城市总体规划确定的中心城区规划城市人口规模，将城市轨道线网等级分为Ⅰ级和Ⅱ级。Ⅰ级为规划中心城区城市人口超过 500 万人的城市轨道线网，Ⅱ级为规划中心城区城市人口为 150 万～500 万人的城市轨道线网。

站点类型是城市轨道站点的用地功能应与其交通服务范围及服务水平相匹配；城市公共交通服务水平高的轨道枢纽站和重要站点，应作为城市各级核心商业商务服务中心。

枢纽站(A 类)：依托高铁站等大型对外交通设施设置的轨道站点，是城市内外交通转换的重要节

作者简介：安斌，上海海事大学工学硕士，天津市城市规划设计研究院助理工程师，研究方向：交通运输规划与管理、铁路与轨道交通规划。

点,也是城镇群范围内以公共交通支撑和引导城市发展的重要节点,鼓励结合区域级及市级商业商务服务中心进行规划。

中心站(B类):承担城市级中心或副中心功能的轨道站点,原则上为多条轨道交通线路的交汇站。

组团站(C类):承担组团级公共服务中心功能的轨道站点,为多条轨道交通线路交汇站或轨道交通与城市公交枢纽的重要换乘节点。

特殊控制站(D类):指位于历史街区、风景名胜区、生态敏感区等特殊区域,应采取特殊控制要求的站点。

端头站(E类):指轨道交通线路的起终点站,应根据实际需要结合车辆段、公交枢纽等功能设置,并可作为城市郊区型社区的公共服务中心和公共交通换乘中心。

一般站(F类):指上述站点以外的轨道站点。

轨道接驳换乘设施配置准则如表1所示。

表1　　轨道接驳换乘设施配置准则

站点类型		A类	B类		C类		D类	E类		F类
		ⅠA/ⅡA	ⅠB	ⅡB	ⅠC	ⅡC	ⅠD/ⅡD	ⅠE	ⅡE	ⅠF/ⅡF
换乘设施类型	公交换乘场站	★	☆	☆	☆	★	☆	☆	☆	☆
	出租车停车场	★	×	×	/	☆	☆	/	☆	/
	小汽车停车场	★	×	×	/	/	×	×	☆	/
	自行车停车场	☆	☆	☆	☆	☆	★	☆	★	☆

注:1. ★表示一般应配置,☆表示可选择配置,/表示一般无须配置,×表示一般不应配置,各站点应根据实际需要逐个确认,必要时作个性化调整。

2. 本表格中小汽车停车场,以P+R功能为主的,原则上只宜在外围端头站设置。

1.2　国内相关研究

为了更好地提升轨道吸引力,深圳交通部门制定了"轨道接驳改善规划及实施方案",主要整合公交、出租车、自行车及步行等各类系统方便市民绿色出行。实施细则当中主要有以下几点值得借鉴:

1) 轨道站出入口100米范围内设置公交停靠站、出租车停靠站、自行车停车场等接驳设施,各种交通方式"无缝换乘";

2) 轨道站周边500米范围内形成连续、完善的步行网络,天桥、地道、绿道等慢行设施与轨道出入口高度契合,人流集中段设置风雨连廊,进一步提升市民步行环境;

3) 轨道站周边1500米范围内建设适宜、安全的自行车道网,出入口设置方便、安全、集约的停放设施;

4) 轨道站周边3000米以内公共交通资源优化、整合,进一步扩大轨道服务范围,提升公共交通吸引力,形成"轨道+公交+慢行"一体化的公共交通体系建设。

1.3　国外相关研究

日本东京、大阪等大城市主要根据轨道交通站点所处区位划分为市区站和郊区站,同时又根据轨道交通与地面交通的换乘特性将上述两类站各划分为三个不同的等级(表2)。

表2　　日本轨道站点分类研究

地区特性	与地面换乘特性	车站特性	与地面交通换乘的配套设施		
			交通广场	公交停靠站	自行车场
市区站	· 市区中心站 · 步行换乘比例高 · 连接轨道服务空白区与中心区的公交和出租车换乘比例高	枢纽站	√		
	· 步行及自行车比例高	中间站		√	√
郊区站	· 郊区中心站 · 步行及自行车比例高 · 轨道服务空白区的公交车、出租车的利用者多 · 郊区住宅区接送用车多	地区枢纽站	√		√
	· 郊区中间位置的车站 · 步行及自行车利用者多	中间站		√	√
	· 轨道交通终点站 · 步行及自行车利用者多 · 轨道服务空白区的公交车、出租车的利用者多 · 郊区住宅区接送车多	轨道终点站	√		√

2　站点接驳体系

2.1　天津既有分级体系研究

根据《天津市综合客运交通枢纽规划》提出的枢纽分类体系，交通枢纽分为三个级别(表 3)：

表 3　天津市综合客运交通枢纽分类

分级	服务范围	枢纽功能	客流(人次/日)
一级枢纽	区域性枢纽(环渤海区域)	是天津作为国家级综合交通枢纽的核心组成部分，服务于区域间客运换乘及枢纽所在城区对外出行	日客流量>6 万
二级枢纽	城区级枢纽(中心城区及环城四区)	是城市公共交通网络的重要节点，服务于中心城区及环城四区对外出行、双城间出行换乘、中心城区与环城四区间出行换乘	日客流量>3 万
三级枢纽	片区级枢纽	区域性枢纽、城区级枢纽的重要补充，布局于外围片区(组团)中心，组织外围片区(组团)内部公交线网，并建立与对外骨干公交系统的一体化衔接，是城市 P+R 系统的主要布局地点	日客流量>1 万

根据枢纽规划，目前天津现状及在建的轨道站点也分为四个级别，分为一级枢纽、二级枢纽、三级枢纽和一般站，如图 1 所示：

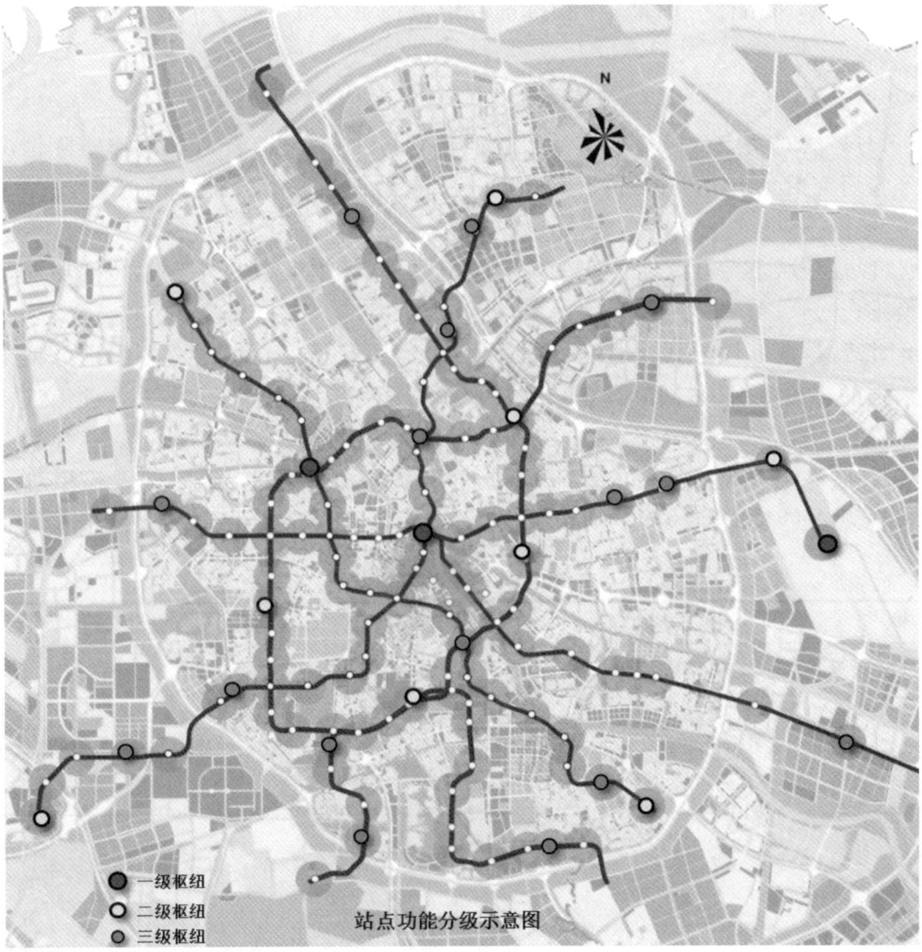

图 1　天津市既有轨道站点分级示意

2.2　差别化接驳体系

上述规范及案例中的分级体系主要缺少定量指标，各等级间缺少明确的划分界限，实际操作时随意性较大。因此，分级体系的建立需要通过定性和定量指标来进行衡量和评价，使其具备客观性、科学性和全面性。

不同轨道站点对应着相应的接驳要求，差别化接驳体系其实就是一个多目标决策问题，需要综合考虑站点所在区位条件、衔接方式种类、衔接方式数量、衔接的轨道交通线路数和站点换乘客流量等多种指标进行决策,所以采用(Analytic Hierarchy Process,简称 AHP 法),以求更客观进行定量分析决策。

2.2.1 站点分级指标的选取

根据站点周边用地、接驳换乘方式、预测换乘客流等三种指标进行计算,进而对不同站点提出各自具体的差别化接驳要求(图 2)。

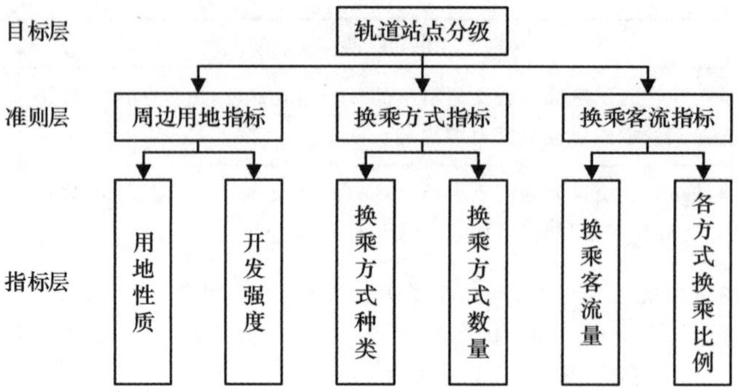

图 2 站点分级指标选取

2.2.2 站点分级体系的建立

结合轨道站点分级,将指标层中第 j 个指标的取值范围定义为

$$[\alpha_j^1,\alpha_j^2],\cdots,[\alpha_j^{m-1},\alpha_j^m],\quad [\alpha_j^m,\alpha_j^{m+1}],\cdots,[\alpha_j^s,\alpha_j^{s+1}]$$

其中,$\alpha_j^1=\min\limits_i x_{ij}$,$\alpha_j^{s+1}=\max\limits_i x_{ij}$($x_{ij}$ 为第 i 个轨道站点关于指标 j 的取值)。

由此,通过 AHP 法对站点分级各个指标影响权重进行计算,再综合考虑天津实际情况、国家规范要求及相关城市经验研究对站点分级进行校正,将轨道站点划分为 3 个层次:即综合枢纽站、区域组团站和一般站(表 4)。

(1) 综合枢纽站:是城市综合交通枢纽的核心组成部分,承担城市内外交通转换功能,服务国家层面的地区间客运换乘。

(2) 区域组团站:是地区性公共交通网络的重要节点,服务于中心城区及外围地区换乘及对外出行,此类站点具有很强的客流吸引力,同时具备较强的交通转换能力,具有实现扩大轨道交通网络服务范围的功能。

(3) 一般站:一般站为分级体系中的基础,通常客流换乘规模较小,或衔接方式相对简单,客流集散以慢行交通或者常规公交方式为主。

表 4　　　　天津市轨道站点分级体系

	综合枢纽站	区域组团站	一般站
用地开发	1. 城市综合交通枢纽核心,如火车站、机场等; 2. 周边以交通设施及综合服务为主,开发强度较高	1. 为城市副中心、重点组团中心等,周边具有较高的人口密度,承担交通转换功能; 2. 周边为地区公共服务中心及居住、商业为主,开发强度较高	无特殊要求
换乘方式	1. 承担多种换乘功能,并且必须具备对外交通功能; 2. 机动化换乘为主	1. 承担多种换乘功能,可以转换城市内各重点片区客流; 2. 机动化换乘为主	换乘方式相对简单,集散客流以慢行交通或者常规公交方式为主
换乘客流	1. 站点日客流量>5 万人。	1. 站点日客流量>2.5 万人; 2. 轨道交通与常规公交或 P+R 小汽车换乘量较为突出(与常规公交日均换乘量≥8000人次,或日均停车换乘小汽车数≥500 辆)	站点日客流量通常<1 万人

根据上述研究分析，对轨道站点布局方案提出初步方案，并根据天津市总体规划以及城市空间布局，并进一步优化站点分级(图 3)。

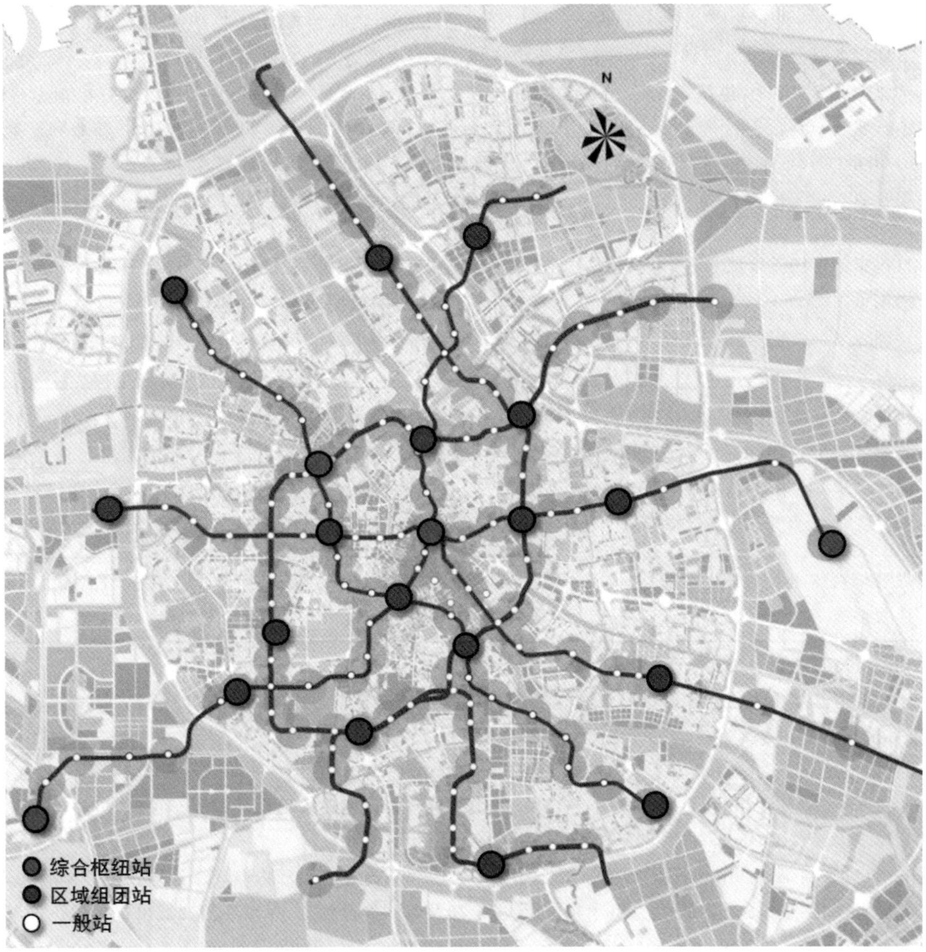

图 3　天津市轨道站点分级示意

3　差别化接驳方案

根据对站点的不同分级，对各级站点提供差别化接驳设施(表 5)：

表 5　各级站点差别化接驳要求

	综合枢纽站	区域组团站	一般站
常规公交	1. 公交换乘场站一般不少于 10 个发车通道； 2. 公交换乘场站规模一般在1.0 万～1.5 万 m^2	1. 公交换乘场站一般不少于 5 个发车通道； 2. 公交换乘场站规模一般在0.5 万～1 万 m^2	1. 根据周边用地开发，建议设置为普通公交停靠站，如需要设置公交换乘站时公交换乘场站一般不多于 3 个发车通道； 2. 公交换乘场站规模一般在0.3 万～0.5 万 m^2
P+R	1. 结合综合客运枢纽确定小汽车配建停车规模	1. 小汽车配建停车场，车位一般不多于 500 个； 2. 小汽车配建停车场规模一般不多于 2 万 m^2，并结合交通需求管理政策确定	1. 根据周边用地开发，建议与配建停车场合建使用，如需单独设置小汽车停车场，车位一般不多于 200 个； 2. 汽车配建停车场规模一般不多于 0.8 万 m^2，并结合交通需求管理政策确定
K+R	结合交通枢纽周边道路设置机动车临时停车位，并与交通管理部门确定实施方案	结合交通枢纽周边道路设置机动车临时停车位，并与交通管理部门确定实施方案	结合交通枢纽周边道路设置机动车临时停车位，并与交通管理部门确定实施方案

续表

	综合枢纽站	区域组团站	一般站
出租车	1. 出租汽车上下客区原则上分离，下客位需根据实际情况确定，上客位一般不少于 10 个，排队蓄车位一般不宜超过 200 个； 2. 出租汽车上客及排队蓄车场地规模一般不宜超过 8000m²	1. 建议设置出租车临时停车带及上下客区域，不单独设置蓄车场；如有需要，排队蓄车位一般不宜超过 50 个； 3. 出租汽车上客及排队蓄车场地规模一般不宜超过 2000m²	建议设置出租车临时停车带及上下客区域，不单独设置蓄车场
非机动车	自行车停车场宜分散布置，总规模一般不少于 1000m²（需要同时考虑电动助力车、共享单车停车需求）	自行车停车场宜分散布置，总规模一般不少于 500m²（需要同时考虑电动助力车、共享单车停车需求）	自行车停车场宜分散布置，总规模一般不少于 200m²（需要同时考虑电动助力车、共享单车停车需求）
步行	要根据交通需求预测，提供轨道站点与其他交通方式换乘的公共通道，形成便捷的多方式换乘体系；换乘空间应实现全天候服务、人车分行与无障碍	根据人流主要集散方向设置立体步行系统，连接站点出入通道与周边主要建筑，并结合该系统，在主要道路交叉口设置立体人行过街设施	通过设置连续的二层步行通道、地下过街通道等连接建筑及交通换乘设施，并可结合绿道设置，增加步行系统的舒适性与安全性
其他特殊要求	需要依托综合交通枢纽建设一体化换乘系统	结合周边用地开发，完善轨道上盖开发	完善接驳换乘景观设计，优化换乘环境

注：1. 自行车停车场与轨道站点出入口的步行距离宜控制在 100m 以内。
2. 公交换乘场、站与轨道站点出入口的步行距离宜控制在 200m 以内，结合具体条件，停靠站尽量设置为港湾公交站。
3. 出租汽车上下客区与轨道站点出入口的步行距离宜控制在 200m 以内。
4. 小汽车停车场与轨道站点出入口的步行距离宜控制在 200m 以内。
5. 不建议在中心城区轨道站点设置 P+R 专用停车场，鼓励采用综合开发合建形式提供换乘停车设施，集约利用城市土地并缩短换乘距离；环外轨道站点需设置 P+R 停车场可以与配建和公共停车场共用。
6. 非机动车停车充可以分利用站点出入口附近路侧、高架桥下、站前广场、绿化及站厅内空间等区域设置停车场。
7. 完善轨道站点周边道路系统设施，增加护栏、阻车桩、过街安全岛及无障碍设施等，保障慢行交通出行者的路权。

4 结语

在轨道交通网络化快速发展的背景下，为解决市民反映突出的轨道接驳问题，城市交通规划设计人员需要对不同区域、不同层级的轨道枢纽进行有针对性的差别化接驳设施供给，以满足不同人群的换乘需求。本文以天津市为例，在分析总结国内外相关研究的基础上，提出了轨道站点分级体系和相应的指标标准以及差别化的接驳要求，对国内其他城市具有较好的借鉴意义，但本文在基于轨道交通的常规公交网络优化调整、轨道交通枢纽一体化设计等方面有待深入研究。

参考文献

[1] 顾保南. 上海南站的综合交通换乘系统[J]. 城市轨道交通研究，2006(8).
[2] 晏克非等. 广州市交通衔接方案改善[J]. 交通与运输，2000(6).
[3] 覃煜等. 轨道交通与常规公交衔接系统分析[J]. 城市轨道交通研究，2000(2).
[4] 周伟. 城市交通枢纽旅客换乘问题研究[J]. 交通运输系统工程与信息，2005(5).
[5] 王志臣. 城市轨道交通与市内交通的衔接规划研究[J]. 国防交通工程与技术，2005(4).
[6] 周立新. 城市轨道交通系统的换乘研究[J]. 城市轨道交通研究，2001(4).
[7] 邓兴栋等. 城市轨道交通枢纽的分级与布局方法探讨——以广州市为例[C]. 中国城市交通规划第 22 次学术研讨会，2006.

大型专业足球场馆出行特征与规划对策研究

Large Professional Football Field Trip Characteristics and Planning Countermeasures and Suggestions

张凤霖 李乐园 阴炳成

摘 要:分析了大型专业足球场馆的选址特征与功能构成,总结了足球赛事时期人流与车流的到达与离去规律、观众出行方式选择特征及交通管制方式等。以拟选址的天津河西体育场为例,评估了周边交通条件,基于出行需求预测与赛事模拟分析,从规划层面提出了外部公交与停车改善举措、内部出入口布置及交通流线设计等方面的对策建议。

关键词:大型专业足球场馆;出行特征;交通规划;对策研究

Abstract: This paper analyzes the location and function of the large - scale professional football field . The arrival and departure flow of the law of people and vehicle during the football match, the transportation mode selection characteristics and traffic control methods were summed up. Taking Tianjin Hexi Stadium as an example, we assessed the surrounding traffic conditions. Basing on travel demand analysis, taking the principle of safety, orderly and rapid distribution, the layout of the function of the stadium, the setting of the traffic facilities and the design of the streamline organization were put forward.

Keywords: Professional football field; Travel characteristics; Traffic planning; Countermeasure

1 大型专业足球场馆特征分析

1.1 选址特征

大型专业足球场馆的选址按照位置可划分为城市型、远郊型和近郊型三种[1]。城市型场馆位于城市中心区或城市比较发达区域,周边各类设施相对完善,市民容易到达,人气足,利用率也相对高;远郊型的场馆通常选址在城区范围线 5km 以外,用地条件宽松,土地使用价格相对较低,但周边经济不发达,人气不足;近郊型场馆介于城市型和远郊型之间,选址于距离中心城区边界 5km 范围内,既可以借用城市中心区已有设施,缩短交通时间,又有足够的发展空间,其带动城市发展的作用更为明显(表 1)。

表 1 大型体育场馆三种选址类型比较[1]

类型	优点	缺点	主要作用
城市型	设施相对完善,方便市民到达	用地局促,对交通影响较大	满足日常城市生活需要,促进城市更新
远郊型	用地条件宽松,土地使用价格低	不便使用,前期投资大	促进新区快速发展
近郊型	设施较完善,用地较宽松,易带动城市发展	距离城市太近,易造成城市摊大饼发展	促进城市拓展

天津河西体育场拟选址于天津市中心城区东南部,位于快速环与外环线之间,距小白楼城市核心区约 8km,属于城市型场馆。场馆处于城市建成区,周边建筑以大型居住区为主,北部紧邻天津财经大学,开发改造用地较少(图 1)。

1.2 功能构成

承办各项专业足球赛事是大型专业足球场馆的主要功能,而在非赛事时期通常会利用场馆举办各类大型活动,如明星演唱会、大型文艺晚会等。随着人们对生活品质需求的提升,现代化场馆愈加注重融入健身、餐饮、休闲和娱乐等功能,成为百姓日常活动重要场所。

天津河西体育场拟利用现状格瑞高尔夫俱乐部场地进行改造,规划总占地面积约 20 公顷,总建筑面积约 20 万 m^2,其中地块西侧为足球训练场地及公园绿地(约 10 公顷),东侧为体育场馆(10 万 m^2)、商业设施(2 万 m^2)、酒店及会议中心(8 万 m^2)等设施用地,场馆可容纳观众 4 万人次。如图 2 所示。

作者简介:张凤霖,硕士,工程师,天津市城市规划设计研究院。

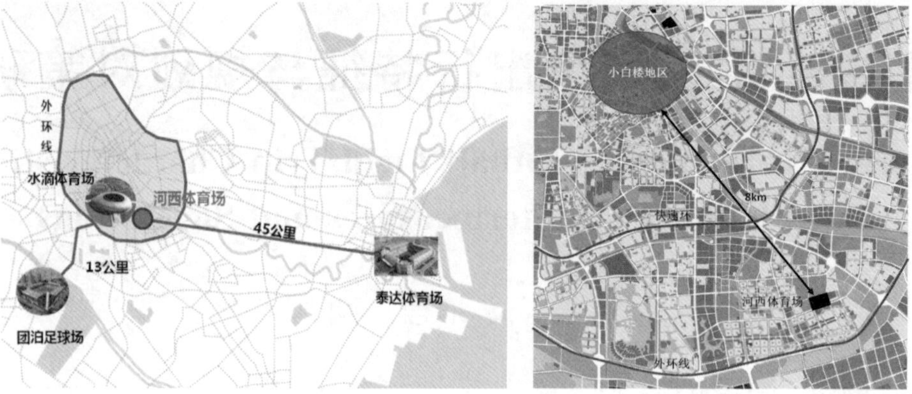

图 1　天津河西体育场区位示意

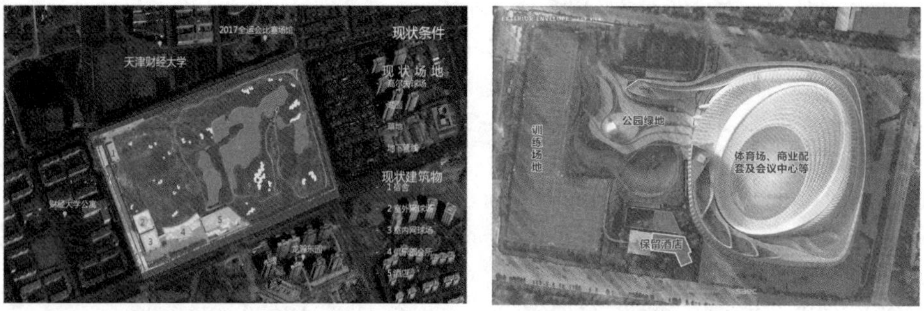

(a) 场馆基地及周边现状　　(b) 总平面布局示意

图 2　河西体育场基地现状及规划布局示意

1.3　交通环境

1.3.1　典型场馆特征

大型专业足球场馆通常与城市核心区有便捷的交通联系，并与城市公共交通和轨道交通系统密切关联(表 2)[2]。经比较分析，国内典型场馆具有如下特点：

(1) 对外交通畅达，周边路网容量较大。场馆通常紧邻城市主要交通干道布设，以利于机动车流经干线道路快速疏解。

(2) 轨道交通出行便捷。通常有多条服务于场馆的轨道线路，且相关轨道站点直接为场馆提供服务(距离场馆出入口在 400～500m 以内)。

(3) 公交线路密集、覆盖范围广。场馆周边道路公交线路通常在 10 条以上，且覆盖城市主要人口密集地区。

表 2　国内典型体育场馆交通条件比较

名称	类型	毗邻道路等级	路网容量(pcu/h)	1km 范围内地铁情况	500m 范围公交线路数
上海虹口体育场	城市型	快速路/主干路	10000	2 线 2 站	13 条
天津泰达体育场	城市型	主干路	12000	1 线 1 站	13 条
广州天河体育场	城市型	主干路	13000	4 线 4 站	40 条以上
南京奥体中心	城市型	主干路	11000	2 线 3 站	10 条
天津水滴体育场	城市型	快速路/主干路	17000	2 线 3 站	18 条

1.3.2　河西体育场交通条件分析

1) 外部路网通达性较好，周边路网容量相对较高

拟选址的河西体育场所在区域的骨架路网已形成，距周边快速路仅 1km，与外部地区可通过快速路实现交通转换。场馆紧邻 4 条城市主次干道，其中浯水道(主干路)、泗水道(次干路)已建成，艺林路(主干路)局部路段尚未按规划实施，鄱阳路(次干路)正在施工。

2) 缺少直接服务场馆的轨道线路，常规公交线路少，服务水平低

现状周边仅有地铁 M1 线从场馆东北部通过，较近的财经大学地铁站与双林地铁站距场馆距离均超过 1km，步行距离较远；场馆周边 500m 范围内有 4 处常规公交停靠站，经停线路 9 条，与城市核心区联系较为不便。

3）周边停车以路内停车为主，缺少公共停车设施

周边主要为住宅区，缺少大型商业设施等交通吸引点，主要采取路内停车方式解决停车需求，无公共停车场。

与国内其他城市大型体育场相比，拟选址的河西体育场外部路网条件较好，但公交与停车等交通设施较为薄弱。如图 3 所示。

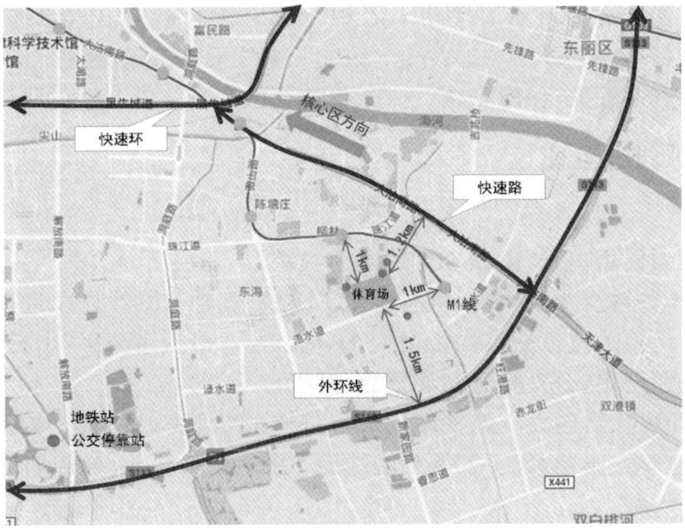

图 3　河西体育场周边交通现状

2　足球赛事交通出行特征

2.1　赛事特征

2.1.1　集聚性

举行赛事活动时，大型专业足球场馆产生与吸引的交通具有规模大、集散时间集中的特点，赛事开场前为交通聚集阶段，赛事结束后为交通疏散阶段。观众通常在赛前 60min 至比赛开始后 10min（约 70min）入场，而赛后离场一般在比赛结束前 15min 至赛后 30min 内（约 45min），赛后交通疏散时间比赛前交通聚集时间更短、更集中。

2.1.2　与工作高峰错峰

由于中超（或中甲）赛事通常在周末或工作日晚上举行，与工作日出行高峰错开。但赛事时期短时间内人流与车流的激增，围绕场馆在赛事前形成聚集高峰，赛后形成疏散高峰，两个高峰呈现"收敛"与"发散"的分布特征（图 4）。

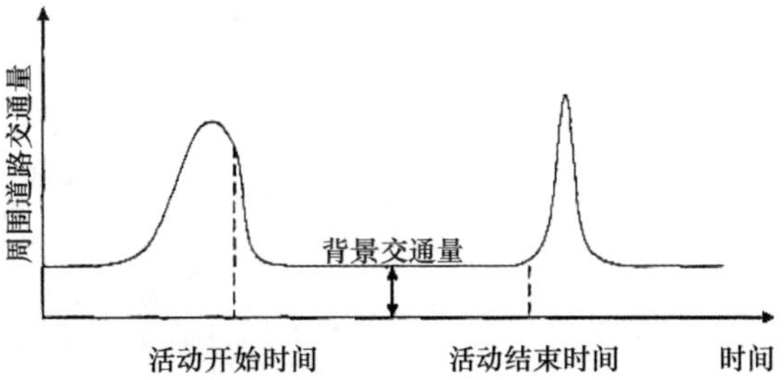

图 4　赛事活动时期周边路网流量变化趋势

2.2　出行方式

影响观众出行方式选择的因素主要有：出行的时间、相对出行费用、经济情况、体育场提供的交通服务设施的数量和质量以及各种交通工具的相对出行服务水平等[3]。

赛事时期交通出行构成复杂，包括参赛队伍及医务人员，赛事工作人员，球迷观众，安保、消防及媒体人员等，其中，球迷观众出行是最为关注对象。相关出行方式受场馆区位、周边路网、交通设施条件等影响较大，经对典型赛事调查，公交与地铁出行是其优先选择，城市型体育场公交出行比例占总出行总量的 70%～80%，小汽车及出租车出行 15%～25%，而步行及非机动车出行通常在总出行量的 5%以内。

2.3　人流与车流分布规律

2.3.1　车流"可约束性"与人流"难以约束性"[4]

在举行足球赛事活动时，通常对机动车及非机动车流进行诱导与管理，从而使机动车和非机动车能够按照既定的交通组织路线进入停车场；而人行流线相对随意，根据自己的视觉指引经最短路线向体育场馆靠近。

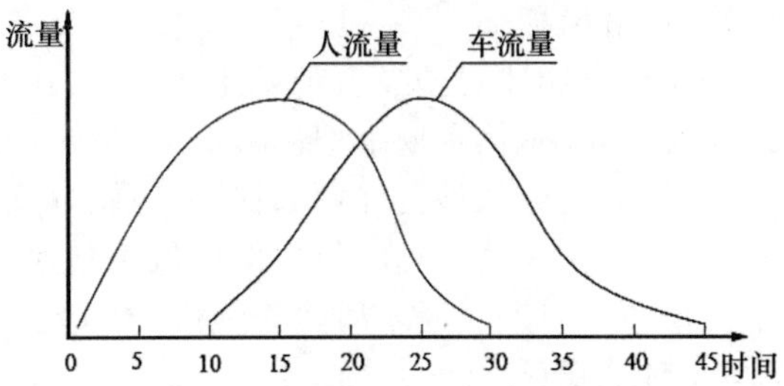

图 5　赛事结束时车流和人流出行时间分布[4]

2.3.2 车流疏散滞后于人流疏散

在交通疏散阶段，由于人流退场至停车场需要一段时间，因此车流疏散的起始时间要比人流疏散起始时间晚一段时间，在疏散过程中，人流疏散高峰也较车流疏散高峰出现得早，往往较快(图 5)。

2.4 交通管制

赛事时期，交管部门通常对场馆周边道路采取相应交通管制措施，包括封闭局部路段、调整信号配时、限制路内停车等。体育场内部停车场通常仅允许持有相关证件的车辆进出，并指定观众入场、散场出入口，实现对车流及人流有效管控，保障安全、有序、快速集散要求。

3 天津河西体育场规划对策建议

3.1 设施规划

3.1.1 轨道交通服务能力显著提升，仍缺少直达场馆线路

围绕体育场规划有 4 条轨道线路，包括既有运营 M1 线、在建 M6 线以及近期建设 M8 线与 M10 线，运能较现状有大幅提升，但相关轨道站点均距场馆 1km 以上，“最后 1 公里”出行短缺仍未能得到弥补。

3.1.2 周边常规公交规模充足，公交服务有明显改善空间

围绕财经大学北侧即现状财经大学地铁站周边将打造成“地铁＋公交＋长途客运＋停车”的综合交通枢纽，包含了 10 个长途车发车位及 6～8 条公交线路；场馆东侧 300m 处规划 1 处约 10000m^2 公交首末站，可开通 8～10 条公交线路。

3.1.3 公共停车规模不足，使用不便

外部公共停车场应作为赛时提供社会停车服务的主要场地，考虑观众来源的分散性，停车场也应分散布置。周边预留的 2 处公共停车场(约 600 个泊位)，难以满足赛事时期激增的停车需求，且北侧财经大学综合交通枢纽内的停车场距场馆约 1.5km，步行距离远。如图 6 所示。

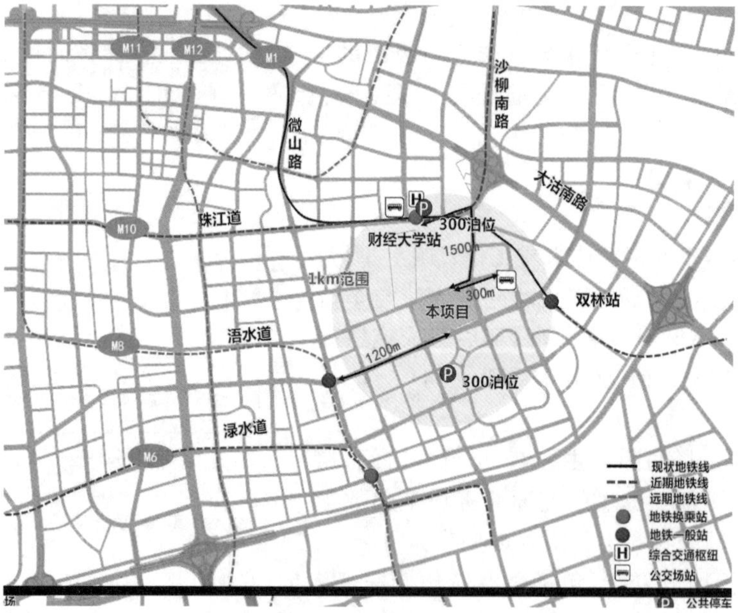

图 6　河西体育场周边交通设施规划情况

3.2 赛事模拟

赛事时期体育场吸引量受比赛时间、参赛队伍及天气等多方面影响，场馆可容纳观众为 40 000 人次，依据安保要求，体育场出票率最高为 80%，因此，实际最大吸引量为 32 000 人。考虑到场馆处于城市中心区，外部交通条件良好，同时受周边轨道交通条件限制，小汽车、步行及非机动车化出行方式比例较一般场馆略高，而公交总出行比例应低于其他场馆。经测试，承担区间交通联系的主要通道及场馆四至道路将是赛事时期交通矛盾集聚地区(图 7)。

3.3 对策建议

赛前入场、赛后出场是体育场馆运行中交通矛盾最为突出时期，为创造良好交通秩序与观赛环境，应引导参与者选择合理化出行方式，强化公交出行为主导，鼓励采取合乘方式，并抑制小汽车出行与停车需

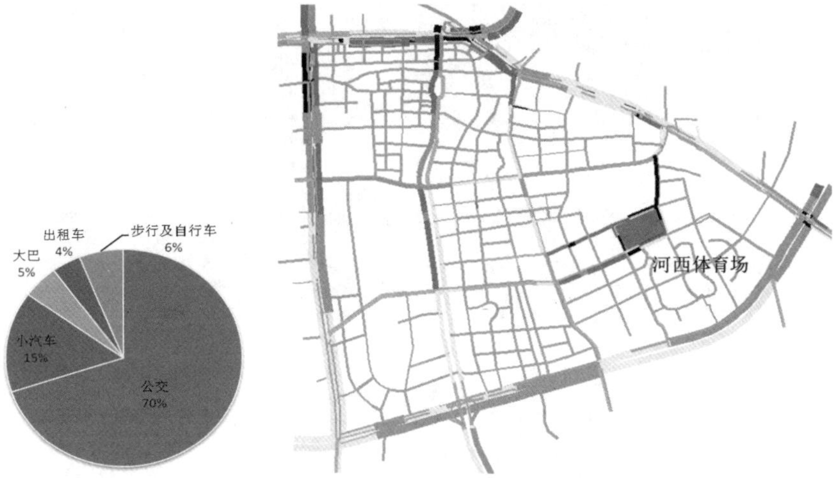

图 7　赛事时期场馆周边路网运行状况模拟

求。外部采取接驳设施引导、停车资源调配、综合交通管制等策略，针对场馆内部应从人车分流，安全有序角度，对场馆出入口布局、交通组织流线设计等进行合理安排。

3.3.1　增设围绕场馆运行的公交接驳环线，解决观赛“最后 1 公里”问题

为弥补场馆周边公交服务先天不足的缺陷，围绕轨道站点及交通枢纽地区开设通往场馆的接驳线路，赛事时期通过分配独立路权实施优先保障。轨道交通是中长距离出行的优先选择，针对场馆北侧财经大学站(M1 与 M10 线交汇)、西侧 M8 线与 M6 线地铁车站以及东侧 M1 线双林站，设置与体育场相接的环线接驳公交，总体上形成南北两个环线，赛事时期通过合理调配，专门用于场馆与地铁站之间的转换交通。

场馆北侧与东侧 2 处公交首末站设施在公交线路敷设选择上应考虑与城市核心区、大型居住区等人口密集区域衔接，并尽量避免与轨道交通线路走向重叠。考虑到出行者对点对点出行的需要，建议在场馆内另增设 1 处公交首末站设施，同时作为场馆车辆始发与到达场地，也作为轨道站点接驳公交线路停靠站点。

3.3.2　外围分散供给、内部限量停车、路内实时管控相结合的停车策略

公共停车场地可采取独立设置、结合公交首末设施场地设置、结合周边大型商业以及办公区设置等多种方式。本场馆应充分借助周边可改造商业设施地块、规划公交首末场站地块设置公共停车泊位，同时，通过公交接驳环线衔接，发挥财经大学综合交通枢纽内停车场功能，分担赛时停车需求。整体上围绕场馆周边设置 5 处停车场，可提供约 1000 个泊位。

紧邻场馆四至边界道路赛时应禁止车辆停放，场馆外艺林路、浯水道等交通干道应限制停车供应，泗水道、鄱阳路等次要道路可在赛时安排适量路内停车位，路内停车应避免对赛时交通运行产生影响。场馆内部停车场应以为球队、安保、媒体、医疗、消防以及相关特种车辆使用为主，结合赛事需要看是否对社会车辆开放及其规模。如图 8 所示。

3.3.3　基于人车分离、快速集散的出入口布局与交通组织

赛事时期应满足车流与人流安全、有序、快速集散的需要，场馆出入口功能上应实现车流与人流分离，行人流线上应考虑主客队球迷流线、VIP 流线、球员流线分离，车辆流线上应考虑社会车辆、球队车辆、VIP 车辆及特种车辆等不同类型流线分离(图 9)。

体育场馆位于地块东部，西侧为球队训练场地及绿地公园，观众主要通过北部、东部、南部三个方向进入场馆，行人出入口应结合观众主要来源方向设置，且应就近周边公交站点及停车场地。场馆地面仅保留大巴车场，小汽车停车均在地下车库解决，地下车库作为球队车辆、特种车辆、工作人员车辆、VIP 车辆等使用，并提供部分停车位作为场馆内商业设施配套使用，观众停车主要通过场外解决(图 10)。

4　结语

大型专业足球场馆作为城市重要的公共服务设施，是承接大型赛事活动的载体，更是体现城市活力、汇集人气的重要公共空间。规划选址阶段应对场馆区位特征、周边开发建设情况、交通环境等进行详细论证分析，结合大型体育赛事特征，合理调配出行需求，提出功能规划布局建议，为体育场馆运行提供支撑与保障。

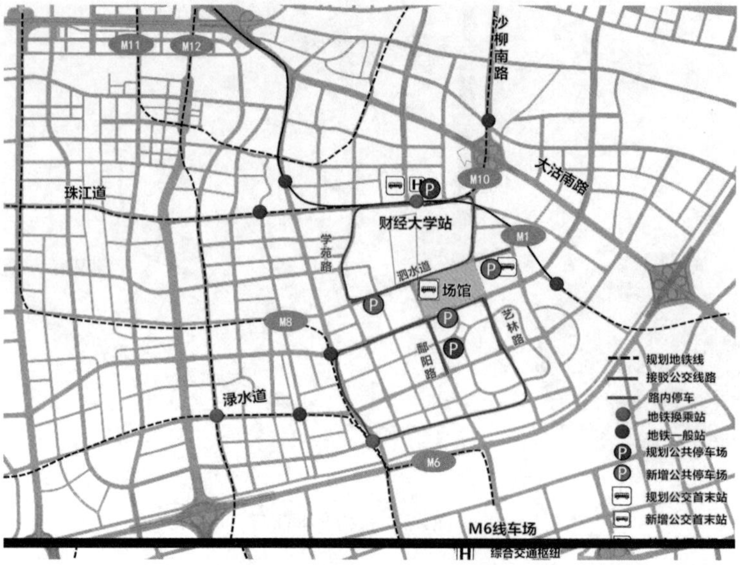

图 8　场馆周边交通设施改善对策

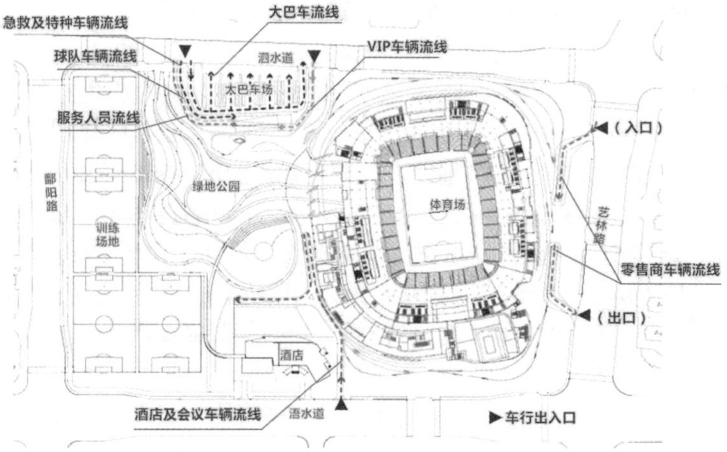

图 9　场馆车行出入口布置及流线

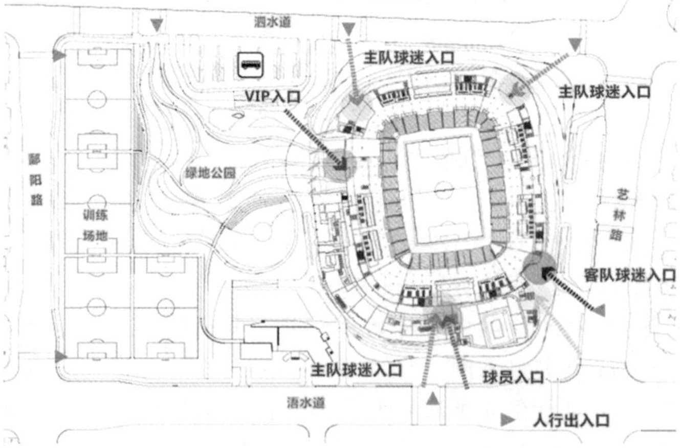

图 10　场馆人行出入口布置及流线

参考文献

[1]　王西波，魏敦山. 大型体育场馆的规划选址[J]. 规划设计，2008.
[2]　王彬，大型多功能体育场馆规划需要高度重视交通便利[J]. 综合运输，2016.
[3]　吴娇蓉，周商吾. 上海市中心区大型专业足球场馆交通集疏[J]. 城市规划汇刊，2000.
[4]　池利兵，李凤军，张子栋. 大型体育场馆集散交通组织规划的方法与重点[C]. 2005，12.

京津冀协同发展背景下天津市交通通道布局研究

Study on the Layout of Tianjin Traffic Corridor under the Background of Jing-jin-ji Collaborative Development

张志学　徐汉清

摘　要：随着京津冀协同发展国家战略的不断深入，京津冀区域空间布局、产业布局和城镇体系不断优化调整，交通作为率先发展行业，需要支撑区域城镇群的一体化发展，引导城市空间和产业布局的优化调整。本文结合正在开展的城市总体规划、土地利用规划等相关规划，以及国家“十纵十横”综合运输大通道，以京津冀区域协同发展为背景，对天津市市域空间布局及城乡发展进行分析，对交通通道布局进行优化研究，提出天津市交通运输总体布局以及物流通道总体规划，对天津市综合交通发展提出发展建议，以指导交通行业发展。

关键词：京津冀协同发展；天津交通；通道布局

Abstract: With the Beijing-Tianjin-Hebei coordinated development of national strategies for deepening, Jing-jin-ji regional spatial layout, industrial layout and urban system to optimize the adjustment, As the first development of the industry, the need to support the integrated development of regional urban agglomeration, and guide the optimization of urban space and industrial layout adjustment. This combination of planning and other related city planning, land use planning is being carried out, as well as the national “ten vertical and ten horizontal integrated transport channels, to the coordinated development of Jing-jin-ji region as the background, the city spatial layout and urban and rural development are analyzed, the optimization of transportation channel layout, the traffic in Tianjin city the general layout and transportation logistics channel planning, puts forward development suggestions of Tianjin comprehensive transportation development, to guide the development of transportation industry

Keywords: Jing-jin-ji coordinated development; Tianjin traffic; Channel layout

0　引言

2014年京津冀协同发展上升为国家战略层面，并首次提出“把交通一体化作为先行领域，加快构建快速、便捷、高效、安全、大容量、低成本的互联互通综合交通网络”。这一重大国家战略，赋予天津重大的历史使命，也为天津发展提供了千载难逢的机遇。

本文以京津冀协同发展为背景，立足“一基地三区”的城市定位，以京津冀区域新情况和新变化为基础，结合《京津冀协同发展交通一体化规划》等专项规划中所确定的铁路、公路、港口、机场等交通节点，以及城市总体规划中所提出的城市空间布局和城镇体系规划，对天津市与区域对接的综合交通通道布局进行分析，对交通通道布局进行优化研究，提出天津市交通运输总体布局，对天津市综合交通发展提出发展建议，以指导交通行业发展。

1　天津市城镇空间布局

1.1　总体发展战略

为落实京津冀协同发展战略，深化滨海新区开发开放，实现天津城市定位，优化空间布局，提升城市功能，天津市提出“双城双港、相向拓展、一轴两带、南北生态”的总体空间发展战略。

构建以中心城区和滨海新区核心区为“双城”、天津港南港区和北港区为“双港”的相向发展格局，坚持“双城双港”合理分工，功能互补，促进港城协调发展。

沿京滨综合发展轴、西部城镇发展带和东部滨海发展带，拓展城市发展空间，促进与周边省市及其他

作者简介：张志学，硕士研究生，工程师，主要从事交通规划工作。
徐汉清，硕士研究生，工程师，主要从事交通规划与交通设计工作。

地区的协作与交流。

建设以“团泊洼水库—北大港水库”湿地为重点的南部生态体系，以蓟州山地和“七里海—大黄堡”湿地为重点的北部生态体系，形成南北生态屏障，完善城市生态体系。

1.2 市域城镇空间结构

落实京津冀协同发展战略，对接“一核、双城、三轴、四区、多节点”的区域空间结构，强化京津双城联动发展，形成“一轴、两带、三区”的市域空间结构。以保障生态安全为前提，推进区域协调与城乡发展，统筹优化生产、生活、生态三大空间格局。

“一轴”为京滨综合发展轴，以武清—中心城区—海河中游地区—滨海新区核心区为主体，构建京滨综合发展轴，对接首都核心区，支撑京津双城联动发展。

“两带”为西部城镇发展带和东部滨海发展带。西部城镇发展带重点推进区域节点城镇建设，培育区域性专业化职能，强化城镇产业集聚，辐射带动冀中南地区发展。东部滨海发展带着力推进产业升级，形成与岸线湾区保护相协调的滨海型城镇发展区，建设具有国际影响力的滨海城市，成为引领环渤海地区发展的引擎。

“三区”为蓟州山地生态保护区、“七里海—大黄堡”湿地生态保护区、“团泊洼—北大港”湿地生态保护区。三片生态保障区域与京津冀生态廊道联通，形成区域重要的山海生态通廊。

2 国家及区域交通规划

2.1 国家综合运输通道规划

《“十三五”现代综合交通运输体系发展规划》中提出要构建横贯东西、纵贯南北、内畅外通的“十纵十横”综合运输大通道，加快实施重点通道连通工程和延伸工程。

纵向综合运输通道，包括沿海运输通道、北京至上海运输通道、北京至港澳台运输通道、黑河至港澳运输通道、二连浩特至湛江运输通道、包头至防城港运输通道、临河至磨憨运输通道、北京至昆明运输通道、额济纳至广州运输通道和烟台至重庆运输通道。

横向综合运输通道，包括绥芬河至满洲里运输通道、珲春至二连浩特运输通道、西北北部运输通道、青岛至拉萨运输通道、陆桥运输通道、沿江运输通道、上海至瑞丽运输通道、汕头至昆明运输通道、福州至银川运输通道和厦门至喀什运输通道。

其中与天津有关通道有沿海运输通道、北京至上海运输通道以及西北北部运输通道。

2.2 区域交通运输通道分析

根据各主要城市的功能定位以及机场、港口等重要节点布局，依托干线铁路、高速公路，强化公铁优势互补，形成能力充分、结构合理、衔接顺畅的“四纵四横一环”运输大通道，承担跨区域、长距离、大容量客货运输，强化京津冀与国内主要经济区之间、区域内大中城市及机场、港口等重要枢纽节点之间交通联系，初步形成区域综合运输廊道布局模式。

“四纵”为“京石—京承通道、京九通道、京沧通道、沿海通道”。京石—京承通道（纵）：连接承德、北京、保定、石家庄、邯郸和邢台，是京津冀联系华中华南和东北地区的交通动脉。京九通道（纵）：连接霸州、衡水，是京津冀通往华中、华南的重要通道。京沧通道（纵）：连接北京、廊坊、天津和沧州，是京津冀通往华东地区的重要通道。沿海通道（纵）：通道连接天津港、唐山港、黄骅港和秦皇岛港四个沿海港口城市，是重要的港口集疏运通道，也是环渤海城镇和临港产业发展的重要依托。

“四横”为“京津通道、京秦—京张通道、津保通道，石沧通道”。京津通道，服务“双城”，京津通道连接京津双核，满足京津间大容量、高频率运输需求，是京津同城化发展的主轴线，也是北京的重要出海通道。京秦—京张通道（横）：连接张家口、北京、唐山和秦皇岛，是京津冀联系西北东北的交通动脉。津保通道（横）：连接天津和保定，是天津港的重要疏港通道。石沧通道（横）：连接石家庄、衡水和沧州，是黄骅港的重要疏港通道。

“一环”即“首都地区外环”，连接北京平谷、大兴和通州 3 个远郊区县和河北环北京的张家口、承德、廊坊及保定 4 个城市；廊道的形成将有效疏导北京过境交通压力，形成连接周边城市和首都功能疏解区重要通道。

3 天津市交通运输总体布局

3.1 天津市客运通道总体规划

3.1.1 积极对接国家综合运输通道

根据国家总体布局，将构建横贯东西、纵贯南北、内畅外通的“十纵十横”综合运输大通道，其中途经天津的有纵向的沿海运输通道、北京至上海运输通道以及横向的西北北部运输通道。

天津市将发挥衔接东北与山东半岛、华东地区的区位优势，加快推进环渤海快速铁路等基础设施建设，充分对接沿海运输大通道。

发挥既有京沪通道中京沪高速公路、京沪高铁、京沪铁路等设施的功能，启动京沪二通道等基础设施前期研究，构建京沪之间综合运输大通道。

发挥西北北部运输通道起点优势，与唐山、秦皇岛等沿海港口共同建设面向区域的北向、西向干线通道，构建畅通直达阿拉山口等西部口岸的大能力通道，提高京津冀区域港口的整体对外影响力。

沿海通道、京沪通道、西北北部通道将在天津形成三角形对外通道，在天津市域，将着重优化天津市综合交通枢纽的布局，加强沿海运输通道、京沪运输通道与西北北部运输通道的顺畅衔接。结合全国城镇体系布局，强化人员往来、物流疏散、中转服务等综合服务功能，加强京津之间通道建设，充分发挥北京—天津—雄安枢纽衔接东北、畅通华东华中、沟通西北的区位优势，将北京—天津—雄安枢纽打造为通达全球、衔接高效、功能完善的国际性综合交通枢纽。

3.1.2 打造京津冀区域交通新格局

立足建设以首都为核心的世界级城市群交通体系，围绕“四纵四横一环”综合运输通道中的京沪、沿海、津保通道，建设京滨、京唐等客运铁路网，完善货运铁路布局，积极承接北京非首都功能，打造“轨道上的京津冀”。加快京津冀互联互通路网建设，实现普通国省道省际接口路同标准对接，加强综合运输服务协同发展，推动区域出行信息服务一体化。

立足建设北方国际航运核心区，统筹发展津冀港口，加强津冀港口协同发展，形成合理分工、错位发展格局，构建现代化的津冀港口群。促进京津冀机场群协同发展，与首都机场、北京新机场、石家庄正定机场形成合理定位、分工合作、优势互补和协调发展的世界级机场群。

3.1.3 构建天津市域综合运输通道

在天津市范围内，结合天津市域城镇布局以及对外交通发展通道，提出天津市域“两轴两带”综合交通通道，既能够衔接区域综合交通通道，又能够支撑天津市域城镇组团发展。

“两轴”为北部制造研发走廊和南部创新培育走廊。北部走廊对接天津—北京发展轴，由国家大学创新园区、东丽湖组团、未来科技城等构成，串联武清、北辰、东丽和滨海新区塘沽片区等，打造京津科技新干线。该通道由京津城际及其延伸线、京山铁路、京津高速、京津塘高速、G103及市域Z2线等构成，是天津市向西北对接北京，延伸至张家口及以远的主要发展轴。南部走廊对接天津—雄安新区—保定发展轴，由海河教育园区、学府工业区、华苑等构成，打造津南(海河教育园区)、西青(华苑)、静海(健康园)三大创新簇群。该通道由津保城际、天津至雄安城际(规划)、荣乌高速、天津至雄安高速(规划)及市域Z1线等构成，是天津市向西对接雄安新区的主要发展轴。

“两带”为西部城镇发展带和东部滨海发展带。西部城镇发展带，覆盖蓟州、宝坻、中心城区、西青和静海等，对接区域的次沿海发展轴。该通道由津承城际、津蓟铁路、津蓟高速和津围公路，津沧城际、津沧高速、京沪高速公路等构成。东部滨海发展带，覆盖宁河、滨海新区的汉沽、塘沽、大港等，着重整合优化岸线资源，形成北、中、南三大功能分区。其中北部为国际旅游为主，中部以航运服务为主，南部以产业物流为主，对接滨海旅游规划，塑造滨海经济活力带，推进旅游与服务经济发展。该通道由环渤海城际(规划)、津秦客专、津山铁路、海滨高速、中央大道及市域Z4线等构成。

3.2 天津市物流通道总体规划

根据国家对物流大通道的规划，天津处于西北能源外运及出海物流大通道、京沪物流大通道及南北沿海物流大通道3条物流通道中。其中，西北能源外运及出海物流大通道强化“三西地区”资源能源外运和沿线地区间的货运联系，连接天津港与新疆沿边各口岸，天津是东部的起点和出海口；京沪物流大通道强化京津冀、山东半岛、长三角等东部发达地区间的货运联系，天津是通道上的联运枢纽和节点城市；南北沿海物流大通道强化我国南北沿海主要经济区间的货物交流和国际海运联系，天津是通道上的国际港口和战略支点。

3.2.1 优化货运网络结构

优化通道内铁路线路布局，形成直通区域腹地的铁路通道。推动天津港通往西部的津保忻铁路的规划研究，提升西北能源外运及出海物流大通道的服务水平，积极推进津承铁路的前期工作，提高南北沿海物流大通道通行能力，服务“东北亚—天津港—大陆桥—中西亚和欧洲”“中蒙俄”国际物流通道。

3.2.2 改善节点服务功能

推动物流园区规划和建设，发挥节点辐射带动作用。按照北方国际航运核心区、国际航空物流中心的功能定位和发展要求，发挥海空两港资源优势。提升机场对外服务辐射能力，建成中国国际航空物流中心。抓住首都机场疏解非国际枢纽机场功能的机遇，大力开拓航空市场，拓展全货机航线。

3.2.3 提升货运组织水平

依托西北能源外运及出海物流大通道等通道建设，加快推进海铁联运发展。建立完善海铁联运综合协调机制，统筹指导、综合协调参与海铁联运各项工作，打造陆桥海铁联运服务平台。以新港北集装箱中心站为核心，建设多式联运现代物流园区。在推动基础设施互联互通方面，要打造多式联运跨境交通走廊，畅通“津新欧”“津蒙俄”等运输通道；探索“东北亚—天津港—大陆桥—中亚、西亚和欧洲”双向多式联运，打造中欧集装箱班列品牌。

3.2.4 积极推进通道运行协同管理

强化通道间运行协同管理，努力提升区域协同治理能力。加强京津冀地区公路领域联合执法，加强货车超限、超载整治，积极推进跨省超限运输联合审批制度，强化综合协调和互联互认。深化京津冀区域通关一体化改革和检验检疫业务通关一体化改革；推进电子口岸建设，完善电子口岸服务功能，建立健全口岸信息共享共用机制，提供规范高效的公共服务。

3.2.5 推进标准化信息化建设

推进天津市路网设施综合管理平台建设，实现设施统一管理与运行监测的完善。构建综合物流公共信息服务平台，实现物流数据安全、高效交换与共享，实现“一站式”对外信息服务和“一单到底”全过程物流信息服务，加快建设天津多式联运信息服务平台，探索建设北方航运信息资源公共服务平台。

天津市中心城区反向通勤现象与规划策略研究

Reverse Commuting in Tianjin Center City and Its Policy Implications

万 涛

摘 要:由于特殊的城市空间结构及职住分布造成了天津市中心城区规模较大的反向通勤现象。本文以天津市第四次综合交通调查数据为基础,对反向通勤现象进行定量的描述与分析,对反向通勤对于出行者出行者特征以及城市交通运行的影响进行了探究,并指出如何在规划上应对大规模反向通勤带来的挑战。
关键词:职住空间分布;出行特征;反向通勤

Abstract: The special urban structure and job/housing distribution in Tianjin induces the massive reverse commuting behavior in Tianjin centercity. Based on household travel survey, reverve commuting is described in a detailed and quqntified way. Reverse commuters' travel characteristic and its impact on city transportation system is explored. Its policy implications are discussed.
Keywords: reverse commuting; Job/Housing distribution

0 引 言

反向通勤是指居住地位于城市的居民流向城市外围地区的工作地就业的情况,反向通勤者通常在早上从位于城市的家中前往位于城市外围的工作岗位,而晚间则从工作地点返回城区,与城市通常的主流通勤方向相反。

虽然反向通勤者在早晚交通高峰时段可以部分避免或减少城市主流交通方向交通拥堵所带来的旅行时间损失并享受较高的道路及公共交通服务水平,但由于城市核心区的土地稀缺性及城市与郊区住房价格的差异,反向通勤现象在绝大多数城市中并不具有典型性,对于城市交通运行的影响并不显著。尽管如此,一些反向通勤特征明显的城市还是引起了注意和研究,而且近年来,随着城市郊区化进程的深入发展,欧美都市的反向通勤现象有趋于增强的趋势。华盛顿是在美国都市中最具反向通勤的典型性的案例,在发展城市轨道交通系统 MetroRail 的过程中,特别对郊区轨道交通站点进行 TOD 开发并进行站点周边办公和商业建筑的小汽车配建车位控制,使得 MetroRail 在日后运营过程中,培育出一定量的反向通勤客流,对于提升运营效率,增加运营收入和提升公共交通在城市中的作用等方面都起到了积极的作用。在欧洲,巴黎是具有较强反向通勤特征的城市。由于对城市核心地区的开发限制以及郊区城市就业次中心的崛起,出现了具有较高收入的就业者,为了享受城市中心便利的基础设施仍在城内居住,工作岗位却位于郊区的现象。Anne Aguilra 等人在 2009 年的研究表明,在过去二十年,在巴黎市区居民在巴黎市区内就业的人数下降了 10%,而前往郊区就业的人数则上升了 17%,反向通勤已成为一种较为明显的发展趋势。根据熊竞等人的研究,英国伦敦过去十年也存在类似的趋势。

近十多年来,较为独特的发展路径和轨迹使得天津中心城区的通勤出行态势与国内其他大城市存在差异性,居住在中心城区 200 多万就业者中,约有 20%需要反向通勤到中心城区以外的地点就业,形成了规模较大的反向通勤现象。本文以 2011 年天津第四次综合交通调查数据为基础,对天津市中心城区反向通勤现象进行定量的描述,对其成因和造成影响进行分析,指出如何在城市交通面临新的发展外部环境与挑战下引导目前城市反向通勤向更加健康可持续的方向发展。

1 城市空间格局与反向通勤现象

1.1 天津市城市空间格局与职住分布

天津市中心城区与滨海新区核心区是天津市城市发展的两个重要支点。中心城区生活配套与各类型公共服务设施完善,人口集聚度盖,具有发展各类型服务业的良好基础。滨海新区核心区为依托港口

作者简介:天津市城市规划设计研究院。

发展形成的城市，在国家发展滨海新区的政策带动作用下逐步向综合性的产业新城发展。“双城”周边地区以及双城之间的走廊地带是目前天津市城市建设用地最为集中的地区，城市总体规划当中将这一面积为4000多平方公里的范围界定为中心城市。

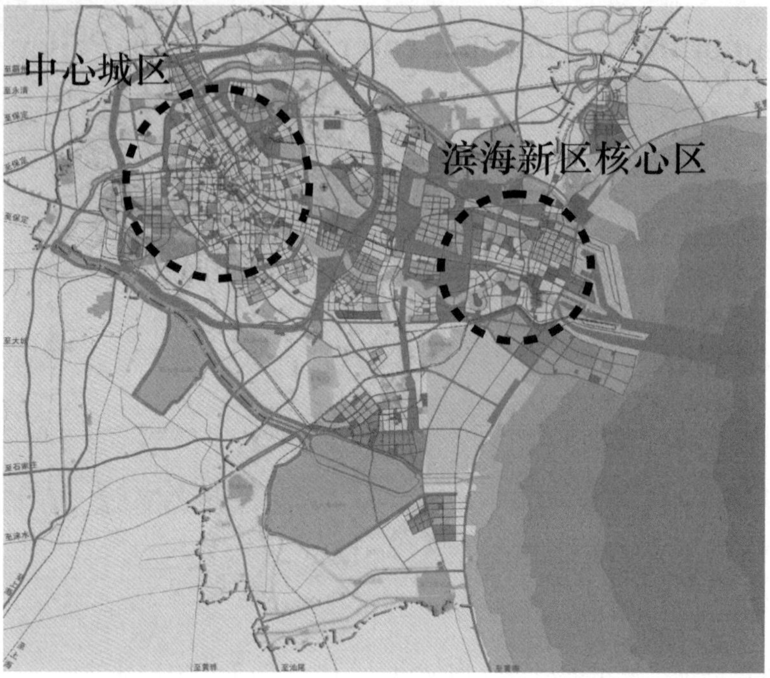

图1　天津市中心城市规划用地与空间结构图

由于中心城区内部大量工业企业的外迁，以及滨海新区以产业功能区为先导的发展模式，目前中心城区外围地区、津滨走廊以及滨海新区成为工业产业用地最为集中的地区。三产服务业则主要集中在双城内部，总体来看，中心城区由于发展时间长生活设施配套完善，对于人口和各类型服务业的吸引力仍远大于包括滨海新区核心区在内的其他地区，滨海新区核心区及其他外围地区城市功能仍不完善。从中心城市内主要地带职住比看，滨海新区核心区以及环城地区职住比均高于0.75，远高于整个中心城市平均水平0.53，而中心城区职住比则仅为0.47，低于中心城市平均职住比。从就业构成情况看，中心城区内部以三产为主，而滨海新区核心区与环外地区仍为二产为主的局面。

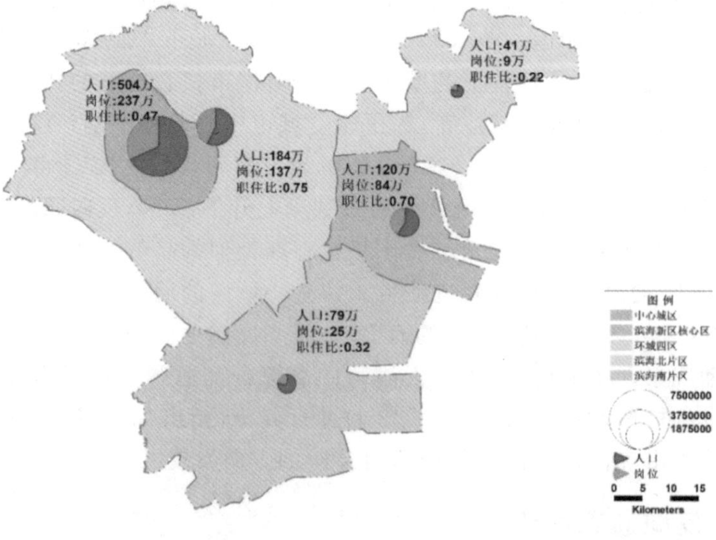

图2　天津市中心城市现状分片区人口岗位与职住比分布

城市空间格局以及职住空间分布形态是城市总体通勤出行分布以及在中心城区出现大规模反向通勤现象的基础。

1.2　中心城区通勤出行分布态势

城市总体职住空间格局决定了通勤出行的总体分布态势。目前中心城市范围内通勤出行的出行分布仍主要体现出以中心城区为核心的总体态势。

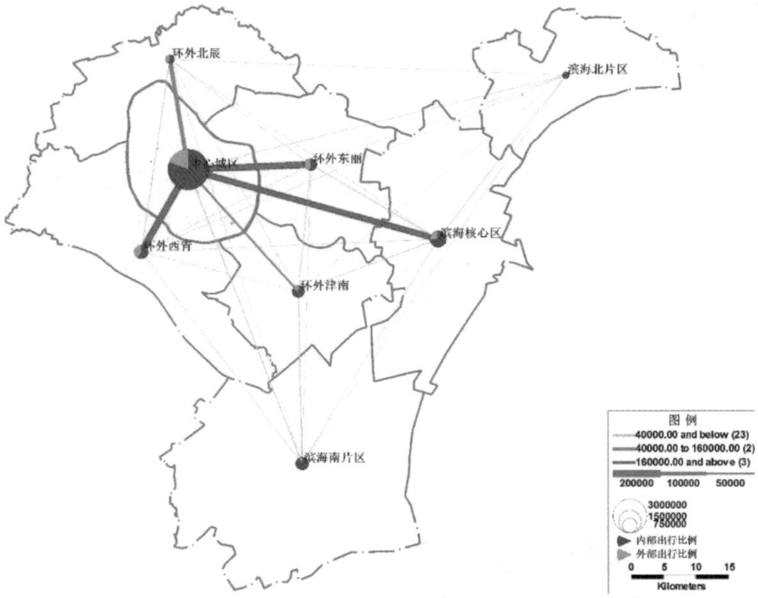

图 3　天津市中心城市大区通勤出行分布图

中心城市范围内日通勤出行总量为 611 万人/日，其中与中心城区相关的出行量(出行端点至少一端位于中心城区内部的出行)为 369 万人/日，占整个中心城市的出行量的 60%。按照出行流向的不同可将中心城区相关的出行通勤量分为内部通勤(家与就业地点均位于中心城区内部)、入城通勤(家位于中心城区以外，就业地点位于城区内部)和反向通勤(家位于城区内而就业地点位于城区外)三部分。其中反向通勤所占比例达到 18%，远高于入城通勤出行量，占中心城市的通勤出行比例也达 10%以上，反向通勤成为目前中心城区乃至中心城市通勤出行中非常重要的一部分。

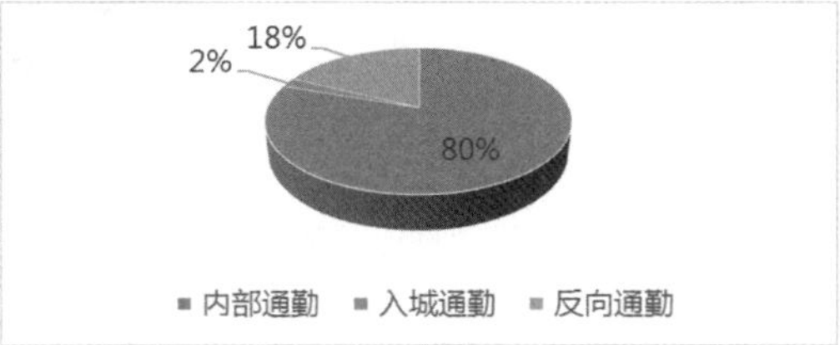

图 4　中心城区相关通勤出行量构成

1.3　大规模反向通勤成因

(1) 不同于其他大城市的城市职住空间分布结构是形成天津市中心城区大规模反向通勤现象的主要根源。20 世纪 80 年代末天津始实施“工业东移”战略以来，中心城区范围内的工业厂房逐步外迁到城市东部外围地区。以天津经济技术开发区为代表的一批位于城市外围和滨海新区的产业园区开始利用优惠政策和，吸纳中心城区外迁工业企业并吸引外来新企业在园区内设置生产基地和办事机构，形成了工业企业在产业园区内聚集的局面。在同一时期，为改善中心城区居民的居住条件，天津市开始实施“危陋平房改造工程”，约 100 多万居民在原居住地附近得到就地安置。大量产业外移后遗留的工业用地和原“危陋平房”用地大部分用于商品住房开发，这使得在过去 10—20 年间天津中心城区，尤其是中心城区的核心地带并未经历北京、上海等城市三产岗位快速集聚而常住人口大幅减少的过程。三产岗位在向城市核心地带聚集的同时，天津中心城区的常住人口也有较大幅度的增长。同北京、上海等城市中心城区相比，天津中心城区职住比明显偏低，而城市外围地区以及滨海新区同其他城市外围地区相比，职住比明显偏高。岗位相对短缺的中心城区人口自然会流向就业岗位相对充沛的城市外围地区。

(2) 中心城区生活配套及公共服务设施完善，对于通勤人口具有较强的吸引力。中心城区相对于滨海新区核心区及其他城市外围地区，是发展时间最长的城区，具有极其完善的生活配套和丰富的公共服务设施资源，以从某点出发，小汽车旅行时间 30min 内覆盖的各类型岗位数作为可达性指标，制作中心城市范围内教育类岗位、医疗类岗位和生活性服务业岗位(主要包括零售、餐饮等类型岗位)的可达性图，某点处可达性越高则越说明某处接受教育、医疗或其他生活服务更加便利。可达性图直观表明，中心城区接受各类服务的方便程度远胜于其他区域。生活上的便利性和相对较高的品质是反向通勤人口在中心城区继续在居住的重要原因。

2　反向通勤出行特征与影响

2.1　反向通勤交通者出行特征

2.1.1　出行端点分布特征

反向通勤者工作地点的在中心城区以外地区的分布呈现出较为分散的特征。以中心城区为核心，30公里的第一圈层内，基本包含环城四区的所有部分，约74%的反向通勤者就业岗位分布在此区域范围内，从方向分布上看，连接滨海新区的津滨走廊方向以及城区南部方向上的就业岗位数量明显多于其他方向。以60公里为半径的第二圈层，反向通勤者的就业岗位分布则仅为25%左右，且高度集中滨海新区核心区范围内，这一范围的就业岗位占该圈层就业岗位的70%以上，显示出滨海新区对于整个天津市产业发展的强烈带动作用。

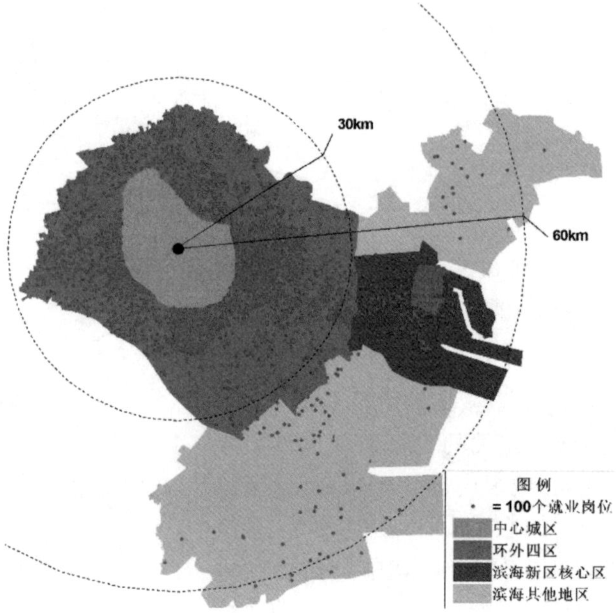

图5　反向通勤者就业地点分布图

从反向通勤者居住地点分布特征来看，中环内、中环-快速环间以及快速环-外环三个环带间的分布大体均匀，中环-快速环间分布略高，约为12.9万人，占全部反向通勤者的36%。从三环带就业人口分布和反向通勤者在其中所占比例看，快速环与外环间所占比例最高，约为24.5%，而内部两圈层则差别并不显著，中环-快速环间为18.1%，略高于中环以内的16.8%。但从所有反向通勤出行者居住地在中心城区内居住地分布在三环带间的分布较为均匀，差别不大，仅快速环-外环间人数略多。

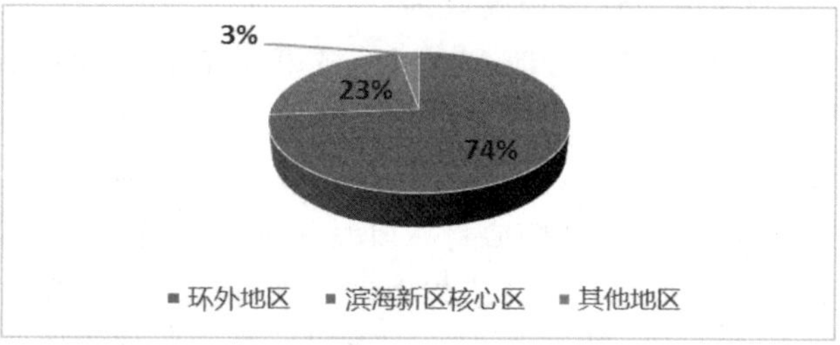

图6　反向通勤者就业地点分布比例

反向通勤者居住地与就业地点均较为分散，不易形成大规模客流走廊，不利于大运量公共交通的组织。

表1　中心城区分圈层工作人口数及反向通勤者比例

	工作人口(万人)	反向通勤者(万人)	反向通勤者占比
中环内	69.0	11.6	16.8%
中环-快速环	71.5	12.9	18.1%
快速环-外环	45.0	11.0	24.5%
合计	185.5	35.5	19.1%

2.1.2　出行方式特征

城区内通勤者出行方式与反向通勤者相比具有截然不同的特征。城区内通勤者具有相当高的慢行出行比例，而反向通勤者慢行出行比例极低。反向通勤者呈现出小客车和班车为主导的特点，班车出行比例高达52%，小客车出行比例也达到24.2%，高于中心城区内的20.3%。反向通勤者公共交通出行比例较低，常规公交与轨道交通合计仅为8%，仅为城区内部通勤者的一半。

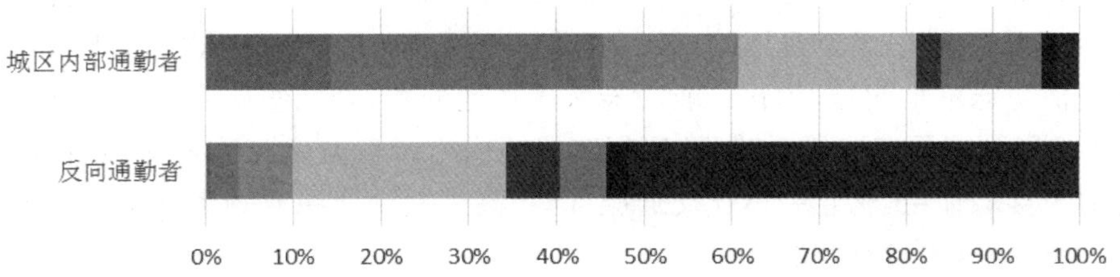

	反向通勤者	城区内部通勤者
■步行	0.5%	14.3%
■自行车	3.2%	31.0%
■电动车	6.3%	15.5%
■小客车	24.2%	20.3%
■出租车	6.0%	3.0%
■常规公交	5.4%	11.5%
■地铁	2.6%	1.7%
■班车	51.7%	2.7%

图7 反向通勤者与城区内就业者通勤出行比例分布

2.2 大规模反向通勤对通勤者及城市交通的影响

2.2.1 通勤距离与时耗过长

反向通勤者的平均出行时耗和平均出行距离均远高于非反向通勤者。反向通勤者单程工作出行时耗约为非反向通勤者的3倍，平均出行的出行距离约为非反向通勤者的5倍多。反向通勤者在上下班途中耗费过多的旅行时间使得其在工作日用去其他出行，进行其他外出活动的频率大为减少。

表2　　反向通勤者与城区内就业者通勤出行平均时耗与距离

	平均时耗(分钟)	平均出行距离(公里)	所占比例
反向通勤者	61.6	27.7	19.8%
非反向通勤者	20.4	5.0	80.2%
中心城区全体居民	27.8	9.1	100.0%

2.2.2 交通设施方向不均衡性明显

虽然反向通勤者的居住地与就业地点高度分散，但进出环的通道数量有限，加之高峰时段出行高度集中，导致进出中心城区道路出城一侧拥堵较为严重，且不均匀系数较高，影响通道运行效率，且道路资源使用并不均衡。对于轨道交通和常规公交，在相应进出外环位置未观测到明显的外出流量高于进城流量。

2.2.3 企业运营班车成本负担较重

目前天津市中心城区班车多数由企业运营，企业运营班车带来较高运行成本，成为企业负担。

3 发展趋势与规划策略

3.1 发展趋势分析

中心城区反向通勤有一定的历史发展背景，同中心城区功能升级、工业东移、环城地区先进制造业快速发展以及外围地区公共配套设施不足等因素息息相关。外围地区医疗、教育和商业等公共配套服务缺乏或条件不佳，居住环境和品质吸引力不足，造成企业既有员工生活在城区、工作在外围，从而引发了大规模反向通勤。从现状调查数据分析来看，反向通勤出行目的地往往更分散，不利于公交交通组织，交通方式集中于班车和小汽车，员工出行时间代价较大，企业运行成本负担往往也较大。新近成立的一些企业在招聘新员工时，基于企业运行成本控制的考虑，已经开始提出不再配备班车，由员工自行解决通勤交通问题。未来，随着外围地区公共服务设施的不断完善和居住环境的不断提升，职住平衡性将更加完善，反向通勤比重将逐步下降。

3.2 发展对策研究

(1) 增加产业功能区附近生活配套服务设施的种类与数量,吸引通勤人口就近居住。通过逐步完善产业功能区附近生活配套设施,尤其是医疗、教育和商业等设施,吸引新增人口不断向外围区集聚,解决产业功能区周边居住功能不足问题,优化产业功能区居住地分布,降低职住分离比重。

(2) 加强轨道交通站点的接驳体系建设,实现产业区内出行目的地与轨道交通站点的无缝衔接。通过完善轨道站点周边接驳体系,构建一体化交通服务,提高公共交通在通勤出行中的出行比例,优化通勤出行结构,解决企业运行成本过高问题。

(3) 针对居住地和就业地分散的特点,以及人群特点,推出定制公交等组织客流新形式,替代企业班车降低企业运营班车成本。借鉴北京、深圳和成都发展经验,借助大数据应用平台,创新公交服务,通过需求响应或定制公交等方式,建立多元化的公共交通服务,为员工通勤提供公共交通,提供社会化运输服务,降低企业运输成本。

(4) 近期对于潮汐特征明显的道路推出潮汐式车道,按出行时间特性灵活配置道路空间资源。由于潮汐交通的存在,道路交通方向不均匀性较强,存在车道通行能力利用不足和通行能力限制的情况,根据潮汐特征推出潮汐式车道,有助于合理利用道路资源,优化道路空间资源配置,提高道路运行效率,缓解潮汐交通拥堵。

参考文献

[1] 天津市城市规划设计研究院. 第四次综合交通调查报告[R]. 天津:天津市规划局,2014

[2] Thriving TOD. What can we learn from mass transit in D. C. suburbs? [EB/OL]. [2010-1]

[3] Anne Aguil ra , Sandrine Wenglenski, Laurent Proulhac. Employment suburbanisation, reverse commuting and travel behavior by residents of the central city in the Paris metropolitan area[J]. Transportation Research Part A 2009:43.

[4] 张艳,柴彦威. 基于居住区比较的北京城市通勤研究[J]. 地理研究,2009 年 05 期.

[5] 熊竞,马祖琦,冯苏苇. 伦敦居民就业通勤行为研究[J]. 城市问题,2013 年 01 期.

关于天津市快递物流业空间布局规划的思考

Research on Spatial Layout Planning of Express Logistics in Tianjin

范小勇　那艳玲

摘　要：围绕贯彻落实京津冀协同发展要求和天津市功能定位，提出了将天津建设成为京津冀地区快递专业类物流中心、北方地区快递专业化服务枢纽、东北亚重要的国际快递服务门户的发展目标，构建由“快递专业类物流园区—快递处理中心（分拨中心）—快递营业场所—基础性快递末端公共服务设施”组成的四级快递物流设施体系，从而实现12小时快递圈覆盖天津市域，24小时快递圈覆盖以京津冀为主的北方地区，48小时快递圈覆盖全国各大主要城市。空间布局方面，规划提出形成“一轴两圈三园多节点”的快递物流空间布局结构，实现快递物流设施与城市空间格局、交通体系和快递物流发展目标相适应。同时，规划对“四级”快递物流设施体系分别提出了发展引导。

关键词：快递物流；空间布局；发展指引

Abstract: Around the implementation of the coordinated development of beijing-tianjin-hebei requirements and function orientation of tianjin, the plan is put forward to build tianjin into a beijing-tianjin-hebei region express professional class logistics center, express specialized service hub in the north, northeast Asia important international express services portal development goals. Constructed by combining with the development goals, planning “express professional class logistics park - express processing center (distribution center) - express business premises - basic express public service facilities” at the end of 4 class express logistics facilities system, so as to realize 12 hours express circle covering area of tianjin, 24-hour express circle cover is given priority to with beijing-tianjin-hebei region to the north, 48 hours express circle coverage in major cities throughout the nation. Spatial layout, programming is proposed to form “one axis two laps more than three garden node” express logistics spatial layout structure, realizes the express logistics facilities and urban spatial structure, transport system and express logistics development goals. At the same time, the planning system are put forward on a level 4 express logistics facilities development guidance.

Keywords: express logistics; spatial layout planning; development of guidance

1　引言

快递是指单件重量一般不超过50公斤，包装规格符合相关限定要求的物品。近年来，快递产业已成为拉动经济和带动就业的新增长点（图1）。2016年，我国快递业务量超过310亿件，年增幅达到51.7%，位居世界第一位。“十二五”期间，我国快递业新增就业岗位超过100万个，其对于航空、铁路、公路和水路等基础设施的建设发展也起到一定的促进作用。同时，杭州、无锡等快递发展迅猛的城市纷纷加快快递物流园区规划建设。

天津作为国家第一批开展电子商务与物流快递协同发展试点、全国第八家具备保税进口业务资格的跨境电子商务服务试点城市，逐渐成为国家快递业发展的战略节点。同时，《京津冀协同发展规划纲要》提出提升区域交通一体化运输水平，推动邮政和快递处理中心等建设的要求，也为天津快递业发展带来新的契机。为落实京津冀协同发展战略，推动天津快递产业加快发展，科学引导快递产业空间布局，有必要编制天津市快递专业类物流设施布局规划，引领和适应快递物流产业发展趋势，构建快递物流服务设施体系，科学布局快递物流产业发展空间，支撑城市功能定位目标实现。

2　天津快递物流业发展基础

2.1　天津市快递业发展情况

近五年来，天津市快递业保持了持续、稳定、高速增长，行业发展势头迅猛，市场规模逐年扩大。2015

作者简介：范小勇，天津市城市规划设计研究院，规划研究中心
那艳玲，铁路总公司第三勘察设计集团有限公司，城交分院

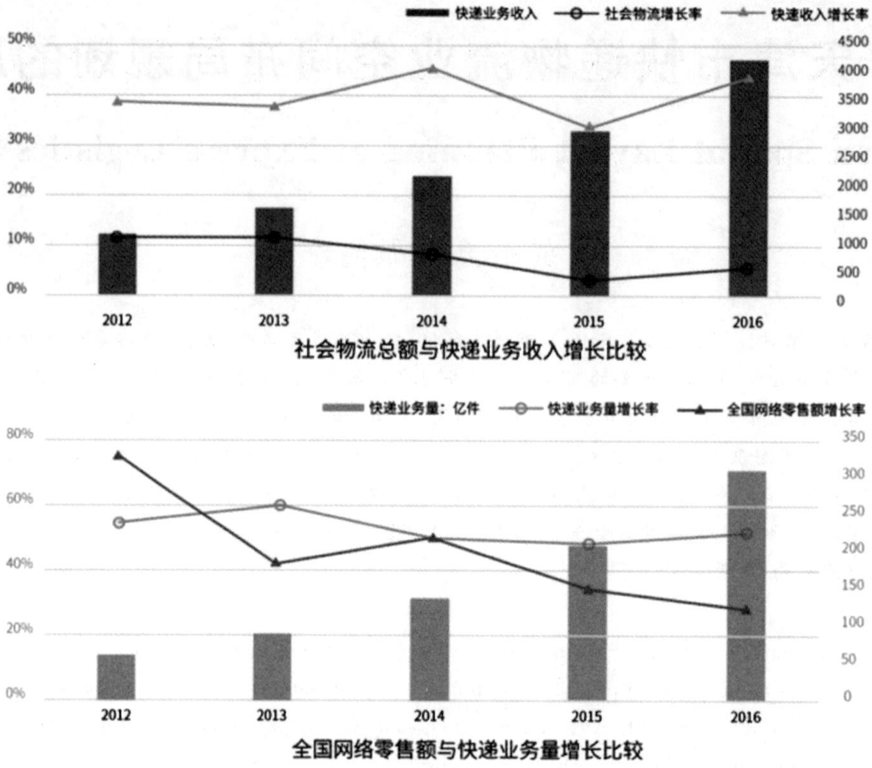

图 1　我国快递业部分数据统计

年快递业务量 2.56 亿件，比 2010 年增长 6.4 倍，年均增速超过 35%；快递业务收入达到 43.54 亿元，约为 2010 年的 3.8 倍，年均增速超过 20%。截至 2015 年底，全市登记注册的快递企业超过 300 家。

天津快递设施网络初步形成。全市注册快递分拨中心 28 个，总占地面积 14.5 公顷。快递营业场所 966 个，总建筑面积约 28 万平方米。同时，建设了一批智能邮件快件箱等基础性快递末端公共服务设施。

电商仓配中心发展势头迅猛。全市电商企业超过 320 家，阿里巴巴、京东商城、亚马逊、苏宁易购及当当网等国内 B2C 在线零售 20 强企业全部落户天津，为开展电子商务与物流快递协同发展试点奠定了良好基础。

2.2　天津市快递业存在问题

“十二五”时期，天津快递业发展虽然取得了巨大成就，但仍存在着一些问题和明显短板，突出表现为：

一是快递发展水平与城市功能定位不匹配。2015 年，天津市快递业务量为 2.56 亿件，按省市排名为 14 位(2015 年北京市 14.1 亿件，第 5 位；上海 17.1 亿件，第 4 位)，与天津在全国经济发展的水平以及城市定位相比，快递业务整体规模有待进一步提高。同时，业务中转量小，服务范围小(中转件仅占快递业务量的 6.4%，仅覆盖市域及河北唐山、沧州等临近地区)，服务区域的能力有待提升。

二是快递服务体系不完善，空间布局较分散。全市快递业缺乏专门规划引导，造成服务设施网络不健全，快递产业用地缺乏空间保障，现状超过 92% 的快递分拨中心中是通过租用建筑方式经营；现有快递产业空间过于分散，不利于空间集聚发展和基础设施配套；基层设施网络不健全，设施布局与周边空间和交通不协调；农村快递服务覆盖范围尚存在盲区。

三是交通等配套服务体系不完善而制约快递产业发展。机场服务辐射水平弱，约 2/3 的天津货源从北京机场分流；铁路运输支撑能力不足，尚无高铁货运站点和始发特快行邮专列；城市交通管制与快递末端服务需求不协调，造成快递“最后一公里”服务难；此外，公共信息平台建设滞后、网络宽带服务不足也制约了快递服务能力提高。

3　空间规划思路

3.1　明确总体发展目标

按照天津“全国先进制造研发基地、北方国际航运核心区、金融创新运营示范区、改革开放先行区”的功能定位，快递物流业的发展目标要紧紧围绕贯彻落实京津冀协同发展、“一带一路”、滨海新区开发开放、天津自贸区和国家自主创新示范区的国家战略要求，结合天津市关于建设快递专业类物流产业园区的有关需要，建立快递物流设施网络体系，优化快递专业类物流园区空间布局，促进快递产业加速发展，带动电子商务、先进制造、现代农业、金融服务和科技研发等相关产业联动发展，支撑城市功能定位的目标实现。因此，天津快递物流业发展应该以形成完善的智慧快递服务网络，努力建设成为京津冀地区快递专业类物流中心，北方地区快递专业化服务枢纽，东北亚重要的国际快递服务门户为目标定位。在时空服务圈上，要明确对京津冀区域、北方地区和全国主要大城市的时空服务水平，如建设 12 小时，24 小时，48 小时快递圈。12 小时快递圈覆盖天津市域，24 小时快递圈覆盖以京津冀为主的北方地区，48 小时快递圈覆盖全国各大主要城市。

3.2　构建快递物流体系

结合产业发展特征和趋势和区域中心职能，规划“四级快递物流设施”构成的层级明确、功能完善、带动相关产业的设施体系。四级分别为“快递专业类物流园区一快件处理中心(分拨中心)一快递营业场所一基础性快递末端公共服务设施”。其中，快递专业类物流园区和快件处理中心(分拨中心)主要面向国际、全国和周边区域提供服务。快递专业类物流园区是集中建设的快递物流设施群与众多快递物流组织的空间集聚区。快件处理中心(分拨中心)是快递物流网络中的重要节点，主要承担集中的理货、分拣、封发等分拨作业功能。快递营业场所是快递服务组织用于提供快递收寄、投递及其他相关末端服务的场所，主要服务周边地区。基础性快递末端公共服务设施是结合社区、办公楼、校园、政府机关和农村等设置的、由多家快递服务组织共同提供服务、带有公益性特征的综合平台，包括社区快递配送公共服务中心、校园快递配送公共服务中心、农村快递配送公共服务中心以及智能邮件快件箱等。如图 2 所示。

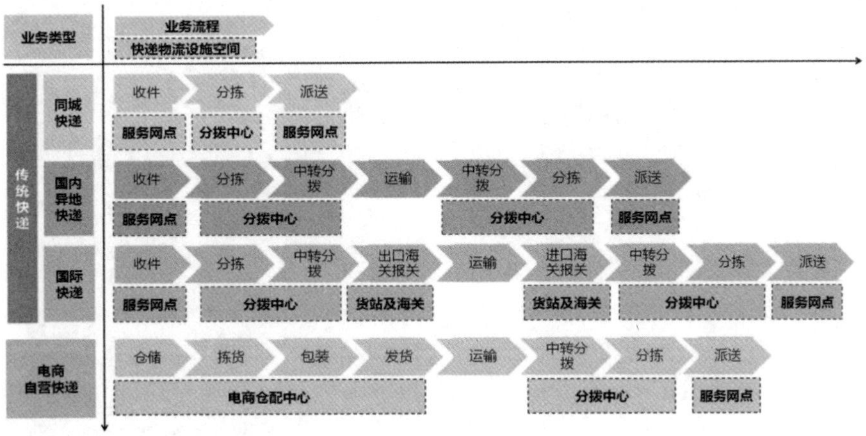

图 2　快递业务流程及设施空间示意图

3.3　总体空间布局方案

结合天津现状快递设施的分布，依据城市总体规划的空间结构，规划形成“一轴两圈三园多节点”的快递物流设施空间布局结构，实现快递物流设施体系大分散、小集中，与城市空间格局、交通体系和快递物流发展目标相适应。其中：“一轴”是指沿京津塘高速公路沿线形成快递物流发展带。“两圈”是指沿中心城区外环线周边和滨海新区核心区周边分布形成的两条快递物流集聚圈。“三园”是指空港快递物流园、东疆港快递物流园、武清电商快递物流园 3 个快递专业类物流园区。“多节点”是指在环城四区和外围区县等区域设置若干快件处理中心。

其中，空港快递物流园依托航空资源，面向国际、国内转运市场，利用自贸区政策，为时效性要求强的高附加值快件物品提供跨境和国内航空快递服务，建设服务京津冀，辐射北方地区的航空快递专业类物流园区。东疆港快递物流园依托港口资源及保税区、自贸区政策，发挥低成本、大运量的海运优势，以保税仓为主要载体，成为面向北方及全国的跨境消费市场，集国际快递和跨境电子商务等功能于一体的快递专业类物流园区。武清电商快递物流园依托现有电商集聚资源，以电商仓配中心为主要载体，发展以电子商务与快递物流仓配一体化为特色的快递服务，面向华北及北方消费市场，建立适合电子商务发展的现代快递专业类物流园区。园区选址于武清开发区、京滨工业园、武清电商产业园和京津科技谷内，形成“一园四区”的空间格局。如图 3 所示。

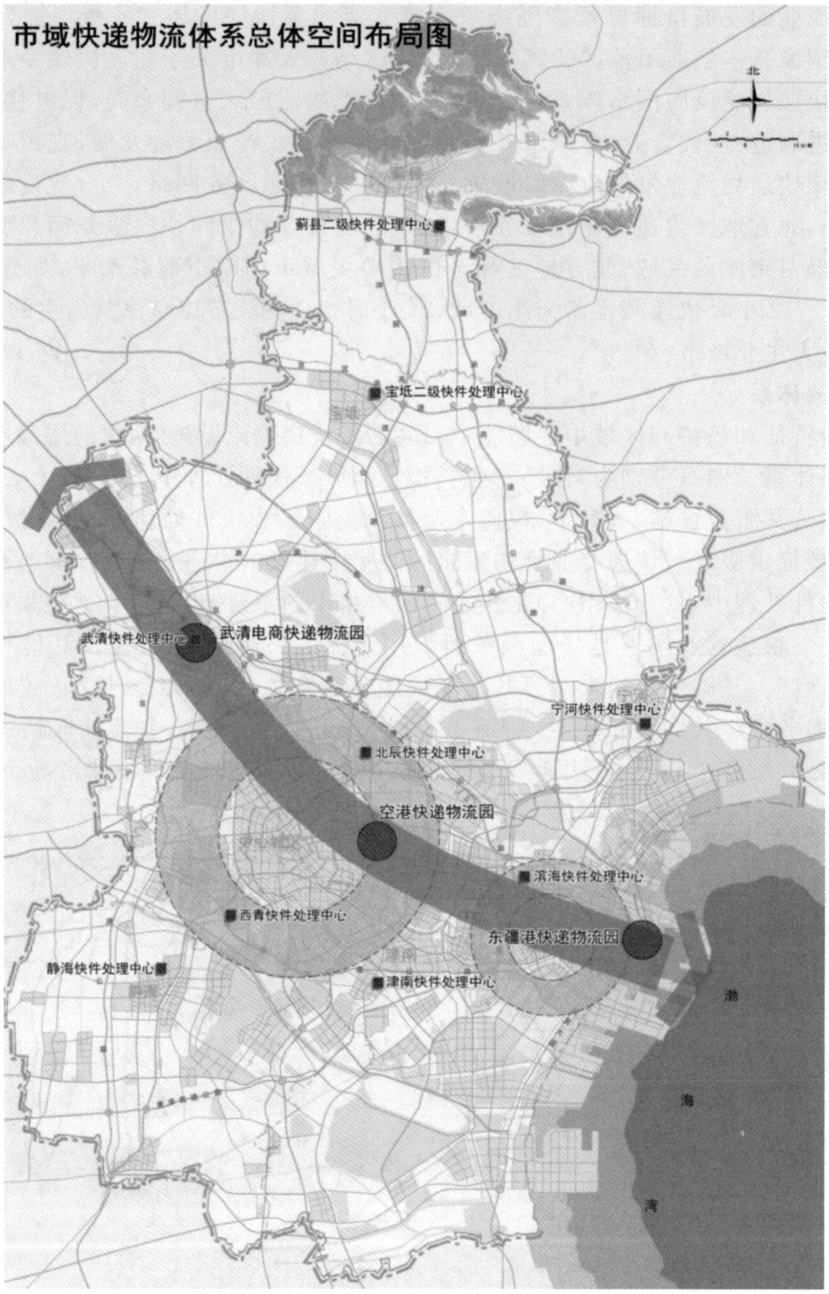

图 3　天津市快递物流设施体系空间布局规划示意图

快地处理中心布局按照“向外引导、均衡布局、分级设置”的布局原则，统筹考虑城市发展需要，综合服务半径及交通、用地条件，实现快件处理中心覆盖每一个区县，全市规划布局 15 个快件处理中心。

同时，依据国家和天津市相关文件、规范和技术标准，对快件处理中心的用地性质、交通条件、配套设施以及安全保障等提出相关要求（表 1）。

表 1　　天津市快递处理中心规划指引

规划指引内容	具体要求
设置要求	独立占地
用地性质要求	以物流仓储用地（W）为主，可兼容工业用地（M）
用地规模	多个快递企业集中设置，每处 5～10 公顷
交通要求	毗邻主干道、快速路，有便捷的交通条件，但不影响区域交通
配套要求	双电源配置；双网络供应“一用一备”，至少 20M 光纤以上
安全要求	消防、用电、监控、安检等安全要求以及环保要求须按照相关标准和办法执行

针对快递营业场所市场导向特征，发挥市场资源配置作用，应依据《快递营业场所设计基本要求》《邮政普遍服务》等相关规范、标准，及国内其他城市快递营业场所的建设经验，对快递营业场所提出规划指引（表 2）。

表 2 天津市快递处理中心规划指引

规划指引内容	具体要求
设置要求	具有固定的独立室内空间、室外场地和出入口，可结合商业服务设施进行配置，考虑周边环境，减少对居民生活和城市交通带来的不便
配建标准	中心城市平均 0.5～1 公里服务半径或 1 万～2 万服务人口设置 1 处。武清、宝坻、静海、宁河和蓟县五个区域中等城市、组团、中心镇、一般镇平均 3 公里服务半径或 5 万～8 万服务人口设置 1 处
建筑兼容性	鼓励与居住区级社区商业服务中心、居住小区社区商业服务网点结合设置
规模要求	基本型营业场（仅满足业务接待和快件暂存基本功能）所面积不小于 15 平方米，拓展型营业场所（除具备基本型营业场所服务功能外，还可满足业务操作、停车及装卸、充电等其他功能）面积不小于 30 平方米，且营业场所面积应与快递业务量大小相适应
交通要求	交通便捷，满足运输、揽投等车辆的进出。可临支路、次干道，不可临主干道、快速路
安全要求	消防、用电、监控和安检等安全要求以及环保要求须按照相关标准和办法执行

针对基础性快递末端公共服务设施的公益性特征，在农村地区、居民社区、校园等地区要加快建设快件综合服务网点以及智能邮件快件箱，并明确相关建设要求。其中，社区综合服务网点应具备 15 平方米以上可进行快递业务的独立空间；校园快件综合服务网点应具备 30 平方米以上可进行快递业务的独立空间；农村快递综合服务网点应具备 45 平方米以上可进行快递业务的独立空间。同时支持智能邮件快件箱建设，可结合邮政基础设施、政府机关、办公楼、校园、社区、轨道交通站点及农村等铺设，依法接入天津市电子商务与快递物流服务信息公益性服务平台。

4 结语

国务院专门出台了《国务院关于促进快递业发展的若干意见》（国发〔2015〕61 号）推动快递行业发展，快递物流业作为新兴物流产业日益受到各个方面的重视。但是，目前全国还没有编制和批复的快递专业类专项规划，除《快递营业场所设计基本要求》（YZ T 0137-2015）对快递营业场所有相关要求外，也缺乏相关的规范指引。在缺乏相关规划规范依据的情况下，天津市通过组织专业技术单位归纳总结快递行业运作流程、快递设施规划建设需求，参考借鉴相关技术规范要求，提出了天津快递物流设施规划体系和各类快递设施规划布局要求，为科学编制规划奠定了坚实基础。编制的快递专业类专项规划既是全国第一个经政府批复的专项规划，也是对快递物流专项规划的一次有益创新和探索。

参考文献

[1] 天津市人民政府. 天津是快递专业类物流专项规划(2016-2020 年)[R]. 2016.
[2] 国务院. 国务院关于促进快递业发展的若干意见(国发〔2015〕61 号)[R]. 2015.

第二篇

交通设计

商业综合体交通特征研究

Research on Traffic Characteristics of Commercial Complex

董 静

摘 要:商业综合体是城市化进程的必然产物。特别是在人口高度集中的大城市,随着建设用地的日益紧张和休闲娱乐等多重消费需求的日益增长,近年来商业综合体成为我国大城市商业体的发展主流。本文结合国内外商业综合体发展经验,通过对小汽车为主的北美模式和轨道交通为主的亚洲模式的特征分析,并结合北京、深圳等成功案例的交通供给条件,从规划层面提出交通改善的对策,指导新建项目的规划建设。

关键词:商业综合体;出行特征;交通规划

Abstract: The commercial complex is an inevitable result of urbanization. Because of the increasingly tense construction land and the growing consumer demand, commercial complex has become a mainstream in highly populated cities of China. This paper studies the development experience of domestic and foreign commercial complex, analyzes the characteristics of Car-based North American model, Rail transit-based Asian model, and other successful cases in traffic conditions, to improve the traffic measures and guide the planning and construction in new projects.

Keywords: Commercial Complex; Traffic Characteristics; transportation planning

1 引言

商业综合体,即城市中商业、办公、居住、旅店、展览、餐饮、会议及文娱等三项以上功能进行组合从而形成的以商业为主的多功能、高效率、复杂而统一的综合体建筑。商业综合体是建筑中不同功能空间的相互融合,以达到功能互补之目标的一种实现新型的城市建筑空间的设计模式。城市商业综合体是城市化进程的必然产物,特别是在人口高度集中的大城市,建设用地越来越紧张,习惯快节奏的都市人群需要一个方便、快捷、经济的集购物、餐饮、休闲和娱乐等多功能于一体的综合空间,享受高效率的工作和生活,在此要求之下,城市商业综合体应运而生,并且发展迅速。另一方面,城市商业综合体对于城市发展和运营起到一定的良性促进作用,有利于城市中心与商圈的形成,能够推动第三产业的发展,提升城市的形象,可为周边居民提供消费、活动的场所,能够潜移默化地改变居民的生活方式。

在此背景之下,本文以国内外典型城市商业综合体为研究对象,从道路交通条件、公共交通服务、交通设施配套等角度分析商业综合体的交通供给,为今后的规划、建设和管理工作提供一定的参考。

2 国内外案例借鉴

商业综合体最初起源于国外的 Shopping Mall,英文原意为“散步道式的商店街”,指集购物、休闲、娱乐和饮食等于一体,包罗众多商铺的商业中心或林荫商业街。这种商业模式于 20 世纪初产生于美国,伴随着家庭汽车化和住宅郊区化而诞生。七八十年代开始盛行于欧美,随后进入日本、新加坡等东亚、东南亚地区,目前已成为欧美国家的主流零售业态。

2.1 北美模式:美国、加拿大等

二战后,以美国为代表的西方发达国家工业和商业迅速发展,城市化速度大大加快,这一时期许多发达国家的城市化率达到 60%以上,同时也导致城区内产生了一系列的严重问题,包括城市土地价格上涨、住房紧张、环境恶化、交通拥堵和犯罪率上升等。由于美国郊区城市与城市商业中心间的土地差价,使许多公司纷纷将总部迁往郊区,形成了大量位于高速公路交叉口、功能齐全的大型购物中心。同时,随着小汽车的快速发展,人口逐渐向郊区疏散,形成了郊区化的倾向,这种趋势使得郊区购物中心(Shop-

作者简介:董静,女,东南大学,工学学士,天津,天津市城市规划设计研究院

ping Mall)有了非常迅速的发展。

典型案例:Mall of America(美国购物中心)及 West Edmonton Mall(加拿大西埃德蒙顿购物中心)

Mall of America 于 1992 年开业,位于美国布鲁明顿市,距离机场 1.5 英里(约 2.4 公里),位于 4 条主干道的交汇处。该中心占地 78 英亩(约 31.59 公顷),建筑面积约 39 万平方米,总投资高达 6 亿多美元,是美国目前规模最大的超级室内 mall 购物商场(表 1)。该中心共分上下 4 层,集购物与娱乐于一体,建筑宏伟壮观,包括 400 个零售商店、4 个大型百货公司、1 个多功能娱乐中心、2 个大型停车场及 12750 个停车位,为布鲁明市提供了 1 万余个就业机会。据计算,如果在 MOA 的每家店铺呆 10 分钟,转遍所有店铺至少需要 86 个小时。

表 1　Mall of America 概况

占地面积(平方米)	315666	店铺数量	614 个
建筑面积(平方米)	390000	停车位	12750 个,周边另附 7500 个
可出租建筑面积(平方米)	230000	开业时间	1992.8.11
经营业态	百货、餐饮、主题公园、水族馆、高尔夫球场、影院		

West Edmonton Mall 于 1981 年开业,位于加拿大埃德蒙顿市西郊,毗邻两条高速公路交汇处。该中心曾为世界最大的购物中心,建筑面积超过 50 万平方米,共分上下 3 层,具有 800 家商店、110 家餐厅、26 个电影院、赌场及多项超大型娱乐设施,并设置 50 个出入口和 2 万多个停车位。商场每年人流约有 2820 万人次,旺季每天约有 15 万人次,年营业额可达 28.8 亿美元。

由此可见,以美国和加拿大为代表的北美国家地广人稀,城市分散,城市郊区化明显。因此,大型商业综合体主要以郊区中高收入居住区和高速公路交叉点为立足点,以一组大规模的综合体或建筑群为主,把一系列零售商铺、超级市场及大面积的停车场组织在内,通过"一站式"的购物体验、平面式综合开发、便捷的交通网络为顾客提供服务,该种模式主要具有以下特点:

(1) 地理位置上,主要依托市郊高速公路建立起来,多位于城乡交界处。

(2) 空间形态上,建筑规模及公用空间巨大,以"横向平铺式"为主要建筑形态。

(3) 出行方式上,以小汽车为主要的出行方式。

(4) 停车设施上,多配有大规模停车场,采用水平方向车库的同层布局和垂直方向的组合布局。

2.2　亚洲模式:日本、中国香港、新加坡等

20 世纪 70 年代中期到 80 年代初期,亚洲地区相继出现了集文化、娱乐、休闲等功能于一体的商业综合体。与北美模式不同,亚洲的商业综合体选址多位于城市中心,在沿袭市郊商业综合体模式的基础上,不断以旧城市商业中心的改造和复古建筑、人文设计,赋予综合体新的发展内容。同时,由于土地相对稀缺、城市中心区域人口密度较高等现实因素的存在,使得亚洲购物中心大多在高额土地成本下进行运作,并且主要集中在城市中心区域,因此垂直型购物中心是亚洲地区的主要形态。

亚洲典型城市的商业综合体多集中在地铁车站附近,以日本为例,交通运输系统尤其是铁路有很多是私营的,有些公司往往在开发铁路的同时也在车站附近开发许多大型的商业综合体。交通与商业的联合开发带来了聚集效应,又促进了商业和运输业的发展。

典型案例:香港九龙站商业综合体

香港九龙站商业综合体位于西九龙临海地段,位置优越。由佐敦道、连翔道、柯士甸道西和雅翔道四条道路围合而成,占地 13.64 公顷,总建筑面积约 109 万平方米(图 1)。

项目始建于 1996 年,先期开发住宅项目,住宅约有 5800 户;2007 年商业主体圆方商场投入使用,至此,车站已投入运营近 10 年,所有住宅项目也基本完成;2011 年,星级酒店和高档写字楼开始营业。项目定位高端,商场人均消费约 3200 港元,面向的消费群体多层次多地域。整个商业综合体呈现"外高内低"的格局,外部由高端住宅和写字楼、酒店围合,内部有高端购物中心和中心花园。

项目总住宅面积约 67 万平方米,商业面积约 10 万平方米,商场业态组合多样,其中,时装占 50%,餐饮占 30%,娱乐占 10%,其他零售商店占 10%。商场品牌以中高端为主,同时还有电影院和溜冰场等娱乐设施(表 2)。

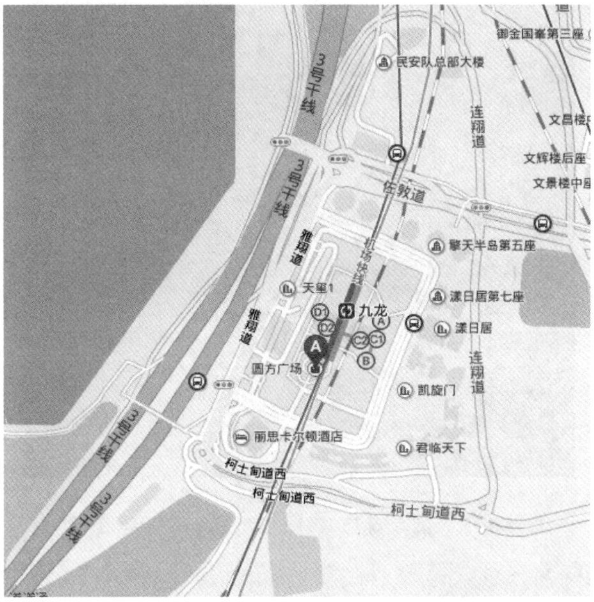

图 1　九龙站商业综合体区域路网图

表 2　香港九龙站商业综合体概况

物业	完成时间	档次	体重(万 t)	容积率	简介
漾日居	2000	高档住宅	13	5～6	6 栋，1 288 个单位，1 332 个停车位，单位面积约 77～232 平方米
擎天半岛	2003		16	5～7	5 栋，2 216 个单位，1 270 个停车位，单位面积约 77～252 平方米
凯旋门	2004		10	5～6	4 栋，新小鸿基地产：225 米高，75 层，约 1 300个单位
君临天下	2005		10	5～7	3 栋，恒隆地产：1 122 个单位，864 个停车位，单位面积约 95～271 平方米
圆方商场	2007.10	顶级购物中心	9.3	15～18	新鸿基地产：香港首个横向式商场，商业最高端商业，4 层
天玺	2007.3	国际级多功能大厦	住宅 18.2 酒店 5.3		新鸿基地产：香港最高的纯住宅，2 栋约 270 米双子塔，包括住宅、服务式出租住宅(港景汇)和豪华六星级酒店(W 酒店)
环球贸易广场	2007－2010	国际级地标办公楼	共 26.2 写字楼 23.2 酒店 3.0		新鸿基地产：香港最高写字楼，全球第四高，共 118 层，490 米，丽嘉酒店(The Ritz-Ccrlton)300 个客房

该商业综合体依托机场快线(地下一层)和金涌线(地下二层)2 条轨道线的先天优势，配备了齐全的地铁、巴士等公共交通，还有小汽车停车场等静态交通设施，吸引了大量人流、客流。交通配套具体如下：

(1) 九龙站商业综合体中心有机场快线(地下一层)、金涌线(地下二层)2 条轨道线穿过，内部设有 6 个出入口。其中 C2 口和 D2 口能直接与圆方商场通过直梯或电动扶梯连通，真正实现了无缝衔接(图 2)。

(2) 巴士按照站点位置可分为两类，一类为综合体外围站点，分布在柯士甸道西、佐敦道，距离综合体约有 100 米的距离；具体有 110 路、九巴 11 路、九巴 203e、九巴 215x、九巴 259b、九巴 261b、九巴 270a 和九巴 281a 等。另一类为商业综合体内部公交站点，具体有 110 路、小巴 26、小巴 74 和小巴 77M 等。从线路服务范围来看，巴士主要覆盖了九龙地区，服务于香港岛的巴士只有 110 路一条线路(图 3)。

(3) 圆方商场停车场分为南北两个停车场，每个停车场分为三层：分别是南 1F，南 2F，南 2M；北 1F，北 2F，北 2M；其中南北停车场的 2F 均为夹层停车，商场总停车位约 986 个(图 4)。

(4) 各类交通方式采用三维立体方式组织，地面层及所有地下层均为公共交通设施、道路及停车场。交通层上设第一、二层人行通道和购物层，借以开设商业及小型商业广场。在购物层之上，是一个高出街面 18 米的平台，包含开敞式露天广场、花园及建立在平台上的大厦入口，以天桥方式与覆盖西九龙的人行路网相连(图 5)。

图 2　圆方商场与地铁站出入口连接图

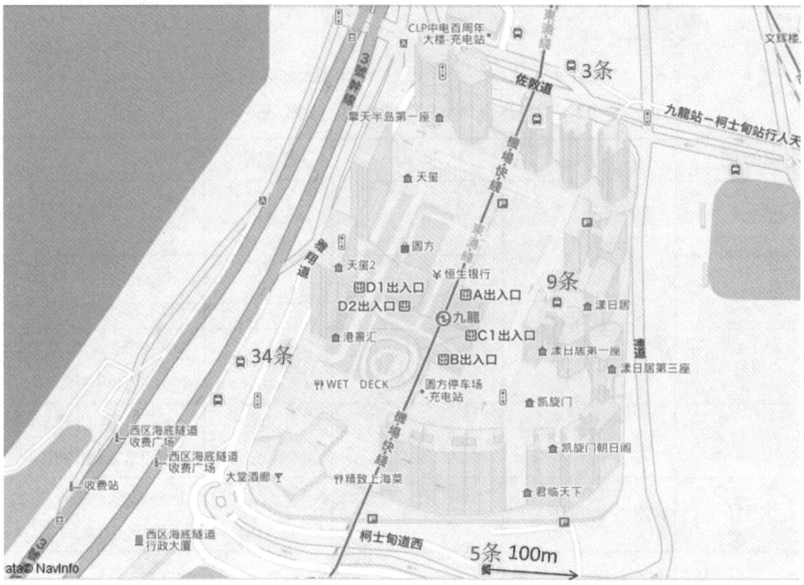

图 3　九龙站商业综合体周边公交图

图 4　圆方商场小汽车停车场图

由此可见，以香港为代表的亚洲国家大多人口密度大而土地有限，因此城市建设时往往追求土地及空间使用的效率最大化，因此主要具有以下特点：

(1) 由于土地资源相当紧张，出行方式上主要依靠城市公共交通，尤其是城市轨道交通，商业综合体

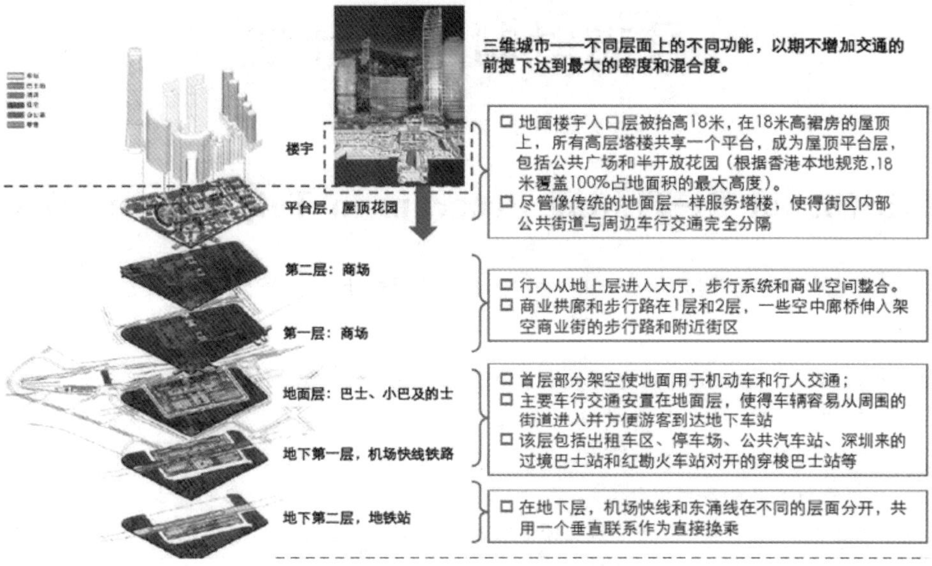

图 5　圆方商场立体布局

选址多在轨道站周边。

（2）空间形态上，追求土地及空间利用的效率极大化，以“纵向伸展式”为主要建筑形态。

（3）周边道路宽度较窄且交通压力较大，综合体配建的停车场规模均不大，主要为地下停车库的形式，开口均在次要道路上，对交通干道影响小。

目前，我国的商业综合体建设正处在四面开花的阶段，不同于北美模式，我国的商业综合体大多选址在城市中心区 CBD 等优越地段，依托良好的地理位置和交通条件，为周边社区及区域提供便捷化、一站式购物。我国的商业定位一般为中高端，服务的人群为中高收入的中产阶级。优越的地段和对多功能商业的需求是催生国内商业综合体的必要条件。通过对国内外先进商业综合体的学习研究，建议国内新建或改建商业综合体时，应考虑提供以下交通条件：

1）高可达性

商业综合体选址于城市道路交通网络发达、城市功能相对集中的区域，拥有与外界联系紧密的城市主要交通网络和信息网络。

同时，项目周边应规划良好的公共交通条件，300 米范围内至少应有 1 处地铁车站，其周边的普通公交站应有 10 条以上的普通公交线路。

2）便捷化的进出通道

商业综合体在规划设计时应预留通道衔接轨道车站的出入口，最大程度地吸引轨道交通的客流，减少机动车出行比例。同时，商业综合体出入口的设置应尽可能靠近重要公交站点，为顾客提供便利。

3）增设购物班线等

考虑到商业综合体的节假日客流较多，且时间分布较有特点，结合其客流特点可适当开行购物公交线路，提高节假日公共交通服务水平。

4）充足的停车设施

由于商业综合体的机动车出行高峰时段较为集中，地库出入口交通压力较大，成为导致外围道路交通拥堵的原因之一。因此设置地下车库应配置充足的车库出入口，并加强引导，避免因为进出停车场的车辆滞留而导致的道路拥堵。

参考文献

[1]　庄典雅.解密城市商业综合体设计[M].北京:北京大学出版社,2014.

[2]　路启.大城市商业综合体交通策略研究——以天津市为例[R].2016,5.

号志时制改善计划

——以士林区为例

Traffic Signal Re-Timing Program in Taipei Shilin District

谢铭鸿　林育生　吴育纬　陈宗庆

摘　要：交通号志的设计影响路口使用效率，也是民众最直接感受交通是否顺畅的关键，台北市交通管制工程处 2015 年针对士林区之主要干道（中山北路、中正路、文林路、承德路等）周边路口进行时制重整，透过现况交通资料之搜集与整理、研拟时制计划之重整方案，同时运用 Synchro、TSA 及 TRANSYT-15 软件进行时制计划方案研拟，VISSIM 微观车流模拟软件分析运作绩效，完成平假日各时段时制计划拟定。

实地实施后现场观察微调，并搜集民众意见，反馈修订时制计划，以更符合实际现况，最后进行事前及事后调查绩效分析，调查结果显示路段服务水平提升，整体路网延滞约下降 16.8%～23.9%。达到降低路口停等、延滞时间及车流冲突，增加道路安全性的目标，进一步可创造降低旅行时间、减少环境污染和油耗及增加用路人舒适性等社会效益。

关键词：交通号志；路口延滞；时制计划

Abstract: Traffic signal design affects not only efficiency of the intersection, but also what people most directly feel the smooth flow of traffic or not. The signal timing plan shall be designed in response to the changing of traffic characteristics due to urban development.

Traffic Engineering Office is restructuring timing plan of major arterial (Zhongshan North Road, Zhongzheng Road, Wenlin Road and Chengde Road) in Shilin District this year through data collection, timing plan development, implementation and afterwards performance evaluation and accomplish the timing plan by Synchro , TSA and TRANSYT-15.

Fix the timing plan by observing each intersection and collecting public opinion after implement the new timing plan to fit reality. According to before and after study, survey results show to rising in the level of service, to decreasing delay time by about 16.8%～23.9%. For decreasing delay time in each intersection, traffic conflict, travel time, environmental pollution and fuel consumption, improvement on traffic safety and traveler satisfaction will be expectable.

Keywords: traffic signal; delay time; timing plan

1　引言

交通号志的设计影响路口使用效率，也是民众最直接感受交通是否顺畅的关键，号志时制的设计亦须因应周边建设发展预估车流特性的改变适当调配。台北市交通管制工程处自 2008—2015 年已分别针对基隆/忠孝东路、大同区、内湖区、万华区、大安区公馆地区、文山区及士林区办理号志时制重整计划；2015 年以士林区为时制重整范围，士林区位处新北市与台北市交界，平日经由士林区往返士北科、内科与南港经贸园区等商办地点通勤交通量大，且区内包含士林夜市、台北市立儿童新乐园、台湾科学教育馆、台北市立天文科学教育馆、故宫博物院和阳明山公园等景点皆是游憩旅次集中区，故本次针对士林区主要干道（中山北路、中正路、文林路、承德路等）周边实施干道时制重整。如图 1 所示。

2　工作方法与内容

2.1　时制重整作业方法

参考交通事务主管部门运研所建立号志时制重整标准作业程序 SOP（图 2），于择定干道之号志化路口进行号志时制方案研拟与评估工作。

作者简介：谢铭鸿，台北市交通安全促进会主任委员。
林育生，台北市交通安全促进会委员。
吴育纬，台北市交通安全促进会委员。
陈宗庆，台北市交通安全促进会委员。

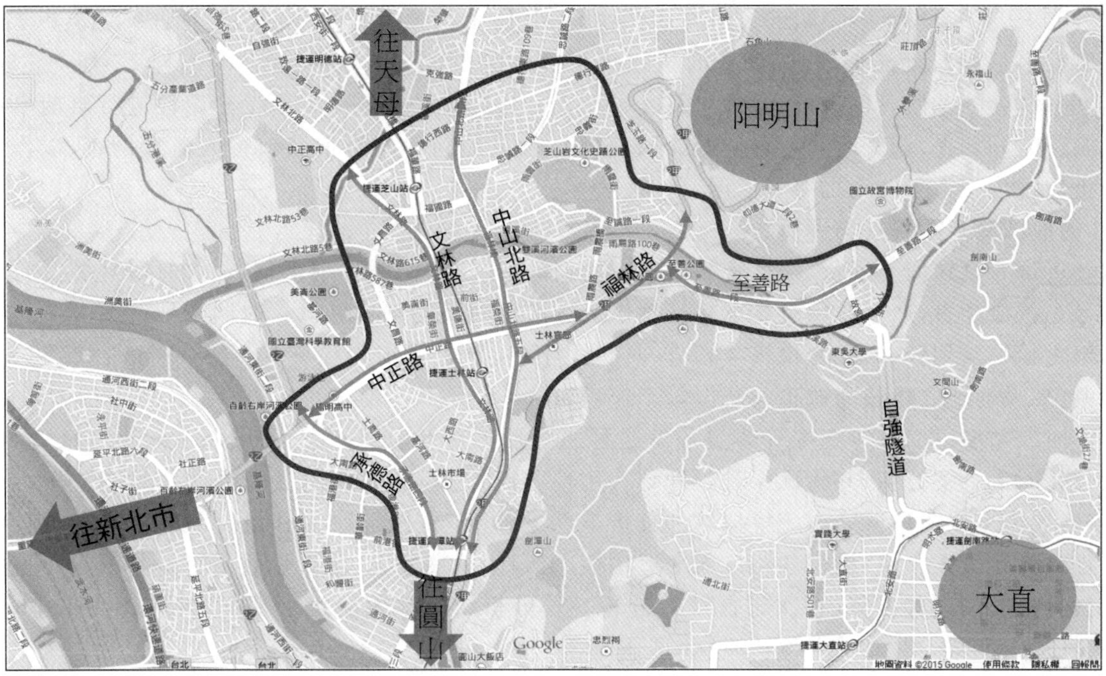

图 1　号志时制重整范围

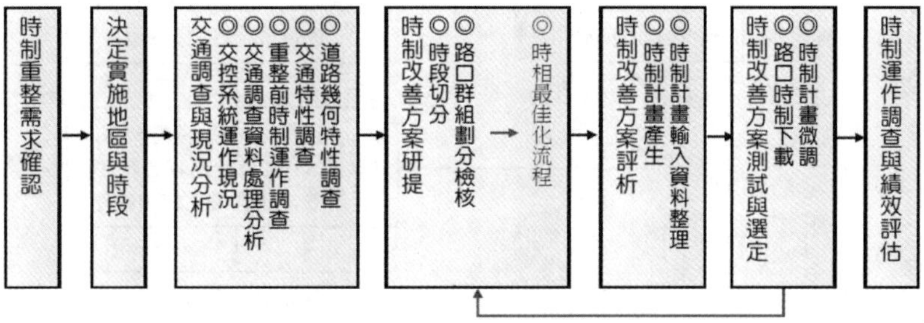

资料来源：交通事务主管部门运输研究所，交通号志时制重整计划（Ⅰ）——绩效评估模式建立，2007 年。

图 2　运研所号志时制重整作业程序

2.1.1　号志时制重整需求确认

时制重整 SOP 建议，若无特别因素下亦建议以每一至三年作为更新号志时制计划之周期。为执行交通事务主管部门推动各县市时制重整之政策，结合交通事务主管部门补助经费择定市中心区进行号志时制重整，以提升号志时制运作效率，减少车流延滞。

2.1.2　时制重整地区与时段之界定

在重整区域界定方面，由于台北市行政区域辽阔，号志化路口众多，须以分年方式逐步进行号志时制重整。2015 年主要进行士林区号志时制之重整改善，重整区域为中山北路、中正路、文林路与承德路等主要干道。

时段界定方面，因时制重整地区包含商业活动区域与重要游憩地区，除平常日之时制检核分析，亦针对假日交通尖离峰特性进行评估。

2.1.3　交通调查与现况分析

于需求与重整范围确认之后，号志时制重整必须先针对相关路口及路段进行交通特性资料搜集、调查与分析，作为后续时制计划产生之基础资料。其主要项目包括道路几何特性调查、交通特性调查、重整前时制运作绩效调查、交通调查资料处理与分析及交控系统运作现况等。

此外，为利于时制计划重整绩效评估之进行，应针对号志重整区域进行事前绩效评估之所需交通调查，以作为后续进行事前事后绩效评估比对基准。

共针对 17 处主要路口进行事前路口转向量调查，包含 6 处每处调查 26 小时，调查时间含事前平日 16 小时（07：00～23：00）、假日 10 小时（10：00～20：00），11 处每处调查 10 小时，调查时间含事前平日 6

小时(07:00～09:00、12:00～14:00、17:00～19:00)、假日4小时(10:00～12:00、16:00～18:00);6处路口进行事前事后路口延滞调查,其调查时段包括平日三时段(晨峰7:00～9:00、离峰12:00～14:00、昏峰:17:00～19:00)及假日二时段(晨峰:10:00～12:00、昏峰16:00～18:00);7个路段进行事前事后分段之路段旅行时间调查,调查时间与路口延滞调查相同;5处路口进行事前路口行人流量调查,以作为后续号志分析软件模拟人车冲突之参考依据。

2.1.4 时制改善方案研提与评析

以新近调查之转向交通量、交通管制资料,进行择定干道之时制计划重整,包含时段区分、周期、时比等重要号志控制项目,产生起始时制重整计划供后续实施执行与路口微调。时制计划重整方案研拟包含路口群组之检核及划分、时段之检核与划分、时相之检讨、群组周期之检核与调整、群组介接路口之时制检核与调整、及时比之检核与调整与研拟等工作项目。

本次时制重整以交通事务主管部门开发之号志控制最佳化软件(TSA)、Synchro及TRANSYT 15进行最佳化时制方案分析,并为确保时制计划实用性,分析过程针对前述三种软件之时制分析结果做比较,再将时制方案以VISSIM车流模拟软件分析道路运作绩效,选定评估时制改善方案之分析软件。以绩效较佳之时制方案为主,检视各路口周期适用性、群组间周期整合、行人秒数与时差等项目与地区承办人讨论后订定时制改善方案,再次进行绩效分析。若分析结果绩效能优于现况,则可作为重整方案;若否,则再度进行调整。时制计划检核流程图见图3。

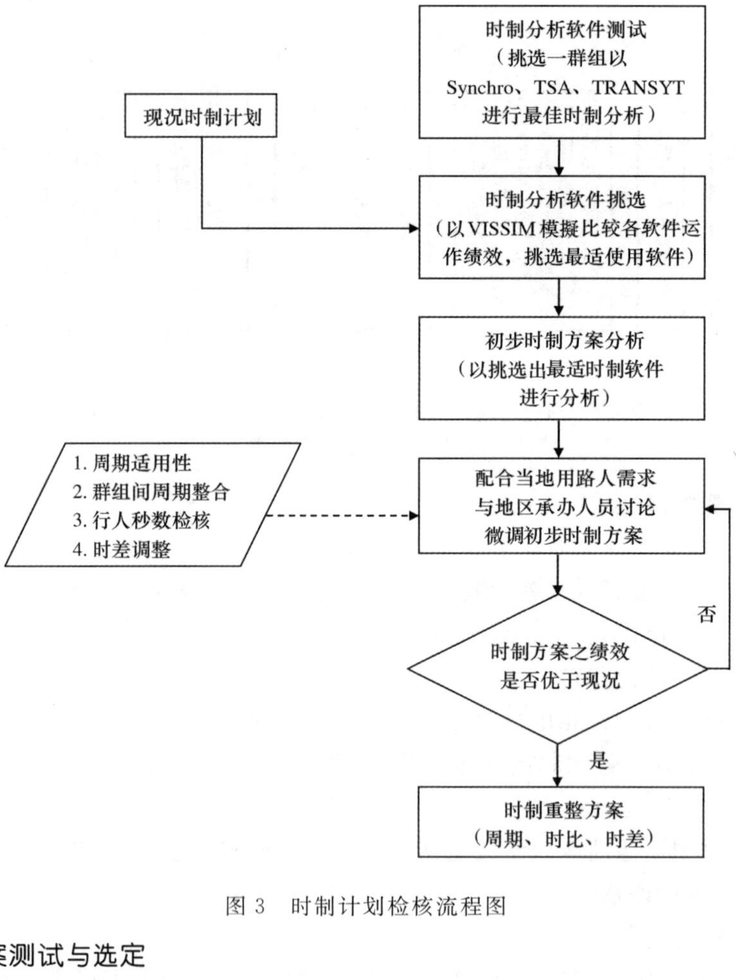

图3 时制计划检核流程图

2.1.5 时制改善方案测试与选定

透过现况调查结果与模拟软件所重整之号志时制设计技术虽已十分成熟,但下载于路口实际运作后仍必定有所差异,因此运用交通工程人员对路口现况的了解及实务操作经验,配合号志最佳化辅助软件所进行之重整后时制微调,方能适应各路口之交通需求状况,有效提升时制重整之适宜性。

2.1.6 重整后时制运作调查与绩效评估

依据号志时制重整实施前、后所进行之交通绩效调查资料,透过现况交通资料分析、号志时制重整事前分析评估、模式最佳化时制计划处理与事后调查分析等方法,进行号志时制重整绩效评估之探讨,以检视号志时制重整前后道路之交通服务绩效。其调查与评估项目包括路口平均停等延滞、路口路网平均停等百分比、路段旅行速率与环境绩效指标等。

2.2　时制重整方案研拟

2.2.1　Synchro、TSA 及 TRANSYT 15 时制最佳化软件分析

先针对往年时制重整所使用之 Synchro 时制分析软件与交通事务主管部门号志控制最佳化软件(TSA)和英国路口号志最佳化软件 Transyt 15 进行软件功能、分析方法与软件操作说明；而后选取福林路—至善路口与仰德大道—至诚路口两个连续路口，测试软件并比较其绩效。比较三套软件在车流模式、求解方案、路网建构、时制最佳化、绩效输出与操作限制说明(表 1)。

表 1　　Synchro、TSA 及 Transyt 15 操作比较

	Synchro	TSA	Transyt 15
车流模式与求解方法	1. 将大型车、小型车与机车转换为小汽车当量，放大机车之影响 2. 以最小路网延滞为目标，运用 HMC200 做计算	1. 以混合车流模式为基础，大、小、机车辆占有车道空间概念 2. 以最小停等车队为目标，启发式求解算法	1. 将大型车、小型车与机车转换为小汽车当量，放大机车之影响 2. 可选择两种不同的车流模式，包含车队扩散模式与格为传递模式 3. 以寻求路网绩效指标(PI)为目标，使用爬山算法或模拟退火算法，考量行车延滞、停等次数与行人延滞
路网建构	可依真实道路几何状况设定(圆环、T 字、多岔)	针对 T 字路口、单行道、多岔路口建构仍未完善	可依真实道路几何状况设定(圆环、T 字、多岔)
时制最佳化	可单一路口、干道、路网求解最佳化时制(周期、时差、时比)	单一路口与干道求解最佳化时制(周期、时比)	可单一路口、干道、路网求解最佳化时制(可分别进行周期，时比、时差、时相顺序最佳化)
绩效输出	多元化绩效指标(延滞、停等长度、停等车辆数等)	各方向延滞、停等长度与路网延滞，数据与路网设定不一致，判读困难	多元化绩效指标(延滞、停等长度、停等车辆数等)
操作限制	—	开放修改参数少，无法有效校估	—

三套时制最佳化软件求解结果其周期长度皆较现况短(表 2～表 5)，现况平日晨昏峰周期为 240 秒、假日晨昏峰周期为 200 秒；Synchro 以延滞值为指标寻求最短周期，其软件呈现周期较短，于平日晨峰为 159 秒，平日昏峰为 167 秒，假日晨峰为 108 秒，假日昏峰为 146 秒；Transyt-15 以考量整体路网计算其 PI 指标，求其最佳解，其计算之周期与现况较为相近，平日晨峰为 164 秒，平日昏峰为 181 秒，假日晨峰为 120 秒，假日昏峰为 181 秒；TSA 计算结果趋势与其余两套软件不同，平日晨昏峰皆为 239 秒，而假日晨峰周期较长为 164 秒，假日昏峰计算之周期为 110 秒，与前两套软件晨峰周期较短，昏峰周期较长之趋势相反。

表 2　　福林—至善路口软件平日最佳时制输出

路口	软件	时段	周期	时相 1	时相 2	时相 3	时相 4
					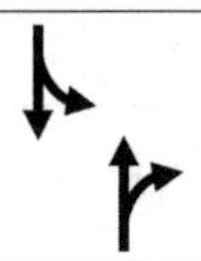		
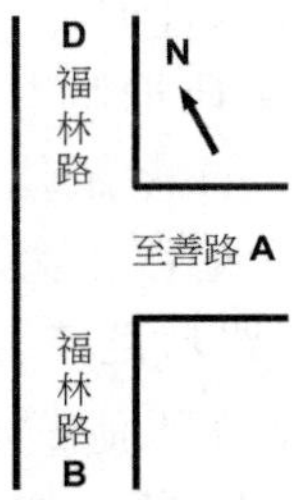	现况	晨峰	240	70	80	40	50
		昏峰	240	35	50	75	80
	Synchro	晨峰	159	68	47	21	23
		昏峰	167	33	66	21	47
	Transyt	晨峰	164	27	39	72	26
		昏峰	181	59	20	43	59
	TSA	晨峰	239	76	43	91	29
		昏峰	239	80	32	86	41

表 3　　福林—至诚路口软件平日最佳时制输出

路口	软件	时段	周期	时相 1	时相 2	时相 3	时相 4

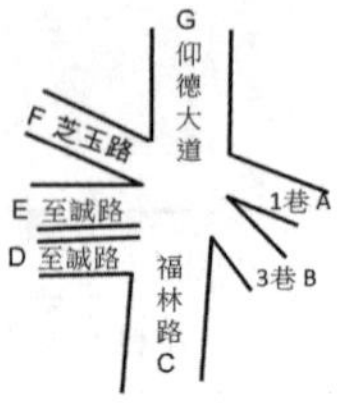	现况	晨峰	240	45	142	25	28
		昏峰	240	73	122	25	20
	Synchro	晨峰	159	37	80	21	21
		昏峰	167	47	79	21	20
	Transyt	晨峰	164	29	88	27	20
		昏峰	181	50	87	24	20
	TSA	晨峰	239	87	81	32	38
		昏峰	239	94	76	30	38

表 4　　福林—至善路口软件假日最佳时制输出

路口	软件	时段	周期	时相 1	时相 2	时相 3

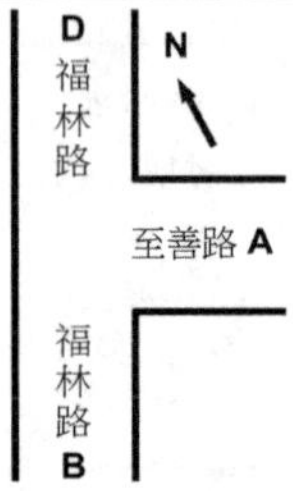	现况	晨峰	200	70	80	50
		昏峰	200	75	75	50
	Synchro	晨峰	108	41	36	31
		昏峰	146	54	45	47
	Transyt	晨峰	120	63	21	36
		昏峰	182	75	75	32
	TSA	晨峰	164	82	41	41
		昏峰	110	50	30	30

表 5　　福林—至诚路口软件假日最佳时制输出

路口	软件	时段	周期	时相 1	时相 2	时相 3	时相 4

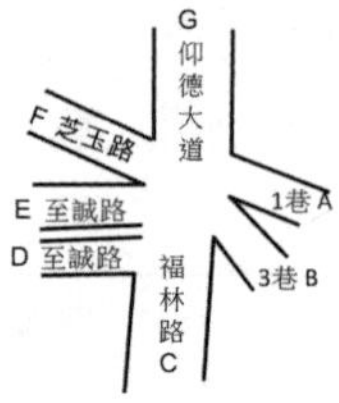	现况	晨峰	200	50	109	21	20
		昏峰	200	40	122	18	20
	Synchro	晨峰	108	21	46	20	21
		昏峰	146	36	70	20	20
	Transyt	晨峰	120	25	55	20	20
		昏峰	182	79	63	20	20
	TSA	晨峰	164	53	61	25	25
		昏峰	110	35	20	35	20

2.2.2　VISSIM 微观模拟软件评估

以 VISSIM 微观模拟作为比较平台，将其输出最佳化时制输入 VISSIM 模拟软件中进行车流模拟分析，以现况时制于 VISSIM 中模拟出之延滞值与停等车队长度作为比较基准，分析各软件时制于 VISSIM 中输出之模拟延滞值与停等车队长度，评估各软件之特性及作为后续时制重整方案研拟使用。

经 VISSIM 模拟分析，Synchro 输出之时制于路口延滞达到最佳改善幅度，由于 Synchro 最佳化目标为路口延滞最小化，两路口延滞改善幅度皆达 15%；Transyt-15 计算整体路网 PI 值，考虑因素为车辆延滞、停等次数以及行人因素等成本，依据其设定成本权重最佳化之时制也有所不同，其路口延滞分析上，平日路口延滞改善幅度与 Synchro 相近，皆改善达 15%以上，而假日昏峰福林—至善路口延滞些许上升，使福林—至诚路口延滞下降约 14%，其计算结果较为均衡，为考量两路口权衡下的结果；TSA 软件输出延滞值异常，而时制结果与其余两套软件相异，流量较高时段其周期长度较低，时比也与流量不符，其软件性能仍有改善空间。

进一步于 VISSIM 中模拟各软件输出时制，分析停等车队长度改善结果，Synchro 之延滞改善幅度最高，然而由停等车队长度分析看出，Synchro 为达最小延滞，牺牲部分方向而改善主要流动；Transyt-15 停等车队结果呈现较为平均的改善；TSA 结果与 Synchro 相似，牺牲部分方向使主要流动达最大改善。

Synchro 与 Transyt-15 于现况测试，其延滞值输出与现况调查值结果差异于可接受范围内，然而 TSA 仍处于开发阶段，多种特殊路型需以简化方式输入才能够执行程序，其部分输出结果异常，延滞值输出结果，部分路口延滞值过于极端，其软件稳定性稍差，仍需改进。

最佳化结果于 VISSIM 微观车流软件中比较其软件差异性，由于 Synchro 以最小延滞作为最佳化目标，以延滞作为比较绩效，Synchro 为 VISSIM 中模拟三套软件绩效最佳者；然而以停等长度观察，Synchro 减少主要道路停等长度达到降低路口延滞目的。Transyt-15 相较于 Synchro，路网建构操作设定繁复，建置号志化路口时间作业成本高，较不利于多路口群组路网构建，适用于小范围路口分析、线形较复杂之路口分析（如圆环）以及精确度需求较高之学术研究使用，而 Synchro 则适合于大型路网分析与实务分析使用。

3　绩效评估

3.1　评估指标

参照交通事务主管部门运研所“交通号志时制重整计划（Ⅱ）—绩效评估模式建立”，干道号志控制主要控制目标在于让干道上的车流得以续进，考量相邻两路口间绿灯始亮时间之时差关系，以在干道上产生连续通过的车流，降低延滞，提升干道平均速率。本次针对本计划范围，利用号志时制重整实施前、后所进行之交通绩效调查资料及最佳化软件绩效值，检视号志时制重整前后道路之交通服务绩效。依据运研所 SOP 建议及本计划合约工作说明书之规定，本次号志时制重整绩效评估指标如下：

3.1.1　路口延滞

系依据号志重整前后路口延滞资料，评估比较号志重整前后路口延滞差异，以了解路口服务水平变化之情形。

3.1.2　路网平均停等百分比

根据时制最佳化软件 Synchro 求得时制重整前及时制最佳化后之平均停等百分比，求得号志时制重整后路口车辆停等百分比减少比率之绩效。

3.1.3　路段旅行速率

系依据号志时制重整前后路段旅行速率调查资料，可得到事前事后之各路段旅行速率变化情形，计算出号志时制重整路段旅行速率提升比率之绩效。

3.1.4　环境绩效指标

系依据运研所“智能型运输系统节能减碳与成本效益评估工具暨数据库之规划”中之号志时制重整计划节能减碳预估效益表，进行节能减碳评估与空气污染减少评估，以了解时制重整前后对环境之影响。

3.2　绩效评估

3.2.1　路口平均延滞与服务水平评估

针对 6 处路口所得时制重整前后实际调查之平均延滞资料，进行时制重整前后路口延滞评估。整体而言，各时段路网平均延滞皆有改善，且整体路网平均延滞服务水平皆获得提升，各时段整体路网平均延滞及服务水平汇整见表 6。

表 6　时制重整前后路网平均延滞及服务水平

	重整前		重整后		改善百分比
	平均延滞（秒/PCU）	服务水平	平均延滞（秒/PCU）	服务水平	
平日晨峰	64.1	E	52.6	D	17.9%
平日离峰	41.1	C	31.3	C	23.9%
平日昏峰	63.1	E	51.8	D	17.9%
假日晨峰	45.5	D	35.5	C	21.9%
假日昏峰	50.3	D	41.9	C	16.8%

3.2.2 路网平均停等百分比评估

根据时制最佳化软件 Synchro 求得时制重整前及时制最佳化后之平均停等百分比，路网平均停等百分比定义为路网停等车辆数占路网总车辆数之比例。时制重整前后路网平均停等各时段绩效大多有改善或是持平，于平日晨峰改善 2%、平日离峰改善 4%、平日昏峰改善 1%、假日昏峰改善 1%，其各时段分析结果汇整如表 7 所示。

表 7　路网各时段平均停等百分比

时间	事前	最佳化	改善
平日晨峰(07:00～09:00)	74%	72%	2%
平日离峰(12:00～14:00)	65%	61%	4%
平日昏峰(17:00～19:00)	75%	74%	1%
假日晨峰(10:00～12:00)	69%	69%	0%
假日昏峰(16:00～18:00)	69%	68%	1%

3.2.3 路段旅行速率与服务水平评估

针对平假日各时段旅行速率之变化汇整说明如下：

(1) 平日晨峰:进城方向旅行速率大都提升，出城方向基河路旅行速率略降，且与事前维持相同服务水平。

(2) 平日离峰:大多数路段之服务水平提升，仅文林路往北方向因降周期之因素导致旅行速率略微下降，但对于整体路口延滞则有降低。

(3) 平日昏峰:昏峰之进城方向旅行速率提升，出城方向仅至善路旅行速率略降，且与事前维持相同服务水平。

(4) 假日晨峰:晨峰之进城方向旅行速率皆有提升，出城方向仅至善路旅行速率略降，且与事前维持相同服务水平。

(5) 假日昏峰:大多数路段之服务水平提升，仅中正路因路边停车进出及公交车停靠干扰致旅行速率略微下降，且与事前维持相同服务水平。

3.2.4 油耗节省与空气污染减少评估

针对 6 处路口延滞调查所得出时制重整前及时制重整后之平日上、下午尖峰、平日离峰路口延滞值，求得每年之油耗节省与空气污染减少量，可节省总旅行时间 424844(小时/年)、油耗节省 654259.23(升/年)、减少二氧化碳排放 1480.59(吨/年)。以 95 无铅汽油油价 34.9 元/公升换算，总旅行时间部分共计可节省 99370932(元/年)、油耗部分共可节省 22833647(元/年)、二氧化碳部分共可节省 873547(元/年)，可获致效益共计约节省 123078126(元/年)(表 8)。

表 8　节能减碳效益表

时制重整计划效益	重整前后差异	效益
总旅行时间减少	424844(小时/年)	99370932(元/年)
行车耗油减少	654259.23(升/年)	22833647(元/年)
降低二氧化碳排放量	1480.59(吨/年)	873547(元/年)
合计		123078126(元/年)

参考文献

[1] 台北市交通管制工程处.2009 年度台北市智慧化号志时制设计及控制管理计划[C].2010.
[2] 台北市交通管制工程处.2011 年度台北市智慧化号志时制设计及控制管理计划[C].2012.
[3] 台北市交通管制工程处.2013 年度台北市智慧化号志时制设计及控制管理计划[C].2013.
[4] 台北市交通管制工程处.2014 年度台北市智慧化号志时制设计及控制管理计划[C].2014.
[5] 台北市交通管制工程处.交通控制系统软、硬件升级工程[C].2006.
[6] 台北市交通局.北二高台北连络道信义支线大客车、出租车专用车道开放小汽车行驶模拟结果分析之路网交通模拟分析工作[C].2008.
[7] 交通事务主管部门.交通技术研发与人才培育规划研究(4/4)[C].2013.

台北市交通壅塞预警及处理机制

Pre-Caution and Response Mechanisms for Traffic Congestion in Taipei City

谢铭鸿　林育生　吴育纬　陈宗庆

摘　要:为掌握台北市交通状况变化趋势,在交通恶化之前预为因应并实时采取应变措施,台北市交通管制工程处过去积极发展交通控制系统,并利用建置于台北市车辆侦测器长期搜集之交通资料,发展台北交通监控指标。监控指标包含2大方向,异常指标监控交通恶化之情形;壅塞指标监控道路壅塞情形。另通过计算异常及壅塞路段占时间及空间比例掌握每日交通变化状况,定期产出日、月及周报表且就恶化及壅塞路段自动告警,并依预警程度不同,由交通、警察及施工单位就交通疏导、施工管理及路况监控发布各自采取因应措施,减轻交通恶化之情形。

关键词:交通监控指标;交通异常指标;交通壅塞指标;交通监控

Abstract: Taipei City Traffic Engineering Office has made great efforts on the development of a traffic control system, so as to better monitor the traffic dynamics of Taipei City and take pre-caution measures in advance of the deterioration of traffic conditions. We have continuously collected via vehicle detectors and proposed pre-caution and control mechanisms for traffic congestion in Taipei City. The mechanisms evaluate traffic conditions based on two indices. The index of abnormality indicates unusual traffic conditions, while the index of congestion reflects the service levels of road segments. The spatiotemporal patterns of abnormal traffic and congested road segments are then mapped and investigated. Accordingly, the variation of the patterns and the trend of traffic dynamics can be reported in daily, weekly, and monthly contexts. Alerts of pre-caution will be automatically sent to the road segments of congestion and/or abnormal traffic. In light of different pre-caution levels, the relevant sectors, including traffic management, police, and construction, may adopt different response measures to avoid the deterioration of traffic conditions, such as signal adjustment, traffic guidance, construction management, partial regulation, and information dissemination.

Keywords: traffic index; traffic abnormal index; congestion index; traffic surveillance and control

1　引言

有鉴于台北市历年农历春节前夕,从年末的各大公司行号尾牙、春酒活动及春节前各年货大街采买所衍生的人车潮,导致春节前夕道路车流量明显增加,相对的也衍生了春节前交通壅塞的问题。另外,诸如跨年晚会、台北灯节、阳明山花季、清明扫墓、世贸展览及路跑等活动或是重大施工对台北市交通顺畅产生影响,为随时能够掌握交通变化情形,监控台北市交通变化状况,在道路恶化之前实时发现并立即之处置,故利用现有建置车辆侦测器之设备搜集之速率资料,订定台北市道路监控指标,以日、周、月分时频率针对恶化及壅塞道路加以预警,并依预警之严重性采取相对应处理机制。小问题实时处理,以避免问题扩大导致交通严重壅塞之情形。

2　交通监控指标订定

2.1　指标订定目的

台北市交通监控指标之订定,主要为找出壅塞且持续恶化之路段,快速发现问题并实时解决,避免交通壅塞问题持续扩大,期能将台北市交通状况透过交通监控指标量化,实时掌握交通变化趋势,倘发现交通有恶化之情形,即能预先采取因应措施。

作者简介:谢铭鸿,台北市交通安全促进会主任委员。
林育生,台北市交通安全促进会委员。
吴育纬,台北市交通安全促进会委员。
陈宗庆,台北市交通安全促进会委员。

2.2 各国壅塞定义及量测指标

针对壅塞之定义，各国皆有不同的作法，利用平均速率绝对值作为壅塞门槛，例如：美国明尼苏达及丹佛、日本大田市及日本交通信息中心等地区；利用流量占容量（V/C）计算服务水平，例如：美国密西根州、韩国罗得岛等地区；利用速率绝对值门槛及持续发生达到一定时间，如美国加州、韩国高速公路协会等地区（表1）。

表1　各国壅塞定义

国家	地区	壅塞定义
美国	加州	平常日，高速公路，速率低于56公里/小时达15分钟以上
	明尼苏达	平常日，6:00～9:00、14:00～19:00，高速公路，速率低于45公里/小时（不管持续多长距离或多久）
	密西根州	高速公路，服务水平＝F级（即V/C大于等于1）
	丹佛	速率低于24公里/小时
韩国	罗得岛	V/C>0.8
	韩国高速公路协会	速率低于30公里/小时或壅塞1天持续2小时以上，且1个月发生10天以上
日本	大田市	车速低于14公里/小时
	日本道路交通信息中心	高速公路平均速率低于40公里/小时 都市快速道平均速率低于20公里/小时 一般道路平均速率低于10公里/小时

另经参考各国量测指标大概可分速度、时间/延滞、空间、服务水平/容量、可靠度及经济成本/效率等6大类（表2）。

表2　量测指标种类

种类	指标	备注
速度	平均车速	
	尖峰平均车速	
时间/延滞	年延滞小时	
	人均年延滞	
	用路人平均年延滞	
	平均通勤所需时间	
	预估旅行时间	
	壅塞时间	
	每公里道路延滞	
	壅塞旅行时间指数	尖峰时在壅塞状态下之车辆或用路人百分比
	旅行时间指数	尖峰与自由流旅行时间比值（重现与非重现壅塞）
	旅行时间比率	尖峰与自由流旅行时间比值（只考虑重现性壅塞）
空间	壅塞车道长度	
	壅塞道路长度	
	路网连接性指数	路网内的节点数及路口数
服务水平/容量	道路服务水平	
	道路饱和比	
可靠度	缓冲指数	
	壅塞变异度指数	
	规划时间指数（PTI）	可使95%旅次准时的缓冲时间
	旅行时间标准差	
	旅行时间分布	80th（或90th）与50th旅行时间之差值
经济成本/效率	年均壅塞成本	
	边际壅塞外部成本	
	总社会净损失	
	每车公里社会净损失	

2.3 搜集资料来源

考量目前台北市目前建构之交通资料搜集设备包含车辆侦测器、车牌辨识系统及电子标签，因车辆侦测器布设范围较为全面，本市快速道路及重要主要干道皆已布设完毕，故优先考量车辆侦测器所搜集之点速率，作为量测指标计算基础。

2.4 交通监控指标订定

台北市定义交通监控指标目的主要之一为掌握台北市道路变化情形，故订定交通监控指标须要能呈现道路有无恶化状况发生。另指标亦要能反映实际交通壅塞情形，故定义两大方向："交通异常指标"为监控道路有无恶化；"交通壅塞指标"为了解实际道路壅塞之情形，另定义"趋势监控指标"以掌握台北市道路交通之变化。

2.5 交通异常指标

"交通异常指标"系以车辆侦测器侦测之点速率进行计算。为能掌握道路交通有无恶化，故挑选一段故间时间侦测器搜集之点速率平均值为基准值，车辆侦测器侦测之点速率大于且等于基准值速率－1 倍标准差以上者为正常，大于等于基准值－2 倍标准差且小于基准值－1 倍标准差者为偏低，小于基准值－2倍标准差者为异常偏低。若达到偏低以下(含异常偏低)则定义道路有异常情形(图 1)。

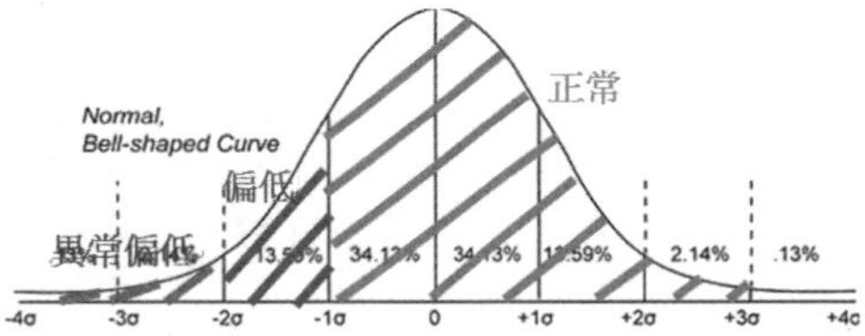

图 1 异常比例

2.6 交通壅塞指标

台湾公路容量手册已针对各种类道路壅塞之情形定义不同之服务水平，其道路服务水平系以不同速限下的旅行速率区分道路壅塞等级。目前车辆侦测器设备所测得资料为点速率，为能套用台湾公路容量手册道路服务水平，参考美国公路容量手册中使用侦测器之资料推估旅行速率方法，先行定义每条道路之标准路段，原则以台北市二主要干道相交之路口间定义为标准路段。如图 2 松江路(民族-长安)则可定义民族至民权、民权至民生、民生至南京及南京至长安，计 4 处标准路段，每一标准路挑选一代表性之车辆侦测器，并经过转换公式：(旅行速率$=\dfrac{\text{标准路段之距离}}{\dfrac{\text{标准路段之距离}}{\text{侦测器侦测点速率}}+\text{标准路段内号志化路口延滞时间}}$)取得旅行速率。假设车辆侦测之点速率为车辆行驶标准路段不包含停等红灯之平均速率，行经标准路段之距离除以侦测器侦测之点速率即可推估不包含停等红灯之车辆行驶时间，再加上行经标准路段内号志化路口延滞时间即可取得标准路段之旅行时间，行经标准路段之距离除以标准路段之旅行时间即可取得标准路段之旅行速率(图 2)。

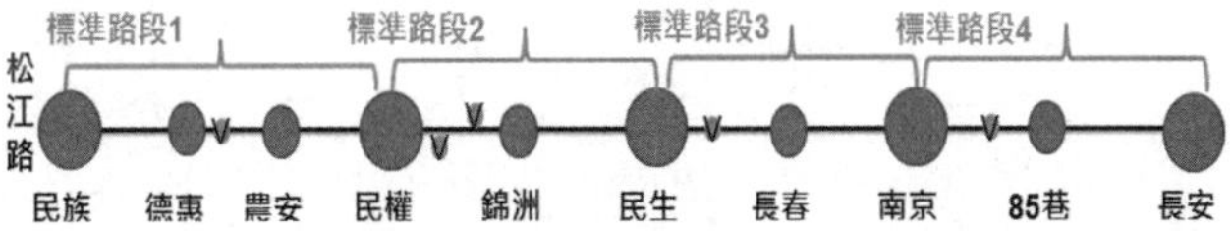

图 2 标准路段

经由车辆侦测器测得点速率换算行经标准路段旅行时间，所得到之旅行速率，并依台湾公路容量手册服务水平转换道路服务水平，即可取得道路交通壅塞指标(A-F)，"交通壅塞指标"达到 F 级即定义为道路壅塞(表 3、表 4)。

表 3 速限 50 公里/小时之市区道路服务水平等级划分标准

平均旅行速率 V(公里/小时)	服务水准等级
$V \geqslant 35$	A
$30 \leqslant V < 35$	B
$25 \leqslant V < 30$	C
$20 \leqslant V < 25$	D
$15 \leqslant V < 20$	E
$V < 15$	F

表 4 速限 70 公里/小时之市区道路服务水平等级划分标准

平均旅行速率 V(公里/小时)	服务水准等级
$V \geqslant 45$	A
$40 \leqslant V < 45$	B
$35 \leqslant V < 40$	C
$30 \leqslant V < 35$	D
$25 \leqslant V < 30$	E
$V < 25$	F

2.7 趋势监控指标

前述“交通异常指标”及“交通壅塞指标”皆仅能描述单一标准路段、时段之异常及壅塞情形(图 3)，惟无法描述全台北市一段时间之交通状况或趋势变化，故定义“趋势监控指标”，系以“交通异常指标”及“交通壅塞指标”为基础，计算异常(或壅塞)路段占所有监控路段的比例，并分别定义为“异常比例”及“壅塞比例”。举例而言，假设全台北市监控路段为 409 处，其中上午尖峰有 100 处道路异常、80 处壅塞；下午尖峰有 120 处道路异常、100 处壅塞，则可计算台北市当日”异常比例”约为 27%(220 处异常路段/409 处路段×2 时段)；“壅塞比例”为 22%(180 处壅塞路段/409 处路段×2 时段)，并由每日“异常比例”及“壅塞比例”变化情形，掌握台北市交通变化趋势。

2017/05/04				下午尖峰		
道路	大街廓	方向	時間	旅行速率	服務水	惡化情
復興北路	濱江-民族	往南	下午尖峰	46	A	O
復興北路	民權-民生	往南	下午尖峰	21	D	-
復興南路	市民-忠孝	往南	下午尖峰	24	D	O
復興南路	仁愛-信義	往南	下午尖峰	28	C	O
復興南路	信義-和平	往南	下午尖峰	26	C	O
復興南路	和平-辛亥	往南	下午尖峰	29	C	O

图 3 异常及壅塞情形

图 4 以 2016 年 1 月至 6 月壅塞比例日变化趋势图为例，数据呈现壅塞比例较高之日期，经检视尚符合实际交通状况，皆有受严重事故、降雨等因素影响所致。至于台北市周趋势及月趋势变化亦可用同样方式观察“异常比例”及“壅塞比例”变化情形，以进行长期交通趋势监控。

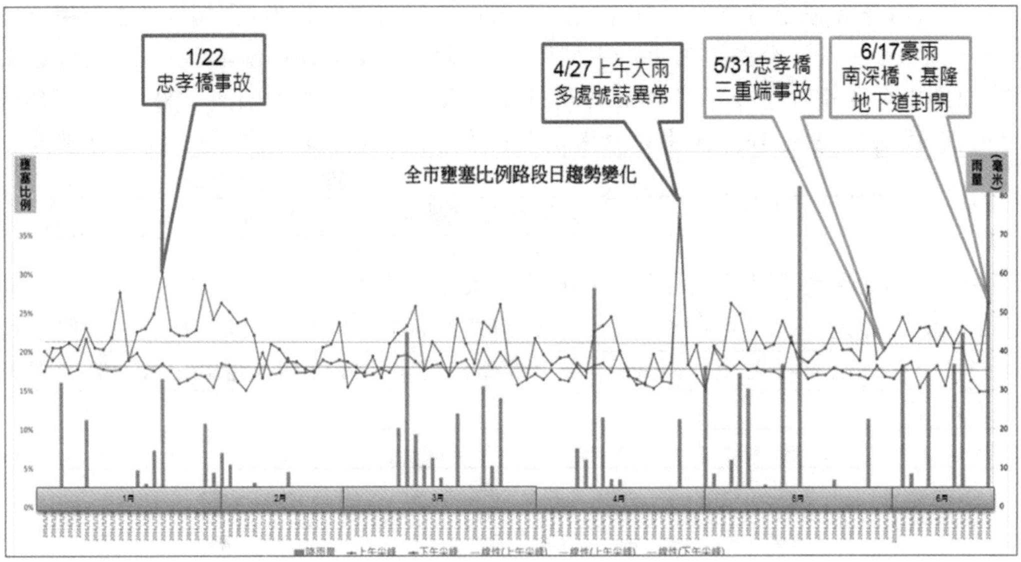

图 4 壅塞比例日趋势变化图

3 监控范围、交通预警及处理机制

3.1 监控范围

目前主要监控范围包含台北市快速道路、南北向主要干道、东西向主要干道、阳明山地区及内湖科技园区，总计监控 40 条道路及 409 处路段(图 5)。

3.2 交通预警及处理机制

监控频率主要可分为日、周及月，并分别定义预警条件(表 5)，各预警条件并有其相对应之处理作为。

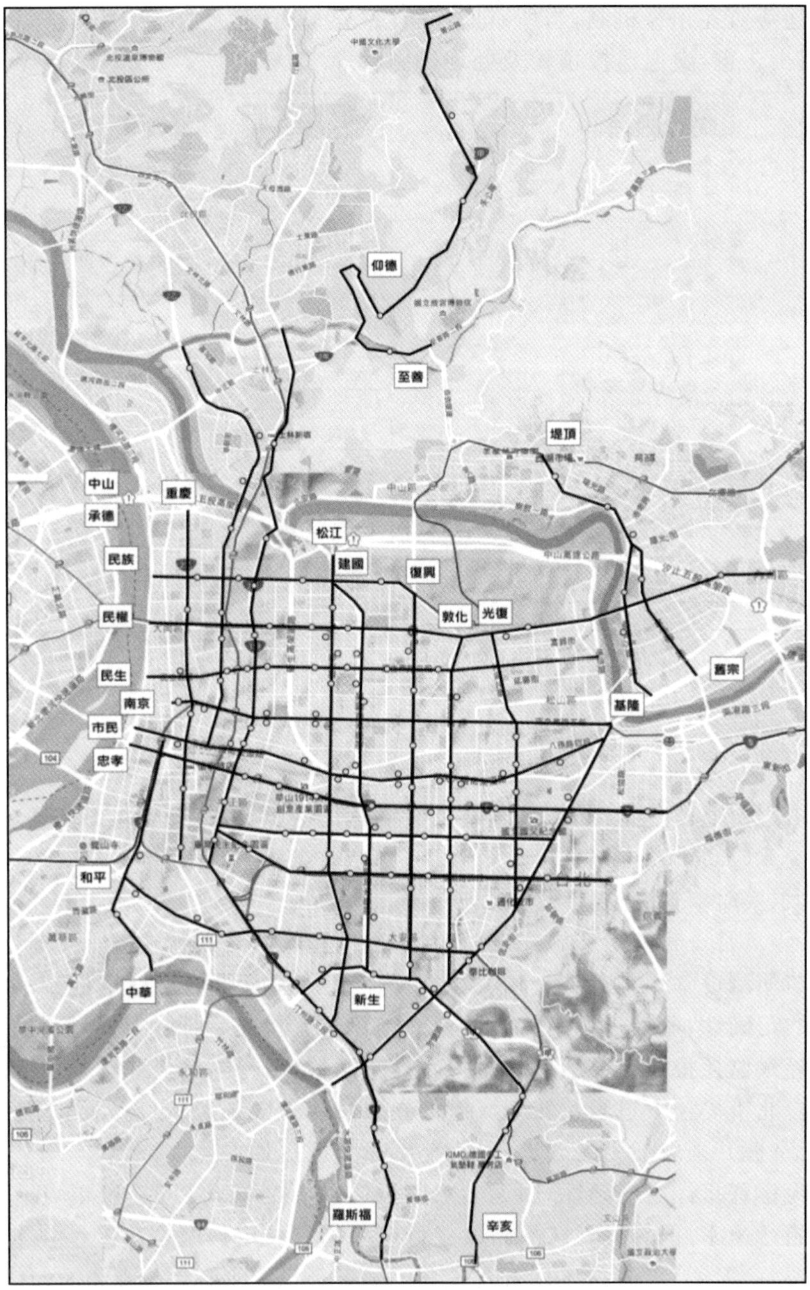

图 5　监控范围

表 5　　预警频率表

预警频率	预警条件	处理作为
日	异常且壅塞之路段	重点监控 持续观察
周	1. 每周 3 天以上同时达到异常及壅塞 2. 每周 3 天以上异常但未壅塞	重点监控、持续观察 号志调整、通知交大
月	1. 每月 1/2 以上天数同时达到异常及壅塞 2. 每月 1/2 以上天数壅塞但未异常(重现性壅塞)	重点监控、持续观察号志调整、通知交大施工管理、加强执法、10 大壅塞路段检讨

“日预警”仅针对当日有异常及壅塞情形之路段，列为重点监控路段并持续观察；“周预警”系指一周内已达一半(3 天)以上天数呈现异常及壅塞，将适时配合号志调整并通知交通警察大队加强监控，“月预警”则指一个月内如已有一半以上天数达到异常及壅塞，将进一步采取施工管制及加强执法作为等应变措施。另一个月内有一半天数呈现壅塞路段，属于重现性壅塞情形，将另行于本市每半年十大壅塞路段提出检讨与改善。

至于全台北市趋势监控预警机制,当所有监控路段“异常比例”及“壅塞比例”与上个月及去年同月比较有增加趋势,即提出告警,交通监控预警及处理机制整理(图 6)。

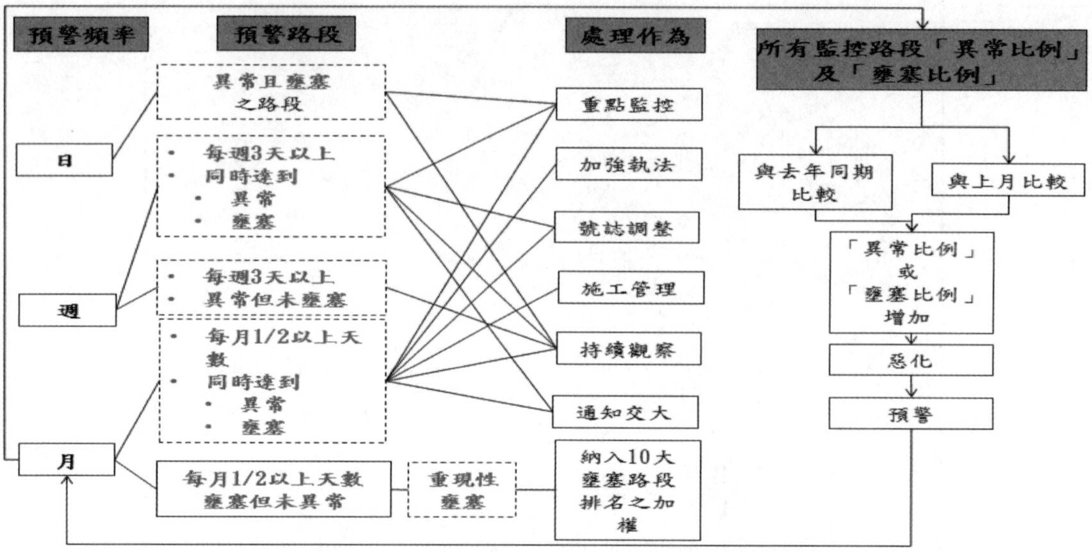

图 6　交通监控预警及处理机制

4　结语

订定属于台北市之交通监控指标,透过客观及数据化的方式以掌握台北市交通状况变化,并针对相较于过去交通状况变差(异常)及壅塞路段进行告警,且依告警严重程度有其相对应之处理作为,达到实时处理并免恶化扩大,实时掌握交通状况及趋势变化。

台北市自 2016 年 7 月 1 日开始实施交通监控指标,因指标资料来源主要为车辆侦测器点速率资料,故监控指标准确性与侦测设备维护存有正相关特性。侦测设备回传资料稳定性及准确性高也大幅增加监控报表产出结果的正确性,监控过程中持续须观察实际车流状况,并随时调校参数值以符合实际情况,且须排除设备异常导致监控报表错误结果。另排除设备回传资料异常之因素,异常指标已可掌握交通状况变差之路段,如:台北市堤顶大道因左转车流增加导致左转秒数不足、市府路因道路槽化车道数缩减而呈现异常,皆能实时掌握并采取适当之处置,以避免路段交通更加恶化。

目前尚须克服为壅塞指标之准确性,因无实际路段之旅行时间,仅可透过单点速率加上行经号志化路口延滞而转换为旅行速率,但与代表实际路段旅行速率仍有一定程度之落差。在未来旅行速率应可考虑朝设置电子标签或 GVP、CVP 等技术以补足资料来源问题,达到准确之结果。

参考文献

[1]　交通事务主管部门运输研究所. 2011 年台湾公路容量手册[S]. 2011.

[2]　European Conference of Ministers of Transport . Managing Urban Traffic Congestion[C]. OECD, 2007.

[3]　Transportation Research Board. Highway Capacity Manual [C]. Washington, D. C, National Research Council, 2000.

平交口交通流量与路面平整度的关系研究

Study of the Relationship between the Traffic Volume at Intersection and Pavement Evenness

娄月新　陆　键

摘　要：路面平整度是评价路面安全状况和性能状况的重要指标之一，为了更快捷、直观地判断路面状况，本文进行了交通流量与路面平整度的关系研究，统计了交叉口各转向交通流量并测量各车道平整度值，然后对数据进行统计分析从而建立了交通流量与路面平整度的关系模型。模型实现了从交通流量的角度分析路面平整度从而为道路检测及养护工作提供便捷。

关键词：平面交叉口；交通流里；路面平整度

Abstract: Pavement evenness is one of the most important indexes for road safety and performance. In order to judge pavement condition quickly and intuitively, this paper conducts the study of relationship between traffic flow and pavement evenness, the traffic flow of intersections in different direction are calculated and the pavement evenness of each lane are measured, then the relationship models between traffic volume and pavement evenness are established by statistical analysis. The modelsrealizes the analysis of pavement evenness from the traffic flow and provide convenience for road detection and maintenance.

Keywords: plane intersection; tranffic flow, pavement evenness

1　引言

路面平整度能够直接反映路面行驶安全性、车辆行驶的舒适性及公路使用状况，良好的路面平整度可减少车辆行驶时的颠簸，提高安全，降低事故发生的概率[1]。平整度是路面施工验收及公路路面评价的重要指标，因此路面平整度的影响因素及通过更直观的方法获得路面平整度指标成为重点。

国内外在对路面平整度的定义上存在显著的差别，我国国家标准《道路工程术语标准》[2]对平整度的定义是指路表面纵向凹凸量的偏差值，更多是从路面特性及物理结构给出定义，而美国试验与材料协会(ASTM)将人、车、路三方面进行综合考虑对平整度进行了定义[3]，更加清晰准确。

从国外对平整度的定义中可以看出，路面平整度的影响因素较多，大抵可分为内在因素和外在因素。外因素主要包括：环境、地质、交通流量和车速等。内在因素主要包括施工、设计两个方面，其中设计主要为沥青混合料配合比、结构层厚度等；施工因素主要有设计路基、路面基层、施工机械及工艺等[4]。国内外大部分研究都是从路面平整度因素出发进行研究，张春贵[5]结合工程实践提出路面平整度的影响因素有路基不均与沉降、基层不平整、施工机械设备及施工工艺等。朱培彦[6]从沥青混合料的摊铺、碾压工艺、接缝处理、热拌沥青混合料的质量、基层的平整度及沥青摊铺机的使用与操作六个层面分析了沥青混凝土路面平整度的影响因素。

鉴于现大部分研究对路面平整度的外在因素研究较少，本文将研究交通流量对路面平整度的影响，建立两者之间的关系模型，为平整度检测及路面养护等工作提供便捷。

2　路面评价基本指标

2.1　路面综合评价指标

路面评价对道路交通的运营和后期的养护工作有着重要的影响。在20世纪60年代，美国AASHTO提出了世界上首个路面质量评价模型[7]，该模型采用多元回归建立客观与主观的关系从而完成路面

作者简介：同济大学交通运输工程学院。

质量评价。我国在90年代发布了《公路养护管理规范》，规定了路面评价的相应指标，之后经过不断更新与完善，我国分别推行了《公路沥青路面养护技术规范》和《公路水泥混凝土路面养护技术规范》，规范规定了严格的评价体系和评价内容，其中《公路沥青路面养护技术规范》[8]评价体系见图1。

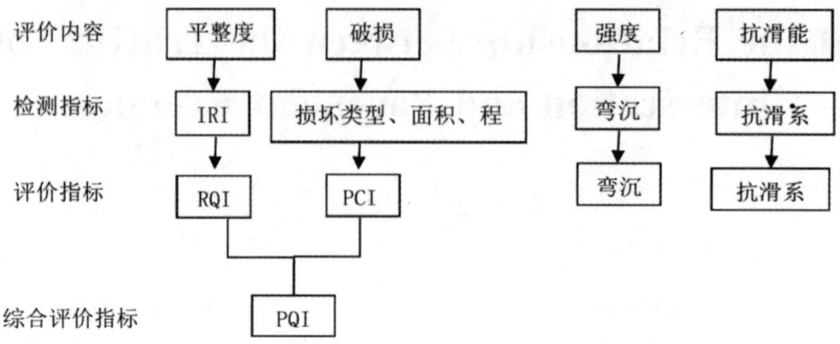

图1　沥青路面技术状况评价体系

2.2　路面行驶质量评价指标

路面行驶质量是路面综合评价体系中的一个单项评价指标，而路面平整度直接影响路面行驶质量。我国现行的《公路技术状况评价标准》采用路面行驶质量进行评价，用连续式平整度仪测定国际平整度指数 IRI，并将 RQI 与 IRI 建立相应的数学关系，计算方法如下[8]：

$$ROI=\frac{100}{1+\alpha_0 e^{\alpha_1 IRI}} \tag{1-1}$$

其中：IRI——国际平整度指标；

RQI——行驶质量指数；

α_0——模型参数，高速公路和一级公路采用0.026，其他等级公路采用0.0158；

α_1——模型参数，高速公路和一级公路采用0.65，其他等级公路采用0.5。

两者对应关系见表1。

表1　路面行驶质量(RQI)与路面平整度(IRI)对应关系

RQI / IRI	90	80	70	60
高速一级公路	2.3	3.5	4.3	5.0
其他等级公路	3.0	4.5	5.4	6.2

3　现场实验

3.1　数据采集

为了使采集的数据更具有代表性，本文以上海市嘉定曹安公路—绿苑路T形交叉口、曹安公路—嘉松北路十字交叉口为实验对象进行数据采集。两个交叉口位于国道G312上，东西向曹安公路为城市一级公路，交叉口车流量较大，是进出上海市区的交通要道，北邻同济大学嘉定校区，向南可通嘉定黄渡镇及G2沈海高速。交叉口示意见图2。

使用无人机在晚高峰(16:30—17:30)拍摄交叉口视频，从视频中获取交叉口各进口道左转、直行、右转高峰小时交通量；采用达普勒斯手推式路面平整度检测仪获取对应的国际平整度指标，每条车道进行5次数据采集，每次采集长度100米(停止线前50米和后50米)，取5次平均值作为实验值。该平整度检测仪器由上海普勒斯道路交通技术有限公司研发，能实时检测路面纵断面剖面曲线并通过数学模型转化成国际平整度指标、路面行驶质量指数等指标值，检测结果符合国家标准规范，见图3。

3.2　实验分析

将采集到的数据进行整理汇总，见表2。

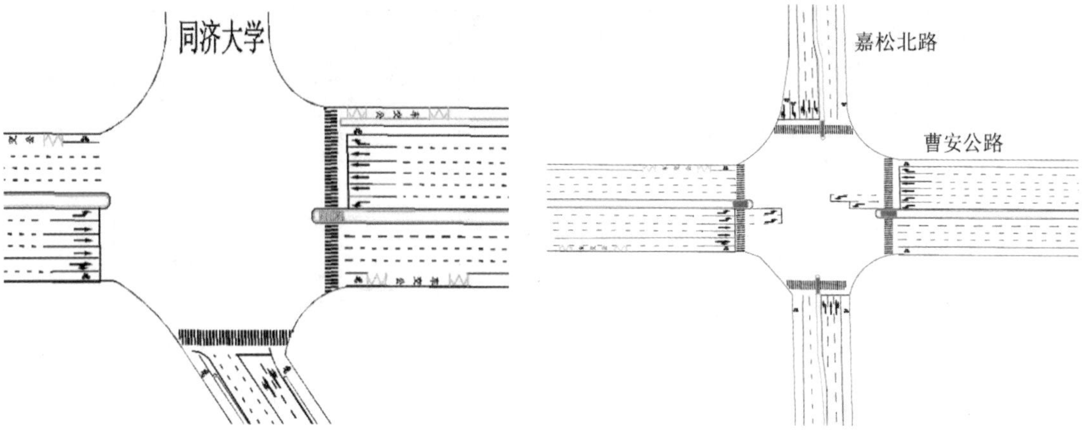

(a) 曹安公路—苑路交叉口　　　　(b) 曹安公路—嘉松北路交叉口

图 2　曹安公路—绿苑路与曹安公路—嘉松北路交叉口示意

图 3　达普勒斯手推式路面平整度检测仪

表 2　　交叉口各进口道交通流量与平整度数据

方向	交叉口	交通流量(veh/h)	国际平整度指标 IRI(m/km)
直行	曹安公路一绿苑路西进口道	508	2.83
	曹安公路一绿苑路东进口道	580	3.85
	曹安公路一嘉松北路北进口道	432	2.49
	曹安公路一嘉松北路南进口道	528	3.26
	曹安公路一嘉松北路西进口道	596	3.94
	曹安公路一嘉松北路东进口道	584	3.84
左转	曹安公路一绿苑路东进口道	64	2.67
	曹安公路一绿苑路南进口道	132	3.17
	曹安公路一嘉松北路北进口道	300	4.70
	曹安公路一嘉松北路南进口道	286	4.03
	曹安公路一嘉松北路西进口道	383	7.00
	曹安公路一嘉松北路东进口道	388	7.43
右转	曹安公路一绿苑路西进口道	172	7.25
	曹安公路一绿苑路南进口道	124	3.77
	曹安公路一嘉松北路北进口道	100	3.88
	曹安公路一嘉松北路南进口道	96	3.79
	曹安公路一嘉松北路西进口道	44	3.18
	曹安公路一嘉松北路东进口道	168	5.49

将直行、左转、右转三个方向车流量分别与平整度数据建立相关分析，如图 4 所示。

从图 4(a)可以看出，直行方向交通流量与车道平整度成一次线性相关，相关系数 R^2 达到 0.952，路面平整度随着车流量的增大逐渐增大；从图 4(b)和图 4(c)中，转向交通流与路面平整度成二次相关，相关

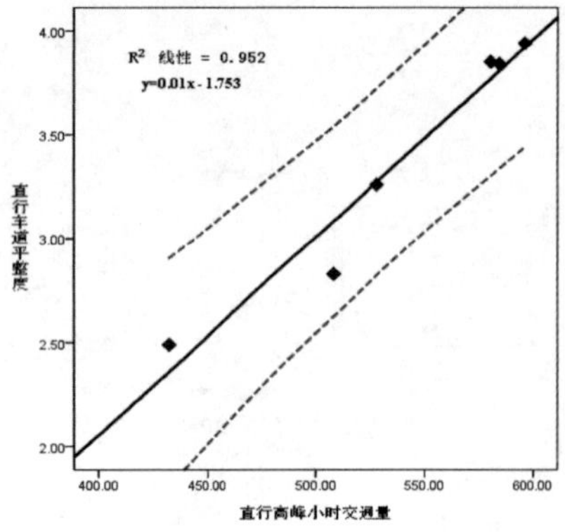

(a) 直行车道交通流量与路面平整度相关分析

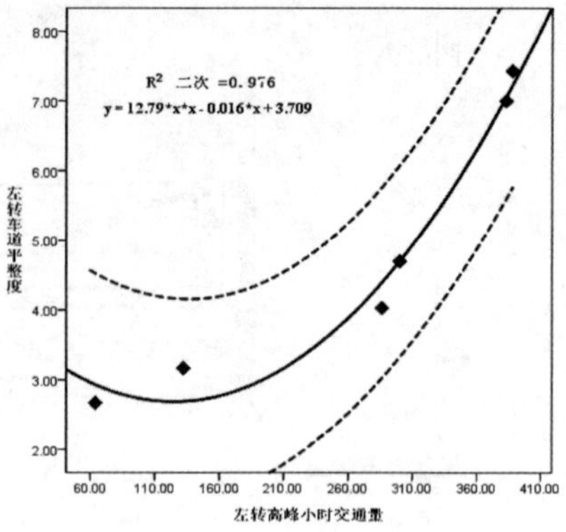

(b) 左转车道交通流量与路面平整度相关分析

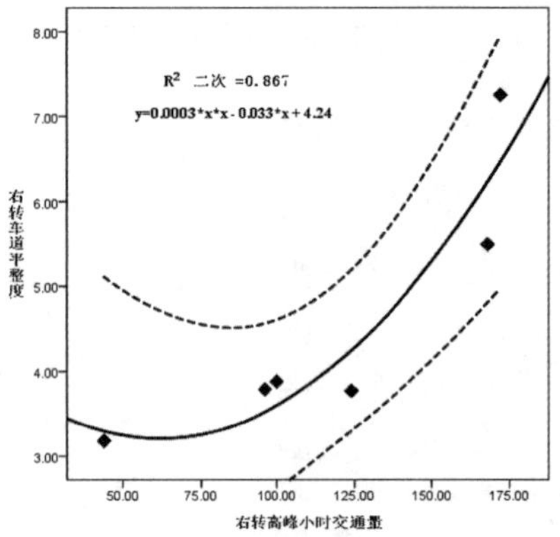

(c) 右转车道交通流量与路面平整度相关分析

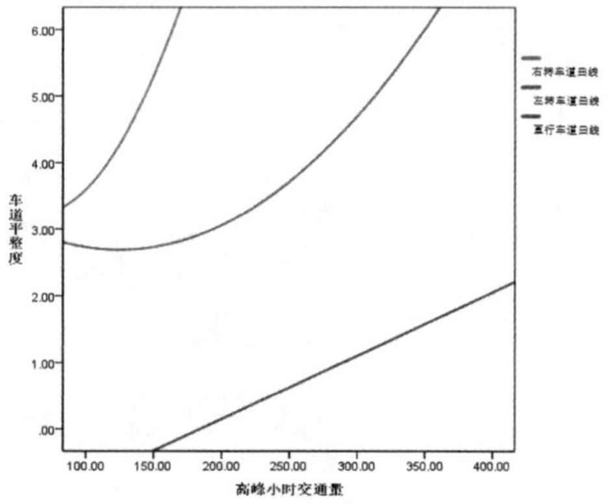

(d) 各车道交通流量与路面平整度回归曲线

图 4 现场实验结果分析

系数 R^2 分别为 0.976 和 0.867，路面平整度随着车流量的增大而增大，同时平整度增大的幅度也随之增大，这可能是由于转向车辆相比直行车辆会增强车辆与地面的摩擦，从而造成路面平整度的快速增大。

为进一步验证转向车道相比直行车道对路面平整度影响更大，将三个方向拟合曲线作图见图 4(d)。当交通流量一定时，左转和右转的路面平整度值要大于直行的路面平整度值，因此相同的交通流量下转向车道会由于摩擦等原因对路面平整度造成更大的影响。

4 结语

本文分析了路面评价体系及相应的评价指标，针对目前路面平整度检测复杂，检测结果不够直观等缺陷，提出了从平整度外在影响因素交通流量角度来获得路面平整度的方法。通过进行实验获得交叉口各进口道交通流量和车道平整度值，对实验数据进行统计拟合，建立了交通流量和平整度的相关关系模型，从而能通过交通流量数据来获得路面平整的状况，为道路养护等相关工作提供更直观、快捷的数据支持。由于时间有限，本研究仍存在一些缺陷和数据的不充分性，模型的进一步验证将是后期要研究的工作。

参考文献

[1] 李套岭，孙立军，陆辉. 对路面平整度的粗浅理解[J]. 上海公路. 2001.
[2] 交通部公路规划设计院. 公路工程名词术语[M]. 北京：水利水电出版社，1987.
[3] American Society for Testing and Material(ASTM) Terminology Relation to Traveled Surface Characteristics Annual Book of ASTM Standards[S]. 1999.
[4] 李遵建. 城市道路沥青路面平整度的影响因素及对策[J]. 山西建筑，2009.
[5] 张春贵. 浅析道路沥青混凝土路面平整的影响因素和施工控制措施[J]. 2011.
[6] 朱培彦. 浅析沥青路面平整度的几个影响因素[J]. 公路交通科技. 2003.
[7] American Association of State Highway and Transportation Officials. 1960.
[8] JTG H20-2007. 公路技术状况评价标准[S]. 2007.

机车骑士两段式左转行为之探讨

Study on the Hook-turning Behavior of Motorcyclists

毛亿能 吴继虹

摘 要：在台湾地区，机车登记数量约占总机动车辆数的七成左右，机车已成为道路上最庞大的族群。由于机车的行驶特性与其他车辆有所差别，尤其于交叉路口转弯时对车流的干扰与行驶的安全性，因此在交通规定中有一项特别为机车制定的规定——路口两段式左转。不过很多市民其实并不清楚如何正确进行两段式左转，以及遵守规定的重要性。本研究参考国外相关研究之量表，设计出适用于台湾地区交通样态之驾驶态度与行为问卷，针对机车骑士进行问卷调查，共回收299份有效样本。分析结果发现受测者对于两段式左转的平均认知得分数为6.14分，代表受测者几乎答对近七成的题目，可见大家对于两段式左转的基本认知有一定程度的了解，但是行为与认知之间的相关性偏弱。行为与态度之间的相关性较强，与过去研究发现态度才是影响行为主要因素的结果一致。所以关于两段式左转的违规，大多是因为市民并不认为有遵守的必要性，才会由这样的负面态度影响行为，导致道路上许多违规的产生。

关键词：机车骑士；两段式左转；态度与行为问卷

Abstract: The number of registered motorcycles in Taiwan accounts for 70 percent of the total registered motor vehicles. Motorcyclists have become the largest population on road. According to Taiwan's traffic rules, there is a motorcyclist specific rule: hook-turning at multi-lane intersections. However, many motorcyclists do not understand how to perform a hook turn correctly, and how important that following traffic rules can keep themselves safe on roads. In this study, the questionnaires developed in prior studies were applied to designing an applicable survey instrument for the traffic environment in Taiwan. An ABQ was created and administrated to motorcyclists in person. A total of 299 samples were obtained. The analyzed results indicate that the participants have fair knowledge regarding hook turns. However, knowledge and behavior are not significantly related. On the contrary, the correlation between attitude and behavior is significant, which is consistent with the prior study findings. The findings show the prevalence of failing to obey the hook turns may attribute to the disregard of the hook-turn rule among motorcyclists.

Keywords: motorcyclist; hook turn; ABQ

1 绪论

1.1 研究背景与动机

目前台湾道路生态中，因为机车具有骑车及停车方便、经济且机动性高等优点，已成为大部分民众重要的代步工具，表1为近十年的机动车辆登记数统计，由统计数据可以看出机车登记数一直都占约七成的比例。

表1 2007—2016年的机动车辆登记数

年份	机动车辆数(辆)	汽车(辆)	机车(辆)
2007年	20 711 754	6 768 281	13 943 473
2008年	21 092 358	6 726 916	14 365 442
2009年	21 374 175	6 769 845	14 604 330
2010年	21 721 447	6 876 515	14 844 932
2011年	22 226 684	7 053 082	15 173 602
2012年	22 346 398	7 206 770	15 139 628
2013年	21 562 645	7 367 522	14 195 123
2014年	21 290 279	7 554 319	13 735 960
2015年	21 400 863	7 739 144	13 661 719
2016年	21 510 650	7 842 423	13 668 227

资料来源：交通事务主管部门统计查询网

作者简介：毛亿能，台湾海洋大学运输科学系，硕士研究生，研究方向：交通安全。
吴继虹，女，台湾海洋大学运输科学系，助理教授，研究方向：运输安全、运输规划、统计分析。

机车除了在台湾的道路生态中占有很高的比例，在道路中的肇事及死伤人数中也占有很高的比例。因为机车就是俗称的“肉包铁”，而且只有两轮，所以比起其他运具的安全度与稳定度都有许多不足，在与其他运具的事故上，伤亡严重者往往都是机车骑士。由图1的统计数据可以看出在逐年攀升的事故死伤人数中，机车一直保持着一半以上的比例，由此可见，机车的问题在台湾的交通环境中，是实为值得重视的交通安全课题。

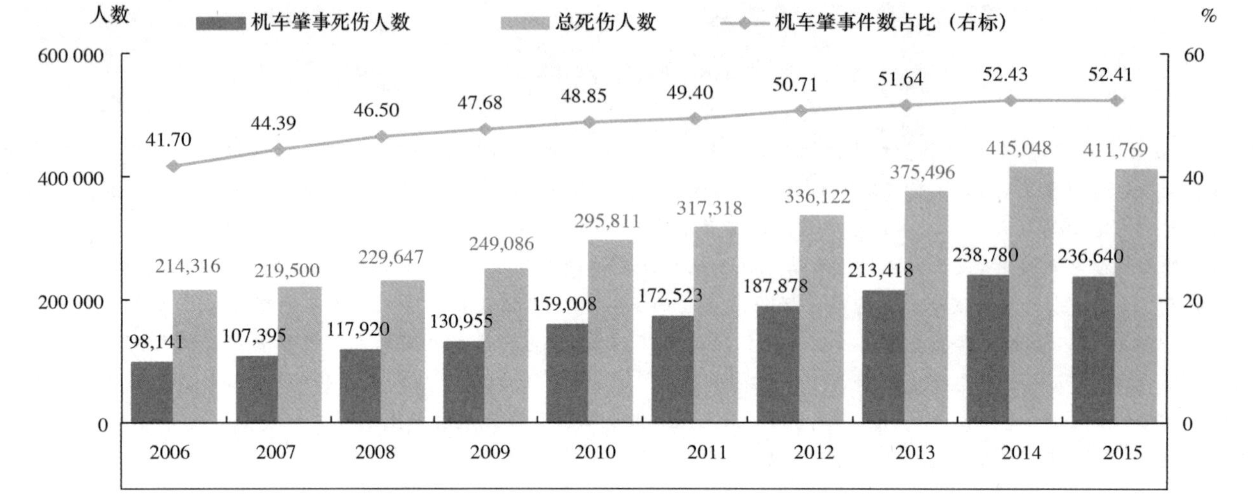

图1　近10年A1及A2类机车肇事占比及死伤人数

（资料来源：警政事务主管部门）

“两段式左转”是针对台湾机车族群制定的规定，因为台湾很多路段的内侧车道有“禁行机车”的标志，这样的情况使得机车无法于路口直接左转。两段式左转是经过两次直行之后完成的左转行为，这是其他地方没有的规定，而骑士必须在道路上进行两段式左转所面临的问题也相当复杂，很多市民其实并不清楚如何正确进行两段式左转，以及遵守规定的重要性。关于两段式左转的规定，缺乏具体执行方式的规定和足够的倡导，使得民众对于在何种情况下该进行两段式左转与如何进行两段式左转的认知不足。

表2是本研究针对两段式左转问题而进行的路口观察数据，观测路口为基隆市区三个不同的有号志交叉路口，并且以尖离峰时段区分，尖峰时段为晚上6:00，离峰时段为早上9:00。

表2　　两段式左转路口尖离峰时段差异观察

		直接左转	有打方向灯	内侧直接待转	总车辆数
尖峰	交叉路口A	1	7	0	16
	交叉路口B	0	4	0	17
	交叉路口C	6	13	1	51
离峰	交叉路口A	0	12	0	23
	交叉路口B	0	12	1	31
	交叉路口C	4	14	13	54

A、B路口是四车道的大路口，C路口是横向车道只有单车道的小路口。观察的三个路口都是需要两段式左转的路口，可是由上面的数据可以看出，不少机车骑士在进行两段式左转时打方向灯。由于两段式左转是为两阶段直行，不需要打方向灯。当骑士在进入待转区前打方向灯，容易使其他驾驶人混淆，无法确定骑士是要进行右转还是两段式左转。在多车道的路口直接左转的情形比较少，因为车流量过大，骑士几乎找不到空隙直接左转；反观小路口，因车流量小，违规的情况比较多。在路口处由内侧车道直接骑到待转区的情形也是小路口较为严重，甚至还观察到几起近似闯红灯加速进入路口，以便借着横向车道转为绿灯时一起通过的事件。根据观察，车流量与车道数为路口机车违规左转的影响因素，但是骑士本身是否有态度与认知上的问题，进而导致这样的行为出现呢？这就是本研究想探讨的主要问题。

1.2　研究目的

本研究主要探讨：机车骑士对于两段式左转的认知与态度，借由探讨国内外量表是否适用于衡量台湾地区交通特性，发展出适用台湾地区并且能反映民众驾驶行为之量表。透过量表分析结果，了解民众的驾驶行为，还有对两段式左转的态度与认知，到底机车骑士是不了解两段式左转的相关规定，还是觉得没有遵守的必要性，又或者是抱着侥幸的心态违规等，研究目的归纳如下：

（1）探讨国内外量表是否适用于衡量台湾地区交通特性，发展出适合用于台湾地区的量表。

（2）透过量表分析结果，了解用路人的驾驶行为、态度与认知。

（3）了解两段式左转在交通生态中的问题。

1.3 研究范围

本研究范围主要系针对台北市、新北市、基隆市与桃园市（以下简称北北基桃地区）的机车用路人进行随机的问卷调查。

1.4 研究流程

本研究系依循以下之研究步骤进行探讨、分析：

（1）研究背景与动机

借由研究背景寻找出研究动机，产生研究方向与基础，确立本研究之主题、研究目的及研究范围，探讨台湾机车骑士的驾驶行为与对两段式左转的认知与态度之间的关系。

（2）文献搜集与问题厘清

相关文献之探讨，本研究主要系针对两段式左转的认知、态度与行为的问卷进行研究与分析的主题。期待能借由国内外文献的探讨来建立出适用台湾地区交通样态的量表。

（3）量表设计与修改

主要包括研究架构、量表设计与量表修改，依据相关文献所得之量表各层面的强度关系进行量表设计，再借由量表初测来检讨量表，初测完的量表数据来修改量表，最后完成正式量表。

（4）问卷调查与分析

透过正式的量表对台湾的机车骑士进行调查，再将调查出来的结果进行分析建立出模型，了解可能造成现在台湾两段式左转的原因。

（5）结论与建议

了解台湾两段式左转真正的问题何在，同时提出可能的解决方案，希望借由这个结果了解真正的问题所在，理解问题并且提出解决方案能对这个议题有实际的帮助。

2 文献回顾

下文针对机车骑士的态度、行为、认知等面向进行量表上的回顾与探讨。

2.1 态度的定义

什么是态度？最初的问题是关于态度的特性。态度是个已经研究了一百多年的概念，并且或多或少已经提出了许多重叠定义。Lars (2003)指出 Eagly 和 Chaiken 在 1993 年提出："态度是一种用来衡量对某个事物喜恶程度的倾向，而态度常以认知、情感及反应行为的形式表达。"

2.2 态度、行为与认知量表

在目前搜集的量表中，与肇事最相关的驾驶人特性就是认知、态度、行为，而这三个面向互相影响。

2.2.1 交通安全与态度

改善交通安全要从态度开始，态度才是至关重要的因素，并不是行为。而加入了"年龄"和"里程"这两个变量之后，其结果会更明显(Terji, 1995)。"年龄"与"里程"可视为一种"经验"的累积，有经验的驾驶比新手驾驶更能预先察觉到危险的发生(David, 2015)，但是察觉到危险却没有把这个想法深植在自己心中，成为看待交通安全的态度进而改变行为，那依旧是无法改善交通安全的现况。

2.2.2 态度与行为

态度影响行为，行为测量态度，两者有直接的关系。驾驶的规范动机在遵守交通法规和心态的获益损失之间是有互相影响的，遵守法规是行为，心态的获益与损失则是态度，有些骑士会在违规时，心里有获得了快感或是掌控大局的感觉，或者是守法时觉得自己很丢脸等，都是对法规的态度去影响驾驶的行为，所以由此可见态度与行为的相关性是非常强的(Dana, 1998)。

Hilde (2002)也认为态度与行为的关系密不可分，而且态度有很大的可能性可以在将来的交通危险行为上有预测的功能，这份研究的作者认为交通安全的态度能够知道一个人在道路上的驾驶行为，负面的态度很可能就代表他在道路上会有危险的驾驶行为。

Fahad (2006)探讨态度与行为之间的关联，研究结果显示，严刑峻罚是治标不治本的方案，因为只要用路人在没有监视器或者警察的道路上，就会开始肆无忌惮地违规，这些规定只有吓阻的作用，要改变态度才能根除这种问题。

Hermann (2008)研究危险驾驶行为与态度之间的关系，结论是认为从态度下手才是上策，因为驾驶者普遍对交通执法抱持着侥幸的态度，认为法律是为了罚款而非保障驾驶者们自身的安全而制。所以要改变他们对这件事的看法，才能改善他们的行为。

2.2.3 认知、态度与行为

态度与行为的关系前面已经举了很多研究支持了，接下来有一篇研究除了探讨这两者间的关系以外，还加入了认知这个面向，此篇研究认同态度影响行为这个说法，而认知影响态度但不影响行为。作者认为用路人对道路的认知并不会影响行为，因为用路人并未把认知转换为看待交通安全的态度，这样并不会影响他们道路上的行为。举例来说，上面提及的研究可以发现，很多用路人其实知道这些行为是违法的，可是他们还是违规，因为他们都抱着侥幸的心态，认为只要不危及自己或别人的生命安全，这些在道路上的小违规无伤大雅，所以如果用路人没有把所学的知识转换成看待交通安全的态度，那么所学的知识也无法改善他们的违规行为。由此可见，在驾驶人特性之中，认知影响态度，态度影响行为，而三者之中最重要的面向，就是态度(Vafa Rahimi-Movaghar, 2013)。

3 研究架构与方法

3.1 节针对本研究之对象、问卷发放以及受测者资料等相关信息进行说明。3.2 说明实验架构，本研究整个研究的流程，量表中各个面向之间的关系与结构强度。3.3 说明两段式左转，本研究主要研究范围及使用何种方法来完成研究。

3.1 研究对象

本研究之研究对象主要以台湾机车骑士用路人为主，在路上进行随机抽样发放问卷，不过回收结果显示受测者年龄分布在 18～35 岁之间，平均年龄为 24 岁，中老年行人帮助填写问卷的意愿偏低。问卷发放地点为：基隆、台北、中坜和杨梅的火车站附近，共取得 300 份有效样本。

3.2 研究架构

透过原先搜集的文献整理期量表之后，发现量表之中各构面之关系，设计出一份认知、态度与行为的初测问卷，再透过初测结果与路口实际的观察结果，发展出一份适用台湾交通样态的问卷。本研究之研究架构如图 2 所示：

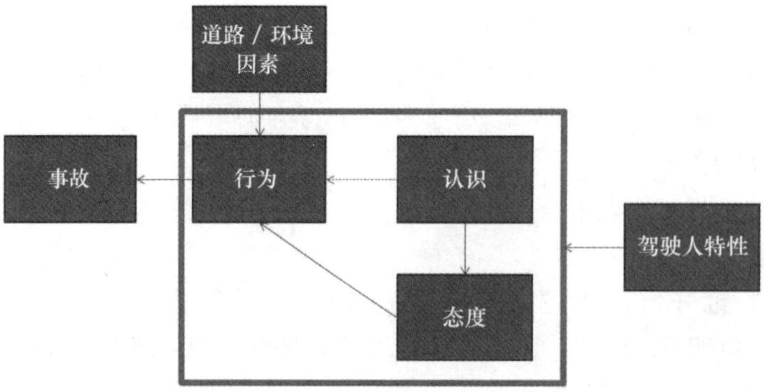

图 2 研究架构图

3.3 两段式左转

道路交通安全规则第 99 条规定：机车行驶至交叉路口，其转弯应依标志或标线之规定行驶；无标志或标线者，应依第 102 条及下列规定行驶：(1)内侧车道设有禁行机车标志或标线者，应依两段方式进行左转，不得由内侧或其他车道左转；(2)在三快车道以上单行道道路，行驶于右侧车道或慢车道者，应以两段方式进行左转弯。

除了以上的规定，两段式左转还有两种须要显示方向灯号与否的情况，图 3 为骑至待转区途中“无须"显示方向灯的路口，只要由最外侧车道减速骑至待转区即可。图 4 为"须要"显示方向灯的路口，因为此路口最外侧车道为右转专用道，故要进行两段式左转的骑士并不能从此车道骑至待转区，所以要从第二车道显示方向灯后减速骑至待转区。

图 3　两段式左转路口案例 1

图 4　两段式左转路口案例 2

3.4　研究方法

参考相关文献的量表设计问卷，再针对两段式左转的相关问题设计题目。正式问卷分成四部分，依序为态度、行为、认知以及基本资料。

3.4.1　态度

态度题部分是针对两段式左转设计的状况，再请受测者根据他个人对状况的同意程度进行勾选，此部分是采用李克特四尺度作为让受测者勾选的标准，分别是"非常不同意、不同意、同意、非常同意"四个尺度。

这个部分的题目是借由参考国外文献以及实际路口观察所设计出来的，以下是态度部分的题目，共计 15 题。

(1) 若号志为红灯时，准备骑至待转区的骑士停等在任何一条车道上都无所谓。

(2) 两段式左转的等待时间会让我不耐烦。

(3) 在比较小但仍须要两段式左转的交叉路口，没有必要遵循两段式左转。

(4) 若交叉路口有警察，民众会依规定两段式左转。

(5) 在规定两段式左转的交叉路口，只要出现左转箭头绿灯，就可以跟在汽车旁边一起左转。

(6) 两段式左转比较安全，所以在任何路口都应该进行两段式左转。

(7) 若号志转黄灯时,要加速进入待转区,才不用等待很长的红灯时间。

(8) 两段式左转的过程经常会影响到同向车辆。

(9) 如果路口没什么车,直接左转并不会比较危险。

(10) 两段式左转的过程相当费时,所需等待的红灯时间过长,但是相对比较安全。

(11) 若号志快要由黄灯转为红灯时,必须加速进入路口以便借着横向车道转为绿灯时一起通过。

(12) 两段式左转的规定是因为车流量大时,机车直接左转较容易发生意外,所以当车流量小的时候,应该就不需要两段式左转。

(13) 在离峰时段,遵守两段式左转的规定显得没这么重要。

(14) 赶时间时,遵守两段式左转的规定只是浪费时间。

(15) 规定要两段式左转的交叉路口,只要有机车骑士直接左转,那我也可以直接左转。

3.4.2 行为

行为题部分是由态度题对应而来,假设一个在道路上会发生的情境,再请受测者根据他平常骑车时的习惯,在适当的发生频率下进行勾选,此部分是采用李克特六尺度作为让受测者勾选的标准,分别是"一定不会、几乎不会、很少会、有时候会、经常会、一定会"六个尺度。共计 15 题。

(1) 若来不及在进入路口前切换至最外侧车道,我还是会进行两段式左转。

(2) 因为两段式左转过程很费时,我会找机会直接左转。

(3) 在比较小但仍须要两段式左转的交叉路口,我会直接左转。

(4) 若规定要两段式左转的路口没有警察或摄影机时,我还是会进行两段式左转。

(5) 即使在规定要两段式左转的交叉路口,我会在左转箭头绿灯亮时,跟在汽车旁边一起左转。

(6) 我在任何交叉路口都会进行两段式左转。

(7) 若号志转黄灯时,为了不用等待很长的红灯时间,我会加速进入待转区。

(8) 我经常在两段式左转的过程中发现自己影响到同向车辆。

(9) 若此交叉路口没什么车,我会直接左转。

(10) 两段式左转的过程相当费时,但是我还是会耐心遵守规定。

(11) 若号志快要由黄灯转为红灯时,我会加速进入路口以便借着横向道路绿灯时一起通过。

(12) 两段式左转的规定是因为车流量大时,机车直接左转较容易发生意外,所以当车流量小的时候,我会直接左转。

(13) 在离峰时段,我还是会遵守两段式左转的规定。

(14) 赶时间时,我还是会进行两段式左转。

(15) 在规定要两段式左转的交叉路口,只要有机车骑士直接左转,我就会跟着他一起转。

3.4.3 认知

认知题部分是由配合图片的选择题设计而成,图片能更清楚地让受测者融入情境,题目都是针对两段式左转的基本知识设计的,共计 9 题。

3.4.4 基本资料

基本资料部分就是受测者的相关基本资料,其中包括性别、年龄、职业、教育程度、持有驾照与否、每周骑车天数、最常使用的交通工具、过去三年是否有发生事故、是否曾在两段式左转的过程中发生意外的肇事责任以及肇事原因。

4 资料分析

4.1 叙述性统计

本研究样本数为 299 人。其中男性有 196 人(66%),女性有 103 人(34%)。受测者年龄介于 18~35 岁之间,平均年龄为 24 岁左右。持有机车驾照的人有 94%,持有小客车驾照的人有 73%。最常使用的交通工具为普通重型机车(50~250cc)有 80%。

4.2 信度分析

本研究的态度部分的 Cronbach's Alpha 值为 0.762,落在可信的范围内,故此量表有可信度;态度与行为部分的 Cronbach's Alpha 值为 0.746,落在可信的范围内,故此量表有可信度。

4.3 相关性分析

将行为部分的题目以“违规与否”作为区隔，“违规”行为中会包含“(1)、(2)、(3)、(5)、(6)、(7)、(9)、(11)、(12)、(15)”这几题，“(4)、(10)、(13)、(14)”题则为“守法”行为。将两个分类中的六尺度答案进行加总(一定不会=1，很少会=2，…，一定会=6)，会得到两个新的总值命名为“违规行为”与“守法行为”。再将认知部分的答案，除了正确答案以外其余分数都以零计算得分，命名为“认知得分”。最后将“违规行为”与“守法行为”和“认知得分”进行相关性分析。结果显示，“违规行为”与“守法行为”有显著的负相关($r=-0.507$)，“违规行为”与“认知得分”有显著的弱负相关($r=-0.334$)，而“守法行为”与“认知得分”无相关性。而且“认知得分”的平均是 6.14 分。

另一部分，将态度部分进行分类加总，得到新的总值命名为“违规态度”，将此新的态度项目与先前的行为项目进行相关性分析。结果显示，“违规态度”与“违规行为”有显著的相关性($r=0.676$)，“违规态度”与“守法行为”有显著的弱负相关($r=-0.469$)。

5 结论与建议

5.1 结论

关于第一部分的分析结果，行为与认知之间的相关性偏弱，此结果可能代表认知与行为之间并无直接关系，而且”认知得分”的平均数为 6.14 分，代表受测者几乎答对近七成的题目，可见大家对于两段式左转的基本认知有一定的了解程度。

第二部分的分析结果，行为与态度之间的相关性较强，如同先前文献所描述一样，态度才是影响行为的主要因素。所以关于两段式左转的违规，大多是因为民众并不认为有遵守的必要性，才会由这样的负面态度影响行为，导致道路上许多违规的产生。

5.2 建议

改变行为需从改变态度开始，制定法规约束乃治标不治本的措施，只要民众认为任何交通法规没有遵守的必要性，他们便会在没有执法人员或路口监视器，以及离峰或是巷口发生违规的行为，因为认知并无法直接的影响行为，只要民众的心态不认同守法是为了自己人身安全的保障，再多的法律约束也是徒劳。导正态度需要借由教育慢慢改变，所以建议政府或相关机构可以从交通安全教育着手，并利用执法辅助。

参考文献

[1] 交通事务主管部门统计查询网(2017 年 4 月). 机动车辆数常用资料查询网页. 撷取自 http://stat.motc.gov.tw/mocdb/stmain.jsp? sys=100&funid=a3301.

[2] “内政部警政署”(2016 年 7 月 20 日). 警政统计通报. 撷取自 https://www.npa.gov.tw/NPAGip/wSite/mp? mp=1.

[3] Aberg, L. The role of attitudes in transportation studies[R]. 2006.

[4] Al-Rukaibi, F., Ali, M., Aljassar, A. Traffic safety attitudes and driving behavior of university students[J]. Transportation Research Record, 2006, 1969: 65-71.

[5] Assum, T. Attitudes and road accident risk[J]. Accident Analysis & Prevention, 1997, 29: 153-159.

[6] Crundall, D. Hazard prediction discriminates between novice and experienced drivers[J]. Accident Analysis & Prevention, 2015, 86: 47-58.

[7] Iversen, H. Risk-taking attitudes and risky driving behavior[J]. Transportation Research Part F, 2002, 7: 135-150.

[8] Nabi, H., Salmi, L, R., Lafont, S., Chiron, M., Zins, M., Lagarde, E. Attitudes associated with behavioral predictors of serious road traffic crashes: results from the GAZEL cohort[J]. Injury Prevention, 2008, 13: 26-31.

[9] Rahimi-Movaghar, V., Mirzaei, R., Hafezi-Nejad, N., Sabagh, M, S., Moghaddam, A, A., Eslami, V., Rakhshani, F. Dominant role of drivers'attitude in prevention of road traffic crashes: A study on knowledge, attitude, and practice of drivers in Iran[J]. Accident Analysis & Prevention, 2013, 66: 36-42.

[10] Yagil, D. Gender and age-related differences in attitudes toward traffic laws and traffic violations[J]. Transportation Research Part F, 1998, 1: 123-135.

右转专用进口道通行能力研究

Calculation of Exclusive Right-turn Approach Lane Capacity Based on Regression Analysis

张　明

摘　要:论文针对四相位信号控制交叉口右转专用进口道进行研究。基于 HCM2010 中饱和流率法的基本框架,实测右转饱和流率。并采用回归分析的方法,考虑行人非机动车冲突影响程度的差异以及前后冲突区的相关程度,改进了行人非机动车修正系数计算模型。并针对不同相位条件,给出各相位行人非机动车修正系数的计算表。验证表明,此模型能更好地反映上海市区交叉口的实际右转通行能力。

关键词:右转专用道通行能力;饱和流率;回归分析;行人非机动车修正系数

Abstract: The paper aims to the capacity for exclusive right-turn approach lane at four-phase signalized intersections. Within the framework for saturation flow rate adjustment of Highway Capacity Manual (HCM) 2010, determine right-turn saturation flow rate by field observation. Then, taking into account the variety in space competition between pedestrian and bicycle, co-effect between two conflict zones, revise the pedestrian and bicycle adjustment factor by regression analysis. Finally, the model proves to estimate the capacity of right-turn movement at urban Shanghai more accurately than the methodology advanced by HCM2010.

Keywords: capacity for exclusive right-turn approach lane; saturation flow rate; regression analysis; pedestrian and bicycle adjustment factor

0　引言

大量的行人非机动车会对机动车运行产生一定影响。目前很多城市道路大都设有完善的机非隔离带,混合交通流在交叉口会出现交汇。尤其是右转机动车与行人非机动车存在着严重的冲突,会对右转机动车运行产生显著的影响。

以往关于右转机动车通行能力的研究更多的关注于非机动车或行人分别对通行能力的影响,未考虑在一定的信号配时情况下行人和非机动车流量的空间分布以及它们相互间的共同影响。

右转专用进口道常出现在四相位信号交叉口,并且四相位交叉口常出现在主干路,行人非机动车流量大,因此四相位信号控制交叉口的右转专用进口道为研究的最佳选择。并且,基于实测数据回归分析,采用饱和流率修正法,研究行人和非机动车对右转机动车通行能力的影响。主要考虑因素包括行人和非机动车流率和信号相位,给出右转通行能力行人自行车修正的计算模型。

1　相关文献综述

目前计算行人和自行车对信号交叉口通行能力影响的方法主要包括以下三类。

1.1　基于间隙接受理论的计算方法

基于间隙接受理论建立计算模型的实质是概率模型,被广泛地应用于各种影响因素的研究之中[1-5]。该方法优点为模型可移植性强;其局限性是计算复杂,可操作性差,不利于实际应用,并且运用基于间隙接受理论计算右转机动车通行能力均假设行人非机动车流为冲突主流,机动车穿越行人非机动车流间隙通过,这与中国城市交叉口实际运行状况不符。

1.2　基于实测的饱和流率修正法

饱和流率法[6][7][9]通过一定条件下实测右转饱和流率,与基本饱和流率相比较,通过统计回归分析

作者简介:张明,上海市城市建设设计研究总院(集团)有限公司,硕士

的方法，确定此条件下的影响因素对基本饱和流率的修正系数。该方法计算简单，实际应用可操作性强；其局限性是为了得到普遍性结论需大量实测数据。

1.3　基于仿真的计算方法

该方法[8]优点为分析过程直观，实际应用可操作性强；其局限性是行人、自行车交通流理论尚不完善，交通流轨迹和让行机制与实际情况出入较大，利用现有的仿真软件虽然便于进行定性比较，但难于获得准确的定量结果。

综上所述，三种方法各有优劣。本研究认为基于实测的饱和流率修正法虽需要大量实测数据，但可以绕开繁杂的内在关系，直接得出最终的影响结果，在中国特殊国情下有很强的适应性。因此，本文基于计算基本原理，将针对以往研究的不足，在 HCM2010[9]行人和自行车修正系数计算方法的整体框架下，从以下四个方面对模型进行改进：

（1）由于中国的电动车较多，因此将自行车流和电动车流视为混合流，即非机动车流。

（2）将 HCM 中只针对本向直行自行车和行人通行（图 1）这一情形进行延拓，考虑行人和非机动车流在四个相位的空间分布（图 2）。

（3）维持 HCM 提出模型的基本建模思路，对各关系式的具体参数进行重新标定。对前后两个冲突区赋予不同的权重，并增加前后两个冲突区之间的相关性系数，以符合上海市区实际状况。

（4）考虑非机动车道和人行横道的冲突区截面宽度，将流率确定为单位宽度断面流率。

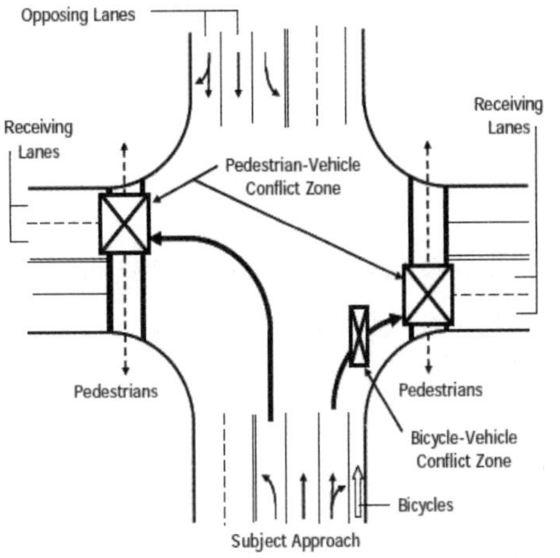

图 1　HCM2010 所研究的冲突区位置图[9]

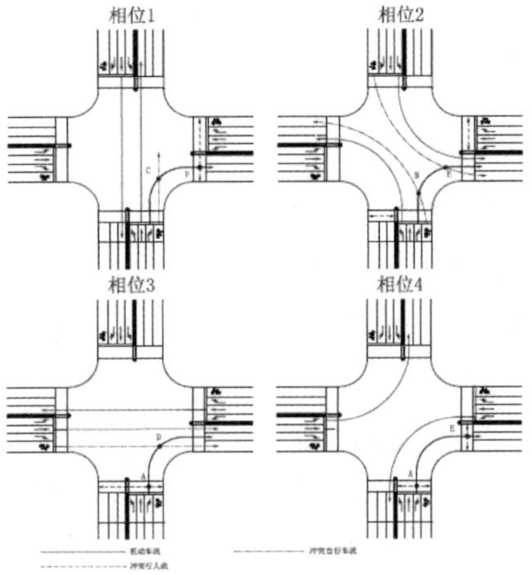

图 2　四相位信号控制交叉口冲突区示意图

2　数据调查

采用视频录像的方法，考虑到异常样本的剔除，以及某些类型数据在时间上不连续，因此研究右转进口道数量约 8 个，每个进口道实验时间不少于 3 小时。为了使非机动车和行人流量变化范围大，选择高峰期进行实地测量。因此，于 2013 年 5 月 20 日至 2013 年 5 月 24 日，早高峰时段 7:30—9:00 和晚高峰 16:30—18:00 进行测量。

关于目标进口道的选择，论文将对渠化方式的所有变量和部分信号控制变量进行控制。由此，交叉口选择标准和待测进口道如表 1 确定。

表 1　　交叉口选择标准和待测进口道

标准类型	具体选择标准	选择交叉口进口道
交通渠化方式	相交道路均有中央分隔带 进口道纵坡坡度约为零 非机动车道宽度约 3.5m 人行过街横道宽度约 5m 交叉口进口道 4～5 车道 右转机动车道宽约 3.5m 右转转弯半径约 15m 右转短车道效应不明显 进口道区域无公交停靠站 右转专用道	1. 大连西路曲阳路交叉口四个进口道； 2. 西藏北路中兴路交叉口东、南进口道； 3. 中山北二路四平路交叉口西进口道； 4. 黄兴路周家嘴路交叉口西进口道
信号控制方法	四相位	

(a) 西藏北路中兴路交叉口

(b) 大连西路曲阳路交叉口

(c) 中山北二路四平路交叉口

(d) 黄兴路周家嘴路交叉口

图 3　上海市区四处交叉口实拍图

3　模型建立

本研究将饱和流率修正计算式简化，只考虑行人非机动车修正系数，同时相应地实测将基本饱和流率 S_b 经过各渠化指标修正之后的右转饱和流率 S_0。由此得到计算公式(1)：

$$c_r = S_0 \cdot f_{Rpb} \tag{1}$$

其中：c_r——右转专用道通行能力(pcu/h/ln)；

S_0——特定渠化下右转饱和流率(pcu/h/ln)；

f_{Rpb}——右转行人非机动车修正系数。

3.1　实测右转饱和流率

使用有右转专用禁行相位的中山北二路四平路交叉口西进口道(图 3(c))，并且选择在右转禁行相位之后受行人和非机动车影响较小的时段进行右转饱和流率的测量。经过样本选择，数据记录以及预处理之后，得到车道宽度为 3.5m，转弯半径 15m 左右的右转专用道的平均车头时距随车辆顺序的分布图。

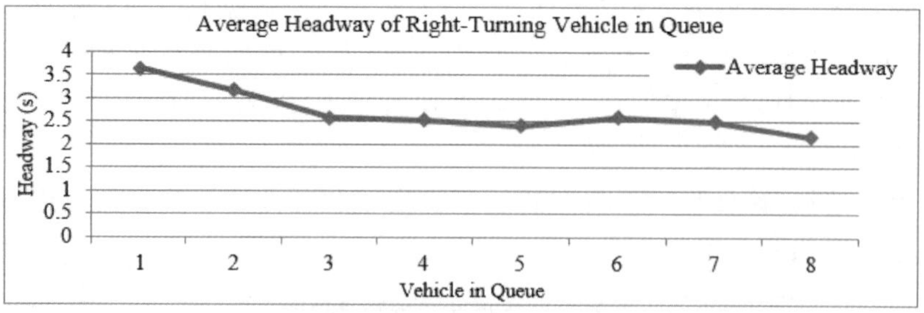

图 4　右转平均车头时距车辆排序的分布图

如图 4 所示，从第 3 辆车开始计算平均车头时距 $\bar{h}=2.54$s，因此右转专用道的饱和流率为 $S_0=1417$pcu/h/ln。

3.2　确定右转行人非机动车修正系数

3.2.1　确定绿灯小时流率与占有率的关系

单位宽度断面绿灯小时流率 ν_{pedgi}、ν_{bicgi} 是指相位 i 中行人或非机动车流在相应有效绿灯时间内的单位宽度断面平均小时流率。行人和非机动车的单位宽度断面绿灯小时流率可以直接获得，也可以通过单位宽度断面周期小时流率换算，如式(2)。

$$\nu_{pedgi}=\nu_{ped}\frac{C}{g_{pedi}}\times\eta_{pedi},\ \nu_{bicgi}=v_{bic}\frac{C}{g_{bici}}\times\eta_{bici} \tag{2}$$

其中：ν_{pedgi}，ν_{bicgi}——行人、非机动车在相位 i 的单位宽度断面绿灯小时流率(pedestrian/h/m、bicycle/h/m)；

ν_{ped}，ν_{bic}——行人、非机动车的单位宽度断面周期小时流率(pedestrian/h/m、bicycle/h/m)；

C——周期长度(s)；

g_{pedi}，g_{bici}——行人、非机动车在相位 i 的有效绿灯时间(s)；

η_{pedi}，η_{bici}——整个周期行人、非机动车数量在相位 i 的比例。

冲突区占有率是指在有效绿灯时间内，右转冲突区被占用的时间与有效绿灯时间之比。行人和非机动车冲突区占有率按式(3)计算。

$$OCC_{pedgi}=\frac{T_{pedi}}{g_{pedi}},\quad OCC_{bicgi}=\frac{T_{bici}}{g_{bici}} \tag{3}$$

其中：OCC_{pedgi}，OCC_{bicgi}——行人、非机动车在相位 i 冲突区占有率；

T_{pedi}，T_{bici}——行人、非机动车在相位 i 占用冲突区的时间(s)；

g_{pedi}，g_{bici}——行人、非机动车在相位 i 有效绿灯时间(s)。

由于交叉口各相位的行人和非机动车单位宽度断面周期小时流率或绿灯小时流率是输入变量，冲突区占有率是未知量，因此需要找到各相位中，OCC_{pedgi} 与 ν_{pedgi}、OCC_{bicgi} 与 ν_{bicgi} 的关系。

选择大连西路曲阳路交叉口四个进口道以及和黄兴路周家嘴路交叉口西进口道的右转绿灯时段进行关系标定，通过统计回归分析，得到如上的函数关系，见表 2 所示。

表 2　各类冲突交通流单位宽度断面绿灯小时流率与冲突区占有率关系表

相位一	本向直行非机动车	本向行人
	$OCC_{bicgT}=9.504\times10^{-4}\nu_{bivgT}$，$R^2=0.977$	$OCC_{pedg}=2.159\times10^{-3}\nu_{pedg}$，$R^2=0.934$
相位二	本向左转非机动车	对向左转非机动车
	$OCC_{bicgL}=1.197\times10^{-3}\nu_{bivgL}$，$R^2=0.931$	$OCC^{O}_{bicgL}=1.195\times10^{-3}\nu^{O}_{bicgL}$，$R^2=0.941$
相位三	相交道路行人	相交道路直行非机动车
	$OCC^{C}_{pedg}=2.059\times10^{-3}\nu^{C}_{bedg}$，$R^2=0.930$	$OCC^{C}_{picgT}=9.804\times10^{-4}\nu^{C}_{bicgT}$，$R^2=0.967$
相位四	相交道路行人	本向行人
	$OCC^{C}_{pedg}=2.059\times10^{-3}\nu^{C}_{pedg}$，$R^2=0.930$	$OCC_{pedg}=2.159\times10^{-3}\nu_{pedg}$，$R^2=0.934$

注 1：表中的计算上限分别为 $\nu_{bicgT}=1052$bicycle/h/m、$\nu_{pedg}=463$pedestrian/h/h、$\nu_{bicgL}=835$bicycle/yh/m、$\nu^{O}_{bicgL}=837$bicycle/h/m、$\nu^{C}_{pedg}=485$pedestrian/h/m、$\nu^{C}_{bicgL}=1020$bicycle/h/m；

注 2：当流率超过计算上限时，取 $OCC=1.0$。

从表 2 可以看出，相同单位宽度断面绿灯小时流率的行人和非机动车，前者对冲突区的占有率高于后者，这是二者的速度差异和分布离散度造成的。

3.2.2　确定相关冲突区占有率

相关冲突区占有率 OCC_r 用来反映前后两个冲突区对右转通行能力的共同影响，表示有冲突区被占有的概率。根据 HCM2010，对于相位一，相关占有率以及行人非机动车影响系数按式(4)和(5)计算。

$$OCC_r=OCC_{bicg}+OCC_{pedg}-OCC_{bicg}OCC_{pedg} \tag{4}$$

$$f_{Rpb}=\begin{cases}1-OCC_r\text{，相交道路出口道数}=\text{右转车道数}\\1-0.6\times OCC_r\text{，相交道路出口道数}>\text{右转车道数}\end{cases} \tag{5}$$

式(4)基于如下假设：前后冲突区对右转通行能力的影响程度相同，并且两个冲突区对右转通行能力的影响相互独立。但是通过实测观察，此假设与中国实际情况不符，具体表现在右转机动车对于非机动车和行人的避让行为不同，驾驶员面对前者的冲突往往减速停车，后者减速绕行；由于前后冲突区的距离不够长，导致两者对右转机动车的影响并不完全独立。

因此，对于两个冲突区的单独影响，需要添加影响程度系数，对于两个冲突区同时被占有，需要添加相关性系数。四相位交叉口的相关占有率计算形式如式(6)：

$$OCC_r=a\times OCC_1+b\times OCC_2-c\times OCC_1OCC_2 \tag{6}$$

其中：OCC_r——相关冲突区占有率；

OCC_1、OCC_2——前、后冲突区占有率，反映两个冲突区对右转通行能力的单独影响；

OCC_1OCC_2——前、后冲突区占有率之积，反映前后两个冲突区同时被占有的概率；

a、b——前、后冲突区对右转通行能力的影响程度系数，$a,b>0$；

c——前、后冲突区之间的相关系数，$c>0$。

选择右转机动车连续流，通过统计回归分析，得到各相位冲突区相关占有率和前后两个冲突区占有率的函数关系，见表 3 所示。

表 3　　各相位相关冲突区占有率计算表

相位一	$OCC_{r1}=0.712\times OCC_{\text{bicgT}}+0.586\times OCC_{\text{pedg}}-0.773\times OCC_{\text{bicgT}}OCC_{\text{pedg}}, R^2=0.905$
相位二	$OCC_{r2}=0.765\times OCC_{\text{bicgL}}+0.585\times OCC^{O}_{\text{bicgL}}-0.286\times OCC_{\text{bicgL}}OCC^{O}_{\text{bicgL}}, R^2=0.975$
相位三	$OCC_{r3}=0.530\times OCC^{C}_{\text{pedg}}+0.908\times OCC^{C}_{\text{bicgT}}-0.379\times OCC^{C}_{\text{pedg}}OCC^{C}_{\text{bicgT}}, R^2=0.911$
相位四	$OCC_{r4}=1.006\times OCC^{C}_{\text{pedg}}+0.651\times OCC_{\text{pedg}}-1.521\times OCC^{C}_{\text{pedg}}OCC_{\text{pedg}}, R^2=0.882$

注 1：OCC_{ri}——相位 i 相关冲突区占有率；

OCC_{bicgT}、OCC^{C}_{pedg}——本向道路直行和左转非机动车、行人冲突区占有率；

OCC^{C}_{begT}、OCC^{C}_{pedg}——相交道路直行非机动车、行人冲突区占有率；

OCC^{O}_{bicgL}——对向道路左转非机动车冲突区占有率；

注 2：对于相位四，若本向道路无中央分隔带，$OCC^{C}_{\text{pedg}}=0$；若相交道路无中央分隔带，$OCC_{\text{pedg}}=0$。

从表 3 可以看出，非机动车冲突区占有率的影响系数大于行人，这是右转机动车对于非机动车和行人的避让行为不同造成的。驾驶员面对非机动车的冲突往往减速停车，面对行人的冲突倾向于减速绕行。

3.2.3　确定行人非机动车修正系数

右转机动车的行人非机动车修正系数按式(7)计算。

$$f_{\text{Rpb}}=\sum_{i=1}^{4}\lambda_i f_{\text{Rpbi}},\ \lambda_i=\frac{g_{ei}}{C},\ f_{\text{Rpbi}}=1-OCC_{ri} \tag{7}$$

其中：f_{Rpb}——右转行人非机动车修正系数；

λ_i——相位 i 行人非机动车绿信比；

f_{Rpbi}——相位 i 右转行人非机动车修正系数；

OCC_{ri}——相位 i 相关冲突区占有率；

g_{ei}——相位 i 行人非机动车有效绿灯时间，一般大于相位 i 的绿灯时间 g_i，需要根据现场实测观察得出。

其余参数如之前所述。将表 2 和表 3 以及式 6 联立，得到各相位的行人非机动车修正系数计算表，如表 4 所示。

表 4　　各相位行人非机动车修正系数计算表

相位一	$f_{\text{Rpb1}}=1-10^{-6}\times(676.7\times\nu_{\text{bicgT}}+1265\times\nu_{\text{pedg}}-1.586\times\nu_{\text{bicgT}}\nu_{\text{pedg}})$
相位二	$f_{\text{Rpb2}}=1-10^{-6}\times(915.4\times\nu_{\text{bicgL}}+699.2\times\nu^{O}_{\text{bicgL}}-0.409\times\nu_{\text{bicgL}}\nu^{O}_{\text{bicgL}})$
相位三	$f_{\text{Rpb3}}=1-10^{-6}\times(1091\times\nu^{C}_{\text{pedg}}+890.2\times\nu^{C}_{\text{bicgT}}-0.765\times\nu^{C}_{\text{pedg}}\nu^{C}_{\text{bicgT}})$
相位四	$f_{\text{Rpb4}}=1-10^{-6}\times(2071\times\nu^{C}_{\text{pedg}}+1406\times\nu_{\text{pedg}}-6.762\times\nu^{C}_{\text{pedg}}\nu_{\text{pedg}})$

注 1：表中所有流率均为单位宽度断面流率，单位 bicycle/h/m 或 pedestrian/h/m；注 2：当流率超过计算上限时，综合表 2 和 3 进行计算。

4　模型验证

选择相似交叉口(西藏北路中兴路交叉口东、南两进口道)，实测连续流通行能力和相应冲突交通流流率，将理论计算值和实测值进行对比。

将本模型理论计算值与实测值进行单因素 ANOVA 均值比较，即假设检验：

$$H_0:\mu_1=\mu_2,\quad H_1:\mu_1\neq\mu_2$$

其中：μ_1、μ_2——理论样本均值、实测样本均值。

通过比较均值，在显著性水平 $\alpha=0.05$ 条件下，各相位的显著性系数见表 5 所示。

表 5　各相位计算模型理论计算与实测均值比较假设检验显著性系数表

	相位一	相位二	相位三	相位四
显著性系数	0.192	0.047	0.015	0.660

即此假设对于相位一和四不成立；但是如果取显著性水平 $\alpha=0.20$，则只有相位四的假设不成立，这是由四相位的样本量不足导致的。因此，基于以上分析并综合图 5 比较可知，通行能力与实际通行能力相比还是存在差距。

此外，由图 5 可知，本文模型计算误差低于 HCM2010 模型的计算误差。因此，论文给出的右转行人非机动车影响系数计算模型比 HCM 推荐的模型相比，能更好地描述类似上海市的地区实际右转通行能力。

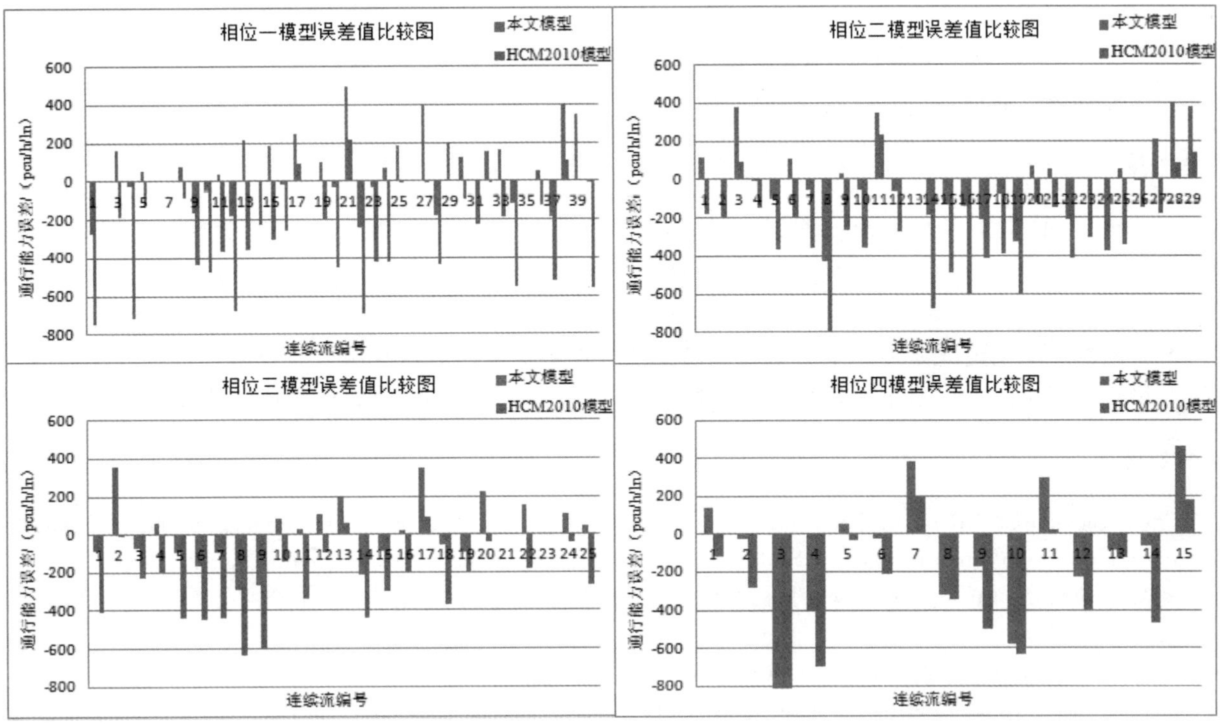

图 5　计算模型误差比较

5　模型结果分析

综合式(1)、(2)和表 4，可以得到整个周期右转通行能力。对于大连西路曲阳路交叉口进行模拟，并作如下假设：

(1) 行人非机动车在各相位的比例不随其周期流率的高低而变化；

(2) 定时信号控制，信号配时方案见图 6 所示。

由此，得到周期右转通行能力随行人非机动车周期流率共同影响的变化图，如图 7 所示。

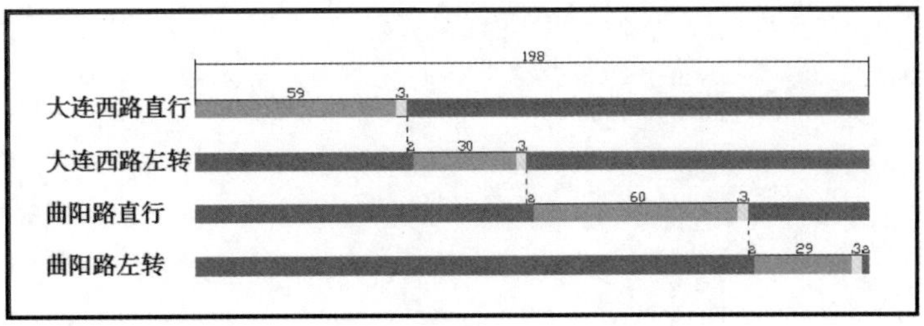

图 6　大连西路曲阳路交叉口信号配时图

从图 7 可以看出，随着行人非机动车周期流率的增加，右转机动车的通行能力降低，这与右转车道实

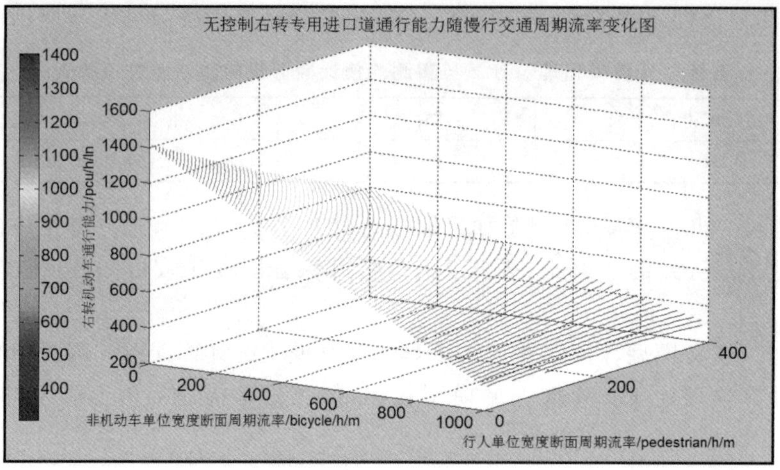

图 7　无控制右转专用道周期通行能力随行人非机动车周期流率变化图

际运行状况相符。此外，这种下降趋势呈非线性。

6　结语

本文维持 HCM2010 中的饱和流率修正法的基本框架，采用回归的方法，建立了改进后的右转通行能力计算模型。经过类似交叉口实测数据的验证，研究发现此模型能更好地反映上海市区的实际右转通行能力。

本文虽然在总结前人研究成果的基础上建立信号控制交叉口右转专用道通行能力计算方法，在物理逻辑上符合实际情况。但对于大量的实测数据分析，有待进一步研究，以对模型进行改进。

参考文献

[1] Chen Xiaoming, Qi Yi, Li Da. Estimating Right-Turn-on-Red capacity for dual Right-Turn lanes at signalized intersections[J]. Transportation Research Record: Journal of the Transportation Research Board, 2012, 2286(4): 29-38.

[2] 景春光，曲大义，梁春岩. 两相位交叉口机非冲突对机动车饱和流率的影响研究[J]. 公路交通科技，2008，24(8)：124-127.

[3] Dalin QIAN, Xiaohua WANG, Pan HU. Effects of through bicycles with high volumes on capacity of right-turn movement at signalized intersection[C]. Proceedings of the 8th International Conference of Chinese Logistics and Transportation Professionals - Logistics: The Emerging Frontiers of Transportation and Development in China, 2008.

[4] Chen Xiao-ming, Shao Chun-fu, Yue Hao. Influence of pedestrian traffic on capacity of right-turn movements at signalized intersections [J]. Transportation Research Record: Journal of the Transportation Research Board, 2008, 2073 (13): 114-124.

[5] 马泽丹，杨新苗. 城市信号控制交叉口右转专用车道通行能力分析[J]. 土木工程学报，2006，39(12)：108-111.

[6] Wu Ning. A universal procedure for capacity determination at unsignalized (priority-controlled) intersections[J]. Transportation Research, 2001, 35(6): 593-623.

[7] 赵靖，白玉，杨晓光. 基于回归分析的右转通行能力行人自行车修正[J]. 公路交通科技，2012，29(2)：120-153.

[8] 褚琴. 自行车交通对信号交叉口及其通行能力的影响的研究[D]. 北京：北京交通大学，2005.

[9] National Research Council. HCM2010 Highway Capacity Manual[M]. Washington D. C.: Transportation Research Board, 2010.

台湾东北角地区滨海自行车道规划

Planning of Coastal Bike Trail in Northeastern of Taiwan

钟鸣时　林碧芬　林幸加　黄志贤　叶斯文

摘　要: 台湾东北角滨海地区位于新北市境内,沿岸有绮丽的海岸景色及壮丽风光,周边更有水湳洞、金瓜石、九份及海洋科学博物馆等饶富地方特殊人文与风俗之游憩景点,形成一丰富观光资源廊带;近年来自行车运动随着生活质量提升,骑乘休闲风气日渐盛行,自行车环岛俨然成为台湾人此生三大挑战活动之一,不仅本地人,连大陆、港澳及国外旅客更是慕名而来。然而,东北角地区现况为环岛自行车滨海路线之断点,环岛骑士无法一览东北角美丽风光实为一大遗憾。因此,缝补滨海自行车道路线,串联全岛滨海自行车路网,更有其必要性与急迫性;而建立友善安全骑乘空间,兼顾游憩休闲及环境永续亦为自行车道规划上所面临之重要课题。

本论文试以自行车道开辟对东北角地区社会人文、环境冲击及交通管理等多种面向进行探讨,设置条件重要课题如:(1)保持既有海岸地形地貌,减少对环境生态冲击;(2)增加沿线环境生态解说聚点,加深环境保护及永续发展教育;(3)推动大众运输铁公路无缝转运,并结合公共自行车绿色服务;(4)结合当地特有景观资源,提升骑乘体验吸引力与质量;(5)活化沿线聚落及在地特色产业,传承地方人文历史教育意义;(6)拟订危险路段骑乘安全管理机制。借此提出塑造当地自行车低碳旅游优质骑乘环境愿景。

关键词: 自行车道;游憩;绿色运具;环境保护

Abstract: The northeastern waterfront area in Taiwan located in the New Taipei City has a spectacular coastal landscapes and enjoyable scenery. Nearby coastline scenic areas including ShueiNanDong, JinGuaShih, JiouFen and Museum of Marine Science and Technology have rich sightseeing resources with ecological and cultural values. As the quality of life improved, cycling along the island is increasingly popular. The beauty of the northeastern waterfront attracts not only residents but also foreigners around the world, but by lacking of bike trail facilities along the northeastern waterfront area, riders express deeply regret to not see over the charms of it on the bike. Therefore, it is urgent to seam bike trails connecting the entire waterfront bike network in Taiwan, as well as the need for well bike trail deign to ensure safety, leisure and toward environmentally sustainable development.

The important subjects of the bike trail establishment in the northeastern waterfront area is to consider as the follows: (1) maintain coastlines original appearance and reduce a environmental impact, (2) increase guiding attractions about environmental protection and sustainable education, (3) implement bike sharing service into public transportation seamless transfer, (4) combine natural resources of the area to enhance appealing and quality for riding, (5) explore the unique tribes or industries of the area for an educational value of the cultural heritage, (6) develop cycling safety measures management mechanism on high risk road sections. Overall aspects is to form high quality bike trails to cyclists with the low-carbon environment.

Keywords: bike trail; recreation; green transport; environmental protection

1　引言

台湾东北角地区位于新北市境内,沿岸有绮丽的海岸景色及壮丽风光,具备丰富海岸游憩资源与特殊人文与风俗景点,一直以来都为观光旅游及休憩产业重点发展廊带。同时,近年来自行车运动随着生活质量提升,骑乘休闲风气日渐盛行,带动以绿色运具为运输规划的永续发展议题主轴逐渐受到重视,在空污减量追求环境永续发展的前提下,更能突显自行车与环境共生、减少环境污染与能源消耗优势。

作者简介: 钟鸣时,台北市交通安全促进会理事。
林碧芬,台北市交通安全促进会委员。
林幸加,鼎汉国际工程顾问股份有限公司总经理。
黄志贤,鼎汉国际工程顾问股份有限公司协理。
叶斯文,鼎汉国际工程顾问股份有限公司副理。

然而，东北角地区虽然定位为环岛自行车路网其中一环，现况路线却断裂无法连贯，环岛骑士无法一览东北角美丽风光实为一大遗憾。因此，建立友善安全骑乘空间，兼顾游憩休闲及环境永续，缝补滨海自行车道路线，串联全岛滨海自行车路网，更有其必要性与急迫性。

2 背景了解及发展潜力

2.1 东北角自行车路网发展

台湾东北角地区部分路段受限海岸地形，自行车道设置受到限制，现况主要已完成龙门—盐寮滨海自行车道、旧草岭环状自行车道及旧草岭自行车隧道，串连成极具当地特色环状路网，若能延续滨海自行车道，同时配合 2015 年底所启用自行车环岛 1 号线，将能完整形塑东北角滨海自行车道路网(图 1)。

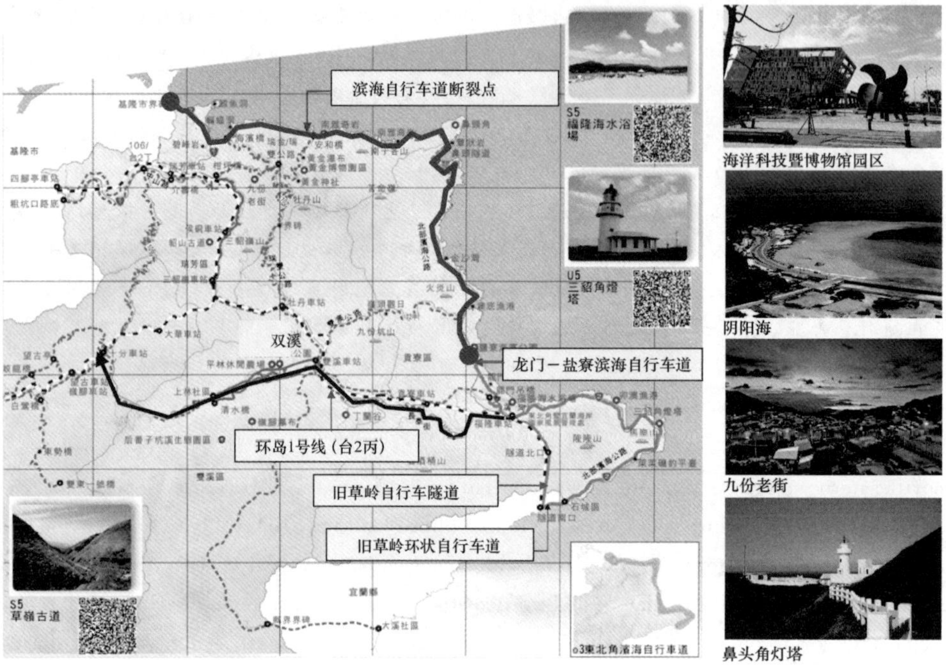

图 1 计划路廊与既有自行车路网

2.2 发展潜力

2.2.1 游憩资源丰富多元

沿线依山傍海，除了滨海沿岸一带之特殊海景，还有深受各国游客喜爱且带有特殊当地风格的九份老街以及台湾地区早期著名的淘金地——金瓜石黄金博物馆及海洋科学博物馆等皆是东北角海岸线重要的观光胜地及游憩景点，透过自行车路廊串连各景点，形成一个架构完整的滨海观光游憩路网。

2.2.2 在地产业遗迹与人文历史

路廊紧邻台铁深澳支线，素有“台铁最美支线铁路”的美誉，原为运煤而建，但随产业的没落而沉寂，但其本身拥有历史背景与特殊性地位，若能善用旧铁道遗留下来的空间与设施，增加骑乘游憩过程知性的体验，有助游客缅怀当地昔日的风光与采矿业的兴衰史，塑造具地方文化特色之主轴路线。

2.2.3 地质遗迹保护区

鼻头岬的东南侧海岸行经地质遗迹范围，独特海蚀地形为重要的地质景观，有科学与教育研究的价值，加深民众对环境保护及永续发展教育。

2.2.4 大众运输服务条件佳

除既有客运与公交车系统提供转运服务，起、终点具备衔接台铁车站优势，对于大众运输服务条件甚佳，亦适合推动两铁转乘(铁路＋铁马)无缝转运理念，游客可乘坐台铁至著名景点进行游憩活动，沿路廊体验地方特殊矿业遗迹与海滨风光，至水湳洞停车场可转乘客运前往金瓜石、九份地区，游程计划极具吸引力与发展潜力。

3 自行车路线规划探讨

就自行车骑士而言，自行车道的基础建设目的应是加强自行车在现有的交通系统中，适时的扮演完善的交通运具之一，因此，友善性的基础建设是其中重要的必要条件。而自行车道友善基础建设则提供自行车骑士在具有吸引力、安全的交通环境中进行直接且舒适的自行车之旅，将显著提高自行车的使用比例。

3.1　路线主题意象

路线将以体验沿线海岸风光为主题，结合地区路段之游憩资源、交通场站、整体特性、景观视野及人文历史等条件，拟定主题意象路线见图 2 所示。

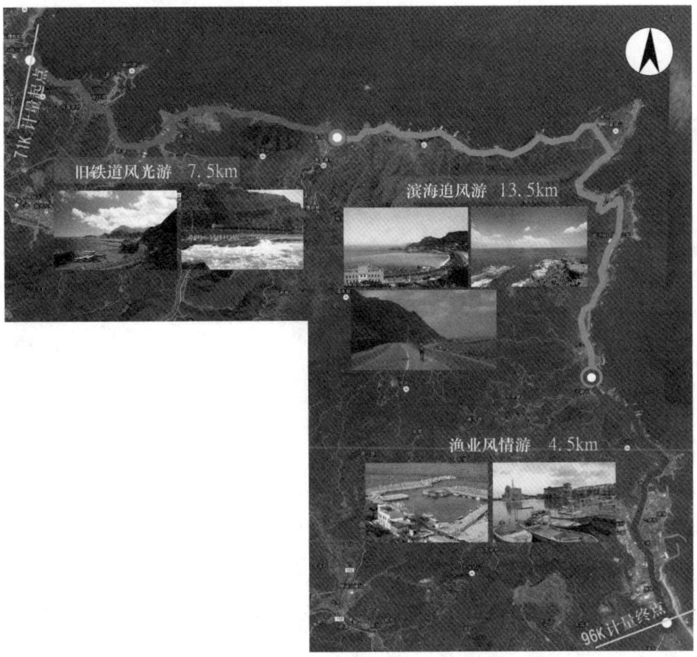

图 2　计划路线主题意象构想

3.1.1　旧铁道风光

路线起点衔接“基隆市自行车道滨海环台路网”，以使用原深澳支线旧址铁路用地为原则进行布设，旧址大部分保留尚完整路基，至水湳洞停车场为其终点。深澳支线历史悠久且独具台湾矿业发展文化特色，路线主题可结合深澳支线旧铁道风光，可塑造具地方特色矿业铁路路线，活化在地产业遗迹与传承地方人文历史的理念，营造成本自行车路廊的特色主轴，同时沿海滨眺望海景辽阔，美不胜收(图 3)。

3.1.2　滨海追风游

由水湳洞停车场沿滨海公路经过南雅、鼻头、龙洞等社区至金沙湾海滨公园为止。路廊规划的主题以导入四周景色为主，营造开阔的骑乘视野，使游客可以无尽地饱览海天一色的壮丽风光，徜徉在广阔的碧海蓝天之中令人心旷神怡，惟其受到路幅宽度及几何条件限制，则需要引入较多自行车道结构形式克服。由此，宜结合当地社区活动增强运动休闲游憩之吸引力以弥补道路现行条件之不足。

以自行车天桥跨越车道　自行车道结合旧铁道　隧道可创造不同骑乘趣味　旧月台规划景观平台可使多元化的休息活动产生

图 3　旧铁道沿线

3.1.3　渔业风情游

起于金沙湾海滨公园沿滨海公路设置，沿线经过和美社区、澳底渔港，最后至盐寮海滨公园为终点。路段经过多个渔港、渔产养殖池，为了顺应地方特色产业所以路廊主题以体验渔村的风土民情及产业文化为重点，深入当地的生活巷道及重点产业，使外来游客可以在自行车游憩过程中充份感受在地居民的生活氛围，并且借由自行车道及其附属设施的建设，进而提升当地的生活环境质量(图 5)。

青山碧海交织出壮丽骑乘环境　悬臂式自行车桥梁　自行车道采混凝土桥柱较可抵挡浪潮破坏　栈桥型式的自行车道

图 4　滨海自行车道

澳底渔港为东北角海鲜集散地　营造游客体验渔村风土民情的旅程　骑乘路线结合地方产业　九孔特殊的养殖环境创造出独特的地景风光

图 5　渔业风情

3.2　设置规划探讨

有关台湾东北角地区滨海自行车道设置规划探讨说明如后。

3.2.1　减少对既有海岸地形地貌破坏，降低对环境生态冲击

台湾东北角地区滨海风光明媚、景色怡人，自行车道建设是否对既有海岸地形与绿色生态形成破坏，相信是许多人关心的课题。为降低开辟对环境的冲击，建议利用滨海公路路侧剩余空间布设独立自行车专用道外，亦结合路线主题意象于台铁深澳支线旧址空间设置，或是于空间受限制路段采较轻巧自行车桥梁或栈道形式构建，将工程量体最小化，减少对既有海岸地貌大量开挖回填(图 6)。

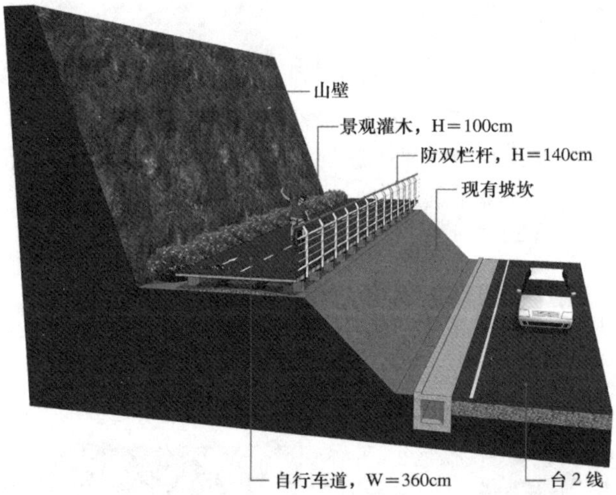

图 6　自行车道剖面

3.2.2　结合当地特殊产业遗迹，传承地方人文历史

部分路段结合台铁深澳支线旧址的铁路用地，可将既有月台、铁轨、隧道及铁路号志等旧铁道遗迹融入自行车道规划中，使游客在自行车骑乘的过程中也能一览本地往日采矿盛时的风貌；行经隧道路段封闭、幽静、黯黑等特性，塑造不同于其他路段山高海阔的空间氛围。将隧道两侧壁面清理后悬挂深澳支线营业期间相关历史资料、图片，并搭配灯光营造自行车游客穿越时光走廊的体验，述说当地特有人文历史故事。

3.2.3　串联既有丰富景观资源，活化沿线聚落社区

指标完善规划考量并系统化，将有效提升自行车道服务友善性。路廊沿海岸线景观资源相当丰富，观光旅游景点数量众多，设置考量整体环境景观之协调，提升骑乘者指引便利性；路廊行经多个聚落、社区与渔港，自行车道开辟将带动地区休闲游憩行为，沿线设置自然人文资源特色、在地文化解说信息(图 8)，对于当地文化推广及活化特色产业将有所助益。

图 7　隧道设计效果图

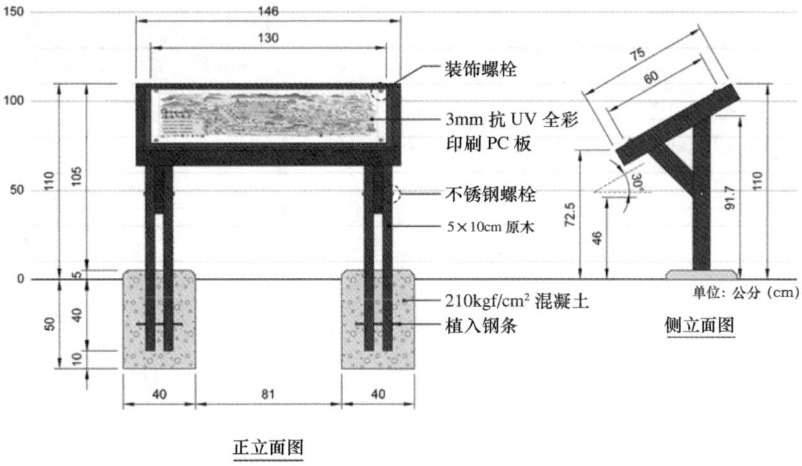

图 8　解说信息标志

3.2.4　推动大众运输铁公路无缝转运，并结合公共自行车绿色服务

路廊范围客运与公交车系统提供大众运输转运服务，端点更具备衔接台铁车站条件(图 9)，整体而言大众运输服务条件甚佳，适合推动无缝转运理念；为提升游客对于自行车使用意愿与服务质量，建议规划设置公共自行车租借站，配合路线端点引入甲地借乙地还概念，同时以设置铁马服务中心提供停留休憩、路线导览与简易维修等服务，借以便利使用性推广自行车活动。

图 9　2016 年底八斗子车站复驶

3.2.5　考量临海环境侵蚀作用，自行车桥梁采钢筋混凝土结构

路线所在环境位置属临海环境，考量海边风砂之侵蚀作用及海洋盐害腐蚀环境，建议采钢筋混凝土结构，透过增加混凝土水胶比、混凝土强度以提高混凝土致密性，并增加保护层厚度，加强防蚀性能，故有较长期防蚀寿命且较少维护管理之优点。因此，主要构件如桥墩及桥面板规划使用钢筋混凝土结构。

3.2.6　因应路段潜在危害，拟订危险路段骑乘安全管理机制

路线属于沿海地形景观，因地势陡峭且岩层经历年风化作用，使得岩层脆弱地区产生龟裂现象，易有落石发生之危险，另外还更存在台风、暴雨及疯狗浪等潜在危害。为提升骑乘安全应拟订危险路段管理机制，配合标志设置警示民众为危险区域，并持续更新相关预报、养护管理单位巡查或网络监看、用路人、当地居民及警政单位通报，经评估后视灾情状况采取封路作业，直至养护管理单位检查并评估骑乘安全无虞，即可恢复通行。

4　效益分析

路线以东北角地区滨海公路为主轴线，期能透过缝补自行车道路线，串联全岛滨海自行车路网，除应有休闲游憩功能外，推广自行车成为民众主要的交通工具之一，将有助于建设永续发展及绿色交通相关政策拟定，达成绿色运输的愿景。

此外，为了吸引游客深度游览，强化既有环境景观特色与旅游软硬件，并增添许多乐趣与休闲附加价

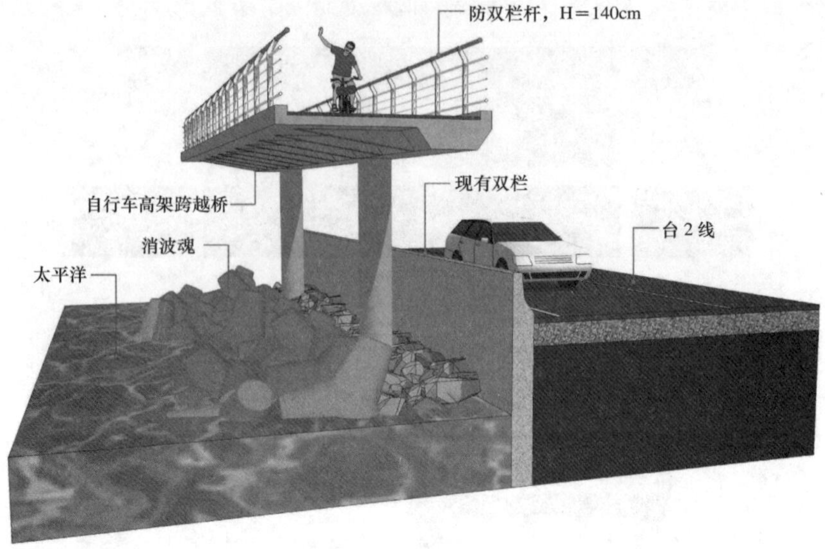

图10　钢筋混凝土结构的自行车桥梁

值，透过既有资源的整合与再造，提供游客兼具食、宿、赏、玩、游的旅游服务与体验。同时鼓励社区参与铁马旅行套装行程，促进观光产业收益，活络地区整体经济发展，同时强化原本的社区体质转型成为休闲产业，吸引在地子弟回流，使社区得以永续经营，创造地方特色和休闲产业所带来的绿色经济。

5　结语

本文试以台湾东北角地区各路段周边地区独特人文风情与地形地貌，建构优质且具友善性自行车道，缝补滨海自行车道环岛路网，深化与地方产业、人文特色、观光资源之结合，提供使用者丰富、多元及精致化骑乘经验为主要规划目标。试想骑乘在绿嶂绵延的基隆丘陵及蔚蓝开阔的太平洋之间，波澜壮阔的山水风光将带来驰骋过程最深刻的体验与感受。

同时，为降低自行车道开辟对环境生态冲击，采取量体最小化形式规划，或布设于旧铁道遗留下来的闲置空间，将有助于减少对既有海岸地貌冲击。同时，结合当地在地产业遗迹与地方人文历史，使在自行车道的骑乘过程中能增加知性的体验，更能显现其所具备独特意义。

为利后续推动执行，建议可采一次规划分期延伸方式推动，提高执行可行性，并利用路廊范围大众运输服务甚佳，端点更具备衔接台铁车站条件，配合推动绿色运输间无缝转运，对于推广以绿色运具为永续运输的主轴相互呼应。

参考文献

[1]　自行车道系统规划设计参考手册[C]. 交通事务主管部门运输研究所，2013.

[2]　自行车道整体路网串连建设计划[R]. 教育事务主管部门体育署，2012.

[3]　2011年交通事务主管部门东部自行车路网规划与工程设计手册之研议[C]. 交通事务主管部门运输研究所，2011.

[4]　苏振维，郑嘉盈，高锡钲，黄志清，田珍绮，张耕硕. 交通事务主管部门自行车友善环境路网整体规划技术服务(一)[C]. 交通事务主管部门运输研究所，2016.

[5]　全台自行车友善环境路网整体规划及交通事务主管部门自行车路网建置计划(2014)[C]. 交通事务主管部门，2014.

[6]　新北市自行车道整体路网串连规划案 (2011)[C]. 新北市政府交通局，2011.

城市道路驾驶员的视觉生理特性研究

Research on Driver's Visual Physiological Characteristics of Urban Road

樊杰玉 陆 键

摘 要:本文采用 Face-lab 5.0 眼动仪设备记录驾驶员通过不同路况时的眼动变化,主要以测得的驾驶员眼动数据为基础,分析眼动特征中眨眼频率、眨眼持续时间、视觉注视点的变化过程,并将不同的驾驶阶段的实测数据进行对比校验和规律分析,分析驾驶员在驾驶的过程中的眼动变化,为安全驾驶提供依据。在实际驾驶中,驾驶员受到外界环境及车辆、行人的干扰,驾驶过程中容易出现抢行、烦躁甚至攻击等驾驶行为。驾驶行为往往是驾驶员行车时心理生理变化的外在体现,利用实际道路驾驶试验分析驾驶安全,能有效获得驾驶员实际道路驾驶的动作信息,系统描述驾驶员的眼动变化与道路环境之间的关系,为交通事故分析提供依据。
关键词:驾驶员;驾驶行为;驾驶安全;眼动变化;道路环境

Abstract: This paper uses Face-lab 5.0 eye tracker equipment to record eye movement changes when drivers pass through different road conditions. Based on measured eye movement data of drivers, eye blink frequency, blink duration, and visual gaze are analyzed. The process of point changes, and the comparison of actual measured data from different driving phases with regular checks and analysis of laws, analyzes the driver's eye movement during driving, and provides a basis for safe driving. In actual driving, drivers are disturbed by the external environment, vehicles, and pedestrians, and driving behaviors such as robbery, irritability, and even attack are prone to occur during driving. Driving behavior is often the external manifestation of psychophysiological changes when the driver is driving. Using actual road driving tests to analyze driving safety can effectively obtain the driver's actual road driving movement information. The system describes the driver's eye movement changes and the road environment. The relationship provides the basis for traffic accident analysis.
Keywords: drivers; driving behavior; driving safety; eye movement change; road environment

1 引言

驾驶员作为驾驶行为的主要执行者,获取的交通信息主要来源于视觉,在不同路况下,驾驶员的视觉变化也不同。城市道路交通事故多发生在车流量较大的路段或交叉口,在行车过程中,驾驶员对路段危险性的感知能力直接影响到驾驶安全,而驾驶员的感知和反应会通过眼动变化体现出来。因此,设计不同路况下驾驶员的眼动变化试验,采集眼动数据,分析驾驶员眼动变化与不同道路环境之间的关系,找出驾驶过程中驾驶员的眼动变化规律,为道路安全评价提供理论依据是非常重要的。

国际驾驶员行为研究协会(IDBRA)对七个国家道路的交通事故中,驾驶员的因素进行调查[1],结果如表1所示。

表1　　驾驶员因素在交通事故因素中的百分比

国家或地区	驾驶员因素	国家或地区	驾驶员因素
西班牙	92.0%	美国	90.0%
南美洲	85.7%	德国	81.0%
法国	85.5%	日本	94.0%
瑞典	81.1%		

在拐弯、红绿灯、变道、会车和避让等实际交通条件下,采集驾驶员的皮电数据及眼动数据,记录在特定路线及车况良好的条件下,分析在实际交通状况中驾驶员的眼动变化[2],研究驾驶员在实际道路驾驶过程中对交通信息的感知—判断—操作规律。驾驶行为往往是驾驶员行车时心理生理变化的外在体现,

作者简介:同济大学道路与交通工程教育部重点实验室。

实时监测和有效分析驾驶员的驾驶状态,有助于提前发现驾驶员的操作失误,避免事故发生。

2 国内外研究综述

欧洲和美国等对驾驶员的视觉特性研究较多,2002年,英国Nottingham大学的David Crundall、Geoffrey Underwood和Peter Chapman[3]通过驾驶试验,通过对真实交通场景进行录像,在实验室内观察特定路况下非熟练驾驶员和熟练驾驶员的搜索特性,设计了一套训练驾驶员视觉搜索的方案,并投入使用。结果表明,训练能使驾驶员的注视持续时间变短,搜索范围增大。

英国Southampton大学的Mark Brackstone和Ben Waterson[4]对高速行驶时驾驶员的眼球运动进行了研究,分析了驾驶员视觉特性与车速之间的关系。证明随着车速的增加,驾驶员的视野变窄。

2010年,Mitsubishi公司的安全车ASV2,在方向盘上安装检测眼部活动的摄像机,以检测驾驶疲劳,并通过文字或声音等方式提醒驾驶员注意行车安全[5]

2010年,上海工程技术大学的李永芳[6]研究了驾驶员动态注视点的分布规律。试验中,驾驶员在不同的行车速度下通过标志牌,观察不同车速下驾驶员的视觉分布规律。结果表明:车速相同,字体较小时,驾驶员的注视点分散,需要更长的时间判别标志信息;字高相同时,随着车速的提高,驾驶员的视觉向标志牌的中心偏移,视觉区域范围变小;字体越大,驾驶员的视觉注视点相对越集中。

2012年,北京工业大学交通研究中心的胡江碧、王维利、张寿然[7]选取了13名小客车驾驶员,在双向四车道高速公路中的453个线形组合路段研究驾驶员的视觉规律特征。研究表明:驾驶员的视距与平曲线的半径及车辆运行速度有关,当驾驶员在半径小于等于800米的道路平曲线上运行时,驾驶员的视野受到速度限制,需要减速来保证行车安全。

目前,主要针对广义的实际道路驾驶试验进行研究,而关于微观视觉动态的研究较少。动态视觉是一种复杂的眼部活动,目前对驾驶员动态视觉的研究主要集中于宏观的视觉搜索、视觉注视区域广度和视觉注视顺序,对其他眼动参数的研究较少。本文主要结合实际道路驾驶试验,对行车过程中驾驶员的眨眼频率、眨眼持续时间、视觉注视点进行研究。

3 驾驶测试的基本要求

在实际道路驾驶过程中,测试的基本要求如下:

(1) 在实际道路驾驶中的不确定性因素多,需要注意试验的安全性,避免在雨雪天气、道路湿滑或者雾天能见度差的特殊天气进行试验。

(2) 在实际驾驶过程中,监测人员如果发现驾驶员眼部跳动频率太低、眨眼持续时间太长或长时间注视某物,意味着驾驶员已经达到疲劳状态,必须停车休息,不要为了采取试验数据而不顾驾驶安全。

(3) 驾驶员在驾驶过程中的异常动作(比如接听电话、与监测人员交流、抽烟、开关音乐和打哈欠等)需要记录下来,并记录准确时间、地点,对驾驶员的驾驶行为的影响做分析评价。

(4) 实际道路试验只选用有驾照且驾驶经验丰富的驾驶员,试验时,副驾驶的监测人员记录停车、避让、跟驰、道路交叉口和交通标志等路况。

4 现场试验方法

实际道路驾驶试验中,为了保证行车的安全性,在整个驾驶过程中对驾驶员做皮电检测。试验过程中采集眼动数据的同时,用Biolab心理-行为同步测试仪对驾驶员进行全程监测,在电脑屏幕上能直观地观察到驾驶员的皮电变化曲线及相应时刻的皮电值。

4.1 皮电(GSC)测试

皮电是在皮肤表面测得的直流电压差(V)。在安静的时候,在皮肤表面两点之间的电压值较低,在个体活跃时电压值升高,在情绪激烈的状态或愤怒时,皮电会产生瞬间大幅波动。皮肤电反应作为交感神经系统功能的直接指标,可以反映驾驶员的情绪和对刺激警觉水平。被测人员在驾驶过程中皮电值的变化,是驾驶测试刺激诱发驾驶员由于心理反应表现出来的生理特征,用Biolab心理-行为同步测试仪生理记录仪记录皮电变化曲线,确定被测试人员基于测试刺激的相关反应。

研究表明,如果驾驶过程中皮肤电位超过0.05V[8],则驾驶员处于交感神经过于兴奋的状态,不适合再继续驾驶，必须勒令驾驶员停车。如果在驾驶过程中，皮肤电位活动持续降低，则驾驶员交感神经活动降低，可能已经出现了驾驶疲劳，需要让驾驶员停车休息。所以，实际道路驾驶过程中，可以从 Biolab 心理-行为同步测试仪形成曲线及值域判别驾驶员的驾驶行为是否正常，并以此作为监视实际道路驾驶过程中是否安全行车的依据。

4.2　眼动测试研究方法

选择驾驶经验丰富的驾驶员，在实际道路驾驶试验中，根据测试数据分析眼动变化与驾驶行为之间的关系，并对特殊路段的驾驶行为进行单独分析，确定驾驶员在实际道路驾驶中眼动变化与道路环境变化之间的关系[9]。

4.3　试验方案设计

选择驾驶员，在车辆正式上路行驶之前，测试基地行驶的眼动数据。在皮电试验中，测试驾驶员在平静状态下的皮电数据。实际道路驾驶试验的方案设计流程见图 1。

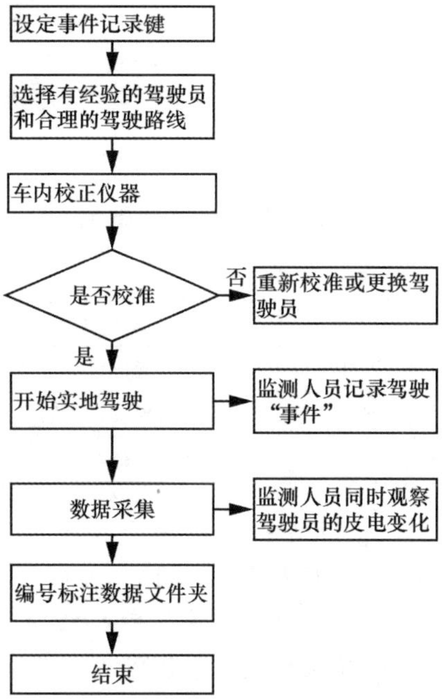

图 1　实际道路驾驶流程图

4.4　路线选择

选择一条以青岛理工大学新校区为起点和终点的闭合路线，行驶路线经过嘉陵江路、井冈山路、长江中路和长江东路，中间需要经过 23 个红绿灯路口，其中 8 个是车流量较大的十字交叉口，路线如图 2 所示。

选择路线策略：选择的路线是黄岛区比较具有代表性的路线，车流量较大，途径大型商场、学校、居民小区和商业区，具有典型的城市道路特征。经过的十字交叉口多，顺应路线标定方向行走时，在红绿灯处是左拐弯，可以更清楚地测定在复杂路况下驾驶员视觉特性的变化。

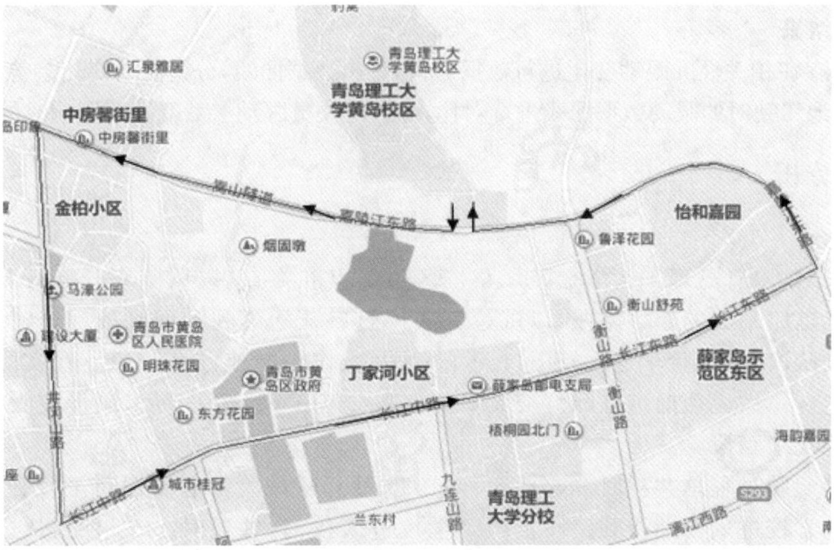

图 2　实际道路驾驶路线图

5　驾驶员视觉特征参数分析

5.1　实际道路驾驶试验数据采集

实际道路驾驶过程中，把 Face-lab 5.0 眼动仪安装在驾驶员方向盘与前挡风玻璃之间，固定好眼动仪，避免在驾驶过程中出现晃动导致追踪不准确，造成出现眼动数据偏差。实际道路驾驶中，在车内固定 Face-lab 5.0 眼动仪，见图 3。

5.2　变量导入分析

试验数据采集后利用 SPSS 软件进行变量导入分析[10]，并进行相关性（P）检验，即假设某种路况与

图 3　实际道路安装 Facelab5.0 眼动仪

眼动数据变化碰巧出现的概率为 P[11]，驾驶试验中 P 的意义见表 2。

表 2　路况与数据变化之间相关性的统计意义

相关性 P 值	碰巧的概率	路况和数据变化之间的联系	统计意义
$P>0.05$	碰巧出现的概率超过 5%	两组之间的变化没有必然的联系	两组变化无显著相关性
$P<0.05$	碰巧出现的概率低于 5%	两组之间的变化有联系	两组变化有显著相关性
$P<0.01$	碰巧出现的概率低于 1%	两组之间的变化有必然的联系	两组变化有非常显著相关性

分析结果中，如果 P 值大于 0.05，则某种路况不是导致眼动数据变化的原因，两组变化无统计学意义；反之如果 P 值小于 0.05，则眼动数据变化跟某种路况有关，两组之间的变化有显著意义。

将测得的眼动数据导入 SPSS 软件，分析数据样本，每种驾驶行为取 300 个数据进行变量相关性分析。

5.3　变量相关性分析

变量分析中，分析驾驶员的眼动变化与交通状况之间的相关性，每种路况下所测的眼动数据中，取 300 个位于 95% 置信区间内的样本数据（即 $N=300$）进行分析[12]，求出样本数据的标准差和标准误差，标准误越小，说明所抽取样本的可靠性越大，分析的相关性 P 准确性越高。

5.4　差异性检验结果

对与驾驶行为存在相关性的眼动变化进行数据分析，做出数据曲线，分析眼动变化趋势。将不同路况下的眼动数据曲线与基地驾驶时的眼动数据曲线进行对比，分析驾驶员眼动参数受路况影响时的变化。

6　试验结果及分析

6.1　试验路段划分

实际道路驾驶时，以青岛理工大学嘉陵江路校区为起点和终点，以试验车开始行驶的地点到行驶至学校门口作为实际道路驾驶的起始路段，以试验车从校门口开始驾驶到回到校门口，为实际道路驾驶进入不同路况的行驶阶段，以试验车进入校门口到结束试验，作为减速停车阶段。在实际道路驾驶校外行驶路段中，将车流量不大，无须通过红绿灯交叉口的路段定为一般路段，将车流量较大，需要通过红绿灯交叉口的路段定为复杂路段。

整个实际道路驾驶过程总共耗时 28 分 15 秒（1695 秒），从试验车起步记时至行驶到学校门口，共耗时 125 秒。从驶出学校进入校外行驶路段至回到学校进入校门，共耗时 1453 秒。从进入校门开始减速行驶，至完全停车，共耗时 117 秒。

基地试验不用跟实际道路试验的时间一样长，可以自行控制时间在 5 分钟到 10 分钟以内，实际操作时，把基地试验的时间控制在 500 秒左右。

6.2　皮电(GSC)反应

设置 Biolab 心理-行为同步测试仪的增益为 100，即驾驶过程中，驾驶员的皮电数据显示值（N）与驾驶员真实皮电值（n）的关系是：$N=100\times n$。取样率为 1000，即每秒钟取 1000 个皮电数据，做 500 秒平静状态下的皮电试验，皮电变化如图 4 所示。

驾驶员在起步阶段和进入复杂路段后的皮电，设置增益为 100，取样率为 1000，实际道路试验时，皮电变化如图 5 所示。

驾驶员进入路况复杂的路段时，皮电变化要比刚刚起步时剧烈一些。如图 6 所示。

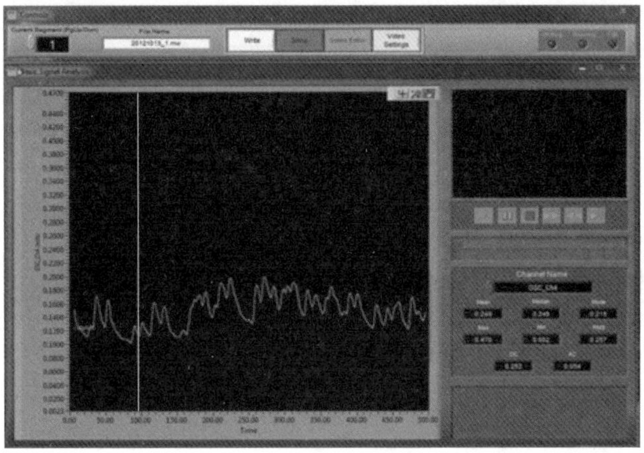

图 4　驾驶员在平静状态下的皮电变化

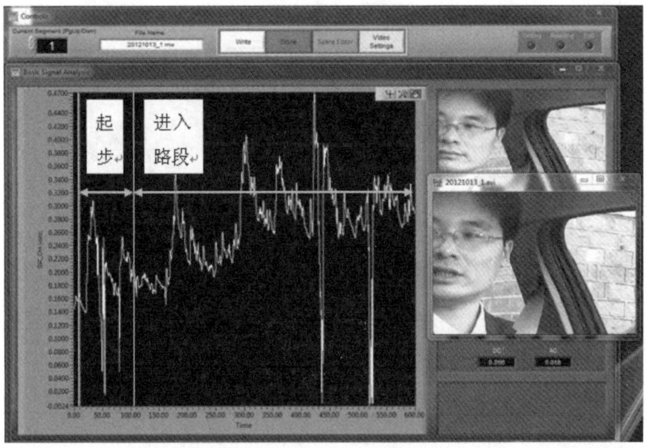

图 5　起步阶段皮电变化

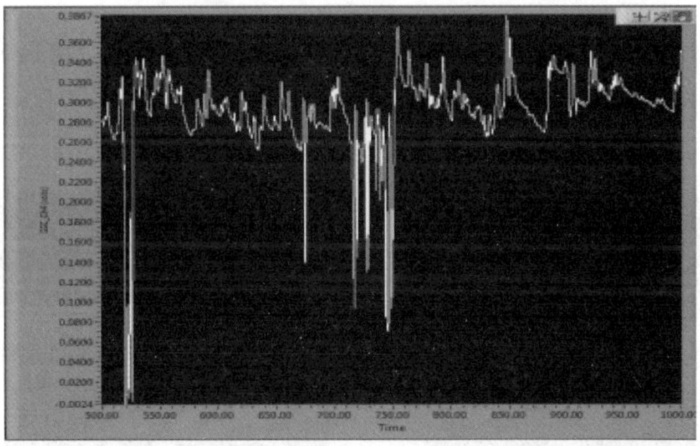

图 6　进入复杂路段后皮电变化

在整个驾驶过程中，驾驶员的皮电变化均保持在较低的值域内，说明驾驶员在整个驾驶过程中安全操作的能力较强，没有出现紧张、焦躁等激烈的情绪变化。

实际道路驾驶结束后，采集的皮电数据值是真实的皮电数据测试值。在进行数据处理时，把驾驶过程中每秒的数据做平均数计算，得到每秒的皮电变化值。做皮电数据曲线，平静状态下的皮电变化与实际道路驾驶时的皮电变化分析对比，分析驾驶员在实际道路驾驶过程中皮电值的范围变化。

在平静状态与实际驾驶时的皮电曲线如图 7 所示。

实际道路驾驶时，做完整驾驶过程中的数据曲线，如图 8 所示。

驾驶员在平静状态时，皮电随时间变化只进行小幅度波动，在 0.0015V 以上，波动范围很小。当进入驾驶阶段，出现道路条件比较复杂的状况时，驾驶员的皮电变化在 0.0015～0.0025V 之间，上下波动比平静状态下明显增强。驾驶员在实际道路驾驶过程中，因为外界环境的刺激，警戒性比平静状态下增

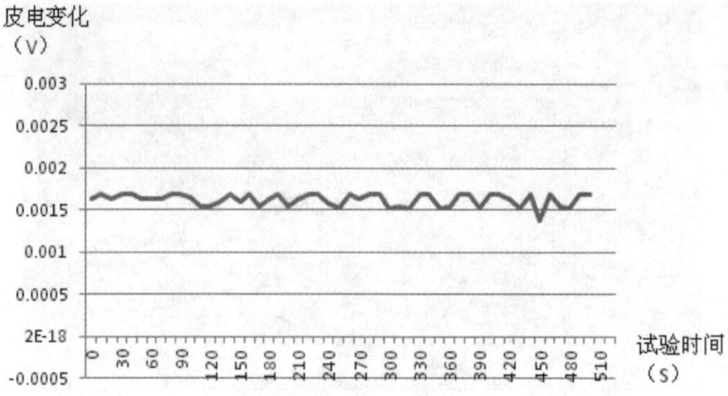

图 7　平静状态下驾驶员的皮电变化曲线

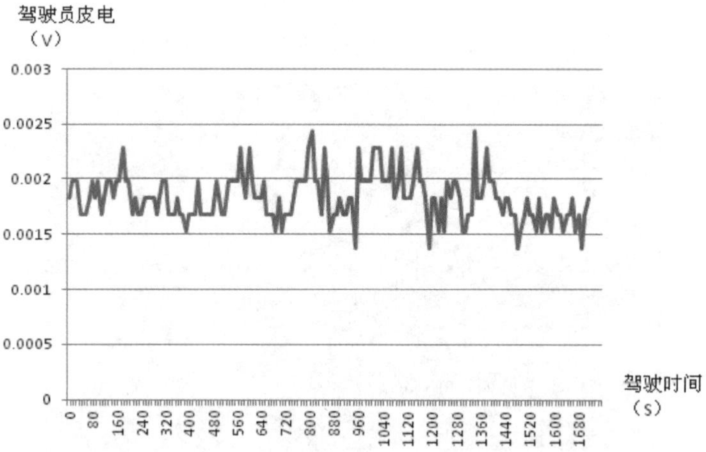

图 8　实际道路驾驶过程中驾驶员的皮电变化曲线

加，由心理变化产生皮肤电传导变化，导致驾驶员皮电发生变化。

6.3　眨眼频率

以基地驾驶时的眨眼频率为参照，分析实际道路驾驶时的起步阶段、路况复杂阶段的眼部跳动频率，以每次眨眼为一个脉冲[13]，各驾驶阶段眨眼脉冲如图 9 所示。

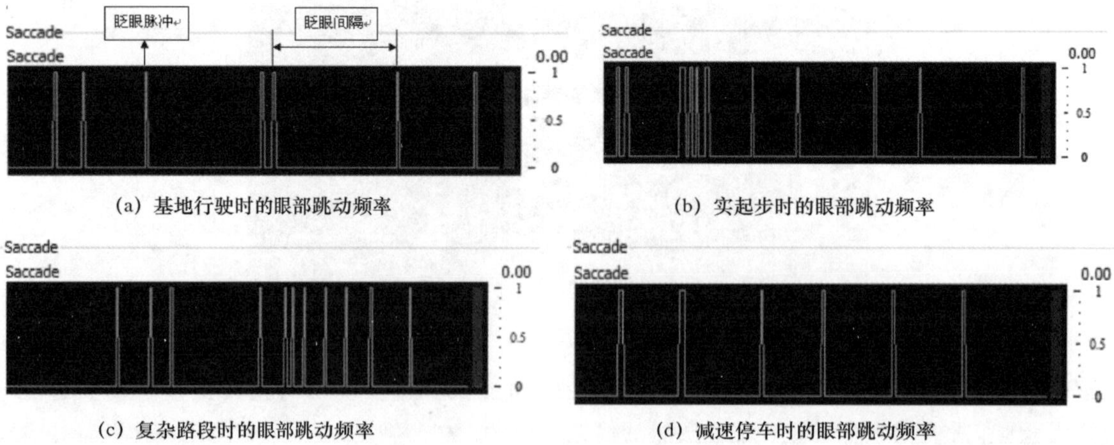

图 9　驾驶员各驾驶阶段眨眼脉冲

基地行驶时，眨眼脉冲数较少，眼睛跳动频率小。实际道路驾驶中，复杂路段行驶时眨眼脉冲数增加，眼睛跳动频率升高，脉冲数最密集。进入停车阶段，脉冲数减少，眨眼频率降低，且眨眼频率出现的脉冲数均匀。

根据试验所测的眼动数据，做数据曲线，根据图形变化规律分析基地行驶和实际道路驾驶中的眨眼频率变化规律。

基地行驶时，做眨眼频率随时间变化的数据曲线，如图 10 所示。

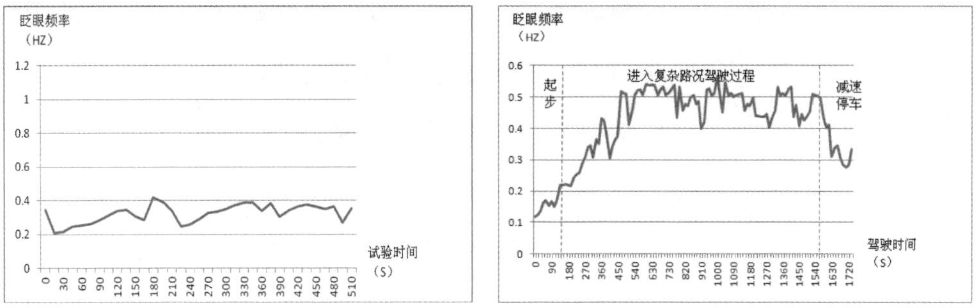

(a) 基地驾驶时驾驶员的眨眼频率　　(b) 实际道路驾驶时驾驶员的眨眼频率

图 10　驾驶员眨眼频率

基地驾驶眨眼频率波动不大，在固定的范围上下小幅度波动，实际道路驾驶总体过程中的眨眼频率会随着路况的复杂程度加大而逐渐升高。

实际道路驾驶时驾驶员的眨眼频率比基地行驶时的眨眼频率高。实际道路驾驶过程分为起步阶段、复杂路况行驶阶段、减速停车阶段，起步阶段驾驶员在学校里面行驶，没有外来车辆的干扰，眨眼频率低；刚出学校进入复杂路段行驶时，驾驶员的眨眼频率升高，在复杂路况行驶阶段，驾驶员眨眼频率持续较高；进入停车阶段，驾驶员减速行车，最后平稳停车，驾驶员的眨眼频率下降。

6.4　眨眼持续时间

驾驶员在实际道路驾驶过程中，眨眼持续时间与路况的复杂程度有关，试验测试基地行驶时的眨眼持续时间与实际道路驾驶时的眨眼持续时间，分析驾驶员在驾驶过程中眨眼持续时间的变化。

以基地行驶眨眼持续时间为基准，建立数据曲线，对比分析实际道路驾驶时的眨眼持续时间的变化。基地试验中驾驶员眨眼持续时间的数据曲线如图 11 所示。

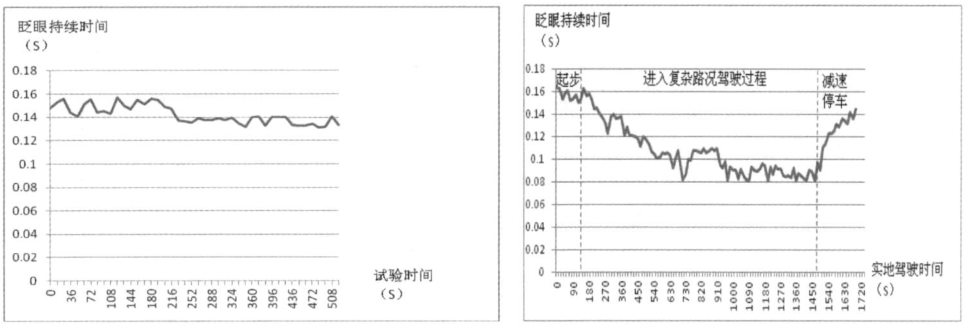

(a) 基地行驶时驾驶员的眨眼持续时间　　(b) 实际道路驾驶时驾驶员的眨眼持续时间

图 11　驾驶员眨眼持续时间

试验中，基地行驶时驾驶员的眨眼持续时间变化范围在 0.02 秒以内，实际道路驾驶试验驾驶员的眨眼持续时间变化范围是 0.08 秒。实际道路行驶开始阶段，眨眼持续时间较长，进入校外驾驶路段，眨眼持续时间降低，917 秒至 1552 秒时间段内眨眼持续时间一直在 0.1 秒以下，从进入校门驾驶员减速行驶至平稳停车时，眨眼持续时间增加。

6.5　眼睛注视点

以红色射线为平视的基准线，可以观测到驾驶员在实际道路驾驶时的注视点移动信息。驾驶员在实际道路驾驶过程中，头部模型及目光变化如图 12 所示。

图中的黄色模型为驾驶员的头部模型，黄色射线表示驾驶员的视线，红色射线表示水平线，以红色射线为基准，驾驶员每次注视点变化，都会与红色射线形成三维空间的角度，以驾驶员视线观察点为注视点，视线落到前挡风玻璃平面上，形成以前挡风玻璃为坐标系的注视点变化图。

实际道路试验时，模拟信息中每个小格子代表边长为 10 厘米的正方形，驾驶员视线水平范围的变化主要集中在模拟图形中头部左边三格和头部右边七格的水平范围内，即在左边 30 厘米与右边 70 厘米的范围内。

实际道路驾驶时，起步阶段、复杂路段行驶阶段和减速停车阶段中，每种阶段各取 1 分钟，记录驾驶员注视点的分布，以注视的频次为厘米直径，做不同路段驾驶员的视觉注视点变化图，如图 13～图 15 所示。

(a) 驾驶员平视

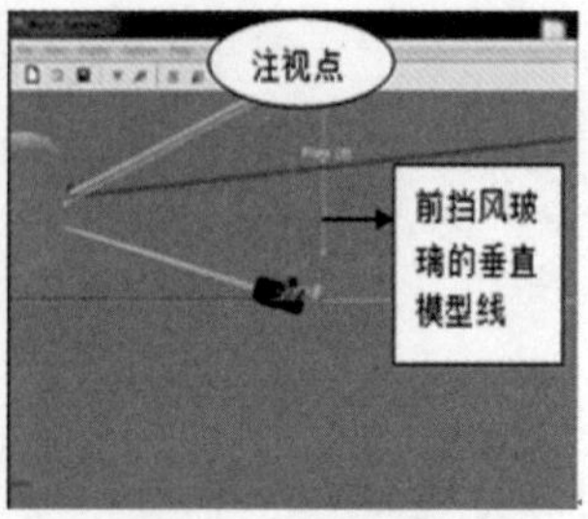

(b) 驾驶员目光向上搜索驾驶信息

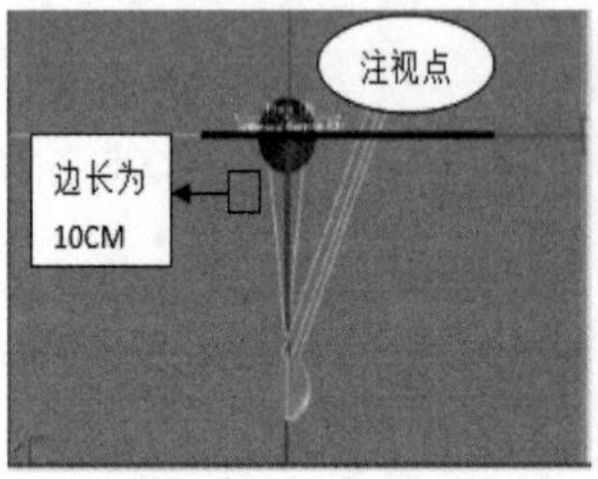

(c) 驾驶员搜索右方驾驶信息

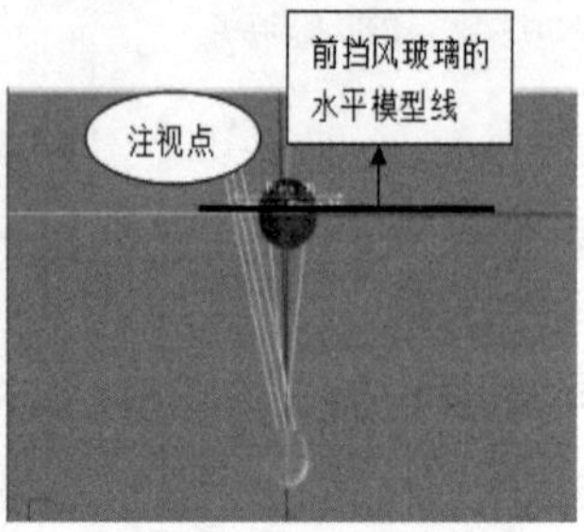

(d) 驾驶员搜索左方信息

图 12　驾驶员视觉注视点模型

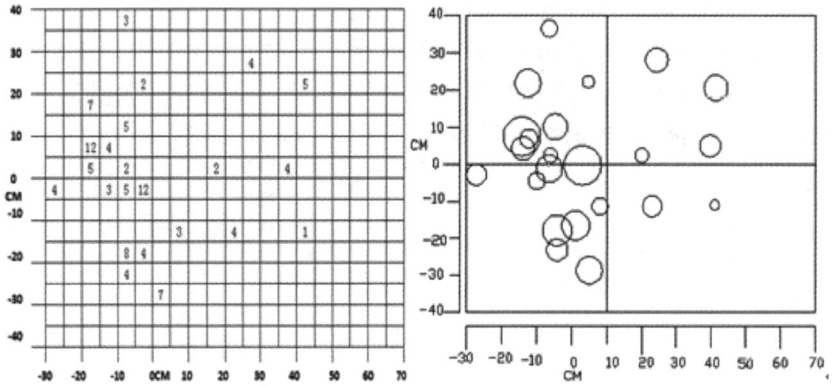

图 13　起步阶段驾驶员视觉注视点图

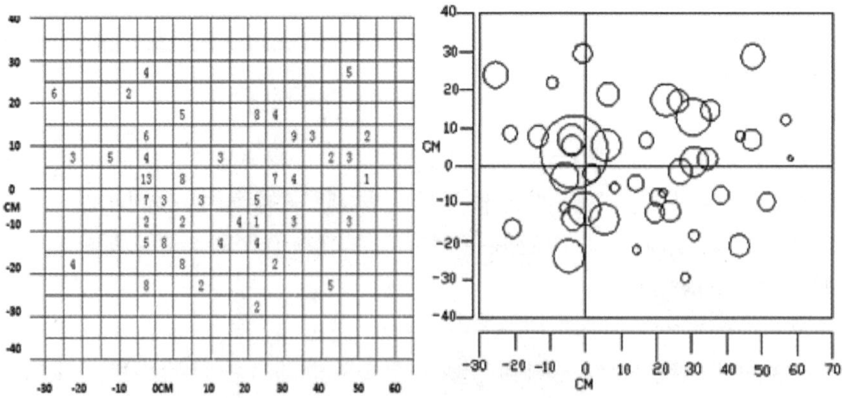

图 14　复杂路段行驶阶段驾驶员视觉注视点

圆圈直径越大，表示注视频次越高，视觉注视点的数目反映了驾驶员视觉兴趣点的数目。平面区域内注视次数越多，代表这个区域提供的驾驶信息越重要。

实际道路驾驶中，起步阶段，驾驶员的视觉注视点主要集中在驾驶员正前方，且比较密集。进入复杂路段行驶时，驾驶员搜索范围广，兴趣点增多，视觉注视点分散且密集。进入减速停车阶段，驾驶员视觉注视点相对集中，且在右侧分布较多。

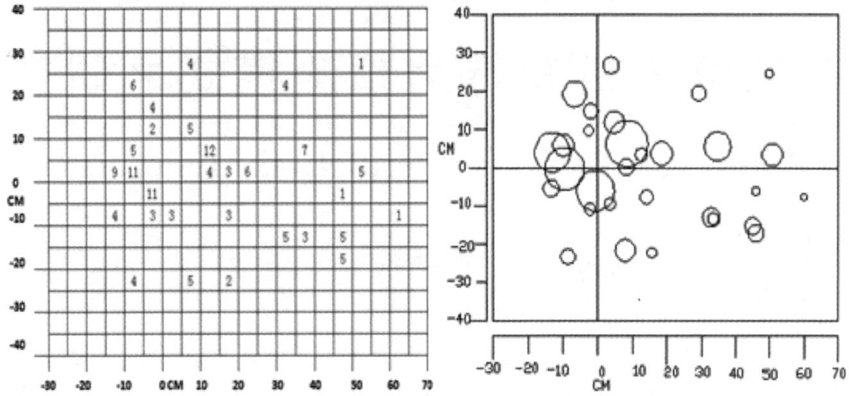

图 15　减速停车阶段驾驶员视觉注视点

7　结语

本文设计实际道路驾驶试验，试验采用 Biolab 心理-行为同步测试仪和 Facelab5.0 眼动仪采集驾驶员视觉特性数据。选择驾驶经验丰富的驾驶员对同一条路线进行试验，采集眼动数据。在驾驶过程中，对路况进行全程录像，监测人员对汽车经过拐弯、红绿灯、减速带等位置的时间重点标注。处理采集的眼动数据，得到精确的眨眼频率、眨眼持续时间、视觉注视点的变化图形。根据图形变化规律，分析路况与眼动变化的关系。综上所述，可以得到以下结论：

(1) 实际道路驾驶试验过程中，为了保证驾驶员的安全性，用 Biolab 心理-行为同步测试仪生理测试仪对驾驶员进行监测，以皮电反应为安全标准，判断驾驶员是否处于心理生理平稳的状态。驾驶员在行车过程中时，皮电变化比平静状态下大。

(2) 在实际道路驾驶中，驾驶员的眼动变化比基地行驶的眼动变化范围大。驾驶员进行基地驾驶试验时，眨眼频率和眨眼持续时间的曲线平稳，实际道路驾驶时，驾驶员的眼动变化大。

(3) 驾驶员的眨眼持续时间与眨眼频率有关，随着驾驶员眨眼频率的升高，眨眼持续时间变短。

(4) 实际道路驾驶中，在起步阶段驾驶员的眨眼频率低，眨眼持续时间长，视觉注视点集中；进入复杂路段行驶时，眨眼频率升高，眨眼持续时间缩短，视觉注视点分散；进入停车阶段时，眨眼频率降低，眨眼持续时间变长，视觉注视点相对集中，且向右偏视。

参考文献

[1]　潘福全，项乔君，陆建. 公路平面交叉口驾驶行为研究[J]. 道路与交通安全，2007，10.

[2]　刘浩学. 交通心理学[M]. 西安：陕西科学技术出版社，1992.

[3]　Geoffrey Underwood，David Crundall，PeterChapman. Selective searching while driving：the role of experience in hazard detection and general surveillance[J]. Ergonomics，2002，45(1)：1-15.

[4]　Mark Brackstone，BenWaterson. Are We Looking Where We are Going? An Exploratory Examination of Eye Movement in High Speed Driving[C]//Proc. of the 83rd Transportion Research Board Annual Meeting. Washington(U. S. A)：TRB，2004，131.

[5]　Riju Srimal，Diedrichsen，Edward B. Ryklin，Clayton E. Curtis. Obligatoryadaptation of saccade gains[J]. Neurophysiol. 2010 Mar；99(3)：1554-8.

[6]　李永芳. 汽车驾驶员动态注视点分布规律研究[J]. 上海工程技术大学汽车工程学院，2010，11.

[7]　胡江碧，王维利，张寿然. 高速公路小客车驾驶员安全注视特性分析[J]. 西南交通大学学报，2012，04.

[8]　方兴业，宋孔智，杨华香. 中医经络诊断中经穴电位测量方法的研究[J]. 航天医学与医学工程，1991，3.

[9]　任延涛，韩玉昌，隋雪. 视觉搜索过程中的眼跳及其机制[J]. 心理科学进展，2006，14(3)：340-345.

[10]　林震岩. 多变量分析——SPSS 的操作与应用[M]. 北京：北京大学出版社，2007.

[11]　王保进. 多变量分析统计软件与数据分析[M]. 北京：北京大学出版社，2007.

[12]　曾五一. 统计学[M]. 北京：中国金融出版社，2006.

[13]　吴文银，郭银炳，闵国满，方瑞祥. 道路视觉环境与驾驶员作业安全分析[J]. 人类工效学，1999，12.

在格位上机车行为预测模式之研究

A Study of Motorcycle Behavior Prediction Model in Cell Platform

范俊海　吴建霆　朱德安

摘　要：境外机车甚少，以至于对机车的行为研究不如汽车来的多，而台湾的驾驶环境则恰好相反，身为全世界机车密度最高的地区，对于机车车流的研究应比汽车来得重要。根据交通事务主管部门统计，在2017年2月，机车数量已经接近汽车的两倍，所以汽机车共存的状况是必然发生的。

如何建立一套模式可以更有效地预测机车在汽机车混合车流环境中的驾驶行为，机车在汽车车流中自由穿梭的驾驶形态，让机车的推进模式有较为合理化的模拟平台。机车的推行模式可分为两种，纵向推进模式及横向推进模式，而机车车流难以预测的部分在于横向推进，因为机车的机动性过高，目前的预测模式皆难以预估。因为其变量太多，所以本研究希望能够研究出一套较为准确的预测模式，运用多项式罗吉特来推估机车的驾驶行为，预测其推进模式，使汽机车混和车流模拟能更贴近现实情况。

关键词：格位理论；混和车流；机车行为；多项式罗吉特

Abstract：The motorcycle is not a main transportation mode in overseas countries，the development of traffic flow models in abroad has been confined only to automobiles. Very few studies focused in motorcycle traffic. As the world's highest motorcycle density of the region，study of the motorcycle is important than aut omobiles. According to the statistics，the number of motorcycles are nearly double of the automobiles in 2017. This phenomenon causes local traffic problems more complicated.

Building a model can forecast that the behavior of the motorcycles in mixed traffic flow，let the propulsion mode of the motorcycles has a more rational simulation platform. The motorcycle progress path on an excluded motorcycle way has been divided into two dimensions，i. e. longitudinal moving and traversal moving for its traffic model development. The traversal progress model，owing to its random overtaking behavior from either side of its preceding motorcycles，does not perform well to capture the actual traversal path of target motorcycles. The study use Logit Model to forecast that the behavior of the motorcycles in mixed traffic flow，and expect that the model can be explain to the mixed traffic simulation

Keyword：Cell Transmission Model；mixed traffic motorcycle behavior；Logit Model

1　引言

1.1　研究动机

机车在台湾俨然是最主要的交通工具之一，机车变换多端的行为模式成为严重的交通问题，台湾特殊的汽机车共存的驾驶环境，使机车驾驶在选择路线前进时有了任意变换车道、超车、钻缝和任意加减速等情况。为了能体现台湾机车驾驶的真实行为模式，是否会因为周围邻车影响决策行为，本研究在一般市区四线道道路，搜集机车车流并预测行为模式，试着找出台湾机车驾驶特有的行进行为及驾驶习惯，希望能找出汽机车共存的驾驶环境下，机车驾驶是否会因为周围邻车而改变其驾驶行为，并为之探讨。

1.2　研究目的

本研究目的包括下列几点：

1. 探讨机车驾驶在周围有邻车的形况下的行为决策模式。
2. 观察某路段中自由车流机车行进行为。
3. 机车钻缝行为是否会因为邻车在周围所在的位置不同，产生不同变化。

1.3　研究方法

拍摄某路段真实的车流的影片资料，将路段经计算后分割为若干格位，再将格子分别设定为相对坐标点，以500毫秒为单位搜集机车及汽车所有影像位置坐标，格子的大小经过详细计算，以机车时速计算机车一秒钟

作者简介：范俊海，淡江大学运输管理系副教授

吴建霆，朱德安，淡江大学运输管理系硕士班研究生

所能行进之路段长，再依规则分隔路段并判断坐标，进而有了驾驶行为的依据。

搜集数据逐一分析，将推进模式设定为变量，用统计软件 SAS 建立多项式罗吉特模型，并设定安全距离、与邻车距离，利用空间格位概念找出机车的推进方向，预测评估是否符合真实行为。

校估此模型是否具备预测能力，符合真实行为，探讨所设定之参数是否妥当，并研究台湾独有的机车驾驶行为特性。

2　资料搜集

2.1　车流拍摄地点

本研究选定台北市承德路七段为主要拍摄路段，该路段为四线道市区道路，且该路段为连接淡水镇与台北市的主要干道之一，车流量大、汽机车共存的状态会随时发生，并在承德路七段路桥上进行拍摄作业，时间为上午 9 点到 11 点，见图 1、图 2 所示。

图 1　现场拍摄画面

图 2　大量机车行驶画面

2.2　制定位置坐标

为了使影片中的车流资料得以分析，本研究依循下列步骤，并利用人工识别等方法取得大量样本数。

(1) 取一透明投影片固定贴于荧幕上。

(2) 将投影片依空间道路比例，分为纵向坐标 X 轴及横向坐标 Y 轴。

(3) 纵向坐标 X 轴订定标准，根据交通相关规定，平面道路没有明文规定"距离"是多少，但根据资料一般台湾机车车宽为 1～1.5 米左右，与邻车安全距离应维持一个车宽以上，所以将 X 轴坐标分为每一米画一观测隔线。

(4) 横向坐标 Y 轴订定标准，根据本研究制定的车流速度评判依据，每秒行驶距离应为 12 米以上，再加上安全距离，所以将 Y 轴设定每 13 米画一观测隔线，参见图 3。

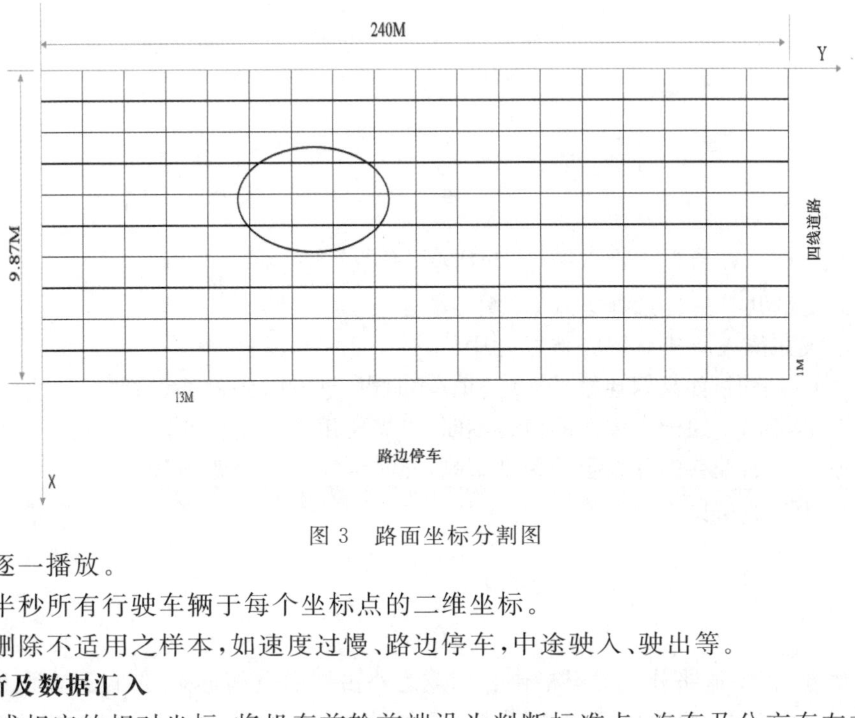

图 3　路面坐标分割图

(5) 每半秒逐一播放。

(6) 判断每半秒所有行驶车辆于每个坐标点的二维坐标。

(7) 判断并删除不适用之样本，如速度过慢、路边停车，中途驶入、驶出等。

2.3　坐标点判断及数据汇入

将格位设定成相应的相对坐标，将机车前轮前端设为判断标准点，汽车及公交车左右占据空间设为判断标准点，将占据格位坐标每半秒的移动情况逐一记录，作标点以代号 C、B、M，分别代表汽车、公交车及机车，将搜集的大量作标点纪录至 EXCEL 中，见图 4 所示。

TIME	NO.	X	Y	TIME	NO.	X	Y	TIME	NO.	X	Y	TIME	NO.	X	Y
0	M1	9	17	1.0.0	M14	7	10	2.0.0	C21	6	15	2.20.0	M30	3	13
	C1	7	18		M15	8	8			5	15		M31	3	12
		5	18		C6	7	15	2.0.5					M32	1	11
	C2	3	17			5	15		C21	6	15		M33	4	9
		1	17		B1	4	17			5	15		M34	2	9
	C3	7	14			1	17	2.1.0	C21	7	16		M35	5	8
		5	14		B2	8	18			5	16		M36	2	8
	C4	7	13			5	18		C22	2	8		M37	1	15
		5	13	1.0.5						1	8		M38	3	10
	B1	4	14		M14	7	10	2.1.5	C21	7	17		C24	7	11
		1	14		M15	8	9			5	17			5	11
0.5	M1	9	18		C6	7	15		C22	2	9	2.20.5	M30	3	15
	C2	3	17			5	15			1	9		M31	3	13
		1	17		B1	4	17	2.2.0	C22	2	9		M32	1	12
	C3	7	15			1	17			1	9		M33	4	10
		5	15		B2	8	18		C23	6	8		M34	2	10
	C4	7	13			5	18			4	8		M35	5	9
		5	13	1.1..0	M14	7	11	2.2.5	C22	2	10		M36	2	10
	B1	4	14		M15	8	10			1	10		M37	1	17
		1	14		C6	7	15		C23	6	9		M38	3	11

图 4 资料纪录形式

2.4 空间资料状态汇入

逐一判断每笔资料的行为模式，及移动时是否周围有邻车占据周围空间，将机车行为分为四个行进变量，1：往左靠、2：往前、3：往右靠、4：速度低于自由流速度。

影响机车行为变量分为 X_1、X_2、X_3、X_4、X_5，分别为占据机车周围的五个空间，也就是判断机车行为是否会因为邻车多寡而有所改变，见图 5。

X_1	X_2
机车	X_3
X_4	X_3

图 5 变量设定位置图

逐一观察比对资料周围五个空间内的邻车分布，1：无车、0：有车，及行进方向，输入 EXCEL，见图 6。

Y	X1	X2	X3	X4	X5	Y	X1	X2	X3	X4	X5
2	1	1	1	1	1	1	1	1	1	1	0
2	1	1	1	1	1	3	0	1	1	1	1
4	1	1	1	1	1	2	0	1	1	1	1
2	1	1	1	1	1	4	1	1	1	1	1
4	1	1	1	1	1	4	1	1	1	1	1
3	1	1	0	1	1	4	1	1	1	1	1
4	1	1	1	1	1	4	1	1	0	1	1
4	1	1	1	1	1	3	0	1	1	1	1
2	1	1	1	1	1	4	1	0	1	1	1
4	0	1	1	1	1	2	1	0	1	1	1
2	1	1	1	1	0	4	1	1	1	1	1
2	1	1	1	1	1	2	1	1	1	1	1
2	1	0	1	1	1	2	1	1	1	1	1
4	1	1	1	1	1	2	0	1	1	1	1
4	1	1	1	1	1	2	1	1	1	1	1
1	1	1	1	1	0	4	1	1	1	1	1
3	0	1	1	1	1	2	1	1	1	1	1
1	1	1	1	1	1	2	0	1	1	1	1
2	0	1	1	1	1	2	1	1	1	1	1
4	0	1	1	1	1	1	1	1	1	1	1
2	1	1	1	1	1	2	1	1	1	1	1
4	1	1	1	1	1	2	1	0	1	1	1
2	1	1	1	1	1	2	1	1	1	1	1

图 6 判断邻车位置空间是否有无车辆，1：无车、0：有车

机车前进方向变量共有三种选择方式，见图 7 所示。

最后将资料汇入并待入所建立罗吉特模式中。

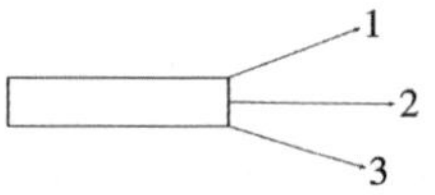

图 7 机车行进选择方向

本研究判断机车行进时，如果时速维持 40 公里/小时以上的话，则偏移位置会因速度而改变甚大，所以不须做太细微的位置判断，只需要用占据格位空间来看，机车在高速行驶时左右偏移的程度会受速度影响，此时再加入安全距离设定为 0.5 米左右，造就本研究所设定之格位大小。

3 模式建立

3.1 模式概念

呼应资料搜集方式，将道路分为若干格位表示成道路占据的空间形态，假设机车周围无邻车，则机车驾驶可以选择任一方向前进，但本研究主要目的就是假设在周围有邻车的情况下，驾驶行为会如何改变，

预测台湾民众驾驶机车时的行为决策，建立预测模式。

3.2　模式建立

$$Y_1=\ln\left[\frac{P(Y=i)}{P(Y=4)}\right]=\beta_{i0}+\beta_{i1}+X_1+\beta_{i2}X_2+\beta_{i3}X_3+\beta_{i4}X_4+\beta_{i5}X_5,\ i=1,2,3$$

$$P(Y=i)=\frac{e^{\beta_{i0}+\beta_{i1}X_1+\beta_{i2}X_2+\beta_{i3}X_3+\beta_{i4}X_4+\beta_{i5}X_5}}{1+\sum_{i=1}^{3}e^{\beta_{i0}+\beta_{i1}X_1+\beta_{i2}X_2+\beta_{i3}X_3+\beta_{i4}X_4+\beta_{i5}X_5}}$$

其中，Y_i——方案 i 与方案 4 比较之函数，$i=1,2,3$；

$P(Y=i)$——选择 i 方案之机率；

β_{i0}——方案 i 常数项；

$\beta_{i1},\beta_{i2},\beta_{i3},\beta_{i4},\beta_{i5}$——方案 5 个参数；

X_1,X_2,X_3,X_4,X_5——观察位置状态，0——无空间(有车)，1——有空间(无车)。

3.3　参数校估

本研究利用 SAS 统计软件建立多项逻辑斯蒂回归模型，将所有变量均放入模式中，在针对 P 值进行变量检定，将显著变量($P<0.1$)列入模式中，不显著($P>0.1$)变量剔除。以下为参数校估结果：

最大概度估计值的分析

参数	Y	自由度	估计值	标准误 Wald 卡方	Pr>Chisq	
Intercept	1	1	−13.7691	242.1	0.0032	0.9546
X1	1	1	−0.00119	0.444	0	0.9979
X2	1	1	13.2085	242.1	0.003	0.9565
X3	1	1	−0.0922	0.2662	0.12	0.7291
X4	1	1	−1.1781	0.3466	11.5514	0.0007*
X5	1	1	−0.8298	0.307	7.3048	0.0069*

最大概度估计值的分析

参数	Y	自由度	估计值	标准误 Wald 卡方	Pr>Chisq	
Intercept	2	1	−1.8966	0.3423	30.7033	<.0001*
X1	2	1	0.2	0.1522	1.7271	0.1888
X2	2	1	0.2922	0.1542	3.5933	0.058*
X3	2	1	1.5754	0.14	126.5815	<.0001*
X4	2	1	−0.0364	0.2032	0.0321	0.8577
X5	2	1	0.3081	0.162	3.6176	0.0572*

最大概度估计值的分析

参数	Y	自由度	估计值	标准误 Wald 卡方	Pr>Chisq	
Intercept	3	1	−0.619	0.4523	1.8727	0.1712
X1	3	1	−0.8456	0.1848	20.9347	<.0001*
X2	3	1	0.5044	0.2542	3.9367	0.0472*
X3	3	1	1.055	0.2166	23.7239	<.0001*
X4	3	1	−0.8426	0.2465	11.6872	0.0006*
X5	3	1	−0.5004	0.2019	6.1444	0.0132*
X5	1	1	−0.8298	0.307	7.3048	0.0069*

* 表示 P 值<0。

模型配适统计值			检定全域虚无假设:BETA=0			
准则	仅限截距	截距和共变量	检定	卡方	自由度	Pr>ChiSq
AIC	6121.638	5892.152	概度比	259.4862	15	<.0001
SC	6139.49	5999.267	计分	265.7154	15	<.0001
−2 对数 L	6115.638	5856.152	Wald	230.596	15	<.0001

3.4　参数验证

本研究模式可表示成：

$$Y_1=\ln\left[\frac{P(Y=1)}{P(Y=4)}\right]=-1.1781X_4-0.8298X_5 \tag{1}$$

$$Y_2=\ln\left[\frac{P(Y=2)}{P(Y=4)}\right]=-1.8966+0.2922X_2+1.5754X_3+0.3081X_5 \tag{2}$$

$$Y_3=\ln\left[\frac{P(Y=3)}{P(Y=4)}\right]=-0.8456X_1+0.5044X_2+1.055X_3-0.5004X_4-0.3081X_5 \tag{3}$$

$$P(i=1)=\frac{e^{Y_1}}{1+e^{Y_1}+e^{Y_2}+e^{Y_3}} \tag{4}$$

$$P(i=2)=\frac{e^{Y_2}}{1+e^{Y_1}+e^{Y_2}+e^{Y_3}} \tag{5}$$

$$P(i=3)=\frac{e^{Y_3}}{1+e^{Y_1}+e^{Y_2}+e^{Y_3}} \tag{6}$$

$$P(i=4)=\frac{1}{1+e^{Y_1}+e^{Y_2}+e^{Y_3}} \tag{7}$$

Y	X_1	X_2	X_3	X_4	X_5
2	1	1	1	1	1

将 $X_1=1, X_2=1, X_3=1, X_4=1, X_5=1$，分别代入(1)、(2)、(3)式中，求得：

$$Y_1=-2.01,\quad Y_2=0.28,\quad Y_3=-0,63$$

再将其值分别代入(4)、(5)、(6)、(7)式中，求得

$$P(i=1)=0.0448, P(i=2)=0.4425, P(i=3)=0.178, P(i=4)=0.334$$

选择几率较大值(0.443)方案2，预测结果与实际资料相符。

Y	X_1	X_2	X_3	X_4	X_5
2	1	0	1	1	1
4	1	1	0	1	0
3	0	1	1	1	1
3	0	0	1	1	1

Y_1	Y_2	Y_3	左前	前进	右前	降速
−2.0079	0.2791	−0.5991	0.044684	0.439822	0.182776	0.332719
−1.1781	−0.029	−0.8416	0.113601	0.358407	0.15904	0.368952
−2.0079	−0.0131	0.7509	0.031674	0.232778	0.4997	0.235848
−2.0079	−0.00131	0.2465	0.03949	0.290223	0.376238	0.294049

将原始资料供2838笔带入模式中求其预测率，预测方法如上述说明。预测结果共2587笔资料符合真实情况，其预测率为91%，超过本研究设定之85%预测率，故代表此模式有相当程度之预测能力。

4 结语

本研究以格位方式诠释机车行进方式，推进影响变量则是机车行进时周围邻车定义的五个空间，结果可以看出机车行进时大多往右前或右方前进，当左方有邻车时会有很大的概率往右方前进。也就是说当机车骑士做行为决策时，无论邻车为何都会先往右方作为最大考量，这可能是台湾的机车规定是靠右行驶有关，会让整个趋势往右偏。考虑行进的行为决策，受邻车影响的概率情形，就是本研究所探讨的。

而模试验证则有85%的预测率，探究的原因有可能是格位的设定还不够准确，资料搜集的方式可能还有许多瑕疵。但假设机车在高速行驶时，占据格位时的细微移动是否会影响整个模式趋势的改变，本研究认为影响结果可能不会非常显著。但本研究在预测车流行为时仍有一定的预测程度，对于机车行驶行为的预测确实有可行性。

参考文献

[1] 周义华，陈天赐. 混合车流模拟方法之初步研究[J]. 中国工程学刊，1983，6(2).

[2] 黄国平. 混合车流二维坐标模拟模式之建立及验证[D]. 台湾大学，1983.

[3] 范俊海，张正达. 在临近路口混合车流中机车运动推进模式之研究[C]. 2012年道路交通安全与执法研讨会，2012.

[4] 林育瑞. 利用类神经网络构建机车车流模式之研究[D]. 成功大学，2002.

[5] Xiaojian Hu.，Wei Wang. (2012)，"Haifei YangMixed traffic flow model considering illegal lane-changing behavior: Simulations in the framework of Kerner's three-phase theory." 2012 Elsevier B. V. Physica A，391. 502-511(11).

综合交通调查数据成果共享

Comprehensive Traffic Survey Data Sharing

陈 欢 薛美根

摘 要：交通调查是认识和把握城市交通现状特征与规律的必要手段，可用于开发、修正城市综合交通模型，为城市综合交通体系规划及各类交通专业规划提供数据支撑。目前中国的许多城市均已经开展了综合交通调查，如何使调查数据能够更充分地支撑各部门和相关单位的实际工作，是调查后续的重要工作之一。本论文以上海为例，介绍2014年上海实施了第五次全市综合交通调查后，依托1986—2014年上海五次全市综合交通调查和1997年开始每年一次的小样本调查，研究建立调查数据统一管理和展示系统，形成上海市综合交通调查成果数据平台，包括平台的总体架构、开发的技术方法、功能模块、数据内容和展示界面。
关键词：上海；综合交通调查；数据；平台

Abstract: Traffic survey is a necessary means to understand and grasp the characteristics and rules of city traffic situation. It can be used for the development and modification of city comprehensive transportation model, to provide data support for all kinds of city comprehensive transportation system planning and traffic planning. At present, many cities in China have carried out a comprehensive traffic survey, how to make the survey data more fully support the actual work of various departments and related units, is one of the important work of follow-up investigation. This paper takes Shanghai as an example, introduces the implementation of the fifth 2014 Shanghai city's comprehensive traffic survey, based on the 1986—2014 Shanghai five times the city's comprehensive traffic survey and the beginning of the year in 1997 a small sample survey, study the establishment of the unified management of survey data and display system, the formation of Shanghai city comprehensive traffic survey data platform, including the platform the overall architecture, development of the technique, function module, data content and display interface.
Keywords: Shanghai; comprehensive traffic survey; data; platform

2014年上海实施了第五次全市综合交通调查，运用资料收集、信息采集和人工调查等技术手段，广泛、全面、深入地调查城市各类交通系统的供应、需求和运行等基础情况，获得了大量详实的基础数据。为了使调查数据能够更充分地支撑各部门和相关单位的实际工作，需要研究建立统一的调查数据共享平台和共享机制。因此，依托1986—2014年上海五次全市综合交通调查和1997年开始每年一次的小样本调查，研制形成了上海市综合交通调查数据成果平台。平台涵盖城市发展背景、交通出行需求、城市交通运行、城市货运交通、对外交通、交通环境能源和交通综合分析专题7大子系统，实现了交通数据统一存储、管理、查询和交通模型输出成果的集中展示和发布。

1 研制目标

为保证各种应用功能表现的一致性，所有的服务应用建立在统一的数据服务系统平台上，所有的业务应用系统调用这些标准化服务应用或数据来实现自身业务功能。系统基于“1个数据平台 + n 个服务应用”的技术构架，采用至顶向下分析和设计方法，采用分层架构模式，整个系统分为3个层次，即数据资源层、数据服务层、应用表示层（图1）。

1.1 数据资源层

基于上海市综合交通调查，整理形成综合交通调查成果数据库和交通GIS数据库。

1.2 数据服务层

数据服务系统是整个综合交通调查成果数据发布系统的关键部分，提供核心的后台支撑服务。系统按交通专题进行数据服务开发，实现面向应用的WCF数据服务和ArcGIS Server地图服务，以及其他配

作者简介：陈欢，女，硕士，高级工程师，注册城市规划师，注册咨询工程师（投资），主要研究方向：城市交通模型，城市交通规划。

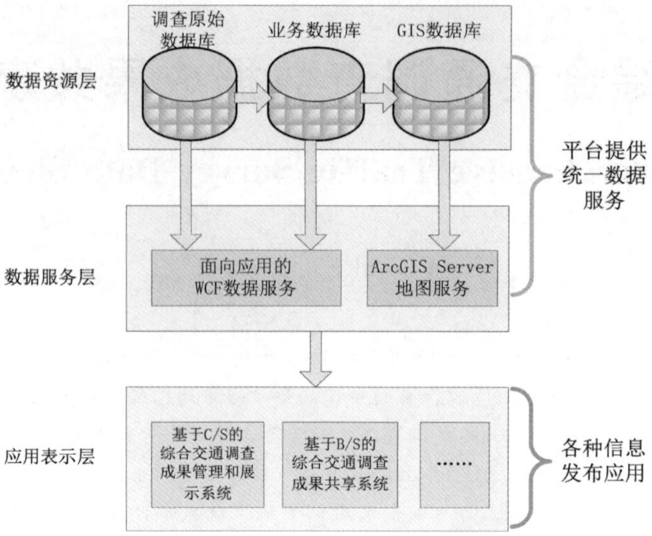

图 1 “1 个数据平台 + n 个服务应用”的技术构架

套管理数据服务。

1.3 应用表述层

根据不同的服务对象，设计了 C/S(客户/服务器)和 B/S(浏览器/服务器)两种服务模式。

C/S 模式。有了海量的交通调查成果数据后，首先要及时合理地对其进行统一管理，定期维护与更新，使之能够得以综合展示与挖掘分析，为此需要开发综合交通调查成果管理和展示系统。C/S 模式下，数据的储存管理较为透明，且应用服务器运行数据负荷较轻，通过把海量数据集中在服务器上统一管理，更有利于数据维护和数据安全。

B/S 模式。为了充分发挥综合交通调查成果数据的作用，仅仅对其进行有效管理和定期维护是远远不够的，需要开发综合交通调查成果共享系统，从应用角度，更好地支撑各部门和相关单位的实际工作。C/S 模式下的数据库无法真正成为公共、专业化的仓库，在信息共享、对外发布方面，B/S 模式体现出其明显的优势，以便支持更多的用户，更便捷地进行系统扩展与维护。

2 总体架构

系统整体框架设计为基础环境层、数据支撑层、共享服务层和业务应用层四个层次(图 2)，各个层次之间通过相应的接口和函数有机的连接起来，从总体上保证了系统工程的模块化结构和功能构件划分。

2.1 基础环境层

包括系统的数据库服务器、应用服务器、操作系统等软硬件资源和防火墙、政务外网等网络环境。

2.2 数据资源层

位于基础环境层之上，汇聚全市基础空间数据以及交通出行、城市交通运行、对外交通、城市货运交通、城市发展背景、交通环境与能源数据和其他辅助数据，分别以关系数据库、空间数据库及资料数据库的形式存储。系统工程中的所有对象、数据、信息、规律和决策结果都回归到数据资源层，在此基础上实现对所有数据的综合管理、维护、转换和备份等功能，为整个系统的功能应用提供数据管理支撑。

2.3 共享服务层

该部分是整个系统的核心层，提供后台数据交换和功能支撑服务，为整个综合交通调查成果数据发布系统数据应用提供地图数据服务、业务数据服务、共享交换组件、空间数据引擎、权限控制、安全控制以及数据接口服务。

2.4 功能应用层

该层次主要实现综合交通调查成果数据发布系统的功能应用，通过功能开发形成 C/S 综合交通调查成果管理和展示系统、B/S 综合交通调查成果共享系统两大应用方向，涵盖数据管理、通用地图、通用图表、界面控制、专题展示、原始数据展示和用户管理、系统管理等功能模块。

2.5 用户层

系统运行于政务外网上，通过政务外网的连接，用户完成对系统的访问和应用。

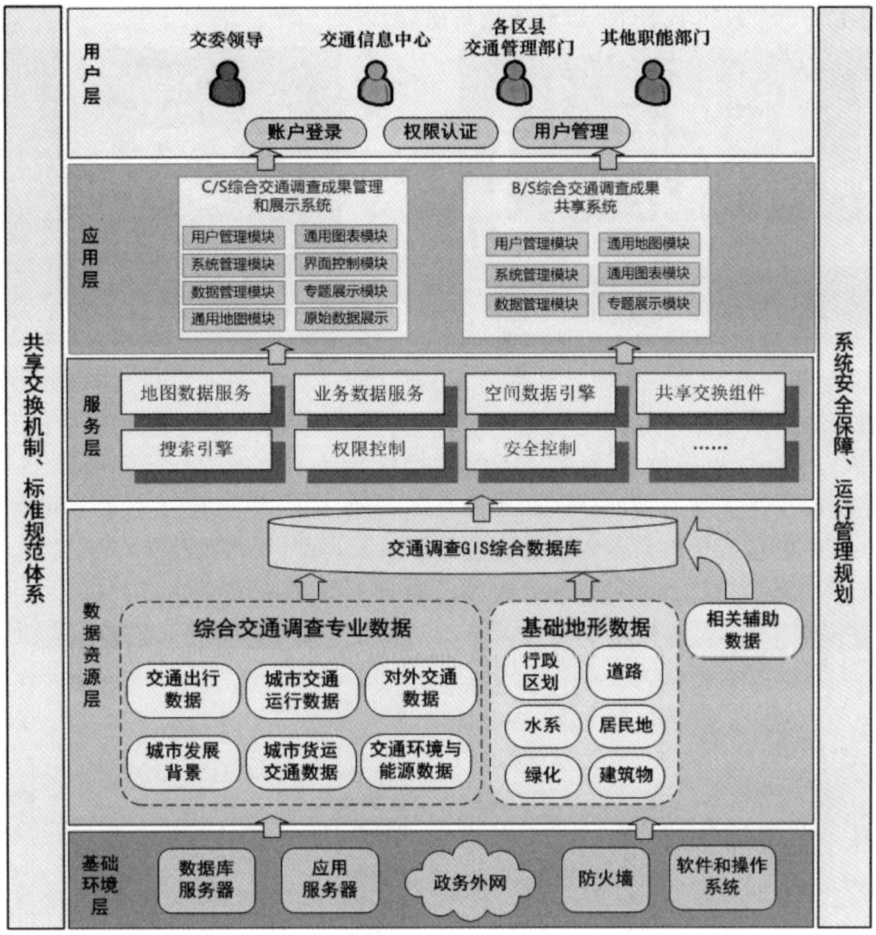

图 2　综合交通调查数据成果系统总体架构

3　功能模块

为满足综合交通调查数据的管理、展示、发布与共享，其开发模式采用 B/S 和 C/S 结合方式，开发内容涵盖如下功能模块：

3.1　用户管理模块

包括用户登录退出、用户的增删改、用户权限配置和角色模块配置等主要功能。

3.2　系统管理模块

根据用户的角色模块信息对系统菜单进行配置管理，使用户查看相对应的功能和数据。

3.3　数据管理模块

该模块是系统的数据引擎，各类应用专题通过该模块发送数据请求到数据服务系统（WCF 数据服务），然后将接收到的 JSON 格式业务数据解析、包装后提供给各应用专题进行调用。

3.4　通用地图模块

包括全景、放大、缩小、平移、点查询和距离面积等 GIS 基础操作；各类静、动态地图的加载，地图初始化显示、比例尺设定，地图图层的开关闭控制，地图要素符号管理，地图要素高亮定位等功能。

3.5　通用图表模块

将业务数据以列表方式展示，可以显示各类合计值、最大值、最小值和平均值等，同时可以导出到 Excel。各显示区域进行动态调整，以满足真实三屏和虚拟三屏模式。

3.6　专题展示模块

将 7 大类约 170 个专题，按照需求进行专题展示界面的搭建开发和展示。

4　专题展示

专题展示模块是系统开发的重点，总计完成 7 大子系统，20 多个大项，86 个子项，170 个专题，400 多个展示页面，通过 C/S(图 3)和 B/S(图 4)形式进行访问。

图 3　C/S 系统界面

图 4　B/S 系统界面

4.1　城市发展背景分析系统

包含交通分区、用地、人口岗位、车辆拥有及交通投资共计 4 大项，21 个子项，42 个专题的展示。其中，交通分区包括交通小区等交通模型分区和居委会等行政区划；用地包括全市不同地块的用地类型和建筑量信息等；人口岗位包括全市常住人口和岗位的分布及类型，手机抽样人口数据等；车辆拥有包括车辆注册信息，小客车号牌结构及夜间停放地分布等。如图 5、图 6 所示。

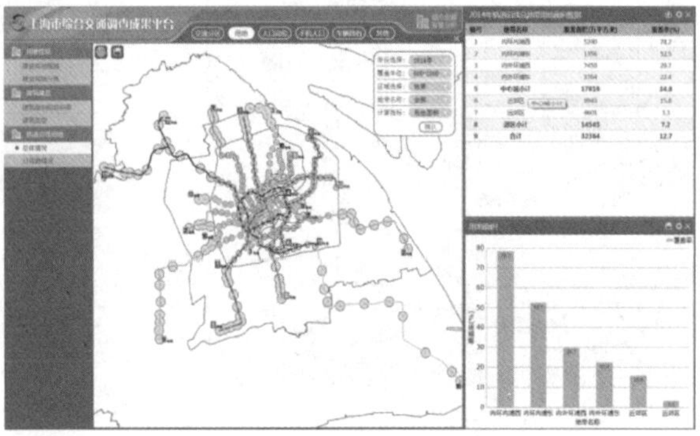

图 5　轨道沿线用地展示

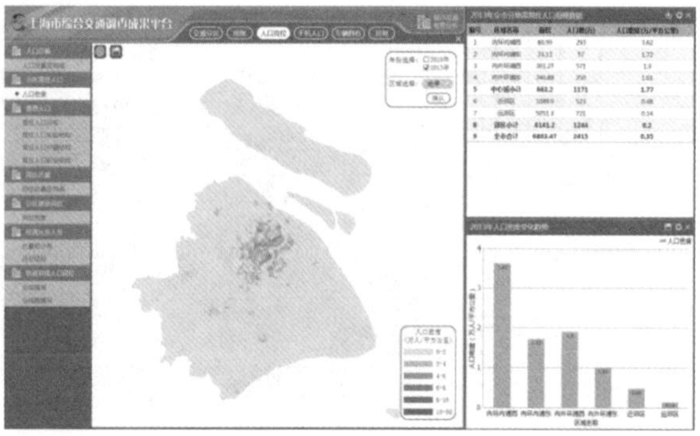

图 6　常住人口分布展示

4.2　交通出行需求分析系统

包含人员出行、车辆使用共计 2 大项，10 个子项，18 个专题的展示。主要包含了人员、车辆出行的些特征性指标，如出行总量、出行方式结构和出行空间分布等。如图 7、图 8 所示。

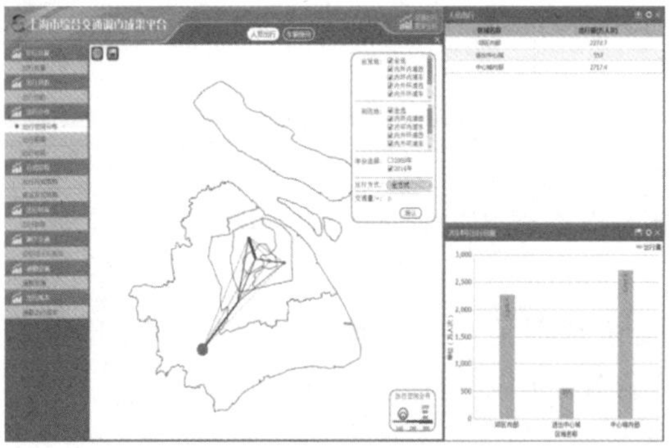

图 7　出行空间分布展示

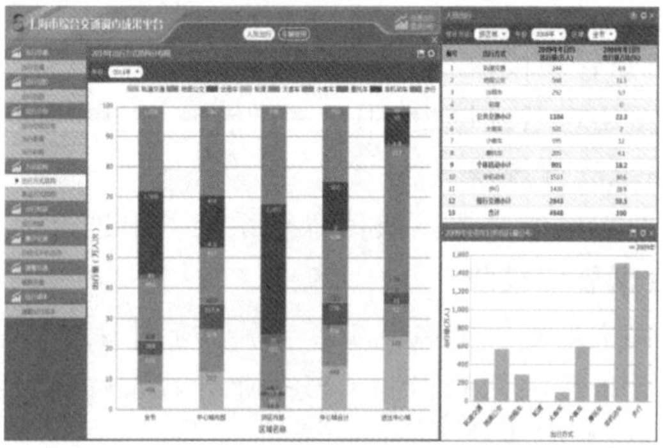

图 8　出行方式结构展示

4.3　城市交通系统供需分析系统

包含道路交通、城市客运交通、静态交通、智能交通设施和交通安全共计 5 大项，25 个子项，59 个专题的展示。道路交通包含道路网设施、机动车流量和车速等系统运行水平数据(图 9)；城市客运交通包括轨道交通、地面公交、出租车、轮渡和四类班车的运营数据等(图 10)；静态交通包括全市停车场设施和夜间及白天停车需求数据等。

4.4　对外客运分析系统

包含对外客运、春运与旅游交通共计 2 大项，9 个子项，16 个专题的展示。其中，对外客运涵盖了水路、航空、公路、铁路和社会客车。

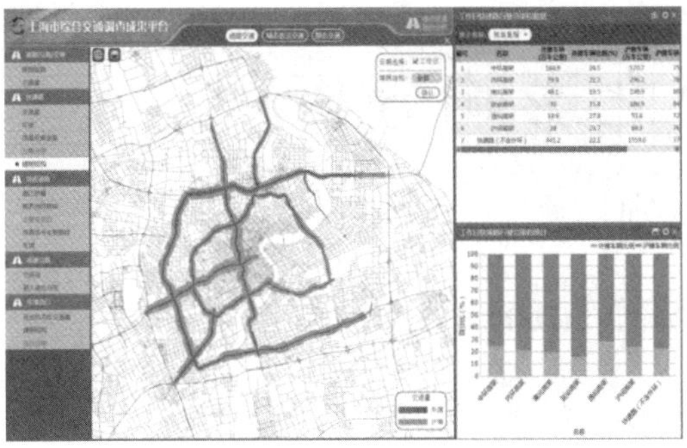

图 9　工作日快速路分号牌机动车流量展示

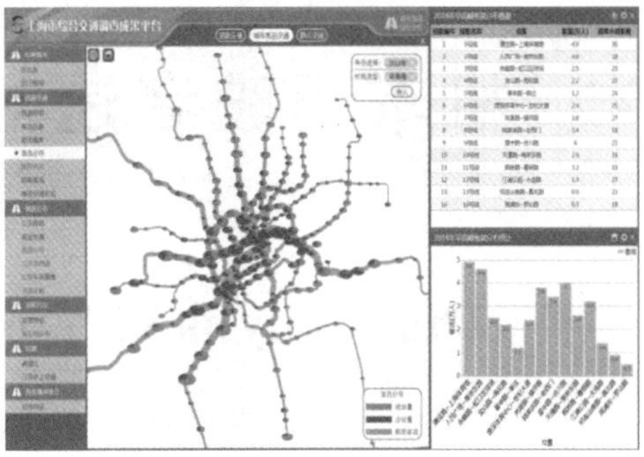

图 10　轨道交通客流分布展示

4.5　货运交通分析系统

包含货运量、道路货运堆场、汽车货运交通和快递业共计 4 大项，10 个子项，20 个专题的展示。其中，货运量涵盖了水路、航空、公路和铁路；快递业包括分拨中心和网点分布、快递车辆运营特征数据等。

4.6　交通环境与能源分析系统

包含大气环境、声环境、交通能源共计 3 大项，8 个子项，10 个专题的展示。主要包括了环境及交通能源消费量统计数据，其中，大气环境包括了全市机动车污染物排放分布。

4.7　交通综合分析系统

包含大公交专用道、重大建设工程共计 2 大项，6 个专题的展示。如图 11、图 12 所示。

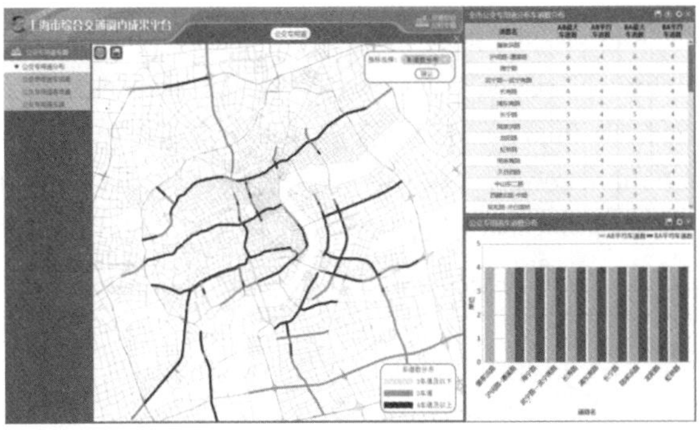

图 11　公交专用道设施展示

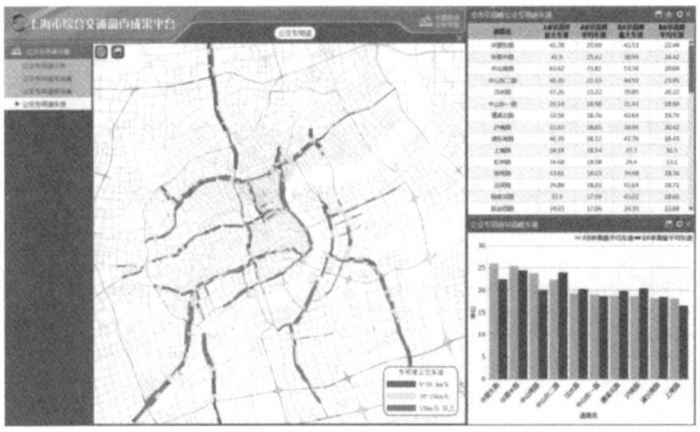

图 12　公交专用道车速展示

参考文献

上海市城乡建设和交通发展研究院. 综合交通调查数据成果共享[M]. 上海：上海市城乡建设和交通发展研究院，上海城市综合交通规划研究所，2016.

机车驾驶者违规行为之影响分析

——以台北市为例

The Analysis of Violation of Motorcyclists

—A Case Study of Taipei City

刘士仙　黄于嘉

摘　要：由于机车停车方便、购置成本低，台湾通勤旅次之中使用机车占所有运具比率最高，相对交通运具的选择上，机车族群具有低交通成本、同时兼具高可及性与易动性的优势。由于运具体积小、操作灵活性高，加上路上行驶的机车数量过多，造成交通执法上难以全面监控，因此造成少部分机车驾驶人存着侥幸的心态，产生了易见的道路违规驾驶行为与机车违规驾驶产生的车祸。为改善交通执法效果，降低机车违规须由机车驾驶交通行为面向切入，本研究尝试构建机车驾驶于路段、路口时，了解产生违规行为之因果关联，以结构化方程式探究其影响路径与重要影响程度，作为改善执法与交通环境之参考。
关键词：机车；违规行为；结构化方程式

Abstract: Due to the overwhelming advantages of motorcycle in Taiwan for its low purchasing cost, easy parking, motorcycle is always the first choice of all modes upon accessibility and mobility. Nevertheless the accident often happens owing to violation of traffic rules, the volume of motorcycle remains going up. To improve the performance of traffic enforcement and to alleviate the violation, public traffic implementation should refer to motorcyclists'cause and effect of behavior. In this study, we construct the cause-effect of relationship in road section and intersection of driver's behavior. Applying SEM (Structural Equation Modelling), the critical key factors and their paths of influences are further discussed.
Keywords: motorcycle; violation; SEM

1　引言

随着民众所得提升，私人运具（小汽车、机车）的持有显著增加，产生了严重的道路拥挤与都市停车问题。相对于小汽车而言，机车具有体积小、停车方便、价格低廉的优势，使得许多民众选择机车作为主要代步的交通工具。因此，台湾地区的机车驾驶行为成为影响车流顺畅与道路安全的重要因素。

机车因体积小的优势，拥有操作的灵活性，却也增加了交通意外事故发生的可能。机车在台湾的交通问题上，占有相当的份量，尤其是一般机车骑士不遵守秩序所造成安全上的威胁与疑虑，更是长期被关注的焦点。根据卫生事务主管部门统计显示，事故伤害在死亡主因中排名第五位，其中在机动车辆所带来的事故伤害占了大部分的比例；事故发生原因多受人为因素影响，其中主要由个人失误或违规行为所造成。

当民众违规驾驶时，影响因素包括外在环境与内在心理。因此了解驾驶人违规行为因素，将有助于改善道路交通安全。然而驾驶人违规因素大多属于主观知觉、不易量化的潜在构念；过去研究大多从单一面向讨论驾驶者心理层面，未能全面考虑交通违规行为之影响因素；本研究由驾驶者的内在人格特质、学习经验与环境之间的互动关系，整合相关的因素，探讨驾驶违规行为。希冀从中发现违规行为的产生原因，并找出因素间影响的路径关系，此将有助于驾驶教育与驾驶训练、安全倡导与交通执法，以作为政府工程设计单位及相关单位之参考，加强机车驾驶者的道路守法观念与维护道路交通安全。

2　交通违规相关研究

驾驶者经常受外在环境与内在因素影响而产生不同之驾驶行为反应，对于驾驶者内在心理层面的研

作者简介：刘士仙，淡江大学运输管理系副教授。
黄于嘉，台北市交通安全促进会委员。

究，认为驾驶者在行驶时，会对自身进行风险的评估，为影响驾驶决策之关键因素之一。个别之人格发展可能受群体、个体所影响；在交通领域中也提到人格特质会影响人的行为，如 Bina et al.（2006）研究交通风险认知，显示交通活动与人格、心理自主权实有密切的关联。Ajzen（1985）发展理性行为模式，此架构也被许多研究领域所采用。以上的违规行为的探讨多与认知、态度有所关系，实质上并无法深入了解驾驶人格以及外在周遭环境、同伴对违规行为所造成的影响。

2.1　违规行为影响因子

2.1.1　低估风险

“认知”是驾驶对事物的认识、辨认、理解后获得知识的历程。而驾驶认知则是一件非常复杂的程序，驾驶透过环境刺激再经由心理的“认知”判断，最后对行为做出抉择。因此，当驾驶者低估道路上的危险，就会做出违规行为的可能。Summala（1988）归纳出下列因素会导致道路使用者的警觉性降低，增加驾驶危险行为之曝光频率，包括驾驶者对速度的低估、驾驶者认为“一切尽在掌握中”、驾驶红灯秒数倒数之提前行驶行为。Brown 与 Groeger(1988)则认为驾驶者对于交通潜在危险性的低估，或对自身处理该状况能力的高估的看法，会影响驾驶者对于道路风险的认知。

2.1.2　情绪

Mesken et al.（2007)探讨负面的情绪对于违规行为的影响，并将负面情绪分为焦虑与生气、不高兴。焦虑指：“个人因心理挫折、困难或压力，所呈现的不安或紧张等情绪反应；它是一种心理预料可能会遭遇危险或困难，而感受到的不安，仅仅是因内心的预料，而呈现的心理反应。”因此旁人不易就驾驶之情绪进行外部之观察，因此可说焦虑是个人潜伏的特质。

生气是指个人外显的特质，对他人较具侵略性；当前方车辆影响后方驾驶时，若驾驶立即做出反应，旁人较容易察觉驾驶生气的情绪。若驾驶人容易生气、不高兴等负向情绪，则易有违规侵犯行为、交通事故、交通违规，彼此呈现正相关（Matthews & Desmond，1995）。Lajunen 与 Parker（2001)发现越有侵略性的驾驶越易产生侵略性之行为。而驾驶可以透过放松技巧、认知放松等方式而改变驾驶容易生气的特质（Deffenbacher et al.，2000）。

2.1.3　人格特质

驾驶过去的学习经验将会产生习惯性的行为，此习惯将会累积为个人的人格特质。Tillman 与 Hobbs（1949)曾说：“人们的人格特质如何，就如何驾驶。”这显示驾驶在道路上的行为受到个人的人格特质所影响，因此人格特质扮演了举足轻重的角色。Pervin(1993)指出人格是用来说明个人于不同情境下，呈现稳定行为之内在表征。

人格特质是一个抽象的概念，因此常用可替代的观察因子来解释驾驶的人格特质；Yagil（2000)进行驾驶事故相关的研究，其中人格变量使用控制观(Locus of Control）、刺激寻求（Sensation Seeking）、无规范感（Normlessness）、驾驶脾气（Driver Anger）作为辨认驾驶者的人格特质（Burns & Wilde，1995)，一个无规范感的驾驶者自我认同感较一般人低，并且不遵行社会规范；一旦涉入事故中，则会认为自己的运气不好。Zuckerman（1994）发展刺激寻求量表，此研究认为刺激寻求的驾驶应有喜爱交际、追求新奇、爱冒险的特质。

2.1.4　学习经验

在交通相关领域中，Shinar（1978）从心理学的观点出发，讨论驾驶人在道路上产生的行为；此研究结果显示驾驶人在持续累积经验后，会产生习惯性的行为。当驾驶人往后碰到类似状况时，会不经思考产生反射动作；这隐含着交通违规行为其实就是用路人深植于心的经验。Bandura（1986）认为自我效能感的形成与发展，主要来自四种源头：①行动经验(Performance experience)的累积：成功的执行一项行动能强化个人对该项行动的意我效能感。②替代性的经验(Vicarious experience)：借由观察或模仿他人的行为及行动结果。③言语的说服(Verbal persuasion)：借由言语所传递的讯息，尤其是重要的人（如父母、师长、专业权威人士）所传递的讯息对个人的影响。④情绪的作用(Emotional arousal)。

2.1.5　主观规范

主观规范变项可细分为个人规范（Personal Norm）、行为规范（Behavioral Norm）及社会规范（Social Norm）三种，其中行为规范主要是代表由父母、朋友所形成的重要参考对象的影响；社会规范则是来自于其他参考对象的影响(杨书铭，2002)。

Yagil（2000）研究行人穿越马路之行为，将信念、动机与情境加入探讨。此研究认为信念认知因子，包括察觉威胁与利益。动机方面分为内部动机与外部动机，内部动机包括行人自认应遵守规则，以显示高尚的道德标准；外部动机包括受到外在压力而遵守规则，如因警察站岗而不闯红灯。当其他行人在红灯时穿越马路，若抑制自己想穿越马路的想法，即是遵守个人原则与社会道德两种来解释此行为。研究并提出，若人格中之"无规范感"观察变量分数越高，且与风险驾驶、事故发生有相关联性，则驾驶可能并不在意违反法律，反而系以违规的方式达到其旅次的目的。

2.1.6 态度

Christie(1990)与 Assum(1997)研究个人态度与交通事故的关联性，并且指出改变驾驶者的行车态度可提升交通安全。若政策推动能改变道路使用者的态度，将会减少事故的发生(例如：驾驶教育等)。过去对于态度的定义为个人对事件的看法，经由过去背景知识的融合做出事件评价的反应(Delamater & Myers,2007)。Ajzen 与 Fishbein(1980)则认为态度影响人的目标，也影响行为的产生。

2.1.7 环境

驾驶人行驶在道路上的行为，除了受个人心理因素影响、个人经历以及记忆影响外，尚受到交通道路环境的影响。个体从外在环境受到的刺激(如声音、颜色、道路几何等)，经过内在心理、生理历程处理，做出最终反应的表现。环境因子包括交通车流量、天气状况、白天或黑夜也影响驾驶行为之决策(Andrew,1991)。

Yagil (2000)认为道路使用者将受车流量大小影响自身的违规行为；车流量大时，行人倾向等待号志；车流量少时，行人倾向穿越号志系统；白天或黑暗也影响使用者产生违规行为；晚上因视线不佳，行人较会等待红绿灯、白天则较容易闯红灯。

2.1.8 违规行为

违规行为包括一般的停车违规、载重违规行为以及一般驾驶在运行中的违规行为。本研究拟探讨一般驾驶在运行中违规行为产生的原因，因此停车违规、载重等违规行为将不纳入本研究之讨论中。警政事务主管部门在探讨违规行为，将行进中的机车违规行为分为：骑车时接听手机、在禁止红灯右转的路口右转、在画有双黄线的车道进行回车、未依规定两段式左转、逆向行驶骑乘于标示"禁行机车"的车道上及不遵守道路标志等上述几项，但对于驾驶的违规行为并未有系统性的描述。

将交通违规行为发生的地点，分为路段、路口、特殊场所等三个构面。违规行为发生于路段的情况归纳如下：违规停车、任意变换车道、禁止回转处回车、随自己的意思而任意超车和逆向行驶；发生于交叉路口之驾驶违规行为如下：闯红灯、路口红灯左转或右转；此研究探讨的特殊场所为铁路平交道区，但本研究拟研究驾驶于道路运行中之行为心理，因此特殊场的违规行为将省略不看。

综合上述之研究，一般市区道路可以界定在路段与路口两部分；将路段上发生违规行为设定为超速、连续变换车道、机慢车行驶于外侧车道、未依规定超车、未依规定回车、逆向和接听手机；于路口发生违规行为可以设定为闯红灯、红灯左转、红灯右转和未两段式左转。

2.2 违规行为之交互影响

2.2.1 人格特质、低估危险与违规行为

Yagil(2000)的研究主要探索人格特质与事故发生率之间的关联性；研究结果显示，追求刺激的人格特质(刺激寻求、外向性、驾驶脾气、无规范感)的驾驶较会采取冒险的行动，其超速、违规的倾向越严重。Burgess(2000)指出人格元素并不直接影响个体去产生实际的行为，而是透过其他间接的效果进而产生个体的行为。Iversen & Rundmo(2002)在探讨交通安全上，认为首先人格因素会影响个人对风险认知的判别。

上述文献指出人格特质将会透过其他心理因素影响驾驶者的违规行为。许多研究则显示人格特质将会影响个人对风险的认知与个人的情绪；借由风险认知与情绪再影响个人的违规行为 (Mesken, 2005)。Jonah (1986) 提出"冒险行为是潜在的风险的代表"。因此，此研究使用冒险行为来定义驾驶者风险认知，也探讨驾驶的低估危险将影响事故的发生，研究结果显示低估危险将会影响违规行为。

2.2.2 人格特质与情绪

驾驶行驶于路上显出焦虑、生气或开心相关的情绪，皆与人格特质有相关性 (Mesken,2005)。Deffenbacher et al. (1994)使用驾驶脾气量表(Driving Anger Scale,DAS)做调查，结果显示驾驶脾气与人格潜在情绪特质相关。越有焦虑、生气等情绪特质的驾驶，越可能在行驶时容易产生不高兴、焦虑等情绪，驾驶脾气与高度刺激的寻求的人格特质有相关性(Iversen & Rundmo, 2002)；驾驶的人格特质呈现寻求

高度刺激，越常出现不开心的情绪(Tolor，1978)；驾驶焦虑的产生与驾驶本身拥有焦虑的特质具有相关性(Spielberger，1970)。

2.2.3 情绪与态度

Yagil (2000)认为心情好坏也会影响其态度，心情不好将带来驾驶者欲进行违规行为的意念，好心情将倾向实行于安全行为的意志，因此个人的情绪将会影响到驾驶人的态度。Matthews 和 Desmond (1995)探讨驾驶人情绪与态度间的关系时，发现驾驶者的负向情绪与驾驶者态度之间，呈现正相关。

2.2.4 情绪与低估危险

Mesken et al. (2007)提出驾驶情绪与驾驶认知危险之间的关系，研究指出一个具有焦虑特质的驾驶，具有低估危险的认知。并且负向情绪的驾驶，危险认知的变化性将大于常有正向情绪的驾驶(Johnson & Tversky,1983)。Lerner 与 Keltner(2001)描述具有生气与不快乐的情绪特质，驾驶的认知常会低估危险；而驾驶人格中具焦虑特质者，通常驾驶也会有低估危险的认知 (Deffenbacher et al. ,2003)。

2.2.5 学习经验与低估危险

Mesken et al.(2007) 调查汽车驾驶以往的道路经验与道路危险认知之间的关系。此研究实地观察驾驶人行驶于道路中的反应，并用量表测验驾驶者道路经验与危险认知强度，研究结果显示，汽车驾驶者的学习经验与汽车驾驶者的危险认知之间具有相关性。Elvik(1989)提出驾驶者对于危险的认知、开车技巧会影响行车安全。驾驶的危险认知与开车技能，可经由自身学习的经验、他人提供的经验而习得。此研究结果显示拥有辨认道路中危险情境能力的汽车驾驶者，相较于其他汽车驾驶者较少涉入交通意外事故。

2.2.6 环境与低估风险

Wang 与 Hensher(2002)说明交通环境对驾驶者在道路上危险认知的影响程度，使用叙述性偏好(Stated Preference)方法结合计算机模拟问卷，并以次序普洛比模式(Ordered Probit Model)建立圆环路口驾驶者道路危险认知模式。研究结果发现，复杂的交通环境、急促的驾驶者心理状态等是影响风险认知的显著变量。

2.2.7 人格特质、态度与违规行为

朱圣和(2008)利用线性结构方程模式探讨人格特质、工作态度、服务质量、工作绩效与顾客满意度之间的关系。研究结果显示人格特质对工作态度呈现正向影响；其中具有严谨自律性、和善性与经验开放性的人格特质的员工，其工作态度越佳。姚裕锜(2006)研究台中地区补习班员工的人格特质、工作态度与工作绩效的关联性，证实人格特质与工作态度呈正向关系，而态度影响着员工工作行为，使得公司有良好的绩效；研究结果与 Costa(1992)等研究之结论一致。

2.2.8 主观规范与违规行为

Ajzen(1985)认为个人之行为决策，并非完全在个人意志控制下所完成；个人的决策是由个人意志与他人对事件的看法所形成的。在其发展之计划行为理论探讨个人行为，认为影响行为的三大因素为：①主观规范的影响：意即社会文化、家庭对行为的评价；②态度：即个人对于采取行为的内在因素；③认知行为控制：即个人对于完成行为的容易程度评价。

2.2.9 群体表现与态度

行人在穿越道路的态度会受到其他行人的行为影响。Andrew (1996)发现越少行人的路口中，大多数的行人会在穿越马路时做确认的动作；倘若路口多数行人穿越马路，大多数的人会跟随其他行人穿越马路。这显示行人的群体表现影响行人决定是否穿越马路。Dannick(1973)归纳在过马路时，若有行人遵守规则，在场其他行人愈想要遵守交通规则，行人是否违规的态度也将有所转变。Yagil (2000)则认为，若群体违规或群体遵守规则会影响个人的态度；尤其是社会地位较高的人，其行为表现会影响大众的态度。此研究也发现身边带有孩童的成人，通常会有等待号志再过马路的倾向。这说明身旁的朋友、孩童，会影响到行人、驾驶者的驾驶态度。

2.2.10 环境与态度

环境刺激会导致行为强制(Behavior constraint)，“强制”所指的是环境中限制或干扰我们的事物。起先人们会丧失对情境的控制感(Stokols,1978)。当个体对环境的认知超出了自我的掌控时，将感受到环境压迫，产生经验不舒服的感觉；接着个体可能会尝试重建对环境的控制感，产生不同的反应与态度去适应外在环境(Brehm & Brehm，1981)。因此光线昏暗的地点行人会任意穿越马路或是走在街道上与

车辆同行，这将会导致交通事故的发生，影响道路交通安全。在雨天、车流量多的状况下，驾驶多会产生不耐烦的情形，而导致影响到驾驶本身违规与否的态度（赵延祥，2004）。因此从许多研究可发现，环境确实会限制个体的想法、态度，进而影响到个体行为的产生。

2.2.11 人格特质与学习经验

周希烱(2003)针对台湾私立大学院校学生进行学习经验、人格特质与学习满意间关系之研究；研究结果发现受测者的学习效能受到其人格特质的影响而有不同。Jones(1998)探讨能力、自我效能、个人目标对绩效的影响，结果发现学习会因不同的个人特质产生差异。陈硕琳(2003)在研究中发现目标导向、学习满意度与学习绩效间具有显著正向的关系。王秋华(2001)则在探讨网络教学之学生学习行为与学习满意度及学习成效的关系上，发现学习动机与学习绩效呈显著相关。因此，上述研究显示个人的特质与学习动机会影响学习绩效。

2.2.12 主观规范与学习经验

主观规范意指社会文化、家庭等道德规范对个人之影响。在认知发展论中，社会文化是影响个人认知发展的要素。而认知发展是在学习历程中所进行；因此改善社会文化亦间接改善学习经验，将有助于个体认知的发展。教育环境中潜移默化的功能，远大于知识传授的功能。因此社会、家庭等潜在环境，会影响个体的学习。Frymier 与 Shulman (1995)指出影响学习的因素为父母、学习环境、同侪和教师等种种因素。

2.3 小结

通领域中也提到人格特质会影响人的行为，如 Bina et al. (2006)研究交通风险认知，显示交通活动与人格、心理自主权实有密切的关联。Ajzen(1985)发展理性行为模式，此架构也被许多研究领域所采用。以上的违规行为的探讨多与认知、态度有所关系，实质上并无法深入了解驾驶人格以及外在周遭环境、同伴对违规行为所造成的影响。本研究目的在于探讨机车驾驶者违规行为出现之原因。机车驾驶者在道路上骑车可能经由环境的刺激，再配合驾驶者的内在人格、态度，进而产生违规行为。综合上述研究可得知，过去针对交通违规行为之研究，大多从单一面向探讨违规行为的形成原因。但回顾相关文献发现，违规行为的产生应有其脉络可循。

因此本研究加入人格特质、个人情绪特质与学习经验等观察，找出外在环境、内在心理因素与违规的行为之间的因果关联，发展出研究架构与假设并加以验证，如图 1 所示。

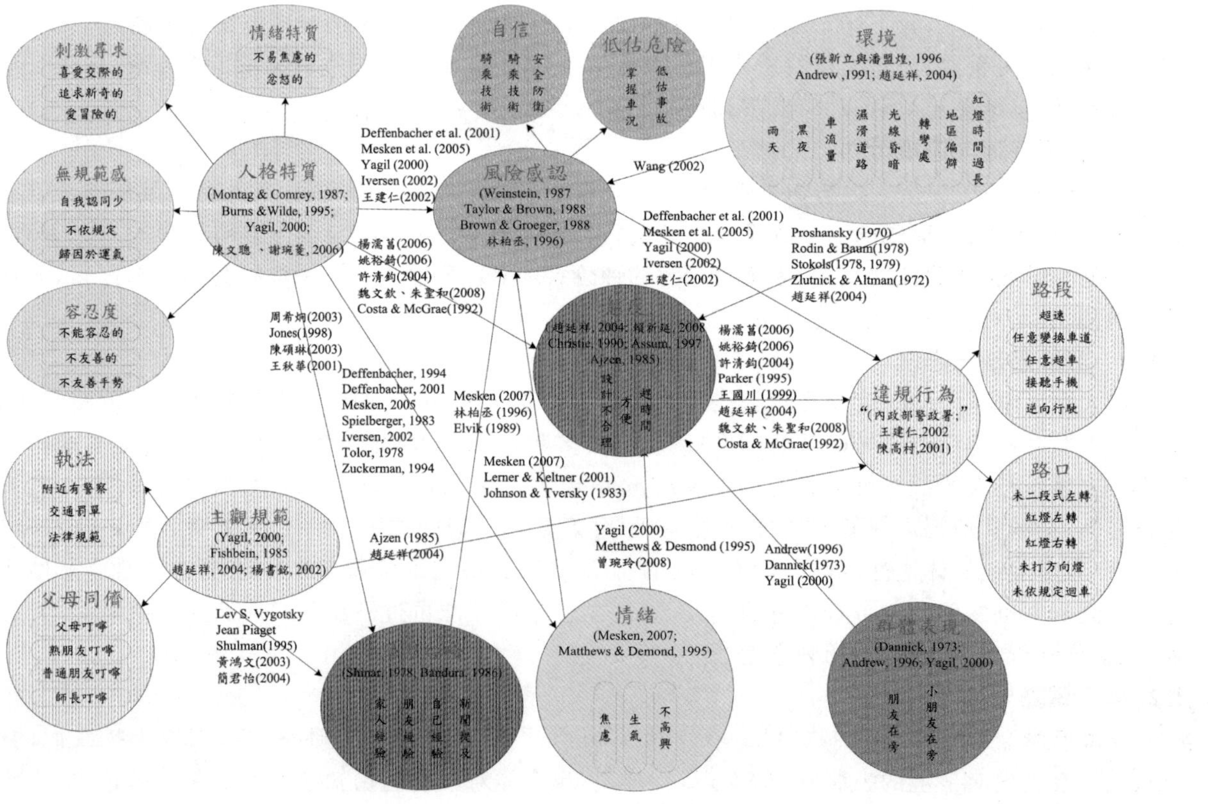

图 1 研究地图

3 研究方法

3.1 研究设计

本研究旨在探讨外在环境(主观规范、环境、群体表现和学习经验)、内在心理(人格特质、低估危险、态度和情绪)与机车驾驶者违规行为之因果关系。透过文献进一步以“态度”、“情绪”、“低估危险”作为中介变项,以了解违规行为与其他潜在构面的关联性。根据文献探讨,本研究于观念上建立图 2 之驾驶者违规行为研究架构,并以此基础作为实证研究的引导。

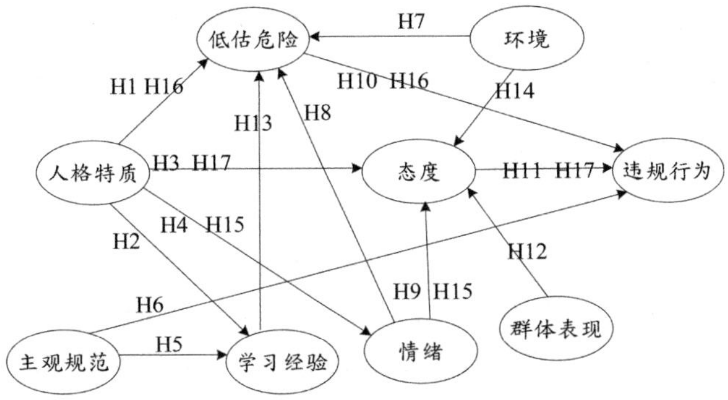

图 2 驾驶违规行为因素影响模式路径图

根据上述行为影响路径图,可以归纳出下列假设:

H1:“人格特质”对“低估危险”有正向的影响关系。

H2:“人格特质”对“学习经验”有正向的影响关系。

H3:“人格特质”对“态度”有正向的影响关系。

H4:“人格特质”对“情绪”有正向的影响关系。

H5:“主观规范”对“学习经验”有正向的影响关系。

H6:“主观规范”对“违规行为”有负向的影响关系。

H7:“环境”对“低估危险”有正向的影响关系。

H8:“环境”对“态度”有正向的影响关系。

H9:“情绪”对“低估危险”有正向的影响关系。

H10:“情绪”对“态度”有正向的影响关系。

H11:“低估危险”对“违规行为”有正向的影响关系。

H12:“态度”对“违规行为”有正向的影响关系。

H13:“群体表现”对“态度”有正向的影响关系。

H14:“学习经验”对“低估危险”有负向的影响关系。

中介影响:

H15:“人格特质”会透过“情绪”影响“态度”。

H16:“人格特质”会透过“低估危险”影响“违规行为”。

H17:“人格特质”会透过“态度”影响“违规行为”。

3.2 量表问卷设计

本研究参考过去相关研究之量表,使问项修改而符合本研究之需要。在低估危险部分主要针对开车者对于自己驾驶技术的认知,参考驾驶能力量表(Lajunen & Summala,1995)。归纳驾驶应有技能包括安全防卫能力(Safety-motive)与纯粹驾驶技术能力(Skill)两部分,并修改成为适合本研究调查之量表。

驾驶脾气(Driver anger)定义为驾驶在操作车辆时,会较多倾向生气的意图。Deffenbacher et al.(1994) 发展驾驶生气量表(Driver Anger Scale,DAS),用来探索情绪与人格特质间的关系。本研究修改过去国外针对汽车驾驶所做的情绪量表(Deffenbacher et al.,1994),参考国外相关文献建议发展单一构面。

人格特质量表参照 Zuckerman(1994)所发展的刺激寻求量表(Sensation Seeking Scale,SSS),同时以 Iverson & Rundmo (2002)观察人格特质量表作为基本问项的架构,并配合陈文聪与谢琬菱(2006)所提出人格特质分类加以修正，作为人格特质量表依据。共计有刺激寻求、无规范感、容忍度与情绪特质共四个构面。

学习经验则利用 Bandura(1986)所提及影响行为产生的重点，配合张惠君(2001)问卷的用语，调整成适合机车驾驶回答、针对机车驾驶过去学习经验之问项。共发展单一构面：自身经验、家人经验、朋友经验和新闻报导为观察变项。

主观规范参考 Ajzen & Fishbein (1980)所发展理性行为模式，认为主观规范会影响个人的行为产生。另外在赵延祥(2004)以理性行为模式来探讨行人违规行为，并发展研究所需之相关问卷。因此本研究使用前述文献与问卷来发展主观规范之问项，共计有父母同侪、警政执法两个潜在构面。

态度与驾驶违规行为之相关论述很多(赖祈延，2008)，修正过去相关文献之题项，建构符合机车驾驶违规行为使用之问项。

环境构面则以行人违规行为之相关因素为基础(赵延祥，2004)，其中探讨行人违规行为与环境关系。依此修改其问卷之语意，并调整成为适合机车驾驶者回答之问项。

群体表现定义为驾驶以外的人、车的动作，对驾驶行为所产生的影响。因此参考 Deffenbacher et al. (1994)与赵延祥(2004)发展之量表，加以修正后作为研究群体表现之依据。

违规行为参考王建仁(2002)设计的“骑机车冒险行为问卷”与警政事务主管部门关于“2007 年台湾地区甲种、乙种车辆主要肇事原因”的资料，撷取部分问项与驾驶行为，作为违规意向量表之依据。在违规行为中，包含“路段”与“路口”两个构面。

3.3 抽样设计

本研究以结构方程式(SEM)作为驾驶者违规行为因果关系之验证。在样本抽样数上，Anderson et al. (1988)建议样本数应 100～150 份；另外，Bentler & Chan(1987)则建议资料符合常态分布的状况下，每个观察变项至少需有五个以上的样本。因此本研究预计发放 300 份样本。抽样对象为设籍台北市之机车驾驶者，并以各分区母体比例为抽样基础(表 1)。

表 1　样本数分布表

行政区	母体数	应抽份数
松山区	63966	21
信义区	77424	26
大安区	83610	28
中山区	71929	24
中正区	50194	17
内湖区	92911	31
万华区	78655	26
文山区	92109	31
南港区	44417	15
大同区	49061	16
士林区	104956	35
北投区	95102	32
合计	904334	300

4　范例分析与讨论

4.1　样本分析

针对台北市十二个行政分区之机车驾驶者，进行分层随机之实地问卷调查。总计回收问卷共 300 份，经删除填答上遗漏、重复勾选的样本数，有效样本计为 281 份，占回收问卷的 93%。表 2 显示各行政分区应抽样本数与回收样本数，回收样本以北投区 48 份有效样本最多，士林区 33 份次之，南港区 8 份最少。

281 份有效样本中，各属性(性别、年龄、教育程度)分布如表 2 所示。男女受访者各为 60.21%和 39.79%；年龄分布上 18～20 岁占 8.45%、21～24 岁占 32.04%、25～29 岁占 36.62%、30～34 岁占 7.39%、35～39 岁占 9.15%、40～44 岁占 3.52%、45～49 岁占 0.7%、50 岁以上占 2.11%；多数受访者最高学历为大学 69.37%与研究所(含以上)29.23%为主，其次为高中(职)1.06%、初中(含以下)为 0.35%。

结构方程模式之最大概似法(Maximum Likelihood Method，ML)以及一般化最小平方法(Generalized Least Square Method,GLS)等估计方法受变项分配性质影响很大,如果变项分配分配的偏态绝对值大于 3,就被视为是极端偏态;峰度绝对值大于 10 被视为是有问题的,若大于 20 则可以视为是极端的峰度(Kline,1998)。从表 3 可看出偏态值绝对值介于 0.012 到 1.776 之间,峰度绝对值介于 0.056 到3.381 之间。故可推论各观察变项均符合多元常态分配。

由信度分析(表 3)结果可以得知,低估危险与态度构面 Cronbach's α 系数在 0.5～0.6 之间;人格特质经由改善后 Cronbach's α 系数为 0.62、样本群体 Cronbach's α 系数为 0.68;其余问项的校估值皆在 0.7以上,表示其他问卷为高信度。因此,本研究问卷之信度皆在合理范围以内。

表 2　　受访者样本之叙述统计表

项目		次数	百分比
性别	男	168	60.21%
	女	113	39.79%
	合计	281	100.00%
年龄	18～20 岁	24	8.45%
	21～24 岁	91	32.04%
	25～29 岁	103	36.62%
	30～34 岁	21	7.39%
	35～39 岁	26	9.15%
	40～44 岁	10	3.52%
	45～49 岁	2	0.70%
	50～55 岁	6	2.11%
教育程度	初中(含以下)	1	0.35%
	高中	3	1.06%
	大专	194	69.37%
	研究所(含以上)	83	29.23%

表 3　　潜在变量信度系数表

潜在变量		题数	Cronbach's α
违规行为	路段	3	0.707
	路口	3	
低估危险	3	0.506*	
主观规范	父母同侪	4	0.839
	执法	2	
情绪		3	0.91
态度		2	0.53*
人格特质	刺激寻求	2	0.62*
	无规范感	3	
	情绪特质	2	
学习经验	3	0.783	
样本群体	2	0.68*	
环境	6	0.875	

* 中信度问项

4.2 结果分析

4.2.1 模式配适度

模式的外在质量受潜在因素个数、样本数、问项之彼此独立程度等诸多因素影响,本研究建构 9 个构面,分析其因果路径影响关联,整体模式配适度指标见表 4,属于中度配适。

表 4　　整体模式配适度指标

	χ^2	df	χ^2/df	GFI	AGFI	RMR	RMSEA	NFI	CFI
建议值			<3	>0.90	>0.90	<0.05	0.05～0.08 不错	>0.90	>0.95
假设模式	1271.892	650	1.957	0.810	0.783	0.086	0.058	0.749	0.857

4.2.2 潜在变量的组合信度

模式的组合信度主要用于衡量潜在变项建构指标，潜在信度须大于0.5，信度高者表示指标间具高相关联存在，建构信度分析结果见表5，各构面之信度皆超过0.5，显示本研究在测量个别指标是一致的，同时本研究具良好的建构信度。

表5　　违规行为心理模式信度分析

构面	建构信度(ρ_c)	构面	建构信度(ρ_c)
违规行为(路段)	0.7	人格特质(刺激寻求)	0.69
违规行为(路口)	0.71	人格特质(无规范感)	0.63
低估危险	0.64	人格特质(容忍度)	0.58
主观规范(父母同侪)	0.94	学习经验	0.87
主观规范(执法)	0.83	群体表现	0.8
情绪	0.9	环境	0.89
态度	0.53		

4.2.3 效度分析

依据表6结果显示，构面下所有题项之t值介于4.461至21.928，数值皆高于1.96，显示所有观察题项皆足以反应其变项，表示违规行为、低估危险、主观规范、情绪、态度、人格特质、学习经验、群体表现和环境构面下，每一问卷题目之收敛效度皆良好。

表6　　违规行为心理模式分析

构面	参数	因素负荷量	标准误	t值	标准化参数
违规行为(路段)	λ11	1	—	—	0.537
	λ12	1.801	0.21	8.584***	0.739
	λ13	1.562	0.185	8.452***	0.679
违规行为(路口)	λ16	1	—	—	0.649
	λ17	0.805	0.103	7.786***	0.624
	λ18	1.149	0.143	8.038***	0.684
低估危险	λ23	1	—	—	0.636
	λ24	1	—	—	0.48
	λ25	1	—	—	0.604
主观规范(父母同侪)	λ31	0.939	0.047	20.140***	0.863
	λ32	0.918	0.048	19.226***	0.854
	λ33	0.903	0.043	21.230***	0.884
	λ34	1	—	—	0.889
主观规范(执法)	λ35	0.456	0.101	4.495***	0.572
	λ36	1	—	—	0.96
情绪	λ41	0.866	0.049	17.826***	0.808
	λ42	1	—	—	0.896
	λ43	1.01	0.046	21.928***	0.935
态度	λ51	0.812	0.12	6.771***	0.558
	λ52	1	—	—	0.545
人格特质(刺激寻求)	λ62	1.037	0.199	5.201***	0.688
	λ63	1	—	—	0.726
人格特质(无规范感)	λ64	0.477	0.107	4.461***	0.317
	λ65	1.299	0.234	5.548***	0.784
	λ66	1	—	—	0.622

续表

构面	参数	因素负荷量	标准误	t 值	标准化参数
人格特质（容忍度）	λ69	0.966	0.214	4.521***	0.555
	λ610	1	—	—	0.626
学习经验	λ71	1.194	0.11	10.812	0.878
	λ73	0.887	0.091	9.723	0.69
	λ74	1	—	—	0.691
群体表现	λ81	1	—	—	0.701
	λ82	1	—	—	0.743
环境	λ91	1.082	0.076	14.321***	0.807
	λ92	1.081	0.083	13.017***	0.741
	λ93	0.876	0.08	10.938***	0.647
	λ94	0.938	0.062	15.057***	0.807
	λ95	1	—	—	0.806
	λ96	0.87	0.083	10.515***	0.62

4.2.4 潜因构面影响分析

在检验测量模式假设部份，本研究所反映的潜在变项上的标准化因素负荷量介于 0. 48 至 0.96 之间。Bentler 与 Wu(1983)与 Jöreskog 与 Sörbom(1989)的建议，及测量模式中的因素负荷量最少必须在 0.45 以上，如此表示观察变项具有足够反应前在变项的效度。所有观测变量皆大于 0.45，因此本研究的测量模式假设检验可以获得支持。

路径分析验证结果显示，如表 7，“情绪→低估危险”、“学习经验→低估危险”，t 值小于 1.96 呈现不显著的状态，表示假设 H9 与 H14 假设不成立。其余路径系数之 t 值皆大于等于 1.96，意即 p-value<0.05，表示其于路径皆达显著性，见图 3。

表 7 路径分析表

假设	变项关系	关系	参数估计值	标准误	t 值	标准化参数估计值	实证结果
H1	人格特质 → 低估危险	+	0.727	0.224	3.243**	0.43	成立
H2	人格特质 → 学习经验	+	0.393	0.137	2.865**	0.24	成立
H3	人格特质 → 态度	+	0.941	0.232	4.061***	0.61	成立
H4	人格特质 → 情绪	+	1.172	0.299	3.917***	0.40	成立
H5	主观规范 → 学习经验	+	0.709	0.131	5.431***	0.70	成立
H6	主观规范 → 违规行为	+	0.168	0.060	2.806**	0.27	成立
H7	环境 → 低估危险	+	0.228	0.066	3.455***	0.27	成立
H8	环境 → 态度	+	0.358	0.073	4.933***	0.46	成立
H9	情绪 → 低估危险	+	0.022	0.052	0.424	0.04	不成立
H10	情绪 → 态度	+	0.160	0.052	3.082**	0.30	成立
H11	低估危险 → 违规行为	+	0.201	0.074	2.723**	0.35	成立
H12	态度 → 违规行为	+	0.452	0.089	5.072***	0.71	成立
H13	群体表现 → 态度	+	0.178	0.086	2.060*	0.17	成立
H14	学习经验 → 低估危险	−	−0.139	0.086	−1.606	−0.13	不成立

注：1. 研究假设中，“＋”表此路径具正向影响，“－”表此路径具负向影响。

2. * $p<.05$. ** $p<.01$. *** $p<.001$。

4.3 因果路径图效果分析

模式的外在质量受潜在因素个数、样本数、问项之彼此独立程度等诸多因素影响，构面间的直接效果(Direct Effects)、间接效果(Indirect Effects)、总效果(Total Effects)，可以知道外衍变项（人格特质、主

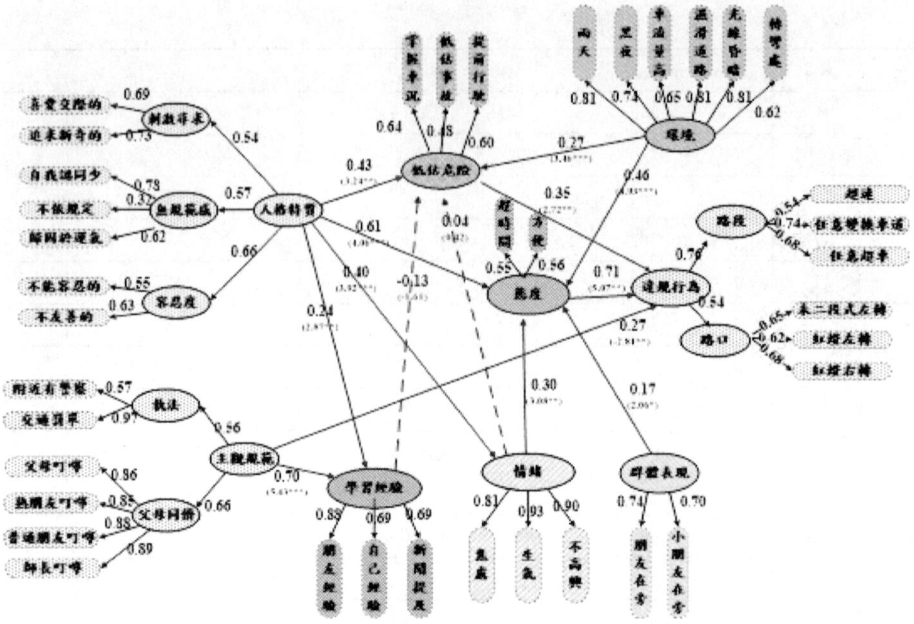

图 3　路径分析影响关联

观规范、群体表现和环境)对于内衍变项(低估危险、学习经验、态度、情绪和违规行为)的影响大小为何。效果分析主要可以看到,研究架构对各路径的效果影响大小。

4.3.1 “人格特质”对“违规行为”的效果

直接效果:无

间接效果 1:人格特质→态度→违规行为:0.61×0.71=0.4331

间接效果 2:人格特质→低估危险→违规行为:0.43×0.35=0.1505

间接效果 3:人格特质→学习经验→风险感认→违规行为:不显著

间接效果 4:人格特质→情绪→态度→违规行为:0.40×0.30×0.70=0.084

间接效果 5:人格特质→情绪→低估危险→违规行为:不显著

总影响:0.4331+0.1505+0.084=0.6676

4.3.2 “主观规范”对“违规行为”的效果

直接效果:0.27

间接效果:主观规范→学习经验→风险感认→违规行为:不显著

总影响:0.27

4.3.3 “群体表现”对“违规行为”的效果

直接效果:无

间接效果:群体表现→态度→违规行为:0.17×0.71=0.1207

总影响:0.1207

4.3.4 “环境”对“违规行为”的效果

直接效果:无

间接效果 1:环境→态度→违规行为:0.46×0.71=0.3266

间接效果 2:环境→低估危险→违规行为:0.27×0.35=0.0945

总影响:0.3266+0.0945=0.4211

经由效果分析后,可得知驾驶者的“态度”对“违规行为”的总效果最大(0.71),表示驾驶态度会直接影响驾驶者的违规行为产生。再者态度受人格特质所影响,其直接效果占 0.61,间接效果“人格特质→情绪→态度”其效果占 0.12,总效果为 0.73。

4.4 中介效果分析

通常在结构方程式的模型中,可能含有多个潜在变项;潜在变项可能作为模式的外衍变项亦或是内衍变项,有时还会扮演中介变项的角色。

Baron & Kenny (1986) 提出中介作用的检定需同时满足以下两阶段、三项条件，才得以证明其存在性。以自变项(A)、中介变项(B)、依变项(C)为例说明(表 8)，第一阶段：自变项对中介变项有显著的解释能力(达到统计检定上的显著水平)、中介变项对依变项有显著的解释能力；第二阶段：在第一阶段的条件成立下，自变项与依变项的显著性降低，而中介变项的效果提高。因此，统计操作上要验证中介效果是否存在，必须分析三条回归式：①A 对 B 有显著影响效果；②A 对 C 有显著影响效果；③以 C 为依变项，以 A 和 B 为自变项之多元回归模式中，A 对 C 的影响作用比第二条件中的作用还低，但是 B 变量仍是显著，则可证明 B 是 A 与 C 两变量间关系的中介变项。若在此多元回归式中，A 对 C 的影响效果为零，则 B 变量具有完全中介作用(Full mediation) ；若 A 对 C 的影响效果不为零且具显著性，则称为部分中介效果(Partial mediation)。

表 8　中介变项的定义

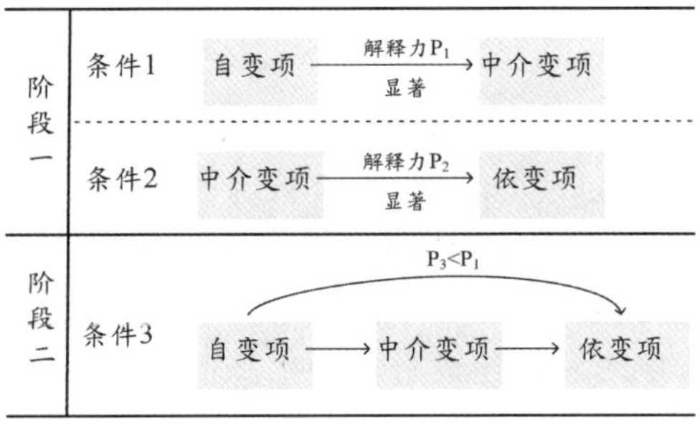

4.4.1 “情绪”变项的介入对“人格特质”与“态度”构面关系之影响

表 9 显示，人格特质三个构面解释情绪，整体回归效果达显著水平。此回归方程式中，人格特质为刺激寻求者对于情绪有显著影响，表示拥有刺激寻求特质的驾驶较容易有负向情绪。另外，由表 10 可知，模型一的“刺激寻求”与“容忍度”预测“态度”的效果显著。模型二的情绪构面，对于态度之预测效果也达显著。模型三显示，情绪对于态度的 β 值从 0.420 降低至 0.364；而人格特质各构面对态度的仍有显著影响。

借由中介效果的检定之条件，本研究比较模型一与模型三，其显示人格特质各构面对于态度之回归系数均下降，意指在情绪变项介入后，人格特质对于态度的预测力降低。依据 Baron & Kenny(1986) 观点，情绪对于人格特质与态度来说具部分中介效果。因此，本研究之假设(H15)“人格特质会透过情绪而影响态度”成立，亦即人格特质的刺激寻求、容忍度构面会透过情绪，进而影响态度的高低变化。

表 9　人格特质、情绪回归分析表

变项名称		依变项-情绪
自变项	刺激寻求	0.158**
	无规范感	0.094
	容忍度	0.082
F-value		5.354***

* $p<0.05$. ** $p<0.01$. *** $p<0.001$.

表 10　人格特质、情绪、态度阶层回归分析表

变项名称		依变项-态度		
		模型一	模型二	模型三
人格特质	刺激寻求	0.166**		0.108*
	无规范感	0.087		0.053
	容忍度	0.24**		0.21**
情绪			0.420**	0.364**
F-value		12.832**	59.857**	22.686**

* $p<0.05$. ** $p<0.01$. *** $p<0.001$.

4.4.2 “低估危险”介入对“人格特质”与违规行为之构面关系之影响

1）“路段”构面关系之影响

人格特质三个构面解释低估危险构面整体回归效果达显著水平。此回归方程式中，人格特质为刺激寻求者对于低估危险有显著影响，表示拥有刺激寻求特质的驾驶较容易有低估危险的认知，如表 11 与表 12 所示。

模型一的“刺激寻求”与“无规范感”预测路段违规行为的效果显著。模型二的低估危险构面，对于路段违规行为预测效果也达显著。模型三显示，低估危险对于路段违规行为的β值从 0.402 降低至 0.366；而人格特质构面对路段违规行为仍有显著影响。借由中介效果的检定之条件，本研究比较模型一与模型三可看出，人格特质各构面对于路段违规行为之回归系数均下降，显示低估危险介入后，人格特质对于路段违规行为的预测力降低。因此，人格特质构面会透过低估危险，进而影响对路段违规行为产生高低变化。

2）“路口”构面关系之影响

模型一的“无规范感”预测路口违规行为的效果显著。模型二的低估危险构面，对于路段违规行为预测效果也达显著。模型三显示，低估危险对于路口违规行为的β值从 0.192 降低至 0.171；而人格特质构面对路口违规行为仍有显著影响。本研究比较模型一与模型三可看出，人格特质各构面对于路口违规行为之回归系数均下降，显示在控制低估危险后对于路口违规行为的预测力降低。因此，人格特质的无规范感构面会透过低估危险，进而影响对路段违规行为产生高低变化。

依据上述分析结果显示，本研究之假设（H16）“人格特质会透过低估危险而影响违规行为”成立，亦即人格特质会透过低估危险的认知，进而影响的违规行为。

表 11　人格特质、低估危险回归分析表

变项名称		依变项-低估危险
自变项	刺激寻求	0.126*
	无规范感	0.015
	容忍度	0.11
F-value		3.329*

* $p<0.05$. ** $p<0.01$. *** $p<0.001$.

表 12　人格特质、低估危险、违规行为阶层回归分析表

变项名称		依变项			依变项		
		违规行为一路段			违规行为一路口		
		模型一	模型二	模型三	模型一	模型二	模型三
人格特质	刺激寻求	0.175**		0.129*	0.077		0.056
	无规范感	0.13**		0.125*	0.136**		0.134**
	容忍度	0.107		0.066	0.044		0.025
低估危险			0.402**	0.366**		0.192**	0.171**
F-value		8.114**	53.697**	18.313**	3.306*	10.653**	4.635**

* $p<0.05$. ** $p<0.01$. *** $p<0.001$.

4.4.3 “态度”变项的介入对“人格特质”与违规行为之构面关系之影响

1）“路段”构面关系之影响

人格特质三个构面解释态度构面整体回归效果达显著水平。此回归方程式中，人格特质为刺激寻求、容忍度低者对于态度有显著影响，表示拥有刺激寻求、容忍度低特质的驾驶者，驾驶态度上较倾向违规行为，见表 13 与表 14 所示。

模型一的“刺激寻求”与“无规范感”预测路段违规行为的效果显著。模型二的态度构面，对于路段违规行为预测效果也达显著。模型三显示，态度对于路段违规行为的β值从 0.412 降低至 0.364；而人格特质构面对路段违规行为仍有显著影响。态度介入后，人格特质对于路段违规行为的预测力降低。因此，人格特质的刺激寻求构面会透过态度，进而影响对路段违规行为产生高低变化。

2）“路口”构面关系之影响

模型一的“无规范感”预测路口违规行为的效果显著。模型二的态度构面，对于路口违规行为预测效果也达显著。模型三显示，态度对于路口违规行为的β值从0.254降低至0.228；而人格特质构面对路口违规行为仍有显著影响。态度对于人格特质与路口违规行为具有完全中介效果。因此，人格特质的无规范感构面会透过态度，进而影响对路口违规行为产生高低变化。

依据上述分析结果显示，本研究之假设（H17）“人格特质会透过态度而影响违规行为”成立，亦即人格特质会透过驾驶的态度，进而影响的机车驾驶的违规行为产生。

表 13　　人格特质、态度回归分析表

变项名称		依变项-态度
自变项	刺激寻求	0.166**
	无规范感	0.087
	容忍度	0.24***
F-value		12.832***

* $p<0.05$. ** $p<0.01$. *** $p<0.001$.

表 14　　人格特质、态度、违规行为阶层回归分析表

变项名称		依变项			依变项		
		违规行为-路段			违规行为-路口		
		模型一	模型二	模型三	模型一	模型二	模型三
人格特质	刺激寻求	0.175**		0.115*	0.077		0.04
	无规范感	0.13*		0.098	0.136*		0.116
	容忍度	0.107		0.019	0.044		−0.01
态度			0.412**	0.364**		0.254**	0.228**
F-value		8.114**	57.133**	16.920**	3.306*	19.219**	6.011**

* $p<0.05$. ** $p<0.01$. *** $p<0.001$.

5　结语

本研究探究机车驾驶者之违规行为形成之因素关系，经由文献发现驾驶者受外在环境刺激与个人内在特质所影响，透过认知危险与驾驶人态度，呈现机车驾驶各种违规行为，依研究模型，发展出机车驾驶违规行为因果影响关系17项假设，辅以信、效度检验，确认量表合理信与适当性。所建构的之因果逻辑架构，可对机车违规行为来源提供92%的解释能力。由验证结果得到下列几项结论：

（1）违规行为产生有中介变项之介入：

① 低估危险与态度影响到驾驶者违规行为成立，且达显著水平。并从直接效果来看，发现驾驶者的违规行为受驾驶者的态度影响极大。

② 过去探讨违规行为之研究，大多认为人格特质、外在环境会直接影响到驾驶违规行为的产生。本研究证实人格特质、外在环境会透过驾驶的认知或态度，而间接影响驾驶违规行为的产生。

③ 驾驶的人格特质影响驾驶者认知、驾驶者态度，再影响驾驶者之违规行为。

过去国内外研究，大多探讨单一因素对于违规因素的影响，未完整地指出违规影响的整体逻辑因果关系。本研究结果显示，外在环境、群体表现、内在人格特质和情绪将影响驾驶认知与驾驶的态度，再影响违规行为的产生。意指外在、内在刺激会经由驾驶者认知作用后，才决定是否产生违规行为。这样的结论说明，驾驶者并非盲目接受环境、人格特质的刺激，而是经由理性判断后，决定是否进行违规行为的决策。

（2）违规行为影响探索式之路径分析14项假设，其中由情绪→低估危险、学习经验→低估危险，此两项假设不成立；其余与各项单方向影响之研究结论相同。

参考文献

[1]　王秋华.网络教学之学生学习行为与学习满意度及学习绩效的关系[D].大叶大学，2001.

[2] 王建仁.台湾地区机车使用者风险感认与驾驶行为关联之研究[D].台湾交通大学,2002.

[3] 朱圣和.人格特质、工作态度、服务质量、工作绩效及顾客满意度关联性之实证研究——以台湾金融控股公司为例[D].大叶大学,2008.

[4] 周希炯.学习动机、人格特质与学习满意间关系之研究——以私立大学商管学程硕士在职专班为例[D].淡江大学 2003.

[5] 姚裕錡.人格特质、工作态度与工作绩效关联性之研究——以台中地区文理补习班员工为例[D].朝阳科技大学,2006.

[6] 陈硕琳.目标导向、学习满意度与学习绩效关系之研究——以空中大学高雄学习指导中心为例[D].台湾中山大学,2003.

[7] 杨书铭.休闲运动消费者行为之研究-台南市立羽球馆为例[D].台湾体育学院,2003.

[8] 赵延祥.应用计划行为理论探讨行人违规行为之研究[D].逢甲大学,2004.

[9] 赖祈延.影响台湾地区机车驾驶人违规闯红灯行为决策之因子研究[D].台湾交通大学,2008.

[10] Anderson, J. C. & Gerbing, D. W. Structural equation modeling in practice: A review and recommended two-step approach[J]. Psychological Bulletin, 1988,103:411-423.

[11] Andrew, H. W. Factors influencing pedestrians'cautiousness in crossing streets[J]. Journal of Social Psychology, 1991,131:367-372.

[12] Andrew, H. W. The safety of older pedestrians at signal-controlled crossings[J]. International Journal of Aging and Human Development, 1996,42:65-79.

[13] Assum, T. Attitudes and road accident risk[J]. Accident Analysis and Prevention, 1997,29(2):153-159.

[14] Ajzen, I. From intention to actions: A theory of planned behavior. In J. Kuhl & J. Beckmann (Eds), Action Control: From Cognition to Behavior. New York: Springer Verlag. 1985.

[15] Ajzen, I. , & Fishbein, M. Understanding attitudes and predicting behavior. Englewood Cliffs[R]. NJ: Prentice-Hall,1980.

[16] Bandura, A. Social Foundations of Thought and Action. Englewood Cliffs[R]. NJ: Prentice-Hall,1986.

[17] Baron, R. M. , & Kenny, D. A. The moderator-mediator variable distinction in social psychological research: conceptual, strategic, and statistical considerations[J]. Journal of Personality and Social Psychology, 1986,51(6), 1173-1182.

[18] Bentler, P. M. , & Chou, C. P. Practical issues in structural modeling[J]. Sociological Methods and Research, 1987,16, 78-117.

[19] Bentler, P. M. , & Wu, E. J. C. EQS: Windows user's guide. Los Angels: BMDP Statistical Software,1983.

[20] Bina, M. , Graziano, F. , & Bonino, S. Risky driving and lifestyles in adolescence[J]. Accident Analysis and Prevention, 2006,38(3), 472-481.

[21] Brehm, J. W. , & Brehm, S. S. Psychological reactance: A theory of freedom and control[M]. San Diego. CA: Academic Press,1981.

[22] Brown, I. D. , & Groeger, J. A. Risk perception and decision taking during the transition between novice and experienced driver states[J]. Ergonomics,1988,31: 585-597.

[23] Burgess, C. The wilful traffic offender profile and its implications for education and training[D]. Unpublished doctoral dissertation,University of Exeter, England,2000.

[24] Burns, C. P. , & Wilde, G. . J. S. Risk taking in male taxi drivers: relationships among personality, observational data and driver records[J]. Personality and Individual Differences, 1995,18(2), 267-278.

[25] Christie, N. The effectiveness of the 1988 police national motorway safety campaign. In Proceedings of the conference on Road Safety and Traffic Environment in Europe[C]. VTI, Link ping, Sweden,1990.

[26] Costa, P. T. , & McCrae, R. R. NEO PI-R. Professional manual[S]. Odessa, FL: Psychological Assessment Resources, Inc,1992.

[27] Dannick, L. I. Influence of an anonymous stranger on a routine decision to act or not to act: an experiment in conformity[J]. Sociological Quarterly, 1973,14:127-134.

[28] Deffenbacher, J. L. , Huff, M. E. , Lynch, R. S. , Oetting, E. R. , & Salvatore, N. F. Characteristics and treatment of high-anger drivers[J]. Journal of Counseling Psychology,2000, 47, 5-17.

[29] Deffenbacher, J. L. , Lynch, R. S. , Filetti, L. B. , Dahlen, E. R. , & Oetting, E. R. Anger, aggression, risky behaviour, and crash-related outcomes in three groups of drivers[J]. Behaviour Research and Therapy, 2003,41, 333-349.

[30] Deffenbacher, J. L. , Oetting, E. R. , & Lynch, R. S. Development of a driving anger scale[J]. Psychological Reports,1994, 74, 83-91.
[31] Delamater, J. D. , & Myers, D. J. Social Psychology (6th Ed.)[M]. Belmont, CA: Wadsworth,2007.
[32] Elvik, R. V. , & stvik, E. Trafiks kerhetsh ndbok[J]. Oslo: Transport konomisk nstitutt,1989.
[33] Frymier, A. B. , & Shulman, G. M. What's in it for me? : Increasing content relevance to enhance student's motivation[J]. Communication Education, 1995,44,:40-50.
[34] Iversen, H. , & Rundmo, T. Personality, risky driving and accident involvement among Norwegian drivers[J]. Personality and Individual Differences,2002, 33: 1251-1263.
[35] Johnson, E. J. , & Tversky, A. Affect, generalization and the perception of risk[J]. Journal of Personality and Social Psychology,1983, 45:20-31.
[36] Jonah, B. A. Accident risk and risk-taking behaviour among young drivers[J]. Accident Analysis and Prevention, 1986, 18:255-271.
[37] Jones, S. G. Cybersociety 2. 0: Revisiting Computer- Mediated Communication and Community[C]. CA: Sage,1998.
[38] Jöreskog, K. G. , & Sörbom, D. LISREL 7: A guide to the program and aoolications (2nd Ed.)[M]. Chicago, IL: Scientific Software International,1989.
[39] Kline, R. B. Principles and practice of structural equation modeling[M]. New York: Guilford Press,1998.
[40] Lajunen, T. , & Parker, D. Are aggressive people aggressive drivers? A study of the relationship between selfreported general aggressiveness, driver anger and aggressive driving[J]. Accident Analysis and Prevention, 2001,33 (2),:243-255.
[41] Lajunen, T. , & Summala, H. Driving experience, personality, and skill and safety-motive dimensions in drivers'self-assessments[J]. Personality and Individual Differences, 1995,19(3),:307-318.
[42] Lerner, J. S. , & Keltner, D. Fear, anger and risk[J]. Journal of Personality and Social Psychology, 2001,81,: 146-159.
[43] Matthews, G. , & Desmond, P. A. Stress as a factor in the design of in-car driving-enhancement systems[J]. Travail Humain, 1995,58,:109-129.
[44] Mesken, J. , Hagenzieker, M. P. , & Rothengatter, J. A. (2005). Effects of emotions on optimism bias and illusion of control in traffic. In G. Underwood (Ed.), Traffic and Transport Psychology. Amsterdam: Elsevier.
[45] Mesken, J. , Hagenzieker, M. P. , Rothengatter, T. , & Waard, D. Frequency, determinants, and consequences of different drivers'emotion: An on-the-road study using self-reports, (observed) behavior, and physiology[J]. Transportation Research Part F: Traffic Psychology and Behaviour, 2007,10,:458-475.
[46] Pervin, L. A. Pattern and organization: Current trends prospects for future. In K. H. Craik, R. Hogan & R. N. Wolfe (Eds.), Fifty Years of Personality Psychology. Hillsdale, NJ: Erlbuam,1993:1-17.
[47] Shinar, D. Psychology on the road: the Human Factor in Traffic Safety[M]. New York: John Wiley & Sons,1978.
[48] Spielberger, C. D. , Gorsuch, R. L. , & Lushene, R. E. STAI, manual for the state-trait anxiety inventory ("self-evaluation questionnaire")[M]. Palo Alto, CA: Consulting Psychologists Press,1970.
[49] Stokols, D. Environmental psychology[J]. Annual Review of Psychology, 1978,29,:253-295.
[50] Summala, H. Risk control not risk adjusment: The Zero-Risk Theory of driver behaviour and and it's implication [J]. Ergonomics, 1988,31(4),:491-506.
[51] Tillman, W. A. , & Hobbs, G. E. The accident-prone automobile driver: a study of the psychiatric and social background[J]. American Journal of Psychiatry, 1949,106, 321-331.
[52] Tolor, A. Personality correlates of the joy of life[J]. Journal of Clinical Psychology, 1978,34: 671-676.
[53] Wang, B. , & Hensher D. A. Safety in the road environment: A driver behavioural response perspective[J]. Transportation,2002, 29: 253-270.
[54] Yagil, D. Beliefs, motives and situational factors related to pedestrians'self-reported behavior at signal-controlled crossings[J]. Transportation Research Part F: Traffic Psychology and Behaviour, 2000,3,:1-13.
[55] Zuckerman, M. Behavioral expressions and biosocial bases of sensation seeking[M]. New York: Cambridge University Press. xico State University,1994.

大型工程交通维持计划之执行

——以台北市北门周边路型改善工程为例

The Traffic Maintenance Plan of Major Construction

— The Improvement Project of the Surrounding Road near the Bei-men Plaza of Taipei City

王家麟　王哲明

摘　要：为降低工程施工期间之交通冲击，施工单位须于施工前拟定施工期间交通维持计划，针对交通现况进行调查分析，并评估施工期间之交通冲击，进而研拟提出减轻交通冲击之因应改善对策。

以台北市北门周边路型改善工程为例，配合台北市西区门户计划与北门周边广场改造计划等台北车站特定区周边建设上位计划，进行忠孝西路1段～2段路型改善工程，将忠孝桥引桥拆除后之暂时路型调整为计划永久路型。因工程位置邻近忠孝桥，且为台北市往来新北市之重要干道，施工期间交通影响甚巨，故因应路型变动规划为4阶段之作业，针对4阶段影响内容规划交通维持方案，以降低整体工程之交通冲击。

关键词：大型工程；施工影响；交通维持

Abstract: In order to reduce the traffic affect during the construction period , the construction unit shall formulate the traffic maintenance plan before the construction. Investigate and analyze the current traffic situation and assess the traffic affect during the construction period, and then plan the measures to reduce the traffic impact.

Taking the improvement project of the surrounding road near the Bei-men Plaza of Taipei City as an example, we will carry out the project on the construction in the vicinity of the specific area of the Taipei station. After the demolition of the Zhongxiao bridge ,the temporary road adjust to the model for the permanent road from Zhongxiao West Road section 1 to Zhongxiao West Road section 2. Because of the project location near the Zhongxiao Bridge between the Taipei City and the New Taipei City. So the road changes in the planning for the four stages of operations, and planning the traffic maintenance program separately to reduce the traffic impact of the project.

Keywords: major construction; construction influence; traffic maintenance

1　引言

为降低台北市工程施工期间对交通造成之冲击，并维持交通安全及顺畅，台北市于2007年颁布《台北市工程施工期间交通维持作业办法》，规范道路施工交通维持作业事项。而施工期间（“道路工程”与“建筑工程”）所造成之交通影响主要来自两个层面，一为施工占用道路范围，致道路容量减少，使得道路交通产生壅塞与不便；另一则为施工车辆进出及所需作业空间等对道路交通产生影响，因而拟订交通维持计划之宗旨，即在降低因工程施工所造成之交通冲击。

1.1　台北市交通维持法令规范

依据台北市政府2014年修订之“台北市工程施工期间交通维持作业办法”，规范道路施工交通维持作业事项概述如下：

（1）立规目的：为降低台北市工程施工期间对交通造成之冲击，并维持交通安全及顺畅，特订定该办法。

（2）主管机关及权责划分：交通维持作业办法以台北市政府为主管机关，九个相关机关包含有相关权责，包含交通局、工务局新建工程处、各区公所、建筑管理处、警察局、环境保护局、交通管制工程处、停车管理工程处和公共运输处。

作者简介：王家麟，台北市交通安全促进会委员。
王哲明，台北市交通安全促进会委员。

（3）交通维持计划申请及门槛：规范申请审查交通维持计划之时间、提送交通维持计划之门槛值，以及免提送交通维持计划之例外规定。

（4）限期补正之效力：针对未符规定之交通维持计划，规定经限期补正仍未补正，不予受理之效力。

（5）动工前通知义务：规定施工申请人应于动工前通知交通局、警察机关及区公所等单位。

（6）未依限施工应重新提送报告：交通维持计划核定后未依限施工者，应研提交通环境差异报告，必要时得要求应修正原核定之交通维持计划，重新审议。

（7）特殊或紧急情形之应变规范：针对四类必须变更交通维持计划内容之特殊或紧急情形，规范各种申请程序及变更措施。

（8）复旧规定：工程施作完成后申请人应回复道路及相关设施，并经由会勘及申请程序办理结案。

（9）处罚及责任：订定未依规定施工可能违反之法规，如公路法、建筑法、市区道路条例、劳工安全卫生法、台北市道路挖掘管理自治条例、行政执行法及废弃物清理法等相关规定。

1.2　台北市北门周边路型改善工程

台北市北门周边路型改善工程主要系忠孝桥引桥拆除完工后，考量机场捷运线通车营运后，将陆续改变台北车站特定区周边交通需求特性；并配合台北市“西区门户计划”与”古迹台北府城门—北门周边广场改造计划”等台北车站特定区周边建设上位计划，台北市政府依据“西区门户计划”所规划之忠孝西路计划路型，针对忠孝西路 1 段～2 段平面道路路型暨道路相关附属设施进行改善工程，将忠孝桥引桥拆除后暂时性路型，依据都市计划变更后之计划道路永久路型配置进行平面道路及交通系统改善。

北门原为忠孝西路、中华路、塔城街、延平南路、博爱路及忠孝桥引桥包夹，忠孝桥引桥拆除后即重现部分北门意象。本工程北侧忠孝西路路型配合调整，变更部分交通广场用地为道路用地，及变更部分道路用地为广场用地，型塑完整北门广场意象。本项工程整体施工期程共计 6 个月，施工期间因涉及路型偏移及动线调整，且考量施工单位之施工能量及交通影响，故规划为 4 个施工阶段，以降低施工期间之交通冲击。

2　大型工程交通维持计划内容

为降低大型工程施工期间对交通造成之冲击，交通维持计划应包含下列内容：

2.1　工程内容概要

工程内容概要主要系就工程相关资料加以说明，包括：

（1）施工单位：包括起造人、监造人、承造人等地址及电话资料。

（2）工程名称：系指该项工程之名称。

（3）工程项目：工程项目、内容及配置。

（4）工程范围：工程范围及位置图。

（5）工程期限：工期、开工及完工日期。

2.2　周边道路交通现况评析

在拟订交通维持方案前，为期能充分掌握工程施工期间影响范围内道路车辆之运行限制，以及交通之冲击程度，首先应对交通运输系统之现况进行了解与评析。包含：

（1）道路系统与交通特性现况：包含道路系统现况调查、交通管制现况调查、车流特性分析及现况交通负荷分析。

（2）停车系统现况：就施工影响范围内之停车供需现况进行调查与分析，以了解于工程进行期间，实施停车管制之影响，并据以拟定因应措施。

（3）大众运输系统现况：就施工影响范围内之公交车与客运车路线、班车间距及站位设置地点等进行调查与说明，以了解工程进行期间，是否影响公交车停靠及站牌迁移之问题。

（4）行人系统现况：依据施工影响区域之行人设施系统进行实地勘查及分析说明，以了解工程进行期间对人行动线之影响，并据以拟定因应措施。

（5）相关重大建设计划及其他工程之影响：应搜集施工影响范围内或邻近地区之相关交通建设、改善计划，以及其他工程计划，并分析其对本工程之正反面影响。若有其他工程同时于影响范围内进行时，则应一并考量施工间之交互影响。

2.3 工程内容说明

基于工程进行及交通维持的基本考量，道路上施工经常会划分为若干区段分阶段施工，而因应各阶段施工范围及期程之不同，将产生不同之交通维持方案，故在交通维持计划内应对工程进行方式详加说明。包括：

(1) 施工方法及步骤：叙明施工之工法及工法应有之步骤。

(2) 施工阶段、时程及施工时间：叙明施工阶段划分方式、各施工阶段所需时程及施工之时间(如尖峰或离峰、日间或夜间、一般日或例假日)。

(3) 施工使用道路状况：叙明施工使用道路之长度、宽度等资料，如采分阶段施工，则应叙明各阶段所需之施工工期。

(4) 施工机具、材料、余土等进出方式及频率：叙明施工机具、材料、余土等进出之方式及频率。

2.4 交通维持方案

(1) 施工期间交通冲击分析：针对施工期间所造成之交通冲击，应做适度之预估与分析，并视需要利用运输规划及车流模拟软件进行量化之分析及交通维持方案绩效评估。

(2) 施工使用道路范围及车道配置计划：依施工顺序及区段划分，研拟各阶段施工路段车道配置计划，而车道数之规划安排，应以维持现有车道数为优先，而车道宽度应符合相关道路工程设计标准。

(3) 交通设施及动线影响情形：说明施工期间受影响之行车动线、标志标线号志及其他设施，如采分阶段施工，应依阶段别分别表示。

(4) 行人动线规划：针对施工影响区域之行人动线应加以考量及规划，并以通行安全及动线连贯为原则。

(5) 交通管制配合措施：说明配合各施工阶段之车道配置的变化，而实施之单行道布设、号志时制调整、标志标线调整、槽化设施及停车管制等交通管制配合措施，并辅以平面图表示。

(6) 大众运输配合措施(路线、站牌迁移、候车区处理)。

(7) 交通冲击减轻方案：说明因应施工交通冲击所规划之交通冲击减轻方案如交通量减少计划、大规模改道计划、车流疏导计划或其他交通冲击减轻方案。

(8) 施工交通安全措施：施工期间除依规定架设各项围篱、交通锥、活动式纽泽西护栏或型钢护栏外，并须装设夜间警示灯。

(9) 施工机具、材料及废弃土等进出规划：依据施工需要，概述主要施工机具及材料，推估其材料运送之进出车种、车次与时程，以及各施工项目之挖、填方总土方量、每日土方与卡车车次，并说明作业时间及出入动线，其进出动线及时间应尽量避免行驶主要干道及避开尖峰时段。

(10) 紧急应变计划：包含紧急应变之组织架构、处理程序及各单位之联络方式。

2.5 交通维持方案倡导计划

(1) 倡导管道：说明施工交通维持倡导之管道，如施工改道标志、新闻媒体、电台、网络、户外广告、倡导刊物及期刊报导等。

(2) 倡导内容：说明施工期间交通维持之倡导目标、构想及实际内容(如新闻稿、折页及海报内容等)。

(3) 倡导期程：说明各项倡导管道及内容之倡导时程。

2.6 设施复旧计划

(1) 交通管制设施复旧计划：说明工程完工后标志标线号志等交通管制设施之复旧计划。

(2) 停车格位复旧计划：说明工程完工后停车格位之复旧计划(含复旧确认方式)。

(3) 大众运输设施复旧计划：说明工程完工后大众运输设施之复旧计划(含复旧确认方式)。

2.7 须政府或相关单位协助事项

列表说明交通维持计划各措施之主办单位、协助单位或指导单位等。

2.8 附录

(1) 历次审查纪录：检附历次书面审查或审查会议之日期、文号及纪录。

(2) 历次协调会(勘)议纪录：检附历次协调会议或会勘之书面纪录。

(3) 施工地点外围道路及交通现况照片：检附施工地点外围道路之高解析彩色照片(可明显判别路型、标线颜色，并标注拍摄方向及施工区域)。

3 台北市北门周边路型改善工程交通维持计划

北门位于交通要道之上，为地区交通的重要枢纽，往城外，延平北路（昔北门外街）为通往大稻埕的主要街道，重要仪典及官员亦多经接官亭及北门进城；往城内，原城门街为博爱路，其南端与衡阳路、延平南路相接，清代以来出西门为通往艋舺的主要街道，出小南门可通板桥；东西向则为拆除城墙后的三线道（今忠孝西路），后来成为台北市的最重要的东西向道路。

为重塑北门形象，北门周边路型改善工程施工重点为计划路形路权范围内暨有地上物拆迁（建筑物及路口槽化绿岛）、路基改良及路面 AC 铺筑、路侧排水沟构筑、实体中央分隔岛新筑或拆迁和照明及号志设施等其他交通设施等项目，将原本北门周边汇集 6 条不同名称道路之 8 方向车流，特过本工程予以简化路口动线。工程前后动线图如图 1、图 2 所示。

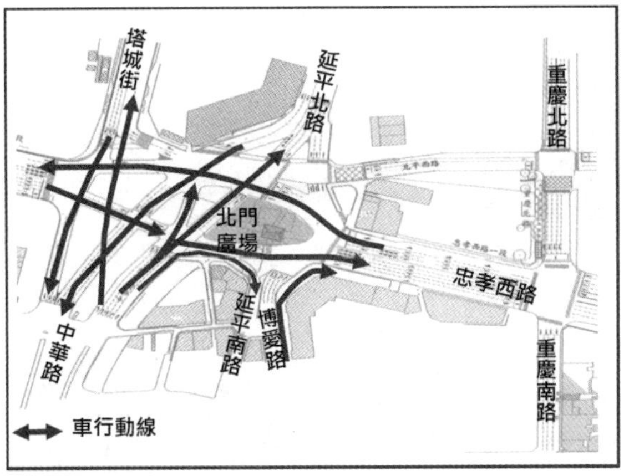

图 1 施工前交通动线图

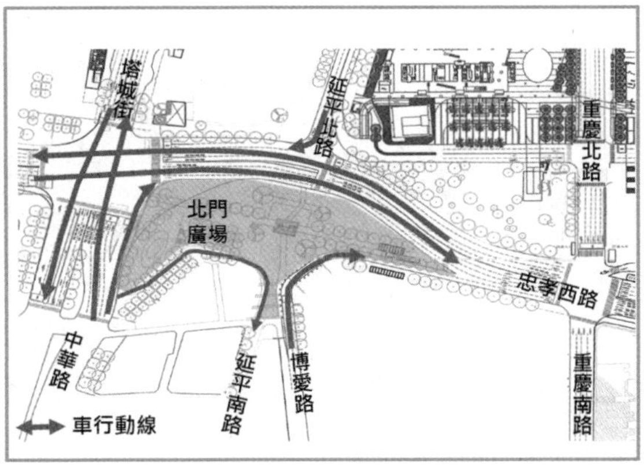

图 2 完工后交通动线图

3.1 施工期间交通维持方案

为降低施工期间之交通冲击，亦考量施工厂商可行之施工能量，本工程规划为 4 阶段作业，并利用夜间或假日期间进行阶段转换，兹将各阶段交通维持内容及配合措施说明如下：

（1）第一阶段施工：将路权范围内进行地上物拆迁及路口既有槽化岛打除，并进行原槽化岛范围内路基改良；施工期间既有槽化岛以型钢护栏围设工区，占用约 0.5 米车道空间，并将车道重新配置，以维持既有车道数（图 3）。

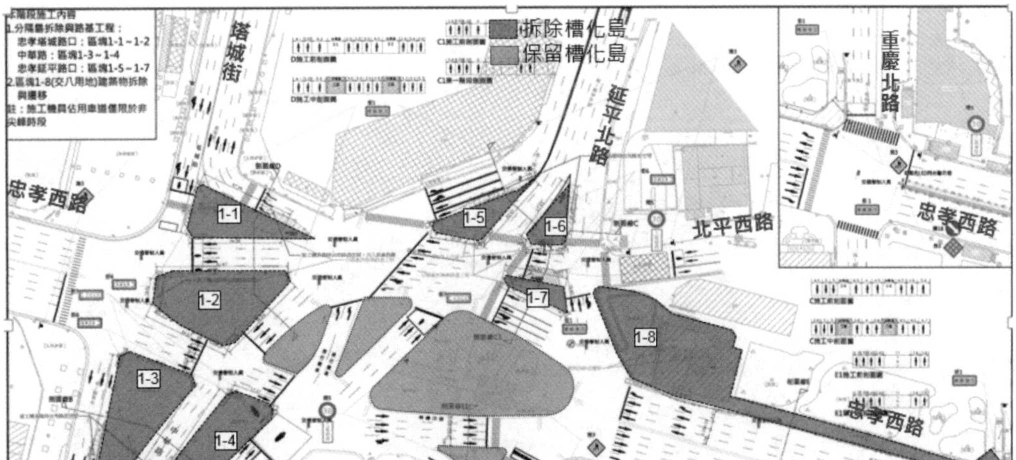

图 3 第一阶段施工交维配置图

(2) 第二阶段施工：主要进行北侧铁道园区路形新设，并依据永久路形施作新的槽化岛，中华路车道走向亦由原先偏向东北方改为正北方衔接塔城街，车道数南北双向维持至少 6 车道。另配合铁道园区路形，北平西路衔接忠孝西路亦由此阶段起进行管制(图 4)。

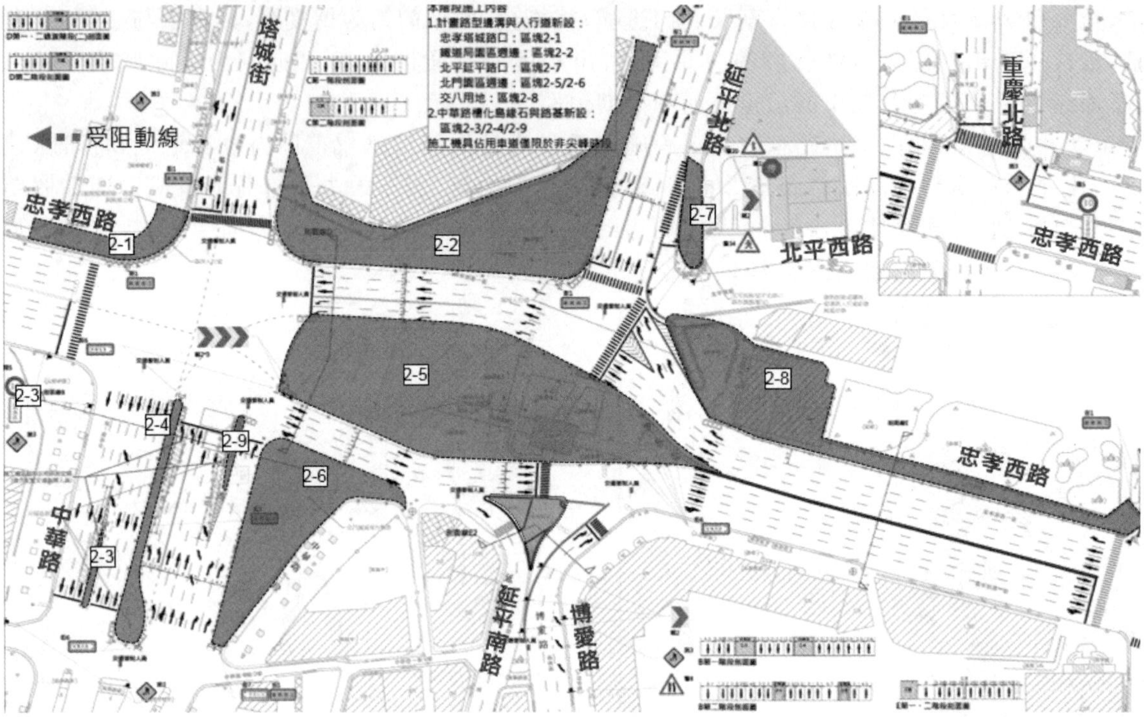

图 4 第二阶段施工交维配置图

(3) 第三阶段施工：忠孝西路 1 段(塔城街—重庆北路)北侧东往西车道调整至永久路形位置，南侧则开始施作永久路形西往东车道，并进行北门邮局—重庆南路间之分隔岛施作，车道数维持既有车道数(图 5)。

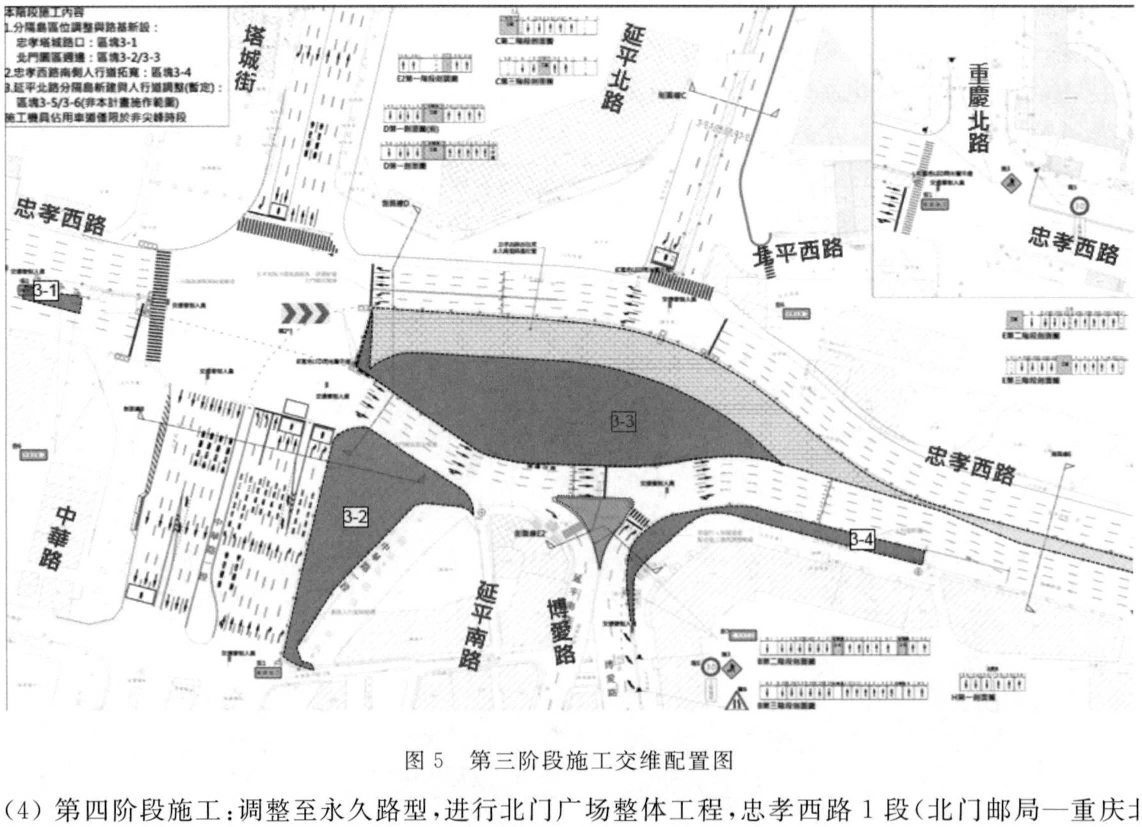

图 5 第三阶段施工交维配置图

(4) 第四阶段施工：调整至永久路型，进行北门广场整体工程，忠孝西路 1 段(北门邮局—重庆北路)南侧西往东人行道拓宽，东西向维持 5 线车道(图 6)。

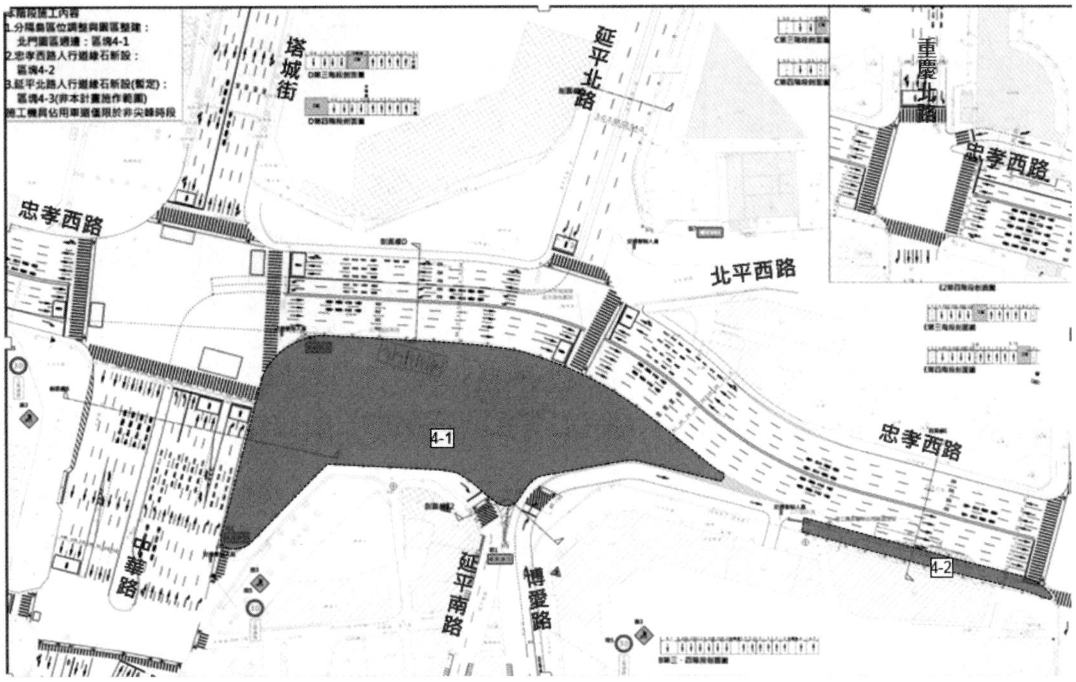

图 6　第四阶段施工交维配置图

3.2　交通维持重要配合作为

3.2.1　大范围疏导计划

忠孝西路为衔接忠孝桥往来新北市之重要干道，且邻近台北车站特定区，交通负荷极大，且施工期间配合工程进度及阶段转换，行车动线将逐步改变，虽施工期间车道数维持现况既有车道数，但工区各子阶段施作时，部分路口将受影响无法通行，因此规划大范围改道动线，疏导车流避开施工区域，以减轻工区之交通负荷。

3.2.2　大众运输配合计划

因应路形调整，将有 3 条交通动线无法通行，加上完工后由中华路转入延平南路车道空间缩减，大型公交车恐无法通行，在正式之市区公交车路线审议程序完成之前，则必须规划施工期间至审议完成之临时改道动线(图 7～图 9)。

永久路形调整对于公交车站位及行驶动线影响主要包含下列 4 条动线，说明如下：

(1) 中华路南往北直通延平北路：调整为直通塔城街，并于"捷运北门站"设站，之后右转郑州路，再左转延平北路衔接原动线。

(2) 博爱路南往北直通延平北路：改为左转开封街，并于现有"台北邮局(抚台街洋楼)站"设站停靠，之后右转中华路—塔城街(于"捷运北门站"设站)—郑州路，再左转延平北路或续行市民大道衔接原动线。

(3) 北平西路东往西直通中华路、塔城街：此路线由重庆北路北往南右转北平西路，调整为续行至忠孝西路口后右转忠孝西路作为替代。

(4) 中华路南往北右转延平南路：由于永久路形由中华路衔接延平南路车道仅有 4.5 米宽，考量不利公交车行进，故调整为右转忠孝西路—重庆南路—开封街衔接原动线。

3.2.3　行人动线改道计划

因应槽化岛打除重建及路型调整期间，既有人行动线受阻碍时，借用车道围设临时人行道，提供行人连贯性之通行动线。而忠孝西路(延平北路至重庆南路)北侧人行道，因建物拆迁与路型调整因素，无法于忠孝西路设置临时人行通道，故将行人导引至北平西路，并于忠孝西路/重庆南路口提早公告及引导改道，减少行人之绕行。

另配合北门广场再造，原穿越北门下方之行人动线，因该动线若取消，穿越忠孝西路之南北向动线仅能利用忠孝西路/塔城街口及忠孝西路/重庆南路口进行改道，将造成穿越忠孝西路之行人长距离绕行，因为利用广场内之空间，调整施工位置及顺序，留设通道供行人穿越，减少行人绕行距离。

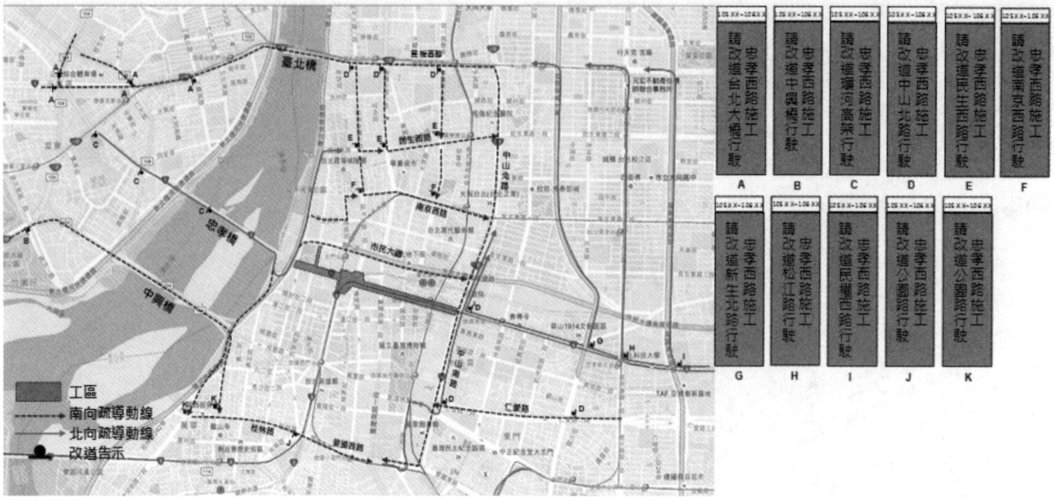

图 7 大范围疏导动线图

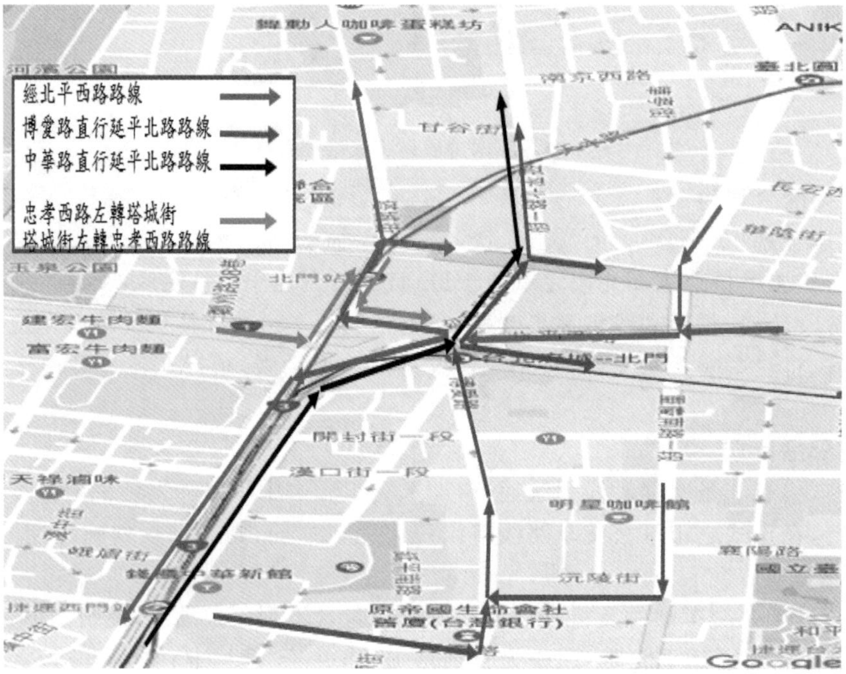

图 8 工区周边施工前公交车动线图

3.2.4 倡导措施

完善之倡导计划可有效将施工地点、日程、交通影响及建议改道方式等信息，充分、持续且密集地传达予道路使用者，以降低施工期间之交通负荷。

本工程因影响范围大，扩及双北地区用路人，故采取有效且强烈之倡导措施，包含电台委托广播、报纸新闻稿发布、户外大型广告牌、手机 APP、重要路口人工举牌、网络、有线电视跑马灯、CMS 倡导、预告牌面、定点手机简讯和倡导折页等(图 10)。

4 结语

完善之交通维持计划可有效降低大型工程施工期间之交通冲击，维持施工期间之行车安全，目前各县市政府业依据地区交通特性订定提送交通维持计划之相关法规及交通维持计划应涵盖内容等规定，让施工单位依循办理。

大型工程施工期间，因预期交通冲击较大，相关干扰层面及交通影响较为复杂，若仅依循相关交维法规规定办理交维计划审查，恐造成协调期程不足，或计划书内容未臻细致，实际执行时仍有所不足；而于执行阶段期间，因道路交通瞬息万变，并受到其他无法预期之干扰因素，实际操作阶段恐仍与交维计划有

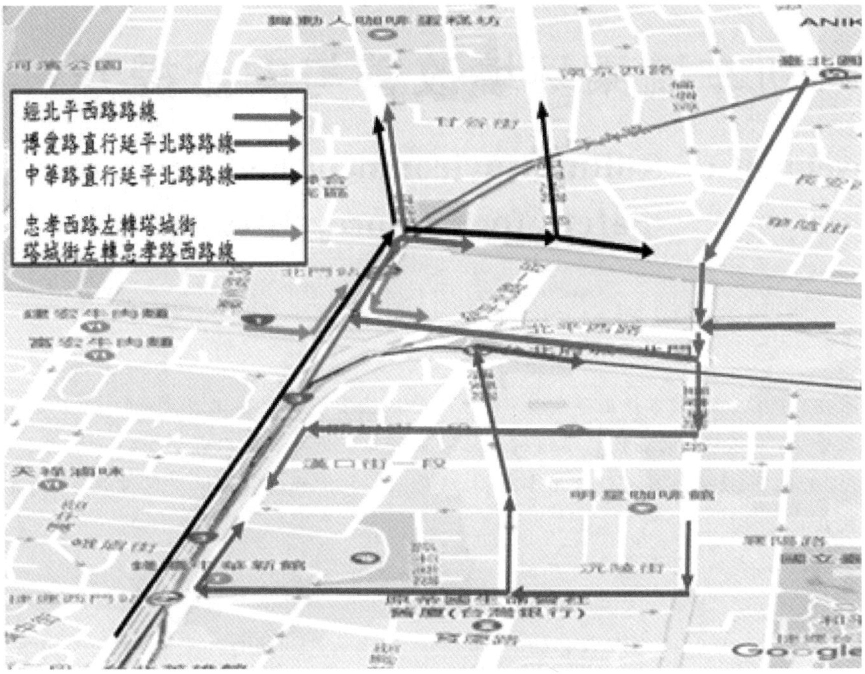

图 9　施工期间公交车调整动线图

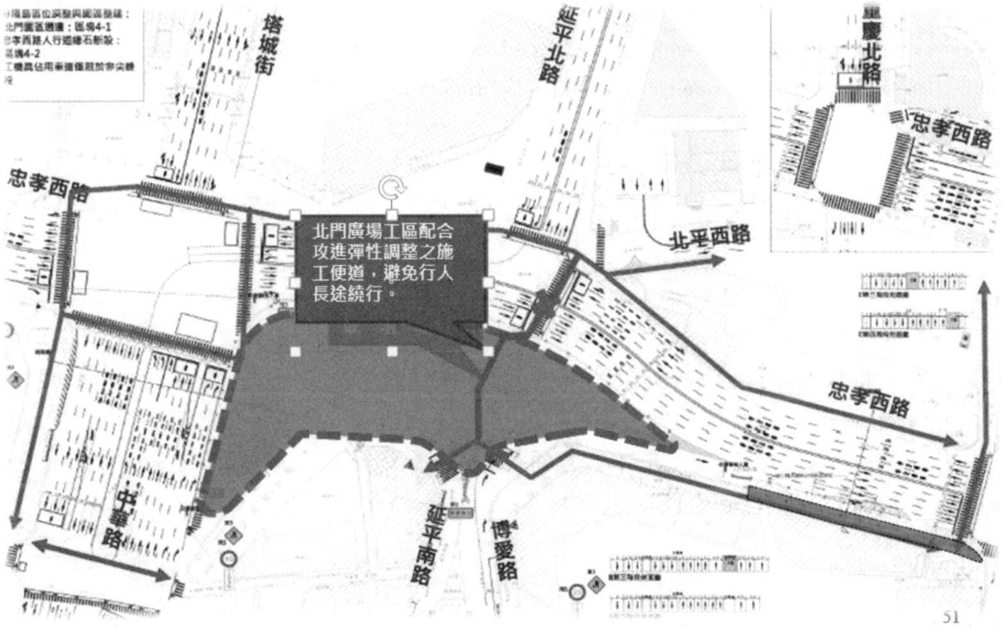

图 10　穿越北门行人动线示意图

所落差，故大型工程交通维持计划建议应提前提送审议，并于审议前即进行相关单位之工作协调，执行阶段并视车流状况实时应变调整，必要时成立项目小组或应变中心，以滚动式管控机制调整应变作为，以减低施工期间之交通影响。

参考文献

[1]　林良泰，等. 重大工程施工期间交通维持计划作业规范[C]. 逢甲大学交通工程与管理学系，1995.

[2]　黄丽燕. 道路施工交通维持计划提送门槛之研究——以高雄县为例[D]. 台湾大学，2006.

[3]　台北市政府工务局新建工程处委托恒康工程顾问股份有限公司. 中正忠孝西路北门周边路型改善工程交通维持计划[R]. 台北市政府工务局新建工程处.

[4]　黄台生，等. 重大工程交通维持方案设施标准之研究[R]. 台北市政府工务局.

机车骑乘环境改善与安全提升

Improvement of Riding Environment and Upgrade of Road Safety for Motorcyclists

钟鸣时　叶耀墩　谢东成　柯吟萱

摘　要:机车有机动性强、可及性高、成本低廉等特性,为台湾地区主要使用交通工具之一。过去交通设施规划主要以汽车为主,针对机车采取管制,但部分作为易使机车通行面临潜在威胁。为提供使用者安全、合理、友善的骑乘环境,透过交通工程改善包含车道重新配置、设置机车左转专用车道、标线改绘高抗滑和增设路侧交通设施等,改善机车通行环境与提升行驶安全,并探讨民众接受度。
关键词:左转专用车道;高抗滑标线;车道调整

Abstract: Characteristics of motorcycles include great mobility , high accessibility and low cost , thus becoming one of the mainly-used transportations in Taiwan . In the past , the government paid more attention on motor vehicles when it comes to transportation facility planning. However, some of the actions can cause potential threat to motorcyclists. In order to provide motorcyclists for a safer , more rational and more friendly riding environment , the government adopts traffic engineering to improve riding environment as well as upgrade road safety for motorcyclists. (e. g. lanes redistribution , left turn only lanes , high-friction marking , roadside transportation facilities.) Meanwhile , the government also probes into the acceptance of citizens.
Keywords: left turn lane only; high-friction marking; lanes redistribution

1　引言

新北市机车数量高达 218 万辆,市民每日外出旅次有超过 4 成使用机车,是最主要的交通工具。但机车族常面临停车空间有限、行车环境安全待提升及行车信息不足等问题,新北市交通局除发展公共运输外,针对机车行驶最大威胁的路侧违停及公交车、出租车停靠,以及左转待转空间不足与雨天标线会打滑的情形也相当重视。在 2016 年开始进行车道调整、左转专用车道及改采高抗滑标线等措施,期能保障机车使用者友善、合理、安全的行驶空间。

2　机车常见问题

2.1　停车空间有限

2.1.1　机车可随骑随停很方便

机车与汽车不同,因车身短窄、体积小、成本低,且具有随骑随停特性,需要临时停靠上下货、接送或购物时,只需就近寻找机车停车位停放;同时机车亦有寻找停车位时间较短、不易影响后方车辆通行、巷弄间穿梭移动较容易等优点。但相对也因机车数量较多,道路路侧空间有限,机车停车需求高,部分驾驶人贪图方便选择违规停车,在巷道或车站等高需求地区周边,容易形成停车秩序混乱情形。

2.1.2　捷运站周边空间不足

新北市辖内有多条捷运,通勤族骑乘机车转乘捷运是很普遍,大部分的人会先停放于路边停车位或路外停车场,再搭乘捷运。但实际上现况停车空间无法容纳实际转乘需求,晚到的转而停放于周边巷弄

作者简介:钟鸣时,台北市交通安全促进会理事。
叶耀墩,台北市交通安全促进会委员。
谢东成,台北市交通安全促进会委员。
柯吟萱,台北市交通安全促进会委员。

内，导致邻近捷运站多数巷道有机车乱停或违规停放情形(图 1、图 2)，杂乱的停车秩序除影响市容景观外，可能会造成道路无法供车辆通行，影响行人通行安全。

图 1　机车违停红线

图 2　停车秩序混乱

2.2　行车环境安全待提升

2.2.1　待转空间不足，影响转向通行

机车行经实施机慢车两段左转路口时，须依规定进行两段式左转，驶入路侧或横交道路之待转区，再等候号志分派路权。但常面临待转区无法容纳待转车辆，且停等时容易影响右转车辆通行，因单一行进方向受阻，造成后方车辆回堵壅塞，致整体车流纾解效率不佳(图 3)。

2.2.2　车道配置以汽车为主，压缩机车行驶空间

过去道路规划设计或车道配置多以汽车通行优先考量配置汽车道，再依剩余路宽配置慢车道或机慢车优先道，而机车族依道安规则规定行驶于外 2 车道，由于公交车停靠、右转车流或路边停车压缩机车行驶空间，造成机车需钻过其他车辆，或违规行驶于禁行机车道(图 4)。

图 3　停等车辆影响通行

图 4　压缩机车行驶空间

2.2.3　标线、标字雨天易滑

机车骑士雨天骑经行穿线或网状线等标线时，因标线过滑导致打滑摔车，部分造成后方车辆不及应变，伤亡情形案例屡见不鲜。交通事务主管部门规定标线抗滑系数为 45BPN，所以道路标线具有一定程度抗滑性，但新北市机车数量高，且是多数市民最主要交通工具，再加上机车须随时保持平衡，所以提升标线抗滑性显得特别重要。

2.3　行车信息不足

2.3.1　路况信息无接收管道

汽车族得知第一手路况，经常是通过广播、高快速道路或市区道路信息可变标志等设施，掌握实时路况随时改行替代道路，以避开道路壅塞路段；但机车族除了出发前自行查看路况外，在行驶的过程中没有其他可接获实时路况管道，倘若遇到事故或交通阻塞时，需临近事发现场或接近车队尾端时，才能接获信息，易造成旅行时间增加或需绕行距离变长等。

2.3.2　以文字说明肇事形态，不易阅读理解

道路经常可见易肇事路口/路段、车辆请勿并排等以文字说明肇事形态标志(图 5、图 6)，由于阅读文字所需时间较长，经大脑反应理解后再做出对应作为因应时，多已经超过需特别注意的路段，因为不能实时反应，改善特定类型事故效果将不如预期。

图 5　易肇事路段

图 6　车辆请勿并行

3　改善策略

3.1　增加停车空间

新市区内大厦多数配置地下停车空间，民众无较高停车需求，而旧市区内因早期开发并无规划设置，民众多停放于路侧或路外停车场，惟仍经常接获民众反映停车位不足。为打造有序、方便的停车环境，新北市积极改善车辆停放空间，交通局透过路肩增设机车位、调整红线为机车位或调整汽车位为机车位、红线开放夜间时段性停车等方式，解决机车停车空间难寻问题。另外针对机车转乘捷运族群，更推动新北市捷运站周边路洁计划，改善捷运站周边停车空间不足、行人通行不便及机车停放混杂乱等情形，有效整顿邻近捷运站巷道秩序，提供人车安全通行空间。

3.2　改善行车环境

为打造优质交通环境，提供机车友善、合理、安全的行驶空间，新北市多年来推动各项机车好行措施，由于机车数众多，因其机动性高，短期内其他运具无法取代，且机车族较关心的机车停车与骑乘环境改善；交通局透过设置左转专用车道、机车与货车分流、重新配置车道、2 车道开放机车行驶及提高标线抗滑等方式，有效减少路口交织冲突，规范汽机车行驶车道，提供路段车道共享，避免机车受路侧临停车辆干扰，并增加标线原有抗滑程度，使得经过时较不易打滑，不管是路口、路段或是路面，尽力改善机车族行车安全。

3.3　提供行车信息

用路人出发前可透过电视新闻、跑马灯、网络或 Google 地图取得路况信息，行驶中利用广播、高快速道路或市区道路 CMS 等设施，掌握实时路况与事故信息，考量现况 CMS 多提供汽车使用，且设置于快速道路或路中设施带，位于外侧车道机慢车较不易辨识。为让机车也能掌握道路实时壅塞与事故信息，透过设置缩小型 CMS，提醒注意提早因应规划。另外由于新北市相当重视行车安全，自 2016 年起针对易肇事桥梁，已透过各种交通工程方式进行改善，惟部分桥梁机车道却仍经常发生特定碰撞类型事故，为有效降低人车伤害发生及减少阅读标志反应时间，特别以创新图形取代传统文字，加强提醒注意与应变。

4　改善成果

4.1　停车空间

4.1.1　调整路边红黄线、汽车格为机车格

为顾及机车停车需求及维持停放秩序，交通局近年来已逐年改善机车停车空间(表 1)，透过于路肩增设机车位、调整红线为机车位或调整汽车位为机车位等方式(表 2)，持续检讨路侧标线。至于汽车停车多数以路外停车场为主，倘若路边仍有强烈机车停放需求，将择适当位置调整为机车停车位，2016 年已涂销 568 格路边汽车位调整为机车位，新增 3368 格供民众停放使用。

表 1　　新北市 2011 年至 2016 年新北市路边停车位统计

年度	机车停车位	较前一年停车位数变动	年度	机车停车位	较前一年停车位数变动
2011	166001	—	2014	207068	+16025
2012	179112	+13111	2015	222300	+15232
2013	191043	+11931	2016	236852	+14552

注：除建物附设机车位及路外停车场外

表 2 调整路边红黄线、汽车格为机车格空间改善状况

改善方式	改善前	改善后
增绘机车停车位		
红线调整为机车停车位		
汽车停车位调整为机车停车位		

4.1.2 捷运站周边机车位增绘与整顿

新北市民意调查第 2 次调查报告显示，汽机车通勤族有转搭其他运具中高达 7 成转乘捷运，而转乘时机车族达 6 成 5 会将机车停放于路侧或收费停车位中。为改善新北市捷运车站周边机车停车位不足及提供巷道通行空间，交通局针对境内包含中和线、新店线、新庄线和板土线等 6 条捷运路线，计有 31 个车站为计划范围，推动新北市捷运站周边路洁计划，有效改善停车秩序，共完成 157 条路段，增设机车位 1846 格与 15 区机车停放区(表 3)，供捷运转乘使用。

表 3 捷运站周边机车位增绘与整顿改善状况

改善方式	改善前	改善后
增设机车位		

4.1.3 主次要道路红线调整为黄线，及开放夜间停车

近年民众检举管道增多，车辆违规停放常遭举发，碍于道路空间有限，实无适当位置可再规划停车位，且道路主要为提供车辆通行使用，必要时需提供救灾救护车辆应变，有其维持畅通之必要性。为兼顾

车辆停放与通行两者需求，交通局针对干道，考量因夜间交通量较低，提供双向至少各 1 车道通行，且不影响公共安全情形下，部分路段外侧车道研议红线时段性弹性管制（即夜间时段开放停车）。初期以民众经常检举违规热点需求进行改善，针对主次要道路每 200～500 米处规划部分路段为黄线，日间供捷运转乘、商业临停，夜间（20 时至 7 时）可供住户停车，并于起讫点利用标志附牌明显标示时间与范围，目前已开放 12 处路段，长度约 1.1 公里，可供约 1300 辆机车停放（表 4、图 7），经观察办理成效，已有多数市民停放使用，其改善效果良好后续将推展至其他路段。

表 4　　主次要道路红线调整为黄线及开放夜间停车改善状况

改善方式	改善前	改善后
红线改绘黄线		
红线开放夜间停车		

图 7　红线开放夜间停车标志

4.2　行车环境

4.2.1　路口减少交织冲突

1）左转专用道

新北市部分路口，机车须两段式左转，但受限路口较狭窄常有待转区空间不足，或有与直行车辆动线冲突之问题，故在道路宽度允许下规划机车左转专用道，并配合专用号志加以纾解，为加强民众辨识，2016 年底累计完成 16 处机车左转专用道（表 5）。

2）机车与汽货车分流

机车主要行驶于外侧车道，基于机车行车安全考量，于外车道机、货车混流严重路段，及汽车右转量大路口，利用车种分流方式减少交织与事故发生（表 6），以保障机车通行安全。

表 5　　左转专用车道改善状况

路口	改善前	改善后
中和区环河西路与中原街口（T字路口规划左转专用车道）		
三重区自强路与仁义路口（重阳桥机车道前规划左（回）转专用车道）		

表 6　　机车与汽货车分流改善状况

路段	改善前	改善后	改善说明
淡水区淡金公路（水源街至中正东路）			外侧车道管制 15 吨大货车
中和区中山路			规划直行机车专用道

4.2.2　路段车道共享

机车机动性高，短期内其他运具无法取代，且机车族较关心的骑乘环境，针对路段交通局透过重新配置车道，将 2 快 1 慢车道磨除快慢车道线调整为 2 车道，让机车得行驶内侧车道增加行车空间，避免遭公交车、出租车临停影响，改善慢车道过窄情形（表 7），故自 2016 年起交通局择定 7 处路段进行重新配置，总计长度 21770 米。

表 7　　车道配置调整路段改善状况

路段	改善前	改善后
新庄区中正路		
中和区桥和路		

另针对 2 车道内侧禁行机车路段，经交通局重新检视，除部分桥梁因安全考量，或临近高快速道路匝道避免误闯外，全数开放 27 条路段(表 8)2 车道内侧车道行驶机车，惟部分路口因有行车安全疑虑，仍维持机车两段左转管制。

表 8　　车道内侧禁行机车路段改善状况

路段	改善前	改善后
淡金路		
板桥区县民大道		

4.2.3　提高标线抗滑

现行道路标线抗滑系数中央规范为 45BPN，机车下雨天行驶容易有打滑情形，新北市从 2016 年开始在机车量较高的桥梁、路段，并协调本府养工处办理道路重铺时，将标线抗滑性提高达到与柏油相当 65BPN，以提升机车行车安全，目前完成总计 19 处(表 9)，长度达 11130 米。

表 9　　高抗滑标线改善状况

路段	改善状况	路段	改善状况
新庄区板桥区新海桥		板桥区四川路	

4.3　行车信息提供

4.3.1　提供实时壅塞、事故信息

实时交通信息除可透过警广接收外，亦可从道路路侧大型 CMS 讯息得知以提早应变，但大型 CMS 主要提供汽车族使用，且常设路中，因体积大、成本高等设置限制，较不易设置；而缩小型 CMS 因体积缩小 93%，可附挂于号志、路灯，位置较为弹性(图 8、图 9)，适合设于机车道提供机慢车族群信息，或于交管路段设置。透过两种设施，能够将重要交通信息提供汽机车族参考，达成实时应变之效果，2016 年底已设置 36 处。

图 8

图 9

4.3.2　以图形取代文字提醒事故

为加强用路人注意特定路段肇事形态，交通局针对十大易肇事桥梁，部分机车道增设明确、易懂、好辨识的创新“图形化标志”共 3 种 12 面，分别为弯道处勿抢快、右转车辆注意右侧及慢速车请靠右标志(表 10)，以提醒用路人应随时注意周遭车辆动态并依标志标线行驶，降低交通事故发生几率。

表 10　　图形化标志改善状况

路段	改善状况	事故类型
三重区中山桥 永和区新店区 秀朗桥		机车道线型较弯，常有机车于弯道处有未减速行为，因行车视距较差，车速快容易偏向行驶，倘行驶时未注意邻侧车辆接近，易发生交通事故，于进入弯道前方设置标志，提醒行经弯道时切勿强快通过

续表

路段	改善状况	事故类型
中正区中正桥		双向外侧车道均为汽机车混合使用，为减少右转车辆靠右汇出车道时，产生汽机车交织情形，设置标志加强提醒右转车辆转向多留意周遭车辆行车方向
板桥区浮洲桥 永和区福和桥 二重区忠孝桥		机车驾驶人行驶机车道时，常有低速车行驶于内侧车道，产生车队较长情形，为避免影响后方车辆通行，引发追撞事故，设置标志提醒慢速车适时变换车道

5　市民对政策改善成果满意度

5.1　左转专用车道

新北市截至 2016 年已设置 16 处机车左转专用车道，为了解民众对于政策规划意见，故对民众进行“机车左转专用车道知晓与支持度”调查，结果显示在汽机车族当中，有 43.3%知道目前新北市部分路口有设置蓝色机车左转专用道及专用号志，其余 56.7%则表示不知道(图 10)。而对于设置机车左转专用道改善方式，调查显示有 73.2%的受访者表示支持(33.6%非常支持、39.6%还算支持)、仅 8.0%表示不支持(3.0%很不支持、5.0%不太支持)。更进一步观察汽车与机车使用者意见发现，不论是汽车或是机车使用者，表示支持的比例均高于不支持(图 11)。经了解不支持原因，有 56.8%认为两段左转较安全，20%认为影响转向通行，15.9%认为号志停等过长，推测可能是不清楚左转专用车道规划与号志运作方式，或是因采取独立时相，在周期不变情况下，减少各行车方向秒数导致。

5.2　路段车道共享

新北市截至 2016 年年底已改善 7 处路段重新配置车道，为得知民众对于政策规划看法，故对民众进行“部分路段开放机车行驶内侧车道知晓与支持度”调查，结果显示在汽机车族群当中，22.7%知道目前新北市在部分路段开放机车行驶内侧车道，其余 77.3%则表示不知道(图 12)。汽机车族群当中，47.0%支持开放部分路段内侧车道供机车行驶(24.1%非常支持、22.9%还算支持)、42.9%则表示不支持(20.1%很不支持、22.8%不太支持)(图 13)。进一步观察汽机车族群意见反应的两极，汽车族表示支持的比例为 27.8%、不支持的比例为 63.0%，不支持的比例较高，推测汽车族因汽机车交织变得比以往更频繁，影响原有行驶习惯，容易有反对意见；机车族则有 55.0%表示支持、34.5%不支持，支持的比例较高，推测可能为避免因外侧临停车辆，使机车族需变换车道行驶，而易违规行驶禁行机车道情形，倘开放行驶内线车道，将较不受路侧车辆影响。

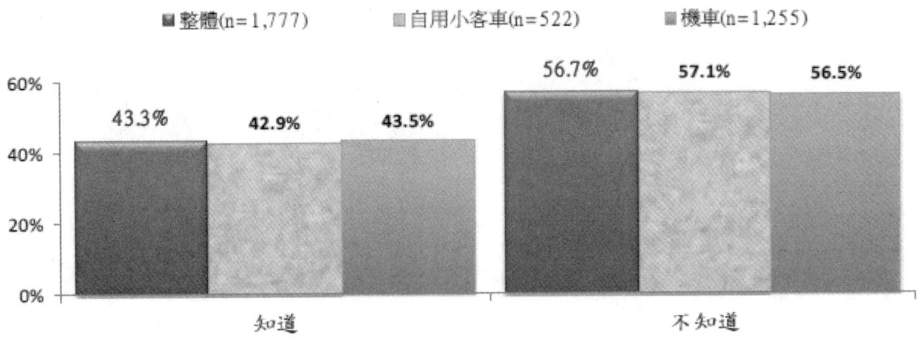

图 10　机车左转专用道及专用号志知晓状况

图 11　设置机车左转专用道及专用号志支持度

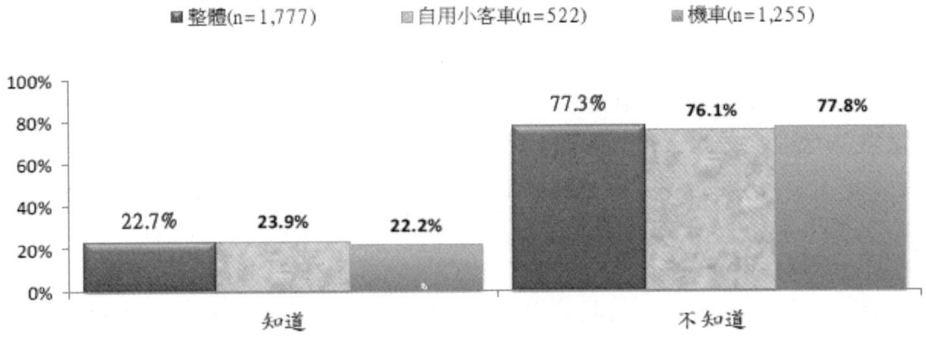

图 12　部分路段开放机车行驶内侧车道知晓状况

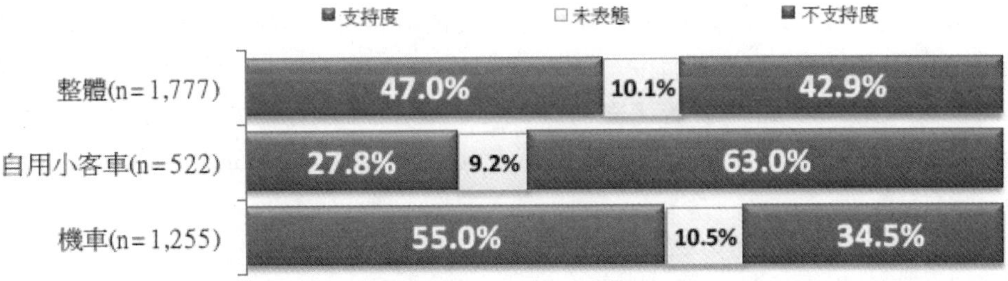

图 13　部分路段开放机车行驶内侧车道支持度

5.3　高抗滑标线

新北市截至 2016 年底已设置 19 处高抗滑标线，为了解民众对于政策规划意见，故对民众进行"高抗滑标线知晓与支持度"调查。结果显示，在汽机车族群当中，仅 13.1%知道目前新北市针对机车量较大路段，划设不易打滑的标线，其余 86.9%则表示不知道(图 14)。更进一步观察汽车与机车使用者意见发现，汽机车族群当中，高达 91.5%支持划设高抗滑标线(70.4%非常支持、21.1%还算支持)，仅 2.0%表示不支持(0.8%很不支持、1.2%不太支持)，可见汽机车族群高度支持绘设高抗滑标线(图 15)。另外了解不支持设置高抗滑标线的不支持理由，包括还是会打滑/效果不佳(49.5%)、浪费公帑/不需划设(48.4%)和标线划设太多/杂乱(6.8%)，初步推测因目前绘设位置较少，且不易于行驶时经过明显感受所导致。

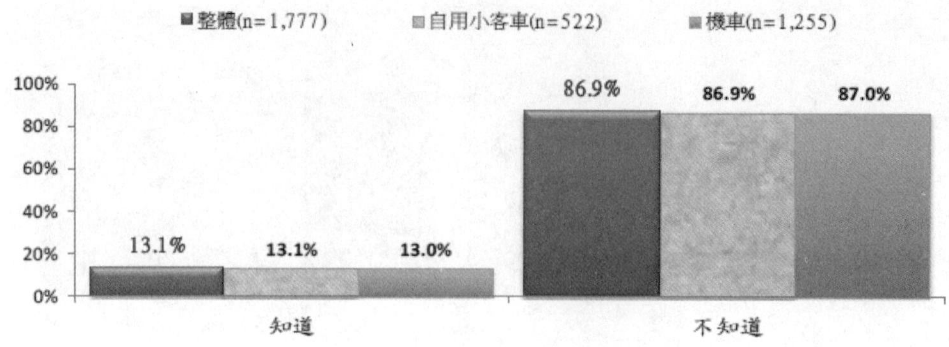

图 14　高抗滑标线知晓状况

图 15　设置高抗滑标线支持度

6　结语

新北市境内机车量大，且为多数市民最常使用交通工具，机车具有可随骑随停方便性，但却常面临停车空间不足，在道路上有待转空间不足、车道配置压缩机车行驶空间、标线雨天易滑情形，甚至无接收管道以掌握路况信息或标示文字过多不易阅读问题。交通局为打造优质交通环境，积极进行各项改善，透过增加停车空间、改善行车环境、提供行车信息三大策略，有效解决机车停车空间难寻，提供机车友善、合理、安全的行驶空间，并掌握道路实时交通与事故信息。

由于机车机动性高，短期内无其他运具可以取代，在停车空间部分除持续增设路边机车格、调整汽车位外，针对停车需求高的地区，在不影响公共安全与车辆通行下开放主次要道路及红线夜间停车，以满足机车停放需求。在机车族较为关心的机车停车与骑乘环境改善部分，透过左转专用道、机车与汽货车分流、路段车道共享、2 车道内侧开放机车行驶及提高标线抗滑程度等措施，实施成效相当不错。后续将持续推动车道共享与机车左转专用道，预计将针对机车易受路侧临停路段重新检讨车道配置，机车待转区有安全疑虑且待转量大的 T 字路口再增绘左转专用道。而高抗滑标线部分，考量双北生活圈通勤族经常往返台北新北，后续对于跨双北或市辖设有机车专用道的桥梁将全面改绘高抗滑标线，以维护行车安全。

参考文献

[1]　2016 年新北市交通民意调查第 1 次调查报告[R]. 新北市政府交通局，2016.
[2]　2016 年新北市交通民意调查第 2 次调查报告[R]. 新北市政府交通局，2016.
[3]　机车交通政策白皮书[R]. 交通事务主管部门，2016.

第三篇

智能交通与交通控制

基于上海市道路交通状态指数的交通拥堵简析

Brief Analysis of Road Traffic Congestion Based on Shanghai Traffic State Index

张　杨

摘　要：近年来，城市道路交通决策管理科学化、精细化、信息化需求十分迫切。如何打破仅用红、黄、绿三色定性描述道路交通运行状态的传统模式，采用精确数值对道路交通拥堵定量分析，为政府决策管理提供科学依据，成为智能交通系统的发展必然。基于上海市交通信息化的建设成就和数据基础，2011 年上海市道路交通状态指数应运而生，并得到长足发展。

依托上海市科委"道路交通状态指数及示范应用关键技术研究"和"大数据环境下的道路交通预测技术及应用研究"课题研究成果，本文简单介绍了道路交通指数的必要性及上海市道路交通状态指数定义模型，并对 2014—2016 年上海市中心城区快速路网和地面道路网拥堵现状与发展趋势进行分析和评价。

关键词：城市交通；交通状态指数；常发性拥堵

Abstract: With the increasing traffic congestion in modern cities, it is essential to propose the requirements for scientific and precise traffic decision-making and management on the basis of the development of traffic informationization. Traditionally, urban traffic states are qualitatively described with three colors: red, yellow and green. To provide scientific support for governmental decision-making, using certain accurate numerical values or indices to quantitatively analyze road traffic congestion becomes an inevitable outcome of the development of Intelligent Transportation System (ITS). Based on the achievements of traffic informationization and stored data, Shanghai Traffic State Index (TSI) was born naturally in 2011 and developed rapidly.

This paper involves the introduction and summary of the necessity of traffic index, definition and models of TSI, etc., part of which comes from the achievements of two key projects from Shanghai Science & Technology Commission, "Research of key techniques of road traffic state index" and "Application research of road traffic prediction in big data background". Combining the practical work, it also provides the case study of the analysis and assessment of traffic congestion in Shanghai of 2014-2016.

Keywords: Urban traffic; Traffic State Index; Recurrent Congestion

1　城市道路交通指数的发展必然

近年来，根据政府交通决策管理信息化、精细化、科学化的目标和要求，实时测算交通状态量化差异，实现道路交通运行状态的科学量化十分重要。北京、上海等城市陆续制订出一种数值化描述实时道路交通运行状态的指标，在规定的空间和时间范围内精确表达城市道路交通的运行状态，这个指标就是道路交通指数。

基于道路交通指数，建立一套完整的交通拥堵指数基础理论、计算方法、应用体系和发布示范系统，实现量化评价城市道路交通整体或区域的运行状况，分析和判断短期/中期/长期交通发展趋势、预报交通拥堵的程度与范围，为交通管理部门制定科学合理的交通管理决策、辅助交通组织与交通执法提供量化依据，为公众提供动态交通出行信息服务，都具有重要的意义[1-8]。

2011 年以前，上海市仅采用红、黄、绿三色反映城市道路交通运行的畅通与拥堵状况。基于市科委重点项目和积累的道路网实时数据，我们研究出上海市道路交通状态指数（又称交通拥堵指数，Traffic

基金项目：本文部分成果来自上海市科委课题研究（项目编号：11231202800、14QB1403700）。

作者简介：张扬，上海交通大学工学博士，智能交通系统专业，上海大学客座教授，上海市青年科技启明星，高级工程师，现从事交通信息化工作。

State Index，TSI)，用量化数值表达道路交通的拥堵程度。指数取值在 0～100 之间，数值越大，表明道路交通越拥堵；数值越小，表明道路交通越畅通。交通指数主要用于中观、宏观区域的路网拥堵评价分析。

2 上海市道路交通状态指数

上海道路交通状态指数是在统计间隔内，量化表达城市道路交通运行状态的相对数值，分为基本计算模型和加权计算模型[9]。

2.1 基本计算模型

TSI 基本计算模型以道路行程速度为核心计算参数，如式(2-1)所示：

$$TSI=\frac{v_f-v_i}{v_f}=\frac{\text{自由流车速}-\text{实际车速}}{\text{自由流车速}}\times 100 \tag{1}$$

在式(1)中，v_i 表示路段 i 的行程车速，v_f 表示路段 i 的自由流车速。

2.2 加权计算模型

基本计算方法是由行程车速和自由流车速生成交通状态指数的过程，即参数到指数阶段。在实际中，还需要考虑车道数、里程长度对道路拥堵程度的影响，反映加权因子车道数、里程长度的影响程度。

综合里程长度和车道数因素，加权计算模型如式(2)所示：

$$TSI=\sum_{i=1}^{l}k_i l_i[(v_f-v_i]/\sum_{i=1}^{l}k_j l_i\times 100 \tag{2}$$

在式(2)中，l_i 表示路段 i 的里程长度，k_i 表示路段 i 的车道数。

根据实际应用需求，结合其他因素进行加权计算，并根据交通状态指数描述道路对象在时间维度、空间维度上的不同，最终实现由行程车速和自由流车速生成交通状态指数、由低层次/微观交通状态指数生成高层次/宏观交通状态指数。根据快速路网交通特性，结合道路网设施的交通分流、合流节点位置，我们将快速路划分为 42 个指数区域；根据地面道路区域交通特性和区域认知度，将外环线以内区域划分为 68 个指数区域，交通指数值以 2 分钟频率实时更新，如图 1 所示。上海市道路交通状态指数数据从 2011 年积累至今，已在上海市交通综合信息平台上实现了各类展示和分析应用，成为从市级中宏观层面分析道路交通拥堵问题的重要基础。

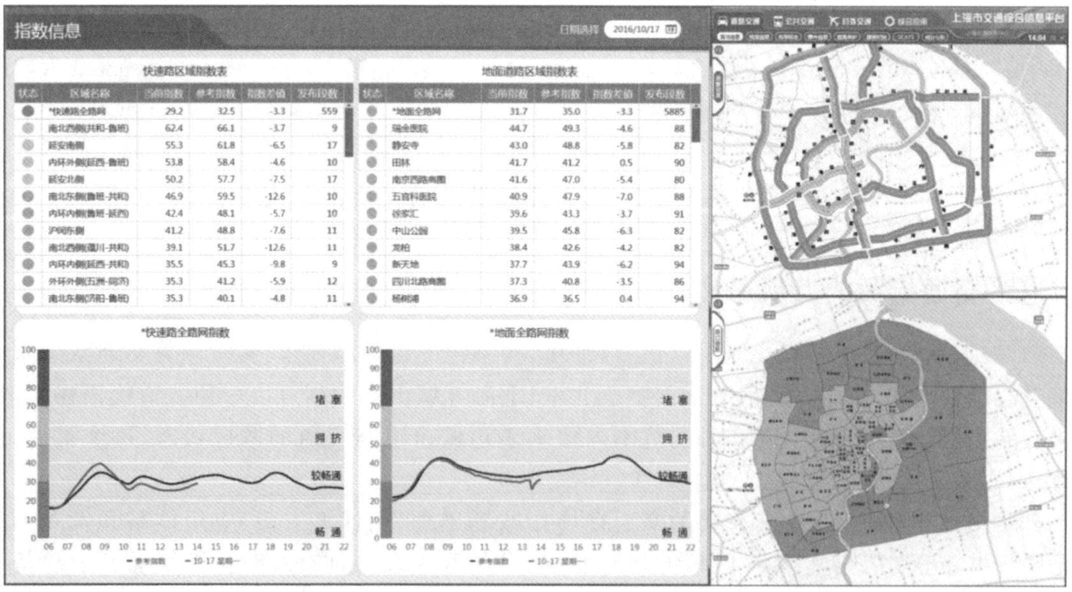

图 1 上海市交通综合信息平台——上海市道路交通状态指数板块

为了便于公众理解和使用交通指数指导出行，将 0～100 指数值划分为 4 个区间，分别对应“畅通、较畅通、拥挤和堵塞”4 种拥堵等级，如表 1 所示。2016 年 7 月，经上海市质量技术监督局批准，上海市道路交通状态指数形成了地方标准《城市道路交通状态指数评价指标体系》(DB/T 997—2016)，并于 2016 年 11 月正式实施[10-13]。

表 1 指数值分级阈值区间

等级(颜色)	畅通	较畅通	拥挤	堵塞
指数区间	[0,30)	[30,50)	[50,70)	[70,100]

基于交通大数据挖掘和预测技术，“今日交通”信息发布系统开发完成，从宏观、中观、微观三个层面，针对交通决策管理和公众出行两类用户的不同需求，为其实时掌握道路交通拥堵现状和发展趋势提供重要依据。系统主要包括：上海市交通拥堵指数排行、区域交通异常情况、拥堵路段排行和交通预测四大板块。目前，这两个系统已在上海市交通委、上海交通广播 FM105.7 在线实时应用，如图 2 所示。

(a) 政府决策和管理支撑

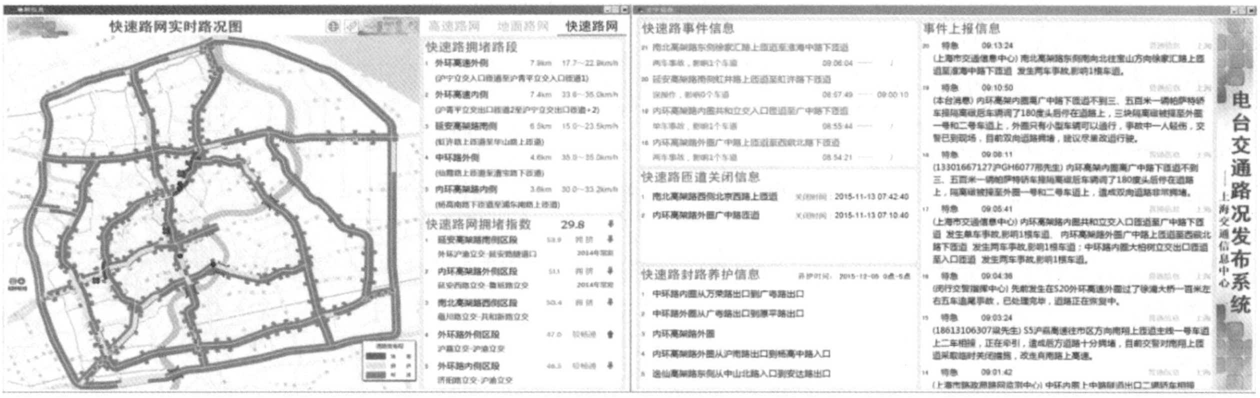

(b) 公众出行信息发布

图 2 上海市“今日交通”信息发布系统

3 上海市中心城区道路交通拥堵简析(2014—2016)

2015 年初，根据市领导和市交通委要求，我们基于历年所积累的交通状态指数数据，从空间和时间两个维度着手，对 2011—2014 年工作日期间上海市中心城区的道路交通状况进行了分析与评判，向上海市各级领导和管理部门汇报，为决策和管理提供了重要参考。由此开始，上海市道路交通拥堵分析和评价形成了一套较系统的技术方法，成为每年年初的常态工作，相应结果也列入每年的《上海市综合交通年度报告》。

定义每年度时间范围内，工作日交通高峰期时间段为，早高峰：7:00—10:00；午高峰：14:00—16:00；晚高峰：16:00—19:00。采用相同的拥堵统计口径，将三个高峰期间，拥堵指数大于 50、累计拥堵时间出现过超过 1 小时，且全年超过 100 个工作日的指数区域，定义为常发性拥堵区域。选择 2014、2015 和 2016 年中心城区路网为研究对象，上海市道路交通的拥堵状况简析如下：

近三年来，上海市中心城区快速路网和地面道路网，出现符合常发性拥堵区域定义的均为 14 个，如表 2 和表 3 所示(以 2016 年发生常发性拥堵的工作日天数为基准进行排序)。以表 2 中的南北东侧(鲁班—共和)区域为例，2014—2016 年工作日高峰期间，发生交通拥堵的天数分别是 242 天、247 天、250 天。从空间范围来看，快速路 2014、2015、2016 年常发性拥堵区域总数分别为 14 个、11 个和 12 个，且三年来排名前六的拥堵区域分布集中，分别为南北东侧(鲁班—共和)、南北西侧(共和—鲁班)、内环外侧(延西—鲁班)、内环内侧(鲁班—延西)、延安北侧和延安南侧；地面道路拥堵区域总数分别为 11 个、14

个和 10 个，排名前四的拥堵区域为龙柏、南京西路商圈、瑞金医院和静安寺区域，且有三个区域相邻。从时间范围来看，2014 年、2015 年、2016 年三年来，快速路常发性拥堵区域的工作日拥堵时间见表 2，地面道路常发性拥堵区域的工作日拥堵时间见表 3。

表 2　　上海市中心城区快速路指数区域拥堵排行

排序	快速路区域	工作日(天)		
		2014 年	2015 年	2016 年
1	南北东侧(鲁班—共和)	242	247	250
2	内环外侧(延西—鲁班)	245	248	249
3	南北西侧(共和—鲁班)	244	248	247
4	延安南侧	230	241	242
5	内环内侧(鲁班—延西)	206	230	219
6	延安北侧	201	208	216
7	南北西侧(蕴川—共和)	120	172	199
8	沪闵东侧	155	167	186
9	南北东侧(济阳—鲁班)	124	182	171
10	外环外侧(五洲—同济)	170	92	151
11	外环内侧(沪渝—沪嘉)	135	87	131
12	外环内侧(济阳—沪渝)	186	160	123
13	外环外侧(沪渝—济阳)	103	79	93
14	外环外侧(沪嘉—沪渝)	106	112	84

表 3　　上海市中心城区地面道路指数区域拥堵排行

排序	地面道路区域	工作日(天)		
		2014 年	2015 年	2016 年
1	龙柏	214	222	224
2	南京西路商圈	207	211	208
3	瑞金医院	245	238	208
4	静安寺	236	226	199
5	中山公园	183	162	186
6	上海影城	173	206	175
7	田林	94	151	171
8	人民广场	174	196	139
9	五官科医院	229	211	136
10	徐家汇	162	126	102
11	新天地	152	202	95
12	闸北公园	137	118	92
13	四川北路商圈	83	116	57
14	瑞虹新城	50	112	28

结合上海市道路交通拥堵的时空分布来看：近三年来，交通拥堵发生最频繁、最严重的位置为内环高架西南段、延安高架、南北高架所形成的"口子型"区域，且快速路六个指数区域每周几乎有五个工作日均发生拥堵、地面道路指数区域每周有四个工作日发生拥堵，如图 3 所示。

结合上海市 2015 年和 2016 年出台的交通管理政策和措施来看这 28 个指数区域：(1)2015 年，快速路外牌限行时间延长后，常发性拥堵区域个数减少了 3 个，全年拥堵时长略有增加，但极端拥堵明显减少，快速路交通运行状况得到改善[9]；地面道路则受到快速路限外牌车的较大影响，拥堵区域增加了 3 个，全年拥堵时长增加了约 6%。(2)2016 年，随着上海市车辆保有量的增加，限外牌措施的效果有所下

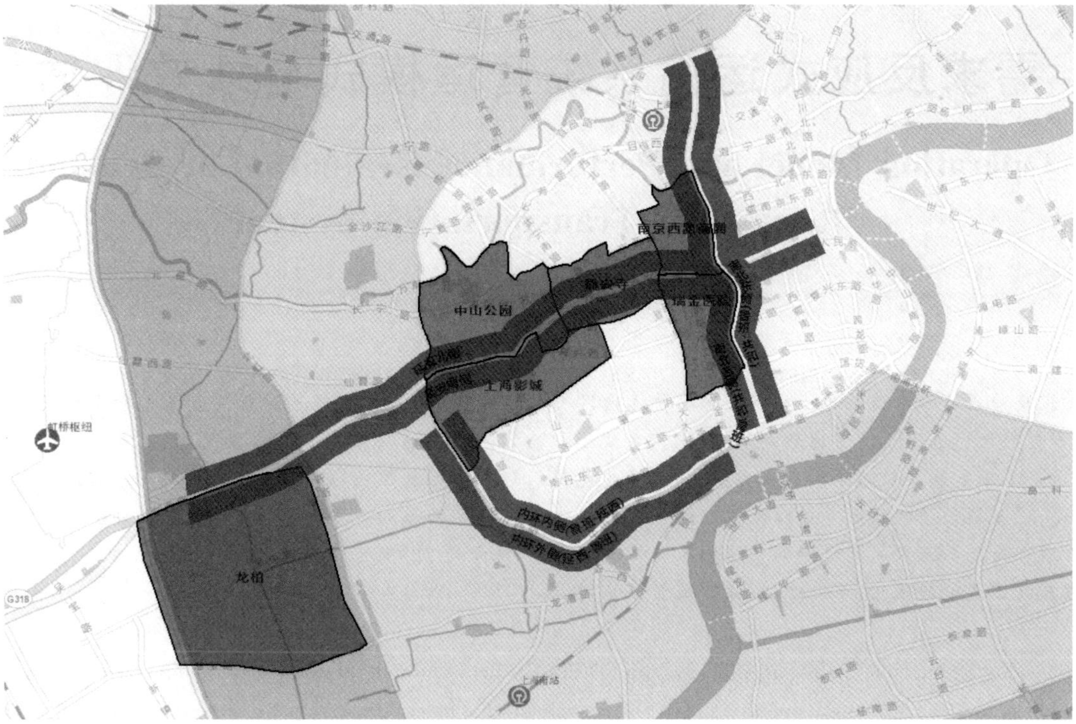

图 3　上海市中心城区道路交通常发性拥堵区域前六名(2014—2016)

降,快速路拥堵区域增加了 1 个,全年拥堵时长增加约 3%;地面道路则由于持续一年的上海市综合交通大整治,各区域拥堵状况明显好转,常发性拥堵区域较 2015 年减少了 4 个,全年拥堵时长减少了近 20%。

参考文献

[1]　何承,朱扬勇. 城市交通大数据[M]. 上海:上海科学技术出版社.

[2]　关积珍. 城市交通综合指数、交通出行指数及其数学建模[J]. 交通运输系统工程与信息, 2004, 2(4): 49-53.

[3]　郭继孚,刘莹,余柳. 对中国大城市交通拥堵问题的认识[J]. 城市交通, 2011, 9(2): 8-14.

[4]　黄建玲. 北京交通应急指挥调度示范应用[J]. 计算机光盘软件与应用, 2013, 9: 68-69.

[5]　关志超,张昕,胡斌. 政府主导下的智能交通体系规划设计与建设管理研究——以深圳市为例[C]. 第七届中国智能交通年会优秀论文集—智能交通应用, 2012.

[6]　薛美根, 朱洪, 邵丹. 上海世博交通研判技术与实践[M]. 上海:上海社会科学出版社.

[7]　Zhang Y. Data Imputation for Regional Traffic Index based on GSO-NN [J]. Advanced Materials Research, 2013, 658: 587-591.

[8]　Zhang Y, Liu YC. Analysis of Peak and Non-peak Traffic Forecasts using Combined Models [J]. Journal of Advanced Transportation, 2010, 17: 1-17.

[9]　张扬,何承. 上海市道路交通状态指数简介及应用案例[J]. 交通与运输, 2016, 3: 16-18.

[10]　DB11/T 785-2011. 城市道路交通运行评价指标体系[S]. 北京:中国标准出版社. 2012.

[11]　GB/T 29107-2012. 道路交通信息服务:交通状况描述[S]. 北京:中国标准出版社. 2013.

[12]　DB31/T 997-2016. 城市道路交通状态指数评价指标体系[S]. 上海:上海市质量技术监督局. 2016.

[13]　上海交通出行网. 通畅交通,和谐上海[EB/OL].

需求反应式运输系统营运模式与绩效评估

Operation Model and Performance Evaluation of Demand Responsive Transportation System

吴健生　蔡明修

摘　要: 需求反应式运输系统极为适合用来解决偏远地区公共运输问题,并可减轻传统公交车业者营运的负担。本研究针对桃园市复兴区引进DRTS实时预约服务,采用系统模拟的方式进行服务绩效评估。结果显示,等候时间、旅行时间、服务时间以及首派失败人数随车队规模之扩充,其绩效愈佳。而车辆行驶里程、车辆闲置时间以及平均载客人数则随车队规模之缩小,呈现较佳之绩效。若以服务时间代表乘客使用DRTS服务的成本,闲置时间代表业者经营DRTS的机会成本,则在服务时间与闲置时间之时间价值相等的假设下,车队规模为22辆左右时,总成本可达到最低,约为560小时。
关键词: 需求反应式运输系统;系统模拟;服务绩效评估

Abstract: Demand Responsive Transportation System (DRTS) is very suitable for solving the public transportation problem in remote areas, and alleviating the operation load of the conventional bus operators at the same time. Aiming at the scenario of introducing a real-time booking service of DRTS into Fuxing District of Taoyuan City, this research uses system simulation to conduct the service performance evaluation. The results show that the performance increases with the expansion of fleet size by service waiting time, travel time, service time, and number of failures at first booking. Nevertheless, the performance increases with the reduction of fleet size by operating mileage, vehicle idle time, and average number of occupied passengers. Regarding the service time as the service cost of DRTS for passengers, and the vehicle idle time as the opportunity cost of the DRTS operator, the total cost, about 560 hours, is minimum by a fleet size of 22 vehicles under the assumption of equal value for both costs.
Keywords: demand responsive transportation system; system simulation; service performance evaluation

1　前言

需求反应式运输系统(Demand Responsive Transportation System, DRTS)为解决偏远地区公共运输问题最有效的方法之一,国外已行之有年,而在台湾地区则有桃园市复兴区等若干地方欲采用此一方法来解决因长期补贴公交车造成政府财务不堪负荷的问题。DRTS为一种以乘客需求为导向的运输服务,亦即当有乘载需求时才安排车辆运送。与传统公交车服务最大的不同在于,可以弹性规划班次与路线,用以解决低密度需求地区公交车营运不符成本之问题,亦可针对特定对象,如高龄者、身障人士等,提供优质的服务。DRTS最大的特色在于,针对个人提供客制化的运输服务,依照乘客要求搭乘时间与起讫点进行载客服务规划。因此种特性,通常需在使用服务前,提前两天至一星期向派遣中心预约。

近年来政府为改善偏远地区公共运输之困境,研议采用DRTS作为替代之工具,并将桃园市复兴区列为DRTS试营运优先考量对象之一。有鉴于此,本研究特针对桃园市复兴区,以实时预约DRTS服务为主,采用计算机系统模拟的方式,分析并评估复兴区引进DRTS可能产生之绩效,期能作为后续推动之参考。

2　系统营运模式

DRTS的运作主要分为乘客、派遣中心以及车辆三个面向,其中乘客方面,必须事先以电话或网络等方式向派遣中心预约,并提供个人相关信息、出发时间与旅次起讫点。派遣中心收到乘客预约后,开始规划班次及路线,并将派遣信息传达给车辆,而车辆则依照派遣信息完成后续的载客服务。事前预约的反

作者简介: 吴健生,"中央大学"土木工程系教授。
蔡明修,"中央大学"土木工程研究所硕士。

应时间较长，派遣中心有较充裕的时间安排并统整班次，派车的难度较低。反之，实时预约的反应时间较短，派遣中心必须具备实时派遣车辆的能力，派车的难度相对较高。由于现行 DRTS 运作的模式多以事前预约为主，故本研究改以实时预约作为研究情境，以了解两者在实作上可能产生之差异。

当车辆收到派遣中心的派遣信息后，即按照所规划的班次及路线进行载客服务，包括载客时间、旅次起讫点、行驶路线以及乘客基本资料如姓名、电话等，并在完成服务后向派遣中心通报，等候下一次派遣。若乘客于约定时间内未出现在指定的地点，则向派遣中心回报，等候进一步的指示。

图 1 为 DRTS 之运作流程，派遣中心规划车辆班次时，必须考量车辆载客情况、业者成本以及乘客容忍时间等因素，以便能以最低的成本完成最佳的运送服务。车辆载客情况系指已搭载乘客的数量，若车上人数已满，则不再指派该车去服务其他乘客。另基于先到先服务（First Come First Serve, FCFS）之原则，优先服务较早预约之乘客。

乘客使用 DRTS 服务所花费的总时间除固有行车时间外，尚包括等候时间及因共乘绕路载客所延误的时间。若运送的时间过长，表示服务水平低落且无效率，故在派遣车辆时应考虑到乘客所能容忍的总服务时间。此外，业者基于营利的角度，在满足乘客容忍时间的限制下，必须使营运成本降至最低。欲达成此目的，须由载客顺序、最短路径以及边际里程三方面着手。

基于共乘的特性，同一车辆可能会有 1 名以上的乘客使用。因此，派遣中心指派车辆时，应考虑同车中所有乘客起讫点的不同，排列组合接送顺序，故可能会形成 1 种以上的载客方案，称之为载客顺序。然而不同载客顺序的行驶距离不尽相同，派遣中心须在数个载客顺序中，决定 1 条最佳载客顺序，使车辆能以最短的行驶距离完成载客服务。

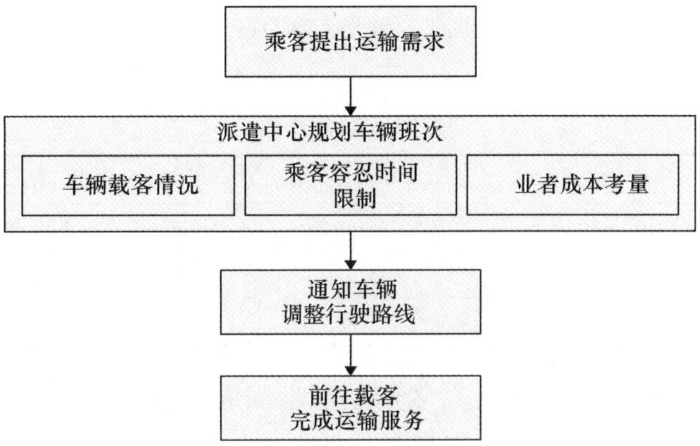

图 1　DRTS 运作流程

在车辆载客过程中，若仅凭司机的经验判断，会发生绕路情形，无法以最有效率的路线行走。因此，派遣中心在选定车辆时即须指定其行驶路径，以确保在最短行驶距离内完成载客服务。此外，派遣中心指派车辆时，将由所有可用车辆中找寻一最适车辆前往载客，亦即服务乘客成本（行驶里程）最小之车辆。本研究引用边际成本概念于行驶里程，即每多服务 1 名乘客，车辆所额外增加的行驶里程，称之为边际里程。派遣中心借由边际里程，判断最适合之派遣车辆。

由上述可知，派遣中心在指派车辆的过程中，需先考量车辆是否处于可载客状况、是否满足乘客容忍时间限制以及业者成本是否最低 3 个基本因素，而后指派一能满足所有条件且为最佳的车辆前往载客。

3　资料搜集与分析

为解决偏远地区公共运输的困境，交通事务主管部门拟采用国外行之有年的 DRTS 来取代现有公路客运之服务。因此自 2010 年起，陆续进行为期三年的 DRTS 规划，最后并选定桃园市复兴区作为试营运计划的地点，相关规划内容请参阅“需求反应式公共运输系统之整合研究”（交通事务主管部门运输研究所，2010—2012）及“2009 年发展桃园县需求反应运输服务计划”（桃园县政府交通局，2010）。

本研究即以桃园市复兴区为对象，撰写计算机程序进行系统模拟分析。就复兴乡现有公路客运之营运现况可以得知，大多数营运路线的乘载率不足 2 成，表示运能未能有效利用，适合推动 DRTS（交通事务主管部门运输研究所，2012）。研究范围之路网则同样参考“需求反应式公共运输系统之整合研究”（交通事务主管部门运输研究所，2012），针对复兴乡 54 个可供乘客上下车的站点，整理如图 2 所示。

由于复兴区尚未实际营运 DRTS，无法取得相关旅次需求资料，故本研究依据相关资料，包括复兴区公路客运量及“2009 年发展桃园县需求反应运输服务计划”中(桃园县政府交通局，2010)，对复兴乡居民之问卷调查资料，推估出运量需求如表 1 所示。依照复兴区 DRTS 之规划，境内部分地区并未纳入 DRTS 之营运范围，故须将此地区之运量扣除。另依据该报告书，服务范围内 DRTS 所占比例为 85.98%，故采用此比例推估出 DRTS 之运量需求。

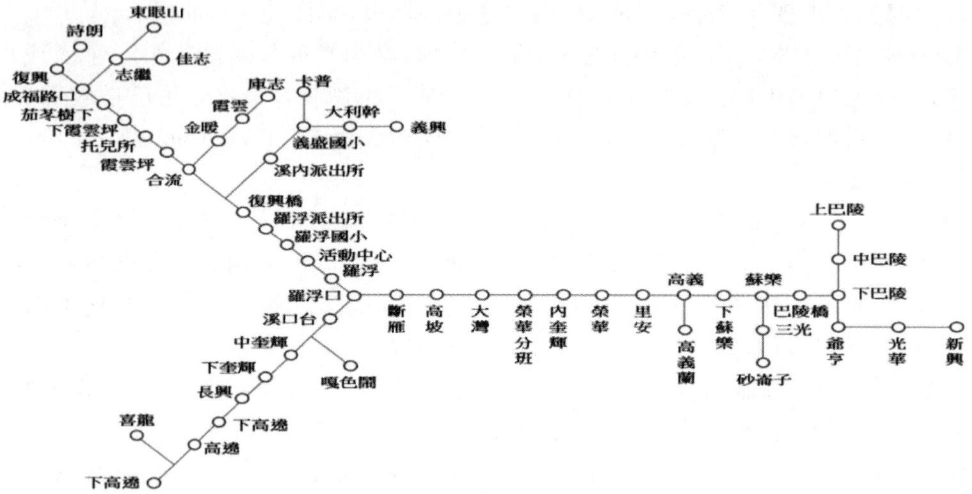

资料来源：交通事务主管部门运输研究所 (2012)，本研究整理。

图 2　研究范围路网

表 1　　**复兴区运量推估**

月　份	7 月(人/月)	7 月(人/日)	8 月(人/月)	8 月(人/日)
客运量	8110	270	8101	270
DRTS 所占比例	85.98%			
DRTS 客运量	6973	232	6965	232

有关旅次时间分布方面，本研究依据复兴区运输需求问卷调查资料 (桃园县政府交通局，2010)，推估如表 2 所示。由表可知，主要去程旅次集中在上午 6 至 11 时，约占 85.13%。

表 2　　**旅次去程时间分布**

时　段	资料笔数	百分比	时　段	资料笔数	百分比
05:00～05:59	5	3.13%	12:00 ～ 12:59	4	2.5%
06:00 ～ 06:59	33	20.63%	13:00 ～ 13:59	2	1.25%
07:00 ～ 07:59	24	15%	14:00 ～ 14:59	3	1.88%
08:00 ～ 08:59	36	22.5%	15:00 ～ 15:59	4	2.5%
09:00 ～ 09:59	21	13.13%	16:00 ～ 16:59	0	0%
10:00 ～ 10:59	23	14.38%	17:00 ～ 17:59	1	0.63%
11:00 ～ 11:59	3	1.88%	18:00 ～ 18:59	1	0.63%

由问卷调查资料进一步得知，去程旅次多以大溪或桃园为讫点，且在途中必经复兴；此外按复兴区 DRTS 之规划，将复兴作为传统公交车服务及 DRTS 服务两者间之转运站。因此，本研究将超出营运范围的旅次起讫点归类为复兴，并将发生次数为零的旅次起讫剔除，整理旅次起讫分布情形如表 3 所示。由表可知，去程旅次之起点无论为那个村落，均以复兴作为主要讫点，共约 83.77 %。

由于问卷中并无针对外出活动时间进行调查，因此本研究依据复兴区当地居民之旅次目的特性推估其外出活动时间，结果如表 4 所示。问卷将旅次目的分为通勤、通学、商务、医疗、购物、社交以及其他 7 种类型，以通勤旅次为例，考虑到复兴区居民多以二、三级产业为主，根据劳委会 2013 年的统计结果，二、三级产业的平均每日工时约为 8.3 小时，表示通勤旅次的平均活动时间约 8.3 小时，其余旅次依此类推。

表 3　旅次起讫分布

起点	讫点	资料笔数	百分比	起点	讫点	资料笔数	百分比
泽仁村	霞云村	4	2.5%	高义村	复兴	19	11.88%
泽仁村	复兴	3	1.88%	三光村	复兴	10	6.25%
霞云村	泽仁村	3	1.88%	华陵村	高义村	1	0.63%
霞云村	复兴	13	8.13%	华陵村	复兴	24	15%
义盛村	复兴	14	8.75%	复兴	霞云村	3	1.88%
罗浮村	复兴	28	17.5%	复兴	义盛村	1	0.63%
奎辉村	三光村	1	0.63%	复兴	罗浮村	2	1.25%
奎辉村	复兴	14	8.75%	复兴	奎辉村	5	3.13%
长兴村	泽仁村	1	0.63%	复兴	长兴村	1	0.63%
长兴村	复兴	9	5.63%	复兴	高义村	1	0.63%
高义村	高义村	1	0.63%	复兴	华陵村	2	1.25%

表 4　旅次目的分配及外出活动时间

旅次目的	通勤	通学	商务	医疗	购物	社交	其他	总计
资料笔数	16	25	5	39	54	6	15	160
百分比	10%	16%	3%	24%	34%	4%	9%	100%
合并百分比	25.6%		74.4%					100%
平均活动时间（小时）	8		4					—
活动时间标准差（小时）	0.5		1					—

4　系统模拟模式

本研究采用 7 个模拟模块来进行复兴区 DRTS 之营运系统模拟运算，包括需求产生模块、车辆移动模块、乘客叫车模块、乘客上车模块、乘客下车模块、车辆指派模块以及首派失败模块，整体运作流程如图 3 所示。

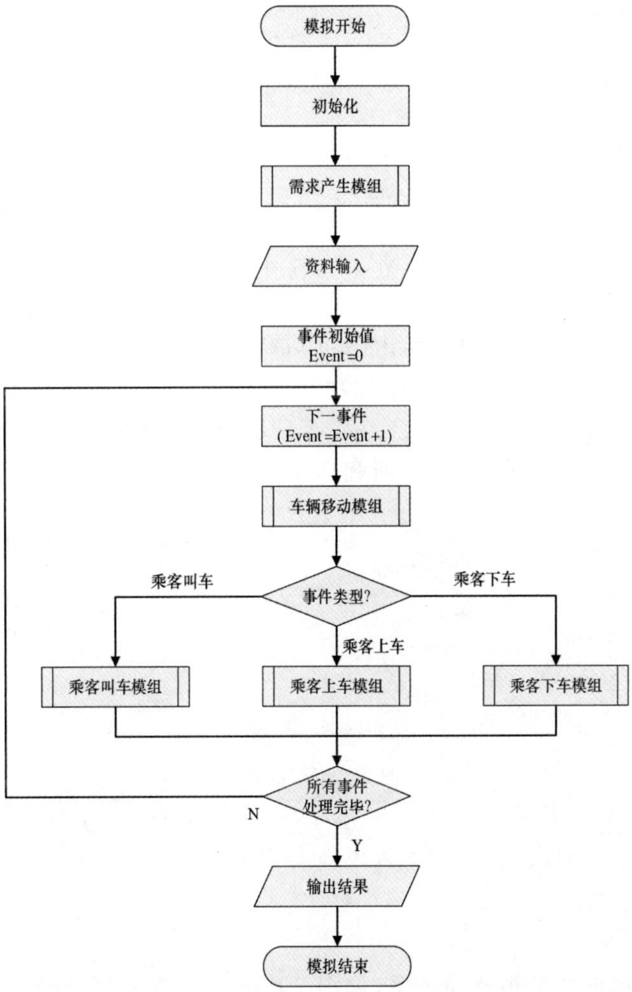

图 3　DRTS 系统模拟流程

需求产生模块产生模拟程序输入所需的资料，包括乘客叫车时间、起点及讫点，均依据上述分析整理之资料，以随机的方式产生。车辆移动模块用来推算车辆的运行，包含车辆移动的距离及所在位置。乘客叫车模块用于处理乘客叫车事件，主要在检查之前是否存在首派失败乘客，并指派最适合可用之车辆服务叫车乘客。乘客上车模块用于处理乘客搭乘上车之事件，主要记录乘客搭乘时间、变更载客车辆之状态及检查之前是否存在首派失败乘客。乘客下车模块用于处理乘客抵达下车之事件，主要记录乘客抵达目的地下车之时间、更新载客车辆之车上人数、判断车辆是否为空车以及检查之前是否存在首派失败乘客。

首派失败模块主在处理乘客首次向派遣中心提出搭乘需求时，因所有车辆受限制条件影响而无法前往服务，形成派遣失败之情况。造成车辆无法前往服务的限制条件包括车辆按先到先服务而忙碌中、车上人数已满以及因搭载此乘客造成容忍时间超过限制。首派失败模块判断叫车乘客之前是否为首派失败乘客，且仍未被服务。若是，即进入车辆指派模块指派车辆前往服务。若仍无车可派，则继续等待，直到被服务为止。车辆指派模块用于筛选出所有车辆中最佳之可用车辆，提供叫车乘客之载客服务。可用车辆须满足车辆载客情形、乘客容忍时间限制以及业者成本考量如最佳载客顺序、最短路径、边际里程等。

模拟运算结果将输出相关绩效指标，包括等候时间、旅行时间、服务时间、首派失败人数、车辆行驶里程、车辆闲置时间以及平均载客人数。

5 模拟结果分析

本研究以桃园市复兴区作为 DRTS 营运之对象，经系统模拟分析后得如下之绩效结果：

5.1 等候时间

等候时间与车队规模呈反向关系，如图 4 所示。出现等候时间的原因有二，一为车辆前往载客地点所花费之时间，另一则为首派失败乘客等待可用车辆所花费之时间。当首派失败乘客人数增多时，即车队规模太小不足时，整体的等候时间即会大幅增加。

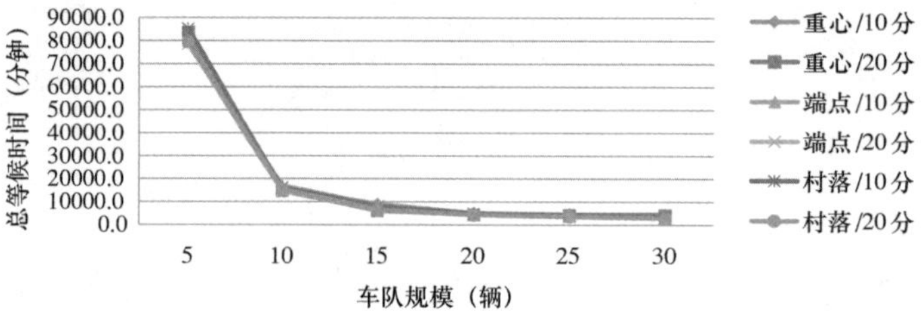

图 4　等候时间

5.2 旅行时间

旅行时间与车队规模之关系如图 5 所示，由图可知，容忍时间为 20 分钟时，总旅行时间于车队规模由 5 辆增至 20 辆时，有下降之趋势。另容忍时间为 20 分钟的旅行时间会高于容忍时间为 10 分钟时，原因在于前者限制条件较宽松，载客较为集中，绕路载客情况较多，因此乘客延误的时间较长；后者则因限制条件较严，载客较分散，绕路载客情况较少，因此延误时间较短。

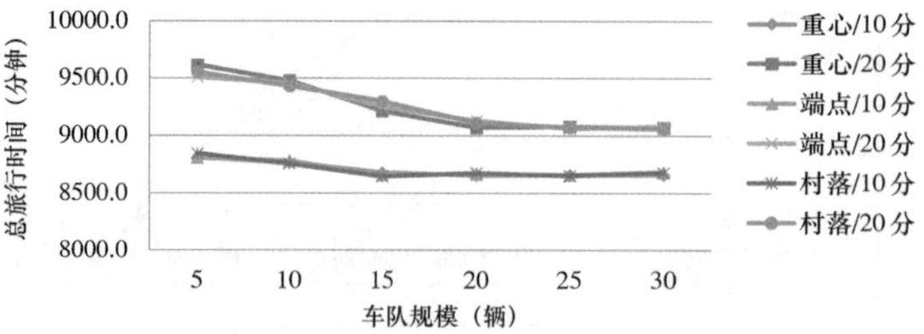

图 5　旅行时间

5.3 服务时间

服务时间与车队规模呈反向关系，且当车队规模由 5 车增至 10 车时呈现大幅下降，且容忍时间相差不大，如图 6 所示。

5.4 首派失败人数

首派失败人数与车队规模亦呈现反向关系，如图 7 所示。当车队规模介于 5 至 20 辆之间时，首派失败人次随车队规模之增加而锐减。当车队规模达到 25 辆时，首派失败人数则接近于 0。

5.5 车辆行驶里程

车辆行驶里程与车队规模之关系如图 8 所示，由图可知，车队规模由 5 辆增至 15 辆时，车辆行驶里程随之逐步增高。当车队规模再往上增加时，车辆行驶里程的变化即趋缓和。车队规模达 20 辆以上时，除站点布设方式为重心外，其余端点及村落布设方式之行驶里程皆呈些微下降之趋势。原因在于，端点、村落的站点布设方式，皆于复兴设立候车站点，而复兴区的去程旅次多以复兴为目的地，出现车辆在完成载客服务后，集中于复兴等候派遣的情况。集中于复兴等候的结果，造成每当要服务新乘客需求时，均须由复兴站出发载客。车队规模增加即可增加就近指派的机会，减少行驶之距离。

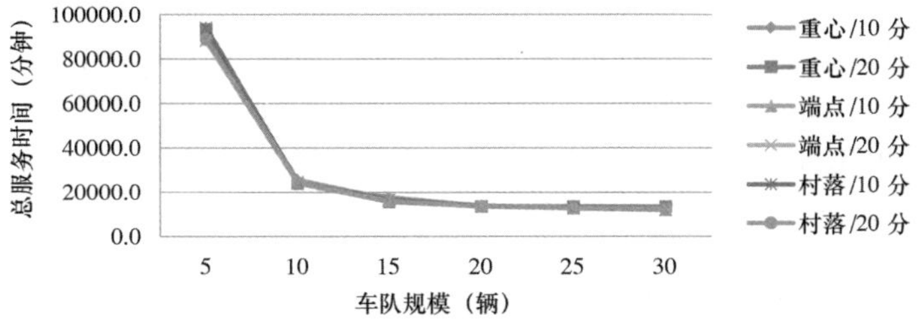

图 6 服务时间

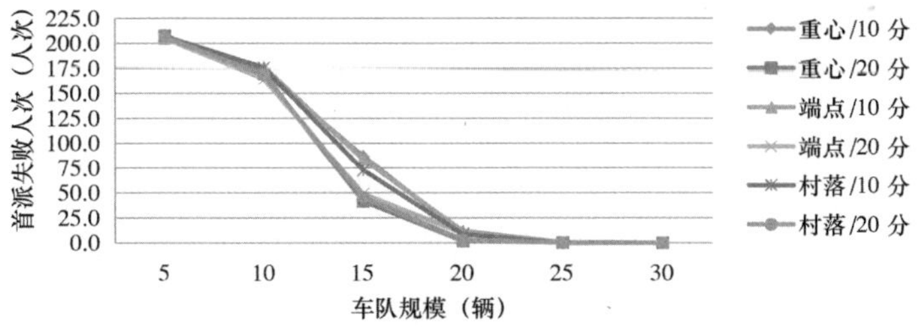

图 7 首派失败人数

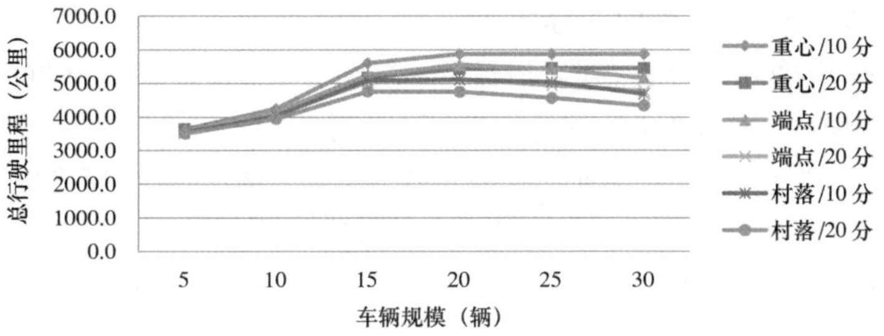

图 8 车辆行驶里程

5.6 车辆闲置时间

车辆平均闲置时间与车队规模呈正向关系，其主要原因为在车数增加而乘客数不变的情况下，车辆闲置的情况增多，自然拉长闲置的时间（图 9）。当车队规模仅 5 辆时，车辆平均闲置时间约 2 小时。当增至 30 辆时，则平均闲置时间长达 16 小时左右。

5.7 平均载客人数

平均载客人数与车队规模呈负向相关，如图 10 所示。当车队规模增加时，乘客有更多机会由其他较佳车辆服务，进而分散使用同一车辆的程度。容忍时间为 10 分钟的平均载客人数略低于容忍时间为 20 分钟者，原因在于前者条件较严，车次增加进而降低平均载客人数。

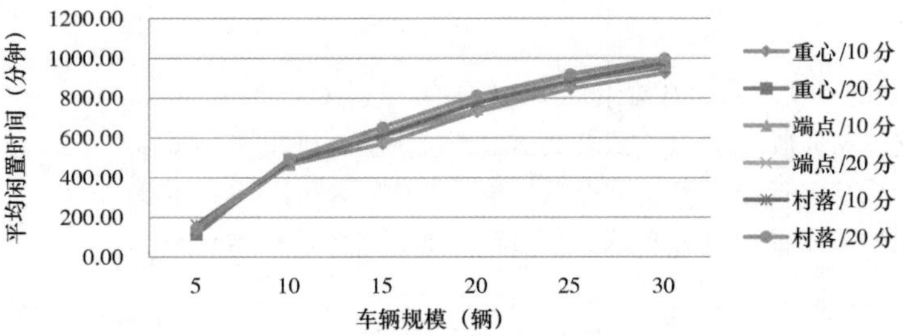

图 9 车辆平均闲置时间

若以服务时间代表乘客使用 DRTS 服务的成本，闲置时间代表业者经营 DRTS 的机会成本，则在服

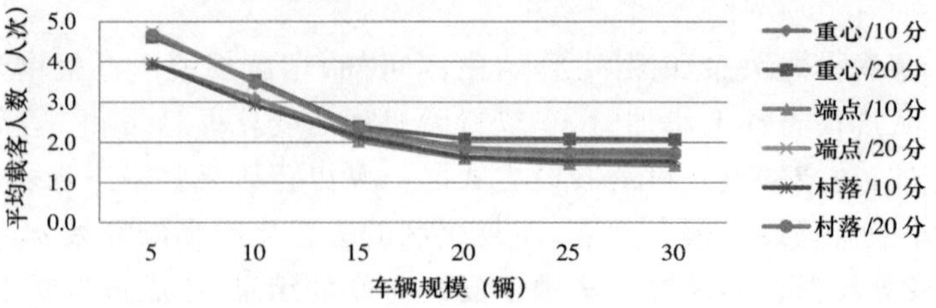

图 10　平均载客人数

务时间与闲置时间之时间价值相等的假设下，可由两者加总找出总成本最低之营运车队规模。图 11 为不同车队规模下各项时间成本分析之结果，其中各曲线均为重心、端点、村落搭配 10 分钟容忍限制之趋势线。由图可知，当车队规模为 22 辆左右时，总成本达到最低，约为 560 小时。

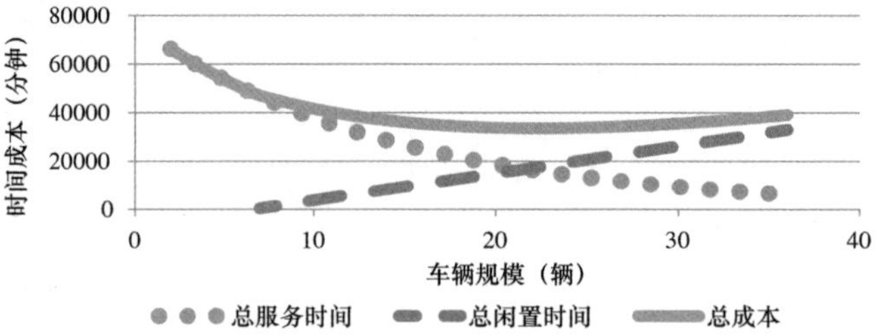

图 11　最适车队规模分析

6　结论与建议

6.1　结论

（1）本研究设计三种营运情境，分别为候车站点布设方式、容忍时间以及车队规模。在此三种营运情境设定下，共有 36 种不同的营运方案，并采用计算机模拟方式，撰写系统模拟程序进行模拟。

（2）由绩效分析结果得知，等候时间、旅行时间、服务时间以及首派失败人数随车队规模之扩充，其绩效愈佳。而车辆行驶里程、车辆闲置时间以及平均载客人数则随车队规模之缩小，呈现较佳之绩效。

（3）若以服务时间代表乘客使用 DRTS 服务的成本，闲置时间代表业者经营 DRTS 的机会成本，则在服务时间与闲置时间之时间价值相等的假设下，车队规模为 22 辆左右时，总成本可达到最低，约为 560 小时。

6.2　建议

（1）由本研究实时预约之模拟分析结果得知，即使投入大量的车辆资源，乘客仍无法在极短的时间内受到服务，故建议可研究采用事前预约或事前与实时混合模式，进一步探讨 DRTS 营运之可行性。

（2）本研究以服务的角度出发，较少考虑业者购车、场站等建置成本以及人事成本，建议未来将此些因素纳入研究，使分析结果更趋完整及实际。

（3）建议后续研究能将使用 DRTS 之费率加入考量，在成本与收益之间进行评估，以决策出最适合 DRTS 之营运情境。

（4）本研究仅就目前需求状况进行分析，未来则可进一步考量 DRTS 潜在之衍生需求，使营运绩效评估更为完整。

参考文献

[1]　桃园县政府交通局．2009 年发展桃园县需求反应运输服务计划[C]．2010．
[2]　交通事务主管部门运输研究所．需求反应式公共运输系统之整合研究[R]．2010．
[3]　交通事务主管部门运输研究所．需求反应式公共运输系统之整合研究[R]．2011．
[4]　交通事务主管部门运输研究所．需求反应式公共运输系统之整合研究[R]．2012．

城市智能交通大数据平台的模型库研究与设计

Model Base Study and Design for Urban Intelligent Transport Big Data Platform

保丽霞 王秋兰 沈 明 薛守钰

摘 要：城市智能交通的发展，逐步从传统的设备迈向模型库、知识库的建设和应用。论文研究了城市智能交通大数据平台的模型库框架，设计了交通状态判别模型、交通专题分析模型、跨专题交通大数据分析挖掘模型以及交通仿真与平台融合等模型库，实现道路交通状态判别、交通专题分析、交通大数据分析挖掘、数据共享和仿真决策等功能，以更好地为城市交通管控、规划、决策提供数据支撑。

关键词：交通工程；智能交通系统；交通大数据；交通模型库

Abstract: With the development of urban intelligent transportation, it has gradually developed from traditional equipment to model base and knowledge base. This paper studied the model base frame of city intelligent traffic data platform, traffic model, traffic thematic analysis, multi thematic analysis of big data mining model and traffic simulation platform and integration, are designed to realize traffic state identification, traffic analysis, data sharing, simulation decision, to provide data support for better decision-making, planning, city traffic control.

Keywords: Traffic engineering; intelligent transportation system; traffic big data; transport model base

0 引言

城市智能交通系统的研究与建设发展20余年来，从最早的交通信号控制（信号机、信号灯）的实施、交通信号配时算法的研究，到交通信息采集、交通诱导、综合交通信息平台的建设、行程速度计算和交通状态判别，再到如今的交通大数据分析，城市智能交通的发展，逐步从传统的设备研发和建设迈向模型库、知识库的建设和应用。深圳建设了交通仿真决策支持系统，珠海提出在交通信息综合服务平台上建设辅助决策支持系统，苏州高新区在规划中提出建设交通数据库、模型库。因此，越来越多的城市在积累了一定的道路交通、公共交通、对外交通数据后，迫切需要依托平台规划设计模型库、知识库等专家系统和辅助决策支持系统，以更好地指导城市交通管控、规划、决策。

1 城市智能交通大数据平台的模型库框架设计

交通大数据分析处理及挖掘模型库为城市智能交通大数据平台的核心大脑，通过建立成套的交通模型体系及数据分析模型集中对交通大数据进行处理、分析。主要包括交通状态判别模型、交通专题分析模型、跨专题交通大数据分析挖掘模型以及交通仿真与平台的融合。如图1所示。

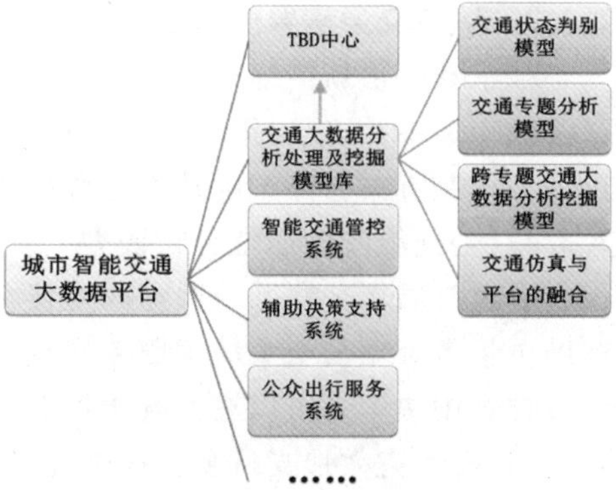

图1 城市智能交通大数据平台框架

2 主要模型库设计

2.1 交通状态判别模型

交通状态判别模型一般是智能交通大数据平台实现的基本功能之一。目前交通状态判别主要有红黄绿交通状态判别、交通指数计算。

根据上海市地方标准《城市道路交通状态评价体系》，道路交通指数的基本计算按下式计算：

作者简介：保丽霞，交通信息工程及控制，上海市城市建设设计研究总院（集团）有限公司。

$$TSI = \frac{v_f - v_i}{v_f} \times 100 \tag{1}$$

式中：TSI——道路交通指数；

v_i——路段 i 的行程车速；

v_f——路段 i 的自由流车速。

道路交通指数取值介于 0 至 100 之间，若 TSI 计算结果小于 0，则 TSI 取 0。

综合里程长度和车道数因素，道路交通指数应按式(2)计算：

$$TSI = \frac{\sum_{i=1}^{i} k_i l_i [(v_f - v_i)/v_f]}{\sum_{i=1}^{l} k_i l_i} \times 100 \tag{2}$$

式中：l_i——路段 i 的长度；

k_i——路段 i 的车道数。根据评价需求，可结合其他因素进行加权计算。

道路交通指数分为 4 级，取值区间为[0，100]，对应道路网和不同区域交通运行状态等级，1 级表示交通运行畅通，4 级表示交通运行严重拥堵(表 1)。

表 1　道路交通指数分级

道路交通指数(TSI)	$0 \leqslant TSI < 30$	$30 \leqslant TSI < 50$	$50 \leqslant TSI < 70$	$70 \leqslant TSI \leqslant 100$
道路交通指数分级	1 级	2 级	3 级	4 级
交通运行状态等级	畅通	比较畅通	拥堵	严重拥堵

2.2　交通专题分析模型

在智能交通综合大数据平台上开展公交、客流、交通信号控制、停车等交通专题分析，用于城市综合交通各专项的优化、调度、调控策略的实施。

2.2.1　交通小区机动车出行量预测分析模型

基于数据库中智能管控子系统存储的历史数据，结合后台模型库中的交通预测模块，对既有交通小区的机动车出行量进行预测分析，可以得出数年后的交通需求量，为详细的交通规划或交通建设提供理论支持。

2.2.2　公交出行量预测分析模型

基于数据库中公交系统存储的历史数据，结合后台模型库中的交通预测模块，对既有交通小区的公交出行量进行预测分析，可以迅速地预览数年后的公交出行占有率，为详细的公交线网规划、公交发展设计提供充分的理论支持。

2.2.3　区域交通信号配时模型

基于动态更新的地理库信息源，在系统中实时展示城市道路网络设施状态，同时关联数据库中各个路段的交通参数，使决策者可以迅速预览整个城市的道路交通运行状态以及瓶颈点，同时获取各个交叉口信号控制方案与停车配建设施数据，展示交通热点，提供城市道路、交叉口的扩建、优化建议。

2.2.4　公交线网合理性分析模型

通过与城市公交系统数据的对接，将各类公交系统在不同时空区间内的使用率投影在系统路网上，辅助决策者观察公交系统中服务盲点与忙点，结合公交规划，提供公交线网的扩建与优化建议。在远期建设方案中决策者可以在系统中设置公交线网建设方案，通过交通仿真与战略实验室功能预览建设后的效果，并据此有效地支持公交线网建设。

2.2.5　物流运输分析模型

基于物流需求与供给现状，规划物流基础设施建设方案与时序，能够高效地服务于物流产业的发展、支持政府的决策，服务企业和居民，优化、协调、共享和整合现有物流资源，实现城市内外联通的物流资源的高效运作.

2.2.6　停车泊位及运行模型

基于采集到的各个停车场停车泊位的利用数据，可以对城市停车状况、安全状况、服务水准进行实时监控与评估，直观地展示配建停车场存在服务问题或容量问题的停车黑点，提供停车智能诱导系统，提高停车场的利用率、促使停车设施利用均衡化，从而减少建造新停车设施的需要。通过各停车场泊位的周转率等数据分析，结合周边的道路交通停车需求，科学制定收费费率等制度，有效地为城市的动静态交通一体化提供数据分析支撑。

2.2.7 自行车用户使用分析

结合共享单车的使用数据，分析慢行交通在城市中的出行规律，为公共交通的延伸线、慢行交通补充、共享单车的投放数量等提供数据支撑。

2.3 跨专题交通大数据分析挖掘模型

跨专题交通大数据分析挖掘模型是实现城市智能交通大数据平台的数据分析、挖掘、应用以及发布的核心。将海量的智能交通数据进行关联，运用大数据分析模型、数据关联模型、大数据包络分析模型等方法，对数据进行深度挖掘分析，为政府决策、企业管理、公众出行提供强有力的数据支撑与服务。跨专题交通大数据分析挖掘模型整体框架如图 2 所示：

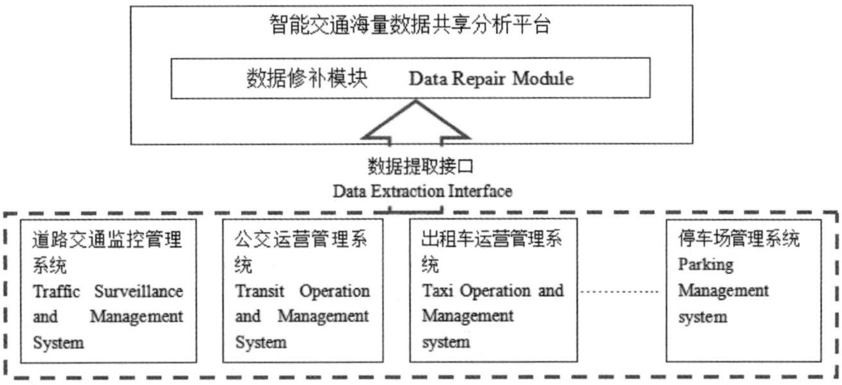

图 2 跨专题交通大数据分析挖掘模型整体框架图

2.3.1 数据关联分析模型

大数据关联分析理论提出了对各子系统进行灰色关联度分析的概念，旨在通过一定的方法寻求系统中各子系统(或因素)之间的数值关系。灰色关联度分析的意义是指在系统发展过程中，如果两个因素变化的态势是一致的，即同步变化程度较高，则可以认为两者关联较大；反之，则两者关联度较小。因此，灰色关联度分析对于一个系统发展变化态势提供了量化的度量，非常适合动态的历程分析。

所谓关联程度，实质上是曲线间几何形状的差别程度。因此曲线间差值大小，可作为关联程度的衡量尺度。对于一个参考数列 X_0 有若干个比较数列 $X_1, X_2, \cdots, X_n$，各比较数列与参考数列在各个时刻(即曲线中的各点)的关联系数 $\xi(X_i)$ 可由下列公式算出：

$$\xi_i(k)=\frac{\min\limits_i\min\limits_k|X_0(k)-X_i(k)|+\zeta\max\limits_i\max\limits_k|X_0(k)-X_i(k)\}}{|X_0(k)-X_i(k)\}+\zeta\max\limits_i\max\limits_k|X_0(k)-X_i(k)|} \tag{3}$$

其中 ζ(Zeta)为分辨系数，$0<\zeta<1$。

2.3.2 综合数据包络分析模型

数据包络分析方法以相对效率概念为基础，用于评价具有相同类型的多投入、多产出的决策单元是否技术有效的一种非参数统计方法。假设有 n 个部门或单位(称为决策单元，DMU)，这 n 个决策单元都是具有可比性的。每个决策单元都有 m 种类型的输入(表示该决策单元对“资源”的耗费)和 s 种类型的“输出”(它们是决策单元在消耗了“资源”之后，表明“成效”的一些指标)，根据建立的指标体系，通常以负向指标作为输入指标，以正向指标作为输出指标。这里，$X_j=(x_{1j},x_{2j},\cdots,x_{mj})T$ 和 $Y_j=(y_{1j},y_{2j},\cdots,y_{sj})T$ 分别为 $DMUj$ 的输入向量和输出向量，$j=1,\cdots,n$；$v=(v_1,v_2,\cdots,v_m)T$ 和 $u=(u_1,u_2,\cdots,u_s)T$ 分别为与 m 种投入和 s 种输出对应的权向量，为变量。考察 DMUk 的效率评价问题：以 DMUk 效率评价指数 $h_k=\sum_{r=1}^{s}u_r y_{rk}/\sum_{i=1}^{m}v_i x_{ik}$ 为目标，以所有的决策单元的效率指数 $h_j=\sum_{r=1}^{s}u_r y_{rj}/\sum_{i=1}^{m}v_i x_{ij}$，$1\leqslant j\leqslant n$ 为约束，构成如下的规划问题：

$$(C^{r}R)'\begin{cases}\max \dfrac{\sum\limits_{r=1}^{s} u_r y_{rk}}{\sum\limits_{i=1}^{m} v_i x_{ik}} \\ \dfrac{\sum\limits_{r=1}^{s} u_r y_{rj}}{\sum\limits_{i=1}^{m} v_i x_{ij}} \leqslant 1, j = 1,2,\cdots,n \\ u_r \geqslant 0, v_i \geqslant 0, r = 1,2,\cdots,S, i = 1,2,\cdots,m \end{cases} \tag{4}$$

$$t=\frac{1}{v^T X_k}, \omega = vt, \mu = tu \tag{5}$$

因此,分式规划问题化为线性规划问题:

$$P'(C^2R)\begin{cases}\max \mu^T Y_K \\ \omega^T X_j - \mu^T Y_j \geqslant 0, j=1,2,\cdots,n \\ \omega^T X_0 = 1 \\ \omega \geqslant 0, \mu \geqslant 0 \end{cases} \tag{6}$$

2.4 交通仿真与平台的融合

规划在城市智能交通大数据平台上将目前在用的 VISSIM、VISSUM、TransCAD、EMME4 等仿真软件进行融合应用,实现实时数据共享、仿真决策等功能。如图 3 所示。

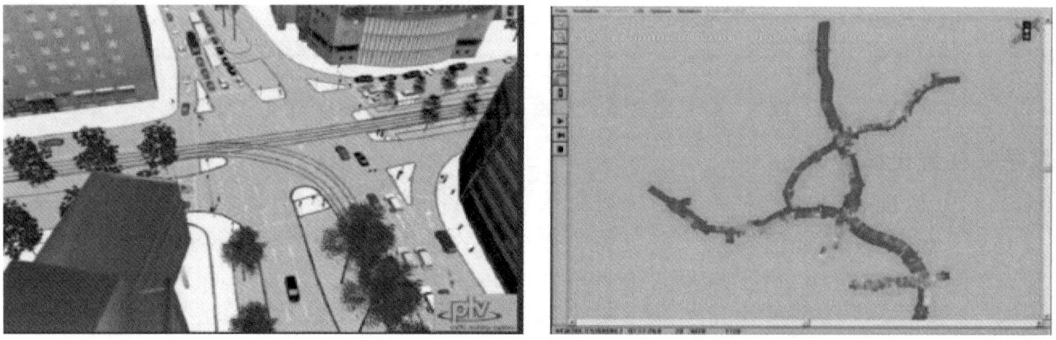

图 3 VISSIM 模型应用图例

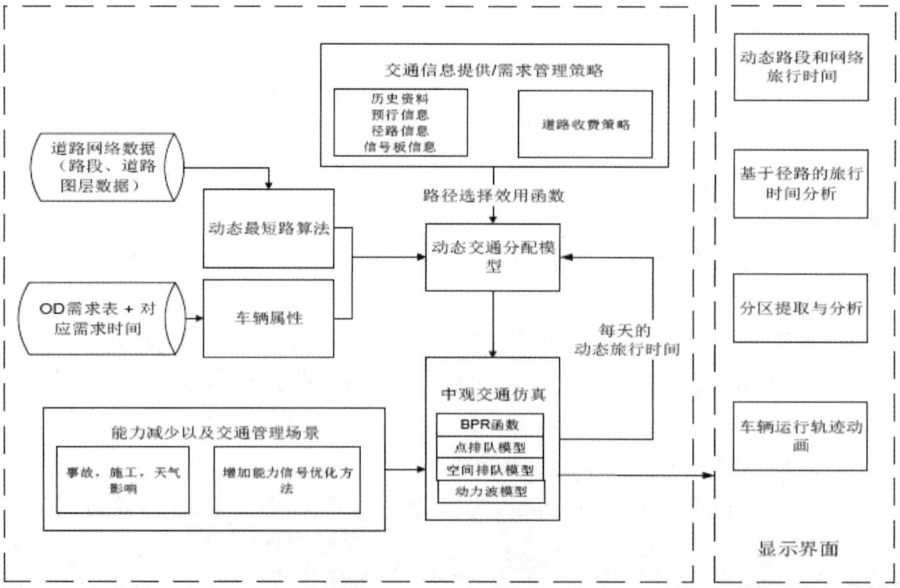

图 4 模型功能框架

主要功能架构如图 4 所示,功能模块主要包括:供需子网模型抽取、区域动态模型输入建设与标定、动态路径选择与交通流分配和区域车辆仿真结果输出。

(1) 供需子网模型抽取：从输入的上层次 OD 及路网环境中，抽取模型仿真所研究的区域或通道走廊子网模型，构建中微观动态区域仿真环境。

(2) 区域动态模型输入建设与标定：集成仿真条件，完成模型输入建设及仿真条件下中微观交通仿真参数的标定。

(3) 动态路径选择与交通流分配：基于区域路网环境、交通信息供需策略、交通管理措施等条件，仿真车辆行驶状态，实现车辆行驶行为的动态仿真。

(4) 区域车辆仿真结果输出：通过展示界面，实现车辆运行轨迹、路段和区域路网状态等仿真结果的分析与输出。

3　结语

论文研究设计了城市智能交通大数据平台的模型框架，通过建立交通状态判别模型、交通专题分析模型、跨专题交通大数据分析挖掘模型以及交通仿真与平台的融合模型等，形成交通大数据分析处理及挖掘模型库，集中对交通大数据进行处理、分析，从而为城市交通管控、规划、决策提供支撑。

参考文献

[1] 周春梅.大数据在智能交通中的应用与发展[J].中国安防，2014(3X)：33-36.

[2] 顾承华. 基于交通大数据的道路交通状态指数应用研究[J]. 智慧交通，2016，1：92-96.

[3] 保丽霞，顾承华. 上海智能交通系统近期建设要点[J]. 交通与运输，2016，2：40-41.

[4] 吴金友. 海量综合交通信息 OLAP 系统研究与实现[J]. 建筑与发展，2014，39：27-28.

[5] 方昕. 大数据下的智能交通数据共享与处理模型[J].信息技术，2015(12)：94-97.

[6] 王进展，曲大义，王五林，等.融合多源信息的交通运行仿真分析[J]. 青岛理工大学学报，2016，37(4)：112-117.

[7] 覃明贵.城市道路交通数据挖掘研究与应用[D].复旦大学，2012.

应用大数据技术于公交车营运智慧化管理

Application Big Data in Smart Bus Operation Management

周谚鸿　颜郁航　林幸加

摘　要:台湾推动先进大众运输系统建置已近20年,包括公交车动态信息、电子票证、数位行车纪录器等系统皆已完成,民众可实时查询公交车动态、政府也广泛应用于监管公交车之营运状况,然公交车客运业者尚缺乏应用上述大量数据资料于营运管理提升上。基于此,本研究导入大数据与信息平台开发技术,整合政府公开信息与业者营运信息,并以云端技术与数据视觉化方式呈现,分析驾驶行为、油耗、刷卡等信息,开发一套可于在线使用之"智慧公交车营运管理平台",提供车辆动态、行车安全、节油、服务、舆情及电子票证分析等应用模块。公交车客运业管理人员透过此平台可实时掌握车辆运行状况、驾驶行为与行车安全与油耗状况、服务准点和乘客搭乘需求等,目前并已台湾多家公交车客运业者使用。
关键词:大数据;公交车营运管理

Abstract: Over the past 20 years, technologies of APTS(Advanced Public Transportation System) which include real time bus information system, electronic ticket system and digital trip recorders are mature and widely deployed in Taiwan. Passengers and the government could locate the bus and its arrival time at anytime from anywhere. However, it only benefits passengers who could locate the bus or the government who would regulate the bus service, the bus corporations did not benefit from it in the past. Based on this, the study developed an online service solution about bus operation management called smart bus operation management system (SBOMS) by big data analytics and data visualization . SBOMS is designed to provide the direction of improvement concerning operation and management for bus corporations with better services on safety, fuel efficiency, and bus punctuality by analyzing driving behavior, fuel consumption and ticket data, which are built under several modules for service evaluation, driving safety, fuel consumption analysis, ticket analysis, and on-time information. It has been used in several bus corporations in Taiwan.
Keywords: big data; bus operation management

1　前言

台湾先进大众运输系统的投入与发展已逾20年,特别是公交车动态信息系统建置推动,由于多为相关部门主导,其功能发展以提供乘客实时公交车信息为主,包含车上站名播报显示、站牌路线位置信息及预估到站时间等信息。

然而在先进大众运输系统之车载设备未与电子票证、行车纪录器、车上诊断系统等设备整合之情况下,客运业者仅将动态信息应用于行车监控与排班调度等车队管理之需求,但营运管理需求方面,却无更进一步整合相关资料进行分析与应用。例如,结合行车纪录器、车上诊断系统所记录资料,以分析驾驶行为与行车燃油消耗等,协助客运业者进行行车安全管理及节省营运成本;或是结合电子票证资料,分析旅次起讫分布、各站上下客量、载客热点等,协助客运业者进行发车时刻调整、路线行驶站位调整等,增加客运业者营运收入。

综合以上,建构整合的动态信息平台有助于客运业者降低营运成本,并提升行车安全与服务质量之效益。本研究之目的为:

(1) 运用大数据技术,开发智慧公交车营运管理平台(SBOMS, Smart Bus Operation Management System),整合驾驶、车辆及路线营收的各项行车资料,将分析结果建置云端交互式仪表板以易于数据解

基金项目:本文系经济事务主管部门服务业创新研发计划(SIIR)"智慧公交车营运管理平台"之研发成果。
作者简介:周谚鸿,鼎汉国际工程顾问股份有限公司 信息长兼大数据部门主管。
颜郁航,鼎汉国际工程顾问股份有限公司 大数据部门数据师。
林幸加,鼎汉国际工程顾问股份有限公司 总经理。

读。云端化之营运信息有利营运管理人员随时随地掌握营运情况,规划驾驶教育训练与车辆检修等计划,提升其管理效率。

(2) 客运业者营运管理效率改善后,进而可节省营运成本及提升服务质量,并建立优良公司形象;推广本系统予其他客运业者使用,有益提升客运运输产业之整体服务水平,达到业者好营运、政府好管理、民众好放心之综效。

2 SBOMS 系统模块介绍

2.1 平台开发技术

智慧公交车营运管理平台整合政府开放资料(公交车服务评鉴、票证信息等)及公交车动态信息(站位信息、公交车动态等),客运营运资料(班次资料、油耗资料、路线资料、车队资料、驾驶资料、肇事资料及客诉管理等),将大量数据借由一系列处理程序包含资料清理(Data Cleaning)、平行运算(Parallel Computing)、资料探勘(Data Mining),让多元且大量的数据资料转换为平台上有用且有价值之信息,开发技术分为大数据建置与探勘分析以及云端平台建置两大部分,分别说明如下。

2.1.2 大数据建置与探勘分析

1) 资料存取

原始搜集资料来源横跨业者端与政府开放资料,利用 FTP 传输方式与业者进行资料定时传输取代人工传递,并撰写定时下载程序获取政府开放资料。原始资料档案类型格式相当多元,需将资料进行正规化处理。

2) 资料清理

原始资料常存有资料异常之问题,例如:资料缺漏、资料重复、字符乱码、栏位错置等问题,需透过数据库语法进行异常值筛检与清除,避免错误之资料分析应用端产生错误之信息与判读。

3) 建立应用数据库

动态数据资料通常不包含静态属性资料,例如:行车数位器资料仅有车号,无法立即掌握行驶该趟次之路线、驾驶长、管理站等资料,需将动态数据与静态属性进行资料融合,再透过平行运算建立应用数据库。

4) 资料探勘分析

车型车款、驾驶行为、行车安全与行车节油本为环环相扣,透过关联分析探勘之间的依存关系,计算变项包含车辆基本资料与年限、每班次之油耗、刹车次数、急加减速、怠速、经济转速、最高转速、平均转速、最高速度及平均速度,透过交叉关联分析,挖掘影响油耗之关联因子与各驾驶行为变项之关联性。并利用 K-means 集群分析法将驾驶行为习惯进行分群切分,找出最佳分群数,换算为驾驶行为优良与否之等第,资料探勘分析结果可协助作为业者车辆管理与驾驶长考核相关依据。

如图 1 所示。

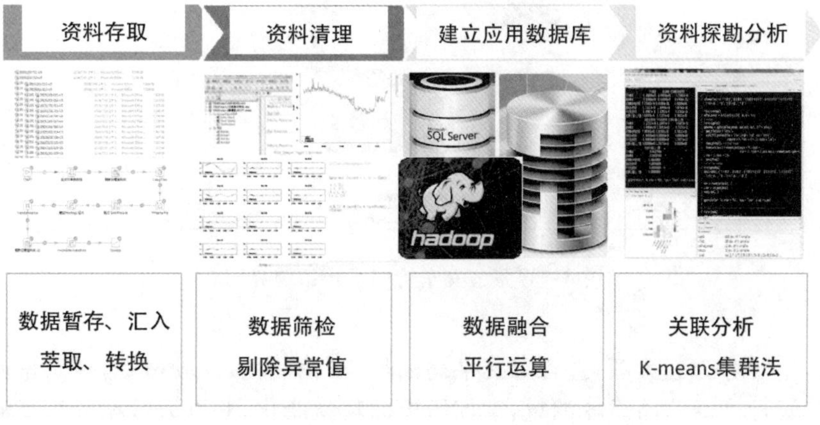

图 1 大数据建置与探勘分析流程

2.1.2 云端平台建置

智慧公交车营运管理平台建置于云端环境上,平台架构如下图 2 所示提供业者在线实时查询使用,并透过账号密码与验证码进行权限设定管控,可依据不同职掌与管理场站进行资料输入编修或资料查询权限分级。

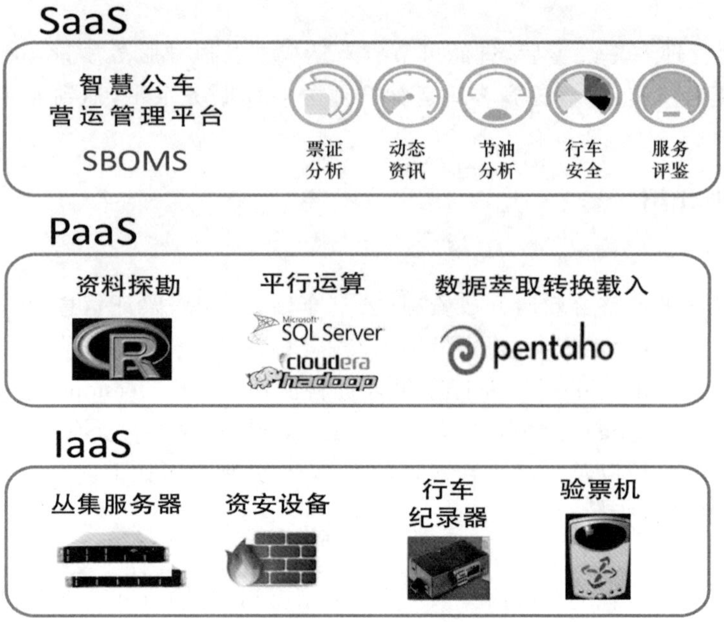

图 2　SBOMS 云端平台架构

平台开发采用.NET C#语言，结合 CSS3、HTML5 和 JavaScript、R、ETL 等程序语言，并建置视觉化交互式查询仪表板，透过条件选单、颜色、大小等设计，让使用者可弹性操作查询易于观察掌握资料变化与意义。系统开发界面采用 Bootstrap 之自适应效果，提供不同浏览器与装置适合之阅读经验，以确保使用者可跨装置，并于不同环境与情境下无缝使用。

2.2　平台功能与效益

SBOMS 应用大数据技术针对营运管理需求发展 5 大模块功能，分别为节油分析、票证分析、动态信息、行车安全和服务评鉴如图 3 所示，用于提升营运绩效、节油、安全和服务，分别说明如下。

图 3　智慧公交车管理平台系统界面

2.2.1　节油分析

节油分析模块，主要分为五大项，包含每月平均油耗、车辆油耗、驾驶员油耗等、车辆空驶以及驾驶员空驶，本研究提供各管理站经营路线耗油量，掌控历史油耗量变化，并以大数据分析高油耗驾驶与空驶状况，针对驾驶行为训练、检讨排班调度，以改善油耗，以下针对最核心的每月平均油耗与车辆油耗项目说明如下：

1）每月平均油耗

（1）功能：提供各管理站经营路线耗油量交互查询，以利分析不同车型车款于不同季节油耗量变化。

（2）操作：此界面预设值为最新油耗资料量。可透过时间、管理站、路线进行筛选，选择后图台将呈现各路线、各车型车款每月耗油情形(图 4)。

2) 车辆油耗分析

(1) 功能:提供各车型车款各车辆耗油量状况,以利掌控各车辆耗油量变化。

(2) 操作:此界面预设值为各车辆油耗资料量。可透过时间、管理站、路线进行筛选,选择后,图台将呈现各路线各月份耗油情形,可观察分析同一种车型车款不同驾驶人油耗变异情形,找出油耗最高之驾驶名单进行教育训练以改善其驾驶行为(图 5)。

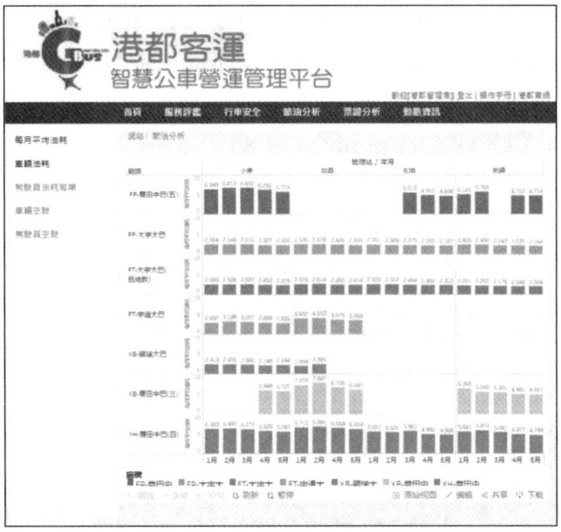

图 4　每月平均油耗

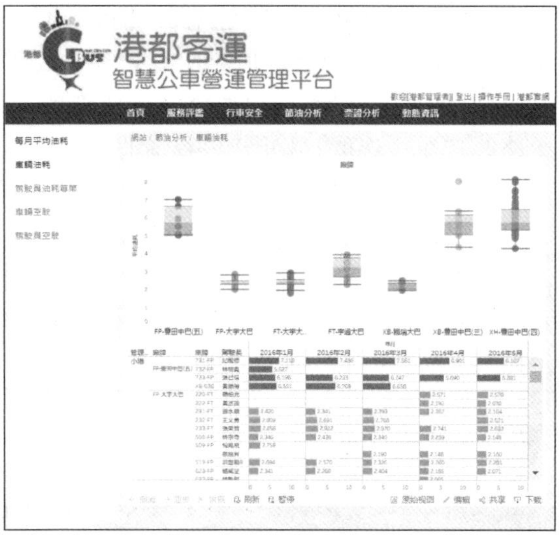

图 5　车辆油耗

2.2.2　票证分析

票证分析模块主要分为四大项,包含路线总刷卡分析、每日刷卡分析、分时刷卡分析,以及班次刷卡分析。本研究利用大数据技术进行票证分析,掌控运量变化趋势与乘客分布,以调派适宜载客之车辆,协助业者掌控整体运量变化趋势,及各路线一般平假日、特殊节庆或假期时运量变动情形与营运状况。以下针对最核心的路线总刷卡分析与分时刷卡分析项目说明:

1) 路线总刷卡分析

(1) 功能:提供整体路线总刷卡量变化情形,掌握平、假日与特殊连假、活动或特殊情况等载客状况。

(2) 操作:此界面呈现全路线总刷卡量变化与特殊事件(含特殊节日或活动、天灾等)之对应情形。将游标移至折线图上方,可显示数据日期与资料笔数(图 6)。

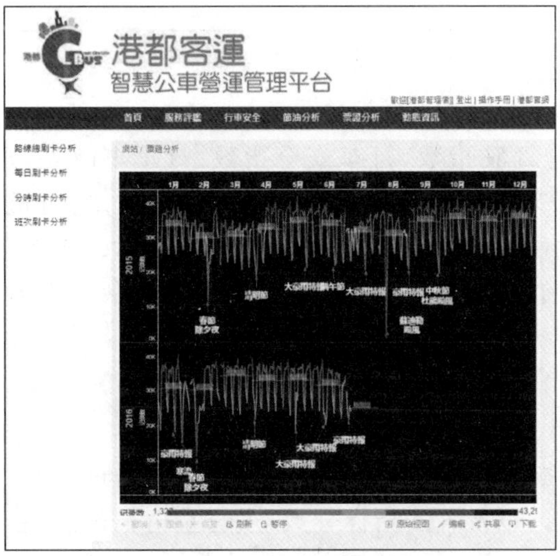

图 6　路线总刷卡分析

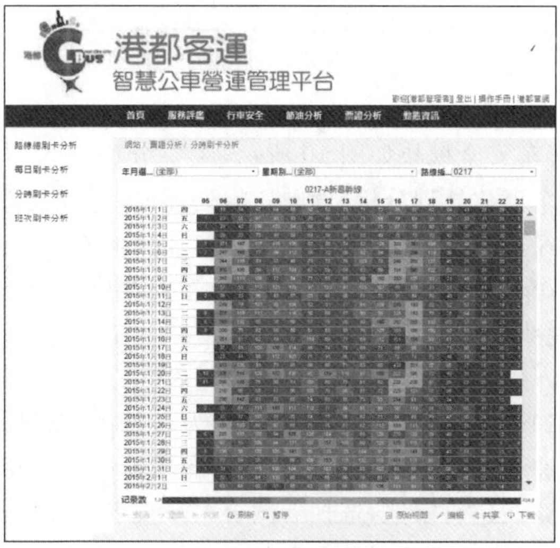

图 7　分时刷卡分析

2)分时刷卡分析

(1) 功能:提供各路线分年月、星期别(周一至周日)、各路线每日分时刷卡量变化情形。

(2) 操作:此界面预设值为某路线近 1.5 年(可调整)分时刷卡量变化情形。此界面可透过筛选年月、星期别(周一至周日),查询指定日期内每日、每小时刷卡量变化情形。将游标移至长条图上方,可显示数据年月、星期别、小时、路线编号与名称、每日、每小时刷卡量(图7)。

2.2.3 动态信息

动态信息模块可提供业者掌握公交车实时位置信息与发车准点之服务,内容分为两大项,包含车辆实时位置与市公交车发车班次率。详细功能分别说明如下:

1) 车辆实时位置

(1) 功能:提供各管理站经营路线勤务(出行)状态,以利掌控执行或非执行勤务车辆之实时位置讯息。

(2) 操作:此界面预设值为所有勤务中的车辆。可透过管理站(客运中心站、汽车站)选单,选择欲检视之站别,选取站别后,地图图台将呈现管理站管理之所有路线勤务中车辆信息,若只想选取特定路线,可于路线选单中选取;另外若想查询非勤务中的车辆,可于勤务状态选单切换(图8)。

2) 市公交车发车班次率

(1) 功能:提供各管理站检核经营路线发车准点情形,以利掌握各路线实际发车班距是否符合核定班距。

(2) 操作:此界面预设值为今日所有管理站与路线发车准点情形。可透过管理站(客运中心站、汽车站)选单,选择欲检视之站别,选取站别后,平台将呈现管理站管理之所有路线发车准点情形,若只想选取特定路线,可于路线选单中选取(图9)。

图8 车辆实时位置

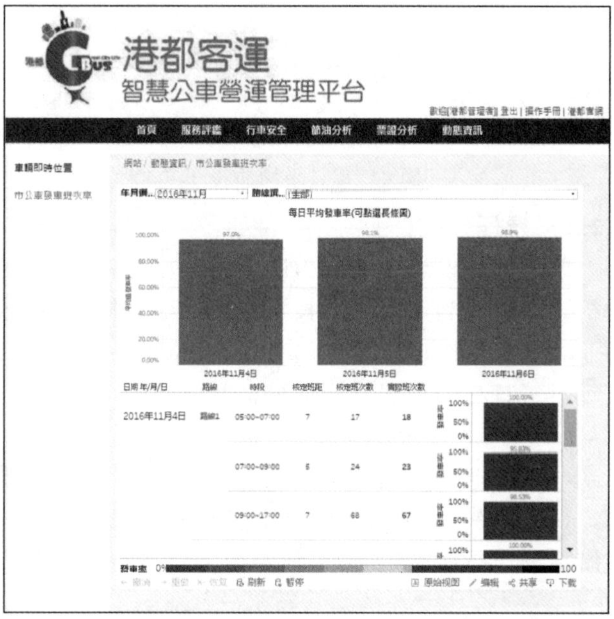

图9 市公交车发车班次率

2.2.4 行车安全

行车安全模块如图10所示,主要分为六大项,包含安全驾驶指数、行车安全指数、行车事故处理追踪、行车事故处理分析、驾驶违规处理追踪,以及驾驶违规处理分析。本研究以大数据分析技术,可透过车速、经济转速、怠速过久判定和急加减速判定等,监控驾驶员驾驶行为,针对驾驶行为训练,改善肇事,掌握行车事故之历史变化,提升行车安全度。以下针对最核心的安全驾驶指数分析与行车事故处理追踪项目说明如下:

1) 安全驾驶指数分析

(1) 功能:提供各驾驶行车行为之监控,以提升公交车行车安全及舒适度。

(2) 操作:此界面预设值为全部驾驶员之驾驶行为平均指数,及各指标等地平均值。可透过时间、管理站、路线进行筛选,选择后图台将呈现各驾驶安全指数情形,以及各安指标分数,点选左边长条图,右边数值列表将呈现该驾驶各驾驶行为情形。

2) 行车事故处理追踪

(1) 功能:提供各驾驶员事故情形,以利掌握行车事故之历史变化,用于驾驶员行为检讨,提升行车安全度。

(2) 操作:此界面预设值为历史行车事故资料。可透过时间、管理站、路线进行筛选,上方长条图呈现历史各行车事故统计值，以掌握趋势变化，筛选后下方呈现该筛选条件之所有事故明细(图 11)。

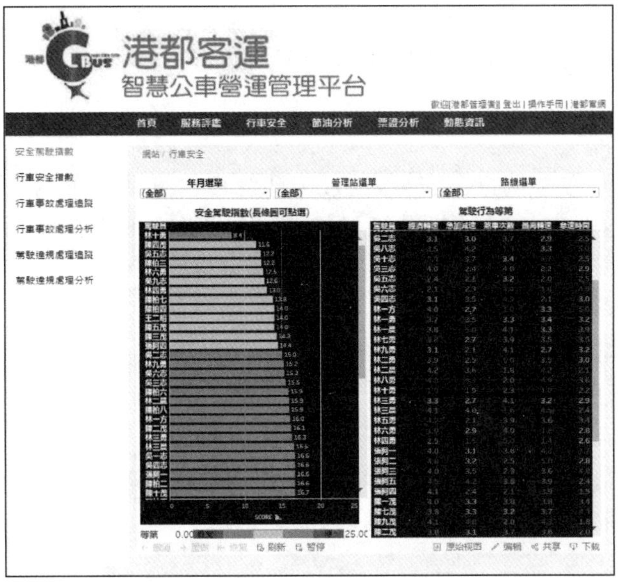

图 10　安全驾驶指数

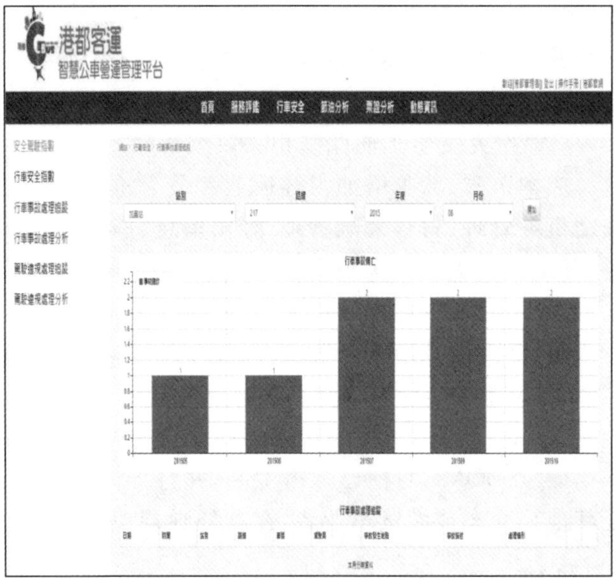

图 11　行车事故处理追踪

2.2.5　服务评鉴

服务评鉴模块如图 12、图 13 所示，主要分为两大项，包含实时舆情以及客诉管理，以利业者掌握公交车服务之乘客满意及政府评价。详细功能说明如下：

1) 实时舆情

(1) 功能：提供各实时网络新闻，掌握最新新闻。

(2) 操作：此界面左上角为公交车新闻最新视频，点击后可于平台上直接观看，左下方为其他视频的链接，右上为全台湾地区公交车相关新闻，右下为业者相关新闻，点击标题后均可连接至该新闻网进行阅读，所有新闻皆每小时更新一次，每个新闻列表右上角的“more”点击后将列出近 7 天的新闻列表。

2) 客诉管理

(1) 功能：提供投诉案件之管理，以掌握各驾驶被投诉之成因。

(2) 操作：此介预设值为所有驾驶员之投诉案件数统计。可透过日期、场站、路线及驾驶员筛选，下方圆点图呈现该筛选条件中按照件数多寡进行原点大小之呈现，点选圆点后，下方将呈现该驾驶员之投诉案件明细。

图 12　实时舆情

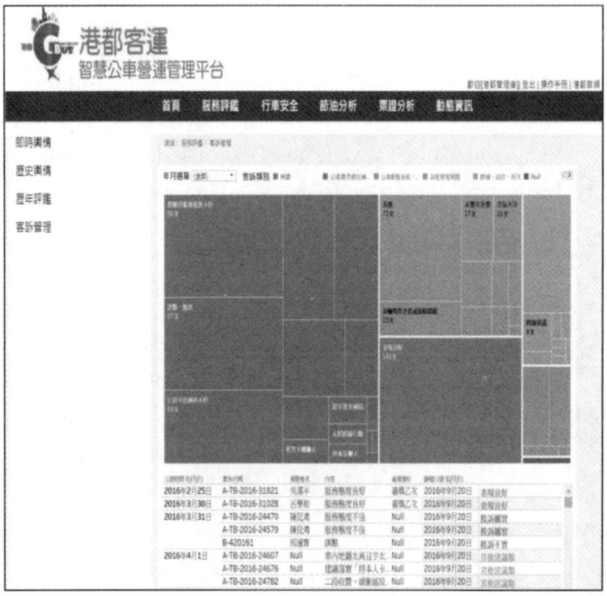

图 13　客诉管理

3 SBOMS 未来展望

开发与导入营运管理系统,需要由浅入深与持续运用,未来开发方向将包含下列工作:

(1) 针对公交车营运资料进行更多的资料加值。

(2) 研究关于车辆保修相关议题。

成本节省、营收增加为客运业者最为重视问题,同时亦考量行车安全,透过车队管理信息结合车辆保修之机务管理、材料采购管理,经由信息分析,协助客运业者按时进行车辆保修,同时不影响车队管理勤务,并进一步提升乘客搭乘服务质量。

① 针对车辆保修纪录,拟定车辆保修排程,提醒车辆进场维修。

② 应用物料管理纪录,结合营运资料,进行车辆零件生命周期分析。

③ 应用车辆保修管理、物料管理纪录,结合营运资料进行分析,提供车种采购参考。

(3) 对于营运与车辆保修作业开发相关手持装置应用程序与结合 QRcode 读取技术。

(4) SBOMS 目前已取得专利,并且导入台湾三家公交车客运业者进行运用,期望运用相关案例推广至其他公交车或游览车业者,在岛外则希望能朝向大陆和澳门地区,以及越南、缅甸推广。

4 结语

本研究建置之"智慧公交车营运管理平台",于市面上并尚未开发类似或相关之产品。本研究运用长年经营及研究成果精华,配合客运业者需求,开发此项具创新之交通服务产品。此产品运用大数据分析与资料探勘技术,将原有装载车机与 GPS 巨量资料清理并转化为有利资料,培养驾驶之驾驶行为改善,同时提升道路交通安全及大众运输服务质量。并期望以台湾成功案例之经验,推广海外,提升整体大众运输系统之服务质量。

参考文献

[1] Institute of Transportation. State-of-the-practice of public transportation technologies and feasibility study on applications of advanced technology to public transportation systems in Taiwan[C]. 1993.

[2] Shyue-Koong Chang, Yu-Ru Liu, Hsin-Hsiung Chen. An Assessment on Automatic Vehicle Location and Communication Technologies for Advanced Bus Transit Systems[J]. Transportation Planning Journal, 2001, 30(1): 203-236.

[3] Institute of Transportation. Integrated Development Architecture and Promotion Strategy for Advanced Public Transportation System[C]. 2002.

[4] Institute of Transportation. Deployment Promotion Project of the Core Modules of Fleet Management System for Public Transportation[C]. 2004.

[5] Institute of Transportation. Development of Advanced Public Transportation Systems in Taiwan: A Planning and Demonstration Project of Bus Travelers'Pre-Trip Decision Support System[C]. 2005.

[6] Institute of Transportation. The Comprehensive Research and Development Program of Advanced Public Transportation Systems in Taiwan: The Design and Implementation of Transit Safety Management Systems[C]. 2006.

[7] Institute of Transportation. The System Standardization and Pilot Project for the Smart Bus Deployment on Service Routes[C]. 2007.

[8] Institute of Transportation. The Review and Demonstration of the APTS Management Information System for Government Authorities[C]. 2011.

[9] Institute of Transportation. The Value-Added Application and Demonstration Project of Developing an APTS Application System with an Integrated Database[C]. 2015.

[10] Institute of Transportation. The Integration and Application Promotion of the Decision-making Support Systems on Scanning the Service Gap of Public Transportation[C]. 2015.

基于客流的公交线路调度优化及评价框架研究

Research of Scheduling Optimization and Assessment Framework based on Bus Passenger Volume

孙　亚　朱　昊

摘　要：目前多数公交企业根据传统经验进行人工计划排班和调度工作，随着公交信息化技术手段提高，通过掌握公交线路动态客流进行调度，能够提高公交企业运营效率和降低其运营成本。本文研究基于公交客流需求响应的调度优化及评价，首先给出基于客流的调度技术流程和评价框架，然后通过采集线路的连续全样客流进行发车时刻表优化编制，基于发车任务量进行车辆配置资源优化编制，最后从公交供给、绩效评价框架的指标体系对优化效果进行评价对比研究。
关键词：公交客流；时刻表编制；配置资源；优化评价

Abstract: At present, most of bus companies manage manual scheduling and bus scheduling work according to traditional experience. With the improvement of bus information technology being applied, the operational efficiency of bus companies could be improved as well as the operating costs reduced by collecting information of the bus line dynamic passenger flow and applying such information into bus scheduling work. This paper discusses scheduling optimization and evaluation based on bus passenger demand response. First, the scheduling process and evaluation framework based on passenger flow are put. Then, the bus dispatching timetable by collecting full passenger flow in a continuous time period, and forword the vehicle resource deployment based on the amount of departure task are optimized. Finally, the optimization effect would be evaluated and discussed from the index system of bus supply, bus demand and performance evaluation framework.
Keywords: bus passengers; schedule preparation; resource deployment; optimization evaluation

1　引言

目前多数公交企业在编制发车时刻表时，都是在相关行业标准的前提下，采取传统的人工计划方式编制[1]，其特点为工作人员根据积累的经验和非连续观测数据，在不同时段配以不同的发车班次，并对计划的班次进行车辆资源配置和路牌配置。但公交线路的客流在不同时段呈现不同的特征，采取单一化的发车班次，对于高峰时段的满载率过高和平峰时段的车辆过于空闲，都有着很大的优化空间。

随着公交客流采集技术的发展，目前安装在公交车辆上面的客流计设备（APC，Automatic Passenger Counter）具备采集公交线路各个公交车辆的站点上客量和下客量的能力。该设备采集的全样连续客流数据，使得优化发车时刻表、优化车辆配置资源成为可能。本文根据实际采集到的客流进行调度优化，对于优化发车班次、提高高峰乘车舒适度、节约车辆或人力成本具有重要作用。

2　技术路线

基于公交客流需求响应的调度优化及评价框架研究的技术路线如图1所示：

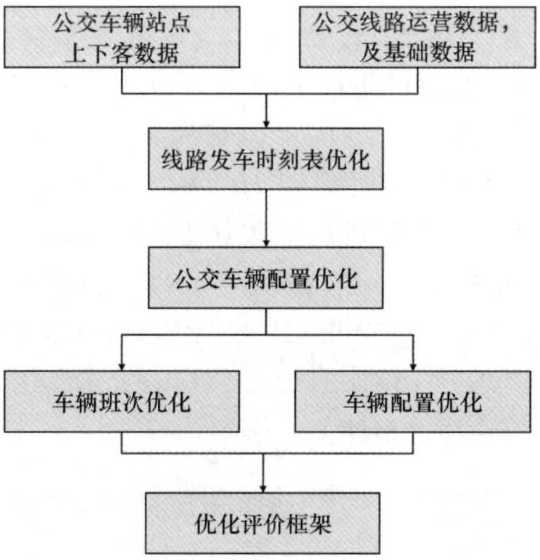

图1　技术路线

利用客流计（APC）设备采集的公交车辆每个站点上客和下客数据，结合公交线路运营数据、公交线路基础数据，首先进行基于实际客流响应的公交线路的发车时刻表优化，得到优化后的发车时刻表；然后利用公交车辆配置优化模型，进行公交车辆数量配置和分

作者简介：孙亚，上海市城乡建设和交通发展研究院，智能交通，交通规划专业。

配,得到优化之后车辆班次分配情况。

基于车辆班次优化结果和车辆配置优化结果,与之前实际车辆的运营情况进行对比分析,建立评价框架和细分评价维度,制定针对性的评价指标和计算方法,进行优化前后的对比和分析,确保优化结果效果提升。

3 基于公交客流的调度优化

3.1 基于客流的发车时刻表编制

基于客流的发车时刻表编制基于公交客流的调度优化的重要一步,发车时刻表编制的目标为利用实际的客流需求数据的分布,利用编制模型编制符合客流分布的公交发车时刻表,保障高峰公交车辆服务,降低公交企业运营成本,真正做到按需服务(图 2)。

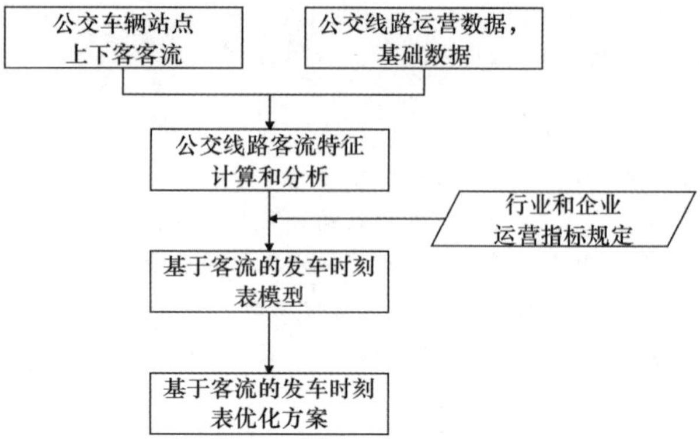

图 2 基于客流的发车时刻表编制流程

发车时刻表编制流程为是基于客流的发车时刻表优化准则,基于 APC 客流数据分析客流特征(不同行驶方向、高峰小时、高峰断面[2]、高峰客流计算分析),参照车辆额载量、发车间隔、运营时间行业要求和企业要求,制订的按需响应的发车时刻表。

公交线路特征时段的发车频次优化计算公式如下,特征时段可以为自然小时或者指定分析时间段。

$$\begin{array}{c}\text{特征时间段内的}\\ \text{发车频次 } N\end{array}=\begin{cases}\dfrac{\text{物征时间段高峰断面客流量 Flow}}{\text{车辆额载数量 } S\times\text{满载率规定 } M}, & \text{value}<\dfrac{\text{特征时间段间隔}}{\text{最小班次间 } R}\\[2ex] \dfrac{\text{特征时间段间隔}}{\text{最小班次间隔 } R}, & \text{value}\geqslant\dfrac{\text{特征时间段间隔}}{\text{最小班次间隔 } R}\end{cases}\tag{1}$$

其中 $\text{Value}=\dfrac{\text{特征时间段高峰断面客流量 Flow}}{\text{车辆额载数量 } S\times\text{满载率规定 } M}$

3.2 车辆配置资源优化编制

基于优化后的公交线路发车时刻表,同时分析所得公交线路各个站点到达时间和发车时间(依据计划时刻表或历史实际运行时刻表所得),制定优化目标为费用函数[3]最优,通过计算得到指定班次任务下的车辆规模最小数量以及每个车辆的班次安排计划。

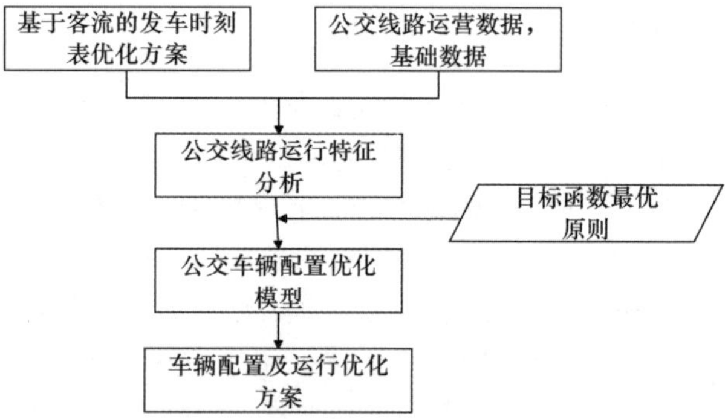

图 3 车辆配置资源优化编制流程

其中目标费用函数为:

目标函数费用 *Cost* = 所需车辆规模数量 *REQUIRED VEHICLES* × 单元车辆费用 *VECHILE UNIT COUST* × *COEF* + 服务时长 *SERVICE TIME* × 小时费用 *HOUR COST* × *COEF* + 服务公里 *SERVICE KILOMETER* × 服务公里费用 *KILOMETER SERVICE COST* × *COEF* + 空驶时长 *EMPTY TIME* × 空驶小时费用 *HOUR COST* × *COEF* + 空驶公里 *EMPTY KILOMETER* × 空驶公里费用 *EMPTY KILOMETER SERVICE COST* × *COEF* + 停车时长 *LAYOVER TIME* × *LAYOVER HOUR COST* × *COEF* (2)

约束条件:

$$SERVICE\ TIME=\sum_{k=1}^{n} Vehcile\ Journey(\text{Arrive Time-Start Time})_k$$

$$SERVICE\ KILOMETER=\sum_{k=1}^{n} Vehcile\ Journey\ Kilometer_k$$

费用函数主要考虑车辆数量、服务时间、空驶时间、服务里程、空驶里程、停留时间等主要因素,同时每个因素乘以单位费用(调查或者计算获取)以及目标权重设定。约束条件为指定了每个班次的发车和到达时间、发车和到达站点、班次行驶里程等。

4　调度优化的评价框架

公交线路运营评价框架如图 4 所示，主要包含两大块评价：①公交供给交通评价，②公交运营成本评价。

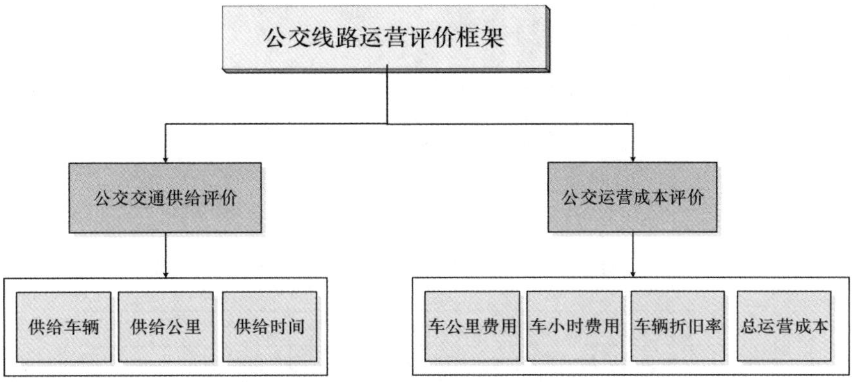

图 4　调度优化的评价框架

其中公交供给评价主要指运营给定公交线路所有班次前提下，所提供的车辆的数量、既定班次运营公里[4]及既定班次运营时间总和；公交运营成本评价主要指公交车辆运营公里耗费费用、公交车辆运营时间耗费费用、投入车辆运营数量的日折旧费用以及以上费用的总和。

4.1　公交供给评价方面

公交供给评价主要指运营给定公交线路所有班次前提下，所提供的车辆的数量、既定班次运营公里及既定班次运营时间总和。

(1) 车辆的数量：满足给定的公交线路或者公交线路群发车时刻表班次前提下，所需要的车辆的数量。

(2) 供给公里：包含两部分供给，指既定班次运营公里以及空驶返程的运营公里，总和为供给公里。

(3) 供给时间：包含两部分供给，指既定班次运营时间以及空驶返程的运营时间，总和为供给时间。

4.2　公交运营成本评价

主要指公交车辆运营公里耗费[5]费用、公交车辆运营时间耗费费用、投入车辆运营数量的日折旧费用以及以上费用的总和。

(1) 公交车辆运营公里耗费费用：指既定班次运营公里以及空驶返程的运营公里，乘以单位公里运营费用，得到既定班次运营公里费用以及空驶返程的运营公里费用。

(2) 公交车辆运营时间耗费费用：指既定班次运营小时以及空驶返程的运营小时，乘以单位小时运营费用，得到既定班次运营小时费用以及空驶返程的运营小时费用。

(3) 投入车辆运营数量的日折旧费用：满足给定的公交线路或者公交线路群发车时刻表班次前提下，所需要的车辆的数量，乘以日每车辆折旧费用，为投入车辆运营数量的日折旧费用

(4) 费用的总和：公交车辆运营公里耗费费用＋公交车辆运营时间耗费费用＋投入车辆运营数量的日折旧费用

5　优化与评价示例

本文以上海公交某线路为优化评价示例，该公交线路全程约 9.7 公里，共设有 18 个站点。工作日上行首末班车时间为 05:30-23:10，下行首末班车时间为 06:00-23:30，上双休日为 05:30-22:10。工作日由 12 辆车进行运营，双休日由 10 辆车进行运营。

通过基于客流的发车时刻表编制优化模型，得到优化后的发车时刻表，图 5 为优化前后时变班次数量和满载率变化情况。

优化后的双休日发车时刻表，考虑了四个高峰发车频率、增加了班次间停靠时间的要求、考虑了高峰小时断面位置与始发站间的发车时间差、优化了班次分布。由于全天其他时段客流较低，其他时段的发车班次数量均有所下调，但保障满载率在行业规定范围以内。通过客流的发车时刻表编制优化后，班次任务量减少，利用车辆资源配置模型计算，预计需要 7 辆车辆可以完成日任务。

双休日交通供给评价和成本评价分别见表 1、表 2 所示：

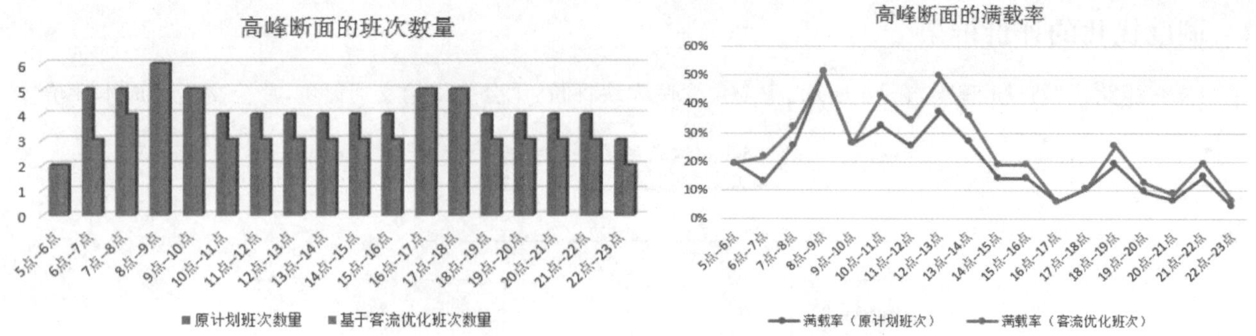

图 5　双休日上行高峰断面的班次数量和满载率变化

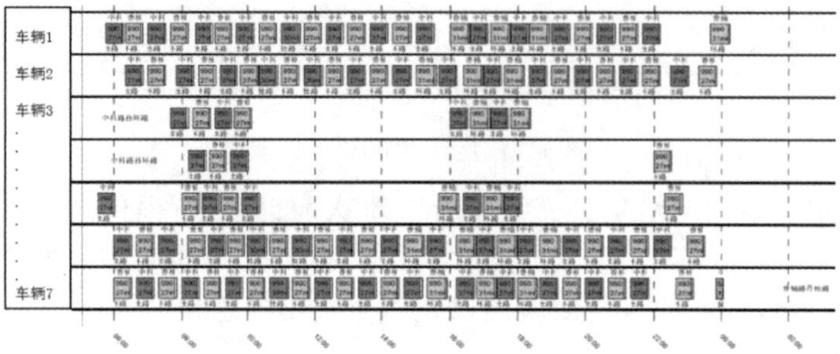

图 6　优化方案车辆配置图

表 1　　**交通供给评价**

方案	车辆需求量	运营公里	空驶公里	班次服务公里	运营时间(小时)	空驶时间(小时)	班次服务时间(小时)
实际方案	10	1502.9	0	1502.9	84.9	0	84.9
优化方案	7	1235.8	15.9	1219.9	66.7	8	58.7

表 2　　**公交运营成本评价**

方案	车公里费用	车辆折旧费用	总成本
实际方案	11743	2946	14688
优化方案	9288	2062	11350

因为发车时刻表编排减少了班次任务，并通过车辆配置之后，所以整体优化方案减少了发车班次和相应的车辆需求，而发车频率和满载率情况符合行业规定，满足乘客需求。最终总成本上优化后每日节约 3338 元，年双休日节约 34 万余元。

6　结语

本文研究公交线路发车时刻表编制，公交线路车辆资源配置，然后对公交线路运营评价框架。整个优化方案能够根据实际客流情况安排班次和车辆，节省成本，同时保障乘客服务质量，真正做到了按需服务。

优化方案公交线路跨线优化效果比单线累计优化效果更好，这是由于跨线优化能够找到更多的优化空间和时间因素（不同线路的高峰时间错位、班次之间的空档等因素），同时发挥了计算机模型的优势（高效率班次衔接、空驶返程换取班次、有效组合不同线路班次）。所以在公交线路的运营资源的优化，可以结合公交企业实际管理能力在未来可以向跨线优化方向发展。

参考文献

[1]　孙亚. 基于客流的公交线路发车时刻表优化及评价试点研究报告[C]. 2016. 12.

[2]　VukanR. Vuchic，宋瑞. Urban Transit: Opertations，planning and Economics[M]. 北京：中国铁道出版社，2012. PTV AG. PTV VISUM USER MANNUAL[C]. 2013.

[3]　张健，李文权，冉斌. 常规公交车辆行车计划智能化编制及优化方法[M]. 南京：东南大学出版社，2014.

[4]　胡启洲，邓卫. 城市常规公共交通系统的优化模型与评价方法[M]. 北京科学出版社，2009.

路面三维检测系统的技术分析

Technical Analysis of 3D Pavement Detection System

郎　洪　陆　键

摘　要：近些年图像传感器技术的进步使得路面三维检测系统能够获取更精确的路面病害信息。然而，直到现在，没有任何信息表明存在一款软件或算法能够适应在任何环境下实现检测精度超过90%。本文分析了激光三角测量法，三维激光扫描仪技术，基于立体相机和快速线扫描传感器的3DPIXA技术。针对相应的原理，本文将重点放在硬件系统的搭建上，进一步比较它们各自的覆盖宽度，深度范围，检测时速和系统精度等方面的指标。此外，根据它们的优势和局限性，提出了对于不同基础设施的检测建议采用的技术手段。它可以为研究人员、技术工程师和管理决策者对于方法选择、系统结构和未来前景提供参考。

关键词：三维路面；自动识别；检测系统；技术指标

Abstract: Advances in sensor technology in recent years have made three-dimensional (3D) pavement automated measurement system practicable for collecting accurate road distresses. However, up to now, there is no information show that there is an algorithm or software can be adapted to collect data in any situation and achieve automatic recognition rate of more than 90%. laser triangulation, 3D laser scanner and 3D PIXA based on stereo and fast line scan sensors are specifically analyzed. In view of the corresponding principle, this paper will focus on the hardware side, compared their respective system specifications about width range, depth range, detection speed and accuracy. In addition, given the advantages and limitations, the recommend road type and detection range is proposed. Therefore, it will be able to provide a reference for researchers, technical engineers and managers for the selection of methods, system structures and the future prospects.

Keywords: 3D Pavement; automatic recognition; detection system; specifications

1　引言

随着公路网络的基本建成，主要干道逐步进入养护期，由于交通荷载、环境、道路自然老化等问题的不断出现，路面破损情况日益严重(Huang, 2014)。路面病害和缺损的类型主要有四大类，分别是裂缝类、变形类、松散类和其他类，如何做到对所有病害信息全面获取和综合处理给交通研究人员带来了巨大的挑战。其中，这些病害信息仅反映了路表面的破损和缺陷情况，还反映了路面结构层的质量。路面检测系统依靠精确的路面病害检测方法，以提供给交通管理部门在路面维护和修复的战略决策上做出合理的预算方案和资源分配。在检测中误判、漏检现象及无法提取准确的深度信息，将会导致不恰当的项目优先级和增加路面维护和修复的费用(Serigos, 2016)。

路表面复杂程度的增大以及综合分析路面病害的要求不断提高，基于传统的二维图像路面检测技术对路面油污、修补、阴影及光照不均等干扰因素带来的影响以及在检测过程中产生大量的误判和漏检现象，且难以给出精确的路面裂缝深度信息(Bursanescu, 1997; Yu 2007; Laurent, 2008)，二维图像路面检测技术已不能满足路面检测和养护管理的需求。考虑现有方案中，路面平整度、车辙、病害检测等路面技术性能指标上都采用相对独立的硬件和软件系统，意味着检测设备需要根据检测的性能指标进行系统调整，在某种程度上使得系统维护性差、集成性复杂，可靠性降低(Zhang 2015)。在综合分析以上利弊的基础上，国内外提出一种三维图像路面检测技术。基于三维信息的路面检测方法可测量出路表面的深度变化，较大程度上减少了上述干扰因素的影响，具有更高的识别率和更低的误判率。本文给出近五年内具有代表性的三维图像路面检测系统，从理论的角度分析目前主要的三种三维图像路面检测方法，其次结合主流的道路检测车从应用的角度分析系统的搭建和方法上的剖析。

作者简介：同济大学交通运输工程学院。

2 路面三维自动化检测技术的理论分析

二维图像路面检测技术最早起源于 1991 年(Mahler 1991; Downey 1993),二维图像数据获取方式有录像和线扫描两种,以录像的形式存储为视频或图片来记录图像数据,像素的精度受限于相机的分辨率,且受光线影响较大。以线扫描方式逐行获取路面数据,信息量丰富且特征明显。但不管哪种方式,二维检测技术对于检测光照不均、油污、裂缝信息较弱的图像尚有缺陷,与之进行比较的是三维图像处理技术,在 1997 年被提出并应用于道路检测(Laurent, 1997)。尤其是自 2008 年以来,随着三维传感器和图像处理的迅速发展,三维图像路面检测技术得到大面积的推广,不断取代传统的二维检测模式,其中,应用在路面检测中的三维数据获取方法有激光三角测量法(Laurent, 1997)、激光扫描仪技术(Kaushik, 2009)、双目视觉立体成像技术(Pollefeys, 2012)、对焦测距(Scherer, 2011)、散焦测距(Wöhler, 2013)和干涉测量法(2000)等,但激光扫描技术的研究和应用占总体研究的 95%(Mathavan, 2015)。在目前商业应用的路面检测系统中,以激光三角测量法、三维激光扫描仪以及双目视觉立体成像检测手段为主。以下重点分析这三种手段的三维图像路面检测技术。

2.1 激光三角测量法

激光三角测量法,以其非接触测量、结构简单、精度高和速度快等优点,在木材加工以及工业质量检测等领域得到了广泛的应用(Bešič, 2011; Wedowski, 2012),另外在路面检测中,主流检测方法也是基于激光三角测量。一个基本的路面三维激光三角测量系统由一个高分辨率高帧频面阵相机和一个高能量线激光器组成。如图 1(a)所示为测量原理图,在路面检测中,将一条单线细激光光线投射到路表面,由于裂缝或其他病害信息和路面表面存在高度差,使得激光线在破损处发生了光学调制并产生弯曲变形;另一侧的相机以设置好的 AOI 区域来提取这个变形的激光线,可以通过数学方法计算出这条激光线对应的路面表面三维轮廓;通过逐行采样,连续获取路面深度图像和灰度图像,最后经过加载相机的标定文件,图像数据的融合处理等,获取精确且真实的路面三维轮廓信息。

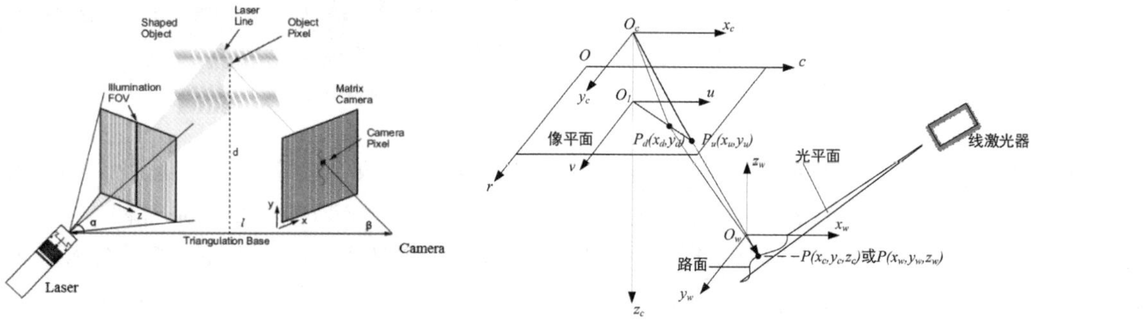

(a) 原理图　　(b) 部坐标系转换关系的系统模型

图 1 激光三角测量原理

由相机和激光器的相对位置,可得出图 1(b)中深度 d 的计算公式(1)为:

$$d=\frac{l\sin\alpha\sin\beta}{\sin(\alpha+\beta)} \tag{1}$$

式(1)中,d 表示构造深度,l 表示相机和激光器的基线距离,α、β 分别为激光器和相机的三角测量角。

2.2 激光扫描仪技术

三维激光扫描技术具有高效率、高精度的独特优势,它突破了传统的单点测量方法,通过扫描物体表面采集三维点云数据,因此可以用于获取高精度高分辨率的数字地形模型。其中,车载三维激光扫描仪可应用于公路检测,可测量车辙,道路表面,道路变形以及公路的几何模型,包括横向和纵向的剖面分析(Kaushik, 2009)。三维激光扫描仪采用非接触式主动测量方式,以获取点云的形式及复杂物体表面点集的三维数据,主要是用脉冲测距法来计算点的三维坐标。

三维激光扫描仪内部坐标系统由横向扫描面内的 X,Y 轴以及纵向扫描面内的 Z 轴组成,其中 X 轴与 Y 轴垂直,Z 轴垂直于横向扫描面。P 点为被测点,通过脉冲测距法可得距 P 点的距离观测值为 S,仪器内的精密时钟控制编码器同步获取激光脉冲的横向扫描角度 α 和纵向扫描角度 θ。P' 是 P 点在 XY 面上的投影点(图 2)。P 点的三维坐标计算公式:$X=S\cos\theta\cos\alpha$,$Y=S\cos\theta\sin\alpha$,$Z=S\sin\theta$。

2.3　3DPIXA 技术

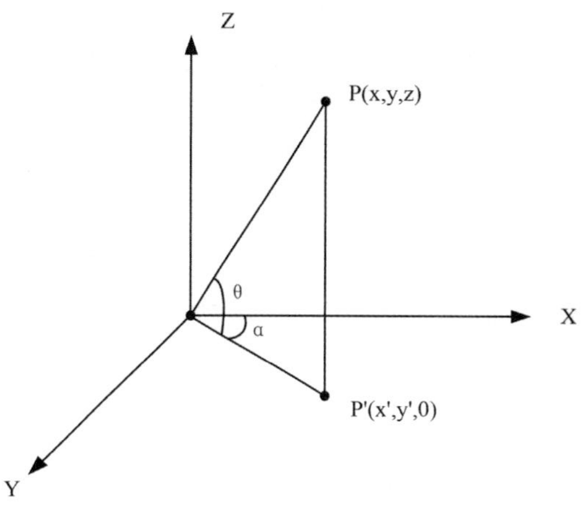

图 2　扫描点坐标转换原理

3DPIXA 技术是由 Chromasens 公司推出的基于 3DPIXA 相机线扫描技术结合横向平行配置的双目视觉三维重建原理(3DPIXA),鉴于两个图像是从同一对象捕捉,高度数据从这些图像与先进的模式匹配算法在 GPU 上运行的实时计算。这种创新的线扫描技术和超快速三维立体算法的合并拓宽了新的机器视觉应用的潜力,需要精确和快速的二维和三维测量。3DPIXA 立体相机同时提供彩色图像旁边的高度图、视差数据、矫正数据和三维点云数据。

线扫描技术是理想的快速移动的对象,因为它提供了高速度和高分辨率的图像。同时捕捉二维图像和三维高度图,打开了二维和三维图像处理,开辟了新的三维检测应用程序,解决了过去由于分辨率和速度的限制对检测效率带来的影响。3DPIXA 技术运用立体的方法来捕捉图像,它允许光是最优为目标的自然面。这一点是至关重要的,因为高精度和强大的结果取决于均匀地照射的表面。

Chromasens 立体相机测量系统是由 2 个线扫描相机组成,利用三角测量原理的三维重构,如图 3 所示。两个相机以不同的视角拍摄相同的场景,物体表面上的每一个点投射到这两个相机当中,物面上的点被投影到图像中,使用相关性来计算这两个相机中对于每个点的视差,使用校准数据来计算视差高度。

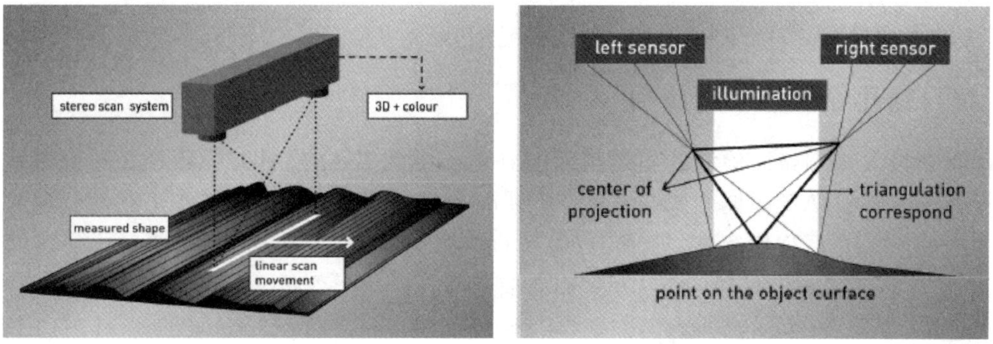

图 3　3D PIXA 技术的测量原理

从技术文件中了解到互相关系数以如下公式(2)进行代入计算:

$$k=\frac{\sum_{i=1}^{N}\left[(a_i-\bar{a})\cdot(b_i-\bar{b})\right]}{\sqrt{\sum_{i=1}^{N}(a_i-\bar{a})^2}\sqrt{\sum_{i=1}^{N}(b_i-\bar{b})^2}} \tag{2}$$

为了更好地解释上式中变量关系,变量及内涵见表 1。

表 1　　**变量说明**

变量	内涵
K	交叉相关系数
a_i	左相机的灰度值
b_i	右相机的灰度值
i	像素的索引
$\bar{a}$	参考图像(左)灰度值的均值
$\bar{b}$	参考图像(左)灰度值的均值
N	参考块的像素

如图 4 所示,将其进一步简化为数学模型进行分析。

图 4 中,I_1、I_2分别表示不同视点下的图像平面,O_1、O_2分别为相机的光心位置,空间中任一物点的距

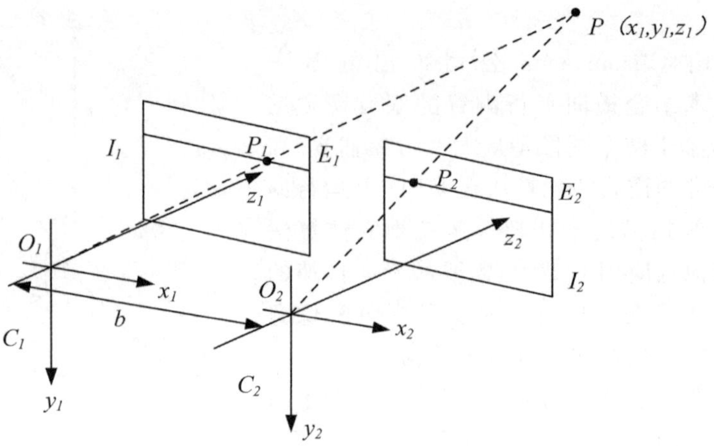

图 4　3DPIXA 相机横向平行配置的双目视觉三维重建原理数学模型

离公式可用公式(3)进行表示：

$$z=bf/(x_1-x_2) \tag{3}$$

式中 x_1-x_2 即为视差。

从实际角度，让两台摄像机光轴完全平行是不可达到的，一般情况下将其调节到近似平行(Da, 2008; Peng, 2010)。在本文国外研究现状中也提及基于 3D PIXA 技术的路面检测方面的应用，但经过实地调研证实，该套方案并没有真正推向市场，系统的稳定性也易受光源、尘土、震动等环境因素的影响，且对软件算法的要求极高，目前正在进一步测试研究中。

3　路面三维自动化检测技术的应用

截至目前，已投入三维路面检测的商用产品有：(1)加拿大 INO 公司 LCMS/LRIS 检测系统，见图 5；(2)加拿大 Roadware ARAN 道路自动分析仪，见图 6(a)；(3)美国 Dynatest 公司路面状况查询系统，见图 6(b)；(4)arrb H2000 系列检测车，见图 6(c)；(5)美国 PSI(Pathway Services Inc)公司的 Path Runner 道路检测系统，见图 7；(6)美国 Waylink 公司与阿肯色大学合作推出的 PaveVision3D Ultra 检测系统，见 8；(6)德国 3D Mapping 道路激光扫描仪检测系统，见图 9；(7)Chromasens 公司 3D PIXA 技术，见图 10。

3.1　激光三角测量法应用

2008 年，加拿大 INO 公司推出激光裂缝测量系统 LCMS(Laser Crack Measurement System)，如图 5(a)所示，利用两套高能量线激光器和 TDI 线扫描相机实现横向视野范围覆盖全车道(4m)的路面检测，系统时速高达 100km/h，横向分辨率 1 mm，深度精度 0.5 mm。而且该产品软件也在逐渐优化。在图 5(b)为 LRIS 裂缝检测系统，激光线交叉照射，可以捕获更细微的裂缝信息(Laurent, 2008; Laurent 2012)。

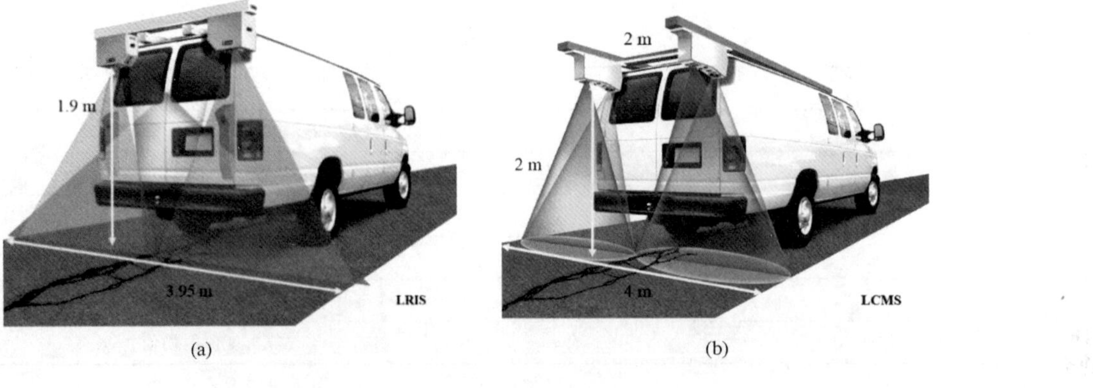

图 5　LRIS/LCMS 系统测量原理和路面检测车

对于加拿大 Roadware ARAN，美国 Dynatest 公司，澳大利亚 arrb 公司自动检测系统，如图 6(a)、(b)、(c)所示，虽然都采用的是 INO 公司的硬件设备，其性能指标和 LCMS/LRIS 性能指标相同，见图 6

(d),但区别在于裂缝自动识别软件算法上的不同(Mathavan, 2015; Serigos, 2015)。

(a) Fugro-Roadware's 道路分析仪　　(b) Dynatest公司路面状况查询系统

(c) arrb H2000检测车　　(d) INO LCMS 传感器

图 6　路面自动检测系统

PSI 公司推出了 Path Runner 道路检测系统,如图 7 所示。在检测路面车辙上采用了 INO 激光测量系统(LRMS),能在正常车速获取一个高速公路车道的全部 4 米宽横断面,利用两个断面仪实时获取路面形状,采用了 6000 像素线性扫描摄像头拍摄图像,可清晰地显示小于 1mm 的裂缝,能够实现平整度、车辙、纹理以及裂缝等数据的同时采集(Pathway 3D)。道路的数字图像数据可以用来对道路安全标志和护栏进行归档管理。然而整套系统成本太高,不利于后期对仪器设备的维护和保养。

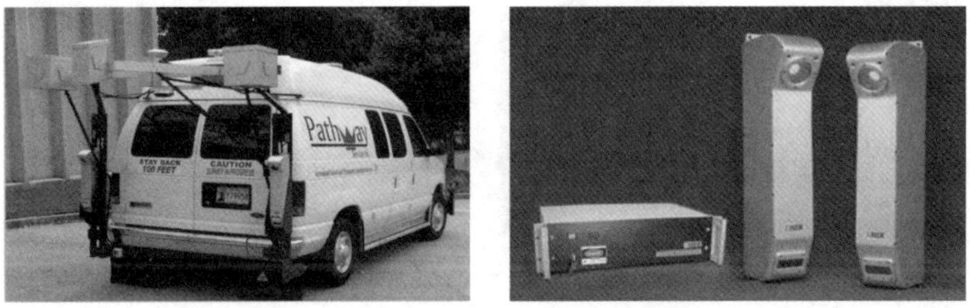

(a) 检测车模型　　(b) INO LRMS传感器

图 7　Path Runner 道路检测系统

2011 年,美国 Waylink 公司与美国阿肯色大学(University of Arkansas)合作推出数字式高速公路多功能检测车(Digital Highway Data Vehicle, DHDV),如图 8 所示。在近几年的不断深入研究中,该团队对硬件系统和软件系统进行不断地更新和升级,从 2013 年至今,研制出的 PaveVision3D Ultra 检测系统选用 8 个 3D 相机、2 个线扫描相机、2 个高能量线激光器,每个 3D 相机横向分辨率在 512,完成时速在 100km/h 检测路面宽度 4m,横向分辨率 1mm/pixel,深度精度 0.3mm/pixel,纵向采样间隔 1mm 的路面三维检测。并配备 2D 相机,采集的数据与 3D 数据进行互补。软件系统采用 3D 自动病害分析软件(3D Automated Distress Analyzer,3DADA)和基于多媒体的公路信息系统(Multimedia Based Highway Information System, MHIS)更加高效获取路面破损信息(Wang, 2015)。

3.2　激光扫描仪应用

在激光扫描仪的应用上,德国 3D Mapping 公司推出两套基于 IMAGER5006 激光扫描仪的道路检测系统(3D Mapping),如图 9 所示。检测车以低速通过路段,扫描仪以 5mm * 5mm 方格为单位构建表面模型,连续采集获取完整的路面点云数据,并可以通过不同的颜色来反映路面的垂直距离即路面的深度,并进一步提取路面病害情况。在检测车的硬件搭建中,提到了 FARO LS 880/FARO Photon, Leica HDS 6000 激光扫描仪设备。

图 8　PaveVision3D Ultra 检测系统

图 9　3D-Mapping 道路激光扫描仪检测系统

3.3　3DPIXA 技术的应用

2015 年 8 月，Chromasens 公司推出 3DPIXA 在路面检测上的应用，如图 10 所示。对应的解决方案是每个相机精度是 4096 象素，可以检测时速范围 5～100km/h，2D 方向分辨率是 1mm，3D 方向即深度方向分辨率是 1mm，获取包括视差数据、矫正数据、点云数据等 3D 数据。但经过实地调研证实，该套方案并没有真正推向市场，系统的稳定性易受光源、尘土、震动等环境因素的影响，且对软件算法的要求极高，目前正在进一步测试研究中。

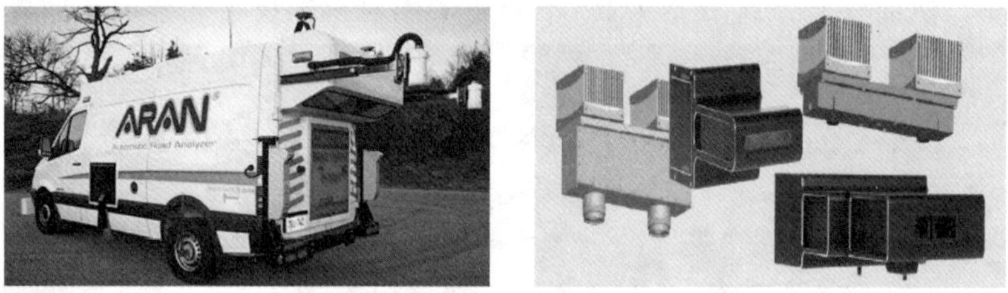

图 10　Chromasens 3DPIXA 在路面检测上的应用

4　讨论

将上述三维数据获取方法的研究分析作为理论支撑，结合国内外该技术的最新研究成果对硬件设备进行选型，对现有五种技术方案基本技术指标分析，见表 2。

表 2　**三维检测系统的指标比较**

系统名称	时间	检测方法	视场	深度范围	检测时速	系统精度	
INO LCMS/LRIS	2012	激光三角测量法	4m	250mm	≤100km/h	X：1mm Z：0.5mm	
PaveVision3D Ultra	2013	激光三角测量法	4m	250mm	≤100km/h	X：1mm Z：0.3mm	
3D-Mapping	2014	激光扫描仪技术	4m	-	≤20km/h	X：1mm Z：－	
Chromasens 3DPIXA	2015	3DPIXA 技术	4m	200mm	5－100km/h	X：1mm Z：1mm	
AT C2-2040HS-3D	2016	激光三角测量法	4m	200mm	≤100km/h	X：1mm Z：0.5mm	

（X：横向检测精度，Z：深度检测精度）

在现有的路面三维图像检测技术中，基于激光三角法和激光扫描仪技术均已实现商品化，并且都得到较好的应用，其中激光三角法支持行驶速度在低速和高速情况下对路面状况进行采集处理，而激光扫描仪技术却只能在低速的情况下对路面道路信息进行追踪捕获。在另一方面,介绍了基于 3DPIXA 方法的双目视觉立体成像技术,但其对算法的要求极高,并且精度方面都有待进一步的验证。最后通过对中国市场的调研发现,三维路面检测技术研发工作陆续开展,考虑经济成本和检测精度,以德国 AT 公司 C2-2040HS-3D 相机为代表的采样设备得到较大范围的使用,相信不久的将来,该项技术将得到世界范围内的普及。

对于激光三角法和 3DPIXA 技术,建议使用的应用范围可是普通公路、高速公路、机场基础设施等。在对三维相机市场调研中发现,对于激光三角法,除去加拿大 INO 公司定制的 TDI 线扫描相机之外,采用的 3D 相机代表性产品有 SICK、AT 系列等。对于 3DPIXA 技术,采用的相机设备出自 Chromasens 系列。

对于激光扫描技术,建议使用的应用范围是隧道、机场等基础设施等,在低速情况下进行高精度检测,对所使用硬件设备进行调研发现,使用的激光扫描仪设备有 IMAGER 5006, Lecia HDS 6000, FARO LS 880/FARO Photon 等系列。

5 结语

本文从已经投入使用的三维检测车及检测系统出发,从检测原理、检测精度、深度信息及外界影响等因素分析了三维图像检测技术逐渐代替传统的人工和二维图像检测技术,进一步剖析了这些先进系统所使用的检测手段,以此对激光三角法、激光仪扫描技术和 3DPIXA 技术介绍了相应的原理。介绍了以这些模型为基础的三维检测系统、硬件检测系统的搭建,并对比分析了使用设备情况、结构关系、检测时速和检测精度方面,全面展示了现阶段世界最先进的路面三维图像检测技术。本文将对一些公路单位或技术工程师、管理人员对方法的选择、系统的搭建、未来的前景等方面提供参考。

参考文献

[1] Bešič I, Gestel N V, Kruth J P, et al. Accuracy improvement of laser line scanning for feature measurements on CMM[J]. Optics & Lasers in Engineering, 2011,49(11):1274-1280.

[2] Bursanescu L, Blais F. Automated pavement distress data collection and analysis: a 3-Dapproach[C]. 1997.

[3] Da F, Gai S. Flexible three-dimensional measurement technique based on a digital light processing projector[J]. Applied Optics, 2008,47(3):377-85.

[4] Downey A B, Koutsopoulos H N. Primitive-Based Classification of Pavement Cracking Images[J]. Journal of Transportation Engineering, 1993,119(3):402-418.

[5] Fujimoto J G, Pitris C, Boppart S A, et al. Optical coherence tomography: an emerging technology for biomedical imaging and optical biopsy[J]. Neoplasia, 2000,2(1 2):9-25.

[6] Huang J, Liu W, Sun X. A Pavement Crack Detection Method Combining 2D with 3D Information Based on Dempster-Shafer[J]. Theory Computer-Aided Civil and Infrastructure Engineering, 2014,29(4):299 313.

[7] Kaushik R, Xiao J, Morris W, et al. 3D Laser scan registration of dual-robot system using vision[C]. International Conference on Intelligent Robots and Systems, IEEE, 2009,4148-4153.

[8] Laurent J, H bert J F, Lefebvre D, et al. Using 3D Laser Profiling Sensors for the Automated Measurement of Road Surface Condition[C]. 7th RILEM International Conference on Cracking in Pavements, 2012:157-167.

[9] Laurent J, Lefebvre D, Samson E. Development of a New 3D Transverse Laser Profiling System for the Automatic Measurement of Road Cracks[C]. Symposium on Pavement Surface Characteristics Portoroz Slovenia,2008.

[10] Laurent J, Talbot M, Doucet M. Road surface inspection using laser scanners adapted for the high precision 3D measurements of large flat surfaces[C]. 3-D Digital Imaging and Modeling. Proceedings. International Conference on Recent Advances in. IEEE, 1997:303-310.

[11] Luo W, Wang K C P, Li L. Hydroplaning on Sloping Pavements Based on Inertial Measurement Unit (IMU) and 1mm 3D Laser Imaging Data[J]. Periodica Polytechnica Transportation Engineering, 2016,44(1):42-49.

[12] Mathavan S, Kamal K, Rahman M. A Review of Three-Dimensional Imaging Technologies for Pavement Distress Detection and Measurements[J]. IEEE Transactions on Intelligent Transportation Systems, 2015,16(5):2353-2362.

[13] Mahler D S, Kharoufa Z B, Wong E K, et al. Pavement Distress Analysis Using Image Processing Techniques[J]. Computer-Aided Civil and Infrastructure Engineering,1991, 6(1):1-14.

[14] Oggier T, Kaufmann R, Lustenberger F, et al. An all-solid-state optical range camera for 3D real-time imaging with sub-centimeter depth resolution (SwissRanger)[C]. Proceedings of SPIE - The International Society for Optical Engineering, 2004:5249.

[15] Pathway 3D. Automated Road and Pavement Conditions Surveys. Available online: <http://www. pathwayservices. com/3D_imaging. shtml>

[16] Pei Cong. The research for the binocular stereo matching based on the computer vision[D]. Jiangsu University, China, 2010

[17] Pollefeys M, Sinha S N, Zach C, et al. Discovering and exploiting 3D symmetries in structure from motion[C]. IEEE Conference on Computer Vision and Pattern Recognition, 2012, 1514-1521.

[18] Scharstein D, Szeliski R. High-Accuracy Stereo Depth Maps Using Structured Light[R]. 2003, 1:195-202.

[19] Scherer S. Focus Variation - A New Technology for High Resolution Optical 3D Surface Metrology[J]. Strojniski Vestnik, 2011, (3):245-256.

[20] Serigos P A, Prozzi J A, Smit A D F, et al. Evaluation of 3D Automated Systems for the Measurement of Pavement Surface Cracking[J]. Journal of Transportation Engineering, 2016, 142(6).

[21] Serigos P A, Buddhavarapu P, Prozzi J A, et al. Accuracy and Precision Assessment of High-Speed Measurements of Pavement Surface CrackingAirfield & Highway Pavements, 2015.

[22] Wang K C P, Li Q J, Yang G, et al. Network level pavement evaluation with 1 mm 3D survey system[J]. Journal of Traffic & Transportation Engineering, 2015, 2(6):391-398.

[23] Wedowski R D, Atkinson G A, Smith M L, et al. A system for the dynamic industrial inspection of specular free-form surfaces[J]. Optics & Lasers in Engineering, 2012, 50(5):632-644.

[24] Wöhler C. Triangulation-Based Approaches to Three-Dimensional Scene Reconstruction[R]. 3D Computer Vision, Springer London, 2013.

[25] Woodham R J. Photometric Method For Determining Surface Orientation From Multiple Images[J]. Optical Engineering, 1992, 19(1):1-22.

[26] Yu S J, Sukumar S R, Koschan A F, et al. 3D reconstruction of road surfaces using an integrated multi-sensory approach[J]. Optics & Lasers in Engineering, 2007, 45(7):808-818.

[27] Zhang Dejin, Li Qingquan. A Review of Pavement High Speed Detection Technology[J]. Journal of Geomatics, 2015, 40 (1), 1-8.

[28] 3D Mapping. The mobile road mapping system. Available online: <http://www. 3d-mapping. de. cms/upload/Downloads/engish/Systemintegration_Sensoren_en. pdf>

[29] 3DPIXA. Chromasens. Availableonline: < http://www. chromasens. de/en/product/3d-line-scan-camera-3dpixa-compact-15um

基于 BP 神经网络的轨道交通车站路径选择行为研究

Research of the Route Choice in Metro Station Based on BP Neural Networks

张庆瑜

摘　要:路径选择行为是客流组织、车站集散能力仿真、车站设备设施优化设计的重要基础。本文在研究轨道交通车站非付费区路径选择行为的基础上,结合检票设备布局形式,提出基于 BP 神经网络的轨道交通车站路径选择行为研究方法,可以为交通车站设备设施布局的优化提供依据。

关键词:轨道交通车站;设备设施;路径选择

Abstract: In recent years, it has become an urgent problem to research route choice in metro station. This paper puts forward a method of the metro station ticket checking equipment layout combining with the layout form of the ticket equipment, which could prepare for the optimization of facilities and equipment in metro stations.

Keywords: metro station; facilities and equipment; route choice

考虑乘客在入口处的路径选择心理和行为,引入入口到闸机组的距离、闸机组中闸机数量、闸机组前排队长度和流线交叉系数等对乘客路径选择的影响,基于 BP 神经网络建立路径选择模型;利用本文提出的正确预测率 $\bar{a}$ 进行预测验证,通过神经网络输人与输出之间的权重算法,计算出影响因素对路径选择结果的影响度。

1　非付费区路径选择行为分析

1.1　非付费区行人行走行为

行人进入轨道交通车站时必须做出如何从入口到达安检、从安检到达闸机、从闸机到达站台等选择,如图 1 所示。通常,行人在非付费区从入口到检票闸机通过以下步骤进行:

(1) 通过入口进入车站;

(2) 选择安检方式到达,并通过安检;

(3) 通过安检后,选择检票闸机组,从非付费区到达付费区。

1.2　路径选择行为影响因素

目前对于路径选择行为研究多为基于“最短距离”等某一特定影响因素进行路径选择研究,而行人路径选择行为受多种因素影响共同作用,如车站结构、设备布局、走行时间、行人属性和排队长度等。根据实地调研,本文选择影响因素时考虑如下:

(1) 从安检终点到进站闸机组的最短距离 D_{ij}:行人通过安检仪后,需要对两组进站检票闸机做出选择。本文将安检区域的终点作为初始位置,行人可以通过近端闸机组 EG1 或远端闸机组 EG2 进入付费区。然而,行人通常会依据最短路径来做决策,因此将初始位置 i 与闸机组 j 之间的最短距离记为 D_{ij}($i=1,2,3$;$j=1,2$),用作神经网络模型的输入参数,如图 1 所示。

(2) 各进站闸机组闸机数量 N_j:除了设备间距离,每个闸机组中的闸机数量 N_j($j=1,2$)也会影响行人的路径选择行为。由于特定车站的闸机的通过能力一定,闸机组中闸机数量越多,闸机组的通过能力越大,反之越小。闸机组的高通过能力可以减少周围的门的排队时间,从而吸引更多的行人。

(3) 闸机组前排队长度 L_j:闸机组前的排队长度 L_j($j=1,2$)是影响行人选择的重要因素。排队较短,行人可以节省排队时间并减少与其他行人的碰撞,尽快并更加舒适地到达闸机组刷卡进站;反之,行人在到达闸机前需排队等待。所以行人更倾向于选择排队较短的闸机组。根据观察,可以发现 EG1 和

作者简介:张庆瑜,天津市交通科学研究院,硕士研究生,研究方向:交通规划、运输组织、节能减排统计监测。

EG2 的排队辐射范围分别如图 2 蓝色、红色区域所示。

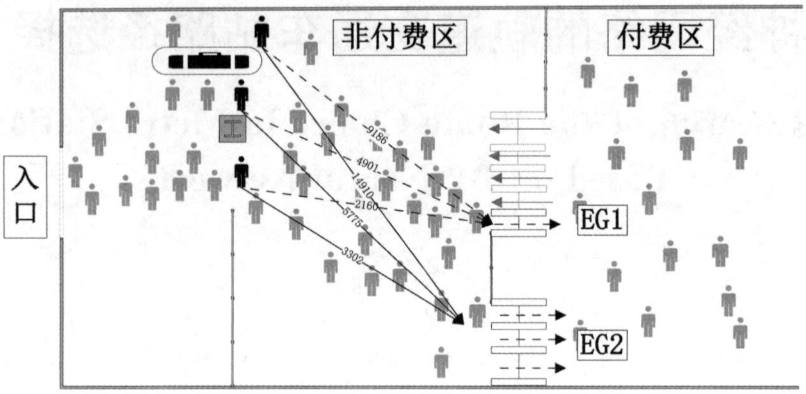

图 1　非付费区行人路径选择示意图

需要做路径选择的行人

其他行人

进站检票闸机组

选择远端闸机组 1($EG1$)的行人路径

选择近端闸机组 2($EG2$)的行人路径

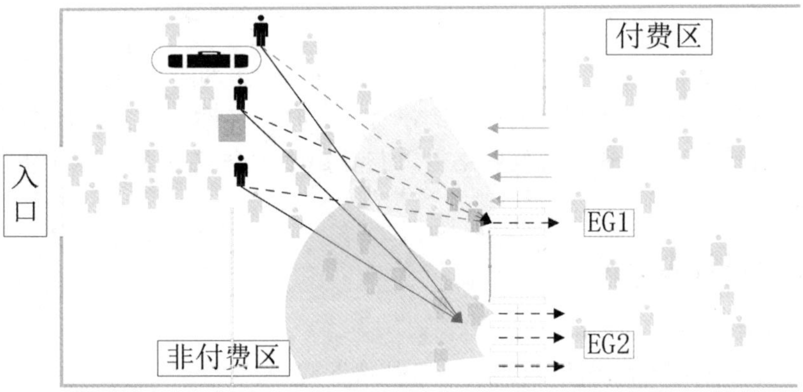

图 2　闸机组排队辐射范围

(4) 流线交叉系数 K_{ij}:行人在车站内行走,通常会尽量减少与他人的碰撞与接触,故大多数乘客会尽量沿着人流方向走,避免流线交叉,与他人碰撞;只有在其他服务设施空闲时,行人可能会穿过他人的流线以避免排队。故流线交叉系数(即流线交叉的次数)是影响乘客选择路径的重要因素之一。从初始位置 i 到闸机组 j 的流线交叉系数记为 K_{ij} ($i=1,2,3$;$j=1,2$),见表 1。

表 1　流线交叉系数 K_{ij}

流线交叉系数 K_{ij}	EG1	EG2
初始位置 1	0	2
初始位置 2	1	1
初始位置 3	2	0

综上所述,本文采用的影响行人路径选择的因素包括从安检终点到进站闸机组的最短距离、各进站闸机组闸机数量、闸机组前排队长度和流线交叉系数等。

2　基于 BP 神经网络的路径选择预测模型

2.1　BP 神经网络

BP 神经网络采用基于梯度下降和误差方向传播的学习方法,使网络输出与训练样本的均方误差最小,具有自学习和推广概括的能力,特别适用于求解内部机制复杂的问题,是目前较为成熟且应用最为广泛的人工神经网络。

2.2 路径选择的选择值

神经网络的输出即为路径选择的选择值：行人选择远端闸机组 EG1 或近端闸机组 EG2，分别由“0”或“1”表示。

2.3 基于 BP 神经网络的路径选择预测模型

将行人选择的闸机组作为网络输出，4 组表征行人路径选择影响因素的参数值作为网络输入，采用 BP 神经网络来实现路径选择影响因素到路径选择之间的映射，从而建立轨道交通车站非付费区路径选择预测模型。选择总样本量的 67% 作为网络的训练样本，每个样本都包含各影响因素的参数值和路径选择的选择值。样本集涵盖了 3 个安检终点位置和 2 组闸机在高峰时段内的影响因素参数值，具有很强的代表意义。模型的建立需要具体解决网络结构、训练参数、数据处理以及模型训练及检验几个问题。

2.3.1 网络结构的确定

一个 S 型隐蔽层加上一个线性输出层的 3 层 BP 神经网络，能够逼近任何函数，因此本文选用 3 层神经网络来构建路径选择的预测模型。输入层为 8 个影响因素的参数值，节点数为 8；输出层为路径选择的选择值，节点数为 1。隐蔽层节点数与样本容量、输入样本维度有关，本文采用经验法则确定隐蔽层节点数为 22 个：

$$N_h = (N_{in} + N_{out})/2 + \sqrt{N_i}$$

N_h、N_{in}、N_{out} 分别为隐蔽层、输入层、输出层神经元数量，N_i 为训练样本量。

最终构建的网络拓扑结构为 8-22-1，如图 3 所示。网络隐蔽层采用 tansig 函数，输出层采用 purlin 线性函数。

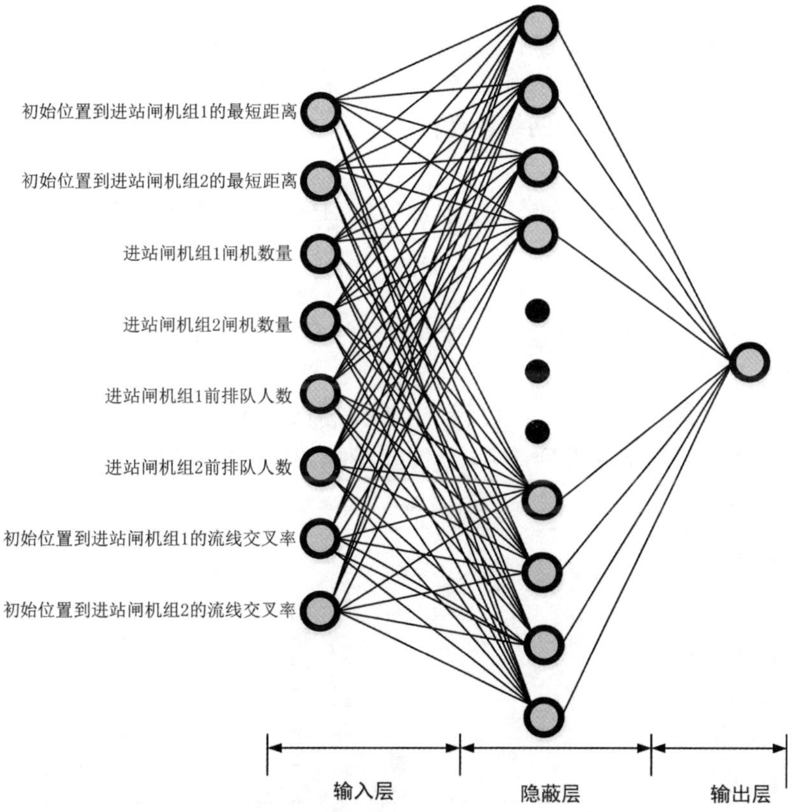

图 3 BP 建立的神经网络结构

2.3.2 训练参数的设定

训练参数的具体设定对神经网络至关重要，直接影响网络的性能。经过反复试验，期望误差设定为 0.001，学习速率为 0.05，附加动量因子为 0.5，训练次数设定为 5000 次。

2.3.3 数据收集

北京轨道交通车站的进站闸机往往被隔开，分为 2 组甚至更多组。选取具有代表性的较大客流量的知春路站，在 5 个工作日的进站高峰时段进行数据的视频采集，如图 4 所示。将从入口直接走向闸机组的乘客作为有效样本，有其他中间行为（如等人、整理着装等）的样本则予以剔除，最终获得 432 个有效样本。

图 4　视频采集行人路径选择图示

2.3.4　数据处理

由于原始样本数据悬殊较大，致使每次权值修正量极小，BP 网络学习速度很慢，甚至出现不收敛现象，故采用 mapminmax 函数将输入样本归一化，保证所有数据在 0-1 之间，原理见下式：

$$y=(y_{max}-y_{min})(x-x_{min})/(x_{max}-x_{min})+y_{min}$$

式中，x 为原始样本，y 为规范化样本；x_{min}、x_{max} 为原始样本最小值和最大值；x_{min}、y_{max} 为可设置的规范化范围。

2.3.5　样本的分类

组织训练样本集时，须考虑到各个影响因素，如参数之间及参数与结果之间的相互影响关系，尽可能多地为网络提供必要的信息。故本文将调研得到的 67％的有效样本构成训练集；16％构成验证集；剩余的 17％构成测试集，用来评估训练得到网络的性能。

2.4　模型训练及检验

本文采用网络输出与目标输出的匹配程度即正确预测率 $\bar{a}$ 评价模型性能，原理见下式：

$$\bar{a}=\sum_{i=1}^{N}a_i/N,$$

其中，N 是测试样本的总数量；$\{t_i=p_i\}_{i=1}^{N}$ 代表目标值和预测值相等。正确预测的概率 $\bar{a}=1$ 表示完全正确预测测试样本。

由于样本的随机性，本文进行了 5000 次模型训练和测试。每次试验中，对训练、验证和测试样本进行随机分组，然后进行训练和测试并得到 5000 个性能指标，性能指标（即正确预测率 $\bar{a}$）均值为 0.8403，正确预测率分布如图 5 所示。

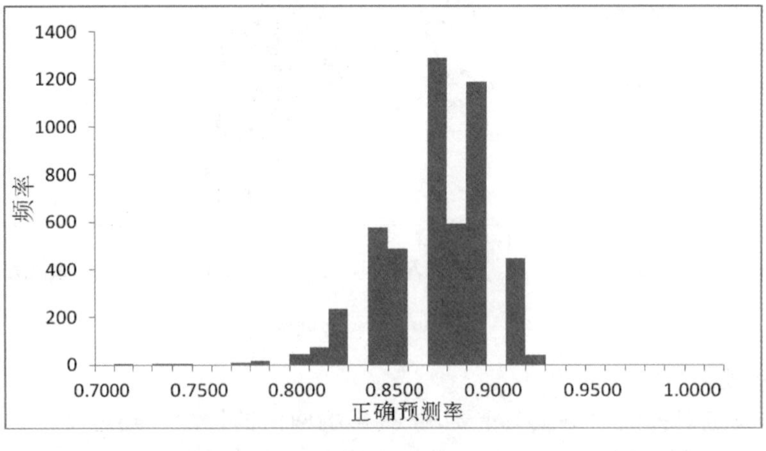

图 5　正确预测率分布图

由图 5 可见，以 95％的置信水平得到的正确预测率的最小为 81.94％，预测精度较高。

2.5　路径选择影响因素权重分析

行人路径选择 BP 神经网络模型训练完毕的权值如表 2 所示，各输入变量到输出变量的连接权值大小，代表了其对输出变量的影响程度。Garson 提出了利用神经网络的连接权值计算输入变量对输出变量影响权重的方法，针对本文模型，计算公式如下：

相关显著性系数：$r_{ij}=\sum_{k=1}^{P}W_{ki}(1-e^{-x})/(1+e^{-x}),x=w_{jk}$

相关系数：$R_{ij}=|(1-e^{-y})/(1+e^{-y}),x=w_{jk}$

相关系数：$R_{ij}=|(1-e^{-y})/(1+e^{-y})|,y=r_{ij}$

绝对影响系数：$S_{ij}=R_{ij}/\sum_{i=1}^{m}R_{ij}$

上述公式中：i 为神经网络输入节点，$i=1,\cdots,m$；j 为神经网络输出节点，$j=1,\cdots,n$；k 为神经网络的隐蔽层节点；w_{ki} 为输入层神经元 i 和隐蔽层神经元 k 之间的权系数；w_{jk} 为输出层神经元 j 和隐蔽层神经元 k 之间的权系数。

3　结语

绝对影响系数 S_{ij} 即为输入变量对输出变量的影响权重，S_{ij} 值越大，影响权重比例越高，表示输入参量对输出的影响越大，按上式计算得到权重系数如图 6 所示。

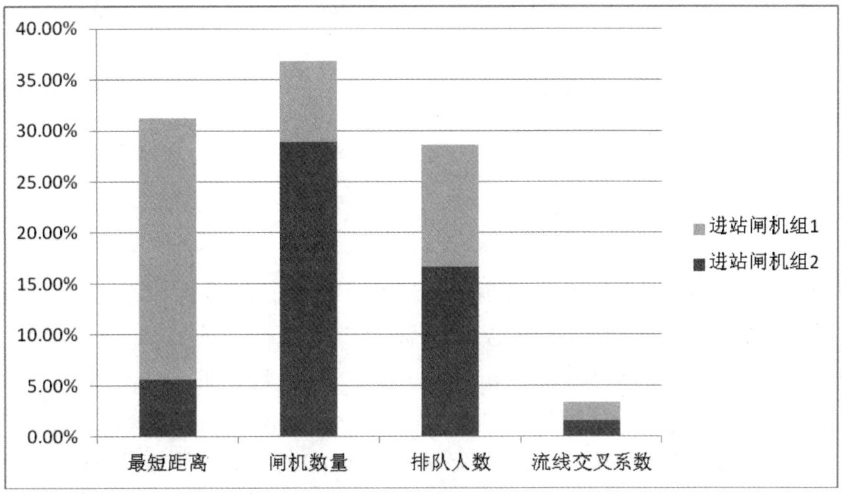

图 6　路径选择影响因素累计权重

可以看出：闸机数量的累计权重高达 36.81%，对行人路径选结果影响最大，其次为初始位置到闸机组的最短距离和闸机组前排队人数，流线交叉系数影响较小。

轨道交通车站乘客的路径选择行为研究可以为车站的设施设备节能设置提供依据，也可以为车站设计规范的设计标准提供理论基础，为车站的设施设备布局优化奠定基础。

参考文献

[1] W. Daamen, P. H. L. Bovy, and S. P. Hoogendoorn. Influence of changes in level on passenger route choice in railway stations[J]. J. Transp. Res. Board, 2005, 1930: 12-20.

[2] 宋卫国，余彦飞，范维澄，等. 一种考虑摩擦与排斥的人员疏散元胞自动机模型[J]. 中国科学 E 辑，2005，35(7)：725-736.

[3] 王平，王彩芸，王文健. GA-BP 网络在钢轨磨损量预测中的应用.

微观跟车与宏观交通流动模式之数学转换

The Mathematical Transformation between Microscopic Car-Following Theory and Macroscopic Traffic Stream Models

范俊海

摘　要:车流模式是分析交通现象最重要的基础,而其中以微观的跟车理论与宏观的交通流动模式使用频率最高。然而,这两种模式在收集资料上有很大差异,对于交通流动模式来说,资料的取得是比较容易的,但是对于跟车模式来说,却变得相当的困难。因此本文试图透过数学上的转换,可快速地解决跟车模式的建立难题。
关键词:跟车理论;交通流动模式

Abstract: Traffic flow model is the most important basis for the analysis of traffic phenomena, of which the microscopic car-following theory and macroscopic traffic stream model using the highest frequency. However, these two models have very different differences in the data collection. For the traffic stream model, the acquisition of data is relatively easy, but for the car-following model, it has become quite difficult. Therefore, this paper attempts to solve the problem of building with the car-following model by means of mathematical transformation.
Keywords: Car-following Theory; Traffic Stream Model

1　引言

车流模式在交通工程上,扮演非常重要的角色,比如交通控制的应用、交通安全的推估、容量的预测以及网络流量的分析等议题上,其都是必备的基础。而对于车流模式的建构,从不同的角度,会有不同的理论对应,诸如车流统计分配模式(Statistical distribution)、排队理论的车流模型(Queueing Theory)、冲击波理论(Shock Wave Theory)、水利动力学理论(Hydrodynamics Theory)、交通流动理论(Traffic Stream Theory)以及微观的跟车理论(Car-Following Theory)等,都是常被用到的基础理论模型。随着计算科技的进步,过去难于克服的模拟的计算消耗,已被完全地征服,然而现实世界中,若要快速取得车辆间的反应时间以及间距,仍需要一些感测科技的提升。

本文以最被常用的两种理论,宏观的交通流动理论以及微观的跟车理论,探讨其理论互换的推导,以建立日后应用的基础。虽然在实质上的车流活动上,还是充满着随机性,但是也提供了研究的动机。

2　交通流动模式(Traffic Stream Model)

2.1　基本定义

在车流中,以流量(Q,veh/hr)、速度(U,km/hr)以及密度(K,veh/km)三个为主要的参数,而这三个参数也构成很重要的函数关系如下式所示:

$$Q=K\cdot U \tag{1}$$

式(1)是车流模型的基本关系。

由于式(1)的启发,学者们开始观察速度与密度的互动现象,当密度低的时候,车辆的速度则是高的;而当密度高的时候,相对来说,车辆的速度则是低的。其中速度与密度的关系成为关键的研究对象,大量的数据被收集,可以把其结果分为两个大分类:线性关系与非线性关系。

下列将各个参数适当定义说明:

U_f = 自由流之下的速度(free flow speed);

K_j = 拥挤下的密度 (jam density);

U_o = 在容量下的速度或称最佳之速度(optimum speed);

作者简介:淡江大学运输管理系副教授。

K_o＝在容量下的密度或称最佳之密度(optimum density)；

Q_o＝代表容量(capacity)。

2.2 线性模式

在早期 Greenshield 发现密度与速度的关系为线性的，若以 U_f 与 K_j 为边界值的话，则我们就可以得到下列公式：

$$U=U_f-\frac{U_f}{K_j}K=U_j\left(1-\frac{K}{K_j}\right) \tag{2}$$

$$K=K_j-\frac{K_j}{U_f}U=K_j\left(1-\frac{U}{U_f}\right) \tag{3}$$

而把式(2)。式(3)，代入式(1)中，则可以得到

$$Q=U_f\left(K-\frac{K^2}{K_j}\right) \tag{4}$$

$$Q=K_j\left(U-\frac{U^2}{U_f}\right) \tag{5}$$

而如果把式(4)式(5)，以微分方式求得最佳化之速度(U_o)以及密度(K_o)，则可得

$$U_o= U_f/2$$

$$K_o= K_j/2$$

$$Q_o= K_o\cdot U_o= U_f\cdot K_j/4$$

2.3 非线性模式

在文献 Adolf D. May(1990)所提到几个非线性的模式，包括有 Greenberg、Underwood、Northwestern、Drew 以及 Pipes-Munjal 等模型，加上一般化的模式，或许可以说有 6 种模型状态。

(1) Greenberg's Model

$$U=U_o\ln\left(\frac{k_j}{k}\right) \tag{6}$$

其中 U_0＝ 最佳的速度(容量时的速度)。

(2) Underwood's Model

$$U=U_f e^{-k/k_o} \tag{7}$$

其中 k_o＝最佳的密度(容量时的密度)。

(3) Northwestern's Model

$$U=U_f e^{-1/2(k/k_o)^2} \tag{8}$$

(4) Drew Model

$$U=U_f\left[1-\left(\frac{K}{K_j}\right)^{(n+1)/2}\right] \tag{9}$$

(5) Pipes-Munjal Model

$$U=U_f\left[1-\left(\frac{K}{K_j}\right)^{n}\right] \tag{10}$$

(6) Generalized speed-density equation

$$U^{1-m}=U_j^{1-m}\left[1-\left(\frac{K}{K_j}\right)^{l-1}\right] \tag{11}$$

m,l ＝ 任意之参数。

何以出现这么多非线性的模式，因为在大量数据中，发现资料的整体型态并非完全是线性的走向，尤其在密度较低的情况下，速度并没有迅速反应来变动，如图 1 所示。

3 跟车理论(Car-Following Theory)

3.1 基本界定

跟车理论是微观车辆的运动描述理论，主要的参数包括加速度(Acceleration)、相对位置(Relative

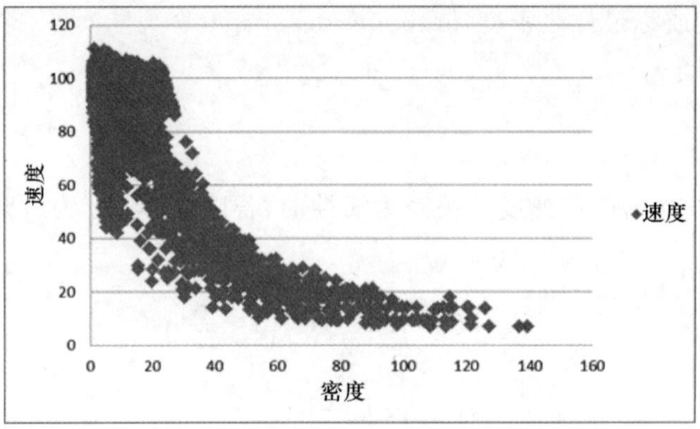

图 1　ETC 数据库取样结果图

Position)、相对速度(Relative Velocity)以及个别车辆的速度(Velocity),因此为了建构该车辆的运动反应模型,先行界定车辆行经路径的位置,依 X 轴为建构的基础,并且在该变量下附注车辆的编号,以作为特定车辆的参数表示。

$X_n(t)$ = 表示第 n 辆车在 t 时刻的位置;

$X_{n+1}(t)$ =表示第 $n+1$ 辆车在 t 时刻的位置;

$\dot{X}_n(t)$=表示第 n 辆车在 t 时刻的速度;

$\dot{X}_{n+1}(t)$=表示第 $n+1$ 辆车在 t 时刻的速度;

$\ddot{X}_n(t)$=表示第 n 辆车在 t 时刻的加速度;

$\ddot{X}_{n+1}(t)$==表示第 $n+1$ 辆车在 t 时刻的加速度。

如图 2 所示。

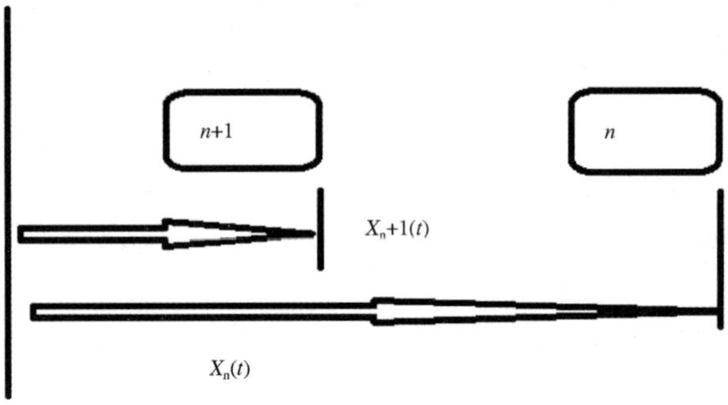

图 2　车辆间距示意图

3.2　GM 的跟车模型

GM(General Motor)通用公司发展了系列的跟车模型,其最重要的观念乃是依据驾驶者的敏感度以及外在信息的刺激,引起车辆反应的现象。而对于车辆的反应最直接的是速度的改变,也就是加速度的显现,因此其模型的应变数就是加速度,而自变数的参数则以相对位置或相对速度的参数来表现,所以把其五代的模型分述于下:

GM I Model　$\ddot{X}_{n+1}(t+\Delta t)=\alpha(\dot{X}_n(t)-\dot{X}_{n+1}(t))$　(12)

GM II Model　$\ddot{X}_{n+1}(t+\Delta t)=or(\dot{X}_n(t)-\dot{X}_{n+1}(t))$　(13)

GM III Model　$\ddot{X}_{n+1}(t+\Delta t)=\frac{\alpha_0}{(X_n(t)-X_{n+1}(t))}(\dot{X}_n(t)-\dot{X}_{n+1}(t))$　(14)

GM IV Model　$\ddot{X}_{n+1}(t+\Delta t)=\frac{\alpha'\dot{X}_{n+1}(t+\Delta t)}{(X_n(t)-X_{n+1}(t))}(\dot{X}_n(t)-\dot{X}_{n+1}(t))$　(15)

GM V Model　$\ddot{X}_{n+1}(t+\Delta t)=\frac{\alpha[\dot{X}_{n+1}(t+\Delta t)]^m}{(X_n(t)-X_{n+1}(t))^l}(\dot{X}_n(t)-\dot{X}_{n+1}(t))$　(16)

其中有关于 α,α_0,α_1,α_2,α' 都是泛指驾驶敏感度的反应现象。

3.3　视觉因子的跟车模式

从驾驶者的角度观察车辆的靠近以及远离,也会影响视觉角度的变化,如果以 θ 代表视角,而以 W

代表车宽，L 代表了前车长，以 h 代表了车头距。

$$\tan\left(\frac{\theta}{2}\right)=\frac{W}{h}$$
$$h=X_n(t)-X_{n+1}(t) \tag{17}$$

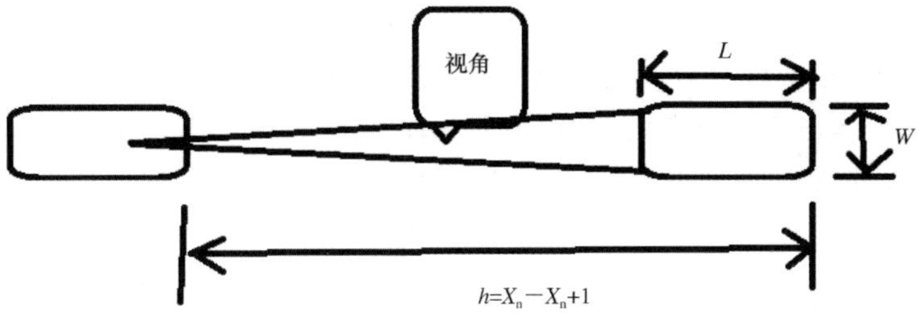

图 3　视觉因子的跟车图

$$\theta=2\tan^{-1}\left(\frac{W}{h}\right)$$
$$\frac{d\theta}{dt}=2\left[\frac{1}{1+\left(\frac{W}{h}\right)^2}\right]\frac{\frac{dW}{dt}h-\frac{dh}{dt}W}{h^2}=2\frac{-W}{h^2+W^2}\left(\frac{dh}{dt}\right) \tag{18}$$

$$\frac{d\theta}{dt}=-2Wh^{-2}\left(\frac{dh}{dt}\right) \tag{19}$$

根据视角与驾驶的反应，则当角度变大时，表示车辆靠近，驾驶会采取刹车的动作；而当角度变小时，表示前车远离，以跟车特质会采取加速的动作，因此我们可以发现角度与加速度呈现反向的数学作用。

$$\ddot{X}_{n+1}(t+\Delta t)=c(-\dot{\theta}=-c\left(\frac{d\theta}{dt}\right) \tag{20}$$

$$\ddot{X}_{n+1}(t+\Delta t)=2cW\frac{(\dot{X}_n(t)-\dot{X}_{n+1}(t))}{(X_n(t)-X_{n+1}(t))^2} \tag{21}$$

式(21)是从视觉角度所推估出来的跟车模式。如图 3 所示。

3.4　三辆车的跟车现象

以驾驶的经验，会发现跟车之车辆常常会依据前 1 车以及前 2 车之动态，而进行车辆行为的调整。

1）线性模式

$$\ddot{X}_{n+2}(t+\Delta t)=c_1(\dot{X}_{n+1}(t)-\dot{X}_{n+2}(t))+c_2(\dot{X}_n(t)-\dot{X}_{n+2}(t)) \tag{22}$$

2）计算机模拟模式

Fox 与 Lehman 提出一模式如下：

$$\ddot{X}_{n+2}(t+\Delta t)=\alpha_1\dot{X}_{n+2}(t+\Delta t)\left\{\frac{W_1(\dot{X}_{n+1}(t)-\dot{X}_{n+2}(t))}{(X_{n+1}(t)-X_{n+2}(t))^2}+\frac{W_2(\dot{X}_n(t)-\dot{X}_{n+2}(t))}{(X_n(t)-X_{n+2}(t))^2}\right\} \tag{23}$$

4　模式数学转换

4.1　转换的参数讨论

在宏观的参数上有关于密度与速度，如何与微观的参数转换呢？所谓密度指的是单位距离内有多少的车辆称之，其单位为 veh/km 或 veh/mile，然而在微观的参数上相对的位置又称之为间距（Headway），其单位为 m/veh or ft/veh，若把 1km ＝ 1000 m 或 1mile ＝ 5280 ft，若忽略单位问题，我们可以得到下列的关系式：

$$K=\frac{1}{(X_n(t)-X_{n+1}(t))} \tag{24}$$

$$U=\dot{X}_n(t) \tag{25}$$

4.2　模式转换

4.2.1　GM 跟车模式转换成交通流模式

以 GM 的跟车模式可分为两大群，GM I、GMII、GM IV 以及 GM V 为一群，而 GM III 可视为另外一群，跟车模式经过积分后可转换为宏观的模式。

1) GM I、GMII、GM IV 以及 GM V

我们以 GM V 为代表

$$\begin{aligned}
&\ddot{X}_{n+1}(t+\Delta t)=\frac{\alpha[\dot{X}_{n+1}(t+\Delta t)]^{m}}{(X_{n}(t)-X_{n+1}(t))^{l}}(\dot{X}_{n}(t)-\dot{X}_{n+1}(t))\\
&\frac{\ddot{X}_{n+1}(t+\Delta t)}{[\dot{X}_{n+1}(t+\Delta t)]^{m}}=\frac{\alpha(\dot{X}_{n}(t)-\dot{X}_{n+1}(t))}{(X_{n}(t)-X_{n+1}(t))^{l}}\\
&\frac{\frac{\mathrm{d}[\dot{X}_{n+1}(t+\Delta t)]}{\mathrm{d}t}}{[\dot{X}_{n+1}(t+\Delta t)]^{m}}=\frac{\alpha\,\frac{\mathrm{d}[[X_{n}(t)-X_{n+1}(t)]}{\mathrm{d}t}}{(X_{n}(t)-X_{n+1}(t))^{l}}\\
&\frac{\mathrm{d}[\dot{X}_{n+1}(t+\Delta t)]}{[\dot{X}_{n+1}(t+\Delta t)]^{m}}=\frac{\alpha\mathrm{d}[(X_{n}(t)-X_{n+1}(t))]}{(X_{n}(t)-X_{n+1}(t))^{l}}
\end{aligned}\tag{26}$$

两边同时积分

$$\begin{aligned}
\int[\dot{X}_{n+1}(t+\Delta t)]^{-m}\mathrm{d}[\dot{X}_{n+1}(t+\Delta t)]&=\alpha\int[X_{n}(t)-X_{n+1}(t)]^{-l}\mathrm{d}[X_{n}(t)-X_{n+1}(t)]+\delta[\dot{X}_{n+1}(t+\Delta t)]^{-m+1}\\
&=\alpha[X_{n}(t)-X_{n+1}(t)]^{-l+1}+\delta
\end{aligned}\tag{27}$$

转换成宏观符号，并考虑边界值 U_f 与 K_j。

则式(27)可以下式表示

$$\begin{cases}
U^{-m+1}=\alpha K^{-1+l}+\delta\\
K=0,U=U_{f}\\
\delta-U_{f}^{-m+1}\\
U=0,K=K_{j}\\
0=\alpha K_{j}^{-1+l}+U_{j}^{-m+1}\\
\alpha=\dfrac{-U_{j}^{-m+1}}{K_{j}^{-l+1}}
\end{cases}\tag{28}$$

我们把参数代入式中

$$\begin{aligned}
U^{1-m}&=\frac{-U_{2}^{1-m}}{K_{j}^{l-1}}K^{l-1}+U_{f}^{1-m}\\
U^{1-m}&=U_{f}^{1-m}\left[1-\left(\frac{K}{K_{j}}\right)^{l-1}\right]
\end{aligned}\tag{29}$$

对于式(29)的讨论，可以依据 m 以及 l 的值，转换为各种跟车公式。

当 $m=0$ 且 $l=0$ 时，则就可以表示 GM Ⅰ与 GM Ⅱ的转换。

当 $m=1$ 且 $l=1$ 时，则就可以表示 GM Ⅳ的转换。

2) GM Ⅲ与 Greenberg 的转换

GM Ⅲ的模式如下

$$\begin{aligned}
&\ddot{X}_{n+1}(t+\Delta t)=\frac{\alpha_{0}}{(X_{n}(t)-X_{n+1}(t))}(\dot{X}_{n}(t)-\dot{X}_{n+1}(t))\\
&\frac{\mathrm{d}[\dot{X}_{n+1}(t+\Delta t)]}{\mathrm{d}t}=\alpha_{0}\,\frac{\mathrm{d}t}{[X_{n}(t)-X_{n+1}(t)]}
\end{aligned}\tag{30}$$

两边同时积分

$$\begin{aligned}
\int\mathrm{d}[\dot{X}_{n+1}(t+\Delta t)]&=\alpha_{0}\int[X_{n}(t)-X_{n+1}(t)]^{-1}\mathrm{d}[X_{n}(t)-X_{n+1}(t)]+\delta\dot{X}_{n+1}(t+\Delta t)\\
&=\alpha_{0}\ln[X_{n}(t)-X_{n+1}(t)]+\delta
\end{aligned}\tag{31}$$

转换成宏观符号，并考虑边界值 U_f 与 K_j。

$$\begin{aligned}
U&=\alpha_{0}\ln\left(\frac{1}{K}\right)+\delta\\
U&=\delta-\alpha_{0}\ln(K)
\end{aligned}\tag{32}$$

当 $U=0$ 时，$K=K_j$

$$
\begin{aligned}
&\delta=\alpha_0\ln(K_j)\\
&U=\alpha_0\ln\left(\frac{K_j}{K}\right)\\
&Q=K*U\\
&Q=\alpha_0 K\ln\left(\frac{K_j}{K}\right.
\end{aligned}
\tag{33}
$$

引入 U_o 与 K_o 的概念

当 $\frac{\partial Q}{\partial K}=0$ 时 $K=K_o$，因此

$$
\frac{\partial Q}{\partial K}=\alpha_0\ln\left(\frac{K_j}{K}\right)+\alpha_0 K\frac{K}{K_j}\frac{K\frac{\partial K_j}{\partial K}-K_j\frac{\partial K}{\partial K}}{K^2}=0 \tag{34}
$$

$$
\begin{aligned}
&\alpha_0\ln\left(\frac{K_j}{K_o}\right)-\alpha_0=0\\
&\ln\left(\frac{K_j}{K_o}\right)-1=0\\
&K_o=\frac{K_j}{e}
\end{aligned}
$$

当 $K=K_o$ 时，则 $U=U_o$

代入式(33)

$$
\alpha_0=U_o
$$

最后可得到 Greenberg 公式

$$
U=U_0\ln\left(\frac{K_j}{K}\right) \tag{35}
$$

因此而得证。

3）视觉因子跟车模式与 Greenshield's 的转换

视觉因子跟车模式可写成下式：

$$
\ddot{X}_{n+1}(t+\Delta t)=2cW\frac{(\dot{X}_n(t)-\dot{X}_{n+1}(t))}{(X_n(t)-X_{n+1}(t))^2}
$$

两边同时积分

$$
U=ak+b
$$

带入边界值，可求出线性模式如下

$$
U=U_f-\frac{U_f}{K_j}K
$$

4.2.2　从非线性交通流模式转换成跟车模式

在非线性交通流模式中，只有 Underwood's Model 及 Northwestern's Model 两模式，无法马上从观察中得到 m 及 l 的通用模式互换，所以在下面特别加以讨论。

1）Underwood's Model 之转换

Underwood's Model 的公式如下

$$
\begin{aligned}
&U=u_f e^{-k/k_o}\\
&\frac{U}{U_f}=e^{-k/k_o}\\
&\ln\left(\frac{U}{U_f}\right)=-\frac{K}{K_o}\\
&\ln U-\ln U_f=-\left(\frac{1}{K_o}\right)K
\end{aligned}
\tag{36}
$$

两边同时微分

$$\ln U-\beta-\gamma K$$
$$\frac{\mathrm{d}(\ln U)}{\mathrm{d}t}=\gamma\frac{\mathrm{d}K}{\mathrm{d}t} \tag{37}$$
$$\frac{1}{U}\frac{\mathrm{d}U}{\mathrm{d}t}=\gamma\frac{\mathrm{d}K}{\mathrm{d}t}$$

进行微观处理

$$\frac{\ddot{X}_{n+1}(t+\Delta t)}{\dot{X}_{n+1}(t+\Delta t)}=\gamma\frac{\mathrm{d}(X_n(t)-X_{n+1}(t))^{-1}}{\mathrm{d}t}$$
$$\frac{\ddot{X}_{n+1}(t+\Delta t)}{\dot{X}_{n+1}(t+\Delta t)}=\gamma(-1)[X_n(t)-X_{n+1}(t)]^{-2}\frac{\mathrm{d}[X_n(t)-X_{n+1}(t)]}{\mathrm{d}t} \tag{38}$$
$$\frac{\ddot{X}_{n+1}(t+\Delta t)}{\dot{X}_{n+1}(t+\Delta t)}=\frac{\alpha[\dot{X}_n(t)-\dot{X}_{n+1}(t)]}{[X_n(t)-X_{n-1}(t)]^2}$$

最后我们可得到

$$\ddot{X}_{n+1}(t+\Delta t)=\frac{\alpha\dot{X}_{n+1}(t+\Delta t)}{[X_n(t)-X_{n+1}(t)]^2}[\dot{X}_n(t)-\dot{X}_{n+1}(t)] \tag{39}$$

由此可见 Underwood's Model，也可以用 $m=1$ 与 $l=2$ 的情况下得到好的转换。

2）Northwestern's Model 之转换

Northwestern's Model 的公式如下

$$U=U_f\mathrm{e}^{-1/2(k/k_o)^2}$$
$$\ln\frac{U}{U_f}=-\frac{1}{2}\left(\frac{K}{K_o}\right)^2 \tag{40}$$

两边同时微分

$$\ln U-\phi-\varphi K^2$$
$$\frac{\mathrm{d}\ln U}{\mathrm{d}t}=\varphi\frac{\mathrm{d}K^2}{\mathrm{d}t} \tag{41}$$
$$\frac{1}{U}\frac{\mathrm{d}U}{\mathrm{d}t}=\varphi(2K)\frac{\mathrm{d}K}{\mathrm{d}t}$$

进行微观处理

$$\frac{\ddot{X}_{n+1}(t+\Delta t)}{\dot{X}_{n+1}(t+\Delta t)}=2\varphi\frac{1}{[X_n(t)-X_{n+1}(t)]}(-1)[X_n(t)-X_{n+1}(t)]^{-2}\frac{\mathrm{d}[X_n(t)-X_{n+1}(t)]}{\mathrm{d}t}$$

整理后

$$\ddot{X}_{n+1}(t+\Delta t)=\frac{\alpha\dot{X}_{n+1}(t+\Delta t)}{[X_n(t)-X_{n+1}(t)]^3}[\dot{X}_n(t)-\dot{X}_{n+1}(t)] \tag{42}$$

由此可见 Northwestern's Model，也可以用 $m=1$ 与 $l=3$ 的情况下得到好的转换。

4.2.3 从其他函数转换成跟车模式

在文中，把 U-K 函数推估成下列一览表。

表 1 方程式群一览表

群组	应变数	自变数	方程式	备注
$U=f(k)$	u	k	$U=a+b\cdot k$	Greenshield's
			$U=a+b\cdot\ln(k)$	Greenberg's
			$U=a+b\cdot K+c\cdot k^2$	(uk2)
			$U=a+b\cdot k+c\cdot k^2+d\cdot k^3$	(uk3)
$K=f(u)$	k	u	$K=a+b\cdot u$	Greenshield's
			$K=a+b\cdot\ln(u)$	Underwood's
			$K=a+b\cdot u+c\cdot u^2$	(ku2)
			$K=a+b\cdot u+c\cdot u^2+d\cdot u^3$	(ku3)
$K^2=f(u)$	K^2	u	$K^2=a+b\cdot u$	(k2u)
			$K^2=a+b\cdot\ln(u)$	Northwestern's
			$K^2=a+b\cdot u+c\cdot u^2$	(K2u2)
			$K^2=a+b\cdot u+c\cdot u^2+d\cdot u^3$	(K2u3)

1）如果把公式(uk2)进行转换

$$U=a+bK+cK^2$$

$$\frac{dU}{dt}=\frac{d(a+bK+cK^2)}{dt}=\frac{da}{dt}+\frac{d(bK)}{dt}+\frac{d(cK^2)}{dt} \tag{43}$$

$$\frac{dU}{dt}=b\frac{dK}{dt}+c(2K)\frac{dK}{dt}$$

$$\ddot{X}_{n+1}(t+\Delta t)=b(-1)(X_n(t)-X_{n+1}(t))^2[\dot{X}_n(t)-\dot{X}_{n+1}(t)]+2c(X_n(t)-X_{n+1}(t))^{-3}[\dot{X}_n(t)-\dot{X}_{n+1}(t)]$$

$$\ddot{X}_{n+1}(t+\Delta t)=\alpha_1\frac{[\dot{X}_n(t)-\dot{X}_{n+1}(t)]}{(X_n(t)-X_{n+1}(t))^2}+\alpha_2\frac{[\dot{X}_n(t)-\dot{X}_{n+1}(t)]}{(X_n(t)-X_{n+1}(t))^3}$$

$$\ddot{X}_{n+1}(t+\Delta t)=\frac{[\dot{X}_n(t)-\dot{X}_{n+1}(t)]}{\beta_1(X_n(t)-X_{n+1}(t))^2+\beta_2(X_n(t)-X_{n+1}(t))^3}$$

2）若是以(uk3)进行转换

$$U=a+bK+cK^2+dK^3$$

则可得下式的推导

$$\ddot{X}_{n+1}(t+\Delta t)=\frac{[\dot{X}_n(t)-\dot{X}_{n+1}(t)]}{\gamma_1(X_n(t)-X_{n+1}(t))^2+\gamma_2(X_n(t)-X_{n+1}(t))^2+\gamma_3(X_n(t)-X_{n+1}(t))^4} \tag{44}$$

3）若是以(ku2)进行转换

$$K=a+bU+cU^2$$

则

$$\frac{dK}{dt}=b\frac{dU}{dt}+c\frac{dU^2}{dt}$$

$$\frac{d(X_n(t)-X_{n+1}(t))^{-1}}{dt}=(b+2c\dot{X}_{n+1}(t+\Delta t))\ddot{X}_{n+1}(t+\Delta t) \tag{45}$$

$$(-1)(X_n(t)-X_{n+1}(t))^2[\dot{X}_n(t)-\dot{X}_{n+1}(t)]=(b+2c\dot{X}_{n+1}(t+\Delta t))\ddot{X}_{n+1}(t+\Delta t)$$

$$\ddot{X}_{n+1}(t+\Delta t)=\frac{-1}{(b+2c\dot{X}_{n+1}(t+\Delta t))}\frac{[\dot{X}_n(t)-\dot{X}_{n+1}(t)]}{(X_n(t)-X_{n+1}(t))^2}$$

4）若是以(ku3)进行转换

$$K=a+bU+cU^2+dU^3$$

则可得

$$\ddot{X}_{n+1}(t+\Delta t)=\frac{-1}{(b+2c\dot{X}_{n+1}(t+\Delta t)+3d\dot{X}_{n+1}^2(t+\Delta t))}\frac{[\dot{X}_n(t)+\dot{X}_{n+1}(t)]}{(X_n(t)-X_{n+1}(t))^2} \tag{46}$$

5）若是以(k2u)进行转换

$$K^2=a+bU$$

$$2K\frac{dK}{dt}=b\frac{dU}{dt}$$

$$-2\frac{[\dot{X}_n(t)-\dot{X}_{n+1}(t)]}{[X_n(t)-X_{n+1}(t)]^3}=b\ddot{X}_{n+1}(t+\Delta t) \tag{47}$$

$$\ddot{X}_{n+1}(t+\Delta t)=\alpha\frac{[\dot{X}_n(t)-\dot{X}_{n+1}(t)]}{[X_n(t)-X_{n+1}(t)]^3}$$

6）若是以(k2u2)进行转换

$K^2=a+bU+cU^2$

$$\ddot{X}_{n+1}(t+\Delta t)=\frac{-1}{(b+2c\dot{X}_{n+1}(t+\Delta t))}\frac{[\dot{X}_n(t)-\dot{X}_{n+1}(t)]}{(X_n(t)-X_{n+1}(t))^3} \tag{48}$$

7）若是以(k2u3)进行转换

$K^2=a+bU+cU^2+dU^3$

$$\ddot{X}_{n+1}(t+\Delta t)=\frac{-1}{(b+2c\dot{X}_{n+1}(t+\Delta t))+3d\dot{X}_{n+1}^2(t+\Delta t))}\frac{[\dot{X}_n(t)-\dot{X}_{n+1}(t)]}{(X_n(t)-X_{n+1}(t))^3} \tag{49}$$

4.3 讨论

在前面几节的转换公式中，从数学的角度上，我们可以观察出跟车模式的两端，一端为加速度的反应，另外一端为相对速度的变量，而产生变化都在敏感度的这一项，因此当交通状况改变时，驾驶者集体的反应，却是跟车模式最主要的关键，若要把此敏感度系数归纳，也可以得到下列几种：

(1) α=常数

(2) $\alpha=\dfrac{\alpha_0}{(X_n(t)-X_{n+1}(t))}$

(3) $\alpha=\dfrac{\alpha'\dot{X}_{n+1}(t+\Delta t)}{(X_n(t)-X_{n+1}(t))}$

(4) $\alpha=\dfrac{\alpha'\dot{X}_{n+1}(t+\Delta t)}{[X_n(t)-X_{n+1}(t)]^2}$

(5) $\alpha=\dfrac{\alpha''\dot{X}_{n+1}(t+\Delta t)}{[X_n(t)-X_{n-1}(t)]^2}$

(6) $\alpha=\dfrac{1}{\beta_1(X_n(t)-X_{n+1}(t))^2+\beta_2(X_n(t)-X_{n+1}(t))^3}$

(7) $\alpha=\dfrac{1}{\gamma_1(X_n(t)-X_{n+1}(t))^2+\gamma_2(X_n(t)-X_{n+1}(t))^3+\gamma_3(X_n(t)-X_{n+1}(t))^4}$

(8) $\alpha=\dfrac{-1}{(b+2c\dot{X}_{n+1}(t+\Delta t))}\dfrac{1}{(X_n(t)-X_{n+1}(t))^2}$

(9) $\alpha=\dfrac{-1}{(b+2c\dot{X}_{n+1}(t+\Delta t)+3\mathrm{d}\dot{X}_{n+1}^2(t+\Delta t))}\dfrac{1}{(X_n(t)-X_{n+1}(t))^2}$

(10) $\alpha=\dfrac{\alpha'}{[X_n(t)-X_{n+1}(t)]^3}$

(11) $\alpha=\dfrac{-1}{(b+2c\dot{X}_{n+1}(t+\Delta t))}\dfrac{1}{(X_n(t)-X_{n+1}(t))^2}$

(12) $\alpha=\dfrac{-1}{(b+2c\dot{X}_{n+1}(t+\Delta t)+3d\dot{X}_{n+1}(t+\Delta t))}\dfrac{1}{(X_n(t)-X_{n+1}(t))^3}$

从上面的归纳中，深刻地体会敏感度的表现，与车辆的速度以及相对位置的影响有密切的关系，这也是必须加以研究的重点。

5 结语

本文的数学转换的推导，成功地把现有常用的跟车模式与交通流模式对接，可以从宏观的观察来界定微观的行为，减少观测资料的难度，也是本文的贡献。另外从理论上探索，发现车辆速度在某种情境下，的确会影响驾驶心理的反应，因此合理的推论，当速限改变时，驾驶的敏感度也会发生改变，致使容量状况也跟着变异。虽然尚无资料能来佐证这项推理，不过却也留下可努力的空间。

参考文献

[1] A. D. May,."raffic Flow Fundaments. 1990.

[2] 范俊海，许芝绫. 利用 ETC 数据在车流模式之实证研究[R]. 第 24 届海峡两岸都市交通学术研讨会论文.

[3] Pipes, L. C., and Wojcik, C. K., A contribution to theory of traffic flow. SAE Conference Proceeding - Analysis and Control of Traffic Flow Symposium (Detroit)[R]. 1968: 53-60.

[4] Fox, P., and Lehman, F. G., Safety in Car-Following - A Computer Simulation[D] Newark College of Engineering, New Jersey ,1967;173.

珠海市核心区智慧交通系统研究及设计

Design and Research of Regional Traffic Coordinat System for Zhuhai Downtown

孙雁飞　沈　明　王　桦

摘　要：面向珠海市核心区交通信号控制系统以及交通信息化服务的问题，提出满足珠海智慧交通建设需要的区域交通协调管控系统方案。研究了核心区交通信号协调控制、交通信息采集和交通信息诱导等系统的设施布设、数据传输与处理、协调控制算法以及系统集成平台与数据共享，改变了珠海市目前智慧交通信号系统智能化程度低、控制方法单一、缺乏道路交通实时数据以及诱导信息发布覆盖范围小等现状，构建了珠海市道路交通实时信息采集、处理和应用服务的闭合体系。

关键词：交通工程；智慧交通；信号协调控制；交通信息采集

Abstract: Aiming at Intelligent Transportation Signal System and Transportation Information Service at Zhuhai Downtown Area, the paper delivers a customized proposal focusing on Transportation Signal Coordinated Controlling System and Transportation Information System to satisfy what Zhuhai intelligent transportation construction needs. The paper carries some profound study on optimizing transportation signal system of Zhuhai Downtown, laying out the devices that could be used for traffic data collection and traffic spreading information, using data processing and transmitting technology and traffic signal optimizing algorithm to create a platform and ensure data streaming. Through Zhuhai traffic signal coordinated control system, traffic information collecting system and traffic information system three subsystems, the proposal offers the solutions to Zhuhai transportation that will evolve the city from a simple transportation controlling system to a relatively mature system with a closed loop of traffic data.

Keywords: Traffic engineering; Traffic coordinated control; Collecting of traffic data

1　引言

珠海市位于珠江三角洲地区，与澳门陆地相连。珠海市核心区由于山体分割，城市布局合理。市区内部主干路网通过3纵5横4辐射实现市域交通的联通（图1）。目前，珠海市城市交通出行结构比较合理，珠海的公共交通（含出租车）占居民出行交通结构的24.6%，慢行交通占46.2%，私人小汽车占23.2%。但珠海大道、板障山隧道、明珠北路交通拥堵逐渐涌现。在2014年4月《珠海市智慧交通系统规划》中，珠海市区域交通信号控制系统被列为近期建设的8大工程之一，其对于应对珠海日益增长的汽车保有量，提升道路通行能力、均衡路网交通流具有重要的意义。

2　珠海市核心区智慧交通系统功能及效益研究

2.1　功能研究

为实现区域协调控制、交通信息采集及发布、数据汇聚及分析等功能，具体可细化为：

首先通过路口布设的交通检测器，实时感应并采集道路交通数据，并对相关数据进行处理，此举措一方面为信号控制系统提供控制模型的数据输入，另一方面可在区域范围形成交通管理的基础数据信息。随后通过区域协调控制算法，结合路网内相关路口的通行特点，即可实现控制区域内的交通信号的实时自适应控制、时间表控制、感应控制等多种控制方式和控制策略。

珠海市核心区域主干道交通流压力较大，特别是梅华路、人民路、九洲大道等主要干道具有早晚高峰的潮汐式交通流特点。为此通过区域协同控制策略，有针对性地实现潮汐方向上主要车流的高效通行。

虽然通过检测线圈采集交通数据可靠性较高，但采集手段单一，同时存在易损坏以及维护成本高的

作者简介：孙雁飞，上海市城市建设设计研究总院（集团）有限公司，主要从事市政行业智能交通设计，毕业于澳大利亚阿德雷德大学电气与电子工程专业并获得荣誉工学学士学位。

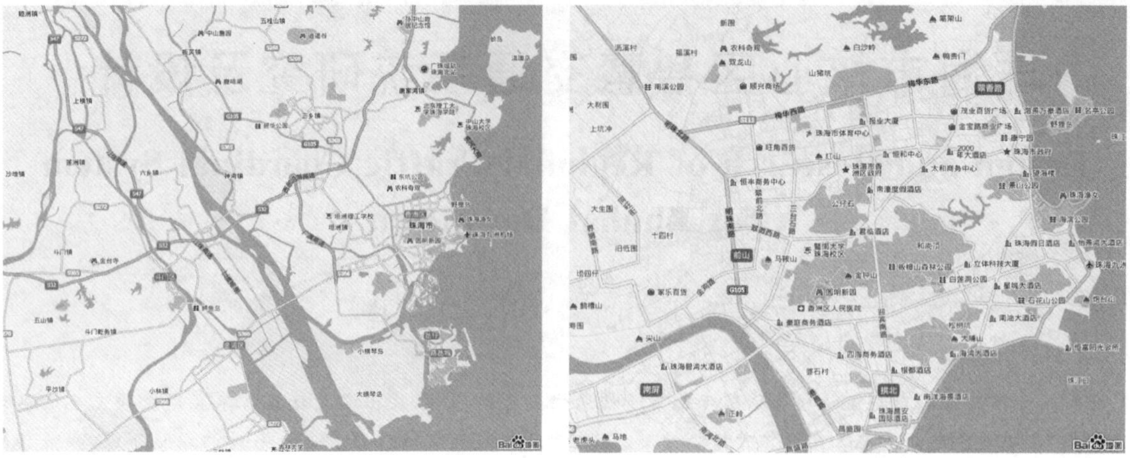

图 1　珠海市域及市区图

缺点，因此为了丰富珠海现有道路交通数据采集手段，并且减少维护时对路面交通产生的影响，通过布设高清视频摄像机对进出珠海主城区的繁忙交通干道机动车交通信息进行实时采集和统计分析。在加强交通信息采集力度后，为实现数据的有效应用，增加在高速公路珠海区域进口和核心区主要道路沿线的交通诱导信息发布设施。

2.2　效益研究

在优化功能的前提下，获得以下效益：

(1) 均衡路网内交通流运行，减少路口延误时间，提升珠海市相对有限的道路交通资源的利用效率，降低机动车排放，缓解交通环境污染；

(2) 提高交通管理部门的智能化管理服务水平，减轻交通管理人员特别是一线执勤人员的劳动强度；

(3) 为珠海市政府决策支持交通规划和城市建设提供更多的数据支持，落实珠海智慧交通和智慧城市规划要求，助力珠海国际一流智慧交通和智慧城市建设，进而提升珠海市的城市对外形象。

3　核心区智慧交通系统框架及专题研究

3.1　核心区智慧交通系统框架研究

根据《珠海市智慧交通系统规划》，区域交通信号控制、交通视频监控、交通诱导板均为需建设项目，同时依托新建成的智慧珠海云计算中心(下称云计算中心)以及依托云计算中心搭建的智慧珠海综合服务平台、智慧交通运行管理平台，通过信控设备以及视频采集所获得的数据不仅可利用云计算中心充沛的计算资源，同时可通过其与服务及管理平台实现数据交互，并将脱敏数据提供给其他需求者进行基于大数据的各类分析应用。如图 2 所示。

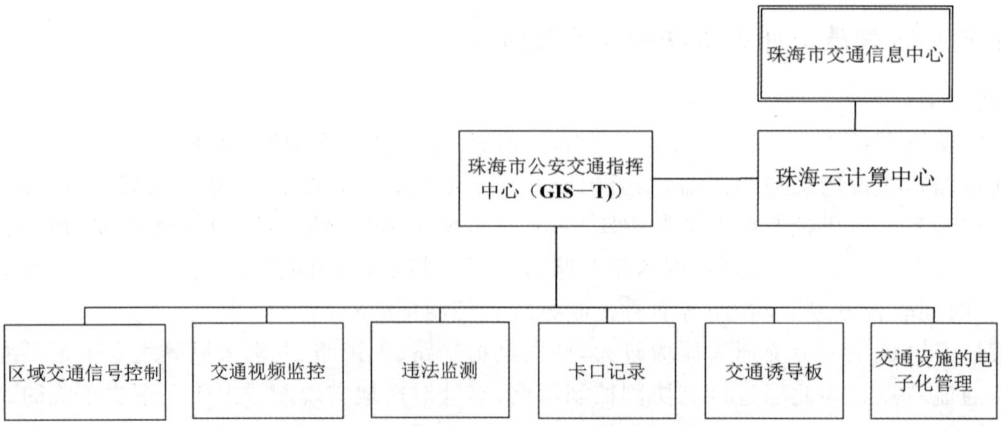

图 2　交通信号控制系统拓扑图

3.2　专题研究与设计

3.2.1　交通信号协调控制系统

在珠海市交警支队中心机房内建设统一的智慧交通信号联网自适应协调控制平台，原始数据即时共享提供给云计算中心，供各相关部门分析使用。

交通信号控制系统的中心设置在珠海市交警支队。系统所有内场软件均安装以及数据储存都在交警支队的应用服务器和数据库服务器上，各交警大队如需控制其辖区内的路口，可采用远端客户工作站控制模式显示和调用系统参数并进行相关控制策略制定。外场信号机的实时数据与交警支队信号控制系统中心的互联通过智能交通专网进行传输。

外场信号机路口感应线圈采集的实时交通运行数据汇聚至交警支队后，原始数据即时共享提供给智慧珠海云计算中心，供各相关部门分析使用。因此，在云计算中心设置 1 套数据转发服务器和 1 套数据库服务器，用于信号控制系统数据的接受、转发和存储。云计算中心与交警部门之间采用租用运营商带宽链路的方式进行通信，并设置配套的网络安全设备，包括防火墙、入侵检测、负载均衡等设备。

交通信号控制系统拓扑图，如图 3 所示：

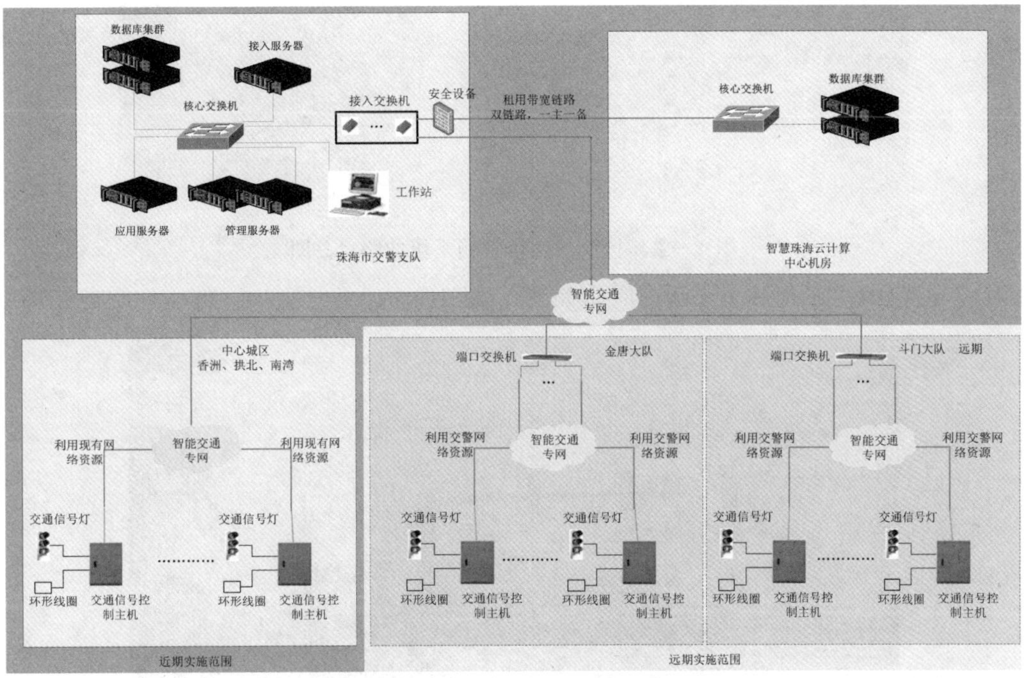

图 3　交通信号控制系统拓扑图

交通信号控制系统采用先进的交通控制模型，具有实时自适应控制功能，可根据交通状况实时调整信号配时参数。中心管理平台具有集中的配置、监视、控制及管理功能。系统操作界面丰富、直观、方便、灵活。系统能够针对各种复杂路况（如行人、自行车、机动车混合交通）和路段及区域交通运行特点提供优化的交通控制策略，具有应对各种突发路面状况的应对方案以及完善的系统故障下的降级控制机制，能够与相关系统互联互通，实现集成统一的平台解决方案，并实现良好的控制效果。

在信号协调控制功能方面，除实时自适应控制功能外，中心平台还可实现中心预案控制、中心手动控制、勤务预案控制、中心时钟校准、远程访问、突发事件管理和特殊车辆优先控制等功能。

对包括香洲、拱北以及南湾在内的珠海大桥以东区域 111 个重要交通节点的路口（图 4）进行联网改造，改造内容为：

- 路口更换为交通信号实时自适应协调控制机并通过交警专用通信网络与位于交警支队的交通信号控制中心进行实时的数据交互；
- 增设独立式倒计时显示器。

为评价道路交通对环境的影响和交通信号协调优化对城市交通疏解的效果，贯彻绿色城市建设理念，结合本项目路口信号机建设，在每 5 平方公里范围内设置 1 台智能信号机箱，主要用于空气环境指标监测。

改造后的独立式倒计时显示器和升级后的人行横道信号倒计时，应根据今后采用的实时自适应信号

图 4　主城区交通信号控制系统的路口总图

控制系统，对应支持全程、半程或 10s 倒计时。如图 5、图 6 所示。

图 5　直行、左转相位合用 1 个倒计时显示器（现状）

3.2.2　交通信息采集系统

交通信息采集系统包括内场视频分析平台软硬件和外场视频采集设备。视频分析平台软硬件部署在智慧珠海云计算中心。外场视频采集共 13 处点位，共 26 个检测断面，主要分布在进入珠海市主城区的高速公路及主要道路路段。

视频分析平台的基本组件由场景几何校正、车辆检测、车辆跟踪和跨摄像头分析等多个部件组成(图 7)。

图 7 中虚线框标注的区域为视频分析平台。输入为若干路交通摄像头视频流，经流媒体服务器分别进入深度神经网络分析服务器和视频编码器，其中视频编码器将视频清洗、压缩、标准化以后转入分布式云存储单元保存，而深度神经网络分析单元在复杂环境因素处理单元（解决天气、光照、阴影和晃动等干扰因素）、模型训练单元（根据实际交通情况自学习、自适应）和场景几何校正单元（推算车流方向、速度）的联合帮助下，输出车流分析的原始结果（车辆数量、类型、速度等）。原始分析结果经过服务器控制处理后，结合历史交通流的数据统计分析，可以扩展出很多先进的交通应用，例如实时的精确交通信息发布，根据交通流情况诱导车辆以缓解交通拥堵，根据车流分布优化信号灯控制以减少平均等待时间等。

图 6　直行、左转相位独立使用 1 个倒计时显示器（改造后）

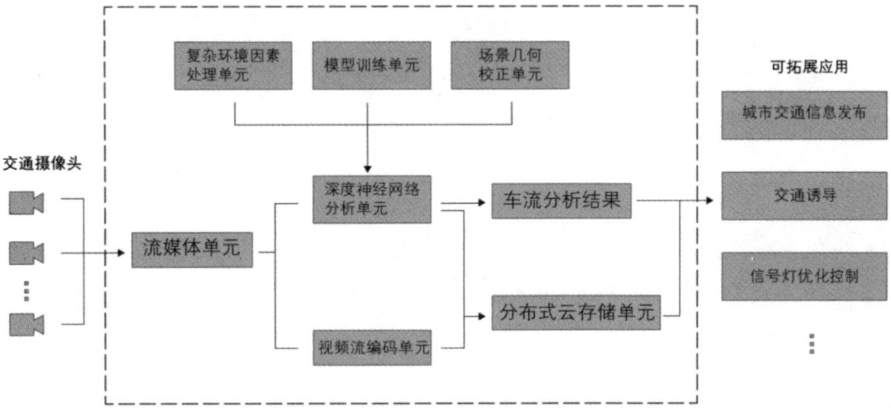

图 7　视频分析平台系统框架

基于深度学习(Deep Learning)大规模实时交通视频分析平台，针对智慧交通应用需要，采用视频快速编辑处理、图像信息结构化描述等智能化工具和技术，开展非结构化数据的结构化信息提取，并提供公安、交通其他信息系统关联接口，为智慧交通中的实践提供视频应用支撑，应用场景包括车流分析、交通诱导、信息发布和拥堵预警等（图 8）。

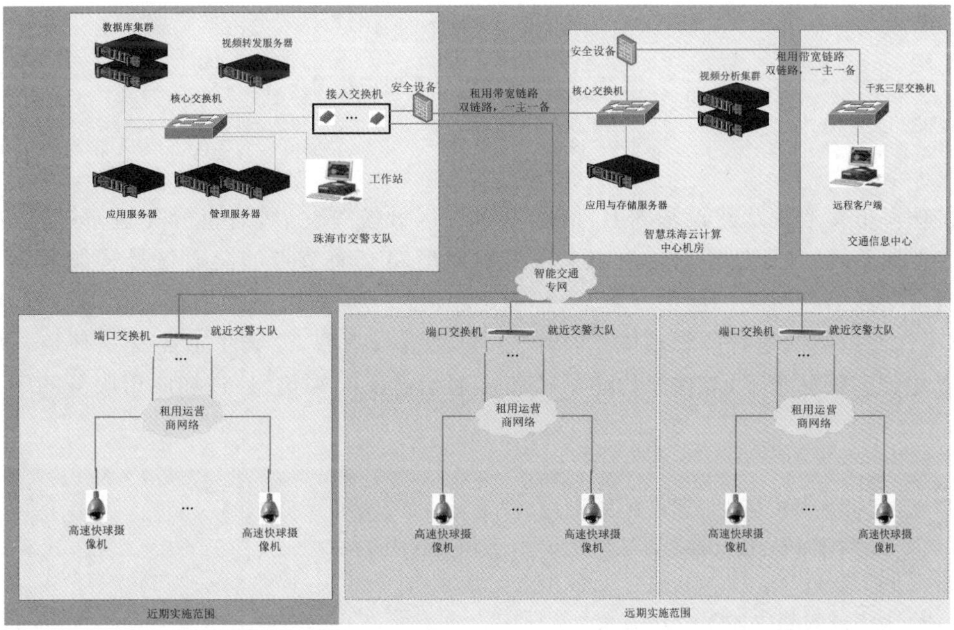

图 8　交通信息采集系统图

3.2.3 交通信息诱导系统

在进入珠海市主城区的高速公路及主干道道路进口等重要路段共设置 14 处 LED 双基色交通信息诱导板，在主城区主要道路沿线共设置 6 处 LED 光带加可变文字交通信息诱导板，向过往机动车驾驶员发布交通管制信息及前方路况诱导信息。

在板障山隧道南北两侧进口上游，各设置 1 处 LED 双基色交通信息诱导板，向过往机动车驾驶员进行交通治理执法法规和政策宣传；在口岸大厅出口广场设置 1 处 2 块 LED 全彩交通信息诱导板（正反两面安装），向往来行人进行交通导向指示和交通治理执法政策宣传。以上外场交通信息诱导板，租用运营商提供的链路，就近接入交警大队的智能交通专网后接至交警支队，通过交警支队与智慧珠海云计算中心的万兆链路接至云计算中心。在云计算中心设置交通信息诱导系统的中心平台，负责诱导板日常的巡检和维护。同时，在珠海市交通信息中心设置远程客户端，由交通局信息中心直接发布交通诱导信息。

同时，为保证交通信息能够可靠发布在诱导板上，在诱导板前设置视频摄像机，方便管理人员对诱导板发布内容进行视频确认，同时也可用于日常故障巡检（图 9）。

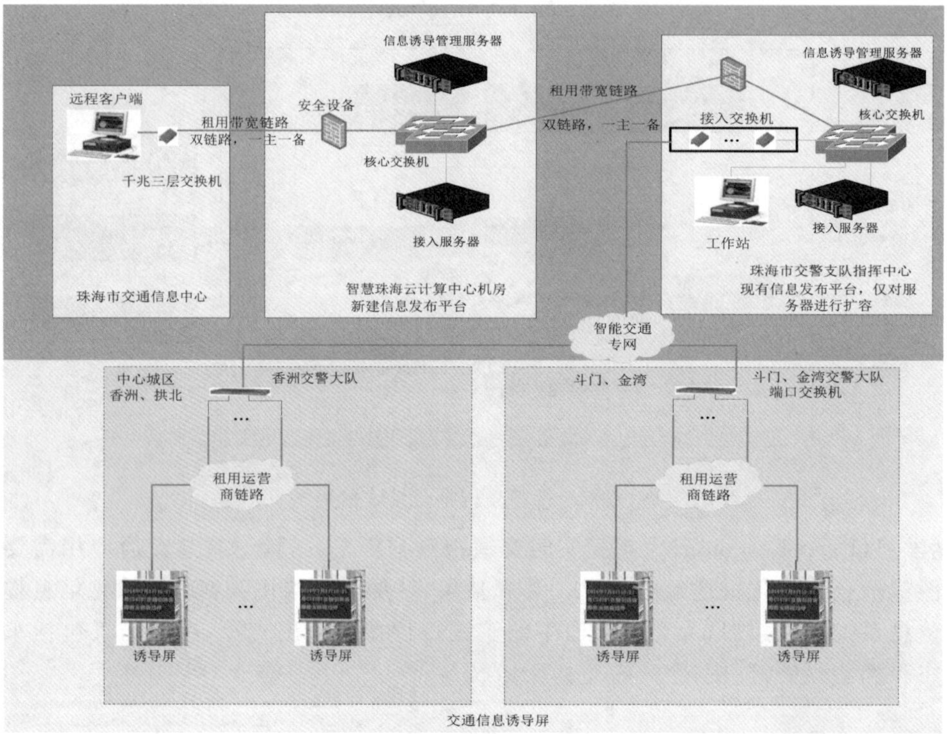

图 9 交通信息诱导系统拓扑图

4 结语

本项目在珠海市交通现状建设基础上，搭建了珠海区域统一化、具有世界先进水平性的智能交通信号联网自适应控制系统，从而实现对珠海市主城区重要道路交通节点的交通信号智能实时协调控制，解决了目前珠海市交通信号系统控制手段单一、智能化程度低等问题。从而增强了交通管理及诱导信息发布能力，完善了珠海道路交通智能管理体系，提升了交通运行效率，改善了道路交通环境，提高了交通管理部门的智能化管理服务水平，为珠海构建了道路交通信息实时采集、处理和应用服务的闭合体系。

参考文献

[1] 梁超，范炳全，韩印．区域交通流协调控制方法[J]．交通运输工程学报．2011(03)．

[2] 赵月．复杂交通网络拥堵特性及控制方法研究[D]．西南交通大学，2009．

[3] 臧利林．城市交通信号优化控制算法研究[D]．山东大学，2007．

[4] 珠海市智能交通系统规划(2013)．2013.08．

[5] 珠海市智慧交通信号协调控制系统项目建设方案(2016)．2016.04．

智慧台南好停车

Intelligent Tainan Easy Parking

林炎成 黄俊杰 张俊阳

摘 要:停车问题是现今许多城市面临的严重课题,大部分城市商业区腹地狭小,极易因为车辆人潮大量涌入造成交通阻塞;再者,由于缺乏整合交通、停车位信息服务提供给民众,在市区找不到停车位问题一直是政府、商店业者与市民难解之议题,但以往关于停车问题的研究多片段而分散,并无针对停车问题提出整体性解决方案之研究。台南市政府交通局一直以来都以民众为中心,改善民众停车流程,创造便捷且安全的停车环境为目标,有鉴于车联网、资通讯、云端服务及智慧行动载具等相关技术的快速蓬勃发展,智能型手机已经成为人们生活中不可或缺的一部分,台南市交通局为了提供民众更加便利的停车环境,推出"智慧台南好停车"创新服务,包括路边停车智慧计费与智慧停车场系统,从一开始的实时停车位信息查询、导航、停车费用查询到缴费等创新服务模式。本研究将各地停车场所记录车辆进出计数纪录、营运报表、监控影像资料等,透过 4G LTE 通讯模块上传至智慧停车场管理云端主机之车位动态信息系统汇整。车位动态信息系统汇整后,以 Web-Service 方式介接台南市停车场信息整合数据库,民众可以透过智慧手机行动 APP 快速查询可用停车位数之相关信息,同时可以通过地图与卫星导航,迅速到达停车位的位置。此外,透过 IC 芯片卡系统结合车牌辨识、E-tag 停车管理系统与无人自动收费管理系统,民众可以方便查询停车费用与缴费,停车场业者也可以有效管理停车场相关业务。研究结果显示,汽、机车格位共增加近 3 万个格位,较县市合并初期大幅成长近 3 倍,"智慧台南好停车"可以减少政府开单人力成本,降低错误率,可发布实时路边停车剩余格位与公民营路外停车场剩余格位信息,减少民众绕行寻找车位时间,降低市区交通量、减少塞车,交通局也可依政策需要,实时弹性调整停车费率,可达成完全无纸化停车收费管理,更可以借由停车优惠,推广市民卡。这些服务皆以民众的立场为出发点,提供各式行动加值的服务,创造一个时时关怀民众需求的停车环境。借由导入智慧化停管设备如 RFID 设备、车牌辨识设备、监控设备、市民卡与多元付费系统及智慧停车管理云端系统,除了可传输停车场车辆进出场信息与监控画面提供管理者远端监控与停车统计报表分析,提升管理效率与节省人力,市民满意度非常高,成功创造了便利民众、政府及商家三赢的局面。

关键词:智慧;停车;创新服务

Abstract: Nowadays, parking problem is the serious issue to many cities. Most of city business districts are small in the hinterland. It is easy to make the traffic congestion when a large number of cars and people influx. Furthermore, due to the lack of integrated with transportation and parking information service provided to the people, the problem of hard finding parking space in the city is always an issue for government、industry and citizen. However, most of the researches of parking problems are incomplete, did not have holistic solution for parking issues. Bureau of Transportation, Tainan City Government has always been central on people, improving the people's parking procedure, creating convenient and parking safe environment for goal. Given that internet of vehicle、communication、cloud service and intelligent vehicle with the development of technology. Smart phone have become an indispensable part of people daily life. In order to provide more convenient parking environment for people. Bureau of Transportation, Tainan City Government launched an innovation service called "Intelligent Tainan Easy Parking" that is include parallel parking intelligent fee and intelligent parking system. From the beginning of parking information inquiry、navigation and parking fee inquiry to payment and other innovation service mode.

In this study, it will record the number of vehicle in and out、operation report and CCTV data in every parking lots. Through the 4G LTE communication module upload to intelligent parking lot cloud host of parking dynamic information system. After parking dynamic information system collect, use the way of Web-Service to access the Tainan city parking lots information integration database. The people can use the smart phone APP to check the information of available parking space, and at the same time, it also can through the map and satellite navigation to find the location of parking space quickly.

Besides, through IC card system combines with vehicle license plates, E-tag parking manage system and unmanned automatic toll management system, people can check parking fee and pay easily. Parking lot operator can also manage parking

作者简介:林炎成,台北市交通安全促进会顾问。
黄俊杰,台北市交通安全促进会顾问。
张俊阳,高雄应用科技大学信息管理系。

related business more effective.

Intelligent Tainan Easy Parking' can decrease government traffic warden cost, lower error rates, and post parallel parking spaces, public and private off-street parking lots'spaces information immediately. Reduce time for people to find parking space, lower urban traffic volume, reduce traffic jams. Traffic bureau can also base policy needs to flexible adjust parking rates instantly. It can achieve completely paperless parking charge management, also can according to parking benefits to promote civilcard. These services are all take people's position as a starting point, provide kinds of auto add value services, create a parking environment that cares for the needs of people all times. The study found that public satisfaction is high, successfully create a situation to convenient people, government, and sellers

Keywords: intelligent parking; innovative service

0 引言

停车问题是现今许多城市面临的严重课题,大部分城市商业区腹地狭小,极易因为车辆人潮大量涌入造成交通阻塞;再者,由于缺乏整合交通、停车位信息服务提供给民众,在市区找不到停车位问题一直是政府、商店业者与市民难解之议题。

1 研究动机

现阶段台南市停车所面临的迫切问题是停车空间的不足,尤其台南市是全台湾地区历史最悠久的城市,文化古迹丰富、但巷道街廓狭小,在停车管理工作先天就受到限制。

此外,路边停车之优点虽具有开放性、进出容易与可及性高,但在收费管理却不易管理,以致路边停车收费管理难以完善,较不易提高路边停车周转率,也难以落实弹性与差异费率等。

当前路边停车格管理问题包含:收费管理效率不佳、太依靠人工收费、需大量人力成本、停车费率不够弹性及少开单状况等。这些路边停车问题长年存在,至今并未能解决。但以往关于停车问题的研究多片段而分散,并无针对停车问题提出整体性解决方案。

2 研究目的

以民众为中心,改善民众停车流程,创造便捷且安全的停车环境为目标,让驾驶者实时获得所需要的停车场信息、停车场使用的便利性与提高停车场的安全及建构停车收费自动化设施。

3 研究方法

为了有效达到上述目标,本研究提出各项创新措施,具体内容说明如下:

3.1 平面智能路外停车管理系统

针对停车需求较高的地区,市府辅导委外经营厂商建置智慧化停管系统,提供民众智慧化服务,增加便利性、节省时间之余,也达到促进节能减碳之功效,主要项目如下:

3.1.1 入出场智慧停管设施

为提供车主免取票入出场之便利措施及加速车辆入出场速度,本市公有委外停车场皆提供车牌辨识系统(含补光设备),为停车进出之管理佐证,车牌辨识完成后将资料传回计费系统进行计费,同时打开栅栏,民众不需取票即可入场停车,离场时只需于缴费机中输入车号完成缴费后,即可离场;另月租车辆进出匝道可透过 eTag 侦测系统快速辨识、通行。

考量出入口车道办识失败之配套措施,也规范业者提供入场备援系统,系统亦能随即提醒驾驶改为按钮取票或刷卡感应进场之辅助功能,如图 1 所示。

配合本市市民卡的推动,停车场提供市民卡缴费优惠服务,可持市民卡直接刷卡进入停车,不须按钮取票,离场时刷卡扣款,不用再自备零钱,亦能享受停车费折扣优惠服务,设置本设备也扩大本市市民卡之宣传效果。如图 2 所示。

3.1.2 平面分区满位系统

在大型平面户外停车场,考量驾驶空绕寻找车位,影响行车安全及造成空污环保问题,已规划设置平面分区满位系统,透过场内之区域车位显示器(显示哪些区域尚有多少剩余车位),快速引导民众至车位停放，提升停车效率以及达到节能减碳之效果。如图 3 所示。

图 1　入口车牌辨识＋eTag 系统

图 2　入出口电子票证付费系统

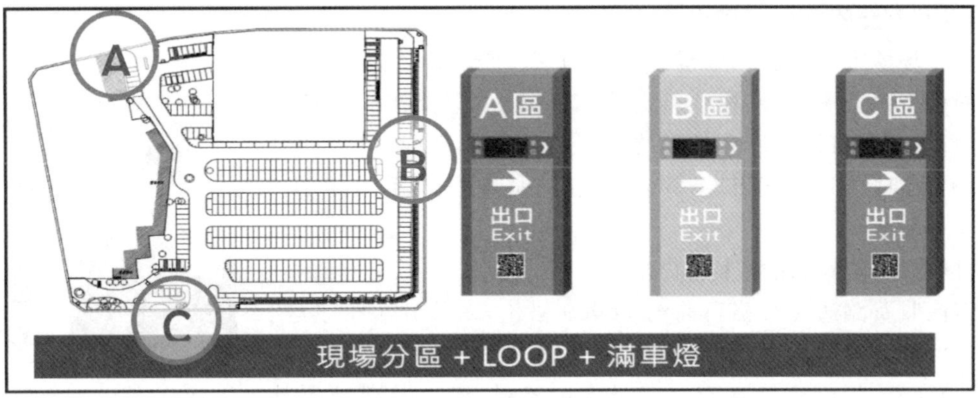

图 3　平面分区满位系统

3.1.3　平面智慧寻车系统

在大型停车场，为节省民众寻车时间，在各分区满位指示系统上均设置 QR Code，车主将车辆停妥后，可将该区满位指示系统上的 QR code 拍照储存；取车时在寻车机上扫描刚刚拍下来的 QRcode，即可于寻车机上呈现停车位置，帮助车主快速找到爱车，如图 4 所示。

此外，为协助政府进行政令倡导及发布便民措施，借由交互式广告营销，推广周边商家与地图导览、免费托播广告。如图 5 所示。

图 4　面智慧寻车系统

图 5　KIOSK 多媒体互动系统

3.1.4　特殊格位侦测语音系统

为保障身障人士、妇幼民众停车权益，及提供低碳城市停车环境，停车场皆建构友善的停车环境，包括：妇幼、身障与绿能等专区；但根据民众反映及实际观察结果，场内特殊格位常遭民众占用，尤其未具身障格位停放资格车辆常占用身障格位，影响身障车辆停车权益甚巨。改善措施如下：

(1) 依停车场法第 32 条规定，函知本市停车场业者加强告示，如未具身障格位停放资格车辆占用身障格位者，将处新台币 600 元以上 1200 元以下罚款。如图 6 所示。

图 6　增设占用格位罚锾告示牌面

图 7　特殊格位侦测语音系统

(2) 为提醒未具特殊格位停放资格车辆勿占用格位，于特殊格位内建置车辆停放侦测语音播放系统，当系统侦测格位有车辆驶入停放，即自动语音播放提醒车主所停格位为妇幼、身障或绿能停车格位，以提醒未具特殊格位停放资格车辆勿占用格位，保障妇幼、身障或绿能车辆停车权益。如图 7 所示。

3.1.5　首重人车安全的安全监控设备

为保障停车场域人、车安全，管理室不仅有 24 小时安全监控系统，也于停车场内设置紧急服务铃，民众若遇到紧急状况，只要按压紧急求救铃，现场摄影机即会将民众所在位置之情景传回控制室内，且启动录像功能，民众可随时透过紧急求救铃直接与控制中心联系。如图 8 所示。

图 8　24 小时安全监控设施

3.2　台湾地区首创智慧路边停车收费系统

台南市市区收费路边停车格目前约 12 000 格位，多数分布于东区、北区、南区、中西区及安平区等 5 区，路边停车格基于使用者付费的原则，有停车即须缴费，但因市府现有收费员人力不足、老化及遇缺不补问题，致未能达到使用者付费之公平性。

此外，现行智慧停管设施皆建置于路外停车场，属圈围之封闭区域，可借由入出口停管设备、多元付费管道及创新加值服务等多项智能设施，提供便利、安全及友善停车空间。

然而路边停车场系以道路部分路面划设，属无圈围之开放空间，无入出口管制设施，目前各县市政府皆利用收费员采巡场开单方式进行收费。如图 9、图 10 所示。

路边停车虽然具有开放性进出容易与可及性高之优点，但是路边停车格却有收费管理效率不佳、需大量人力成本、停车费率不够弹性和未实时开单等管理问题。此外，在拥挤的市区寻找停车位，不仅花费时间、浪费能源，亦成为 PM2.5 过量的幕后帮凶。

图 9　收费员路边开单

如何缩短寻找车停位时间，减少能源消耗与排放二氧化碳，友善身障与妇幼者的停车环境，成了市府推展“智慧交通”的首要课题。台南市政府交通局、台南应用科技大学与宏碁公司透过产、官、学三方合作，应用智慧城市与物联网的概念，于永康区正南五街开发完成路边停车收费自动化设施。在智慧路边计费场域停车，路边停车系统可侦测车牌号码，每一停车格旁都设有一台缴费机，民众只要将车子停进车格内，系统即会自动侦测车牌，将信息送进数据库，纪录车子进出时间，不必再靠人工收费，也不会拿到停车缴费单，只要有电子票证即可现场付款，或是事后到超商缴费，可说是台湾地区首创的智慧创新路边停车计费模式。如图 11、图 12、图 13、图 14 所示。

图 10　路边开单 PDA

3.3　便利多元付费管道

本市目前停车费缴费方式，除提供临柜缴费外，尚提供五大超商代收停车费、委托电信业与金融业(目前已有上百家金融机构)代缴停车费及“e-Bill 台湾地区缴费网”与台南好停 APP 等 e 化多元缴费服务，使民众缴纳停车费用更为便利，e 化缴费管道如下：

3.3.1　e-Bill 台湾地区缴费网

通过“e-Bill 台湾地区缴费网”(http://ebill.ba.org.tw)提供停车费即查、即缴服务，民众利用可上

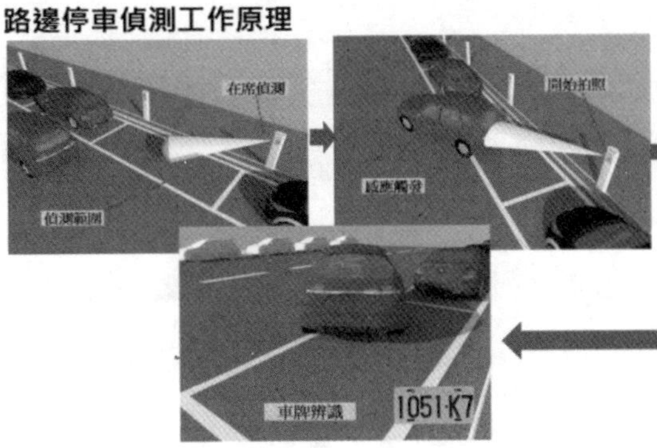

图 11　智慧路边停车计费程序

图 12　智慧路边停车计费设施

图 13　智慧路边停车计费柱

图 14　示范场域收费告示牌面

网的 3C 设备，如计算机、笔记本电脑，或智能型手机，搭配芯片金融卡或行动金融卡，不受时间及空间的限制，24 小时皆可缴费。如图 15 所示。

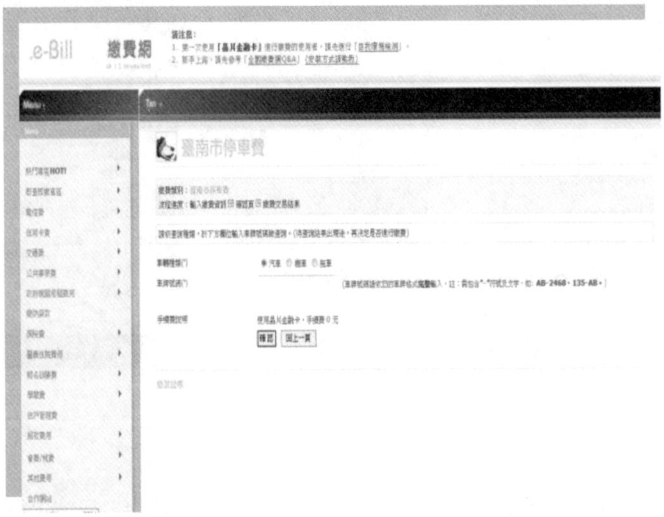

图 15　e-Bill 台湾地区缴费网

3.3.2　台南好停 APP

因应电子化政府服务，车主可实时使用智能型手机等行动装置，快速正确查询未(欠)缴停车费及结合 e-Bill 台湾地区缴费网，提供行动 金融卡在线缴费，达到现代化、效率化，扩大信息化的便民服务效益。如图 16 所示。此外，为了提供更多元便利缴费方式，市府配合停管信息系统优化案建置第三方支付(如电子零钱包、欧付宝等)资料介接交换平台，后续办理委托第三方支付停车费缴费招标案作业，全案 2018 年 4 月上线，以提供民众安全便利行动支付服务。

3.3.3　在线月票购买

建置“在线申购停车月票系统”，于 2016 年 6 月 24 日正式上线，让民众可透过网络在线申购，只要记下“缴费代码”至四大超商门市打印缴费条形码单至柜台缴费后，停管处即可将停车月票邮寄到家。如图 17 所示。

3.4　“台南好停 APP”显示实时路边停车格位信息

为提供民众多元、便利的查询管道及充足的停车信息服务，已于 2015 年开发“台南好停 APP”，民众

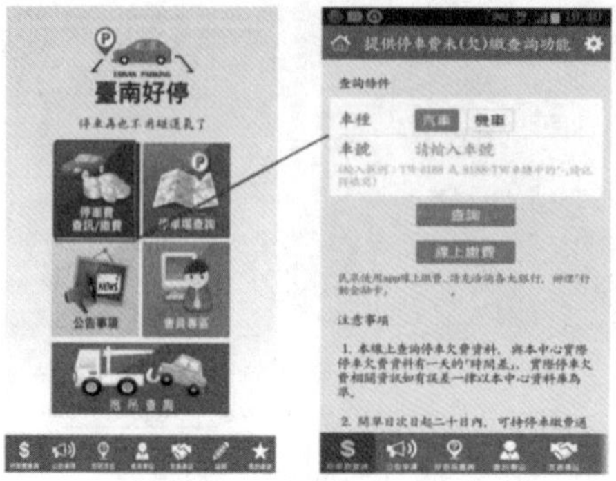

图 16　停车费未(欠)缴查询功能

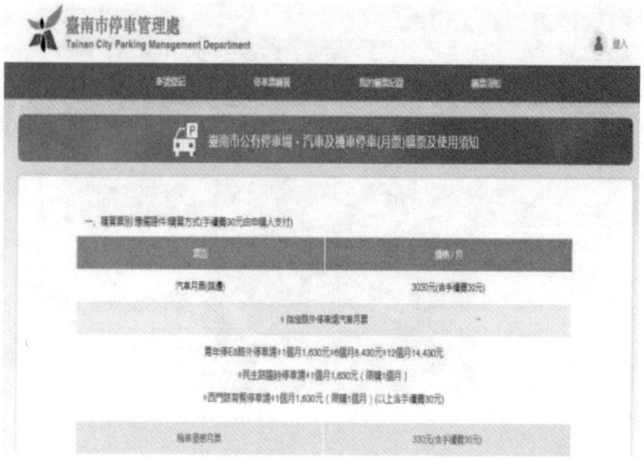

图 17　在线月票购买系统

驾车于本市将可经由智能型手机查询离自己最近且有空位之停车场停放,减少车辆绕驶之时间,并降低二氧化碳之排放,减缓空污影响。由于“台南好停 APP”所提供停车场实时剩余格位信息受限于停车场域智慧化停管设备的设置,尚无法提供全市停车场实时剩余格位信息,惟为推动台南市 4G 智慧城市的建立,自 2015 年至 2017 年 5 月,已从 8 处增加至 15 处停车场可提供查询动态剩余车位讯息。预计自 2017 年底,将陆续建置完成全市 35 处公有停车场智慧化停管设备,届时除可提供民众停车收费自动化外,全市将计 50 处停车场可实时提供动态剩余车位信息;另外,配合台湾地区首创智慧路边停车收费系统之建立,除达到路边停车收费自动化目的外,亦可提供路边实时剩余格位信息,提升路边实时停车信息的行动性,让找寻车位无烦脑,达到”台南好停”的目标。如图 18 所示。

图 18　路外停车场实时剩余格位信息

3.5　停车场英语友善标章

为鼓励民间业者共同营造英语环境,市府针对观光商圈、旅宿业者、观光出租车、问路店、医疗院所和公交车与停车场,进行辅导强化,鼓励民间企业、法人、团体等业者参加“英语服务标章认证”(English Services Emblem)计划,以逐步扩大台南市双语环境之建置。而为营造停车场英语友善环境,交通局已辅导完成 5 处公有路外停车场取得“英语友善标章认证(English-Friendly Emblems)”,并训练停车场人员能以简易英语沟通,解决国外游客相关停车问题,并将进一步推动民营停车场争取英语友善标章,全面提升台南市停车场的国际化服务质量。如图 19、图 20 所示。

3.6　低碳大台南、绿活好幸福

“低碳城市”是台南市 4 大城市发展愿景之一,以打造低碳永续家园生活圈为目标,各项推动措施着眼于民众日常生活相关低碳行为,交通局为配合台南市低碳城市发展愿景,建构停车场为健康地使用环境-LED 灯具、友善地使用环境-妇幼、身障与绿能等专区及舒适与美感的环境-环境美化等三大方向,已定 11 停车场为示范场域,持续推动委外停车场域建构低碳、友善与环境美化等标准进行,说明如下:

(1) 健康的使用环境。

推动停车场夜间照明采用太阳能-LED 节能灯具配置,为减少照明耗能,建置夜间太阳能发光标示导引停车地灯。如图 21、图 22 所示。

图 19　路外停车场英语友善标章

图 20　路外停车场英语友善标章

图 21　太阳能节能照明灯具

图 22　夜间太阳能发光标示导引停车地灯景象

(2) 友善的使用环境：妇幼、身障与绿能等专区及相关引导标示(图 23)。

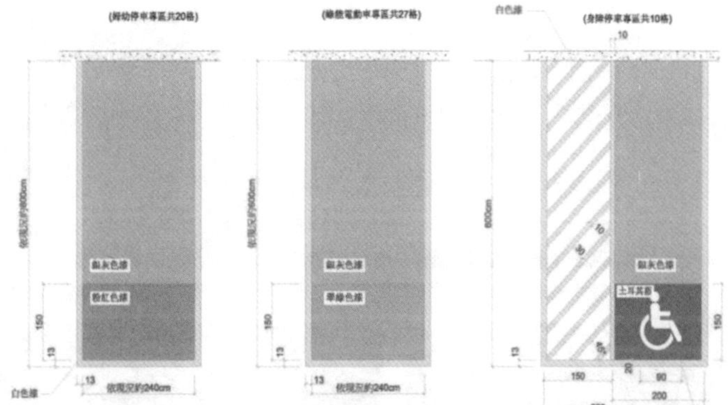

(a) 专区停车格色彩计划

(b) 妇幼专区车格色彩计划

(c) 绿能电动车专区色彩计划

(d) 身障专区色彩计划

(e) 停车区色彩标示设计：柱体外观运用当地文化意象进行彩绘输出，便利民众记忆停车所在区域

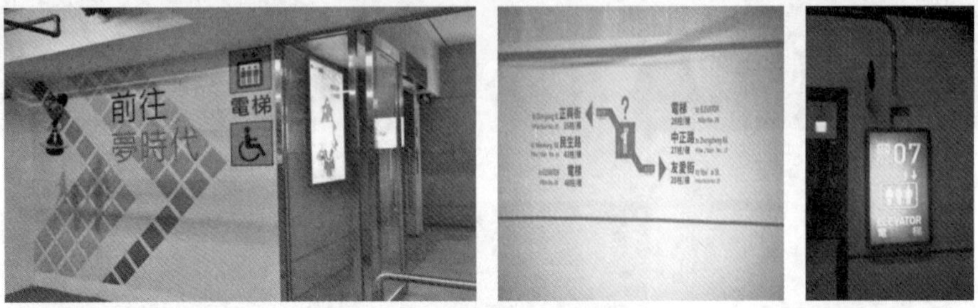

(f) 楼梯口引导标示设计

(g) 观光商圈引导标示

图 23　各类专区及相关引导标示

(3) 舒适与美感的环境-环境美化(图 24)。

(a) 管理室外装饰墙

(b) 妇幼优先专区背景墙设计

(c) 化妆室外观设计

(d) 场内环境美化

图 24　美化的环境

4　评估机制

规划委外经营契约期限为 3＋2 年，于履约前 3 年当中定期办理营运绩效考核机制，除了敦促履约厂商切实依据契约规定履约外，更进一步使厂商提高服务质量，创新服务价值，以争取 2 年优先续约营运权利。透过定期考核，滚动式检讨各委外经营之停车场之服务质量，进而提供停车民众更细致贴心服务，以提升本市停车场服务质量。

5　研究结果与成效

5.1　全市停车格位数量(统计至 2016 年 12 月底为止)

停车位数量已从县市合并前 2010 年 57 362 席增至 2016 年 88 657 席，较县市合并初期大幅成长近 3 倍，完成“停车有序”阶段性任务。

项目别	路边停车位					路外停车场					总计
	都市计划区内			计划区外	合计	公有			私有	合计	
	收费	不收费	小计	不收费		收费	不收费	小计	收费		
小型车	11 341	4 997	15 338	524	16 862	4 668	16 084	20 752	18 458	39 210	56 072
机车	1 967	11 350	13 317	273	13 590	578	8 066	8 644	10 361	19 005	32 585
合计	13 308	16 347	29 655	797	30 452	5 246	24 150	29 396	28 819	58 215	88 657

5.2　广设停车格位成果(图 25)

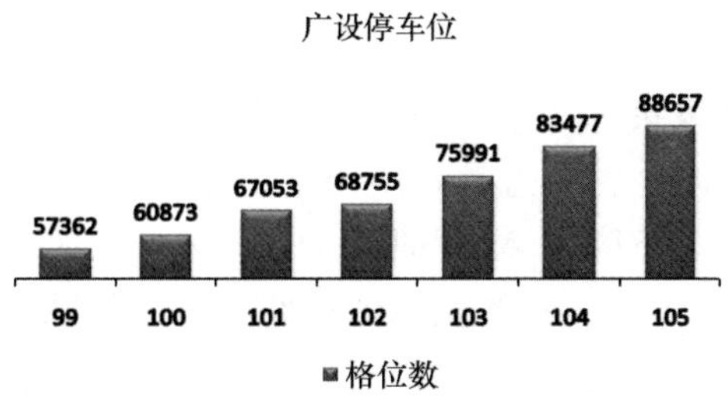

图 25　台南市广设停车格数量

5.3　全市身障、绿能、妇幼格位数量

推动低碳环保政策、配合身心障碍相关规定、提供妇孺友善安全之停车环境，逐年增设身心障碍专用汽车停车位，绿能、妇幼优先停车位，以提升女性及年长者停车安全及便利性。

(1) 身心障碍专用停车位：

目前台南市专用停车位以机关、学校、公园和医院周边为设置考量重点。2011 年至 2017 年第 1 季身障专用停车格位数资料如表 1 所示。

表 1　　**台南市身障专用停车位概况**

年度	项目别	路边身障专用停车位	路外身障专用停车位
		小计	小计
2011 年	汽车	269	459
	机车	11	128
2012 年	汽车	316	640
	机车	11	104
2013 年	汽车	319	671
	机车	14	116
2014 年	汽车	330	743
	机车	13	236
2015 年	汽车	334	832
	机车	16	280
2016 年	汽车	342	849
	机车	19	275
2017 年第 1 季	汽车	358	862
	机车	25	292

(2) 绿能、妇幼优先停车格位(表 2):

表 2　　绿能、妇幼优先停车格位概况

优先格位	绿能				妇幼			
路外停车场	公有		民营		公有		民营	
2013	23 场	72 席	0 场	0 席	6 场	50 席	0 场	0 席
2014	29 场	107 席	36 场	45 席	23 场	109 席	53 场	257 席
2015	30 场	88 席	52 场	68 席	27 场	101 席	63 场	328 席
2016	40 场	114 席	74 场	103 席	34 场	109 席	81 场	351 席
2017 年第 1 季	45 场	130 席	80 场	116 席	41 场	129 席	86 场	361 席

5.4　智慧停车场数量

市府于 2014 年以 ROT 方式将海安路地下停车场委外营运,引进民间力量挹注资金设置最先进停车管理设备与创新服务模式,成功提振海安商圈经济发展及活化闲置公共设施,获得 2015 年金擘奖肯定。

海安路地下停车场成功营运模式与创新服务模式确立台南市路外停车场营运方向,自 2014 年至 2017 年 4 月期间成功委外共计 17 处公有停车场,提供了市民更多的友善安全便利停车空间。如图 26 所示。

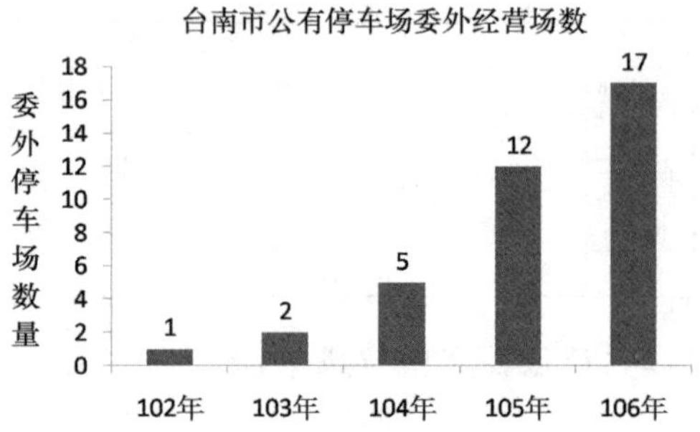

图 26　台南市公有停车场历年委外经营数量

5.5　智慧路边停车计费设施设置成果

智慧路边停车计费设施以自动化系统达到方便快速之效率,与人工开单相较之下错误率明显下降许多,同时减少人工开单所需之成本;透过大数据分析车位周转率达到停车格使用最大效益,并结合手机 APP 实时取得路边停车格状况剩余车格信息,使驾驶者节省找寻停车位所需时间与汽车所耗成本。

智慧路边计费路段与现行巡场开单路段(选择民族路路段(育乐街至前锋路),同为 16 席停车格位)之停车及收费具体成果(表 3)为:

(1) 平均车位使用率:智慧计费路段是人力收费路段之 2.5 倍。

(2) 平均车位周转率:智慧计费路段是人力收费路段之 1.1 倍。

(3) 每格每天平均收益:智慧计费路段是人力收费路段之 2.5 倍。

表 3　　停车及收费成果

项目	智慧计费	巡场开单	增减(智慧/巡场)
平均车位使用率	79.6%	31.9%	2.5
平均车位小时周转率	24.3%	22.5%	1.1
使用一卡通缴费比率	3.6%		
每天每格平均收益	215 元	86 元	2.5

悬挂式单轨 CBTC 信号系统

Suspended-type Monorail Signaling System

陈丽君

摘　要:悬挂式单轨是一种中运量的轨道交通制式,文中对悬挂式单轨的独特特点进行了描述,并对这些特点进行了分析,提出了从工程建设、施工、工程造价和运营维护的角度,基于真正的移动闭塞的无后备模式的 CBTC 系统设计简单且可靠性高,轨旁设备少,更能适应悬挂式单轨需求的观点。本文还简介了富欣智控的悬挂式单轨信号系统的架构、运营模式、系统功能和配置、自动化车辆段和典型故障场景以及悬挂式单轨在新能源空铁试验线上的典型应用,对设计人员具有参考意义。

关键词:悬挂式单轨;无人驾驶;自动化车辆段;移动闭塞

Abstract: Suspended-type Monorail is a medium quantity rail transit. This article described the unique characteristics of Suspended -type Monorail system and these characteristics have been analyzed. From engineering construction, engineering cost and operation & maintenance point of view, the system design concept of real Moving block CBTC system is much simple, the real Moving block CBTC system has high reliability and the trackside equipments of the real Moving block CBTC system is much less. All these features are adaptive to the Monorail system requirements. This article also introduced the FITSCO's Suspended -type Monorail signaling system architecture, the operation mode, the system function and configurations, the automatic depot and typical fail scenarios and the project case of the new-energy Suspended-type Monorail test line. It will be very useful for the designer.

Keywords: Suspended -type Monorail; Driverless operation; Automatic depot; Moving block

截至 2016 年年底,中国大陆共 30 个城市开通运营城市轨道交通,共计 133 条线路,运营线路总长度达 4152.8 公里。其中,地铁 3168.7 公里,占 76.3%;其他制式城轨交通运营线路长度 984.1 公里,占 23.7%。运营线路增多、客流持续增长、系统制式多元化和运营线路网络化的发展趋势更加明显[1]。地铁作为大客流公共交通的承载工具,在中国大陆已经建成的城市轨道交通中占比高达 76.3%,远高于国际平均占比。近年来,随着城市的发展,存在多层次的轨道交通客流需求,中运量的交通制式应作为地铁的必要的补充,正在持续发展,发挥其分担承载客流及降低建设成本的巨大潜力。

1893 年德国人 Eugen Langen 发明了悬挂式单轨交通,1903 年世界首条悬挂列车在德国伍珀塔尔的全线通车,并运营至今。1988 年日本首条悬挂列车在日本千叶全线通车,2002 年采用无人驾驶技术的空中列车线路在德国杜塞尔多夫开通[2],2016 年世界首条新能源空铁在中国成都挂线运行。悬挂式单轨是一种集经济性、舒适性、美观性为一体的中运量交通制式,不仅能作为景区和中小城市的骨干线路,也能作为大城市的辅助加密线路,且工程造价较低,建设周期短,节省宝贵的土地资源,非常具有推广应用意义。其独特设计将地面交通空中化,有着突出的优点:

- 环保:无废气排放,行驶时几乎无噪音污染,对建筑及环境影响小,不遮挡阳光,不存在压抑感;
- 经济:占地少,总体造价低,建设周期短;
- 灵活:爬坡性能好,适应小半径大弯道,可以随着城市发展而灵活建设,轨道梁可方便加长、可拆卸、可移动;
- 集成化、轻量化:改变传统的地铁设计理念,把道床、轨道、信号、通信及声屏障等设备全部集中在一条轨道梁内;
- 兼容性好:能够融入已有的公共交通系统中,成为其他交通方式的补充和完善,共同组成一体化、多层次、立体综合交通体系。

作者简介:陈丽君,女,CBTC 产品线经理,高级工程师。现从事工作:CBTC 产品线规划和管理,上海富欣智能交通控制有限公司。

1 悬挂式单轨的特点和对信号系统构架设计的思考

悬挂式单轨的轨道梁、车辆、道岔等与钢轮钢轨系统差别较大，其作为一种中运量的交通制式和其自身的独特特点，对信号系统也提出了新的需求，信号系统的技术选择和系统架构也需要进行一定适配，以更好地适应这一交通制式，主要体现在以下几点：

1.1 配置降级系统的必要性

在国内的钢轮钢轨 CBTC 信号系统中，通常都设置三个运营等级：CBTC 级、点式级、联锁级。当 CBTC 级的运营因为故障不能维持时，将启动点式级或联锁级继续运营。

CBTC 信号系统运营至今，技术已十分成熟，其可靠性也已经过大量项目的实践检验，系统稳定。点式级或联锁级虽然对故障情况下持续运营有所帮助，但点式级和联锁级都需要次级定位检测设备的支持，点式级还需要增设点式地-车的传输设备以实现点式 ATP，设备增多的同时也加大了系统设计的复杂性和工程造价。

国内外在悬挂式单轨信号系统中，曾经有使用环线作为次级定位检测设备，但当时并没有基于无线的 CBTC 系统的信号系统制式。从今天来看，敷设环线不仅工程量大并需单独装设环线车载天线，维护也十分不便；目前国内也有基于光栅的计轴设备、国产化的环线设备，但都没有通过 SIL4 级的安全认证，因此目前很难被集成进悬挂式单轨信号系统中。

同时，悬挂式单轨的轨道处于高空的特性也决定了沿轨道梁安装的设备越少越好，这样对于后期的运营和维护成本大有裨益。而目前推行的 PPP 模式亦对工程造价要求颇高。真正的移动闭塞的 CBTC 系统支持不设置反向信号机的情况下列车的双向 ATO 运营，对于故障情况下的降级运营提供了灵活的运营策略，所以推行真正的移动闭塞的不设置降级系统的 CBTC 信号系统对于悬挂式单轨的信号系统将是一个更优的选择。

此外，在列车上安装卫星定位系统（如 GPS 或北斗）可作为非通信列车的辅助定位手段，也不失为一个可行的降级辅助手段。

1.2 主级定位检测设备的选择

在主级定位检测设备的选择上，欧式应答器和美式信标都能实现定位功能。在真正的移动闭塞的不设置降级系统的 CBTC 信号系统中，欧式应答器的作用也仅仅起到定位的作用，但由于悬挂式单轨的轨道梁十分轻巧美观，欧式应答器很难进行安装；美式信标因其体积更小，更易安装，同时美式信标的成本也更低，更加具有吸引力，所以宜采用美式信标。

1.3 悬挂式单轨采用胶轮，其牵引制动性能也有所不同

胶轮在车轮磨损后轮径会有所不同，这点上和钢轮钢轨并无差异，但胶轮的轮径随着载重量的不同和温度的不同亦有所变化，在轮径计算的算法中需要考虑到这一特性。此外胶轮系统车辆的滚动摩擦力较大，且不同的速度下滚动摩擦力会有所不同，且在制动力、牵引力上都有较高性能，在制动时的打滑控制有较好表现。信号系统在测速算法的设计以及自动控制列车运行时，其控制算法、参数调整应适应上述特性，充分考虑轮径计算的最不利情况，有效地控制列车牵引制动，提高车辆运行的效率、停站准确性、旅客乘车舒适及节能表现。

1.4 无人驾驶的采用

悬挂式单轨作为一种中运量交通制式，推荐采用有人值守的无人驾驶信号系统。由于悬挂式单轨运行在高空，若采用 UTO 的运营制式，对于列车上发生火灾、列车无法移动等的意外情况的救援更难处理；若采用 DTO 模式，列车上的值守工作人员可以起到意外情况下救援工作的引导作用，减少乘客的恐慌心理。无人驾驶技术的采用可以充分发挥用较少的系统设备来实现较低的运营成本、运营组织灵活多样、更高的 RAMS 特性、更小的行车间隔和更高的运营效率的优势。无人驾驶系统整体提升了控制系统的自动化、智能化水平，优化了有人系统中人员操作的反应时间及操作失误概率，提高系统的整体安全性和可用性。

1.5 轨旁设备设计施工一体化

悬挂式单轨由于其轨道梁高空悬挂的特点，轨旁设备的安装比钢轮钢轨系统复杂和困难得多，需要在信号系统设计架构时就尽量减少轨旁设备，且在线路设计完成后，立即开展信号系统的轨旁设备布局

设计，做到轨道梁厂内制造时就将信号设备的安装支架和设备调试维护用登高辅助设施同步一次成型，工厂化生产，减少现场进行安装支架安装的高空作业和设置登高辅助设施的困难，并与景观协调，做到轨旁设计施工一体化。

从上述分析可知，从工程建设施工、工程造价和运营维护的角度看，悬挂式单轨的信号系统更需要支持真正的移动闭塞的 CBTC 系统，且其系统设计和轨道梁沿线设备的选用和设计应简单、系统应具有高可靠性，支持自动化等级越高，越有利于提升中等运量轨道交通的优势。

2 悬挂式单轨信号系统架构

富欣智控悬挂式单轨信号系统源自于 JeRail® CBTC 信号系统，该系统从系统设计到硬件软件开发完全自主开发，且其底层平台、ATP 和 CBI 都经过了德国 TUV 莱因公司的最高等级的安全认证——SIL4 认证，其 ATS 也通过了 SIL2 认证。根据上述对悬挂式单轨特点的分析，对信号系统的架构进行了适应性的调整，Monorail 的 CBTC 信号系统主要包含 6 个子系统：列车自动监控子系统（ATS），区域控制器子系统（ZC），目标控制器（OCS），车载子系统（OBCU），数据通信子系统（DCS）以及维护管理子系统（MMS）。具体的架构图如图 1 所示：

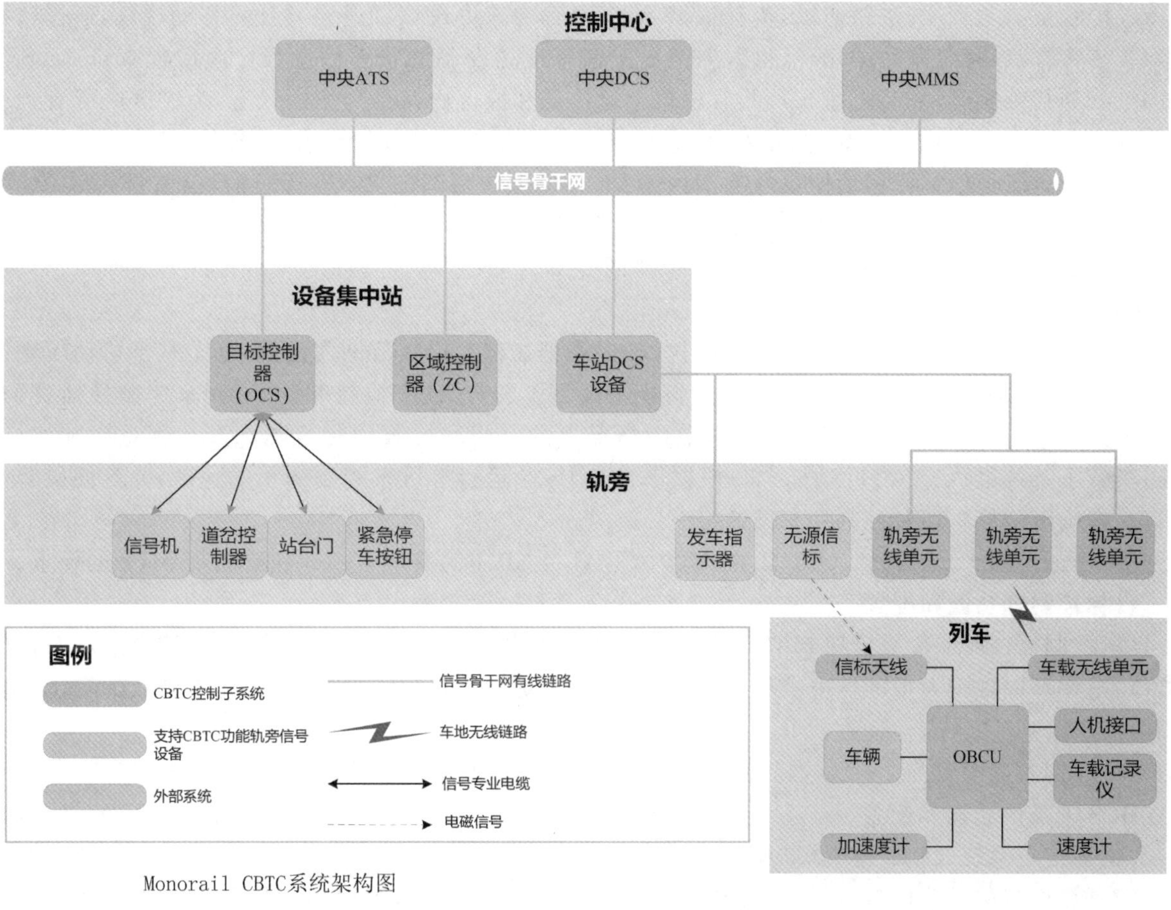

图 1 悬挂式单轨信号系统架构图

Monorail CBTC 信号系统采用连续式车-地通信，系统根据移动闭塞的原则行车，列车的控制是连续的，系统处于 CBTC 运营等级。当 CBTC 运营等级发生故障时，调度员在 ATS 界面上对故障列车实施故障列车的进路防护，并指挥继续列车的运营。

通常车载工作在 DTO（无人驾驶）、ATO（自动驾驶）和 ATPM（ATP 人工）模式，当发生故障不能支持这些模式时，将支持 RM（人工）模式。

3 悬挂式单轨系统功能和配置

Monorail CBTC 信号系统采用分布式架构。主要设备位于控制中心和设备集中站，且在设计时遵循尽量减少轨道旁设备的理念。站间轨旁的设备主要包括道岔区域的信号机和无源信标，悬挂式单轨的道岔及转辙装置因为与轨道梁密切相关,不属于信号专业的范围,信号系统与道岔控制器将进行接口,发送命令给道岔控制器以转动道岔,并获取道岔的位置状态、道岔的工作模式以及相关报警;信号系统在站台区域与屏蔽门和紧急停车按钮接口,对乘客乘降和紧急事件进行防护。

3.1 ATS子系统功能和配置

ATS子系统的主要功能是为ATS调度员提供人机接口界面。ATS可以根据时刻表或等间隔调整模式自动向区域控制器发送进路请求,当然调度员也可通过人工命令为列车排列进路。

ATS也向ZC发送临时限速、封锁轨道、道岔单锁和封锁等命令,以及向列车发送停站时间、运行等级调整等调度员命令。列车具体位置、轨旁设备(信号机、道岔、紧急停车按钮、屏蔽门和发车指示器等)的状态和进路请求的结果显示在ATS界面上。

此外,ATS将在中央与外部系统进行接口或对外部系统进行集成:如大屏、电力监控、主时钟、无线、FAS/BAS、PAS/PIS, ATS还可对自动化车辆段发送进路请求命令,并对其站场和设备状态进行显示。

ATS中央设备为热备冗余配置,当一台ATS服务器不会影响系统的运营。根据悬挂式单轨的特点,ATS可以采用一级控制。ATS的功能满足SIL2的要求。

3.2 ZC子系统功能和配置

ZC接收来自ATS的进路请求,负责根据ATS的命令来办理联锁进路并计算移动授权,通过目标控制器OCS获取信号机、道岔、屏蔽门和紧急停车按钮等现场设备的状态信息,ZC也接收来自ATS的调度员命令(如封锁轨道,临时限速等),然后根据上述信息和控区内其余列车的状态,为控区内所有列车计算移动授权(MA),并通过目标控制器OCS控制道岔的转动和信号机的显示。同时,ZC将计算的移动授权发送给列车,以供列车在移动授权的范围内运行。ZC也与相邻的ZC进行通信,以监督相邻ZC的健康状态和进行移动授权的交接,以便列车顺利通过边界。

ZC的配置为2*2oo2,ZC的功能满足SIL4的要求。

3.3 OBCU子系统功能和配置

车载子系统(OBCU)从ZC接收移动授权,确保列车在移动授权范围内移动,列车基于移动闭塞的原则行车。OBCU的ATP功能主要有列车运行模式的判定、列车速度监督和防护、列车完整性监督、车门控制、无人驾驶所要求的远程休眠与唤醒、故障情况下的车门和屏蔽门对位隔离及远程重启和切换等。此外,车载子系统也执行ATO功能,如:根据来自ATS的运行等级来控制列车的速度,并且使能源消耗最小化,精确对位停车以及控制列车门的打开。

OBCU的配置为2*2oo2,OBCU的ATP功能满足SIL4的要求,ATO功能满足SIL2的要求。

3.4 目标控制器功能和配置

目标控制器(OCS)将直接控制信号机、道岔等外部设备,采集其状态,并与屏蔽门和紧急停车按钮进行接口,这样可以减少大量的继电器柜和继电器,使设备更为简化,从而优化维护成本和减少对土建房屋空间的需求。

目标控制器的配置为2*2oo2,目标控制器的功能满足SIL4的要求。

3.5 DCS子系统功能和配置

数据通信子系统(DCS)的主要功能是在中央、轨旁和车载等各个子系统(ATS、ZC、OCS和OBCU之间)之间可靠地双向传输信息,由提供端到端数据安全防护的轨旁有线通信网络和车地无线通信网络两大部分组成,具有实时性。

DCS采用具有开放标准协议和接口的通信设备。整个网络分为传输层和接入层,核心传输层采用IP/MPLS技术,接入层采用IEEE 802.3的以太网标准,车地移动通信可采用Wi-Fi(2.4G或5.8G)或LTE技术。

DCS提供了移动闭塞所需要的优越的通信性能,其可靠性是通过采用稳定的、多级冗余配置的高可靠设备来保证的。

3.6 MMS子系统功能和配置

MMS子系统具有信号设备监测、报警与统计、故障诊断与处理及维修辅助管理的功能。

MMS子系统监测的信号设备既包含供电网质量、信号机LED电流报警、电缆绝缘、接地漏流报警和设备房环境监控等传统的信号设备的检测,同时也包含ZC/ OBCU/OCS/ATS等子系统硬件板卡、软件、通信状态和与外部系统(FAS/BAS、供电、RADIO等)的状态报警信息。根据这些监测结果和报警信息,MMS进行预测性分析,定位发生故障的板卡;对已发生的故障推荐故障的处理方法。MMS实现了基于WEB的访问方式,对维护人员来讲,将不受地理位置的限制,用专用的账号登录即可远程实现在线故障诊断与处理。

此外MMS子系统还提供维修辅助管理的功能:对维护工单进行自动派发,对系统设备、软硬件版本进行配置管理,同时提供备件管理和维护人员的信息管理。

4 自动化车辆段

Monorail CBTC信号系统采用自动化车辆段,列车在车辆段中可以DTO、ATO、ATPM和RM模式进行运行,车辆段内运行的限速根据道岔侧向限速和土建情况决定。车辆段有采用多开道岔的情形,采用自动化车辆段,可以做到在车辆段内与正线一致的防护策略,不需要添加更多的设备即可实现红灯误出发的功能,确保车辆在没有移动授权时不会误出发闯入道岔发生事故。同时自动化车辆段可以减轻司机的劳动强度,保证列车以自动驾驶的方式贴近段内限速进行运行,提高列车的出库和入库的能力。

自动化车辆段提供自动派班和自动出库功能,在早晨发车时,在派班规定的时间前,自动唤醒列车,进行发车前的发车测试,确保列车上线之前车辆和信号的功能都正常,以减少对运营的影响。

车辆段也提供自动回库功能,在早晚高峰结束后,列车可以根据设定的股道依次自动回库,并可实现在进入库线之前自动洗车工况(依赖于站场设计情况)。

5 典型故障场景

Monorail CBTC信号系统采用DTO无人驾驶的运营模式(配备值乘人员),需要充分考虑故障情形。

Monorail CBTC信号系统的DCS子系统的骨干网络和无线网络均采用冗余配置,很少几率会发生车-地通信中断的情形。当列车故障变为非通信列车时,列车在判定通信中断后将进行制动并停下来,区域控制器ZC将保留其追踪的列车包络,该包络已充分考虑列车的位置不确定性、可能发生的倒溜情形以及列车在当前速度下运行至完全停下后所能达到的位置。ATS调度员将为其办理人工防护进路,值乘人员将以RM模式进行人工驾驶运营,直到通信恢复,列车可以自动恢复到自动模式。

若列车完全故障不能移动,首先考虑用一列正常的列车在ATS调度员的指挥下进行救援,当正常列车和故障列车联挂后,ATS调度员为其办理人工进路,值乘人员将以RM模式进行人工驾驶到车辆段或存车线。

若发生火灾或用正常列车无法拖动故障列车等紧急情况时,值乘人员引导列车上的乘客进行疏散。首先中央调度员派遣人工驾驶的救援车辆前往故障地点,故障列车和救援列车前后靠拢后,放置踏板,故障车乘客经由端门疏散到救援车(纵向救援),并由救援列车将乘客载至车站;在双线路段,救援列车也可开往故障列车旁边,对齐车门后平行停放,再于两列车车门之间放置踏板,以使乘客横跨到救援车后载离(横向救援);此外,亦可由在列车值乘人员的指挥和协助下,打开列车事先设计好的隐藏于车厢底部滑道,乘客经由滑道直接降到地面,或在地面交通许可的情况下,运用消防车的云梯将乘客转载到地面(落地逃生)。

Monorail CBTC信号系统不设置降级系统,其区域控制器ZC采用2*2oo2的架构,当一系故障时,可以自动切换到另一系,并及时将告警发给ATS和MMS系统,告知维护人员及时对故障一系进行维修;当在很少几率下,区域控制器两系均发生故障,此时将由ATS调度员用无线电电话通知车上的值乘人员,对列车的位置进行一一确认,并逐一指挥列车运行至就近站台,进行电话闭塞方式进行运行。

6 Monorail CBTC信号系统在中唐空铁试验线项目的应用

富欣智控支持悬挂式单轨的信号系统源自于经过德国莱茵TUV安全认证的JeRail® CBTC-1000信号控制系统,该系统已经成功应用于上海8号线三期、浦东机场捷运线、中唐空铁试验线等项目,采用模块化的设计,适用于地铁、APM、悬挂式单轨、跨座式单轨和市域快轨等各种城市轨道交通制式,不仅适应市场化趋势,更能满足不同用户的定制化需求。

中唐空铁("熊猫空铁")试验线为正线主线长 1090 米,正线支线长 320 米的架空线路;设置一座静调库;道岔直向限速 60km/h,道岔侧向限速 20km/h;全线最小曲线半径 30m,最大坡度 60‰;配置两列 2 编组列车,列车最高速度 60km/h,牵引动力采用锂电池动力包供电。

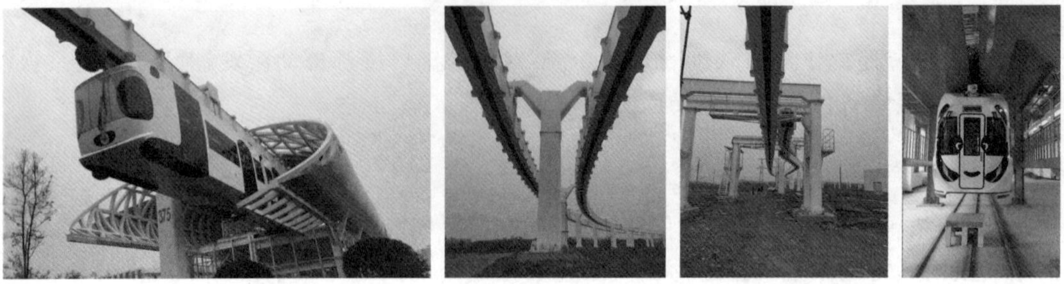

图 2　中唐空铁试验线现场

全线设置一个控制中心,两个设备集中站,只设置道岔防护信号机和线路终端信号机。其信号设备布置如图 3:

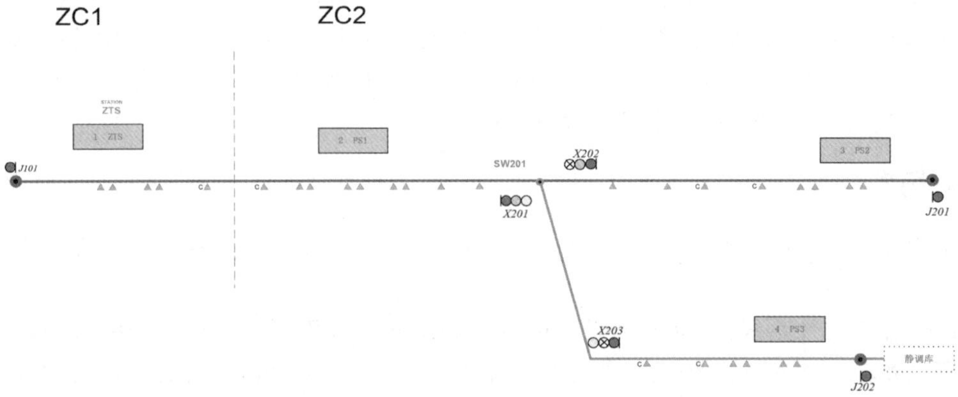

图 3　信号设备布置

此次为"熊猫空铁"试验线项目度身定制的方案中,富欣智控所提供的空铁信号系统保留"JeRail® CBTC-1000 信号控制系统"的核心功能,支持全线路(正线、车辆段、停车场)的无人自动驾驶功能,并具备系统架构简洁实用、轨旁设备少、设备投资少、维护工作量小和功能强大等优点,充分满足悬挂式单轨制式的特定需求,为"熊猫空铁"安全、舒适、高效地运行保驾护航。

针对新能源悬挂式单轨制式,本项目信号系统有如下特点:

特点一:简洁实用,投资维护成本低

富欣智控提供的空铁 CBTC 信号系统采用了区域控制器和计算机联锁功能集成的一体设备,去掉了辅助定位检测设备(如计轴或轨道电路),只设置无源信标,仅在道岔区域设置很少的信号机,这使信号系统轨旁设备大大减少,降低了系统的复杂度,节省了设备投资,减少了轨旁有源设备,减小了系统维护的工作量,更适应空铁的特点,从而使设备投资和运营维护成本都能够得到有效的节省。

特点二:契合新能源列车动力特点

中唐空铁试验线列车采用锂电池动力包作为动力电源,富欣智控提供的 Monorail CBTC 系统采用 ATO 智能动态多模式控车算法与动力电池管理系统(BMS)实时交互技术,实现了电池供电效率最大化;CBTC 信号系统根据电池的容量和放电曲线动态调整自动控车算法,使列车平稳、舒适、节能运行,并兼具在电池容量较低时自动进行告警并适当减少牵引制动频度、降速运行等措施,以延长电池放电时间,使列车安全到达站台等诸多优势；Monorail CBTC 系统还动态收集并分析电池的使用情况，以对电池健康状态进行预警并生成电池更换和充电计划。

特点三：独创“中央超融一体系统方案”

悬挂式单轨属于中运量的轨道交通制式，富欣智控根据其运营规模的特点，为本项目信号系统提供了传统的 ATS(自动列车监控)系统和其他弱电子系统超融一体系统方案。

目前国内常见的地铁轨道交通弱电子系统在控制中心大多采用各子系统独立建设并各自独立设置设备的方式，存在着硬件和软件资源重复配置、数据不能共享、运营维护方式各异等缺点。为了克服上述缺点，富欣智控创造性地提出并实现了“中央超融一体系统方案”：将弱电系统控制中心的各系统相关设备硬件和软件集成于一个超融合一体机内，按照业务需求提供计算能力、存储空间和应用软件，实现基础设施、数据、应用系统和运营管控的四个融合，减少了系统资源的重复建设，实现了数据共享，统一了运营管理和维护方式，降低了整体成本。

7　结语

富欣智控的 Monorail CBTC 信号系统源于已经认证过的 JeRail® CBTC 信号系统，充分考虑悬挂式单轨的独有特点，对架构进行了适配性的调整，降低系统的造价；采用无人驾驶技术和自动化车辆段，使信号系统的自动化程度更高，减少运营人员的工作强度，使其更加适用于中运量轨道交通，该系统在中唐空铁试验线项目中得到了实践应用。

参考文献

[1]　城市轨道交通 2016 年度统计和分析报告[R]. 中国城市轨道交通协会信息. 2017.3.

[2]　俞展猷. 世界轨道交通. 2004.10.

基于有机更新的老城区道路及其沿线开放空间功能提升策略研究

Research on the Strategy of Improving the Functions of Roads and Open Space in the History Areas Based on Urban Regeneration

杨熙宇　黄夫朋　季卫国　张丽杰

摘　要：城市有机更新主要是对老城区不适应城市发展理念的地区做必要的改建，主要包括道路及其沿线开放空间。通过提升老城区道路及其沿线开放空间功能，使老城区重现生机和繁荣。本文以上海市北外滩核心区为例，对老城区道路及其沿线开放空间功能提升过程中所需考虑的问题和因素做了初步研究，并探究性地提出了基于有机更新的老城区道路及其沿线开放空间功能提升策略。

关键词：城市更新；道路；开放空间；功能提升

Abstract: The purpose of urban regeneration is to rebuild the old urban areas where do not meet the urban development mainly involves promote the functions of the roads and open space along them. In this way, the history districts in town will be back to vitality and prosperity. The paper takes the case of Shanghai North Bund core area, focusing on the issues and motivations in the improving process then exploring some strategies base on this topic.

Keywords: Urban regeneration; Roads; Open space; Functions promotion

1　引言

随着城市建设的飞速发展，人口密度和汽车保有量不断增加，传统老城区的街道及其沿线开放空间的功能已无法满足人们的需求。老城区街道狭窄、路网密度低、布局混乱、交通拥堵、居住拥挤、环境污染及市政和公共设施缺乏等诸多问题制约着老城区街道的进一步发展，同时也不能满足现代城市生活的需求[1]。目前，国内众多城市在进行大规模的旧城改造与新城建设，而在现代化城市建设进程中，许多有着深厚历史价值的老街区在改造新建中逐渐消失[2]。本文通过对城市"有机更新"理论的探析，以上海市北外滩核心区为例，研究基于有机更新的老城区道路及其沿线开放空间功能提升策略，拉动老城区道路的交通环境提升改造及其沿线开放空间功能的绿色有机更新。

20 世纪 60 年代以后，许多西方学者从不同角度，开始对以大规模改造为主要形式的"城市更新"运动进行反思[3]，城市有机更新理论应运而生。经过多年发展，西方多个国家实践发展使城市有机更新理论逐渐走向成熟。基于西方城市更新的历史和经验，在 20 世纪 80 年代初期，陈占祥把城市更新主要定义为城市"新陈代谢"的过程。在这一过程中，更新途径涉及多方面，既有推倒重来的重建，也有对历史街区的保护和旧建筑的修复等。吴良镛从城市的"保护与发展"角度，在 20 世纪 90 年代初提出了城市"有机更新"的概念。它是针对城市历史环境的更新，不但要注重生态环境和技术手段，还要以动态的眼光来看待，保持历史人文因素之外，还要将美学和文化的内容包含进去[4]。吴良镛先生所论述的"城市有机更新"，采取适当规模、合适尺度，依据改造的内容与要求，妥善处理目前与将来的关系，不断提高规划设计质量，使每一片的发展达到相对的完整性。城市有机更新的目标是针对解决城市中影响甚至阻碍城市发展的城市问题，以全新的城市功能替换功能性衰败的物质空间，为老城区注入新的生机与活力[5]。

2　老城区道路及其沿线开放空间功能提升策略

自 20 世纪 90 年代以来，"城市更新"理论受到海内外学术界的广泛讨论，多数学者认为，70 年代以来的"城市改造"活动主要表现为对城市衰败地段的"推倒重建"，取而代之以高尚住宅或者较舒适的生活

作者简介：城市与交通规划设计研究所/上海林同炎李国豪土建工程咨询有限公司。

环境，然而通常真正有机会享用到这些美好环境的多为中上阶层人士，原来在城市衰败中心区居住的穷人，不过是从一个衰败区被驱赶到了远离城市中心区的其他衰败区而已。当前在中国，基于西方“城市更新”的经验，人们对它的理解，已经从单纯对城市物质环境的改善，发展到对城市整体环境的提升。

在城市更新过程中，变化主要由两方面原因产生，一是促使城市更新的外因，主要包括：宏观的经济变化、国家的发展政策和竞争城市的发展策略等；一是内部因素，主要包括：具体地段当前的发展计划、可利用的资源、居民意愿、公众的参与程度以及地方城市管治的领导力和竞争力等。

对于西方国家（主要指欧洲和北美）的城市更新历史，许多学者倾向于把自二战以来到当前阶段这段历史划分为4个阶段，各阶段主要更新模式见表1。

表1　　西方国家城市更新理论演化及其特点

阶段	城市更新模式	主要参与者与利益相关者	城市更新重点
二战后—1960年代初	大规模推倒重建	由政府引导的城市重建；到20世纪60年代时，逐渐趋向公私部门间的一种平衡	基于城市总体规划，城市破败去进行“推土机”式的清理与大规模拆除；向城市郊区扩展
20世纪60年代—70年代末	邻里修复	私有部门逐渐加强参与作用；地方政府的规划和更新权利逐渐分配给其他部门	邻里修复计划于逐渐增强的综合性城市重建；更新项目仍然集中在城镇边缘地带
20世纪80年代—90年代初	经济复原与公私合伙制	私有部门的角色开始加强	公司合伙的关系进一步加强；很多大型和出名的城市重建项目，有力地促进了城市的经济复苏
20世纪90年代—当前	多方伙伴关系（经济、社会、环境等系统的同时更新）	多个部门的参与（政府各部门、私有部门、社区居民和其他组织）主导更新过程	倾向于综合和多元的政策与实践主导；更加侧重于整合性措施和总体性更新途径

新中国成立后，结合西方城市更新的经验，充分把握“城市更新”的概念，根据国内计划经济时代以及转型中的社会主义市场经济体制下，城市建设与规划体制的特点，将中国城市更新历史划分为5个阶段。各阶段主要更新模式见表2。

表2　　我国不同历史时期城市更新理论的演化和侧重点

阶段	城市更新模式	城市更新重点
1949—1965	计划经济时期，围绕工业建设开展城市物质环境的规划与建设	工业建设主导城市建设；充分利用，逐步改造，加强维修
1966—1976	“文革”期间伴随政治斗争的曲折城市发展	支离破碎的城市建设
1978—20世纪80年代末	经济转型期，恢复城市规划与进行城市改造体制改革	依据城市总体规划进行城市更新与重建工作
1990—2000	经济转型期，地产开发与经营主导的城市改造	“城市改造与重建”中追求最大的地方经济回报；“城市改造与重建”过于大规模化、简单化和高速化
2000—当前	快速城市化与多元化、综合化的城市建设与更新时期	“城市更新”仍然比较倾向城市物质环境方面；“城市改造”仍然以追求经济回报为主；综合化与整体性的城市发展理念，“自上而下”的城市更新诉求开始显现

纵观全球城市化进程，大多数城市在城市更新过程中都经历过大拆大建的历程，随着社会的进步，传统的大拆大建方式显现出制约着城市老城区更新发展的诸多问题[6]。新时期，对于老城区道路及其沿线开放空间功能提升需从多个方面综合考虑。城市有机更新主要包括两大方面，一是道路功能提升，二是道路沿线开放空间功能提升。道路功能提升主要包括道路设施现状分析、道路交通组织现状及优化、道路交通运行现状及优化、区域公共交通现状及优化和区域慢行空间现状及优化五个方面。通过分析改造提升区域内部和外部交通发展现状，得出现状区域道路情况、交通组织现状、交通运行现状、公共交通现状以及慢行空间现状等交通相关预测分析要素。根据现状交通情况，依据回归分析、线性分析、四阶段法等分析方法，对未来区域过境以及内部交通情况进行预测，通过合理预测分析结果制定未来发展过程中分析区域内部道路的更新改造方案。道路沿线开放空间功能提升主要通过三种提升策略形式进行优化：

绿化形式、立面形式、设施形式。绿化形式提升策略包括人行道绿化、机非隔离带绿化、中央分隔带绿化。立面形式提升策略包括店招店牌和围墙栏杆。设施形式提升策略包括雕塑小品、坐凳、车架、铺装、树篦子、垃圾桶、导视系统、电箱和路灯等。结合未来规划道路的类别和功能，有针对性地进行提升改造，从而达到保护历史文化遗迹，重塑老城区新面貌的目的。如图1所示。

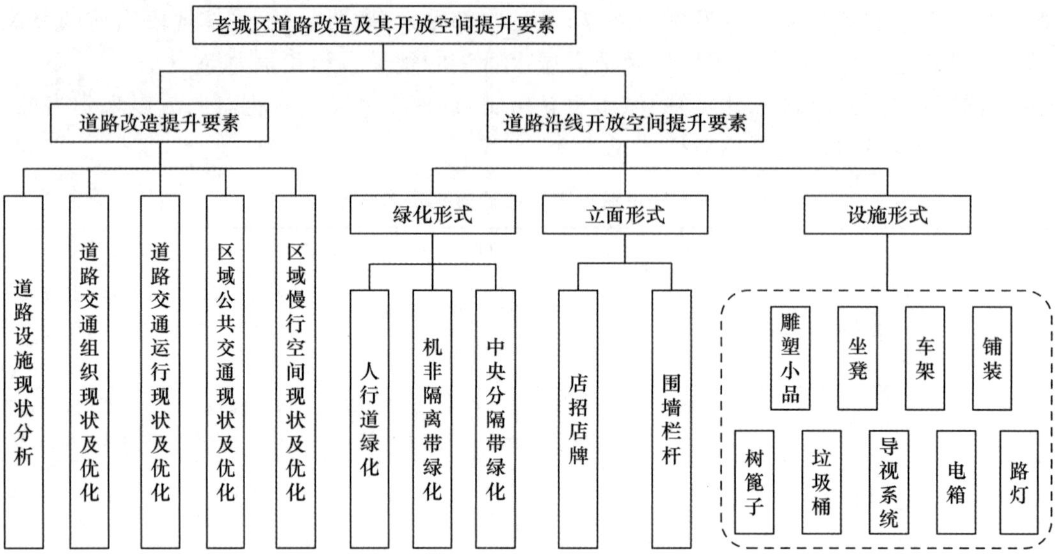

图1　老城区道路及其沿线开放空间功能提升要素

3　上海市老城区有机更新过程中道路功能提升策略

3.1　交通现状和发展预测

作为上海市老城区之一，北外滩地区是上海国际航运中心建设的重点功能区域，也是上海国际金融中心建设“一城一带”中“外滩金融集聚带”的重要组成部分。目前，北外滩核心区地面干道呈现为三横三纵形态，干道网密度达到3.2km/km^2，密度较高，但内部南北向干道较少；支路网密度也较高，但道路条件较差，大多道路宽度在12米以下。由于核心区内部支路道路宽度较窄，受道路条件限制，区域内部道路多条采取单向交通组织。如图2所示。

图2　北外滩核心区及周边道路交通组织现状图

核心区内部潮汐交通特征明显，受区位因素及地带特征的影响，大量的过境交通造成边界道路潮汐交通现象明显，早高峰以进入中心区为主，晚高峰驶离中心区。公共交通方面，整片区域共有公交线路13条途经核心区，其中东大名路、东长治路、唐山路、公平路和新建路为主廊道。轨道交通12号线国际客运中心站、提篮桥站服务核心区，轨道交通站点500米覆盖率约100%。两站日进出客量约9万乘次，其中早高峰占14%，进出之比为4：6，出站略多。慢行交通方面，干线道路及部分主要支路两侧建有非机动车道、人行道，内部大部分支路由于道路条件较差，为机非混行，或缺乏人行道，或人行道窄小。同时，慢行空间被随意停车等无序占用，管理缺失。

随着整片区域周边地块的开发建设和人口的增加，背景交通量不断增长。综合考虑整个区域内每个方向出行最可能的路径选择，根据路径最优化原则将核心区内部预测交通量进行分配。预测结果显示北外滩核心区交通流量加大，很多路段道路饱和度增大，未来交通需求主要为东西方向，南北方向中公平路需求较大(图 3、图 4)。

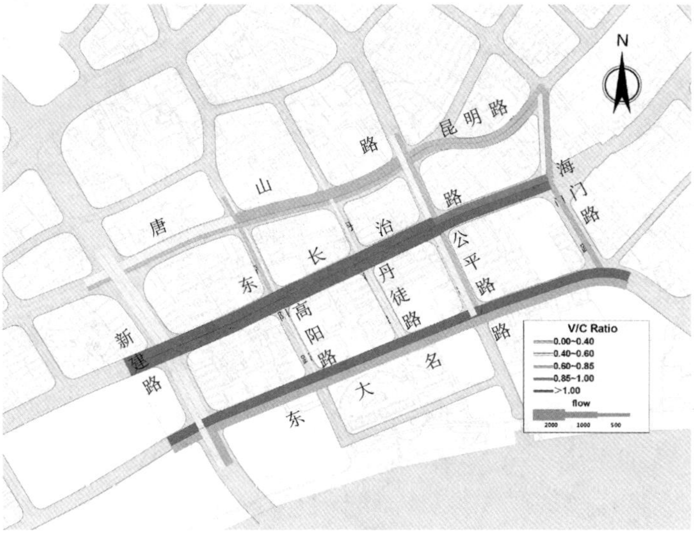

图 3　早高峰路段交通运行情况预测图

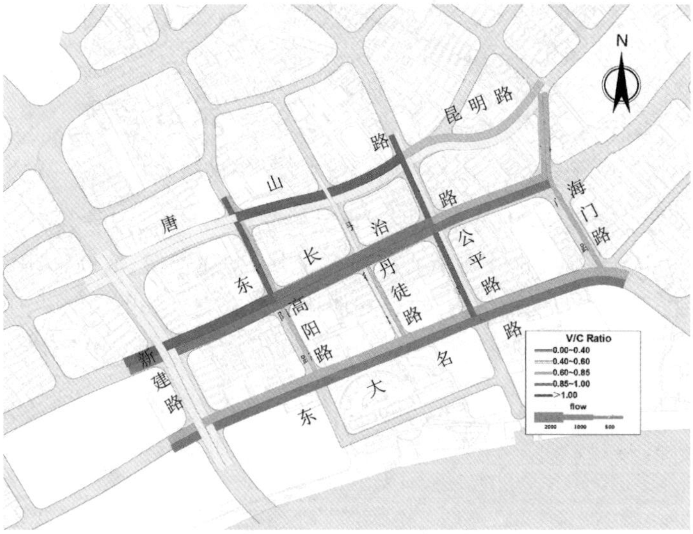

图 4　晚高峰路段交通运行情况预测图

3.2　道路交通功能提升策略

交通组织方面，需要从外部道路对接和内部道路等级划分两个方面进行提升优化。外部交通对接方面，整片区域需要做好主次干道体系对接，丰富核心区出行路线与周边道路衔接，提升东大名路、公平路规划为次干道，提高路段等级和通行能力；内部交通组织方面，优化交通组织，在核心区内部配对一对单行道，将高阳路、丹徒路改为单行道，海门路改为双行道，形成微循环，改善核心区道路环境，充分利用核心区现有条件提高道路运行效率。如图 5 所示。

道路功能规划方面，通过不断优化核心区内部交通环境，促使核心区内部交通功能合理性优化，将内部道路划分为机动车主导功能道路、慢行主导功能道路和混合功能道路三种类型。其中，机动车主导功能道路主要满足机动车通行要求，慢行主导功能道路主要满足慢行需求以及彰显城市特色和满足慢行与公共交通、轨道交通接驳需求，混合功能道路同时满足机动车和慢行要求。如图 6 所示。

慢行交通方面，构建人性化、生态化、立体化慢行交通系统。充分利用生态资源，构建环境优美、连续的慢行通道，为人流提供舒适的公共休闲空间，营造生态化慢行交通环境，打造主要慢行廊道。内部支路系统给予慢行更多空间，提高慢行交通设施设计、建设标准，完善无障碍等配套设施，营造安全、连续、舒适、便捷的人性

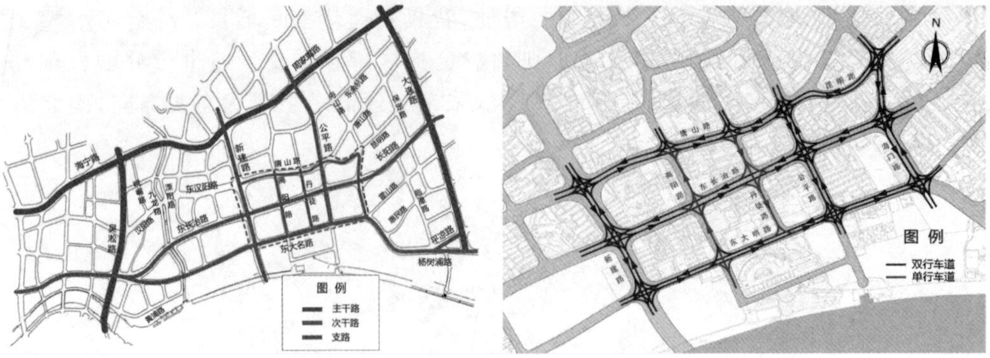

图 5　核心区交通组织规划方案图

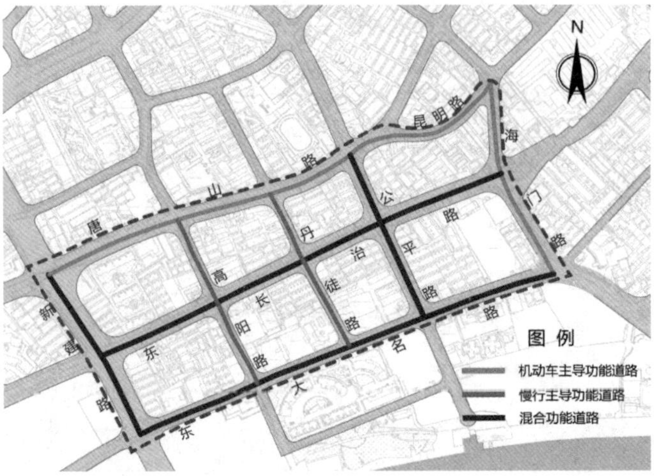

图 6　内部道路功能规划导则图

化慢行环境，设立人性化慢性交通设施，建设基本步行廊道。结合 12 号线国际客运中心站、提篮桥站轨道交通车站充分利用地下空间、空中廊道等与北外滩核心区重要地块、交通枢纽、滨江休闲之间构建舒适宜人的慢行通道网络，改善人居环境、提高地区人气及活力，建设立体化步行空间。如图 7、图 8 所示。

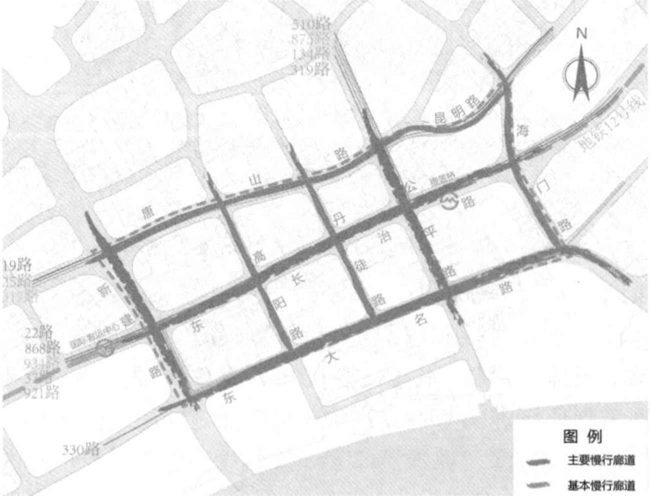

图 7　慢行通道规划图

3.3　道路空间扩容提升策略

从现状道路空间来看，北外滩地区东西向道路较为拥堵，但拓宽潜力不大；南北向道路有较大拓宽空间，拓宽后可以改善核心区交通环境。核心区现状道路中，部分道路由于拓宽余地不足，按照现状红线整治道路，维持现状横断面；部分道路根据规划红线需要拓宽。在拓宽时需要结合周边开发地块功能，确保道路按实施宽度拓宽到位，增强内部道路交通承载能力。道路拓宽主要通过三种形式：①可以按规划红线拓宽到位；②受两侧建筑影响，部分拓宽；③受两侧建筑影响，难以拓宽，维持现状劈筑宽度。如表 3 所示。

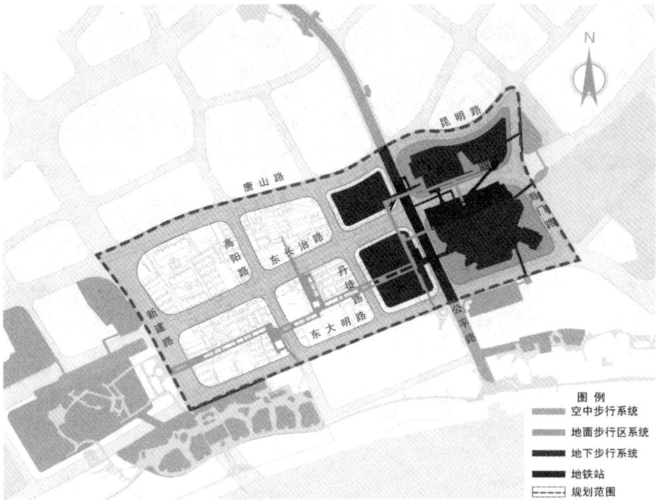

图 8　立体步行空间规划图

表 3　　　　核心区道路规划设计导则一览表

序号	路名	起点	终点	扩容提升策略
1	新建路	唐山路	东长治路	已按规划红线宽度 50m 实施到位，双向四车道
2	东长治路	东长治路	东大名路	现状红线宽 27m，已进行过整治，拓宽余地不足，按现状劈筑宽度实施，双向四车道
3	东大名路	新建路	海门路	现状红线宽度约 23～28m，已整治，拓宽余地不足进行过，按现状劈筑宽度实施，双向四车道
4	公平路	新建路	高阳路	按规划红线 32m 实施到位，双向四车道
5	唐山路	高阳路	昆明路	北侧地块暂无拆迁计划，南侧拓宽，劈筑宽度按 30m 实施，双向四车道
6	昆明路	公平路	海门路	按规划红线 24m 实施到位，双向两车道
7	高阳路	唐山路	东大名路	两侧无法拓宽，维持现状劈筑宽度 13m，单向两车道
8	丹徒路	新建路	高阳路	按规划红线 20m 实施到位，单向两车道
9	海门路	昆明路	东长治路	维持现状道路线形以及劈筑宽度 15m，双向向两车道
		东长治路	东大名路	东侧地块暂无拆迁计划，劈筑宽度按 22m 实施，双向两车道

4　上海市老城区有机更新过程中道路沿线开放空间功能提升策略

4.1　道路沿线开放空间功能提升主题定位

北外滩区域文化荟萃、遗迹众多，融合海洋文化、犹太文化以及老虹口里弄文化等多种文化元素。作为上海航运业的发源地，北外滩其本身特有的航运文化以及片区内存在的下海庙、犹太难民纪念馆、白马咖啡、提篮桥监狱、昆山路旧式里弄、虹口港和 1933 音乐谷等众多的历史文化遗迹为城市景观设计中文化元素的植入提供了大量素材。针对北外滩区域内部多元文化元素，未来整片区域将形成以现代商业办公综合体为主导的业态，依托北外滩产业与文化资源，以航海文化、海洋文化为主线，串联区域精神与时代主题，寻找归纳、提炼设计符合主线文化的景观，营造现代时尚，又不缺乏文化特色的航运金融中心。

4.2　道路开放空间功能分类和控制指引

根据北外滩核心区道路沿线开放空间功能提升主题定位，以及现有道路不同的功能定位进行道路开放空间提升控制指引。按照分类控制形式，北外滩区域道路可分为一般风貌引导道路和重点风貌引导道路。其中一般风貌引导道路包括生活型道路和交通型道路，重点风貌引导道路分为特色景观轴线和形象门户道路。根据道路分类控制和功能，结合道路红线宽度，对核心区内部道路断面形式进行更新。如表 4 和图 9～图 12 所示。

表 4　　　　道路分类控制划分表

分类控制	道路功能定位	道路名称
一般风貌引导道路	生活型道路	唐山路、高阳路、丹徒路
	交通型道路	东长治路（主干道）、公平路（主干道）
重点风貌引导道路	特色景观轴线	海门路（提篮桥历史文化片区）、东大名路（毗邻滨江商业）
	形象门户道路	新建路

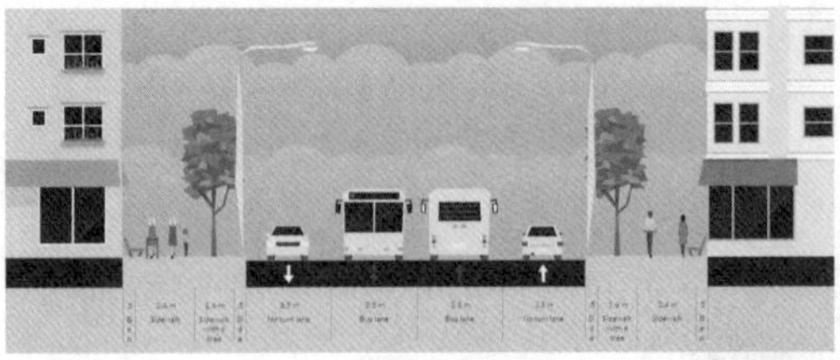

图 9　生活型道路(20～24m)

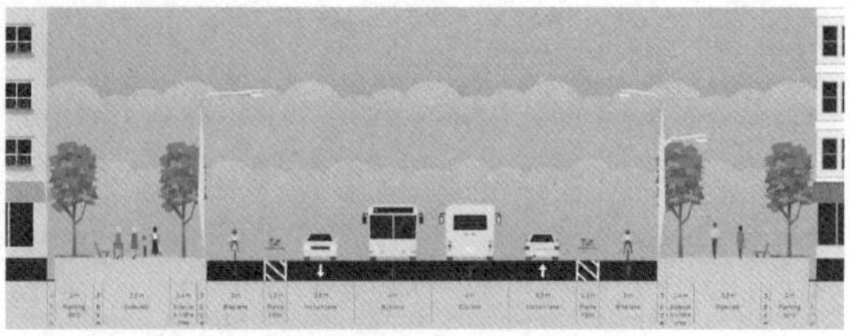

图 10　交通型道路(32～40m)

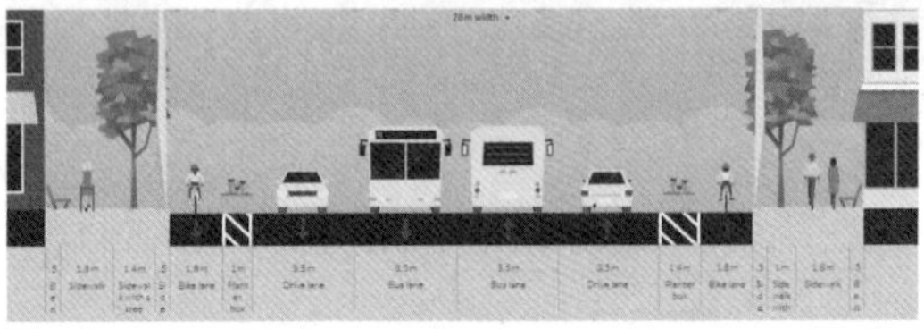

图 11　特色景观轴线(24～28m)

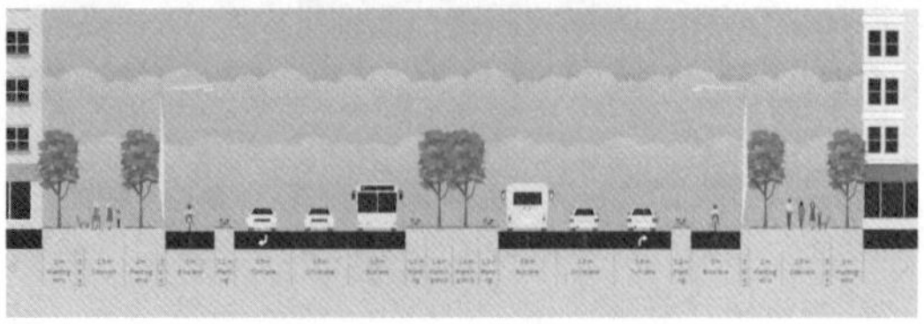

图 12　形象门户道路(50m)

4.3　道路开放空间景观功能提升策略

道路开放空间景观功能提升需要从绿化形式提升策略、立面形式提升策略、设施形式提升策略等方面进行提升改造,改善道路沿线空间景观功能。主要采用以点带面的方式,通过对拆迁工地的遮挡、围墙的美化、局部绿化的提升等方式来平衡城市更新过程中的风貌变迁,力求通过较少的投入实现较好的景观效果。

1) 绿化形式提升策略

绿化提升策略共分为三种:人行道绿化、机非隔离带绿化、中央分隔带绿化。根据分类控制因素和道路功能定位,人行道绿化需根据行人空间合理布局道路两边绿化面积和绿化形式,从而达到绿化与步行相融合;机非隔离带绿化形式暂不更改,对局部污损的进行修补更换;中央分隔带绿化需要增加植被密度,合理设计布局植被,树立整片区域新形象。如表 5 所示。

表 5　　道路开放空间景观绿化形式提升策略

分类控制	道路功能定位	绿化形式提升策略		
		人行道绿化	机非隔离带绿化	中央分隔带绿化
		设计形式	设计形式	设计形式
一般风貌引导道路	生活型道路	根据行人空间合理布局道路两边绿化面积和绿化形式	—	—
	交通型道路	根据行人空间合理布局道路两边绿化面积和绿化形式	形式暂不更改,对局部污损的进行修补更换	—
重点风貌引导道路	特色景观轴线	根据行人空间合理布局道路两边绿化面积和绿化形式	形式暂不更改,对局部污损的进行修补更换	—
	形象门户道路	根据行人空间合理布局道路两边绿化面积和绿化形式	增加植被密度,合理设计布局植被	增加植被密度,合理设计布局植被

2) 立面形式提升策略

立面形式提升策略主要为店招店牌和围墙栏杆引导,主要通过对区域空间内店招店牌、围墙栏杆的色彩和材质进行引导,从整体上营造和谐整齐的氛围,凸显区域文化特色和历史底蕴。如表 6 所示。

表 6　　道路开放空间景观立面形式提升策略

分类控制	道路功能定位	立面形式提升策略			
		店招店牌		围墙栏杆	
		色彩	材质	色彩	材质
一般风貌引导道路	生活型道路	色调丰富明快,冷暖搭配,运用明亮色彩进行整体串连	—	色调庄重、统一,偏亮灰色调为主	花岗岩贴面
	交通型道路	色调庄重、统一,偏蓝灰色调为主	—	色调庄重、统一,偏灰色调为主	花岗岩贴面
重点风貌引导道路	特色景观轴线	暖色调为主,局部搭配冷色调	—	暖色调为主,局部搭配冷色调	花岗岩贴面
	形象门户道路	冷色调为主,局部搭配暖色调	—	冷色调为主,蓝绿色调为辅	不锈钢钢板与蓝绿色亚克力板

3）设施形式提升策略

设施形式提升策略主要包括雕塑小品、坐凳、车架、垃圾桶、电箱、导视系统和路灯。依据道路分类控制形式和道路功能定位，在现有区域内部设施的基础上，保留部分道路设施形式，对道路设施形式缺少的地方适当增加，不断完善道路沿线开放空间设施服务。如表7所示。

表7 道路开放空间景观设施形式提升策略

分类控制	道路功能定位	设施形式提升策略（维持原有形式）							
		人行铺装	雕塑小品	坐凳	车架	垃圾桶	电箱	导视系统	路灯
一般风貌引导道路	生活型道路	透水砖	保留现状雕塑小品，破损小品可适当拆除	—	保留现有自行车车架，在缺少的地方适当增加	保留现状	在外立面上增添彩绘丰富外立面	破损严重的进行更换	破损严重的进行更换
	交通型道路	透水砖	区域配置相应的雕塑小品	—	保留现有自行车车架，在缺少的地方适当增加	保留现状	保留现状	破损严重的进行更换	破损严重的进行更换
重点风貌引导道路	特色景观轴线	透水砖	区域配置相应的雕塑小品	—	保留现有自行车车架，在缺少的地方适当增加	保留现状	在外立面上增添彩绘丰富外立面	破损严重的进行更换	破损严重的进行更换
	形象门户道路	透水砖	部分保留	适当增添座椅	保留现有自行车车架，在缺少的地方适当增加	保留现状	—	保留现状	—

5 结语

城市有机更新理论是老城区道路及其沿线开放空间功能提升的重要理论依据和支撑。新形势下，城市更新需要把握老城区历史底蕴和文化内涵，在综合分析城市发展背景、城市交通环境、城市道路开放空间的基础上，提出具有符合城区传统韵味的道路改造及其沿线开放空间功能提升的策略。本文以上海市北外滩核心区为例，从交通现状和发展预测、道路交通功能提升策略、道路空间扩容策略、道路开放空间功能分类和控制指引和道路开放空间景观功能提升策略等方面，对基于有机更新的老城区道路及其沿线开放空间功能提升策略进行了初步探索，城市有机更新理论对城市生态文明建设、城市空间形态发展等方面的影响有待进一步探究。

参考文献

[1] 张妲，王小凡，徐国兵. 旧城区城市道路的有机更新——以长沙市红旗区支路网规划为例[J]. 规划师，2006，01：40-42.

[2] 郭凌，王志章. 历史文化名城老街区改造中的城市更新问题与对策——以都江堰老街区改造为例[J]. 四川师范大学学报（社会科学版），2014，04：61-68.

[3] 尚雯雯. 基于有机更新理论的历史文化街区旅游开发研究——以开封市书店街为例[J]. 现代商贸工业，2013，02：56-59.

[4] 黄昆. 城市更新中古都风貌的传承与发展[D]. 长安大学，2012.

[5] 翟斌庆，伍美琴. 城市更新理念与中国城市现实[J]. 城市规划学刊，2009，02：75-82.

[6] D. W. Ryu，H. M. Kim，T. H. Kim. Analysis of the infrastructure system and core factors for environment-friendly urban regeneration[A]. The Chinese Society for Rock Mechanics and Engineering、The Society for Rock Mechanics & Engineering Geology Singapore. Harmonising Rock Engineering and the Environment—Proceedings of the 12th ISRM International Congress on Rock Mechanics[C]. The Chinese Society for Rock Mechanics and Engineering、The Society for Rock Mechanics & Engineering Geology Singapore：，2011：2.

上海市地面交叉口常发性堵点改善研究

Improvement Study of the Regular Plugging Points for Shanghai Urban Intersections

孙 琼 徐锦程

摘 要:地面交叉口是城市交通拥堵的一个重要因素,通过分析交叉口拥堵与流量、车道渠化、信号配时的关系,提出常发性地面交叉口堵点改善对策,以四平路—曲阳路、中山北路—曹杨路交叉口为例,给出具体改善方案。
关键词:地面交叉口;常发性堵点;改善对策

Abstract: The ground intersection is an important factor of city traffic congestion, by analyzing the relationship between intersection congestion and traffic lane channelization and signal timing, some countermeasures of improving frequent ground intersection blocking point, are put forword to Siping Road and Quyang Road, Zhongshan North Road Caoyang Road intersection as an example, give a specific improvement plan.
Keywords: Ground intersection; Recurrent plugging point; Improvement measures

1 引言

2016 年 1 月初,"补好短板"被列入 2016 年上海市唯一的重点调研课题,即"1 号课题",着力聚焦"五违四必"区域环境综合整治和综合交通管理补短板。依据大数据分析和一线调研,综合交通管理突出的主要短板问题之一是道路拥堵形势严峻,9 个快速路区段、14 个地面区域、42 个交叉口呈现常发性拥堵。

为了补好"42 个呈现常发性拥堵交叉口"的短板,需要在交通管理和设施整治 2 个方面同时着力,以充分发挥现有交通基础设施的综合能力。

2 现状矛盾及解决对策分析

2.1 三纵三横交叉口交通状况分析

42 个常发性拥堵交叉口集中在浦西中心区"三纵""三横"主干路道路沿线,经分析,交叉口服务水平为 F 级(车均延误大于 80 秒[1])的有 15 个;E 级(车均延误 56~80 秒)的有 24 个;D 级(车均延误 56~80 秒)的有 3 个。如表 1 所示。

表 1 常发性堵点高峰小时流量及服务水平表[2]

序号	名称	高峰小时流量(pcu/h)	延误(s)	服务水平
1	曹杨路—武宁路	6379	101	F
2	西藏南路—延安路	6598	98	F
3	河南路—海宁路	6891	97	F
4	长宁路—中山路	8181	95	F
5	虹桥路—延安西路	7867	94	F
6	华山路—肇嘉浜路	6271	90	F
7	虹许路—延安路	9213	90	F
8	五角场交叉口	5602	88	F
9	共和新路—广中路	8409	87	E

作者简介:孙琼,女,上海市路政局,工程师,研究方向为道路交通。
徐锦程,上海市路政局,工程师,研究方向为道路交通。

续表

序号	名称	高峰小时流量(pcu/h)	延误(s)	服务水平
10	中兴路—共和新路	3981	86	F
11	周家嘴路—黄兴路	8463	84	F
12	天目路—共和新路	2577	84	F
13	四平路—大连路	2471	84	F
14	西藏北路—海宁路	7842	83	F
15	延安路—华山路	7598	82	F
16	延安路—成都北路	5526	80	E
17	徐家汇路—重庆南路	9507	80	E
18	共和新路—汶水路	7136	78	E
19	中山北路—共和新路	5086	76	E
20	中山东路—延安路	4388	74	E
21	大连路—周家嘴路	7625	73	E
22	天目路—海宁路	4031	73	E
23	漕溪北路—中山西路	6161	72	E
24	四平路—中山北路	3269	72	E
25	华山路—淮海路	3650	72	E
26	北京路—成都北路	5956	71	E
27	吴淞路—海宁路	5340	70	E
28	江苏路—延安路	8248	69	E
29	中山西路—延安西路	8248	69	E
30	河南路—延安路	4208	69	E
31	曹杨路—中山北路	5066	66	E
32	江苏路—长宁路	4467	65	E
33	天目路—恒丰路	5626	61	E
34	中山南路—鲁班路	3661	60	E
35	中山西路—虹桥路	4789	60	E
36	陆家浜路—中山南路	3640	59	E
37	军工路—周家嘴路	3689	59	E
38	陆家浜路—河南路	3927	57	E
39	曲阳路—四平路	2911	55	E
40	肇嘉浜路—瑞金二路	5826	42	D
41	肇嘉浜路—宛平南路	5043	40	D
42	长寿路—江宁路	4493	38	D

2.2 三纵三横交叉口延误与交通流量需求的关系

综合上述42个堵点的交通流量与服务水平,可以看出,交叉口交通总量较大的交叉口一般均较为拥堵,但流量并不是唯一因素,许多流量低于6000 pcu/h、甚至4000pcu/h的交叉口拥堵情况也十分严重,这说明路口设施供给能力也是堵点常发的原因之一。分析“三纵”“三横”42个主要交叉口车均延误与高峰小时流量的关系(图1)发现,二者基本不成正比关系。

2.3 中心城其他交叉口及堵点交通运行情况

除了上述三纵三横42个常发性堵点,本次还采用“定量与定性相结合”的方法,同步排摸上海市中心城区其他可能存在的交通堵点:

(1) 定量排查交通流量较大(≥6000pcu/h)的交叉口,共36个,其中:

- 流量超过8000pcu/h的达7个;

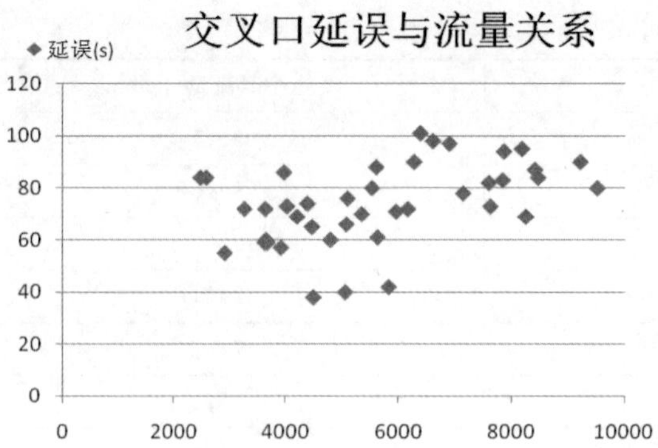

图1　常发性堵点交叉口高峰小时车均延误与流量的关系图

- 流量在6000～8000pcu/h之间的达29个。
- F级服务水平的达8个；
- E级服务水平的达28个。

(2) 至中心城相关10区交警支队、区建交委、市路政局调研排队较为严重的节点。

表2　　中心城其他主要交叉口高峰小时流量及服务水平表

序号	名称	高峰小时流量(pcu/h)	服务水平
1	虹梅南路—莘朱路	11911	F
2	延安路—福建路	9457	E
3	S20—漕宝路	9136	F
4	虹梅路—漕宝路	9135	F
5	锦绣路—罗山路	8769	F
6	虹许路—吴中路	8605	E
7	沪闵路—桂林路	8413	F
8	汶水路—广粤路	7995	E
9	S20—高科东	7825	E
10	沪闵路—柳州路	7725	E
11	延安路—凯旋路	7655	F
12	延安路—瑞金路	7633	E
13	石龙路—龙吴路	7603	E
14	中山路—吴中路	7598	F
15	长寿路—昌华路	7224	E
16	S20—上南路	7096	E
17	汶水路—沪太路	7083	E
18	延安路—茂名路	6919	E
19	沪闵路—莲花路	6853	E
20	肇嘉浜路—陕西路	6843	E
21	漕溪路—田林路	6829	E
22	S20—沪南路	6800	F
23	肇嘉浜路—东安路	6751	E
24	中山路—瑞金路	6680	E
25	浦建路—锦绣路	6611	E
26	中山路—天山路	6324	E
27	中山路—逸仙路	6308	E
28	虹梅路—上中路	6258	E
29	虹许路—宜山路	6214	E
30	报春路—沪闵路	6205	E
31	四平路—临平路	6192	E
32	张杨路—民生路	6100	E
33	申江路—海路	6095	E
34	中山路—光新路	6073	D
35	漕溪路—漕宝路	6060	E

2.4　交叉口拥堵的原因分析

根据信号交叉口延误计算公式[1]，各车道每车平均信控延误相关的因素有：车道交通流量、车道通行能力、车道绿信比、周期时长等。也就是说堵点的形成，除了与交通流量需求相关，还与交叉口车道渠化、信号配时、待行区布置等时空资源供给情况相关。

3　改善思路与对策

3.1　交叉口改善建设条件分析

考虑常发性堵点多为主要道路相交的交叉口，又位于中心城成熟地区，建设条件一般较为复杂，本着“实施易、见效快”“工程与管理措施相结合”“工程措施以小改小建为主”的原则，主要考虑如下因素：

(1) 现状高架桥墩、天桥立墩、沿路建筑等因素制约道路工程增容；

(2) 实施周期短、社会影响小，避免重复建设；

(3) 不拆迁建筑、可压缩车道宽度、可挤占人行道停车空间和可少量搬迁绿化。

3.2　堵点改善对策分类

经现状交通拥堵情况分析与改善条件梳理，上述堵点可分为如下 4 类：

3.2.1　采用路口渠化等工程性措施加以改善

四平路—曲阳路、共和新路—广中路、长寿路—江宁路、共和新路—汶水路、军工路—周家嘴路、共和新路—中山北路等交叉口；

3.2.2　采用交通标志标线优化等管理措施加以改善

江苏路—长宁路、四平路—大连路、陆家浜路—河南路、长宁路—中山路、曹杨路—中山北路、中山西路—虹桥路等交叉口；

3.2.3　结合重大工程建设加以改善

天目路—恒丰路、天目路—共和新路、天目路—海宁路、河南路—海宁路、西藏北路—海宁路、吴淞路—海宁路、大连路—周家嘴路、周家嘴路—黄兴路、曹杨路—武宁路等交叉口结合北横通道、武宁路快速化等重大工程建设加以改善。

3.2.4　不具备整改的条件

其余交叉口现状路口渠化及交通标志标线已实施到位，不具备整改的条件。

3.3　交叉口可采取的改善措施

3.3.1　进口道渠化增加车道

进口道处适当压缩人行道、非机动车道、中央分隔带或机非分隔带宽度，拓展空间增加机动车道，以增加进口道通行能力。

3.3.2　出口道渠化增加车道

出口道处适当压缩人行道、非机动车道、中央分隔带或机非分隔带宽度，拓展空间增加机动车道，以避免出口道处车辆排队溢出至交叉口内部。

3.3.3　路段拓宽

路段全线压缩人行道、非机动车道、中央分隔带或机非分隔带宽度，拓展空间新增机动车道。

3.3.4　进口道可变车道

进口道处开辟某一条车道可在不同时段内改变车道功能，通过车道灯来指示驾驶者们当前车道是用于直行、左转还是右转功能，从而实现为交通需求较高的流向增加车道，提高进口道的使用效率。

3.3.5　左弯车道待行区

红灯时，车辆等待于停车线后；同向直行绿灯启亮时，左转车辆进入待行区等待；左转绿灯启亮时方可通行，从而提高交叉口空间资源的利用，并提高机动车通过量。

3.3.6　直行车道待行区(配合设置信息板)

红灯时，车辆等待于停车线后；垂直方向左转绿灯启亮时，信息板提示本方向的直行车辆进入待行区；待本向直行绿灯启亮时，车辆可迅速通过交叉口，从而提高交叉口空间资源的利用，并提高机动车通过量。

3.3.7 综合车道带行区(主、预信号协调控制)

车辆首先在预停车线后等待，按照预信号灯所指示的车道功能进入待行区，当主信号灯绿灯启亮时通过交叉口；待行区清空后，其车道功能将进行切换，预信号灯提示另一流向的车辆进入待行区等待通行，以此增强进口道蓄车能力，将不同方向的车流在时间资源上进行划分。

3.3.8 信号灯相位搭接

当两个相位所放行的交通流不产生冲突时，将其搭接起来同时放行，其中一个相位必然延长放行时间、跨越多个相位，从而提高交叉口的通行效率。

4 典型交叉口堵点改善方案

4.1 四平路—曲阳路交叉口改善方案

4.1.1 交叉口现状情况

交叉口现状为T形交叉口，交叉口总流量为2911辆/小时，交叉口平均延误55秒。受四平路(天水路—曲阳路)路段通行能力较小限制，四平路西出口仅2车道，四平路东进口直行交通与曲阳路北进口右转交通排队较为严重，四平路东进口排队长达180多米，经常排队至四平路—新港路交叉口，引发路段拥堵。

4.1.2 交叉口改善方案

西进口利用人行道增加一条直行车道、并设左弯、直行待转区，西出口利用人行道增加一条车道，东进口利用人行道增加一条直行车道，北进口利用机非分隔带增加一条左转车道、并设左转待转区；四平路(天水路——一号桥段)结合大修工程建设一并进行路段改造，拆除机非分隔带，路段机动车道由5车道(含1车道潮汐车道)拓宽为6车道。

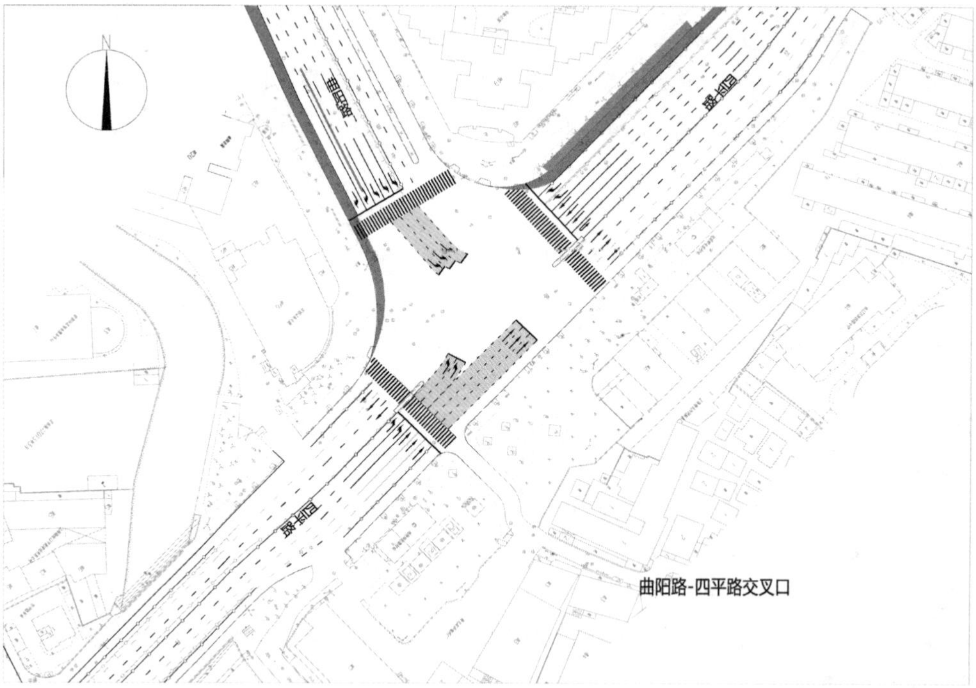

图2 四平路—曲阳路交叉口改善方案

4.1.3 交叉口改善效果评估

交叉口车均延误由55秒降低至38秒，东进口排队长度由180米减至120米，东进口直行车辆车均延误由87秒降低至55秒。如图2所示。

4.2 中山北路—曹杨路交叉口改善方案

4.2.1 交叉口现状情况

交叉口现状为十字交叉口，中山北路向北方向布置曹阳路上下匝道，交叉口总流量为5066辆/小时，交叉口平均延误66秒。中山北路东、西进口直行车道排队长达100多米，甚至引起下匝道交通拥堵。

4.2.2　交叉口改善方案

东、西进口利用交叉口空间，各增加 3 车道直行待行区，以增加交叉口蓄车能力。

4.2.3　交叉口改善效果评估

交叉口车均延误由 66 秒降低至 59 秒，东、西进口排队长度可降低 15%左右。如图 3 所示。

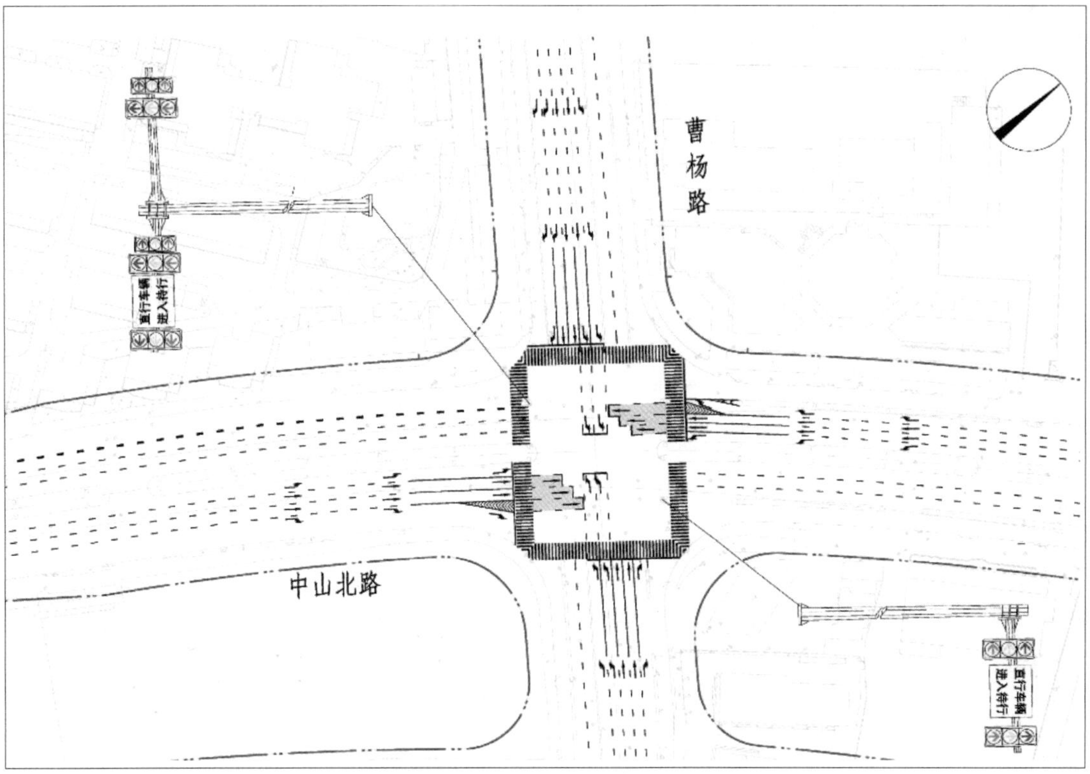

图 3　中山北路—曹杨路交叉口改善方案

参考文献

[1]　上海市城市道路平面交叉口规划与设计规程 DGJ08-96-2013.

[2]　2015 年上海道路网运行报告[C].上海市路政局，2016.1.

[3]　2016 年中心城区交叉口标志标线完善工程实施方案[C].上海市城市建设设计研究总院，2016.6.

公有停车场智慧服务设计之研析

Analysis of Intelligent Service Design of Public Parking Lot

钟鸣时 金肇安

摘 要:因台湾都市地狭人稠之状况,都市的停车空间始终不及汽车持有数之成长,台湾民众对停车位产生极大的需求,因此建构具有整合能力之智慧交通,则为台湾地方政府首要解决之关键问题。有鉴于此,本研究为协助永和地区秀朗小学停车场现有老旧设备导入智慧停车服务,将先行透过质性与量化的调查方式,了解停车场及外围现有状况,并了解停车民众对于停车场之期待与需求,进而拟定停车场服务改善目标。而本研究结果验证,新兴服务之导入若先了解顾客需求,便能够创造高经营成效也使顾客满意,与政府共创经营效益。后续企业能够依循本研究所执行之调查模式,了解目标顾客对于服务改善之期望,再进行服务设计与导入,借此为服务流程改善创造更高的成效。
关键词:智慧停车场;服务设计;科技化服务

Abstract: Due to the narrow situation of the city of Taiwan, the city's parking space has been less than the growth of the number of motor vehicles, so that the people of Taiwan have a great demand for parking spaces, so the construction of intelligent traffic with the integration capacity, the Taiwan government In view of this, in order to facilitate the introduction of intelligent parking services for the existing old equipment in Cheong Waung's small parking lot in Yonghe District, this study will be conducted through qualitative and quantitative surveys to understand the existing situation of parking lots and surroundings and to understand the parking For the expectations and needs of the parking lot, and then develop the parking lot service to improve the target. The results of this study verify that the introduction of new services, if the first understanding of customer needs, will be able to create high operating results also make customer satisfaction, and the Government to create operating efficiency. Follow-up companies can follow the research model implemented by the Institute to understand the expectations of target customers for service improvement, and then service design and import, to improve the service process to create higher results.
Keywords: Intelligent parking lot; Service design; IT enabled Service

1 引言

目前全球各地许多先进以及发展中新兴国家,皆积极推广智慧城市之创新策略,期望借由智慧城市之有效推动,协助城市迈向全球化、国际化,并达到永续发展之成效(Clarke, 2013; Deakin & Al Waer, 2013)。而智慧城市系由 IBM 前任执行长 Palmisano 在 2008 年提出之智慧地球(Smarter Planet)构想所衍生,在智慧地球架构之下所发展的智慧城市即为"各城市运用先进资讯技术(ICT),将人群、商业服务、交通运输、通信技术和资源与能源等核心进行有效整合,借此形成社会治理、智慧生活以及产业发展之创新模式,并发展出新的城市形态",IBM 在 2016 年更进一步将智慧城市划分为不同领域,各领域之间彼此环环相扣,形成一个完整的智慧城市生态系统,如图 1 所示。

而智慧城市政策之推动需要庞大资金支持,因此世界各国之政府应协同整合学术界与企业界,共同借由专业的力量携手打造智慧城市。在与企业合作方面,政府将提供公共智慧城市之设施与服务,而企业若有意愿承接设施与服务,便须承担风险与负起管理责任,但也因此能够获得商誉、民众满意度以及经营绩效等财务与非财务之报酬。就台湾地区而言,因台湾都市地狭人稠之状况,都市的停车空间始终不及汽机车持有数之成长,台湾民众对停车位产生极大的需求,因此在打造智慧城市过程当中,建构具有整合能力之智慧交通,则为台湾地方政府首要解决之关键问题。有鉴于此,台湾地方政府便积极推动智慧交通之计划,其中除了政府资源更结合公民营部门资源,借由委外经营契约之方式,将其公营造物委由民

作者简介:台北市交通安全促进会。

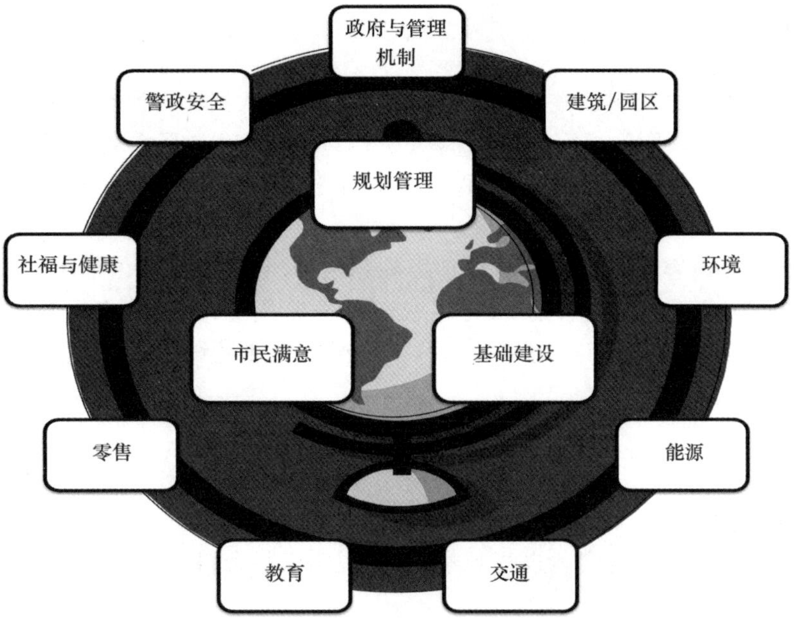

图 1 智慧城市生态系统图

资料来源:IBM (2016), http://www-07.ibm.com/tw/dp-cs/smartercity/overview.html? re=sph

间经营管理,将政府设施与服务交由专业业者经营,以期达到降低经营成本与提高资源运用效率之成效,更希冀透过计划建置来发展全球化以及国际化之合作平台。

其中,新北市政府交通局为改善目前都会地区停车需求,更于 2017 年耗资逾 56 亿建新台币构停车场,然而,在新北市永和区虽属都会住宅区,却因开发较早且地狭人稠,原有的停车位数量已无法因应都市发展所衍生之停车需求。因此,为解决目前永和地区停车需求,市府交通局已决定将学校校舍之整建或改建为停车场,而本研究为协助永和地区秀朗小学停车场现有老旧设备导入智慧停车服务,将先行透过质性与量化的调查方式,了解停车场及外围现有状况,并了解停车民众对于停车场之期待与需求,进而拟定停车场服务改善目标,借由服务美化、服务设计以及科技化服务导入等多元化之服务质量改善。

2 调查方法

本研究拟透过质性与量化调查方式,从多元化的资料来源与视角分析本场域须改善之目标,并将结果进行交叉比对找出现有服务缺口,针对服务缺口进行软硬件设备与服务的设计与调整,分析结果将作为秀朗小学停车场服务改善目标之依据。

2.1 研究流程与步骤

首先,本研究将采用观察法(observational method)方式,于自然情境下实际体验来搜集资料,研究过程研究者多次前往该停车场域,亲自体验其商业服务,观察周边环境,并于观察期间记录与保存欲搜集之资料,将所有相关资料进行搜集及归纳整理。

上述资料经本研究人员汇整及归纳后,便着手建构使用者调查问卷。本研究问卷初步完成后便邀请学界与业界专家各三位,共同进行问卷的修订与评估之工作,其主要目的为评估此问卷合适性与实用性,其次则为检验问卷题项的可阅读性,以建立此问卷之内容效度。

问卷设计完成后,将请现场管理员协助引导停车客户说明如何填写,并透过现场访谈方式了解停车客户的看法,借由量化与质性调查两者相互验证的调查数据,掌握秀朗小学停车场之使用者,对于现有停车场软硬件环境的使用观感与需求,归纳结论与改善建议,作为经营计划的背景资料。

2.2 研究对象

本研究对象分为质化以及量化,质化研究对象为停车场现场以及外围环境;量化研究对象为月租与临停客户,期望借由质化及量化结果,共同确认停车场所需要的改善之核心目标。

2.3 资料分析方法

根据本研究之研究架构,进行质性资料汇整、量化之建立与成效分析,其建立与评估量表所使用的资料分析方法说明如下：

1）观察资料汇整

本研究于观察法所进行之资料汇整、分析以及整理，将透过数据库将所有档案汇整建档，内容包含原始观察内容逐字稿、分类与编码后之逐字稿、资料分析档，以及整理撰写完成之资料描述档案，目的在于未来可以重新检视本研究之资料分析过程，并保证本研究之信度（Yin，1984；Eisenhardt，1989）。

2）问卷调查法

本研究所运用之问卷内容包含硬件类与管理类问题两种，本研究量表以李克特五点量表作为测量尺度，1 为非常不同意、2 为不同意、3 为普通、4 为同意、5 为非常同意；并以李克特五点量表，调查结果将以统计软件 SPSS 18 版进行分析与确认，将样本的分析情况以叙述性统计方法描述，并对资料分布的状况做相关的观察。

3 调查结果

3.1 停车场使用现况调查

本研究借由一个月期间至现场实地进行观察，分别说明汇整资料如下。

3.1.1 停车场属性

1）停车场商圈属性

属于都会区传统公寓住宅型，普遍缺乏自有停车位，住户停车需求高，商业活动较为次要，商务临时停车需求较低，附近知名餐馆与婚馔广场增加临时停车需求。

2）周边停车供需

以秀朗为中心，周边 1 公里有许多公私立停车场，以及部分路边停车，周边约 1 公里停车供应总数约 4184 个车位，但整体停车供应与需求比，呈现需求大于供应的情形。

3）离尖峰停车率

由于主要停车客户为住宅型，离尖峰时段主要集中于周间上午 7～9 点以及下午 5～7 点，周末则无明显尖峰时段。根据现场市调结果，周间尖峰停车率约为 75%～80%。显示停车场车位仍有余裕，尚有商业促销的空间。

3.1.2 主要客群分析

1）月租客户组成

主要月租客户为外围邻里的住户与商家，包含民权里、民族、民生、永元、秀元里以及少数周边里民。月租为秀朗营运收入的主要来源。

2）临时停车客户组成

依来客停车事由，可区分为周间公务拜访，餐叙、接送家人以及其他商业活动构成临时停车的需求。由于周边除了一座社区型图书馆以及地政事务所、爱买百货商场之外并无大型的政府机构，以及大型的购物中心、百货商场，至于刚刚落成的选手训练游泳中心，是否能带进更多的游泳临时停车仍有待观察。

3.2 秀朗小学地下停车场使用者问卷调查

本研究为了解秀朗小学地下停车场尚未改善前之原有现况，便借由一周期间于停车场内二号梯与五号梯口，针对停车客户进行抽样问卷。问卷设计采封闭式问卷规划，由受访者自行勾选，施测对象为月租客户抽样 50 位，临停客户 50 位，有效问卷合计 100 份，并借由受访者所反馈资料进行汇整，针对受访者过去停车问题进行服务设计，并导入新兴科技借此改善传统停车场的服务缺口，问卷调查结果与建议如表 1 所示。

表 1　问卷调查结果与改善措施表

项次	问题	原有停车场状况（未改善前）	改善措施
1	停车的目的为	临停：12.5%的停车目的为返家；25%为上班；12.5%为公务；12.5%为访友；37.5%为其他	
		月租：60%的停车的目的为返家；40%为上班	
2	经常停车时段	临停与月租客户经常停车的时段皆为 75%较常于 07:00—18:00 停车；12.5%较常于 18:00—次日 07:00 停车；其他 12.5%则为不固定时段。	

续表

项次	问题	原有停车场状况(未改善前)	改善措施
3	非假日时,在场内找停车位平均需要多少时间	临停:非假日时,75%花5分钟找车位;25%花10分钟找车位 月租:非假日时,80%花5分钟找车位;20%花10分钟找车位	目前以优惠费率月租分区停放引导,设置引导停放指标,楼层车位显示信息正确性维护与颜色搭配引导,减少绕行减碳排空污,未来将增设车道剩余车位引导与车位在席灯号,方便民众快速找到车位
4	假日时,在场内找停车位平均需要多少时间	临停:12.5%假日时,在场内找停车位平均需要5分钟;25%为15分钟;62.5%为不一定 月租:40%假日时,在场内找停车位平均需要5分钟;20%为10分钟;20%为15分钟;20%为不一定	改善措施同上一题
5	自动缴费机使用频率	临停:45%不常用自动缴费机;55%经常使用 月租:无使用需求	目前已加强悠游卡使用标示与使用率
6	自动缴费机使用状况	临停:25%表示自动缴费机状况良好;62.5%表示自动缴费机状况尚可;12.5%表示常故障 月租:无使用需求	偶尔遇到故障、机型较为老旧。目前已更新缴费机,提升便利性与服务质量
7	停车场照明状况	临停与月租客户皆有12.5%表示亮度明亮;75%为尚可;12.5%太暗,且经实地测量照明数未达停车场标准规范	目前已增设节能照明LED灯具,并加强智能照明回路规划
8	是否曾在本停车场遇过场内擦撞意外	临停:95%表示未曾在停车场内发生过擦撞意外。其他5%客户停在车位有轻微插撞/被隔壁车开门碰撞/对方未开灯超速,人车交会处险象环生 月租:皆为曾发生擦撞意外	目前已加强规划出入口安全警示与灯号提醒人车警觉,与邻车车门擦撞的状况,则未来考虑将重新画设车格,加大车格尺寸
9	电梯搭乘使用状况	临停与月租客户皆有40%表示电梯使用状况良好;60%表示电梯使用状况尚可	目前已维持电梯定期维修与身障使用无障碍
10	停放较低层时选择搭电梯还是走楼梯	临停与月租客户皆有65%表示停放较低层时选择搭电梯;35%表示停放较低层时选择走楼梯	目前已强化梯间环境美化与安全措施,增设走楼梯有益健康标语,增强民众楼梯使用质量与便利,支持绿生活的态度与意愿
11	加强安全监控的行人安全动线	临停与月租客户皆有75%表示赞成停车场设置加强安全监控的行人安全动线;25%表示非常赞成,原有安全感的强度已大致良好	目前已增加梯间夜间照明,强化女士优先专区女性专用功能设计,增设监视器与安全走道
12	停车场对环境友善,低碳节能	临停与月租客户皆有87.5%表示停车场使用时能更环保,对环境友善,低碳节能为有意义;12.5%表示可接受	目前已发行乐活专刊倡导各项改善工程倡导,并增设室内绿篱与环保尿斗以及大量采用LED灯节能照明等计划,借由增设节能减碳设备,作为乐活讯息与理念推广
13	停车场空间感	临停与月租客户皆有50%表示停车场空间感易迷失方向;25%不易迷失方向;25%无感	目前已于柱体彩绘标示,色彩区分与配置图规划,未来将导入车位在席引导灯号、3D车位查询引导系统
14	剩余车位显示	临停与月租客户皆有10%表示剩余车位显示明确;10%为普通明确;80%为不明确	目前已修缮回路确保数字精准,配合楼层色彩计划更换面板,增加楼层分区印象,未来将导入汽车分道可停放车位显示导引及车位在席系统
15	动线标示	临停与月租客户皆有10%表示动线标示清楚;30%为普通清楚;60%为不清楚	目前已规划车辆与行人两种引导标示系统,未来将导入3D引导系统,引导民众至欲前往之目的地

3.3　秀朗小学地下停车场改善执行计划

根据上述质性与量化调查资料为基础,本研究主张健康、永续的乐活价值,以改善整体环境与服务质量。在停车场设计方面,以停车场使用机能为本位,导入新机能主义设计理念,让设计也是一种科学,摒除不必要的装饰，考量技术的可行性，融合使用者的心理，人因工程等多元考量，并借由科技技术的导入改善传统服务之限制，透过软硬件两者进行改善，进而创造秀朗小学停车场之乐活空间，如图 2 所示。

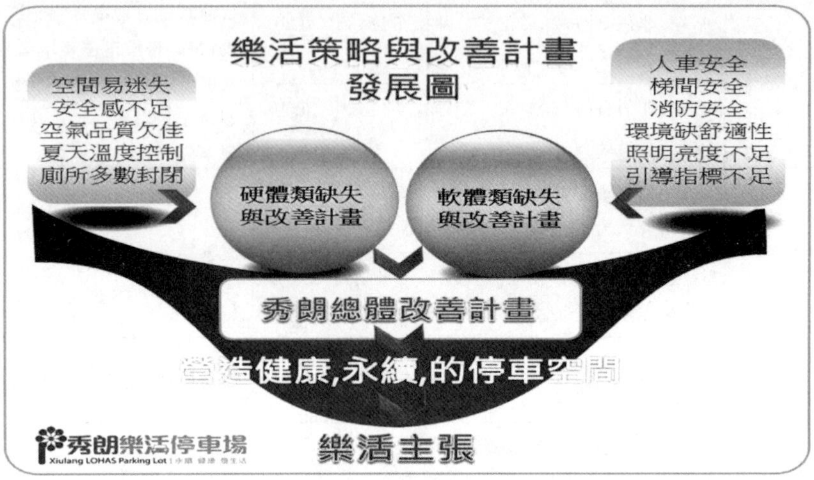

图 2　秀朗乐活停车场策略发展图

4　结语

本研究为协助政府推动公共建设目的之达成，再导入停车场设计改善计划前，先行进行质性与量化之调查，再进行改善目标设定，借由新兴科技、彩绘设计以及服务创新等软硬件全方位改善，使得停车场整体服务质量得以提升。根据改善后再次进行满意度调查发现，民众对于此停车场满意度超达九成以上，其中有 99 % 民众有意愿再次至此停车场停车。除此之外，更创造就业机会数，更因停车场满足外围商圈停车需求，吸引更多人潮带来商机，借此创造高经营成效更与政府共创经营效益。且此停车场为结合科技与环保乐活的停车空间，进行全面节能灯具汰换、室内绿篱碳中和、电动机车巡场及引导指标减少车辆绕行排碳等措施，每年减碳约 44.4 吨，两年合计约减碳 88.8 吨。后续企业能够依循本研究所执行之调查模式，了解目标顾客对于服务改善之期望，再进行服务设计与导入，借此为服务流程改善创造更高的成效。

参考文献

[1]　吴余龙，艾浩军. 智慧城市——物联网背景下的现代城市建设之道[M]. 北京：电子工业出版社，2011.

[2]　陈劲. 绿色智慧城市[M]. 杭州：浙江大学出版社.

[3]　新北市政府交通局(2017)，取自：http://www.traffic.ntpc.gov.tw/.

[4]　钱思敏. 台北市绿色产业推动计划[R]. 台北市政府产业发展局，2016

[5]　Clarke, R. Y. Smart Cities and the Internet of Everything: The Foundation for Delivering Next-Generation Citizen Services IDC Government Insights[R]. 2013.

[6]　Deakin, M., & Al Waer, H. From Intelligent to Smart Cities: Routledge[R],. Taylor & Francis Group, 2013.

[7]　Eisenhardt, K. M. Building theories from case study research[J]. Academy of Management Review, 1989, 14: 532-550.

[8]　Palmisano, S. (2008). Smarter Planet. 2015, from http://www-03.ibm. com/ibm/history/ibm100/us/en/icons/smarterplanet/

[9]　Public-Private Partnerships Reference Guide Version 2.0 (2014), International Bank for Reconstruction and Development/The World Bank, Asian Development Bank, and Inter-American Development Bank.

[10]　Yin, R. K. Case Study Research: Design and Methods (2nd ed.)[M]. Newbury Park, CA: Sage, 1994.

台北市路边停车动态系统发展及未来展望

The Development & Prospect of Intelligent Parking Management of Taipei City

张滋容　李昆振　柳茂发　李世芬

摘　要：随着经济发展，小客车已成为家户普遍使用的交通工具，如何解决小客车增加衍生的停车需求，是政府机关持续努力及思考的议题。台北市自2008年起提供公民营停车场实时停车信息，自2016年12月起，运用4G无线传输技术，搜集路边停车格位实时信息，以红、黄、绿3种颜色显示停车状况，提供民众更多元更透明的停车信息。本文由"智慧信息"及"智慧支付"阐述现行路边停车动态信息之搜集、建置、信息运用状况执行情形，并评估未来运用地磁、路侧感应(含车牌辨识)、自主开单及车位预约等技术运用于路边格位管理及应用之可行性，以实现台北市"停车更便利""信息更实时"及"缴费更多元"之路边智慧停车管理2.0之目标。

关键词：4G无线传输；路侧感应设施；车牌辨识

Abstract: With the economic development, vehicles have become a common use of household transport. How to solve the demand for parking is the continuing efforts of government. Since 2008, Taipei City has provided real-time parking information. In Dec. 2016, via the 4G wireless transmission road-side parking spaces real-time information are collected, red, yellow, green 3 colors to provide more people more transparent parking information. This report will describe collection, construction and efficiency of the Taipei intelligence parking experience. Also analysis of the feasibility in self-billing, road-side induction (including license plate identification) used in roadside parking spaces management, to achieve the goal of Taipei's intelligent parking2.0.

Keyword: 4G wireless transmission; roadside sensing facilities; plate identification

1　引言

随着经济发展汽机车成长量日益增加。依据交通主管部门统计，近10年来，台湾地区机动车辆以每年增加10万辆之速度成长，截至2017年3月底已达2155万辆，成长率约3.85%(图1)，其中汽车占786万辆，与2007年相较成长16.2%。另依交通主管部门机动车辆统计资料显示，平均每100人拥有91.4辆机动车辆，显见机动车辆已成为民众生活必需之交通工具，进而衍生停车需求及因寻找停车位所造成之道路交通及环境污染问题。

据统计，台北市、新北市、基隆及桃园等大台北生活圈之机动车辆中汽机车种数约709万辆，占台湾总数33%(图2)。依据台北市2015年停车位供需调查结果显示，全市12个行政区公民营停车场及路边约有11万个汽车停车位及21万个非机动车位，除假日重要商圈的停车供需达到饱和状态外，整体而言目前提供的停车空间应可满足需求。另为落实使用者付费公平原则，解决停车位遭长期占用问题，台北市于2015年12月汽车停车位全面纳入收费管理以改善停车秩序。然而民众仍普遍存在"台北停车大不易"的印象。

为提供民众更友善的道路环境及更方便的停车服务，近年来台北市停车管理工程处(以下简称：台北市停管处)参考台湾地区内外停车自动化管理经验，积极思考如何让民众更方便取得停车信息，以减少寻停时间及降低道路负荷及提供更友善更便利之停车环境。

本文将由"智慧信息"及"智慧支付"两个面向阐述台北市路边动态信息系统发展过程，同时参考台湾

作者简介：张滋容，台北市交通安全促进会顾问。
李昆振，台北市交通安全促进会顾问。
柳茂发，台北市交通安全促进会顾问。
李世芬，台北市交通安全促进会顾问。

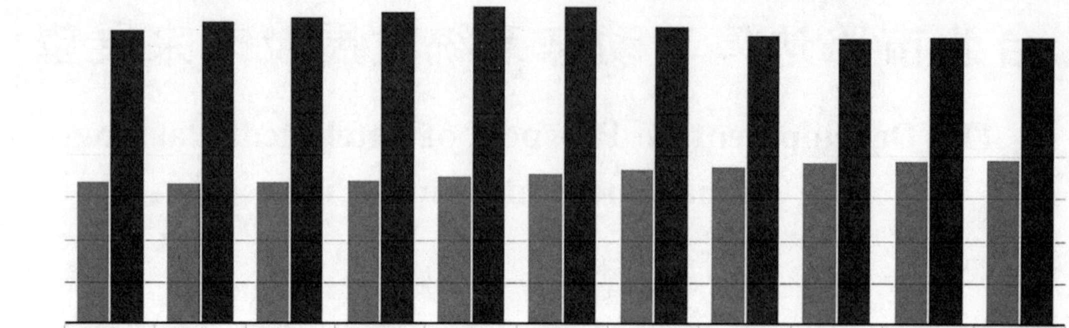

	2007年	2008年	2009年	2010年	2011年	2012年	2013年	2014年	2015年	2016年	2017年3月
■汽车	6,768,281	6,726,916	6,769,845	6,876,515	7,053,082	7,206,770	7,367,522	7,554,319	7,739,144	7,842,423	7,865,347
■机车	13,943,473	14,365,442	14,604,330	14,844,932	15,173,602	15,139,628	14,195,123	13,735,960	13,661,719	13,668,227	13,688,032

图 1　2007 年—2017 年 3 月机动车辆登记统计图

资料来源：交通主管部门 http://stat.motc.gov.tw/mocdb/stmain.jsp? sys=100

地区内外信息技术应用于智慧停车管理之可行性，评估未来发展方向及可能面临之挑战，积极迈向“停车更便利”“信息更实时”及“缴费更多元”之台北市“路边智慧停车管理 2.0”之目标。

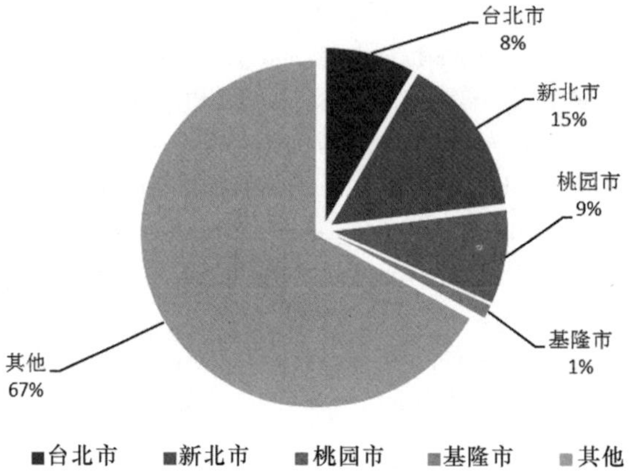

图 2　各县市机动车辆统计图

2　台北市路边停车智慧化管理应用及发展

如何提供一个安全、智慧及友善的优质停车环境，一直是台北市交通施政的愿景与目标，截至 2017 年 4 月底止，统计全台北市路边共计约有 5.85 万个汽车停车位、19.95 万个机车位及 2.6 万余个自行车位。长时间以来路边停车信息囿于人工巡场开单，信息无法实时上传提供民众查询。近年来台北市停管处为打造路边智慧停车环境，运用资讯技术与方法，搜集及发布路边停车动态信息，以提供民众更透明之停车信息。以下由”智慧信息”及”智慧支付”等两个面向说明台北市停管处规划建置路边停车动态信息系统之发展过程及执行成果。

2.1　智慧信息

为方便汽车驾驶人寻找停车位，台北市停管处于 1999 年起建置”台北市停车信息导引系统”，应用资通讯科技搜集 326 场停车场实时剩余车位信息，发布于北市好停车 APP、停车信息导引网站及路侧信息可变标志(CMS)。车主可于出发前或到达目的地前提早规划行驶路线，缩短寻找停车位时间。然而路边停车信息囿于人工巡场开单及加签作业，在尚未改变人工作业方式前，如何搜集及发布路边动态信息，是台北市停管处持续思考的议题。

因应无线传输技术之发展，台北市停管处自 2016 年 3 月起，积极规划”路边停车信息智慧化”计划，并于北市好停车 APP 及停车信息导引网站发布全市 8 个行政区路边动态信息。规划期间历经既有信息清查及更新、作业流程改造及信息电子化等 3 个阶段。各阶段作业如下：

2.1.1　信息清查更新

台北市停管处自 2016 年 3～6 月，动员全市路边稽查人员，针对 5.85 万余格路边汽车停车格位进行全面清查及资料更新。另台北市内约计1200余条汽机车收费路段,因图资未电子化,相关之交通地理信息系统(GIS)及营运管理系统各自存在不同的路段代码,产生资料不一致及资料重复之问题。清查期间在不影响系统运作情况下,进行既有资料清理、比对、整合及更新。

清查结果发现约有10%之收费路段及停车格信息与现地不相符,检讨原因应为各权责单位作业流程未标准化以致产生现场与系统信息落差之情形。

2.1.2　作业流程改造

在规划路边停车格收费作业过程中,包含土地权属确认、规划及画设格位、订定费率、建立收费路段代码、绘制图资、设置牌面至公告收费等作业分属不同权责科室负责,期间历经多次流程整合及改造会议,对于因作业流程未标准化导致信息落差之情形,订定"新增格位及收费路段标准作业流程"(图3)。执行过程中,除流程整合外,亦横向整合府内机关系统信息,例如台北市政府之公、私有地图层,汇入台北市停管处GIS系统,提升资料正确性及作业效率。

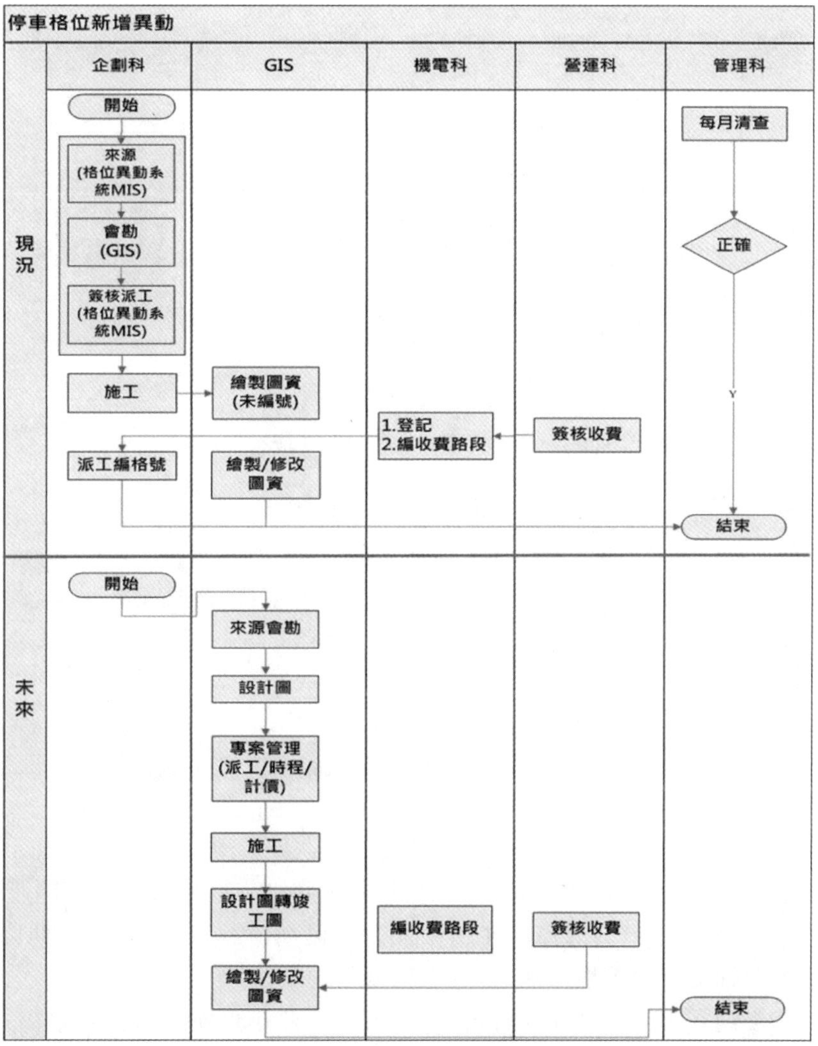

图3　停车位新增/异动流程图

2.1.3　信息电子化

长久以来路边开单均为人工巡场开单及加签,为提供民众路边动态信息,台北市停管处要求4家委外开单厂商于开单PDA中加装4G传输模块,开单及加签后实时上传数据库,将原本纸本资料电子化。经运算及统计分析后,以红、黄、绿3种颜色表示路边停车格之使用状况,发布于"北市好停车"App及停车信息导引网站(图4、图5)。

2.2　智慧支付

为便利民众缴纳停车费,台北市停管处提供超商定点代收、金融机构代扣缴、超商多媒体机、临柜及台湾缴费网等多元缴纳路边停车费服务。因应智能型手机之普及及行动支付技术之发展,台北市停管处

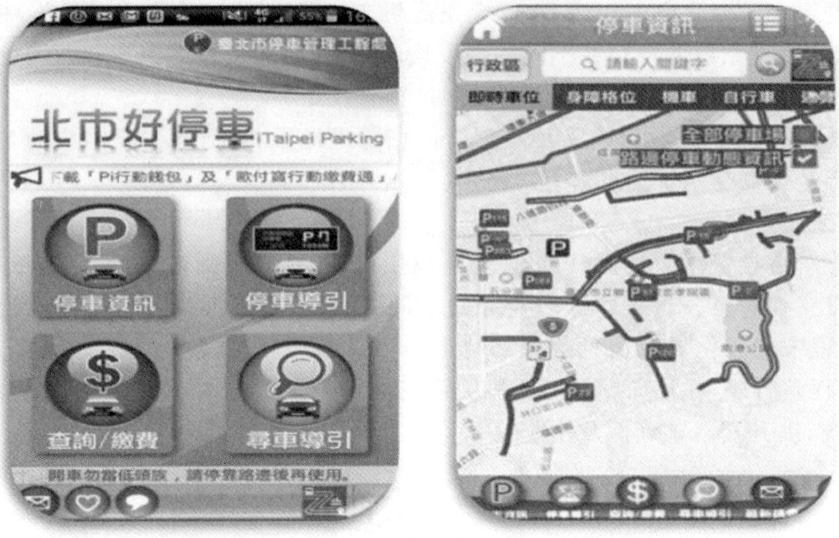

图 4　北市好停车 APP 路边停车格动态信息

图 5　停车信息导引系统路边停车格动态信息

于 2015 年 10 月提供“第三方支付”缴纳路边停车费服务，民众可下载拍付及欧付宝业者之智慧支付软件 App 支付台北市路边停车费(图 6)。为提高使用率及改变民众付款习惯，实施初期以停车费打折、公交车车厢广告、媒体披露及抽奖活动等推广活动，吸引民众使用。

统计 2016 年全年度约有 170 万笔计新台币 9 200 万元之停车单使用该服务缴费。另自 2017 年 7 月起合作业者将由 2 家扩增为 7 家，提供民众多元缴费管道之选择。

3　未来发展方向及挑战

台北市停管处为提供民众更安全更便利之停车环境，近年来运用资讯技术致力于路边及路外停车场智慧化建设。有鉴于台北市路边特殊格位经常被不当使用，囿于人力无法有效管理，爰此，在路边停车智慧化部分，台北市停管处于 2017 年 5 月与智慧停车业者合作推动“路边停车管理智慧化试办计划”，该试办计划目的为评估各项信息科技应用于路边停车管理之可行性，期建构台北市智慧化停车蓝图。该试办案预计 2017 年底完成，届时将依试办结果评估全市导入之可行性。

未来台北市停管处将持续朝“停车更便利、信息更实时、缴费更多元”等 3 目标建构智慧化路边停车管理机制。为达成上述目标，台北市停管处参考现行技术及台湾地区内外案例，探讨路边停车智慧化发

图 6　第 3 方支付及倡导画面

展及可能面临之挑战依序说明如下。

3.1　停车更便利

3.1.1　车牌辨识计费

目前台北市停管处于停车场出入口设置影像车牌辨识系统，当车辆进入停车场时，系统自动撷取影像辨识车牌后，利用辨识的结果加上追纵功能，确定该车辆的停车位置，方便驾驶者取车。在路边停车格位应用方面，则可运用车牌辨识结合路灯或路侧感应设施，车辆停入停车格时，辨识车号后纪录停车信息实时传送，民众结束停车行为时，自动计算停车费(图 7)并结合智能型手机软件 APP 提醒民众付费。评估其优点及可能面临之挑战如下：

(1) 优点：节省开单巡场及停车费催缴人力资源、提高路边停车信息实时性，有效管理特殊格位之运用及应用于赃车查缉、违规取缔等。对民众而言，可避免单据保管及遗失之困扰。

(2) 挑战：以目前车牌辨识准确度 90%～95%技术水平，车号辨识正确性堪虑。考量天气及光线角度干扰增加车牌辨识之难度，恐引发民怨及降低使用意愿。另对于未使用智能型手机之民众及网络环境不佳之路段，仍有使用上的疑虑。

图 7　车牌辨识系统免票证进出场及付费

3.1.2　预约车位

民众可于出发前使用智能型手机软件 APP 预约目的地附近之停车位，离场时运用支付管道自动扣款。评估其优点及可能面临之挑战如下：

(1) 优点：节省开单巡场及停车费催缴资源、降低道路绕行时间及提升停车格位有效运用，以智能型手机软件 APP 预约车位，技术上可行且民众也应有高度使用意愿。

(2) 挑战：依停车场法第 2 条第 1 项第 2 款规定：“路边停车场：指以道路部分路面划设，供公众停放车辆之场所”，实施预约制保留车位供特定人使用，似乎于法无据。且路边停车格在停车率及周转率高的路段，民众一位难求，要保留空停车格给预约民众有保留格位之技术上及实施上之困难。

3.1.3 车位共享

以目前台北都会区中，大部分拥有固定停车位者，包含月租、年租、自购车位者，其停车位超过 50% 的时间是闲置没有使用。若能将建筑物附设停车位白天闲置资源释放，透过车位共享平台将个人暂时不须使用的停车位开放有临停需求之车主使用，应能有效缓解商业活动频繁之商业区白天停车问题。

目前台北市停管处将由建筑物附设停车场及商办大楼优先辅导试办，研拟在税制不变动的基础上，设计共享制度。惟在实施前，仍有以下问题待克服。

(1) 税赋面：车位共享所得的收入必须并入所得税申报，另涉及营业恐无法再适用一般房屋税与地价税率。

(2) 法令面：一般自用住宅若提供闲置车位共享，涉及停车场营运之议题，必须符合停车场法及相关法规之规定依法申请。

(3) 安全面：一般社区均由物业管理公司负责住户保全业务，在民众重视隐私及住家安全前提下，提供车位供不特定车辆使用，将产生大楼管理困难及社区安全之虞，恐无法获得建筑物所有人支持。

3.2 信息更实时

目前台北市路外停车场实时剩余格位信息，每 30 秒更新 1 次，实时性高达 99.5%。惟路边停车囿于人工巡场，PDA 开单或加签后实时上传发布，受限于巡场周期，对于停车率及周转率高的路段，明显存在 20～30 分钟信息落差。

近年来企业致力于路边停车智慧化设施之发展及运用，使用之技术包含：地磁及路侧感应设施及 APP 自主开单等。分析该 4 项技术应用于路边停车格位之可行性如下：

(1) 地磁。

于路边停车格铺设地磁感应器，透过安装于车位上的地磁感应器进行侦测，当车辆进出时地磁磁场的变化即可判断车辆停放信息，透过讯号接收器将停车讯传送给管理中心。若结合车牌辨识系统，记录车号及入停时间，可透过智能型手机软件推送缴费资料及政令倡导等相关讯息。另可与警政系统合作，查缉违规赃车。评估其优点及可能面临之挑战如下

(2) 优点：可以实时得知该停车格使用情形及取代人工开单作业。

(3) 挑战：台北市实施路平项目，部分地段在一定年限内禁止挖掘，全面铺设难度高。另因道路因素，停车格涂销与重绘频繁，且需定期更换电池，后续维护成本高。以每格新台币(以下同)5 800 元新台币之建置成本，全市 5 万格位约需建置费 2.9 亿元新台币，每年维护费 2 000 万元新台币。在无法节省劳务成本情形下，预期会有劳务及设备等 2 项维护成本。

(4) 路侧感应设施。

于停车格旁设置路侧感应设备(图 8)，结合车牌辨识系统及查询设备，当车辆入停时，利用摄影机传回车牌号码及停车影像资料，可实时得知该停车格停车状况，提高路边动态信息之实时性。当车主完成停车行为后，至查询设备输入车号，系统自动计算停车费后，车主可运用缴费管道缴费后驶离。另查询机亦可作为推送讯息及紧急灾害通报广播系统用及实现无人开单自主缴费之目标。评估其优点及可能面临之挑战说明如下：

(5) 优点：可以实时得知该停车格使用情形及取代人工开单作业。

(6) 挑战：该设备架设于路侧，部分地段因地形关系无法设置，全面架设难度高。另因道路因素，停车格涂销与重绘频繁，后续维护成本高。以每格 5.6 万元新台币之建置成本，全市 5 万格位约需建置费 29 亿元新台币，每年维护费 2 亿元新台币。

3.2.1 RFID 电子标签之应用

考量 RFID 电子标签技术之发展及约有 83%之车辆已安装 eTag，台北市停管处于 2015 年试办开单管理员以“PDA 扫描 eTag 代替输入车号”之方式开立路边开单试办计划，试办结果显示每张停车单平均节省 5～6 秒开单时间，在技术面确实可行(图 9)且可更实时提供路边停车信息。

然而若要使用 eTag 缴交停车费，在实施过程仍有适法性问题待克服：

(1) 恐涉及隐私权或个资法等议题。

(2) 实施前必须征求以车主同意后建档增加作业复杂度。

(3) 在交通主管部门对尚未核准 eTag 应用于支付停车费之前，需整合其他支付工具。对于未同意

图 8　路侧感应设施应用于路边停车格示意图

图 9　PDA 扫描电子标签开单

使用之民众易产生被侵犯之疑虑。

3.2.2　自主开单

民众于路边停车格停车时，使用智能型手机软件 APP 自主登记入停时间，待驶离时上传离场注记，系统自动计算停车费后扣款。评估其优点及可能面临之挑战说明如下：

(1) 优点：节省开单巡场及停车费催缴人力资源、提高路边停车信息实时性，有效管理特殊格位之运用及取代人工开单作业。

(2) 挑战：目前无相关法令强制规范民众必须自主开单，与目前人工开单方式比较，以分计费之收费方式民众可能需多支付停车费，对民众而言似乎没有使用的诱因。

3.3　缴费更多元

台北市政府建构智慧支付整合平台，提供民众缴纳停车费、自来水费、医疗费用、学费及各项规费。截至 2017 年 4 月已有欧付宝、拍付、玉山银行等 7 家电子支付业者加入。未来随着智慧手机电子钱包与第三方支付的发展，实现手机感应、智能支付之停车付费环境。评估其优点及可能面临之挑战说明如下。

(1) 优点：节省停车费催缴人力资源、降低重复缴费比率及代收手续费，更可有效管理特殊格位之运用。

(2) 挑战：考量个人资料在网络上传输的不确定性及相关信息安全议题，民众使用第 3 方支付工具缴纳停车费意愿不高。

4　结语

营造一个安全、智慧及友善的优质停车环境，长久以来一直是台北市交通施政的愿景与目标。近年来台北市停管处积极发展路边智慧停车动态系统，为确保路边停车格图资及收费路段信息之正确性，在“智慧信息”方面，台北市停管处首先进行图层信息清查及更新作业，继而进行流程改造以确保新增及异动信息确实登录系统，最后整合路边收费系统及交通地理信息系统，将基础信息及动态信息电子化，建构一个完整的路边停车数据库。在“智慧支付”方面，因应智能型手机之普及及行动支付技术之发展，2015年10月起，民众可透过拍付及欧付宝第三方支付APP缴纳路边停车费。台北市停管处在智慧停车、智慧支付及智慧信息方面已跨出了一大步。

然而台北市停管处并未以此自满，在“路边停车管理智慧化试办计划”结束后，将依试办结果及绩效达成指标，评估各类信息技术应用之可行性，作为实施路边停车智慧化之参考。未来将朝着“信息更实时、停车更便利、缴费更多元”等3方面努力，在“停车更便利”方面，运用车牌辨识、预约车位及车位共享等机制，以利提供民众更方便寻找停车位。在“信息更实时”方面，运用地磁、路侧感应设施、RFID电子标签及自主开单等技术，达到停车信息更实时之目的。在“缴费更多元”方面，则透过台北市政府智慧支付平台广邀第3方业者参与，提供民众更多元之缴费方式。同时积极寻求法令、财务及技术等解决方案，以实现台北市“路边智慧停车管理2.0”之目标。

参考文献

[1] 台湾世曦工程顾问股份有限公司.智慧寻车与智慧商圈之整合应用及未来发展方向[J]中华技术（CECI Engineering Technology),2016,,112:107-120.

[2] 交通主管部门统计查询网 http://stat.motc.gov.tw/mocdb/stmain.jsp? sys=100&funid=b3301。

[3] 台北市停车管理工程处.2015年停车场供需调查报告[C].2015.

[4] 陈灏儒.透过物联网通讯改进停车位的占用率与停车用户的满意度[D].交通大学,2015.

[5] 胡佩青，卓秀蓉，邹李达.eTag在大型智慧化停车场的创新规画与运用[C].物业管理研究成果发表论文集，2012，09:091-098.

[6] 侯国元.物联网与智慧生活-停车场管理系统[D].元智大学,2016.

[7] 凌华科技.物联网时代打造智慧停车管理平台，http://www.adlinktech.com/big5/Internet_of_Things/IoT－based－Automated－Parking－Systems.php? utm_source=%EF%BC%8C2015%E5%B9%B4

[8] 王胜石，李佩君，张家康，等.智能型停车位查询及预订系统[J].台东大学绿色科学学刊,2013,3(2).

[9] 王柏勋.结合云端科技与智能型行动装置之都市停车整合服务系统[D].南台科技大学,2013.

[10] “全球智慧科技应用”http://3smarket－info.blogspot.tw/2016/06/rfid_6.html

[11] Wang, X. G. and Hanson, A. R. Parking Lot Analysis and Visualization from Aerial Images[C]. Proceedings of Fourth IEEE Workshop Applications of Computer Vision, IEEE Computer Society Press, 1998:36-41.

[12] Fang Wang and Juyi Qiao. MOBILE ITS SYSTEM BASED ON RFID[C]. Information & Electronics Technology Laboratory, Beijing University of Posts and Telecommunications, In Proceedings of ICCTA, 2011.

应用自行侦测器与智能型警示标志系统以提升自行车安全性之构想

A Concept of Bicycle Detector and Intelligent Warning Sign System Application to Improve Bicycle Safety

张耕硕　苏振维　张舜渊　郑嘉盈　高锡钲　田珍绮　邱显明

摘　要：随着绿色运输与环保意识的抬头，自行车的普及率日渐提升，使用自行车的目的逐渐多元化，除了市区通勤、购物与休闲娱乐旅次外，也有郊区或河滨的运动休闲旅次；同时因为自行车使用数量的增加，使得自行车事故率渐有增长的趋势。自行车体积相对于其他车种小，且车辆本身照明低于汽机车，在视线不佳的情况下，如雨天、起雾或是经过危险路段(桥梁或是隧道)等，容易造成其他用路者因未注意前方有自行车而发生事故的几率。因此本研究希望透过结合自行车感应式计数器与智能型警示标志系统，以降低类似事故发生。感应式计数器发展至今已有很长一段时间，早期因自行车与机车无法有效辨识，使得感应计数器多使用于汽车以上的车种，但随着感应技术的进步，现在已能有效区别机车与自行车不同车种。许多国家结合自行车感应式计数器与智能型显示信息面板提供每日或平均自行车数量，而本研究希望透过自行车感应式计数器，结合智能型警示标志系统，在自行车进入危险路段前，通过起始端感应器后启动警示标志，直至自行车通过危险路段结束端感应器后，关闭警示标志方式，期能提高其他用路者对于自行车的注意程度，降低其他用路者因未注意前方有自行车而发生事故的情形。

关键词：自行车侦测器；智能型警示标志系统

Abstract: With increasing awareness of green transportation and environment protection, bicycle riders are getting more and more. The purposes of riding a bicycle could be for commuting, shopping, entertainment inside the city, and sport training in the suburban or along the riverbank. The numbers of the bicycle are getting higher, so are the bicycle accident numbers. Because the size of bicycle is smaller, the head light and other warning lights are weaker than the other vehicles, bicycle riders are so easier to be neglected in the poor sightseeing environment, such as a raining day, a foggy day, or passing through a dangerous section like a bridge or a tunnel, and then to cause bicycle accidents. To solve this problem, we offer a study which combining an intelligent warning-sign system with a bicycle counting-sensor system, expectedly to reduce the bicycle accidents. Counting-sensor system has been developed for a long time, but only wildly been used in counting automobiles in earlier days due to its poor ability to distinguish motorcycles from bikes accurately. But along with the development of the sensor technology, this problem has been solved. There are many countries combining bicycle counting-sensor system with smart information display system to show bicycle volumes daily or monthly. This study suggests that the display system added some functions can also bEcome an intelligent warning sign, too. While bicycle riders run into the front sensor before dangerous sections, the intelligent warning sign system will be activated and show the warning information to the other road users, and will be stopped till the bicycle riders run through another sensor at the end of the dangerous sections. With this system, we hope to increase the road users' awareness of the bicycle riders' situation and to reduce the bicycle accidents caused by the road users who were not aware that bicycle riders were in front of them.

Keywords: Bicycle counting sensor; intelligent warning sign system

1　前言

近几年来，为响应环保意识，因此陆续推动许多“节能减碳”政策，而“环境永续”则为多项政策中的发

作者简介：张耕硕，易纬工程顾问股份有限公司工程师。
苏振维，台北市交通安全促进会顾问。
张舜渊，台北市交通安全促进会顾问。
郑嘉盈，台北市交通安全促进会顾问。
高锡钲，易纬工程顾问股份有限公司董事长
田珍绮，易纬工程顾问股份有限公司协理。
邱显明，淡江大学运输管理学系教授。

展要项之一，并且以绿色运输为最主要推动重点。绿色运输系指以节约能源、减少废气排放为特征的运输，例如公共运输、自行车及步行等皆为绿运输代表性运具，而本研究之研究主要对象即为自行车。

有赖于政策持续的推行与倡导，自行行车普及率逐渐提升，但自行车事故率也随之增加，因此许多研究单位开始着手研究应如何降低自行车事故率。与自行车有关的事故类型繁多，可能为人为因素，也可能是道路环境或天气等因素，前者可透过教育与执法改善，而后两者则可由工程设计方式，以减少事故发生的情形。自行车体积相对于其他车种小，且车辆本身照明低于汽机车，在道路环境与天气情况不佳的情况下，如雨天、起雾或是经过危险路段（桥梁或是隧道）等，不容易引起其他用路者注意因而发生事故，本研究希望探讨台湾地区是否能结合自行车感应式计数器与智能型警示标志系统，以期减少类似的事故发生。

2　国内外自行车侦测器之发展与应用

在侦测器尚未问世前，交通调查以人力调查为主，而侦测器出现后，逐渐取代人力调查。一般常见侦测器侦测对象以汽车为主，而侦测器种类繁多，可分为固定式（侵入式）车辆侦测器、固定式（非侵入式）车辆侦测器与移动式车辆侦测技术，其所利用的侦测方式综整见表 1。早期因受限于辨识技术，因此无法有效辨别自行车，随着辨识技术的突破，自行车侦测器开始迅速发展。

表 1　　车辆侦测器类型与侦测技术

侦测器类型	侦测技术
固定式（侵入式）车辆侦测器	· 环路线圈式 · 磁感应式
固定式（非侵入式）车辆侦测器	· 超音波式 · 微波式 · 红外线式 · 影像式 · 声纳式
移动式车辆侦测计数	· ITS 探针车资料搜集式

资料来源：陈惠国等（2010）

2.1　国外自行车侦测器

现有较为普遍的自行车侦测技术以环路线圈式、影像式与微波式为主，各侦测方式分别说明如下：

2.1.1　环路线圈式

环路线圈式侦测器为世界各国最广泛采行之侦测器布设方式，其侦测原理是透过埋设在路面下的金属环路线圈感应通过车辆，借助电磁场之变化计算车流量，并利用车辆通过两组环路线圈的时间差，求得车辆之长度与速度，进而判断车辆种类（陈惠国等，2010）。

以 Eco-counter 所推出的自行车环路线圈侦测器，采用 Zelt 技术，其设备可装设于自行车道或是混合车道（图 1），目前技术已可借助系统中内建 13 种判断准则，使其清楚辨别汽车、机车与自行车；在双向单车道的自行车道上也能区别自行车行驶方向（Eco-counter，2017），以作为流量分析基础。环路线圈式自行车侦测器可依需求安装永久性或暂时性两种（图 2），其特性与使用车道类型见表 2 所示，目前已广泛应用于欧盟国家。

表 2　　永久与暂时性环路线圈比较

项目 \ 线圈类型	永久性环路线圈	暂时性环路线圈
适用车道	自行车道及混合车道	自行车道
适用路面	沥青、泥地、砖道	沥青
电池寿命	2 年	6 个月
应用时机	既有已规划车道	潜力车道开发评估

资料来源：本研究搜集整理

2.1.2　影像式

影像式侦测器可同时收集多车道资料与追踪车辆，透过 CCTV 录像搜集资料后，终端控制器与影像处理软件以像素的明暗变换演算后取得各种交通资料（图 3）。影像式侦测器可以一组设备探测多条车

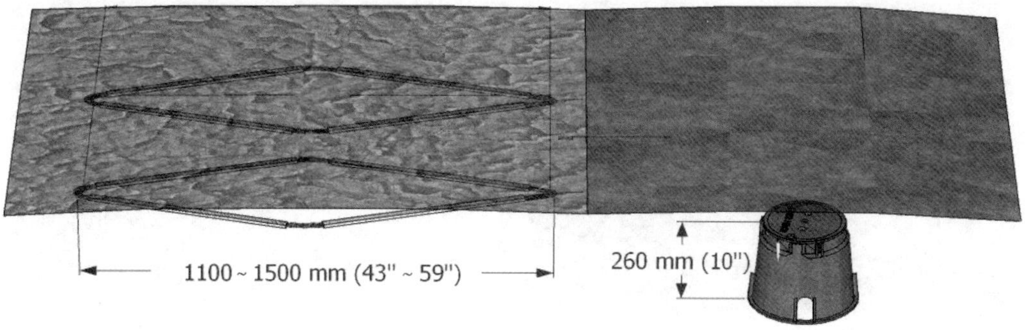

资料来源：Eco-counter(2017)

图 1 环路线圈式侦测器安装元件示意图

资料来源：Eco-counter(2017)

图 2 永久性环路线圈式侦测器意图

道，或是同时分析多组摄影机拍摄的画面，但在路面潮湿时，反光与其他物体的阴影会影响判读效果（陈惠国等，2010）。

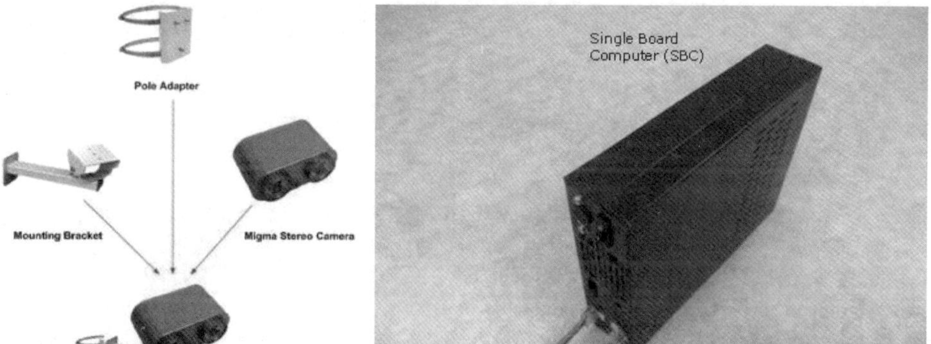

资料来源：Migma Systems (2017)

图 3 影像式侦测器安装元件意图

Dataplex 所发展的自行车影像侦测器采用 Migma Bicycle 技术，能够设于混合车道，透过高分辨率的 IR LED 录像机搜集资料，并将影像资料传送至中心端，由软件进行侦测与判读，而该套系统主要用于统计自行车流量（图 4）。虽然产品介绍说明中提到设备能够自行区别车辆，但此设备目前安装的国家为美国，在机车数量较多的国家辨识率需进一步确认。

2.1.3 微波式

微波式侦测器可侦测多车道车流，其侦测技术可分为都卜勒式与时间差式二类。都卜勒式在侦测范围内发送出一固定电磁波，再由传回之波频演算相关资料，早期的技术无法侦测静止车辆，所以不适合用于十字路口或设有“停”的标志处，但现今感应技术已相当成熟，上述情况已能解决。时间差式利用发送与接收微波脉冲频率差异，以获得相关资料，此种方式微波以光速前进，时间差非常短，技术上较为困难，因此生产厂商相对较少（陈惠国等，2010）。

资料来源：Migma Systems (2017)

图 4　影像式侦测器与侦测意图

Siemens 推出的微波式自行车侦测器(图 5)采用 WiMag 技术，透过装设于地面下的无线侦测器与微波雷达技术，以辨识所有的自行车种类，甚至是碳纤维材料制成的自行车。其辨识系统可以判别汽车与自行车，侦测范围可达 90 度，且宽度达 3 米，因此即使是未直接通过侦测器上方的自行车，也可以被测得。该套系统主要用于侦测自行车流量，目前该系统装设地点以英国为主(Siemens，2017)。

资料来源：Siemens (2009)

图 5　微波式侦测器安装元件意图

综上述类型自行车侦测系统比较见表 3 所示，Eco-counter ZELT 所使用的侦测方式为环路线圈式，车辆需完全通过线圈范围才能准确侦测，安装时需切割路面，经过系统调整后可辨识机车与自行车，其耗电量低，开发公司为法国 Eco counter。MigmaBicycle™ 使用的侦测方式为影像式，摄影角度接近 90 度，车辆须完全通过摄影范围才可辨识，安装不须切割路面，耗电量较高，开发公司为美国 Dataplex。WigMag 侦测方式采用微波式，车辆不需完全通过侦测器即可被侦测，安装时需要切割路面，耗电量低，开发国家为德国 Siemens。

表 3　　**自行车侦测系统比较**

项目 系统	侦测方式	侦测范围	路面切割	车辆辨识性	耗电量	国家
Eco counter ZELT	环路线圈	需完全通过线圈	是	可辨式自行车与机车	低	法国
MigmaBicycle™	影像式	需完全通过画面	否	未知	高	美国
WiMag	微波式	不需通过侦测器	是	未知	低	德国

资料来源：本研究整理

2.2　台湾地区自行车侦测器

台湾地区目前自行车侦测系统技术尚未普遍，因应台北市”三横三纵”政策，在台北市松江路与复兴南路分别装设两组侦测设备，以了解自行车方向与流量等资料。另外，为了确定系统是否能清楚判别汽车、机车与自行车，在台大校区宿舍长兴街安装了两组侦测器，一组安装于自行车道以侦测自行车为主，另一组安装于混合车道侦测汽车、机车与自行车，其侦测准确率达 95%。其所使用的侦测系统为法国的

Eco counter ZELT 环路线圈侦测系统，由于环路线圈侦测器感应限制，需要涵盖所有车辆通过的范围才能准确侦测，因此在混合车道上线圈安装组数高于自行车道。如图 6 所示。

(a) 复兴南路自行车道　　(b) 长兴街混合车道

图 6　复兴南路与长兴街 Eco-counter ZELT 环路线圈

2.3　国外自行车警示标志系统

在国外智能型警示系统结合警告标志主要用于危险路段或路口，提醒用路人应当心或注意前方相关路况。美国普遍采用的方式为触动式警示标志系统，如奥勒冈州于自行车骑士通过比较窄的桥梁、隧道前先启动触控系统，再行通过；另外也加注说明，当该标志有闪灯时应降低车速，见图 7。触动式警示标志系统因为需要手动按压，因此骑士需停车，再行启动。

本研究建议所使用的方式类似新西兰与澳大利亚采用的系统，将自行车侦测器结合智能型标志系统，在自行车通过侦测器时启动智能型警示标志，以达到提醒用其他路者有自行车行驶或穿越之目的，见图 8。目前所安装的侦测器多位在警示路段的起始端，闪烁一段时间后关闭，本研究建议于警示路段的起始端与结束端皆安装侦测器，以确保在自行车完全通过路段后再结束闪烁提醒，其简易流程图见图 9。另外，如果发现当一辆自行车通过警示路段起始端后迟迟未于结束端出现，而使得警示标志持续作用时，也能初步判断是否发生问题，若隧道中原本就安装了 CCTV，立即由 CCTV 中确定是否需要救援。

资料来源：Queensland Government (2015)

图 7　美国奥勒冈州自行车警示标志系统

3　自行侦测器结合智能型警示标志系统成效与台湾地区装设可行性

标志为道路系统中重要元素之一，于道路交通标志标线号志设置规则中说明，用以规定之符号、图案或简明文字绘于一定形状之标牌上，安装于固定或可移动之支撑物体，设置于适当之地点，用以预告或管制前方路况，促使车辆驾驶人与行人注意、遵守之交通管制设施，而其中的警告标志主要功能为促使车辆驾驶人及行人了解道路上之特殊状况、提高警觉，并准备防范应变之措施。若再将警告标志依“长久性”与“突发性”进行归类，道路线形方面警告标志属于长久性，例如车道缩减、圆环、岔路等，而突发性则是指该地点有其他用路者会穿越或通行，例如当心行人、当心动物、当心自行车等，此类型警告标志可增加闪

资料来源：Queensland Government (2015)

图 8　新西兰与澳大利亚自行车警示标志系统

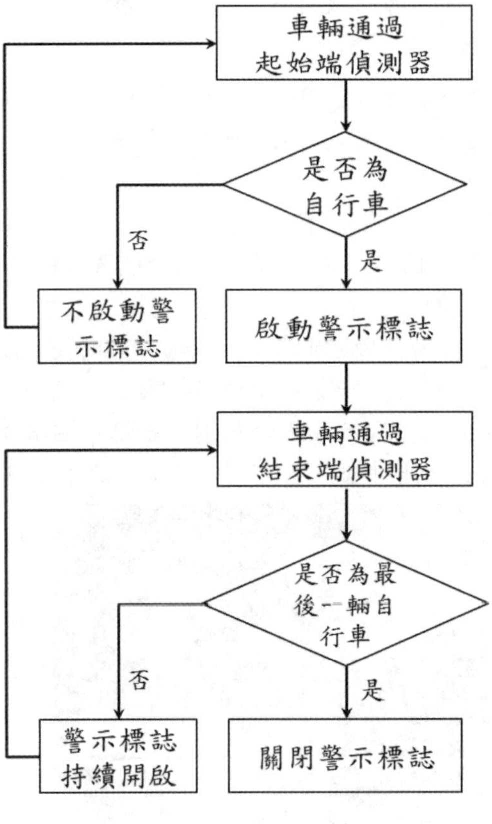

图 9　自行车侦测器结合智能型警示标志简易流程图

烁功能，以提高用路人的注意程度。本研究针对警 39“当心自行车”之警告标志（图 10），希望将自行车侦测系统结合该标志并搭智能型警示系统，以提升自行车安全性。

3.1　国外装设案例

在新西兰奥克兰的 Tamaki Dr 与 Ngapipi Rd 路口为一个 T 字形路口，尖峰小时各方向转向交通量约 1 500 车辆/小时，自行车穿越量约 3～32 车辆/小时，该路口在 2003－2012 年间为前 10 大易肇事路口第 10 名，其中最容易发生的事故为右转车与对向直行车发生的事故。由于新西兰为右驾，因此在 Tamaki Dr 往东方向要右转时，就会和对向要直行的自行车产生冲突，见图 11。在安装自行车侦测器并搭配智能型警示标志前，2005－2009 年之间共发生 6 起重伤、15 起轻伤与 50 起无人伤亡事故，安装该系统后 2010－2014 年间重伤事故减少为 3 起、轻伤 8 起，无人伤亡事故更减少至 7 起（NZ Transport Agency，2016），可见其安装后的效果优良。

3.2　台湾地区安装可行性

一个新系统的从引入、装设到运行牵涉到几个层面，分别是技术、适法性与民众的反应，三个层面说明如下：

资料来源：相关规定数据库（2017）

图 10　警 39 当心自行车标志

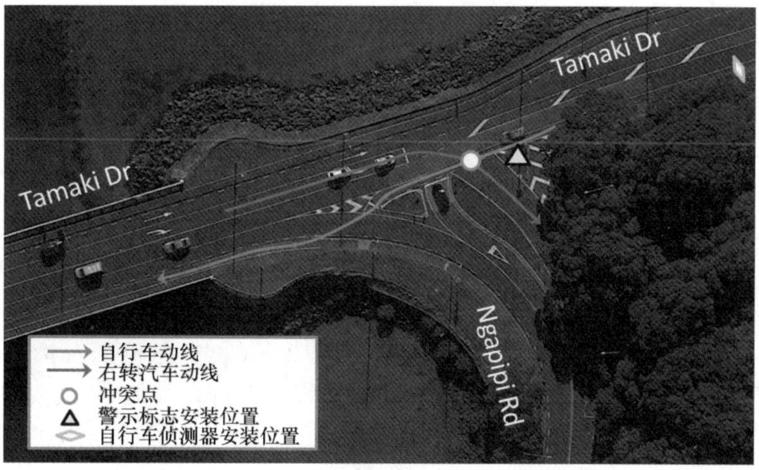

图 11　冲突点示意图

3.2.1　技术层面

技术层面上，因为国外已经有实际应用案例，表示该套系统能够正常运作，而台湾地区最大的问题在于机车与自行车的辨识率。但从台北市”三横三纵”的政策下引入的自行车侦测器经过调教后，已能够清楚辨别机车与自行车，只要再扩充智能型标志警示系统功能，即能使整个系统顺利地运作，因此就技术层面而言是可行的。

3.2.2　适法性层面

就适法性层面而言，于交通工程规范(2015)第七章公路照明的 7.3.2 节标志照明中说明，标志得视需要附设照明设施，并可分为内部照明式与外部照明式。而本研究建议所使用的标志照明类型类似图 12 所示，但不同之处为图 12 中 Led 功能主要是提高夜间标志辨识性，而将 Led 灯嵌入于警 39“当心自行车”标志，主要目的为闪烁显示提醒用路者当心自行车，但也符合内部照明式的设计原则，因此在适法性方面不会有任何问题。

3.2.3　民众反应层面

在克服了技术层面并合于规定，接下来就是民众的接受程度，由于该系统目前台湾地区并未有装设的案例，交通事务主管部门公路总局预计于台 2 丙隧道安装该系统，希望能提升自行车行驶于隧道内的安全性。在装设该系统后可搜集民众的反应情况，从自行车骑士与其他用路者的角度分别分析设置后的成效，是否有需要改善之处。

4　结语

(1) 台湾地区目前提醒用路者警 39“当心自行车”的标志并无发光或闪烁警示功能，为提升该标志可视性，为了能改善此情况，本研究建议结合自行车计数器与智能型标志警示系统，以提升自行车行车安全。

(2) 在新西兰奥克兰的 Tamaki Dr 与 Ngapipi Rd 路口安装了智能型警示标志系统，该系统搭配了自

资料来源：台湾商务网（2009）

图 12　内部照明式标志示意图

行车侦测器，可感应自行车并启动警示标志系统，结果显示，在安装后的五年内事故数量明显减少，因此建议可于有需要地点安装该系统。

（3）本研究建议于行驶风险较高的路段装设智能型警示标志系统并结合自行车侦测器，其主要目的是希望借助自行车通过侦测器后启动智能型警示标志，以告知用路者前有自行车通行。但该系统若故障，使得智能型警示标志未闪烁，用路者可能因此认为前方并无自行车而疏于注意，因此需另外研拟相关配套措施，以解决系统故障因应方式。

（4）本研究搜集三类型自行车侦测器，不同侦测器有其优缺点，考量到台湾机车数量庞大，而 Eco-counter ZELT 配合台北市三横三纵计划所安装的系统能辨别自行车与机车，准确率达 95%，因此建议使用该系统。

（5）响应绿色运输与环保意识，当局与地方近年来规划了许多自行车道，自行车侦测器搭配智能型警示标志系统可优先从规划的路线选择安装地点，地点除了隧道、桥梁或高架路段以外，亦可从自行车事故件数较多的地点挑选，以降低自行车事故提升安全。

（6）自行车侦测器不一定只能结合智能型警示标志系统，若有长期流量侦测需求地点，亦能使用自行车侦测器并搭配智能型信息显示广告牌，在搜集资料的同时，也能提供民众相关统计数据信息。

参考文献

[1] 陈惠国，邱裕钧，朱致远. 交通工程[M]. 台北：五南图书出版股份有限公司，2009.

[2] 交通事务主管部门. 交通工程规范[S]. 交通技术标准规范公路类公路工程部，2015.

[3] 台湾商务网. 忠孝东路与基隆路口试办 LED 自发性光源标志. 上网日期：2017 年 5 月 9 日，检自：http://www.taiwanpage.com.tw/new_view.cfm? id=23534

[4] 相关规定数据库. 道路交通标志标线号志设置规则. 上网日期：2017 年 5 月 3 日，检自：http://law.moj.gov.tw/LawClass/LawContent.aspx? PCODE=K0040014

[5] Eco counter. Urban ZELT - Bicycle Counter. Retrieved May 02, 2017, from http://www.Eco-compteur.com/en/products/zelt-range/urban-zelt

[6] Migma. MigmaBicycleTM. Retrieved May 02, 2017, from http://www.migmapd.com/migmabicycle.htm

[7] NZ Transport Agency. High Risk Intersection. 2016.

[8] Queensland Government. Bicycle Activated Warning Signs. Technical Note 137. 2015.

[9] Siemens AG(2009). Innovation in traffic detection.

[10] Siemens AG(2015). WiMag Cycle Detection .

列车运行姿态的检测方法研究进展

Research Progress on detection method of train operation posture

冯晓锋 周定平

摘 要：论述了目前提出的各种列车运行姿态的检测方案：采用激光测距技术检测、采用机器视觉技术检测、采用机器视觉激光扫描融合技术检测和基于捷联惯导技术检测；分析了几种列车运行姿态的检测原理，比较了各种列车运行姿态检测方法的优势与缺点，并讨论了其发展趋势。

关键词：列车姿态；激光测距；机器视觉；动态偏移量；捷联惯导技术

Abstract: Proposed the detection scheme of train operation posture of currently: using laser ranging technology detection, using machine vision technology detection, using machine vision and laser scanning Fusion technology detection, using strap down inertial navigation technology detection. analyzed several kinds of train running posture measuring principle, compared the advantages and disadvantages of various train running posture detection method, discusses its development trend.

Keywords: Train posture; machine vision; Dynamic offset; Strap down inertial navigation technology

0 引言

列车运行姿态[1-3]见图1，是指列车在运行过程中相对于基准坐标系产生的6个自由度的不确定性，即3个方向的平动（沉浮、横摆、伸缩）和绕3个轴方向的转动（摇头、点头、侧滚）。基准坐标系是指以车体未产生偏移时的正车体（虚拟车体）纵横对称面的交线与轨面相交的一点为原点，各坐标轴与轨面坐标系对应轴平行的坐标系。

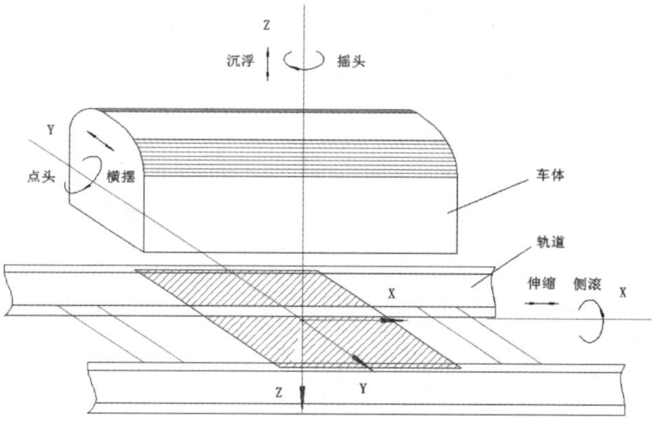

图1 车体振动六自由度示意图

列车运行的姿态直接关系着重载货车运行速度的提高和行车安全，关系着高速客车的运行舒适性。随着列车运行速度的提高，特别是第六次大提速以来，大量200公里以上时速的高速动车组投入使用，出于安全角度考虑车体的一些参数量就变得尤为重要，如列车运行过程中的平移量和偏转角。列车由于机械制造、铁路轨道的变形等，其车辆的偏差量、外形轮廓的尺寸在运行时都会有所变化。当列车以低速运行时，该变化并不会对列车造成大的安全隐患。一旦列车速度提高至300km/h甚至400km/h后，由于车体与轨道间的震动、风动气流[4-5]的作用，有可能导致车体倾斜量加大，以至于车体轮廓的包络线超出安全限界尺寸，给行车安全带来极大的威胁。因此实时检测列车在运行过程中的运行姿态，判断是否超出限界，为制定超限车会车安全运行技术条件提供第一手资料，为相应路段内列车限速提供有利的科学依据。

列车运行姿态检测能为线路检测提供补偿。综合检测车上装载的线路环境检测装置用于线路全断面与限界、隧道洞体变形、线路完整性及异物入侵等的检测，而线路的环境检测数据最终是转换到以轨道水平面和轨道中心线建立的测量基准坐标系中进行观察和分析的。这种测量设备和测量基准之间的不确定性对线路环境数据的测量精度具有较大影响。准确快速地测量车体运行姿态，对线路检测数据进行实时动态补偿，以减小车体振动对线路测量数据的影响，是提高线路数据检测精度的有效方法。

目前，国内外相关领域对以上问题进行了深入的研究，取得了大量的研究成果，提出了一些新的检测

作者简介：冯晓锋，博士，副教授。从事机器视觉、智能交通研究。

思路。列车的运行姿态检测方法归纳起来主要有四种方式:一是采用激光测距技术进行检测,二是采用机器视觉的方式进行检测。三是采用机器视觉激光扫描融合技术进行检测,四是采用捷联惯导技术进行列车运行姿态检测。下面对这几种检测方法分别进行概述。

1 采用激光测距技术检测

谢锦妹[6]等采用激光二维视觉动态限界测量系统,见图2,通过在车体运行旁架设龙门架,在龙门架上布置2个扫描角度为90°、分辨角度为0.5°、扫描频率为75Hz的传感器,运用激光二维扫描视觉成像技术直接测量列车车厢的外部动态轮廓。

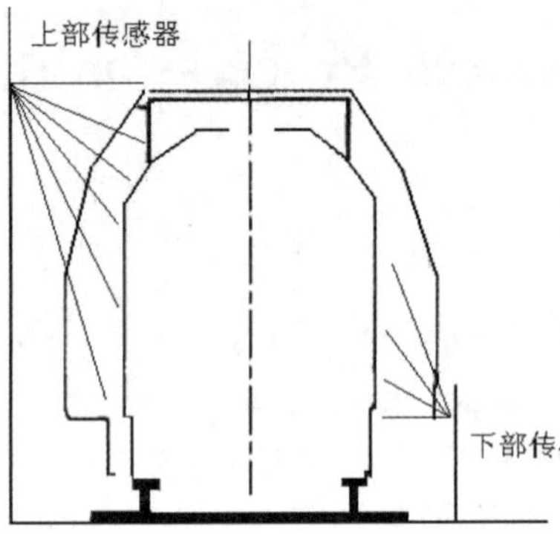

图2 激光二维视觉动态限界测量系统

其工作原理是利用光脉冲测试光程差得到对应的距离值(极坐标值),发射接收设备在内部高速旋转以等角度扫描测量,得到不同角度上反射点的距离值,从而在一个测量周期内得到一定角度范围的断面轮廓尺寸,组合整个车体运动过程中不同时刻所测得的断面,描绘出车体的动态三维轮廓。检测原理示意见图3。

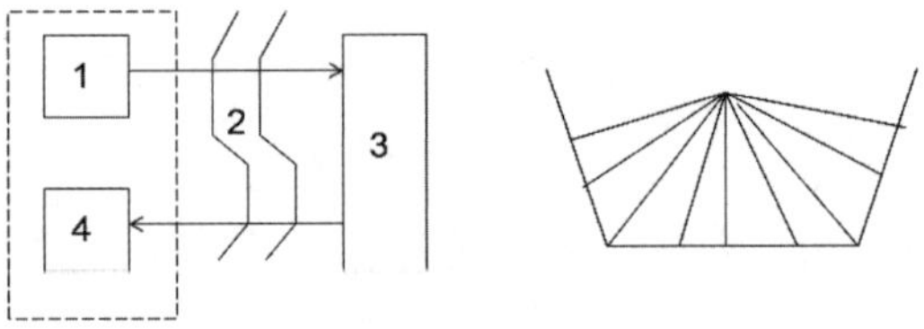

1—激光发射系统;2—光束传播路径上的大气层;3—待测目标;4—反射光探测器
图3 激光测距原理

该列车外部动态轮廓检测方法具有易于实施、数据准确可靠等优点。但这一检测方法还具有如下缺点,一是受激光传感器扫描速度的限制,列车的行驶速度不能太高,因此不能满足高速列车限界测量要求;二是无法直接测量出列车的倾摆角和偏移量;三是测量精度低,在实际运用中只能达到5 mm;四是安装位置距离列车较近,列车高速行驶下操作安全性较差。

为克服上述方法的缺点,张玉梅[7]等提出了一种新的列车姿态检测系统,通过采用三个分别位于钢轨的正上方、左上方和右上方的二维激光扫描传感器获得完整的钢轨断面数据,通过钢轨断面在测量基准坐标系下的数据信息计算出车体姿态。为保证三个激光传感器扫描到同一个位置的钢轨断面轮廓,应保证各激光器发射的激光在同一个平面内。由于激光传感器的偏转、俯仰及沿钢轨轴向的偏移会影响其激光投射到钢轨的位置,因此设计了在此三个自由度上的具有微调装置的传感器安装支架。利用同步信号发生系统同步多个传感器的测量。

检测系统采用两组共六个二维激光扫描传感器,分别用于测量线路上两条钢轨的断面轮廓数据,同组的三个传感器固定在同一个安装支架上,两个传感器支架则通过连接件固定在检测车后部,传感器的车载安装示意图见图4。

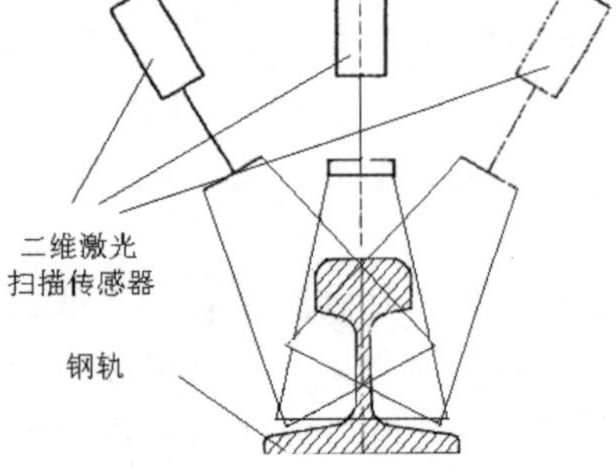

图4 传感器安装的相对位置示意图

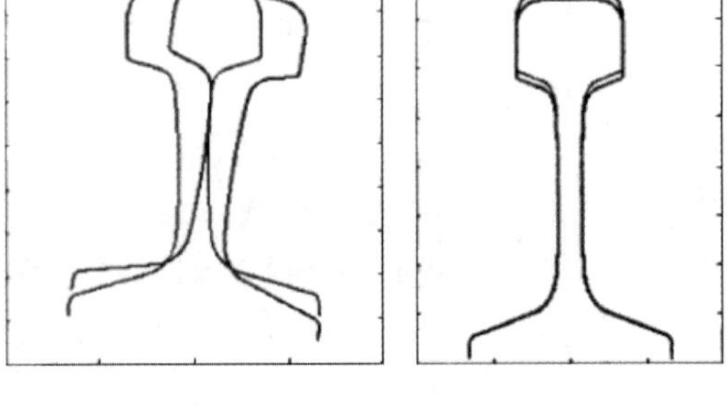
图5 点集偏移的计算

原理是激光三角测量是通过线型激光源发射的激光在被测物体表面形成一条激光带,激光在物体表面形成反射,反射光被与激光源成一定角度安装的光感器件CCD接收。光感器件的输出经过数据处理单元的计算可得到传感器与被测物体之间的距离。利用同组的三个传感器可以得到钢轨的断面数据,通过给定的经过坐标转换的激光传感器测量数据点集以及标准钢轨断面的模型点集,利用迭代最近点算法计算得到两个点集之间的变换矩阵，利用该变换矩阵即可反求出列车在轨道基准坐标系下的姿态。点集配准的结果见图 5。

由于轨道断面的尺寸相对于列车来说很小，获得的数据点集需很精确的配准，微小的误差将导致列车姿态测量不准确，而提高算法的精确度将会增加检测的复杂度并降低检测的效率。

2　机器视觉技术检测

黄健等[8-9]提出利用双目立体视觉成像技术精确测量高速列车行驶过程中的动态限界参数的方法。该方法在列车运行旁边放置两台高速相机、大功率线激光瞬时光源、位置传感器、震动补偿装置等(图 6)。

该测量系统的工作原理是首先采用位置传感器检测到高速列车进入测量区域，产生触发信号；同步信号发生器受触发信号控制产生三路同步信号，分别控制两台高速相机与大功率线激光瞬时光源开始工作；大功率线激光瞬时光源在车身表面投射光条以

构造测量特征，高速相机进行同步采集；运用双目空间交会测量的方法，通过借助不同观察点对同一景物间的视差来获取一维信息(特别是深度信息)，从而计算出高速列车的横向偏移量和倾摆角(图 7)。

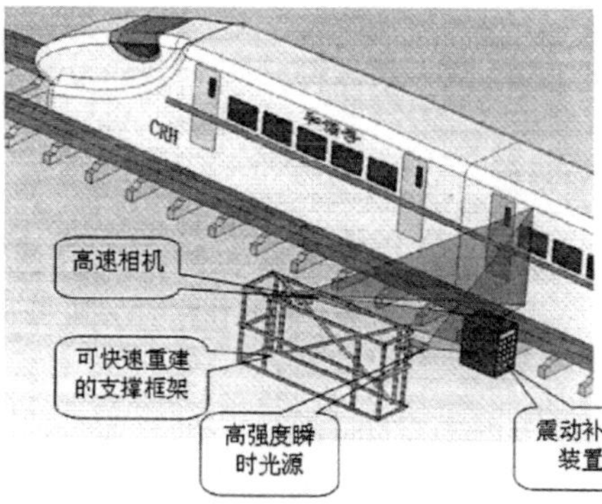

图 6　高速列车位姿测量系统

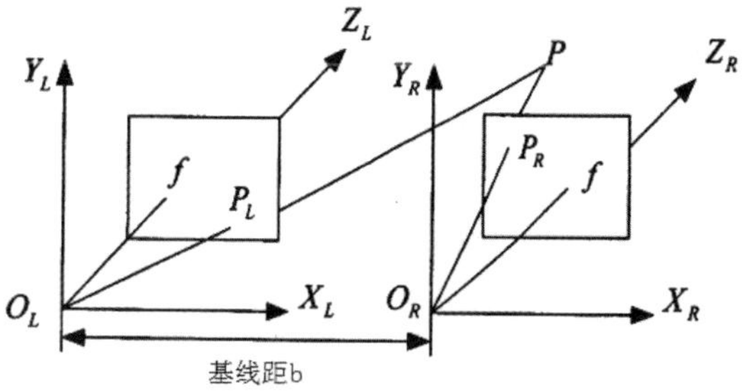

图 7　双目立体视觉成像原理

该测试方法能够适应时速 500km 的测量要求，测量精度能达到 2.5mm，具有高速、高精度、易携带、操作安全和安装地点灵活等优点，但由于该方法的检测设备放置在地面上，不能随列车的同步前进，只能检测列车通过固定点时的运行姿态，而不能实时监控运行姿态。

韩伯领等[10-12]在被测车辆非共线的四个点上安装 1000 帧/秒的高速摄影仪，随着车辆的运动，高速摄像仪将记录钢轨相对摄像仪(也就是车辆)的运动图像序列，运用图像处理技术，可分析出每个点相对于钢轨的横向位移和垂向位移。综合三个测点上的 3 个横向位移和 3 个高度变量，可以完全确定车辆相对于两条钢轨的空间姿态和偏移量，由四套动态偏移量传感器组成车辆运动姿态测量系统(简称车辆动态偏移量测量仪)。四个测点上的动态偏移量传感器受时间同步装置控制，同步采集测量数据，计算机接收所测量的数据，并对其进行整理、显示、存储和对外实时通信。另外，在车辆运动过程中，通过车速信号采集，得到测试车的运行里程和速度信息，为车辆动态偏移量数据打上里程和速度标记(图 8)。

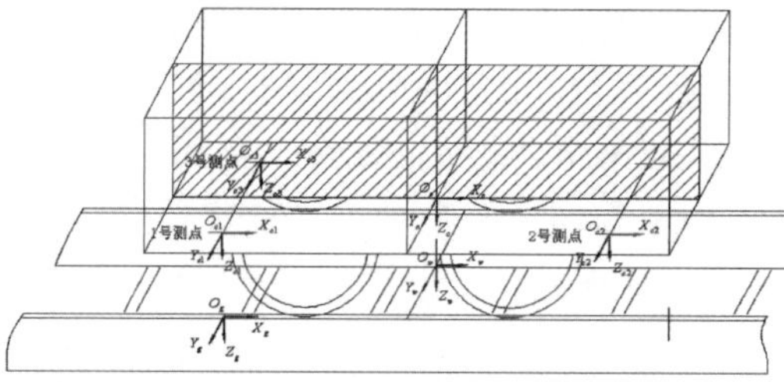

图 8　车辆动态偏移量检测系统

该方法的原理是以列车中心与轨道坐标系所在面重合时作为正车体，以一侧轨道轨面宽度的中心点作为测量基准点，列车在运行过程中相对于该点的垂向和横向距离即为该时刻的平动量。该方法可以通过单摄像机实现，也可以通过双摄像机实现(图 9)。

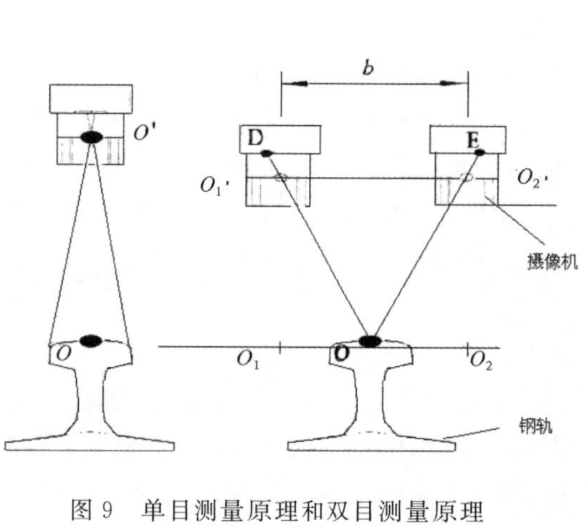

图 9　单目测量原理和双目测量原理

该方法能实现动态在线检测，所有的检测设备都放置在车辆上，检测精度高，但是需要四套检测设备，需要同步

装置控制同步采集测量数据，增加了难度；同时把坐标系建立在轨道的中心上，但在不同时刻由于钢轨磨损的不均匀，导致坐标系的定位不准，从而影响检测精度。

3 机器视觉激光扫描融合技术检测

余祖俊[13]等提出了采用机器视觉激光扫描融合技术的测量系统。该系统包括车载和地面安装设备，具体测量方案见图 10，y 轴为列车行进方向。3 个车载激光器发射的光线通过幕布上的小孔后在平面镜或者棱镜上产生反射，反射光在幕布上形成 3 个亮点，其在幕布的位置可以通过摄像机来测量。当列车的位置姿态发生变化时，就会引起 3 个亮点位置的变化。如果以反射镜所在的地面为基准建立坐标系，根据激光传播的光路和亮点位置，可以精确计算出车体相对于地面的 6 个自由度。反射镜可沿线路以一定间隔安装，在惯性基准系统的误差超出允许范围以前，车载位置姿态测量设备借助地面的反射镜对其进行重新校准。因此，反射镜的间隔距离由陀螺仪精度、基础设施几何尺寸测量精度、动态测量速度等决定，一般可以安装在车站等固定设施附近。

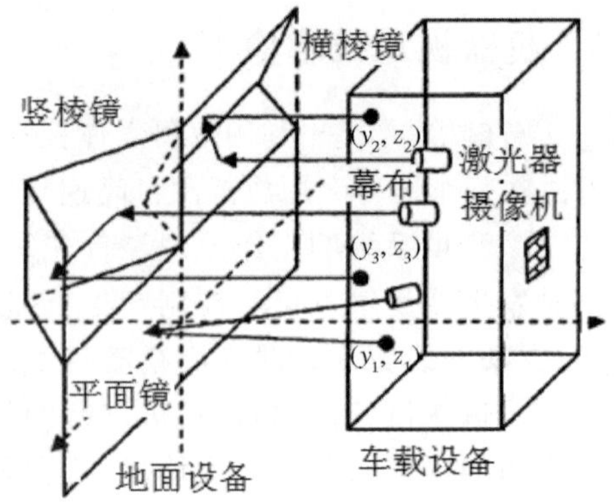

图 10 位置姿态测量系统方案示意图

该方法可以实时测量安装于 0～300km/h 运行列车的设备的位置姿态，测量精度很高，线位移偏差测量精度达到亚毫米级，角位移精度优于 0.2。但是该方法需要沿线路在地面上安装反射镜与车内的检测设备相配合才能完成检测。

4 基于捷联惯导技术检测

惯性测量单元是将惯性传感器（陀螺仪和加速度计）按照要求组合成 1 个硬件整体，测量载体相对惯性空间的三维加速度和角速度，利用牛顿运动定律通过对加速度两次积分自动推算载体的瞬时速度和位置信息。将惯性测量单元固联在列车上构成车载捷联系统，可以省去传统平台惯性系统的硬件装置，减少硬件配置，提高系统可靠性，降低系统成本[14-16]。

刘江等[17-18]提出了基于 GPS 接收机及惯性测量单元的列车组合定位系统。系统采用单轴陀螺仪＋双轴加速度计的方式进行简化，简化的列车惯性导航原理见图 11。图中，坐标轴 X,Y 的下角标 b,n 分别表示载体坐标系和导航坐标系，x_i,y_i 分别为列车的实时位置和航向。

2 个加速度计分别沿钢轨和垂直钢轨 2 个方向安装，以获得载体坐标系（b 系）下的东向和北向加速度 f_{bx},f_{by}，陀螺仪的敏感轴沿列车运行平面的垂直方向安装（指向载体坐标系的 a-zb 轴），在列车运行的初始偏航角已知的情况下，列车的航向就可以通过对陀螺测得的角速度 ω_{bz} 进行积分而计算出来。就可以把在载体坐标系下获得的加速度测量值与参考坐标系（导航坐标系，n 系）联系起来，将加速度计测量得到的加速度沿参考坐标系分解并对时间进行积分，从而确定列车相对于参考坐标系的瞬时速度和位置。

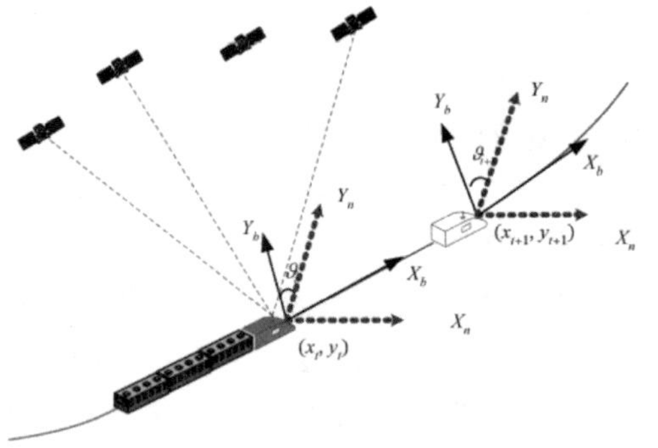

图 11 简化的列车惯性导航原理

很明显，测量误差被两次积分，随着测量时间的延长，累积误差不能收敛，将超出可承受的范围，必须配合 GPS 定位等其他技术进行检测。

5 结语

随着列车运行速度的提高，特别是高速铁路的通车运营，列车运行的姿态检测成为目前的研究热点，中南大学、西南交通大学、北京交通大学等都开展了相关研究，综合运用了光学、图像处理技术、传感器技术等技术，取得了一大批的研究成果，但所介绍的方法都存在一定的弊端，今后将会在以下方面开展深入研究：

一是由于车载式检测系统成本低、结构灵活，检测方便快捷，因此车载式检测系统将成为列车运行姿态检测的主要方向。二是不断完善现有的检测方案，采用多种检测技术融合的方法进行检测，如激光技术和机器视觉的融合、机器视觉和捷联惯导技术的融合、GPS定位和捷联惯导技术的融合等；同时各种技术都在不断发展，引入航空、航天、军事领域的目标定位技术将是列车运行姿态检测的一个重要方向。三是由于列车运行速度很高，所以必须优化各种检测算法，提高检测的速度和精度，满足铁路现场的要求。

参考文献

[1] 严隽耄.车辆工程[M].2版.北京：中国铁道出版社，1999.

[2] 中华人民共和国铁道部.铁路超限超重货物运输规则[S].北京：中国铁道出版社，2007.

[3] 张光远.铁路超限检测系统研究[D].成都：西南交通大学交通运输学院，2005.

[4] LU Zhai-jun，TIAN Hong-qi，LIU Ying-long，etal. Correlation matching algorithm based on dynamic gray threshold for catadioptric stereo vision[C]. 2009 IEEE International Conference on Intelligent Computing and Intelligent Systems(ICIS 2009)：588-592.

[5] 李红艳，陈治亚，赵钢，等.大风环境下P62K型空棚车横向振动偏移量试验研究[J]. 铁道科学与工程学报，2011，8(6)：8-102.

[6] 谢锦妹，杨凤春，冯毅杰，等.激光测距技术在列车动态横向振动偏移量测试中的应用[J].铁道机车车辆，2007，27(5)：31-32.

[7] 张玉梅.路轨两栖综合检测车车体姿态测量系统研究[D].北京：北京交通大学，2011.

[8] 余祖俊，朱力强，等.轨道交通线路全断面车载式动态检测系统研究[J].北京交通大学学报，2007.

[9] 黄健，高福来，刘常杰等.基于立体视觉的高速列车动态限界测量技术研究[J].铁道技术监督.2012 40(5)16-18.

[10] 韩伯领.陈治亚.鲁寨军.铁路车辆动态偏移量的在线检测[J].中南大学学报(自然科学版) 2008(4).

[11] 郑小波.基于机器视觉的机车车辆动态偏移量检测研究及实现[D]. 2008.

[12] 鲁寨军.田红旗.大风环境下YW25G型客车横向振动偏移量研究[J].铁道科学与工程学报，2011(3).

[13] 余祖俊.轨道交通线路几何安全状态动态检测技术研究 [D].北京：北京交通大学，2008.

[14] 杨波，秦永元，等.列车组合导航系统研究与仿真[J].传感技术学报，2007(20)，1：242.246.

[15] 周徐吕，沈建森.惯性导航技术的发展及其应用[J].自动测量与控制，2006(25)，9：55-59.

[16] 许江宁，朱涛，卞鸿巍.GPS姿态测量系统技术综述[J].海军工程大学学报，2003(15)，3：1.

[17] 刘江，蔡伯根，唐涛，等.基于GPS与惯性测量单元的列车组合定位系统[J].中国铁道科学，2010(31)，1：123-129.

[18] 王建敏.列车姿态测量与平稳性评估系统设计与实现[D].哈尔滨工程大学，2008.

智慧公交车服务

Intelligent bus service

徐香凝　高健庭

摘　要：随着经济的发展，人民生活水平持续提高，都市内的活动愈趋频繁，因此各式旅运之需求亦持续增加。其中公共运输被视为改善交通及减少环境污染的重要工具，优化公共运输服务及提升公共运输使用率，系为政府单位长期努力推动的目标。长年以来都会区内主要的大众运输均为公交车系统，近年来虽随着捷运系统的普及，连带影响搭乘公交车人次数，惟市区公交车可与捷运系统相互转乘、衔接应用，爰仍于都会区内的公共运输持续扮演极重要角色。科技的进步一日千里，已往许多无法实践的理想，都逐步化为可能，智能型运输系统（Intelligent Transportation Systems, ITS）中的先进大众运输系统（APTS）亦成为改善交通的显学，惟科技应回归以人为本，期能结合产官学界之智慧与经验，研究如何导入相关科技及设备，以最符合民众需求为努力方向，达成优化公交车系统整体服务及提升公共运输使用率之目标。

关键词：智慧公交车；智能型公交车系统；公交车信息系统；先进驾驶辅助系统

Abstract: With the economic development, people's living standards continue to improve and people's activities in the city more and more frequent, so the demand for all kinds of travel has continued to increase. Public transportation is seen as an important tool for improving traffic and reducing environmental pollution. Optimizing public transport services and enhancing public transport utilization are the targets of long-term efforts by government units. In recent years, the popularity of the MRT system has to impact the number of bus passengers. But, the urban bus can be interchanged with the MRT system. So the Public transportation in the metropolitan area continues to play a very important role. With the development of science and technology, the Advanced Public Transportation Services (APTS) in Intelligent Transportation Systems (ITS) has become an important way to improve traffic; however, the technology should return to people-oriented. By the industry, government and academia of wisdom and experience, we can study how to import relevant technology and equipment so as to achieve the goal of optimizing the overall service of the bus system and enhancing the utilization rate of public transport in the direction that best meets the needs of the people.

Keywords: E-bus, Intelligent Bus System, Bus Information System, Advanced Driver Assistance Systems; ADAS

1　前言

在地狭人稠的都会区，发展大众运输，向来是解决交通问题的重要手段。而轨道运输在都会区发展有其极限，爰公交车自始至终都在都会运输中占有相当重要的角色，因而如何提升公交车服务质量，有效吸引民众搭乘，是客运业者及政府相当关注的议题。

反观早年公交车上需要有人负责票务，候车民众无法得知下一班公交车还要等多久，公交车业者自驾驶员发车后即无法掌握车辆动向，……。目前皆透过结合科技的先进公共运输服务（Advanced Public Transportation Services, APTS），解决上述不便并提升公交车服务质量，此系为产官学界持续努力的目标。本文旨于提升公交车服务质量，针对不同领域，就以下章节，分别介绍台北市智慧公交车服务现况及探讨未来之可行性，期能抛砖引玉，共同为提升公交车服务水平而努力。

2　公交车动态信息系统

2.1　计划简述

为了提升搭乘公交车便利性，降低民众无法掌握公交车到站时间的不确定感，并提供时间信息让民众有机会选择最佳之运具，台北市自2004年起开始规划建置公交车动态信息系统，提供公交车预估到站时间

作者简介：徐香凝，台北市交通安全促进会顾问。
高健庭，台北市交通安全促进会会员。

的信息服务，至2009年完成全市公交车路线动态信息系统建置。公交车动态信息系统主要提供信息服务，内容包含公交车实时位置、预估到站时间、低地板公交车信息、大众运输乘车规划、末班车以及交通管制信息。除透过智能型站牌、网页、手机网页以及电话语音专线等多元管道提供民众查询外，并提供其他机关及民间业者可申请介接开发加值服务，引进民间创意，扩大信息传播速度以及服务范围，见图1。

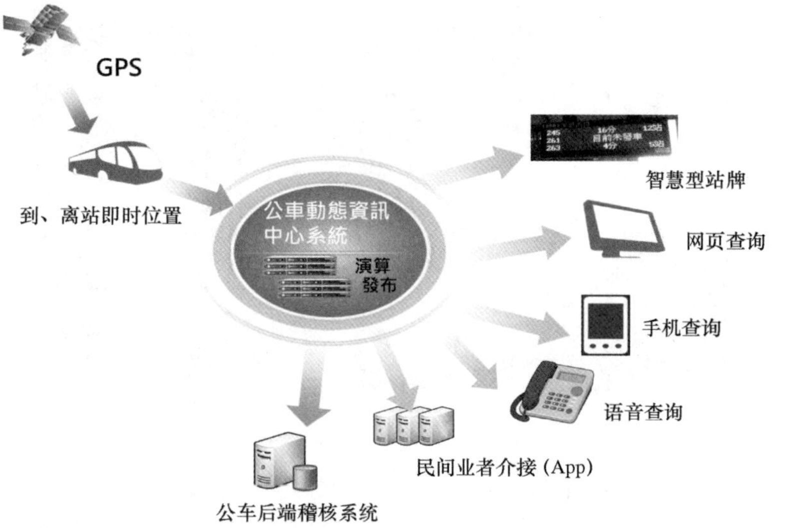

图1　公交车动态信息系统示意图

该项信息已成为大台北地区民众不可或缺的交通信息。另与智慧公交车较为相关之智能型站牌部分，兹说明如下。

2.2　智能型站牌

依台北市公共运输处委托办理之民意调查显示，智能型站牌每年皆为民众获得公交车信息最直接、使用率最高的管道，民众亦常透过各种管道反映该项设施便利实用，截至2017年4月台北市已累积建置1496座智能型站牌，见图2～图5。

图2　动态信息系统满意度

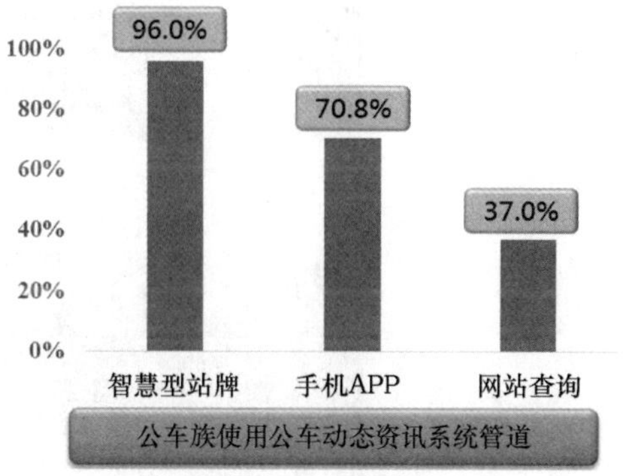

图3　智慧行站牌使用率

公交车候车亭除提供候车民众基本遮阳避雨功能，增加其附加价值，向来是各界共同努力的目标。台北市陆续于公交车候车亭设置智能型站牌及智慧面板等相关设施，可让民众在等候公交车的同时，获知公交车动态信息。另提供Free Wi-Fi热点服务及气温、空气质量等环境信息，并将政令倡导或广告等以动态信息呈现，吸引民众观赏；另试办USB充电服务，让科技与生活结合，创造更友善的候车环境，提升整体公交车系统服务质量，见图6、图7。

台北市目前已于特定路段公交车专用道及台北车站等地共计55站建置智慧面板，未来将持续扩建，由民间业者共同参与，试办如：客服通话、储值票卡余额查询、敬老爱心悠游卡展延、USB充电插座、中英文语音播报公交车预估到站信息和候车环境影像监控等服务，为提供友善便民之服务而努力(图8)。

图 4　独立式智能型站牌

图 5　附挂式智能型站牌

图 6　智慧面板(一)

图 7　智慧面板(二)

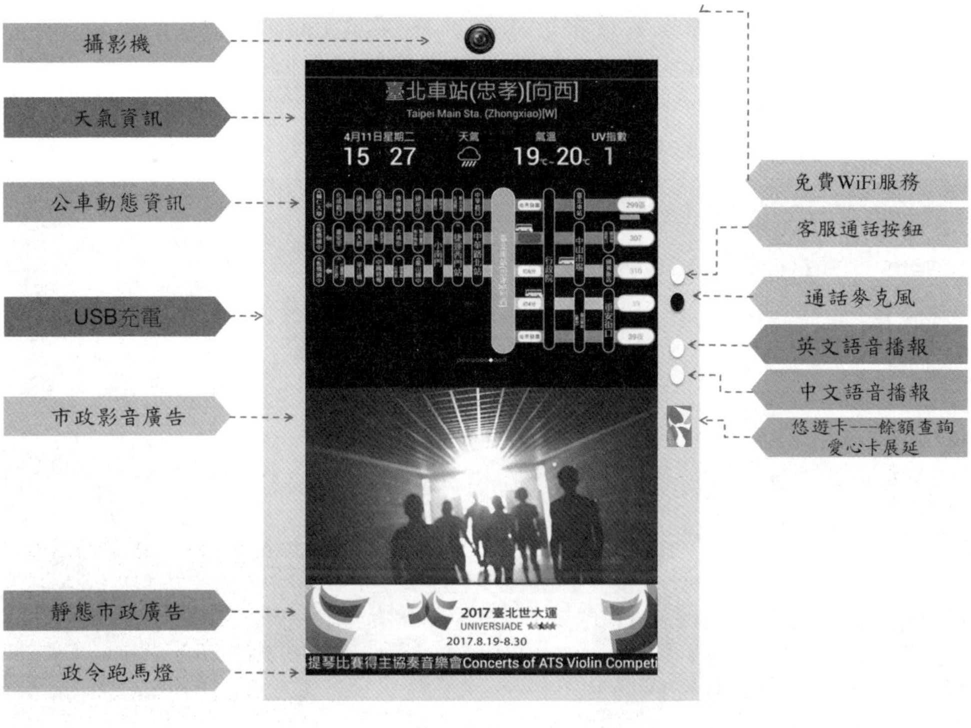

图 8　持续精进智慧面板之附加价值

3　先进驾驶辅助系统

3.1　现况问题分析

台北市持续推动公交车发展，透过改善候车环境暨提升行车服务质量各项服务，借以鼓励民众多加利用大众运输。而公交车驾驶行为维系着车上乘客人身安全，故至为重要，爰应以提升公交车驾驶行为安全性为目标，利用科技的辅助，有效降低及避免公交车驾驶员急刹车、猛起步、使用手机或打瞌睡等不安全之驾驶行为。

因前述之不安全之驾驶行为，目前仅能透过公交车业者平时教育训练提醒驾驶留意行车安全，若有事故发生，则利用事后调阅车上监视器影像进行责任厘清。换言之，行车当中仅靠驾驶本身自律，或是借助事后究责来达到惩戒目的，恐难立即有效改善上述问题。

3.2　计划施作范围

提升公交车行驶安全性以降低人车事故，属提升公交车服务质量中最为重要的一环。台北市今年预订择选 50 辆左右公交车之规模试办加装先进驾驶辅助系统设备，以小规模试办方式观察成效，据以评估后续扩大办理可行性，期以科技设备主动侦测公交车驾驶员急刹车或猛起步、使用手机、打瞌睡等不安全之驾驶行为，达到避免车上乘客摔伤、降低行车事故之目的。另亦可减少公司赔偿等不必要支出，辅助公司管控驾驶员、提升公司形象。

3.3 执行策略

考量公交车与一般私人运具驾驶行为之不同，需要频繁地切换车道进行进出站之动作，且台北市机车数量甚多，进出站或塞车时与机车近距离交错之状况非常频繁，如何有效侦测，而不会因警示过多丧失驾驶员之信赖，是目前急待克服的问题。台北市针对市区公交车停靠特性，配合现有设备，针对先进驾驶辅助系统，进行评估之试办功能分述如下。

3.3.1 驾驶行为侦测

运用影像侦测功能(或其他可达相同效果之方式)，进行疲劳或分心驾驶侦测并及时示警，如：打哈欠、眨眼、闭眼超过设定秒数、使用手机、吃东西、转头超过30度角等，将发出警示并回传后台，见图9。

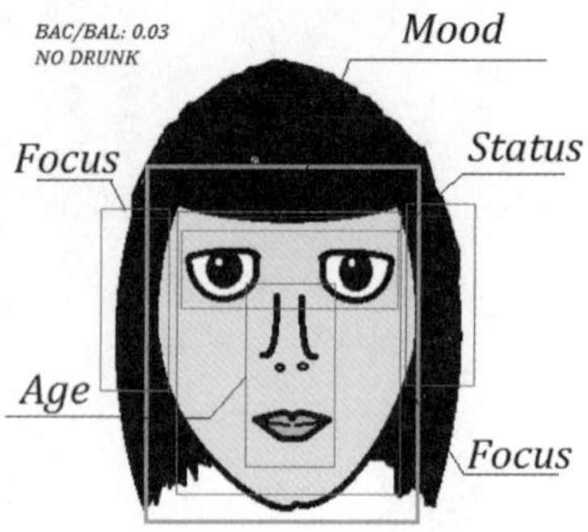

图9 驾驶行为侦测示意图

3.3.2 影像行车记录

目前台北市市区公交车已全数安装行车影像纪录器(含车内及车外)，可供调阅观测行车影像记录，作为事后分析状况及责任归属之依据(图10)。惟考量实时回传影像信息将大幅提升通讯费用，爰台北市试办安装先进驾驶辅助系统，拟先由系统触发警示功能着手，后续再依试办成效评估扩增实时回传讯息或影像信息等功能。

图10 行车影像纪录

3.3.3 车道偏离辅助警示系统(Lane Departure Warning System, LDWS)

利用摄影机或雷达等方式侦测车辆左右两侧之道路状况并确认车辆于行驶时保持于车道内。若侦测车辆有偏离车道之情形即可自动发出警示，提醒驾驶者注意驾车安全，避免驾驶因分心或其他因素偏离车道造成事故发生(图11)。

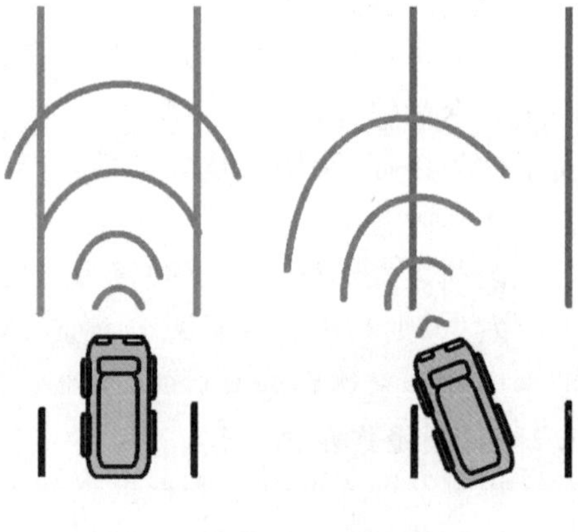

图11 车道偏移警示示意图

3.3.4 前方碰撞警示功能

如经侦测到前方车辆太近或本车迅速接近前方车辆，可自动发出警示，提醒驾驶者注意驾车安全，见图12、图13。

3.3.5 行车视野辅助系统

相关规定所规范之影像系统显示范围须包含左右两侧影像以及倒车影像。主要系透过车辆周遭影像系统与车内荧幕之装设，提供驾驶人更完整之行车视野信息，并减少大客车左右两侧

图 12　前方碰撞示警示意图(一)

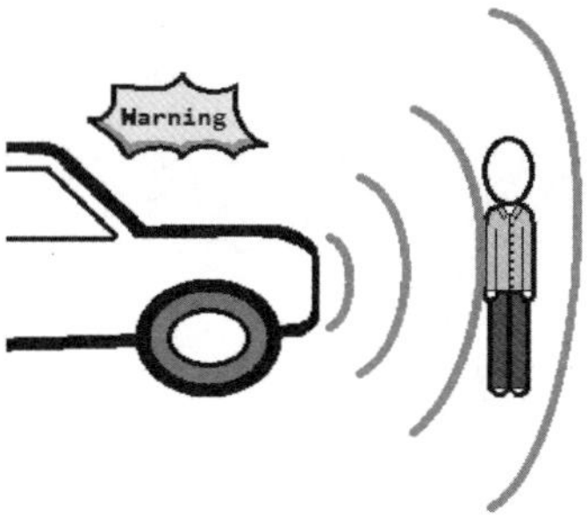

图 13　前方碰撞示警示意图(二)

之视觉盲点。此外,考量大客车正后方多半视野不佳,故新增倒车影像系统之规范,期望透过倒车影像的辅助,能提供驾驶人后方更完整的道路状况信息,进而提升大客车倒车时的安全性,见图 14、图 15。

图 14　行车视野辅助系统(一)

图 15　行车视野辅助系统(二)

3.3.6　资料汇整后端分析平台

先进驾驶辅助系统可透过控制器区域网络(Controller Area Network,CANbus)抓取行车信息,并透过车机或本身系统之自有通讯设备直接回传予后台,可立即或后续离线以大数据分析报表方式,针对驾驶员行驶行为异常情形进行统计分析.例如:急加减速、急转向、怠速过长……,用以管控提升驾驶安全,降低大众运输工具肇事发生率;亦可借助收集分析如能源耗费、平均车速等信息,提升营运效率,节省成本。

4　后端稽核平台

台北市之公交车动态信息系统于 2009 年前即已开发完成,历经数次扩充其附加功能,目前后端稽核平台架构已趋完整,举凡发车准点稽核、发车正确开启车机及路线设定稽核、历史轨迹查询、站上车辆监控、驾驶员方向盘时间管理或到站资料分析等(图 16)。不论是公交车经营之业者或是政府监督者,皆可有效收集资料及分析,并且建立公正而透明之见数据库,有效监控违规之行为,业者自知无法心存侥幸规避稽查,自可更加专注努力于提升服务质量。

另先进驾驶辅助系统,亦可回传前述与营运效率及安全驾驶相关之各项行车信息,不论是直接介接于原本之公交车动态信息系统,亦或是自行独立运作,皆可提供更多之数据供分析。到时不管是业者、学界或政府单位,皆可利用上述数据,从事各种有益于业者或民众的资料解析,进而改善目前之营运方式及流程,提升公交车整体服务水平。

5　其他服务

现今公共运输车上设备五花八门,以"国道"客运为例,从无线电视台到游乐器,从 USB 充电到免费

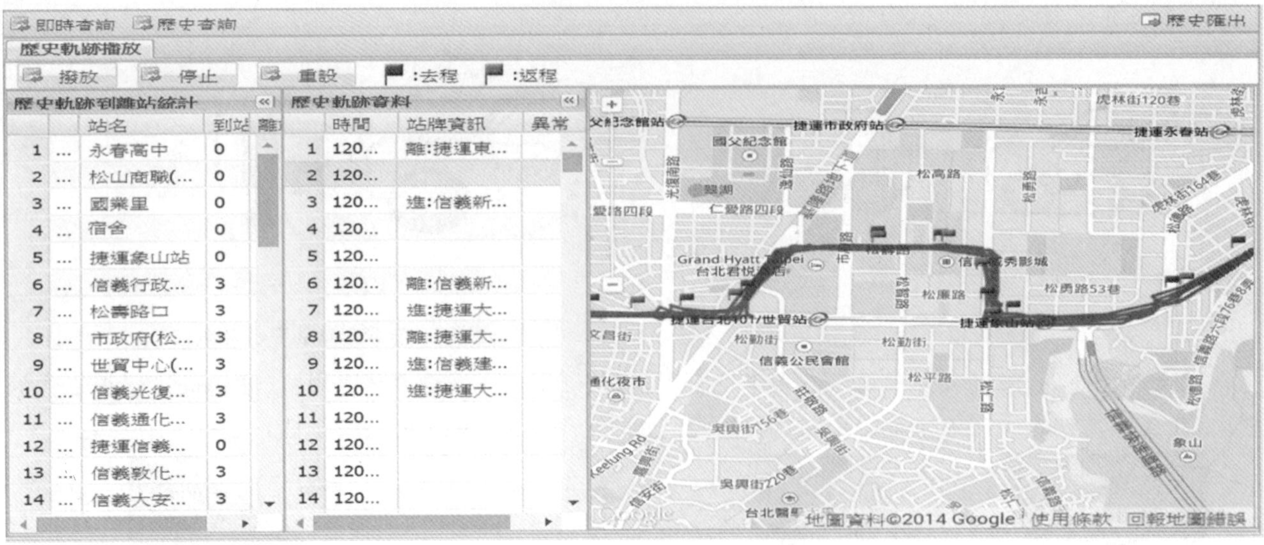

图 16　公交车动态信息系统后端稽核平台

WiFi，业者无不绞尽脑汁，希望增加民众有感服务，进而创造搭乘诱因，扩展及维持客源。惟市区公交车特性与“国道”客运不同，民众平均之搭乘时间远低于“国道”客运、市区公交车除座位亦有立位、需随时注意现在公交车行经位置、旅次目的系以上下班(课)通勤(学)为主，因此除了最基本的验票机、站名播报器、讯息倡导用的跑马灯外，市区公交车上附加智慧设备，并非业者特别关注的议题，通常无特殊意愿出资。

台北市有鉴于此，为提供民众更便利的公交车服务，针对民众最有机会使用到之 WiFi 设备，自 2001 年 10 月起，于本市搭乘人数较多之路线车辆上提供 Taipei Free 免费无线上网服务(图 17)，更于 2002 年在候车人数较多之公交车候车亭，同步提供免费无线上网服务迄今(图 18)。

图 17　Taipei Free 免费 WiFi 候车亭

2016 年起，台北市更与电信业者携手合作，于信义、南京公交车专用道及行经之路线公交车上提供免费 4G WiFi 无线上网服务，民众只要在公交车上或候车亭看到 Wi-Fi 台北公众区免费上网的标识贴纸，即可免注册透过行动装置免费连接 4G 无线上网服务。配合前述之智慧面板扩建计划，将可逐步提供更多无线上网之地点。

6　车上设备整合

台北市市区公交车现行车上设备主要包含车机、验票机、站名播报器及车外(车前、车后、车侧)LED 设备，驾驶员在出车前须分别完成行驶路线等设定，设定作业繁琐且不易确认车上设备是否运作正常。

为提供驾驶员方便之操作界面，避免驾驶员设定错误情形，台北市于 2016 年办理整合全市公交车之车机、验票机、站名播报器及车外 LED 设备，让驾驶员在出车前仅需于单一界面操作，即可完成所有车上设备之设定(图 19)。除提供民众更准确之公交车预估到站时间信息，降低所有车上设备显示错误率，提

图 18　公交车免费 4G WiFi

供正确之车辆路线信息外，亦可实时了解设备运作情形，减少行驶时操作致影响行车安全之疑虑；另考量后续可能进行之公交车里程计费、使用者起讫点调查及旅运需求分析等所需资料之收集，于设备整合时亦一并调整验票机韧体，为未来大数据收集预做准备。

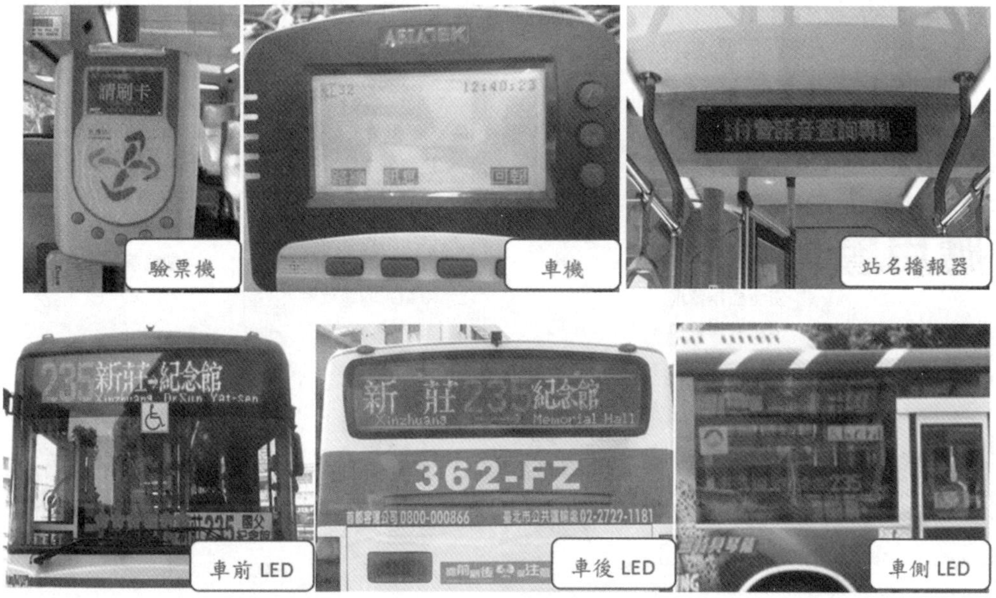

图 19　台北市市区公交车重要车上设备

7　未来展望及期许

7.1　动态信息系统衍生应用

动态信息系统除了现有之功能外，针对特殊需求才需绕驶的服务性路线(如：医院、学校、社区内等)，亦可评估配合需求反应式运输系统(Demand Responsive Transit Services，DRTS)，搭配手机 APP，在乘客授权同意之情况下，只要预先输入欲搭乘公交车之路线，并于乘客接近公交车站位时，由手机自动推送搭车需求至该路线最近一辆公交车，提醒公交车驾驶员该站位有乘客需要搭乘公交车，请驶入院区/校区/社区内载客。如系统侦测到手机(乘客)已离开站区(自行离开或已搭上公交车)，则由系统自动取消搭车需求，侦测到需要才驶入，将可有效降低服务性路线空驶之资源浪费，亦可增加原本因为需求过低而无法开辟路线上之潜在乘客。另亦可稽查在确认有乘客的状况下，驾驶员是否有过站不停的现象。

7.2　车联网

承接物联网的概念，车联网将车辆联结上网，将人、车、路与环境信息相结合，于这个概念底下，未来的车辆可将车辆上各项感测设备数据相整合并有效运用。在车联网架构下，车辆化身为可移动式终端设备，驾驶可透过整合各项车辆设备信息的仪表板获悉信息并一手操控，包括：驾驶车辆、导航、影音娱乐、侦测车内外影响驾驶安全之危险因子并实时示警、无线通讯上网暨回传信息等。除了使用无线网络将行车信息对外传递，亦可连接其他车辆，用以作为派遣车辆等用途。

以上车联网概念对应套用于公交车上，必须涵盖车联网的终端、网络与远端三个系统层面，我们借以下车联网主要三大系统层面进行说明：

（1）车联网感测层（车上终端设备）：包括智能型感测装置，可作为行车安全辅助，以及行车导引信息之提供。例如：人脸侦测装置，对于打瞌睡、讲手机主动侦测并实时示警，将数据或实时影像回传后端系统储存及分析；车道偏移侦测及示警、行人避让功能、道路限速等标志主动识别及示警、载客人数侦测及记录、验票机资料收集回传。这些设备能充分收集车辆不论静止、行进、过弯等各种状况的信息，并透过这些信息，执行车辆内、车辆间以及车与环境之间的进一步联系及反馈。

（2）车联网网络层：透过无线通讯基地台传送车上终端设备所搜集信息，回传后端服务器，供后续处理分析。

（3）车联网应用层：政府机关可收集运用网络层所搜罗之大数据，针对道路状况、行车安全、营驶情形、事故处理、服务评鉴及路线规划等进行比对分析。

综上所述，车联网集先进车辆科技之大成，甚至能透过环境中的感测讯号，让车辆拥有自行判断操作的智慧，最终目标即为自动驾驶。惟目前车联网于地区发展，似乎尚在进行智慧车载设备系统阶段，在跨足至自动驾驶模式前，最主要应考量的是行车安全，因为车辆自动化的判断如若万分之一出了差池，便可能造成车辆及道路上生命的危险。另外除了以上可靠度的考量，待科技长足发展之后，法规是否亦能与时俱进，订定相关的控管机制，后续也考验着司法及权管机关单位的智慧。

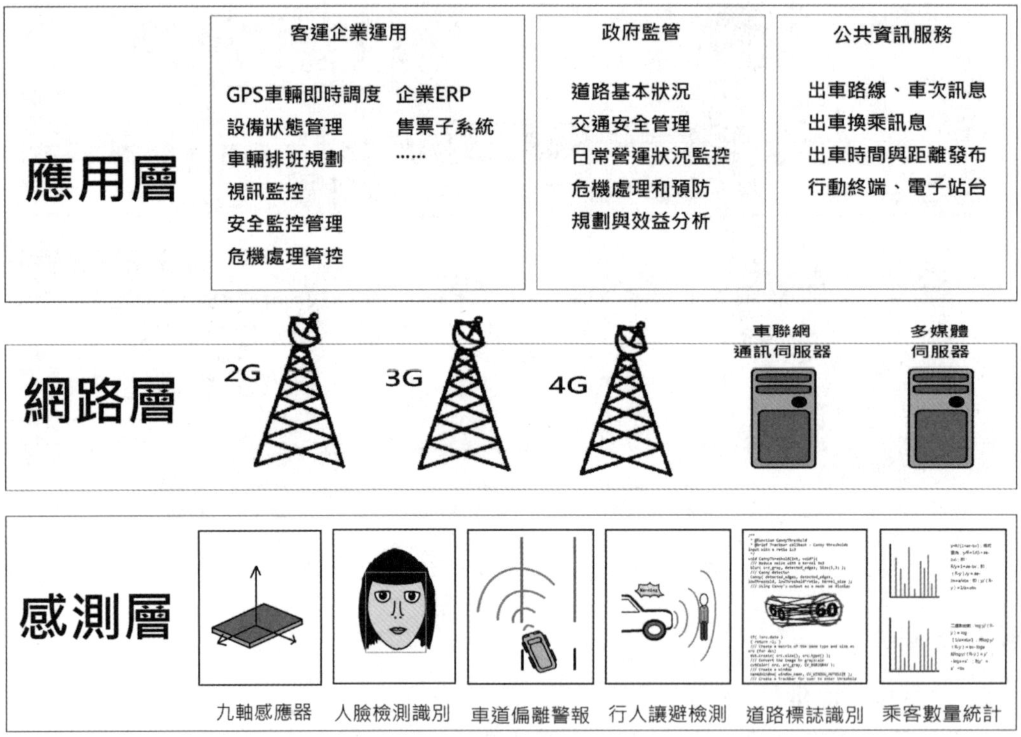

图 20　车联网架构图

7.3　MaaS（Mobility as a service，公共运输行动服务，或译出行即服务）

近年来盛行的云端计算，连带衍生许多“○○即服务”，例如：IaaS（infrastructure as a service，基础设施即服务），PaaS（platform as a service，平台即服务），DaaS（desktop as aservice DaaS），SaaS（software as a Service，软件即服务），引领各种不同领域的走向全新发展。此风潮吹向运输界，衍生出 MaaS。

MaaS 具备两项特点：

（1）服务化（servitisation）：由 MaaS 供应商串连并整合各项运输服务。

（2）数据共享：MaaS 供应商针对用户的旅运需求共享数据，协助运输业者提升服务。

在 MaaS 的概念下，民众只要运用智能型手机，各项运输工具 app 全盘整合，包括：查询交通方式、取代电子票证、在线支付票价、取用共享运具等，使民众可从最初的预先规划旅次，到实现整趟旅次，皆由云端串连并提供服务，使民众不论是上下班通勤，或是假期出游，都能更加随心所欲地进行。另如以政府机关角度，亦可收集暨反馈运输相关数据，规划符合民众搭乘习惯的公共运输套票，结合如高铁、台铁、公路客运、市区公交车、出租车和公共自行车等运具，订定配套优惠或增加便利性等诱因，鼓励民众支持大众运输。

目前在台湾地区，交通事务主管部门已有相关试办规划构想，期可于不久的将来便可看到 Maas 雏形所带来崭新的运输风貌。

8　结语

智慧公交车服务系借助公交车相关数据收集、演算、发布、分析、重新构建等方式，提供丰富多元的公交车服务，包括：透过智能型站牌、网页、电话等不同媒介，提供候车民众欲获悉的公交车预估到站信息；借助车上站名播报器提供中英客语等自动语音播报服务；运用验票机进行电子票证刷卡收取车资之便利服务；使用先进驾驶辅助系统，主动侦测危险驾驶行为及不安全的行车态样，并实时示警纠正；搜集民众搭乘公交车站位、时间、方向等信息，以利分析民众乘车行为，做为公交车路线调整之参考；或甚至在不久的将来，即将能进行大数据的搜集、勾稽、分析，逐步实践 MaaS-出行即服务，民众只要运用智能型手机 App，即可全盘整合各项运输工具、付费、串连安排运具。

以上诸多面向的智慧公交车服务告诉着我们：科技始终源自人性，亦再回应人性的需求。所以，如何用科技为手段，以更有智慧的方式提升公交车的各项服务，让乘客能够感受到搭乘公交车是件安全、便利、实惠、迅速、环保，甚至能够以身为公交车族的一员感到荣誉骄傲，是我们推动智慧公交车服务永续追求的目标。

参考文献

[1]　王岫晨. 感测上云端 车联网美梦成真 智慧行车的终极目标[N]. CTimes，2013，12，03.
[2]　当今汽车不可或缺的——车联网. 股感知识库 STOCKFEEL，2015，07，13.
[3]　物联网在国际舞台发光发热，台湾跟上了没？[J]. 预见，2015，04，27.
[4]　将改变整个交通运输系统的 Molility as a Service(出行即服务)
[5]　社团法人中华智慧运输协会主办之 Molility as a Service 行动服务串联计划推广说明会简报资料 2016，12，22.
[6]　陶治中. 台湾发展智慧运输系统之重要课题：车路协同系统技术发展蓝图与推动策略[J]. 土地及公共治理，2015，6.
[7]　刘文楷. 结合资通讯技术　DRTS 提升公共运输系统效率[J]. 新通讯，2013，4.

智能交通系统车牌识别技术研究

Research on Intelligent Transportation System License Plate Recognition Technology

于　淼

摘　要：随着道路交通路网快速发展，车辆的数量也在逐年增加，以智慧交通和智能交通为发展方向，交通行业也面临新一轮的改革。智能交通系统侧重于各类交通应用的信息化，其中车牌识别技术更是智能交通系统重要的组成。车辆牌照是车辆的关键标识，如何准确地识别车牌，对智能交通系统具有重要的意义。本文立足于当前车牌识别易受环境影响的问题，重点介绍车牌识别技术以及车牌识别算法，为其硬件实现起到理论支撑。
关键词：智能交通系统；车牌识别；图像预处理；仿真算法

Abstract: With the rapid development of road traffic, the number of vehicles is increasing by year. With the development of intelligent transportation and intelligent transportation, the transportation industry is also facing a new round of reform. Intelligent transportation system focuses on the information of various traffic applications, in which license plate recognition technology is an important component of intelligent transportation systems. License plate is a key symbol of the vehicle, it is of great significance to the intelligent transportation system. This paper is based on the problem that the license plate recognition is easy to be influenced by the environment. Focusing on license plate recognition technology and license plate recognition algorithm, focusing which is the theoretical support for the hardware implementation.
Keywords: Intelligent Transport System; license plate recognition; Image preprocessing; simulation algorithm

1　引言

随着城市化发展，传统交通运输管理系统已经不能满足当代交通管理需要，故越来越多的城市把重点放在智能交通系统建设上[1]。作为智能交通系统的重要组成之一的车牌识别系统[2]，主要应用于四大方面：(1)停车管理及小区出入口；(2)高速公路收费；(3)公路卡口；(4)城市交通。车牌作为车辆的关键标识，实现车牌的自动识别是智能交通系统实现的前提。本文主要讨论车牌识别中图像预处理算法和识别效果，为更快更好地识别车牌，获取车辆有用信息打下理论基础。

2　车牌识别技术概述

车牌识别系统主要是由触发检测模块、图像采集模块、图像识别模块、辅助光源模块和通信模块组成，其识别过程为车辆监测、图像采集、图像预处理、车牌定位、字符分割、字符识别和结果输出[3-4]。无论是高速收费还是停车管理收费在抓拍时，会面临各种各样的环境，影响到图片质量，而图像预处理的目的就是消除图像中的无关信息[5]，滤除干扰和噪声，恢复有用的真实信息，增强有关信息的可检测性和最大限度地简化数据，从而保证特征抽取的可靠性。

一般图像预处理主要包括以下几个方面：一是对图像进行颜色空间的转换，减少颜色的数量，以达到设备对颜色的认知；二是图像增强处理，通过灰度线性变换、图像平滑处理等，达到增强图像对照度的效果；三是图像去噪，去除图像中的无用信息，提高图像的质量。

3　车牌图像与处理算法分析

抓拍图像一般为 RGB 全彩图像，系统直接对该图像进行处理需要花费大量时间，不利于高速收费这样的场合，所以根据 RGB 三个色彩分量的重要性及其他指标进行加权平均，将图像灰度化。根据人眼对

作者简介：于淼，女，就职于天津市交通科学研究院，主要从事控制工程，交通信息化，交通节能减排的研究。

绿色最为敏感，对蓝色敏感度最低的原理，采取如下公式将图像灰度化[6-7]：

$$\mathrm{Gray}(i,j)=0.299\times R(i,j)+0.578\times G(i,j)+0.114\times B(i,j)$$

在图像采集过程中，有背光、阴影以及光晕等环境因素会影响系统对图片的后续处理，因此采用直方图均衡化技术来增强图像局部对比度，尤其是图像背景和前景太亮或者太暗，有用数据的对比度较为接近。这种方法的优势是相当直观并且过程可逆，以及均衡化函数就可以回复原始直方图像，计算量较小，处理结果见图 1、图 2。

图 1　原始图像

图 2　加权平均化灰度化图像

直方图均衡化[8-9]的基本思想是把原始图的直方图变换为均匀分布的形式，这样就增加了像素灰度值的动态范围从而可达到增强图像整体对比度的效果。一般分为三个步骤：(1)统计直方图中每个灰度级出现的次数；(2)累计归一化的直方图；(3)计算新的像素值。直方图均衡化映射公式如下：

$$S_k=\sum_{j=0}^{k}\frac{n_j}{n}\quad k=0,1,2,\cdots,L-1$$

其中，n 是图像中像素总和，n_k 是当前灰度级的像素个数，L 为图像中灰度级总数。经过上述步骤，图像处理效果见图 3。

4　图像二值化定位

在车牌号码的自动识别过程中，车牌区域二值化效果的好坏至关重要，它直接关系到随后的字符分割与识别。在现实环境中，由于光线照射不均匀、牌照受到污染以及字符残缺等原因给车辆牌照的二值化带来了很大的难题，很容易出现字符断线不完整、字符与背景粘连等问题，造成识别错误。光线过强和光线过弱都会造成图像降质，因此需要对图像增晰。现阶段基于照明反射模型的同态滤波考虑到照明和反射特性，并且兼顾图像高频分量和低频分量，可以得到比较满意的图像增强效果。同态滤波[10]实现方法如下：

$$f(x,y)=i(xy)r(x,y)\tag{1}$$

$f(x,y)$为反射光强，$i(x,y)$为入射光强，$r(x,y)$为反射率。对式(1)左右两边取对数并进行傅立叶变换得到：

$$F(\ln f(x,y))=F(\ln i(x,y))+F(\ln r(x,y))\tag{2}$$

令

$$F(u,v)=F(\ln f(x,y))I(u,v)=F(\ln i(x,y))R(u,v)=F(\ln r(x,y))\tag{3}$$

故

$$F(u,v)=I(u,v)+R(u,v)\tag{4}$$

通过高通滤波函数(u,v)对其处理，减少低频成分，输出结果为：

$$S(u,v)=H(u,v)F(u,v)=H(u,v)I(u,v)+H(u,v)R(u,v)\tag{5}$$

其中

$$H(u,v)=\frac{1}{1+[d_0/d(u,v)]^{2n}}\tag{6}$$

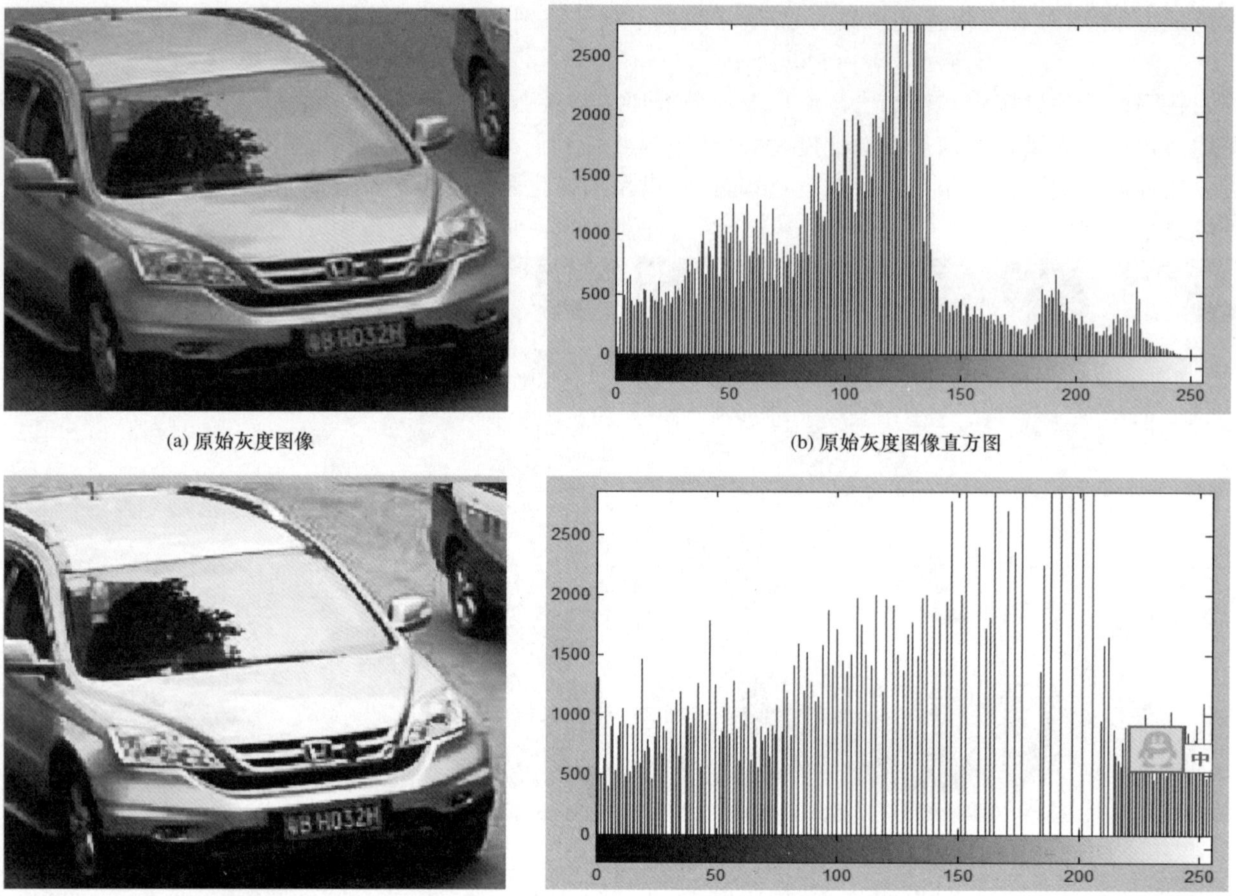

(a) 原始灰度图像　　(b) 原始灰度图像直方图

(c) 均衡化图像　　(d) 均衡化图像直方图

图 3　直方图均值化图像对比

最后进行反傅立叶变换得：

$$s(u,v)=F^{-1}(H(u,v)I(u,v))=F^{-1}(H(u,v)R(u,v)) \tag{7}$$

将式(7)进行反对数变换即可得到最终校正结果图。

bernsen 算法是现在比较常用的图像二值化算法[11]，其中心思想是先设定两个值 S 与 TT（bemsen 最初设 S 为 15，TT 设为 128），计算以图像中任意像素为中心的大小为 $k\times k$ 窗口内的所有像素的最大值 M 与最小值 N，两者的均值 T，如果 $M-N$ 大于 S，则当前 P 的阈值为 T；若小于 S，则表示该窗口所在区域灰度级灰度级差别较小，那么窗口在目标区或在背景区，再判断 T 与 TT 的关系，若 $T>TT$ 则当前点灰度值为 255，否则当前点灰度值为 0。

Bernsen 算法是典型的局部阈值方法，局部阈值法也存在缺点和问题，如实现速度慢、不能保证笔划的连通性，容易出现伪影等现象。因此，科学家对 Bernsen 算法进行改进，并克服了 Bernsen 算法的部分缺点，一定程度上消除了伪影及笔画断裂现象。

改进的 bernsen 算法具体实现过程如下：首先消除个别灰度特异点，算出阈值 T_1，T_2 取值满足 $\sum_{i=t_i}^{255} \mathrm{hist}[i]\geqslant A\times 10\%$，hist[$i$]为原灰度直方图，$A$ 为面积（即图像像素总数）；然后，计算各点阈值 $T_2(x,y)=0.5\times(\max\limits_{-u<k,i\leqslant u} f(x+k,y+i)+\min\limits_{-u<k,i<u} f(x+k,y+i)$；为避免伪影及画笔断裂现象，引入阈值 T_0，用以确定局部考察窗口内极大值和极小值的变化，即 $T_3(x,y)=\max\limits_{-u<k,i\leqslant u} f(x+k,y+i)-\min\limits_{-u<k,i<u} f(x+k,y+i)$；接着，采用平均值滤波方法对阈值曲面进行平滑处理以消除光照不均等噪声产生的阈值突变，改善二值化效果，引入阈值 $T_4(x,y)=\mathop{\mathrm{avg}}\limits_{-u\leqslant i,k\leqslant u} T_2(x+k,y+i)$；最后，逐点二值化即可。

在二值化时需要注意以下几点约束条件：

(1) 当 $f(x,y)>(1+\alpha)\times T_1$，$b(x,y)=255$

(2) 当 $f(x,y)<(1-\alpha)\times T_1$，$b(x,y)=0$

其中 $\alpha \in (0,1)$，可取 0.2～0.4。

(3) 如果 $(1-\alpha) \times T_1 \leqslant f(x,y) \leqslant (1+\alpha) \times T_1$

$$\text{当 } T_3(x,y) > \alpha \times T_1, b(x,y) = \begin{cases} 0 & f(x,y) < T_4(x,y) \\ 255 & f(x,y) \geqslant T_4(x,y) \end{cases}$$

$$\text{当 } T_3(x,y)/2 > \alpha \times T_1, b(x,y) = \begin{cases} 0 & f(x,y) < T_4(x,y) \\ 255 & f(x,y) \geqslant T_4(x,y) \end{cases}$$

为解决复杂光照下的车牌二值化问题，可以将同态滤波和改进的 Bernsen 算法相结合，以克服光照不均带来的影响，同时适用于正常环境下的车牌图像二值化。

(a) 原始灰度图

(b) 同态滤波后的图像

(c) Bernsen算法二值化

(d) 改进Bernsen算法二值化

图 4　二值化效果图

从图 4 中可以看出，在车牌数字较暗的情况下，经过同态滤波处理后再进行改进 Bernsen 二值化有效地去掉了光照不足带来的影响。二值化后的车牌字符清晰，便于后续的车牌识别流程的进行。

5　结语

近几十年，车牌识别技术已经发展成熟，在识别速度、识别率方面也取得较好的成果，在智能交通系统，停车管理系统等方面的应用也是逐年增加。考虑到现在环境的复杂多样以及数字化、信息化的快速发展等众多影响因素，如何在众多的识别技术中选出最优技术，运用好现有成熟技术服务智能交通系统、服务公众出行是未来交通行业技术发展的重要方向。

参考文献

[1]　钱哨，张云鹏，黄少波. 智能交通云：基于云计算的智能交通系统[J]. 计算机与现代化，2010 (011)：168-171.

[2]　陆化普. 城市交通系统的智能化：关键技术与发展展望[J]. 综合运输，2012(3)：11-16.

[3]　张倩. 车辆牌照识别方法研究与实现[D]. 兰州 ：兰州大学 ，2009.

[4]　陈若珠，武艺玄. 基于车牌识别的图像预处理研究[J]. 工业仪表与自动化装置，2015(4)：40-43.

[5]　王明华. 基于模糊理论的汽车牌照自动识别系统的设计与实现[D]. 成都：电子科技大学，2011.

[6]　王中华. 用于车牌识别的图像预处理技术研究[J]. 中国交通信息化，2015(11)：104-105.

[7]　王党树，王新霞. 基于 LabVIEW 图像法车牌识别系统[J]. 计算机测量与控制，2013，23(8)：2871-2874.

[8]　吴成茂. 直方图均衡化的数学模型研究[J]. 电子学报，2013，41(3)：598-602.

[9]　乔闻生. 一种改进的直方图均衡化[J]. 光学技术，2008，34(s1)：141-142.

[10]　王冬梅，路敬祎，王秀芳. 基于 Matlab 的同态滤波算法的研究[J]. 科学技术与工程，2010，10(26)：6562-6564.

[11]　朱浩悦，耿国化，周明全. 车牌识别中二值化方法的研究[J]. 计算机应用与软件，2007，24(2)：33.

甩挂牵引车与挂车自动换挂系统研究

Research on the Automatic Exchange System of Tractor Trailer and Trailer

赵鲁华　王恩童

摘　要：为提高换挂效率，促进甩挂运输的发展，在现阶段换挂现状和卡车无人驾驶系统分析的基础上，设计了一套适用我国现状的自动换挂系统。基于传感器和信息技术，对牵引车与半挂车中心线偏差角度和牵引座上平面与牵引销下平面的距离进行分析、反馈，通过自身程序进行误差的判断并自动控制执行部件完成误差的调整，实现换挂过程。自动换挂系统节省人工操作，将繁杂环节自动化，减少换挂的失误率，在安全性和实用性上具有很强的现实意义。
关键词：自动换挂系统；摘挂；接挂；安全性；实用性

Abstract: In order to improve the efficiency of exchange trailer and promote the development of the semi-trailer swap transportation, this paper designs a set of automatic exchange trailer system based on the present stage of the semi-trailer swap and exchange trailer and the analysis foundation of the truck unmanned driving system. Based on the sensor technology and information technology, this system can text the deviation angle between the center-lines of tractor and semi-trailer and the distance between the upper plane of traction seat and lower plane of traction pin, so that it can has the analysis and gives the feedback, then this system can judge the error by the owned program and automatically control itself to operate the parts to accomplish the error adjustment to realize the process of the automatic exchange trailer. The automatic exchange trailer system can save manual operation, automatize the complex component elements, reduce the failure rate of change trailer process, which has strong practical meanings in security and practicality.
Keywords: Automatic for hanging system; Pick hang; Then linked; safety; Practicality

0　引言

甩挂运输作为一种先进的道路货物运输模式，是基于牵引车与半挂车辆合理调度的运作模式[1-2]。牵引车头与半挂车结合与分离（简称接驳）是完成一次甩挂运输成败的关键环节之一。在甩挂运输中，换挂环节要求实现快速、安全、可靠的结合与分离。本文基于换挂这一核心问题，设计了一种牵引车与半挂车自动换挂新系统，以便能够实现安全、快速的换挂。自动换挂系统是由传统模式向自动模式的转变，是人工化向高效化、自动化的发展[3]。

国外学者很早便着手牵引车自动换挂系统的研究，是卡车无人驾驶项目的一部分，并多次开展无人驾驶试点。在自动换挂过程中，无人驾驶的卡车依托雷达传感器和 GPS 技术对场站周围情况进行的监测、识别。车身所安装的立体摄像头可辨别、对比相应物体，精确测量间距。牵引车头底盘安装着磁传感器，通过感知换挂场所设有的永久性磁铁进行行驶方向的控制。信息传导系统将采集的信息传递给主控电脑，各传感器与主控电脑依托无线信号传递进行匹配连接。主控电脑依据自身设定的程序进行分析，得出该场站所处情况下运行的合适路线，在 GPS 导航定位下，依据既定线路、磁传感器对方向的控制下进行车辆的自动行驶。当无人驾驶的牵引车运行到既定的工作点时，GPS 依据对牵引车的定位反馈到主控电脑进行换挂条件判断，依据高精度的 GPS 地理位置数据开始进行自动换挂的操作[4]。国外的自动换挂系统适用于空旷、宽阔的场站和道路，避免对于信号的阻挡和传输，规格标准相同的车辆便于主控电脑的判断，并不适应于我国目前甩挂运输场站的运输环境。

1　现阶段甩挂牵引车挂车接驳过程分析

1.1　甩挂牵引车与挂车摘挂现状

现阶段牵引车摘挂过程主要依靠司机的经验。如图 1，牵引车牵引半挂车驶入场地，开始摘挂。按下摘挂

作者简介：赵鲁华，女，山东科技大学，博士，研究方向为交通运输规划管理。

的操纵杆，推进高速挡的挡位，匀速转动手柄，使支撑装置快速下降直至接触地面。然后改至低挡位，缓慢转动手柄，使支撑装置与地面牢固接触且牵引销下平面大约高于牵引鞍座上平面的 5～10mm，将操纵杆置于钩槽内[5-6]。司机下车，首先断开电路系统（电器、ABS 连接插头），并断开牵引车与挂车连接的两根气管（红色为控制管路，黄色为供气管路）接头。此时，司机将牵引车头缓缓开出，实现与半挂车的分离。

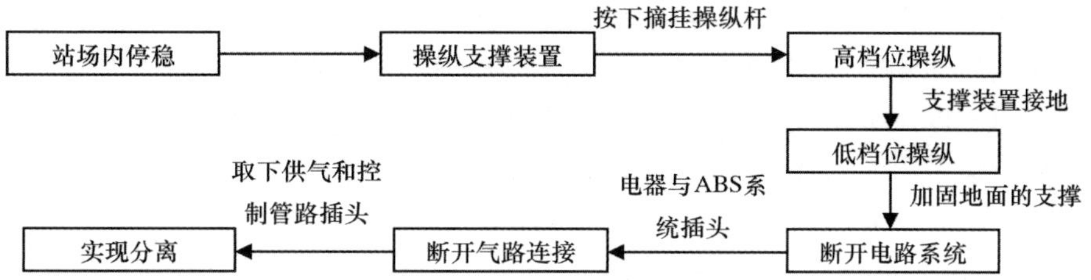

图 1　现阶段甩挂运输摘挂流程图

1.2　甩挂牵引车与半挂车接挂现状

如图 2，首先检查牵引座板面是否存在异物，操纵操作杆，使锁止块呈现张开状态，为衔接做好前提准备。操纵支撑装置，降低牵引销高度，大约低于牵引座上平面 10～30mm。为保证驻车的制动性，调整制动气室螺母，将气排到空气中。然后缓慢倒退牵引车，直至牵引销经牵引座的 V 型口进入锁止机构，锁止块回位，此时牵引车与半挂车连接成功。将支撑装置收起，操纵杆置于锁止的钩槽内。将供气、控制管路分别接在相应的接头上，打开气路开关，向半挂车制动系统供气[7-9]。最后将电器和 ABS 系统接头连接。

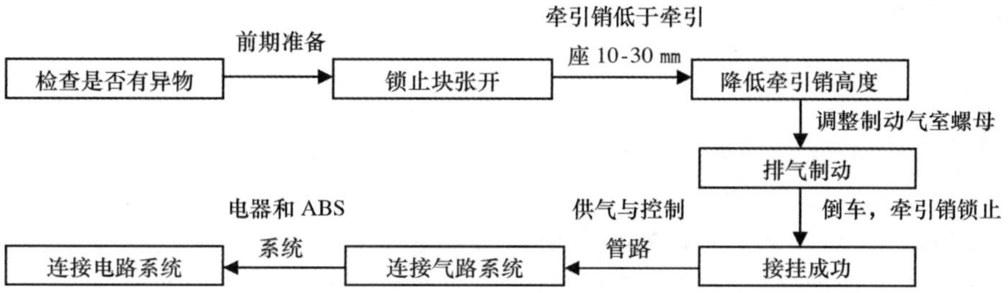

图 2　现阶段甩挂运输接挂流程图

1.3　现阶段换挂过程分析

车辆的技术条件是甩挂运输的基础条件，依赖人工经验的换挂系统，存在诸多事故隐患。

（1）换挂过程中，人工判断来纠正牵引销下平面与牵引座上平面的高度差，对支撑装置进行操作，存在较大的失误率。

（2）接挂时，需要保持缓慢车速，否则易造成对牵引车鞍座、牵引销以及支撑腿的冲击，致使损坏。车速对于不同驾驶员标准不同，造成事故的可能性也越大。

（3）接挂过程中，牵引车与半挂车中心线力求保持一致，偏差限于 40mm 以下。对于中心线的误差，凭人工经验把握，效率低下。

（4）完成各项工作后，驾驶员必需察看、判断挂车气压是否达到正常值，避免因气压不足，造成挂车轮胎抱死现象[8]。对于人工胎压的检测不准确，容易造成潜在的隐患。

2　甩挂牵引车与挂车自动换挂方案设计

现阶段，甩挂运输应用的手动换挂系统存在效率低下、依赖人工操作、安全系数低等问题；由于我国车辆总体不能达到统一标准、道路规划并不完善、高水平的自动化技术并不成熟等因素的限制，国外卡车无人驾驶的自动换挂系统并不是非常适用。因此针对我国现状提出了应用于甩挂牵引车与挂车自动换挂方案。

2.1　甩挂牵引车与挂车自动换挂方案设计

2.1.1　系统组成

自动换挂系统所遵循的根本原则是在挂车静止状态下，牵引车自动识别牵引销位置，在有限空间内自动与挂车进行换挂。自动换挂系统由 3 个控制模块组成：

挂车高度控制模块，由独立电源、高度测量仪（激光测距仪、高度传感器）、工控机（牵引车与挂车部件进行无线通信）、高度执行机构及其上安装的电机、电机控制器等构成。通过高度测量仪对换挂过程中牵引座上平面与牵引销下平面的高度差进行准确测量，判断是否符合条件。误差由电机带动高度执行装置对挂车高度进行调节。

牵引车自动驾驶模块，由安装于转向柱的转向电机、电机控制器、转向执行机构，安装于牵引车底盘中心线处的距离传感器、视觉传感器CCD，安装于发动机转速杆的转速传感器以及工控机和各种数据卡等构成。视觉传感器CCD对牵引车与半挂车中心线的偏差角度进行分析，判断中心线误差是否在允许范围内。若误差过大，则牵引车自动驾驶完成与挂车的中心线误差的校正[10]。

牵引座控制模块，由安装于V形口内侧的电机、电机控制器、压力传感器和工控机等构成。通过挂车信息的反馈完成锁止块的自动张开，进行对接时，通过压力传感器的信息反馈，将锁止块闭合，完成牵引车与半挂车的对接。

设计的基本思路是：工控机（整个系统的指派、分析、处理的核心，安装于驾驶室内部）在接受牵引车中心线底部的视觉传感器CCD获取的挂车信息（是否与牵引车前后对正），如图3所示。通过控制安装于方向柱上的电机控制方向柱，获取并控制发动机的转速，按照原设定的程序使牵引车自动矫正与挂车中心线角度的误差。高度传感器获取牵引座上平面和牵引销下平面的高度差信息。当高度差不满足误差的范围时，经信息反馈，工控机控制安装在挂车上的电机控制支撑装置矫正高度差。见图4。当中心线角度误差和高度差调整恰当后，通过牵引车与半挂车的距离传感器测量车头与半挂车的距离，固定发动机转速，自动倒车完成对接。

2.1.2 自动接挂的流程

如图5，按下自动接挂按钮，锁止块自动处于张开状态。控制单元下达指令给牵引车自动驾驶模块，应用视觉、距离等传感器分析半挂车位置。视觉传感器捕获挂车图像与自身内存的基准图像比较，分析、判断牵引车与半挂车的中心线是否处于成功接挂的误差范围内；若大于误差，则反馈信息于控制单元纠正角度范围。控制单元获取发动机转速，控制转向柱到规划的角度，自动完成矫正。达到对正后，控制单元发送指令给高度控制模块，高度传感器获取牵引销与牵引座的高度差，经反馈、分析，若在误差之外，支撑装置高度进行调整。一切完备下，控制单元控制方向盘与发动机转速实现对接，锁止块闭合，支撑装置自动完全收起，驾驶员手动连接电路、气路接头。胎压传感器自动反馈半挂车胎压。

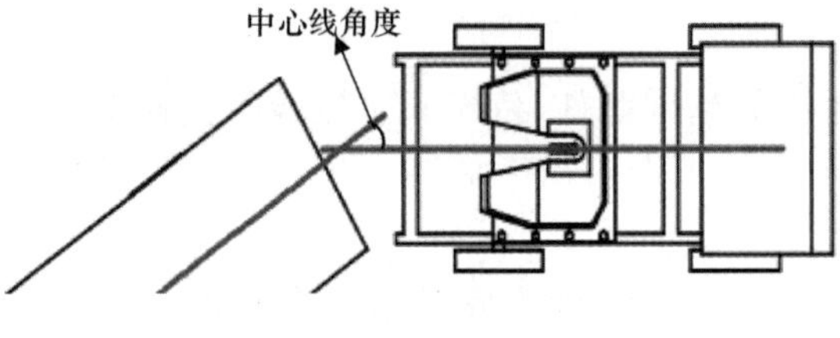

图3 视觉传感器验证中心线

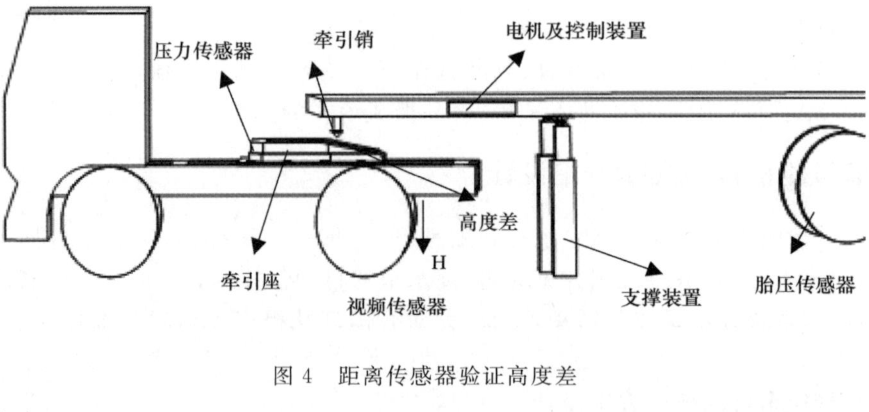

图4 距离传感器验证高度差

2.1.3 自动摘挂流程

如图6，进行摘挂前的准备（调整制动气室的螺母将气室推杆伸出）。按下摘挂按钮，控制单元下达指令给高度控制模块，将挂车支撑起（支撑装置以高速当下降，支撑腿底部压力传感器压力达到第一设定

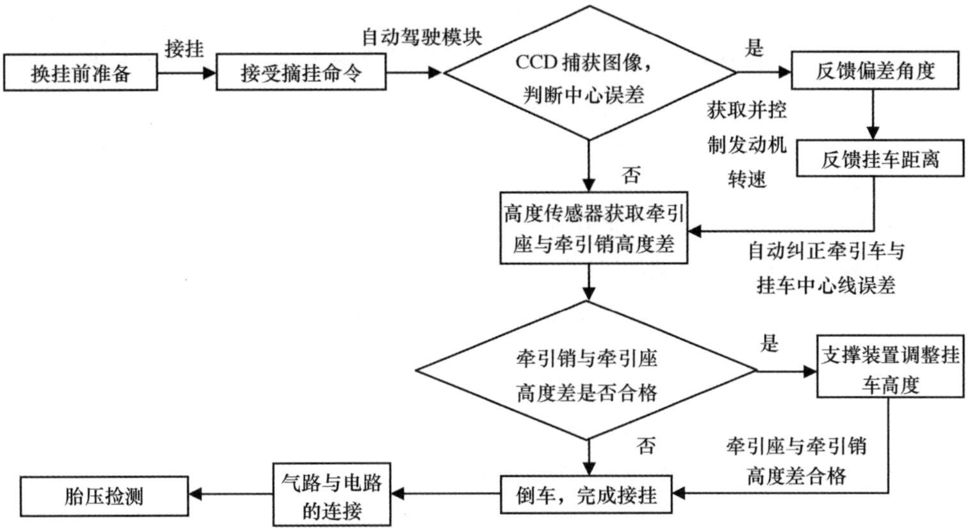

图 5　自动解挂系统过程

值，自动切换低速挡）。同时高度传感器测量牵引座上平面与牵引销下平面的高度差，并将信息（牵引销座板是否高于牵引鞍座的 5～10mm）反馈给控制单元。满足高度差要求时，高度控制模块停止，锁止块自动打开。此时，司机下车断开气管与电路连接，将牵引车与挂车分离。

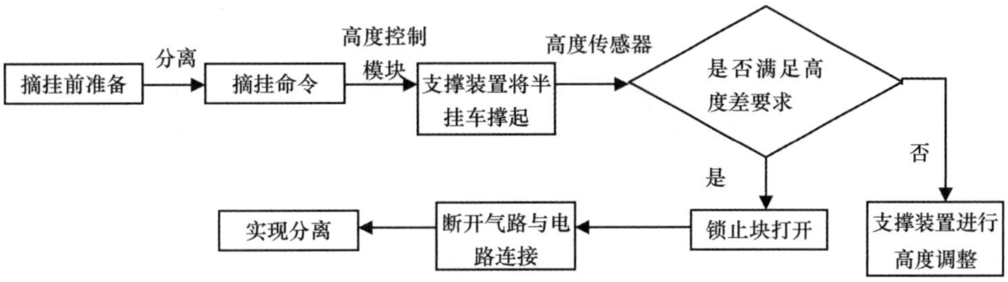

图 6　自动摘挂系统过程

2.2　关键技术方案

如图 7，自动换挂系统包含多项技术关键。

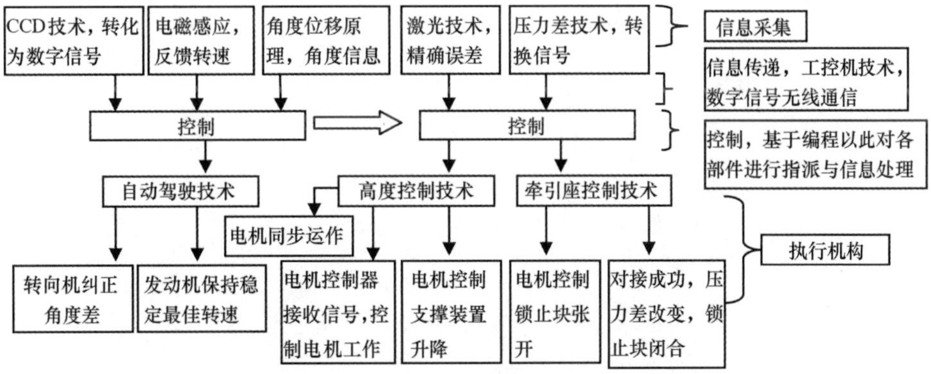

图 7　技术流程图

（1）基于工控机技术的数据动态交换，可实现控制单元与各部件之间的信息交互，进而完成自动换挂系统各项步骤依次进行[11]。

（2）CCD 技术，以高灵敏度和清晰的分辨率捕获图像，将光学影像转化为数字信号，可供处理、分析，测出牵引车头的中心线与挂车中心线的角度[12]。

（3）通过激光技术，精确分析出牵引销下平面与牵引座上平面的高度差，从而降低失误率。

（4）基于编程技术，将控制单元、挂车高度控制模块、牵引车自动驾驶模块和牵引座控制模块等部件构成系统网络。

（5）基于电磁感应技术、角度位移原理，识别、控制发动机转速，完成换挂过程自动纠正中心线偏差的自动驾驶。

(6) 通过压力差技术,对锁止块进行自动控制,反馈牵引销是否嵌入锁止块的信息。

3 结语

本文设计的自动换挂系统基于车辆自身结构,避免了外界因素的干扰,相比较卡车无人驾驶的自动换挂系统,更适用于我国的情况。且能够适用于不同的车型,安装简单、可靠,为自动化换挂系统的设计和调整提供了技术手段。本设计可提高甩挂牵引车与挂车换挂效率,促进甩挂运输的发展,并有利于促进我国卡车无人驾驶方向的进一步探究,加快公路货运行业自动化进程。

参考文献

[1] 李红启,常馨玉,朱晓宁.城际干线甩挂运输的公路牵引车调度问题及其求解[J].公路交通科技,2016(02):151-158.

[2] 董翰强.道路甩挂运输生产组织模式研究[D].西安:长安大学,2011.

[3] 孟庆龙.机械自动化的技术核心与制造模式探析[J].电子技术与软件工程,2013(10):169.

[4] 徐亚华,谢家举,谭小平.美国卡车货运及甩挂运输发展的经验与启示[J]. 交通建设与管理,2010:36-40.

[5] 刘喆君.集装箱自装卸半挂运输车总体设计及整车性能分析[D].吉林:吉林大学,2014.

[6] 于永成.汽车列车牵引座型式及牵引销标准[J].交通标准化,1981(05):17-20.

[7] 范宁宁.烟大滚装甩挂运输牵引车调度优化研究[D].大连:大连海事大学,2012.

[8] 郑艳东.半挂甩挂运输列车摘挂条件及操作规程[J].商用汽车,2012,04:67-68.

[9] 李红启, 高洪涛.甩挂运输操作技术与方法[M]. 北京:中国物资出版社,2012.

[10] 徐玲.基于 TCN 网络控制的列车驾驶单元模块的设计[D].浙江,浙江大学,2012(02).

[11] 徐讲,齐勇,王猛.基于工控机的电脑刺绣机控制系统的设计与实现[J].微计算机信息,2004(10):9-11.

[12] 靳晶.基于 CCD 的超高速扫描成像技术研究[D].中国科学院研究生院(西安光学精密机械研究所), 2015.

以时空间相依关连方式发展交通资料遗失后之插补程序

Spatiotemporal Dependencies Approaches for Developing the Missing Traffic Data Imputation Models

李 颖 王志纲 邱泓翔 田宜欣 张简诗盈

摘 要:车辆侦测器所记录之交通资料可能因当机、故障、通讯传输异常、断线或天候因素,导致缺漏的情形。此时,管理者即不易判断该方向之车流情形与执行合适的上游交管策略以纾解车流。本研究以高雄市"中正一路"为研究范围,考虑交通资料遗失形态分别提出从"时间相依"、"空间相依"等两方向进行交通资料插补模式建构。绩效评估结果,平均绝对误差率普遍低于15%,显示模式可提供准确的推估值以为插补使用。管理者可依资料遗失期间长短,选择适用的插补值推估计算方案。透过本研究开发之程序,可短期提供稳定可靠的交通资料,协助管理者判断车流状况与执行正确的交管策略。同时,亦能为设备维护单位争取时间,追查出资料遗失的原因并尽速改善设施与传输问题。

关键词:时间相依;空间相依;车辆侦测器;高雄

Abstract: Sometimes, the vehicle detector misses to record the traffic data because of breakdown, failure communication or weather interruption. This situation will lead the manager to misunderstand the traffic condition and implement the unsuitable strategies. This study developed the missing traffic data imputation models with three approaches, temporal dependencies, spatial dependencies and spatiotemporal dependencies. The traffic data were collected from vehicle detector installed at Chong-cheng road in Kaohsiung city. In model evaluation, the value of mean absolutely percentage error is lower than 15%. Based on the performance of model evaluation, the proposed procedures and models stably provide accurate estimated traffic data when real-time traffic data were missed. Traffic managers may refer the traffic patterns inputted by the estimated traffic data to implement the optimal strategy. Furthermore, these missing data imputation model assist traffic managers to have more time to investigate and solve the problem of data missing.

Keywords: temporal dependencies; spatial dependencies; vehicle detector, Kaohsiung

1 引言

先进者旅行者信息系统(ATIS),利用资料收集设备收集各类交通信息,经过分析处理转化为各项实时交通信息提供管理者与用路人决策参考,可有效提升运输管理效率与道路服务质量。

高雄市区道路目前以车辆侦测器(VD)为主要之交通资料收集设备,于主干道或景点主要联络道路上共布设221座。所记录的每分钟通过该路点之流量、速率及占有率,是交控中心进行路况分析、交控策略拟定及检讨的重要依据。然实务运作时,常发现车辆侦测器故障、通讯传输异常、断线或天候影响等,致所传回的资料有缺漏或异常。

以高雄市智慧运输中心实务管理上最常优先关注的路段区域"中正一路"为例。此路段为连接高雄市中心与凤山地区之主要干道,且为上下"国道"之车辆常用的连接道路。每逢平日上下午尖峰时段或连续假日,此路段东向车流涌现常导致塞车或路口回堵现象。因此,本研究以此重要路段"中正一路"为研究范围,从时间与空间等角度建构一套VD交通资料遗失后的资料插补程序,期望在资料遗失时,透过此一程序,可短期提供稳定可靠的交通资料,协助管理者判断车流状况与执行正确的交管策略。

作者简介:李颖,高雄海洋科技大学系供应链管理系助理教授。
王志纲,台北市交通安全促进会委员。
邱泓翔,水灵科技股份有限公司高级交通工程师。
田宜欣,水灵科技股份有限公司交通工程师。
张简诗盈,水灵科技股份有限公司项目工程师。

2 文献回顾

2.1 交通领域使用插补方法之相关研究

Chen et al. (2002)认为插补遗漏值前，必须先考虑现有侦测器资料是否符合车流运行的原则，因此该研究分成两阶段探讨遗漏资料插补法。第一阶段先侦测所得车流量与占有率两者关系，剔除不符合逻辑之资料；第二阶段，经剔除不符合逻辑资料后，该研究在认为待插补资料与邻近车辆侦测器资料间存有高度相关性的前提下故将同一地点不同车道以及上、下游所有车道侦测器视为邻近侦测器，分别求得待插补与各邻近点之回归关系式，最后取其中位数作为插补值。

Chen et al. (2006)以五种插补遗漏值的方法进行比较分析，包括：①历史平均法(HIST)系取同样资料的前一天和前一周资料插补；②时间插补法(TPI)系取遗漏值发生的前一时段与后一时段的平均值做插补；③空间插补法(SPI)系利用发生遗漏值之侦测器的上下游侦测器执行插补程序；④混合插补法(Hybrid)系将历史资料经过指数平滑法处理后，再以时间序列插补遗失值；⑤类神经网络(ANN)模仿人类神经运作方式，是以模仿人类神经系统，借由不断学习过程后建立插补遗失值的预测模式。该研究结果显示，运用混合插补法所取得之插补绩效最好。

汪进财与邱孟佑(2009)提出选取作处理遗失值之插补方式会因资料遗漏情境而异。该研究借由资料采集技术与回归分析两步骤来插补资料遗漏值，先以群集分析法对车辆侦测器历史资料做交通状态分类处理；再根据某侦测器所代表之次路段结合整体路段 ETC 之旅行时间来建立整体回归关系，并依照不同遗漏时窗多寡来选用不同插补方法，如历史均值法、移动平均法(MA)、分类回归树(CART)。实验结果显示当连续遗漏时窗数超过 10 笔时采用 CART 法可获得插补最佳绩效。

2.2 回归插补方法之相关研究

黄智建(2007)以车流理论为基础推估“国道”高速公路之旅行时间，该研究主要分成路段侦测器资料推估模式以及旅行时间推估模式。取用事后所得之上下游路段侦测器资料，利用多元线性回归法推算中间待插补侦测器的平均速率，随后将此估算结果进一步采用 Oh 模式推估路段旅行时间。实证分析上，先依研究范围分为有匝道与无匝道路段之两类群资料，并检视彼此间有无差异性，结果发现群集资料间无显著差异故予合并；另再用强迫进入法和逐步回归法建立推估模式，进阶分析出上下游 VD 与中间 VD 间确实具有线性关系，其中，又以一组或连续两组成对侦测器构建遗漏资料插补模式的效果最佳，且将由此推估模式所得之估算资料代入 Oh 模式中，可获得高精准度推估路段旅行时间之效用。

何聪儒(2009) 透过群集分析法将侦测器所收集到的流量、速度等资料依照相似度较高的交通量资料合并成一群集，再利用线性回归探讨此群集资料与探针车之间的关系。旅行时间推估方面将侦测器测到的流量、占有率，以及调查车经过侦测器之旅行时间，以流量、速度当作自变数，两 ETC 之旅行时间为应变数，代入群集线性回归模式推估旅行时间，再代入实际值进行验证，其结果显示出尖峰时段以 Chang 分群法绩效较佳，而非尖峰时段则是 k-means 分群法效果较好。

2.3 小结

由以上相关文献回顾得知，目前插补车辆侦测器遗漏资料的处理方式可概分为两个步骤，第一步骤为分群方式找出相似度较高的资料群集；第二步骤则是进行遗漏资料的插补模式建构，各种方法均有其适用的条件与资料形态。本研究以 Chen et al. (2002)概念，认为待插补 VD 与邻近 VD 具有相关性，故选择在同一时间下以中正路段上、下游侦测器为邻近侦测器进行交通资料之分类与插补动作。同时依车流资料之时、空间续进特性为基础，建立简单、快速且具明确因果推导关系之回归插补模式，利用得到之实时侦测速率插补遗漏值，并对推估绩效提出精确之补值，以增进插补结果可信度，使道路管理者能用完整补正资料立即研判路段交通状态。

3 研究范围与方法

3.1 研究范围

中正一路接近辅仁路口设有一车辆侦测器，其为中正路东向最接近“国道”一号中正交流道之车辆侦测器。高雄市智慧运输中心管理人员观测路况时，常仰赖此路口之车辆侦测器“中正辅仁”所记录的交通资料作为判断中正路沿线塞车程度依据。因此选定“中正一路”为研究范围，以“中正辅仁 VD1”为主要研究对象，自身 VD 与其上游 VD 为资料使用来源。

中正一路范围内各 VD 相对位置及距离如图 1 所示。其中，“和平中正 VD3”至“中正辅仁 VD1”相距 1.1 公里，“五福尚义 VD2”至“中正辅仁 VD1”相距 1.3 公里，“民族中正 VD4”至“和平中正 VD3”则相距 450 米。每座 VD 分别搜集 2015 年三周内各日的下午尖峰流量与速度资料，本研究初期为考量资料的完整性及稳定性，先排除气候与连续假日之影响，故资料搜集日符合晴天、非寒暑假或非连续假日条件。

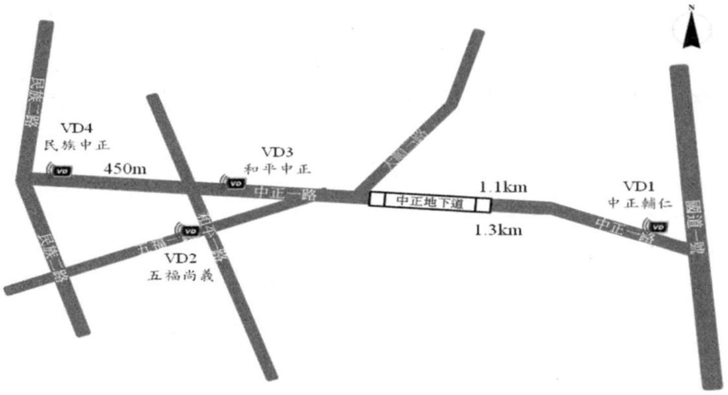

图 1　研究范围图示

高雄市智慧运输中心根据以往交管措施、时制调整之经验累积，将最靠近“中正辅仁 VD1”路口号志时制计划分组为周一至周四、周五、周六至周日共三组以因应不同周内日的车流情况。表 1 为调查范围内路口于不同日之时制计划，中正/辅仁与中正/和平为三组时制计划，中正/五福/凯旋为两组时制计划，五福/尚义则为一组。其中，因考量周六尖峰时间较长且较晚结束，而周日的尖峰无固定起讫时间，两日车流特性不同，因此于模式建构将分别周六、周日视为个别两组。

表 1　　尖峰 15—19 时时制计划表

路口名称	时间	时差	周期(时段)	西往东有效绿灯时间
中正/辅仁	周一－周四	40	120 秒(15－17 时)	57 秒
		45	180 秒(17－19 时)	105 秒
	周五	40	120 秒(15－16 时)	57 秒
		45	180 秒(16－19 时)	105 秒
	周六－周日	45	180 秒(15－19 时)	105 秒
中正/和平	周一－周四	50	120 秒(15－17 时)	59 秒
		55	180 秒(17－19 时)	114 秒
	周五	50	120 秒(15－16 时)	59 秒
		55	180 秒(16－19 时)	114 秒
	周六－周日	55	180 秒(15－19 时)	114 秒
中正/五福/凯旋	周一－周五	40	120 秒(15－17 时)	24 秒
		55	180 秒(17－19 时)	41 秒
	周六－周日	55	180 秒(15－19 时)	41 秒
五福/尚义	周一－周日	55	120 秒(15－19 时)	59 秒

3.2　研究工具

资料插补概念有“时间相依”插补与“空间相依”插补。“时间相依”插补是以时间序列概念，利用自身历史资料推估未来；“空间相依”插补则是以利用邻近上游设备所收集之资料以为插补之用。实务应用上，当短时间的资料遗漏并需立即性插补资料时，可优先考量使用自我插补，其优点为快速、实时。当资料遗漏已一段时间后，自身历史资料距离现况越来越久远，则可使用空间法进行较全面考量的插补。本研究使用移动平均与回归分析两演算工具，分别从“时间相依”与“空间相依”概念建构交通资料遗失时之插补模式。

3.2.1　移动平均(Simple Moving Averages)

本研究应用移动平均法(Simple Moving Averages)作为时间相依的运算。其计算公式如下：

$$MA=\frac{p_1+p_2+p_3+\cdots+p_n}{n} \tag{1}$$

其中，p 为资料，n 为期数。

3.2.2 回归分析(Regression Analysis)

本研究系利用线性回归分析寻找自变数与依变量之关系权重。确立权重关系后,未来即可利用车辆侦测器稳定搜集之速率资料推估出旅行时间提供用路人或管理者参考,将欲探讨的 VD 作为自变数,该 VD 的上游 VD 则作为因变量。回归模式建构公式如下:

$$Y=\beta_0+\beta_1 X_1+\beta_2 X_2+\cdots+\beta_n X_n \tag{2}$$

其中,β_n 为常数项,$\beta_1,\cdots,\beta_n$ 为系数,X 为自变数,n 为期数。

3.3 插补模式发展

本研究将所提出之各资料插补方案的概念、使用工具与应用资料整理如表 2 所示。

表 2　　研究方案简要说明

方法	自我插补	空间邻近插补	
方案	方案一	方案二	方案三
概念	时间相依	空间相依	时空相依
工具	移动平均	回归分析	移动平均回归分析
使用资料	原始资料	原始资料	移动平均资料

3.3.1 自我插补(方案一)

"自我插补"是以自我(self)车辆侦测器前期时阶资料作后期资料的推估,本研究将 5 分钟视为一时阶单位,考量以一时阶(5 分钟)可能易受到离群值影响,使用前两时阶(第 1 分钟至 10 分钟)以移动平均推估下一个时阶(第 15 分钟)资料、下两个时阶(第 20 分钟)资料,至第六时阶(第 40 分钟)资料,并比较推估值与各时阶实际值,评估其绩效,概念见图 2。

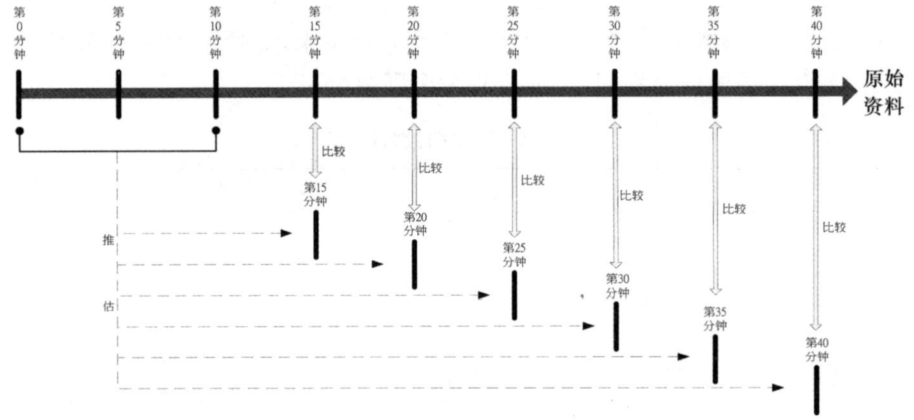

图 2　自我插补绩效评估示意图

表 3 为"自我插补"使用之公式,将相同的两期资料(第 5 分、第 10 分)以平均移动推估未来第 15 分、第 20 分、第 25 分、第 30 分、第 35 分、第 40 分。

表 3　　"自我插补"使用之公式说明

公式	符号说明
流量　$Q_t=\frac{1}{2}q_5+q_{10})$　(3) 速度　$V_t=\frac{1}{2}(v_5+v_{10})$　(4)	Q:流量(辆次/5 分钟) V:速度(平均速度/5 分钟) t:时间(t=15,20,25,30,35,40) q_5:第 5 分钟流量 q_{15}:第 10 分钟流量

3.3.2 空间邻近插补(方案二与方案三)

空间邻近插补是以空间上邻近(near)的 VD 相对关系位置讨论上、下游影响关系。因此当下游 VD 有资料遗漏时,可采用邻近的上游 VD 资料插补,本研究"空间邻近插补"概念见图 3。方案二以侦测器所提供的原始资料推估同时段的下游 VD(图 4),如当 VD1 资料遗漏时,可采用五福尚义 VD2 与和平中正 VD3 的同步时间原始资料建构回归式推估。当和平中正 VD3 资料遗漏时,亦可利用民族中正 VD4 建构回归式推估。方案三则是先以时间相依概念推估第 15 分钟后的交通资料再利用回归公式以空间邻近插补方式插补下游的交通资料(图 5)。方案二与方案三之公式归纳于表 4。

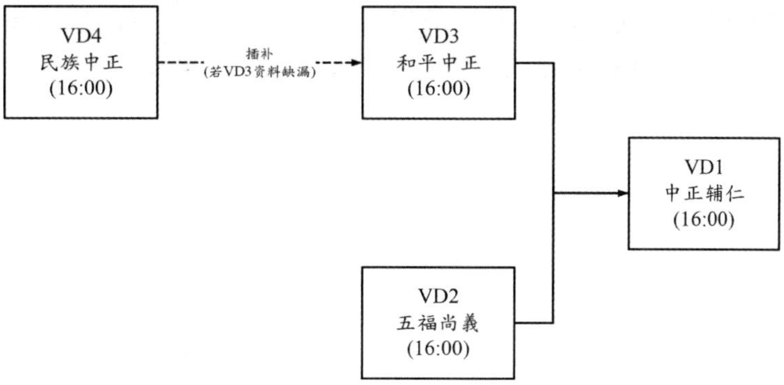

图 3　空间邻近插补对应图

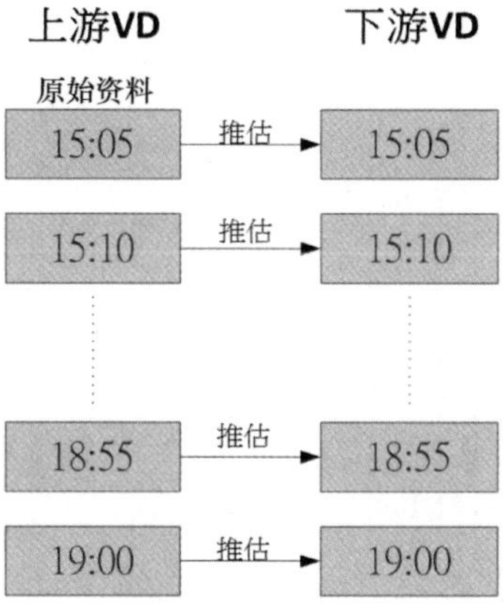

图 4　方案二推估示意图

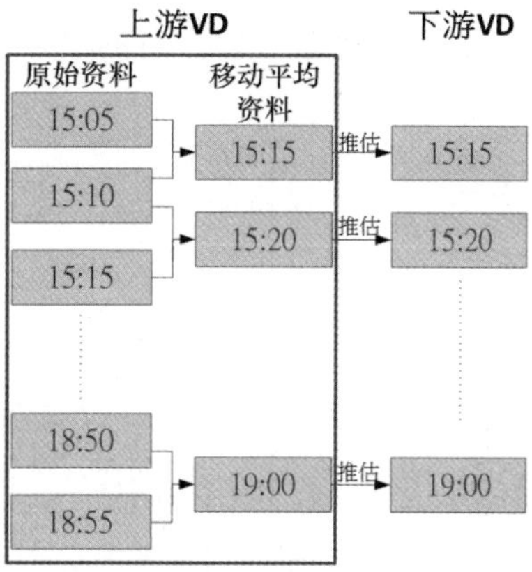

图 5　方案三推估示意图

表 4　　**空间邻近插补使用之公式说明**

方案	使用资料	公式
方案二	原始资料	$Q_t^{VD1}=\beta_0+\beta_1 q_t^{VD2}+\beta_2 q_t^{VD3}$　(5) $V_t^{VD1}=\gamma_0+\gamma_1 v_t^{VD2}+\gamma_2 v_t^{VD3}$　(6) $Q_t^{VD3}=\beta_3+\beta_4 q_t^{VD4}$　(7) $V_t^{VD3}=\gamma_3+\gamma_4 v_t^{VD4}$　(8)
方案三	移动平均资料	$Q_t^{VD1}=\beta_0+\beta_1\times\frac{1}{2}(q_{t-5}^{VD2}+q_{t-10}^{VD2})+\beta_2\times\frac{1}{2}(q_{t-5}^{VD3}+q_{t-10}^{VD3})$　(9) $V_t^{VD1}=\gamma_0+\gamma_1\times\frac{1}{2}(v_{t-5}^{VD2}+v_{t-10}^{VD2})+\gamma_2\times\frac{1}{2}(v_{t-5}^{VD3}+v_{t-10}^{VD3})$　(10) $Q_t^{VD3}=\beta_3+\beta_4\times\frac{1}{2}(q_{t-5}^{VD4}+q_{t-10}^{VD4})$　(11) $V_t^{VD3}=\gamma_3+\gamma_4\times\frac{1}{2}(v_{t-5}^{VD4}+v_{t-10}^{VD4})$　(12)
符号说明		Q:流量(辆次/5 分钟) β_0,β_3:流量之常数项 β_1,β_2,β_4:流量之系数项 V:速度(平均速度/5 分钟) γ_0,γ_3:速度之常数项 γ_1,γ_2,γ_4:速度之系数项 *VD*1:中正辅仁 *VD* *VD*2:五福尚义 *VD* *VD*3:和平中正 *VD* *VD*4:民族中正 *VD* t:时间(方案二从第 5 分钟开始、方案三从第 15 分钟开始,资料每 5 分钟更新一次)

3.4 模式评估

推估或预测课题常采用平均绝对误差率(MAPE)评估模式绩效,用以作为预测模式优劣之评估指标,MAPE 值若越接近 0 表示估计效果越佳。Lewis(1982)提出 MAPE 相关评估标准小于 20 可归类为优良的推估/预测。其计算公式如下所示:

$$MAPE=\frac{1}{N}\sum_{K=1}^{1}\left|\frac{x(k)-x'(k)}{x(k)}\right|\times 100 \tag{21}$$

其中,$x(k)-x'(k)=\varepsilon_k$

$x(k)$:实际值;

$x'(k)$:推估值;

N:样本数;

ε_k:随机样本。

3.5 研究流程

归纳前述所提之研究概念与各方案的具体做法,整理本研究之流程架构见图 6。

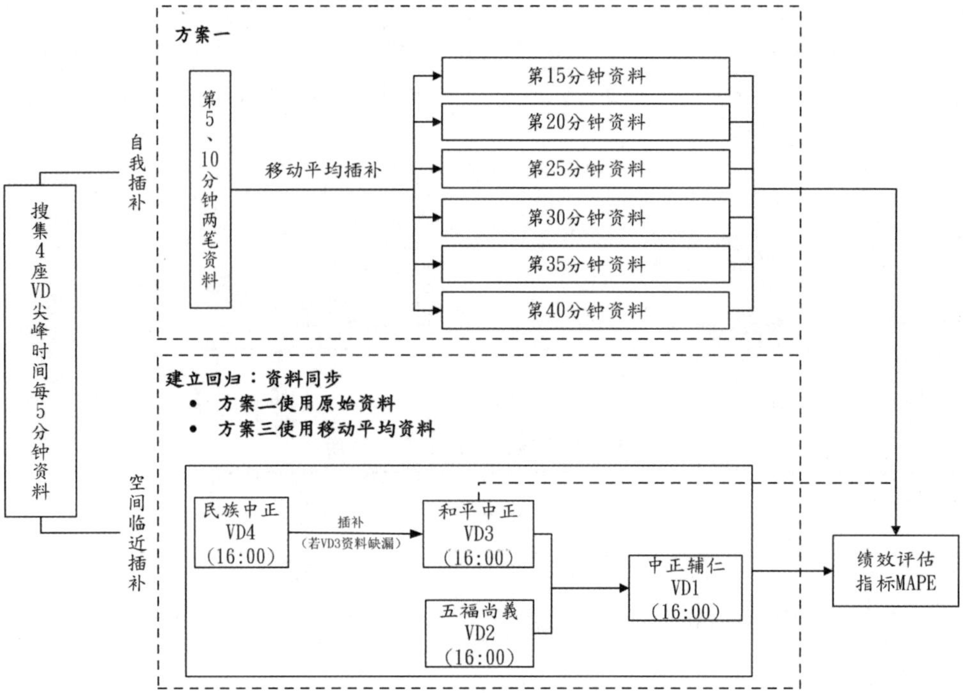

图 6 研究流程图

4 结果分析

4.1 自我插补结果分析(方案一)

中正辅仁 VD1 以自我插补后,发现流量为推估第 25 分钟绩效最佳,速度为推估第 15 分钟绩效最佳,但另外也发现将相同资料推估其他时段的绩效皆差异不大。此外,比较推估不同时期的绩效,发现 25 分钟后之误差虽较 25 分钟前之误差增加,但未持续扩大,误差呈现稳定状态,表示自我插补用于推估中正辅仁 VD1 的流量结果绩效优良,速度则属于准确推估结果。

4.2 空间邻近插补结果分析(方案二与方案三)

依据路口的时制计划分组类别,以及实际观察周六与周日的旅次特性差异,分别为周一至周四、周五、周六、周日建构四组回归式。

本研究利用 2015 年 9 月之资料进行模式建构与系数校估,再将 2016 年 3 月中为晴天、无特殊假日之一周资料代入,并以 MAPE 评估模式的推估绩效。以两支上游五福尚义 VD2 及和平中正 VD3 估算同步的中正辅仁 VD1 资料,各回归式之变量及 MAPE 表现见表 5,大致可归纳出以下结果:

(1) 流量系数值观察,发现各组别中 β_2 皆显著,说明和平中正 VD3 车流对中正辅仁 VD1 有显著影响,表示中正辅仁路段的交通量与上游和平中正路段的交通量有显著影响关系。β_1 仅在周五表现显著,在其他组别表现不显著，显示五福尚义 VD2 在周五对中正辅仁 VD1 亦有显著影响，表示中正辅仁路段的交通量仅在周五时受上游五福尚义路段的交通量影响显著，其余时段可忽略五福尚义的车流影响。于流量绩效指标观察，发现流量于周一至周四、周五，是以方案二表现优良，而周六、周日部分，方案二与方案三的绩效表现结果同样优良。

(2) 速度系数值观察，发现 γ_2 在周一至周四、周六显著，说明和平中正 VD3 速度对中正辅仁 VD1 有显著影响，表示中正辅仁路段速度与上游和平中正路段速度有显著影响关系。γ_1 仅在周六表现显著，在其他组别表现不显著，表示中正辅仁路段速度在周六时受上游五福尚义路段速度影响显著，其余时段可忽略五福尚义速度影响。周五与周日则仅有常数项显著，系数皆不显著，研判可能尖峰时段速度可能趋于一定值。速度绩效指标观察，发现速度表现周日以方案二表现最为准确，周一至周四、周五、周六，以方案三的绩效表现结果较为准确。

表 5　　中正辅仁 VD1 模式参数汇整表

方案		方案二				方案三			
组别		周一至周四	周五	周六	周日	周一至周四	周五	周六	周日
流量	常数 β_0	65.30* (12.69)	47.24* (4.74)	77.06* (6.57)	90.89* (7.04)	50.43* (9.45)	29.46* (2.86)	74.20* (6.87)	101.81* (7.94)
	五福尚义 β_1	0.12* (2.25)	0.37* (3.68)	0.06 (0.58)	−0.10 (−0.98)	0.10 (1.94)	0.21* (2.07)	0.12 (0.98)	−0.14 (−1.22)
	和平中正 β_2	0.79* (17.99)	0.78* (10.24)	0.77* (7.82)	0.69* (6.57)	0.93* (20.69)	1.06* (13.41)	0.75* (7.32)	0.62* (5.68)
	MAPE(%)	13.6	16.7	12.4	13.5	13.8	17.2	12.4	13.5
速度	常数 γ_0	37.94* (22.40)	41.40* (11.01)	26.43* (6.38)	46.71* (6.58)	33.99* (19.71)	36.22* (9.45)	19.44* (4.45)	48.88* (5.76)
	五福尚义 γ_1	0.01 (0.86)	0.03 (1.71)	0.07* (3.04)	0.02 (0.46)	0.01 (1.14)	0.03 (1.58)	0.09* (3.79)	0.03 (0.74)
	和平中正 γ_2	0.13* (3.06)	0.02 (0.17)	0.34* (3.40)	0.11 (−0.61)	0.22* (5.11)	0.14 (1.51)	0.48* (4.51)	−0.17 (−0.83)
	MAPE(%)	2.6	8.2	2.4	7.6	2.5	7.8	2.3	7.7

注 1：* 表示该变量项显著影响；
注 2：括号中数值为 T 值

以民族中正 VD4 推估和平中正 VD3 同步资料，各回归式之变量及 MAPE 表现如表 6 所示，大致可归纳出以下结果：

(1) 流量系数值观察，发现各组 β_1 皆显著，说明民族中正 VD4 车流对和平中正 VD3 有显著影响。表示和平中正路段的交通量与上游民族中正路段的交通量有显著影响关系。于流量绩效指标观察，发现流量于周一至周四、周五两组，是以方案二表现优良；而周日部分，以方案三表现较好，其绩效结果属合理范围；周六推估结果在方案二与方案三都表现无差异，且都为优良表现。

(2) 速度系数值观察，发现 γ_1 于方案二的周五表现不显著，其他组别则皆有显著影响，然而 γ_1 系数值皆小于 0.1，说明虽然民族中正 VD4 对和平中正 VD3 之车流有影响但影响不大，而周五时段可忽略五福尚义速度影响。于速度绩效指标观察，发现速度表现于周六以方案二表现最为准确，其他组在两方案的绩效表现上并无差异，且皆属准确表现。

表 6　　和平中正 VD3 模式参数汇整表

方案		方案二				方案三			
组别		周一至周四	周五	周六	周日	周一至周四	周五	周六	周日
流量	常数	74.25*	64.81*	65.59*	62.60*	75.51*	75.51*	62.25*	61.75*
	β_0	(19.46)	(17.09)	(19.10)	(18.36)	(19.35)	(19.35)	(18.33)	(18.13)
	民族中正	0.44*	0.56*	0.53*	0.56*	0.42*	0.42*	0.53*	0.58*
	β_1	(9.42)	(12.25)	(12.39)	(13.09)	(8.91)	(8.91)	(12.05)	(13.35)
	MAPE(%)	17.7	16.4	18.7	33.1	17.7	16.9	18.7	33.0
速度	常数	40.83*	41.21*	40.56*	40.46*	40.66*	40.03*	40.02*	39.89*
	γ_0	(99.11)	(111.36)	(82.48)	(86.20)	(2.52)	(120.5)	(85.62)	(90.95)
	民族中正	0.03*	0.02	0.04*	0.04*	0.03*	0.02*	0.05*	0.05*
	γ_1	(2.58)	(1.87)	(2.87)	(3.26)	(3.20)	(2.60)	(4.19)	(4.82)
	MAPE(%)	1.8	3.4	3.4	2.3	1.8	3.4	4.2	2.3

注 1：* 表示该变量项显著影响；

注 2：括号中数值为 T 值

4.3　小结

依据分析结果，推估流量与速度方面，发现以方案一最为简便，方案二与方案三之绩效表现则差异不大。其中方案三基于交通波考量，但从研究结果中发现其表现并无太大差异，推测可能因交通环境，上下游 VD 之距离小于所推估的时间差（5 分钟），此时上游 VD 所侦测的车队已通过下游 VD，因此本研究之观测路段不需考虑交通量递移的影响。

在研究结果发现“中正辅仁 VD”与“和平中正 VD”相距 1.1 公里，与“五福尚义 VD”1.3 公里，在距离上并没有相距太大，但在模式建构时，发现和平中正 VD 在每个组别大多显著，五福尚义 VD 较少显著，且五福尚义 VD 的显著组别并无规律，推测插补资料的准确度与距离较无相关。

此外，从交控人员角度，需分析资料面对资料遗漏的情况下，方案一可作为优先采纳插补资料的选择，具有实时、易操作且准确等优点，但其缺点是资料遗漏若较为长期，则该方法无法有效预测未来流量，此时需要透过邻近 VD 资料进行插补下游 VD，则可考虑方案二与方案三。

5　结论与建议

5.1　结论

（1）本研究参考号志时制运作时机的区别，配合管理单位之实务经验，作为区隔平假日模式建构之依据。从平假日各模式绩效评估结果显示，如此的区分方式，尚属合适交通资料插补模式建构使用。

（2）本研究的“自我插补”是利用 VD 自有的前期历史资料进行资料插补。“空间邻近插补”是利用上游邻近的 VD 之交通资料进行资料插补。依前述两种概念所建构的资料插补模式，皆可提供准确的插补值。因此管理者可视资料遗失形态选择适用的模式与方案。例如，VD 资料遗失的初期可选择使用“自我插补”之方案。但随着时间过去，VD 自有的历史资料越来越久远，与实时现况之差距可能越来越大，此时可选择使用“空间邻近插补”之方案。

（3）当资料遗失 40 分钟以内，以“自我插补”所插补之交通资料，仍能呈现优良的效果。

（4）以“空间邻近插补”对“中正辅仁 VD1”进行交通资料插补时，虽然整合使用中正一路上游与五福一路上游之交通资料，但仍以中正一路上游之交通资料具有较高关联的影响。

（5）经过完整的绩效评估后，本研究所构建之程序与方法可提供交通管理单位于交通资料短中期遗失时使用。亦可为其他有使用交通资料之研究课题降低所选用资料质量不稳定的风险。

5.2　建议

（1）有鉴于市区道路环境较不稳定，因此在演算过程中可考虑可能影响插补绩效的变量，如天气、事故、车流量等，或与原始数据有相关联性的因子，以提高后续插补之绩效。

（2）本研究以 5 分钟为时间单位考量交通波递移关系，但从“空间邻近时间递移插补”所发展模式方案的绩效评估结果显示，未能掌握交通波的递移关联。后续研究可同时考量号志变化影响，调整所搜集交通资料的使用单位，分别实验出平假日最佳的时间单位，以期能够确实反应交通波的递移于交通资料插补模式中。

参考文献

[1] Lewis, E. B. Control of body segment differentiation in Drosophila by the bithorax gene complex, Embryonic Development, Part A: Genetics Aspects[R]. Edited by Burger, M. M. and R. Weber. Alan R. Liss, New York, 1982, 269-288.

[2] Little, R. J. A. ,Rubin, D. B. Statistical analysis with missing data[M]. New York: John Wiley & Sons,1987.

[3] 陈信木，林佳莹. 调查资料之遗漏值的处置——以热卡插补法为例[J]. 调查研究，1997，3：75-106.

[4] 邱皓政. 结构方程模式：LISREL 的理论、技术与应用[M]. 台北：双叶书局，2003.

[5] Chen, C. , Kwon, J. , Rice, J. , Skabardonis, A. and Varaiya, P. Detecting Errors And Imputing Missing Data For Single Loop Surveillance Systems[R]. Transportation Research Board January, Washington, D. C. 2002.

[6] Chen, M. , Xia, J. X,Liu, R. F. Developing a Strategy for Imputing Missing Traffic Volume Data[J]. Journal of Transportation Research Forum, 2006, 45(3): 57-75.

[7] 邱孟佑，汪进财. 以交通状态为基础之遗漏值补正策略[C]台湾运输学会第二十四届学术论文研讨会论文集，2009：239-270.

[8] Sen, A. , Thakuriah, P. V. , Zhu X. Q. , and Karr A. Frequency of Probe Reports and Variance of Travel Time Estimates[J]. Journal of Transportation Engineering, 1997,123 (4), 290-297.

[9] Kwon, J. , B. Coifman, and P. Bickel. Day-to-Day Travel-Time Trends and Travel-Time Prediction from Loop-Detector Data[J]. Transportation Research Record: Journal of the Transportation Research Board,2000, 1717:120-129.

[10] Zhong, M. , Lingras,P. and Sharma, S. (2004), "Estimation of missing traffic counts using factor, genetic, neural, and regression techniques[J]. Transportation Research Part C, 2004, 12: 139-166.

[11] 黄智建. 车辆侦测器不完整信息推估旅行时间之研究[D]. 台湾：逢甲大学，2007.

[12] 蔡美蓉. 格位转换模式(CTM)之实证——以中山高速公路为例[D]. 台湾：逢甲大学，2008.

[13] 何聪儒. 利用群集分析与线性回归推估高速公路旅行时间之研究[D]. 台湾：台湾交通大学，2009.

基于物联网的铁路危险货物罐车监控系统研究

The Design of Railway Dangerous Goods Monitoring System Based on IOT Technology

孙　玮

摘　要：罐车运输是我国铁路危险货物运输的重要组成部分，但是在实际生产过程中还存在着诸多难题，例如：货物实时状态无法检测，运输全程存在监控盲点等。要使运输过程更加可靠高效，必须建立一套监控机制，实现运输环节由"人控"向"机控"的转变。

物联网是一种覆盖了传感器、RFID、智能控制、终端设计和系统集成等诸多领域的先进技术。通过这种技术，可以对货物实时定位，对货物的状态参数进行采集、传输和处理，对险情做出预警。

文中首先研究了铁路危险货物罐车运输的安全现状，归纳了安全监控的关键因素。随后，探讨了使用物联网技术构建系统的可行性。最后，构建了车载监控子系统的总体架构，设计了系统的功能模块和用户界面。

关键词：危险货物；罐车；物联网；监控系统

Abstract: Transportation of railway tank cars is an important part of railway dangerous goods transportation in China, but there are still many problems in actual production process, such as: goods real-time status cannot be detected, existing monitoring blind spots, etc. Therefore, the author proposes that it is necessary to establish a set of targeted monitoring mechanism to thoroughly eliminate hidden dangers, transforming the way of monitor link from "human control" to" automatic control ".

IOT(Internet Of Things) is a concepts of technology ,which covers the sensor, RFID, communication engineering, intelligent control, terminal design, system integration and many other fields of advanced. So, there will have great prospect when IOT is applied to the monitoring of the dangerous goods.

In this paper, the author firstly studied the safety situation of the railway dangerous goods tank cars, summarizes the key factors of safety monitoring. Then, this paper discussed the feasibility that IOT technology applied to the monitoring system. Finally, the paper established the monitoring system's general structure and network structure, designed the system's function and user interface.

Keywords: dangerous goods; tank cars; IOT; monitoring system

1　引言

通俗地讲，物联网是一个通过信息技术将各种物体连成网络以帮助人们获取这些物体信息的东西，英文名为 IOT，即 Internet Of Things。

我国政府正在着力突破传感网和物联网关键技术，并将物联网列入五大必争产业制高点之一。随着国内物联网事业的发展，物联网从一个实验室概念逐渐走进大众的视野。

当前，我国的铁路危险货物主要依靠罐车运输，其占总运输量的比重达到 85%以上，每年的运量接近 2 亿吨，涉及超过 1400 个办理站和 3600 余家企业。物联网技术对危险货物运输管理中的难题提供了解决方案。

因此，应用物联网技术，并结合长期以来在危险货物罐车管理工作中总结出的经验教训，对建立危险货物罐车的监控系统具有长远意义。

2　危险货物罐车安全运输现状分析

2.1　危险货物罐车运输特点概述

罐车运输具有一系列优点，例如：装卸方便、运输能力大；车体相对牢固严密，安全保障高；车体可用

作者简介：孙玮，现工作于天津南环铁路有限公司运输分公司，毕业于北京交通大学交通运输专业，学士学位。

作计量容器；不受恶劣天气影响，全天候运输；铁路网发达，覆盖面广。

但同时罐车的流动性强，运输跨度大，要经历不同环境的考验，全程监控管理难度大。另外，其承载货物具有较大危险性，一旦发生倾覆或者泄漏后果严重。

2.2　罐车运输安全事故分析

综合历年来发生的一系列事故，可以从中分析并总结出事故发生的常见情况及原因：

(1) 异常接触火源。

(2) 超装、超载的情况多发。

(3) 危险货物的包装不符合安全运输的要求，气密性、液密性不够。

(4) 车辆状况不佳。车种与所承载货种不符；车体超期服役、年久失修；扣修未修，检修过期。

(5) 车站作业违章。

(6) 押运人责任缺失。

(7) 危险货物的堆放保管不力，制度落实不到位。

2.3　运输监控系统监控要素

2.3.1　人的行为

(1) 作业前，车站货运员、专用线(专用铁路)运输员填写相关单据是否齐全，并进行了移交。

(2) 装卸工人是否具有合格资质、是否使用安全防护器材和佩戴安全护具。

(3) 押车人员是否在岗、是否具有押车资质、是否穿着劳动防护服、是否携带违规物品押车。

(4) 运输途中，是否有与罐车运输环节无关的路内人员或路外人员接近以及试图接触危险货物。

2.3.2　运输车辆

(1) 罐体。系统的主要监测指标为罐体外观缺损、内壁厚度、形变量、重量、罐内压力等参数，可以及早发现隐患并报警。

(2) 关键装置。系统存储有安全阀、液位计、温度表等装置的数量、性能、检修周期等正常数据的字典，可提示相关人员及时检修。

(3) 列车。货物列车的轨迹、编号、运行时速、载重量、机车运转时间、司机的状态可以实时反映在系统界面上，并将信息汇总给车载—站段—路局—总公司四级体系中。

2.3.3　货物状态

(1) 宏观状态。品名、所属单位、用途等数据从承运起已输入至系统。经停车站、在站停留时间等数据随着车列的重新集结编组而实时更新。

(2) 微观状态。系统采集液位、温度、压力、感光度、密度(浓度)、重心等微观物理参数信息，通过逻辑运算，将智能分析的结果传达给列车押车员和上级监控系统。

3　物联网核心技术应用分析

3.1　传感器技术

根据前文对系统需求的分析，监控系统需要对罐体以及货物的一系列状态参数进行监控，这就需要具有相应功能的传感器(图1)。

图1　传感器原理图

系统选用的传感器应具备以下特性：

(1) 化学性质稳定，不易被货物腐蚀破坏。

(2) 测量精度高，鲁棒性好。

(3) 成本低廉，标准化程度高，适应大范围推广。

(4) 体积小巧，便于安装，不会超限。

3.2　无线传感网络技术

无线传感器网络是由具有感知、处理和无线通信能力的微型节点通过自组织方式形成的网络(图2)。

一个典型的无线传感器网络结构应包括传感节点、汇聚节点、互联网节点、互联网或通信卫星和管理节点等。

图 2　无线传感网络结构图

3.3　RFID 技术

目前,RFID 技术已经在铁路运输行业广泛使用,最典型的例子就是车号识别系统(ATIS)。目前分布在全路的车号自动识别设备(AEI)已经连成了一个整体,可以为铁路运输管理信息系统(TMIS)和车辆等管理系统提供列车、机车、车辆标识等实时的动态信息。

3.4　物联网安全与隐私保护技术

传感器节点、电子标签等信息终端的广泛应用,大量的危险货物信息由传感器发出或者保存在电子标签中。

货物本身就具有极强的危险性,物联网设备就是作为安全装置使用的,然而当安全装置不再安全,那么运输过程的危险性就会"指数级"提升,所以这一问题必须得到重视与解决。

4　监控系统的总体设计

4.1　监控系统的设计目标

(1) 对每个环节进行自动审核,最大限度杜绝危险货物受理承运环节中的"违章"办理情况,实现由"人控"到"机控"的转变。

(2) 通过与其他货运信息系统的联网和数据共享,实现对目标货物的跟踪和预警,实现危险货物的全程管理。

(3) 用户界面直白,功能简单,操作方便简洁。

(4) 提升危险货物运输过程中的各项基础管理水平。

(5) 通过进一步扩大共享数据,实现与目前大多数货运信息系统的数据共享,降低目前系统的录入数据量。

4.2　监控系统的总体架构

4.2.1　系统架构

目前,对危险货物罐车的运输监控是"铁路危险货物运输安全监控系统"的一个重要组成部分。考虑到现有的三级监控体系已经比较成熟,所以作者认为应该在此基础上加入车载子系统并将原本属于三级体系中的一些功能移植到车载系统中,这样就构成了车载—办理站—铁路局—总公司四级监控体系(图 3)。

4.2.2　网络结构

原有三级体系采用局域网+广域网的网络拓扑形式。现在增加的车载子系统,因为采用了基于多信道传输的传感网络和 RFID 技术,所以网络拓扑形式更加多样,其网络结构见图 4。

5　车载监控子系统设计

其总体架构分为两部分——底层功能模块和顶层功能模块。底层功能模块是用户无法接触到的,它与设备层直接发生联系,承担着数据的采集、融合、传输和处理等系统基础工作。顶层功能模块是基于用户的,是可以在 PDA 终端上显示和操作的。其结构见图 5。

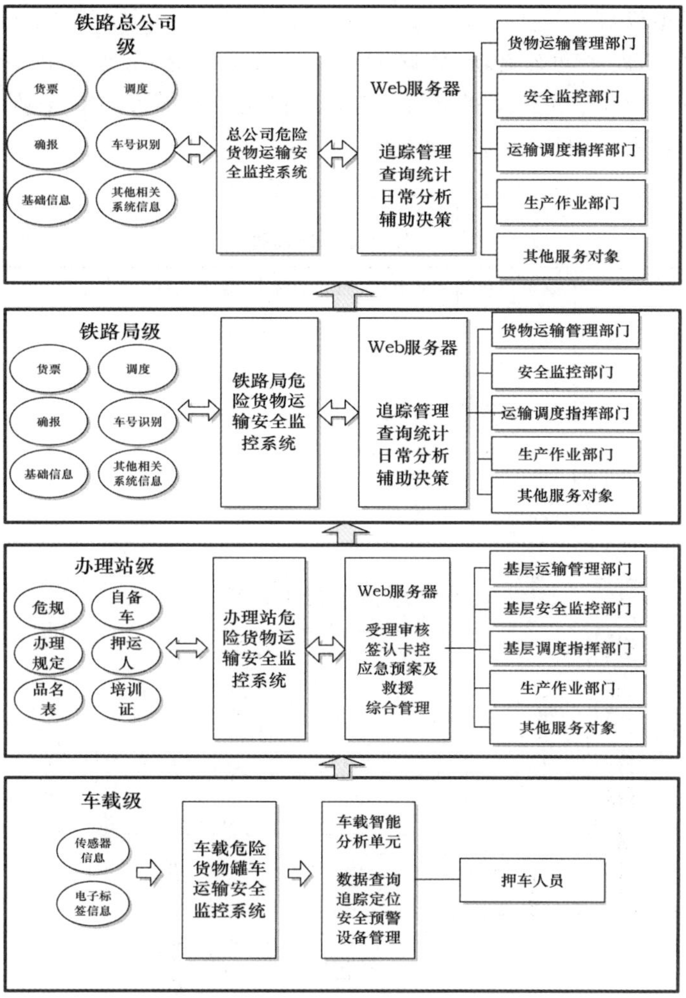

图 3 铁路危险货物安全监控系统架构图

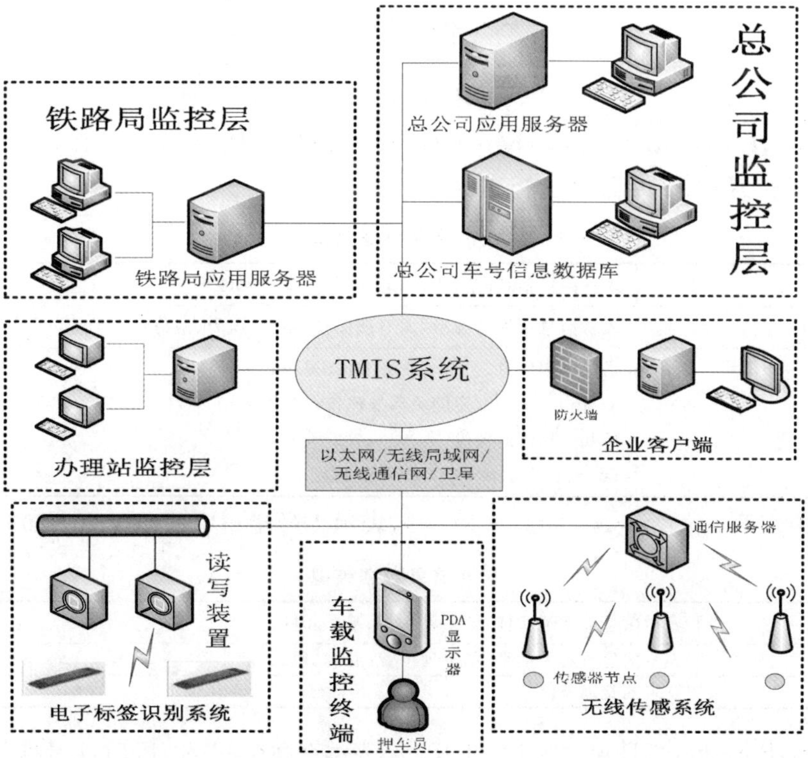

图 4 安全监控系统网络结构图

5.1 车载子系统数据模型设计

考虑到罐车的状态信息处于动态更新，数据量较大且来源广泛，必须寻找一种有效的数据存储与查询机制。XML(可扩展标记语言)因其可扩展性、结构化和简单易懂使其在数据的表达和交换方面得到广泛应用，因此建议在车载系统中使用这一技术。

这里简单设计了一个能描述服务信息、状态信息、查询信息的“三元组”数据模型(表1～表3)。

表1　　服务信息数据模型

Subject	表示信息描述的实体，如某辆罐车、某个元件
Predicate	表示信息所属的类型，如地理位置、温度、压力等
Object ＜Name，Relation，Value＞	描述详细信息，包含＜Name，Relation，Value＞ Name：数据的具体类型 Relation：几种常用的关系操作符(＜、＞、＝) Value：具体的数值 Object之间用AND、OR、NOT连接

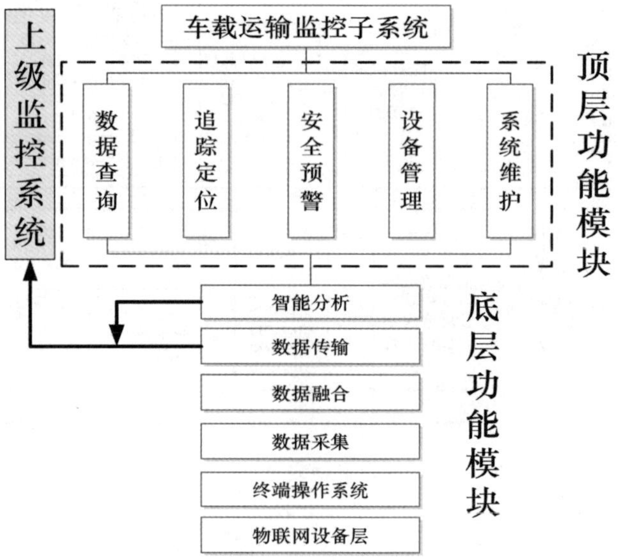

图5　车载运输监控系统子系统功能模块图

例如：(TankCar1，Location，＜DataType，＝，GPS＞ AND ＜Precision，＝10，＞)表示系统提供的服务是1号罐车的地理位置，数据类型为GPS，精度10m。

表2　　状态信息数据模型

Subject	表示信息描述的实体，如某辆罐车、某个元件
Predicate	表示信息所属的类型，如地理位置、温度、压力、液位等
State	描述详细信息，包含＜ Relation，Value＞ Relation：几种常用的关系操作符(＜、＞、＝) Value：具体的数值 State之间用AND、OR、NOT连接

例如：(TankCar1，Temperature，＜ ＝，－20 ＞)，表示1号罐车中的温度为－20℃。

表3　　查询信息数据模型

Subject	表示信息描述的实体，如某辆罐车、某个元件
Predicate	表示信息所属的类型，如地理位置、温度、压力、液位等
Condition	设定的查询条件

例如：(TankCar1，Pressure，＜Time，＝，10:33:15＞)，表示查询在10:33:15时，1号罐车的压力情况。

基于以上模型，车载监控系统的智能分析模块可以采用简单规则的推理方法。

例如：液氨罐车最高工作压力(罐体顶部的表压力)为2.037MPa，设计压力2.16MPa，设计温度为

50℃，空气中爆炸极限为15.7%～27%，最大允许浓度为30mg/m^3[12]。假设存在以下情景：

condition1＝(TankCar1，Pressure，＜ ＞，2.037＞)，

condition2＝(TankCar1，Temperature，＜＞，50＞)，

condition3＝(TankCar1，ExploitLimit，＜＞，15.7＞)，

condition4＝(TankCar1，Concentration，＜＞30＞)，

则系统进行判断：(condition1||condition2||condition3||condition4)＝险情出现。

5.2　车载子系统底层功能模块设计

• 数据采集：此模块在硬件上体现为汇聚节点，它将采集的相关参数转换为模拟电信号和数字电信号，并传输给智能分析模块。其工作流程如图6所示：

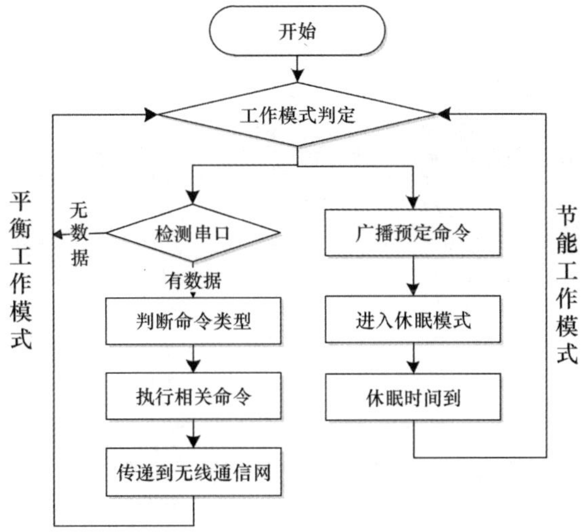

图6　数据采集模块工作流程图

• 数据融合：通过对底层数据进行处理，组合出更有效、符合用户需求的数据。

• 数据传输：这里的数据有两层含义，一是车载监控子系统的各个相关模块之间的数据交换，二是向上层监控系统的运输调度部门、安全管理部门和企业用户等提供罐车运行的实时信息(图7)。

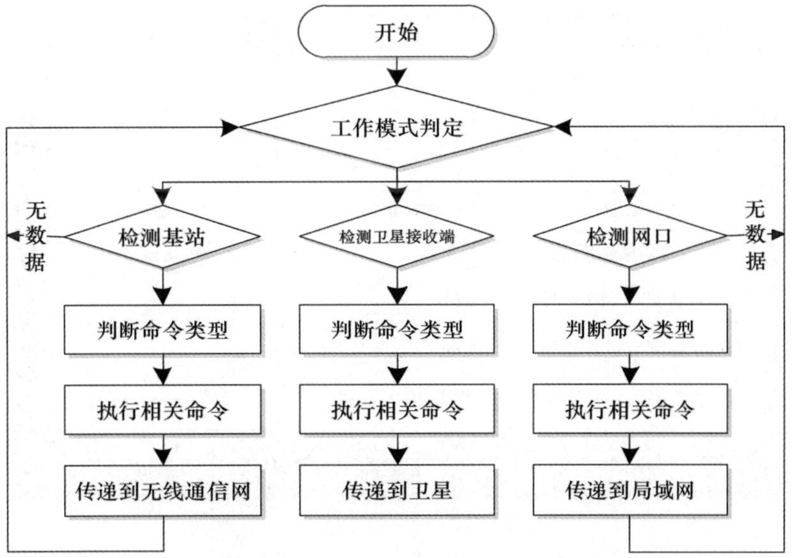

图7　数据传输模块工作流程图

• 智能分析：智能分析模块是车载子系统的“大脑”。它能及时判断危险货物罐车内温度、压力、气体成分的异常变化或安全附件破损等异常现象。如图8所示。

5.3　车载子系统顶层主要功能模块设计

5.3.1　数据查询模块

本模块的主要功能为信息的存储和查询，其中所涉及的信息包括：

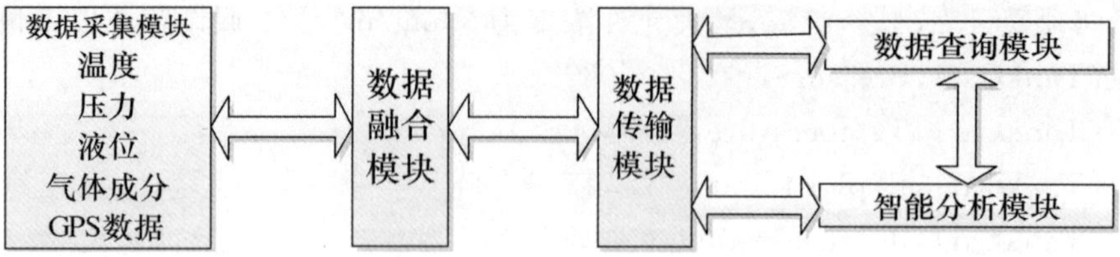

图 8　底层功能模块关系图

• RFID 电子标签所记录的货票信息，如车号、罐车型号、危险货物品名、所属单位、发到车站、在途办理车站、运行时间及经办人等信息。

• 车载传感器所记录的罐车实时状态参数，如温度、压力、液位和气体成分等。

• 具有一定时效的历史数据。

见图 9～图 11。

图 9　数据查询:详细信息界面图

图 10　数据查询:实时状态界面图

5.3.2　追踪定位模块

本模块主要依靠加载了 GPS 定位功能的传感器节点实现罐车的精准定位。通过传感器采集经纬度、速度、方位角的 GPS 数据，经串口传递至智能分析、数据传递和数据查询模块，完成数据的处理、发送、存储工作(图 12)。

5.3.3　安全预警模块

该模块主要根据智能分析模块对各传感器信息的分析结果，自动判断是否出现险情或出险概率大。

在这一过程中,车载 PDA 显示屏会将超安全上限的参数变红并闪烁、蜂鸣器也发出持续警报声(图 13)。

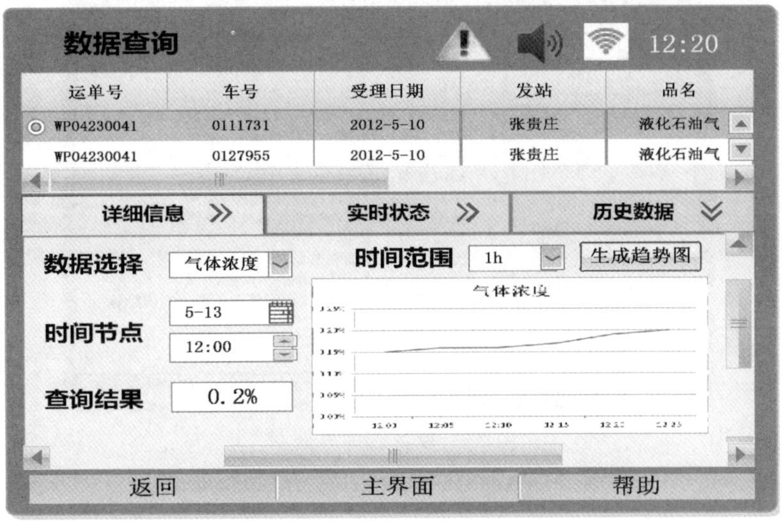

图 11　数据查询:历史数据界面图

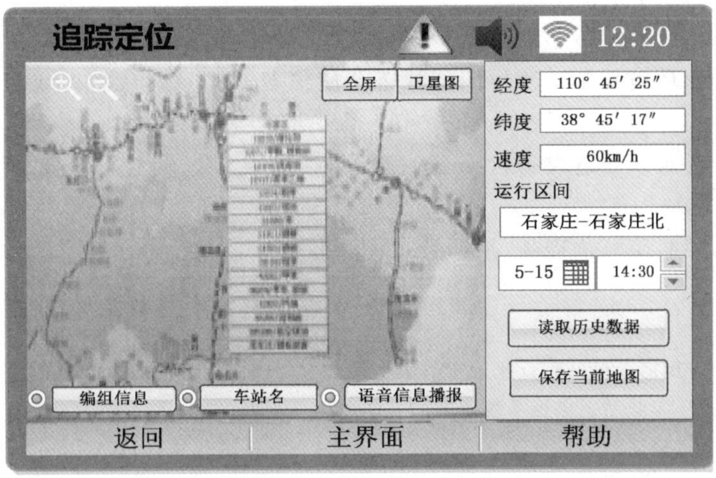

图 12　追踪定位界面图

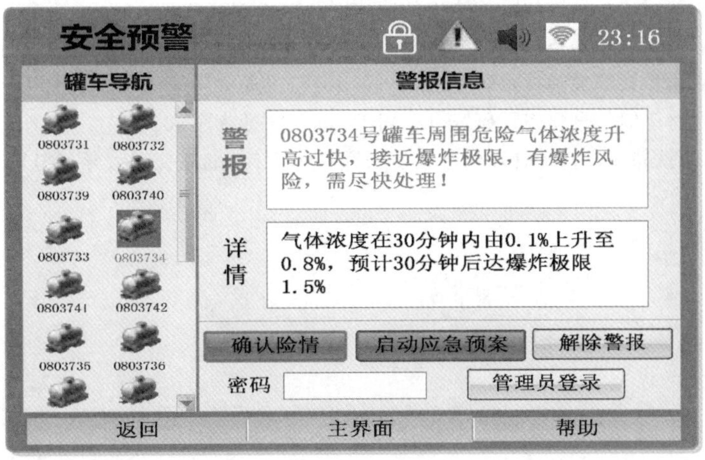

图 13　安全预警界面图

5.3.4　设备管理模块

本模块主要负责车载传感器节点以及电子标签等监控系统硬件设备的管理,通过此模块用户可以直接查看其详细信息和实时工作状态(图 14)。

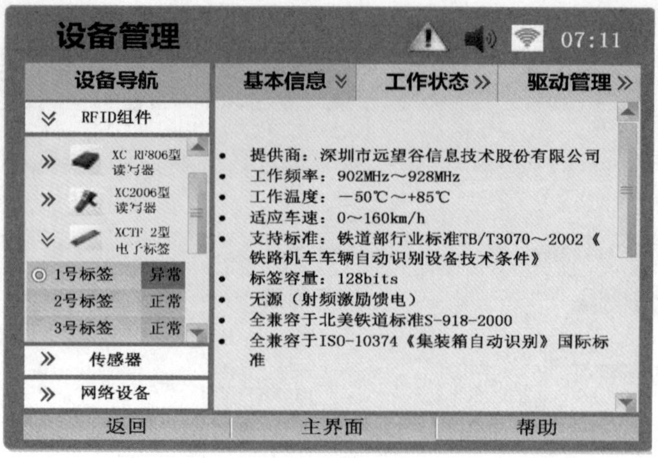

图 14 设备管理界面图

6 结语

车载监控子系统在系统构建上大量应用了物联网技术，是对铁路危险货物安全监控领域的一次革新，但是还面临着不少问题与挑战：

(1) 物联网技术尚不成熟。传感器节点在安全和稳定性方面尚需大量实验予以验证。

(2) 车载系统的外部环境复杂。实际工作状态会使很多元件暴露在室外或者与危险货物密切接触，经历诸多考验。

(3) 成本偏高制约普及。先进设备价格普遍较高，若要大量采购势必开支巨大，可能会延缓新系统的普及推广。

(4) 从业者的观念和素质有待提高，推广普及困难较大。

参考文献

[1] 陈海滢，刘昭. 物联网应用启示录——行业分析与案例实践[M]. 北京：机械工业出版社，2011：1-12.

[2] 海涛. 铁路危险货物罐车车载动态监控系统研究[J]. 铁道运输与经济，2011，33(4)：35-40.

[3] 苏顺虎. 中国铁路危险货物运输技术及安全管理[M]. 北京：中国铁道出版社，2010：1-626.

[4] 海涛. 铁路危险货物罐车运输三级监控系统研究[J]. 铁道运输与经济，2011，33(6)：46-49，53.

[5] 李爱国，王天刚. 基于 GPS/GIS/GPRS 的铁路运输监控系统的实现[J]. 科技咨询导报，2007(19)：27-28.

[6] 于丽颖. 物联网技术在铁路罐车运输危险货物中的应用[J]. 铁道货运，2011，(11).

[7] 杨翔. 铁路危险货物运输安全技术条件综合分析及信息管理系统研究[D]. 北京：北京交通大学，2009.

[8] 许松华. 危险货物运输监控系统关键技术研究[D]. 北京：北京交通大学，2007.

[9] 赵永中. 北京铁路局铁路运输信息化问题研究[D]. 北京：北京交通大学，2011.

[10] 王在磊. 基于物联网的铁路建设监理管理信息系统研究[D]. 北京：北京交通大学，2011.

第四篇

交通营运与管理

以深度访谈法探讨影响台湾民航机长工作不满意之因素

Influencing Factors on Taiwan's Airline Pilot Job Dissatisfaction by Using in-depth Interviews

陶治中　杨莉霭　简安耘

摘　要:近年来台湾劳工意识强化,过去不被重视的劳工权益问题纷纷浮上台面且为社会大众所重视。由过去研究结果得知,工作满意度对组织团体的影响非常大。如果员工缺乏工作满意度,则会出现较高的旷职率及离职率,对于组织目标的发展是不利的因素。有鉴于此,本研究欲以深度访谈法与台湾主要的两家航空公司台湾机师进行深入了解,期能归纳台湾机师工作不满意之影响因素。研究结果从受访者的描述中发现"薪酬"、"休假"、"奖惩制度"、"工作压力"、"管理阶级的领导"、"组织政策"、"福利"、"考核"、"升迁"、"外籍机师之管理"以及"劳资沟通"等十一项是影响台湾机师工作不满意之因素,此可提供台湾航空公司作为改善劳资关系之参考。
关键词:民航机师;工作不满意度;深度访谈

Abstract: There are many issues concerned labor rights and interests have attracted people attention recently in Taiwan. It is found that job dissatisfaction resulted in employee absenteeism or turnover and hardly achieved organization goals. This study aims at analyzing influencing factors that affect airline pilot job dissatisfaction by using in-depth interviews with two airline pilots in Taiwan. Preliminary results reveal that pay, leave, reward/punishment system, working pressure, managerial leadership, organization policy, welfare, auditing, promotion, foreign pilot management, and labor communication are 11 influencing factors affecting domestic pilot job dissatisfaction significantly.
Keywords: Airline pilot; work dissatisfaction; In-depth interview

1　引言

随着全球经济逐渐复苏,国际间航空运输需求量持续增加,使航空公司对民航机师的需求量亦随之攀升。全球最大的飞机制造商波音公司于2016年预测2035年全球将需增聘共150万名民航机师、维修技师与空服员,而民航机师预估需要增聘共61.7万名,其中亚太地区的民航机师需求占全球需求40%。波音公司认为低成本航空公司加入,使亚太地区航空公司的民航机师需求量大增。

然而航空业的产业特性,使机师与资方的关系常处于不稳定的状态,故民间航空公司因而常有劳资争议的发生(陈拓儒,2016)。近年来劳工意识强化,过去所不被重视的劳工权益问题也纷纷浮上台面且为社会大众所重视,自桃园市机师职业工会于2016年4月举行罢工投票,中华航空公司机师合法取得罢工权;同年9月台风期间,长荣航空公司对于飞机的起降决策令长荣机师感到不满,因此决定开始筹组工会,以上现象均显示民航机师对于所属之航空公司已渐有不满。

工作满意度对组织团体的影响非常大,工作满意度高的员工才能有助于组织团体的发展、团队的凝聚力及向心力、内部的协调与合作,如果员工缺乏工作满意度,则会出现较高的旷职率及离职率,对于组织目标的发展是不利的因素(林霙璋,2017)。有鉴于此,本研究以深度访谈法与台湾主要的两家航空公司台湾机师进行深入了解,归纳分析台湾机师工作不满意之因素,以提供台湾航空公司作为改善劳资关系之参考。

2　文献回顾

2.1　工作满意

公司最重要的资产为员工,其满意度的维持对于公司可增加其业绩、提高生产力、降低其离职率与提

作者简介:陶治中,淡江大学运输管理学系副教授。
杨莉霭,淡江大学运输科学研究所硕士生。
简安耘,淡江大学运输管理系学士生。

高忠诚度(黄素琼,2005)。Hoppock (1935)定义"工作满意是员工心理和生理对环境因素的满意感觉,即员工对工作情境的主观反应。工作满意的程度,可由征询员工对工作感到满意之程度得知"。然而工作满意度涵义因各学者所持理论基础不同而有所差异,其工作满意度影响因素亦多元复杂,故至今尚无任何模式可全盘考虑所有可能影响的因素(余鉴、于俊杰、廖佩妏,2008)。

2.2 探讨台湾民航机师工作满意之相关研究

本研究除了回顾影响台湾民航机师工作满意度之相关研究外,同时亦回顾影响台湾民航机师留任意愿以及已自台湾航空公司离职之民航机师相关研究,并从中整理出影响台湾民航机师对于工作不满意因素,如表1所示。

表1 影响台湾民航机师工作不满意因素之相关研究综整

学者(年代)	研究发现
林若荞(2012)	发现民航机师对于目前的工作上所得到的薪酬、福利及升迁,普遍感受到不满足的状态
瞿扶难(2012)	从1998年复兴航空机师集体请辞争议案的始末,并分析该争议案之内部协商、行政处理与司法诉讼等争议处理过程,深入分析后发现问题出于"劳资双方始终缺乏良性互动"。由于劳资之间因利益与立场的不同,本身就存在既冲突又必须合作的相互关系,虽冲突无所不在,但它是可预期并可以预防的事件,惟有双方平日关系维系和谐与否,雇主应正面看待并处理
胡敦亲(2010)	航空公司应给予机师足够的休假,以提高生活满意度,进而有效提升飞航的安全
丁立腾(2009)	发现影响民航机师转赴海外发展之外在因素为:政经政策、组织经营方式、管理者的心态、官职升迁制度、晋升机长制度等;内在因素有:士气、尊重与信任、平安退休、不把鸡蛋放在同一个篮子里、进步的动力、趁年轻、工作满足、中期生涯阶段之生涯高原问题等
林素兰(2001)	企业若要提高员工对组织的认同和投入,要加强程序公正来表现管理当局力求公平的决心以及对员工的重视,尤其要特别重视决策过程中的双向互动;若缺乏沟通和程序公正的落实,两者的冲突会导致群体盲思的症状加重。群体盲思有助于绩效的达成,却不利于决策质量的精进
郑永安(2001)	以中华航空公司之民航机师研究对象,发现机师对于无法舒缓的严重工作压力源,就会产生严重的压力反应与结果,例如:工作满意度不佳、心理或身体健康状况不佳等

资料来源:本研究整理

3 研究方法与实施

3.1 深度访谈

质化研究可提供许多量化研究无法深入解析且涉及脉络的多重因素现象,对于复杂而多元的人类行为成因,可进行深入探讨以补足量化研究之不足(万文隆,2004)。访谈方法的分类,可依量化研究与质化研究的研究典范不同进行区分为"调查访问"(survey interview)与"深度访谈"(in-depth interview)(孙义雄,2007)。深度访谈是质化研究中常见的资料搜集方式,指的是希望透过访谈取得一些重要因素,而这些重要因素并非单纯用面对面形式的普通访谈就能得到结果。深度访谈的目的为自访谈过程当中了解受访者的主观经验,借由访谈过程当中,引发受访者表达其意见与想法(范丽娟,1994)。相较于一般访谈,深度访谈经常没有预设答案,可得到更深入的结果,但所花费的时间也相对更长。

访谈方式可依访问者对访谈内容控制的程度,分为结构式访谈、半结构式访谈与非结构式访谈三种类型。由于深度访谈的特性,在进行深度访谈时多采用半结构式访谈或非结构式访谈两种方式。其中半结构式访谈研究者会订出访谈大纲;谈话的内容没有严格限制,大多根据谈话的进度,适时的追问和修正问题;而非结构式访谈则是完全去除访谈问题的顺序,没有标准化程序,大多以一种日常生活对话进行访谈,信息则是透过访谈者与受访者间互动而获得(孙义雄,2007)。本研究欲了解影响台湾民航机师对其工作不满意之重要因素为何,故采取深度访谈进行资料搜集,借由回顾台湾民航机师之工作经历与感受,分析其话语中所隐含之意义。

3.2 研究对象与流程

本研究邀请台湾主要两家航空公司各一名之台湾机师作为研究受访者,分别访问各一次,访问时间为1~2小时。两位受访者皆为机长阶层。基于研究伦理考量,受访者姓名后续将分别以A受访者与B受访者表示,并不对研究受访者背景资料作详细介绍,访谈内容提及其他航空公司部分,则以○○公司、

△△公司、××公司等形式表示;深度访谈开始前征求研究受访者同意对该次访谈内容进行录音纪录,后续将谈话内容编辑成逐字稿,再针对逐字稿之内容进行整理与分析。

4　访谈内容分析

受访者在陈述过程中,有时会谈论到其他航空公司的状况以及自其他同僚分享之经历与想法,判断其内容有助于了解台湾民航机师对于工作不满意之状况,故将内容并入讨论,最后统整出11项影响台湾民航机师工作不满意之因素,其中两家航空公司之台湾机师均表示不满意之因素有6项;其中一间航空公司之台湾机师表示不满意之因素有5项。

4.1　两家航空公司之台湾机师均表示不满意之因素

4.1.1　薪资

薪资对于工作者而言是最直接的报酬,两位受访者均透过与他人的比较而对自身薪资有所不满。A受访者认为航空公司对于薪资结构的信息不透明,致使内心觉得外籍机师薪资与台湾机师相较之下是比较多的,并认为这个薪资体制不公平;B受访者则认为其他航空公司之台湾机师过去薪水较低但至少拥有较佳之生活质量,如今该航空公司薪资已比现处的航空公司高,然而公司为节省人力成本,仍安排了使生活质量较不受保障的排程,因此对目前的薪资感到不满意。

4.1.2　休假

两名受访者均透露公司在安排外籍机师的休假有差别待遇,因此感到不满意。A受访者虽能理解公司安排外籍机师休假的考量,仍觉此一安排并不公平;B受访者着重于休息是为了走更长远的路,对于公司安排紧凑的飞航任务且人力短缺时拒绝受理台湾机师的休假申请的情况,使得机师在疲劳的状况下无法保持最佳执勤表现、长久疲劳值勤亦将危害健康,故表达对工作之不满意。

4.1.3　奖惩制度

对于奖惩制度,两名受访者分别着重于奖励与惩罚,并对该制度提出想法。A受访者认为奖励制度可评论一名机师执勤效率的高低,然而在缺乏奖励机师工作表现之相关制度的状况下,将减弱替公司节省营运成本的动力,故对此感到不满足并认为公司在奖励制度上仍有检讨的空间;B受访者分享同侪的工作经历并表达自身的想法,认为导致重飞多次之事件主因并非完全是当班机师的决策失当,公司未及时给予指令亦为原因之一,故对于同侪遭遇不当的惩罚处置而感到不满。

4.1.4　工作压力

两名受访者均对于公司给予的压力感到不满,其中B受访者更提到工作压力将增加飞安风险。A受访者认为公司规定之操作飞行器项目过于繁杂,限制机师执勤优化操作过程之弹性,进而产生“避免违规”的工作压力;B受访者的工作压力包含天候、乘客与公司之三个来源,在执勤的当下背负着“当班机师的责任”,除了无法改变的天候条件之外,来自公司以及乘客的无理要求伴随着的高度飞安风险压力,更加深机师的不满情绪。

4.1.5　管理阶级的领导

两名受访者均谈论到身处之航空公司过去曾发生过高阶管理人之不当管理方式及其导致之结果,本研究认为受访者之所以提及过去发生事件,应隐含意义,故将内容并入探讨,而B受访者另外提及当前高层不恰当之管理手段已令自己无法理解。A受访者表示过去公司高层采取较主观之管理手段,一名外籍高阶主管当时所做的不当管理模式以及对于外籍员工的聘雇办法,导致台湾员工因此感到不满并引发抗争,迫使外籍员工数量减少;B受访者听取同僚之经历,认为过去台湾机师之离职应归因于管理阶级之不当管理方式使团队气氛不佳,另外对于当前高阶指派决策者不尊重当班机长之专业判断与决策且认为其有意将责任推卸给机长而感到不满。

4.1.6　组织政策

组织政策指组织为达成目标而订立之计划,然而为达成目的之方法令两位受访者对于公司感到不满。A受访者认为公司“没有老板”、缺乏永续经营的策略,只着重于解决眼前问题,令公司之外籍机师聘雇比例、流动变大,另一方面认为失业的台湾机师能力不比外籍机师差,公司在聘用外籍机师前应先考虑聘用台湾机师才是;B受访者则强调公司的营利导向与接受公司培训时所给予的安全理念有冲突,而质疑公司之派遣决策失当。

4.2 其中一家航空公司之台湾机师表示不满意之因素

4.2.1 福利

福利是公司给予员工的间接报酬,A受访者认为公司对于员工福利应着重于“金钱”与“假期”反馈,透露公司目前提供之福利与员工期望有所落差。

4.2.2 考核

民航机师须接受航空公司定期举办之检定与考核,A受访者透过同侪与外籍机师共事的经验,认为公司对于台湾机师与外籍机师的考核标准不一而感到不满。

4.2.3 升迁

机长的职位属于管理职、为当班航班之最高权力者,然而民航飞行班次之制式人力配置须为“一名机长与一名副机长”,故航空公司会控管机长的人数。A受访者认为所属的公司面临机长职位的人力短缺时,优先晋用外籍机长而非安排台湾机师升迁,再与其他国籍航空公司相较,对所属公司的升迁制度感到不满。

4.2.4 外籍机师之管理

航空公司为解决机师之人力短缺问题,除了自行招募之外,亦会透过人力中介公司代为招募。A受访者认为所属的公司对于外籍机师的管理态度较“礼遇”而有不公平的现象发生,因此感到不满。

4.2.5 劳资沟通

林素兰(2001)认为劳资双方若缺乏沟通和程序公正的落实,两者的冲突会导致群体盲思的症状加重,群体盲思有助于绩效的达成,但却不利于决策质量的精进。B受访者认为公司对劳资沟通采取被动且消极的态度而感到不满,并表示公司的机师团队欲筹组工会,透过不同的管道与资方沟通协商。

分析以上11项影响台湾民航机师工作不满意之因素后整理可如表2。A受访者工作不满意之因素共10项;B受访者工作不满意之因素共7项,对于标示“—”之项目,则表示受访者于本次研究访谈进行时,未对该项因素表达不满意之描述。

表2　台湾民航机师工作不满意之因素整理

因素	A受访者	B受访者
薪酬	不满意	不满意
休假	不满意	不满意
奖惩制度	不满意	不满意
工作压力	不满意	不满意
管理阶级的领导	不满意	不满意
组织政策	不满意	不满意
福利	不满意	—
考核	不满意	—
升迁	不满意	—
外籍机师之管理	不满意	—
劳资沟通	—	不满意

5 结语

本研究邀请两位于不同航空公司服务之台湾机师进行深入访谈,并整理、分析工作不满意之11项影响因素,部分影响因素与文献回顾时所得之研究结果一致。除此之外,本研究发现“奖惩制度”、“外籍机师之管理”以及“考核”之不满意因素亦为影响台湾机师工作不满意之因素。由于两位受访者所属之航空公司不同,故影响其工作不满意之项目有相异之处。

Kwok Leung等人(2009)的研究指出外籍员工与台湾地区籍员工之间的资薪差距,会使台湾地区籍员工感到不公平,进而导致员工工作士气低、工作表现不佳。A受访者大多描述与比较公司对于台湾机师与外籍机师两者待遇上的差异,扩展至各个层面(包含薪酬、休假、管理阶级的领导、组织政策、考核、升迁与外籍机师之管理),进而因主观认知不公平而感到不满意,可推断A受访者所属之公司若不针对此现象做出相对之应对作为，将影响员工之工作士气与工作表现。邱玫芳(1996)认为工作压力感受越大，则工作满意度和身心健康状况愈差，B受访者将重点放置于飞安给予之压力与疲劳驾驶，透过描述公司处理特殊航空任务指派与高层不当管理方法，表达对工作之不满同时也强调管理阶层需更审慎地面对飞航安全这个重要的议题。

航空运输业为深受全球景气变动所影响之行业，故不同的时空背景，将影响民航机师之工作不满意因素。本研究对台湾民航机工作不满意因素之初探结果，可提供台湾航空公司作为近期改善劳资关系之参考，惟研究访谈之受访者数量较少，故建议后续研究可增加受访者并多方比较民航机师之论述，以提供更深入的分析结果。

参考文献

[1] 林霙璋. 领导风格对工作压力及工作满意度影响之研究——以高雄市政府警察局仁武分局为例[D]. 台湾：高苑科技大学，2017.

[2] 陈拓儒. 罢工权之研究——以台湾航空业机师为例[D]. 台湾：台湾海洋大学 2016.

[3] 林若荞. 台湾民航机师工作价值观、组织承诺、工作满足与留任意愿关系之研究[D]. 台湾：铭传大学，2012.

[4] 瞿扶难. 台湾航空业集体劳资争议——1998年复兴航空机师集体请辞个案研究[D]. 台湾：中正大学，2011.

[5] 胡敦亲. 民航机师休闲活动参与、休闲效益、知觉压力与生活满意度关系之研究——以△△公司航空公司为例[D]. 台湾：铭传大学，2010.

[6] 丁立腾. 台湾民航机师赴海外发展生涯历程之研究[D]. 台湾：台湾师范大学，2009.

[7] 余鉴，于俊杰，廖佩妏. 连锁餐饮业员工人格特质，工作特性，工作满意度之研究——以美式星期五餐厅为例[J]. 台北科技大学学报，2008，41 (2)：83-110.

[8] 黄素琼. 员工满意度与其员工绩效之调查研究——以四家会员型证券投资顾问公司为例[D]. 台湾：辅仁大学，2005.

[9] 万文隆. 深度访谈在质性研究中的应用[J]. 生活科技教育，2004，37(4)：17-23.

[10] 孙义雄. 深度访谈法与犯罪成因之探索[D]. 通识教育教学及研究方法研讨会论文集，桃园，“中央警察大学”，2004.

[11] 林素兰. 危机管理——以A航空公司机师罢工为例[D]. 中正大学企业管理研究所，2001.

[12] 郑永安. 民航驾驶员工作压力模式之研究——以中○○公司空公司为例[D]. 台湾交通大学，2001.

[13] 孙路弘，潘亮如. 国际观光旅馆餐厅主管工作满足与离职倾向之研究[J]. 人类发展与家庭学报，2009，11：30-48。

[14] 邱玫芳. 劳工工作压力之探讨[D]. 台湾：高雄医学大学医学院，1996.

[15] 范丽娟. 深度访谈简介[J]. 户外游憩研究，1994，7(2)：25-35.

[16] The Boeing Company. (2016). Boeing Forecasts Nearly 1.5 Million Pilots and Technicians Needed by 2035. Available from http://boeing. mediaroom. com/2016-07-25-Boeing-Forecasts-Nearly-1-5-Million-Pilots-and-Technicians-Needed-by-2035.

[17] K. Leung，Y. Zhu，C. Ge. Compensation disparity between locals and expatriates：moderating the effects of perceived injustice in foreign multinationals in China[J]. Journal of World Business，2009，44 ；85 93.

台北市公共自行车旅次特性之研究

Investigation of Trip Characteristics of Taipei's Public Bike System

戴　威　钟智林

摘　要：台北市 YouBike 公共自行车站广设于捷运沿线，鼓励市民接驳转乘捷运，原先前 30 分钟免费，于 2015 年 4 月起改收 5 元。本研究以 2015 年 3 月与 6 月共 331 万余笔旅次数据，探讨费率调整前、后的各旅次形态变化，利用叙述统计方法发现(1)取消前 30 分钟免费后，旅次量跌幅高达 26%(假日减 49%，平日减 14%)，其中又以起讫端点均邻地铁站的旅次量跌幅最大；(2)各旅次形态的日平均旅次量多寡依序为起讫任一端点邻地铁站＞起讫端点均不邻地铁站＞起讫端点均邻捷运站＞同站借还(不邻捷运站)＞同站借还(邻钟智林站)；(3)平假日皆以短时间、短距离使用为主，约 8 成旅次租借时间在 30 分钟内，而假日租赁时间相对较长且具有价格弹性，未来若调整费率，可就 60 分钟以上假日旅次实施尖峰定价，以降低现行假日缺车状况。(4)同站借还旅次在价格调涨后，不减反增，且大多邻近捷运站、学校及公园。
关键词：公共自行车系统；自行车共享；旅次特性；租赁费调整

Abstract: Taipei's public bike system — YouBike — has many stations along the mass rapid transit (MRT) lines as the feeder mode. YouBikewas free of charge for the first 30-min rental, and has become NT $ 5 since April 2015. This study contrasts the trip characteristics before and after the fee adjustment. The dataset includes a total of 3. 31 million YouBike trips in March and June 2015. Descriptive statistics show that (1) the monthly ridership dropped 26% after the fee adjustment (49% for weekends and 14 for weekdays). YouBike trips with the origin and the destination next to MRT stations had the greatest drop. (2) The daily ridership from high to low by trip type was: one trip end next to MRT stations, neither trip ends next to MRT stations, both trip ends next to MRT stations, trips with an identical origin and destination off MRT stations, and trips with an identical origin and destination next to MRT stations. (3) Most trips were short in distance and duration. Specifically, about 80% of the rentals were within 30 min. The rental duration on the weekends was relatively long and price elastic. Potential fee adjustment in the future may target the weekend peak to reduce the current lack-of-bike situation. (4) Trips with an identical origin and destination increased after the fee adjustment. These trips were primarily next to MRT stations, schools, and parks.
Keywords: Public Bike System; Bikesharing; Trip Characteristics; Rental Fee Adjustment

1　引言

随着全球产业快速发展、私人运具持有率持续上升使得温室效应、全球暖化等环境问题日加严重，永续发展成为各国重视的目标之一，先进城市运输部门开始陆续推行绿色交通(Green Transportation)，以低污染、低能耗、可及性较高的绿色交通自行车运具来代替机动车辆短程旅次。Demaio et al(2012)指出全球公共自行车系统约有 450 个，截至 2017 年 5 月，目前全球公共自行车系统约有 1842 个(参考来源：The Bike-sharing World Map)。透过共享运输之概念、设置多处租赁场站、以甲地租乙地还之服务形态，配合政策在费率上有所优惠，提供市区短程交通或是大众运输之接驳服务，解决大众运输系统"第一公里"及"最后一公里"的衔接问题。因应这波绿色运输的风潮，台湾各地区也陆续推动公共自行车系统，其中以台北 YouBike 及高雄 Cbike 系统最具规模。

台北市于 2009 年建置 YouBike 公共自行车系统，随着租赁站以及车辆数的扩张，截至 2017 年 5 月，台北市(合计 12 个行政区)已有 325 个租赁站，单月旅次数可达 207 万。台北 Youbike 公共自行车系统于 2015 年 4 月 1 日起，取消前 30 分钟免费优惠(费用原本由台北市政府补贴 10 元)，租借费用调整为前 30 分钟使用者付费 5 元(台北市政府补贴 5 元)，之后费率政策不变，亦即(每 30 分钟 10 元，超过 4 小

作者简介：戴　威，淡江大学运输科学研究所硕士。
钟智林，淡江大学运输管理学系暨运输科学研究所副教授。

时后每 30 分钟 20 元，超过 8 小时后每 30 分钟 40 元），如表 1 所示。然而旅次数最高点出现于 2015 年 1 月，随即下降。其中，当月旅次量大幅减少，迄今即使设站数持续增加，使用量仍未达费率调整前的规模，见图 1。Noland et al(2006)针对伦敦 2004 年推动的自动化租车服务“Smart Bicycles”系统进行实证研究分析。影响骑乘者的使用意愿因素有：天候影响、旅次目的、旅次频率、租赁费率和行为特性等。故本研究以台北 YouBike 为研究对象，为能进一步了解费率变动对使用特性的影响。

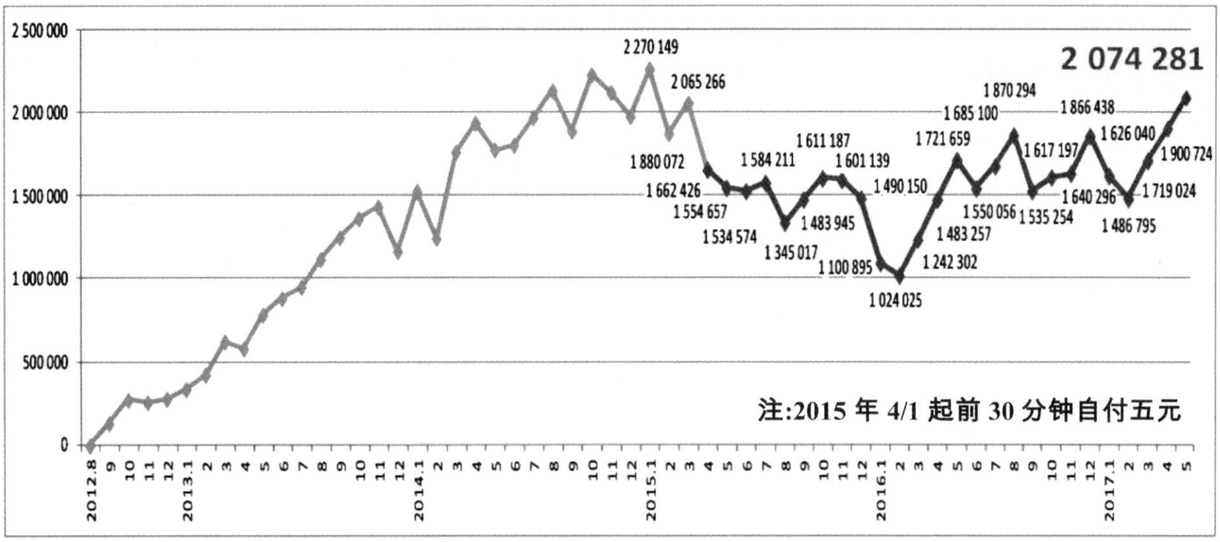

图 1　台北市 YouBike 分月的租赁总次数（横轴为年/月份、纵轴为旅次量）

数据源：http://taipei.youbike.com.tw/cht/f212.php? nid=a39875d0beacbdfe25f9bdf457674312&rows=20&page=1

表 1　　台北市 YouBike 费率调整表

租借时间		2012/8/1 至 2013/9/30	2013/10/1 至 2015/3/31	2015/4/1 至迄今
费率	使用前 30 分钟	免费	免费	新台币 5 元
	4 小时内(每 30 分钟)	新台币 10 元	新台币 10 元	新台币 10 元
	4 小时至 8 小时内(每 30 分钟)	新台币 10 元	新台币 20 元	新台币 20 元
	超过 8 小时以上(每 30 分钟)	新台币 10 元	新台币 40 元	新台币 40 元

数据源：http://taipei.youbike.com.tw/cht/f43.php

2　时间与空间模式建构

Bordagaray et al(2016)搜集西班牙(Satander)公共自行车系统数据，搜集时间为 2011 年 7、8 两月共 62 天，系统共有 193 台自行车、14 个租赁场站，合计 24664 笔资料。该研究以自行车停留时间(DT, dwell time)和活动行驶区间(AT, activity threshold)作为基础，将旅次分类成五种形态，如：起讫点都为同一个场站(同站借还)、对称性旅次、非对称性旅次等。而本研究以 YouBike 的 2015 年 3 月(费率调整前一个月)与 6 月(费率调整后第三个月，旅次量趋于稳定)数据为基础，原始数据数为 382 万余笔，删除台北市以外的旅次及 5 分钟内同站借还的旅次(视为车辆故障旅次)，保留 331 万余笔旅次，除原始数据字段共有 5 项：① 借车时间；② 借车场站；③ 还车时间；④ 还车场站；⑤ 租用时间外，本研究另外新增旅次起讫点是否为捷运站、是否为同站借还、旅次租借时间区间和费用，并以旅次为基础(trip-based)的自行车借还数据。将旅次分成五类：①同站借还(捷运站)；② 同站借还(非捷运站)；③捷运站—捷运站；④非捷运站—非捷运站；⑤ 一端点为捷运站等不同旅次形态，见图 2，探讨此五类的旅次形态下的旅次量分布以及费率调整前后价格弹性等问题。

旅次类型：以 YouBike 起讫点分成 2 大类 5 小类，

2.1　同站借还

(1) 起讫点为相同的捷运站[$O_i^M \rightarrow D_i^M$]；

(2) 起讫点为相同的非捷运站[$O_i^N \rightarrow D_i^N$]。

2.2 非同站借还

(1) 两端点为不同的捷运站[$O_i^M \to D_j^M$; $i \neq j$];

(2) 两端点为不同的非捷运站[$O_i^N \to D_j^N$; $i \neq j$];

(3) 起讫点中一端点为捷运站,另一端点为非捷运站 [$O_i^M \to D_j^N$; $O_i^N \to D_j^M$]。

符号说明:

① O_i^M 为 YouBike 起点站 Oi 邻近捷运站;② D_i^M 为 YouBike 讫点站 Di 邻近捷运站;③ O_i^N 为 YouBike 起点站 Oi 不邻近捷运站;④ D_i^N 为 YouBike 讫点站 Di 不邻近捷运站;⑤ D_j^M 为 YouBike 迄点站 D_j 邻近捷运站;⑥ D_j^N 为 YouBike 讫点站 D_j 不邻近捷运站。

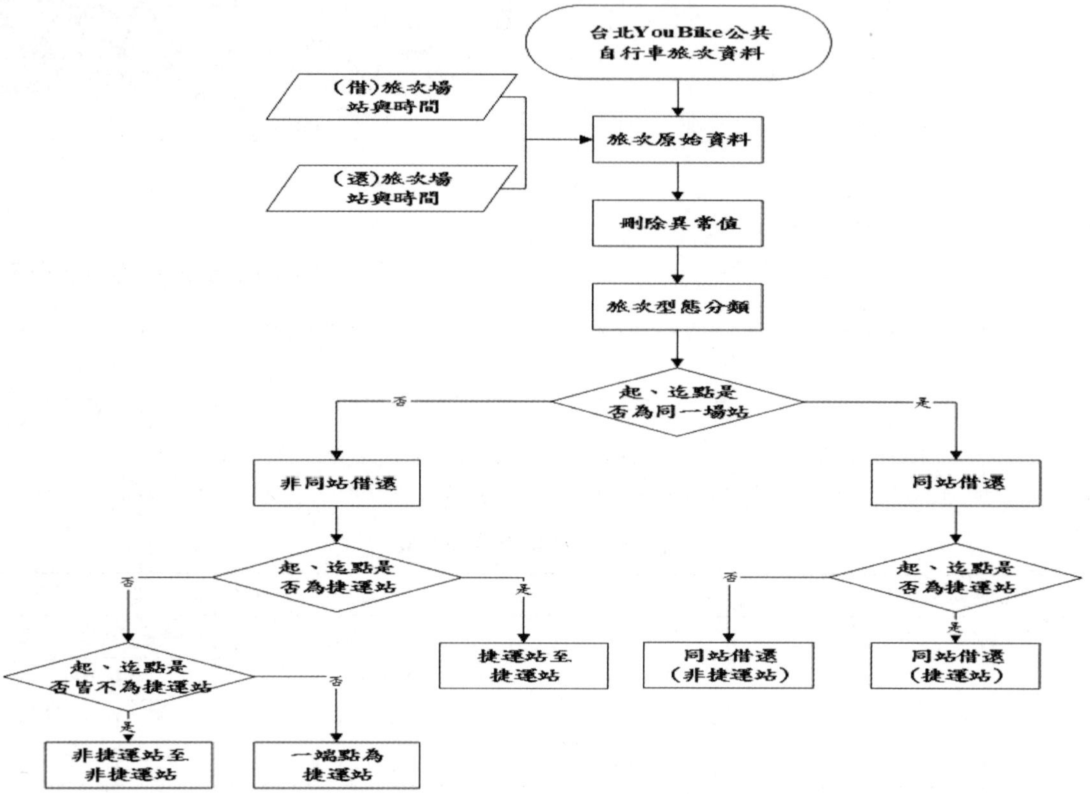

图 2 台北市 YouBike 旅次形态分类流程

在相关研究中,少数提及自行车旅次量与费率调整之间的关联性,余书玫(2009)假设未来台北市将在捷运站周边扩大设置公共自行车场站,市区道路增设自行车专用道,预估未来台北市 Youbike 公共自行车占有率为 33.6%,经微调后市场占有率降低了 0.2%,再将微调后市场占有率值(33.4%)代入直接弹性公式中,求得公共自行车之基本费直接价格弹性为−0.35、加收费率之直接价格弹性为−0.08,当公共自行车基本费提高 1%时,将使需求量减少 0.35%。黄俊良(2016)提及台北市 Youbike 公共自行车假日价格弹性高于平日、长时间旅次价格弹性高于短时间旅次,但没有再逐一讨论一日当中哪些时段或是哪些旅次形态弹性价格弹性较大。本研究以①以租借时间区间(每 30 分钟)之旅次量,对应其价格计算区间价格弹性;②以本研究分类的 5 种旅次形态,对应其价格计算区间价格弹性,采用弧弹性之价格弹性计算方式,探讨 5 种旅次形态之价格弹性,费率调整前后影响对于哪些族群的价格弹性最大。

如式(1):

$$\text{价格弹性(弧弹性)} = -\left(\frac{Q_0 - Q_1}{Q_6 + Q_3}\Big/\frac{P_6 - P_3}{P_6 + P_3}\right) \tag{1}$$

符号说明:(1)Q_6 为 YouBike6 月份旅次量;(2)Q_3 为 YouBike3 月份旅次量;(3)P_6 为 6 月份租借 YouBike 价格;(4)P_3 为 3 月份租借 YouBike 价格。

3 实证分析

本研究以资料的时空背景下,2015 年 3、6 月平、假日之 Youbike 场站数皆为 196 站(138 站不邻近捷运站、58 站邻近捷运站)，车辆数皆为 6406 台自行车。2015 年 3 月(平日 1254583 笔、假日 654633 笔)和 2015 年 6 月(平日 1076375 笔、假日 331308 笔)共计 3316899 笔旅次数。依时间特性拆成平日与假日。再以图 2 旅次形态分类流程将旅次分为①同站借还(捷运站)、② 同站借还(非捷运站)、③捷运站—捷运站、④ 非捷运站—非捷运站、⑤一端点为捷运站，分类后旅次量见图 3。以一端点为捷运站此种旅次形态之日平均旅次量最多，占总比例约 49%，其次为非捷运站—捷运站(28%)、捷运站至捷运站(11%)，同站借还占总比例的 12%，其中又以捷运站的同站借还比例最少，只占总比例的 4%。

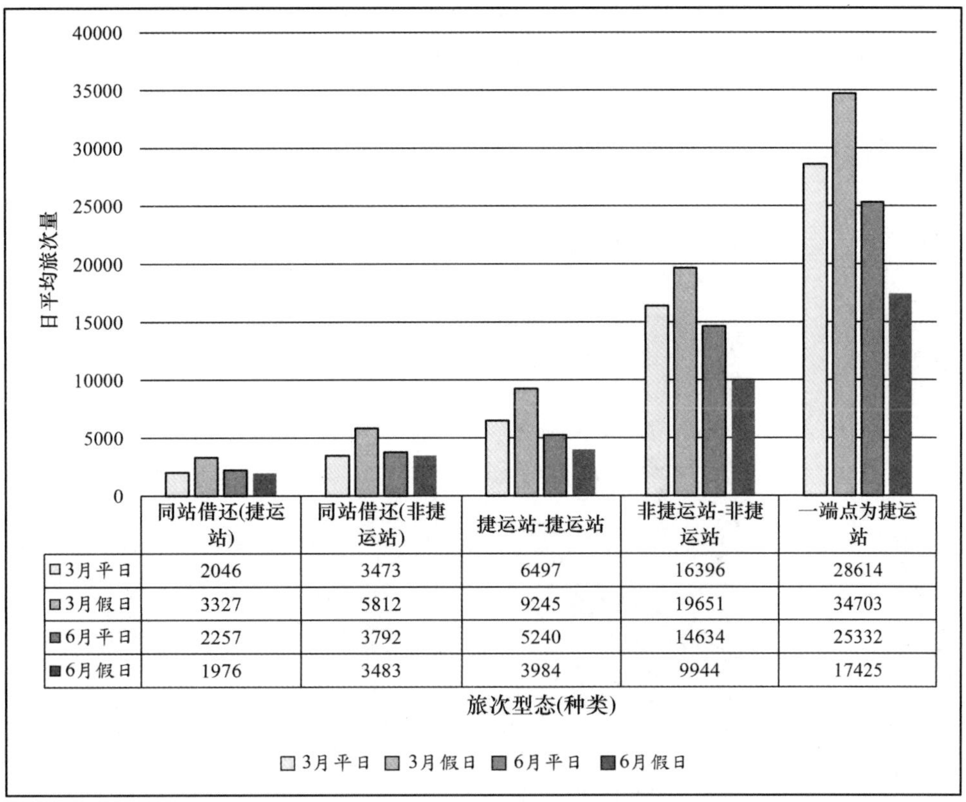

	同站借还(捷运站)	同站借还(非捷运站)	捷运站-捷运站	非捷运站-非捷运站	一端点为捷运站
□3月平日	2046	3473	6497	16396	28614
■3月假日	3327	5812	9245	19651	34703
■6月平日	2257	3792	5240	14634	25332
■6月假日	1976	3483	3984	9944	17425

图 3　各旅次形态日平均旅次量

再以借车时点(若 7:10 A. M. 借车，借车时点为 7 点)作为各旅次形态旅次量分类的依据，将类别分成 24 个小时，见图 4。由图 4 得知，同站借还(捷运站与非捷运站)旅次量趋势较为相近。此两种旅次形态于 3、6 月平日时只有一个波峰，此波峰位于中午 12 点时段。自早上旅次量逐渐上升，经过中午波峰后渐渐减少。而 3、6 月假日则呈现不同的现象，3 月假日波峰在中午 12 点至 18 点，6 月假日波峰较不明显。捷运站至捷运站、非捷运站至非捷运站、一端点为捷运站此三种旅次形态旅次量趋势较为相近，有别于同站借还，于 3、6 月平日有着较明显的晨峰(7—9 时)与昏峰(17—20 时)，呈现双尖峰。

	平日	假日
同站借还 (捷运站)	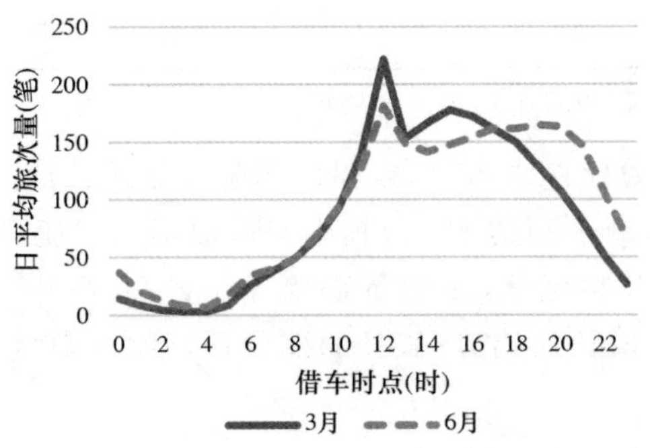	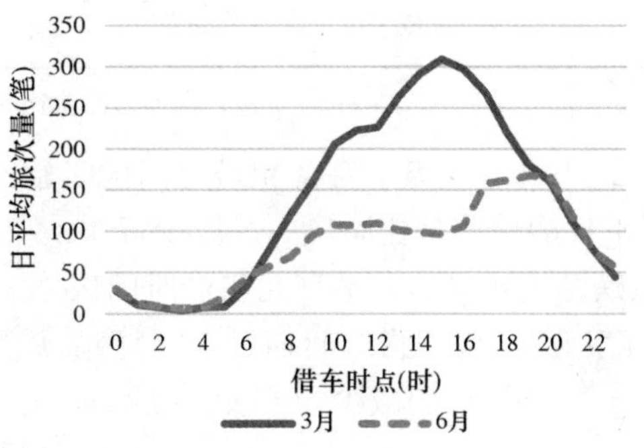

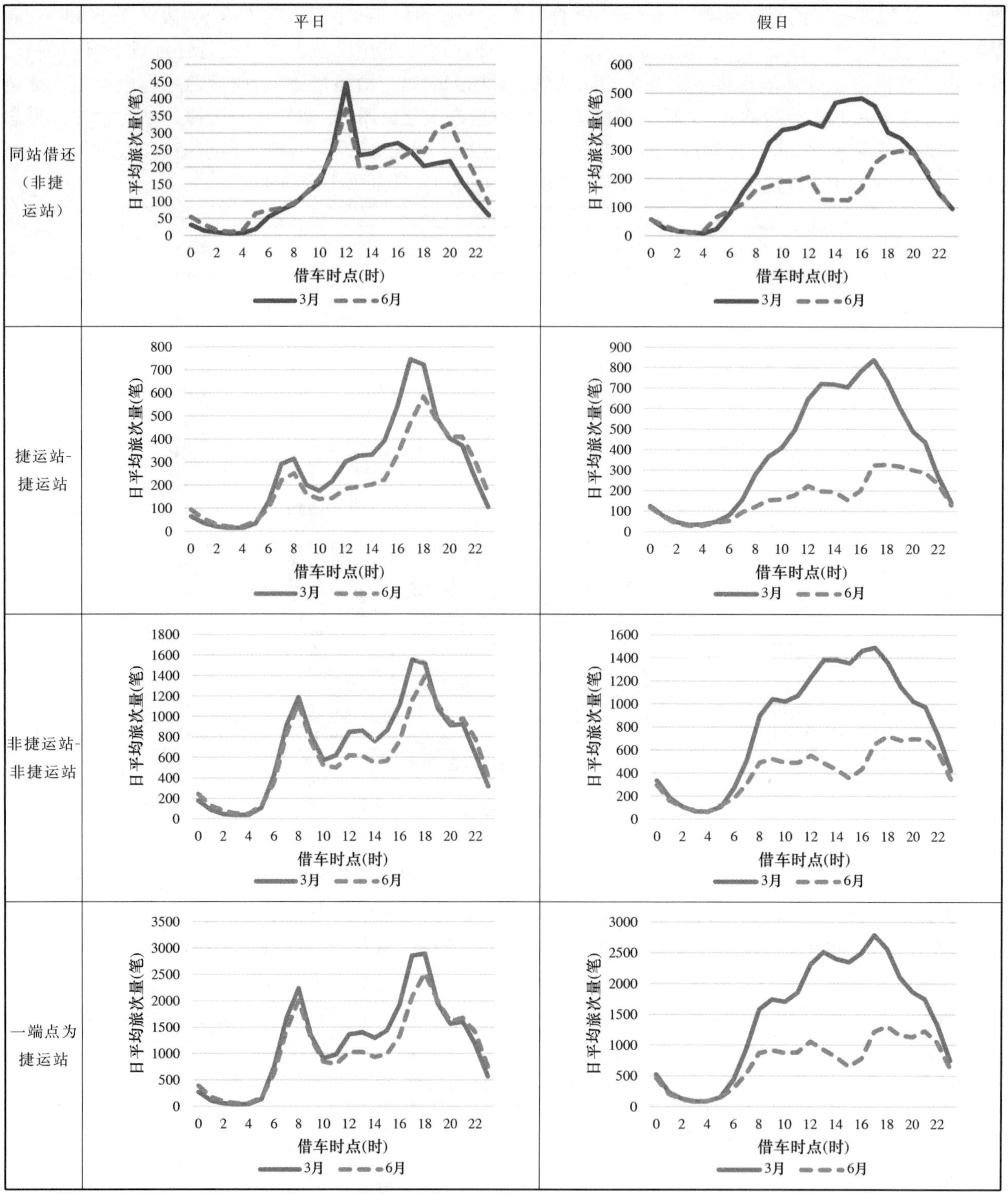

图 4　各旅次形态各借车时点日平均旅次量分布

2015 年 3 月及 6 月各租借时间区间旅次量以跌幅比例来探讨，跌幅比例公式见式(2)。如表 2 所示，6 月平日的旅次量比同年 3 月减少近 14%，假日则是减少高达 49%，其中又以捷运站—捷运站此种旅次形态跌幅比例最多。平日在租借时间区 0—29 分钟此种区间，旅次量跌幅比例最高，高达 20%，少了近 18 万个旅次，而租借时间超过 30 分钟后旅次量皆有增长的趋势；假日的部分跌幅比例皆为负值，其中又以 0—29 此种区间减少 50%最多。

$$跌幅比例=(Q_6-Q_3)/Q_3 \tag{2}$$

符号说明：(1)Q_6 为 YouBike 6 月份旅次量；(2)Q_3 为 YouBike 3 月份旅次量

表 2 各旅次形态于各时间区间内跌幅比例

租借区间＼旅次形态	同站借还(捷运站)		同站借还(非捷运站)		捷运站至捷运站		非捷运站至非捷运站		一端点为捷运站		跌幅比例	
	平日	假日	平日	假日	平日	假日	平日	假日	平日	假日	平日	假日
0～29	−19%	−52%	−23%	−52%	−29%	−59%	−18%	−50%	−19%	−50%	−20%	−51%
30～59	18%	−35%	20%	−30%	2%	−52%	8%	−48%	9%	−49%	11%	−45%
60～89	39%	−25%	46%	−25%	21%	−49%	32%	−44%	27%	−47%	34%	−39%
90～119	59%	−33%	68%	−27%	31%	−50%	29%	−48%	40%	−52%	49%	−42%
120～149	53%	−30%	77%	−35%	27%	−51%	45%	−42%	40%	−50%	51%	−41%
150～179	71%	−33%	62%	−42%	35%	−55%	61%	−56%	58%	−50%	59%	−46%
180～209	70%	−42%	98%	−39%	38%	−53%	26%	−49%	59%	−52%	63%	−46%
210～239	60%	−42%	78%	−38%	42%	−58%	16%	−52%	19%	−60%	43%	−50%
240 以上	38%	−41%	58%	−41%	20%	−53%	68%	−42%	37%	−48%	44%	−45%
总计	5%	−41%	4%	−40%	−23%	−57%	−15%	−49%	−15%	−50%	−14%	−49%

注 1：灰底跌幅比例为负值；白底跌幅比例为正值

本研究以租借时间区间(每 30 分钟)为一区间，探讨 Youbike 公共自行车使用者对于费率调整后所改变的使用特性。该分析之租借时间区间以 0～29、30～59、60～89、90～119 等四个区间作探讨，此四个区间累加旅次量已接近 98%，租借时间超过 120 分钟以上的旅次忽略不计。

将 3、6 月平、假日各旅次形态对应租借时间区间之旅次量代入价格弹性公式，见表 3。可以发现在 0～29 此租借时间区间时，平日与假日价格弹性缺乏弹性；租借时间 30～59、60～89 及 90～119 三个区间于平日五种旅次形态价格弹性皆为负值，代表价格上升，旅次量不减反增，其中又以同站借还旅次量增加比例最多。而假日租借时间于 30～59 区间除了同站借还(非捷运站)价格较缺乏弹性外，其余四个旅次形态皆富有弹性；而租借时间 60～89 以及 90～119 此两区间于假日五种旅次形态皆富有弹性，以捷运站—捷运站和一端点为捷运站两种旅次形态价格最具有弹性。

总的来说，平日租借时间区间超过 30 分钟后，价格弹性由正值转为负值，这代表着价格调涨，旅次量反而有增多的趋势。Lin(2017)发现较常使用公共自行车的族群对于租借时间敏感度高于不常使用的族群；而不常使用公共自行车的族群对于租借费率敏感度较高于较常使用的族群。因此推测平日骑乘时间较长的使用者可能为较常使用公共自行车的族群，对于价格调涨受到的影响较小；而在改变费率后，假日较平日富有价格弹性，而长时间骑乘 Youbike 之价格弹性则有高于短时间骑乘 Youbike。

表 3 平、假日各旅次形态旅次价格弹性

旅次形态＼租借时间区间	平日				假日			
	0～29	30～59	60～89	90～119	0～29	30～59	60～89	90～119
同站借还(捷运站)	0.08	−0.52	−1.67	−3.23	0.35	1.06	1.3	2.59
同站借还(非捷运站)	0.11	−0.56	−1.89	−3.58	0.35	0.89	1.31	1.99
捷运站-捷运站	0.15	−0.15	−1.04	−2.05	0.41	1.74	2.92	4.31
非捷运站-非捷运站	0.08	−0.31	−1.43	−1.93	0.33	1.57	2.57	4.14
一端点为捷运站	0.08	−0.33	−1.28	−2.46	0.33	1.63	2.79	4.54
总计	0.09	−0.37	−1.52	−2.83	0.32	1.34	1.97	3.14

本研究再将价格调涨后，6 月旅次量不减反增的起讫对主要影响旅次量的旅次形态为同站借还旅次，于租借时间 30～59 区间时，6 月同站借还(捷运站与非捷运站)日平均旅次量比 3 月分别多了 6.7 次和 5.3 次；而非同站借还影响的租借场站起讫点有一端点为捷运站，但 6 月日平均旅次量比 3 月仅多了 0.13 次。于租借时间 60～89 区间时，6 月同站借还(捷运站与非捷运站)日平均旅次量比 3 月分别多了 2.2 次和 1.8 次，旅次量不减反增的租借场站特性主要为邻近捷运站、邻近学校、邻近公园。

4 结语

透过上述旅次特性分析，针对费率调整前后各旅次形态以及价格弹性差异与影响，提出下列几项结论与建议：

取消前 30 分钟免费优惠后，旅次量跌幅比例高达 26%（假日减 49%，平日减少 14%），其中又以捷运站—捷运站旅次量跌幅比例最高，与余书玫（2009）提及公共自行车基本费提高 1%时，需求量减少 0.35%有所差异。因此可发现民众除了在平日的需求较为稳定，假日则弹性较大，然而捷运也成为 Youbike 潜在的竞争运具。

以旅次形态日平均旅次量多寡排序依序为一端点为捷运站＞非捷运站—非捷运站＞捷运站—捷运站＞同站借还（非捷运站）＞同站借还（捷运站），其中 3 月假日＞3 月平日＞6 月平日＞6 月假日。

以时段分布来看，旅次形态为①捷运站—捷运站、②非捷运站—非捷运站、③一端点为捷运站尖峰时段在平日共有两个尖峰（7 时—9 时、17 时—20 时），与上下班时段吻合，而同站借还（捷运站、非捷运站）两种旅次形态在平日各有一个尖峰（12 时—13 时），下午同站借还现象比早上明显许多，与其他三个旅次形态趋势较为不同。假日五种形态趋势类似，尖峰时间以下午至傍晚时段（下午 14 时—17 时）为主，本研究推测平日主要为上、下班（学）通勤（学）使用，假日则为下午至傍晚外出活动等休闲购物旅次。旅次骑乘时间分析中发现公共自行车约 8 成旅次租借时间在 30 分钟内。民众在平假日皆以短时间、短距离使用为主，较不具有弹性；而骑乘中长程时间以假日旅次较富有价格弹性，因此在未来如要作费率调整，可在中长程时间（60 分钟以上）旅次进行尖峰定价，可降低短距离短时间旅次的缺车风险。

价格调涨后，影响旅次量不减反增的旅次起讫对主要为同站借还旅次，且租借场站大多邻近捷运站、学校以及公园。在起讫点区位中约 50%的旅次至少有一端点会与捷运站有所连接，若作为捷运系统换乘接驳服务，未来可规划如同捷运与公交车换乘优惠，应用在捷运与公共自行车、公交车与公共自行车换乘优惠上，则可提升 Youbike 使用意愿。

参考文献

[1] Bordagaray, M., dell'Olio, L., Fonzone, et al. Capturing the conditions that introduce systematic variation in bike-sharing travel behavior using data mining techniques[J]. Transportation Research Part C: Emerging Technologies, 2016, 71:231-248.

[2] DeMaio, P., Meddin, R. (2012). The Bike-sharing World Map. (accessed 23.03.13).

[3] Noland, R. B., Ishaque, M. M. Smart bicycles in an urban area: Evaluation of a pilot scheme in London[J]. Journal of Public Transportation, 2006, 9(5): 5.

[4] Lin, J. J., Wang, N. L., Feng, C. M. Public bike system pricing and usage in Taipei[J]. International Journal of Sustainable Transportation, 2017, 11(9): 633-641.

[5] 余书玫. 公共自行车租借系统选择行为之研究[D]. 交通大学，2008.

[6] 黄俊良. 台北市公共自行车系统旅次特性分析[D]. 淡江大学，2016.

[7] 台北市"微笑单车"公共自行车租赁系统 http://taipei.youbike.com.tw/cht/f12.php

[8] 台北市交通统计查询系统 http://dotstat.taipei.gov.tw/pxweb2007P/Dialog/statfile9.asp

公共交通与土地利用的相互关系研究

A Research on Mutual Relationship between Public Transportation and Land-use

高传龙　顾　皓　杨熙宇

摘　要：首先对公共交通与土地利用间的相互关系进行研究，揭示公共交通与土地利用间相互联系、相互制约的循环作用与相互反馈关系，然后总结了3种公共交通与土地发展模式，并对之进行比较，指出公共交通发展为导向，土地利用发展并重的发展模式是满足公交优先发展的空间机理，符合城市规划与交通发展的规律，有助于城市可持续发展的发展模式。
关键词：公共交通；土地利用；可持续发展

Abstract: This researches on the relationship between public transportation and land use , revealing the mutual relationship between public transportation and land use, the cycle of mutual restriction and mutual feedback relation, and then puts forward three kinds of public transportation and land development model, and comparison, points out that the mode of the the development of public transport oriented , the land use development together. The model is to meet the development of public transportation priority, comply with the rules of the development of the urban planning and transportation and transportation and contribute to urban sustainable development.
Keywords: public transportation; land-use; sustainable development

1　引言

随着我国城市化和机动化的快速发展，人们日益增长的交通需求与道路供给的矛盾日益激化，通过单纯依靠扩大交通供给的手段应对交通问题则显得乏力。为此，寻求解决我国城市交通问题的有效途径成为当务之急，优先发展城市公共交通，以公共交通为杠杆降低城市交通需求总量，实现道路交通基础设施发展与交通需求增长的均衡成为可持续发展的共识路径。长期以来，我国城市建设实践中，公共交通处于被动配套，难以发挥与土地利用互动的良性作用，实现公交与土地利用的协调，则需要改变既有的公共交通被动式规划方法，寻求能够达到公交与土地利用相互协调，相辅相成效果的规划方法[1]。

2　公共交通与土地利用的互动关系

2.1　土地利用对公共交通的作用

城市土地利用是城市交通需求的根源，对交通系统起到一定的决定作用。从微观学上说，它决定了城市交通源、交通量及交通模式。从宏观学上说，它决定了城市交通结构、交通设施建设水平以及城市布局形态[2]。

城市土地利用模式可以分为低密度分散模式、高密度集中模式[3]。城市土地利用模式是城市交通模式的基础，不同的城市土地利用模式对应相应的交通模式；同样，城市交通模式反作用于城市土地利用模式[4]。如图1所示。

2.1.1　低密度分散模式

低密度分散模式是指城市土地利用功能单一，开发密度低，城市布局分散的一种城市用地布局模式，是以汽车交通为主导，低密度土地利用为特征的城市往往有多个中心，各种功能用地各自分离，整个城市向郊区蔓延，用地分散，不利于用地集约发展，甚至出现“飞地”。这种模式下的城市，单位土地面积产生

作者简介：高传龙，硕士，上海林同炎李国豪土建工程咨询有限公司，助理工程师，研究方向：城市交通规划与城市设计。
顾皓，硕士，上海林同炎李国豪土建工程咨询有限公司，城市规划师。
杨熙宇，博士，上海林同炎李国豪土建工程咨询有限公司，所长，注册城市规划师。

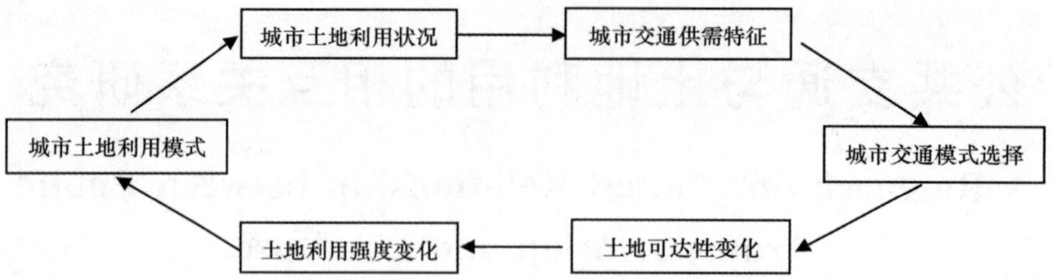

图 1 土地利用与交通模式互动关系图

的交通需求量小且分散，公共交通不易组织，居民出行距离越来越大，汽车依赖度越来越高，汽车保有量迅速攀升，易造成交通拥堵，环境恶化，对城市可持续发展造成巨大威胁。

2.1.2 高密度集中模式

高密度集中模式是指城市土地利用综合化、多元化，土地利用密度高，城市布局集中的城市土地利用模式。是基于公共交通引领的空间发展，城市空间结构多心化，组团化，城市土地功能复合化，形态紧凑化。这种土地利用模式有利于节约土地，缩短工作居住距离，节约能源，防止城市无限蔓延。以高密度集中土地利用为特征的城市土地开发强度大，利用密度高且城市布局集中，这种土地利用状况必然导致大量且集中分布的交通需求，从而要求有高运载能力的交通模式与之相适应，如公共交通模式。同时，随着我国城市化的飞速发展，城市用地紧张的矛盾日益尖锐，对城市用地集约化提出了较高的要求。

2.2 公共交通对土地利用的作用

城市公共交通对土地利用的影响，主要体现在两个方面：一方面，通过公交设施建设，提高交通容量，加快生产要素的集聚，引导周围土地高强度利用，从而对沿线地区乃至整个城市土地利用结构与形态布局产生重要影响；另一方面，通过改善沿线地区可达性，带来土地增值效应，促进房地产市场开发，拉动区域经济发展，同时城市沿交通线呈轴线发展态势。交通设施决定了各个区域的可达性，而交通可达性决定了土地利用的结构及形态布局。可达性增强，土地增值，土地价格飙升，引起新的土地开发，交通和土地利用存在循环关系，当交通容量达到最大时，可达性就会降低，土地开发也随之降低[5]。而城市公共交通是能将交通容量最大化的交通设施，能促进土地利用的绿色和高度集中发展。以公共交通为杠杆降低城市交通需求总量，实现道路交通基础设施发展与交通需求增长的均衡。

2.3 国外经验借鉴

随着西方城市空间无限蔓延及交通拥堵、环境污染等问题的突出，使得公共交通引导城市空间拓展成为广泛共识。对于东京、伦敦、哥本哈根等国际大城市来说，更是强调以轨道交通为主导交通模式引导城市空间的合理拓展和用地布局的优化。如表 1 所示。

表 1　　城市空间布局与交通模式

城市	城市形态	土地利用与城市形态	主导交通模式
东京	由单一中心向多中心发展，形成“一心七核”的城市结构	轨道线路引导城市开发，围绕轨道交通站点，塑造城市活动中心	地铁＋私铁＋JR
伦敦	圈层发展、多中心长廊分散式空间形态	高密度、网络化、多模式协调组合的交通体系，构筑一体化交通	地铁＋轻轨＋市郊铁路
新加坡	多中心大都会	土地开发和交通规划的紧密结合	地铁＋轻轨
巴黎	多中心城市群、沿河带状发展	新城的综合开发，平衡就业与居住，建设区域快速铁路 RER，连接市区	区域快轨＋地铁
斯德哥尔摩	轨道交通沿线串珠状城市形态	依托城市轨道交通把市中心向外扩散的人口和社会经济活动引导到轨道沿线的新卫星城市	区域轨道交通
哥本哈根	“手掌形”城市形态	放射性的轨道交通服务，连同充分体现步行者和自行车出行者优先的街道资源分配，引导大哥本哈根地区从单中心向多中心都市的转变	市郊轨道＋地铁
库里蒂巴	星形指状	土地利用沿交通轴线走廊式开发	快速公交系统

3　公共交通与土地发展模式分析

公共交通与土地利用的发展模式从主导权上可以分为土地利用开发主导，公共交通被动式发展模式；公共交通发展主导，土地利用被动式开发模式；以及公共交通为导向，土地利用发展并重模式等三种[6]。

3.1　常见公共交通与土地发展模式

（1）土地利用开发主导，公共交通被动式发展模式

是指在城市发展过程中，以土地利用开发为基准进行城市规划，公共交通作为土地利用开发的配套服务设施随着城市土地利用的开发被动式发展。

（2）公共交通发展主导，土地利用被动式开发模式

是指在城市发展过程中，以公共交通发展为基准进行城市规划，土地利用以公共交通站点布设和线型设置为骨架，在公共交通供给能力的限制下依附式的开发模式。

（3）公共交通发展为导向，土地利用发展并重模式

是指基于协同学原理，将公共交通与土地利用一体化优化配置，即通过统筹优化城市土地利用的性质和强度，公共交通的供给方式与供给强度，路网等级和密度等实现城市交通与土地利用一体化系统的有序发展。

3.2　三种模式适应性分析

目前，较多的城市采用先规划用地布局再配公交的方法规划城市规模与布局，以土地利用开发为主导的被动式公共交通发展模式忽视了公共交通具有引导城市土地利用扩展的作用，导致城市的土地利用扩展模式不合理，无法形成合理的土地利用布局形态，合理的土地利用扩展模式[7]。实践证明该方法加剧了交通拥堵、环境污染和能源紧缺等问题，与目前国家提倡的公交优先战略思想相悖。事实证明，公交优先不仅是缓解城市拥堵的主要途径，而且是实现节能减排的重要抓手，是促进土地集约利用的核心战略，是体现社会公平的重要内容。但是，公共交通在与小汽车的竞争中却举步维艰，许多城市实行的TOD模式对公交优先的重视却只是在理念上，很难从根本上贯彻实行。也无法体现公交优先的发展理念，在这基础上建立的TOD模式也很难与之融合。

公共交通主导，土地利用被动式开发模式与土地利用开发为主导，公共交通被动式发展模式恰恰相反，过于强调了公共交通在城市发展过程中的作用和地位，忽视了影响土地利用开发的很多关键因素。影响土地利用开发的因素有很多，如自然地理环境、资源配置、人口规模、社会经济发展水平和历史人文因素等。公共交通主导，土地利用被动式开发模式从被动式发展走到了主导式发展的另一个极端，显然有失偏颇，即使实现了公共交通与土地利用协调发展的目标，却背离了城市可持续发展的方向。

公共交通为导向，土地利用发展并重模式充分利用了公交与土地利用的相互关系，协调城市公共交通发展，道路网络与土地利用的关系，保持其间的动态平衡，达到公共交通有序发展，道路网络运行通畅，土地利用集约高效的状态。通过对城市人口规模公交走廊的分析，首先确定未来城市的公交系统构成和大中运量公共交通的布局，围绕公交线路进行用地规划，继而进行公交系统和土地利用之间的反复优化，实现两者的协调发展，从而公交优先政策才能更好地发挥效用，才能从根本上缓解城市交通(表2)。

表2　三种模式比较

	土地利用开发主导，公共交通被动式发展模式	公共交通发展主导，土地利用被动式开发模式	公共交通为导向，土地利用发展并重模式
主导因素	土地开发为主导，未考虑或很少考虑公共交通的线网布设以及为其站点等设施预留用地	公共交通主导	公共交通引导城市土地利用
土地扩展模式	“摊大饼”式，土地利用规模大大超出居民可忍受范围	在公共交通供给能力的限制下依附式的开发	土地利用集中式高密度发展
缓解交通途径	通过拓宽道路或开通BRT和轨道交通等大容量公共交通来缓减交通压力	依托城市公交干线，可达性较高	通过多样化土地利用类型混合开发减少公共交通的无效出行
作用效果	在短期内有缓解作用，长期则加剧城市交通拥堵、环境污染和能源紧缺等问题	在短期内缓解交通，可达性高，长期则土地利用不紧凑，违背城市可持续发展	多中心组团结构；城市形成紧凑布局形态

4 结语

公共交通为导向，土地利用发展并重是在城市发展战略的指导下，准确预测远景城市发展的土地利用布局形态和规模，以公共交通引导土地利用发展，合理规划公共交通尤其是轨道交通和 BRT 等大容量公共交通的线网布设形式，通过合理配置公共交通与土地利用两个子系统之间的耦合关系，调控城市土地利用的布局、规模、性质和强度，以充分体现公共交通优先发展理念，最终实现公共交通与土地利用的协调发展。TOD 发展模式即为一种以公交优先为主要理念，公共交通与土地利用并重的发展模式。是以公共交通为导向的城市发展模式，突出了公共交通在社区和城市建设中的地位，以公共交通的站点为中心，在一定步行范围内建设高密度功能复合型的社区，强调公共交通站点对社区居民出行的吸引力从而提高公共交通的出行率，高密度的建筑形式和功能复合提高土地的利用价值减少居民不必要的出行[8]。

TOD 模式虽引入我国已有一段时间，在一定程度上影响了我国城市的发展模式，但并没有达到与哥本哈根和斯德哥尔摩相类似的发展状况[9]，在很大程度上与城市公共交通与土地利用模式相关。在建立以公交为导向，土地利用并重发展模式过程中，应把握交通引导原则、相互反馈原则和设施调控原则。将公共交通与土地利用并重发展，实现公交、路网与土地利用的相互协调发展，实现城市的可持续发展。只有实现公共交通与土地利用并重发展，才是支撑城市可持续发展的最佳模式。

参考文献

[1] Paul Waddell et al. Incorporating land use in metropolitan transportation planning[J]. Transportation Research Part A. 2007(41):382-410.
[2] 毛蒋兴，阎小培. 我国城市交通系统与土地利用互动关系研究述评[J]. 城市规划学刊，2002，(4):34-37.
[3] 杨励雅. 城市交通与土地利用相互关系的基础理论与方法研究[D]. 北京交通大学，2007.
[4] 李聪颖. 城市交通与土地利用互动机制研究[D]. 长安大学，2005.
[5] 祁建辉，庞庆刚，张永彬. 城市交通与土地利用互动机理分析[J]. 山西建筑，2012，(35):5-6.
[6] 杨励雅. 城市交通与土地利用相互关系的基础理论与方法研究[D]. 北京交通大学，2007.
[7] 郝记秀. 城市公共交通与土地利用一体化发展(IPTLU)研究[D]. 长安大学，2009.
[8] 丁川，谢秉磊，王耀武. TOD 模式下城市公交干线与土地利用的互动关系[J]. 华南理工大学学报:自然科学版，2013，(2).
[9] Jiawen Yang，Ralph Gakenheimer. Assessing the transporiation consequences of land use transformation in urban China[J]. Habitat lnternational. 2007，31(4):345-353.

台铁台东线加班车排班问题分析

The Analysis of Extra Trains Schedule Problems on TRA Taitung Line

范俊海　洪政屹　谢家敏

摘　要:现今单线铁路为主的路线中,以台铁台东线(花莲—台东)的运行车种与停站模式为相对复杂的案例之一,又因其旅运特性,造成平日与假日的列车班次数量相差极大。于时事议题中,时常会提到台铁台东线全线双线化的议题,以增加列车运行班次量;但在现今台铁列车时刻表排班中,是否已经做到有效的排班,以应对临时加班车可能会造成的调度问题。在此情况下,是否有在铁路单线区间能够做有效排班,或是将部分瓶颈路段施作铁路双线化就能够有效解决列车排班与加班车插入原有时刻表的情形,以减少因为在单线区间的临时加班车排班而严重影响到原有既定班车(正班车)的准点率,以提升台铁于东部干线的营运服务质量。

本研究欲分析台铁台东线的加班车排班问题来源,并且探讨是否需要进行单线区间加班车排班之班表定型化,以增加单线铁路列车之运转效率。除此之外,研究中也能够适当地检讨是否需要迫切的全线铁路双线化,或是在瓶颈路段做部分的铁路双线化;且可利用于列车排班研究中所遇到的情形,适当地建议台湾铁路局于排班的瓶颈路段做适当的双线化或是设置交会用的号志站,以纾解于单线铁路区间列车排班上的不便,并增加台铁台东线的列车排班与运行之效率。

关键词:加班车排班问题;台铁台东线

Abstract: In the single-track railway lines, the stopping station type and the train series of Taiwan Railway Administration (TRA) Taitung Line (Hualien=Taitung) is the most complicated one. Due to the trip type of the passengers on this line is more particular than other railway lines; the number of trains on the schedule is extremely different between weekdays and weekends (or holidays). In current issues, in order to increase the volume of the TRA Taitung Line, increased to double-track for all of this line has been mentioned. But the TRA has done a perfect train timetable for the extra trains on the Taitung Line to prevent the scheduling problem when the extra trains joined in the diagram? In this situation, can we just fix the train timetable to have a perfect diagram on the single-track railway line, do the partial double-tracks works, or increase the stations to have the train-meetings, to prove the extra train's schedule problems and increase the level of service of the TRA Taitung Line.

The study is going to figure out the key point problem of the TRA Taitung Line, and to investigate doing the train schedule pre-defaulted for this line in order to let the diagram runs more efficient. Furthermore, the study will point out can we just do the train scheduling well, or construct the partial double-track and increase the stations to have the train-meetings; to avoid to all TRA Taitung Line has double-tracked. At last, the study can also suggest the situations have found in the study to Taiwan Railway Administration, for the ways to do well on the train scheduling, or to release the bottlenecks for train scheduling on TRA Taitung Line.

Keywords: Extra Trains Schedule Problems; TRA Taitung Line

1　引言

在台湾东部走廊上,虽然旅运量没有台湾西部的庞大,但因遇到了苏花公路常受到天气因素而封路的瓶颈,且利用航空运输来往的旅运成本极大,因此鲜少旅客会使用航空运输来往东部地区,造成来往东部的民众是以台铁为其主要的运输工具;于近期东部观光盛行后,容易造成台铁东部干线一位难求,进而会使得台铁营运方在特殊节日或例假日增开加班车以输运旅客。台铁东部干线中花莲—台东之台东线区间的旅运量,虽然无台北—花莲间的区间大,但因为台铁列车客座配位与旅客需求的问题,加班车排班上是需要将许多加班车延长行驶区间到台东,以满足各个不同旅行区间之旅客需求。

作者简介:范俊海,淡江大学运输管理系副教授。
洪政屹,谢家敏,淡江大学运输管理系硕士班研究生。

1.1 现况分析

在时事议题中，常会提到台铁台东线全线双线化的议题，以增加列车运行班次数；但在现今台铁列车时刻表排班中，是否有做到有效的排班，以应对临时加班车可能会造成的调度问题？在此情况下，是否有在铁路单线区间能够做有效排班？或是将部分瓶颈路段铁路双线化就能够有效减少因为在单线区间的临时加班车排班而严重影响到原有正班车的准点率，以提升台铁于东部干线的营运服务质量？

于单线铁路列车排班方面，是在区间上的两站之间，依照号志闭塞容许不同，仅能容许一列车或同一方向的列车群运行，因此会需要有场站或号志站做交会列车。于正班车的排班上，必须考虑到交会列车与待避列车的预留排班时间，并且为了降低列车延迟情形，在排班上会有较双线铁路多的缓冲时间，以避免因某一班铁路列车延迟，而连锁影响到后续的铁路列车的正常运行。

1.2 研究目的

针对台铁台东线本研究的目的列点如下：

(1) 在加班车的排班上，必须考虑到与正班车产生交会与待避的预留排班时间，以避免列车在有临时加班车的例假日发生常态性延误问题。

(2) 适当地了解台铁台东线是否能容纳更多铁路列车运行。

(3) 归纳出一套台铁台东线的加班车排班方式，并期许将排班的方式其余类似状况的路线上。

(4) 于研究中发掘台铁台东线排班运行上的瓶颈单线区间，并建议优先改善之。

1.3 研究范围

研究的范围中，将利用台铁台东线花莲至台东之间的运行模式作探讨，利用欲排班列车的后续或先前行驶的路线方向，并考虑其直通的列车型式、性能、列车停站模式将整个台铁台东线的排班运行系统拆解成三个方面。见图 1。

(1) 东部干线(北回线)系统。

(2) 南回线系统。

(3) 台东线独立系统(以区间车为主)。

1.4 研究项目

(1) 台铁台东线的运行车型与时刻表停靠站模式。

(2) 铁路列车时刻表的排班原则。

(3) 定型化班表的排班规则。

(4) 发掘台铁台东线单线区间的排班问题。

(5) 提出相关建议。

2 文献回顾

2.1 台铁台东线现今存在之排班问题

现今台铁台东线大多数路段为单线铁路区间，因此在多种车种与停站模式的影响之下，容易产生班次过于疏少、列车班距过大以及排班不易等问题。于 2016 年 10 月 20 日改点后，许多此路线运输重要性较中等的车站的列车班次减少；虽然以上车站的旅运量较无玉里等车站来得大，但实质班次上的减少也造成以上地区的居民于花莲或台东转乘其他列车的不便，因此需要通盘检核关于此路线的列车时刻排班与加班车增班对于当地居民的便利性与适用性，才能够将台铁台东线的列车运行时刻适当安排。

台铁台东线在现今一直被提及其例假日运能不足的问题，而一直有全线双线化的呼声；但依照现行的列车时刻表安排来看是有很大的改善空间，可以发现列车的停靠车站以及两列车班次之间的时间间隔是十分混乱的，如此状况可能会造成台铁台东线在班表编排上密度会有浪费的情形发生。又因台铁车型繁杂，且各列车型式的运行与排点速限、加速性能都有所差异，增加在列车时刻编排的限制条件，因此在加班车排班所需要考虑的层面又增加了复杂度。

2.2 铁路运行相关文献资料

在回顾列车排班运行文献资料中，胜田敬一等人[8]提到车站的月台与股道配置会影响到列车发车的密度与时间，因此在车站的股道的配置下会影响到列车的排班与运行的密度。

此外，于北川英裕美等[9]提及在设计列车运行班表的要件如下。

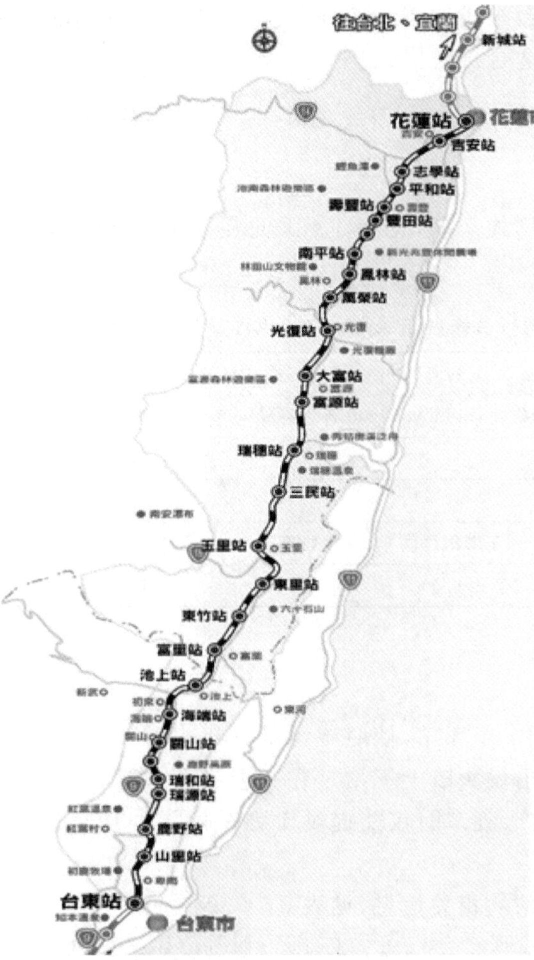

图 1　台铁台东线路线范围(来源:交通事务主管部门铁路改建工程局)

(1) 列车运行时间:最短停车时间,站间标准运行时间等。

(2) 场站内的运行条件:最短进出站时间差、站间最大列车走行数量等。

(3) 待避与追越列车的限制条件:列车间有无相对车种关系、车站股道有无待避列车之设计等。

(4) 初始之设定值:运行的列车车种、始发与终点站之设定、始发时间等。

除此之外,该文献有提及单线区间的列车运行会受到交会对向列车的影响,运行时刻安排上会延后先到列车发车时间,以应付单线铁路区间容量较小的问题,但仍是以达到整体班表运作的最大效益排班为主。武内阳子[10]提及,对于列车运行班表的发车时刻不一致时,容易造成乘客对于搭乘铁路路线列车于阅读时刻表、辨识该搭乘列车的困扰,因此需要在列车时刻表安排上尽量以“整体系统化”的定型化班表方式进行排班,并能够适当地插入临时加班车而不影响整体班表。

富井规雄等[12]提及事先在列车运行班表内预留赶点时间是必要的,且要在时刻表排班上事先计划好若发生列车延迟太久,调整班表中列车运用之计划。而在牛田贡平[7]也提及了当列车运行排班之中未预留适当的赶点时间的话,十分容易造成“二次延迟”的连锁误点情形发生。

于武内阳子等[11]更提到了在列车运行班表设计中,是需要先将所有的正班车与临时加班车的预期班次全部加入整体的路线运行图中,形成完全饱和的状态,而后视旅运需求将不必要的列车运行班次做删减,预留为尖峰班表或加班车之加班空间。

T. Dewilde 等[4]提及纾缓铁路路线瓶颈的要件在于增加场站及路线的列车流动性。J. Qi 等[1]提及,在铁路列车运行图的呈现与排班上,主要是以时空图(Time-Space Diagram)进行绘制、排班与模拟,因此在呈现上会以此方式呈现之。

2.3　小结

综合相关的列车排班文献中,在台铁台东线加班车的排班规划中,将会探讨现行的时刻表列车排班上对于加班车排班不利的所在,并朝向将列车运行班表系统化,以利于加班车的排班研究。除此之外,可在模拟列车排班中发掘出台铁台东线的排班瓶颈路段，并提出于近期的班车数量对应于最先应双线化的区段以抒解当下的加班车的最适合排班模式。

3 列车排班方式

3.1 台铁台东线列车状态

台铁台东线所行驶的列车型式众多，见表1。因此在多重的不同性能的列车与停站模式下，排点是有困难度的。

表1　　现行台铁台东线列车之排点速度与停站模式整理表

排点速度种类	列车型式	停站模式
TEMU速	TEMU1000太鲁阁号、TEMU2000普悠玛号	直达车、部分增停直达车、跳蛙式停站
PP速	PP推拉式自强号	直达车、部分增停直达车、跳蛙式停站
DMU速	DR柴联自强号	直达车、部分增停直达车、跳蛙式停站
客甲速	莒光号、复兴号列车编组区间车、观光列车	部分增停直达车、跳蛙式停站、各站皆停
EMU速	EMU500型区间车	各站皆停

3.2 台铁台东线路线相关信息

3.2.1 场站现况

台铁台东线当今全线总共27个场站，依照旅运量分布来看，可以发现旅运人次几乎集中在花莲、玉里、台东三站，而瑞穗、池上、关山仅次以上三站。在交会列车方面，不能够办理交会列车的车站有平和、大富、瑞和三站；此外，海端站交会列车时仅能提供1列车停靠办理客运，因此不能让两班区间车在此做列车交会。

其于有关于台铁台东线车站的相关信息，见表2。

表2　　台铁台东线车站基本资料表

车站	车站等级	日均旅客量(2016年;人)	可否办理交会列车	旅客月台停靠列车数
台东	一等站	5253	可	6
山里	三等站	7	可	3
鹿野	三等站	218	可	3
瑞源	三等站	43	可	2
瑞和	无人招呼站	13	不可	1
关山	三等站	598	可	3
海端	乙种简易(无人管理)	7	可	1
池上	三等站	479	可	3
富里	三等站	193	可	3
东竹	三等站	17	可	2
东里	三等站	20	可	3
玉里	一等站	1303	可	3
三民	三等站	6	可	2
舞鹤号志	号志站	不办理客运	可	无月台
瑞穗	三等站	575	可	2→(3)
富源	三等站	55	可	3
大富	无人招呼站	11	不可	1
光复	三等站	422	可	3
万荣	三等站	58	可	3
凤林	三等站	332	可	3
南平	三等站	23	可	2
林荣	简易站	尚未启用	可	2(启用后)
丰田	简易站	99	可	2
寿丰	三等站	274	可	4
平和	无人招呼站	18	不可	1
志学	三等站	312	可	2(3)
吉安	三等站	363	可	2→(3)
花莲	特等站	15,032	可	

3.2.2 车站间距离状况

由表3来看，以能够办理交会的车站为计算基础，超过7km的长段区间列举如下：吉安—志学9.0km、丰田—南平8.4km、光复—(大富)—富源10.7km、富源—瑞穗9.2km、三民—玉里11.0km、关山—(瑞和)—瑞源10.2km、山里—台东8.1km；其中丰田—南平与山里—台东间已完成双线化，其于路线有机会成为台铁台东线的定型化排班上的瓶颈路段，后续将会研究出并且探讨之。

表3 台铁台东线车站营业里程与车站间距离表

车站	车站营业里程(自八堵起;km)	与前站之间距离(km)
台东	320.3	—
山里	312.2	8.1
鹿野	306.0	6.2
瑞源	300.5	5.5
瑞和(不可交会)	297.7	2.8
关山	290.3	7.4
海端	283.8	6.5
池上	278.2	5.6
富里	271.3	6.9
东竹	265.1	6.2
东里	259.2	5.9
玉里	252.5	6.7
三民	241.5	11.0
舞鹤(号)	236.7	4.8
瑞穗	232.2	4.5
富源	223.0	9.2
大富(不可交会)	220.0	3.0
光复	212.3	7.7
万荣	206.7	5.6
凤林	201.9	4.8
南平	197.7	4.2
林荣(尚未启用)	197.1	8.4
丰田	189.3	
寿丰	186.6	2.7
平和(不可交会)	184.7	1.9
志学	181.8	2.9
吉安	172.8	9.0
花莲	169.4	3.4

台铁台东线应对于各个不同的车型的性能，各站之间会有不同的排点时间，以当今台铁台东线来说，其应对的排点时间速度依照列车性能高到低分为：应对于太鲁阁、普悠码倾斜式列车的TEMU速；推拉式自强号列车的PP速；柴联自强号列车的DMU速；通勤电联车的EMU速；莒光号与复兴号编组列车的客甲速。

3.3 单线铁路区间列车试排班分析

3.3.1 单一车种排班

于台铁台东线主要的单线铁路区间列车运行模式中，顾名思义是需要在场站办理列车交会，因此必须要等对向列车完全进入场站后才可出发前往下一站。以单纯的花莲—吉安区间来看，行驶时间最长是5min(含拐侧线股道所耗时间)。转辙器定位、号志开通所需要的时间为30s(0.5min)，此情况之下的单方向最密集班距为$5\times2+0.5\times2=11$min，将列车排点放松至小时时间班距(Clock-Headway)是以单方向 12min 班距为基准;列车单方向最密一小时可以开出 5 班列车,以一天从 6 时至 22 时来看,单方向约可发出 80 班列车,双向 160 班列车。但台铁台东线状况可没那么单纯,因此在后续会推衍一个行驶区间至下一个场站。见图 2。

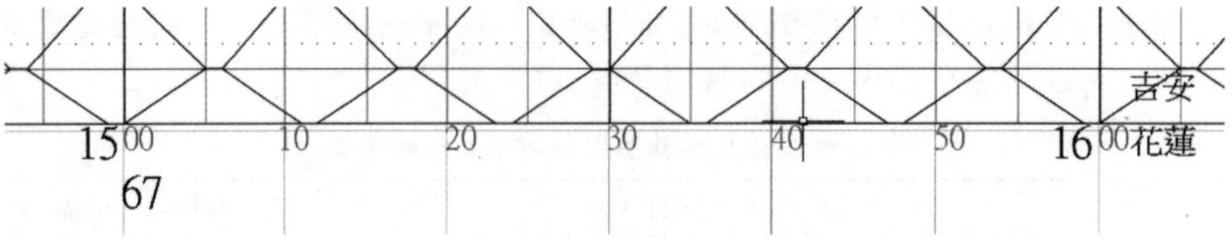

图 2　花莲—吉安间模拟排班示意图

延伸至花莲—吉安—志学来观察,双向列车需要在吉安站做交会列车的动作,吉安—志学站的行驶时间为 9min,较花莲—吉安间的 5min 多出 4min。因此在列车排班的班距上,必须以较长班距吉安—志学站做基准,以避免列车在此段区间有排班运行上的冲突发生;其来回时间为 18min,为单方向班距设定为 20min 为基准;表示列车在单方向最密一小时可以开出 3 班列车,以一天由 6 时至 22 时来观察,单方向能够发出约可发出 48 班列车,双向 96 班列车。见图 3。

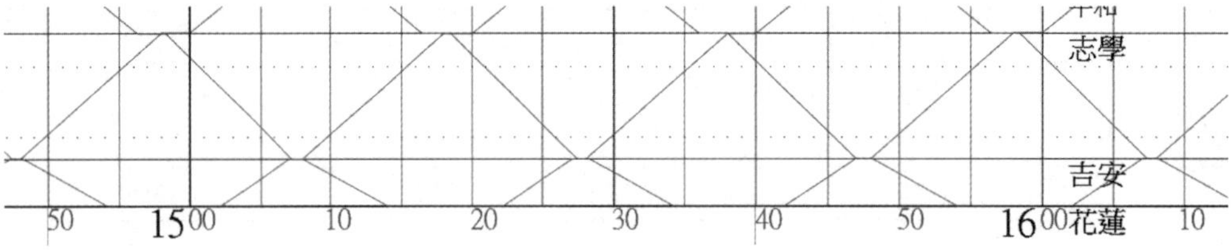

图 3　花莲—吉安—志学间模拟排班示意图

3.3.2　多车种排班

若是以图 2 的班表中加入快车的运行时,且将列车运行模拟扩张至寿丰站时,可以发现若是做列车待避与追越动作时,容易造成列车班表的冲突,(图 3),因此需要调整列车的运行模式。

重新调整后,快车将调整于志学站追越慢车,见图 4。可以发现慢车的行驶时间明显增加,且因为吉安—志学间的长段区间路线容量已饱和,因此慢车的班距明显被延拉长且形成一个不平衡班距,但是快车加上慢车的运行平均班距还是一样维持 20min 一班车,也就是每小时中会有 3 班车能够发车。见图 5。

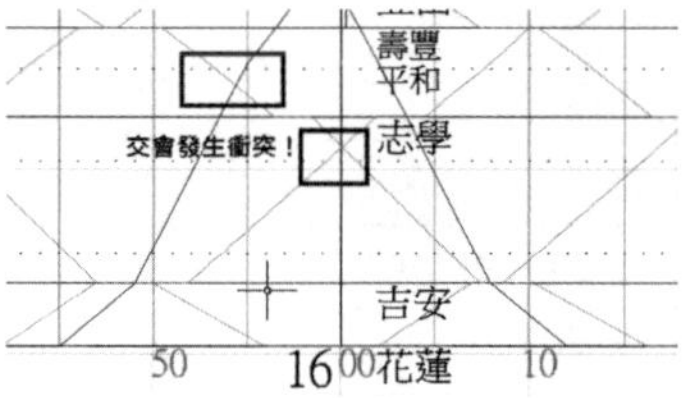

图 4　列车于单线铁路区间排班冲突情形

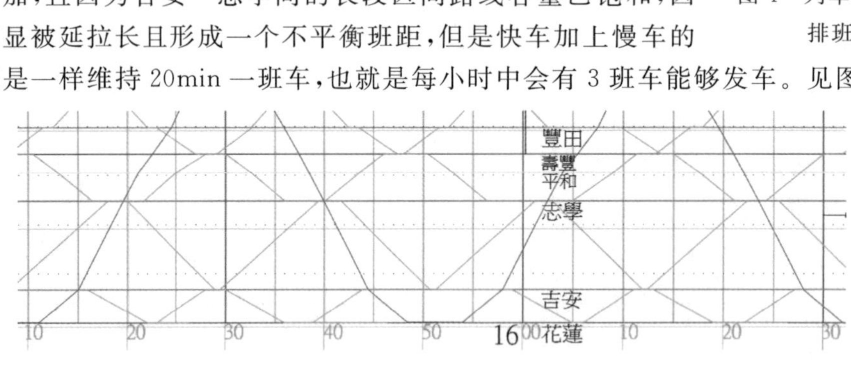

图 5　模拟增加快车调整后之花莲—寿丰间运行图

4　分析结果

4.1　由现行时刻表试排分析

现行的台铁台东线列车班表中,可发现对于加班车排班是十分困难的,时常为了等待交会或待避而拉长行车时间、放弃正班区间车的行车时间服务水平;或于某一时空看似能够排入加班车,但延伸到后续列车抵达的时空中,会发生无法让此加班车插入的情形,造成此欲安排的加班车成为无效排班。

因此于现行班表的加班车排班试排中,可以发现若不将正班列车延迟,能够排入的有效加班车是十分有限的。在后续的分析方向会朝向整体班表的检讨,并安排出一套列车运行班表,以利于正班车与加班车的排班整体化,订定出一套具一定规则的列车排班方式。除了有助于有、无加班车的列车班表差异化之外，更能够有效地在台铁台东线的定型化班表之中排入加班车。

4.2　定型化班表排班模式拟定

在定型化班表排定下，需要依照发车基准点拟定出其排班方式，分为：列车连续发车模式与分散发车模式。而台铁台东线的发车基准点以台铁台东线的大站：花莲、玉里、台东为重点。

前者优点在于：除了因为可以避免部分的慢车待避快车运转行为，在不影响快车的行驶时间下，能够减少慢车的整体运行时间外，在发车基准点车站的快车乘客也能够有效转乘慢车继续行程；后者优点在于：列车发车班次平均度呈现上较美观，对旅客而言更容易阅读与理解，但是此方式在慢车的排班上十分容易被快车追越，而等待的待避时间可能会拉长慢车运行时间。因此在检讨整体台铁台东线的定型化班表排班是以连续发车模式为佳。

4.3　班表试排班作业

列车班表在排班的过程中，以不增加列车运行时间为主，因此会先简化列车种类，分为直达车、跳蛙式列车、区间车，见图 6，并且依照一定的顺序排班。过程中将采取连续发车模式，并由排班基准站依车种排点速度由快到慢的顺序发车。

列车运行排班调整后，列车是以每 1 小时各 1 班的直达车、跳蛙式列车、区间车发车，较现今排班的列车能够安排更多班车，且可由多安排的排班空间作为加班车的预留空间，因此台铁台东线的班表需要做通盘整理，才能够满足不影响正班车的情况下排入加班车的需求，并由花莲—玉里间以图 7 为案例。

	花蓮	吉安	志學	平和	壽豐	豐田	南平	鳳林	萬榮	光復	大富	富源	瑞穗	舞鶴號	三民	玉里	東里	東竹	富里	池上	海端	關山	瑞和	瑞源	鹿野	山里	台東
直達車	●	–	–	–	–	–	–	–	–	–	–	–	–	–	–	●	–	–	–	–	–	○	–	–	–	–	●
跳蛙式	●	●	●	–	●	–	–	●	–	●	–	–	●	–	–	●	–	–	●	●	–	●	–	–	●	–	●
區間車	●	●	●	●	●	●	●	●	●	●	●	●	●	–	●	●	●	●	●	●	●	●	●	●	●	●	●

* 直达车于关山站做部分班次的选择性停靠

图 6　简化车种后之停靠站模式

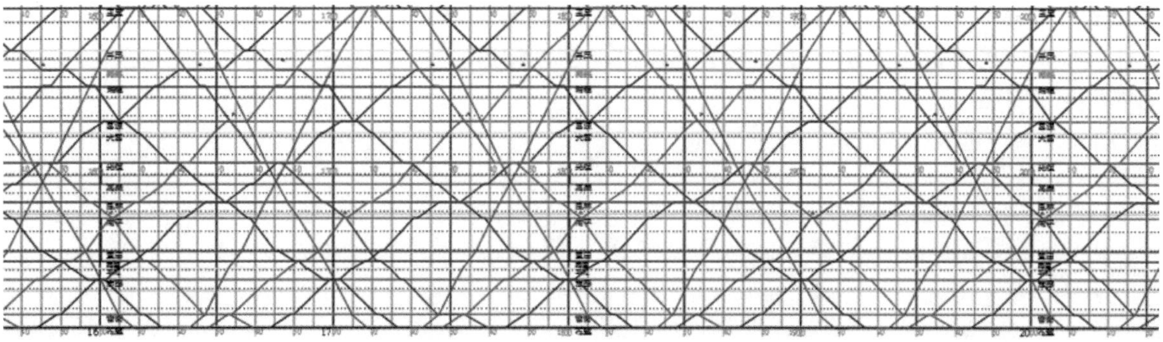

图 7　台铁台东线花莲—玉里间列车排班运行模式

5　结语

(1) 于定型化班表的排班能够避免临时排入加班车时，因部分区段的容量压缩而造成例假日的班表常态性延误，且能够容纳比当今排入更多的加班车。

(2) 寻找出属于台铁台东线的加班车排班问题，并尝试解决之。

(3) 除了在研究中已经发掘出台铁台东线的排班瓶颈单线区间外，也顺带搜寻到某些场站需要施作改善。

(4) 呼应了参考文献中武内阳子[10][11]等列车排班之做法是适合于台铁台东线的加班车排班。

希望能够就台铁台东线现况的部分瓶颈路段与场站做改善，将列车班表安排的更有弹性，跳蛙式列车与区间车的行驶时间更短，更能够排入临时间班车的空间。并且建议台铁官方在旅客快车与慢车之间的转乘上，以同一张车票将旅客全程的搭乘与座位的信息一览无遗，对于旅客的快慢车相互转乘上是相对便利的。

参考文献

[1] Jianguo Qi, Lixing Yang, Yuan Gao, et al. Integrated multi-track station layout design and train scheduling models on railway corridors[J]. Transportation Research Part C. 2016:91-119.

[2] Rob M. P. Goverde, Nikola Be? inovic′, Anne Binder, et al. A three-level framework for performance-based railway timetabling[J]. Transportation Research Part C. 2016(67): 62-83.

[3] Sudhir Kumar Sinha, Shripad Salsingikar, Siddhartha SenGupta. An iterative bi-level hierarchical approach for train scheduling[J]. Journal of Rail Transport Planning & Management, 2016:1-17.

[4] Thijs Dewilde, Peter Sels, Dirk Cattrysse, et al. Robust railway station planning: An interaction between routing, timetabling and platforming[J]. Journal of Rail Transport Planning & Management ,2013:68-77.

[5] Vuchic, Vukan R.. Urban transit: operations, planning, and economics[M]. Hoboken, New Jersey: John Wiley & Sons, Inc. ,2005.

[6] 荒屋真二，安部惠介. ヒューリスティクスを利用した列车运転整理手法[J]. 日本电器学会论文志，1983，58(C30)：249-256.

[7] 牛田贡平. 运行实绩データを活用した列车遅延の评価指标[R]. The Operations Research Society of Japan，2012.

[8] 胜田敬一，小熊贤司. 駅构内における高密度列车ダイヤの道出[R]. IEEJ Trans. IA，2004，124(8)：792-798.

[9] 北川英裕美，片冈健司，驹谷喜代俊. 多様な路線形态を対象とした列车ダイヤ作成支援システム[J]. 电学论 D，1996，116(8).

[10] 武内阳子. 旅客の不効用值に基づく列车ダイヤの顽健性评価[R]. The Operations Research Society of Japan，2008.

[11] 武内阳子，坂口隆，福村直登. 利用者デマンドとリソース制约を考虑した列车ダイヤ作成问题の定式化[R]. The Operations Research Society of Japan，2008.

[12] 富井规雄，田代善昭，田部典之. 利用者の不满を最小にする列车运転整理アルゴリズム[D]. 情报处理协会论文，2005，46(2)：26-38.

[13] 陈律帆. 台湾铁道客货列车运行图. 2014(8).

[14] 陈律帆. 台湾铁道客货列车运行图. 2017(9).

[15] 蔡欣恬. 以班表试排法评估铁路路线容量——以台铁台东线为例[D]. 成功大学，2015.

[16] 钟志成，张仕龙，李治纲，李宇欣，曾志煌，赖威伸. 列车排点最佳化之数学模式探讨[R]. 台湾运输学会第 21 届论文研讨会，2006.

探讨复康巴士之运输服务质量

Investigation of the Quality of Disabled Transit Services

叶耀文　吴继虹

摘　要：近年来台湾地区身心障碍人口数逐年渐增，台湾当局及民间单位均积极提升身心障碍者相关服务，在交通服务上除了改善捷运、高铁、台铁与公交车的搭乘环境，也同时在各地区增加大小型复康巴士，复康巴士数量持续增加中。可见未来复康巴士产业具有相当庞大的需求与潜力，复康巴士的服务质量也成为营运绩效评估的重要课题。

本研究参考运输业服务质量评鉴之相关文献，结合复康巴士的服务特性，期待找出复康巴士使用者喜欢的与想要的服务项目，以及使用者感到满意与不满意的服务项目，并试图找出会影响使用者满意程度的服务项目，运用 kano 二维质量模式探讨使用者对复康巴士在服务质量上的预期满意度。以北北基地区曾经搭乘复康巴士的使用者为研究对象，由于研究对象活动形态的特殊性，于长期照顾中心、市立医院、私营复康巴士公司所在地，采方便抽样方式进行抽样，发放问卷时间为 2016 年 11 月到 2017 年 2 月间，共得到 149 份有效问卷。调查用问卷分成三个部分：受访者之基本资料、服务质量评估与顾客实际使用后满意度调查。基本资料包含受访者身份、性别、年龄、职业、教育程度、月收入、障别、搭乘频率；在服务质量评估部分，包括 20 项有关复康巴士服务指标问项，最后则是调查顾客实际使用后的满意度。调查结果发现，149 位受访者希望优先改善服务质量指标项为订位、安全性、驾驶员态度等；因此建议政府可优先改善的项目为：提供经费补贴营运者增购车辆、严格规定车辆设备定期检查的频率并确实执行，以及提供并增加驾驶员相关的训练课程。

关键词：复康巴士；服务质量

Abstract: In Taiwan, the population of the disabled and the elderly has been increasing in recent years. To meet the growing demand for Rehabus services, the government has been actively improving public transportation services for people with disabilities and the elderly. However, we have very little knowledge of the essential service qualities that disabled and the elder people expect and value. The purpose of this study is to investigate how people assess the service quality of Rehabus. A questionnaire was developed to obtain the subjective assessment from participants. The study area includes Taipei, New Taipei, and Keelung cities. A total of 149 valid samples were obtained between November 2016 and February 2017. The questionnaire includes three parts: the socioeconomic information of the respondents, the assessment of service quality, and the measurement of customer satisfaction.

According to the survey results, 149 respondents have higher expectation of improving the service quality of booking, security, and the driver attitude; It is recommended that the government should provide more funds to subsidize the operators to purchase new vehicles. In addition, a standard operating procedure for vehicle check and safety audit should be established and implemented, and driver training courses should be provided as well.

Keywords: Rehabus; Service Quality

1　引言

1.1　研究背景与动机

台湾于 1989 年在台北市推动无障碍运输政策，为满足需要长期照顾的需求人数的增加，提供了类似复康巴士的运输服务，一般称为长照巴士。但除了公营的服务单位之外，私营的复康巴士公司也慢慢地兴起，服务对象已经不再是以高龄的老人为主，而慢慢开始转向为行动不便的残障伤员等作使用。

随着社会福利制度逐渐健全，身心障碍者与年长者的交通问题也越来越受到重视，提供身心障碍者与年长者同样的便利运输和友善的活动环境已经成为现在台湾当局的目标之一，因此同时兼具可及性、机动性的复康巴士服务可以给需要的使用者有很大的帮助。

如今社会的变迁和医疗技术的进步，1993 年台湾 65 岁以上占总人口比率即超过 7％逐渐成为高龄化社会，推估 2018 年将超过 14％成为高龄化社会，于 2050 年达 20％成为超高龄社会。另外，2015 年身心障碍人口数已超过 115 万（“台湾地区内务主管部门统计处”），其中 65 岁以上人口已超过 43 万人；并

作者简介：叶耀文，台湾海洋大学运输科学系研究所硕士班学生。

吴继虹，台湾海洋大学运输科学系助理教授。

根据许多学者证实统计，2018 年失能者会达到 62 万人，而 65 岁以上的人口数约 50 万人。

医疗的进步使人类平均寿命延长，但寿命的延长不代表健康状态也会跟着延长，未来不健康及失能人口所需的健保医疗，预期应该会持续地增加。随着长期照顾需求量以及高龄化人口的增加，解决高龄社会的各种服务需求就会逐渐提高，也显示对于高龄化就医所需要的运输需求也会增加，政府该如何改善现在无障碍运输的服务现况，是非常值得去深入探讨的。另外，根据目前现有的研究，就少数去探讨复康巴士的使用满意度，因此想借于本研究，找出复康巴士在营运中的相关问题，在来进行分析以及探讨，最后提出建议提供参考。

1.2 研究目的

本研究来探讨复康巴士的运输服务质量特性，并了解身障者以及身障者家属对服务质量的重视程度。本研究主要目的分别如下：

(1) 由不同的人口统计变量之使用者，来探讨对复康巴士服务质量需求是否有显著的差异。

(2) 可以提供之后相关研究来探讨复康巴士运输服务质量，并将本研究之结论及建议来提供给业者或其他相关运输经营者做参考、改善之服务项目。

1.3 研究内容与范围

本研究以台北市、新北市与基隆市(以下简称北北基)各大公营以及私营的复康巴士公司的使用者为研究对象，研究对象又细分为身障者与身障者家属两个类别，再以长照巴士及复康巴士等关键字搜集相关文献，并依照个人需求的不同，得到每个问项在本研究所受访的使用者中所含比例最高的质量要素归类，最后再进行实质的数据结果分析，进一步了解复康巴士营运公司在两大类别的服务质量是否有差异或者相同。

2 文献回顾

2.1 复康巴士定义与起源及发展现况

2.1.1 复康巴士定义与起源

复康巴士就是指载送身心障碍者的公共汽车(巴士)，与一般巴士不同的是，复康巴士加装了方便心障碍者上下车的辅助器材，例如轮椅升降机等，已采取预约制，点到点的接送服务。复康巴士服务，是指提供身心障碍者就医、就学、就业、就养及社会参与所需的交通服务。

复康巴士起源于无障碍运输服务，台北市于 1989 年推动了无障碍运输之服务，购置社会局购置 3 辆大型复康巴士与 5 辆身心障碍者小型冷气车(简称小型复康巴士)提供身心障碍者交通上的服务(台北市公共运输处，2013)。

2.1.2 复康巴士发展现况

复康巴士由各县市政府自行办理，有些是委托民间机构办理，使用者必须有身心障碍手册之身心障碍者，其收费由各县市规定，目前收费标准各县市不一，通常以该县市出租车费率的 1/2(如高雄市)、或 1/3(如台北市)为收费依据，部分县市免费(如新竹市，澎湖县)。服务内容有所不同，以点到点接送服务，采预约方式订车，服务时间除台北市，新北市全年无休外，其余县市为星期日或假日不实施。

截至 2016 年 9 月底，全台复康巴士约有 1500 辆，统计 2016 年接受服务人数为 258078 人(卫生福利事务主管部门，2016)，以 2016 年身心障碍者人口为 11701999 人(卫生福利事务主管部门，2016)计算占 22.0%，显示复康巴士服务供不应求。

2.2 长照巴士起源及现况

为满足长期照顾需求人数的快速增加，行政管理机构于 2007 年 4 月核定“台湾长期照顾十年计划”，提供失能者类似复康巴士的交通接送服务，一般称为长照巴士。服务对象为；65 岁以上老人、55 至 64 岁山地原住名、50 至 64 岁的身心障碍者及 IADLs 失能且独居的老人，依据服务对象界定，推估长期照顾服务需求人口，2015 年为 327158 人，2020 年为 398130 人(长期照顾计划摘要本，2007)。

长照巴士由各县市长期照顾中心委托民间机构办理，收费标准依政府规定每趟最高为 190 元新台币。另依身份别订有补助标准，低收入户全额补助，中低收入户补助 30%，一般户补助 10%，惟以每月 8 次(来回 4 趟)为限。依卫生福利事务主管部门统计，2016 年长照巴士服务量为 24703 人，总趟数为 328853 次(卫生福利统计处 2016)。目前部分县市已整合复康巴士与长照巴士服务，委托名间机构办理，收费以身份别计算。

2.3 服务质量的定义

服务具有无形性、异质性、易逝性以及不可分割等特性，所以消费者很难具体描述服务质量，仅能借由一些形容词加以描述(Crosby，1979)。服务质量也因为服务的特性增加了其定义和衡量的困难。探讨服务质量的学者专家对于服务质量有许多不同的定义：

Gronroos (1982)认为服务质量可分为两种形态，一为技术质量，它是顾客实际接受了服务时的衡量指标，另一是功能质量，它是服务传送之分市及服务态度之衡量指标。

Shetty & Ross (1985)认为服务质量提供有效率、亲切的、有帮助的，且持续服务给有需要的顾客。

以上这些学者对于服务质量的定义注重在满足顾客的需求、符合或超越他们的期望、令顾客满意等方面。若深入去探讨，应是顾客对服务会有所需求及有所期望，如果所得到之服务满足他们的需求、符合或超越他们的期望，顾客当然会满意。于是我们可以了解到顾客在接受服务之前，对所欲接受之服务会有期望，称之为"顾客期望"(consumers expectations)。当他们接受且消费之后，对服务质量会有实际的认知，称为"顾客认知"(consumers perceptions)。也有学者依据顾客期望和顾客认知来对服务质量做定义：

Lewis & Booms (1983)认为服务质量是视传送的服务符合顾客期望的程度来评定的；Gronroos (1982)定义服务质量为顾客对服务质量之期望与接受服务之认知比较；Parasuraman、Zeithaml and Berry(1985)利用顾客期望与顾客认知来定义认知的服务质量，其定义为实际的服务与期望的服务之差距称之为服务质量。

虽然学者对于服务质量的定义并不相同，但其实并没有太大的差异，其中最大的共通点正如 Deming 所说的"顾客是服务质量的唯一评价者"。Parasuraman 、Zeithaml and Berry 利用认知服务质量来为服务质量做定义之方式在近年来已被大多数的学者所接受。

3　研究方法

3.1　问卷设计

本次研究对象以北北基复康巴士使用者，完成搭乘后的感受来接受问卷调查。根据 PZB 的五个服务构面如表 1 所示，并汇整过去跟复康巴士的相关文献，提出适合复康巴士使用者的服务质量属性，成为本次问卷研究主题。

表 1　　复康巴士服务质量问卷设计

构面	说明	服务问项
有形性	衡量车上环境、设备、服务人员仪态	1. 车内的环境整齐
		2. 车内的设备符合安全规范
		3. 车内的空调温度恰当
		4. 车内的座椅舒适
		5. 车内行驶时平稳舒适
		6. 车内宁静
		8. 驾驶员服装仪容整齐
确实性	衡量服务人员的专业、礼貌，可获得顾客的信任	7. 驾驶员态度有礼貌
		13. 服务公司有良好的形象
		14. 服务公司在安全纪录上表现良好
可靠性	是否能确实履行承诺各项服务	11. 在约定好的地点准时接送上车
		12. 准时抵达目的地
反应性	衡量服务人员快速服务及帮助使用者意愿	9. 驾驶员动作迅速
		17. 服务公司在收到申述后立即回应
		18. 能够很快订到位子
同理性	衡量是否提供使用者贴心个别的服务	10. 车内提供医疗上的书刊
		15. 共乘其他的乘客
		16. 提供适当的申述管道
		19. 对于不同障度级别提供合理的收费
		20. 对于不同障度级别提供不同的预约时间

本研究问卷分成以下三个部分。

(1) 预期满意度问卷：

以服务质量要素是否具备当作题目主题，透过了解顾客对于复康巴士在运输服务过程中的看法，回答选项分为"很喜欢""理所当然""没有感觉""勉强接受""不喜欢"共五个选项。

(2) 一致性分析：

本研究对于 KANO 二维质量分析所预期得到的结果，跟实际搭乘后的结果来做比对，是不是有明显的差异，回答选项分为"很喜欢""理所当然""没有感觉""勉强接受""不喜欢""无法回答"共六个选项。

(3) 基本资料：

主要调查使用者的身份、性别、年龄、职业、教育程度、月收入、障别、搭乘频率、营运公司做资料的搜集。

3.2 问卷分析方法

本研究之问卷方法共分成3个部分，分别为叙述性统计，Kruskal-Wallis 统计分析，预期以及实际搭乘过后之比较，并运用 SPSS 统计软件进行资料之分析，其分述如下：

(1) 叙述性统计分析

本研究以叙述性统计了解人口统计基本资料，包含身份、性别、年龄、职业、教育程度、月收入、障别、搭乘频率、营运公司，计算出平均数，标准差，排序每个问项之顺序，来进行分析。

(2) Kruskal-Wallis 统计分析

本研究运用基本资料与20个问项来进行无母数 Kruskal-Wallis 统计分析，分析不同类别的受访者间是否有不同的相关性，作为研拟后续研究议题的参考。

(3) 预期以及实际搭乘过后之比较

本研究运用基本资料与20个问项来预期分析，并从复康巴士绩效指标六大构面各选出一题，向实际搭乘者进行调查，并针对调查结果进行分析。

4 研究结果

4.1 预期搭乘满意度以及实际搭乘满意度之比较

从复康巴士运输绩效指标的六大方面，每个方面选出一题进行调查，并想探讨“全部样本”、“身份”、“营运公司”“收入”之实际搭乘过后的平均数指标与预期结果的平均数进行比对分析，分析结果如表2所示。

(1) 从整体调查结果可看出，预期搭乘满意度最高的是“设备的安全性”，其次是“预约复康巴士的效率”；但在实际搭乘满意度中“驾驶员的服务态度”是最高，而“安排与其他乘客共乘”部分的实际满意度比预期搭乘的满意度来得高

(2) 从身份来看，身障者样本可以看出，预期搭乘满意度最高的是“准时抵达目的地”，其次是“预约复康巴士的效率”；在实际搭乘满意度部分最高的是“驾驶员的服务态度”。从身障者家属样本可以看出，预期搭乘满意度最高的是“预约复康巴士的效率”，其次是“设备的安全性”，则实际搭乘满意度部分最高的是“准时抵达目的地”。

(3) 从营运公司来看，私营公司的样本预期搭乘满意度最高的是“设备的安全性”，则实际搭乘满意度部分最高的“驾驶员的服务态度”，在公营样本方面预期与实际搭乘满意度最高的都是“准时抵达目的地”。

表2 预期满意度与实际搭乘满意度平均数

满意度 \ 问项		设备的安全性	准时抵达目的地	预约复康巴士的效率	依障度级别不同的预约时间	驾驶员的服务态度	被安排与其他乘客共乘
总样本	预期	4.60	4.52	4.59	4.50	4.40	2.46
	实际	3.19	3.44	2.36	2.46	3.50	3.01
身障者	预期	4.80	4.85	4.80	4.75	4.45	2.05
	实际	3.13	3.58	2.02	2.28	3.80	2.93
身障者家属	预期	4.48	4.42	4.51	4.39	4.38	2.21
	实际	3.21	3.39	2.50	2.54	3.38	3.05
搭乘私营	预期	4.58	4.44	4.52	4.42	4.40	2.21
	实际	3.09	3.40	2.45	2.68	3.46	3.03
搭乘公营	预期	4.63	4.69	4.73	4.65	4.41	2.46
	实际	3.39	3.51	2.18	2.00	3.49	2.98

5 结语

依照分析结果可以看出身障者期望度最高的是“准时抵达目的地”，在预期与实际搭乘满意度中差距最大的问项是“预约复康巴士的效率”。可以得知在身障者实际复康巴士运输服务质量方面有非常要多改进，则实际搭乘满意度里最高的是“驾驶员的服务态度”，可以看出复康巴士服务过程中在这些身障者的眼中服务态度尚可。

身障者家属的部分，期望度最高的是“预约复康巴士的效率”，则预期跟实际搭乘有非常大的满意度落差的问项是“预约复康巴士的效率”。可以看出家属在复康巴士预约订位的期望是最高的，但实际复康巴士并没有满足这些身障者家属，因此在预约系统的服务方面需要好好改善。

在使用者搭乘营运公司的部分，搭乘私营公司的使用者期望最高的是“设备的安全性”。可以知道私营公司的使用者在设备的安全性的期望会是最高，这可能是因为公私营所补助的差距，造成复康巴士在设备完整度

上也会有所不同。则搭乘私营公司的使用者预期跟实际搭乘有非常大的意度落差的问项是“预约复康巴士的效率”，可能因为是现在不管公私营的复康巴士车辆都明显供不应求，因此才会在这个问项中有非常大的落差。

搭乘公营公司的使用者预期以及实际搭乘满意度最高的都是“准时抵达目的地”，可以看出公营复康巴士公司在订位的系统有一定的流程，可能在发车以及接送方面有一定的规范，因此在准时抵达目的地的部分都有较高的满意度。则搭乘公营公司的使用者预期跟实际搭乘有非常大的意度落差的问项是“预约复康巴士的效率”，落差值比私营公司更多，可能是公营复康巴士在订位的流程非常严苛，需要持有残障手册才能订位，因此在订位的过程非常不容易，这可能是造成实际满意度最低的原因。

特别是，每个样本对于问项“安排与其他乘客共乘”的实际满意度都比预期满意度高，可能是因为现在复康巴士车辆供不应求，因此使用者认为只要有车辆搭乘就好，共乘方面并不影响使用者在实际搭乘复康巴士的满意度。

建议复康巴士公司可以在预约订位系统有更完善的设备，供不应求的问题还是相当重要，可以多多提倡共乘，推动一些新的优惠来解决复康巴士常常订不到位的问题。

参考文献

[1] “内政部统计处”(2017 年 4 月 29 日)。人口总数与分龄统计. http://www.moi.gov.tw/stat/week.aspx。
[2] “内政部统计处”(2017 年 4 月 29 日)。扶养比与老化指数. http://www.moi.gov.tw/stat/week.aspx。
[3] 王基祥. 身心障碍者交通服务之研究——以南投县温馨巴士交通服务为例[D]. 2008.
[4] 蔡升德. 复康巴士服务在花莲:现况与展望[J]. 辅具之友，2012，30：41-44.
[5] 洪永葳. 自由自在无障碍的交通工具——谈论福祉车[J]. 辅具之友，2012，30：67-70.
[6] 陈律言. 浅谈高雄市的无障碍交通运输[J]. 辅具之友，2012，30. 37-40。
[7] 邱显明，郭涵瑄. 复康巴士评鉴指标之权重研究[J]. 都市交通半年刊，2013，27～28：74-84.
[8] 欧惠柔，邱继诚，卓裕仁. 台湾地区社会福利体制下整体资源配置情形探讨—以新竹县是复康巴士与老人送餐服务为例[D]. 中华大学，2013.
[9] 贾若可，张学孔. 复康巴士营运绩效评估[D]. 台湾大学，2012.
[10] 发展委员会. 台湾地区人口推计(2015 年至 2061 年)数据[EB/OL]. [2017-04-29]http://www.ndc.gov.tw/Advanced_Search.aspx? q=人口推计.
[11] 发展委员会. 台湾地区人口推计 2015 年至 2061)数据——未来人口、性比例、总生育率、及年龄中位数[EB/OL]. [2017-04-29]. http://www.ndc.gov.tw/Advanced_Search.aspx? q=人口推计.
[12] 台北市公共运输处. 台北市无障碍公共运输发展[EB/OL]. [2016]http://www.pto.gov.taipei/.
[13] 台北市公共运输处. 复康巴士之缘起 [EB/OL]. [2016]. http://www.pto.gov.taipei/.
[14] 卫生福利事务主管部门护理健康照护司. 长期照顾十年计划摘要本[EB/OL]. [2017-04-30]. http://themes.mohw.gov.tw/LTC//cp-93-111-201.html.
[15] 卫生福利事务主管部门统计处. 身心障碍者生活状况及需求调查[EB/OL]. [2017-04-30]. http://dep.mohw.gov.tw/DOS/lp-2561-113.html.
[16] 卫生福利事务主管部门统计处. 身心障碍者人数按县市及年龄别[EB/OL]. [2017-04-30]. http://dep.mohw.gov.tw/DOS/lp-1721-113.html.
[17] 卫生福利事务主管部门统计处. 长期照顾十年计划交通接送服务[EB/OL]. [2017-04-30]. http://dep.mohw.gov.tw/DOS/lp-1721-113.html.
[18] 社会家庭福利事务主管部门. 各“直辖市”、县市政府办理身心障碍者复康巴士服务汇整表[EB/OL]. [2017-04-30]. http://www.sfaa.gov.tw/SFAA/default.aspx.
[19] Berger, Charles, Blauth, et al. Kano's Methods for Understanding Customer-defined Quality[J]. Center for Quality Management Journal, 1993, 4: 3-36.
[20] Parasuraman, A., Zelthaml, V. A., Berry, L. L.. A conceptual model of service quality and its implications for future research[J]. Journal of Marketing, 1985, 49: 41-50.
[21] Parasuraman, A., Zeithaml, V. A., Berry, L. L.. SERVQUAL: A Multiple Item Scale for Measuring Consumer Perceptions of Service Quality [J]. Journal of Retailing, 1988, 64: 12-40.
[22] Parasuraman, A., Zeithaml, V. A., Berry, L. L. Refinement and Reassessment of the SERVQUAL Scale, Journal of Retailing, [J]. 1991, 67, (4): 420-450.
[23] Matzler, K., Hinterhuber, H. H.. How to make product deployment projects more successful by integrating Kano's model of customer satisfaction into quality function deployment[J]. Technovation, 1988, 18, (1): 25-38.
[24] Kano, N., Seraku, N., Takahshi, F., et al. Attractive quality and must-be quality [J]. Journal of the Japanese Society for Quality Control, 1984, 14(2): 39-48.

我国邮轮入境游的市场分析与研究

Inbound Cruise Market Analysis and Research

丁桂花

摘　要:针对当前国内邮轮出入境市场失衡的现状,介绍当前我国邮轮旅游市场发展现状并剖析导致邮轮出入境市场失衡的深层次原因,借鉴国外成熟市场的发展经验,并对未来我国邮轮入境游市场的发展趋势做前瞻性分析,在此基础上提出发展我国邮轮入境游市场的关键路径和相关措施建议。

关键词:邮轮;入境游;政策

Abstract: According to the current situation of domestic cruise inbound market imbalance, the paper introduces the current status of the development of cruise tourism market in China and analyzes the reasons that lead to cruise inbound market imbalances, Learning from the development experience of foreign mature market, and making prospective analysis of the future development trend of China's cruise inbound market, on the basis of these, the paper puts forward the key the development path of China's cruise inbound market and related measures.

Keywords: cruise; inbound tourism; policy

1　引言

随着我国国内邮轮产业的高速发展,邮轮旅客数量呈逐年递增趋势,2015 年全国主要的邮轮港口共接待邮轮旅客出入境 248 万人次,同比增长 44%,但入境游人数仅为 25 万人次左右,仅占市场总体的 10%左右,出入境市场结构失衡。因此,有必要从出入境市场结构的层面对国内邮轮旅游产业做全面的分析,并通过对标国际,对进一步促进国内邮轮入境游市场的发展提出对策建议。

2　市场发展现状及存在问题

2.1　发展现状

2.1.1　全国及上海市入境旅游市场总体概况

2015 年,全国国际旅游收入 1136.5 亿美元,旅游对 GDP 综合贡献超 10%。从出入境旅游市场结构进行分析,中国总体出境旅游持续高速增长,但总量仍逊入境游市场。

入境游市场方面,2010—2014 年间,我国入境旅游市场总体平稳,近年来入境人次略有下降,2015 年国内入境旅游总人数达到 1.3 亿人次,同比 2014 年增长 4.14%(图 1)。随着"一带一路"等计划的推进实施,2014 年起,中国与丝路沿线国家双向旅游交流已超 2500 万人次。

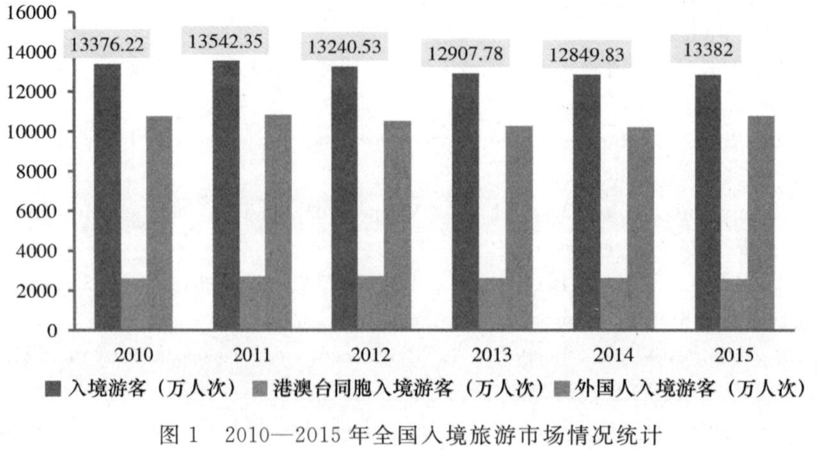

图 1　2010—2015 年全国入境旅游市场情况统计

作者简介:丁桂花,女,硕士学历,现就职于圆通研究院,从事物流交通相关政策研究工作。

从客源结构上看，2015 年入境中国的外籍游客主要来自亚洲、美洲、欧洲及大洋洲地区，其中 64％的旅客来自亚洲地区(图 2)。

对其中的亚洲客源地进行统计分析，可以看出主要的入境客源分布在韩国、日本及马来西亚等国家和地区。这部分游客中，主要是以入境观光休闲和商务会议等为主要目的。

2015 年上海市共接待入境游客 800.16 万人次，其中外国籍游客 540.69 万人次，同比增长 3.32％；香港同胞 45.43 万人次，同比下降 7.39％；台湾同胞 65.57 万人次，同比略有上升，为 0.38％(表 1)。

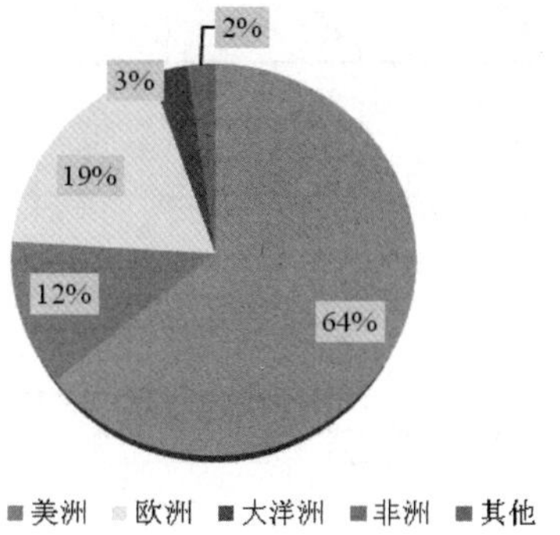

图 2　2015 年国内入境游客客源地分布结构统计

表 1　2015 年上海市接待入境旅游者人数

指标分类	全年累计(万人次)	同比
合　计	800.16	1.12％
＃ 过夜人数	653.59	2.18％
＃　外　国 人	540.69	3.32％
香港同胞	45.43	－7.39％
澳门同胞	1.89	－0.07％
台湾同胞	65.57	0.38％

按入境游客国籍来分，入境上海旅游的客源地主要分布于日本、韩国、美国以及菲律宾等国家和地区(图 3)。

2015 年，在上海的入境旅游市场中，日本、韩国、美国及菲律宾等国家分别占总量的 19％、16％、16％及 8％，是上海地区主要的客源国市场。

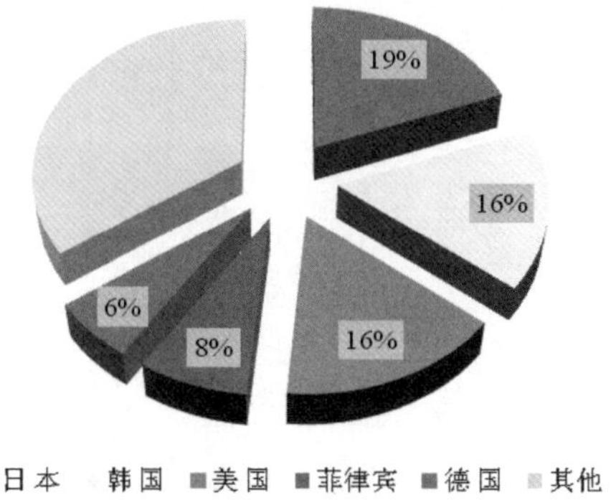

图 3　2015 年上海市分国别入境游客统计

2.1.2　邮轮入境游市场发展现状

当前国内的邮轮入境游主要以挂靠港的形式吸引外籍游客来国内旅游。从 2008—2015 年全国的邮轮业务经营情况来看，邮轮入境游外籍游客数量整体呈下降趋势。特别是 2011 年之后，随着国内以始发港为主的出境游成为主流的经营业务之后，邮轮入境游游客的数量急剧下降。这在一定程度上与外籍邮轮公司的航线安排和调整有很大的关联性。从历史数据来看，邮轮入境游的低峰点位于 2013 年，随着外籍邮轮公司进一步减少邮轮的航次安排，2013 年国内的外籍游客吞吐量达到历史低峰，为 17.75 万人次(图 4)。

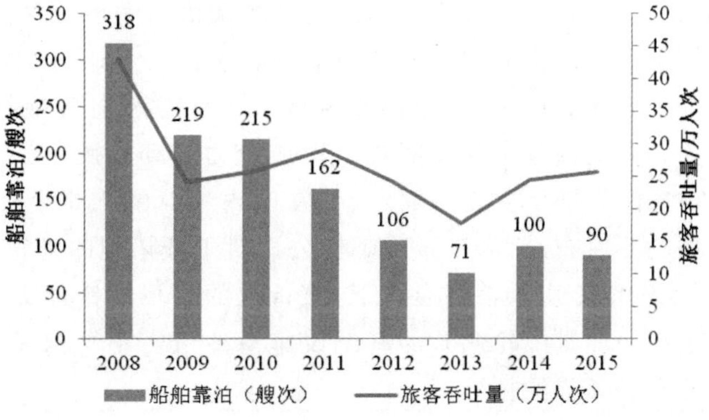

图 4　2008—2015 年全国邮轮业务经营情况

分地区来看，上海、三亚、厦门三地的邮轮入境游市场发展情况略领先于国内其他港口。2015 年三地的邮轮入境游旅客吞吐量分别达到 4.72、10.34 以及 7.73 万人次(表 2)。

表 2　　2008—2015 年我国主要港口接待的邮轮人次统计(万人次)

港口＼年份	2008	2009	2010	2011	2012	2013	2014	2015
天津	2.60	3.90	4.80	5.50	4.40	3.80	3.70	1.90
大连	1.65	2.79	1.98	4.66	2.13	3.03	0.67	0.93
威海				0.40				
青岛	0.34	0.84	1.51	3.12	0.31	0.55	0.20	0.00
上海	5.91	8.13	9.65	6.89	9.34	5.88	6.46	4.72
舟山							0.24	0.00
厦门	7.37	2.02	1.81	1.08	2.56	1.61	3.64	7.73
广州				0.16				0.00
海口	1.82			0.10				0.00
北海	6.34	2.61	2.19	2.20				
三亚	16.98	3.77	3.94	4.94	5.55	2.89	9.56	10.34
合计	43.00	24.08	25.88	29.05	24.20	17.75	24.47	25.62

上海市场方面，从 2006 年至今，上海的邮轮入境游人次基本上保持在 10 万人次左右，其占全市入境旅游市场总份额的 1%左右。近年来上海的邮轮入境游人数在全市入境游市场中的占比呈逐年下降趋势(图 5)。

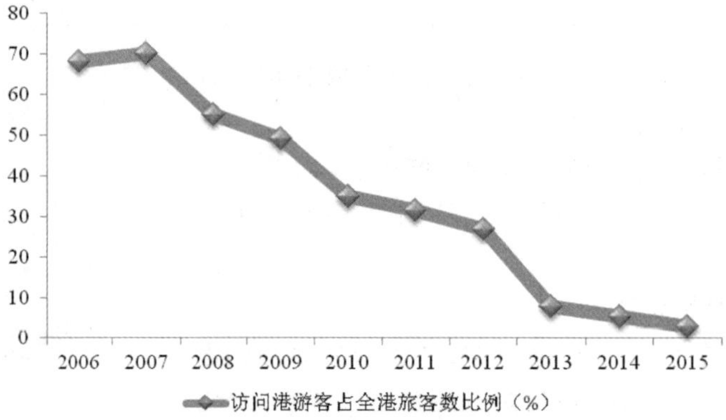

图 5　2006—2015 年上海邮轮入境游旅客全港总量占比情况

2.2　存在问题

由于邮轮产业链较长，涉及多个管理部门和运营主体，任何一项相关产业政策的不完善都将影响邮轮产业的整体发展环境。涉及入境游市场发展的瓶颈问题主要包括：一是口岸的总体通关环境较国际水平还有较大差距，主要是通关涉及的口岸部门众多，部门间协调机制尚不完善。同时，国家对于出入关管理和口岸管理的相关法规依据已难以适应快速发展的市场需求。二是邮轮产品设计的丰富度不够，不足以满足旅客多样化的需求。主要阻碍在于：航线拓展的难度较大，多点挂靠航线的审批手续较为繁琐，尚未形成常态化管理。也间接导致国内各个港口间难以形成合力联动发展。三是市场相关主体自身的主客观因素影响邮轮入境游市场的发展。主观方面，当前在国内经营的均是全球化的大型邮轮公司，一般是从全球层面综合考虑市场的开发布局，当前阶段邮轮公司对于开拓国内邮轮入境游市场的积极性并不高。客观方面，目前在国内邮轮包船切舱销售模式下，旅行社的市场营销能力至关重要，但总体来看，国内旅行社的海外拓展能力不足。四是邮轮旅游的基础设施总体供需不平衡矛盾突出。五是空港联动现状制约着“飞机＋邮轮”产业发展模式的拓展。

3　国际经验借鉴

通过对迈阿密、巴塞罗那等全球知名邮轮产业区域的发展经验分析，总结其在邮轮入境游方面主要的几点经验包括：

3.1 创造有利于产业培育和发展的政策制度环境

发达国家政策制度环境建设上，主要表现在三个方面：

一是相关立法上，邮轮产业发达国家的法律规范经历了从无到有、由简至繁而逐步完善，对邮轮制造、买卖、租赁、安全及出入境等方面已形成法定规范。

二是行业管理上，邮轮经济发达的国家和地区在邮轮航行、邮轮停靠、游客通关和司法管理等方面逐步形成了一套国际通用规程，营造邮轮(旅游)发展的良好制度环境。

三是在产业政策上，政府给予邮轮公司一定优惠政策，如许可邮轮公司参与码头经营；在农产品或其他补给品采购价格上给予优惠；明确规定港口的收费项目，并公开透明。

3.2 完善与邮轮经济配套的相关产业链

西欧、北美的邮轮经济与其成熟的产业链密不可分。根据邮轮产业的集聚经济特征，产业链中每一个环节通力合作、相互配合、协调发展。邮轮公司要与船舶停靠地的旅游景点合作，旅游、观光、购物和餐饮等一系列服务要配合默契，使旅客能切实享受到实惠。

3.3 建立邮轮旅游发展合作机制，实现区域旅游资源整合、加强邮轮旅游目的地的综合竞争力

一是区域间的旅游合作机制。通过建立跨国、跨地区的邮轮旅游合作机制，有利于促进区域邮轮访问量的增加和客源市场的拓展，增强区域整体的吸引力与竞争力。

二是建立各部门间的相互协调机制。邮轮产业的综合特性决定了其需要一个可跨越多行政部门管理限制的沟通交流平台，以满足邮轮旅游接待在时效性方面的要求。邮轮在港口停靠时间极为有限，且极少有过夜的情况。在这段有限的时间里，港口城市需要为游客提供集疏运服务、出入关、行李托运等手续。同时，船舶供应方面，港口所在城市需要为邮轮提供淡水、电力、食品及燃料等并进行垃圾等生活废弃物的处理工作。因此，通过协调机制建立起邮轮旅游运作的高效流程尤为必要。

3.4 重视行业协会的平台作用

欧美等地区邮轮旅游产业的发展始终活跃着邮轮行业协会、地方邮轮组织等机构。邮轮协会不仅是区域邮轮旅游的信息交互平台，也担负着促进邮轮旅游区域合作的重任。邮轮协会通过研究市场走势、建立行业标准化认证等工作，为推动全球邮轮市场的持续发展做出了巨大的贡献。

4 培育国内邮轮入境游市场发展的路径设计

4.1 发展思路

按照有序推进邮轮市场发展、大力拓展外籍邮轮游客入境乘坐母港邮轮的总体发展思路。具体以“一带一路”及自贸区建设为依托，加强中国与沿线港口的交流与合作，通过与周边港口联合开发邮轮旅游产品，丰富国内邮轮旅游航线；加强国内各港口间的联动发展，以上海、天津、三亚为沿海三个核心的邮轮港口，充分发挥沿线其他港口的资源优势，联合开展国内沿海邮轮港口的组合产品；充分发挥长江内河的旅游资源价值，合理开发建设长江沿线的内河邮轮产品，有序发展内河邮轮旅游。

4.2 发展目标

4.2.1 近期目标

大力整合国内现有的旅游资源，发掘长江及沿海的旅游资源优势，逐步吸引国际邮轮公司设计更多国内入境游线路，积极探索并规范邮轮入境游的商业运作模式，重点是吸引亚洲区域内的客源市场。

4.2.2 中期目标

这一阶段的目标重点是巩固亚洲区域内的入境游客市场，同时，积极开拓欧美入境游市场，通过“fly＋cruise”等组合模式发展入境游市场，并逐步推动亚太区域邮轮旅游市场的一体化发展。

4.2.3 远期目标

邮轮出入境市场均衡发展，巩固中国在亚太区域邮轮业中的主导地位，推动中国成为世界旅游产业发展的核心区域。

4.3 重点举措

4.3.1 借助国家“一带一路”建设，拓展邮轮航线，沿线国家间可互开母港

加强我国与亚太各国政府间的联动交流，争取各国间在简化签证、落地签、免签等方面的优待政策有新的突破，亚太各国政府可共同签署亚太区域邮轮航线开发和推广协议，在旅游资源、客源、邮轮开放政

策等方面开展多元化合作，做大做强亚太邮轮经济。

4.3.2 积极开发“fly＋cruise”的邮轮发展模式

借鉴国际邮轮产业发展模式，顺应乘客的旅游需求，积极吸引乘坐飞机入境的外籍游客通过邮轮的方式出境。并通过完善综合交通运输体系，实现机场与邮轮港口间更快捷的衔接。

4.3.3 进一步优化口岸管理政策

对入境游的旅客可逐步简化其签证程序，逐步实现入境免签，和多点挂靠结合，实现外国游客在国内多个沿海港口的挂靠，便于吸引邮轮靠泊和外国游客在国内消费。

4.3.4 积极丰富邮轮产品的多样化

如通过邮轮主题活动等方式，吸引不同的消费者群体加入邮轮产品的消费行列中来。同时，在进行船票销售时，可以推出“机票＋船票”的组合票务方式，并对组合的票价进行适当的优惠，吸引有需求的消费者有限选择组合票价，逐步刺激潜在消费人群。

4.3.5 进一步拓展邮轮旅游航线

一是简化多点挂靠航线的审批手续，建立数据库或网上备案制度，或者将审批权限下放至省市交通主管部门。二是简化台湾航线审批手续，缩短审批时间。进一步加大本土邮轮公司台湾航线多航次审批支持力度，并研究对国外邮轮公司航次审批实现常态化。三是研究开拓内河邮轮航线，丰富国内邮轮航线要素。

4.3.6 提升旅行社的经营能力，拓展海外揽客能力

相关旅行社通过与国外邮轮旅行社联合、与相关邮轮公司的广告推广部密切配合，共同开发国外邮轮旅游市场，吸引外籍游客入境旅游。长远来看，国内邮轮相关旅行社还需要加大人才储备力度，积极培育具有国际销售和市场开拓能力的综合型人才，迎合今后邮轮入境游市场的发展。

4.3.7 加强邮轮旅游规范管理

结合全国旅游标准化示范区创建工作，制定邮轮服务标准化体系，逐步规范邮轮业接待服务与市场销售行为，联合口岸办、边检、海关、国检、公安部门和港口企业、邮轮公司共同探讨，研究制订《邮轮港服务规范》，推进邮轮离港登船标准化。

4.3.8 重视邮轮物资、人才、制度创新

建设邮轮物资供应和配送基地，结合港口企业物流资源，引进或者培育亚太食品采购组织商，强化邮轮供应食品安全监管，大力发展食品采购。

建设邮轮服务人才供应基地，与国外有关专业机构合作，培养我国邮轮旅游业发展所需的技能人才、服务人才和管理人才。加强校企合作，推动高校与邮轮公司联合创立邮轮培养基地，提供培训、实习和研究机会。

建设邮轮旅游发展的制度创新基地，以中国邮轮旅游发展实验区、自贸区建设、国际航运中心建设为突破口，提出有利于邮轮业发展的政策措施，形成可推广、可复制经验。

参考文献

[1] 施勇，张明香，丁桂花. 2013上海市决策咨询研究邮轮经济专项课题——进一步推进“中国邮轮旅游发展实验区”深化建设研究[R]. 上海：上海市交通港航发展研究中心. 2013.

[2] 李鹏. 中国（上海）自由贸易试验区建设对上海邮轮业发展的影响及对策.[J]. 水运管理，2014，06.

中捷轨道系统特性与监造关联性探讨

Study of the characteristics of the Middle-capacity Track System and Its Relationship with Supervisors

张　思　洪咏杰　梁志全　陈幼华　陈俊宏

摘　要：台湾陆运交通主流已与世界趋近，偏重轨道运输系统之发展，各“都会区”多发展城市捷运，目前仍蓬勃发展如台北市、新北市、桃园市、台中市及高雄市等。轨道系统因使用地之区域特性、轨道运输个案系统特性、选用轨道系统形式或设计不同而有不同的施工的作业，故本文主要针对台中捷运（中捷）轨道运输之轨道系统中因系统及项目特性与厂商采用之设计及工法等关联性探讨轨道系统，将以中捷轨道实际工程监造及施作经验为基础进行研析标的，同时中捷轨道为台北市政府捷运工程局（北捷局）首度委外之监造案，故本案分析内容涵盖轨道与各关联界面子系统主要界面及其关联性分析、轨道设计、轨道施工特性和监造重要内容及作业等方面，期使对未来轨道研究及实用设计与施工项目执行有所助益。

关键词：轨道；项目特性；监造

Abstract: The In-land transport mainstream has become closer to the world at Taiwan, The Metropolitan areas to develop urban MRT system, such as Taipei, New Taipei city, Taoyuan, Taichung and Kaohsiung.

The Track work system has different construction process due to the regional characteristics, the characteristics of the track transport system, the choice of the type or the design of track is different, so this article mainly aims at the Taichung MRT track system, which is related to the design and construction and the project characteristics of the whole system, it will be based on the actual Engineering supervision and application experience of the Taichung MRT system, The Taichung MRT system is carry out by the Department of Rapid Transit System Taipei city government ,and it was the first case of an outside Commission, therefore, this case analysis covers the main interface between the track and each related interface sub-system and its connection analysis, track design, track construction characteristics, supervision of important content and process, we hope this paper can be helpful to the future orbital research and practical design and construction project implementation is.

Keywords: track; project characteristics; supervision

1　引言

台湾地区人口大多集中于“都会区”，加上台湾地形狭长，各大“都会区”多居于台湾西海岸之狭窄陆地幅员上，诸如基隆、台北、桃园、新竹、台中、嘉义、台南及高雄等地，各大“都会区”内因人口又大多集中闹区，道路路幅成长率较陆运交通工具—-“汽车”成长率低，使得“都会区”内平均交通时间拉长，已达人们忍耐上限。

轨道交通运输系统在“都会区”内则为大众捷运系统包含重运量、中运量、轻运量/轻轨，其中“都会区”内轨道设计及施工分析多未探讨，本文则针对台地铁运轨道监造案做一深入探讨。

台中捷运绿线路线主要为高铁乌日站旁 G17 站起，沿建国路往北左弯至文心路，一路行经左弯至北屯路后，直行松竹路后左弯进入至 G0 站后进入北屯机厂（图 1），路线全长约 17.8 公里，高架段约 15.94 公里，地面段约 0.77 公里，含 18 座车站，包含共约 27890 米之无道渣式道床轨道、3634 米道渣式道床轨道及 3130 米浮动式道床轨道。北屯机厂轨道则包括共约 9794 米之道渣式道床轨道（含混凝土枕及木枕），其中文心及北屯路高楼林立，松竹及乌日皆有都市规划重要发展区域。

作者简介：张思，台湾世曦顾问工程公司捷运部轨道监造项目经理。
洪咏杰，台北市交通安全促进会委员。
梁志全，台北市交通安全促进会委员。
陈幼华，台湾世曦顾问工程公司捷运部资深协理。
陈俊宏，台北市交通安全促进会顾问。

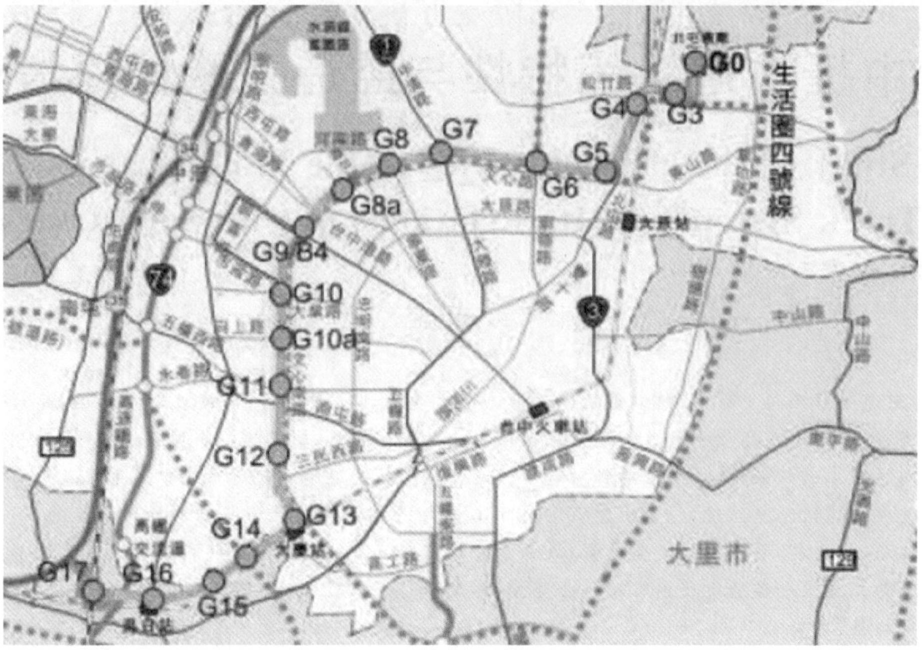

图 1 台中捷运路线图

2 台中捷运轨道系统特性

本案监造之轨道工程工厂商作内容包含轨道工程之设计、全新元件与材料之供应、施工与安装、元件与材料测试、整合测试、试运转、训练及为完成本工程之其他相关工作等。轨道设计厂商配合主要元、组件及材料(如钢轨、特殊轨、扣件系统、钢轨接头、钢轨伸缩接头、钢轨绝缘接头、止冲挡、防撞杆、浮动式道床支撑系统等)进行设计,设计图面包含混凝土基座单元配置图、导电轨布设图及施工图(配合导电轨厂商所提供之零组件制造图及相关界面需求)。厂商依供应商所提供之制造图及资料所完成之轨道工程施工图。厂商设计应包括所有图说、规范、计算书和其他提送审核所需之资料。

另因工期紧迫故采北捷轨道新施作方式,套脱传统由单一施工基地展开轨道施工的方式进行,配合土建完成之区段及期程展开分段施工。

轨道工程因衔接土建系统与机电系统,主要接收土建工地,之后在轨道施作完成后交付给机电系统,故轨道施作精度则须达系统需求及机械精准度,同时又须吸纳土建施作误差提供列车安全平顺之行驶面。

台中捷运系统界面及其特性经事前分析推演及实作结果说明如下:

(1) 车辆:与车辆关联界面主要为车辆长度及动静态及净空/结构界线,其中土建结构配置及与施做轨道前后以轨道中心线进行之实质之净空检核、导电轨与集电靴搭配之空间配置、集电靴之集电位置检讨、中运量车辆行驶进出平面曲线之净空影响,警冲标设立位置。

(2) 供电:与供电关联界面主要为供电分区、导电轨电源接头处电缆数量及重量与位置、负电回流衔接等界面。

(3) 号志:与号志关联界面主要为钢轨绝缘接头位置、转辙器/道岔搭配设计及制造施工、轨间道旁设备安装及电缆穿越路径等界面。目前本案为中运量捷运系统首度采用可动式岔心,其中涵盖针对岔心转辙器之推动力、钻孔位置、岔心/混凝土道版形状及尺寸与号志设施搭配等界面事项。

(4) 土建:与土建关联界面主要为土建完成面之平面及竖面线形之精准性及净空包络线内无他物侵入、导电轨包络线与电缆槽搭配、蓝线衔接处道岔等界面。

(5) 机厂设备:与机厂设备关联界面主要为钢轨衔接位置、提供主维修工厂各股轨道钢轨长度及截切形式与尺寸。

(6) 界面:界面为相互间取得资料及配合彼此需求,进行个别设计。但前述关联标各项界面工项执行作业时程落差造成界面协调项目在个别关键时程点如无法相互衔接协调完成,则无法实时完成各自细部设计、制造及安装。

轨道厂商进场较晚，机电系统及土建细部设计皆已展开一段时间作业，此部分与早期板南线状况相近，但重运量捷运系统需求已趋近制式化，而中运量捷运系统则由机电系统厂商厘订系统特性细节，故在时程落差影响较重运量大，中捷之界面问题试以案例说明如下。

案例 1：轨道厂商进场后，在设计阶段即展开车辆/供电/号志/土建之相互关联净空界面整合及检核，在主线部分则将检核成果提送相关单位做必要性之修改(图 2)。

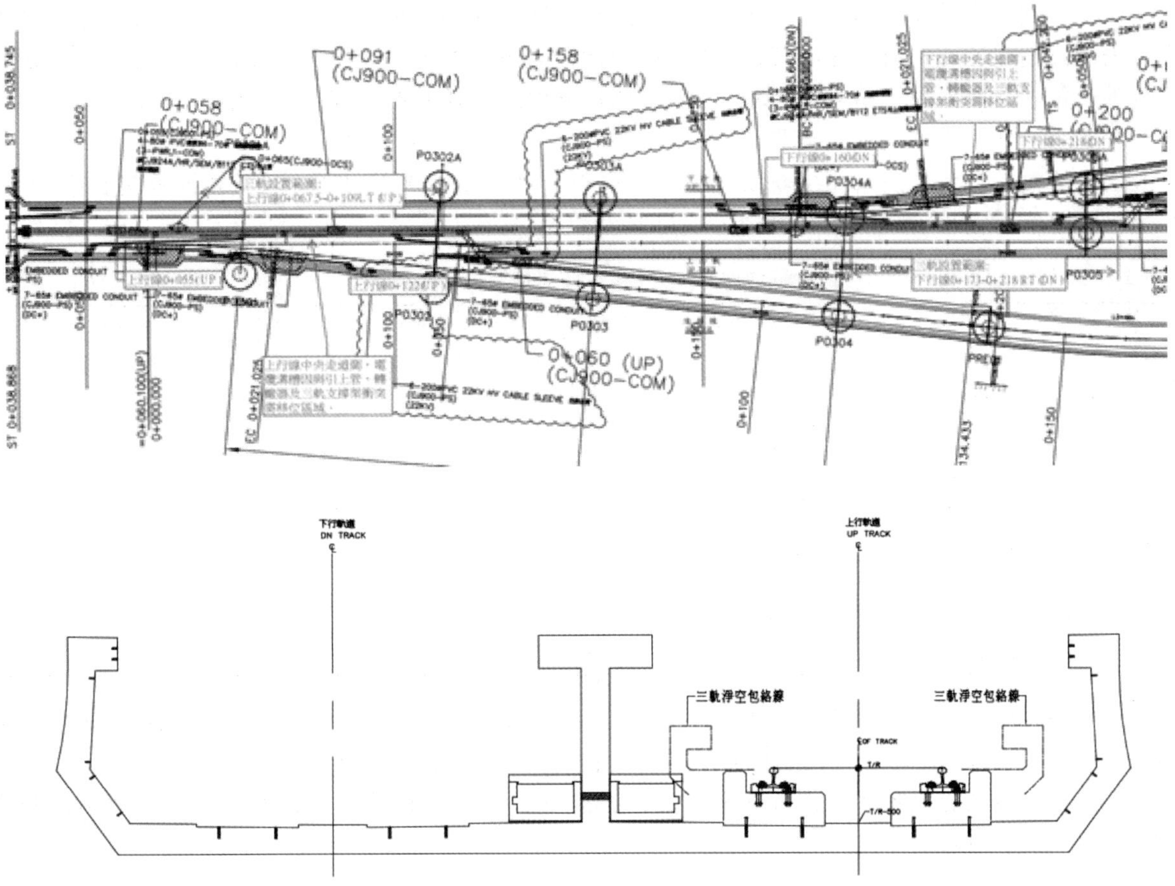

图 2　侵入导电轨净空包络线

其界面问题案例 2：如在机厂部分因净空检核过程中，针对契约规定/车辆包络线/两股轨道间距/道岔/警冲标等项目进行整合性净空配置检核时发现空间配置及营运调度问题，经界面协商讨论后，则由界面厂商车辆标依各列车运驶区段特性如载客与否、车速等因素，除主线外个别再发展出车站区(车速 50 公里/小时)及机厂厂区内(车速 25 公里/小时)之车辆包络线后，得以解决问题。

台中捷运轨道工程特性如下：

(1) 轨道一般特性：轨道完成面需平顺且需符合列车行驶安全平顺之要求，故对路线线形之施作精准度要求极高，在轨道施工各阶段皆须有测量人员参与，精准掌控轨道路线达预定标准。同时轨道工程为一连续性线状施工，施工作业除机厂轨道施作外，主线轨道工程为连续性狭长线带状施工，其施工区间较长。

(2) 线形：一般轨道运输(含重运量捷运)平面半径多在 200 米以上，本案因原路线之地形地貌则有平面半径为 100 米路段，此部分影响长焊接钢轨运送，厂商采用以滚轮及小山猫(小型铲土机)拖行至定位。

(3) 长焊接钢轨作业：本案与北捷以往轨道施工作业不同。

① 北捷混凝土基座施筑时采临时制式钢轨(18 米)架设好，随即展开混凝土基座施筑作业，当基座完成查验后再设置钢轨火花焊接站，将制式 18 米钢轨焊成长焊接钢轨(如 8 根 144 米)后拖行至现场，随后展开钢轨及钢轨扣件安装作业，此施工方式较可配合接收现场现况进行施作(较无施工长度及相关限制条件)。

② 本案厂商混凝土基座施筑时采长焊接钢轨架设，其先设置钢轨火花焊接站，将 11 根 18 米钢轨焊

接为198米长焊接钢轨后拖行至现场，随后才展开混凝土基座施筑作业，此施工方式须先设置钢轨火花焊接站，接收现场施作单元及通行路径宜较长且达一定条件(较有施工长度及相关限制条件)。一般基座浇置长度为120～140米左右，但特殊状况浇置长度有160～180米。

(4) 可动式岔心道岔：目前本案为中运量捷运系统首度采用可动式岔心道岔先行施作之系统(图3)，其与传统固定岔心道岔(图4)最大差异在于固定式岔心之有害区间(钢轨不连续中断区域)经由可动式岔心设计及搭配号志转辙器运作可消弭不见，成为与主线相同钢轮可被连续支承的钢轨面。可动式岔心道岔为主动式消弭岔心之有害区间，故对列车行经此处之安全性更加提升。另对列车行经此处，因钢轮离开及进入钢轨承载面时产生之冲/撞击，对鼻/翼轨材料之损耗亦有效降低，且因冲/撞击所产生之额外振动及噪音亦有相当程度的削减消弭。

道岔专业制造厂商依所采用尖轨及鼻轨之金属材料特性及相关尺寸通过FEM演算进行模拟分析，现将分析结果针对动程、推动力、轮缘槽等项目罗列如表1所示：

表1　　闭合移动间距FEM模拟必要推动力(VOSSLOH)

	Parameter 参数	Switch rail 尖轨 Tg1/9-R 190m SNX	Movable Point rail 可动心轨 Tg1/9-R 190m SNX	Switch 转辙器 Tg1/9-R 280m FNX Equal Spilt
input	Opening at toe(mm)* 尖端处动程	160	115	160
	Requested min. flangeway(mm)** 所需之最小轮缘槽	55	55	55
output	Driving force(daN) 牵引力	150.0	232.1	158.8
	Calculated min. flangeway(mm) 计算之是小轮缘槽	64	85	64

号志系统厂商所选用转辙器产品为VOSSLOH公司所生产型号MJ/MCEM之转辙器，牵引动力为400daN(约1.5～2.5倍)，其牵引能力均大于表1所模拟之所需牵引动力。

专业制造厂商依界面标所提供数据及经验数据进行可动式岔心及固定式岔心车轮过岔横向位移计算，相关数据如表2所示：

表2　　轨道参数(VOSSLOH)

参数	数据	参考数据
钢轨轨形	60E1 钢轨倾度 1/40	依台中捷运契约规定
New wheel 全新车轮	UIC510-2 车轮踏面，宽度 127mm	依界面标提供
轮缘槽宽(mm)，新车轮	32.5	依界面标提供
车轮磨损	DB S1002 磨损数据	根据 Vossloh Cogifer 经验 DB S1002 之车辆行驶于 60E1 钢轨及 1/40 超高上磨损参考数据
轨距 G(mm)	1435 +2/−1	EN13232 规范公差值
轮背距	1360±1	依界面标提供
岔心查照间距 Npcf(mm)	1394 +2/0	依计算
护背距离 Fwpcf(mm)	>1359	依计算
过渡区岔心之轮缘槽 O1(mm)	41 +2/0	依计算

固定式岔心处轮辐最大横向位移如表3所示：

表3　　固定式岔心轮辐最大横位移(VOSSLOH)

	b	$y-$(max)	$y+$max
	Flange thickness(mm)轮缘槽厚度	Lateral displacements 横向位移(mm)	
UIC510-2new 全新	32.5	−6.5	+5
DB S1002 worn 全新	30.35	−6.5	+5

可动式岔心因岔心处无有害区间，其内轮辐最大横向位移如表 4 所示：

表 4 可动式岔心内轮辐最大横位移(VOSSLOH)

	b	$y-$(max)	$y+$max
	Flange thickness(mm)轮缘槽厚度	Lateral displacements 横向位移(mm)	
UIC510-2new 全新	32.5	−6.5	+6.5
DB S1002 worn 全新	30.35	−8.65	+8.65

经道岔专业生产厂商依上述计算可得出，固定式岔心横向位移 UIC510-2 全新车状况下为−6.5mm 及+5mm，DB S1002 磨损车轮状况下为−6.5mm 及+5mm；可动式岔心横向位移 UIC510-2 全新车状况下为−6.5mm 及+6.5mm，DB S1002 磨损车轮状况下为−6.65mm 及+8.65mm。

图 3 可动式岔心道岔

图 4 固定式岔心道岔

（5）浮动式道床(FST)：本案采用之浮动式道床为中版型式，与北捷局新芦线所采预铸短版橡胶支承垫及松信线所采场铸长版机械弹簧支承方式不同。中捷浮动式道床结合前述两型浮动式道床之材料及施作方式，其采用场铸混凝土中版，待场铸混凝土浇置养治完成达强度后，进行道版顶升，再将搭配橡胶支承垫归定位(图 5)，另辅以中央止动撑提供纵向及侧向束制。

图 5 支承垫置放

（6）导电轨：本案导电轨较以往不同处如后说明：因配合规划路线路径之线形及土建结构配置与形式，在道岔及特定地点经分析后导电轨配置有造成非桥式间距之状况(列车行驶后有集电靴无法接触导电轨无法集电状况)，为考量系统养护维修作业，故轨道标竭尽分析所能寻求解法，最终采三轨短型端部组件得以纾解此一状况，让列车无断电情事。另本案最小平面线形半径有 $R=100$m，导电轨构件整体分析后，导电轨伸缩接头落于 $R<150$m 区段则采加密布设，以纾解平面曲线小半径导电轨伸缩接头处的导电轨因温度滑移折角与固定构件间隙余裕问题。

3 监造内容及角色

台中捷运轨道监造案之工作主要执行内容及扮演角色分析如下：

（1）技术送审文件审查整合：监造单位主要依契约文件及厂商提供相关文件进行厂商相关技术文件之审查，其中需整合审查单位(中工处中轨所及材试所与测量所/捷运局土建及机设处/机工处中运量工务所)相关意见，如有必要则以审查工作会议方式办理，以尽快消弭疑义提升审查效能。

（2）现场依契约及相关核定文件监造厂商施工：监造在本案除上述技术文件审查外，在施工现场则以监督厂商现场施工作业及相关材料及现场查验点之查验与现场安卫督导查察为主，主要依据则为契约、监造计划及厂商相关核定文件如质量计划、安装手册/计划、施工图、施工计划等文件进行现场监造作业。

(3) 公务行政:监造主要业务定义于契约权责分工表中,本案轨道厂商工程司及工程司代表经业主发文指定为处长及轨道所主任,故在部分契约事项认定及核定仍由其核定,其中如计价作业由监造审查业主核定。

(4) 现场问题处理:现场问题分为非实时性及实时性状况,非实时性问题如检讨蓝线衔接处道岔不先行施作,故现场由道岔混凝土道版改为混凝土基座施筑;经厂商检讨后须设置钢轨伸缩接头处线形有平面曲线及竖曲线,协调 DDC 进行线形技术讨论,其后以修改线形方式处理;厂商净空检核时,在道岔区及曲线前后净空较大,其后于检核时纳入检核查数值……实时性问题多为现场巡查或查验时发现施工图说与现场抵触,以现场讨论(含轨道细设单位)及时处理,随后文件必要时再做进版。

会议:依契约由监造召开周会检讨进度及相关议题之管控/讨论/解决,监造亦参加由业主召开之轨道标月会及安卫会议,另监造依需要参加相关界面会议如土建标月会、土建/机电/轨道各别召开之界面协调会议及业主召开各项会议。

工地交接:监造协助工地之交接,一为土建交接工地给轨道进场,其中针对土建完成面进行测量/净空检测及土建交付场地是否合乎轨道进场条件,协助厂商及见证交接会勘作业;二为轨道交接工地给机电厂商进场,其中针对轨道(含导电轨)完成提供机电系统标进场施作。

4 结语

台中捷运绿线属都市轨道运输之中运量捷运系统,本案为北捷局主/代办第一个由设计至首先展开施工作业的中运量系统,同时台中捷运轨道监造亦为北捷局在轨道完成前置设计发包后再委外监造的首例。另台中运量系统又与重运量系统略有不同,台中捷运机电系统又与重运量机电系统不尽相同,机电厂商之设计自主性又较为高,再加上轨道工程发包较晚,诸多状况碰在一起,形成台中捷运轨道之设计及施工与以往北捷轨道工程执行经验有诸多不同之处,以分述如上。

本案轨道监造执行过程中,北捷局/北捷局中工处及监造单位台湾世曦工程顾问股份有限公司与施工厂商大陆工程公司共同努力建设大台中捷运轨道工程,虽经风风雨雨面临各种困难,但也坚持走到最后阶段,现就本监造案执行经验建议如下:

(1) 轨道因依其形式及轨道运输系统特性不同,将造成差异性之轨道设计及施工特性,故先行了解个案特性为必要之前置程序。

(2) 土建及机电系统与轨道设计及发包时程差异愈小愈好,将相互影响降到最低。

(3) 土建及机电系统与轨道各标间界面整合作业除大统包案外,仍宜有较高阶技术整合及仲裁单位,做必要性之裁决,以更有效缩短界面整合时程。

希冀本文所述能对未来轨道设计及监造与轨道委外案执行有所借镜及帮助,降低因不当之轨道工程设计及施工造成的问题导致时程拖延及解决困难度,进而提升轨道设计及施工作业安全及质量。

铁路安全监理制度之回顾与关键元素

Regulatory Principles and Practices of Railway Safety

李治纲　赖勇成　颜子皓

摘　要：本文借由探讨实务上各先进国家铁路的安全监理制度，继而归纳出铁路安全监理制度的原理，包含了铁路安全监理之需求原因、如何制定铁路安全监理制度、监理工作内容为何以及未来的发展趋势等。其中，特别阐述铁路安全监理制度中的一些关键要素：诸如系统安全认证、风险管理、安全关键工作和安全管理系统等项目。最后依据以上统整之各国经验，将其与台湾地区铁路安全监理制度相比较并探讨各项相关课题。

关键词：铁路运输；安全监理；危害管理

Abstract: The paper reviews the regulatory principles and practices of railway safety. First, we describe four safety regulation regimes of railway practices, which are currently implemented in the United States, the United Kingdom, and Japan. Then, we discuss several important elements in these regimes, and they are safety management system, system safety certification, risk (or hazard) management, and safety critical work. After that, we point out the development trends of railway safety regulation, which are inherent safety, proactive action, enforced self-regulation, risk based analysis, systematic approach, and continual improvement.

Keywords: Rail Transportation; Safety Regulation; Hazard Management

1　引言

铁路系统安全是当局者无法推卸之责任。因为铁路事故的社会冲击很大，比公路事故或工厂事故更引起人们关心；而且，铁路旅客之数量庞大，铁路员工之人数也不少；容易形成施政之社会压力。再来，市场或价格机制无法处理铁路安全问题，必须由当局以管制的方式处理。一般而言，顾客没有充分信息，不了解铁路运输之安全水平，无法依据安全期望做出理性决策；铁路业者易作短视决策，为了短期利润，牺牲未来系统营运时可能发生之不安全问题；保险业者也无法精确估算铁路系统之安全水平，用保费价格机制承担铁路事故造成之问题等。

铁路安全监理的意义是：当局介入“铁路系统或服务”之规划、设计、兴建与营运等活动；对于潜在有害人民生命与健康之事件，予以控制或避免其发生；对于风险降低或安全提升之事件，予以鼓励与促成其推动。安全之确保与促进包括：“最终的铁路系统或服务”是安全的，以及“铁路系统之发展过程”是安全的；亦即，安全的考量包括整个铁路系统生命周期。铁路安全监理的主要工作通常包括三类：“安全信息之处理”，“安全制度与标准之制定”，以及“安全系统之确保”。安全信息之搜集、分析与公布，促使大家重视安全绩效，也促使大家在事实的基础上讨论与做决策。安全制度与规范的详细程度可以只是概念与方向，或详细与深入目标、标准或实施指南，其方式可以是当局为主或业者为主。安全系统与行为确保的手段可以采事前导正，如教育、劝说、规定等，也可以采事后制止，如处罚或刑责等。

本文将描述先进国家之铁路安全监理制度与实务。接着，将特别说明铁路安全监理之概念与原理、铁路系统安全之关键元素。最后，综合讨论台湾地区铁路安全监理制度所面临之课题。

2　铁路安全监理之制度与实务

2.1　美国铁路署之铁路安全监理制度

美国一般铁路网由56条铁路路线所构成，路线总长度20多万公里，铁路公司有数百家。联邦铁路署是铁路之监理单位，FRA安全处(Office of Safety)执行安全监理工作，依据法规进行文件记录审查以

作者简介：李治纲，南台科技大学营销与流通系教授。
赖勇成，台湾大学土木工程学系副教授。
颜子皓，台湾大学土木工程学系研究生。

及现场检查与试验。安全处除了本部之各组之外，设有8个地区安全监理单位，有415名以上之安全检查人员；州政府亦参与铁路安全推动计划，有160名以上之安全检查员。

依据法规进行检查与纠正是安全监理工作的内容，检查之准则主要是联邦管制规则(Code of Federal Regulation，CFR)对铁路各子系统所订定之安全标准与其他相关法规。在FRA安全处之安全检查员，专长分为5类：危险物品运送、动力设备、运转输送、号制与列车控制、轨道与结构。以运转输送组为例，负责检查铁路公司之运转规章、人员素质、人员训练、事故通报与报告程序等。执行之依据是铁路安全法、职业安全卫生标准、服务工时法，以及CFR49运输篇中之相关规定。各组人员均需接受FRA之专业课程训练，依据编辑明确之工作手册与稽查表格执行任务。

综合言之，FRA传统上一直雇用有许多铁路系统专家，延续长期传承的"规定与执法"制度与法规，制定或修改铁路系统之安全标准，以定期与不定期地执行安全标准之检察与纠举，以确保铁路系统安全。

2.2 美国大众运输署之铁路安全监理制度

美国有四十多家都会区铁路，运输功能上：一年约提供30亿人次，三分之一为大众运输。此外，利用传统一般铁路在都会区提供通勤旅运服务之通勤铁路，虽然属于铁路署(FRA)管辖，在大众运输协会(American Public Transportation Association，APTA)与联邦大众运输署(FTA)之协助下，主动实施与都市铁路系统相同之安全管理方式。

都会区铁路之安全监理早期由各州自行处理，有些系统在1970年代就开始实施系统安全管理制度。1991年通过之ISTEA运输法案(Intermodal Surface Transportation Efficiency Act)要求FTA，建立与推动全美一致之都会区铁路安全监理制度。在FTA之推动下，1995年公布了安全监理法规CFR659，1996年正式开始实施；又经过了多年实施经验的反省，新一代的CFR659于2005年通过，2006年开始实施。在此安全监理体系里，界定了政府(FTA与州政府)、监理单位(Oversight Agency)、铁路业者等三者间的关系与互动模式。

安全监理单位对铁路业者的基本项目有二，系统安全促进计划(System Safety Program Plan，SSPP)与系统保全计划(System Security Plan，SSP)。系统安全促进计划(SSPP)有21项基本要求：政策，目标，组织，变动管理，计划执行，危害管理，安全认证，安全考量，安全资料，事故之通报与调查，紧急管理，计划执行之检讨，规章与作业程序，设施安全检查，维修体系之监督与检查，训练与认证，版本管理，外包工作安全，危险物料，酒精与药品，采购之安全控制。系统保全计划(SSP)有5项基本要求：政策、方向与目标，对系统弱点之管理与安全认证，旅客/员工人身安全重要地点之确认与管制，计划之实施绩效与内部评鉴，计划文件建立与送审。在此特别强调三项要求：第一，铁路系统必须经过"安全认证"才能营运。第二，铁路业者必须具备"危害管理"机制，使得事故与灾害能防患于未然。第三，三年一次的安全体检，确保安全管理系统之持续与进步。

铁路业者平日必须依照规定，自行作内部安全检查，持续进行危害管理，推动系统安全促进计划之工作内容等，并依规定提送年度报告至安全监理单位。当有灾害或事故发生时，必须依照规定通报与调查。综合言之，铁路业者之工作是图1中下方矩形所述之内容，州政府指定之监理单位负责的工作是图1中中间矩形或菱形所述之内容。其中特别强调的是，对应左方新系统之认证工作，监理单位至少每三年必须对系统做一次完整的与现场的安全体检(Safety and Security Reviews)。图1中上方是政府单位之工作，州政府决定监理单位在FTA之督导下执行监理工作。FTA对CFR659铁路安全监理工作，具有最终之监督与审核权力。

2.3 英国之铁路安全监理制度

英国是铁路运输之发源地，铁路路线长度约15000公里，车站约3129个，城际与都会区的铁路业者众多，一年运送555百万车公里，51849百万延人公里。20世纪90年代，除了铁路事业民营化，英国铁路安全监理也有重大制度性之改变；如铁路安全报告管制、铁路设施安全管制、铁路安全关键工作管制等。

安全报告(Safety Cases)是由从事具有危险活动的组织必须提出来的文件，报告该组织如何评估以及控制他们的风险。英国铁路民营化后被切割成许多铁路公司；同时，建立了以安全报告为基础之铁路安全监理制度。安全报告是一系列的文件，说明铁路业者如何处理与安排潜在的风险活动，包括：①组织如何去宣告他们的安全政策；②组织如何去确认可能的危害与事故；③组织如何去分析铁路的安全风险；④组织如何去评估铁路的安全风险；⑤组织如何去控管铁路的安全风险；⑥组织如何去稽查铁路的安全

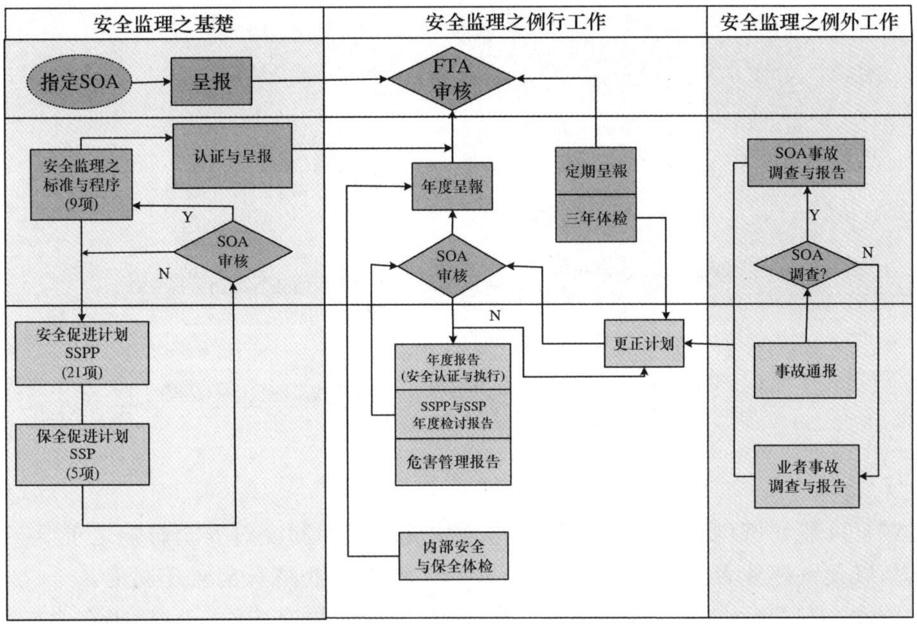

图 1　美国联邦大众运输署之铁路安全监理制度

风险；⑦组织如何去描述他们的安全管理系统。

英国铁路监理传统上由卫生安全署负责；2006 年起，由独立之英国铁路管制单位(Office of Rail Regulation，ORR)承担，同时处理安全监理与经济监理。关于英国铁路安全管制法规，本文将跨过 1994 年后制度上多次的微调，直接回顾 2006 年最新汇整后的版本，亦即，英国铁路安全管制规则。值得强调的是：该规则之第二篇之第 5 与第 6 条要求铁路业者必须有合宜之安全管理系统(Safety Management System)。第二篇之第 7、8、9 条，要求营运之铁路系统必须经过安全认证，有效期限最多 5 年。第三篇第 19 条要求业者必须具备风险评估机制，防患未然。第四篇要求安全关键性工作之资格能力、身心体能、疲劳必须妥善管理等。

英国之铁路安全政策概念是：①安全风险透明化；②安全风险数量化；③目标导向。风险评估之“风险忍受度”包括“不可忍受风险(intolerable risk)临界值”及“可忽视风险(negligible risk)临界值”。两临界值将风险水平区分成三个区域：不可忍受风险区域、合理探讨 (as low as reasonably practical，ALARP)区域，及可忽视风险区域。以乘客个人安全风险为例，英国政府以 10-4 与 10-6 作为铁路乘客法定的个人不可忍受风险及可忽视风险临界值，亦即每年某一特定乘客因铁路活动而死亡的几率如果超过 10-4 时，为不可忍受风险；低于 10-6 时，为可忽视的风险。乘客不可忍受风险临界值 10-4 的形成主要是来自公平性的考量。上述临界值参酌了法定职业个人安全风险管制指标 10-3 与法定活动第三人之个人安全管制指标 10-4。

2.4　日本之铁路安全监理制度

日本的铁路系统与技术发达，全国旅客运输之总延人公里中，其中大众运输约占一半，铁路运输占近 30%，而且铁路系统仍在持续发展。日本通过行政机关、铁路业者与乘客间的各项措施，达成铁路的安全输送。政府订定设备、车辆等之技术标准、核准经营许可、从事系统安全认证、核发安全关键人员证照以及定期从事安全检查等。铁路业者遵守安全法规，执行“作业”、“人员”、“设备”、“管理”的四大安全项目，并配合做乘客的安全倡导。乘客应该遵守铁路运送法规，不违反安全规定。铁路业的监理业务由国土交通省负责，由在东京国土交通省总部的铁道局和在 9 个地方运输局的铁道部所组成。约有近两百位从事铁路安全检查之监理人员。铁路的系统安全内容由“管理”、“人员”、“设备”与“作业”四大子系统构成，对应的法令则有铁路事业法、铁路技术基准省令、铁路营业法等，其关系如图 2 所示。

安全法规之主要依据是铁路事业法与铁路营业法。为确保铁路输送的安全，铁路营业法对铁路业者设施的技术基准、运转操作、铁路职员的职制、驾驶员的资格等有其规定。规定与衍生之铁路技术基准省令确定了线路、车场、电气设备、运转保安设备、车两等的技术基准，规定与衍生之确保运转安全省令确立了安全的理念及使命，规定与衍生之动力车驾驶执照的省令订定动力车驾驶执照制度确保驾驶员的资质等。

日本铁路安全监理制度在“铁路民营化”下，许多铁路专家隶属于民间单位；在“铁路科技日新月异”

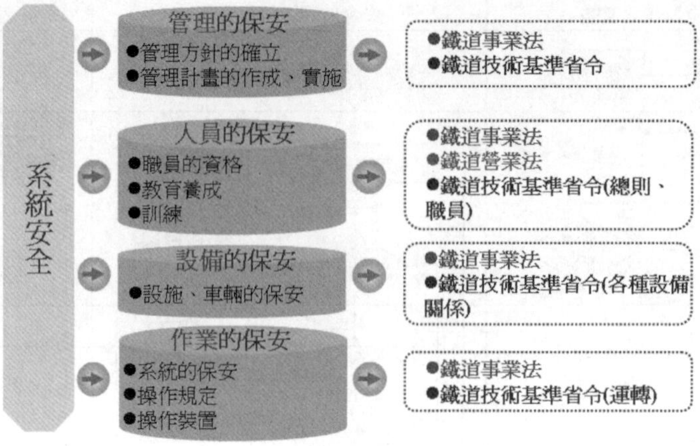

图 2　铁路法规与系统安全

下，安全标准难定且可能妨害创新；在“关西等铁路事故反映管理制度对安全影响之重要”下，必须加强安全管理系统概念，以及铁路业者之主体性。因此，日本逐步更新铁路安全监理制度。

第一，许多硬性的安全标准修改为质性的要求，使得系统发展有弹性；不过，仍有明文数值规定的“解释基准”，作为国土交通省在审查时的判断基准，与业者设计时之参考。

第二，2006 年铁路事业法修改，要求铁路业者建立“安全管理体制”，提出“安全管理规程”，具备适任之“安全统括管理者”与“运转管理者”，并将安全相关信息透明化供大众监督。

其中，安全统括管理者对“确保输送安全”业务有总和管理的权限，需具有十年以上铁路安全业务的经验，或国土交通省大臣认定有同等以上的能力。安全统括管理者之职责包括：贯彻职员对法令的遵守及安全第一的意识，推进对提升铁路安全性的方针，确保铁路设施、车辆及运转的安全性及相互间的整合，统括管理“确保输送安全”的业务，必要时，需接受政府机关的询问。

3　铁路系统安全之关键元素

“安全制度与规范”的实质内容，需针对铁路系统安全之关键要素订定。本节就回顾各国监理制度中，所整理出的四个铁路系统安全关键元素详加探讨。

3.1　安全管理系统

安全目标不会自然达成，安全不能依靠机运，必须付出特别的关心与努力。组织内针对安全去设想、推动、计较与检讨的体系，就称为安全管理系统。类似新进的劳工安全卫生法规与食品安全卫生法规，如 OHSAS18001 与 ISO22000，铁路安全监理法规要求业者具备“安全管理系统”（Safety Management System）。安全管理系统的结构与运作之具体呈现与说明，英国要求在“安全报告”中陈述，美国要求在“系统安全促进计划”中陈述，日本要求在“安全管理规程”中报告。安全管理系统不是成立新单位，而是在业者原有的营运体系中，由安全经理统筹安全事务，有明确的安全目标与政策，将分散的安全事务作有组织的关联，标示安全相关人员的安全职责，有计划地促进系统安全推动，并持续地检讨与改进。如，铁路安全监理单位对铁路业者之安全政策、安全组织、安全事务规划、安全工作执行、安全绩效考核等事项，进行稽核并要求持续改进。

铁路系统是一个社会科技系统（socio-technical system），系统安全有五个层次：工程可靠性、人员可靠性、子系统间沟通与互动、组织与管理制度及系统环境。虽然铁路事故资料经常显示，人员失误与设备故障是最大的直接肇因；但是，若追查肇事潜在因素或间接肇因，管理制度与组织安全文化等因素成为不得不重视之重点。因为，制度性因素不改，问题症结未解，人员失误与设备故障仍然会再出现。因此，铁路安全监理制度之建立与安全管理系统之要求，近年来日益受到重视。

3.2　风险管理

安全管理的焦点不是“安全问题”，焦点是“不安全问题”。处理不安全问题的方法是风险管理（Risk Management）或危害管理（Hazard Management），其程序是：有系统地找寻与界定可能的危害，针对危害作原因与后果之风险分析，决定接受、控制或排除该危害，研拟、分析与执行排除或降低危害之手段，纪录、追踪这些危害以及作安全绩效考核。安全难以衡量，风险（risks）却有方法计算；因此，通常将可支持之安全(affordable safety)定义在可接受风险水平的区域内。探讨危害时经常使用风险矩阵,业者经由危害之分析与列管,从危害之风险排序中,得知重点管理的项目,裨益有效率与有效果之安全管理。

3.3 安全关键工作之监理

设备之功能与可靠性越来越好,相对的人员对系统安全绩效的影响日益增加。考量系统安全,必须重视工作与系统安全之相关性,再依照关键程度从事监理。工作中失误会造成系统重大损失与旅客伤亡之工作,属于安全关键性工作(Safety Critical Work)。其中,若工作者突然失去能力,会造成系统损失与旅客伤亡者,最具关键性。例如,司机员突然暴毙,可能造成列车冒进之撞车事故。安全关键性工作中若工作者突然失去能力,不会造成系统损失与旅客伤亡者。次之,例如调度员暴毙,若号志系统功能正常,列车运行混乱,但不会招致事故。不是安全关键性工作,但工作者失误会造成自身或同仁之伤亡者,属于安全有关的工作,例如,轨道维修人员,眺望不力,被行驶之维修车辆撞伤。其他与安全无关之工作,如行政、资料处理等。

安全关键工作人员之招募、训练、升迁与任用必须受到监督。安全关键与安全相关工作人员之身体与心理状态、安全与专业能力、工作环境、排班与轮班制度等,必须妥善管理。以避免人员失误之产生,确保系统运作顺利。欧美国家对于人员失误的相关研究不遗余力,管理制度、管理方法、管理工具都不断推陈出新,例如美国与英国都发展了疲劳管理(Fatigue Management)之分析软件。

3.4 安全认证

铁路系统发展之安全管理历程,包括功能界定、风险分析、风险控制、系统测试和检查与认证等阶段。这些安全工作配合着项目之里程碑持续进行:规划、初设、细设、制造或兴建、整合测试、试运转以及营运,逐步推动。系统功能界定、风险分析后,界定具体安全要求之际,安全认证(Safety Certification)工作即将展开,以确保安全使命必达。业者在初设阶段开始拟定安全认证计划与界定安全认证项目。监理单位确定认证计划与项目后,随即开始派员或以独立安全评估单位进行安全认证程序。

安全认证的范畴通常包括三类:①系统设备:车辆、电力输送、通讯、号志控制、轨道和收费设备等。②固定设施:车站、接驳转运站、行人天桥、车厂和基地等。③计划、程序与训练:规章、标准作业程序、紧急应变计划、训练计划及保全计划等。安全认证计划将探讨与说明下列内容:①认证项目。②安全设计标准。③设计稽核表:据之核对承包商提供规格是否符合安全设计标准。④工程稽核表:据之核对完成之设施是否符合设计。⑤整合测试。⑥训练课程。⑦营运与维修手册。⑧营运与维修人员训练。⑨公共安全人员(消防与警察等)之训练。⑩紧急应变演习。⑪危害管理:危害之界定、处理、纪录、追踪等工作。⑫安全认证报告与安全认证之证书。安全认证的方法探讨如何发展并执行上述安全认证计划之内容,重要项目有下列课题。①认证项目之界定;②安全认证标准之设定;③设计稽核表之发展;④工程规格之确认;⑤界定需要之安全测试;⑥测试与检查;⑦系统整合测试;⑧待厘清项目(Open Items)之处理;⑨营运准备;⑩综合检查与颁发安全证书。

4 台湾地区铁路安全监理课题之讨论

本节陈述台湾地区近年来铁路安全上的进展,以及与国际接轨之经验;接着,说明台湾地区铁路安全监理有关规定的现况,修订那些规定可以与国际铁路安全监理制度接轨;第三,讨论台湾地区铁路安全监理制度的改进,可以循序渐进地推动。

近年来,在铁路安全管理上,台湾当局与业者都有许多的进步:第一,台北捷运局,未接受美国交通顾问(ATC)建议之"系统安全促进计划",亦即美国大众运输署所推动之安全管理制度,但运用质量保证制度推动安全的质量;系统交与营运之台北捷运公司之后,北捷对于系统安全性、可靠性等质量,十分重视。第二,台湾高速铁路系统发展的过程中,与国际 EN50126 等铁路规范接轨,由英国劳氏公司进行独立之安全认证,对系统安全的要求与欧洲铁路相似。第三,高雄捷运系统发展的过程中,由英国麦克公司担任高雄捷运局总顾问,由香港地铁担任高雄捷运公司之总顾问,对于系统安全之要求与欧洲铁路相似。所以,接下来新铁路系统的发展,也势必会与国际铁路规范接轨,在安全管理机制发展上,也会日益成熟。

台湾铁路安全监理之基础有二,台湾地区铁路管理局与台湾地区高铁公司等城际铁路遵照"铁路法",台北捷运与高雄捷运等都会区大众捷运遵照"大众捷运"。"铁路法"与"大众捷运法"中都有安全监理之相关条文;例如,"大众捷运法"第三十四条:大众捷运系统之经营、维护与安全应受主管机关监督,监督实施办法由“中央”主管机关定之；“铁路法”第四十五条：地方营、民营及专用铁路监督实施办法，由交通事务主管部门定之。依据“铁路法”，交通事务主管部门1959年公布“地方营、民营及专用铁路监督实施办法”，1978年修订；依据“大众捷运法”，1989年交通事务主管部门公布“大众捷运系统经营维护与安全监督实施办法”。这两个规定之功能相当类似美国之铁路联邦管制规则CFR659(Rail Fixed Guideway Systems- State Safety Oversight)，或者英国之铁路安全管制规则(The Railways and Other Guided Transport Systems Safety Regulations 2006)；不过，实质内容上有许多地方可以加强。所以，修订“地方营、民营及专用铁路监督实施办法”与“大众捷运系统经营维护与安全监督实施办法”，就可以与国际铁路安全监理制度接轨。

太多国外考察后的应用，都以区情不符收尾；所以，回顾国外铁路安全监理实务的重点，不是要移植某一国的做法，而是要学习他们的思维，发展一套可以处理自己问题的做法。所以，本文的第三节讨论安全监理的原理，第四节讨论铁路系统安全的重要元素，这些都是设计铁路安全监理制度的基础。在设计制度时，如果有不少不确定因素或环境难配合的因素，可以设想为一个学习过程(learning process)；重要的、有把握的先开始，一步一步改善与加强；只是，一直空想而不行动，是不可能有进步的。例如，参见第二节所述，美国FTA1995年之监理规则要求业者从事危害管理，2005年之监理规则强制的要求应用风险评估方法进行危害管理。此外，安全监理的目的是达成“长期的”铁路系统安全；所以，任何能诱使业者与民众增强安全意识与实践安全行为的做法，都值得安全监理单位考量与采行。不论是安全管理知识之传播，安全管理技术之训练，安全意识之宣传，安全规范与手册之制定等，都是监理单位或相关单位可以采行的方法。

5 结语

风险管理的好观念，裨益建立好的铁路安全监理制度，可以带动好的安全管理行动，促成好的铁路安全运输结果。快速整理与消化台湾铁路安全管理的新经验，借着国际交流引进先进国家的铁路安全知识，针对台湾地区环境研发铁路安全监理的实务作法，铁路安全使命必达。例如，台湾高铁与高雄捷运的安全认证程序与方法，可以汇整作为任何铁路系统在重大改变时，从事安全认证之参考。又如，近年来世界铁路协会(UIC)等单位，定期举办国际铁路安全研讨会，可以获得许多铁路安全制度、技术、管理、与实务上之经验交流。

参考文献

[1] 高雄捷运股份有限公司.高雄都会区大众捷运系统红橘线路网建设案——风险管理计划[R].2001.
[2] 台北市交通局.捷运监理制度之建立[R].1994.
[3] 台湾交通事务主管部门高速铁路工程局.轨道工程系统安全之独立验证与认证体系[R].2002.
[4] 台湾交通事务主管部门高速铁路工程局[R].推动设置轨道运输系统研发机构.2002.
[5] 台湾交通事务主管部门高速铁路工程局.高速铁路监理业务之研究[R].1997.
[6] “铁路营业法”，http://law.e-gov.go.jp/htmldata/S61/S61HO092.html
[7] “铁路事业法”，http://law.e-gov.go.jp/htmldata/M33/M33HO065.html
[8] Federal Transit Administration. 49CFR659. Rail Fixed Guideway System: State Safety Oversight [R]. 2005.
[9] HM Railway Inspectorate, Railway safety cases [R]. 1994.
[10] HM Railway Inspectorate, Railway Safety Principles and Guidance[R]. 1996(1).

特大城市停车设施普查方案研究
——以上海市为例

Study on the census scheme of parking facilities in megacities
—a case study in shanghai

王秋刚

摘　要:停车设施是车辆出行必不可少的基础设施,是城市交通基础设施的重要组成部分。然而许多城市对停车设施规划建设却一直缺乏应有的重视,导致各城市停车矛盾非常突出。停车设施普查工作主要为动态掌握停车设施基础数据,建立比较全面、准确的行业基础数据库,为加强行业监管、完善行业管理政策提供重要的基础数据和依据。本文以上海市为例,回顾分析上海历次停车设施普查、停车小样本调查方案,分析历次调查实施效果及调查期间主要存在的问题。从配建停车设施、公共停车设施、路内停车设施等不同类型的停车设施调查的要求,提出特大城市停车设施普查的调查方案、调查实施机制、调查数据汇总处理及调查数据长效更新等方面的方案研究。本文可作为特大城市、大城市停车设施普查的案例借鉴参考。
关键词:特大城市;停车普查;调查方案

Abstract: Parking facilities are essential infrastructure for vehicles to travel, and are important components of urban transport infrastructure. However, many cities have not paid enough attention to the planning and construction of parking facilities, causing the contradiction of parking in cities is very prominent. The general survey of parking facilities is to master the basic data of parking facilities dynamically, to establish a more comprehensive and accurate industry base database, and to provide important basic data and basis for strengthening industry supervision and improving industry management policy. This paper, taking Shanghai as an example, reviewed and analyzed the plans for the survey of parking facilities and small parking samples in Shanghai, and analyzed the effect of previous investigations and the main problems during the investigation. From the requirements of parking facilities, public parking facilities, road parking facilities and other types of parking facilities, the investigation scheme of the survey of parking facilities in megaccities, the mechanism of investigation and implementation, the summary processing of survey data and the long term update of the survey data are put forward. This article can be used as a reference for the investigation of parking facilities in megacities and big cities.
Keywords: Megalopolis; parking census; investigation scheme

0　引言

停车设施运行情况调查主要工作为掌握停车设施基础数据,目的为建立全面、及时、准确和权威的行业基础数据库,作为加强行业监管、完善行业管理政策的重要基础和依据。

本市分别于2004年、2009年、2014年结合全市第三次、第四次、第五次综合交通调查对重点区域进行停车普查,目前本市已初步建成停车设施数据库。本文分别对停车设施普查的调查方案、调查具体实施情况、调查详细数据和调查方法优化改进等方面进行研究分析,为进一步优化现有停车设施调查方案,完善以后全面普查的调查机制。

1　停车设施分类

本次调查的停车对象是指由相关管理部门(市规划国土局、市交委、市交警总队)审批或核定的停车位,主要为供小客车停放的社会停车位。

社会停车位主要用于满足小客车各类社会性活动需求的停车场车位。根据规划性质主要包括配建

作者简介:王秋刚,本科,上海市城乡建设和交通发展研究院,上海城市综合交通规划科技咨询有限公司交通规划部。

停车场车位、公共停车场车位、道路停车场车位三类。

配建停车场车位定义：指建筑在建成时就依据有关标准同步建设使用的车位，包括地下停车位、地面停车位和地(楼)上停车位(图 1)。

地下停车位　　地面停车位　　地（楼）上停车位

图 1　配建车位的三种形式图

公共停车场车位定义：公共停车场车位是为解决配建停车不足和无配建停车情况下而建设的完全对外开放的停车场，主要包括独立用地建设的停车场、利用绿地建设停车场、利用配建停车场以及 P＋R 停车场，不包括配建对外开放的经营性车位。

道路停车场车位定义：道路停车场是指由公安交警部门审批的设置在市政道路上的停车位。

停车位根据用地性质可分居住类停车场车位和非居住类停车场车位，其中居住类停车场车位主要指居住类建筑配建停车场车位；非居住类停车场车位包括公建类建筑配建停车场车位、工业类建筑配建停车场车位、公共停车场车位、道路停车场车位。

2　上海历次停车设施普查方案

2.1　2004 年停车设施普查(第三次大调查)

由于当时尚无明确的停车主管部门，因此该次停车位调查方法主要采取“以块为主，条块结合”普查的方法：以各街道办事处(或镇人民政府、管委会、办公室)为责任单位，负责所辖范围内的调查工作；各街道(或镇)房产办事处作为配合单位，组织人员对各居住区、商办大楼等各类单位上门发表调查。为了确保调查组织的成功，市规划局、房地局专门先共同组织了各街道领导参加的调查动员会，会后由上海交通所对各街道的具体负责调查同志进行了集中培训。在调查过程中，各区规划局、房地局则在调查过程中给予了各街道必要的技术指导、校核，并负责了调查结果的汇总。

2.2　2009 年停车设施普查(第四次大调查)

为全面掌握全市停车设施总量及构成情况，2009 年开展了新一轮停车设施普查。

(1) 居住类停车设施调查实施方案本调查由市住房局负责，市交通负责技术方案，配合单位为各区房地局。具体调查时有物业管理的小区由住房局通过发放表格的方式调查，无物业管理的小区由住房局提供名单，交通所组织人员进行上门调查。调查范围为整个上海市域。

(2) 非居住类停车设施本调查牵头单位为市交通局，市交通所负责调查的技术支持，配合单位各区房地局、各区建交委。调查范围为整个上海市域，根据建筑的区域、用地性质、建成年限和建筑规模等进行抽样调查，样本量占全市总非居住建筑的 10%。调查方法为市、区房地局承担有物业管理的发表调查，其余的主要由区建交委组织发表调查。

(3) 路内停车设施调查实施方案：本调查牵头单位为市交警总队，市交通所负责调查的技术支持。调查范围为上海市域。调查方法为市交警总队收集相关资料。

2.3　2014 年停车设施普查(第五次大调查)

(1) 居住小区停车调查：由市住房局部署，各区县住房局组织实施，各街镇房办将相关调查表格发全市每个居住小区物业，由物业完成调查填表。

(2) 非居住类建筑停车调查：由市静态交通联席会议办公室部署，以各区县静态交通联席会议办公室为平台，区县建交委或交通局牵头组织，区县教育局、卫计局、商委、建交委或交通局分别负责对学校、医院、商办楼、经营性停车场(库)进行调查。其余的非居住类建筑，由街镇政府组织实施。具体的组织实施的方法，各部门将调查表格发至每个非居住类建筑单位，由被调查建筑物业或所在单位负责完成调查填表。

（3）路内停车调查：由市数字化城市管理中心具体组织，各区县网格化管理中心配合，组织调查员对全市网格化覆盖的城市化地区进行现场调查。

2.4　以往停车调查总体情况汇总

（1）经过以往三次停车普查及历次小样本停车调查的工作积累，停车调查范围呈现不断扩大趋势，已经基本实现全覆盖。其中第三次主要范围为外环以内，第四次居住为全市普查，第五次郊区 2/3 的街镇实施的普查。目前各郊区行政区剩余 1/3 的街镇未实施普查。

（2）目前已经初步建立了停车设施调查长效机制，每年度的小样本停车调查基本可以掌握本市及各区车位总量变化情况以及停车设施运行情况特征。

（3）调查实施单位越来越多，实现更加精细化的调查，调查参与单位越来越多，第三次主要为各区政府实施，第四次市住房局和市规划国土局为主要实施单位，第五次各区政府、市住房局、市规划国土局、市教委、市卫计委、市网格化中心等为主要实施单位。

3　特大城市、大城市停车设施普查方案建议

3.1　居住小区停车设施普查方案

（1）调查范围及规模：居住小区调查方案建议为该城市所有建成区范围，调查规模为全市所有居住小区。

（2）调查方法：由该城市居住小区市级主管部门具体部署，各区及小区主管部门局组织实施，各街镇房办将相关调查表格发至居住小区物业，由小区物业完成调查填表。

（3）调查时间：为保证调查期间居住小区内大部分车辆已经回小区，因此居住小区调查时间一般在夜间 22:00 之后调查。

（4）调查内容：具体调查内容包括有小区名称、地址、建筑面积、户数、建成年代、车位数、高峰停车数量及收费情况等。

3.2　非居住类建筑停车设施普查方案

（1）调查范围及规模：全市所有非居住类建筑，包括有附属停车场的和没有附属停车场的建筑。

（2）调查方法：由各政府具体部署，各街镇组织人员发表上门发表，由各建筑的所属物业完成调查填表。

（3）调查时间：调查时间为各建筑的高峰停车时刻，通常办公为工作日的 12:00—13:00；商业为双休日 17:00—18:00；其他类型根据建筑情况确定车辆停放最多的时刻为调查时间。

（4）主要调查内容：停车场的地址、建筑类型、建成年代、车位数、高峰停车数量及收费情况等。

3.3　公共停车场停车设施普查方案

（1）调查范围及规模：全市所有公共停车场。

（2）调查方法：由市公共停车场主管部门部署，组织人员发表进行调查。

（3）调查时间：根据建筑情况确定车辆停放最多的时刻为调查时间。

（4）主要调查内容：停车场的地址、建筑类型、建成年代、车位数、高峰停车数量及收费情况等。

3.4　路内停车场停车设施普查方案

（1）调查范围及规模：全市所有路内停车场。

（2）调查方法：由市交警部署，组织调查人员现场观测调查。

（3）调查时间：根据道路情况确定车辆停放最多的时刻为调查时间。

（4）主要调查内容：道路名称、停车长度、停车泊位、允许停放时间、收费情况、停车方式及高峰停车数等。

3.5　学校停车场停车设施普查方案

（1）调查范围及规模：全市所有中、小学。

（2）调查方法：由市教委具体部署，各区教育局组织学校进行内部统计调查，调查内容主要包括教职工开车上下班的数量、学生家长开车接送上下学的数量等。

（3）调查时间：学校上下学高峰时刻。

（4）主要调查内容：学校基本情况、学校门口停车泊位情况、允许停放时间和高峰停车数等。

3.6 医院停车场停车设施普查方案

（1）调查范围及规模：全市所有医院。

（2）调查方法：调查方法为市卫计委部署，各区卫计委发表至各医院，由各医院填表完成调查工作。

（3）调查时间：医院内部停车高峰时刻。

（4）主要调查内容：停车场的地址、建筑类型、建成年代、车位数、高峰停车数量、医院员工及病人停车情况及收费情况等。

3.7 调查保障机制

建立市级调查工作小组，主要包括市级停车调查牵头单位，如市交通委、市住建委、市规划国土局、市交警总队、市卫计委、市教委、市路政局和各区政府等部门，实行每月调查进度例会制度，确保调查工作的顺利开展。

建立区级调查工作小区，主要包括区级停车调查实施单位，区建交委、区规划局、区交警、区卫计委及区教育局等部门，实行每月调查进度例会制度，确保调查工作的顺利开展。

4 结语

目前，国内城市已经开展过停车设施普查的相对较少，部分城市为停车专项规划编制需求曾经开展过停车设施普查工作，但很多城市尚未建立停车调查长效机制，停车设施普查均为一次性工作。但是，随着停车矛盾的日益突出，定期对城市停车设施数据进行更新也显得尤为重要，因此建议各城市尽快建立停车调查长效更新机制的数据库，对缓解当前停车矛盾具有现实意义。

参考文献

［1］ 上海市第三次综合交通大调查——停车设施普查［R］.2004.
［2］ 上海市第四次综合交通大调查——停车设施普查［R］.2009.
［3］ 上海市第五次综合交通大调查——停车设施普查［R］.2014.

基于可靠度的轨道交通调度双层规划模型研究

Reliability Based Train Scheduling Bi-level Planning Model Research

张光明

摘　要：本文基于AFC数据分析客流特点，从乘客角度出发，提出了一个双层规划模型来描述列车运行调度方法及其可靠度控制的问题。在双层规划模型中，上层模型为一个基于乘客出行时间可靠度的列车调度模型，下层模型是一个成本最小的控制发车优化模型。针对所提出的模型，设计了基于遗传算法的求解算法，并给出了实例来验证模型及算法。
关键词：列车调度；可靠度；双层规划；启发式算法；运能提升

Abstract: A bi-level planning model is proposed to describe the train scheduling and reliability control problems, from the characteristic analysis of passenger flow based on the AFC data, and the passenger point of view. The upper model is based on train scheduling model which is based on passengers'travel time reliability, the lower model is an optimization model for cost control on the grid. According to the proposed model, algorithm based on genetic algorithm is designed, and examples to validate the models and algorithms are given.
Keywords: Train scheduling; Reliability; Bi-Level planning; Heuristic algorithms; Capacity upgrade

1　引言

目前列车运行图编制主要从列车的角度出发，在整个过程中较少考虑乘客流的状况。而实际上轨道交通的服务对象是乘客，车流是为客流服务的。对列车的运行调整效果需要考虑乘客的利益，适当地从乘客的角度出发。在降低乘客出行时间成本的同时，提高轨道交通运能。本文在城市轨道交通列车调度设计过程中，考虑系统可靠度和系统成本两个目标，它们是相互作用、相互影响的，而且是以一种分层的形式存在。上层以可靠度最大为目标，为下层提供适当的发车间隔；而下层则调整列车发车时刻与给定的发车间隔相适应，其选择的结果反过来又影响上层决策行为。可靠度与系统成本两个目标相互作用得到列车调度设计方法，双层规划上层与下层的关系如图1所示。与传统的单层规划方法相比，双层规划方法在这方面具有不可比拟的优势，具体表现为：①可以同时分析决策过程中两个不同的、相互矛盾的目标；②双层规划方法的多价值决策方法更接近实际情况；③可以明确表示上下层的相互作用。本文就是采用双层规划模型来描述城市轨道交通调度设计问题。

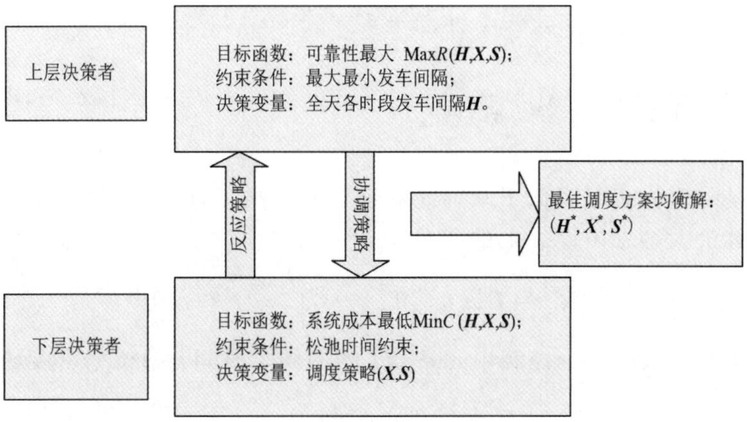

图1　调度设计双层决策模型

作者简介：张光明，天津市地下铁道运营有限公司。

2 双层规划模型的建立

2.1 上层模型

上层为系统时间可靠度模型，用下层模型的优化结果即调度方案为参数代入上层模型，通过优化算法得出优化后的发车间隔。系统时间可靠度模型以系统时间可靠度最大为目标，满足轨道交通系统或地方政策发车间隔限制：

$$\max R(H_j)=\frac{1}{m}\sum_{j=1}^{m}\frac{1}{K}\sum_{k=1}^{K}\omega_{j,k}\prod_{i=1}^{L_k}\left[T\omega\cdot TR_{j,k}^{l}(s_k,H_j)+H\omega\cdot HR_{j,k}^{l}(H_j)\right]\tag{1}$$

约束条件为：

$$H_{\min}\leqslant H_j\leqslant H_{\max},\ j=1,2,\cdots,m\tag{2}$$

$$\sum_{k=1}^{K}L_k=n\tag{3}$$

式中，H_j——第 j 个车次的发车间隔，是上层模型的决策变量；

K——研究时段内控制站点数量，由下层模型确定；

L_k——研究时段内控制单元 k 的站点数量，由下层模型确定；

s_k——研究时段内控制单元 k 的松弛时间，由下层模型确定；

$\omega_{j,k}$——车次 j 在控制单元 k 的可靠度权重；

$HR_{j,k}^{l}(H_j)$——车次 j 在控制单元 k 的第 l 个站点的准点可靠度，是发车间隔与松弛时间的函数；

$HR_{j,k}^{l}(H_j)$——车次 j 在控制单元 k 的第 l 个站点的候车时间可靠度，是发车间隔的函数；

$T\omega$、$H\omega$——分别为准点可靠度、候车时间可靠度的权重，$T\omega+H\omega=1$；

$H_{\min}$——发车间隔下限值，一般根据企业的运营能力确定；

$H_{\max}$——发车间隔上限值，根据服务水平等级确定。

公式中 $TR_{j,k}^{l}(s_k,H_j)$ 和 $HR_{j,k}^{l}(H_j)$ 的具体形式计算如下。

控制站点准点可靠度：

$$\begin{aligned}TR_{j,k}^{l}&=P(A_{j,k}^{l}-E(A_{j,k}^{l})\leqslant s_{j,k})\\&=p\left(\frac{A_{j,k}^{l}-E(A_{j,k}^{l})}{\sigma^2(A_{j,k}^{l})}\leqslant\frac{s_{j,k}}{\sigma^2(A_{j,k}^{l})}\right)\\&=\phi\left(\frac{s_{j,k}}{\sigma^2(A_{j,k}^{l})}\right)\qquad(l=1;j=1,2,\cdots,m;k=1,2,\cdots,k)\end{aligned}\tag{4}$$

非控制站点准点可靠度 $TR_{j,k}^{l}$：

$$\begin{aligned}TR_{j,k}^{l}&=P(|A_{j,k}^{l}-E(A_{j,k}^{l})|\leqslant\delta)\\&=P\left(-\frac{\delta}{\sigma^2(A_{j,k}^{l})}\leqslant\frac{A_{j,k}^{l}-\varepsilon(A_{j,k}^{l})}{\sigma^2(A_{j,k}^{l})}\leqslant\frac{\delta}{\sigma^2(A_{j,k}^{l})}\right)\\&=\phi\left(\frac{\delta}{\sigma^2(A_{j,k}^{l})}\right)-\phi\left(-\frac{\delta}{\sigma^2(A_{j,k}^{l})}\right)\qquad(l=2,\cdots,L_k;j=1,2,\cdots,m;k=1,2,\cdots,k)\end{aligned}\tag{5}$$

候车时间可靠度计算：

候车时间可靠度是乘客候车时间低于乘客能够容忍最大候车时间的概率，其计算公式为候车时间概率密度函数在 0 到乘客最大容忍值 $T_{\max}$ 上的积分：

$$HR_{j,k}^{l}=P(t_{j,k}^{l}\leqslant T_{\max})=\int_{0}^{T_{\max}}f_{j,k}^{l}(t)\,\mathrm{d}t\tag{6}$$

其中 $f_{j,k}^{l}(t)$ 为第 l 个车次第 k 个控制单元站点 l 的的候车时间 t 的概率密度函数：

$$f_{j,k}^{l}(t)=\frac{\int_{0}^{\infty}\theta_{j,k}^{l}(u)\,\mathrm{d}u}{E(H_{j,k})}=\frac{\overline{F}_{j,k}^{l}(t)}{E(H_{j,k})}\tag{7}$$

其中 $\theta_{j,k}^{l}(u)$ 为发车间隔 H 的概率密度函数，$\overline{F}_{j,k}^{l}(t)$ 为发车间隔 H 的累计分布函数，$\overline{F}_{j,k}^{l}(t)=1-F_{j,k}^{l}(t)$，$F_{j,k}^{l}(t)$ 为发车间隔 H 的概率分布函数。

该模型的输出变量为 H_j，模型中的参数为列车调度策略，包括控制站点的数量和位置，以及控制站点对应的松弛时间，是下层模型的输出变量。结合下层模型输出变量即可计算出研究时段内任一车次列车在各站点的调度发车时间，从而形成一个完整的线路行车计划。

2.2　下层模型

下层模型以系统成本最小为目标，H_j 为上层模型的决策变量，而且是下层模型的输入参数，调度策略为变量，线路松弛时间总和不超过企业设定的松弛时间上限为约束：

$$\min C(x_i, s_i) = \sum_{j=1}^{m}\sum_{i=1}^{n}\{x_i C_{i,j}^{c}(s_i, H_j) + (1-x_i)C_{i,j}^{N}(H_j)\} \tag{8}$$

约束条件为：

$$\sum_{i=1}^{n} s_i x_i \leqslant s \tag{9}$$

$$s_i \geqslant 0, \forall i = 1,2,\cdots,n \tag{10}$$

$$s_i = (0,1), \forall i = 1,2,\cdots,n \tag{11}$$

式中：m——研究时段内车次总数；

n——列车线路总的站点数；

j——车次编号，$j=1,2,\cdots,m$；

i——站点编号，$i=1,2,\cdots,n$；

x_i——在站点 i 是否应用控制发车策略，如果应用，则 $x_i=1$；否则 $x_i=0$，是下层模型的决策变量；

s_i——当在站点 i 作为控制站点时的松弛时间，是下层模型的决策变量；

H_j——第 j 个车次的发车间隔，是上层模型的决策变量；

$C_{i,j}^{c}(s_i, H_j)$——第 j 车次在站点 i 为控制站点时的总成本，是松弛时间和发车间隔的函数；

$C_{i,j}^{N}(H_j)$——第 j 车次在站点 i 为非控制站点时的总成本，是发车间隔的函数；

s——列车运营企业指定的松弛时间总和的上限值，约束条件(9)保证了整条线路上使用松弛时间的总和不超过限定值 s；由列车企业根据自身运营条件所制定，高峰时段可给予较高的限定值，平峰时段可给予较低的限定值。

3　模型求解

双层规划问题的求解是较为困难的，因为它不仅是一个 NP-hard 问题，还具有非凸性，很难找到全局最优解。即使目前已经有十多种求解这类问题的算法，但一般都用启发式算法求出上下层能够协调满足较好的可行解。本文求解上下层模型都分别利用遗传算法来实现，特殊地方在于求解下层模型的遗传算法嵌入在上层模型的遗传算法当中，由此形成求解本文双层规划问题的启发式算法。

整个双层规划模型的算法流程图如图 2 所示。

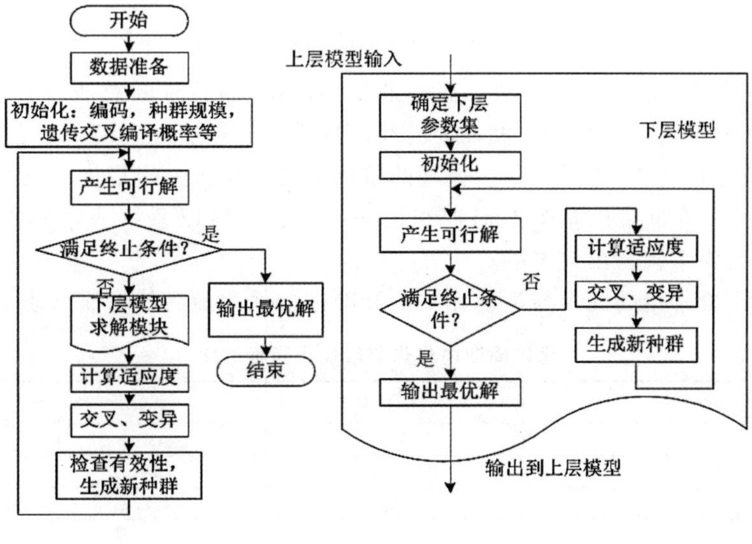

图 2　双层规划求解算法流程图

4 案例分析

根据某地铁线路客流情况，绘制全天运营的客流汇总图。根据客流规律划分调度时段，对于同一时段采用均等发车间隔和相同的控制策略，包括控制站点的位置数量和松弛时间。线路全天各时段的客流情况(图 3)所示：

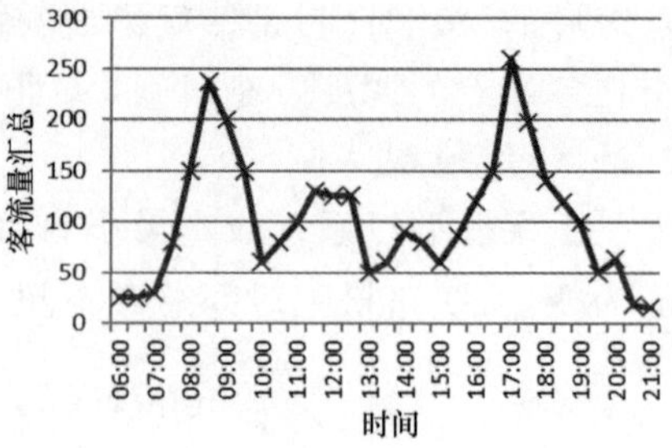

图 3 全天客流数据汇总图

根据上层模型的最优解，下层模型的最优解以及各站点间的平均行驶时间，得出研究时段始发站与各控制站点的发车时刻表，(表 1)所示。

表 1 始发站和控制站点的发车时刻表

班次	始发站	控制站点 1	控制站点 2	控制站点 3
1	7:38	7:49	7:57	8:09
2	7:46	7:57	8:05	8:17
3	7:53	8:04	8:12	8:24
4	7:59	8:10	8:18	8:30
5	8:04	8:15	8:23	8:35
6	8:11	8:22	8:30	8:42
7	8:19	8:30	8:38	8:50
8	8:28	8:29	8:47	8:59

将上下层的目标函数放在一个图中进行比较分析，(图 4)所示。

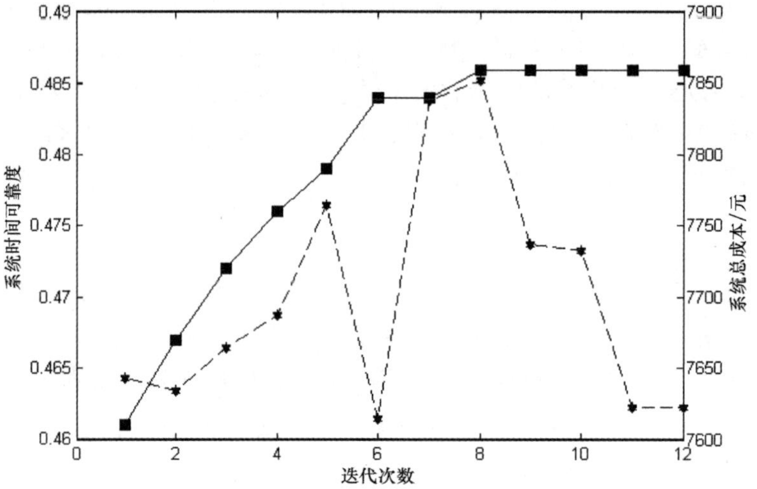

图 4 上层和下层的最优化迭代过程

分析图 4，系统可靠度随迭代次数的增加而逐渐得到优化，而系统的总成本在各下层代过程中逐渐减小，但是在上层循环的最优值确是一条波动的折线。这是由于双层规划模型是在上层可靠度最大一致的目标下，对整个系统进行优化，上层每一步循环的最优值都对应着一组最优的发车间隔，而下层系统成本最小模型则是在这个发车间隔的基础上对控制策略的优化。所以系统成本并不要求一定是最优的。系统可靠度的增加是需要系统付出成本的。

下面对列车服务评价常用的几个与运营相关的标准进行优化前后的对比，(表 2)所示：

表 2 优化周期内优化前后优化指标对比

优化指标	优化前	优化后	变化率
平均等待时间(min)	5.5	4.8	−12.79%
平均出行时间(min)	40.5	37.2	−8.15%
出行时间标准差(min)	10.0	7.2	−28.00%
车辆准点率	98.9%	99.6%	0.71%
企业成本(元)	36787	37984	3.25%

早高峰时段，系统可靠度提高 16%，乘客的平均出行时间减少了 8.15%，平均等待时间减少了 12.73%，出行时间标准差减少了 28.00%。平均等待时间和出行时间方差较平均出行时间优化幅度较大。控制发车增加乘客的在车成本，乘客的平均出行时间相对于平均等待时间的变化较小。对于企业来说，线路行驶时间的增加会使得列车运营成本增加。由表可知，运营成本增加了 3.25%，这是列车企业为提高运营可靠度所付出的成本，线路总松弛时间越大，运营成本的增加越多。由此，要对控制发车策略中松弛时间进行约束，使得运营成本的增加幅度在企业的承受范围之内。

5　结语

通过分析列车发车间隔、列车控制方法与列车系统时间可靠度以及列车系统运营成本之间的内在关系，得出列车调度属于双层决策问题，可利用双层规划模型进行优化。本章主体内容是建立基于可靠度的列车调度双层规划模型，也是全文的理论升华之处。研究发现，列车控制发车策略的控制站点不一定设置在客流量最多的站点或线路中间站点，还需考虑行驶时间方差比较大的路段后面的站点，这样可以减少不可靠路段对下游站点可靠度的影响。

参考文献

[1]　Carey M. Ex-ante heuristic measures of schedule reliability[J]. Transportation Research, 1999, 33B:473-494.

[2]　Henderson G, Adkins H, Kwong P. Subway reliability and the odds of getting there on time[J]. Transportation Research Record, 1991, 1297:10-13.

[3]　Marvin Rausand. 系统可靠性理论：模型、统计方法及应用[M]. 2 版. 郭强，王秋芳，刘树林，译. 北京：国防工业出版社，2010.

[4]　李为为. 城市轨道交通调度指挥智能集成系统研究[D]. 北京：交通大学，2006.

[5]　郑生全. 地铁与轻轨信号系统的国产化方案[J]. 城市轨道交通研究，1998,(3):42-46.

[6]　徐飞. 如何解决运行列午严重偏离时刻表问题[J]. 都市快轨交通，2004,17(增刊):96-101.

一体化与分离式电警系统对比研究与分析

The Study and Analysis of Integrated and Separated Electronic Police System

王秋兰　保丽霞　李天宇

摘　要：探讨了一体化与分离式电子警察系统车辆识别技术架构，并从工作方式、系统功能、升级及维护和建设成本等方面出发，对每种车辆识别技术的优缺点进行对比分析，从而可根据城市特征、交通环境、道路断面结构等，设计具有城市特色、满足城市交通发展需求的电子警察系统，具有良好的应用效果。
关键词：电子警察系统；车辆识别技术；一体化架构；分体式架构；后端识别技术

Abstract: This paper discusses the Integrated and split vehicle identification technology architecture of electronic police system, and The advantages and disadvantages of each vehicle identification technology are analyzed from the aspects of working mode, system function, upgrade and maintenance, construction cost and so on. According to the characteristics of the city, the traffic environment, the road section structure and so on, designs the electronic police system which has the characteristics of the city and meets the needs of the development of urban traffic.
Keywords: electronic police system; vehicle identification technology; integrated architecture; split architecture; back-end identification technology

1　引言

电子警察系统主要由路口、路段各类道路交通技术监控设备、车辆综合检测、IP广播、设备监测管理及设备安防等前端系统构成。在城市主要道路的交叉路口、重要路段、单行道、禁停区以及城市一般道路连接各市(县)的干道重要交叉口、路段安装设置相关设备，以实现“全路段、全覆盖、无死角”交通状态监控，通过“堵点乱点”自动分析报警、过车记录自动识别等技术，及时、宏观、准确地掌控交通态势，同时具备过车记录、流量采集等基本功能。

2　车辆识别技术架构对比分析

电子警察车辆识别技术主要包括一体化摄像机架构、分体式(摄像机+检测主机)架构的技术分析和后端车辆分析识别技术。

一体化摄像机由一体化抓拍单元单独构成，将相关视频检测算法植入摄像机DSP芯片中，通过对视频图像的逐帧处理来实现车辆检测、追踪(图1)。摄像机内置多种智能化算法，支持多种违章行为的检测，包括闯红灯、闯禁行、压线、违章变道、违章停车、违章占道、逆行和不按规定车道行驶等。

在分体式架构中，图像采集单元为高清摄像机，检测单元为检测主机，硬件设备互相分离由摄像机和检测主机组成，摄像机采集得到的视频信息，通过对应的检测主机来完成视频检测，所有数据保存在本地检测主机，可将重要信息实时回传(图2)。

系统主体架构由前端高清抓拍摄像机和后端智能分析服务器组成。前端高清抓拍摄像机完成对前端的视频采集之后，后端智能分析服务器对前端摄像采集高清图像进行逐帧分析，结合服务器内置软件的智能算法完成多种违章行为的检测(图3)。

作者简介：王秋兰，女，上海市城市建设设计研究总院(集团)有限公司。

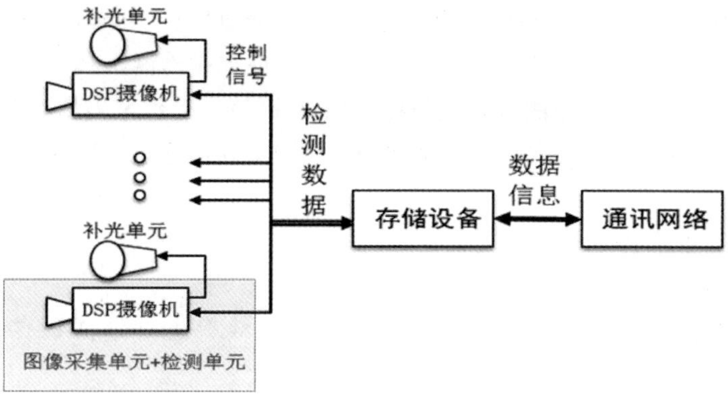

图 1　一体化摄像机架构(DSP 摄像机)

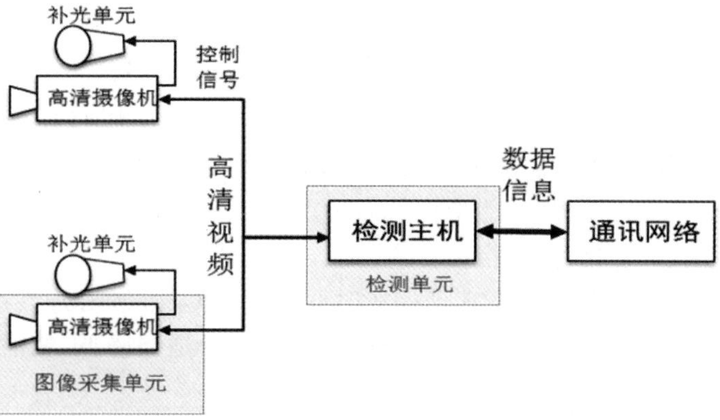

图 2　分体式架构(摄像机＋检测主机)

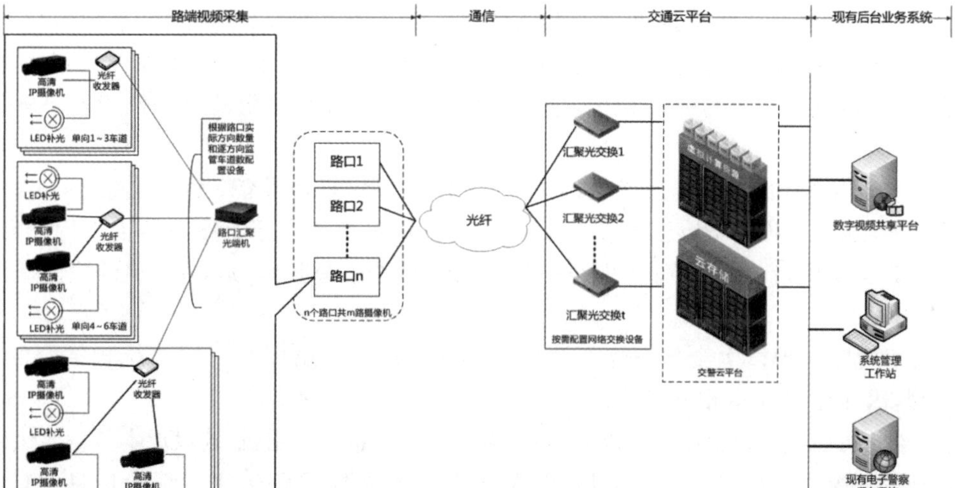

图 3　后端分析识别架构

3　车辆识别技术对比

电子警察系统基于一体化架构、分体式架构和后端分析识别技术均可以实现车牌识别、车辆抓拍、看清人脸、车辆品牌识别和流量检测等功能,但各种车辆识别技术均有各自的优缺点。

3.1　工作方式对比

一体式架构相机采用 DSP 芯片,依靠指令工作,运算能力有限,可以选择性地增加部分功能,但不能同时满足所有功能;若要完成综合信息检测的要求,则需增加补充设备。例如在原有的系统架构中,再增加具有相应功能的一体化摄像机,专门用于对违法检测或者事件检测等。一体式架构主要设备为一体化摄像机,其工作方式为采用一体化摄像机,通过网络将一体化摄像机检测到的所有数据实时回传。

分体式架构摄像机采集视频,检测单元完成信息检测,两种设备彼此分离。摄像机一般选用先进的高清交通专用摄像机，主机检测范围比较远，从高清视频中能获取多种交通信息。分体式架构主要设备为摄像机＋检测主机，摄像机采集得到的视频信息，通过对应的检测主机来完成视频检测，将数据实时传回中心。

后端分析识别架构主要通过后端智能分析服务器，对前端高清摄像机采集高清图像进行逐帧分析，并通过智能算法完成多种违章行为的检测。后端分析识别架构主要设备为摄像机＋后端智能分析服务器。

3.2 系统功能对比

一体化架构主要具有以下功能：

(1) 能实现基本卡口功能；

(2) 具有一定交通违法检测功能(包括：超速、逆行、骑压线等近处违法抓拍)，但对车辆远距离违法的检测精度不高；

(3) 能实现车道流量的检测，但对平均速度、车型分类、车头间距和车道占有率等参数采集的精确度不高；

(4) 交通事件检测可部分实现，精度较低。

分体式架构的功能包括：

(1) 能实现基本卡口功能；

(2) 能实现交通违法检测功能，车辆图片定位比较准确。一般采用目标跟踪算法，能解决远距离违法行为的检测，例如大车长期占用小车道、远处变道、远处停车等。

(3) 能实现多种交通参数的检测，性能指标符合要求；

(4) 能实现多种交通事件检测，性能指标符合要求。

后端识别可以针对用户的实际应用需求进行实时开发，可开发性随芯片性能决定。但需要进行多次编码，在进行分析识别过程中，因需要进行多次编码，图像质量会适当降低，实时性较低。

3.3 系统升级/维护对比

(1) 一体化架构系统升级比较困难，所有功能已经固化与 DSP 芯片内部，只能按出厂设定的内容检测，若系统要升级，需更换一体化摄像机。

系统维护主要对象是一体化摄像机，当发生故障时，需动用高空车取来更换，且要封路。

(2) 分体式系统升级方便，通过网络远程升级前端检测软件的版本。分体式架构可在原有硬件基础上增加新功能(例如运渣车放大号牌的识别，信号灯的故障判断，天气能见度判断等)，只需升级软件，而无须更换硬件。

系统维护主要对象是检测主机，当发生故障时，需使用架梯更换设备，无需封路。

(3) 后端识别架构在后期新增应用需求的情况下，可以很灵活地在原有服务器上进行开发，平滑升级扩展。另外，针对改造类型项目，后端识别可以实时进行部署，无需前端进行改造，部署灵活性较高。

3.4 建设成本对比

(1) 一体化架构要实现以上全部功能，需增加补充设备，即采用多套不同系统相结合的方式，来完成综合信息的检测，因而建设成本相对较高。

(2) 分体式架构可以实现以上全部功能，但每台摄像机需配备一台主机，建设成本与一体化架构相当。

(3) 后端识别架构要实现以上全部功能，需配置大量的硬件设备来完成综合信息的检测，因而建设成本较高。

4 结语

针对不同环境下的电子警察系统，选用不同的车辆识别技术，不仅能够满足城市交通管理部门及交通执法部门的基本功能需求，同时可以节约建设成本，是科学合理并符合特征与需求的技术路线。

参考文献

[1] 蔡小爱. 几种常见车辆识别技术浅析[J]. Charming China，2014，12:110.

[2] 陈晨. 智能交通系统中车牌识别的关键技术研究[D]. 南京理工大学，2014.

[3] 杨兆宁. 关于电子警察执法现状及解决对策探析[J]. 职工法律天地，2016，24:196.

[4] 刘思凯. 浅谈电子警察执法对策研究 [J]. 职工法律天地，2016，2:81.

LBS 对交通流随机延误影响研究

Research on the Impact of Traffic Flow Delay by Linear Bus Stop

周志俊

摘　要：直线式公交停靠站对正常交通流会造成干扰。根据公交停靠运行状态将其分为减速进站—停靠服务—加速出站三个过程，考虑公交停靠运行期间后续交通流的到达模式，将其划分为折线式到达和斜线式到达两种模式，分别建立折线式交通流随机延误模型和斜线式交通流随机延误模型，然后进行实例验证。结果表明公交停靠运行期间非公交车辆的到达率和疏散率对交通流随机延误会产生重要影响，也表明公交停靠具有滞后性和时空分布不均性。

关键词：直线式公交停靠站；交通流；随机延误

Abstract: Linear Bus Stop (LBS) will interfere with normal traffic flow. According to the bus docking operation state, bus stop will be divided into three processes: Slow pit stop - docking services - to accelerate the outbound. Considered the arrival mode of follow-up traffic flow during bus stop operation, it will be divide into two arrival modes: polyline arrival and slash to reach, the stochastic delay model of the polyline traffic flow and the random delay model of the slanting traffic flow will be established respectively, and then the example will be verified. The results show that the arrival rate and evacuation rate of non - public transport vehicles during bus stop operation have important influence on the random delay of traffic flow, and also indicate that the bus stop has hysteresis and spatial and temporal distribution.

Keywords: Linear Bus Stop; Traffic Flow; Random Delay

0　引言

直线式公交停靠站(Linear Bus Stop)由于建设简单、成本低、维修方便等特点，因此，在许多城市道路中被普遍使用。公交作为城市公共交通的重要组成部分，运行停靠服务时需占用一定的道路空间资源，并对后续跟进交通流产生不确定性影响，因此，有必要对此展开相关研究。张浩等考虑城市干道直线式公交停靠对路段交通流运行状态的影响，建立机非分离路段上的直线式公交停靠模型[1]。陈琳莉等讨论公交停靠不同站台时对相邻车道车辆速度的影响，建立停靠站影响范围内的道路交通流量与车辆速度关系模型[2]。韦佼等根据交通波理论，运用 VISSIM 仿真验证直线式公交停靠对经过的社会车辆产生的影响[3]。姚志洪等研究了公交车停靠随机延误对交通流的影响，并描述异质交通流车队离散规律，建立异质交通流车队流量离散模型[4]。丁柏群等应用交通波理论构建交通影响范围的时空模型，并证明公交停靠具有后效性[5]。梁士栋等利用交通波理论分析交通流稳定输入下直线式公交站点对交通运行的影响[6]。刘云等从宏观站点类型和微观停靠过程两方面深入分析公交停靠延误因素，并建立直线式和港湾式公交站点延误模型[7]。Fitzpatrick K 等分析公交车停靠延误影响，考虑公交车在站点处的延误，公交车进站排队延误、服务延误、出站延误等[8]-[11]。公交停靠理论的研究对于公交都市建设具有重要意义，也为道路上下游交叉口信号控制提供理论参考。为了更好地促进城市交通的发展，减少公交停靠对后续交通流的影响，针对直线式公交停靠运行状态对后续交通流的影响，根据后续交通流的到达模式，分别建立折线式交通流随机延误模型和直线式交通流随机延误模型，并进行相关验证。

1　公交停靠运行状态分析

根据相关研究，公交停靠运行状态可分为三个过程：减速进站—停靠服务—加速出站[8]。减速进站是公交车在靠近停靠站台时，以速度 v_0 开始减速直至停靠在站台的过程；停靠服务是公交车停靠在站台等待乘客上下车的过程；加速出站是公交车加速出站直至运行速度达到正常行驶速度 v_0 的过程。公交停靠运行速度变化过程如图 1 所示。

公交车减速进站时间 t_1：

作者简介：周志俊，上海海事大学交通运输学院，硕士研究生。

$$t_1 = v_0 / \alpha_1 \tag{1}$$

公交车减速进站阶段影响距离 l_1：

$$l_1 = v_0 t_1 - 0.5 a_1 t_1^2 \tag{2}$$

公交车停靠服务时间 Δt[12]：

$$\Delta t = \frac{\Omega k t_0}{n_d} \tag{3}$$

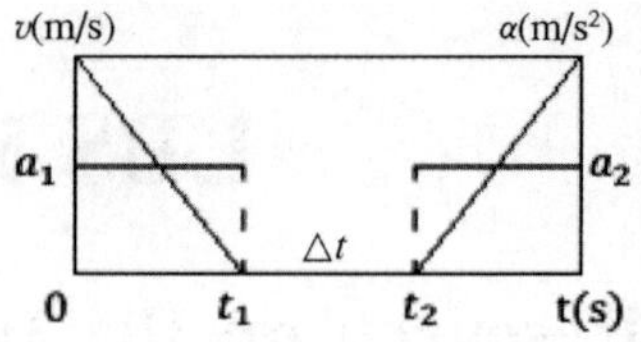

图 1 公交停靠运行速度变化过程

式中：Ω 为公交车容量；k 为上下车乘客所占的车容量比例，一般情况下取 0.25～0.35；t_0 为每个乘客上车或下车所用的时间，单位为 s，平均约 $2s$；n_d 车门数。

公交车加速出站时间 t_2：

$$t_2 = v_0 / a_2 \tag{4}$$

公交车加速出站阶段影响距离 l_3：

$$l_3 = 0.5 a_2 t_3^2 \tag{5}$$

2 公交停靠运行阶段后续交通流到达模式分析

公交停靠运行期间，后续跟进交通流可能存在两种到达模式，折线式到达和斜线式到达。折线式到达可以视为交通流离散到达的一种状态，到达率 λ 小于疏散率 μ，这种状态一般不易形成交通拥堵，但是由于受公交车停靠运行的影响，后续交通流会受到一定的影响。斜线式到达可以视为交通流连续到达的一种状态，到达率 λ 大于疏散率 μ，由于车流连续式跟进，公交停靠运行时，容易形成交通瓶颈，造成交通阻塞，影响后续车辆正常通行。后续交通流到达模式如图 2 和图 3 所示。

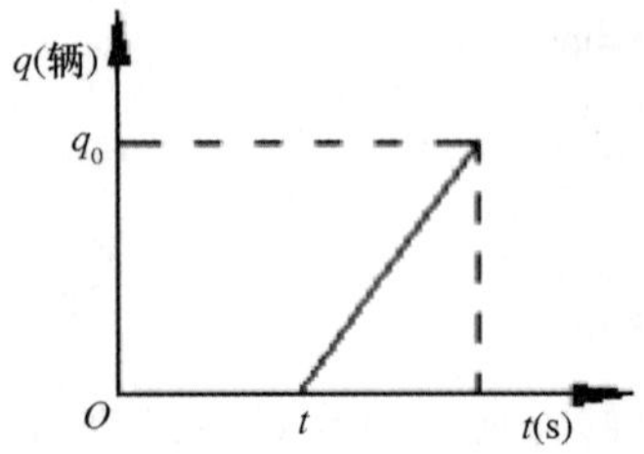

图 2 折线式交通流达到模式

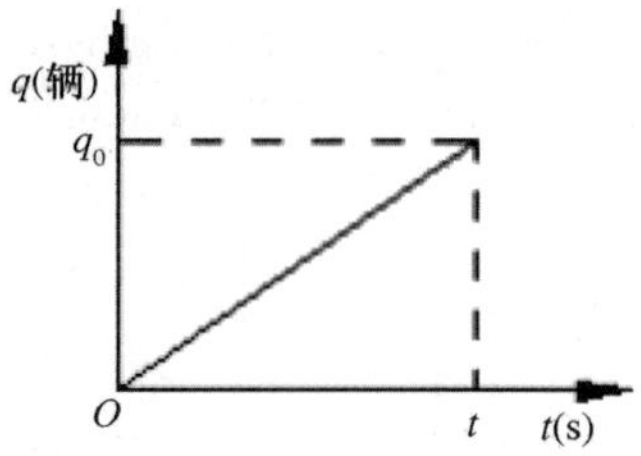

图 3 斜线式交通流到达模式

3 折线式交通流随机延误模型

3.1 假设条件

(1) 在公交停靠站处交通量不大且没有信号干扰，用泊松分布描述一定时间内到达车辆数的分布。

(2) 设公交车在进出站的过程中，占用车道的时间为 T，γ 为单位时间的平均到达车辆数，则在时间 T 内，车辆到达的平均值为 $N=\gamma T$，所以此时到达的车辆会受到公交停靠影响，受影响的车辆数为 γT

3.2 建立折线式交通流随机延误模型

公交车在停靠运行期间，车辆到达服从泊松分布，则泊松分布函数为：

$$P(X=x) = \frac{(\gamma T)^x}{x!} \mathrm{e}^{-\gamma T} \tag{6}$$

式中，x 为计数时间 T 内到达的车辆数，γ 为单位时间的平均到达车辆数，T 为计数时间，e 为自然对数的底数，取值为 2.718。

公交停靠占用车道延误交通流的总延误为 D：

$$D = Nd_1 = \gamma T^2 (1 - v/v_0) \tag{7}$$

式中，d_1 为每辆被延误车辆的延误，v_0 为车辆正常行驶的速度，v 为受公交停靠影响的车辆的速度。

如果在某个公交停靠站处公交车辆到达频率为 β 辆/小时，则在一小时时间内，公交车造成的交通流延误为 D_0：

$$D_0 = D\beta = \beta\gamma T^2 (1 - v/v_0) \tag{8}$$

4 斜线式交通流随机延误模型

4.1 假设条件

(1) 直线式公交停靠站处前后 100 米内没有信号灯控制的交叉路口。

(2) 公交车在未减速之前与后续跟进车辆保持相同的行驶速度 v_0，连续交通流在受到公交停靠运行影响之后，运行速度降低，但仍以最大安全行驶速度 v_1 行驶直至达到正常行驶速度 v_0。

(3) 公交车停靠运行期间，非公交车辆到达率为 λ，疏散率为 μ。在公交减速进站期间，非公交车辆的到达率为 λ_1，单位时间内超过公交的车辆数为 μ_1；公交停靠服务期间，非公交车辆的到达率为 λ_2，与公交停靠车道组成的通道疏散率为 μ_2；公交加速出站期间，非公交车辆的到达率为 λ_3，单位时间内超过公交的车辆数为 μ_3，且 $\lambda = \sum_{i=1}^{3} \lambda_1/3$，$\mu = \sum_{i=1}^{3} \mu_1/3$。

(4) 公交车在减速进站和加速出站过程中，$\lambda_1 = \lambda_3$，$\mu_1 = \mu_3$，$t_1 = t_3$。

4.2　公交减速进站和加速出站排队车辆数

公交车在进站前进行减速行驶，这期间车辆的到达率大于疏散率，车辆形成排队现象，如图 4 所示。

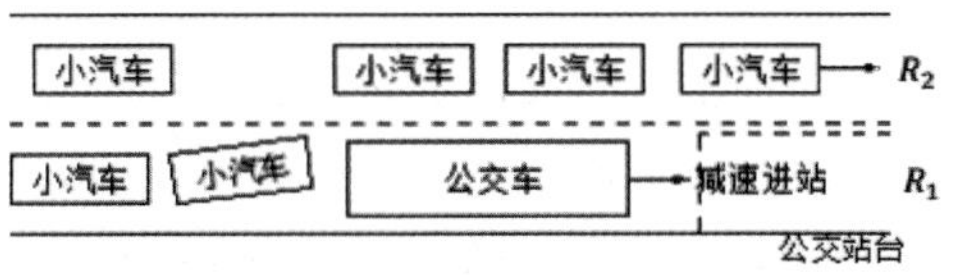

图 4　公交车减速进站

公交减速进站期间，非公交车辆的到达率 λ_1 和疏散率 μ_1 之间关系如图 5 所示，

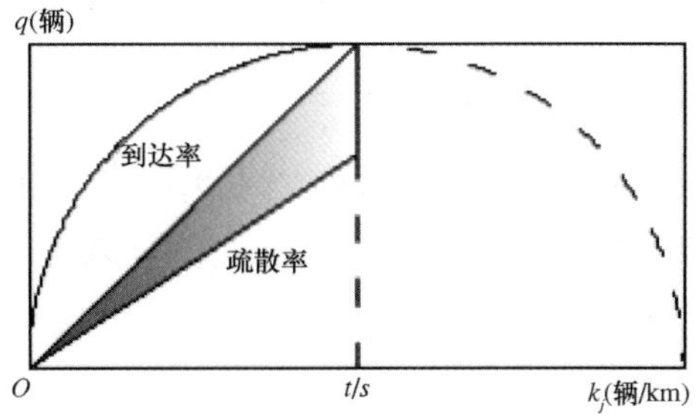

图 5　公交减速进站到达率与疏散率之间的关系

则排队等候通过的车辆数为 q_1：

$$q_1 = (\lambda_1 - \mu_1) t_1 \tag{9}$$

公交车减速行驶过程中，非公交车辆的到达率疏散率分别为：

$$\lambda_1 = \lambda \frac{v_0 - v_b}{v_0} = \lambda \left(1 - \frac{v_b}{v_0}\right) \tag{10}$$

$$\mu_1 = \mu \frac{v_1 - v_b}{v_1} = \mu \left(1 - \frac{v_b}{v_1}\right) \tag{11}$$

式中：v_0 为车辆正常行驶速度，v_b 为公交减速过程中的平均速度，v_1 为非公交车辆受到公交影响之后的最大安全行驶速度。

把式(10)和式(11)代入式(9)可以得到式(12)：

$$q_1 = \left[\lambda \left(1 - \frac{v_b}{v_0}\right) - \mu \left(1 - \frac{v_b}{v_1}\right)\right] t_1 \tag{12}$$

公交车离开停靠站台进行加速行驶，速度由 0 加速到正常行驶速度 v_0。公交加速运行状态如图 6 所示。

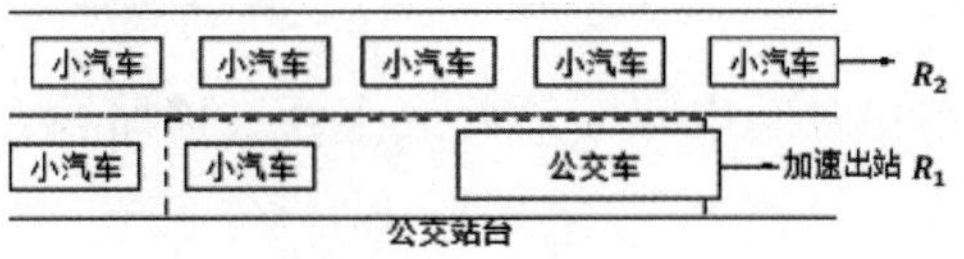

图 6　公交车加速出站

参考公交减速进站推导公式，可以得出加速过程中排队等候的车辆数 q_3：

$$q_3 = \left[\left(1 - \frac{v_b}{v_0}\right) - \mu \left(1 - \frac{v_b}{v_1}\right)\right] t_3 \tag{13}$$

所以，可以求出公交车在减速行驶和加速行驶过程中排队等候的车辆数 $q_{行}$：

$$q_{行}=2q_3=2\left[\lambda\left(1-\frac{v_b}{v_0}\right)-\mu\left(1-\frac{v_b}{v_1}\right)\right]t_3 \tag{14}$$

4.3 公交停靠服务排队车辆数

公交停靠服务时，乘客上下车接受公交服务，由于公交车占用一条机动车道，所以会对非公交车造成影响，后续交通流会形成排队和换道插车现象，如图 7 所示。

所以停靠服务过程中排队等候车辆数为 q_2，

$$q_2=(\lambda_2-\mu_2)\Delta t \tag{15}$$

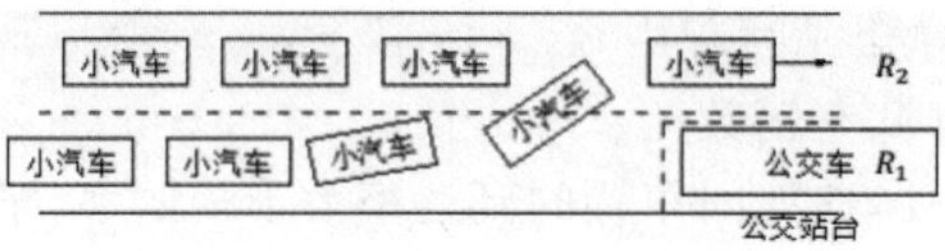

图 7 公交停靠服务过程

4.4 停靠服务期间的超车模型

公交停靠站台服务时占用机动车道 R_1，后续车辆为了能快速通过，驶入相邻车道 R_2，R_2 车道将出现插车现象，造成排队车流和减速车流密度上升。如果将 R_1 和 R_2 车道上的交通流之间的关系认为是无信号交叉口中主路与次路车流的关系，因此，把 R_2 车道上的车流看作是主路车流，可以优先通行，R_1 车道上的车流看作是次路车流。由 Draw 等提出的次路通行能力模型可知，R_2 中可穿越交通量 q_c，

$$q_c=\frac{q_5^{e-q_5 t_c}}{1-e^{-q_5 t_f}} \tag{16}$$

式中，q_5 为车道 R_2 的交通量，veh/h；t_c 为临界换道超车间隙，s。t_f 为 R_1 上待超车车辆的平均车头时距，s。

设 R_1 中由于超车行为而折减后的交通量为 q_4，$q_4=q_0-q_c$。式中，q_0 为 R_2 车道交通量，对于同一路段，q_0、q_5 相差不大。

$$q_4=q_5\left(1-\frac{e^{-q_5 t_c}}{1-e^{-q_5 t_f}}\right) \tag{17}$$

4.5 公交停靠交通流随机延误模型

公交车停靠运行造成的排队车辆数为 q，

$$q=q_{行}+q_2=2\left[\lambda\left(1-\frac{v_b}{v_0}\right)-\mu\left(1-\frac{v_b}{v_1}\right)\right]t_2+(\lambda_2-\mu_2)\Delta t \tag{18}$$

当公交车在加速过程中，速度达到正常行驶速度时，公交车对被干扰车辆不再造成影响，此时被干扰车辆的疏散率 μ_0，$\mu_0>\lambda>\mu$。所以此时排队车辆疏散所用时间即交通流延误可以根据车流波动理论计算：

$$d_1=\frac{q}{\mu_0-\lambda} \tag{19}$$

由式(18)和式(19)推导得出式(20)

$$d_1=\frac{z\left[\lambda\left(1-\frac{v_b}{v_0}\right)-\mu\left(1-\frac{v_b}{v_0}\right)\right]t_3+(\lambda_2-\mu_2)\Delta t}{\mu_0-\lambda} \tag{20}$$

则随机延误时间为 d：

$$d=d_1+2t_1+\Delta t=\frac{z\left[\lambda\left(1-\frac{v_b}{v_0}\right)-\mu\left(1-\frac{v_b}{v_0}\right)\right]t_3+(\lambda_2-\mu_2)\Delta t}{\mu_0-\lambda}+t_1+\Delta t \tag{21}$$

设某路段有 m 个公交站点，单位时间内有 n 辆公交车经过该路段。单位时间内该路段的公交车对后续交通流造成的总延误 D 为

$$D=\sum_{i=1}^{m}\sum_{j=1}^{n}d_{ij}=\sum_{i=1}^{m}\sum_{i=j}^{n}\frac{z\left[\lambda\left(1-\frac{v_b}{v_0}\right)-\mu\left(1-\frac{v_b}{v_0}\right)\right]t_3+(\lambda_2-\mu_2)\Delta t}{\mu_0-\lambda}+2t_1+\Delta t \tag{22}$$

5 实例验证

选取某市某路段进行实地调查，该路段为双向四车道，具有中央分隔带，没有机非隔离带，有一个直线式公交站台。途经该路段的公交线路有 3 条，通常情况下在非饱和交通状态下运行。该路段在早上和

下午两个时段的流量变化较大。根据流量的变化将调查时段大致分为 2 个时段，分别是 7:50—8:50，和 15:50—16:50。将调查数据进行系数换算和预处理可得到以下数据：途经此路段的公交车车型相同，以自由行驶速度行驶的公交车减速到 0 所需的平均时间 $t_1 = t_3 = 11.7$s。公交车减速行驶过程中的平均速度 $v_b = 3$m/s，停靠时间的平均值 $\Delta t = 23.5$s/辆，公交车正常行驶速度 $v_0 = 12$m/s，公交车停靠运行期间的疏散率 $\mu = 0.27$ 辆/s。将预处理数据经过处理得到了表 1 所示结果。

表 1　　　　处理结果

时段	7:50—8:50	15:40—16:40
	$\lambda > \mu$	$\lambda < \mu$
参数	$\lambda_2 = 0.5$ 辆/s	$\beta = 12$ 辆/h
	$\mu_2 = 0.20$ 辆/s	$\gamma = 0.3$ 辆/s
	$\mu_0 = 0.7$ 辆/s	$T = 43.4$s
	$v_1 = 4$m/s	$V = 10$m/s
非公交车辆	1566 辆	913 辆
公交车	13 辆	12 辆
平均延误	96.35s	1.57s
延误率	51.32%	3.62%
滞后性	很明显	不明显

说明：延误率指单位时间内被延误的车辆数。

6　结语

公交车停靠在直线式公交站台时，会对非公交车辆形成干扰，造成交通流延误。针对公交进站停靠运行状态的三个过程，考虑公交停靠运行期间后续交通流的到达模式，将其划分为折线式到达和斜线式到达，分别建立延误模型，然后进行实例验证。可以得出以下结论：

(1) 公交车进站停靠运行期间会对后续交通流造成延误，当非公交车到达率小于疏散率时，公交停靠造成的干扰较小，非公交车辆能顺利通行；当非公交车到达率大于疏散率时，公交车停靠对非公交车造成的干扰较大，容易导致所在路段形成交通瓶颈，交通流溢出，阻碍后续交通流正常运行。

(2) 公交车进站停靠运行会导致后续交通流形成滞后性，通过对同一路段不同时间点的调查结果分析发现，这种滞后性在到达率大于疏散率时表现得比较明显。

(3) 公交停靠运行具有时空分布不均性，同一路段不同时间点，公交停靠对交通流延误时间不同。

参考文献

[1] 张浩，韩印. 直线式公交停靠对干道交通流影响研究[J]. 中国水运，2015，15(12)：114-117.

[2] 陈琳莉，钱晓彤. 常规公交停靠站对相邻社会车辆速度的影响研究[J]. 城市公共交通，2016，37(2)：32-36.

[3] 韦佼，赵龙. 直线式公交停靠站公交车流对社会车流的影响分析[C]. 合肥：电子工业出版社，2013. 471-475.

[4] 姚志洪，沈旅欧，巫威眺，等. 基于行程时间分布的异质交通流车队离散模型[J]. 中国公路学报，2016，29(8)：134-143.

[5] 丁柏群，金英群. 基于交通波理论的直线式公交停靠站交通影响范围研究[J]. 森林工程，2015，31(3)：136-140.

[6] 梁士栋，赵淑芝，马明辉，等. 路段直线式公交站点对公交车延误的影响[J]. 吉林大学学报（工学版），2016，46(6)：1807-1817.

[7] 刘云，温旭丽，刘雪，等. 常规公交停靠站延误统计分析及应用[J]. 公路交通科技，2016，144(12)：225-228

[8] Fitzpatrick K，Hall K，Perkinson D，et，al. Location and design of bus stop[J]. ITE Journal，1997，67(5)：36-41.

[9] Moura J L，Alonso B，Ibeas A，et，al. A two-stage urban bus stop location model [J]. Networks and spatial Economics，2012，12(3)：403-420.

[10] Szeto，W，Y，Jiang，Y，Wang，et，al. Reliability-based stochastic transit assignment with capacity constraints：formulation and solution method [J]. Transportation Research Part C：Emerging Technologies，2013，35(1)：286-304.

[11] Gu W，Li Y，Cassidy，M，J，et al. On the capacity of isolated，Curbside bus stops [J]. Transportation Research Part B：Methodological，2011，45(4)：714-723.

[12] 毕清君，时柏营. 直线式公交停靠站公交车离站时间模型[J]. 智能城市，2017，190(2)：212-212.

基于 BIM 的 RMP 在轨道交通运营管理中的应用

Application of RMP in rail transit operation management, which is based on BIM

石　林　彭品入　张　岩

摘　要：建筑信息模型(Building Information Modeling,BIM)作为建筑信息管理系统,通过可视化的三维模型展现全面的数字信息。在智慧城市发展大趋势下,运营管理平台(Run Management Platform,RMP)作为 BIM 针对轨道交通运营管理需求而设计出的衍生系统,借助 BIM 的五大优势,对运营管理过程中的各个环节进行技术性改革,其中涉及安全管理、物资管理、人员管理、行车组织、客运组织、车辆管理、施工管理、培训管理和设备管理方面。
关键词：BIM;轨道交通运营;RMP

Abstract: The building information modeling (BIM), as a building information management system, shows a panorama of digital information through the visualization of three-dimensional model. In the developing trend of the wisdom of the city, the derivative Run Management Platform (RMP), as a platform based on BIM, designed for the rail transit operation management demand. With the help of five major advantages of BIM technology, we can reform all the segments of operation and management, including the safety management, materials management, personnel management, traffic organization, passenger organization, vehicle management, construction management, training management, equipment management.
Keywords: Building Information Modeling; rail transit operation management; Run Management Platform

1　BIM 的概念和 RMP 的产生背景

1.1　BIM 介绍

建筑信息模型(Building Information Modeling,BIM)作为建筑信息管理系统,通过可视化的三维模型展现全面的数字信息,在项目设计、建设、运营的全生命周期中进行信息传递与共享,为项目各参与方提供可靠的决策依据。BIM 又分为三维 BIM 和四维 BIM,增加了时间维度的四维 BIM 可以更好地模拟建设施工的各个流程、应急管理、物资调配等情况。

1.2　运营管理平台 RMP 的产生背景

BIM 目前在国内建筑领域的应用更倾向于设计和建设施工,而运营管理平台(Run Management Platform,RMP)是在继承 BIM 良好优势的基础上,专为解决运营管理相关问题而衍生的一类系统管理平台。

轨道交通行业中,运营管理过程复杂,涉及设备设施管理、物资管理、人员管理、行车组织管理、客运组织管理、车辆管理、施工管理、培训管理、考核管理、演练管理、安全质量管理及应急事件处理等方面,而现行管理手段一般沿用传统方式,使用规则列表、数据列表、文字描述和平面图纸展现等。

随着运营管理数字化步伐不断加快,运营管理过程需要一个综合平台,能够直观、快速、清晰地将运营管理的各环节进行对接,提高轨道交通运营服务质量。RMP 在原有 BIM 系统的基础上,加入针对轨道交通运营的管理单元,形成了具备 BIM 特点的轨道交通运营综合管理平台。

2　RMP 如何借鉴 BIM 的优势

2.1　BIM 的优势

BIM 拥有 5 个优势:可视化、协调性、模拟性、优化性和可出图性。

作者简介:石林,天津市地下铁道运营有限公司。
彭品入,天津市地下铁道运营有限公司。
张岩,天津市地下铁道运营有限公司。

可视化：由平面二维图形升级为立体三维模型，能够直观看到项目涉及的所有内容，并对空间通过直观的方式进行分配管理。

协调性：BIM 设计之初，就是为有效解决设计及施工建设中的协同问题，通过三维模型的模拟，获得各个施工工艺流程中所需的空间。在项目不同阶段，不同利益相关方通过在 BIM 中插入、提取、更新和修改信息，以支持和反映各自职责的协同工作[1]。

模拟性：BIM 不仅可以模拟现实事物的三维模型，对于现实世界中难以实现的过程、事件、物体等，均可进行模拟。

优化性：针对复杂的信息及可能存在冗余的流程进行先期优化控制，减少时间成本。

可出图性：BIM 不仅可以完整地代替施工图纸，而且是经过分析后的、立体的、优化后的、协调性好的图纸。

2.2　RMP 借鉴 BIM 的优势

RMP 可以借鉴 BIM 的 5 个优势，在此基础上，对外开放接口，对内增加管理功能（图 1）。

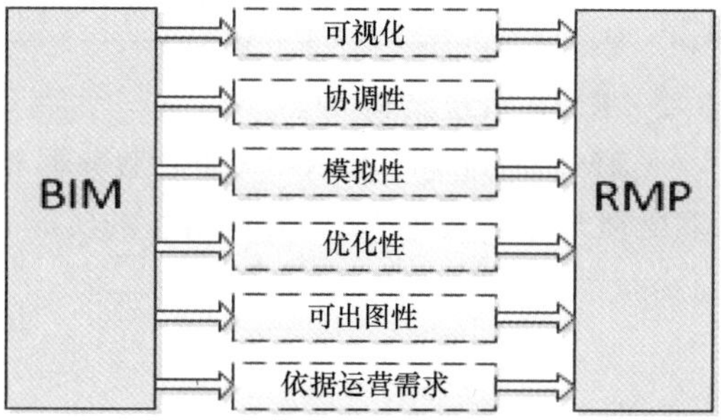

图 1　RMP 借鉴 BIM 优势

可视化：运营管理中的可视化往往被看作锦上添花，但却对决策者的判断起着至关重要的作用。例如遇到险情时，轨道交通行业均有相应的应急处置方案，然而方案的可行性却无法进行直观的验证分析。可视化的 RMP 模型可以进行险情模拟，帮助管理人员优化应急方案。再例如，目前各专业系统网管均实用性较强，但这种实用仅限于专业工程师，并非每个决策者都拥有强专业性，难以理解晦涩的专有名词、设备模块名称及故障代码。RMP 可直观显示设备故障点位及影响范围，可有效协助故障处理和各专业应急联动。

协调性：轨道交通行业相关单位为了适应自身发展，都有自己的组织架构，各部门各司其职。部门间的沟通协调一般需要文字、图片等方式进行描述，难免与现场情况会有一定偏差。RMP 信息传递与共享的一致性确保了公司之间、部门之间、人员之间都具有良好的协调性，减少因沟通不畅造成的影响。

模拟性：轨道交通行业运营过程中需要极高的安全性，故障处理的方法仅限于资料学习与经验积累。RMP 可结合设备影响范围对各类重大故障与紧急事件进行现场模拟，以此提高运营保障人员的综合技能水平。

优化性：RMP 可对现有管理机制进行优化。应对突发状况，RMP 通过与其他系统设备设施的接口，使得各相关专业协同响应，现场处理更加高效。内部培训管理中，可将传统的文字讲授优化为 VR（Virtual Reality，虚拟现实）观摩。物资管理中可将出入库单据优化为数据库记录，省时省力。

可出图性：利用 RMP 良好的可视化效果，可辅助进行既有运营线网的改造项目出图。

3　RMP 的结构

3.1　RMP 功能结构表

表 1 所示。

表 1　RMP 功能结构表

分类	功能介绍及实现基础
全景漫游	三维建模（可沿用 BIM 已建成模型），搭建虚拟现实中的轨道交通整体场景及各个空间、房间内部的详细场景、并根据需要对设备进行建模
应急管理	三维实景模拟（全景漫游基础上）
物资管理	三维模型基础上增加管理功能，对物资台账、备件台账、物资申报和购买进行统一信息化管理
人员管理	针对人员建立信息库，对其岗位及职责在三维模型中进行标注，方便人员安排及人力资源设计
行车组织	针对行车机制建立三维实景，并通过软件接口连接信号系统、电力系统，实现虚拟现实联动
客运组织	针对客运需求及建设情况，建立三维实景分析，体现客运组织效率。后期可同视频分析技术、进站闸机数据相结合，直接将客运组织情况（乘客密度、乘客流向）反映到三维全景中

续表

分类	功能介绍及实现基础
车辆管理	对现有车辆本身进行详细建模(可沿用厂家已有),对车辆各个部件分别建立管理,并分配车辆人员及定期的作业面、作业时间,减少各个检修流程之间的冲突
施工管理	针对运营过程中的施工管理,RMP 可通过三维模型进行施工作业方案的设计,且可按需要帮助出图。可在 RMP 内部增加施工作业票管理机制,可自动进行作业面冲突检测,将施工管理流程简化
培训管理	RMP 可颠覆传统的专业技术的培训方式,通过虚拟场景的操作,真实感受各个专业设备、系统的构成和技术功能。并通过内部管理功能,实现培训的有效性、长期性
自动工单管理	RMP 系统可与其他专业设备进行协议对接,进行综合报警信息的处理和管理,实现故障的多专业、多部门联动,通过自动下发抢修工单提高故障的应急响应速度;同时可将日常巡检计划增加至 RMP 工单模块中,实现工单的自动管理。后期可与手机 APP 相结合,实现工单的实时跟踪
专业设备维护	针对专业性强的设备,可在三维模型基础上,增加管理功能,对现有设备的功能、接口、运行质量及故障率等进行统计,为专业工程师提供改造、大修的决策分析依据

3.2 RMP 系统结构

RMP 通过与中心 RMP 核心服务器相连的接口服务器和数据服务器实现数据采集与分析,再将结果反馈至运营管理人员,实现信息的实时、高效、准确共享,协助管理人员有效管理(图 2)。

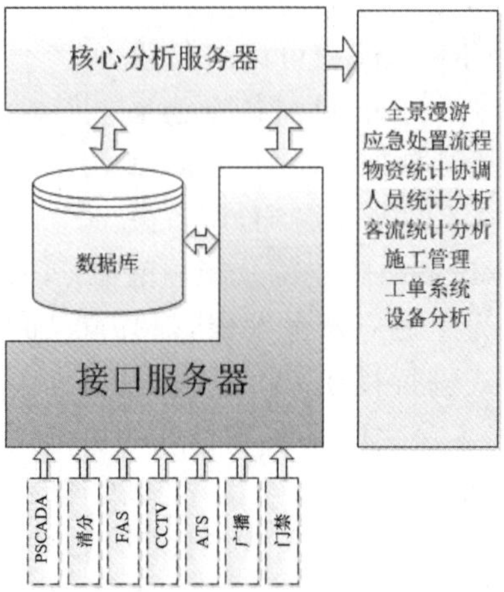

图 2 RMP 系统结构

4 结语

BIM 的发展经历由 BIM 标准、BIM 工具到 BIM 应用的过程[2],在轨道交通行业的应用成效也受到极大的关注。目前 BIM 应用多集中于项目设计与工程实施中,在运营管理中的应用还基本处于研究阶段,衍生于 BIM 的 RMP 则是对运营管理机制的技术性改革,其功能全面、针对性强,是运营服务的有效保障。在智慧城市大力发展的今天,智能化的运营管理系统是大势所趋,同时在 RMP 不断完善的过程中,人工智能等更多的科技手段也将在运营管理中绽放出新的光彩。

参考文献

[1] 美国国家 BIM 标准第一版第一部分:National Institute of Buiding Sciences, United States National Building Information Modeling Standard, Version1-Part1[R].

[2] 何清华,钱丽丽,段运峰,等. BIM 在国内外应用的现状及障碍研究[J]. 工程管理学报,2012,02,26(1):12-16.

以数据科学辅助交通决策探讨

——违规与肇事的关联性分析

Discussion on Data Scientific Aided Traffic Decision

—The Association between Traffic Violation and Traffic Accident

钟惠存　史凯文　张惠琳

摘　要：本研究主要探讨违规事件与肇事事件之关联性，借由肇事人特质及其容易触犯之交通违规法条，找出容易发生肇事行为之高危险群，进而可以运用法规倡导等方式，对可能肇事之高危险族群进行交通事故预防。

本研究首先比对违规事件与肇事事件之车号或身份证资料，并将肇事与违规发生在同一日，且肇事人为同一人之资料视为同一事件而剔除，再将资料依车种及违规法规分类，计算肇事/违规比率，并列出自用小客货车、重型机车、营业小客车等三类车种之前10名肇事/违规比率，借以找出这三类车种之高肇事危险族群，以作为未来交通事故预防政策之参考。

研究显示，有违规停车行为的自用小客货车与营业小客车驾驶人、有违规改装车体行为的重型机车驾驶人及有违规超速行为之自用小客货车或重型机车驾驶人，有较高肇事可能性，可作为未来交通法规倡导对象选定及交通事故预防等交通安全政策的参考。

关键词：数据科学；交通决策；违规；肇事；交通安全

Abstract: Our research purpose is to find the association between traffic rule violation records and traffic accident records, in order to locate the group of drivers that seems possible to cause traffic accidents by traffic accident perpetrators'personality and the regulations they may violate, so that we can try to prevent traffic accidents happening by traffic rule propaganda or other similar policies.

This research compares the traffic rule violation records and traffic accident records by car numbers or ID. If the traffic rule violation and traffic accident happened in same day, and all caused by same person, the event will be excluded. After that, we group the records by vehicle types and the violated traffic rules to calculate the ratio of traffic accidents number to traffic rule violation number. We list the top 10 ratios of personal light passenger sedans or trucks, heavy motorcycles, and light passenger sedans for business use, in order to find the drivers who drives these vehicles and seems possible to cause traffic accidents, and could be the reference for decision makers when formulating traffic accident prevention policy in future.

According to research, we discover that illegal parking light passenger sedans (personal or for business use) and personal trucks drivers, heavy motorcycles drivers illegally modifying vehicles, and overspeeding personal light passenger sedans, trucks, and heavy motorcycle drivers, are likely to cause traffic accidents more often than other drivers. It can be used to be the reference for decision makers when formulating traffic safety policy like choosing traffic rule propaganda targets and traffic accident prevention policy in future.

Keywords: data science; traffic decision; traffic violation; traffic accident; traffic safety

1　引言

本研究目的为借由比对违规事件与肇事事件资料，找出肇事人平日容易触犯之违规法条与其他特质，以分辨容易发生肇事行为之高危险群，进而可以运用法规倡导等方式，对可能肇事之高危险族群进行交通事故预防。

作者简介：钟惠存，台北市交通安全促进会顾问。
史凯文，台北市交通安全促进会委员。
张惠林，台北市交通安全促进会委员。

2 研究范围

本研究中，违规资料样本来自2015年至2016年8月于台北市录案的违规资料，共有3104949笔。违规资料包含(表1)所列之栏位：

表1 违规资料栏位分类

因素	栏位名称
当事人	车号、车种、身份证号、生日
违规	违规日期、时间、违规法条、举发单位、举发类型、违规地点

其中共3018504笔资料有车牌号码(86445笔无)，包含1477089个不重复的车牌号码；共820816笔资料有身份证字号(2284133笔无)，包含519686个不重复的身份证字号；2014年以前的违规行为，不在本研究范畴中。如违规事件的举发类型为“迳行举发”之违规，因检举方式之故无法记录实际驾驶人，故无证号信息。

肇事资料样本(表2)所列之栏位，搜集时间自2012年至2016年3月16日于台北市录案之肇事资料，计342488笔；另2011年前的肇事行为未纳入本研究范畴。

表2 肇事资料栏位分类

因素	栏位名称
当事人	性别、年龄、饮酒情况、车号、车种、身份证号、当事人序
肇事	肇因码、事故类型及形态、发生时间
肇事结果	死亡人数、受伤人数、2－30日死亡人数、处理别、区序、等级、分队别、案号
环境	气候、光线、道路类别、速限、道路形态、事故位置、路面状况、道路障碍、路段一、路段二、号志、车道划分-分向、车道划分-分道

为结合违规资料与肇事资料，本研究使用两笔资料均具有的“身份证字号”及“车号”栏位进行比对，惟部分违规资料不包含身份证字号，故有将车辆持有人误认违规人的可能性。

透过比对分析以上两种资料之各个栏位，我们发现随车种不同，其肇事人较易违反法规之类型也不同，故选择违规车种中数量较多的自用小客货车、重型机车与营业小客车等三类车种，进行违规法规之肇事/违规比率排名，借由分析违规法规之类型，找出肇事人的违规特质，进而可以依照此一特质对特定驾车族群进行交通法规倡导与制定交通安全政策。

3 研究设计与实施

3.1 研究架构

本研究将借由台北市肇事及违规资料作为探讨，找出容易发生肇事行为之驾驶人族群，以对其进行早期交通安全倡导及其他必要预防措施。本研究架构(图1)所示。

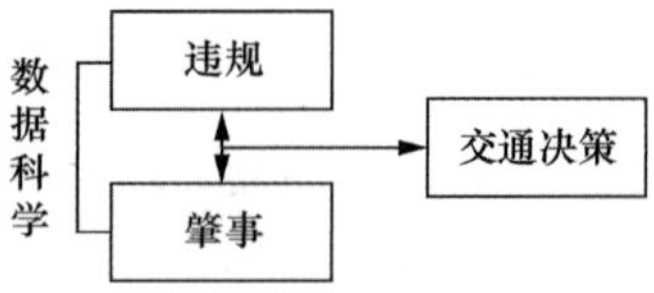

图1 数据科学辅助交通决策研究架构图

3.2 研究变量

本研究探讨时，以上述研究架构找出以下变量，借以评价易肇事危险族群的特质。

(1) 含个资违规数：违规资料中有记录身份证字号或车牌号码的违规总数。

(2) 同人肇事数：含有个资违规纪录的身份证字号或车牌号码中，曾经发生肇事纪录的笔数。

(3) 同事件肇事数：违规与肇事发生在同一日，可假定为同一事件的资料数。

(4) 有效违规数：同人肇事数排除同事件肇事数之数值，即肇事者除肇事时所为之违规行为以外受到检举的违规数。

3.3 资料收集及分析方法

为确认违规与肇事行为是否为同一人，本研究将两群资料共有之“身份证字号”及“车号”栏位进行比对，匹配者视为该违规行为与肇事行为属同一人所为，并用以作为肇事者平日驾车行为的分析依据。

尽管导致肇事因素的违规行为数也是值得研究的数据项，惟本次研究之目标为分析易肇事之危险族群在平常时间的驾驶习惯及其可能导致的违规行为，以期在肇事行为发生之前即预防事故的发生，因此本次将排除违规与肇事行为为同一事件之情形后，以“有效违规数”，即排除“同事件肇事数”后的“同人肇事数”来进行分析比较。

本研究将以车辆类型及违反法规进行分类，并计算同人肇事数相较于有效违规数的比例，并借以分析何种驾驶人为容易肇事之危险族群。

4　资料分析

4.1　研究样本

本研究采用 2015 年至 2016 年 8 月于台北市入案的违规资料以及 2012 年至 2016 年 3 月 16 日于台北市入案的肇事资料，主要分为“自用小客货车”“重型机车”“营业小客货车”等三大类别，并以违反法规分群进行排序，进行以下分析。

4.2　研究结果分析

4.2.1　自用小客货车

自用小客货车之违规/肇事比率排序前 10 名(表 3)所示。由排序结果可发现，在前 10 名中违规停车之项目即有 6 位，显示经常违规停车之自用小客货车驾驶人，有较高的可能性肇事。但台北市因地小人稠之故，原本停车问题便较严重，未来或可取其他大城市及停车问题较小之区域进行比较，以确认此一现象为一般自用小客货车驾驶人之通案、普遍存在于大城市中或是仅出现于台北市之特有现象。

表 3　　自用小客货车之违规/肇事比率排序一览表

违规法规	肇事/违规比率	同人肇事数	有效违规数
汽车行驶大客车出租车专用道	21%	51	242
并排停车	16%	815	5047
超速逾 60～80 公里以内	16%	62	377
行至有号志路口遇红灯不依车道连贯暂停迳行插入车道间妨碍通行	16%	22	137
在标线型人行道停车	15%	1326	8474
在设有禁止临时停车标志路段停车	15%	118	765
在设有禁止临时停车标志处所临时停车	15%	28	177
驾驶执照业经注销，仍驾车	15%	60	383
自用车在营业车招呼站停车格内停车	14%	197	1325
在行人穿越道停车	14%	1247	8517

资料来源：交通巨量资料分析与应用案期末报告书

4.2.2　重型机车

重型机车之违规/肇事比率排序前 10 名(表 4)所示。由排序结果可以发现，违规/肇事比率高于自用小客货车，且前 10 名中足足有 8 项是属于违规的车辆设备增、减、改装，显示易肇事的重型机车驾驶人有改装车体的倾向，与一般社会认知的形象接近，可重点进行交通事故预防。

4.2.3　营业小客车

营业小客车之违规/肇事比率排序前 10 名(表 5)所示。营业小客车之违规/肇事比率远较自用小客货车高，可能是有效违规数较少所导致；违规样态较为多元，但有关违规停车的项目仍占了 5 项，显示违规停车的营业小客车驾驶人与自用小客货车驾驶人同样属于肇事的高危险群。

4.2.4　小结

无论营业小客货车或重型机车，其最高肇事/违规比率前 10 名都包含超速驾驶行为，可见“超速行为的驾驶”在这二种车种当中，均属于高危险的肇事族群。

表 4　　　　重型机车之违规/肇事比率排序一览表

违规法规	肇事/违规比率	同人肇事数	有效违规数
驾驶汽车,拆除消音器造成噪音	32%	61	188
车身颜色异动,不依规定申报登记	25%	123	475
擅自换装与原规格不合排气管,致影响行车安全	19%	351	1,839
擅自变更方向灯颜色	18%	421	2,236
未装照后镜	18%	153	809
车体擅自增、减、变更原有规格设备,致影响行车安全	18%	22	118
学生无照驾驶(未满 18 岁)	18%	54	294
机车排气管未加装隔热防护装置	17%	109	641
擅自增、减、变更除头灯外之灯光原有规格设备	17%	72	418
超速逾 40～60 公里以内	17%	800	4 695

资料来源:交通巨量资料分析与应用案期末报告书

表 5　　　　营业小客货车之违规/肇事比率排序一览表

违规法规	肇事/违规比率	同人肇事数	有效违规数
不紧靠道路右侧停车(前后轮胎外缘距缘石或路面边缘 40 厘米以上)	52%	78	148
任意跨越两条车道行驶	49%	60	121
违反处罚条例之行为,拒绝停车接受检查而逃逸	48%	50	104
不依规定驶入来车道	46%	127	272
行驶于通路上,汽车驾驶人未依规定方式系安全带	46%	140	299
出租车于禁止上客处上客	45%	209	458
汽车行驶公交车专用道	45%	162	353
并排停车	45%	186	408
在黄色网状线内停车	45%	130	284
在黄色网状线内临时停车	45%	147	325

资料来源:交通巨量资料分析与应用案期末报告书

5　结论与建议

5.1　研究结论

交通事故死亡乃常见之十大死因之一,除事后的处理与检讨之外,事前之预防也是极为重要的。如可充分利用现有信息科技的优势,详细收集交通安全相关资料,并将所取得的大量资料善加分析处理,应可有效找出驾驶人中可能肇事的高危险群。本章节根据前章的资料分析结果,整合归纳后做成结论,并在后续研究以及实务运用上提出建议。

5.2　研究发现

(1) 有违规停车行为的台北市区自用小客货车驾驶人,可能是肇事危险群。

(2) 有违规改装车体行为的台北市区重型机车驾驶人,有极高可能是肇事危险群。

(3) 营业小客车的违规/肇事比率偏高,可能是因为有效肇事数较低的缘故;营业小客车肇事危险群的违规行为较为多元,但仍有一部分的违规行为与违规停车相关,显示有违规停车行为之台北市营业小客车驾驶人,可能是肇事危险群。

(4) 无论是自用小客货车或重型机车,有违规超速行为之驾驶人为肇事危险群,其中自用小客车之超速范围在逾 60～80 公里以内,较重型机车之 40～60 公里为高,可能是车种本身可以加速的程度不一所导致。

5.3　未来研究与建议

(1) 因举发方式的不同,本研究方法所分析之资料有部分缺少车牌号码及身份证字号,不得不排除于本研究之外，对研究成果可能产生部分偏差。未来可考虑调整举发方式的流程，以便尽可能收集到所有肇事及违规资料中的肇事车辆车牌及肇事人身份证字号，使类似研究之信效度更为提高。

（2）本研究以比对车牌或身份证字号的方式以确认肇事者与违规者是否为同一人，惟仅比对车牌的情况下，事实上所比对者为车辆所有人，而非肇事/违规行为人，对本研究信效度有所影响。如何解决在迳行举发的情况下，无法确认违规或肇事人，以致在类似的研究当中出现偏误的问题，值得深入探讨。

（3）经统计分析，违规停车之台北市地区营业小客货车及营业小客车驾驶人有较高的肇事危险，但如前文资料分析章节所提，台北市地区本身因地狭人稠之故，长久以来一直有较高的违规停车数量，如要确实印证此研究成果，宜将周边地区如新北市、违规停车数量较低的郊区、乡村等地加入研究，以便确认违规停车行为是否为普遍性的营业小客货车及营业小客车驾驶人肇事危险群行为，抑或只是都会地区肇事危险群，甚至是台北市地区个别肇事危险群之行为。

（4）经统计分析，重型机车驾驶人之肇事危险群有违规改装车体之倾向。除部分可能影响行车安全的改装外，违规改装车体之行为本身与驾驶人之驾驶行为并无相关，本应不会影响到驾驶人之肇事率，然而资料分析结果却提供相反的答案。可大胆假设驾驶人违规改装车体隐含着蔑视法律价值的道德观，对重型机车驾驶人之改装行为做进一步的验证。

（5）营业小客车前10名普遍违规数低而肇事/违规比率高，显示营业小客车驾驶人具备上述违规行为者有较高的肇事危险性，惟前10名违反法规除部分属于违规停车类型以外，并无较明显之同质性，或可针对个别违规行为进行访谈等质性研究调查，以了解这些违规行为与驾驶人人格特质之关联，并进一步找出更精确的肇事危险群。

参考文献

创代科技股份公司. 交通巨量资料分析与应用案期末报告书[R]. 台北市政府交通局，2017.

旗美地区连续假期之车流预测分析

Traffic Flow Prediction Analysis of Qishan Area and Meinung Area in Holidays

吴素华　邱泓翔　田宜欣

摘　要：近年每逢假日期间，旗山美浓地区往往容易涌入大量游客进入，且大部分游客皆自行开车前往，故易造成旗美地区周边联络道路常有塞车之情事。从过去假期用路人至旗美地区出游行为发现，一般游程安排均以当日来回为原则，为利假日期间即早掌握因应车流变化，爰针对假期旗美地区车流状况历史车流数据之运用建立预测机制，以预测信息将作为主动式交控管理应用，当即将有道路壅塞情况发生前，提前进行替代路径导引、号志控制等交通控制，达到主动式交通管理服务。

车流分析结果发现，"省10"末端近旗山之车流量与车速，与旗屏一路之对应资料线型大致相符，显示两者资料有高度相关。另外从交控中心监控路况情形及车流资料比对后，可推论当日上午8—12时段旗美地区之南北向车流量差距达3000辆次以上时，则下午16—18时段通常都会有一波南下返家车潮涌现，因此未来若观测南北向差距达此门槛值后，可以预测下午可能发生壅塞事件，提早准备该地区可能壅塞之因应作为。

关键词：门槛值；车流预测分析

Abstract: The pass years in holidays, tourists crowded into Qishan area and Meinung area, most of the tourists drove their own cars and it always lead to traffic jam around links of both areas. Base on the behaviors of tourists used to being both area, most of tourists preferred day trip. To handle the car volumes during holidays in advance by using the history data of car volumes for establishing the predicted mechanism to provide transportation control management application. Then ITC can guide the vehicles to the alternative routes and control the traffic lights before congestion, achieve transportation management service

According to the analysis of traffic information, car volumes and speed of the end of "National Freeway" No. 10 nearby Qishan corresponds with Ciping 1st Rd. It reveals both routes are highly connected. In addition, after ITC compares real-time traffic information and vehicles volumes of both sections, it's able to infer that if the gap between south and north direction are over 3000 vehicles on 8am－12pm in Qishan area, traffic congestion will happen in south direction on 16pm－18pm. According to this phenomenon, it can be used to judging the traffic congestion will happen or not in the future and prepare the appropriate strategies in advance for the area.

Keywords: threshold; traffic flow prediction analysis

1　引言

旗山、美浓地区历年来皆为高雄地区热门观光景点之一，自从1999年"省道"10号通车后，缩短了高雄市区及旗山/美浓地区之间的交通距离，也让两区域的往来时间大幅缩短，提升民众前往意愿。由于旗美地区观光特性显著，假日期间常有大量游客涌进旗山及美浓地区，也因此易造成主要往返连络道路于假日尖峰时段车潮明显增加，进而造成道路壅塞。若又遇上旗美地区活动举行期间，主要联络道路上的壅塞情形更加明显。而从高雄市区往返旗美地区之主要联络道路以"省道"10号、台3线、台29(原台21)线、台28线等，其中"省道"10号因旅行距离较其他替代道路距离短，并可以较高时速行驶，大部分用路人仍以"省道"10号为主要的使用道路选项，使得壅塞情形多发生于"省道"10号至与平面道路端，因此本报告以"国道"10号为主要探讨的联络道路，针对假日活动期间进行分析车流、号志绩效及区域交控分析

作者简介：吴素华，台北市交通安全促进会委员。

邱泓翔，帝骅科技股份有限公司项目经理。

田宜欣，帝骅科技股份有限公司交通工程师。

等，俾利后续拟定旗美地区交通改善策略及相关解决方案。

因旗美地区遇连续假期或周末假日相关活动举办期间，皆容易涌入众多车流，而造成大部分游客下午离开时因短时间内过于集中，造成容易发生壅塞状况。本报告搜集 2015 年年底白玉萝卜季活动期间为例，利用活动举办期间之车潮众多，加以分析车流量易壅塞时段，期将所分析之状况能使进入旗美地区游憩之民众能够避免遇到壅塞之情况。

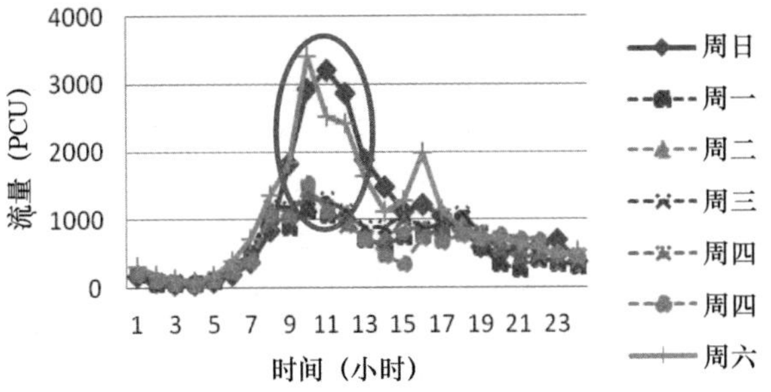

图 1　旗屏路/延平 VD 周内日流量图(北向)

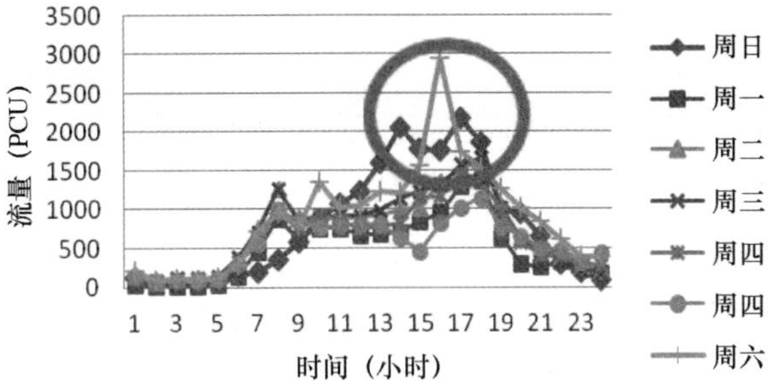

图 2　旗屏路/延平 VD 周内日流量图(南向)

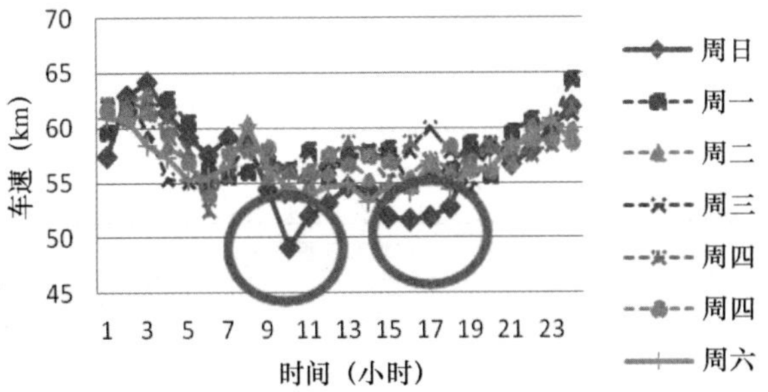

图 3　旗屏路/延平 VD 周内日速率图(北向)

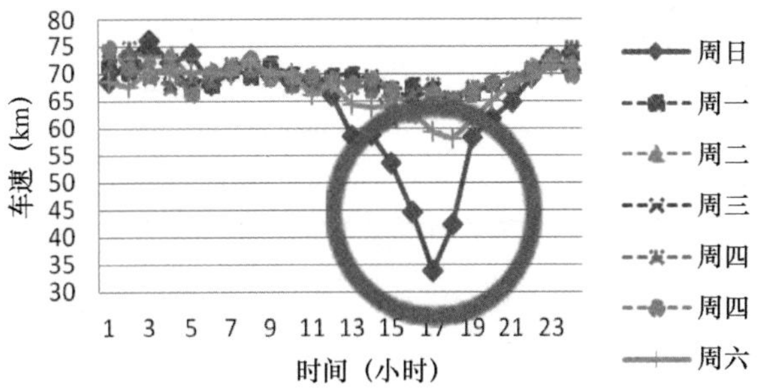

图 4　旗屏路/延平 VD 周内日速率图(南向)

依 2015 年 11 月与 12 月车流资料依周内日分析，看出假日进入旗美地区方向流量(北向)(图 1)及离开旗美地区方向流量(南向)(图 2)与平日车流有显著不同，北向车流图显示平日车流尖峰出现于早上 9—11 时(图 3)，南向车流尖峰于下午 4—6 时，皆都发生在通勤上、下班时间(图 4)。假日车流量则明显变化较大，北上车流尖峰于早上 11 时至下午 1 时，南下车流尖峰于下午 3 时至下午 6 时；图 5 与图 6 亦可看出所对应方向之车速明显较慢，显见旗美地区假日的旅次明显且变异大，可能会有延滞情形。因此为利假日期间即早掌握因车流变化，如何有效运用历史车流数据之建立预测机制，以预测信息将作为主动式交控管理应用，当即将有道路壅塞情况发生前，提前进行替代路径导引、号志控制等交通控制，达到主动式交通管理服务。

2　执行策略

从过去历史车流量速度数据分析，进入旗美地区流量(周六部分)2015 年 11 月 28 日尖峰发生于早上 9 时至 10 时，于中午 12 点至下午 1 点高速公路与平面道路车流量最为相近，亦即该时段大部分高速公路上车辆皆至旗山端。另外，随时间推移，高速公路与平面道路的车流差异有愈小的趋势。12 月 5 日尖峰车流则发生于中午 11 时至下午 1 时，车流相较上周六(11/28)，有较晚涌现的情形(表 1)。

周日部分，高速公路及平面道路车流较为吻合，说明多利用高速公路往旗美地区较多。此外，周日两天的车流尖峰则较为相近。比较“省 10”与旗屏路口，以“省 10”车流较多，但两者的车流量差距大多维持于 200 辆次至 400 辆次，其差距应为下“国 10”之后的转向车辆数。而相较于周六及周日之车辆行驶目的地，周六的车流量较多往其他地区之车流，周日车流则大部分通往旗山地区(表 2)。

表 1　　2015 年白玉萝卜季周六车流量比较表

时间	周六 进入旗美地区方向				周六 离开旗美地区方向			
	11 月 28 日		12 月 5 日		11 月 28 日		12 月 5 日	
	平面道路流量	高速公路流量	平面道路流量	高速公路流量	平面道路流量	高速公路流量	平面道路流量	高速公路流量
07:00	197	900	221	370	189	533	190	577
08:00	584	1543	311	767	330	506	244	547
09:00	1077	1971	1001	1259	308	566	370	632
10:00	1430	1899	1241	1578	409	647	381	758
11:00	1244	1592	1276	1762	458	774	479	751
12:00	1033	1123	1338	1765	513	942	428	832
13:00	719	1303	732	1165	641	1209	511	1030
14:00	658	1335	566	1040	809	1270	641	1226
15:00	904	1084	616	1097	896	1450	805	1685
16:00	590	870	531	1032	397	1688	1038	1589
17:00	440	810	420	909	507	1851	804	1603
18:00	432	716	无资料	894	1058	1316	无资料	1088
19:00	326	572	166	663	758	853	242	792
20:00	289	496	323	630	460	605	410	589
21:00	241	443	262	508	333	467	326	467
22:00	233	349	250	523	268	310	209	272
23:00	162	219	246	496	149	200	152	203

表 2　　2015 年白玉萝卜季周日车流量比较表

时间	周日 进入旗美地区方向				周日 离开旗美地区方向			
	11 月 29 日		12 月 6 日		11 月 29 日		12 月 6 日	
	平面道路流量	高速公路流量	平面道路流量	高速公路流量	平面道路流量	高速公路流量	平面道路流量	高速公路流量
07:00	198	384	无资料	338	119	195	无资料	222
08:00	536	912	无资料	812	215	338	无资料	334
09:00	1011	1637	1044	1370	280	420	203	445
10:00	1516	2376	1245	2074	428	566	368	598
11:00	1564	2416	1425	2307	490	690	397	628
12:00	1258	1965	1283	2070	592	838	503	768
13:00	858	1291	844	1314	817	1125	606	887
14:00	760	1378	608	1189	1018	1525	863	1410
15:00	763	1365	740	1243	1111	1856	1117	1772
16:00	718	1013	610	1055	866	2262	778	2221
17:00	551	804	497	834	877	2641	1037	2450
18:00	323	625	448	664	666	2484	866	2407
19:00	230	493	213	515	385	1825	279	1642
20:00	200	492	196	486	312	1542	255	1472
21:00	238	571	234	591	195	1128	128	1154
22:00	224	518	234	543	76	615	75	720
23:00	164	411	173	400	25	291	22	295

离开旗美地区流量：周六两日尖峰不相同，11 月 28 日“省 10”从下午 4 时开始攀升，尖峰发生于下午 6 时(图 7)；而旗屏路口于下午 4 时车流量有锐减的情形，尖峰发生于晚上 7 时。另外，从下午 6 时之后“省 10”与旗屏路口的车流量相接近，表示该时段离开旗美地区车辆大多会利用“省 10”。12 月 5 日于中午时段于下午 4 时至 8 时车流量相距较大。于周日部分，11 月 29 日与 12 月 6 日两日“省 10”与旗屏路口的车流量近乎叠合，表示行经旗屏路口之车流几乎会使用“省 10”返回市区。

表 3　　2015 年白玉萝卜季 8—12 时车流量统计

日期	8—12 时进入旗美地区	8—12 时离开旗美地区	8—12 时总量进入/离开相差总量
11/28(六)	4784	1688	3096
11/29(日)	5349	2036	3313
12/5(六)	4856	1658	3198
12/6(日)	4997	1471	3526

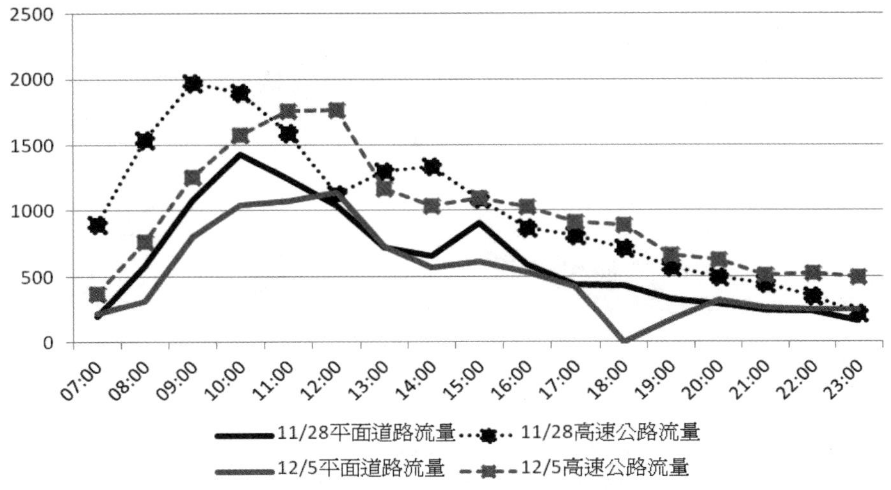

图 5　周六进入旗美地区方向流量

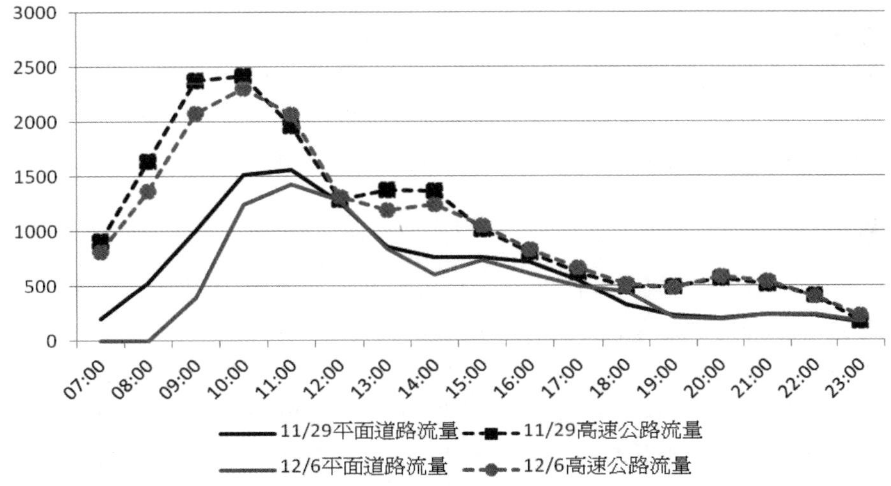

图 6　周日进入旗美地区方向流量

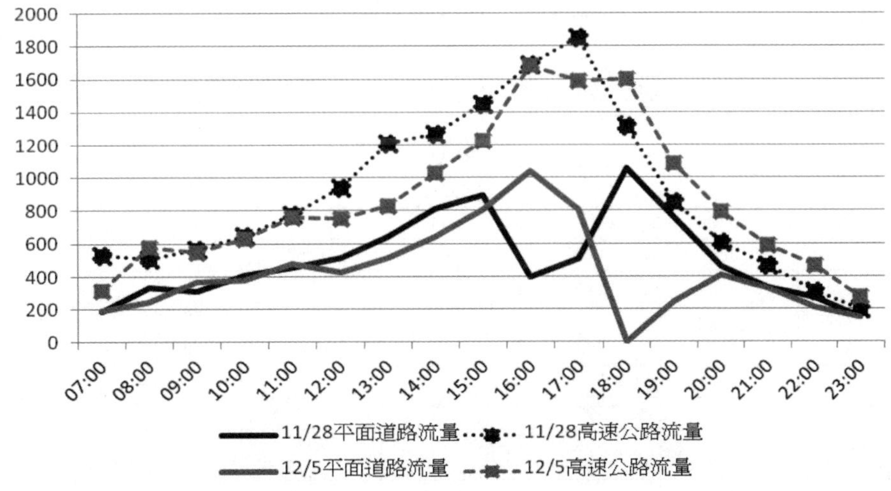

图 7　周六离开旗美地区方向流量

以 VD 历史数据推估分析计算，2015 年白玉萝卜季观测期间假日上午 8—12 时南北向平均车流量相差约 3 283 辆次，标准差约为 185 辆次(表 3)。

2015 年 11 月 29 日当天监控发现下午南返市区有大量车潮涌现，造成“省 10”燕巢至旗山端有排队车潮。而当天上午观察南北车流量相差约 3300 辆次，故推算得知当天上午所观测到南北车流量相差数量扣除 1 个标准差的情况下，保守推论若上午 8—12 时段南北向车辆相差 3000 辆次以上时，则下午 16—18 时段通常都会有一波南下返家车潮涌现。因此，监控人员未来若观测南北向差距达此门槛值后，可以

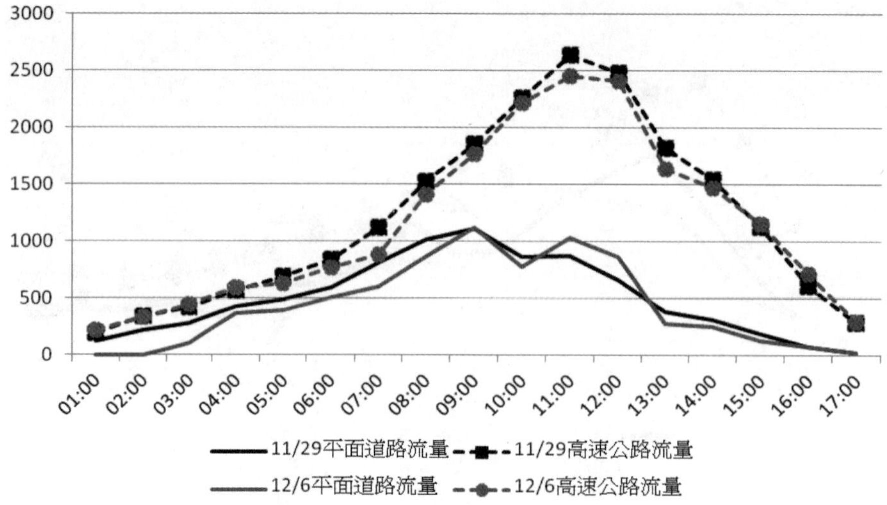

图 8　周日离开旗美地区方向流量

预测下午可能发生壅塞事件，则可立即下达该地区邻近 CMS 提醒用路人，并请警察广播电台加强倡导，建议民众可以避开尖峰时段行驶。若中心无预警发现旗美地区短时间内涌进大量车流，则可利用 CCTV 监控现场车流状况并通报警广倡导及下载 CMS。另可联络当地警察单位协助疏导或以中心号志连线调整现场时制，促进行车效率，并汇整现场最新状况发布交通局各长官知悉。

3　执行成效(Results)

由上述 2015 年所得活动期间旗美地区车流预警机制与监控策略，应用于 2016 年 12 月白玉萝卜季活动期间观察上午进入旗美地区之车辆是否超过中心所设定之门槛值。

在 2016 年 12 月白玉萝卜季第二周及第三周周日，本中心监测到上午进入及离开旗美地区之车流量相差约为 3233 及 3455 辆次，已达本中心所设定之 3000 辆次门槛；操作人员随即通报警广倡导并下载 CMS 讯息至现场，倡导用路人避开下午易壅塞时段；另联络当地警察单位协助疏导，促进行车效率。表 4、表 5 及图 9、图 10 为监测当日与去年同期未做监控策略时之车流量及车速变化。

表 4　2016 年及 2015 年白玉萝卜季第二周周日时段车流量比较表

	2015 年 12 月 6 日(日)				2016 年 12 月 4 日(日)			
	V488601 旗山区-旗屏一路与延屏二路(向北)				V488601 旗山区-旗屏一路与延屏二路(向北)			
	往北		往南		往北		往南	
时间	流量	速度	流量	速度	流量	速度	流量	速度
05:00	40	59.346	43	75.483	37	59.85	31	74.708
06:00	80	57.325	84	67.442	84	51.154	72	70.114
07:00	198	60.964	119	70.067	176	58.42	113	73.34
08:00	536	58.877	215	73	436	57.596	208	71.5
09:00	1011	52.759	280	68.614	943	52.685	240	70.586
10:00	1245	50.052	368	69.847	1391	48.017	391	63.07
11:00	1425	51.217	397	71.155	1314	47.814	493	65.814
12:00	1283	53.867	503	66.75	1242	51.25	533	64.695
13:00	844	55.678	606	65.483	793	55.018	727	61.317
14:00	608	54.536	863	62.1	790	50.579	922	48.22
15:00	740	51.684	1117	49.75	873	48.932	926	20.217
16:00	610	51.895	778	39.345	566	49.034	1511	30.492
17:00	497	52.491	1037	37.217	462	51.741	1380	40.617
18:00	488	48.661	866	21.55	277	56.62	1378	45.9
19:00	213	55.3	279	59.107	202	51.689	935	53.2

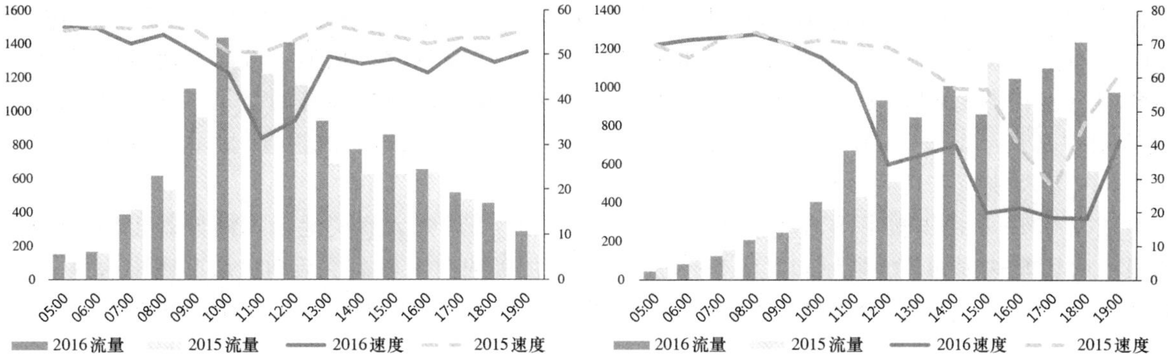

(a) 旗山区-旗屏一路与延平二路(北向)　　(b) 旗山区-旗屏一路与延平二路(南向)

图 9　2016 年及 2015 年白玉萝卜季第二周周日时段车流量比较图

表 5　　2016 年及 2015 年白玉萝卜季第三周周日时段车流量比较表

	2015 年 12 月 13 日(日)				2016 年 12 月 11 日(日)			
	V488601 旗山区-旗屏一路与延屏二路(向北)				V488601 旗山区-旗屏一路与延屏二路(向北)			
	往北		往南		往北		往南	
时间	流量	速度	流量	速度	流量	速度	流量	速度
05:00	100	55.31	61	69.636	150	56.196	43	69.552
06:00	159	56.217	99	65.814	164	55.804	79	71.028
07:00	414	55.763	157	71.66	387	52.38	124	71.857
08:00	532	56.588	228	73.436	614	54.434	208	72.877
09:00	960	55.263	269	69.684	1132	50.339	244	69.836
10:00	1260	50.61	363	70.982	1432	46.033	404	65.767
11:00	1217	50.433	427	69.78	1328	31.417	670	58.05
12:00	1151	53.186	506	68.967	1405	35.383	930	34.102
13:00	685	56.845	720	63.467	939	49.466	844	37.183
14:00	621	55.138	957	56.75	772	47.912	1007	40
15:00	622	54.036	1127	56.5	860	48.917	859	19.845
16:00	634	52.441	912	39.2	652	46	1043	21.352
17:00	474	53.607	844	27.033	512	51.254	1099	18.5
18:00	344	53.68	567	48.117	453	48.31	1235	18.233
19:00	264	55.698	268	61.259	284	50.531	973	41.283

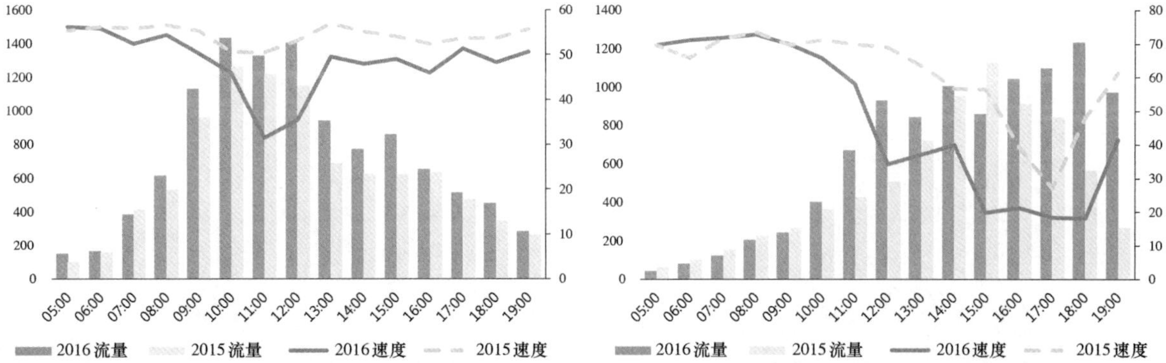

(a) 旗山区-旗屏一路与延平二路(北向)　　(b) 旗山区-旗屏一路与延平二路(南向)

图 10　2016 年及 2015 年白玉萝卜季第三周周日时段车流量比较图

表 6　　2016 年白玉萝卜季三周周末时段车流量相差及最低车速比较表

时间	8—12 时进入离开旗美地区车辆数差	下午南向壅塞时段(车速)
12 月 3 日(六)	2587	14～15 时(29.4)
12 月 4 日(日)	3233	14～16 时(25.4)
12 月 10 日(六)	2409	14～15 时(31.5)
12 月 11 日(日)	3455	14～18 时(19.4)
12 月 17 日(六)	1953	17～18 时(58.6)
12 月 18 日(日)	3242	14～15 时(19.4)

比较2016年及2015年(12月4、11日)美浓白玉萝卜季第二周及第三周周日车流状况，其该二日截至上午12时止，其南北向车流量相差皆达本中心所设定3000辆次之门槛值。可以发现周日高140旗屏一路北向车速有明显下降，流量亦大幅增加，高140旗屏一路南向流量亦有明显增加，尖峰时间由16—18时提前并延长至14—18时，用路人行为有显著改变，有提前返回市区之情况，显示中心壅塞信息预告发布策略初步检视应有达到实质分流效果。

另依据2016年白玉萝卜季活动VD数据，上午8时至12时进入旗美地区车辆与离开之车辆相差及车速最低时段及速度如表6所示，12月4、11及18日参加美浓白玉萝卜季活动民众车辆皆达本中心预设门槛值，故下午南返车速皆较明显降低，显示目前以3000辆次作为判断门槛值尚属合理准确。

4 结语

(1) 旗美地区平假日车流量差距甚大，周末及连续假日常有大量游客前往观光，中心应加强操作人员针对现场监控状况及通报相关单位之时效性及程序，并及时做出相关因应作为，导引现场车辆分散降至最低。

(2) 因旗美地区周边衔接“省道号”、台28线及台3线等主要道路，若遇严重塞车或重大事件时则需加强各单位间之联系。建议未来亦可加强现场相关路侧设备之布设，例如增设VD/Etag于台3线、台28线及高140线分别往旗山、美浓方向，对于未来可以更清楚掌握车辆往返两地点之状况，使操作人员能搜集到更多更完善之信息内容，并可在各道路决策点下载信息可变标志讯息告知用路人及时交通路况。另透过车辆侦测器所搜集之资料，亦可作为未来路口号志时制调整参考之依据。

(3) 减少当地观光自用客车流量，需再检讨大众运输相关倡导及接驳方式，并于假日增加接驳班次，提升民众搭乘意愿，让前往旗美地区观光之游客多加利用大众运输接驳工具，降低联络道路壅塞与寻找停车位之情形。

(4) 除了于决策路段使用电子信息广告牌提醒用路人及时路况外，建议另可于旗山地区及美浓地区停车场之出入口设置侦测剩余格位，试着让民众于出发前即掌握当地车流路况信息与停车场状况，可使民众有较充裕信息决策是否自行驾车前往、改道避开壅塞路段/时段或其他大众运具前往。

文字探勘技术于景点活动规划之研究

——以淡水风景区为例

Analysis of Text Mining for Activity Planning

—A Case Study of Tamshui Scenic Area

刘士仙

摘　要：文字探勘(Text Mining)或称文字采矿，是大数据技术兴起后的文本解读新兴技术。对于解读主题、分类与贴文者偏好，可以迅速进行有效整合分析，提供商业经营决策上的重要参考。由于观光旅游系未来台湾发展之重要产业，网络上到处可见的贴文，游客体验后多面向的深入讨论、与正负面评价，文字探勘技术正能发挥其长处，进行宏观的审视与全盘发展策略的研议，也因此成为目前重要之探讨议题。本研究有鉴于此，尝试探讨文字探勘技术于传统文本情绪反应的主观判读之文字解读误差。透过旅游活动评价与社经特性的关联性，以探讨利用文字探勘技术规划不同类别旅游活动之可能性。最后以淡水风景区为例，进行案例分析与评估。

关键词：文字探勘；情绪反应；活动设计

Abstract: Text mining is newly emerging technology to extract the network specific topic, subject, and the preferences of the posters. Due to the real time and quick integration from the demand side, the results can really match the market needs from different respects. Therefore, it soon becomes an important issue for tourism industrial. This study aims to explore the differences between sentimental rating commonly employing text mining technology and subjective score rating. Finally, Tamshui area as a case study, the scenic activity designs for different groups are further discussed.

Keywords: text mining; sentimental rating; scenic activity design

1　引言

大众运输工具，普遍存在有误点的问题，尤其航空业更由于营运上面临诸如天候、机械故障等不确定因素较其他运输工具多，因此，航次的取消、延误或班表的临时更改常会发生。就乘客而言，延误所造成的影响，可能因延误的原因和旅次的目的而有所不同，但不论如何，必觉权益受损。然就航空公司而言，班机误点也非其所乐见，因延误后所要面对的不只是消费者可能的抱怨声浪，还有自身资源的分配问题、班机调度等，所担负的成本损失和航空公司的声誉是一大考验。

观光旅游产业系无烟囱绿色产业，产业关联影响面深且广。然而为提升旅游品质，除挖掘地方文化特色进行重塑，以增加景点文化深度与要求景区重视环境美学设计之外，近年来可以看到媒体营销，找明星代言，以明星之高人气指数来塑造旅游景点特色。如此虽能制造短期群众效应，但旅游之后，社群网站上游客对景区优缺点之发贴文评论，个人部落格旅游经验的分享与游客之游记故事，这些口耳相传建立起的印象与口碑，内容相当庞杂，包括食、衣、住、行、娱乐种种面向，才是影响旅游景点是否具备成功经营模式的关键。当媒体短期营销之热度退烧之后，才是旅游业面对真实问题的开始。因此上位的供给导向营销策略，还需要下位的风景区软硬件设施与实质服务内涵的配合，景点短期若无法有效改善，则旅游提供之行程规划还必须从需求面着手，才能长期掌握游客的偏好，设计理想的活动，满足游客需求。

网络崛起之后，加上无线通讯的应用，网络已是日常生活不可缺少的一部分，过去以书面报章杂志主导的讯息，也逐渐以发文、讯息传递，透过实时的网络完成。这些公开的讯息分散，乍看之下，并无结构化的讯息，但专业信息的整合费时费工，从过去以定义母体、抽样，再以统计分析的数值量化过程，文字探勘只要克服信息搜寻之定义，就可以一下子跳跃至可以运用非结构化的网络信息。从传统的程序，变成可以进行实时分析的网络信息，在大数据近年来成功范例应用成果的渲染下，网络信息整合受到各界之瞩

作者简介：刘士仙，私立淡江大学运输管理系副教授。

目，其中较小规模的文本舆情分析，正符合进行旅游社群网站之规模与实质内涵分析。目前的背包客栈旅游论坛、旅知(Tripadvisor)网站还有旅行社与个人的部落格等，都充满着对世界各地大小景点的正面与负面的评价，若能有效依目的进行关联，并撷取多元与特色景点的聚落进行整合，对观光旅游政策的研拟、对旅行社之行程规划与市场区隔，都能达到立竿见影的效果，值得尝试。

2 文字探勘

2.1 旅游之网络舆情分析

随着使用网络人口增加与技术发展，网络舆情逐渐累积纪录信息产生了某范围内客群的认同与共识，目前网络的信息受到无线手机的使用，具有无国界、实时、专业、社群与大量的特性，早已超越了平面媒体品牌与口碑的影响。网络发表的各式意见于焉形成舆情现象，由于参与者来自不同阶层，具有类同的属性背景，对于日常生活中各种问题，不论系专业或一般性的提问，也多可以透过社群网站之贴文，得到实时的经验传承与可参考的答案。因为问题与答案多贴近生活经验、具真实感，与平面及媒体强调之重点不同，因此也逐渐具有引导参与者的效果。

网络舆情之热门议题会随着重要事件发展而显著改变，然而对于旅游景点之活动而言，主要系从游客的角度，于出发前搜集、了解景点精彩活动内容，当作旅游行程设计之参考。不论系个人的自助旅游、亦或是旅行社的产品规划，旅志重要文章的解读分析都扮演着景点活动是否需要调整的重要参考。

由于旅游体验后之网络评价，多集中于特定的社群，与一般舆情分析需要广泛搜寻零星分散的文本方式不同，因此对于搜寻旅游文本的定义较其他议题单纯。然而对于文本内文的解读仍面临同样的技术问题，包括文章语意内容、断词结构、中文词性判断、错别字、情感倾向及分类演算与结果比较等之判读，因此在规划理想的旅游行程应该纳入考虑特定情感之重要景点元素、体验内容、延续时间，并避开负面情绪的项目，最后整合为初步的旅游行程，并开始进行微调。传统舆情分析方法概分为舆情文本搜集、文本辨识处理之过程，(图 1)所示。

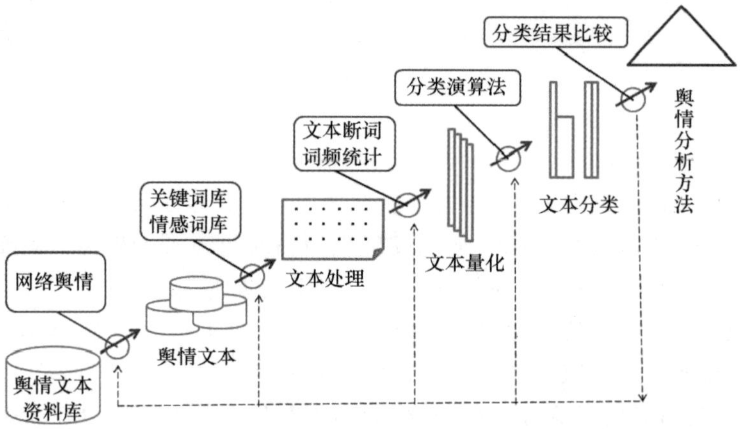

图 1　台湾地区运输计划体系图(资料来源:陈亭凯,2015 年)

2.2 舆情分析技术概况

情感分析(Sentimental analysis)即一般所称之意见挖掘(Opinion Extraction)，系指对带有情感色彩的主观性文本所进行之分析、处理、归纳与判别之过程。通常意见包含主题(Topic)、发文者(Holder)、陈述(Claim)和情感(Sentiment)四个部分(Kim and Hovy,2004)。

文本辨识系依认可的舆情文本透过关键词库比对后进行断词，而关键词库更是舆情情感倾向的核心，关键词也会随着时间递延，有新世代的专用术语，需要依时审势而变(蒋礼芸，2014)。若考虑不同国家旅客，则不同的外国语言及用法、关键词都需要调整。一般来说小范围的关键词信息可以人工处理，复杂情境的关键词则需以计次之统计或专家建置方式完成，挑选适合词语，新增至关键字数据库。由于旅游为一般日常生活之活动，较不需要特殊专业背景知识，只需有文本断词后之词性分析与情感分析两项即可处理。

文本断词系文本量化的前置工作，主要目的系将文本内容以词语为单位分开，利用关键词库比对将内文依层级(词语/语句/篇章)区分，如渔人码头的夕阳很美，“渔人码头”“夕阳”“很美”就是一种断词的方式。依词库类别分类则为在地点、体验内容与情感偏好强度，通常以数字区间[−1,1]作为情感权重值，表示词汇之褒贬程度，再进行文本之量化。

本文内涵与断词定义复杂，尤其中文用语之文法结构不明显，新世代的用词与错别字更普遍，造成判断上的困难，名词、形容词与连接词系构成句子的主要元素，如侦测有判断情感倾向的反向连接词“但”，即可判别其为反向之情感，依定义之词库，准确率可以提高(Wiebe,2000)，但主要集中在形容词之情感程度分析。后期 Littman(2002)提出点互式信息(Point Mutual Information)，优点为可以用于各种词性的评价词语识别，但是较为依赖种子褒贬词汇的集合，对于主题简单的旅游体验评价，较易定义。此外词库的相似度(HowNet)与单词之同义与反义关系(WordNet)来推断与归纳褒贬性强度。黄世源(2012年)以网络新闻文本为例，依情境对象建立特定规则与其特征字词方法，针对人名、地点、时间、事物四个分类，探勘各类词汇，经断词后并标注词性，存入句法规则数据库，再与文句库进行分类比对，可以达到八成以上之准确率。

2.3 文本分类算法概况

情感分析多透过文本分类算法对舆情文本进行量化分析，依据目标与分析领域的不同，各种算法亦具有相当的差异性，但其目的仍在于分析、整理、分类给定的巨量资料，冀望从中得到有用的讯息。

潜在语意分析所探讨的对象目标是存在于词语背后的隐藏关系，依据文本从属知识领域下之环境为基础，透过简易的数学模型将文本进行量化、建立词库、计算词库中字与词之间的矢量，以获得词与词的相互关系。其特点系引入一义多词、一词多义，借以增加文本解释能力，以提高分类结果。

词频算法系先透过断词系统对词汇出现数量进行统计，并决定出适合表示文本之词汇，据此对应文本之分类性质。Salton(1975)提出的矢量空间模型，以文本集中具代表的复数词汇构成，矢量值的大小反映出词汇所代表的重要性。当两篇文本的矢量组成相似时，在矢量空间的距离越近，并且可透过计算矢量间之距离达到分类的目的。对于词汇频率于文本中的权重，可以文本中出现之次数乘以 log(文本总数/总文本出现词汇次数)，作为其于特征量化之分类计算基础。

2.4 旅游网络文本之社经信息分类

网络论坛贴文有一定的要求过程，首先须申请为论坛之会员，并经过认证的程序。举凡个人居住地、性别、年龄等信息多为真实信息，上网预订住宿、浏览景点信息后，就可能收到回应体验的邀请，因此多为实际有感的体验。论坛并依据贴文篇数的多寡，与回应按赞人数，逐步提升评论人员等级。所以文字探勘可依据社经信息分类，研议各式活动规划设计，当文字被解读完成，依主题词汇归类，并将评价转换数值资料后，辅以统计分析，可以了解类别群体之差异特性，规划不同内涵活动以满足不同层次群体之需求。

3 淡水风景区网络论坛之文字探勘

淡水古时称作沪尾，从先民开台之始，淡水在台湾发展史上就占有一席之地。当时淡水人文荟萃，造就了诸多之历史古迹，加上过去曾列为台湾八景之一的观音山夕照，美景就在捷运车站的正前方，但后续的建设仍能彰显出淡水的大美；从东亚区域的角度来看，淡水风景区也能列名为重要景点，值得相关单位一起来经营。

捷运淡水线自通车以来，因台北捷运路网已逐步完成，原规划的通勤路廊已充斥着大量的国内外游客，原本只作为捷运端点站，现更加上观光的消费人口，随着环境变迁所衍生额外的旅游服务，在大数据时代，整合捷运场站与外围旅游联结，提升旅游观光质量与产业附加价值，值得重视。

3.1 淡水地区观光旅游

旅知是国际上广被使用的免费网站，也是国内外自助客旅游规划行程时，最常使用的信息来源，诸多国内外游客，当下体验之反馈意见多具有客观的参考价值，分门别类信息统计数字，可作为问题初步分析的依据。

若将地标(Landmark)与评价类别资料中，取新北市前 30 名景点，并给与人气第一为 30 分，依此类推，则淡水区所有列名景点总得分比率为新北市之冠，(图 2(所示。

根据旅知论坛中的地标分类，新北市前 30 名景点，坐落于淡水区内有十个，(表 1)所示。尚有鲜为外地人所知的重要文化景点，如清水祖师庙、客家庙宇之鄞山寺等，还有当代国际知名的艺术家、与舞蹈家也进驻此区，成为在地人旅游的重要热点。

然而论坛对于淡水风景区之谈论，旅游活动多只集中于淡水捷运站外围与前往淡水渔人码头、码头

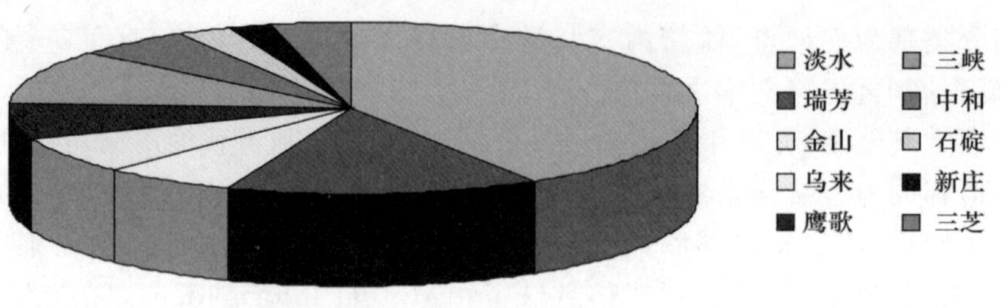

图 2　新北市前 30 名景点人气指数区域

内的地标——情人桥，与在地人的归类略有差异。

表 1　　　　淡水地区地标景点之新北市区排名

新北市排名	景点	新北市排名	景点
1	淡水风景区	18	淡水福佑宫
8	淡水龙山寺	20	淡水缘道观音庙
9	淡水红毛城	22	情人桥
13	淡水天元宫	24	淡水重建街
14	淡水渔人码头	26	真理大学

3.2　旅知网观光旅游论坛

旅知在国内外知名景点的留言多则有数万笔，淡水风景区论坛留言自 2009 年开放开始，也已累积有 1300 多笔文字资料，并持续增加中。由于主要是文字摘录，解读费时，一般人只能择要阅读，是否忽略了重要旅游信息，目前也没有专文探究。

每位贴文者之基本资料，如昵称、居住地、评论等级、年龄级别、性别、景点评价分数、发表贴文数和按赞人数等，都如实地登录于侧。景点评论之标题、内文，则可以贴上论坛网址，透过适当软件，将所有全文与贴文者公开之社经资料，转换成档案储存，(图 3)所示。

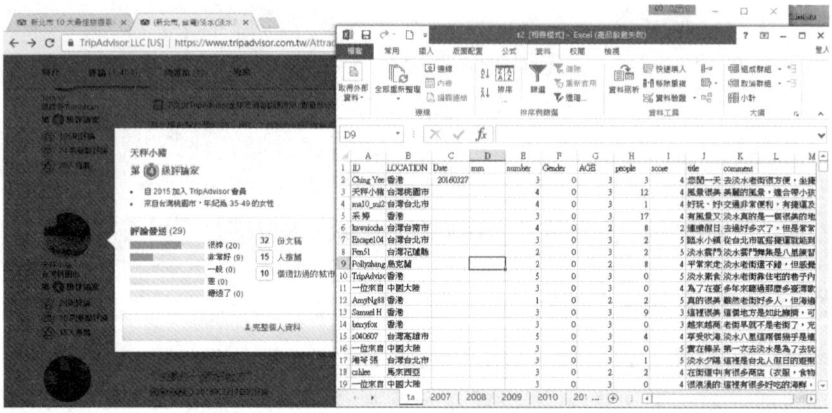

图 3　旅知论坛之淡水风景区文本评论

上千笔之文字评论如何整合，则需要有快速分析字词的工具，才能将质化的文字，依断词、词频、情感分析、归类之后，开始进行量化分析。

3.3　SAS Text Miner 文字探勘

进行文字探勘所需要之技术门槛较高，一般人很难于短时间具备基本能力。除了搜寻网络文本需要熟悉撰写特殊软件之程序码之外，获得图 3 之文字资料后，才正式开始庞杂之文字质化解析工作，能够简易上手的系统软件成为初次使用者的首选。因此尝试以 SAS Text Miner 作为分析工具，成为当下之不二之选。

3.3.1　活动分类

文字评论下载经谷哥外文转译为中文，对于风景区的活动，一般以名词来归类，因此忽略其他词性，如动词、副词、介系词和冠词等，(图 4)所示。名词出现的词频与贴文者的写作习惯有关，因此出现与主题无关的词语，如地方、人、也等词剔除之后，淡水风景区的主要活动项目随即浮现，与先验知识雷同。归类之词语、文件出现频率之门槛，系统设定为 5，一般视系统归类后之合理性，需要重新调整，调整设定为 15 之后。淡水风景区之主要活动可以归为六类，第一类为搭乘公交车或渡轮，前往渔人码头活动；第二类为广义的欣赏夕阳为主；第三类则以渔人码头内的情人桥，夕阳与夜景为主；第四类以老街商品购物为主；第五类以老街小吃、美食为主；第六类以自行车漫游、文化巡礼为主；还有主题不明确，无法分类列为其他类别，(表 2 与图 5)所示。松弛单独名词之词频，改以多元组合出现频次分布，六个活动类别与期望一致，个别文本评论之活动归类则依类别权重来分类，分为评论之活动无法分类、单一活动项目、多元活动(包含两类与三类单项活动)等。

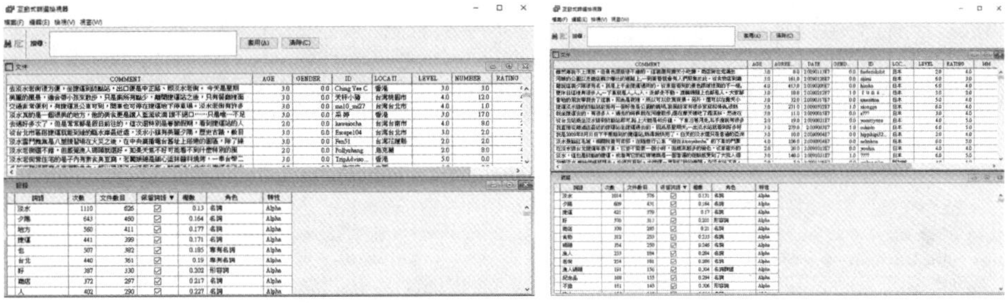

图 4　名词之词频分布与关键词筛选

表 2　　　　　　　　　　　　　　　淡水风景区活动类别

活动归类别	内容	活动归类别	内容
1	渔人码头(公交车、渡轮)	5	老街，阿给
2	夕阳	6	自行车，历史
3	情人桥	7	其他
4	商店，纪念品		

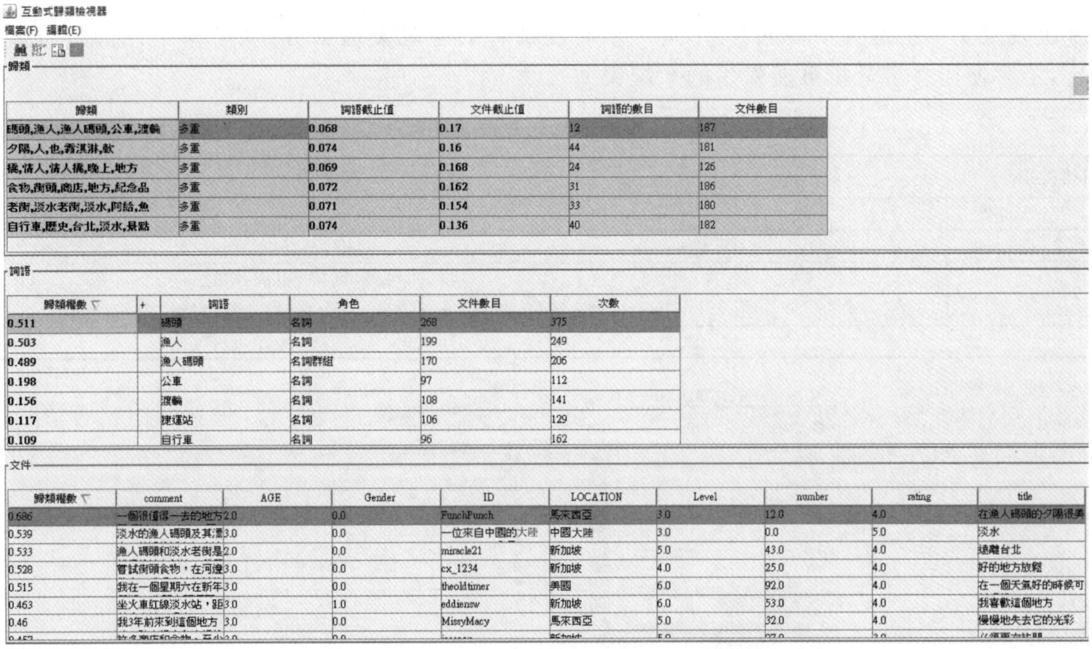

图 5　个别文本评论之活动类别权重推算

根据个别文本关键词之词频出现权重数值，系统自动产生个别文本之六类推算权重，并将个别文本依各项权重指派至六类活动之中，(图 6)所示。依最大权重值，原始资料表可以界定出参与淡水风景区活动之主要类别活动项目，与其他相关之活动项目。

3.3.2　情感分析

文本之正、负评价多以形容词进行分析，同时忽略其他词性，以简化问题处理的复杂程度。由于每个人表达方式不同，使用之语意变化很大，将不易归类为情感之词语删除，如小、多、大、不同、次等(图 7)。由于发贴的景点活动评价满分为 5 分，最低之负面评价为 1 分，因此需要针对论坛中惯用的情绪性的词语做分类，即同义词的定义进一步归类，将情绪反应与以数量化。

根据表 3 之情绪用词先予分类，转换(图 8)，由于文本没有出现普通、一般等中性字眼，因此将无正、

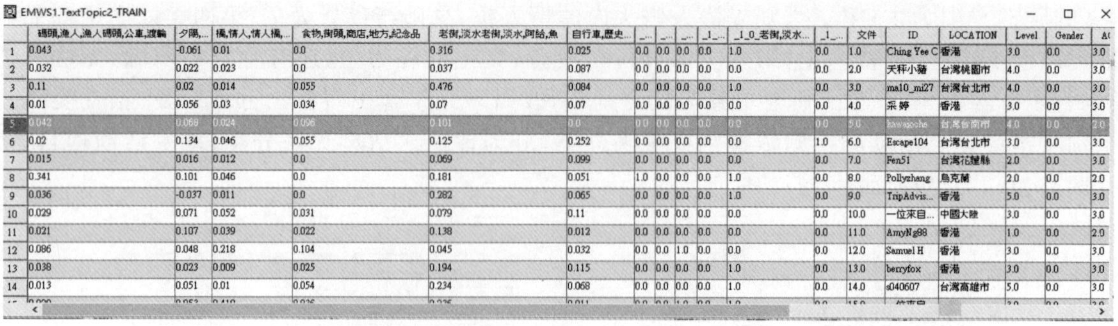

图 6　个别文本评论之活动类别归类

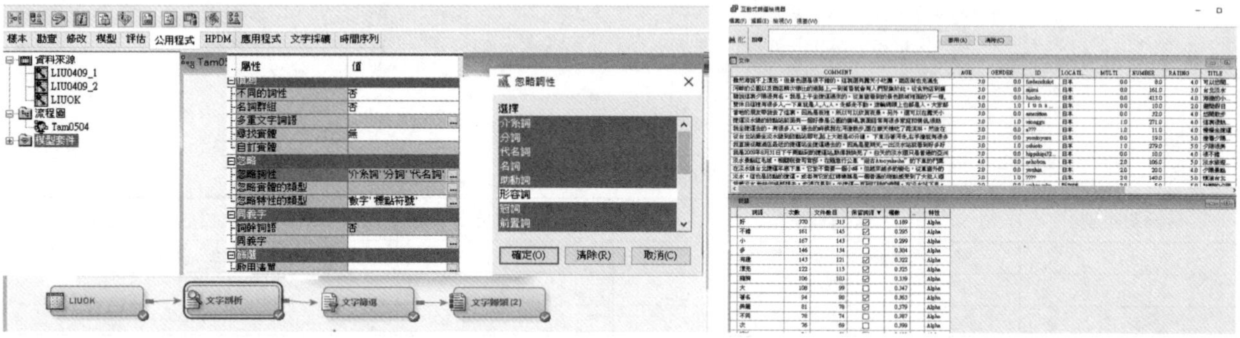

图 7　情感分析强弱词语

负情绪字出现之文本指定为中性的 3 分，进一步与发贴者的主观数值给分，文字情绪评价与数值主观评价做对比，了解使用文字分析可能发生的系统误差。

表 3　　　　情感同义词与权重

情绪类别	分数	同义词
1	1	失望，不幸
2	2	拥挤，不好
3	4	良好，可爱，新鲜，愉快，舒适
4	4.5	好，不错，有趣，著名，好吃，美，有名，独特，好玩，漂亮，美丽
5	5	伟大，惊人，完美，美好，最佳

图 8　情感分析同义词归类

将个别文本情绪类别归类后，每个发贴者的正、负评价即可以推算，如图 9 所示。

经过断字、词性定义，词频分析，组合类别分类，据以定义风景区主要活动类别，则依据情感正、负词之同义词定义，同类别可以给予设定的情绪反应分数，最后完成初步之文字探勘结果，将质化的资料与以分类，与数值化，当作第二阶段量化分析的输入资料。

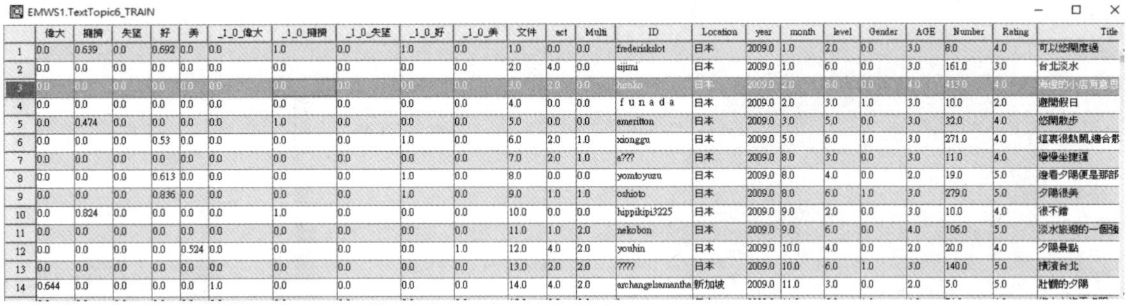

EMWS1.TextTopic6_TRAIN

	偉大	擁擠	失望	好	美	_1_0_偉大	_1_0_擁擠	_1_0_失望	_1_0_好	_1_0_美	文件	act	Multi	ID	Location	year	month	level	Gender	AGE	Number	Rating	Title
1	0.0	0.639	0.0	0.692	0.0	0.0	1.0	0.0	1.0	0.0	1.0	0.0	0.0	frederiskslot	日本	2009.0	1.0	2.0	0.0	3.0	8.0	4.0	可以悠閒度過
2	0.0	0.0	0.0	0.0	0.0	0.0	0.0	0.0	0.0	0.0	2.0	4.0	0.0	sijimi	日本	2009.0	1.0	6.0	0.0	3.0	161.0	3.0	台北淡水
3	0.0	0.0	0.0	0.0	0.0	0.0	0.0	0.0	0.0	0.0	3.0	2.0	0.0	[illegible]	日本	2009.0	2.0	6.0	0.0	4.0	413.0	4.0	海邊的小店有意思
4	0.0	0.0	0.0	0.0	0.0	0.0	0.0	0.0	0.0	0.0	4.0	0.0	0.0	f u n a d a	日本	2009.0	2.0	3.0	1.0	3.0	10.0	2.0	避開假日
5	0.0	0.474	0.0	0.0	0.0	0.0	1.0	0.0	0.0	0.0	5.0	0.0	0.0	ameritton	日本	2009.0	3.0	5.0	0.0	3.0	32.0	4.0	悠閒散步
6	0.0	0.0	0.0	0.53	0.0	0.0	0.0	0.0	1.0	0.0	6.0	2.0	1.0	xionggu	日本	2009.0	5.0	6.0	1.0	3.0	271.0	4.0	這裏很熱鬧,適合散
7	0.0	0.0	0.0	0.0	0.0	0.0	0.0	0.0	0.0	0.0	7.0	2.0	1.0	a???	日本	2009.0	8.0	3.0	0.0	3.0	11.0	4.0	慢慢坐捷運
8	0.0	0.0	0.0	0.613	0.0	0.0	0.0	0.0	1.0	0.0	8.0	0.0	0.0	yomtoyuzu	日本	2009.0	8.0	4.0	0.0	2.0	19.0	5.0	邊看夕陽便是那部
9	0.0	0.0	0.0	0.836	0.0	0.0	0.0	0.0	1.0	0.0	9.0	1.0	1.0	oshioto	日本	2009.0	8.0	6.0	1.0	3.0	279.0	5.0	夕陽很美
10	0.0	0.824	0.0	0.0	0.0	0.0	1.0	0.0	0.0	0.0	10.0	0.0	0.0	hippikipi3225	日本	2009.0	9.0	2.0	0.0	3.0	10.0	4.0	很不錯
11	0.0	0.0	0.0	0.0	0.0	0.0	0.0	0.0	0.0	0.0	11.0	1.0	2.0	nekobon	日本	2009.0	9.0	6.0	0.0	4.0	106.0	5.0	淡水旅遊的一個強
12	0.0	0.0	0.0	0.0	0.524	0.0	0.0	0.0	0.0	1.0	12.0	4.0	2.0	youhin	日本	2009.0	10.0	4.0	0.0	2.0	20.0	4.0	夕陽景點
13	0.0	0.0	0.0	0.0	0.0	0.0	0.0	0.0	0.0	0.0	13.0	2.0	2.0	????	日本	2009.0	10.0	6.0	1.0	3.0	140.0	5.0	橫濱台北
14	0.644	0.0	0.0	0.0	0.0	1.0	0.0	0.0	0.0	0.0	14.0	4.0	2.0	archangelsamantha	新加坡	2009.0	11.0	3.0	0.0	2.0	5.0	5.0	壯觀的夕陽

图 9　个别文本情绪类别归类

4　淡水风景区活动分析与设计

4.1　旅知旅游论坛之贴文者基本资料

旅知论坛之淡水风景区发文，自 2009 年开始，结至 2016 年 3 月，共计下载可用贴文 1221 篇，文本内文经归类后可以定义区隔变量如表 4 所示，另外包括评价分数、情绪评分与按赞人数等。

表 4　　　　资料分类一览

类别	层级	值
性别	2	0 1
年龄	5	1 2 3 4 5
区域别	11	大洋洲 日本 北美洲 中国台湾 亚洲其他地区 东南亚 非洲 南美洲 华语区 欧洲 韩国
活动	7	1 夕阳 2 老街，美食 3 自行车，历史 4 商店，纪念品 5 情人桥 6 渔人码头（公交车、渡轮）7 其他
多元活动	3	0 1 2
评论级别	6	1 2 3 4 5 6

图 10 说明以来自日本地区贴文游客最多，使用中文的中国大陆、中国香港地区、新加坡华语区旅客次之，中国台湾地区本地游客贴文数居第三，其余来自东南亚、北美洲与欧洲地区人数相当。

对于活动类别之归类则以贴文主题无法归类的最多，以情人桥夜景为主的略少，其他差异不大，显示旅游活动仍以日间活动为主，或以半日居多，如图 11 所示。

在贴文的级别上，属于初级的一、二级较少，三、四、五级数量相当，以玩家等级之的六级者最多(图 12)。

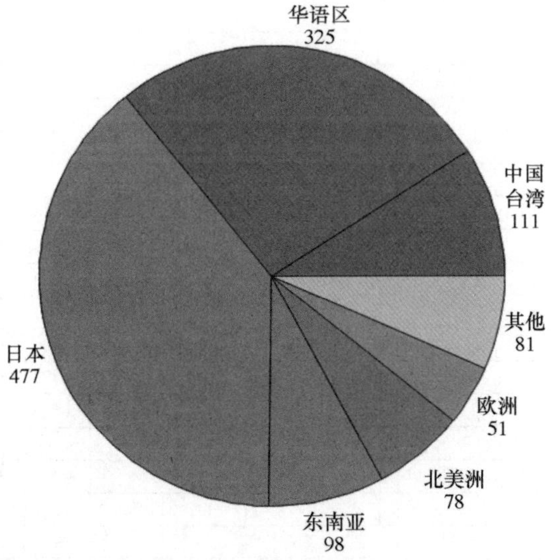

图 10　区域别分类贴文数分布

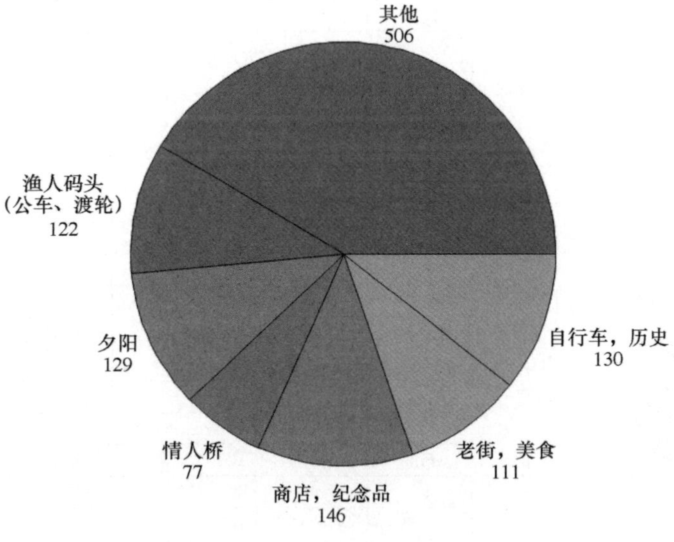

图 11　活动类别分布

若以交互影响之分布来看，图 13 显示以无主题之休闲逛街居首，以次数分析卡方检定来看，$p(>\chi^2_{30}=79.9)<0.0001$，表示级别对于活动选择有关。由表 5 可看出，扣除无主题的游客，级别六的深度玩家仍以在地文化巡礼、夕照之景观特色作为活动重点；级别五以自然景观夕照，加上纪念品购买为主；其余三、四级之游客，则以地标建筑与纪念品购买为主；初级游客旅游活动较没有焦点。

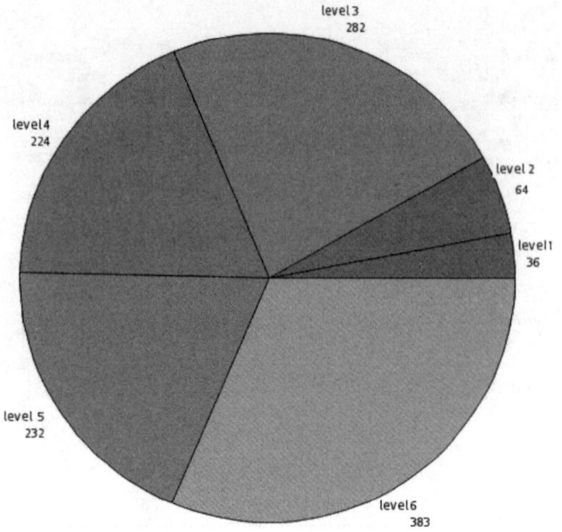

图 12 级别分布

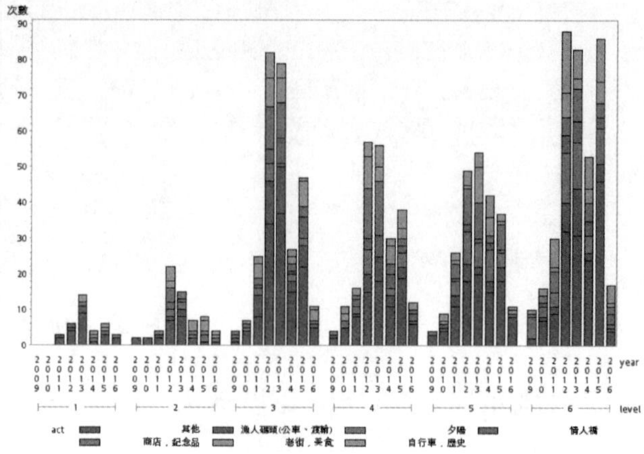

图 13 级别与活动类别

从表 6 的旅客活动分布来看，$p(>\chi_{60}^{2}=373.7)<0.0001$，区域别对活动选择有差别，其中文化差异较小的华语区（包括中国大陆、中国香港地区、新加坡与中国台湾地区）旅游活动都着重在地标景点与美食、小吃；日本游客则主要以夕照与文化巡礼为主；其他地区的游客对景点的偏好不明显。

从表 7 的区域别旅客评论等级分布来看，$p(>\chi_{50}^{2}=163.6)<0.0001$，来淡水风景区活动之区域别旅客，评论等级有差异，其中具相似文化背景来访的华人地区游客，其网络评论级别分布较平均，显示文化同质性吸引的观光客源层面较广。其他地区来访的游客网络评论级别多落于深度玩家级别，对于旅游活动内含与质量的评价应更具客观与多元性。较特别的是来自日本的旅客，深度玩家或经常发表评论者最多，其网络文本之评论具影响力，如图 14 所示。因此推动观光旅游活动除了迎合在地人的喜好之外，若要提升旅游品质，扩大外来观光人口，文化巡礼、地景夕照、饮食文化都要面面俱到。

表 5 级别与活动选择分布

次数 百分比 列百分比 个百分比	Table of level by act							
	level	act						
		其他	渔人码头(公交车·渡轮)	夕阳	情人桥	商店、纪念品	老街、美食	自行车,历史	统计
	1	21	4	1	3	1	2	4	36
		1.72	0.33	0.08	0.25	0.08	0.16	0.33	2.55
		58.33	11.11	2.78	8.33	2.78	5.56	11.11	
		4.15	3.28	0.78	3.90	0.68	1.80	3.08	
	2	25	4	6	5	9	9	6	64
		2.05	0.33	0.49	0.41	0.74	0.74	0.49	5.24
		39.06	6.25	9.38	7.81	14.06	14.06	9.38	
		4.94	3.28	4.65	6.49	6.16	8.11	4.62	
	3	126	41	14	20	32	31	18	282
		10.32	3.36	1.15	1.64	2.62	2.54	1.47	23.10
		44.68	14.54	4.56	7.09	11.35	10.99	6.38	
		24.90	33.61	10.85	25.97	21.92	27.93	13.85	
	4	84	21	17	19	37	27	19	224
		6.88	1.72	1.39	1.56	1.03	2.21	1.56	18.35
		37.50	9.38	7.59	8.48	16.52	12.05	8.48	
		16.60	17.21	13.18	24.68	25.34	24.32	14.62	
	5	96	18	35	8	33	20	21	232
		7.94	1.47	2.87	0.66	2.70	1.64	1.72	19.00
		41.81	7.76	15.09	3.45	14.22	8.62	9.05	
		19.17	14.75	27.13	10.39	22.60	18.02	16.15	
	6	153	34	56	22	34	22	62	383
		12.53	2.78	4.59	1.80	2.78	1.80	5.08	31.37
		39.95	8.88	14.62	5.74	8.88	5.74	16.19	
		30.24	27.87	43.41	28.57	23.29	19.82	47.69	
	统计	506	122	129	77	146	111	130	1221
		41.44	9.99	10.57	6.31	11.96	9.09	10.65	100.00

表 6　　**区域别与活动选择分布**

百分比 列百分比 个百分比	level	act							
		其他	渔人码头(公交车·渡轮)	夕阳	情人桥	商店、纪念品	老街、美食	自行车,历史	统计
	中国台湾	40	16	0	7	11	23	14	111
		3.28	1.31	0.00	0.57	0.90	1.88	1.15	9.09
		36.04	14.41	0.00	6.21	9.91	20.72	12.61	
		7.91	13.11	0.00	9.09	7.52	20.72	10.77	
		110	57	6	32	54	47	18	325
		9.01	4.67	0.49	2.70	4.42	3.85	1.47	26.62
		23.85	17.54	1.85	10.15	16.62	14.46	5.54	
		21.74	46.72	4.65	42.85	36.99	42.34	13.85	
	日本	208	15	120	18	24	20	72	477
		17.04	1.23	9.93	1.47	1.97	1.64	5.90	39.07
		43.61	3.14	25.16	3.77	5.03	4.19	15.09	
		41.11	12.30	93.02	23.38	16.44	18.02	55.38	
	韩国	26	2	0	0	4	2	2	36
		2.13	0.16	0.00	0.00	0.33	0.16	.16	2.95
		72.22	5.56	0.00	0.00	11.11	5.56	5.56	
		5.14	1.64	0.00	0.00	2.74	1.80	1.54	
	东南亚	40	12	1	12	18	10	5	98
		3.28	0.98	0.08	0.98	1.47	0.82	0.41	8.03
		40.82	12.24	1.02	12.24	18.37	10.20	5.10	
		7.91	9.84	0.78	15.58	12.33	9.01	3.85	
	大洋洲	10	2	0	2	4	2	5	25
		0.82	0.16	0.00	0.16	0.33	0.16	0.41	2.05
		40.00	8.00	0.00	8.00	16.00	8.00	20.00	
		1.98	1.64	0.00	2.60	2.74	1.80	3.85	
	亚洲其他	6	2	1	1	2	1	1	14
		0.49	0.16	0.08	0.08	0.16	0.08	0.08	1.15
		42.86	14.29	7.14	7.14	14.29	7.14	7.14	
		1.19	1.64	0.78	1.30	1.37	0.90	0.77	
	北美洲	30	13	1	2	23	3	6	78
		2.46	1.06	0.06	0.16	1.88	0.25	0.49	6.39
		38.46	16.67	1.28	2.56	29.49	3.85	7.79	
		5.92	10.66	0.78	2.60	15.75	2.70	4.62	
	欧洲	32	2	0	2	5	3	7	51
		2.62	0.16	0.00	0.16	0.41	0.25	0.57	4.18
		62.75	3.92	0.00	3.92	9.80	5.88	13.73	
		6.32	1.64	0.00	2.60	3.42	2.70	5.38	
	南美洲	2	1	0	0	1	0	0	4
		0.16	0.08	0.00	0.00	0.08	0.00	0.00	0.33
		50.00	25.00	0.00	0.00	25.00	0.00	0.00	
		0.40	0.82	0.00	0.00	0.68	0.00	0.00	
	非洲	2	0	0	0	0	0	0	2
		0.16	0.00	0.00	0.00	0.00	0.00	0.00	0.16
		100.00	0.00	0.00	0.00	0.00	0.00	0.00	
		0.40	0.00	0.00	0.00	0.00	0.00	0.00	
	统计	506	122	129	77	146	111	130	1221
		41.55	9.99	10.57	6.31	11.96	9.09	10.65	100.00

表 7　　　　区域别之游客评论等级分布

百分比 列百分比 个百分比	loctypec	level						
		1	2	3	4	5	6	统计
	中国台湾	9	11	41	24	12	13	111
		0.74	0.90	3.36	1.97	1.06	1.06	9.09
		8.11	9.91	36.94	21.62	11.71	11.71	
		25.00	17.19	14.54	10.71	5.60	3.39	
		13	20	115	54	60	63	325
		1.06	1.64	9.42	4.42	4.91	5.16	26.62
		4.00	6.15	25.38	16.62	18.46	19.38	
		36.11	31.25	40.78	24.11	25.86	16.45	
	日本	8	16	64	79	101	209	477
		0.66	1.31	5.24	6.47	8.27	17.12	39.07
		1.68	3.35	13.42	16.56	21.17	43.82	
		22.22	25.00	22.70	35.27	43.52	54.57	
	韩国	1	1	7	8	7	12	36
		0.08	0.08	0.57	0.66	0.57	0.98	2.95
		2.78	2.78	19.44	22.22	19.44	33.33	
		2.78	1.56	2.8	3.57	3.02	3.13	
	东南亚	1	5	16	21	25	26	98
		0.06	0.41	1.47	1.72	2.05	2.29	8.02
		1.02	5.10	18.37	21.43	25.51	28.57	
		2.78	7.81	6.38	9.38	10.78	7.31	
	大洋洲	0	2	6	8	3	6	25
		0.00	0.16	0.49	0.66	0.25	0.49	2.05
		0.00	8.00	24.00	32.00	12.00	24.00	
		0.00	3.13	2.13	3.57	1.29	1.57	
	亚洲其他	0	0	2	4	1	7	14
		0.00	0.00	0.16	0.33	0.08	0.57	1.15
		0.00	0.00p]14.29	28.57	7.14	50.00		
		0.00	0.00	0.71	1.79	0.43	1.83	
	北美洲	3	3	19	20	10	23	78
		0.25	0.25	1.56	1.64	0.82	1.88	6.39
		3.85	3.85	24.36	25.64	12.82	29.89	
		8.33	4.69	6.74	8.93	4.31	6.01	
	欧洲	1	5	8	5	12	20	51
		0.08	0.41	0.66	0.41	0.98	1.64	4.18
		1.96	9.80	15.69	9.80	23.53	39.22	
		2.78	7.81	2.84	2.23	5.17	5.22	
	南美洲	0	1	1	1	0	1	4
		0.00	0.08	0.008	0.008	0.00p]0.08	0.33	
		0.00	25.00	25.00	25.00	0.00	25.00	
		0.00	1.56	0.35	0.45	0.00	0.26	
	非洲	0	0	1	0	0	1	2
		0.00	0.00	0.08	0.00	0.00	0.08	0.16
		0.00	0.00	50.00	0.00	0.00	50.00	
		0.00	0.00	0.35	0.00	0.00	0.26	
	统计	36	64	262	224	232	353	1221
		2.95	5.24	23.10	18.35	19.00	31.37	100.00

4.2　文本情绪表达与主观数值评分

旅知网中景点体验的贴文，除了游客对旅游活动重点文字情绪表达之外，还有个人主观满意度的评分，因此文字探勘在文本正、负评价上一般使用程度上的衡量方式，可以透过主观给分部分，进一步验证其系统上是否具有表达上的偏误。若每个人数值评分与文本情绪评分的差值当作应变数，其他类别变量当作因子，则可以观察出影响文本表达产生差异的关键因子。

根据变异数分析，(表 8)，产生文本情绪评分与主观数值评价给分，其差异主要的来源，受到区域别、是否参与多元活动有关，与评论级别、性别、年龄、参与活动类别无关。

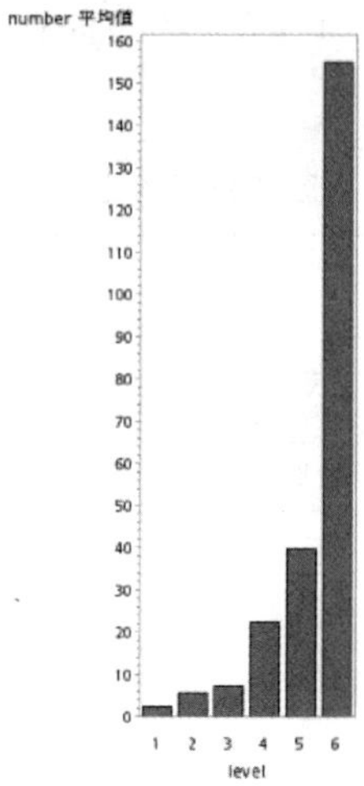

图 14　评论级别与平均点赞人数

表 8　　　　语意评价与数值评分差异因子

来源	*DF*	类型Ⅲ *SS*	均方	*F* 值	*Pr*>*F*
Level	5	575.149234	115.029847	1.23	0.2906
loctypec	10	3677.203090	367.720309	3.95	<.0001
gender	1	195.521777	195.521777	2.10	0.1477
age	4	357.573734	89.393433	0.96	0.4289
act	6	907.095915	151.182652	1.62	0.1374
multi	2	5646.108695	2823.054347	30.30	<.0001

若独立观察文本情绪评分与主观数值个别评分部分，表 9 显示评论者之区域别或文化背景、活动选择类别等项目，系主要产生评价的影响因素，但文字表达上较不显著。

表 9　　　　评分差异影响

		文本情绪评分影响因子		主观数值评分影响因子	
来源	*DF*	*F* 值	*Pr*>*F*	*F* 值	*Pr*>*F*
level	5	0.68	0.6403	0.79	0.5535
loctypec	10	4.00	<.0001	5.26	<.0001
gender	1	0.01	0.9193	1.82	0.1778
age	4	1.08	0.3670	2.04	0.0872
act	6	2.83	0.0097	5.69	<.0001
multi	2	49.60	<.0001	4.60	0.0102

从表 10 的区域别差异来看，美日地区文字口语褒多贬少的表达方式，与实际给分显然有高估的现象，亚洲其他国家有反向的趋势，其他国别地区的评价则有一致的趋势现象。非洲地区旅客对活动的实际评分或文本情绪评分都最差，对淡水地区的文化、景观都不认同，仍须了解原因与未来改善的重点内容。

在活动类型选择方面，在地人来淡水轻旅行，主要以老街、美食、步行闲愰为主的内容。表 11 中整体旅客的评价最低，过去引以为傲，曾为台湾八景的淡水夕照，可能在气候因素、雾霾、新盖大楼、建物产生视觉冲击等环境因素之下，加上捷运通车后，游客多以淡水白天半日游为主，过去以观音山为背景的淡水夕照，如今从捷运站视角方向远眺，的确也不是最适的赏景位置，夕照正逐渐失去代表淡水特色的光环。游客淡水一日游的停留延时长度，也被各种条件互相影响之下，成为只有半日游的宿命，夕照能否重返过去荣耀，成为赏景非看不可的重点，成为关键淡水观光兴衰的成败因素。目前旅客对淡水的意象，由正面评价顺序来看，主要在这几年新建的地标景点，淡水渔人码头与其内的情人桥；剩下的只是眼花缭乱平价的商店街与购物。表 12 则说明旅游多主题的导览设计规划，让游客看待当地生活文化能站在多元的角度观察，了解后也较包容文化冲击带来的负面现象，对评价有正面加乘的效果，可提升游客对淡水景区活动的认同，实际达到观光旅游宣传的效果。

表 10　　区域别评价差异

文本情绪评分				主观数值评分				
SNK 群组	平均值	*N*	loctypec	SNK 群组		平均值	*N*	loctypec
A	3.8618	75	北美洲		A	4.5725	50	欧洲
A	3.8310	50	欧洲		A	4.5708	14	亚洲其他地区
A	3.5119	469	日本		A	4.4394	4	南美洲
A	3.3937	264	华语区	B	A	4.2292	96	中国台湾地区
A	3.3894	96	中国台湾地区	B	A	4.1409	264	华语区
A	3.3712	4	南美洲	B	A	4.1255	25	大洋洲
A	3.2643	23	韩国	B	A	4.0760	23	韩国
A	3.2329	95	东南亚地区	B	A	4.0698	95	东南亚
A	3.0330	25	大洋洲	B	A	4.0667	469	日本
A	3.0277	14	亚洲其他地区	B	A	3.9226	75	北美洲
B	1.0526	2	非洲	B		3.0000	2	非洲

表 11　　各类活动主观数值与情绪分析评价

文本情绪评分					主观数值评分				
SNK 群组		平均值	*N*	Act	SNK 群组		平均值	*N*	Act
	A	3.8358	70	情人桥		A	4.34637	102	渔人码头(公交车、渡轮)
	A	3.7726	138	商店,纪念品		A	4.31171	70	情人桥
B	A	3.5694	127	自行车,历史	B	A	4.26118	138	商店,纪念品
B	A	3.5566	102	渔人码头(公交车、渡轮)	B	A	4.24973	127	自行车,历史
B	A	3.5086	127	夕阳	B	A	4.09183	90	老街,美食
B	C	3.2732	463	其他	B	C	4.01165	463	其他
	C	3.1501	90	老街,美食		C	3.95403	127	夕阳

表 12　　活动多元化的评价

文本情绪评分				主观数值评分			
SNK 群组	平均值	*N*	Multi	SNK 群组	平均值	*N*	Multi
A	3.74011	220	2	A	4.31416	220	2
A	3.72033	447	1	B	4.08659	450	0
B	3.00000	450	0	B	4.05299	447	1

4.3　旅游活动规划讨论

过去观光旅游规划设计概念，主管机关、业者对问题的设计与顾客需求端的了解，多只限定在片面的议题上，未尝试以巨量资料、大数据进行宏观地解读分析，尤其是观光领域类别，游客主动的意见反馈多以文字、图片等方式呈现，若决策者只采用传统上的数值分析，忽略文本讯息，在参考信息来源上将有局限性的信息来源障碍。文字探勘在淡水风景区为主题的前述分析，呈现出淡水地区发展观光的主要趋势与几个当前旅游重要的警讯。

首先系淡水观光已逐渐舍弃过去最重要的在地观光资源、核心竞争力——“淡水夕照、淡水历史文化”。目前观光主推的饮食文化，单项的旅游主题无法得到游客的认同与佳评，因此舍长就短的观光发展趋势难以让淡水观光脱胎换骨，振衰起敝，应尝试反转资源的配置。

原则上在活动规划的设计上应采多元主题的活动设计，以地标景点渔人码头为折返点，途中至少搭配一处文化巡礼，最后以渡轮回到老街，体验通俗的在地饮食文化，旅途中再视活动时间的许可，安排不同精致特色地活动。

目前活动的安排，多以旅客自由行的方式自主安排，对于环境不熟悉的外地旅客而言，时间的效率与游玩的内涵甚难达到精致的效果，可改以供给导向的方式，鼓励在地观光企业与文史工作者，设计几条专属配套路线，随时额满出发，提升旅游深度与质量，以回应贴文者对淡水旅游选择的趋势。

5　结语

本研究以文字探勘技术，应用分析淡水风景区国内外游客文本情绪分析，在大量文字资料处理后，词频归类与旅客对活动之评价，辅以统计分析，可以厘清并得到下列几项结语：

（1）文本情绪评分受限于区域别文化差异，与活动类别不同，与精确的数值主观给分之评价产生差异的现象。

（2）多元活动设计游程能提升旅游活动评价。

（3）深度玩家多能掌握在地旅游特色的重点；一般旅游则以景区地标，当作旅游主题：其余则沦于无重点的走马看花体验，辅以在地伴手礼的购买。因此，主导旅游发展的业者可以活化地标景点周围的文化活动，整合散客，设计套装行程，提升淡水旅游品质。

（4）来台观光的主要客源，如日本、韩国、新加坡及中国大陆和香港等，加上近年来台湾地区想要深耕的东南亚地区，对淡水风景区的活动与旅游体验，都出现比在地客略逊的评价。想要扩大观光人口，缺少网络玩家级的佳评，将面临更艰峻的考验。

（5）文字探勘技术需整合网络关键文本下载，与内文之文字解读、外加情绪程度同义字的归类，对于一般使用者产生障碍，建议软件系统开发者，持续改善。

参考文献

[1]　旅知网，www. tripadvisor. com
[2]　陈亭凯."国道"计程电子收费实施后之网络舆情文本情感分析研究[D].淡江大学，2015.
[3]　黄世源.自动摘要方法于新闻摘要之比较[D].云林科技大学，2012.
[4]　蒋礼芸.信息萃取技术之探讨[J].大学图书馆，2014，7(2)：191-205.
[5]　Kim, S. M. and Hovy, E.. Determining the Sentiment of Opinions, Proceedings of the COLING Conference, 2004.
[6]　Littman, T.. Thumbs Up or Thumbs Down? Semantic Orientation Applied to Unsupervised Classification of Review [D]. Proceedings of the 40th Annual Meeting of the Association for Computational Linguistics (ACL), 2002: 417-424.
[7]　Salton, G., Wong, A. and Yang, C. S.. A Vector Space Model for Automatic Indexing[J]. Communications of the ACM, 1975, 18: 613-620.
[8]　Wiebe, M. J.. Learning Subjective Adjectives form Corpora[D]. New Mexico State University, 2000.

台北市公交车路线调整及转乘优惠整合计划

Taipei Bus Route Adjustments and Preferential Transfer Integration Plan

廖苑伶　张元榜　张佑华　叶　曜

摘　要：目前台北市联营公交车随着捷运二期路网完成，加上路线不断地增加与调整，现行公交车的功能定位逐渐模糊，且因应台北市搭乘公交车民众常要求能一车直达，致公交车路线常有弯绕行驶情形，而无法提升营运效率。本计划订定调整优先规划与必要性，与民众、公交车业者及政府三方意见协商拟定调整原则，以检讨现行并规划未来公交车路网调整方案，及分析公交车路网调整后对民众公交车业者与政府三方产生冲击与效益。

为提升公交车辨识度，台北市公交车朝向功能分明的层级式公交车路网调整规划，以“快、干、支、微”等 4 层级分别发挥综效，快速公交车已辟驶 26 条，已达阶段性成果，目前以干线公交车路网为首要推动目标。干线公交车主要行驶于本市重要干道，依道路条件及公交车运量预计规划 16 条干道路廊，第一阶段优先推出南北向敦化、松江新生 2 线，东西向之民生、仁爱 2 线及内湖等共计 5 线干线路廊，后续将依第一阶段推展情形与民众需求，逐步分阶段推动。干线公交车路网将视为类捷运系统，规划比照捷运提供与联营公交车间的转乘优惠，使民众在干线公交车与公交车间转乘将享有半价之优惠，可有效减少民众转乘费用，以培养民众转乘习惯，期能刺激公交车使用率，进而提升公交车路网营运效率。

未来，与干线公交车平行或相接之公交车路线，亦将进行通盘检讨，包括路线及班次的配合调整，进一步检视支线公交车及微循环公交车路线，以简化现有公交车网络复杂程度，增加民众使用便利性，达到整体公交车路网调整之目的。
关键词：路网调整；干线公交车；公交车路线；转乘优惠

Abstract: Because of Taipei citizens request that one bus could take them everywhere, buses had to run circuitously and thus inefficiently. Furthermore, citizens couldn't rely on a bus's label for its direction. This research analyzes cases of bus route adjustments to draw up adjustment principles via negotiating with public, bus businesses and government, reviews current problems and plan future's bus network program, and evaluates the impacts and benefits which the adjustments may bring.

Presently, the role of Taipei City Bus is obscured due to the completion of the second phase of MRT network and the constant increase and change of bus routes. In order to enhance the distinction of City Bus, the bus network is being planned to be classified into "Fast Line, Main Line, Branch Line, and Spur Line" four types. Main Line buses run on the city's main roads, expected to total 16 routes according to road circumstances and public demand. In the first phase, there will be Dunhua, Songjiang Xinshen, go south to north; Minsheng, Ren-ai, go west to east; and Neihu. Following phases will be carried out step by step, based on the situation and public demand. Main Line is respected as MRT system, providing transfer fare discount that aims at building people's habit of transfer, stimulate bus usage rate, and making bus network run more efficiently.

Bus routes parallel to or connected to main line routes are also scheduled to be rechecked, as well as their routes and timetable are going to be adjusted. Branch Line and Spur Line are put under further examination in the purpose of reducing the complexity of bus network, enhancing convenience, and finally achieving a better bus network.
Keywords: bus route adjustments; Main Line buses; bus route; preferential transfer

1　引言

以往台北市搭乘公交车民众常要求能一车直达，致公交车路线常有弯绕行驶情形，而无法提升营运效率。透过订定调整优先规划与必要性，与民众、公交车业者及政府三方意见协商拟定调整原则，以检讨现行并规划未来公交车路网调整方案及分析公交车路网调整后对民众、公交车业者与政府三方产生冲击

作者简介：廖苑伶，台北市交通安全促进会顾问。
张元榜，台北市交通安全促进会顾问。
张佑华，台北市交通安全促进会委员。
叶曜，台北市交通安全促进会委员。

与效益。

本计划将台北市联营公交车路线依服务特性，重新界定功能明确的层级式公交车路网，从直捷、快速的干线公交车，到服务社区最后一公里的接驳公交车，各有不同的属性，建构出台北公交车路线层级式架构，朝向“以快、干、支、微的分工发挥综效”，透过路线定位与区分，增加不同层级路线的识别度差异，并优先推动快速公交车及干线公交车层级，让公交车资源得以有效的运用，且符合民需的境界。

2 计划介绍

2.1 计划缘起

虽然台北捷运已完成二期路网，但台北市仍有人口密集区是捷运尚未能覆盖到的范围，而市郊与山区及大部分新北市的跨市需求，仍须借由公交车服务来补足。即使有捷运服务，但捷运无法直达的起讫区域，公交车服务还是比捷运具有优势，加上公交车具有站距短、可及性与营运弹性高、路网遍布密集、收费较低廉等优势，公交车这最基本之公共运输工具之角色，无法被完全取代。

除此之外，捷运运量逐年成长后，部分捷运路段于平日上下午尖峰也出现车厢拥挤，等车民众可能上不了车的现象。例如：文湖线忠孝复兴—中山中学站间，淡水信义网民权西路—双连站间，以及板南线龙山寺—西门站间，显示出这些路段还是需要平行之公交车路线分摊部分大众运输的功能。随着捷运路线陆续通车，以及公交车路线不断调整，有些路线的定位已与原设计立意不同。

2.2 建构层级式路网结构

将台北市联营公交车路线依服务特性，重新界定功能明确的层级式公交车路网，从直捷、快速的干线公交车，到服务社区最后一公里的接驳公交车，各有不同的属性，建构出台北公交车路线层级式架构，朝向“以快、干、支、微的分工发挥综效”。透过路线定位与区分，增加不同层级路线的识别度差异，并优先推动快速公交车及干线公交车层级，让公交车资源得以有效的运用，且符合民需的境界(图 1)。

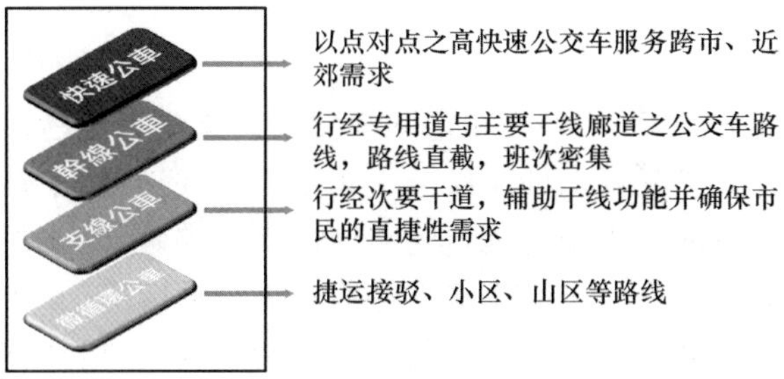

图 1 层级式公交车路网架构

2.3 阶段式路网调整

从民众、公交车业者、政府等公交车路网调整之利害关系者的角度进行考量，公交车路网结构调整将采取分阶段的方式推动，先就可执行性高且对公交车服务具有加分效果的工作优先推动。例如：快速与干线公交车层级，以降低对于各利害关系者的冲击。

至于支线与微循环层级的检讨与调整，是以两层级多深入服务住宅社区与偏远山区，提供民众第一里与最后一里的服务，进行若干调整，都将影响部分民众原有搭车权益与习惯，也就是减分效果的工作。

2.3.1 分阶段进行路网调整：先快干层级，后再检讨支微层级

公交车路网调整主轴将从快速公交车与干线公交车路网层级开始，先将台北快速联外公车路网与市中心主干公交车路网形塑完成，并搭配提升与优化公交车服务，以及公交车相互转乘优惠等配套措施；后再依干线公交车推展状况，以及干线路廊上相关路线运量的增长情形，采取滚动式调整属于支线与微循环层级的公交车路线。此做法可以先让民众感受到公交车服务质量提升，而非公交车路网调整所带来的不适应问题(图 2)。

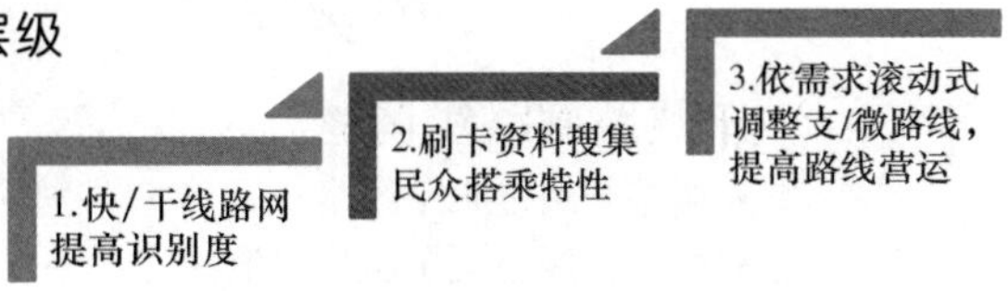

图 2 分阶段推动公交车路网调整

2.3.2 快速公交车路网已陆续成型，完成阶段性成果

优先推动的快速公交车路网，2016 年已辟驶与规划多条包含跨市之快速公交车路线，建构跨越台北市及新北市完整之快速公交车路网，其中，包含：

(1) 已辟驶市区快速公交车：3 条线；

(2) 已辟驶跨市快速公交车：23 条线。

共计 26 条快速公交车路线，双北市快速公交车路网，在现行高快速道路的路网架构下，双北市快速公交车路网满足现阶段民众快速联外需求(图 3)。整体来说，台北市公交车路网结构调整之快速公交车

层级，目前已完成初步阶段性成果。

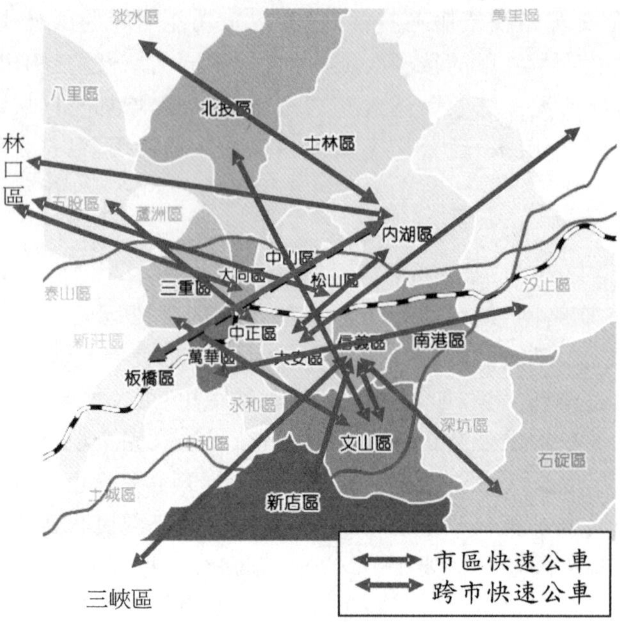

图 3　快速公交车路网示意图

2.3.3　干线公交车路网与费率调整政策整合，公交车服务再提升

优先推动的干线公交车路网，干线公交车路网结构会改变乘客一车直达的搭乘习性。为使干线公交车路网与支微层级达到路网调整之综效，民众须接受短程转乘，为此干线公交车将并同实施转乘优惠，以减少民众因公交车转乘造成费用增加情形，并培养民众转乘习惯。公交车转乘优惠整合架构(图 4)。借此达到①干线公交车路线提高识别度；②增加整体公交车路网营运效率；③减少民众公交车相互转乘障碍；以及④获得民众搭乘起讫信息等多元目标。

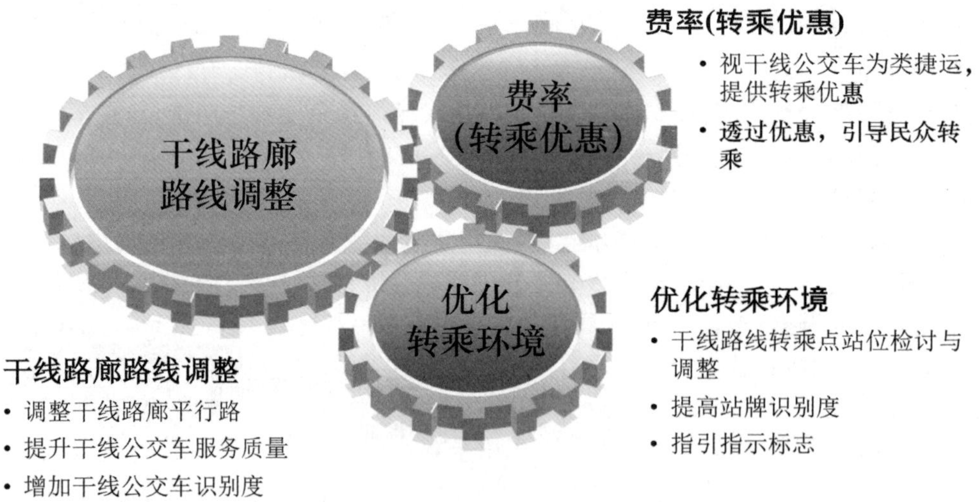

图 4　公交车路网与费率调整整合执行计划架构

2.4　干线公交车路廊指认

依阶段式路网调整优先推动干线公交车层级之构想，首先指认干线公交车路廊与路线。本市公共运输处 2014 年委托执行之“台北市联营公交车动态信息辅助乘客 OD 调查案”(以下简称 OD 案)之推估结果，进一步计算各站牌间之全日公交车旅次站间量，透过站牌之 GPS 坐标，将站间量绘制在图上(底图为台北都会区行政区界线图)，如图 5 所示。

以全日公交车旅次最大站间量大于 18000 人次作为指标，指认公交车旅次主要路廊为干线公交车潜在路廊，共指认出 12 条路廊，如表 1 所示。其中，中华路廊因路线多属通过型，故不纳入干线路廊。此外，考量市区内主要干道(公交车专用道)，纳入仁爱与重庆，以及捷运先导公交车与分摊捷运运能，纳入

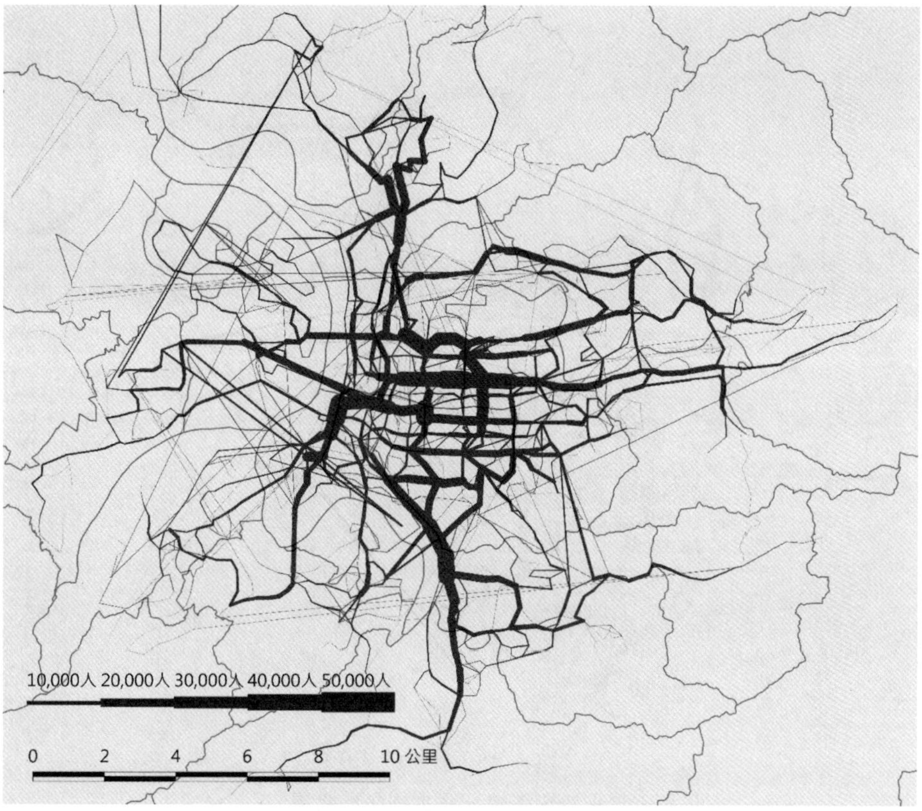

图 5　台北公交车旅次需求分布图

民生、复兴、信义内容等 3 路廊。因此，共计指认 16 条干线公交车路廊(8 纵 8 横)。

表 1　公交车旅次主要路廊

序号	路廊道路名	最大站间量
1	中华路	46497
2	南京东路	45828
3	松江新生南路	43414
4	罗斯福路	42090
5	民权东路	37983
6	忠孝东西路	34197
7	敦化南北路	29678
8	中山北路	27136
9	和平东路	20996
10	北安路-内湖路-成功路	20500
11	信义路	18871
12	基隆路	18167

2.5　第一阶段干线公交车

干线公交车主要行驶于本市重要干道，其路线直捷，起、讫端依民众需求延伸服务，以密集发车模式营运，规划平日班距为尖峰 4～6 分钟，离峰 5～10 分钟，且无支线或副线营运形态。车辆部分将全部采用低地板公交车，车内比照捷运设有 LCD 信息显示面板，另针对车体、站牌、指示标志等亦有加强辨识度设计，增加干线公交车之辨识性。

干线公交车第一阶段优先推出南北向敦化、松江新生 2 线，东西向之民生、仁爱 2 线及内湖等共计 5 线干线路廊，并经评选由既有之 285、642、518、263 及 287 路公交车转型为干线公交车，以密集发车模式营运。平日班距为尖峰 4～6 分钟，离峰 5～10 分钟，预计于 2017 年 7 月正式上路(图 6、表 2)。

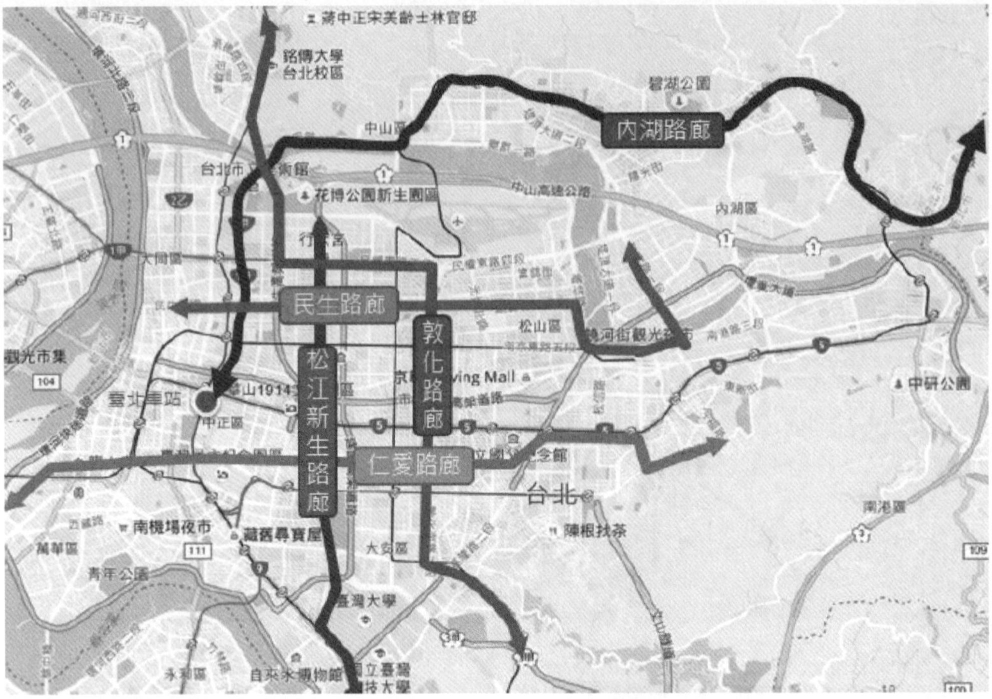

图 6　第一阶段干线公交车示意图

表 2　第一阶段干线公交车行经路廊表

干线名称	行经路廊	起-讫点
内湖干线	北安路、内湖路、文德路、成功路	东湖—衡阳路
松江新生干线	松江路、新生南路	青潭—复兴北村
敦化干线	敦化南、北路	麟光新村—荣总
民生干线	民生东、西路	麦帅新城—圆环
仁爱干线	仁爱路	五福新村—南港花园社区

2.6　转乘优惠

干线公交车功能将视为类捷运路线，提供干线公交车与一般公交车转乘优惠，与现行公交车捷运相互转乘优惠幅度相同，采半价优惠。优惠范围设定为干线公交车与公交车相互转乘，皆享半价优惠。此措施将可降低民众转乘(票价)惩罚，刺激公交车运量与使用率成长，进而提升公交车路网营运效率。

转乘优惠经费将由市府支应，此经费运用状况未来将滚动式检讨，若执行效果良好，公交车运量具显著增加时，将评估由业者(部分)负担转乘优惠经费。

2.7　干线公交车配套措施

1）提升干线公交车识别度

为使干线公交车有别于一般公交车，将于公交车编码、车体外观、公交车站牌与路线图等项目，进行干线公交车识别度提升设计。

跳脱一般公交车的数字编码，干线公交车编码将采文字＋数字编码，其编码逻辑为"'代表性 logo'＋'路廊名'"，例如：敦化干线，仁爱干线。

公交车车体进行识别度设计及涂装，让民众可直接由车体外观辨识干线公交车，并委请设计公司进行专业设计。

2）营销优惠措施

为使市民更加了解参与干线公交车转乘公交车，市府预计办理一连串倡导措施，如：转乘积点、抽奖等措施，另鼓励业者于营运计划书中自提长、短期营销优惠措施，可于路线申请评分项目的创意服务项目中增加。

3）优化公交车转乘环境

搭乘公交车不比捷运有明显的站体，因而提高站牌识别度相当重要；除此之外，民众常于十字路口找寻站牌，不知道左转或右转才可寻获站牌，因而于重要公交车转乘点的路口，应设置站牌位置的指引指示标志，利于民众找寻站牌。即站牌特别标示有干线公交车停靠，民众不但可从远处就发现站牌的位置，还可辨识此站牌是否有干线公交车停靠。

3 预期成效

干线公交车乘载着本市公交车路网调整的领头羊，而路线调整涉民众搭乘权益，须审慎评估。须视第一阶段推展情形与民众需求，逐步分阶段推动，并透过第一阶段干线公交车上路，将并同通盘检讨与干线公交车平行或相接之公交车路线，包括路线及班次的配合调整，进一步检视支线公交车及微循环公交车路线，以简化现有公交车网络复杂程度，增加民众使用便利性，达到整体公交车路网调整之目的。干线公交车上路预期将达到下列 6 项成效，分别为：

（1）简化干线路廊公交车路线复杂性；

（2）减少民众公交车转乘负担；

（3）减少无效率班次与路线；

（4）提升公交车转乘效率；

（5）增加公交车运量；

（6）增加民众公交车满意度与公共运输使用率。

参考文献

[1] 台北市公共运输处."捷运施工时公交车路线及转乘执行计划"规划成果报告[R].2009.

[2] 交通事务主管部门运输研究所.台湾公路容量手册[R].2011.

[3] 台南市政府交通局.台南市捷运化公共运输系统，Available from：http://traffic.tainan.gov.tw/FileDownLoad/FileUpload/20151026171652470872.pdf.

[4] 台中市政府交通局.2013 年度台中市区域型转运站可行性评估及初步规划，Available from：http://www.traffic.taichung.gov.tw.

[5] 设计首尔市政开发研究院.首尔市公交车系统改造（赴台北市会议简报）.2006.

[6] Seoul Metropolitan Government. Seoul-Public-Transportation-English. 2914.

[7] Heather Allen. Bus reform in Seoul，Republic of Korea[R]. Case study prepared for Global Report on Human Settlements，2013.

[8] Ministry of Transport. Available from：http://www.mot.gov.sg.

[9] Land Transport Authority. LTA's role in public bus services. Available from：http://www.lta.gov.sg.

台北捷运财务永续机制之研究

Sustainable Finance System for Taipei Mass Rapid Transit

陈建利

摘　要：台北捷运系统自1996年营运，台北捷运公司于1996年至2014年期间，每年平均税后纯益为5.84亿元新台币，惟该公司迄今尚未支付第二阶段路网自偿性财源，试算台北捷运公司支付偿本利息后会出现亏损并造成公司财务压力。

本研究基于永续运输发展及财务自偿理念，依据预估运量、营运成本、票箱及副业收入，计算倘台北捷运公司自2015年支付第二阶段路网自偿性财源后，2015年至2034年期间营运损益及现金流量之影响与变化。依据本研究分析结果，得知偿本利息、重置成本和政策补贴占捷运公司营运成本极高的比例，如果运量不若预期且不调整票价，会导致票箱收入不足并影响公司营收。

经由本研究分析探讨之结论建议，为使台北捷运公司永续经营，自支付第二阶段路网自偿性财源后，建议调整政策补贴比例。另于台北捷运系统达最小效率规模，即路网长度140公里，日运量236万人时适时调整票价，并视营运状况调整重置经费提拨比率。

关键词：台北捷运；永续运输；财务永续；财务分析

Abstract: Taipei Mass Rapid Transit(TMRT) has been operating since 1996. From 1996 to 2014, the average net profits after tax of Taipei Rapid Transit Corporation(TRTC) is 5.84 million. However, TRTC has not paid the self-liquidating capital cost of the second stage of TMRT network. To pay the cost will result s show the TRTC will fall a short of the operating cost and the deficit in the future.

This study focus on sustainable Transportation and finance self-liquidation, the operating profit and loss and cash flow and the impact of those changes of TRTC since 2015 to 2034 are calculated based on estimated traffic, operating cost, ticket revenue and sideline income.

According to the research results of the analysis, which the self-liquidating capital cost, replacement cost and policy subsidy accounting for a high proportion of operating costs in TRTC financial result. If traffic is not as expected, the company will make MRT face crisis in the result of insufficient revenue problem.

Recommendation from analysis and discussion of the study, sustainable operations is the goal of TRTC, the findings recommended that TRTC should adjust the allocation percentage plan of Policy subsidy depending on the actual operation after it begins to pay the self-liquidating capital cost. It is also shown when minimum efficient scale (the network length is 140 km and the average ridership is 2.36 million trips per) occurs, TMRT should adjust the allocation percentage plan of reallocation fund depending on the actual operation and adjust fares as well.

Keywords: Taipei Mass Rapid Transit; Sustainable Transportation; Financial Sustainability; Financial Analysis

1　引言

台北捷运系统自1996年营运，成为台北民众不可或缺的大众运输工具。结合公交车运输的接驳，加上悠游卡的推行，提供民众便利快速的大众运输服务。台北捷运公司在1996年通车营运后，除营运初期呈现亏损，自1998年起收支平衡且产生盈余，自2001年起开始编列租金及30年提列重置准备金后，至2014年仍有盈余表现。然而在捷运路网与经营版图扩张，票箱收入增加的同时，捷运公司必须从2010年起，开始负担第二阶段路网新庄芦洲线、南港东延线建设成本，和各类后续成本的支出，惟该公司迄今尚未支付第二阶段路网自偿性财源，试算台北捷运公司支付偿本利息后会出现亏损营运亏损。

台北捷运永续财务的理念与目的，便是希望达成捷运公司的健全财务结构，在追求良好大众运输质量和实行社会公平的前提下，付出合理的经营成本，得到足以负担开支，并追求未来更优质发展的合理报酬。台北捷运如同各国运输事业，仍以票箱收入为整体营业收入之大宗，偿本利息、重置成本占营运成本

作者简介：陈建利，台北市交通安全促进会委员。

极高比例，票价的制定和运量的变化，偿本利息负担和政策补贴金额，都会对营业收入产生根本性的影响。惟有以良好的经营体质与财务结构作后盾，公司才能够持续赚取合理的营业利润，并借以维持商品的质量和服务的可靠度。特别是在大众运输此一行业，它不仅要维系自身的长久经营发展，同时更要为达成环境永续和社会永续此两大课题而努力。

2　文献回顾

2.1　财务永续及永续运输

永续发展包括经济财务永续、社会永续以及环境永续，而其中以经济财务永续之课题最为重要，概如无经济财务永续发展，便无力维护环境改善环境，如无永续经济发展，社会发展也失去凭借，永续经济发展乃是使经济维持不断成长的基础。

鉴于经济财务永续、环境永续和社会永续三者密切难分的相互关系，永续经济与财务发展策略，须以其他两者之持续发展为建构基础，Blowers 认为解决永续运输问题的策略为：(1) 建立管制机构来控制污染程度；(2) 以课税的方法，来促进使用能源效率高的运输工具；(3) 开发新科技和替代能源；(4) 规划运输新方法，以减少汽车旅行之需求。

2.2　大众运输营运整合

一般而言，都市大众运输系统之整合，可以分为三个层面，营运的整合，机构的整合及实体的整合，林志盈认为捷运与公交车系统整合要点如下：

(1) 降低道路需求之压力；

(2) 提高营运收入；

(3) 降低营运成本；

(4) 规划接驳系统发挥捷运系统功能。

2.3　捷运系统服务特性

大众捷运系统为都会区大众运输的主要骨干，负担中短途旅客之运输需求服务，特色如下：

(1) 提供专用路权，以保障高度的行车效率；

(2) 提供高运能之运输服务，养成民众使用大众运输之习惯；

(3) 行车速度快，能与私人运具竞争，以达到抑制私人运具使用目标；

(4) 班次密，能提供便捷的服务；

(5) 捷运系统具有提升本地科技水平之功能。

2.4　台北捷运建造预算与资金来源

1986 年 1 月，行政管理机构正式宣布台北捷运系统执行计划由台北市政府成立“捷运工程局”负责执行。台北捷运系统初期路网路线，除了内湖延伸线的路线后来再作一次变更外，可以说是全部定案未再变动，长度由最早的 70.3 公里增加为 88 公里、79 个站，以路线长度计，整个计划的规模扩大了 25%。当时捷运工程局编列预算时，则引用预算法第七十五条的规定，把所有捷运工程经费都以特别预算方式编列。第一期特别预算 881 亿元新台币，在 1987 年 6 月就通过，后来又增加为 1071 亿元新台币；第二期特别预算 1636 亿元新台币亦在隔年顺利通过；1989 年又以增加土城延伸线、内湖延伸线为由，再编列了 1804 亿元新台币的第三期特别预算，总建设经费约 4417 亿元新台币。

依台北市台北捷运固定资产重置基金收支保管及运用办法，台北捷运公司资金来源如下：

(1) 捷运系统相关设施、设备之租金收入；

(2) 依预算程序拨入之款项收入；

(3) 捐赠金收入；

(4) 本基之孳息收入；

(5) 对外融资之款项；

(6) 其他有关收入。

3　台北捷运系统营运现况分析

1994 年 7 月 29 日台北市政府依大众捷运相关规定第二十五条规定，为经营台北捷运而成立“台北大众捷运股份有限公司”，其成立的宗旨系为确保大众捷运系统之公营营运机构在“明确经营责任，财务自主，盈亏平衡”下，以企业化经营管理，提升服务质量，符合民众需要；另依公营大众捷运系统管理条例第五条规定：“当局投资捷运公司之资本额及股东持股比例，由路网所在地省（市）或县（市）政府协商定之。股东则包括台北市政府、交通事务主管部门、台北县政府、唐荣公司及台北、交通、农民等三家银行计七位法人。

台北捷运公司自 1996 年 3 月 28 日通车营运后，除营运初期呈现亏损外，自 1998 年起营运收支平衡后，至 2014 年期间皆有盈余。2014 年 11 月，松山线完工通车，象征捷运初期路网完成。营运路网 2014 年 11 月 15 日松山线通车（西门站 — 松山站），营运长度增加 7.9 公里，总营运长度为 129.2 公里，营运车站数为 116 个，系统营运回归原设计，路网依棕、红、绿、橘、蓝区分为 5 条路线。年度总运量 6.79 亿人次，平均日运量 186.1 万人次。附属事业有广告、收费停车场。2014 年总收入约 175.9 亿元新台币，税前纯益约 9.4 亿元新台币，税后纯益约 7.9 亿元新台币。另台北捷运公司与捷运系统财产所有机关台北市政府签订租赁契约，2014 年缴交租金 40.2 亿元新台币。自 2002 年起双向转乘优惠费用由本公司全额负担，2014 年支付 11.9 亿元新台币，承担捷运公交车双向转乘优惠、悠游卡 8 折等政策性支出，前述 2 项政策费用支出及收入短收，2014 年合计约 30.7 亿元新台币。历年总收入及历年税后纯益如图 1、图 2 所示（引用台北捷运公司 2014 年年报资料）。

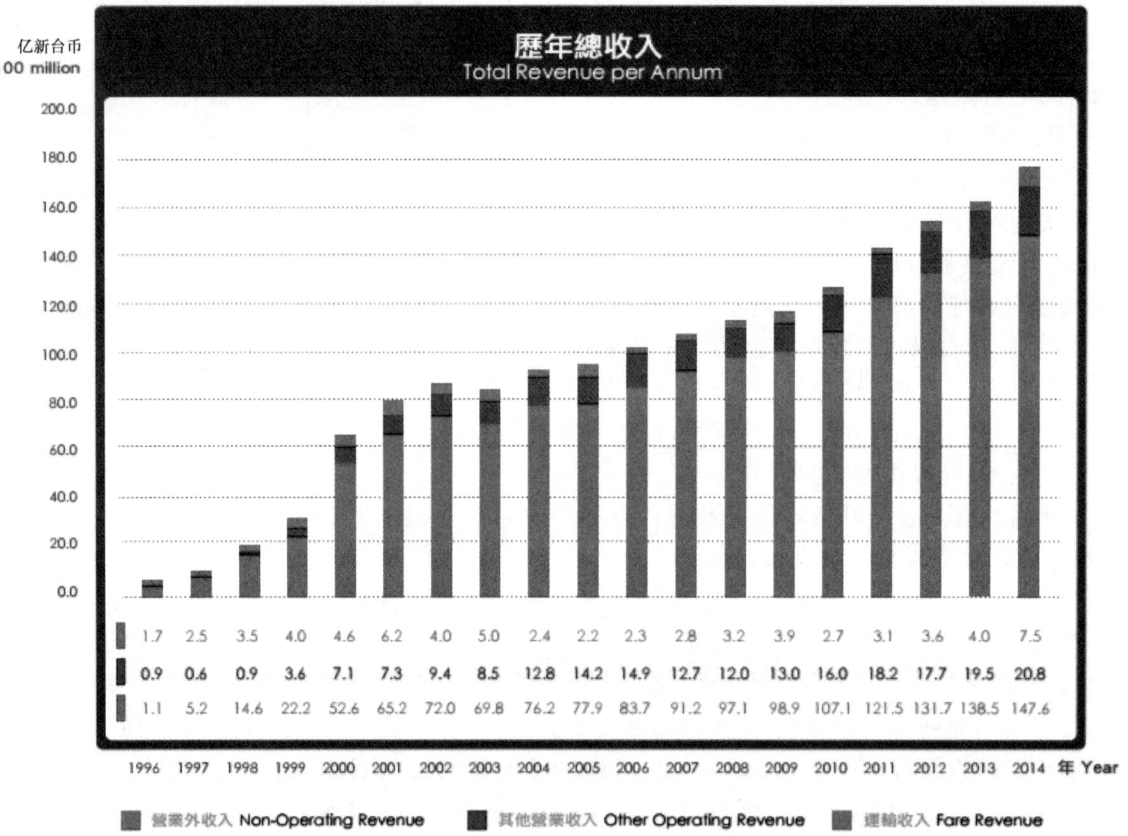

图 1 历年总收入

4 结语

（1）预估台北捷运未来营业收支，因第二阶段路网通车营运旅次运量增加，收支尚能维持平衡，惟倘自 2015 年起另负担第二阶段路网部分建设成本偿本利息，依保守旅次运量评估，将产生“营运亏损”。

（2）依 2015 年至 2034 年期间营运损益及现金流量变化，偿本利息、重置成本和政策补贴占捷运公司营运成本极高的比例，如果运量不若预期且不调整票价，会导致票箱收入不足并影响公司营收。

（3）若成长运量不若预期，除透过调整票价增进票箱收入，建议调整政策补贴比例，依达到支付第二阶段路网自偿性财源。

（4）建议于台北捷运系统达最小效率规模，即路网长度 140 公里，日运量 236 万人时适时调整票价，

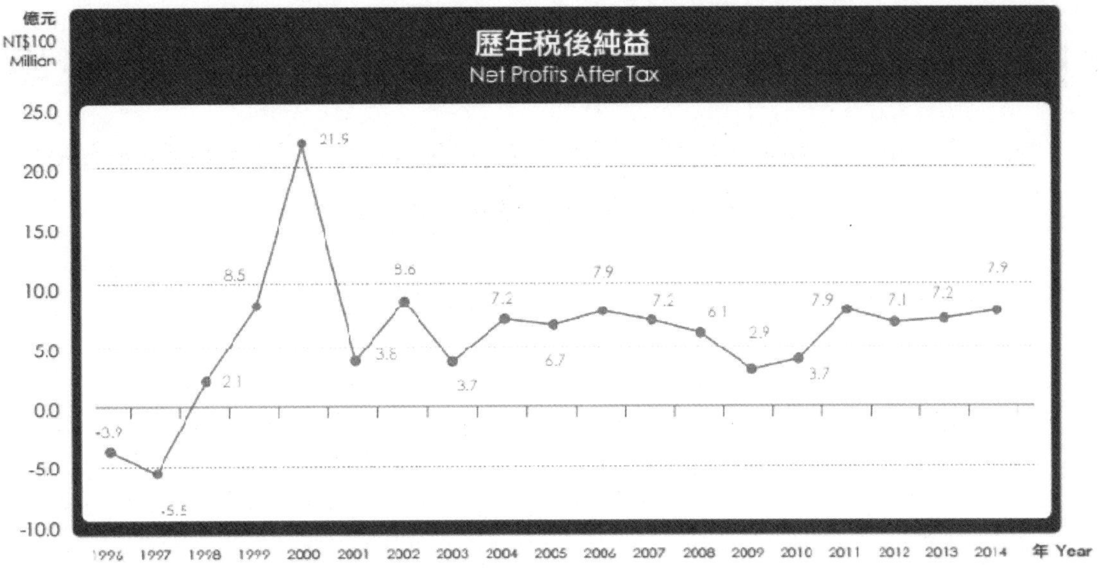

註：1996—2013 年為經臺北市審計處審定數，2014 年為會計師查核報告數。

Note：The balances from 1996 to 2013 were examined by the Taipei City Audit Division. The 2014 balance was audited by our commissioned accountant.

图 2　历年税后盈余

并视营运状况调整重置经费提拨比率。

参考文献

[1]　台北大众捷运股份有限公司，http://www.trtc.com.tw/.

[2]　台北大众捷运股份有限公司，1996—2014 年统计年报.

[3]　台北大众捷运股份有限公司，1996 年—2014 年会计室统计资料 .

[4]　台北市政府捷运工程局，http://www.dorts.gov.tw/.

[5]　张有恒.运输经济学[M].华泰文化，1999.

[6]　李明彦.营运亏损补贴对台北市联营公交车成本与生产力影响之研究[D].淡江大学，2000.

[7]　林干传.捷运系统永续财务策略之探讨[D].台湾大学，2003.

[8]　陈璟慧.大众捷运系统经济财务永续政策绩效分析[D].台湾大学，2007.。

[9]　蔡奇宏.台北捷运系统成本函数及经济特性之研究[D].台湾大学，2008.

[10]　交通事务主管部门运输研究所.研提推动大众捷运系统建设与营运永续发展机制之研究[R].台湾运输学会，2009.

[11]　蓝武王.捷运系统费率计算公式与票价之拟订[R].台北市政府捷运工程局委托，台湾交通大学交通运输研究所研究报告，1989.

[12]　Carey Curtis. Planning for sustainable accessibility：The implementation challenge[J]. Transport Policy，2008，3，15(2)：104-112.

[13]　Fouracre，P. and Dunkerley，C. Mass Rapid Transit Systems for Cities in the Developing World2003.

[14]　Pozdena，R. J.. Estimating Cost Functions for Rail Rapid Transit Properties[J]. Transportation Research，1978，12：73-78.

[15]　Gwilliam，K. . Financing Public Transport[] UITP，2000.

桃园市区公交车票价制度一体化与优惠策略设计

Research on Integration of Fare System and Preferential Strategy for Taoyuan City Bus

刘庆丰　张新福　林干传　陈柏君　李思苇　纪秉宏

摘　要:过去,桃园境内的公交车系统包括服务市中心到郊区的公路客运和服务市中心的市区公交车,两者的主管机关、服务水平与票价制度皆不同。2014 年底桃园升级后,原本 98 条公路客运路线须移拨桃园市政府交通局管辖,转型为市区公交车。桃园市政府交通局为了达成公交车服务一体化,分别进行了路线与票价制度的整合。本研究主要探讨桃园市区公交车新票价制度与优惠策略的设计与评估。研究方法系以桃园市的公交车电子票证刷卡资料为基础,分析乘客旅次长度,并综合考量民众票价支出、公交车业者营收与政府亏损补贴额度等,取得最适票价方案。同时,为了提升公交车的使用率并进行公交车政策营销,同步推出"八公里买一送一"的优惠策略。桃园市自 2017 年 2 月 6 日起优先于台一线实施新票价和优惠策略,并于同年 4 月 5 日于 164 条市区公交车路线全面实施,实施至今已获得业者与市民的好评。

关键词:桃园市;市区公交车;票价制度;优惠策略;一体化

Abstract: In the era of Taoyuan County, the bus system is divided into intercity bus and city bus systems. Their competent authorities, service standards and fare systems are different. After Taoyuan being upgraded at the end of 2014, the 98 routes of intercity bus must be transferred to city bus under the jurisdiction of Taoyuan City Department of Transportation. In order to achieve the uniformity of bus services, the route and the fare system must be integrated. In this research, we proposed a new fare system for Taoyuan city bus as well as the promotion strategy by analyzing the passengers' characteristics. Base on the electronic ticket transactions of Taoyuan bus passenger and the supplemental information from government and bus companies, the best fare program is calculated by analyzing the travel length of passenger, price expenditure, bus company revenue, and government loss subsidy. In order to improve the utilization rate of the bus, we also proposed the "Buy One Get One Free for 8km" campaign. The new fare system and Preferential strategy have been implemented on routes on No. 1 Provincial Road in Taoyuan since February, 6, 2017, and has been well received by the industry and the public.

Keywords: Taoyuan City; city bus; fare system; Preferential strategy; Integration

1　引言

过去,桃园境内公交车系统包括服务市中心到郊区的公路客运和服务市中心的市区公交车,两者主管机关、服务水平与票价制度皆不同。2014 年底桃园升级后,原本 98 条公路客运路线须移拨桃园市政府交通局管辖,转型为市区公交车。

公路客运 98 条路线移拨为市区公交车后,桃园市政府交通局管理的收费路线服务扩大,市区公交车路线从原本的 65 条路线增加至 164 条路线、路线 300 米服务范围的服务人口从 56%增加至 74%;服务行政区从 9 个增加至 13 个、影响范围从桃园都会双核心区扩大至外围山海行政区(图 1)。

桃园市政府交通局为了达成公交车服务一体化,分别进行了路线与票价制度的整合,本研究主要探讨桃园市区公交车新票价制度与优惠策略的设计与评估,并说明 2017 年第一季执行成效。

作者简介:刘庆丰,台北市交通安全促进会顾问。
张新福,台北市交通安全促进会顾问。
林干传,台北市交通安全促进会委员。
陈柏君,鼎汉国际工程顾问股份有限公司经理。
李思苇,鼎汉国际工程顾问股份有限公司规划师。
纪秉宏,鼎汉国际工程顾问股份有限公司规划师。

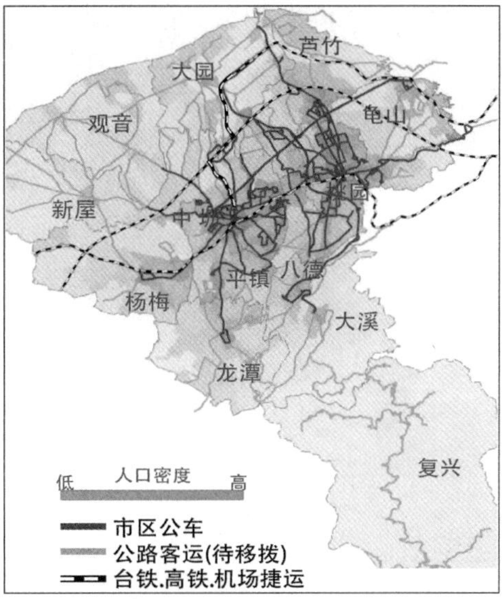

资料来源："桃园市公共运输费率政策与创新营运补贴机制"，桃园市政府交通局，2016 年 11 月。

图 1　公交车路网示意图[1]

2　公交车系统整合前的课题

2.1　公路客运与市区公交车票价计费制度不同

因市区公交车和公路客运主管机关不同，其票价与收费机制有所差异，桃园市区公交车采段次计价，公路客运采里程计价，两者基本票价分别为 18 新台币、23 新台币（公路客运相对市区公交车多 5 新台币）；搭乘里程超过 8 公里后的费率分别 2.25 新台币/公里和 2.961 新台币/公里（公路客运相对于市区公交车多 0.711 新台币/公里）；以整合前的票价来看，公路客运约市区公交车的 1.3～2.5 倍（表 1）。桃园市市区公交车和公路客运合理营运成本（为亏损补贴的车公里成本）亦有所差异，市区公交车每车公里合理营运成本为 42.317 新台币，该车公里成本从 2007 年核定后使用至今；公路客运 2010 年核定每车公里合理营运成本为 39.716 新台币，该车公里成本从 2007 年核定后使用至 2015 年，受到油价调降影响，2016 年 1 月调整为 36.8212 新台币。由此可知，桃园市区公交车亏损补贴的车公里成本相对于公路客运高。

市区公交车优惠制度，不如其他县市有捷运与公交车转乘优惠、自付额上限、10 公里免费等，然桃园市皆无。

表 1　　桃园市区和公路客运整合前费率制度

类型	市区公交车	公路客运
计价方式	段次计价	里程计价
基本票价（8 公里）	18 新台币	23 新台币
费率	18 新台币/段次（相当于 2.25 新台币/公里）	2.961 新台币/公里
刷卡流程	上下车皆须刷卡	上下车皆须刷卡
路线数	61 条	99 条（待移拨）
核定路线长度	4.7～39.0 公里	3.7～76.1 公里
现行票价范围	18 ～90 新台币	23～228 新台币
合理营运成本（政府对业者进行亏损补贴的基准）	42.317 新台币/车公里（2007 年核定至今）	39.716 新台币/车公里（ 2010 年核定）注 36.8212 新台币/车公里（2016 年核定）

资料来源："桃园市公共运输费率政策与创新营运补贴机制"，桃园市政府交通局，2016 年 11 月[1]。

2.2　公路客运的旅次长度较长、旅客数略少、总票收较少、政府补贴额度较高

由于市区公交车多集中于桃园人口密度较高的桃园、中坜核心区，公路客运则由桃园、中坜市中心延伸向外围乡镇，公交车乘客的平均旅次长度有明显差异，市区公交车平均 4.6 公里，公路客运平均 7.3 公

里;运量(人次)占比为市区公交车 53%,公路客运 47%。以基本票价(8 公里)内的运量来看,市区公交车相对公路客运多,市区公交车占 86.3%,公路客运占 62.9%,(图 2)所示。

结合不同的票价制度,2015 年票箱收入,公路客运 5.45 亿元新台币/年,市区公交车 5.92 亿元新台币/年;政府提供业者的亏损补贴金额,公路客运 0.57 亿元新台币/年,市区公交车 0.36 亿元新台币/年。

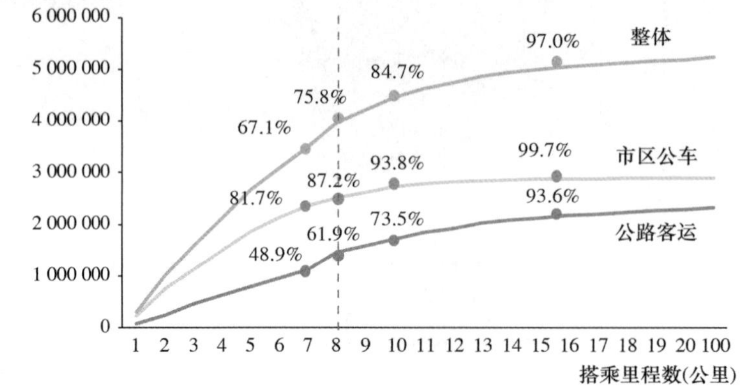

资料来源:"桃园市公共运输费率政策与创新营运补贴机制",桃园市政府交通局,2016 年 11 月[1]。

图 2 桃园 2015 年市区公交车与公路客运旅次长度分布图

2.3 公路客运路线与市区公交车在竞争路段内发生客运业者自动降价情形

受到桃园市区公交车和公路客运票价计价方式不同影响,在服务相同路段的路线间原各有不同票价,但因竞争造成业者自动降价情形,且降价地区多集中于运量高的都市地区,偏乡区域多维持原价(图 3)。公路客运计有 62 条路线,将起始票价降至与市区公交车相同的 18 新台币,而市区公交车共有 4 条路线,主动将二段票 36 新台币降价至 20 新台币与公路客运路线竞争(图 4)。

票价竞争的结果,受益者多为都市地区乘客,对偏乡长距离乘客来说,不仅服务路线相对较少,且又面临票价较高的情况。此外,业者为了抢客源在竞争路段自动减价,也造成营收短收约 16%。因此,公路客运路线移拨之际,加强路网整体性与服务水平、整合票价制度以达公平性,透过优惠制度提升整体公交车运量,为市政府主要的政策目标。

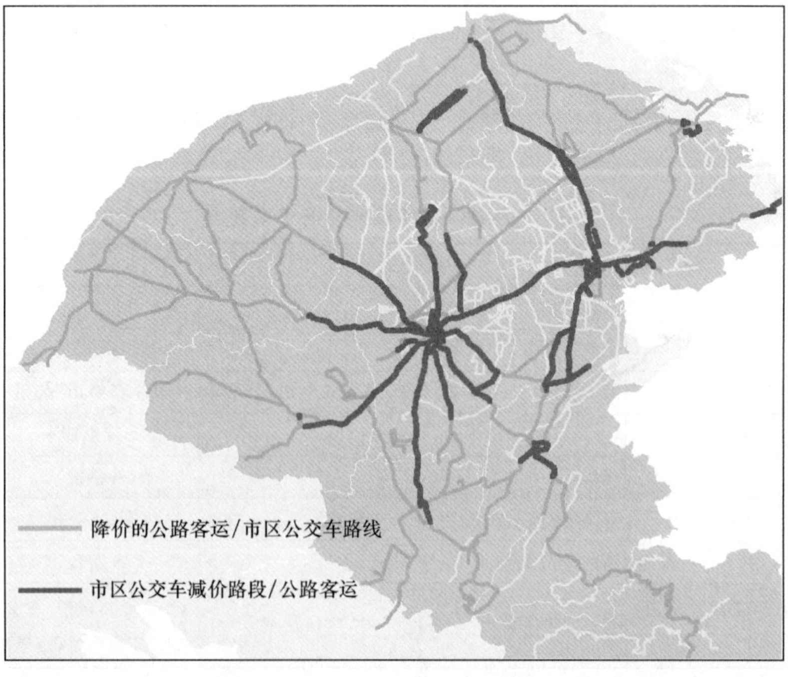

资料来源:"桃园市公共运输费率政策与创新营运补贴机制",桃园市政府交通局,2016 年 11 月[1]。

图 3 桃园市区公交车与公路客运竞争减价路段

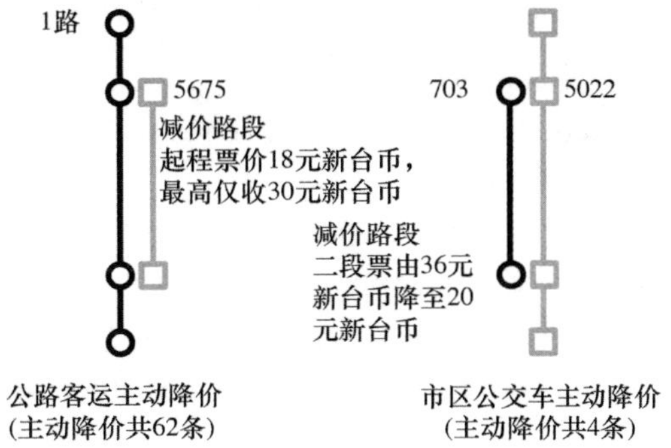

资料来源："桃园市公共运输费率政策与创新营运补贴机制"，桃园市政府交通局，2016 年 11 月[1]。

图 4　桃园市区公交车与公路客运竞争减价情形示意

3　票价方案设计与评估

3.1　方案设计原则

采用 18 元新台币为统一基本票价

在桃园升格之前，已有五城（台北市、高雄市、新北市、台中市、台南市）完成升格与公路客运路线移拨。在市区公交车基本票价中，以高雄市 12 元新台币最低，台中市 20 元新台币最高（但整合初期推动基本票价——8 公里免费），桃园市区公交车为 18 元新台币，略高于邻近的台北市 15 元新台币。由于待移拨的公路客运起程票价 23 元新台币，比桃园市区公交车多 5 元新台币。考量到若两者起程票价皆下调对客运业者营收冲击过大，因此采用了统一基本票价采 18 元新台币计算，对公路客运乘客而言，达到起程票价降价有感。

2）维持全市一套计价，实施用多少付多少里程制计价

桃园市公交车现行票价制度为双轨制，市区公交车为段次计价及公路客运为里程计费，因考量全市应采同一套计价制度，连同亏损补贴制度，一套票价方案进行整合。

考量桃园幅员广大兼具长短程旅次需求、收费公平性搭多少付多少，以及桃园市市区公交车和公路客运皆上下车刷卡，采里程制不会改变既有刷卡行为，建议全面改成"里程计费"。

3）基本里程之后的续程费率设计

目前桃园市 8 公里以内之旅次占 75.8%，为了减少票价调整对于民众之冲击，故基本里程仍维持在 8 公里，而续程费率研拟构想包括：

(1) 续程费率下限：采市区公交车费率为 18 元新台币/8 公里＝2.25 元新台币/公里。

(2) 续程费率上限：采公路客运费率为 2.961 元新台币/公里。

(3) 折中续程费率：采市区公交车和公路客运占比求得 2.58 元新台币/公里，计算公式为：(市区公交车占比×市区公交车增价费用)＋(公路客运占比×公路客运增价费用)＝53%×2.25＋47%×2.961＝2.58 元新台币/公里。

3.2　票价方案研拟

根据上述票价方案研拟原则，本研究针对桃园市公交车票价方案进行研拟，各票价方案内容（表 3 和图 5）所示：

表 3　票价方案研拟

项目	现况：双轨制		方案 1	方案 2	方案 3	方案 4
	方案 0					
营运类型	市区公交车	公路客运	市区公交车 公路客运	市区公交车 公路客运	市区公交车 公路客运	市区公交车 公路客运
计价方式	段次计价	里程计价	段次计价	里程计价	里程计价	里程计价
基本里程	8 公里	8 公里	8 公里	8 公里	8 公里	8 公里
基本票价	18 元新台币	24 元新台币	18 元新台币	18 元新台币	18 元新台币	18 元新台币
续程费率	18 元新台币/段次	2.961 元新台币/公里	18 元新台币/段次	2.25 元新台币/公里	2.58 元新台币/公里	2.961 元新台币/公里

资料来源："桃园市公共运输费率政策与创新营运补贴机制"，桃园市政府交通局，2016 年 11 月[1]。

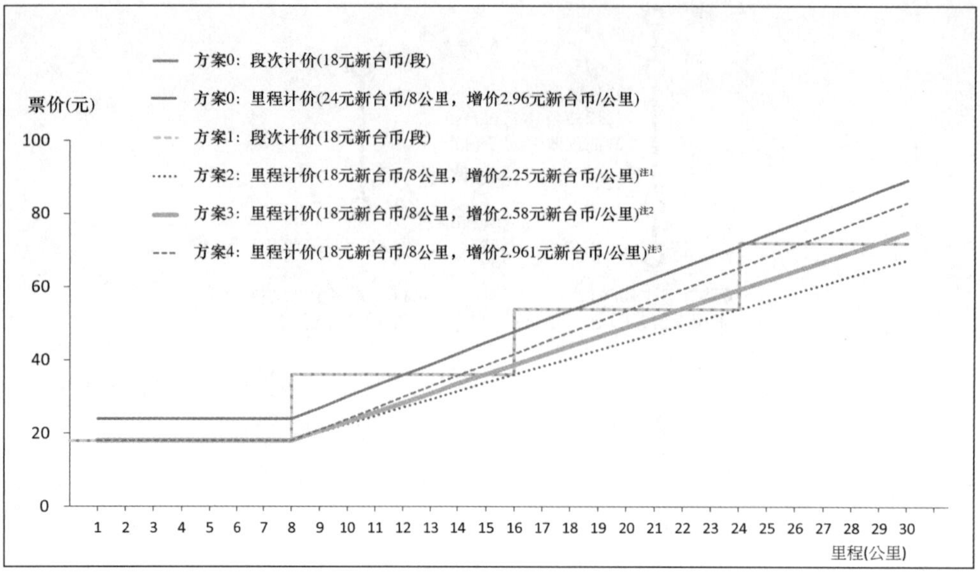

资料来源："桃园市公共运输费率政策与创新营运补贴机制"，桃园市政府交通局，2016 年 11 月。

图 5　各票价方案费率图

3.3　票价方案评估

3.3.1　票价方案评估准则

票价调整影响的对象包括政府、客运业者和民众三方，需将各方冲击纳入评估，以求总冲击较小的最适方案。因此，评估的准则包括：

(1) 政府方面的评估准则：政府需负担的补贴金额的变化、全市公交车票价制度是否具有一致性。当政府的营运补贴金额越大，冲击越大。

(2) 客运业者方面的评估准则：票箱收入＋政府补贴款的变化。当总收入越小，冲击越大。

(3) 乘客方面的评估准则：票价支出的变化、票价增高的乘客数比例、收费是否具有公平性。当票价支出越大，冲击越大。

3.3.2　票价方案评估结果

以桃园市 2015 年 10 月市区公交车和公路客运的电子票证资料，作为运量及搭乘里程推估基础，并透过各条路线的总营收放大后评估各种票价方案。

根据计算结果发现(表 4)，因实施相对价廉的票价、合理营运成本统一和干线公交车增班等因素，使得政府在各种方案下的补贴款皆较现况提高；因受到合理营运成本统一提高和政府须足额补贴等影响，使得客运业者在各种票价方案下的收入皆较现况提高；因票价方案 2～方案 4 的票价皆相对价廉，使得民众整体的支出都降低。

表 4　　票价方案研拟之票箱收入试算结果

影响对象	票价方案	市区公交车：段次计价 公路客运：里程计价	段次计价	里程计价		
		方案 0	方案 1	方案 2	方案 3	方案 4
	基本票价	市区公交车：18 元新台币 公路客运：24 地新台币	18 元新台币/段	18 元新台币 2.25 元新台币/公里	18 元新台币 2.58 元新台币/公里	18 元新台币 2.961 元新台币/公里
政府	营运亏损补贴	最少 (0.93 亿元新台币/年)	次少 (2.43 亿元新台币/年)	最多 (2.76 亿元新台币/年)	次少 (2.07 元新台币/年)	次多 (2.68 元新台币/年)
	学生优惠票补贴	无补贴 (0 亿元新台币/年)	有补贴 (0.30 亿元新台币/年)	有补贴 (0.30 亿元新台币/年)	有补贴 (0.30 亿元新台币/年)	有补贴 (0.30 亿元新台币/年)
	票价一致性	不一致	一致	一致	一致	一致

续表

业者	总收入 (票收＋补贴款)	最少 (12.31亿元新台币/年)	最多 (14.16亿元新台币/年)	次少 (12.96亿元新台币/年)	次少 (13.10亿元新台币/年)	次多 (13.25亿元新台币/年)
民众	收费公平性	不公平	不公平	公平	公平	公平
	票价支出	次多 (10.95亿元新台币/年)	最多 (11.73亿元新台币/年)	最少 (10.2亿元新台币/年)	次少 (10.38亿元新台币/年)	次少 (10.57亿元新台币/年)

资料来源:“桃园市公共运输费率政策与创新营运补贴机制”,桃园市政府交通局,2016年11月[1]。

3.3.3　票价方案建议

综合上述,考量到桃园市公交车票价一致性和收费公平性,以及对政府的亏损补贴款、客运业者的总收入和民众的票价支出冲击较小等原因,本研究建议桃园市公交车票价采方案3:起程票价18元新台币,续程费率每公里为2.58元新台币。

4　优惠策略设计与评估

4.1　优惠策略

本研究研提票价优惠策略之构想包括:

1）公交车票价具有足以放弃私人运具的竞争力

提出让民众有感具有吸引力的票价优惠策略,吸引私人运具使用者前往搭乘桃园公交车,透过短期的冲量计划来带动新票价方案的推动和改变。

2）对偏乡和长距离使用者给予优惠

考量到对偏乡公共运输服务的照顾和重视,建议订定乘客搭乘公交车自付额之上限,对偏乡和长距离使用者给予优惠。

4.2　优惠方案研拟

目前各县市最常使用的票价优惠策略包括基本里程(8公里)免费、票价上限、转乘优惠等,其优缺点分析(表5)所示。

因考量桃园市公交车政策目标希冀达到公交车服务整合、公交车票制一体化、短期内达到公交车运量冲量以及桃园市民卡发卡量冲量,因此研拟出4个优惠策略,(表6)所示。

表5　票价优惠策略优缺点比较

票价优惠策略	基本里程(8公里)免费	票价上限	转乘优惠
短期运量提升	★★★	★★	★★
民意好感	★★★	★★	★★★
照顾长距离公交车乘客	★★	★★★	★★
业者支持意愿	★★★	★	★★
促进全程使用大众运输系统	★	★	★★★
政府支持大众运输发展财政永续性	★	★★	★★★

资料来源:“桃园市公共运输费率政策与创新营运补贴机制”,桃园市政府交通局,2016年11月[1]。

表6　票价优惠策略研拟

票价优惠策略	受惠对象
每趟8公里以内免费＋自付额60新台币上限	全体桃园市民卡使用者＋偏乡和长距离市民卡使用者
每搭一趟送第二趟8公里免费＋自付额60新台币上限	全体桃园市民卡使用者＋偏乡和长距离市民卡使用者
8公里以外免费	全体桃园市民卡使用者
自付额60新台币上限	偏乡和长距离市民卡使用者

资料来源:“桃园市公共运输费率政策与创新营运补贴机制”,桃园市政府交通局,2016年11月[1]。

4.3 优惠策略评估和建议

4.3.1 优惠策略评估

根据建议票价方案进行优惠策略试算，试算结果(表7)所示，其中以“8公里以内免费＋自付额60元新台币上限”的优惠补贴款最高，然对于桃园市民卡发卡量和公交车使用量的冲量效果亦最佳；“搭一趟送一趟8公里以内免费＋自付额60元新台币上限”的优惠补贴款次高，对桃园市民卡发卡量和公交车使用量的冲量效果亦佳；“8公里以外免费”和“自付额60元新台币上限”的优惠补贴款较少，但可照顾到偏远地区和长距离桃园市民卡使用者。

表7　票价优惠策略试算结果

影响对象	运量	现况运量			
	票价优惠策略	8公里以内免费＋自付额60元新台币上限	搭一趟送一趟＋自付额60元新台币上限	8公里以外免费	自付额60元新台币上限
政府	营运亏损补贴(亿元新台币/年)	2.07	2.07	2.07	2.07
	票价优惠补贴(亿元新台币/年)	6.32	3.17	0.95	0.01
	学生优惠票补贴(亿元新台币/年)	0.30	0.30	0.30	0.30
业者	票箱收入(亿元新台币/年)	4.06	7.21	9.43	10.36
	营运亏损补贴(亿元新台币/年)	2.07	2.07	2.07	2.07
	票价优惠补贴(亿元新台币/年)	6.32	3.17	0.95	0.01
	学生优惠票补贴(亿元新台币/年)	0.30	0.30	0.30	0.30
	票箱收入和补贴额(亿元新台币/年)	12.75	12.75	12.75	12.75
民众	票价支出(亿元新台币/年)	4.06	7.21	9.43	10.36
	受惠民众(万人次/年)	4130	4130	999	20

注：1. 实施优惠对象限桃园市民卡使用者，以全体公交车使用者70%估算。

2. 营运亏损补贴为业者票箱收入少于营运成本时，政府需支付给业者的补贴款；票价优惠补贴为政府实施票价优惠方案时，政府帮民众支付票价给业者的补贴款。

资料来源：“桃园市公共运输费率政策与创新营运补贴机制”，桃园市政府交通局，2016年11月[1]。

4.3.2 优惠策略建议

考量到桃园市府财政的容受力、鼓励公交车转乘、施政需循序渐进和避免投机浪费资源等因素，本研究建议实施“搭一趟送一趟8公里以内免费＋自付额60元新台币上限”之优惠策略。

5 第一季实施成效

2014年底桃园升格后，原本98条公路客运路线须移拨桃园市政府交通局管辖，转型为市区公交车。桃园市政府交通局为了达成公交车服务一体化，进行了路线与票价制度的整合。过去，桃园市政府对于市区公交车的优惠补贴多针对客运业者进行补贴，少有针对民众进行补贴，为了提升公交车的使用率并进行公交车政策营销，同步推出“八公里买一送一”的优惠策略，亦是首次针对民众进行补贴。

桃园市2017年2月6日起于台一线龟山区到杨梅区的26条公交车路线实施里程计价，以及持市民卡可享有买一送一和60元新台币上限的优惠策略。由于成效良好，2017年4月5日起，民众持市民卡搭乘桃园市164条市区公交车，全面享有买一送一和60元新台币上限的优惠策略。

在票价优惠策略规划之初，曾设定桃园市民卡发卡量达到100万张、公交车运量增加40%等年度目标；于2017第一季执行以来，截至2017年4月，市民卡发卡量从73.9万张达到78.7万张，增加了4.8万张；运量从75.5万人次增加至93.5万人次，成长23.84%，其成效良好。

参考文献

桃园市政府交通局. 桃园市公共运输费率政策与创新营运补贴机制[R]. 2016,11.

天津地铁票价体系分析综述

Analysis of Tianjin Metro Ticket System

李 博

摘 要：天津作为中国内地继北京之后建设地铁最早的城市，经历了老地铁开通与停运，新地铁单线运营，津滨轻轨（市郊线）接入城区，5条线网络化运营等各个时期。由于时间跨度较大，每个时期的票价政策和票价体系不仅有鲜明的时代特色，同样也代表天津地铁的发展情况。本文以老地铁（1970年至2001年）、新地铁线网初期（2006年至2017年）、全面网络化运营后（2018年以后）三个不同阶段的票价体系为研究对象，分析三阶段票价体系的发展历程，着重阐述现行天津地铁票价政策和问题。通过天津地铁三阶段的票价体系分析与综述，以各阶段地铁票价体系为契机，思考不同阶段不同票价体系带来的意义和影响，为今后各城市制定票价提供科学依据。
关键词：地铁票价；三阶段票价体系；票价发展历程；天津老地铁

Abstract: Tianjin as mainland China following the Beijing metro construction oldest city, has experienced the old metro opened with the outage, new metro-line operators, the various periods Jinbin Light (suburb line) access to the city, five-line network operators, etc. As a result of the larger time span, each period of the ticket policy and ticket system not only has distinctive characteristics of the times, also represents the development of Tianjin metro. This article takes the old metro (1970—2001), the new metro network early (2006—2017), after a comprehensive network operation (after 2018) three different stages of the ticket system for the study, analysis Three-stage ticket system development process, focusing on the current Tianjin metro ticket policy and issues. Through the analysis and review of the three - stage ticket system of Tianjin metro, taking the metro ticket system as the opportunity, consider the meaning and influence of different ticket system in different stages, and provide scientific basis for the future development of ticket.
Keywords: Metro ticket; Three-stage ticket system; Ticket development course; Tianjin old metro

1 天津地铁发展历程

作为中国内地继北京之后建设地铁最早的城市，天津地铁最早动工于1970年4月7日（时称7047工程）。1976年1月，老地铁4个车站开通运营，1984年延伸至8.4公里，2001年天津老地铁正式停运改造。

在天津老地铁改造的同时，2001年津滨轻轨一期工程正式开工建设，2004年3月28日，津滨轻轨一期开放试运营，一期工程全线共设车站14座，线路全长45.4公里。

2006年6月12日天津地铁1号线正式开通试运营，全长26.2公里，共设车站22座。天津地铁2、3号线于2012年相继开通试运营，同年10月津滨轻轨（东段）接入天津站，与天津地铁初步形成“女”字形网络，天津轨道交通总通车里程也达到132公里左右。

2013年地铁2号线全线贯通，3号线南站南延线开通运营，2014年2号线机场东延线正式开通。随着2016年天津地铁6号线一期开通试运营，天津市中心城区轨道线路日趋完善，网络化运营逐渐形成。

2 天津老地铁票价综述(1976年至2001年)

天津老地铁共经历过“三建三停”，从第一次试运行起，伴随着社会的发展，据相关记载，天津老地铁票价共经历了五次变化，具体情况如下：

天津老地铁的“三建三停”分别是，首段“老地铁”于1976年1月开始运营，首次开通运营4个车站，（新华路至海光寺）全长3.6公里；1980年“老地铁”在原先3.6公里的基础上又延伸了1.6公里，增加开通2站（二纬路和西南角站），实行了第二次试运行；1984年，“老地铁”又开通了两站（西北角和西站），全

作者简介：李博，天津市地下铁道运营有限公司、硕士研究生（工商管理）。

程达到了7.4公里，直至2001年10月9日停运。

天津老地铁的票价在当时是属于价格适中的水平，首次票价为5分钱，后续随着“三建三停”共经历了五次变化，从5分—1角5分—2角5分—3角—1元。据记载，在20世纪80年代，全国职工月平均工资水平为80元左右，地铁票价为工资水平的1/400左右；而2015年全国职工月平均水平为5000元左右，地铁票价为工资水平的1/1500左右。相对于同期的北京老地铁，天津老地铁的票价是偏低的，从表1可以看出北京老地铁和天津老地铁的票价趋势变化。

表1　京津地铁票价演变

城市	变化趋势				
北京老地铁	1角(需介绍信)	2角	3角	5角	2元
天津老地铁	5分	1角5分	2角5分	3角	1元

据记载，为了便于区分和防止逃票，天津老地铁不同车站所售票为不同的颜色(图1)。同时天津老地铁仅有八站，路途太短，许多人乘坐并非为了出行，多为体验或是乘凉。

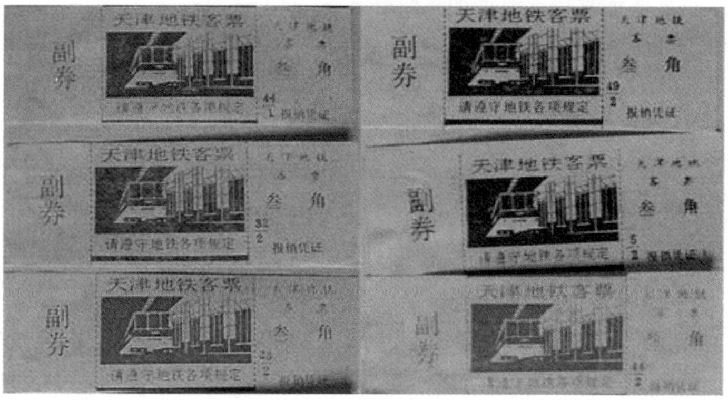

图1　天津老地铁客票

3　天津地铁现行票价综述(2006年至今)

自2006年开始，天津地铁开始使用现行的票价政策，现行的票价政策是以区间计价制为主，里程计价制为辅，两种票价方式混合使用并行存在。通过现行票价政策的描述、优点及问题、对客流的影响、与其他交通出行工具的对比等，阐述现行天津地铁票价体系的方方面面，具体内容如下。

3.1　现行票价政策

根据历次天津发改委等相关政府单位的批示文件，目前地铁1、2、3、6号线及津滨轻轨9号线采取两种票价政策和票价体系。其中，地铁1、2、3、6、9(市区段)号线采取分段计程票价：起步票价为乘坐5站4区间以内(含5站)每人每张2元；乘坐5站4区间以上10站9区间以下(含10站)票价每人每张3元；乘坐10站9区间以上16站15区间以下(含16站)票价每人每张4元；乘坐16站15区间以上票价为每人每张5元，运价率为0.372元/人/公里。津滨轻轨(郊区段)采取里程计程票价：起步价2元，递增票价1元，全程票价6元，运价率为0.13元/人/公里。

3.2　现行票价政策优势及存在问题

目前这种票价政策和两种票价体系并存的情况，制定背景源于2006年地铁1号线在制定票价时，天津地铁1号线的票价由市发改委批复，因单线运营和管理方式等原因采用区间计费方式。而当时津滨轻轨属于民营企业，由于各站站间距较大，因此津滨轻轨(郊区段)在2005年采用里程计价制(注：津滨轻轨2004年开放试运营，期间轻轨实行人工售票，按照乘车里程不同，有3元和5元两种不同票价)。从2006年至2013年，均为两条线路单独运行，地铁1号线和津滨轻轨并未有实质意义上的混合使用。

通过近几年的运营经验可以看出，区间计费方式更加适用于线路单一且站间距相交接近的地铁。不管对于乘客还是运营单位，都可以更加简洁直观地反映所有的票价金额，同样也更加便于运营初期的地铁运营管理。津滨轻轨(郊区段)在当时的历史背景下，由于所属企业性质不同，且站间距较大，里程票价显得较为适应当时的环境，也更有利于用票价弥补部分运营成本。

2013年津滨轻轨正式接入地铁联网运行，两种不同的票价体系正式有实质意义上的混合使用的形式。两种不同的票价体系混合使用虽有一定的历史条件和历史背景，但同样给运营带来了相当多的不便，主要有以下几个方面：

（1）在津滨轻轨正式接入地铁联网运用后，同一城市采取两种不同计价方式，地铁与轻轨两种票价混合使用，计算方式较为复杂，增加车站、热线、票务管理等工作人员的管理难度和乘客咨询量。同时，随着客流和线网的增加，越来越多的乘客难以理解，易引发对票价的不理解和次生服务投诉。

（2）两种计价方式混合使用，在部分区间导致换乘比联乘票价更加便宜。在乘坐轻轨东西段时，票价与"直通最优"原则相矛盾。如塘沽至天津站票价为9元，而塘沽至一号桥4元，一号桥至天津站为3元。中途下车后，再次乘车反而要比直达目的地票价便宜。

（3）随着路网车站的不断增加，现网的不断丰富，因站点分布不均，存在计费不科学等问题。一是单个站间距差异较大，如和平路至津湾广场距离为614米，而空港经济区至机场站4485米，是和平路至津湾广场距离的7.3倍，但同样按照一个区间计价计费2元。二是票价消费与乘坐距离不成正比增长，如2元可乘坐最长距离为屿东城至滨海国际机场为9302米，3元可乘最短距离为和平路至鼓楼为4016.8米；2元可乘坐最长距离为3元可乘最短距离的2.3倍。上述分段计价方式存在问题均造成运营成本与票款收入差异较大。

（4）随着新线的开通，由票价引起的问题会逐步增多。如在6号线一期北段工程中，位于北竹林站和天泰路站之间的"北运站河"未开通，从北竹林站至天泰路站执行三站两区间票价，部分乘客会误认为因"北运河站"未开通，应执行两站一区间票价。这些都是混合制票价所带来的问题和影响。

3.3　现行票价对客流的影响

地铁作为人们出行最为便利的一种交通工具，是政府应对交通拥堵、减少人们路程时间的重要手段，具有极高的使用价值，也凸显出了地铁的价值内涵。尽管地铁具有独一无二的市场吸引力和较强的行业垄断性，但地铁票价依然是影响客流量的重要影响因素之一。当地铁价格发生变动时，不同的潜在市场将产生不同的心理反应和行为表现，从而对其乘坐意愿产生不同程度的影响。

通过天津地铁的运营经验以及每年开展的乘客满意度调查工作可以得出，地铁票价对客流量的整体影响较大，弹性系数较高，并且乘坐地铁的主要客源对票价的变化以及票价的优惠较为敏感。最为敏感的群体来源于女性、中低收入水平、无私家车者，以及经常乘坐地铁和乘坐距离中等偏上的人群。

同时，通过历年市场调查可以得知，在票价降低时，平时经常乘坐地铁的人群选择增加乘坐地铁频次的比例较高。但在票价上涨时，平时经常乘坐地铁的人群选择减少乘坐频次的比例会更高，并且最常乘坐地铁的人选择不再乘坐地铁的比例也会增加。因此，地铁票价的变化会对客流有较为直观的影响。

3.4　现行地铁票价与其他交通出行工具的对比

地铁是公共交通的组成部分，和公交车、长途车、出租车等共同组成市内交通系统。与其他交通方式相比，地铁的优点主要表现为快速、高效、安全、准时、价格水平适中。

目前的天津地铁的票价体系与公交、出租相比未形成有效互补。如短途票价相对较高，与公交全程最高2元、老人免费乘坐公交等相比无明显优势；而中长途票价过低，全程5元票价最多可乘26站，并可快速通达天津机场、南站等重要交通枢纽，相比出租车、私家车等出行方式过于廉价，运营成本与票款收入不匹配。

以现行的票价政策为基础，选取天津标志性的区域作为对比地点，通过以下举例，可以看出现行的地铁票价均有优势。

例1：天津站至滨海国际机场（直线距离：约13公里）（表2）。

表2　　天津站——滨海国际机场不同交通运行情况对比

交通方式	实际路程	费用	时间
地铁	15公里	3元	约25分钟
公交/大巴	19.4公里	10元	约60分钟
出租车	18.2公里	42元	约30分钟

例2：天塔至营口道（直线距离：约3公里）（表3）。

表 3　　天塔——营口道不同交通运行情况对比

交通方式	实际路程	费用	时间
地铁	4 公里	2 元	约 10 分钟
公交/大巴	4.7 公里	2 元	约 30 分钟
出租车	4.7 公里	12 元	约 15 分钟

例 3:各种交通方式对比表(表 4)。

表 4　　各种交通运行情况对比

交通方式	票价水平	乘车时间	乘车方便性	高峰准点率
地铁	中	短	一般	高
公交/大巴	低	长	方便	低
出租车	高	中	方便	中

4　全面网络化运营后票价综述(2018 年之后)

天津市轨道交通已经全面进入网络化时代,现行的票价政策已经不满足于当前的发展情况,合理的票价可以引导市民选择最佳最合理的出行方式,目前天津地铁也正在酝酿新版票价政策。

拟实施的新版票价政策将实行全网统一的票价机制,参照北京、上海、广州等城市地铁,将地铁分段计程票价和轻轨按里程计程票价进行整合,统一为按公里计价的里程计程票制。

考虑到天津市人均收入及生活水平,将起步价定为 2 元,并以 1 元为票价加价单位,遵循"递远递减"原则,即乘坐距离越远,平均每公里费率应越低。同时由于新的线路不断开通,运营规模不断扩大,封顶票价已不再适用目前的网络化运营规模,所以新版的票价政策采用不封顶票价。

同时,可考虑建立一套适用我市轨道交通票价的动态调整模型。将票价水平与运营成本、居民收入、CPI 等指标挂钩,研究票制调整周期,给出价格调整公式和触发点,使票价水平与成本、收入等变化形成联动机制。香港地铁按照以下方程式进行调整:整体票价调整幅度＝0.5×综合消费物价指数变动($CCPI$)＋0.5×工资指数变动(WI)－生产力因数(t)

注:①$CCPI$＝前一年十二月综合消费物价指数按年变动百分率;

②WI＝前一年第四季运输业名义工资指数按年变动百分率;

③t＝0 首五年的生产力因素设定为 0;第 6 年开始为 0.1%。

另外,可考虑丰富地铁票种和各类联程优惠,基于基础的票价政策,在不违背票价基本政策外,政府相关部门应给予地铁公司在票价制定方面更自主的权利,以及和与其他交通工具的联程票价优惠的政策支持,充分整合各类资源交通资源,使交通资源发挥出最大的公众效应。如:新加坡游客通行卡,专门为游客设计的通行卡,分为一日券、二日券和三日券,每卡需押金 10 元,持游客通行卡就可不限次数搭乘新加坡地铁、轻轨及巴士等大众交通工具。

同时针对不同乘客群体,设置不同的票价优惠政策,着重加强在低平峰时段的优惠政策,充分利用地铁现有的行车资源,在解决早高峰乘车拥堵的基础上,增加地铁客流。例如新加坡地铁曾在 2013 年的一项票价优惠举措,在早上 7:45 之前搭乘地铁,从 16 个地铁站出闸的乘客可以不用花钱。从 2017 年开始到 2017 年 12 月 31 日,北京地铁八通线、昌平线、6 号线共 24 座车站试点低峰五折优惠票价。低峰优惠是解决早高峰拥挤和增加闲时客流的重要方式之一。

5　结语

天津市自 1976 年起开始运营地铁至今已经有 41 年,从老地铁到新地铁单线运营到网络化运营,天津市轨道交通经历了天翻地覆的变化,天津市轨道交通的票价体系和票价政策也在变化中有很强烈的时代气息。每个阶段的票价体系都有当时社会环境的明显特征,从单一票价到区间计价到里程计价,天津市轨道交通票价体系经历了所有票价体系,每种票价体系的优缺点均在天津市轨道交通上有很明显的体现。后续其他城市地铁开通时,可根据线路开通具体情况,制定相应可调整的票价政策,使得企业利益和公众效益达到最大值。

肇事防制之策进作为

The Improvement Research for Accidents Prevention

张仲杰　陈诗韵　林宏勋

摘　要：观察台北市近年整体交通事故呈现缓慢成长趋势，A1类交通事故以机车及行人为主，其中机车以20～29岁年轻族群死亡人数所占比例最高，行人则以65岁以上年长者为主；台北市往年易肇事地点系统计事故件数进行排序，自2014年起依交通事务主管部门运输研究所订定CBI值，作为易肇事地点研判指标及计算易肇事地点门槛值之依据，更于2015年以每季滚动式检讨易肇事地点，积极办理本市交通安全改善。另针对各车种肇事原因制订相关对策及倡导策略，并透过相关局处通力合作，以达减少事故发生及降低社会成本。

关键词：年长者；易肇事；CBI；滚动式检讨

Abstract: In recent years, the trend of overall accident rates appears slow growth in Taipei City. Traffic accidents (A1) are based on the motorcycle group and the pedestrian group. The 20-29 years old in the motorcycle group, the number of death toll is the highest percentage; the pedestrian group is dominated by elderly over 65 years of age or older. In addition, the Accident-Prone Locations were sequenced by accidents number in Taipei City. From 2014 to use CBI value set by Institude of Transportation as judged index accident-prone locations and calculate accident-prone locations based on the threshold value, from 2015 more to used the scroll management to review the accident-prone locations quarterly, and actively promotion traffic safety in Taipei City. Therefore, using accident causes to develop strategy and outreach policy, also through the government offices collaborate, in order to reduce accidents and social costs.

Keywords: Elderly; accident-prone; CBI; scroll management

1　引言

道路交通事故直接造成生命或财产损失，同时衍生相当大的社会成本与代价，为降低事故发生，台北市政府戮力于工程、教育及执法等3E策略，透过各方面改善减少本市交通事故，达到人本绿运输之友善环境与永续发展之目的；而台北市政府交通局（以下简称交通局）每年均搜集相关交通事故资料并分析事故特性，作为相关局处研拟改善措施之参考依据[1]。台北市2014年起依据交通事务主管部门运输研究所（以下简称运研所）订定CBI（Combine Index）值，搜集辖内各肇事地点之事故资料，更于2015年以每季滚动式检讨易肇事地点，积极办理辖内交通安全改善。

2　改善计划

2.1　交通事故概况

台北市（以下简称本市）2016年共发生38,878件交通事故，造成29,376人伤亡，A1类事故88件，A2类事故22,504件，A3类16,286件；而A1类事故死亡89人中，以机车48人（含乘客52人）为主（占53.9%），行人28人居次（占31%），其中机车以20～29岁、行人则以65岁年长者为主要死亡族群（表1）。

作者简介：张仲杰，台北市交通安全促进会顾问。
陈诗韵，台北市交通安全促进会会员。
林宏勋，台北市交通安全促进会会员。

表 1　　台北市 2016 年死亡车种年龄层统计

年　龄	小货车	自小客车	出租车	机车	自行车	行人	乘客	拼装车	总 计
10～17 岁	—	—	—	—	—	—	—	—	0
18～19 岁	—	—	—	6	—	—	1	—	7
20～29 岁	—	1	—	20	—	2	2	—	25
30～39 岁	1	—	—	2	—	1	—	—	4
40～49 岁	—	—	—	5	—	1	1	—	7
50～59 岁	—	—	1	4	—	2	1	—	8
60～64 岁	—	—	—	6	2	—	—	—	8
＞65 岁	—	—	—	5	1	22	1	1	30
总　计	1	1	1	48	3	28	6	1	89

另经深入分析，2016 年交通事故发生于路口计 15 125 件，占整体事故比例之 39%，与 2015 年所占之比例无明显差异(图 1)。由图 1 可知，大部分事故皆发生于路口，因此，交通局于 2014 年起依据交通事务主管部门运研所订定 CBI 值，搜集辖内多事故路口之事故资料，当 CBI 值愈大显示该地点愈有发生交通事故之倾向，以作为易肇事地点研判指标及计算易肇事地点门槛值之依据。根据前述原则“筛选出具易肇事倾向之优先观察地点”，透过根本原因分析方法(Root Cause Analysis, RCA)，针对易肇事地点之肇事原因、事故类型、肇事时段和肇事车种等进行深入探究，再邀集交通工程、执法等单位陆续至现场会勘，将各案改善事项纳入本市肇事防制工作小组列管及追踪施作进度，更于 2015 年改以每季滚动式检讨易肇事地点，积极办理本市交通安全改善。

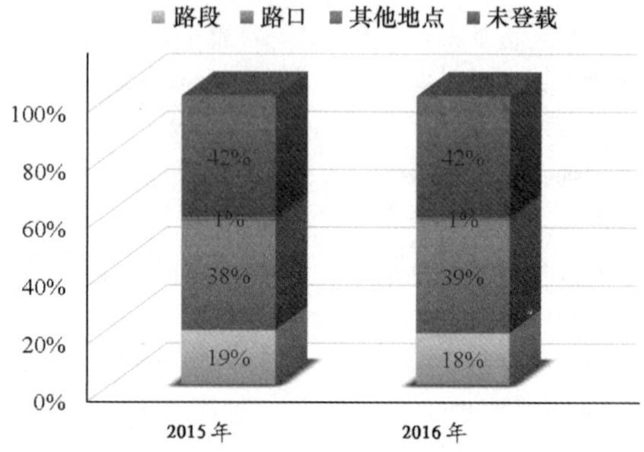

图 1　台北市 2015 年与 2016 年事故地点比较：依道路位置

2.2　易肇事地点计划作业方式

依据交通事务主管部门运研所订定易肇事地点改善作业可分为规划、执行与评估三阶段：在规划阶段，首先搜集交通事故资料，资料经过整并及电子化转换，以 CBI 计算易肇事地点严重性排列改善优先级，于分析各点事故资料并初拟改善方案后办理现场会勘。在执行阶段，接续会勘决议改善方案，由施作单位进行交通工程的细部设计、工程发包及工程验收等。在评估阶段，统计改善前后事故件数之增减差异，以及检讨改善成效。

台北市易肇事地点改善除参考运研所订定作业办法外，并纳入根本原因分析，以更宏观角度进行交通安全改善(图 2)。

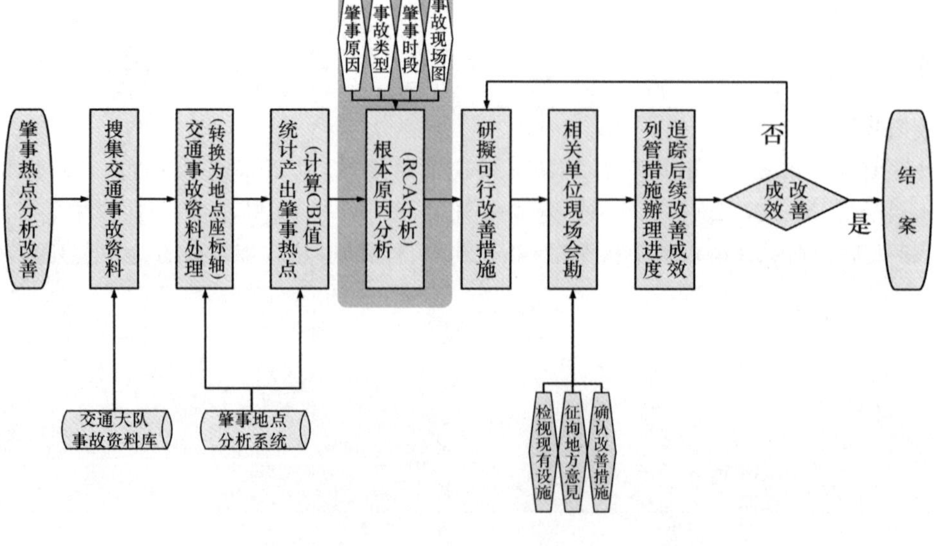

图 2　台北市肇事地点改善计划标准作业流程

计划首先搜集交通事故资料，经由交通局易肇事地点分析系统计算及排序辖内多事故地点，并分析肇事资料及参考用路人意见后，初拟改善措施，于现场会勘提供道路交通工程及执法单位讨论，最后确认可行方案交由相关单位执行，各项改善措施纳入本市肇事防制工作小组列管办理进度，以及追踪各案后续改善成效。

2.3　根本原因分析

根本原因分析是一种结构化的问题处理方法，逐步找出问题的根本原因并加以解决，借由分析近端原因了解事故发生之较明显、直接原因；另分析根本原因则是找出导致事故的潜在错误（或是造成近端原因的原因），双管齐下提出解决方案并制定改善、预防措施。其中分析近端原因包含搜集事故现场图并绘设碰撞图，分析根本原因包含事故调查表如：肇事原因、肇事车种，事故类型、肇事时段等资料之探究，再予综整及研拟改善对策（图 3）。

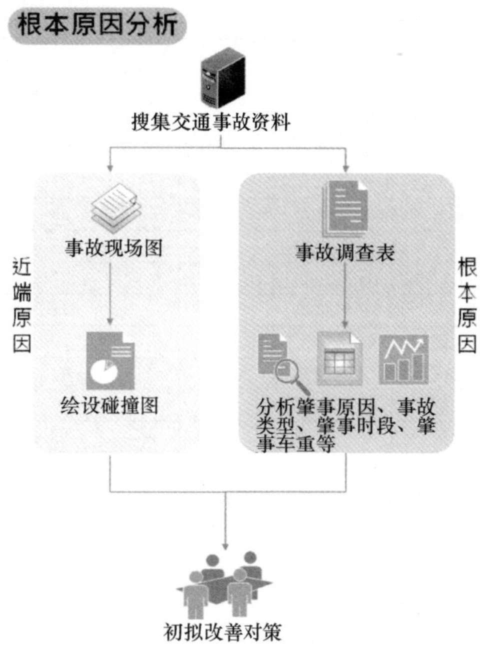

图 3　肇事防制之根本原因分析

2.4　会勘改善

从搜集资料、绘设碰撞图、研拟改善策略至办理会勘为期 1 个月时间，以中正区重庆南路/襄阳路口为例，事故类型以南往东方向右转车与北往东左转车侧撞、右转车与直行车侧撞及南往北违规直行车与东往南左转车交叉撞为主，初拟改善策略（图 4）所示。

2.5　改善成效

2015 年起以每季滚动式检讨方式检讨易肇事地点，总事故件数与改善前比较减少 105 件（－27％），总伤亡人数减少 130 人（－38％），各地点改善后事故件数多呈现下降，其中兴隆路/木栅路（－71％）、中山北路/剑潭路（－71％）、基隆路/东兴路（－71％）及忠孝东路/松仁路（－61％）等 13 处路口事故件数均大幅减少（表 2）。

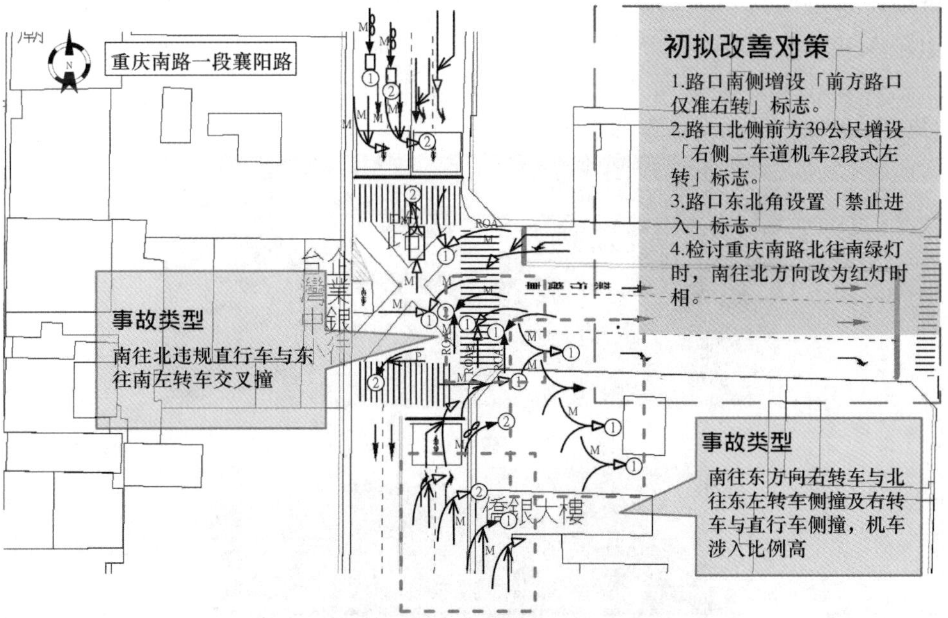

图 4　事故碰撞图暨改善策略

表 2　　滚动式易肇事地点改善成效

路口	事故件数			
	改善前	改善后	增减数	增减百分比
兴隆路/木栅路口	24	7	−17	−71%
中山北路/剑潭路口	21	6	−15	−71%
基隆路/东兴路口	17	5	−12	−71%
忠孝东路/松仁路口	18	7	−11	−61%
市民大道/承德路口	29	15	−14	−48%
民权西路/延平北路口	21	12	−9	−43%
忠孝西路/中华路口	31	18	−13	−42%
承德路/敦煌路口	19	13	−6	−32%
民权东路/建国北路口	34	25	−9	−26%
南京东路/建国南路口	30	23	−7	−23%
重庆南路/和平西路口	18	15	−3	−17%
民权东路/中山北路口	11	10	−1	−9%
市民大道/建国北路口	27	25	−2	−7%
忠孝东路/基隆路口	21	24	3	14%
辛亥路/基隆路口	20	23	3	15%
市民大道/中山北路口	22	29	7	32%

备注:改善前后系以同期资料进行比较

3　倡导计划

3.1　机车族

台北市政府教育局针对 16～18 岁考照前之高中职学生,通过各式宣教、机车安全驾驶讲习等机会,强化法治观念及针对主要肇事因素及其他各类型机车事故,结合监理单位对学生实施安全驾驶教育倡导并加强防卫驾驶观念(图 5);而交通局亦制作真人微电影倡导短片,于网络及各公开场合播出(图 6)。

图 5　教育局办理安全驾驶研习

另交通局于 2012 年起成立“交通安全守护团”巡回讲座(图 7),聘请专业讲师团借由面对面沟通方式传达交通安全知识深入民众,以强化用路人对交通知识的了解,协助其于道路上注意保护自身安全,携手改善交通秩序,以降低事故发生;2016 年全年共办理 264 场巡回讲座,总计 48 246 人次参与课程。

图 6　机车微电影倡导短片

图 7　交通安全守护团巡回讲座

3.2 年长者行人

台北市 65 岁以上年长者人口已达 42 万人,(表 1)可知行人死亡事故中,年长者所占比例达 79%,且分析肇事原因发现,以“未依规定穿越道路”及“未依号志指示穿越道路”违规行为比例最高。推测因年长者行动较为缓慢,常于路段或路口穿越道路时,因违规穿越而造成其他用路人反应不及而发生碰撞。有鉴于此,交通局制作倡导折页及实际事故案例(图 8),加强倡导年长者行人“依号志指示穿越道路”“行人绿灯秒数不足勿强行穿越道路”及“无号志化路口或路段中,应注意来往车辆再行穿越道路”等观念,并鼓励年长者参与交通安全倡导讲座。

图 8 年长者倡导折页

4 结语

本市地狭人稠且外来车辆数多,交通事故死伤以年长者行人及年轻机车骑士为大宗。又本市人口逐渐高龄化,年长者人数从 2013 年 36.2 万人成长至 2016 年 42 万人,年长者肇事主因为行人未依规定行走行人设施、行人未依号志指示穿越道路;年轻机车骑士肇事主因为未注意车前状况、超速失控,皆与自身违规有关。期透过下列办理事项,逐年降低本市交通事故死伤人数。

1. 透过每季滚动式易肇事路口检讨,新制度已收到“迅速确认高风险路口”与“实时检讨改善”之肇事防制成果,未来亦将持续办理。

2. 本府警察局执行各种违规取缔项目,并针对酒驾重大交通违规加强执法密度。

3. 针对机车族与年长者行人等高风险族群,持续办理机车安全倡导及建立防御性驾驶观念、行人通行环境改善等方针,建构以人为本之交通环境,确保人车通行安全。

4. 增加交通安全守护团场次,借由面对面沟通方式传达交通安全知识深入民众,以强化用路人对交通知识的了解,协助其于道路上注意保护自身安全,携手改善交通秩序,以降低事故发生。

5. 持续建议修法,就机车强制险保险费率兼采从人因素与从车因素,促使交通事故成本内部化,进而改善用路人之驾驶行为及降低机车使用率。

参考文献

[1] 交通事务主管部门运输研究所。易肇事地点改善作业技术参考手册[R].2002.

浅谈天津地铁客伤事件的成因和防控措施分析研究

Introduction to Tianjin Subway Passenger Injury Events Analysis of Causes and Prevention and Control Measures

杨 茜

摘 要:随着天津城市轨道交通路网的不断扩大,路网客流不断增长,运营组织工作的难度也在不断增加,由此带来的乘客安全问题越来越受到运营单位的重视,尤其是地铁运营过程中发生的客伤事件。本文结合天津地铁近年的客伤数据,分别从客伤总体情况、年龄分布、车站分布和典型事例等简要分析了客伤形成的原因,并从人员防控、硬件保障、软件监控和主动宣传等方面提出了几点防控措施建议。

关键词:地铁;客伤;成因分析;防控措施

Abstract: With the continuous expansion of urban rail transit network in Tianjin, road passenger flow continues to grow, the difficulty of operating the organization is also increasing, the resulting passenger safety issues get more and more attention from the operating units, especially the event of the passenger injury in the subway operation process. In this paper, the causes of passenger injury formation are briefly analyzed from the aspects of passenger injury, age distribution, station distribution, typical cases, etc. , and proposed measures to prevent and control measures from the aspects of personnel control, hardware protection, software monitoring and active propaganda, etc.

Keywords: Metro; Passenger injury; Cause analysis; Precautionary measures

1 天津地铁客伤事件汇总及成因分析

1.1 客伤总体情况介绍

以2016客伤事件为例,2016年1月1日至12月31日,共发生客伤事件210件,其中自动扶梯摔伤112件,占总数的53.3%;站内摔/碰伤61件,占总数的29.1%;车门/屏蔽门夹碰16件,占总数的7.6%;以上三类事件位居客伤事件的前三位,其余的踏入列车与站台间缝隙、列车急停、闸机夹碰事件共占总数的10%。具体数据(表1)所示:

表1 各类客伤情况统计

序号	事件类型	数量(件)	比例
1	自动扶梯摔伤事件	112	53.3%
2	站内摔/碰伤事件	61	29.1%
3	车门/屏蔽门夹碰事件	16	7.6%
4	踏入列车与站台间缝隙事件	9	4.3%
5	闸机夹碰事件	8	3.8%
6	列车急停事件	4	1.9%
合计	—	210	100%

从上述数据来看,造成客伤事件的主要成因包括:一是乘客违规使用、不恰当使用,包括乘坐扶梯未站稳抓好并拉倒其他乘客、抢上抢下行为、带领免票儿童前后过闸、搭扶安全门/屏蔽门和误踏入列车与站台间缝隙等;二是设备设施临时故障,包括列车急停、电扶梯困人、结构漏水、院内井盖缺失、扶梯扶手带突然断裂和玻璃破碎等;三是人员服务不到位,包括地面水渍、塑料袋未及时清理、防滑垫未铺设平整绊倒乘客等;四是其他原因,包括雨雪等特殊天气地面湿滑、洒落食物、呕吐物滑倒及醉酒等。加强各类

作者简介:杨茜,就职于天津市地下铁道运营有限公司。

事件预防控制以及有责事件的发生，是控制好客伤事件发生的重中之重。

1.2 客伤事件的年龄分布及成因分析

在客伤事件中，按照事发乘客年龄段划分三档，以 2016 年为例，16 岁及以下 10 件，占总数的 4.8%；16 岁至 49 岁 100 件，占总数的 47.6%；50 岁以上 100 件，占总数的 47.6%。其中，除 16 岁及以下的 10 件外，其余的 200 件中，女性乘客占 69.5%。具体数据(表 2)所示：

表 2　　客伤时间年龄分布情况

线路	客伤数量	16 岁及以下	17 岁至 49 岁	50 岁及以上
1 号线	62	4	27	31
2 号线	75	6	32	37
3 号线	73	0	41	32
合计	210	10	100	100

通过上述数据显示，客伤事件中主要以中老年人和女性乘客为主，其中，女性的安全意识和安全意愿总体不如男性，出行携带物品较多。50 岁以上中老年人身体协调能力较低，安全意识偏低，选择搭乘扶梯较多。加强对此类人群安全乘车关注是有效降低客伤事件发生的重要环节。

1.3 客伤事件车站分布及成因分析

客伤事件主要集中在天津站、滨海国际机场、南站等车站，共发生客伤事件 23 件，占客伤事件总数的 10.95%。一方面是因客流较大，客伤发生的几率相对较高；另一方面上述车站周边主要毗邻铁路、机场、公交场站和客运总站，携带大件行李的乘客相对较多，也是造成客伤发生率高的原因之一。以地铁天津站为例，该站既是地铁 2、3 号线换乘站，又是天津火车站、汽车客运站、公交场站的客流集散点，客流量大，进出拥挤，时常发生推攘，存在一定安全隐患。

1.4 典型客伤事件及成因分析

虽然在客伤事件上呈现出多样化的特点，但仍以扶梯摔伤最为典型，其表现为：一是大部分人员乘坐扶梯时没有养成抓好扶手带的习惯或错抓、倚靠裙板，摔倒后拉扯其他乘客引起群体摔伤；二是携带大件行李乘客没有选择无障碍电梯而是乘坐扶梯，乘坐中失去平衡摔倒，同时由于行李过大绊倒其他乘客；三是老人及儿童乘坐扶梯时没有成年人照顾；四是醉酒、晕倒等其他情况。

造成扶梯摔伤原因包括：一是乘客安全意识和安全意愿不强，没有采取预防措施；二是车站日常运作中对扶梯状态的管理比较缺乏，事前预防不够，往往都是在发生后才去关注；三是流程不够规范，包括对老年和携带大件行李乘客引导不够，进闸后巡视中对此类人员拦截和提醒不到位。

2 预防控制措施

2.1 人员重点防控

根据客伤事件频发的类型、分布、位置及成因等分析结论，需有针对性地梳理重点车站、重要点位、重点设备和重要时段，科学合理地安排车站工作人员在完成正常的客运组织工作的同时，对此类事件的关注。一是加强巡视监督，制定车站巡视制度，每间隔 1 小时，车站服务人员应对服务现场进行巡视防控，发现隐患及时处置；对携带大件行李、推扶婴儿车进闸的乘客应加强监管，提醒乘客规范使用服务设备。二是加强志愿服务，组织内部支援或外部志愿者加入针对乘客安全防控工作中来，为使人员能够符合岗位要求，还需做好人员上岗前的业务培训工作，确保遇突发事件的有效应对、快速处置。三是加强人员处置培训，尤其是与乘客密切接触的服务人员(含安检、保洁、辅警等委外人员)，在所有的客伤事件中，车站员工是第一个面对乘客的人，他们对安全事件的处理方法对后期处理起到决定性的作用。加强车站员工预防、处置技巧等培训，能够更好地化解客伤冲突。

2.2 硬件保障防控

根据发生的客伤事件分析，由于硬件设备故障或不当的运行模式，导致乘客伤害时有发生，尤其是频发的扶梯摔伤事件，应进一步加强对重点服务设备防控管理。一是调整扶梯速度，统一各条线路的运行速度，让乘客能够适应设备的运行状况，调整扶梯的运行速度，避免快速运行导致的乘客摔伤。二是增加防护设施，在重点枢纽车站的扶梯前设置阻挡柱，引导携带行李箱的乘客乘坐电扶梯。三是完善各类提示标识，扶梯明显位置张贴“抓稳扶好”等警示标识、重点车站扶梯处加装扩音设施，加强对乘客安全乘梯的广播提示。四是制定扶梯巡控制度，从运行前测试、专人盯控、运行巡视和故障报修处理等方面加强电梯运行的把控和监督，高峰时段实施专人盯控，及时按压扶梯紧急按钮，其他时段以加强巡视的方法确保乘梯安全。

2.3 软件监控防控

构建监控和自动报警系统能够有效保障地铁的安全运行，也是保护地铁安全与正常运行的重要手段。一是完善监控系统布局，实现实时监控，提前预控，确保运营公共区域不留死角，为后期处置客伤事件或进行法律程序时提供可靠依据。二是做好自动报警系统升级，监控和自动报警系统普及到各个车站，同时确保报警系统正常运行，切实发挥强大的监控作用，有效传递各设备、系统的运行状况，以便及时做好应急响应。

2.4 主动宣传防控

在多次的客伤事件中，由于乘客自身的安全意识淡薄，对设备的误操作等情况发生的伤害事件屡见不鲜，这就要求运营单位需加强对乘客的安全教育工作。一是开展主题活动，加强与乘客宣传互动，采取“走出去，请进来”的形式，每月固定开展安全宣传活动，利用安全宣传手册、安全主题宣讲、安全海报和互动问答等方式加强宣传。二是利用各大媒体信息平台和渠道向乘客传递安全常识，提高安全意识，了解遇突发情况下的自救常识，动员乘客和运营单位共同构建安全的乘车环境。

3 结语

鉴于目前天津地铁客伤事件发展现状，在分析其原因之后，提出了相关的措施，地铁运营单位只有继续坚持预防为主，结合实际，采用科学严谨的管理系统、借助有效的管理技术措施，才能有效地提升地铁客运事件处置能力，保证地铁的安全运行。

2016 年新北市十大易肇事路口、桥梁及北宜公路改善成效

Effectiveness of the 2016 Top 10 Hazardous Intersections, bridge and Taipei-ilan highway in Provincial Highway No. 9

杨展昀　吴冠德

摘　要:本研究系部分参考交通事务主管部门运输研究所订定严重度指标(SI)及曝光量指标筛选新北市 10 大易肇事路口及桥梁,提出交通工程改善策略,更提出创新之图形化标志,再进行实地现勘确认执行方案,以提升肇事改善成效。同期 2015 年及 2016 年改善前后相比较,本市易肇事路口肇事总件数减少 39 件,下降幅度达 55%;本市易肇事桥梁,肇事总件数减少 33 件,降幅达 27%。

新北市境省道台 9 线(北宜公路)为山区道路,于 2016 年截至 7 月已发生 4 起死亡事故,本市筛选 6 处多事故弯道,邀集专家学者与相关单位召开 2 场会议,研拟改善方案,并至现地勘查以确认改善项目,改善后主要事故形态件数均减少,合计下降幅度达 80%。

关键词:易肇事路口;易肇事桥梁;北宜公路;图形化标志

Abstract: This study adopts the severity index and exposure index formulated by Department in Charge of Transport and Communication to filter the top 10 hazardous Intersections and bridges. To promote transport safety and decrease traffic accidents, we propose traffic engineering improvement strategy, but also innovative graphic signs. The result shows that comparison with 2015, the number of traffic accidents of top 10 hazardous Intersections, bridges and Taipei-Ilan highway in Provincial Highway No. 9 decreases significantly in 2016.

Keywords: hazardous intersections; hHazardous bridge; Taipei-Ilan highway; innovative graphic signs

1　引言

新北市为台湾地区人口排名第一的城市,至 2016 年 3 月共有 398 万人,全台湾地区约 17%人口于本市落地生根,显示新北市(以下简称"本市")在全台湾地区各城市中扮演举足轻重的角色。而交通安全是民众安居乐业的基础,本市面积广阔且交通情形具有全台湾地区指标性的作用。

随着本市相关交通建设陆续完工通车,且机动车辆数逐年成长,道路交通冲突情事似有日趋增加之态势,因此本研究针对本市易肇事路口、路段及桥梁,规划各项交通改善措施,以消除肇事原因,期提升道路使用效率,改善车流交织冲突并确保行车安全顺畅。

2　易肇事地点改善作业

本市 2016 年易肇事地点改善作业,针对辖内 10 大易肇事路口、桥梁及北宜公路多事故弯道进行肇事改善,改善作业流程(图 1)大致可分为以下步骤。

(1) 事故资料分析及易肇事地点筛选:部分参考陈高村等人(2000)[1]及交通事务主管部门运输研究所订定严重度指标(SI)及曝光量指标筛选易肇事地点,其中严重度指标公式如下:

严重度指标=45.9×死亡事故次数+27.8×受伤事故次数+1×仅财损事故次数　　(1)

(2) 绘制事故碰撞图:就前述步骤筛选出之易肇事地点,绘制事故碰撞构图,就较常发生之事故碰撞形态,辅以事故之肇事原因、时段、车种和碰撞类型等。

(3) 会议(勘)研提改善方案及改善措施执行:邀集专家学者、警察局交通大队、当地分局、当地区公所及交通局交通管制工程科等相关单位开会研拟改善方案,并邀集前述单位及里办公处至现场会勘,以

作者简介:杨展昀、吴冠德,台北市交通安全促进会委员。

确认改善项目。本研究针对10大易肇事路口、桥梁及北宜公路多事故弯道透过标志、标线及号志等共118项交通工程改善措施，将于下一章节详述。

(4) 改善成效追踪：本次易肇事地点整体改善成效，合计减少84件事故，降幅达40%，后续持续追踪事故改善情形，滚动检讨各项改善措施。

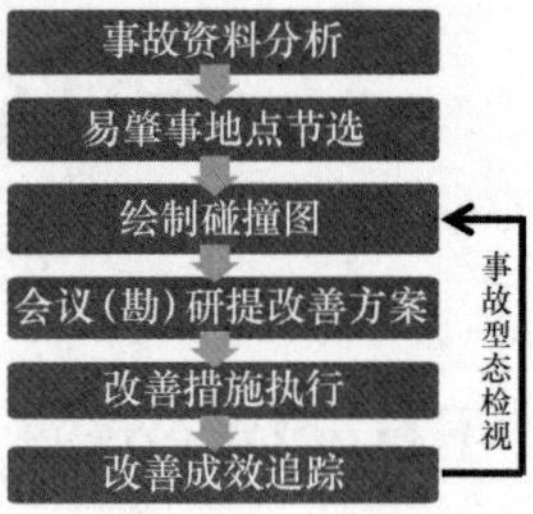

图1　易肇事地点改善作业流程

3　10大易肇事路口改善

3.1　事故资料分析及易肇事地点筛选

参考交通事务主管部门运研所订定严重度指标(SI)及曝光量指标，筛选本市2016年十大易肇事路口(图2)，其中严重度指标公式如下：

严重度指标＝45.9×死亡事故次数＋27.8×受伤事故次数＋1×仅财损事故次数　(2)

依严重度指标及曝光亮指标所计算出本市辖内10大易肇事路口之排序依序为：新庄区中正路与大观街口、新庄区中正路与明志路口、中和区员山路与和城路口、新庄区中正路与中港路口、新庄区中正路与民安路口、新庄区中正路与龙安路口、新庄区中正路与化成路口、中和区中正路与锦和路口、永和区中正路与得和路口及新庄区中正路与思源路口。

排序	辖区	口
1	新庄区	中正路与大观街口
2	新庄区	中正路与明志路口
3	中和区	员山路与和城路口
4	新庄区	中正路与中港路口
5	新庄区	中正路与民安路口
6	新庄区	中正路与龙安路口
7	新庄区	中正路与化成路口
8	中和区	中正路与锦和路口
9	永和区	中正路与得和路口
10	新庄区	中正路与思源路口

图2　新北市2016年十大易肇事路口

3.2　绘制事故碰撞图及肇事资料分析

本市十大易肇事路口中，与新庄区中正路相交之路口占多数，中正路车道宽约20米，采取中央分隔岛分隔，路段大多为双向各为1快车道、1混合车道及1机慢车优先道(近期已再调整为2混合车道)，近路口段依转向需求规划有左转车道，往西可至本市桃园市龟山区，往东可至本市三重区，为本市通往台北市、桃园市之主要干道，平时来往之车流量相当大。就肇事资料分析可发现，10大易肇路口之肇事原因多为未依规定让车及未注意车前状态；碰撞类型以侧撞及同向擦撞所占比例最高；事故当事人以普通重型机车为大宗(图3)。

<table>
<tr><th>路口</th><th>主要肇事形态</th><th>肇事资料分析</th></tr>
<tr><td>新庄区中正路与大观街口</td><td>
</td><td>
<table>
<tr><th>肇事原因</th><th>件數</th><th>比例</th></tr>
<tr><td>未注意車前狀態</td><td>8</td><td>19%</td></tr>
<tr><td>其他引起事故之違規或不當行為</td><td>7</td><td>17%</td></tr>
<tr><td>違反號誌管制或指揮</td><td>7</td><td>17%</td></tr>
<tr><td>違反特定標誌(線)禁制</td><td>6</td><td>14%</td></tr>
<tr><td>迴轉未依規定</td><td>2</td><td>5%</td></tr>
</table>
<table>
<tr><th>碰撞類型</th><th>件數</th><th>比例</th></tr>
<tr><td>側撞</td><td>13</td><td>31%</td></tr>
<tr><td>其他</td><td>11</td><td>26%</td></tr>
<tr><td>同向擦撞</td><td>6</td><td>14%</td></tr>
<tr><td>追撞</td><td>5</td><td>12%</td></tr>
<tr><td>對向擦撞</td><td>2</td><td>5%</td></tr>
</table>
<table>
<tr><th>事故當事人</th><th>件數</th><th>比例</th></tr>
<tr><td>普通重型機車</td><td>23</td><td>55%</td></tr>
<tr><td>自用小客車</td><td>9</td><td>21%</td></tr>
<tr><td>計程車</td><td>6</td><td>14%</td></tr>
<tr><td>腳踏自行車</td><td>1</td><td>2%</td></tr>
<tr><td>自用小貨車</td><td>1</td><td>2%</td></tr>
</table>
<table>
<tr><th>發生時段</th><th>件數</th><th>比例</th></tr>
<tr><td>22~24</td><td>6</td><td>14%</td></tr>
<tr><td>6~8</td><td>5</td><td>12%</td></tr>
<tr><td>8~10</td><td>5</td><td>12%</td></tr>
<tr><td>12~14</td><td>5</td><td>12%</td></tr>
<tr><td>18~20</td><td>5</td><td>12%</td></tr>
</table>
</td></tr>
</table>

<table>
<tr><th>路口</th><th>主要肇事形态</th><th>肇事资料分析</th></tr>
<tr><td>新庄区
中正路
与明志
路口</td><td>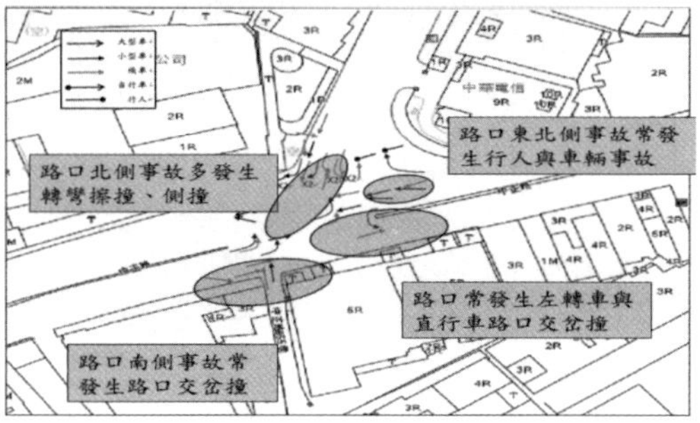
</td><td>
<table>
<tr><th>肇事原因</th><th>件數</th><th>比例</th><th>碰撞類型</th><th>件數</th><th>比例</th></tr>
<tr><td>未依規定讓車</td><td>9</td><td>20%</td><td>同向擦撞</td><td>12</td><td>27%</td></tr>
<tr><td>未注意車前狀態</td><td>8</td><td>18%</td><td>側撞</td><td>12</td><td>27%</td></tr>
<tr><td>不明原因肇事</td><td>6</td><td>13%</td><td>追撞</td><td>7</td><td>16%</td></tr>
<tr><td>左轉彎未依規定</td><td>4</td><td>9%</td><td>對向擦撞</td><td>5</td><td>11%</td></tr>
<tr><td>違反號誌管制或指揮</td><td>3</td><td>7%</td><td>其他</td><td>2</td><td>4%</td></tr>
<tr><th>事故當事人</th><th>件數</th><th>比例</th><th>發生時段</th><th>件數</th><th>比例</th></tr>
<tr><td>普通重型機車</td><td>21</td><td>47%</td><td>14~16</td><td>11</td><td>24%</td></tr>
<tr><td>自用小客車</td><td>13</td><td>29%</td><td>20~22</td><td>6</td><td>13%</td></tr>
<tr><td>計程車</td><td>4</td><td>9%</td><td>10~12</td><td>5</td><td>11%</td></tr>
<tr><td>自用小貨車</td><td>3</td><td>7%</td><td>16~18</td><td>5</td><td>11%</td></tr>
<tr><td>營業用大貨車</td><td>1</td><td>2%</td><td>6~8</td><td>4</td><td>9%</td></tr>
</table></td></tr>
<tr><td>中和区
员山路
与和城
路口</td><td>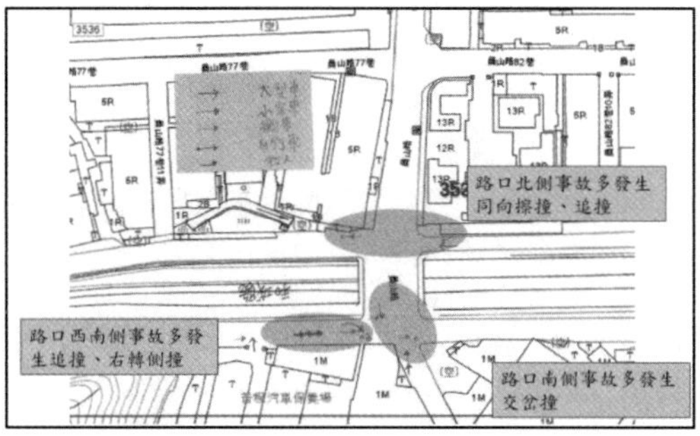
</td><td>
<table>
<tr><th>肇事原因</th><th>件數</th><th>比例</th><th>碰撞類型</th><th>件數</th><th>比例</th></tr>
<tr><td>未注意車前狀態</td><td>4</td><td>44%</td><td>追撞</td><td>3</td><td>33%</td></tr>
<tr><td>違反號誌管制或指揮</td><td>1</td><td>11%</td><td>側撞</td><td>2</td><td>22%</td></tr>
<tr><td>左轉未依規定</td><td>1</td><td>11%</td><td>自摔</td><td>2</td><td>22%</td></tr>
<tr><td>未保持行車安全距離</td><td>1</td><td>11%</td><td>對向擦撞</td><td>1</td><td>11%</td></tr>
<tr><td>不明原因肇事</td><td>1</td><td>11%</td><td>其他</td><td>1</td><td>11%</td></tr>
<tr><th>事故當事人</th><th>件數</th><th>比例</th><th>發生時段</th><th>件數</th><th>比例</th></tr>
<tr><td>普通重型機車</td><td>5</td><td>55%</td><td>22~24</td><td>3</td><td>33%</td></tr>
<tr><td>普通重型機車</td><td>2</td><td>22%</td><td>07~08</td><td>3</td><td>33%</td></tr>
<tr><td>計程車</td><td>1</td><td>11%</td><td>12~15</td><td>3</td><td>33%</td></tr>
<tr><td>自用小貨車</td><td>1</td><td>11%</td><td></td><td></td><td></td></tr>
</table></td></tr>
<tr><td>新庄区
中正路
与中港
路口</td><td>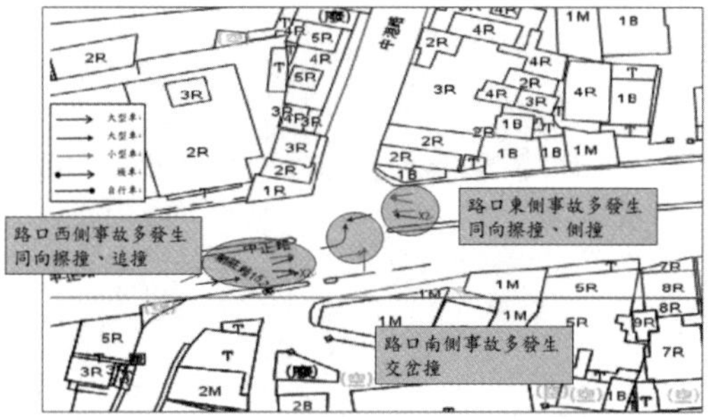
</td><td>
<table>
<tr><th>肇事原因</th><th>件數</th><th>比例</th><th>碰撞類型</th><th>件數</th><th>比例</th></tr>
<tr><td>變換車道或方向不當</td><td>6</td><td>20%</td><td>同向擦撞</td><td>9</td><td>30%</td></tr>
<tr><td>違反號誌管制或指揮</td><td>5</td><td>17%</td><td>側撞</td><td>7</td><td>23%</td></tr>
<tr><td>其他引起事故之違規或不當行為</td><td>4</td><td>13%</td><td>追撞</td><td>4</td><td>13%</td></tr>
<tr><td>未保持行車安全距離</td><td>3</td><td>10%</td><td>人與車穿越道路中</td><td>3</td><td>10%</td></tr>
<tr><td>不明原因肇事</td><td>2</td><td>7%</td><td>路口交岔撞</td><td>3</td><td>10%</td></tr>
<tr><th>事故當事人</th><th>件數</th><th>比例</th><th>發生時段</th><th>件數</th><th>比例</th></tr>
<tr><td>自用小客車</td><td>13</td><td>43%</td><td>8~10</td><td>5</td><td>17%</td></tr>
<tr><td>普通重型機車</td><td>7</td><td>23%</td><td>14~16</td><td>5</td><td>17%</td></tr>
<tr><td>自用小貨車</td><td>4</td><td>13%</td><td>10~12</td><td>4</td><td>13%</td></tr>
<tr><td>計程車</td><td>3</td><td>10%</td><td>22~24</td><td>4</td><td>13%</td></tr>
<tr><td>軍車</td><td>1</td><td>3%</td><td>0~2</td><td>3</td><td>10%</td></tr>
</table></td></tr>
<tr><td>新庄区
中正路
与民安
路口</td><td>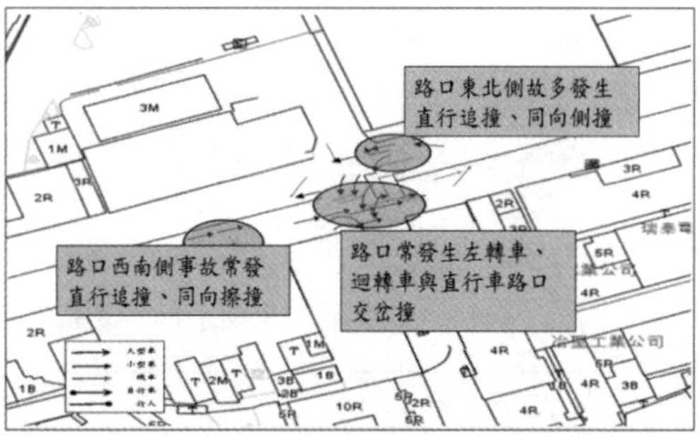
</td><td>
<table>
<tr><th>肇事原因</th><th>件數</th><th>比例</th><th>碰撞類型</th><th>件數</th><th>比例</th></tr>
<tr><td>未依規定讓車</td><td>7</td><td>20%</td><td>側撞</td><td>14</td><td>41%</td></tr>
<tr><td>未注意車前狀態</td><td>5</td><td>15%</td><td>同向擦撞</td><td>6</td><td>18%</td></tr>
<tr><td>變換車道或方向不當</td><td>4</td><td>12%</td><td>其他</td><td>4</td><td>12%</td></tr>
<tr><td>未保持行車安全距離</td><td>2</td><td>5%</td><td>追撞</td><td>3</td><td>9%</td></tr>
<tr><td>未保持行車安全間隔</td><td>2</td><td>5%</td><td>路口交岔撞</td><td>2</td><td>6%</td></tr>
<tr><th>事故當事人</th><th>件數</th><th>比例</th><th>發生時段</th><th>件數</th><th>比例</th></tr>
<tr><td>自用小客車</td><td>12</td><td>35%</td><td>10~12</td><td>7</td><td>21%</td></tr>
<tr><td>普通重型機車</td><td>9</td><td>26%</td><td>12~14</td><td>4</td><td>15%</td></tr>
<tr><td>自用小貨車</td><td>8</td><td>24%</td><td>14~16</td><td>4</td><td>15%</td></tr>
<tr><td>營業用大貨車</td><td>1</td><td>3%</td><td>8~10</td><td>3</td><td>9%</td></tr>
<tr><td>計程車</td><td>1</td><td>3%</td><td>16~18</td><td>3</td><td>9%</td></tr>
</table></td></tr>
<tr><td>新庄区
中正路
与龙安
路口</td><td>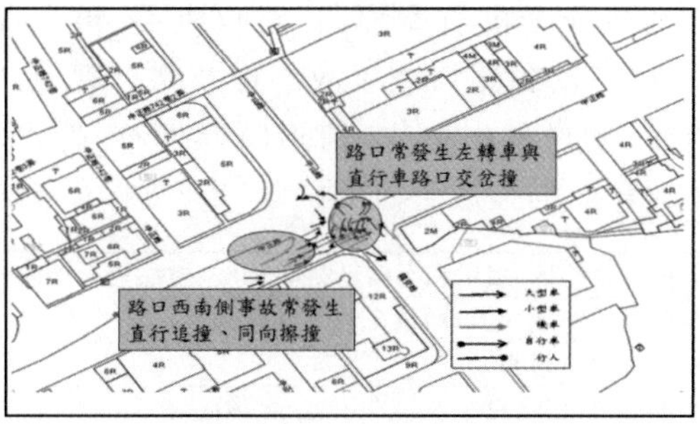
</td><td>
<table>
<tr><th>肇事原因</th><th>件數</th><th>比例</th><th>碰撞類型</th><th>件數</th><th>比例</th></tr>
<tr><td>未依規定讓車</td><td>8</td><td>16%</td><td>側撞</td><td>15</td><td>31%</td></tr>
<tr><td>未注意車前狀態</td><td>7</td><td>14%</td><td>同向擦撞</td><td>13</td><td>27%</td></tr>
<tr><td>不明原因肇事</td><td>7</td><td>14%</td><td>追撞</td><td>7</td><td>14%</td></tr>
<tr><td>(車輛駕駛人因素)尚未發現肇事因素</td><td>6</td><td>12%</td><td>其他</td><td>4</td><td>8%</td></tr>
<tr><td>未保持行車安全間隔</td><td>2</td><td>4%</td><td>對向擦撞</td><td>3</td><td>6%</td></tr>
<tr><th>事故當事人</th><th>件數</th><th>比例</th><th>發生時段</th><th>件數</th><th>比例</th></tr>
<tr><td>自用小客車</td><td>25</td><td>51%</td><td>20~22</td><td>9</td><td>18%</td></tr>
<tr><td>普通重型機車</td><td>12</td><td>24%</td><td>10~12</td><td>8</td><td>16%</td></tr>
<tr><td>自用小貨車</td><td>6</td><td>12%</td><td>14~16</td><td>6</td><td>12%</td></tr>
<tr><td>民營公車</td><td>2</td><td>4%</td><td>22~24</td><td>5</td><td>10%</td></tr>
<tr><td>計程車</td><td>2</td><td>4%</td><td>18~20</td><td>4</td><td>8%</td></tr>
</table></td></tr>
</table>

路口	主要肇事形态	肇事资料分析

新庄区中正路与化成路口

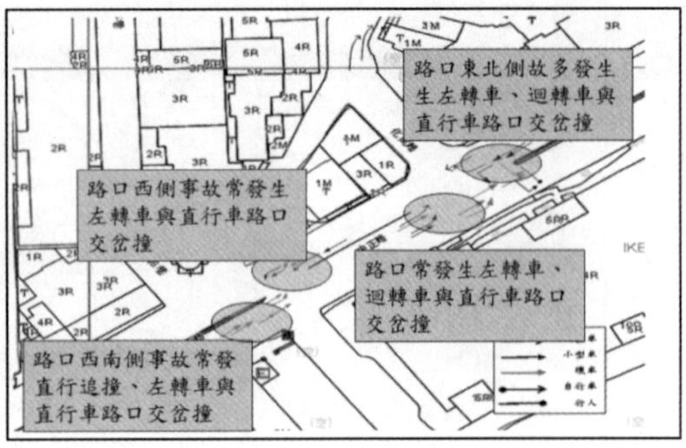

肇事原因	件數	比例	碰撞類型	件數	比例
其他引起事故之違規或不當行為	8	18%	其他	12	27%
未注意車前狀態	6	13%	側撞	10	22%
變換車道或方向不當	5	11%	同向擦撞	9	20%
不明原因肇事	5	11%	追撞	6	13%
未保持行車安全間隔	4	9%	路口交岔撞	3	7%

事故當事人	件數	比例	發生時段	件數	比例
普通重型機車	26	58%	14~16	7	21%
自用小客車	7	16%	6~8	4	15%
自用小貨車	5	11%	18~20	4	15%
計程車	4	9%	10~12	3	9%
遊覽車	1	2%	12~14	3	9%

中和区中正路与锦和路口

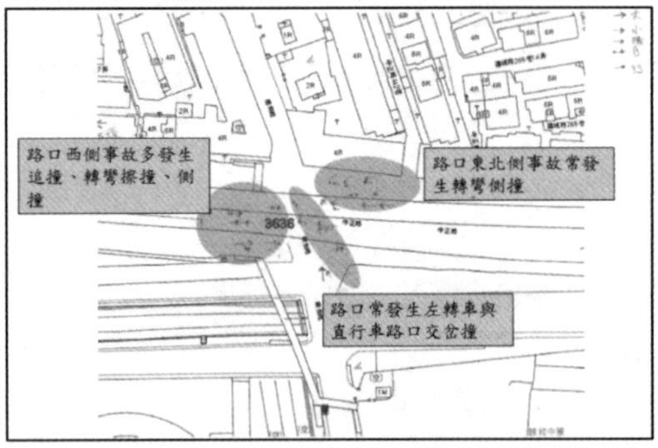

肇事原因	件數	比例	碰撞類型	件數	比例
違反號誌管制或指揮	15	25%	其他	18	29%
未注意車前狀態	13	21%	側撞	14	23%
左轉彎未依規定	8	13%	同向擦撞	9	15%
車輛駕駛人因素	4	6%	追撞	9	15%
未依規定讓車	4	6%	對向擦撞	3	5%

事故當事人	件數	比例	發生時段	件數	比例
普通重型機車	29	48%	18~20	13	21%
自用小客車	19	31%	6~8	12	19%
自用小貨車	6	9%	12~14	7	11%
計程車	4	6%	22~00	6	9%
營業用大貨車	2	3%	10~12	5	8%

永和区中正路与得和路口

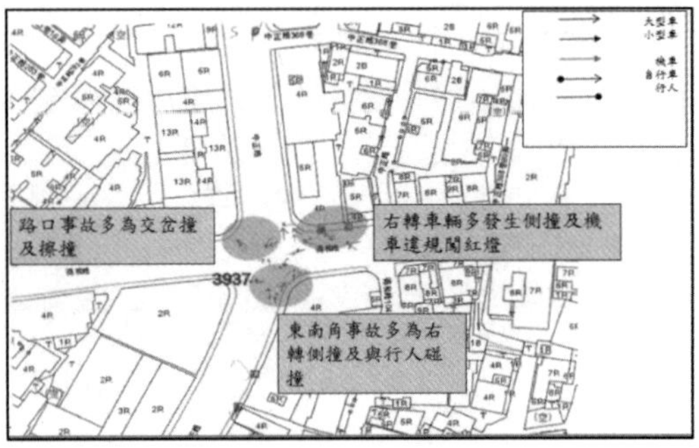

肇事原因	件數	比例	碰撞類型	件數	比例
未注意車前狀態	6	17%	側撞	10	29%
未依規定讓車	5	14%	汽機車與行人	7	21%
左轉未依規定	4	12%	同向擦撞	6	18%
未保持安全行車間隔	3	8%	其他	5	15%
變換車道或方向不當	3	8%	交岔撞	2	6%

事故當事人	件數	比例	發生時段	件數	比例
普通重型機車	18	53%	17~19	10	14%
自用小客車	8	24%	9~11	10	12%
自用小貨車	2	6%	12~14	5	12%
腳踏自行車	1	3%	14~18	3	12%
民營客運	1	3%	18~20	1	12%

新庄区中正路与思源路口

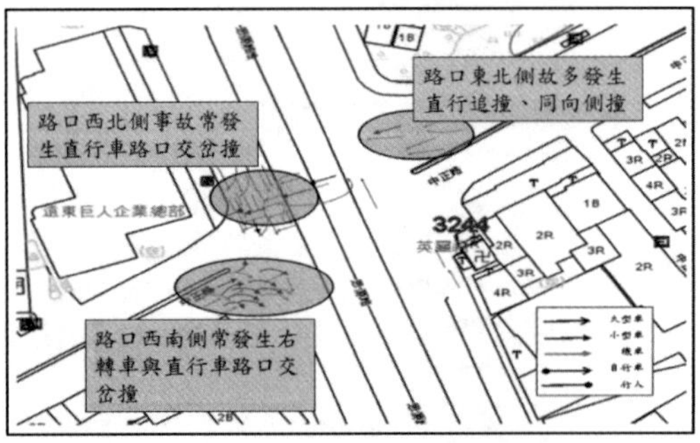

肇事原因	件數	比例	碰撞類型	件數	比例
不明原因肇事	17	23%	其他	19	26%
違反號誌管制或指揮	15	11%	路口交岔撞	13	18%
其他引起事故之違規或不當行為	11	15%	側撞	13	18%
未注意車前狀態	5	7%	追撞	11	15%
未保持行車安全距離	4	5%	同向擦撞	11	15%

事故當事人	件數	比例	發生時段	件數	比例
普通重型機車	49	67%	18~20	12	16%
自用小客車	14	19%	22~24	11	15%
自用小貨車	4	5%	8~10	8	11%
民營客運	2	3%	12~14	8	11%
民營公車	1	1%	16~18	8	11%

图 3 十大易肇路口主要肇事形态及肇事资料分析

3.3 会议(勘)研提改善方案及改善措施执行

本市十大易肇事路口改善,邀集本市道路交通安全督导会报道安顾问、路权机关、警察局交通大队、当地分局、当地区公所及交通局通管制工程科等相关单位,就各路口之事故态样及路口现况进行分析,初步研拟交通工程改善项目共计 54 项,包含:增绘指向线、增设导引标志、清道时间调整、增设左转专用时相及机车左转专用道(含彩色铺面)等,另亦就执法及教育面加强改善(图 4)。

工程(54 项)	标线	增设车道预告标志、加大机车停等区、增绘机车待转区转引线、增绘地面指向线
	标志	增设导引标志、加挂机车两段式左转牌面、增设车道预告标志
	号志	延长路口清道时间、增设左转专用时相号志
	其他	路口路型槽化调整、设置单行道、增设机车左转专用道(含彩铺)
执法(3 项)	加强取缔车辆违规转向、逆向行驶、车辆未礼让行人	
宣导(1 项)	加强直导路口礼让行人	

图 4 十大易肇事路口改善项目

本研究亦邀集警察局、当地区公所、里办公处及交通局交通管制工程科多次至现场会勘确认改善项目，其中以新庄区中正路与龙安路口为例，行驶于中正路往桃园方向欲左转龙安路之车辆，常与中正路直行往三重方向之车辆交叉碰撞；行驶于中正路往三重方向之车辆常有直行追撞及同向擦撞之事故，经检讨号志时相调整空间有限，因此，前者之初步改善措施为将原先之上午尖峰 7—9 时及下午 17—19 时，中正路往桃园方向禁止左转龙安路之时段延长至 7—19 时，并于龙安路桥前灯杆加挂绕道标志，请欲左转之车辆绕行至新北大道回转；后者之初步改善措施为于路口前增设车道预告标志，各路口之交通工程改善研提措施(图 5)。

<table>
<tr><th>路口</th><th>事故态样</th><th>问题分析及改善措施</th></tr>
<tr><td rowspan="4">新庄中正/大观</td><td>路口西南角事故多为右转侧撞</td><td>路口前方增设车道预告标志</td></tr>
<tr><td>机车待转区前多为交叉撞及擦撞</td><td>增绘机车待转区导引线</td></tr>
<tr><td>左转车辆侧撞及机车违规左转</td><td>交通大队加强取缔机车违规直接左转</td></tr>
<tr><td colspan="2">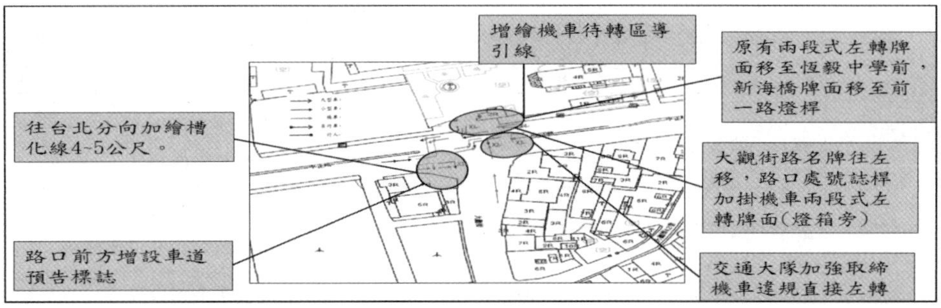
</td></tr>
<tr><td rowspan="5">新庄中正/明志</td><td>路口东北侧常发生行人与车辆事故</td><td>评估行人早开时制并加强执法</td></tr>
<tr><td>路口北侧事故多为转弯擦撞及侧撞</td><td>调整停止线位置，避免加油站出入车辆有违规行驶情况发生</td></tr>
<tr><td>路口常发生左转车与直行车交叉撞</td><td>延长左转保护时相秒数并增加路口黄灯及全红秒数</td></tr>
<tr><td>路口南侧事故多为交叉撞</td><td>中正路 855 巷绿灯早开与加油站同步</td></tr>
<tr><td colspan="2">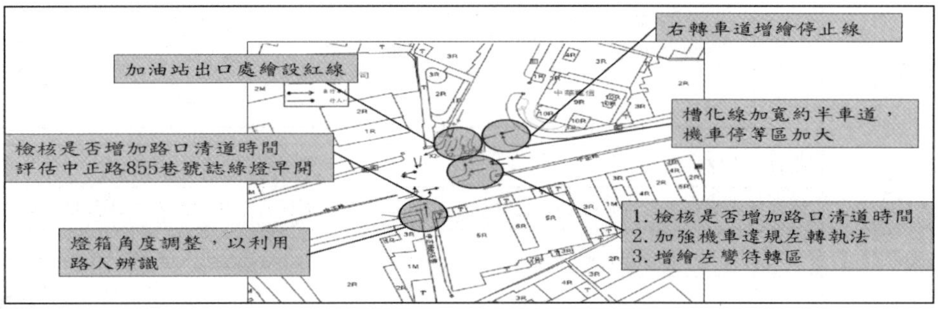
</td></tr>
<tr><td rowspan="4">中和员山/和城</td><td>路口北侧事故多为同向擦撞、追撞</td><td>增设号志背灯、反射镜</td></tr>
<tr><td>路口南侧事故多为交叉撞</td><td>员山路往南更改左转直行标线</td></tr>
<tr><td>路口西南侧事故多为追撞及右转侧撞</td><td>和城路往东增设直立灯箱、号志灯杆转向支架</td></tr>
<tr><td colspan="2">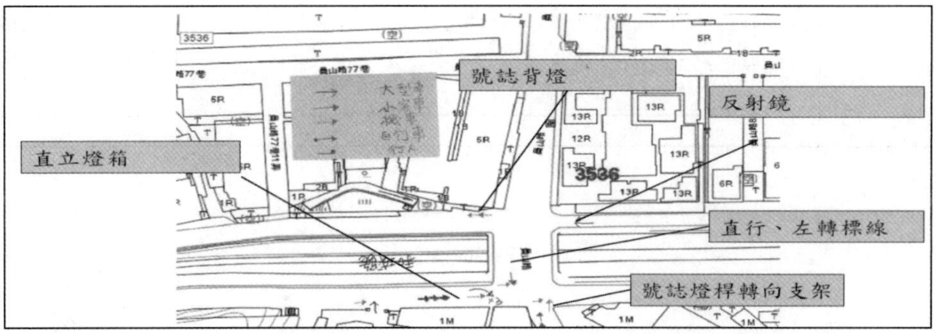
</td></tr>
</table>

<table>
<tr><th>路口</th><th>事故态样</th><th>问题分析及改善措施</th></tr>
<tr><td rowspan="4">新庄中正/中港</td><td>路口东侧事故多为同向擦撞及侧撞</td><td>缩短号志周期，减少待转区溢流及不耐久候提前闯越情形</td></tr>
<tr><td>路口南侧事故多为交叉撞</td><td>评估中港路号志绿灯轮放及行人绿灯早开调整行穿线缺口避免机车违规行驶</td></tr>
<tr><td>路口西侧事故多为同向擦撞及追撞</td><td>延长左转保护时相秒数并检视增加路口黄灯及全红秒数之可行性</td></tr>
<tr><td colspan="2">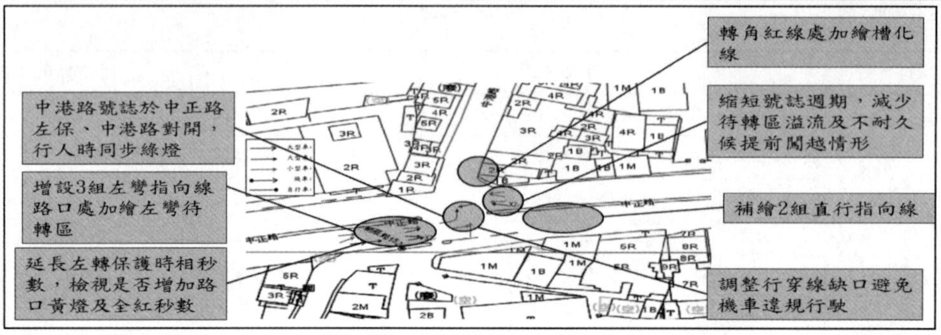
</td></tr>
<tr><td rowspan="4">新庄中正/民安</td><td>路口事故多为交叉撞</td><td>中正路往桃园方向迟闭秒数延长、中正路双向近入口段增绘双白线</td></tr>
<tr><td>路口西南侧事故多为直行追撞及同向擦撞</td><td>增加路口黄灯及全红秒数、现勘讨论进捷运丹凤站 2 号出口公交车站位调整</td></tr>
<tr><td>路口东北侧多为直行追撞及同向侧撞</td><td>增设车道预告标志</td></tr>
<tr><td colspan="2">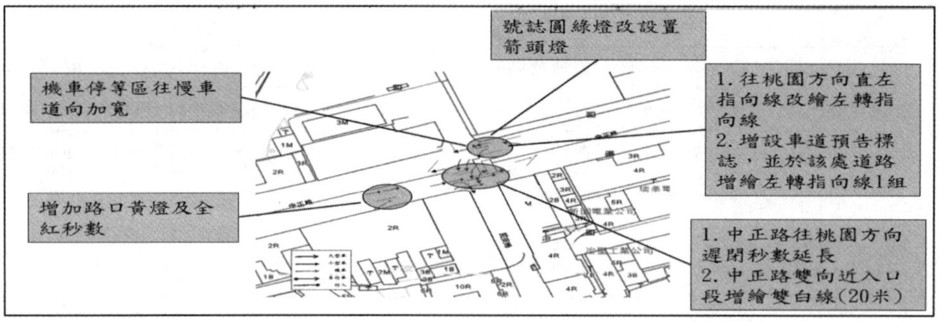
</td></tr>
<tr><td rowspan="3">新庄中正/龙安</td><td>路口多为路口交叉撞</td><td>中正路(往桃园)实施 9—17 时禁止左转</td></tr>
<tr><td>路口西南侧多为直行追撞、同向擦撞</td><td>加强机车违规左转执法及增设前方路口车道预告标志</td></tr>
<tr><td colspan="2">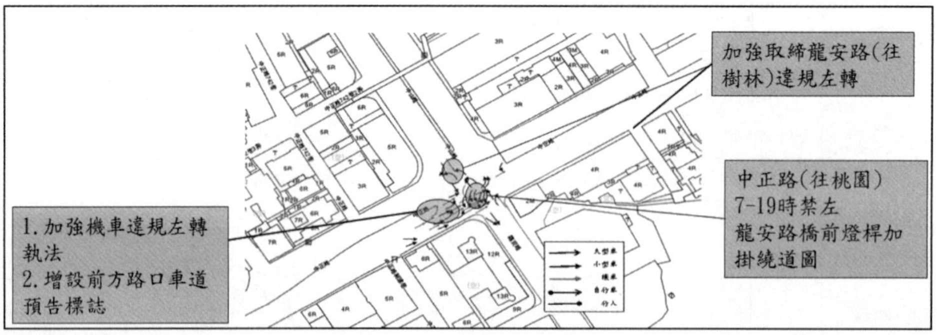
</td></tr>
</table>

路口	事故态样	问题分析及改善措施
新庄中正/化成	路口西南侧事故多为追撞、交叉撞	路口加挂禁止左转牌面，内侧车道补绘禁行机车标字，并研议化成路变更为单行道
	路口西侧事故多为交叉撞	研议增设机车左转专用道
	路口常发生交叉撞	机车待转区加长，路口前端加绘指向线
	路口东北侧多为交叉撞	增设回转保护时相
	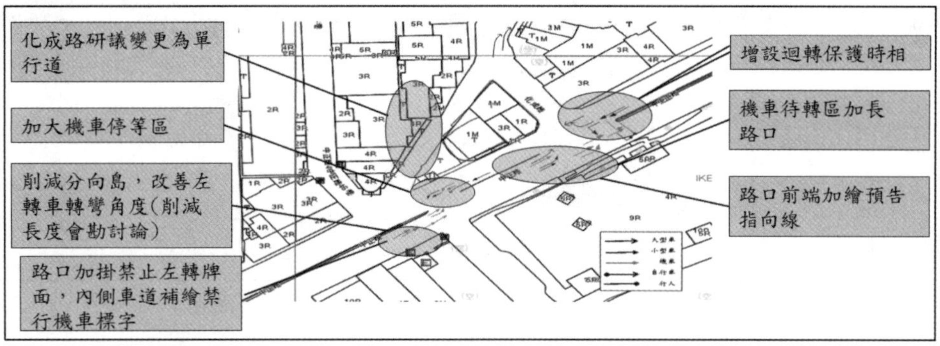	
中和中正/锦和	路口西侧事故多为追撞、转弯擦撞及侧撞	锦和路往南评估禁左，规划左转改道动线
	路口常发生左转车与直行车路口交叉撞	锦和路往北规划左转专用道
	路口东北侧事故常发生转弯侧撞	评估中正路往西快车道及慢车道左转时相轮放
	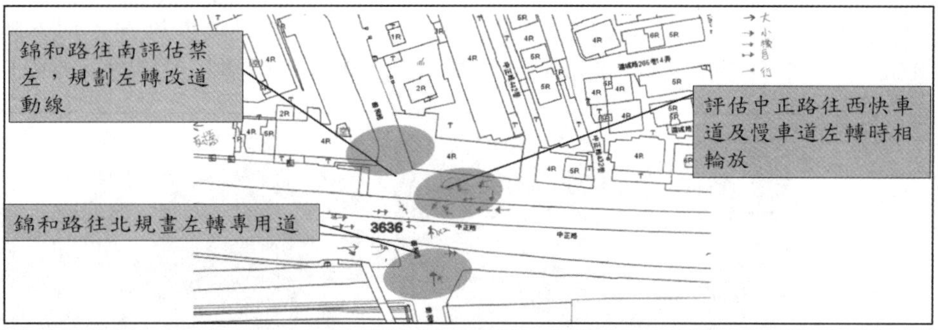	
永和中正/得和	右转车辆多发生侧撞及机车违规闯红灯	路口前方取消红灯右转、交通大队加强取缔机车违规
	路口事故多为交叉撞及擦撞	现况已有导引线、研议早开、迟闭时相
	东南侧事故多为右转侧撞及与行人碰撞	研议增加行人优先号志
	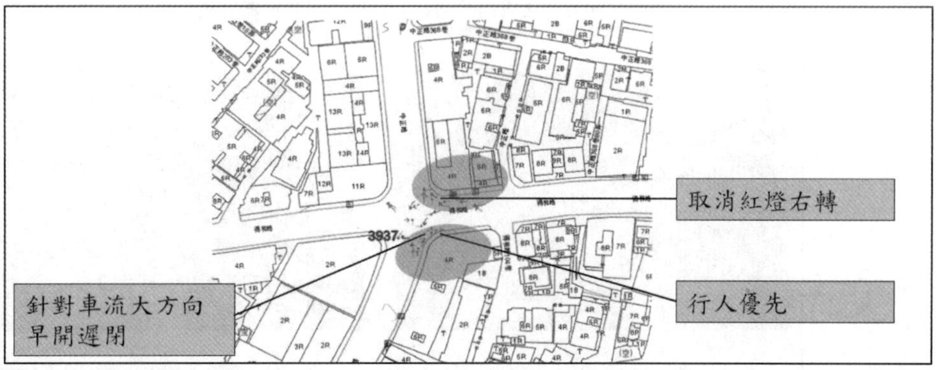	

路口	事故态样	问题分析及改善措施
新庄中正/思源	路口西北侧事故多为交叉撞	增设路口车道号志
	路口西南侧多为交叉撞	无名巷调整单行方向
	路口东北侧故多为追撞及同向侧撞	大汉桥下方基座微幅削减，增加机车待转空间
	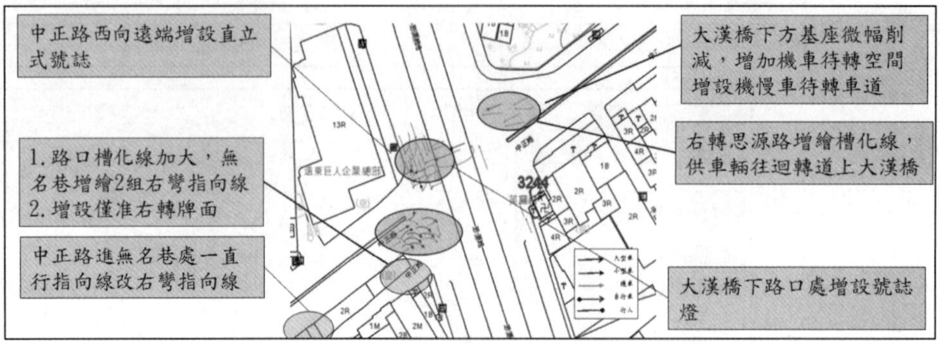	

图 5　十大易肇事路口细项改善措施

3.4　改善成效追踪

本市十大易肇事路口主要改善车辆侧撞及同向擦撞，包含增设车道预告标志、加强取缔车辆违规转向及加强倡导路口礼让行人等 58 项措施，路口改善前后(详见图 6 及图 7)，惟因改善项目众多，故不逐一赘述。除新庄区中正路与龙安路口主要事故形态件数未下降，其肇事形态多为机车违规左转侧撞，由辖区分局加强执法，其余 9 处路口主要事故形态均已减少，10 处路口事故件数均下降，总事故件数与同期相较，共减少 39 件，下降幅度达 55%(图 8)，其中以中和区员山路与和城路口改善比例(100 %)最高。

改善前　　改善后

新庄区中正路化成路口调整为单行道简化车流以减少路口交织

新庄区中正路中港路口增设机车左转专用车道、左弯待转区及调整行穿线

图 6　新庄区中正路/化成路口与新庄区中正路/中港路口改善前后比较

图 7　新庄区中正路/化成路口与新庄区中正路/民安路口改善前后比较

排序	辖区	路口	同期比较		
			改善前	改善后	增减数
1	新庄区	中正路与大观街口	6	2	－4
2	新庄区	中正路与明志路口	9	2	－7
3	中和区	员山路与和城路口	4	0	－4
4	新庄区	中正路与中港路口	5	3	－2
5	新庄区	中正路与民安路口	4	2	－2
6	新庄区	中正路与龙安路口	5	4	－1
7	新庄区	中正路与化成路口	7	2	－5
8	中和区	中正路与锦和路口	7	3	－4
9	永和区	中正路与得和路口	10	6	－4
10	新庄区	中正路与思源路口	14	8	－6
合计			71	32	－39(55%)

注:同期交通事故资料区间采 2016 年 8 月 5 日至 9 月 30 日(改善后)及去年同期(改善前)进行比较

图 8　十大易肇事路口改善成效

4　十大易肇事桥梁改善

4.1　事故资料分析及易肇事桥梁筛选

本研究系参考 2015 年肇事资料分析，筛选本市十大易肇事桥梁(图 9)，依序为:忠孝桥、重新桥、关渡桥、中山桥、福和桥、中兴桥、秀朗桥、大汉桥、浮洲桥及中正桥。

排序	桥梁	排序	桥梁
1	忠孝桥	6	中兴桥
2	重新桥	7	秀朗桥
3	关渡桥	8	大汉桥
4	中山桥	9	浮洲桥
5	福和桥	10	中正桥

图 9　新北市 2016 年十大易肇事桥梁

4.2　绘制事故碰撞图及肇事资料分析

本市十大易肇事桥梁中之肇事原因多为未保持行车安全距离(29%)及未注意车前状态(21%)；碰撞类型以追撞(44%)及同向擦撞(20%)所占比例最高；事故当事人以普通重型机车(60%)为大宗(图 10)。

<table>
<tr><th>桥梁</th><th>主要肇事形态</th><th>肇事资料分析</th></tr>
<tr><td>忠孝桥</td><td>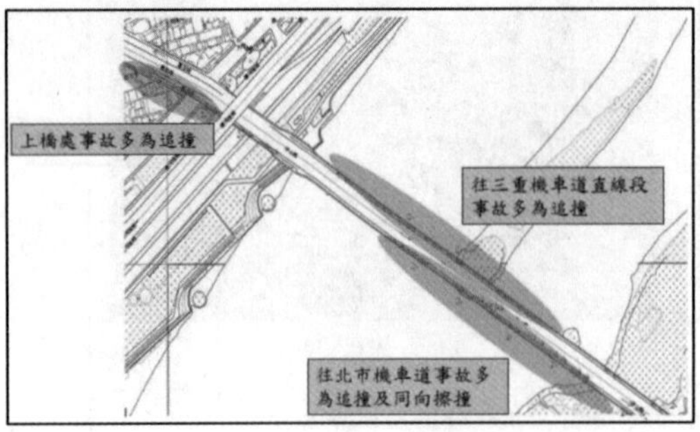
</td><td>
<table>
<tr><th>肇事原因</th><th>件數</th><th>比例</th><th>碰撞類型</th><th>件數</th><th>比例</th></tr>
<tr><td>未保持行車安全距離</td><td>118</td><td>39%</td><td>追撞</td><td>190</td><td>62%</td></tr>
<tr><td>未注意車前狀態</td><td>61</td><td>20%</td><td>同向擦撞</td><td>48</td><td>16%</td></tr>
<tr><td>不明原因肇事</td><td>56</td><td>18%</td><td>其他</td><td>25</td><td>8%</td></tr>
<tr><td>(車輛駕駛人因素)尚未發現肇事因素</td><td>25</td><td>8%</td><td>路上翻車、摔倒</td><td>23</td><td>8%</td></tr>
<tr><td>變換車道或方向不當</td><td>17</td><td>6%</td><td>側撞</td><td>8</td><td>3%</td></tr>
<tr><th>事故當事人</th><th>件數</th><th>比例</th><th>發生時段</th><th>件數</th><th>比例</th></tr>
<tr><td>普通重型機車</td><td>135</td><td>44%</td><td>8~10</td><td>54</td><td>18%</td></tr>
<tr><td>自用小客車</td><td>102</td><td>33%</td><td>22~24</td><td>40</td><td>13%</td></tr>
<tr><td>自用小貨車</td><td>18</td><td>6%</td><td>14~16</td><td>39</td><td>13%</td></tr>
<tr><td>計程車</td><td>12</td><td>4%</td><td>18~20</td><td>39</td><td>13%</td></tr>
<tr><td>租賃車</td><td>6</td><td>2%</td><td>10~12</td><td>31</td><td>10%</td></tr>
</table></td></tr>
<tr><td>重新桥</td><td>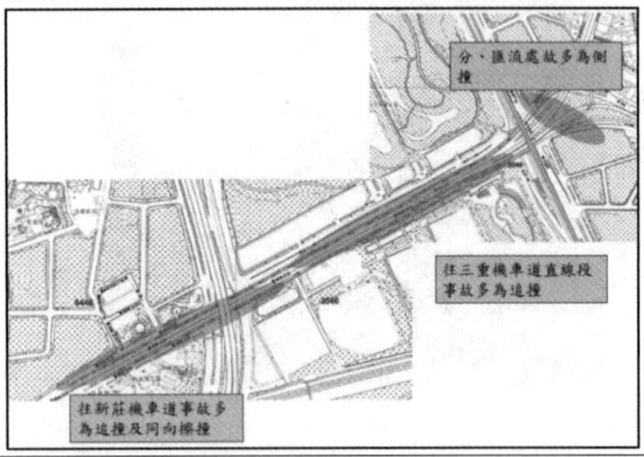
</td><td>
<table>
<tr><th>肇事原因</th><th>件數</th><th>比例</th><th>碰撞類型</th><th>件數</th><th>比例</th></tr>
<tr><td>未注意車前狀態</td><td>53</td><td>29%</td><td>追撞</td><td>85</td><td>47%</td></tr>
<tr><td>未保持安全行車距離</td><td>46</td><td>25%</td><td>同向擦撞</td><td>29</td><td>16%</td></tr>
<tr><td>不明原因肇事</td><td>34</td><td>19%</td><td>路上本身翻車、摔倒</td><td>29</td><td>16%</td></tr>
<tr><td>(車輛駕駛人因素)尚未發現肇事因素</td><td>15</td><td>8%</td><td>其他</td><td>15</td><td>8%</td></tr>
<tr><td>變換車道或方向不當</td><td>8</td><td>4%</td><td>側撞</td><td>8</td><td>4%</td></tr>
<tr><th>事故當事人</th><th>件數</th><th>比例</th><th>發生時段</th><th>件數</th><th>比例</th></tr>
<tr><td>普通重型機車</td><td>167</td><td>92%</td><td>17~19</td><td>58</td><td>32%</td></tr>
<tr><td>普通輕型機車</td><td>6</td><td>3%</td><td>20~22</td><td>32</td><td>18%</td></tr>
<tr><td>腳踏車</td><td>2</td><td>1%</td><td>07~09</td><td>23</td><td>13%</td></tr>
<tr><td>行人</td><td>1</td><td>0.5%</td><td>11~13</td><td>21</td><td>12%</td></tr>
<tr><td>其它</td><td>1</td><td>0.5%</td><td>9~11</td><td>18</td><td>10%</td></tr>
</table></td></tr>
<tr><td>关渡桥</td><td>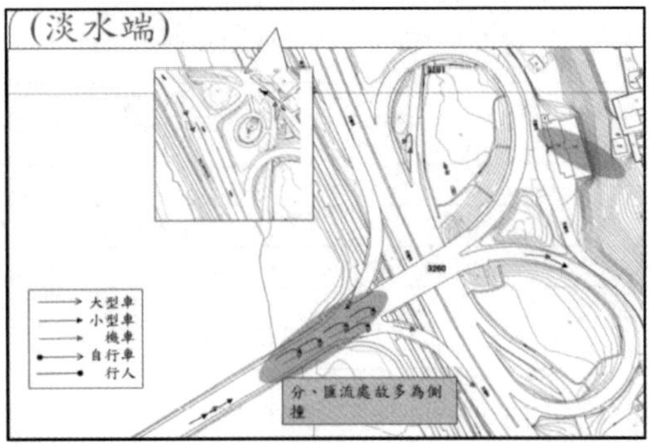

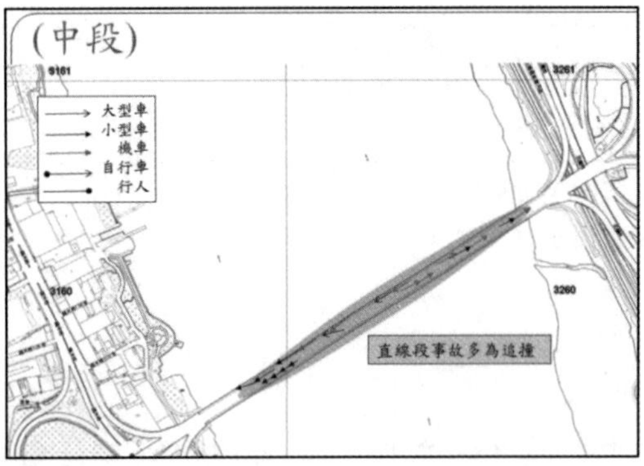

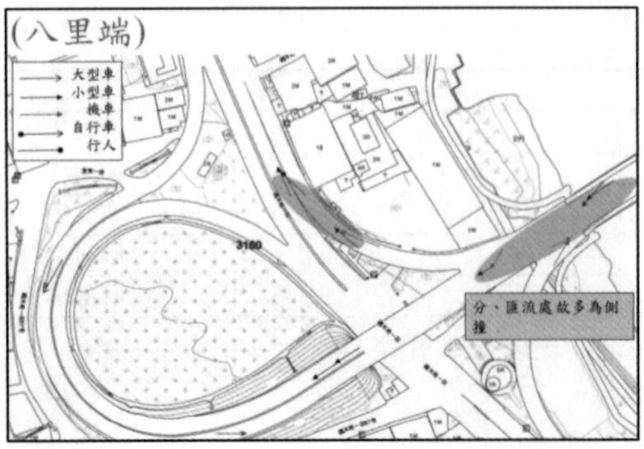
</td><td>
<table>
<tr><th>肇事原因</th><th>件數</th><th>比例</th><th>碰撞類型</th><th>件數</th><th>比例</th></tr>
<tr><td>未保持行車安全距離</td><td>64</td><td>37%</td><td>追撞</td><td>82</td><td>48%</td></tr>
<tr><td>未注意車前狀態</td><td>37</td><td>22%</td><td>同向擦撞</td><td>43</td><td>25%</td></tr>
<tr><td>變換車道或方向不當</td><td>14</td><td>8%</td><td>路上翻車、摔倒</td><td>20</td><td>12%</td></tr>
<tr><td>(車輛駕駛人因素)尚未發現肇事因素</td><td>10</td><td>6%</td><td>其他</td><td>12</td><td>7%</td></tr>
<tr><td>未保持行車安全間隔</td><td>9</td><td>5%</td><td>側撞</td><td>8</td><td>5%</td></tr>
<tr><th>事故當事人</th><th>件數</th><th>比例</th><th>發生時段</th><th>件數</th><th>比例</th></tr>
<tr><td>普通重型機車</td><td>71</td><td>42%</td><td>16-18</td><td>43</td><td>25%</td></tr>
<tr><td>自用小客車</td><td>59</td><td>35%</td><td>18-20</td><td>41</td><td>24%</td></tr>
<tr><td>自用小貨車</td><td>15</td><td>9%</td><td>14-16</td><td>33</td><td>19%</td></tr>
<tr><td>計程車</td><td>9</td><td>5%</td><td>10-12</td><td>30</td><td>18%</td></tr>
<tr><td>自用大貨車</td><td>3</td><td>2%</td><td>08-10</td><td>30</td><td>18%</td></tr>
</table></td></tr>
</table>

桥梁 | 主要肇事形态 | 肇事资料分析

中山桥

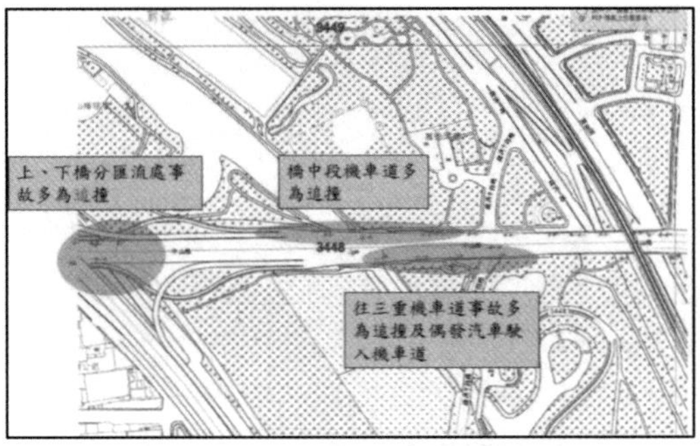

肇事原因	件數	比例
未注意車前狀態	13	29%
不明原因肇事	12	27%
未保持安全行車距離	7	16%
未保持安全行車間隔	5	11%
(車輛駕駛人因素)尚未發現肇事因素	2	5%

碰撞類型	件數	比例
汽機車本身路上翻車、摔倒	15	33%
追撞	12	27%
其他	6	13%
同向擦撞	6	13%
(汽機車本身)撞護欄	5	11%

事故當事人	件數	比例
普通重型機車(機車道)	42	93%
自用小客車(機車道)	1	2%
計程車(機車道)	1	2%
自用小客車(汽車道)	7	16%
重型機車(汽車道)	1	2%

發生時段	件數	比例
7~10	12	27%
16~18	10	22%
22~00	6	13%
9~12	3	6%
00~04	2	5%

福和桥

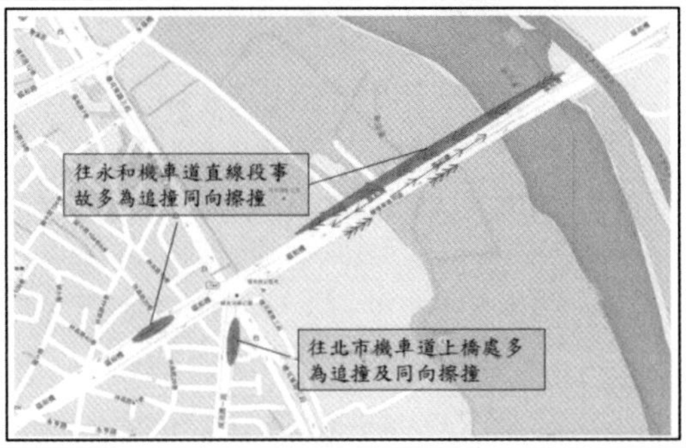

肇事原因	件數	比例
未保持行車安全距離	52	34.2%
變換車道或方向不當	28	18.4%
未注意車前狀態	24	15.8%
不明原因肇事	19	12.5%
未保持行車安全間隔	8	5.2%

碰撞類型	件數	比例
追撞	72	47.4%
同向擦撞	29	19.0%
其他	19	12.5%
路上翻車、摔倒	12	7.9%
側撞	8	5.3%

事故當事人	件數	比例
普通重型機車	104	68.4%
自用小客車	30	19.7%
計程車	7	4.6%
大型重型機車	2	1.3%
普通輕型	2	1.3%

發生時段	件數	比例
8~10	30	19.7%
18~20	28	18.4%
22~24	23	15.1%
20~22	16	10.5%
16~18	13	8.6%

中兴桥

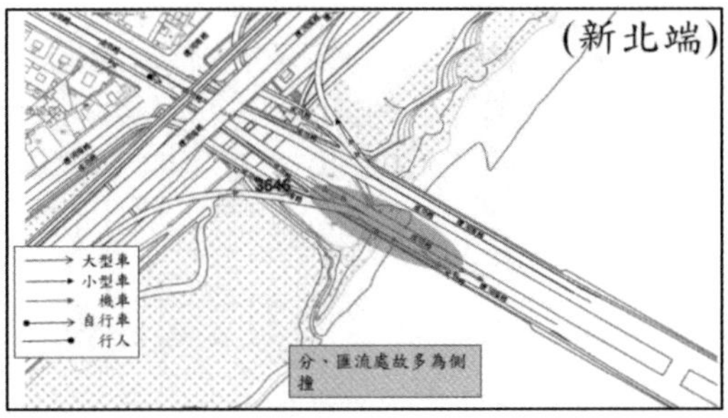

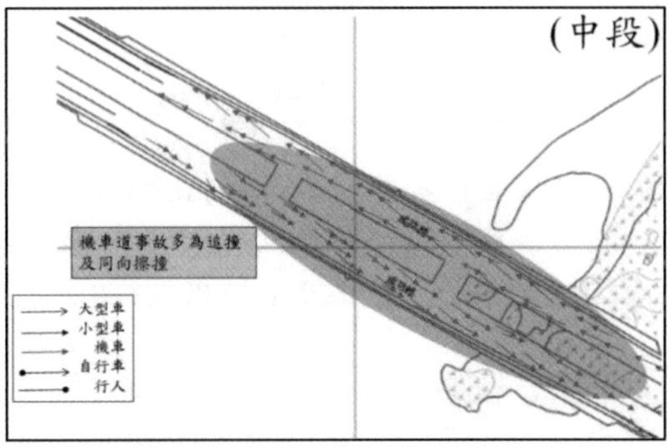

肇事原因	件數	比例
未注意車前狀態	43	27%
未保持行車安全距離	37	23%
不明原因肇事	30	19%
未保持行車安全間隔	12	27%
(車輛駕駛人因素)尚未發現肇事因素	11	7%

碰撞類型	件數	比例
車與車-追撞	74	47%
車與車-其他	28	18%
車與車-同向擦撞	26	16%
汽(機)車本身-路上翻車摔倒	13	8%
車與車-側撞	8	5%

事故當事人	件數	比例
普通重型機車	143	90%
自用小客車	4	3%
普通輕型機車	4	3%
計程車	1	1%
電動自行車	1	1%

發生時段	件數	比例
18-20	29	18%
08-10	24	15%
10-12	21	13%
20-22	21	13%
06-08	15	9%

秀朗桥

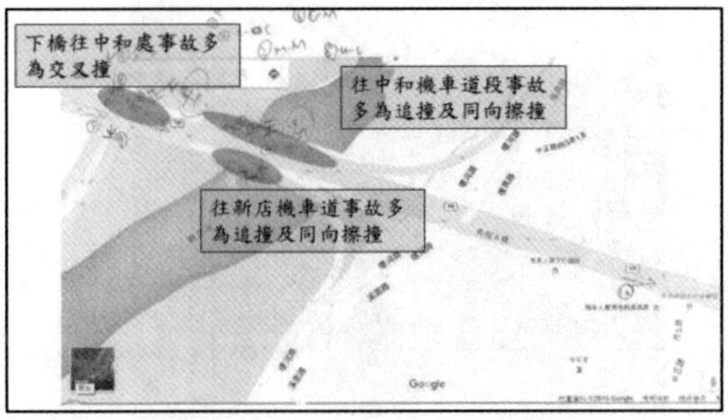

肇事原因	件數	比例
未注意車前狀態	37	30.1%
未保持行車安全距離	17	13.8%
未保持行車安全間隔	13	10.6%
違反特定標誌(線)禁制	13	10.6%
變換車道或方向不當	7	5.7%

碰撞類型	件數	比例
車與車-同向擦撞	38	30.9%
車與車-追撞	35	28.5%
車與車-側撞	18	14.6%
車與車-其他	15	12.2%
汽(機)車本身-路上翻車、摔倒	6	4.9%

事故當事人	件數	比例
普通重型機車	59	48.0%
自用小客車	33	26.8%
自用小貨車	10	8.1%
普通輕型機車	6	4.9%
計程車	4	3.3%

發生時段	件數	比例
18-20	22	17.9%
8-10	19	15.4%
16-18	16	13.0%
6-8	13	10.6%
14-16	12	9.8%

<table>
<tr><th>桥梁</th><th>主要肇事形态</th><th>肇事资料分析</th></tr>
<tr><td>大汉桥</td><td>
</td><td>
<table>
<tr><th>肇事原因</th><th>件數</th><th>比例</th><th>碰撞類型</th><th>件數</th><th>比例</th></tr>
<tr><td>未保持行車安全距離</td><td>49</td><td>41%</td><td>追撞</td><td>57</td><td>48%</td></tr>
<tr><td>未注意車前狀態</td><td>16</td><td>13%</td><td>同向擦撞</td><td>27</td><td>23%</td></tr>
<tr><td>變換車道或方向不當</td><td>14</td><td>12%</td><td>其他</td><td>20</td><td>17%</td></tr>
<tr><td>未保持安全間隔</td><td>7</td><td>6%</td><td>路上翻車、摔倒</td><td>5</td><td>4%</td></tr>
<tr><td>不明原因肇事</td><td>7</td><td>6%</td><td>側撞</td><td>2</td><td>2%</td></tr>
<tr><th>事故當事人</th><th>件數</th><th>比例</th><th>發生時段</th><th>件數</th><th>比例</th></tr>
<tr><td>普通重型機車</td><td>59</td><td>49%</td><td>8~10</td><td>22</td><td>18%</td></tr>
<tr><td></td><td></td><td></td><td>18~20</td><td>19</td><td>16%</td></tr>
<tr><td>自用小客車</td><td>34</td><td>28%</td><td></td><td></td><td></td></tr>
<tr><td>自用小貨車</td><td>8</td><td>7%</td><td>14~16</td><td>14</td><td>12%</td></tr>
<tr><td>計程車</td><td>4</td><td>3%</td><td>16~18</td><td>13</td><td>11%</td></tr>
<tr><td>租賃車</td><td>2</td><td>2%</td><td>22~24</td><td>13</td><td>11%</td></tr>
</table></td></tr>
<tr><td>浮洲桥</td><td>
</td><td>
<table>
<tr><th>肇事原因</th><th>件數</th><th>比例</th><th>碰撞類型</th><th>件數</th><th>比例</th></tr>
<tr><td>未保持行車安全距離</td><td>58</td><td>32.6%</td><td>車與車-追撞</td><td>86</td><td>48.3%</td></tr>
<tr><td>未注意車前狀態</td><td>38</td><td>21.3%</td><td>車與車-同向擦撞</td><td>31</td><td>17.4%</td></tr>
<tr><td>其他引起事故之違規或不當行為</td><td>18</td><td>10.1%</td><td>車與車-其他</td><td>18</td><td>10.1%</td></tr>
<tr><td>未保持行車安全間隔</td><td>15</td><td>8.4%</td><td>汽(機)車本身-路上翻車、摔倒</td><td>17</td><td>9.6%</td></tr>
<tr><td>不明原因肇事</td><td>13</td><td>7.3%</td><td>車與車-側撞</td><td>8</td><td>4.5%</td></tr>
<tr><th>事故當事人</th><th>件數</th><th>比例</th><th>發生時段</th><th>件數</th><th>比例</th></tr>
<tr><td>普通重型機車</td><td>137</td><td>77.0%</td><td>8-10</td><td>24</td><td>13.5%</td></tr>
<tr><td>自用小客車</td><td>19</td><td>10.7%</td><td>10-12</td><td>24</td><td>13.5%</td></tr>
<tr><td>普通輕型機車</td><td>6</td><td>3.4%</td><td>18-20</td><td>23</td><td>12.9%</td></tr>
<tr><td>自用小貨車</td><td>5</td><td>2.8%</td><td>20-22</td><td>21</td><td>11.8%</td></tr>
<tr><td></td><td></td><td></td><td>16-18</td><td>20</td><td>11.2%</td></tr>
</table></td></tr>
<tr><td>中正桥</td><td>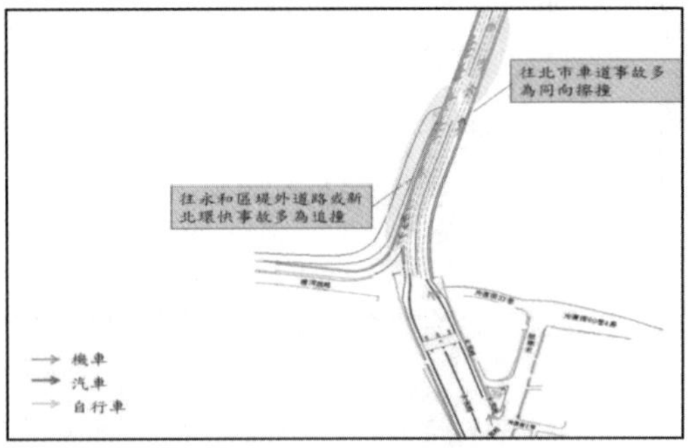
</td><td>
<table>
<tr><th>肇事原因</th><th>件數</th><th>比例</th><th>碰撞類型</th><th>件數</th><th>比例</th></tr>
<tr><td>未保持行車安全距離</td><td>25</td><td>40%</td><td>同向擦撞</td><td>36</td><td>35%</td></tr>
<tr><td>未保持行車安全間隔</td><td>21</td><td>20%</td><td>追撞</td><td>31</td><td>30%</td></tr>
<tr><td>未注意車前狀態</td><td>18</td><td>17%</td><td>路上翻車、摔倒</td><td>11</td><td>11%</td></tr>
<tr><td>變換車道或方向不當</td><td>10</td><td>10%</td><td>側撞</td><td>9</td><td>9%</td></tr>
<tr><td>不明原因肇事</td><td>7</td><td>7%</td><td>其他</td><td>8</td><td>8%</td></tr>
<tr><th>事故當事人</th><th>件數</th><th>比例</th><th>發生時段</th><th>件數</th><th>比例</th></tr>
<tr><td>普通重型機車</td><td>52</td><td>50%</td><td>7~9</td><td>28</td><td>27%</td></tr>
<tr><td>自用小客車</td><td>32</td><td>31%</td><td>8~10</td><td>24</td><td>23%</td></tr>
<tr><td>自用小貨車</td><td>5</td><td>5%</td><td>6~8</td><td>20</td><td>19%</td></tr>
<tr><td>計程車</td><td>5</td><td>5%</td><td>21~23</td><td>19</td><td>18%</td></tr>
<tr><td>腳踏自行車</td><td>3</td><td>3%</td><td>9~11</td><td>17</td><td>17%</td></tr>
<tr><td></td><td></td><td></td><td>20~22</td><td>17</td><td>17%</td></tr>
</table></td></tr>
</table>

图 10　十大易肇桥梁主要肇事形态及肇事资料分析

4.3　会议(勘)研提改善方案及改善措施执行

本市十大易肇事桥梁改善，邀集本市道路交通安全督导会报道安顾问、警察局交通大队、当地分局、当地区公所及交通局通管制工程科等相关单位，就各桥梁之事故态样及路口现况进行分析，初步研拟交通工程改善项目共计 37 项，包含：汇流段增绘双白线、机车道反光导标及反光贴纸、指引标志改善、增绘车道缩减标线、机车专用道彩色铺面及创新之图形化标志(图 11)，另亦就执法及教育面加强改善(图 12)。

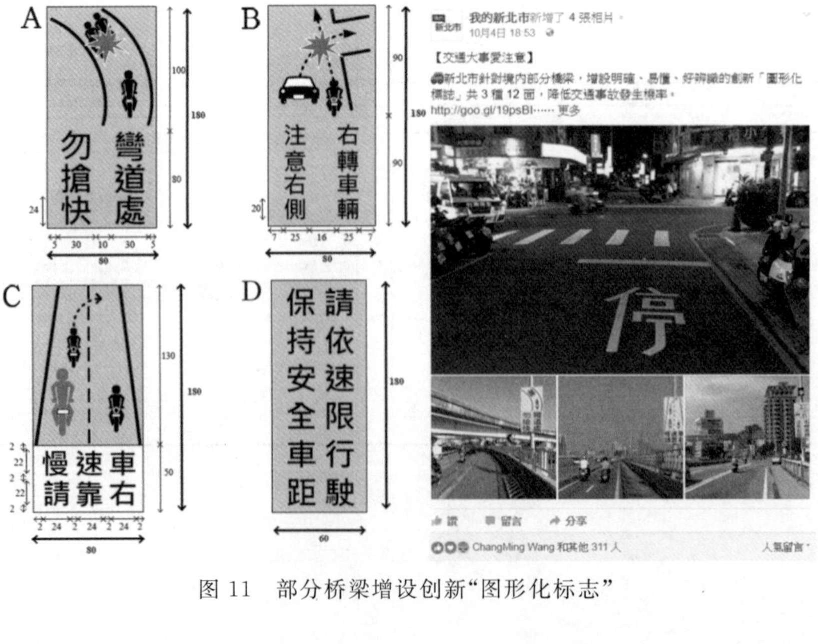

图 11　部分桥梁增设创新“图形化标志”

工程(31项)	标线	增绘车道缩减标线、增绘标这字、增绘机车专用道彩铺、机车道增绘车道线、汇流段增绘双白线
	标志	标设右侧来车及辅2标志、指引标志改善、增设图型化标志
	其他	增设及修复交通杆、增设机车道反光导标及反光贴纸
执法(2项)	加强取缔桥梁车辆违规转向及桥梁上、下桥处违停	
宣导(4项)	加强宣导机车道弯道处勿抢快、桥梁车辆变换车道注意后方来车、速度管理(慢速车靠右行)、遵循速限及保持安全距离观念	

图12 十大易肇事桥梁改善项目

本研究亦邀集警察局、当地区公所、里办公处及交通局交通管制工程科多次至现场会勘，以确认改善项目。其中以秀朗桥为例，往中和及新店方向机车道事故多为追撞及同向擦撞，且往中和方向下桥端事故多为交叉撞，因此，前者之初步改善措施为增设前方弯道机车请勿并排骑乘标志之图形化牌面，机车道弯道处双侧护栏增贴反光贴纸；后者因现场标志、标线、号志管制设施已非常充足，则请警方加强取缔快车道汽车违规右转，各桥梁之交通工程研提改善措施(图13)。

<table>
<tr><th>桥梁</th><th>事故态样</th><th>问题分析及改善措施</th></tr>
<tr><td rowspan="4">忠孝桥</td><td>上桥处事故多为追撞</td><td>上桥段规划慢车靠右标志及快慢车道虚线</td></tr>
<tr><td>往三重机车道直线段事故多为追撞</td><td>绘设减速标记及测速照相装置</td></tr>
<tr><td>往北市机车道事故多为追撞及同向擦撞</td><td>绘设减速标记及测速照相装置</td></tr>
<tr><td colspan="2">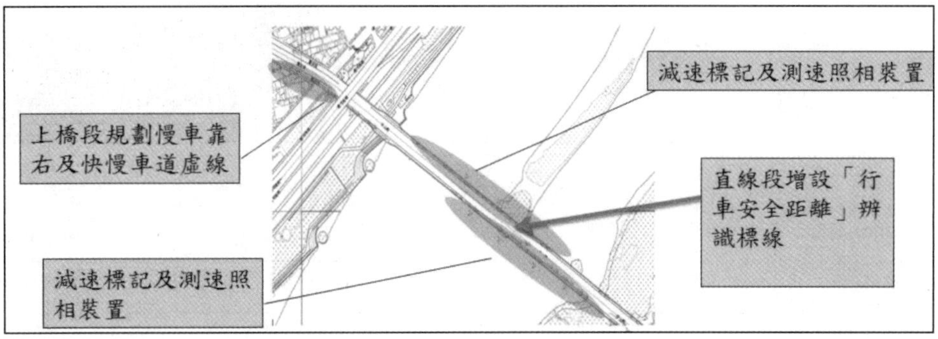
</td></tr>
<tr><td rowspan="4">重新桥</td><td>分、汇流处故多为侧撞</td><td>增设“注意右侧来车”“注意左侧来车”警告牌面、增绘慢字</td></tr>
<tr><td>往三重机车道直线段事故多为追撞(2次事故多)</td><td>绘设减速标记、测速照相装置与增设缩小型CMS</td></tr>
<tr><td>往新庄机车道事故多为追撞(2次事故多)及同向擦撞</td><td>绘设减速标记、测速照相装置与增设缩小型CMS</td></tr>
<tr><td colspan="2">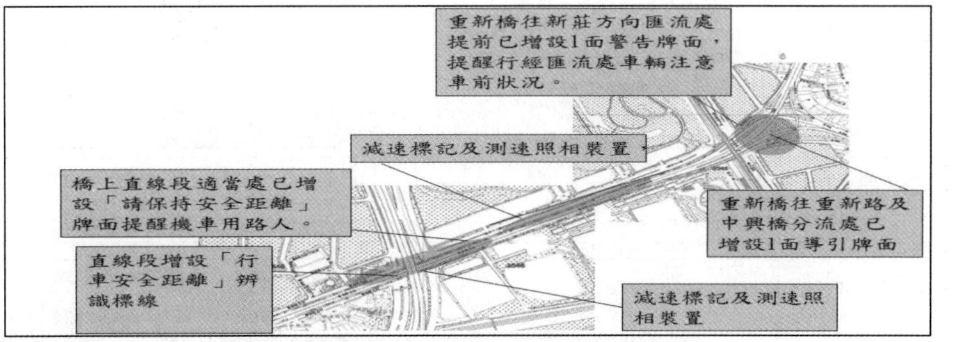
</td></tr>
</table>

桥梁	事故态样	问题分析及改善措施
关渡桥	分、汇流处故多为侧撞	增设“注意右侧来车”“注意左侧来车”警告牌面、增绘慢字
	直线段事故多为追撞及同向擦撞	绘设减速标记及测速照相装置

中山桥	上桥分汇流处事故多为追撞	注意前方路况——往三重方向增设注意左右来车牌面
	往三重机车道直线段事故多为追撞	加强车道辨识及注意前车——往三重方向机车道增设彩色铺面及尖峰时段车多注意前车动态牌面
	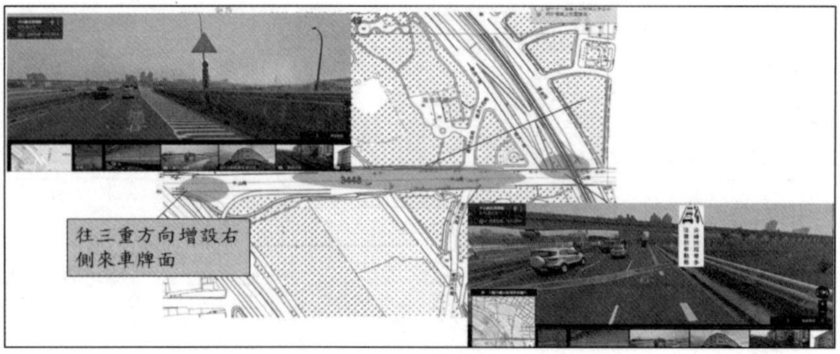	
福和桥	往北市机车道上桥处多为追撞及同向擦撞	改善行车秩序——成功路上桥处一实一虚车道标线以利车辆靠右汇出通往环河路
		加强道路辨识——永和区成功路上桥处绘设彩色铺面
		减少交织——警方加强取缔永和区成功路上桥处前违停
	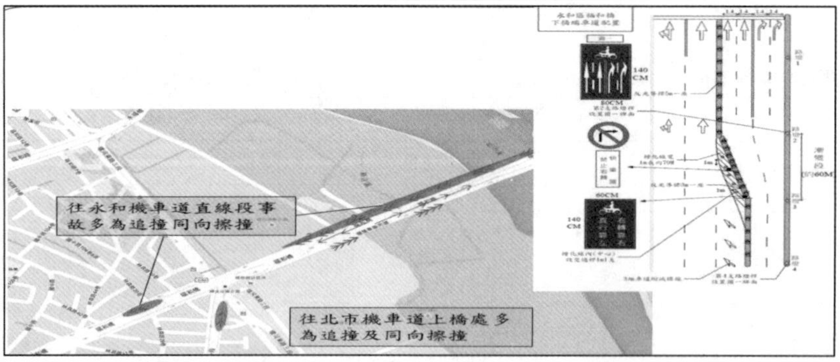	
中兴桥	分、汇流处故多为侧撞	增加行车空间——削减槽化线宽度增加机车道宽度
	机车道事故多为追撞及同向擦撞	加强夜间警示——机车道弯道处双侧护栏反光贴纸

桥梁	事故态样	问题分析及改善措施
秀朗桥	下桥往中和处事故多为交叉撞	警方加强取缔快车道汽车违规右转
	往中和、新店机车道事故多为追撞及同向擦撞	增设前方弯道机车请勿并排骑乘标志牌面；机车道弯道处双侧护栏反光贴纸

大汉桥	板桥端上桥处事故多为追撞	改善视距、注意前方路况

	下桥往板桥、新庄机车道事故多为追撞	注意前方路况——新庄、板桥双向机车道增设保持车距牌面
	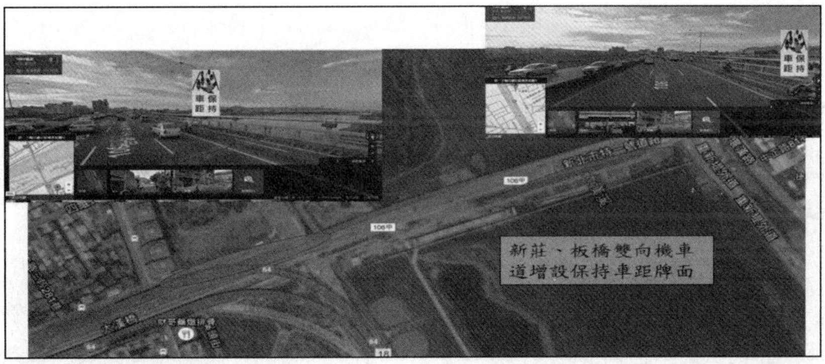	
浮洲桥	往树林、板桥双向机车道段事故多为追撞及同向擦撞	注意前方路况——树林、板桥双向机车道增设保持车距牌面

桥梁	事故态样	问题分析及改善措施
中正桥	往北市车道事故多为同向擦撞	往台北方向灯杆增设“注意右侧右转车辆”标志牌面
	往永和堤外道路或新北环快事故多为追撞	往永和方向灯杆标志歪斜“扶正”“拆除”
		往永和方向，“堤外道路牌面”及“直行板桥中和、右转堤外道路”牌面位置调整
		增设“右转车辆注意右侧”标志
	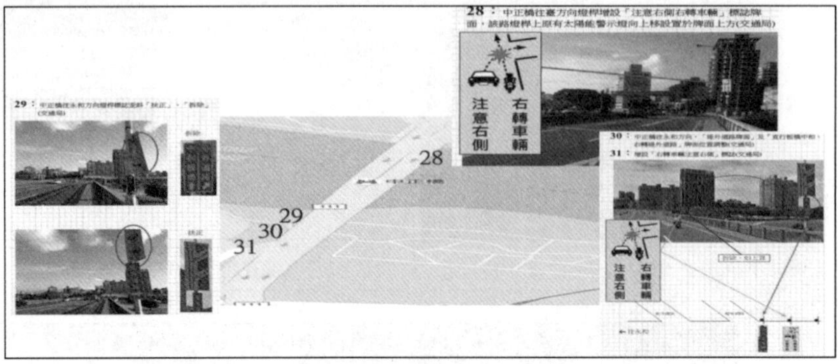	

图 13　十大易肇事桥梁细项改善措施

4.4　改善成效追踪

本市十大易肇事桥梁主要改善车辆追撞及同向擦撞，包含增绘车道缩减标线、加强取缔桥梁车辆违规转向及桥梁上、下桥处违停取缔及加强倡导机车道弯道处勿抢快等 37 项措施，路口改善前后(图 14)，惟因改善项目众多，故不逐一赘述。

除关渡桥目前由公路总局进行八里端匝道拓宽工程，部分改善措施(延长双白线、指引标志改善、五股上桥端截角、及下五股端路口简化)并该工程预定 2016 年 11 月底完成。秀朗桥及浮洲桥改善措施执行后，事故仍有上升，以机车道直线段追撞为主，后续将再持续追踪，并研议减低行车速度及加强机车保持安全应变距离之改善措施与倡导。

其余 7 座桥梁主要事故形态件数均下降，共减少 33 件，下降幅度达 27%，其中以大汉桥改善比例最高达 81%(图 15)。

改善前

改善后

永和区成功路上桥处绘设蓝色彩色铺面及绘设 1 实 1 虚车道标线

改善前

改善后

中正桥匝道口增设“右转车辆注意右侧”图形化标志

图 14　福和桥与中正桥改善前后比较

排序	桥梁	同期比较		
		改善前	改善后	增减数
1	忠孝桥	18	15	−3
2	重新桥	20	9	−11
3	关渡桥	公总中和段并匝道拓宽预定11月底完成		
4	中山桥	18	10	−8
5	福和桥	15	9	−6
6	中兴桥	13	9	−4
7	秀朗桥	10	15	+5
8	大汉桥	11	2	−9
9	浮洲桥	10	15	+5
10	中正桥	7	5	−2
合计		122	89	−33(27%)

注:同期交通事故资料区间采2016年9月1日至30日(改善后)及去年同期进行比较

图15　十大易肇事桥梁改善成效

5　(台9线)北宜公路易肇事路段改善

5.1　易肇事地点筛选及事故资料分析

本市省道台9线(北宜公路)为山区道路,多有弯道且高低起伏特性,双向配置各1车道,行车限速为40kph,为台北与宜兰地区重要联络道路,也常作为观光游憩路线。北宜公路于2016年截至7月已发生4起死亡事故,本市与公路总局优先于事故热点加强交通工程改善,亦透过执法面,积极防止该路段危险驾车之行为。

本研究参考公路总局选定之台9线(北宜公路)12处易肇事地点,并参考2015年肇事资料,挑选2015年3件以上事故弯道禁行改善,筛选出之6处弯道(图16及图17)。

项次	里程数	2015年件数	主要肇事车种
1	21.5K	11	重型机车
2	27.0K	5	自用车,重型机车
3	31.9～32.0K	6	自用车、大型重型机车、重型机车
4	32.6～32.8K	9	大型重型机车、重型机车
5	35.3K	3	自用车、大型重型机车、重型机车
6	46.3～46.6K	5	自用车、大型重型机车、重型机车

图16　台9线(北宜公路)多事故弯道

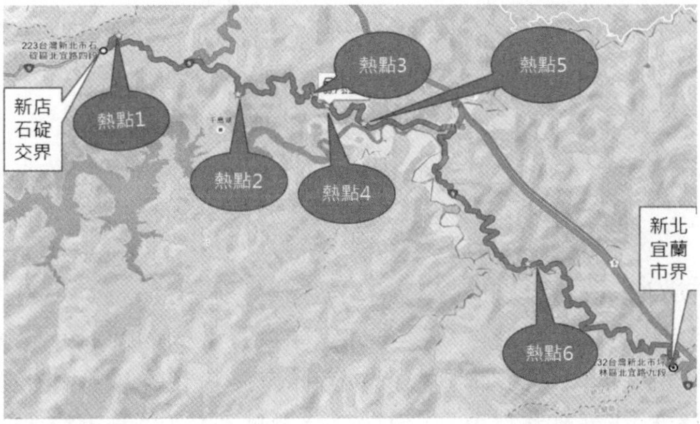

图17　台9线(北宜公路)多事故弯道位置分布

台9线(北宜公路)2014及2015年之肇事件数,均在200件以上(图18),经统计2015年1月至2016

年 7 月，发生受伤及死亡交通事故，其主要肇事因素以驾驶人未注意车前状态（30%）、未依规定减速（10%）及违反特定标志（线）禁制（9%）等项目为多（图 19）。

肇事类别 / 年度	A1	A2	A3	总计
2014 年	6	192	81	279
2015 年	2	176	63	241

注：件数为坪林区及石碇区

图 18　台 9 线（北宜公路）2014 年、2015 年肇事件数

项次	里程数	2014 年件数	2015 年件数	主要肇事车种	主要肇事原因	主要事故类型及型态
1	21.5K	3	11	重型机车	未依规定减速，违反特定标志（线）禁制	车与车-同向擦撞
2	27.0K	5	5	自用车、重型机车	超速失控、回转未依规定	车与车-同向擦撞、汽机车本身撞护栏
3	31.9～32.0K	15	6	自用车、大型重型机车、重型机车	未依规定减速、未注意前车状态	汽机车本身翻车摔倒
4	32.6～32.8K（财茂弯）	4	9	大型重型机车、重型机车	未按规定减速、违反特定标志（线）禁制	车与车-同向擦撞、汽机车本身翻车摔倒
5	35.3%	10	3	自用车、大型重型机车、重型机车	未按规定减速、未注意前车状态	车与车 同向擦撞、汽机车本身翻车摔倒
6	46.3～46.6K	5	5	自用车、大型重型机车、重型机车	违规超车、未依规定减速	车与车-对向擦撞、汽机车本身撞护栏

图 19　台 9 线（北宜公路）多事故弯道主要肇因及主要事故类型

台 9 线（北宜公路）之肇事时段以上下午尖峰时段为主（图 20），肇事车种主要为普通重型及大型重型机车，共约占 65%（图 21）。以坪林区为范围星期六、日两天占整星期的肇事比例均超过 5 成（图 22），且经分析肇事发生地点约 78%，发生在弯道路段。

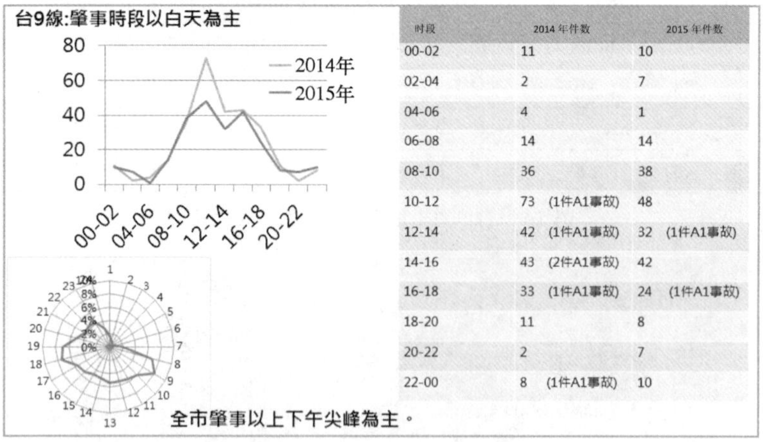

时段	2014 年件数	2015 年件数
00-02	11	10
02-04	2	7
04-06	4	1
06-08	14	14
08-10	36	38
10-12	73 (1件A1事故)	48
12-14	42 (1件A1事故)	32 (1件A1事故)
14-16	43 (2件A1事故)	42
16-18	33 (1件A1事故)	24 (1件A1事故)
18-20	11	8
20-22	2	7
22-00	8 (1件A1事故)	10

图 20　台 9 线（北宜公路）肇事时段分析

5.2　会议（勘）研提改善方案及改善措施执行

台 9 线（北宜公路）改善，邀集本市道路交通安全督导会报道安顾问、警察局、当地分局、当地区公所及交通局通管制工程科等相关单位，就各路口之事故态样及路口现况进行分析，初步研拟交通工程改善项目共计 23 项，包含：调整标线缩小路口范围、增设高抗滑减速标记、双黄线改为黄槽化线、增设辅 2、护栏导引钣及限速标志等，另亦就执法及教育面加强改善（图 23）。

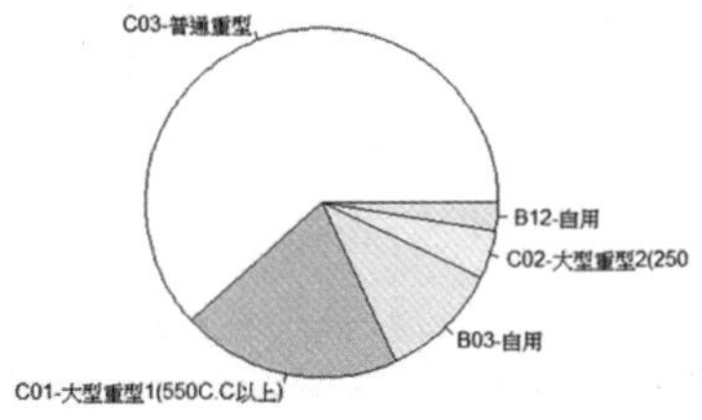

	2014	2015
普通重型機車	126 (3件A1事故)	120 (1件A1事故)
大型重型機車	43 (2件A1事故)	36
小客車	106 (1件A1事故)	79 (1件A1事故)
大型客運車	1	0
腳踏自行車	1	4
行人	0	0
其他	2	2

图 21　台 9 线(北宜公路)肇事车种分析

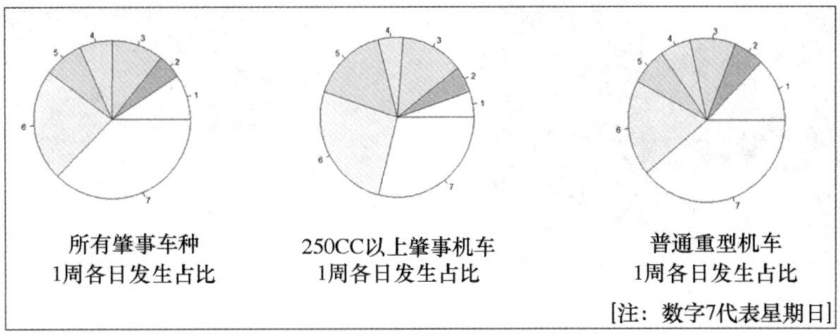

图 22　台 9 线(北宜公路)一周各日肇事分析

工程(16 项)	标线	调整标线缩小路口范围、增绘导引线、高抗滑减速标记、双黄线改为黄槽化线
	标线	增设辅 2、反光导标、护栏导引钣、限速标志等
	号志	增设预告号志、时段三色号志
	其他	设施清洗、路面维护及微调弯道处线型
执法(3 项)	防制飙车、加强测速照相、跨越双黄线	
宣导(4 项)	加强宣导勿超速行驶、弯道减速慢行注意对向来车状况、预留反应时(空)间、勿跨越双黄线超车等观念	

图 23　台 9 线(北宜公路)改善项目

本研究亦邀集警察局、当地区公所、里办公处及交通局交通管制工程科多次至现场会勘，以确认改善项目，各肇事原因之交通工程改善措施详见图 24，执法面改善(图 25)。

肇因	工程面
车速过快	1. 加密速限标志标线，加强告警 2. 弯道段加强标线抗滑值，降低风险 3. 分区降低速限(20K＋900～21K＋900)、27K～35K＋500、38K＋500～宜栏 4. 彩色铺面或减速标志
违规超车	1. 易违规超车路段加强告知 2. 视距不足靠山侧弯道增设试鸣喇叭标志 3. 无法提升视距且无法鸣喇叭示警的路段试办增设对向来车预警系统 4. 加宽槽化线增设交通杆
未保安全距离	增加慢行车礼让超车告示
易肇事路口	改为号志化路口，假日三色运作
视距不良	修剪树木(Vd＝40＞50m(min40m)

图 24　各肇事原因之交通工程改善措施

肇因	执法面
车速过快	加密假日易违规时段取缔超速
违规超车	加密易违观时段取缔
易肇事路口	加密易违规时段取缔

图 25　各肇事原因之执法面改善措施

5.3　改善成效追踪

台 9 线(北宜公路)主要改善车辆同向擦撞及车辆自撞护栏或摔倒,包含直线段增绘减速标记、增设交通杆及加强执法等 23 项措施,改善后详见图 26,惟因改善项目众多,故不逐一赘述。6 处地点总事故件数共减少 12 件,与同期相较,下降幅度达 80% (图 27)。

27K 闪光号志改为时段三色号志
改善后

46.3K 增绘减速标记
改善后

图 26　台 9 线(北宜公路)27K、46.3K 改善前后比较

排序	地点	同期比较		
		改善前	改善后	增减数
1	21.5K	3	0	−3
2	27K	2	0	−2
3	31.9K	5	1	−4
4	32.6K	3	2	−1
5	35.3K	2	0	−2
6	46.3K	1	0	−1
	合计	15	3	−12(80%)

注:同其交通事故资料区间采 2016 年 7 月 15 日至 9 月 30 日(改善后)及去年同期(改善前)进行比较

图 27　台 9 线(北宜公路)改善成效

6　结语

交通事故的发生,除了当事人生命或财产损失,更造成家庭及整体社会经济损失,本研究于易肇事地点执行 118 项改善措施,合计减少 84 件事故,降幅达 40%,改善成效显著,未来将持续针对路口,尤其尚未设置停让标志标线非号志路口加速检讨改善,提升交通安全。

本研究后续会滚动追踪各改善地点事故状况,针对事故形态变化检讨调整改善策略,并请倡导单位协助相关倡导作业;执法单位针对易发生肇事的违规态样加强执法,共同合作减少肇事发生。

参考文献

陈高村,许志诚,谢锡钊. 以损害赔偿观点推估道路交通事故成本之研究[R]. 第 15 届台湾运输学会学术研讨会, 2000: 1-10.

上海出租汽车行业管理和发展水平与全球城市比较研究

The research that compares the industrial management and development level of Shanghai taxi with the Global cities'

冯纪朋 赵梓卿

摘 要：出租汽车可以为公众提供个性化、多样化的出行服务。目前，上海出租汽车驾驶员职业吸引力、行业服务质量出现不同程度下降，行业管理及未来发展方向不够明确。研究对标全球城市出租汽车行业管理和发展水平，有助于进一步明确上海出租汽车未来发展方向。本文通过选取部分指标，将目前上海出租汽车行业管理、行业发展规模等与东京、伦敦、香港地区以及新加坡等全球城市进行对标，研究分析上海出租汽车行业发展与全球城市的差异和不足，对于明确上海出租汽车行业管理及未来发展方向，推进上海建成卓越的全球城市具有重要意义。

关键词：上海；出租汽车；行业管理；发展水平；全球城市

Abstract: The taxi can provide personalized, diversified transit services for the public. At present, the occupation appeal of Shanghai taxi driver and the service quality of Shanghai taxi industry are declining in some different degree, and the management and direction of future development of taxi industry are not clear enough. Research on comparing of the function orientation and development level of Global cities'taxi is conducive to further clarify the development direction of Shanghai taxi in the future. Based on some selected indicators, the paper compares the industrial management and industry scale of Shanghai taxi with the Global cities such as Tokyo, London, Hong Kong and Singapore, and analyses the differences and insufficient of the taxi industry development between Shanghai and Global cities, and it is great significant to clearing the future development direction of Shanghai taxi industry and building Shanghai to the remarkable global city.

Keywords: Shanghai; taxi; industrial management; development level; Global cities

0 引言

2015 年交通运输部《交通运输重大研究(政策储备)事项》，提出实现交通运输现代化国际对标研究等 10 项重大研究事项。《上海市城市总体规划(2016—2035)》提出建成卓越的全球城市的发展目标，提出要完善公交导向的低碳交通模式，形成以大容量轨道交通为骨架、常规公交为基础、多种方式为补充的公共交通结构，对于出租汽车在城市客运交通中的定位可以基本明确为"多种方式为补充"。在公共交通优先发展理念引导下，出租汽车行业管理以及发展方向等需要进一步研究明确。

基于上海建成卓越的全球城市发展目标，本文将上海出租汽车行业管理和发展水平与东京、伦敦、香港地区、新加坡等全球城市进行对比，比对出租汽车行业管理手段和相关特征参数，力求更加系统、全面地反映上海与全球城市出租汽车行业发展的差异，为上海建成达到世界先进水平的综合交通体系提供思路。鉴于国内外统计口径的差异，准确统一对标口径较难，为便于研究，将对标口径基本统一为上海市域对应东京(都)、伦敦、香港地区和新加坡(表 1)。

表 1　上海与东京、伦敦、香港地区、新加坡等全球城市规模比较

城市	人口(万人)	面积(平方公里)	年份
上海	2415	6340	2015
东京	1342	2188	2015
伦敦	860	1579	2015
香港	737	1106	2015
新加坡	547	718	2014

数据来源：各城市统计网站。

作者简介：冯纪朋、赵梓卿，上海市交通港航发展研究中心。

1 出租汽车行业管理情况

上海出租汽车行业暂未实行总量控制，但近年来出租汽车总量基本维持在5万辆水平，车辆额度实行无偿无期限行政许可管理。对经营业户、驾驶员和运营车辆实行严格的准入制度。

东京，以2002年为界限，东京出租汽车行业管理由总量控制逐步转变为放松总量控制，改为满足条件后的许可制，2009年实行新的、更加严格的许可准入制度。东京出租汽车行业管理注重发挥第三方组织机构（“财团法人东京出租车中心”和“东京旅客乘用车协会”等）作用，由第三方机构对东京出租车行业进行全面指导、规范和监管等工作。第三方机构能够从公正中立的立场出发，努力提高东京出租车的服务水平，同时也为乘客提供便利，成为政府与出租车企业之间有效的缓冲带。

伦敦对出租汽车不设定数量限制，符合法定条件的驾驶员和车辆均可以获得牌照。尽管伦敦市没有对出租汽车数量实施直接管制，但是对出租汽车驾驶员实施严格的考试准入关和动态监管以及对出租车辆进行严格的测试，间接成为调控出租汽车总量的有效手段。

香港地区对出租汽车运力实施数量控制，通过配额拍卖牌照的形式来实现。在综合考虑市民需要、交通咨询委员会等机构建议、出租汽车行业和城市公共交通方式发展现状、环保要求及道路承载能力等方面的因素，确定出租汽车牌照的拍卖时间及最低价格，最终以招标方式向公司和个人公开拍卖。总量管控保证了香港市民对出租汽车的需求，控制总量有利保持交通畅通，避免了出租汽车行业恶性竞争。

新加坡出租车完全市场化运营，政府对行业监管的重点主要包括出租车企业和驾驶员（含个体车主）的服务质量、安全状况（定期考核和罚款），运力供给情况（监测评估），乘客满意度和投诉情况（评级打分和投诉处理）等。

比较而言，几大全球城市对于出租汽车均直接或间接的实行了总量控制政策，各全球城市具体措施不一。东京和伦敦相似，基本通过放宽总量控制，通过对驾驶员和车辆等实行严格的许可准入条件来间接的调控出租汽车总量；香港地区根据实际情况，在综合各方意见基础上，通过配额拍卖牌照实现对出租汽车总量进行调控；新加坡对于出租汽车实行市场化运作，主要通过定期的监测评估对出租汽车行业进行有效管控。值得一提的是东京出租汽车行业管理较好地运用了第三方组织机构的公平、公正和科学性，充分发挥了第三方组织机构纽带作用。

2 出租汽车行业规模情况

2.1 上海

2.1.1 企业数

2015年，上海全市出租汽车企业108家，分为市区和区域出租汽车企业，其中市区企业89家，区域企业19家，个体户2988户。

2.1.2 车辆数

上海出租汽车车辆类型基本分为顶灯车和特准车。2015年出租汽车总量为50379辆，其中顶灯车49586辆，特准车793辆。2007—2015年期间上海市出租汽车车辆数变化趋势（图1）所示，可以看出，2011年之前，顶灯车数量基本呈上涨趋势，之后基本保持平稳趋势；特准车数量呈持续下降趋势。

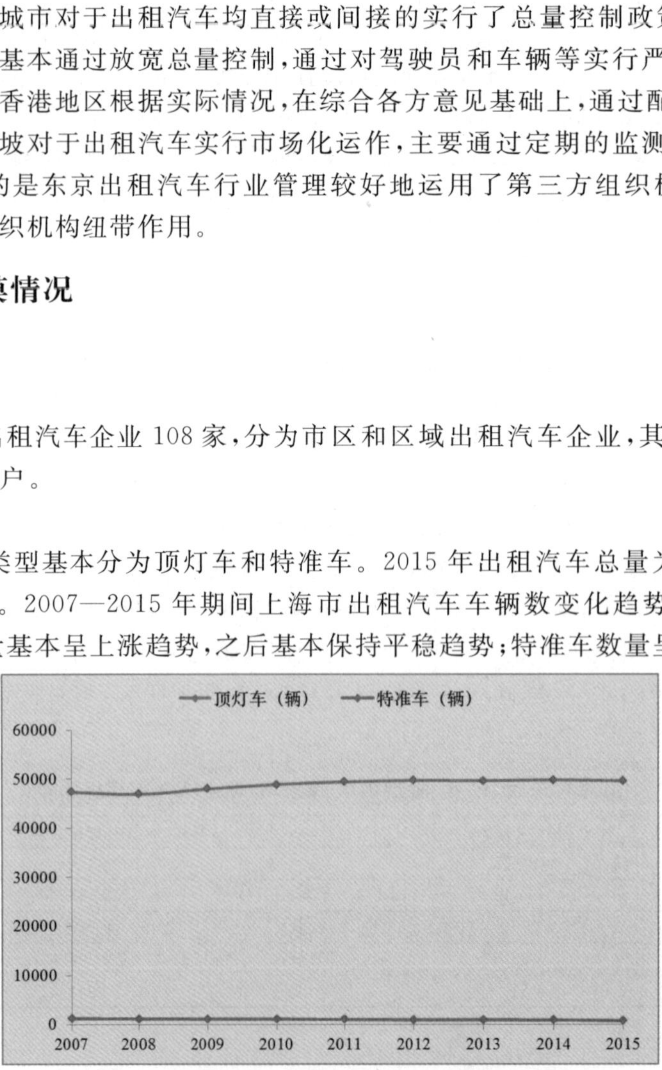

图1 2007—2015年上海出租汽车车辆数变化趋势

2.1.3 驾驶员人数

近六年，出租汽车驾驶员人数基本呈下降趋势，尤其2013年以后，人数下降幅度增大。2015年，上海市出租汽车驾驶员总数为96 273人，较"十二五"期末下降近20%。如图2所示。上海出租汽车驾驶员人数下降的主要原因，一方面是劳动力市场供给不足，鉴于工作强度大、福利待遇差、社会地位低和职业发展前景不乐观等，本市人员从业意愿较低；另一方面是2013年兴起的专车、网约车对传统出租汽车行业的冲击严重。

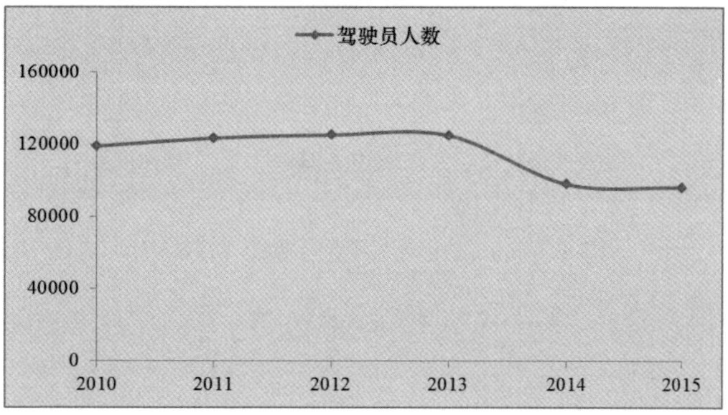

图2 2010—2015年上海出租汽车驾驶员人数变化趋势

2.2 东京

2.2.1 企业数

2015年，东京出租汽车企业总数为386家，按照雇员人数划分企业规模，如图3所示。可以看出，东京出租汽车行业雇员人数在101～300人之间的企业数量最大，达到205家，占比达到53%。其次是雇员人数在100及以下的企业，数量为115家，占比30%，雇员人数在301～1000和1001及以上的企业数量最少，占比分别为16%和1%。

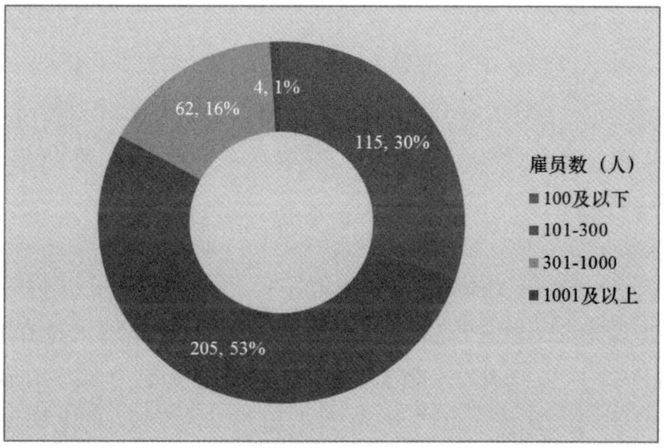

图3 2015年东京出租汽车不同类型车辆数统计

2.2.2 车辆数

东京出租汽车主要有三种类型，分别为企业出租车(Corporate taxis)、个体出租车(Private taxis)和雇佣出租车(Hired taxis)，如图4所示。2015年，东京出租汽车车辆总数为48488辆。分析东京企业出租汽车车辆数的历年变化情况，可以进一步详细了解东京出租汽车行业发展情况。

1995—2015年期间，东京企业出租汽车车辆数变化如图5所示，可以看出东京企业出租汽车行业经历了"缓慢增长—快速上升—急速下降—平稳发展"的历程。2002年之前，东京出租汽车行业实行总量控制，企业出租汽车车辆数呈平缓增长趋势；2002年以后，出租汽车总量控制政策的废除以及准入门槛的降低(最小车辆数由60辆降低到10辆，允许租赁办公驻地和车库等)促使行业发展提速，企业出租汽车车辆数开始快速上升，至2008年达到峰值；2008年以后，日本国土交通省开始实行供给侧控制措施，企业出租汽车车辆数开始下降，2010年下降幅度最大，达到11.2%；2011年以后，东京出租汽车行业规模逐步趋于稳定，企业出租汽车车辆数基本稳定在30 000辆左右，出租汽车总数稳定在48 000辆左右。

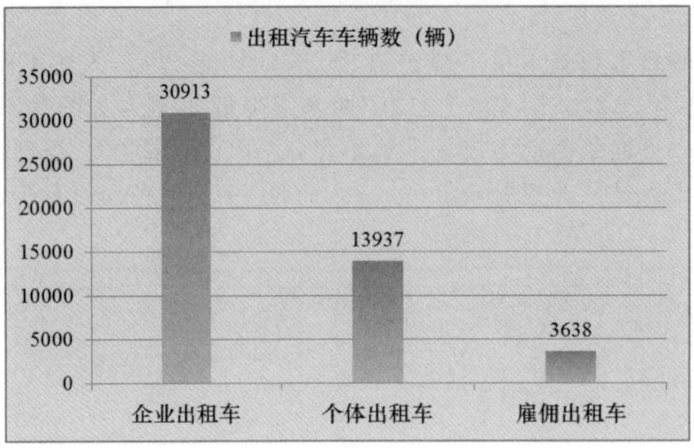

图 4　东京出租汽车不同类型车辆数统计

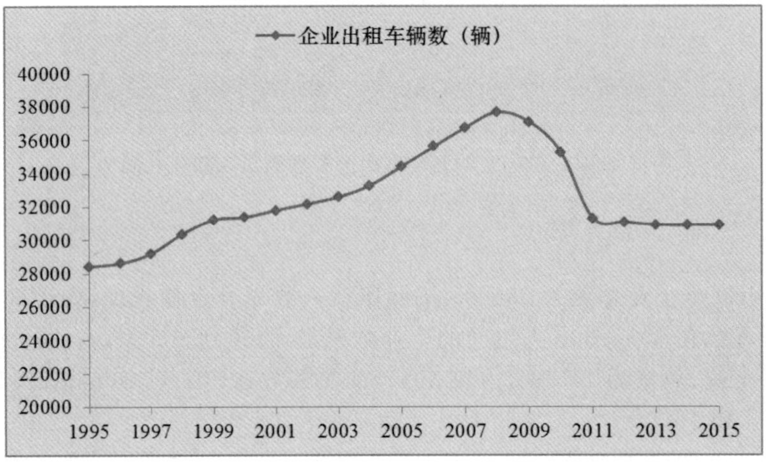

图 5　1995—2015 年东京企业出租汽车车辆数变化趋势

2.2.3　驾驶员人数

2015 年，东京出租汽车驾驶员总数为 68 692 人，出租汽车驾驶员人数变化趋势基本同企业出租汽车车辆数变化趋势，不再做详细分析。

2.3　伦敦

2.3.1　车辆数

伦敦出租汽车主要有两种类型，有通行证的出租汽车（Licensed Taxis）和有通行证的预约出租汽车（Private Hire Vehicles，PHVs）。2015 年，伦敦有通行证的出租汽车为 22500 辆，有通行证的预约出租汽车为 62 754 辆。2008－2009 年至 2014－2015 年两类出租汽车车辆数变化如图 6 所示。可以看出，有通行证的出租汽车车辆数在近十年的时间里基本保持平稳趋势。2010－2011 年之前，有通行证的预约出租汽车车辆数基本保持平稳趋势；2010－2011 年至 2012－2013 年期间受 10 年车龄限制政策等小幅波动；2013－2014 年之后又呈现快速增长趋势，2014/15 年，有通行证的预约出租汽车车辆数达到 62 754 辆，与 2008－2009 年相比增长了 27%。

2.3.2　驾驶员人数

2015 年，有通行证的出租汽车驾驶员为 25 232 人，有通行证的预约出租汽车驾驶员为 78 690 人。2008－2009 年至 2014－2015 年两类出租汽车驾驶员人数变化如图 7 所示，可以看出，有通行证的出租汽车驾驶员人数在近十年时间保持平稳趋势；有通行证的预约出租汽车驾驶员在近十年的时间内基本保持稳定增长趋势。

2.4　香港

鉴于统计口径差异，香港的士（出租汽车）按服务区域划分为市区的士、新界的士和大屿山的士。2015 年香港地区的士总量为 18118 辆（领牌车辆数），其中，市区的士为 15 237 辆，新界的士为 2 831 辆，大屿山的士为 50 辆。2006—2015 年香港地区的士车辆数变化趋势如图 8 所示。可以看出，香港的士在近10年时间内基本保持平稳趋势，对出租车驾驶员人数也不再做详细分析。

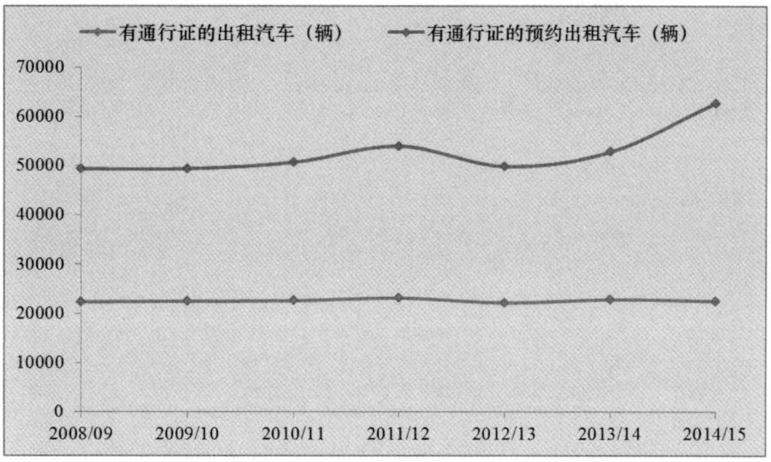

图6　2008—2009年至2014—2015年伦敦出租汽车车辆数变化趋势

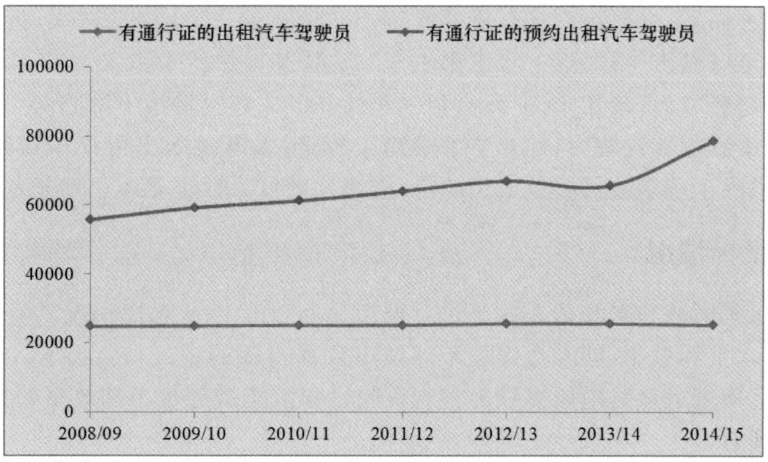

图7　2008—2009年至2014—2015年伦敦出租汽车驾驶员人数变化趋势

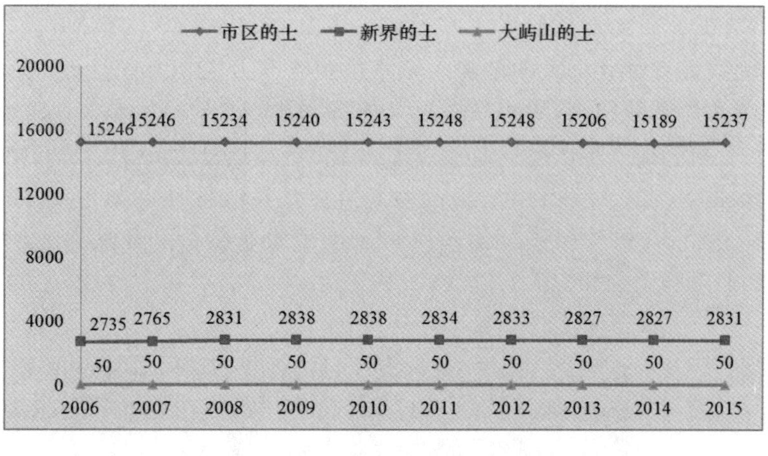

图8　2006—2015年香港地区的士车辆数变化趋势

2.5　新加坡

2014年，新加坡出租汽车总量为28 736辆，2002—2014年期间出租汽车车辆数变化趋势如图9所示，可以看出，近十年新加坡出租汽车车辆数呈间歇式增长，总体呈持续上升趋势。

2.6　比较分析

企业数量方面，与东京比较，上海出租汽车企业数相对较少，约为东京出租汽车企业数的三分之一。车辆数方面，上海出租汽车车辆数略高于东京，远高于伦敦、香港和新加坡的出租汽车车辆数。企业数和车辆数匹配方面，上海出租汽车企业数少于东京，但车辆数高于东京，说明上海出租汽车行业规模化经营

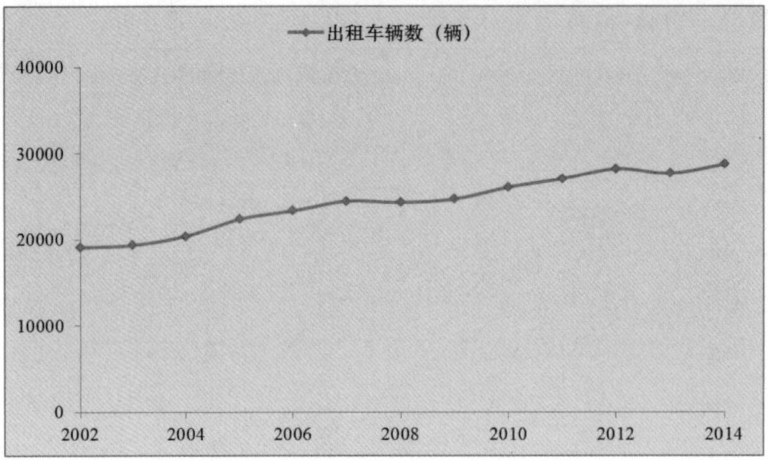

图 9　2002—2014 年新加坡出租汽车车辆数变化趋势

程度相对较高。

车辆数变化趋势方面，东京出租汽车车辆数受调控政策影响，变化浮动较大，近五年逐渐趋于平稳；上海同伦敦和香港等全球城市一样，近十年出租汽车车辆数基本保持平稳。

驾驶员人数变化趋势方面，近几年，上海出租汽车驾驶员人数呈持续下降趋势，东京出租汽车驾驶员人数受一系列调控政策影响起伏较大，近几年基本趋于稳定；香港地区出租汽车驾驶员人数近十年基本保持平稳；新加坡出租汽车车辆数仍然呈增长趋势，推测驾驶员人数也基本呈增长趋势。

3　出租汽车运营指标情况

出租汽车企业数、车辆数和驾驶员人数等是对城市出租汽车行业规模情况的直接体现，为进一步分析比较出租汽车服务水平和效率，同时考虑各全球城市数据指标的统计口径差异，选取出租汽车万人拥有率、出行分担率和日均客运量三项能够较为直观反映出租汽车服务水平和效率的指标进行比较分析。

3.1　出租汽车万人拥有率

将上海出租汽车万人拥有率与东京、伦敦、香港和新加坡等全球城市进行比较，详见图 10 所示。可以看出，虽然上海出租汽车车辆数最高，人口基数最大，但与几大全球城市相比，出租汽车万人拥有率仍然最低，仅为 20.9 辆/万人。新加坡出租汽车万人拥有率最高，达到 52.5 辆/万人，约为上海的 2.5 倍，且新加坡出租汽车车辆数仍有继续增大的趋势。东京出租汽车万人拥有率达到 36.1 辆/万人，约为上海的 1.7 倍。伦敦和香港人口基数相当，出租汽车万人拥有率相当。

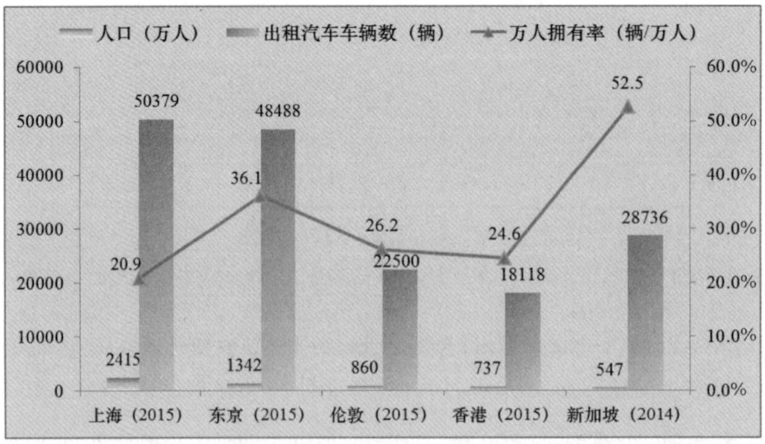

图 10　上海与东京、伦敦、香港和新加坡出租汽车万人拥有率比较

注：1. 伦敦的出租汽车车辆数以有通行证的出租汽车车辆数计算，不包含有通行证的预约出租汽车车辆数；

2. 香港地区的士车辆数以领牌车辆数计算。

3.2　出租汽车出行分担率

出租汽车出行分担率体现出租汽车在城市居民日常出行方式结构中所占的比例，且在较长一段时期基本保持稳定，是衡量城市出租汽车行业服务水平的重要指标。将上海出租汽车出行分担率与东京、伦敦、香港地区和新加坡比较，(表 2)。

表 2　上海与东京、伦敦、香港地区和新加坡出租汽车出行分担率比较

城市	上海	东京	伦敦	香港	新加坡
出租汽车出行分担率	7%	/	1.3%	8%	4%
年份	2014	/	2014	2012	2011

从表 2 中可以看出，上海出租汽车出行分担率与香港最为相似，差值仅为 1%。新加坡出租汽车出行分担率为 4%，伦敦出租汽车出行分担率最低，仅为 1.3%。

3.3　出租汽车日均客运量

出租汽车日均客运量及其在城市客运日均总量中的比例，是对出租汽车在城市客运交通结构中服务能力的直观反映。上海出租汽车日均客运量及其在城市客运日均总量中的比例与东京、伦敦、香港地区和新加坡等全球城市比较，(图 11)所示。

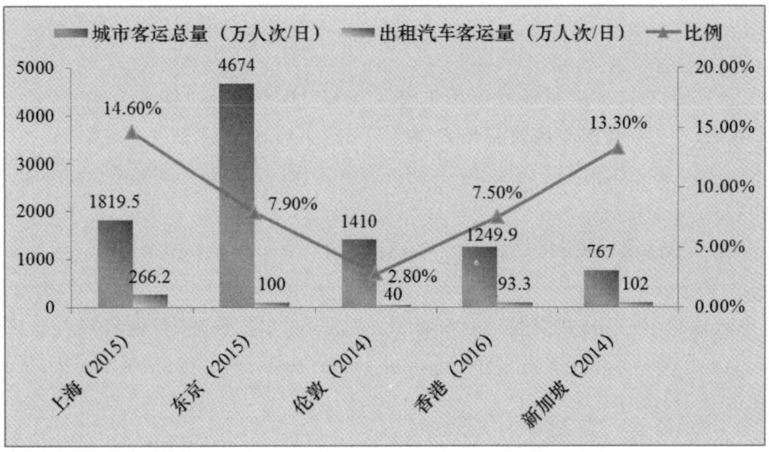

图 11　上海与东京、伦敦、香港地区和新加坡出租汽车日均客运量比较

从图 11 中可以看出，城市客运总量方面，上海城市客运总量远低于东京(主要由于东京轨道交通客运量较大)，但高于伦敦、香港和新加坡，伦敦和香港城市客运总量相当。出租汽车日均客运量占城市客运日均总量比例方面，上海出租汽车日均客运量占城市客运日均总量比较为最高，其次是新加坡，东京和香港出租汽车日均客运量占比相当，伦敦出租汽车日均客运量最低，占城市客运日均总量的比例也最低。

4　对上海的启示

全球城市在出租汽车行业管理以及行业发展规模存在诸多异同，基于上海 2035 年将建成卓越的全球城市，坚持求同存异原则，对上海出租汽车行业管理和发展方向启示主要有以下几点。

一是保持适度发展，严格准入条件。出租汽车具有“门到门”“24 小时”，提供个性化、多样化的出行服务特点，但其实质是一种小汽车出行，对上海这种超大型城市而言，在道路资源有限，小汽车出行和公共交通出行供需矛盾紧张的情况下，理应坚持优先发展公共交通，适度发展出租汽车，可研究探索通过严格准入条件间接调控出租汽车总量。

二是坚持公交优先，转变出租汽车定位。通过与几大全球城市比较，上海出租汽车在城市客运交通运输结构中所占比例仍然较高，依靠个性机动化出行的方式仍然占据一定“地位”，公共交通吸引力有待进一步提升。出租汽车定位有待从提供“个性化、多样化的出行服务”向提供“高端出行服务”转变。

三是创新行业管理方式，适当引入第三方管理机构。研究探索以行业协会等第三方机构为主导的出租汽车行业管理新方式，试点出租汽车登记、管理和培训等事务以及服务规范制修订交由第三方机构执行，政府负责相关法律法规和规章制定以及指导、监管等工作，充分发挥第三方机构在政府与出租汽车经营主体之间的桥梁作用。

四是注重培养新的从业人员，减少行业人才的流失。上海出租汽车行业可学习借鉴其他城市如东京

在人力资源方面的一些经验。例如引入新鲜血液，注重招聘学校刚毕业的学生、为学生提供免费的出租汽车司机职业招聘信息，改善行业老龄化的程度；改善驾驶员的工作条件和薪资，注重保持与全行业、行业同类(如巴士司机)之间平均薪资差别的缩小，通过合理调度为他们提供必要的休息时间、减轻工作强度，减少行业人才的流失。

五是探索节能环保车型，坚持绿色发展。在车型方面，国外近年来也注重环保节能，如新加坡"坚持梦想"(Hold Your Dream)公司即与我国比亚迪汽车公司合作发展新能源出租汽车。上海在兼顾出租汽车企业营利的同时，也应承担社会经济发展、绿色发展的责任，在符合本地特色、市民普遍接受的基础上，为节能环保车型的发展和投放提供一定的鼓励扶持。

5 结语

东京、伦敦、香港地区以及新加坡等全球城市在建成过程中，对出租汽车行业的发展进行了诸多尝试和探索，目前各城市出租汽车行业规模和发展水平基本稳定，研究其发展历程、目前行业规模和发展水平，对于上海明确出租汽车行业管理及未来发展方向，2035 年建成卓越的全球城市具有重要推进作用。

参考文献

[1] 上海市交通委员会. 2016 上海市交通行业发展报告[R]. 上海：上海市交通委员会，2016.

[2] 上海市交通委员会. 东京与上海城市交通对标研究[R]. 上海：上海市交通委员会，2015.

[3] Tokyo Hire-Taxi Association. 2016 Tokyo's Taxis For the Tokyo Olympics/Paralympics[R]. Tokyo: Tokyo Hire-Taxi Association, 2016.

[4] Transport For London. Annual Report and Statement of Accounts (2014/15) [R]. London: Transport For London, 2015.

[5] 香港特别行政区政府运输署. 香港公共交通运营统计数据(2016)[R]. 香港：香港特别行政区政府运输署，2016.

[6] Singapore Land Transport & Authority. Singapore Land Transport: Statistics In Brief 2015[R]. Singapore: Singapore Land Transport & Authority, 2015.

第五篇

青年论坛

轨道系统营运规划效率与稳定度评估

Evaluation of Railway Service Planning Efficiency and Stability for Taiwan Railways Administration

赖勇成　陈冠廷　颜子皓

摘　要：可靠的轨道营运系统必须仰赖稳定的班表，较稳定的班表在轨道系统发生异常状况时，能够快速排除受影响的列车，有效地使系统恢复到正常营运状态。然而，过度稳定的班表，可能是轨道使用效率过低而造成的结果，形成资源运用的浪费。因此，班表的稳定度与路线使用效率存在着取舍与权衡关系。本研究以容量的角度建构轨道容量运用效率与风险分析模式，用以衡量班表的稳定度与运用效率。此工具可提供轨道从业人员评估班表的优劣，并可针对班表风险较高的路段加以改善。模式的建构概念亦可推广至其他轨道系统，建立其班表稳定度与效率评估模式，延伸容量运用效率与风险分析模式的应用。

关键词：营运规划；稳定度；容量；风险分析

Abstract: Reliable railway operation is a result from a well-designed timetable; this timetable must be robust and stable under its own operational environment. Due to the potential system interruptions, a timetable should incorporate an appropriate level of slacks in order to efficiently recover the system to normal state. In general, the capacity concerns with the number of tracks, which is capable to provide more trains passing, once the operation of a rail track was interrupted, the number of operating trains at this time must be a key factor to influence the timetable stability. While the number of operating trains is less in this time, which can provide more buffer time, which means the present timetable will perform with higher stability, otherwise not. In addition, there is a trade-off relationship between timetable stability and the usage of capacity, therefore, the number of operating trains not only influence the timetable stability but also reflect the used efficiency of capacity. Consequently, the new railway capacity risk analysis model was proposed considering the network capacity usage to evaluate the timetable stability and the efficiency in this study.

Keywords: timetable stability; railway capacity; recovery time; risk analysis

1　引言

轨道系统班表的设计与运用更受到轨道营运业者及使用者的重视。过去对于班表稳定度的研究大致上可依方法分为模拟模式及解析模式，但上述两种方法却无法反映容量使用效率对于班表的影响，而可能产生高稳定度和低使用率的班表。

在过去的文献中，班表稳定度评估方式主要可分为模拟模式及解析模式。模拟方法能够较精确地衡量班表稳定度，但由于模拟过程复杂，可能无法及时得到计算结果（Carey，2000[1]；Middelkoop，2001[2]；Demitz，2004[3]）；而解析模式虽然可以排除模拟模式的缺点，但上述两种方法却无法反应容量使用效率对于班表的影响（Goverde，2005[4]；D'Angelo，2009[5]），而得到高班表稳定度和低使用效率的计算结果。基于以上原因，本研究建构轨道容量运用效率与风险分析模式，用以衡量台铁班表的稳定度与效率。

2　轨道容量运用效率与风险分析模式

本研究应用风险评估概念来衡量班表稳定度，并称之为轨道容量风险，其定义为系统中断的发生频率与该中断造成的严重度之乘积。此外，对于轨道经营者而言，容量使用效率分析甚为重要，倘若容量利用率较小时，虽然可以造就高稳定度的班表，却过于浪费轨道资源；当容量利用率达极限时，一旦发生不

作者简介：赖勇成，台湾大学土木工程学系副教授。
陈冠廷，台湾大学土木系硕士。
颜子皓，台湾大学土木系研究生。

可预期的行车事故，系统将很难恢复到正常状态。有鉴于此，本研究就容量分析的观点来建立容量运用效率与风险分析模式，“几率分配试合模块”的目的在于找出行车系统中各种中断情况的发生几率分配函数；“容量分析模块”则可计算出各路段之实用容量与事故容量；最后透过“班表稳定度与效率分析模块”分析容量使用效率并估算轨道容量风险值以衡量班表的稳定度(图 1)。

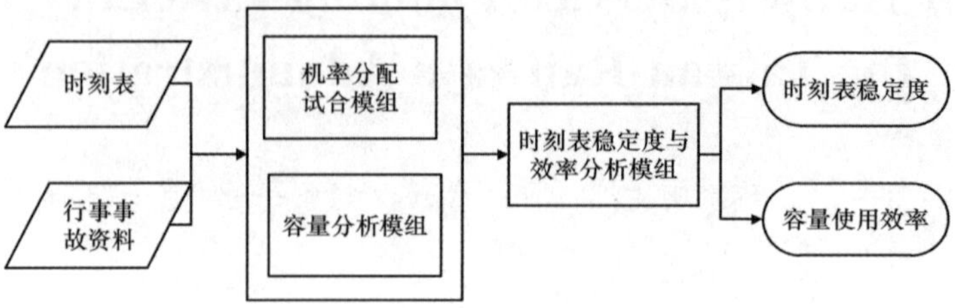

图 1　班表稳定度与效率评估模式之架构

2.1　几率分配试合模块

假设行车事故发生的间隔 t(列车小时)符合指数分配，其几率密度函数与累积分布函数如式(1)与式(2)所示

$$f(t)=\lambda e^{-\lambda t};0<t<\infty,\lambda>0 \tag{1}$$

$$F(T)=P(t<T)=1-e^{-\lambda T} \tag{2}$$

由于指数分配的无记忆性，可假设无论前方区段已营运多少列车小时，各时段路段下事故的发生几率只与该时段路段下的营运列车小时数有关，此可表现出一班表下各区段事故发生几率的特性。

“几率分配试合模块”首先将班表上的列车到开信息转换为各路段各时段下的“路线使用量”，再根据行车事故的发生日期与时刻，我们可以求得每一笔事故“发生间隔”(列车小时)的数据，以分析各类事故之发生几率分配。接着将所有的事故发生间隔的数据资料以“几率绘图纸法”进行资料嵌合，并以最小平方法估计指数分配的参数 λ，可以得到 33 类事故的发生几率分配函数，并进行 K-S 适合度检定，实证所得出的几率分配是否符合假设。最后透过事故发生的累积分布函数，即可求得在一班表下各路段各时段于 T 营运列车小时内的事故发生几率。

2.2　容量分析模块

本模块主要包含路线实用容量的计算及事故容量的分析。首先，承袭运研所的研究(钟志成等，2008[6])，计算路线、交通、控制等条件于正常状况下路线实用容量，接着利用此容量计算的概念，分析行车系统于事故发生时的事故容量。而实用容量与事故容量为计算回复时间和容量使用效率时的重要依据。容量分析之概念参考运研所的研究(钟志成等，2008[6])。对于单一路段而言，分析范围为站间路段包含两端车站。以两列车运行下之平均最小运转时隔作为容量分析的依据。运转时隔计算当中又以瓶颈号志安全时距为主轴，再考虑交通组成与发车频率决定平均最小运转时隔，即可计算出各路段的实用容量。详细与完整之轨道容量计算公式请参考运研所报告(钟志成等，2008[6])。

由于站间路段仅有两股复线运转的轨道，当事故发生在站间路段时，站间路段则改由单线运转行驶并以单线运转公式(钟志成等，2008[6])计算事故容量；而车站轨道配置不同、事故发生所占用的股道数亦不同，当车站发生事故后，依轨道配置改变后的车站进行事故容量计算。

2.3　班表稳定度与效率分析模块

列车的运转具有潜在事故风险，各类行车事故的发生几率与严重程度随着事故特性与事故发生地点亦不相同。本模式以事故发生几率与严重程度之乘积来评估轨道容量风险值，借以衡量班表的稳定度。列车的运行乃遵照班表上的列车到开信息，在不同时段路段内有不同的路线使用量，而使用量的多寡不仅影响事故的发生几率，亦影响系统回复时间的长短。根据“几率分配试合模块”的假设，事故发生几率随着使用量增加呈指数分配递增；而使用量的增加造成剩余容量减少，导致系统所需回复时间增长。本研究以回复时间衡量严重程度，在此模块中首先说明回复时间的概念，接着分别计算事故发生几率以及严重程度，求得期望回复时间以评估班表稳定度，最后透过容量使用效率的分析，可提供营运单位就路网瓶颈处提出班表调整的策略。

回复时间定义为行车系统发生事故而造成路线中断时，该中断时间内无法发车或不能通过列车数在事故修复后，利用剩余容量(班表容量与已使用容量之差值)来消耗，此消耗的时间则称为回复时间 T^R(图 2)。

班表稳定度以期望回复时间作为衡量标准,值越高代表班表需要较多的额外回复时间,此时的班表稳定度越低;相反,期望回复时间越低,则表示班表稳定度越高,班表稳定度可由式(3)计算。

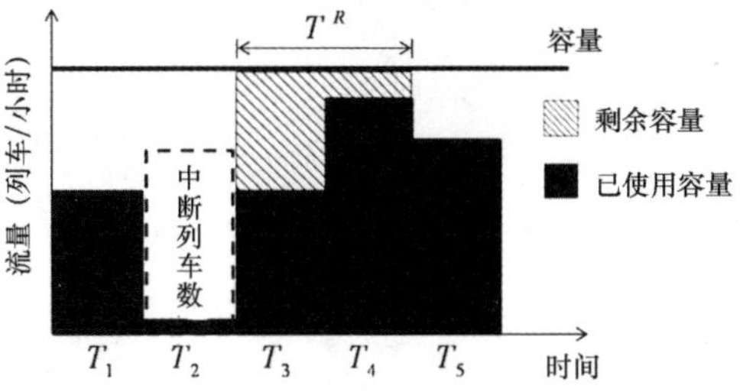

图 2　回复时间示意图

$$\mathrm{RISK}_{\mathrm{timetable}} = \sum_{ijk} \mathrm{Risk}_{ij}^{k} = \mathrm{Probability}_{ij}^{k} \times \mathrm{Consequence}_{ij}^{k} \quad (3)$$

其中,$\mathrm{Risk}_{timetable}$——期望回复时间;

Risk_{ij}^{k}——第 k 类事故于 i 路段 j 时段之期望回复时间;

$\mathrm{Probability}_{ij}^{k}$——第 k 类事故于 i 路段 j 时段的发生几率;

$\mathrm{Consequence}_{ij}^{k}$——第 k 类事故于 i 路段 j 时段的严重程度(回复时间)。

总体而言,不同路段在不同时段下有着不同的列车使用量,不同的使用量不仅影响事故的发生几率,也影响回复时间的长短。因此,本研究则针对单一路段与时段进行细部风险分析,亦可将每个路段与时段加总后,讨论一天班表的稳定度。

容量使用效率对于各个轨道营运者皆相当重视,容量使用效率可监控轨道容量使用情形,营运者利用容量使用效率分析路网使用效率,并就路网瓶颈处提出改善策略。实用容量依据路线条件、交通条件及控制条件的不同,各路段上的容量可能有所不同。一般来说,实用容量表示班表所能达成的最大容量,当已使用容量越多时,则容量使用效率就越高;与之相对,剩余容量则会减少。这意味着,为了达到某种程度的容量使用效率而缩短了列车与列车之间的缓冲时间(buffer time),但过短的缓冲时间会造成列车之间互相干扰,列车的延滞时间向后蔓延,使得班表的稳定度降低。根据运研所之报告(钟志成等,2008[6]),容量使用效率定义为使用容量与实用容量的比值,如式(4)

$$\eta = \frac{f_t}{C_l} \times 100\% \qquad (4)$$

其中,η——路线容量利用率;

f_t——已使用容量;

C_l——路线实用容量。

利用系统容量效率分析来监控系统效率过于不佳的班表,并使该班表在合理范围下提升容量使用效率;相反地,不稳定之班表其使用效率必定过高,亦可减少使用量并在一个可接受的使用效率下来重新分析班表稳定度。

3　案例分析

本章以台铁为分析对象,分析范围由基隆至新竹路段所有列车营运状况,并以过去三年的行车事故资料及班表作为案例分析依据。本案例分析,以台铁改点前后之班表为模式输入值,输出端则为路线利用率及班表稳定度值。改点前后的平均容量使用效率为改点前 37.76%增加至改点后 40.28%,平均容量使用效率增加了 2.52%,而每日的期望回复时间由改点前 97.842 分钟增加为改点后 128.799 分钟。此时,改点前后之班表的总列车小时分别为 2,365 及 2,524,列车小时增加了 6.72%,但期望回复时间则增加了 31.64%。

就路段分析之结果,湖口至新丰路段的风险最高,改点前后的风险值各为 8.53 分钟与 12.55 分钟。特别是汐止、山佳、内坜和湖口为主之两侧路段的风险较高,其原因在于车站内的轨道配置多为容量较小的第Ⅲ型月台及第Ⅳ型月台。因此,车站轨道配置不仅影响容量的大小、对于风险值的多寡亦可为重要的影响因素(图 3)。

此外,若将使用效率以一天来看班表改点后使用效率并非全然增加,反倒是在部分使用量较低之离峰时段,改点后使用效率有低于改点前情形产生(图 4)。

在案例分析当中可以发现,台铁的容量使用效率往往有连续高使用率的情形,使得班表不稳定度大幅增加,改点后的容量使用效率较改点前提升 2.52%,列车小时增加 6.72%,但回复时间却增加了 31.64%之多。若以一天营运时间而言,班表不稳定情况在昏峰时段更为明显。除了容量使用效率之外,车站轨道容量的多寡亦是造成班表不稳定因素之一,在车站轨道配置较为简单之汐止、山佳、内坜及湖口,其轨道容量较低但所产生的期望回复时间非常高。因此,排点人员可针对班表风险较高的路段加以改善。倘若就事故类别而言,号志系统与车辆系统为台铁班表风险较高的事故,当发生号志系统或车辆系统事故时,系统则需要更多的额外时间来让班表恢复稳定。

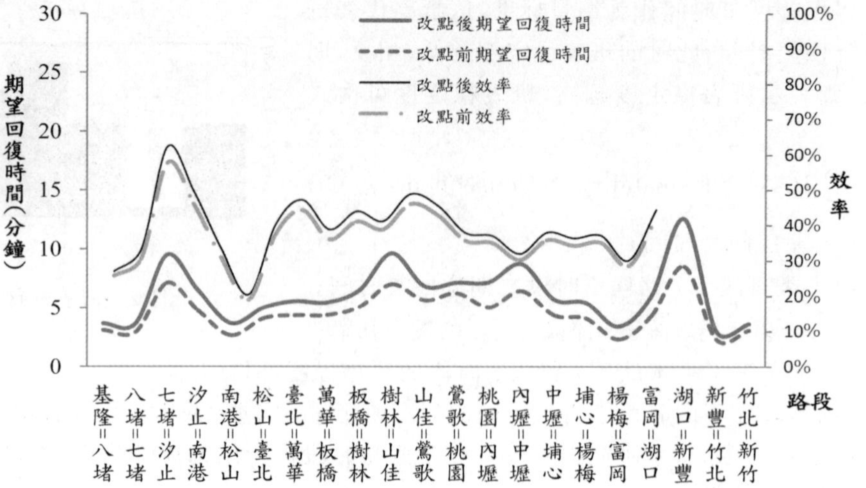

图 3　各路段期望回复时间

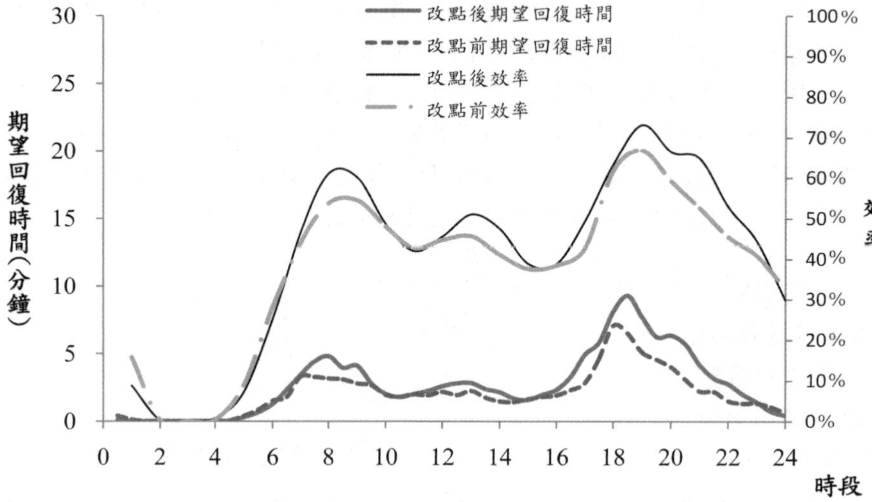

图 4　各时段之期望回复时间

4　结语

针对班表稳定度与容量使用效率问题，本研究以容量的角度建构轨道容量运用效率与风险分析模式。轨道容量风险值由事故发生几率与严重度相乘而得，代表班表在一日营运下所对应期望回复时间，可作为衡量班表稳定度之标准，并同时计算在该班表稳定度下容量使用效率。借由班表稳定度与使用效率的评估，提供给排点或服务规划人员参考。

参考文献

[1]　Carey, M., Carville, S. Testing Schedule Performance and Reliability for Train Stations"[J] Journal of the Operational Research Society, 2000,51:666-682.

[2]　D'Angelo, G., Di Stefano, G., Navarra, A., Pinotti, C. M. Recoverable Robust Timetables on Trees[M]. Lecture Notes in Computer Science, 2009,v 5573 LNCS: 451-462.

[3]　Demitz, J., H bschen, C., Albrecht, C. Timetable Stability - Using Simulation to Ensure Quality in a Regular Interval Timetable[J]. Advances in Transport,2004,5(15): 549-562.

[4]　Goverde, R. M. P. Railway Timetable Stability Analysis Using Max-Plus System Theory[J]. Transportation Research Part B ,2005,41: 179 201.

[5]　Middelkoop, D., Bouwman, M. Simone: Large Scale Train Network Simulations[R]. Winter Simulation Conference Proceedings, 2001,5(2):1042-1047.

[6]　锺志成,李治纲,卢丽嵩、,等. 运输系统容量分析暨应用研究——轨道系统[D]. 交通事务主管部门运输研究所,2008.

跟驰模型在不同天气和跟驰状态下的适应性分析

Analysis of Adaptability of Car Following Models under Different Weather Conditions and Car Following States

时 恒 涂辉招

摘 要：基于高逼真度驾驶模拟实验，设置晴天和雾霾天气两个实验场景，分别进行高速、中速和低速状态下的跟驰驾驶模拟实验，对比分析不同驾驶场景下跟驰模型适应性。实验结果表明：雾霾天气对刺激—反应类和安全距离类跟驰模型有显著影响。雾霾天气下加减速行为对跟驰间距和速度差的敏感性增大，跟车间距对前后车速度的敏感性也增大。跟驰模型在不同跟驰速度状态下存在差异；随着跟驰车速增加，跟车间距对前车速度的敏感性显著增加，对后车速度的敏感性显著减小。刺激—反应类跟驰模型在晴天和雾霾天气下的适用性相对安全距离类跟驰模型具有较好的一致性。晴天和雾霾天气下以及不同速度跟驰状态下GM模型和CA模型的表现水平差异不显著。实验结果为不同环境下特别是雾霾天气下的交通微观仿真的参数标定提供了参考。

关键词：驾驶模拟；雾霾天气；跟驰模型；适用性

Abstract: Based on Tongji 8 degrees of freedom drivingsimulator, two scenarios namely haze and clear weather conditions were set up to conduct the simulation of car following behaviors under stages with different speed in both senarios, then the applicability of car following models under different senarios were compared and analyzed. The results indicate that, there exists significant effect of haze weather condition onStimulus-Response model and Safety-Distance model, the sensibility of acceleration/deceleration of following car to the following distance and velocity gap increase under haze weather condition, in the mean time, the sensibility of following distance to the velocity of leading and following car increase. There exist difference of car following models under car following stages with different speed, the acceleration/deceleration of following car is more sensitive to following distance and speed under car following stage with intermediate speedthan high and low speed. Along with the increase of speed, the sensibility of following distance to lead car′s speed increases significantly, while decreased to following car′s speed. Compared to the Safety-Distance model, Stimulus-Response model performs more consistent under clear and haze weather conditions, there is no significant difference of the performance of GM model and CA model under clear and haze weather conditions. The results of this paper can be consulted by the calibration of parameters of micro-traffic simulation of different driving situations especially under haze weather conditions.

Keywords: Driving simulation; Haze weather condition; Car following models; Applicability

1 引言

近几年，由于雾霾引起的交通事故在各大城市频繁发生，对交通效率以及居民的出行安全都产生了严重影响。为了减轻、防范雾霾天气对交通产生的影响，对雾霾天气下的交通行为进行仿真分析，制定对应的交通管理策略，对于保障交通的安全与效率具有重要意义。驾驶行为模型特别是跟驰行为模型又是交通仿真的重要组成部分，决定了交通仿真对现实交通状况模拟的准确性，分析不同跟驰状态下跟驰模型的差异性和适用性是微观交通仿真研究不可或缺的组成部分。雾霾具有低能见度、影响范围大等特征，传统数据采集手段难以获取有效驾驶行为信息。驾驶模拟器利用虚拟现实仿真技术模拟现实驾驶环境，实现动态的模拟驾驶，研究驾驶人员在不同的道路交通环境中的驾驶行为特性和驾驶期望机理等，为采集较为准确的第一手驾驶行为数据提供了可能性的同时也将更好地模拟车辆跟驰等驾驶行为，为研究不同跟驰状态下的跟驰模型差异性以及适用性提供了可能。

跟驰模型通过分析不同跟驰行为之间的关系，描述了各个跟驰行为变量之间的相互影响，构建了跟驰行为的数学表达，在为交通仿真研究提供支撑的同时也为跟驰行为本身的研究提供了理论基础。王殿海等[1]从交通工程角度和统计物理角度将跟驰模型分为七类，并指出刺激-反应类和安全距离类跟驰模

作者简介：时恒，同济大学交通运输工程学院，博士研究生。

型由于其模型简单，且能够较为真实地反应驾驶员的实际跟驰行为，在交通仿真中的应用最为广泛。经典的跟驰模型有刺激—反应类GM模型和安全距离类CA模型。不同的研究者对跟驰模型标定的结果存在差异[2]，如Treiterer等[3]认为GM模型中Δx^{-1}（跟车间距的倒数）对驾驶员的刺激在加速阶段较小、减速阶段较大，表现为GM模型中l值在加速和减速阶段分别为2.5和1.6，而在陆建等的研究中，减速时的l值约为加速时l值的3倍。其他刺激—反应类模型如Helly模型的标定结果也表明不同驾驶环境下跟驰模型参数的标定结果存在差异[2]。为了保证不同驾驶环境下交通仿真得出的结果真实准确，不仅需要对不同的仿真环境下的跟驰模型进行分别分析，也需要对跟驰模型的适用性进行分析。在以往的研究中，研究者较多分析了不同驾驶环境下驾驶员跟驰行为变量的差异[4]，如加减速特性[5]、跟车间距[6]以及反应时间[7]等。如涂辉招等[4]分析了驾驶员在晴天和雾天的驾驶行为差异性，得出了在低能见度情况下，驾驶员加减速行为变量和期望速度的平均值及方差较小，说明驾驶员在能见度较低时会更加谨慎地驾驶车辆，并且不同驾驶员之间的差异性较小。Evans[8]在其研究中指出，由于能见度的影响，驾驶员在雾天下会减小跟车间距使前车在视距范围内，以更好地判断前车的行驶状态。同时，Cavallo[9]发现雾天会降低周围环境对驾驶员的刺激，使得驾驶员低估前车的行驶速度，驾驶员在跟驰过程中有减小跟车间距的趋势。在雾天下跟驰过程中，相对于前车速度，后车驾驶员更容易判断跟车间距[6]，从而采取相应的驾驶策略维持期望跟车间距。当跟车间距与驾驶员期望不符时，后车驾驶员通过调整速度来保持期望跟车间距，车流中行驶车辆速度的变化是影响交通流稳定的因素之一[10]。以上研究分析了不同环境下的跟驰行为变量，为不同环境下的微观交通仿真做出了重要贡献，而对于微观交通仿真的重要组成部分：驾驶行为模型，相关的研究则较少，有必要对不同驾驶环境下的跟驰模型的差异性以及适用性进一步深入研究。

本文利用同济大学8自由度高逼真驾驶模拟器，通过改变能见度大小模拟晴天天气（能见度>1000m）和雾霾天气（能见度<80m）两个驾驶实验场景。每个实验场景下分别进行高速、中速和低速跟驰驾驶实验，采集跟驰行为数据，标定微观交通仿真中广泛应用的刺激—反应类GM模型和安全距离类CA模型，分析晴天和雾霾天气下跟驰模型参数分布的差异以及跟驰模型表现水平差异，研究成果可作为交通微观仿真的参考与借鉴。

2 研究方法

2.1 高逼真驾驶模拟实验

2.1.1 实验设备

本次实验使用同济大学高逼真度驾驶模拟器(图1)。该模拟器的驾驶模拟舱中放置了一辆完全真实的车辆，该车设置了真实的力反馈系统，包括方向盘、油门、刹车。车辆前方是一个250°的环形屏幕，刷新频率是60Hz。通过SCANeR″软件来控制整个驾驶模拟器。该驾驶模拟器配备了八自由度的运动系统，此运动系统可以开启和关闭。

图1 同济大学8自由度驾驶模拟器

2.1.2 实验方案

根据雾的等级划分(GB/T 27964—2011)，能见度为80m时已属于雾霾天气，需要对高速公路上的车流进行管理与控制以保证交通安全。本实验设置驾驶模拟器实验场景的最大能见度为80m以模拟雾霾天气的驾驶环境，设置实验场景能见度>1000m以模拟晴天天气的驾驶环境，给出了晴天天气和雾霾天气下跟驰实验的场景设置(图2)。

在晴天天气和雾霾天气驾驶模拟实验场景中，每位驾驶员将分别在双向四车道限速120km/h的高速公路上跟驰前车行驶，前车由静止加速至低速(10km/h)，在低速匀速行驶一段时间后加速至中速(40km/h)，之后在中速平稳行驶一段时间后加速至高速(80km/h)并在高速平稳行驶一段时间，给出了跟驰模拟实验中前车和后车的实际速度轨迹(图3)。

2.1.3 实验样本

本驾驶模拟实验样本量大小主要参考以往研究(12—32名驾驶员不等)[11-13]，选定了32名驾驶员进行实验。给出了参与实验驾驶员的基本信息，他们都拥有合格的驾驶证，无驾驶模拟症(表1)。

(a) 晴天天气跟驰实验场景　　(b) 雾霾天气跟驰实验场景

图 2　雾霾天气和晴天天气跟驰实验场景

表 1　　参与实验驾驶员基本信息

年龄		驾龄	
平均值	39.8	平均值	9.4
范围	36～44	范围	6～13
标准差	3.0	标准差	3.3

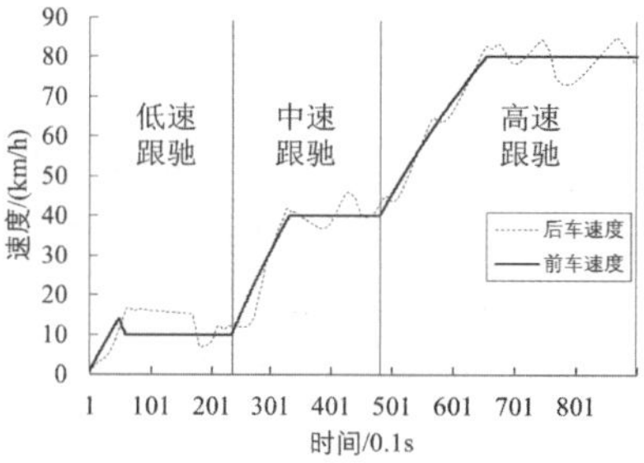

图 3　跟驰驾驶实验前车速度轨迹设置

2.1.4　实验与数据采集

每位驾驶员将被告知应遵守的操作规范，并熟悉驾驶模拟器。随后驾驶员在实验环境下的一条高速公路上自由驾驶 5min，在此过程中，驾驶员将经历加速、减速、平稳行驶等过程，同时驾驶员也将熟悉踩踏油门和刹车板的动作，与此同时，观察员将确认驾驶员是否有不适反应。若驾驶员一切正常，休息 5min 后开始正式实验。

在驾驶实验进行的过程中记录下前后车的行驶轨迹数据，包括速度、加速度、跟车间距等跟驰行为变量。

2.2　跟驰模型及其参数标定

由于微观交通仿真有计算量大等特殊的实际应用需求，要求仿真中的驾驶模型不仅能准确地描述驾驶行为，也需要满足结构简单的要求。刺激一反应类和安全距离类跟驰模型以其简单的模型结构和对实际驾驶行为较为准确的描述，是微观交通仿真中应用最为广泛的两类跟驰模型。经典的刺激一反应类和安全距离类模型包括 GM 模型和 CA 模型，不同的跟驰模型从不同的角度解析跟驰行为，构建了不同的跟驰行为数学表达，给出了三个跟驰模型的数学表达及参数意义(表 2)。

表 2　　跟驰模型及其参数意义

跟驰模型	数学表达	参数	意义	搜索空间
GM 模型	$a_n(t+T)=\frac{\lambda v_n^m(t+T)}{[x_{n-1}(t)-x_n(t)]^l}[v_{n-1}(t)-v_n(t)]$	λ	整体敏感性参数	[0,10]
		m	后车速度敏感性参数	[0,5]
		l	跟车间距敏感性参数	[0,5]
		T	延迟时间(s)	[0,10]
CA 模型	$\Delta x(t)=\alpha v_{n-1}^2(t)+\beta_l v_n^2(t+T)+\beta v_n(t+T)+b_0$	α	前车速度敏感性参数	[0,5]
		β_l	后车速度敏感性参数	[0,5]
		β	后车速度敏感性参数	[0,5]
		b_0	误差项	[0,100]
		T	延迟时间(s)	[0,10]

由于不同跟驰模型的输入输出变量存在差异，本文对跟驰模型标定时统一以实际后车速度和跟驰模型估计的后车速度的残差平方和最小作为优化目标，利用遗传算法对涉及的跟驰模型进行标定：设定种群数 200；迭代次数 100；变异概率 0.1；重复计算 20 次取最优结果。借鉴 Brackstone 等和 Ossen 等的研究成果，设定跟驰模型参数的搜索空间，延迟时间的设定统一为(0,10)s(表 2)。

随机选取某个实验样本的跟驰行为数据对 GM 模型进行标定来验证标定算法的准确性。初次标定结果为：

$$a_n(t+1.12)=\frac{2.96\times v_n^{0.51}(t+1.12)}{[x_{n-1}(t)-x_n(t)]^{1.53}}[v_{n-1}(t)-v_n(t)] \tag{1}$$

此时收敛目标值为 662.81。利用 GM 模型及其标定结果计算加速度轨迹（标定加速度轨迹）作为新的驾驶行为数据，由此对 GM 模型重新标定，新的标定结果为：

$$a_n(t+1.24)=\frac{2.83\times v_n^{0.52}(t+1.24)}{[x_{n+1}(t)-x_n(t)]^{1.53}}[v_{n-1}(t)-v_n(t)] \tag{2}$$

此时的收敛目标值为 1.99，远小于初次标定时的收敛目标值。利用 GM 模型和新的标定结果计算加速度轨迹作为验证加速度轨迹，实验加速度轨迹、标定加速度轨迹和验证加速度轨迹（图 4）。加速度的验证轨迹与标定轨迹基本重合，验证了本文算法的有效性。

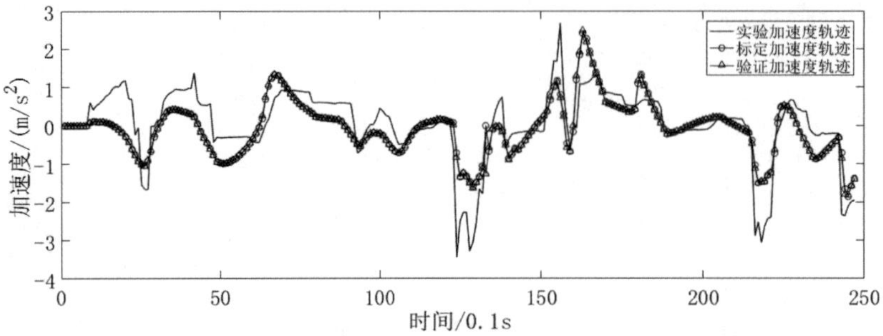

图 4　跟驰模型标定算法验证

2.3　跟驰模型适用性

跟驰模型的适用性包括跟驰模型在不同驾驶环境下的差异性以及对不同驾驶环境的表现水平。跟驰模型的差异性主要体现在不同的跟驰状态下跟驰模型的参数分布不同：不同的跟驰状态（能见度差异、速度差异等）影响了跟驰过程中的驾驶员对周边环境的感知，也影响了驾驶员的跟驰行为，在跟驰模型中体现在其参数不同，如驾驶员对跟车间距的感知差异会影响跟驰模型的跟车间距敏感性参数，对行驶速度的感知差异会影响跟驰模型的速度敏感性参数。通过分析不同跟驰状态下跟驰模型参数分布差异从而分析跟驰模型的差异性。

跟驰模型的表现水平是指跟驰模型能否准确地描述跟驰行为：跟驰模型模拟结果与实际结果的差异越大则跟驰模型的表现水平越差，反之则越好。以标定算法目标函数的最小值作为跟驰模型表现水平的度量指标（记为 $\varepsilon^*_{\text{model}}$），分析不同跟驰模型在不同跟驰状态下的 $\varepsilon^*_{\text{model}}$ 分布从而分析跟驰模型对不同跟驰状态的适用性。

3　实验结果与分析

3.1　刺激—反应类跟驰模型

GM 模型是经典的刺激—反应类跟驰模型，输入为跟车间距、后车速度等跟驰行为变量，输出为后车的加/减速度。GM 模型构建了后车加/减速度与跟车间距、后车速度以及前后车速度差等的关系，设定不同的参数，量化了不同跟驰行为变量间的关系，其模型的数学表达和参数及其意义如表 2 所示。参数 m 表征后车加/减速行为受到自身速度影响的大小，m 值越大说明后车的加/减速行为受到自身速度的影响越大；参数 l 表征后车加/减速行为受到跟车间距影响的大小，l 值越大说明后车的加/减速行为受到跟车间距的影响越大。对比晴天和雾霾天气下不同速度状态下参数 m 和参数 l 的大小，低速跟驰状态下参数 m 在两种天气下差别较小，而在中速和高速跟驰状态雾霾天气下参数 m 较大；在低速和高速跟驰状态，雾霾天气下参数 l 相对晴天天气较大，但是在中速跟驰状态大小差异不明显，对比结果说明雾霾天气会增大后车速度和跟车间距对后车加减速行为的影响，但是低速跟驰状态下后车速度对自身加减速行为的影响在晴天和雾霾天气下的差异较小，中速跟驰状态下跟驰间距对后车加减速行为的影响在晴天和雾霾天气下差异较小（图 5）。

以 T 检验或秩和检验判断均值差异性，以 F 检验判断方差齐性（表 3）。检验了晴天和雾霾天气下参数 m 和参数 l 的差异性。以 Kruskal-Wallis 检验判断均值差异性，以单因素方差分析判断方差齐性（表

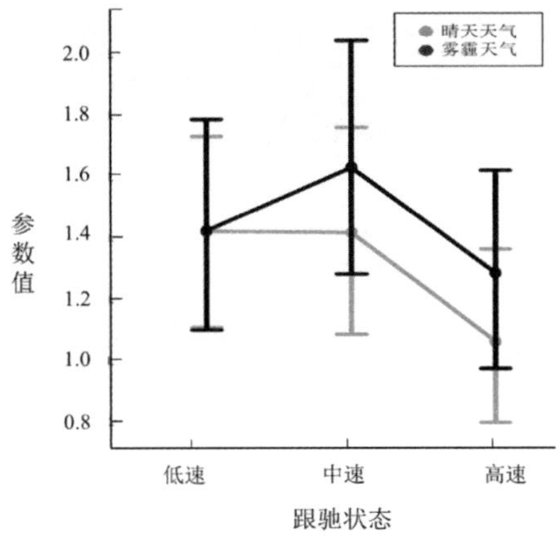

(a) GM模型参数m

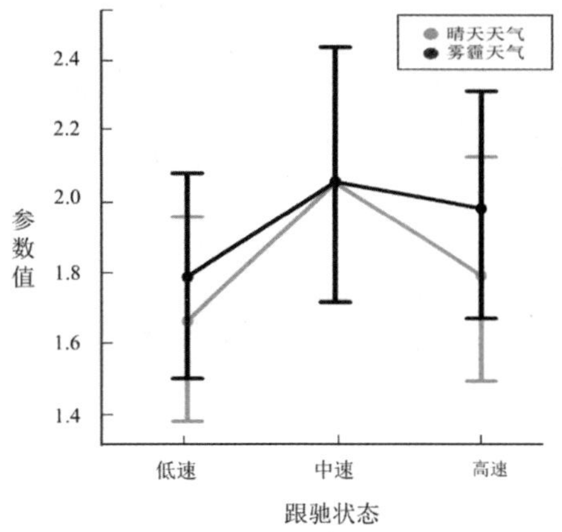

(b) GM模型参数l

图 5　不同跟驰状态下 GM 模型参数对比

4)。检验了不同速度跟驰状态下参数 m 和参数 l 差异性。从表 3 可以看出,雾霾天气下后车速度对自身加/减速行为的影响大于晴天天气,在中速和高速跟驰状态下后车速度对自身加/减速行为的影响显著增大了 14.8%和 20.8%,跟车间距对后车加/减速行为的影响也会变大。

表 3　　GM 模型参数晴天和雾霾天气下差异显著性检验(* α=0.1, ** α=0.05)

跟驰状态	GM 模型参数 m(雾霾 VS 晴天)			GM 模型参数 l(雾霾 VS 晴天)		
	均值差异性检验	方差齐性检验	雾霾-晴天/晴天(均值/标准差)	均值差异性检验	方差齐性检验	雾霾-晴天/晴天(均值/标准差)
高速跟驰	不显著(0.303)	不显著(0.275)	20.8%/7.7%	不显著(0.415)	不显著(0.599)	10.6%/−5%
中速跟驰	不显著(0.424)	不显著(0.250)	14.8%/14.8%	不显著(0.991)	不显著(0.653)	0.5%/3.1%
低速跟驰	不显著(0.872)	不显著(0.156)	2.2%/14.0%	不显著(0.488)	不显著(0.439)	9.1%/ 9.6%

从表 4 可以看出,相对于高速和低速跟驰状态,中速跟驰状态下后车速度和跟车间距对后车加/减速行为的影响较大,说明中速跟驰状态下驾驶员对外界刺激的反应更灵敏,会频繁地改变自身的驾驶状态。

表 4　　GM 模型参数不同度跟驰状态下差异显著性检验(* α=0.1, ** α=0.05)

检验变量	跟驰状态	均值差异性检验	方差齐性检验	高速−中速/中速(均值/标准差)	中速−低速/低速(均值/标准差)
GM 模型参数 m	晴天天气	不显著(0.228)	不显著(0.229)	−25.4%/−14.8%	2.2%/0.8%
	雾霾天气	不显著(0.498)	不显著(0.150)	−21.5%/−20.6%	14.8%/2.2%
GM 模型参数 l	晴天天气	不显著(0.168)	不显著(0.201)	−13.1%/−6.3%	25.6%/11.3%
	雾霾天气	不显著(0.236)	不显著(0.489)	−3.9%/13.6%	15.1%/4.8%

3.2　安全距离类跟驰模型

CA 模型是提出最早也是在微观交通仿真中应用最广泛的安全距离类跟驰模型,CA 模型认为跟车间距与前车和后车速度的二次方成线性关系,以跟车间距作为输出变量,以前车和后车速度作为输入变量,量化了跟车间距与前车和后车速度的相互关系。CA 模型中参数 α 表征前车速度对跟车间距的影响,参数 β_l 表征后车速度对跟车间距的影响。晴天和雾霾天气下不同速度跟驰状态下参数 α 和参数 β_l 的对比情况是,中速跟驰状态下,雾霾天气下参数 α 大于晴天天气,而在低速和高速跟驰状态差异较小,说明中速跟驰状态下,前车速度对跟车间距的影响在雾霾天气下大于晴天天气;低速跟驰状态下,雾霾天气下参数 β_l 大于晴天天气,而中速和高速跟驰状态下差异较小,说明低速跟驰状态下,雾霾天气相对晴天天气下后车速度对跟车间距的影响较大(图 6)。

不同速度跟驰状态下,雾霾天气对参数 α 和参数 β_l 的影响不一致;不同速度跟驰状态下参数 α 和参

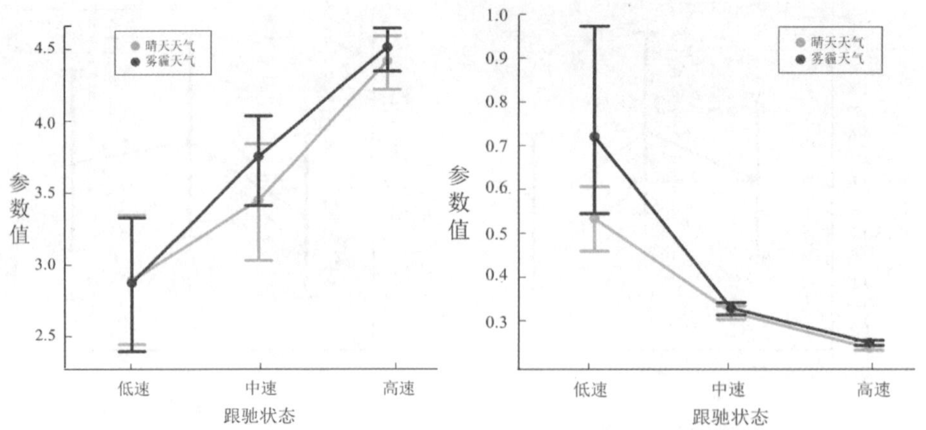

(a) CA模型参数α　　(b) CA模型参数β_l

图 6　不同跟驰状态下 CA 模型参数对比

数β_l存在显著性差异。随着速度的增加，参数α显著增大，而参数β_l却显著减小，说明随着速度增加，前车速度的变化会更大的影响跟车间距的选择，而后车速度对跟驰间距的影响则变小（表 5、表 6）。

表 5　CA 模型参数晴天和雾霾天气下差异显著性检验（$^*\alpha=0.1$，$^{**}\alpha=0.05$）

跟驰状态	CA 模型参数α（雾霾 VS 晴天）			CA 模型参数β_l（雾霾 VS 晴天）		
	均值差异性检验	方差齐性检验	雾霾-晴天/晴天（均值/标准差）	均值差异性检验	方差齐性检验	雾霾-晴天/晴天（均值/标准差）
高速跟驰	不显著(0.428)	不显著(0.261)	2.1%/12.6%	** 显著(0.003)	不显著(0.534)	4.9%/9.0%
中速跟驰	不显著(0.261)	** 显著(0.026)	8.9% /−24.4%	不显著(0.383)	不显著(0.319)	3.0% /−9.0%
低速跟驰	不显著(0.881)	不显著(0.183)	−1.8%/8.1%	不显著(0.147)	不显著(0.220)	33.1%/209.1%

表 6　CA 模型参数不同度跟驰状态下差异显著性检验（$^*\alpha=0.1$，$^{**}\alpha=0.05$）

检验变量	跟驰状态	均值差异性检验	方差齐性检验	高速一中速/中速（均值/标准差）	高速一中速/中速（均值/标准差）
CA 模型参数α	晴天天气	** 显著(0.002)	** 显著(0.000)	28.1%/−58.1%	17.9%/−18.2%
	雾霾天气	** 显著(0.001)	* 显著(0.000)	20.2%/−51.6%	30.1%/−42.8%
CA 模型参数β_l	晴天天气	** 显著(0.000)	** 显著(0.000)	−25.1%/−67.6%	−40.7%/−81.1%
	雾霾天气	** 显著(0.000)	** 显著(0.000)	−23.7%/−61.1%	−54.1%/−94.4%

3.3　跟驰模型表现水平

晴天和雾霾天气下不同速度跟驰状态下 GM 模型和 CA 模型的表现水平对比情况（图 7）。GM 模型在晴天和雾霾天气下的表现水平差异相对于 CA 模型较小，说明 GM 模型的表现水平在晴天和雾霾天气下有较好的一致性，而 CA 模型的表现水平在晴天和雾霾天气下则会出现较大差异，说明 GM 模型对晴天和雾霾天气都有较好的适用性。对比不同速度跟驰状态下跟驰模型的表现水平可以看出，在低速和中速跟驰状态下，GM 模型和 CA 模型在雾霾天气下的表现水平相对晴天天气较低，而在高速跟驰状态下则相对晴天天气较高，说明不同速度跟驰状态下跟驰模型的表现水平也存在差异。以上结果说明：在晴天和雾霾天气下以及不同速度跟驰状态下，不同的跟驰模型表现水平不同。因此，在微观交通仿真中，应当区分不同的跟驰状态，采用不同的跟驰模型来描述跟驰行为。GM 模型和 CA 模型在晴天和雾霾天气下以及不同速度跟驰状态下表现水平的差异性检验，晴天和雾霾天气下以及不同速度跟驰状态下 GM 模型和 CA 模型的表现水平差异不显著，说明 GM 模型和 CA 模型都能较好地描述不同跟驰状态下的跟驰行为（表 7、表 8）。

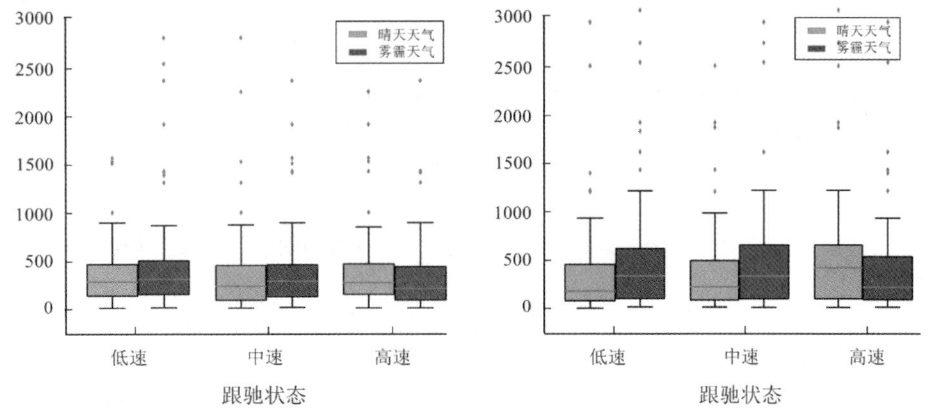

图 7　不同跟驰状态下跟驰模型表现水平差异

表 7　　GM 模型和 CA 模型表现水平在晴天和雾霾天气下差异显著性检验($^{*}\alpha=0.1$, $^{**}\alpha=0.05$)

跟驰状态	GM 模型表现水平(雾霾 VS 晴天)			CA 模型表现水平(雾霾 VS 晴天)		
	均值差异性检验	方差齐性检验	(雾霾-晴天)/晴天 (均值/标准差)	均值差异性检验	方差齐性检验	(雾霾-晴天)/晴天 (均值/标准差)
高速跟驰	不显著(0.209)	不显著(0.227)	−23.6%/−24.4%	不显著(0.144)	不显著(0.506)	−22.6%/−13.7%
中速跟驰	不显著(0.802)	不显著(0.635)	0.7%/−9.1%	不显著(0.434)	不显著(0.619)	22.4%/19.6%
低速跟驰	不显著(0.732)	不显著(0.138)	24.4%/40.0%	不显著(0.113)	不显著(0.483)	31.9%/14.5%

表 8　　GM 模型和 CA 模型表现水平在不同速度跟驰状态下差异显著性检验($^{*}\alpha=0.1$, $^{**}\alpha=0.05$)

检验变量	跟驰状态	均值差异性检验	方差齐性检验	(高速-中速)/中速 (均值/标准差)	(高速-中速)/中速 (均值/标准差)
GM 模型表现水平	晴天天气	不显著(0.622)	不显著(0.365)	14.0%/5.7%	4.4%/30.3%
	雾霾天气	不显著(0.223)	不显著(0.399)	−13.5%/−12.0%	−15.5%/−15.4%
CA 模型表现水平	晴天天气	不显著(0.195)	不显著(0.443)	34.3%/28.5%	8.5%/−4.0%
	雾霾天气	不显著(0.496)	不显著(0.973)	−15.1%/−7.3%	0.7%/0.3%

4　结语

本文利用同济大学 8 自由度高逼真驾驶模拟器，构建了晴天和雾霾天气两个实验场景，每个实验场景分别进行高速、中速和低速跟驰模拟实验，采集前后车的驾驶行为数据标定微观交通仿真中常用的跟驰模型，分析了跟驰模型的适用性，主要结论如下：

(1) 雾霾天气对刺激一反应类跟驰模型有显著影响，雾霾天气下后车加减速行为对跟驰间距、速度差等的敏感性显著增大。雾霾天气对安全距离类跟驰模型有显著影响，特别是中速跟驰状态下，雾霾天气下跟车间距对前车速度的敏感性增大，低速跟驰状态下，跟车间距对后车速度的敏感性增大。

(2) 不同速度跟驰状态对跟驰模型有显著影响，速度增加，后车加减速行为对自身速度的敏感性降低，对跟车间距的敏感性呈先提高后降低的趋势。随着速度增加，跟车间距对前车速度的敏感性降低，对后车速度的敏感性提高。

(3) 刺激一反应类跟驰模型在晴天和雾霾天气下的表现水平相对安全距离类跟驰模型具有较好的一致性。不同速度跟驰状态下以及晴天和雾霾天气下刺激一反应模型和安全距离模型表现水平差异不显著。

本文研究了跟驰模型在不同跟驰状态下的适用性，为交通微观仿真模型，特别是雾霾天气下的交通微观仿真模型的参数标定提供了参考，后续研究将进一步分析雾霾天气下考虑驾驶员驾驶行为的交通安全风险。

参考文献

[1] 王殿海，金盛. 车辆跟驰行为建模的回顾与展望[J]. 中国公路学报，2012. 25(1)：115-127.

[2] 陆建，姜军. 城市道路驾驶人跟驰行为[M]. 北京：科学出版社，2013.

[3] Treiber, M., A. Hennecke, D. Helbing. Congested traffic states in empirical observations and microscopic simulations. Physical Review E, 2000. 62(2): 1805.

[4] 涂辉招，李振飞，孙立军. 驾驶模拟器运动系统对自由驾驶行为的影响分析[J]. 同济大学学报：自然科学版，2015. 43(11)：1696-1702.

[5] Tu, H., et al. Driving Simulator Fidelity and Emergency Driving Behavior. Transportation Research Record[J]. Journal of the Transportation Research Board, 2015(2518): 113-121.

[6] Kang, J. J., R. Ni, G. J. Andersen, Effects of Reduced Visibility from Fog on Car—Following Performance. Transportation Research Record Journal of the Transportation Research Board, 2008. 2069(—1): 9-15.

[7] 何莎，等，雾天对驾驶行为的影响研究——避撞驾驶行为[J]. 交通信息与安全，2014. 32(5)：126-129.

[8] Evans, Leonard. Traffic safety[J]. Science Serving Society, 2004: 256-256.

[9] Cavallo, V. Perceptual distortions when driving in fog. in Proc. [C]. 2nd International Conference on Traffic and Transportation Studies. 2002.

[10] 周伟. 行车间距分析(英文)[J]. 东南大学学报(英文版)，2003. 19(4)：378-381.

[11] Bella, F. Parameters for evaluation of speed differential: contribution using driving simulator[J]. Transportation Research Record: Journal of the Transportation Research Board, 2007(2023): 37-43.

[12] Reyner, L., et al. 'Post-lunch'sleepiness during prolonged, monotonous driving-Effects of meal size[J]. Physiology & behavior, 2012. 105(4): 1088-1091.

[13] Yang, Q., et al. The influence of curbs on driver behaviors in four-lane rural highways-A driving simulator based study[J]. Accident Analysis & Prevention, 2013. 50: 1289-1297.

大众运输导向发展之运输规划模型之研究

A Study on Transit Oriented Development Based Transportation Planning Model

王中允　吕茜儒

摘　要：都市运输需求随着社经活动的需求增加，衍生出各种交通问题，为确保都市的健全发展，减少使用私人运具所造成的外部性，以大众运输导向发展为主的规划策略逐渐受到重视。虽然大众运输导向的都市运输规划政策有助于达到运输永续发展的目标，但就运输规划模型的发展上，评估大众运输导向的运输规划模型却仍有不足。本研究建立一大众运输导向发展的运输规划模型，同时考量大众运输导向之运具选择与用路人路径选择行为的关系，包含第一公里及最后一公里的无缝运输问题，以及多种用路人之间相互影响的问题，并进行相关数学性质的证明。由研究成果可知，本研究所提出的模型与求解方法可用以评估大众运输导向发展产生之运输需求，并可提供作为大众运输导向发展的评估依据。

关键词：大众运输导向发展；运具选择；交通量指派；整合模型

Abstract: Urban transportation demand increases with growing number of socio-economic activities, which derives a variety of traffic problems. There are two main objectives. Ensure a proper development of a city's transportation services and reduce externalities caused by private transport modes. Emphasizing the use of transit-oriented development (TOD) in urban transport planning strategies is necessary to achieve the objectives. In transportation management, when planners tend to design transit-oriented development, the first step is to determine potential needs of transit. However, there are insufficient amount of research based on estimating the need of TOD. We propose a TOD based transportation planning model. The proposed model tests modal split and route choice simultaneously, which explains the seamless issue of the first mile and last mile that derived by transit, and the multi-users'interaction at the same time. Theresults of this research include numerical examples for model validation purposes. Finally, we expect the computational resultsjustify the model we proposed can solve the TOD traffic assignment problem completely and also provided to the TOD assessment.

Keywords: transit-oriented development; modal split; traffic assignment; combine model

0　引言

大众运输导向发展（Transit-Oriented Development, TOD）被认为是能够减少都市运输问题并且控制都市蔓延的有效工具（Cervero, 2004; Cervero and Day, 2008; Papa and Bertolini, 2015），而TOD作为建立绿色运输体系的重要途径，亦获得世界许多国家相关部门的重视（Lund, 2006; Sung and Oh, 2011；李家侬与赖宗裕，2005）。过去TOD之研究着重在透过密度（density）、多样性（diversity）以及设计（design）等3D规划元素建立TOD之城市（林桢家与李家侬，2005; Lin and Shin, 2008; Lin and Gau, 2006; Mu and Jong, 2012; Galelo et al., 2014），或是评估各项发展对大众运输的影响，探讨大众运输使用因素（许添本与刘钦瑜，2004; Pojani and Stead, 2014; Black et al., 2016），鲜少对于TOD运输规划之评估模型进行研究。然而对于已发展成型之以公路导向的都市运输形态，欲转换为TOD之都市形态，除了以都市计划的手段进行调整改善外，期待利用政策的手段，如：改善大众运输之路网与效能，或是透过政策（如票价）产生影响等，导引民众由习惯使用私人运具转换为以大众运输为主要运具的使用，则有必要发展一套相关的运输规划评估工具，以便对于TOD政策进行评估，进而了解是否能达到TOD之运输目的，并评估其政策对运具比例之影响。而TOD的目的即为推动大众运输，大众运输的推动包含运具选择特性、大众运输运作效率以及用路人路径选择问题。例如大众运输无法克服转乘问题，

本文系城市群（圈、带）综合交通规划设计之研究

作者简介：王中允，"国防大学"运筹管理学系教授。
吕茜儒，"国防大学"运筹管理学系硕士班硕士。

大众运输之用路人会面对第一公里(first mile)和最后一公里(last mile)的路径选择的问题,而要了解各运具之运具选择才能进行有效的政策调整。

对于城市运输的永续发展而言,TOD是一项重要的发展基础,然而对于转型中而朝向TOD的城市运输系统,亦应有一套适切的运输规划评估模型,对其发展的路网、政策等所产生之运输结果进行评估,方能知道其政策发展是否有助于提升大众运输的使用。鉴此,本研究将以都市运输规划的观点,路网上车种之相互影响,以及用路人的运具选择与路径选择共同考量,建立TOD运输规划模型。并据以推算都市路网各路段之服务水平与绩效,明确掌握大众运输与私人运具所反映出来的互动关系,以及政策之改变对其运具选择之影响,以期所发展之评估模型与规划结果,能提供作为未来都市TOD运输规划的评估平台。本研究之进行,首先针对TOD的问题进行分析比较以及文献回顾,继而依文献回顾所描述的现况建立本研究的TOD之运输规划模型,并以测试路网为数值范例进行分析验证,最后提出结论与建议。

1 问题分析及文献回顾

TOD最早源自美国,美国早期以公路引导土地开发,发展成以小汽车为主要使用运具,造成了汽车持有率迅速成长,亦伴随许多社会问题。而后受到永续都市发展的激发,开始引进TOD的概念,提倡土地混合使用及沿着捷运廊带的高密度住宅区等规划模式,TOD自此成为各大都市计划、土地使用与大众运输系统规划的新兴趋势(张学孔等,2000;李家侬与赖宗裕,2005)。

Cervero and Kockelman(1997)将TOD之规划元素分别界定为3D,即密度(density)、多样性(diversity)以及设计(design)。自TOD之3D规划元素产生,许多研究便开始以此进行相关分析,评估其对TOD的影响。TOD的设计开始朝向以大众运输车站为中心,发展一紧密且混合使用的社区,也就是TOD区域(TOD zone)的设计,透过提供方便或舒适的设施,吸引民众前往居住,更集中地使用大众运输,进而提高土地利用效率和附近大众运输站点的物业价值(Bernick & Cervero, 1997; Kay et al., 2014; Renne,2009)。Tumlin and Millard-Ball(2003)。李家侬与罗健文(2006)均指出当其他条件都相同时,大众运输车站周边的居住与就业密度愈高,以及土地混合使用程度愈高,就会有愈多的人搭乘大众运输。Cervero(2007)、Loo et al.(2010)、Curtis et al.(2009)的研究显示TOD区域内可透过行人友善的环境鼓励居民乘坐公共运输,有效减缓汽车相关问题,亦可促进TOD区域内透过步行或使用自行车等非机动运具完成之旅次活动。

除发展策略与目标,TOD亦需要客观的标准来衡量其效用,以辅助政府进行TOD的规划与推广,过去许多评估大众运输导向的相关文献多以建成环境、影响因子等作评估。Zemp et al.(2011)提出建成环境绩效评估能辨别大众运输导向的潜力,而传统大众运输导向建成环境评估都围绕着车站,例如:火车站站区是否适合大众运输导向或对建成环境特性与大众运输运量作影响评估以及建立环境指标测量数据等(Bossard et al.,2002;Lin and Gau,2006;Kamruzzamanetl al.,2014;Galelo et al.,2014)。亦有学者针对大众运输之运量作评估,许添本与刘钦瑜(2004)以高雄都会区为例,透过永续运输与运具分配的关联分析,建构求解永续运输之最适运具分配比例之数学规划模式。Lin and Shin(2008)使用线性回归模式校估与t检定法分析台北市46个捷运站区资料,探讨大众运输导向环境特性与捷运运量及时间分散程度间的关系。Nasri and Zhang(2014)以华盛顿和巴尔的摩两大都会区,以分析这两个区域居民的延车英里建立一个多层次模型以评估大众运输导向是否能减少延车英里。

前述的研究分析TOD规划区域之居民,会较倾向使用大众运输,以及人口密度愈高与车站距离对大众运输搭乘率的影响;并定义TOD为一个紧密且混合使用的社区,周边居住与就业密度愈高,以及土地混合使用程度愈高,就会有愈多的人搭乘大众运输。多为针对如何发展TOD城市之研究,而过去针对TOD之运输系统评估文献,多只针对大众运输进行评估,鲜少针对现行都市透过政策等手段以达TOD都市之整体运输状况进行评估,TOD之运输规划应包含用路人路径选择以及运具选择之结果。而TOD应以推广其他运具的方式减少路网上私有运具的使用,降低壅塞的情形(Zhang,2010),故各车种之间的相互影响尤其重要。故可知一适切的TOD运输规划模型应将交通量指派与运具选择整合在内,且必须考量用路人在第一公里及最后一公里路程对于路径选择及运具选择的影响。因此,以下发展模型,将以上述的考量为基础建立模型,期能透过模型的建立,发展出能评估TOD运输规划的评估平台。

2　模型建立

为了完整展现前述的TOD运输规划模型特性，本研究将模型分为两个部分进行诠释：第一部分为用路人的路径选择结果所反映的系统目标；第二部分为运具选择。而大众运输之用路人必须经过车站作转乘，反之，选择私人运具则不需转乘，故将TOD行为定义如下：

“用路人在活动起讫对间进行路径选择的过程中，可经过的一连串的TOD乘点。”

一般而言，用路人之私人运具的运具选择，以及利用公共运输转乘之第一公里及最后一公里所使用的运具，通常不会相同。因此，TOD运输规划模型，在市区道路上运行的运具，假设为不同形态，而运具间在各道路上反映出来的路段旅行成本函数，亦假设为非对称影响的函数表示，如式(1)所示：

$$c_{a_i}(\boldsymbol{x}) = c_{a_i}(x_{a_1}, x_{a_2}, \cdots, x_{a_0}, \cdots, x_{a_i}), \forall a, i \tag{1}$$

其中 $\boldsymbol{x}$ 为路段上所有运具的流量矢量，i 代表路网上各运具类别，如此可将运具间车流之互相影响程度，并以变分不等式的形式来建立TOD之运输规划模型如下：

$$\boldsymbol{c}(\boldsymbol{x}^*)(\boldsymbol{x} - x^*) - \boldsymbol{D}(\boldsymbol{q}^*(\boldsymbol{q} - \boldsymbol{q}^*) \geqslant 0, \forall \boldsymbol{x}, \boldsymbol{q} \in \boldsymbol{\Omega} \tag{2}$$

其中 $\boldsymbol{\Omega}$ 表示可行解区域，限制式如式（3）至 式(10）所示。

流量守恒限制式

$$\sum_{\hat{p}_i} h^{rs}_{\hat{p}_i} = q_i^{ri}, \quad \forall r, s, \hat{p}_i \tag{3}$$

$$\sum_i q_i^{rs} = \bar{q}^{rs}, \forall i \tag{4}$$

非负限制式

$$h^{rs}_{\hat{p}_i} \geqslant 0, \forall r, s, \hat{p}_i, i \tag{5}$$

$$q_i^{rs} \geqslant 0, \forall r, s, i \tag{6}$$

定义限制式

$$x_{a_i} = \sum_r \sum_s \sum_{\hat{p}_i} h^{rs}_{\hat{p}_i} \bar{\delta}^{rs}_{a_i \hat{p}_i}, \forall a \tag{7}$$

$$\bar{\delta}^{rs}_{a_i \hat{p}_i} = \{0, 1\}, \quad \forall r, s, a, \hat{p}_i \tag{8}$$

TOD路径定义限制式

$$h^{rs}_{\hat{p}_i} = h^{rs}_{p_i} \prod_{n_{l_i} \in N^{rs}} \bar{\gamma}^{rs}_{n_{l_i} p_i}, \quad \forall r, s, i, \hat{p}_i \in (r, s), p_i \in (r, s) \tag{9}$$

$$\bar{\gamma}^{rs}_{n_{l_i}, p_i} \in \{0, 1\}, \quad \forall r, s, i, p, n_{l_i} \in N^{rs} \tag{10}$$

前述变分不等式问题可以固定多车种的交叉影响，可建立最佳化次问题如下：

$$\min(\boldsymbol{x}, \boldsymbol{q}) = \sum_a \sum_i \int_0^{x_{a_i}} c_{a_i}(\bar{x}_{a_1}, \cdots, \omega, \cdots, \bar{x}_{a_i}) \mathrm{d}\omega - \sum_{rs} \sum_i \int_0^{q_i^{rs}} {D_i^{rs}}^{-1}(q_1^{rs}, \cdots, \omega, \cdots, q_i^{rs}) \mathrm{d}\omega \tag{11}$$

Subject to. 式(3)至式(10)。

式（3）表示任一起讫对(r,s)选择运具 i 使用第 $\hat{p}$ 条路径之路径流量加总，必须等于此起讫对之运具 i 的旅次需求量 q_i^{rs}；式（4）则为任一起讫对(r,s)之各运具需求量加总，必须等于该起讫对之总需求量 $\bar{q}^{rs}$。式（5）表示起讫对(r,s)使用运具 i 通过第 $\hat{p}$ 条路径的路径流量非负；式（6）表示起讫对(r,s)之运具 i 之需求量非负。式（7）定义多车种通过路段 a 与路径流量的关系；式（8）定义 $\bar{\delta}^{rs}_{a_i \hat{p}_i}$ 为一(0,1）指示变量，当起讫对(r,s)在路径 $\hat{p}$ 使用第 i 种运具并通过路段 a 时，$\bar{\delta}^{rs}_{a_i \hat{p}_i}$，反之 $\bar{\delta}^{rs}_{a_i \hat{p}_i}$。式（9）为TOD多车种定义限制条件，定义起讫对$(r,s)$间多车种通过TOD转乘点之路径流量 $h^{rs}_{\hat{p}_i}$ 与一般路径流量 $h^{rs}_{p_i}$ 之间的关系，若起讫对(r,s)间第 p 条路径使用运具 i 通过该起讫对中所有TOD转乘点时，此路径 $\bar{\gamma}^{rs}_{n_{l_i} p_i} = 0$ 连乘必等于1，即 $\prod_{n_{l_i} \in N^{rs}} \bar{\gamma}^{rs}_{n_{l_i} p_i} = 1$，若有一个以上未通过则连乘必等于0，即 $\prod_{n_{l_i} \in N^{rs}} \bar{\gamma}^{rs}_{n_{l_i} p_i} = 0$；式（10）定义 $\bar{\gamma}^{rs}_{n_{l_i} p_i}$ 为一（0,1）指示变量，表示活动点/路径邻接矩阵，N^{rs} 为起讫对(r,s)间各车种TOD路径必须经过转乘点

之集合，其中 $N_i^{rs}=\{n_1,n_2,\cdots,n_{l_i}\}$，当起讫对$(r,s)$间使用第 i 种运具通过该起讫对中第 lTOD 转乘点 n 时，$\bar{\gamma}_{n_{l_i}p_i}^{rs}=1$，反之 $\bar{\gamma}_{n_{l_i}p_i}^{rs}=0$。

上述模型，分别将式 (3) 及 式(4) 移项后乘上拉氏乘数 $\hat{\pi}_i^{rs}$ 及 $\hat{\mu}^{rs}$ 后，与最佳化次问题式 (11) 相加，并对决策变量 h、q 及拉氏乘数 $\hat{\pi}_i^{rs}$、$\hat{\mu}^{rs}$ 取一阶偏微，则可获得以下之最佳化条件：

$$h_{\hat{p}_i}^{rs}\cdot(c_{\hat{p}_i}^{rs}-\hat{\pi}_i^{rs})=0,\ \forall r,s,\hat{p},i \tag{12}$$

$$c_{\hat{p}_i}^{rs}-\hat{\pi}_i^{rs}\geqslant 0,\ \forall r,s,\hat{p},i \tag{13}$$

$$q_i^{rs},((\hat{\pi}_i^{rs}-D_i^{rs^{-1}})-\hat{\mu}^{rs})=0,\ \forall r,s,\hat{p},i \tag{14}$$

$$(\hat{\pi}_i^{rs}-D_i^{rs^{-1}})-\hat{\mu}^{rs}\geqslant 0,\ \forall r,s,\hat{p},i \tag{15}$$

$$\sum_{\hat{p}_i} h_{p_i}^{rs}=q_i^{rs},\ \forall r,s,\hat{p}_i \tag{16}$$

$$\sum_i q_i^{rs}=\bar{q}^{rs},\ \forall i \tag{17}$$

$$h_{\hat{p}_i}^{rs}\geqslant 0,\ \forall r,s,\hat{p}_i,i \tag{18}$$

$$q_i^{rs}\geqslant 0,\ \forall r,s,i \tag{19}$$

由式(14)、式(15)之互补松弛性可解释为，用路人在任一起讫对间，不论选择何种运具，所使用到的路径其旅行成本必小于等于未被使用到之路径，且同一起讫一间相同运具之最短路径成本均相同。式(16)、式(17)之互补松弛性可解释为，用路人在任一起讫对间，不论选择何种运具，其一般化旅行成本必等于该运具最短路径旅行成本减去运具选择反需求函数，意即不论选择何种运具，同一起讫对间之一般化旅行成本皆会相同。式(16)至 式(19)之最佳化条件，与一般所谓使用者均衡观念上是一致的，亦即说明本研究所发展之 TOD 之运输规划模型，同时考量了用路人对于大众运输以及私人运具上选择的均衡，亦考量了不同运具交互影响下路径选择上的均衡。而大众运输用路人的路径选择，则考量了第一公及最后一公里与大众运输无缝接轨的转乘点路径选择行为，并存在最佳解。

3 数值范例与分析

本章将针对前述之模型，试举一数值范例并说明模型的正确性及特性。本研究之模型是为评估现行之都市透过运具发展或是政策等方法，引导为使用大众运输为主之 TOD 都市形态之成效，故设计一 23 个节点与 33 条节线之小型测试路网(图 1)。大众运输之运具以轨道运输为主，将节点 9、7 设为大众运输车站，而使用大众运输之用路人有第一公里及最后一公里之转乘问题，故加入节点 17 作为 TOD 转乘点，并假设会使用转乘运具完成第一公里及最后一公里之路径，将大众运输之推广政策反映在大众运输成本上，以此测试其政策调整对运具选择比例之影响。

以 4 对起讫对运输需求进行模型测试(表 1)。各路段成本函数采用 FHWA 所定义之道路成本函数并加入多车种之相互影响，并假设路网上有私有运具(A 车，即 auto)以及大众运输之转乘运具(B 车，同以 transit 表示)两种车种，如式(20)、式(21) ，α、β 分别设为 0.2 及 0.5，运具选择成本(即反需求函数) 以及运具分配则如式(22)、式(23)所示，经研究利用对角化梯度投影法求解可得之结果(表 2)。

$$c_{a_A}(x_{a_A},x_{a_B})=c_{a_{A0}}\left[1+0.15\left(\frac{x_{a_A}+\alpha x_{a_B}}{CAP_a}\right)^4\right],\ \forall a \tag{20}$$

$$c_{a_B}(x_{a_A},x_{a_B})=c_{a_{B0}}\left[1+0.15\left(\frac{\beta x_{a_A}+x_{a_B}}{CAP_a}\right)^4\right],\ \forall a \tag{21}$$

$$D_i^{rs^{-1}}=-\frac{1}{\theta}\ln\left(\frac{q_i^{rs}}{\bar{q}^{rs}-q_i^{rs}}\right),\ \forall i\in A,B \tag{22}$$

$$q_i^{rs}=\bar{q}^{rs}\frac{1}{1+\mathrm{e}^{\theta(c_{\hat{p}_i}^{rs}-\sum\limits_{m\neq i})}},\ \forall m\in i \tag{23}$$

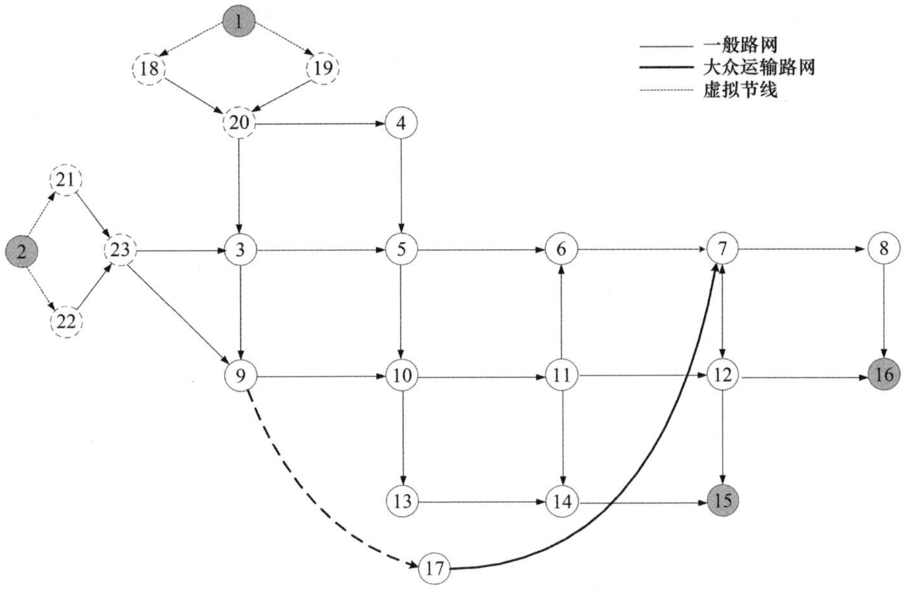

图 1 测试路网图

表 1 测试路网各起讫对运输需求

旅次起点	旅次讫点	运输需求量(人当量)
1	15	2800
1	16	3000
2	15	2800
2	16	3000

表 2 用路人运具选择比例、流量及各项成本结果

起讫	运具	运具分配比例	运具需求量	旅行成本				一般化旅行成本
				运具选择	起点至站点	大众运输	站点至讫点	
(1,15)	auto	48.60%	1360.72	−2.81	112.8			109.99
	transit	51.40%	1439.28	2.81	46.57	20	40.61	
(1,16)	auto	53.51%	1605.3	7.03	95.13			102.15
	transit	46.49%	1394.7	−7.03	46.57	20	42.61	
(2,15)	auto	43.52%	1218.65	−13.03	100.67			87.64
	transit	56.48%	1581.35	13.03	14	20	40.61	
(2,16)	auto	45.39%	1361.56	−9.25	95.13			85.87
	transit	54.61%	1638.44	9.25	14	20	42.61	

由表 2 可知,任一起讫对中,用路人选择任一运具的路径成本与运具选择成本总和,即各起讫对之一般化旅行成本均相等。而各运具有产生流量之路径,其最短路径成本均相同,符合本研究所推导 TOD 之运输规划模型的最佳化条件,亦符合所提出之流量守恒、非负以及定义限制式,验证此模型的正确性。且可看出各起讫对皆有产生运具选择之现象,即对大众运输系统产生需求。

运具选择成本为一反需求函数,以罗吉特模型带入推导出一效用函数,其表示之结果为选择该运具之效用,在本研究以旅行成本表示此效用。由表 2 之运具选择成本可看出,当该运具最短路径旅行成本较小时,选择该运具会拥有较佳之效用结果,便会产生运具选择成本;反之,当该运具最短路径旅行成本较大时,选择该运具之效用相对较差,故运具选择结果为负值。且因运具选择成本是依据运具需求量之间的比例做计算,故产生之成本值为正负相反之相对值。

TOD 的目的即为推广大众运输的使用,故需要运输政策的配合,方能达到其目的,当大众运输的票价或旅行时间愈高,或服务水平愈低,其校估出的旅行成本亦可能愈高。故本研究针对大众运输运具比例进行敏感度分析,透过调整大众运输的成本以了解不同政策对大众运输运具比例的影响。在此,本研究调整大众运输之旅行成本(可以票价及旅行时间之综合指标思考)为 20、40、60 及 80,分别计算本模型之产出整理(图 2)。

	20	40	60	80
(1,15)	51.40%	47.73%	44.22%	40.78%
(1,16)	46.49%	44.27%	41.39%	38.06%
(2,15)	56.48%	51.77%	47.15%	42.74%
(2,16)	54.61%	51.31%	47.28%	42.91%

图 2　transit 敏感度分析

* 注:纵轴为大众运输运具比例,横轴为大众运输之旅行成本。

当大众运输旅行成本愈高,其大众运输比例愈低;反之,旅行成本愈低,大众运输比例愈高,可看出其对大众运输旅行成本的敏感度。自起讫对 (2,15) 之结果可看出,在旅行成本为 20 时,其大众运输比例占 56.48%,为各起讫对间为最高比例者;当旅行成本调整至 80 时,其大众运输比例下降至 42.74%,低于起讫对 (2,16) 的 42.91%,受旅行成本影响所幅度较大,表示此起讫对之用路人对旅行成本的敏感度较高。而起讫对 (1,16) 之大众运输比例,自 46.49%下降至 38.06%,由图 2 可看出其线条斜率较为平缓,表示此起讫对之用路人对旅行成本的敏感度较低。

4　结论与建议

基于目前 TOD 的问题多以土地规划及目标准则等根据做研究,或是仅考虑其延伸的运具选择问题,尚未有能够评估 TOD 之运输规划模型。故据此以 A 型路权之大众运输为主,建立一 TOD 之运输规划模型,以改善此一问题,并发展对应之求解算法,透过数值范例的测试与分析,验证各模型之正确性并展现模型之特性。获得以下结论:

(1) 借由文献探讨,了解 TOD 之规划重点与目标,借此建立 TOD 之运输规划模型,并推导出符合使用者均衡原则之最佳化条件,透过数值范例测试与分析,验证模型结果符合模型之最佳化条件,能够评估 TOD 之各运具需求比例,以及有效了解大众运输伴随之第一公里及最后一公里之路径选择。

(2) 以超级路网之建构方式,结合 A 型路权之大众运输路网与都市一般路网,并在各起点辅以虚拟节线计算运具选择比例与成本,建构能够用以计算本研究模型之路网。并发展对应之求解算法,以对角化法结合梯度投影法求解,能够有效且准确地求解此模型。

(3) 根据敏感度分析之结果,可看出大众运输比例确实会受其旅行成本影响,可透过将政策及服务水平等校估为旅行成本,并借此评估对运具选择结果之影响,以利政策的制定与改善。

(4) 借由本模型的评估能确切掌握搭乘大众运输旅次与私人运具旅次在路网上的流量状态,借此更进一步对于都市路网进行改善规划。例如自行车道或是转乘运具的路网规划,避免两者的流量交互影响导致都市运输路网产生问题,借此促使用路人使用大众运输工具。

除上述的结论以外,基于 TOD 之运输规划模型的探讨,仍有发展空间有待后续研究继续努力,在此分述如下。

(1) 本研究所建立之 TOD 之运输规划模型,以 A 型路权之轨道运输作为大众运输运具进行探讨,并将其旅行成本简化为固定常数,及不受流量多寡的影响。然而,轨道运输运量虽大,仍应有其容量限制,为能使模型能够更一般化的了解真实情况,含路段及捷运容量限制的额外限制条件为未来一重要的研究方向。

(2) 由于本模型的发展,仅考虑轨道运输作为大众运输之选项,未来可以本研究所发展之 TOD 之运输规划模型,纳入其他大众运输共同考量,期能更适切地描述大众运输导向之旅运行为。

(3) 大众运输之第一公里及最后一公里除了使用不同运具以外，亦可能采用步行之方式完成此项需求，未来模型亦能将此纳入计算，能对 TOD 之运输规划做更好的改善。

(4) 大众运输系统亦需克服转乘的问题，未来能对于轨道运输的转乘现象进行诠释则更能展现模型对于大众运输导向的评估能力，当更有助于了解大众运输导向之都市运输规划需求结果。

符号说明

	路段编号	$\boldsymbol{\Omega}$	可行解区域
$\boldsymbol{c}$	实际路段旅行时间矢量	CAP_a	路段 a 之容量
i	车种编号	$h_{p_i}^{rs}$	起讫对 (r,s) 在车种 i 使用路径 p 之路径流量
r	起点变量	$h_{\hat{p}_i}^{rs}$	起讫对 (r,s) 在车种 i 使用到 TOD 转乘点路径 $\hat{p}$ 之路径流量
S	讫点变量	$h_{\hat{p}_i}^{rs*}$	起讫对 (r,s) 在车种 i 使用到 TOD 转乘点之最短路径 $\hat{p}^*$ 之路径流量
$\boldsymbol{h}$	路径流量矢量	$\boldsymbol{d}$	寻优方向矢量
$\boldsymbol{x}$	路段流量矢量	p	路径变量
n_l	起讫对 (r,s) 间之 TOD 转乘点	$\hat{p}$	通过 TOD 转乘点之路径变量
$*$	均衡条件	$\hat{p}_i^*$	车种 i 通过 TOD 向活动点之最短路径变量
α	在车种 A 成本下，车种 B 交叉影响的参数	$\bar{q}^{rs}$	起讫对 (r,s) 运输需求量
β	在车种 B 成本下，车种 A 交叉影响的参数	q_i^{rs}	起讫对 (r,s) 间各车种 i 的运输需求量
$c_{a_{i0}}$	路段 a 自由旅行成本	$a_{\hat{p}_i}^{rs}$	起讫对 (r,s) 间车种 i 通过 TOD 转乘点路径 $\hat{p}$ 寻优步幅
c'_{a_i}	路段 a 旅行成本导数	υ	步幅调整参数
$c_{\hat{p}_i}^{rs}$	起讫对 (r,s) 从各车种 i 使用到 TOD 转乘点之路径 $\hat{p}$ 之旅行成本	ε	收敛标准值
$c_{\hat{p}\,i}^{rs\,*}$	起讫对 (r,s) 从各车种 i 使用到 TOD 转乘点之最短路径 $\hat{p}^*$ 之旅行成本	N^{rs}	起讫对 (r,s) 间 TOD 转乘点之集合
${D_i^{rs}}^{-1}$	车种 i 之运具选择成本	$d_{\hat{p}_i}^{rs}$	起讫对 (r,s) 间车种 i 通过 TOD 转乘点路径 $\hat{p}$ 寻优方向
x_{a_i}	车种 i 在路段 a 之车流量	$\gamma_{n_{l_i} p_i}^{rs}$	$\{0,1\}$ 指示变量，表示起讫对 (r,s) 间在车种 i 中路径 p 与 TOD 中活动点 n_l 之关系
$\bar{x}_{a_i}$	交叉影响下车种 i 在路段 a 之固定车流量	$\bar{\delta}_{a_i\hat{p}_i}^{rs}$	$\{0,1\}$ 指示变量，表示起讫对 (r,s) 间在车种 i 中 TOD 转乘点路径 $\hat{p}$ 与路段 a 之关系
$\hat{\pi}_i^{rs}$	起讫对 (r,s) 间各车种 i 最短路径旅行成本	$\hat{\mu}^{rs}$	起讫对 (r,s) 之一般化旅行成本

参考文献

[1] 林桢家，李家依. 用于都市地区活动分布之灰色 TOD 规划模式[J]. 运输计划季刊，2005，31(1)：63-91.

[2] 李家依，赖宗裕. 台湾地区大众运输导向发展之落实-借镜美国的实施经验[J]. 都市交通，2005，20(3). 1-16.

[3] 许添本，刘钦瑜. "都会区"永续发展目标下之运具分配比例[J]. 都市交通，2004，19(2)：3-18.

[4] 张学孔，钱学陶，杜云龙. 大众运输导向之都市发展策略[J]. 捷运技术 Rapid-Transit Technology，2000，22.

[5] 李家依，罗健文. 大众运输导向发展设计概念中步行可及性与大众捷运系统旅次关系之初探[J]. 都市交通，2006，20(4). 1-14.

[6] Bernick, M., Cervero, R. (1997). Transit villages in the 21st century.

[7] Black, J., Tara, K., Pakzad, P. Planning and Design Elements for Transit Oriented Developments/Smart Cities: Examples of Cultural Borrowings[J]. Procedia Engineering, 2016: 142, 2-9.

[8] Bossard, E. G., Hobbs, J., Hondorp, B., et al. Envisioning neighborhoods with transit-oriented development potential: the Institute. 2002.

[9] Cervero, R. Transit-oriented development in the United States: Experiences, challenges, and prospects[C]. Transportation Research Board,2004(102).

[10] Cervero, R. Transit-oriented development's ridership bonus: a product of self-selection and public policies[J]. Environment and planning A2007, 39(9), 2068-2085.

[11] Cervero, R., & Day, J. Suburbanization and transit-oriented development in China[J]. Transport Policy,2008, 15(5), 315-323.

[12] Cervero, R., Kockelman, K. Travel demand and the 3Ds: density, diversity, and design[J]. Transportation Research Part D: Transport and Environment, 1997,2(3):199-219.

[13] Curtis, C., Renne, J. L., & Bertolini, L. Transit oriented development: making it happen[M]. Ashgate Publishing, Ltd.,2009.

[14] Galelo, A., Ribeiro, A., Martinez, L. M. Measuring and Evaluating the Impacts of TOD Measures Searching for Evidence of TOD Characteristics in Azambuja Train Line[J]. Procedia-Social and Behavioral Sciences,2014(111): 899-908.

[15] Kamruzzaman, M., Baker, D., Washington, S., et al. Advance transit oriented development typology: case study in Brisbane, Australia[J]. Journal of Transport Geography, 2014,34: 54-70.

[16] Kay, A. I., Noland, R. B., & DiPetrillo, S. Residential property valuations near transit stations with transit-oriented development[J]. Journal of Transport Geography, 2014,39:131-140.

[17] Lin, J.-J., Shin, T.-Y. Does transit-oriented development affect metro ridership?: Evidence from Taipei, Taiwan[J]. Transportation Research Record: Journal of the Transportation Research Board,2008(2063):149-158.

[18] Lin, J., Gau, C. A TOD planning model to review the regulation of allowable development densities around subway stations[J]. Land Use Policy, 2006,23, (3):353-360.

[19] Loo, B. P., Chen, C., & Chan, E. T. Rail-based transit-oriented development: lessons from New York City and Hong Kong[J]. Landscape and Urban Planning, 2010,97(3):202-212.

[20] Lund, H. Reasons for living in a transit-oriented development, and associated transit use[J]. Journal of the American Planning Association, 2006,72(3): 357-366.

[21] Mu, R., de Jong, M. Establishing the conditions for effective transit-oriented development in China: the case of Dalian[J]. Journal of Transport Geography, 2012, 24:234-249.

[22] Nasri, A., Zhang, L. The analysis of transit-oriented development (TOD) in Washington, DC and Baltimore metropolitan areas[J]. Transport policy, 2014,32:172-179.

[23] Papa, E., Bertolini, L. Accessibility and transit-oriented development in European metropolitan areas[J]. Journal of Transport Geography, 2015,47: 70-83.

[24] Pojani, D., Stead, D. Dutch planning policy: The resurgence of TOD[J]. Land Use Policy, 2014, 41:357-367.

[25] Renne, J. L. From transit-adjacent to transit-oriented development[J]. Local Environment,2009, 14(1):1-15.

[26] Sung, H., Oh, J.-T. Transit-oriented development in a high-density city: Identifying its association with transit ridership in Seoul, Korea[J]. Cities,2011, 28(1):70-82.

[27] Tumlin, J., Millard-Ball, A. How to make transit-oriented development work[C]. PLANNING-CHICAGO,2003, 69(5):14-19.

[28] Zemp, S., Stauffacher, M., Lang, D. J., et al. Classifying railway stations for strategic transport and land use planning: Context matters! [J]. Journal of transport geography, 2011,19(4): 670-679.

[29] Zhang, M. Can transit-oriented development reduce peak-hour congestion? [J]. Transportation Research Record: Journal of the Transportation Research Board2010(2174),:148-155.

城市核心区路网优化的探究

Research on the Optimization of Urban Core Network in

王　正　钱红波　王科锐

摘　要：为缓解城市核心区的交通拥堵，国家提出了“窄马路、密路网、开放街区”的理念。为证明此理念能有效缓解交通拥挤，本文在预设的参数下，利用 Trans CAD 交通规划软件建立模型，对城市核心区不同密度的路网进行研究，并对结果进行对比分析，得出在城市核心区采用单向通行的密路网能有效提高交通效率，且密路网、窄马路有利于发展慢行交通和缩短乘客步行到站时间。

关键词：城市核心区；路网密度；路网优化；街区制改革

Abstract: In order to relieve Traffic congestion in the urban core, the concept of "narrow road, dense road network, opened blocks" is put forward. For prove this concept, this paper studies the road network of different density in the urban core by using Trans CAD transportation planning software and building model under the preset parameters, then compares and analyzes the results. It is concluded that the dense road network using one-way traffic in the urban core can improve the efficiency of traffic effectively, and it helps to develop Non-motorized transportation and shorten the time of passengers gonging to station on foot.

Keywords: the urban core; road network density; road network optimization; block system reform

1　研究背景

中国城市交通的核心问题是在高密度人口、多种交通方式、较大城市规模下却配套着低密度、大间距的路网，主干道路段的通行能力虽然会随着交叉口间距的增大和车道数的增加得到提高，但交叉口的通行能力并不会相应提高，使主干道路段通行能力与交叉口更不匹配，造成交叉口负荷过大。宽而稀的路网同时也带来了行人过街与公交布设不便、交通迂回、交通运输效率伴随交通量的加大而迅速下降等弊端。北京是我国低密度、大间距路网的典型代表，国内其他城市宽马路、大路网的现象普遍存在。

虽然北京、上海等城市为防止交通拥堵实施限牌限号等措施，但是并不能从根本上解决交通问题。为了让道路更通畅，交通更便捷，本文利用 Trans CAD 软件建立模型，旨在对我国城市道路网规划的优化进行模拟评价，并提出相关建议。

2　高密度路网的应用

中国香港在其自身的城市发展背景下，经过多年的规划建设形成了较成熟的街区制模式。与内地的许多城市相比，总体道路窄且路网密度大，支路与步行系统发达，提高了交通通行效率并且创造了小尺度的街道空间。

美国波特兰创建了密集的自行车交通网络，将人们日常行为活动出行距离控制在 20 分钟以内，减少了机动车交通量。宜人的街道空间在很大程度上提高了波特兰城市公共空间的整体质量。美国两个大城市纽约、休斯顿的典型高密度路网模式值得我国城市学习借鉴。

3　设计原理

3.1　设计思路

以某小城市或大城市组团为研究对象，给定其人口规模、用地面积、空间形态、机动车道条数、人均出行次数、交通方式结构和对外交通等均不变，即假定其有相同的 OD 矩阵和路网容量，仅改变城市道路网

作者简介：王正，上海海事大学交通运输学院。

密度和结构，采用 Trans CAD 交通规划软件对其 OD 交通量进行分配，从分配得到的最终结果比较对城市核心区采取“宽马路、大路网”和“窄马路、密路网”的优劣，并探讨街区化高密度路网单向交通组织是否适用于城市核心区。

给定 3 个 3km×3km，即面积为 9km^{2}形状为正方形的城市或组团，总人口均为 9 万人，且不均匀分布，由中心向外递减。假设人均日出行次数均为 3 次，小汽车出行比例均为 30%，则出行总人次均为 270 000次/日，小汽车出行量均为81 000PCU/日，并假定高峰小时系数为 0.1，则高峰小时小汽车出行量为 8 100PCU。由外到内递增。假设这 3 个城市机动车道总数均为 80 条，并对应着 3 套不同的方格路网。第一套为“宽马路、大路网”，路网均匀分布，其间距为 500m；第二套为“窄马路，密路网”，路网均匀分布，其间距为 200m；第三套为疏密相结合的路网，路网密度由中心向外逐步减小，其核心区为“窄马路、密路网”。下面分别对这 3 个城市或组团的不同路网规划方案进行交通量分配。

3.1.1 方案一：低密度均匀路网

创建好路网后，利用 Trans CAD 软件将给定的 OD 矩阵分配到规划路网上，交通量分配结果（图 1、图 2）。

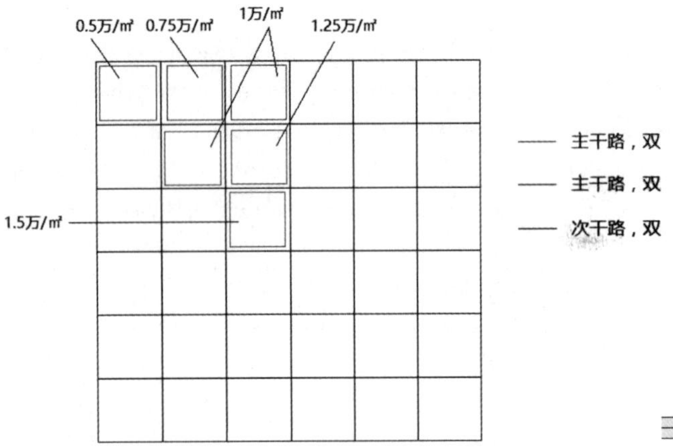

图 1　方案一道路网等级布局和人口分布

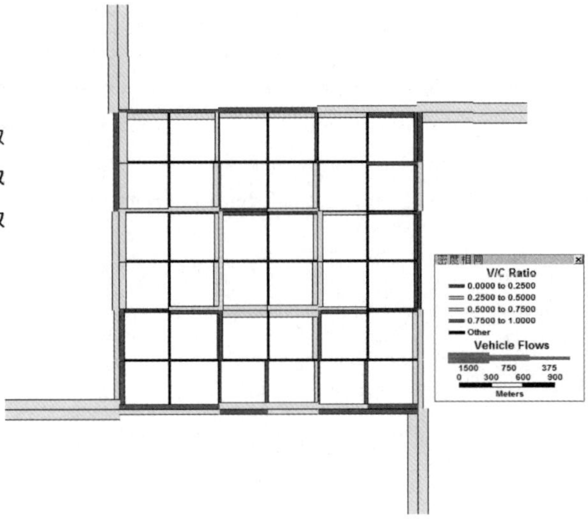

图 2　方案一交通量分配结果

3.1.2 方案二：高密度均匀路网

方案二道路网布局和人口分布、交通量分配结果（图 3、图 4）。

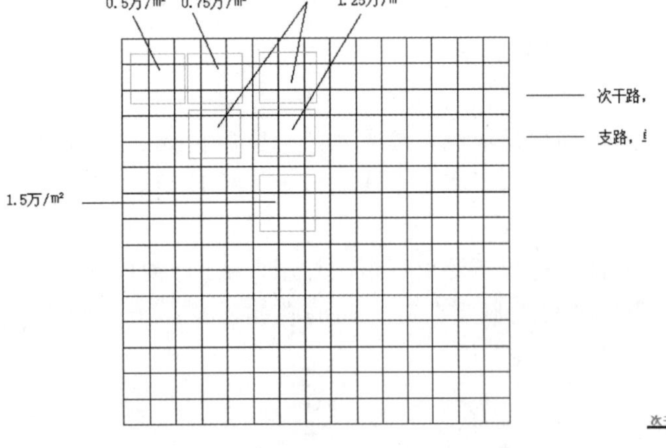

图 3　方案二道路网等级布局和人口分布

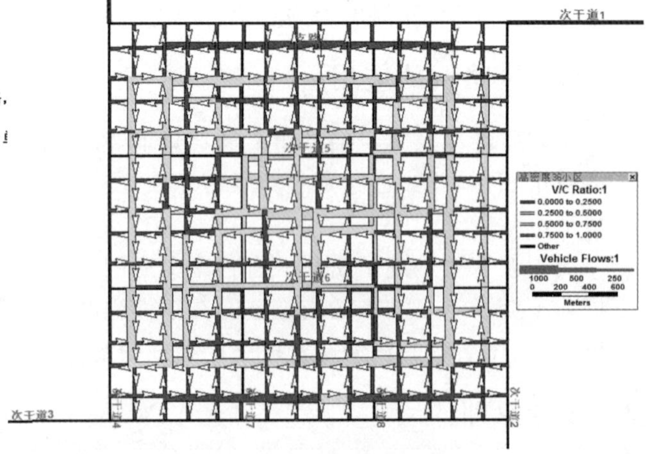

图 4　方案二分配结果

3.1.3 方案三：混合路网

方案三道路网等级布局和人口分布、交通量分配结果（图 5、图 6）。

3.2 方案分配结果对比分析

对上述 3 个 3km×3km 的城市或组团，其人口分布、机动车 OD 分布、机动车道总数等均相同，对不

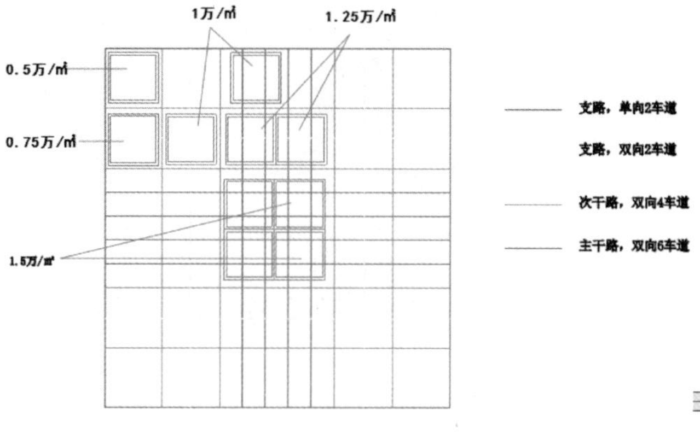

图 5　道路等级布置及人口分布

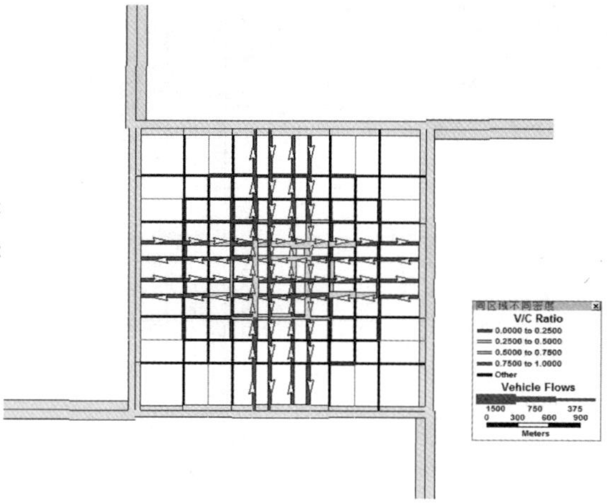

图 6　分配图及分配数据

同城市或组团采用不同密度的路网布局方案。从分配结果看，方案一低密度路网由于缺少路径的选择，城市核心区交通量集中于路更宽、车道数更多的主干道上，出现不同程度的拥堵情况，次干路没有起到对主干路交通的分担作用；方案二高密度路网由于有更多的选择路径，大量单向通行的支路有效地分散了交通量，虽有个别路段出现拥挤，但整体运行畅通；方案三在城市核心区采用高密度路网，而在边缘地区则采用低密度路网，核心区类似于方案二，交通量得到有效分散，边缘区类似于方案一，整体较为通畅。

方案三城市中心区的人口密度达到 1.5 万人/ km^2，高于四周的人口密度，出行量也较大，中心区由于采用高密度的路网，饱和度在 0.5 以下，大部分道路处于通畅的绿色状况。由于高密度路网的多路径选择与单向交通的冲突点减少，在人口密度和车流量较大的情况下，路网仍保持通畅，且单向交通组织由于不受对向车流的影响，车速及通行能力都得到提升。同时密路网、窄马路便于行人和自行车过街，有利于发展慢行交通，且密路网便于公交路线的布设，交叉口间距小有利于缩短乘客步行到站时间。在城市郊区或边缘地区，人口密度低，出行量少，商业服务设施也较少，人们的出行更多地依赖小汽车，此区域可以适当降低路网密度。可见方案三，即疏密相结合的路网结构更适于城市发展，城市核心区宜采用高密度的单向交通网络，优化城市用地布局和交通结构。

3.3　道路详细设计

3.3.1　核心区道路设计

对于核心区高密度单向交通组织路网，采用如下车道分布和道路横断面布置图(图 7、图 8)。

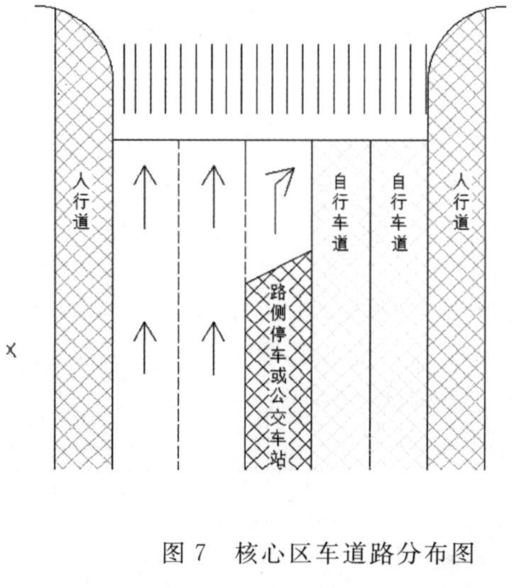

图 7　核心区车道路分布图

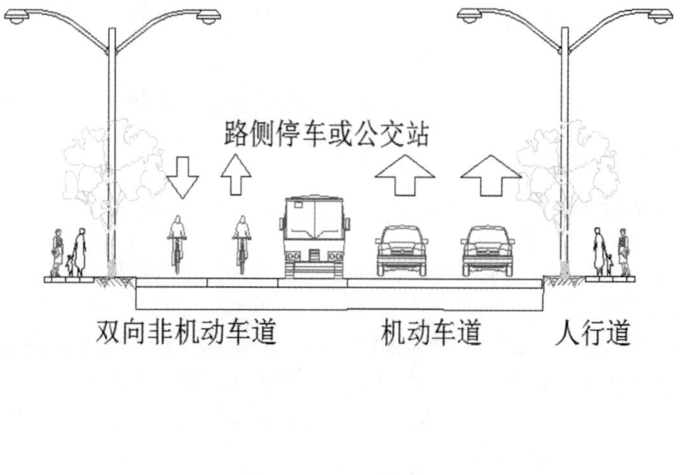

图 8　核心区道路横断面布置图

核心区道路以路侧停车区域或公交停靠站作分隔带，将机动车与非机动车进行分离，并将双向非机动车道设置于道路一侧，减少了机非分隔带设置占据的空间。

3.3.2　公交走廊设计

在核心区的中央，设置两条相交的公交专用路作为城市公交走廊，沿途布置人行道，延伸商业区，加强公共交通和慢行交通的吸引力(图 9、图 10)。

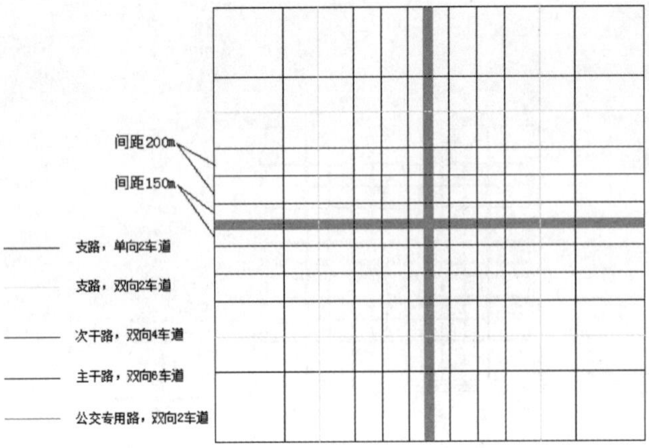

图 9　公交专用道路布设

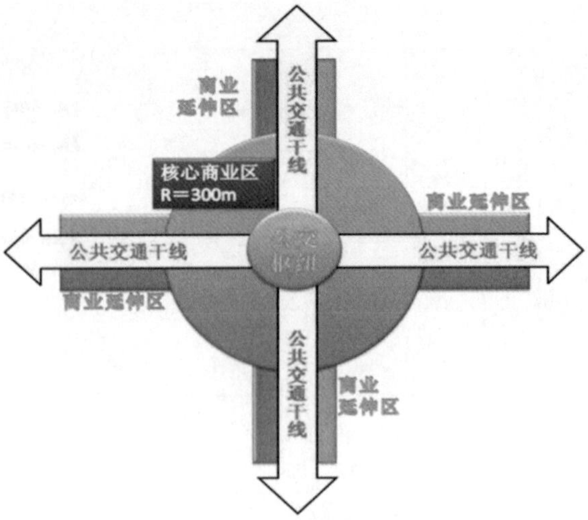

图 10　公交发展模式图

4　结论与展望

4.1　结论

（1）本文利用 TransCAD 软件对 3 种路网模式进行交通量分配：

① 城市各部分路网密度相同，均为传统“宽马路，稀路网”；

② 规划城市各部分路网密度相同，均为“窄马路，密路网”；

③ 城市不同区域采用不同密度路网布局，由中心向外密度递减，城市核心区采用“窄马路，密路网”结构。

（2）高密度路网提高了整个核心区的可达性，使居民出行具有更多的路径选择，一旦遇到交通堵塞，也有更多的选择方案。

（3）由于实行单向交通组织，路段上减少了对向车辆的交通影响，交叉口减少了大量冲突点，单向交通能提高道路通行能力和行车速度，降低交通事故率，易于实现绿波协调控制。

（4）道路横断面设计以路侧停车区域或公交停靠站作分隔带，分隔并将非机动车道设置于一侧，减少机非分隔带设置占据的空间；公交专用道连接城市中心至外围，沿路布设人行道，可更好地发展慢行交通。

（5）“窄马路，密路网”能为步行者、骑车人及社区居民营造安全、愉悦的道路环境，引导人们采用绿色的方式出行。同时，路网密度的提高，设施的集中，出行距离的缩短，更加带动了人们慢行交通的选择。

4.2　展望

街区制下的高密度单向交通网络适用于城市中心区的规划与建设，我国人口密度大，大部分城市均适用，可有效缓解交通拥堵。

本文所采取的车道布置形式与公交专用道的布设，可更好地为行人、自行车共同创造一个舒适的慢行交通系统，并与机动车分离。

参考文献

[1]　钱红波．拆除小区围墙的背后——我国城市路网规划设计主要问题分析与对策中国公路[J]．中国公路，2016(05)：80-85．

[2]　黎立冠，徐惠农．特大城市 CBD 支路网规划方法研究[J]．现代交通技术，2016(3)：70-75．

[3]　夏博，何韶瑶，马燕玲．城市道路网络优化设计方法初探[J]．中外建筑，2010(01)：77-78．

[4]　任春洋．高密度方格路网与街道的演变、价值、形式和适用性分析——兼论“大马路大街坊”现象[J]．城市规划学刊，2008(02)：53-61．

[5]　林云华，秦天昊．浅谈“窄马路、密路网”的城市道路设计策略[J]．门窗，2016(12)：138．

[6]　徐循初．再谈我国城市道路网规划中的问题[J]．城市规划，1994(04)：1-8．

大陆地区来台团客与散客之消费特性及旅游动向研究

A Study on Consumer Behavior and Travel Tendency of Group Tourists and Self-guided Tourists from Mainland to Taiwan

陶治中　林于婷　陈　翰　萧哲颖

摘　要：自2009年起，中国大陆开始成为来台湾旅客的主要客源地。然因2016年政党轮替，中国大陆地区来台旅客骤减约60万人，其中以团客下降幅度较大，使散客首次在2016年超越了团客的人数。此外，所有主力地域之消费能力皆下滑，势必对未来观光产业造成严峻的影响。为增加台湾观光外汇收入及发展地方特色，本研究透过台湾观光局提供之《2014年及2015年来台旅客消费及动向调查》，针对中国大陆地区之团客、散客进行旅游动向之探讨，并以多元回归模式，分析影响消费金额之因素。本研究最后综整出团客与散客旅游动向之异同，并发现影响消费金额之变量包含旅次目的、旅行方式、停留天数、年龄及性别。

关键词：大陆旅客；旅游动向；多元回归模式

Abstract: Since 2007 Mainland tourists have become the largest proportion of Taiwan's tourists. However, since Ms. Tsai won the election in 2016, the relationships between Taiwan and Mainland has become intense and thus reflected on the amount of tourists visiting Taiwan. With the decrease of Mainland tourists, we looked into the details and discovered that the group tourists decreased significantly, while self-guided tourists surpassed in the first time. To understand the different travel tendencies between self-guided tourists and group tourists and to propose corresponding strategies to the government and industry, this study aims at analyzing travel tendencies of self-guided tourists and group tourists. Moreover, we discover influential factors affecting consumption by using multiple regression models. The findings suggest that trip purpose, trip type, day of stays, age, and gender are the critical factors influencing Mainland tourists for consumption.

Keyword: Mainland tourists; travel tendency; multiple regression model

1　引言

2008年台湾与中国大陆签署海峡两岸关于中国大陆居民赴台湾旅游协议，开放中国大陆旅客来台探亲及观光，至2009年，中国大陆开始成为来台湾旅客的主要客源地。然因2016年政党轮替，中国大陆地区来台旅客骤减约60万人，其中以团客下降幅度较大，使自由行的旅客(以下简称散客)首次在2016年超越了团客的人数(图1、表1)。此外，所有主力地域旅客之消费能力皆下滑，势必对未来观光产业造成严峻的影响(表2)。

表1　　主要来台旅客地区之比例

	中国大陆	日本	中国港澳	韩国	美国	马来西亚	其他	占整体比例(%)
2014年	40.23	16.50	13.89	5.32	4.63	4.43	15	85.00
2015年	40.08	15.59	14.50	6.31	4.59	4.13	14.8	85.20
2016年	32.85	17.73	15.10	8.27	4.90	4.44	16.7	83.30

资料来源：交通事务主管部门观光局统计资料网

表2　　每人每日平均消费(单位：美元)

	中国大陆	日本	中国港澳	韩国	美国	马来西亚
2014年	242	243.3	198.8	216.1	211.8	165.37
2015年	227.6	227.6	184.8	207.8	163.6	162.07

资料来源：台湾交通事务主管部门观光局统计资料网

作者简介：陶治中，淡江大学运输管理学系副教授。
林于婷，淡江大学运输管理学系硕士生。
陈翰，淡江大学运输管理学系硕士生。
萧哲颖，淡江大学运输管理学系硕士生。

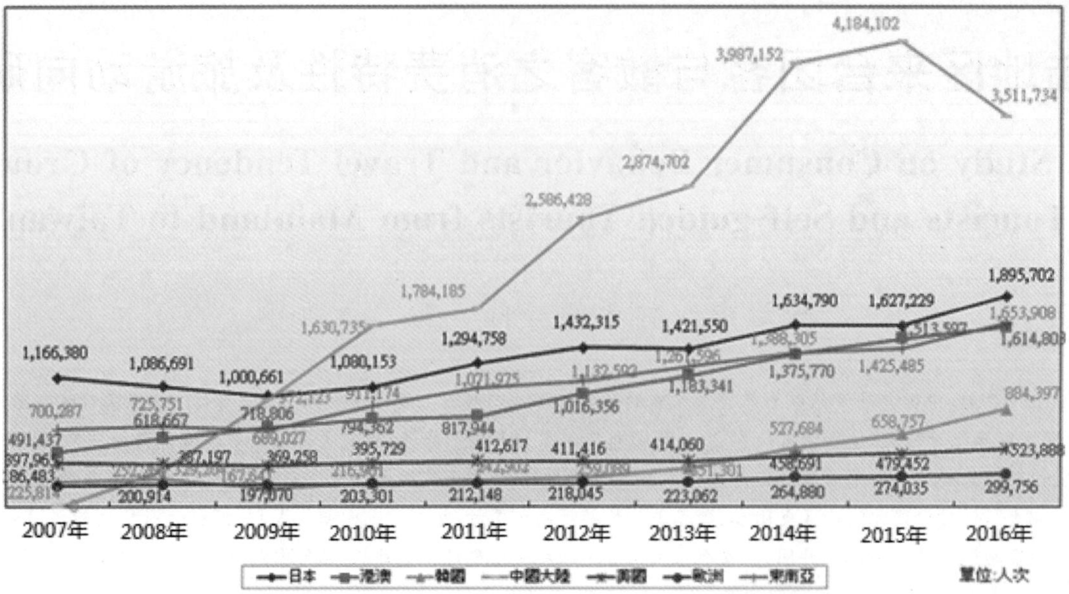

图 1　近十年来台旅客主要客源及其成长趋势图

资料来源：交通事务主管部门观光局统计资料网

因此，本研究主要探讨大陆地区来台大旅客之旅游动向，同时，探讨来台旅客消费金额之影响因素，以了解大陆地区来台旅客主要游览动向，搭配消费金额影响因素的结果，以供未来台湾观光产业发展、推广、策略调整之参考。

透过交通事务主管部门观光局之 2014 年至 2015 年来台旅客消费及动向问卷调查之资料，针对大陆地区的居民进行筛选，得到两年共 5262 笔资料(2014 年 2345 笔、2015 年 2917 笔)。为探讨团、散客之旅游动向以及来台旅游之消费金额特性，本研究以次数分配表分析团、散客之旅游决策及动向，并建立逐步向前选多元回归模式，分析消费金额之影响因素。

2　旅游决策与动向分析

2.1　旅游方式

在旅行方式区分的部分，为配合台湾地区"内政部移民署"的分类方式，以从大陆地区出发时为团体或个人的方式区分团散客，故团客的定义包含：参加旅行社规划行程，由旅行社包办；而散客的定义包含：自行规划行程，由旅行社安排或代订住宿或机票，或未请旅行社安排、代订住宿地点及机票，抵达后参加本地旅行社安排的旅游行程，以及抵达后未曾参加本地旅行社安排的旅游行程(表 3)。

在 2014 年及 2015 年大陆地区受访的旅客中，以团客出发的旅客共3025名(57%)，散客出发的旅客共 2237 名(43%)，以跟团的方式出发的比例较高(表 4)。

表 3　　各年度团客及散客之比例

年度	团客		散客	
	数量	比例(%)	数量	比例(%)
2014 年	2063792	62.47	1239665	37.53
2015 年	1929720	57.84	1406403	57.84
2016 年	1357029	49.37	1391427	49.37
2017 年	数量	比例	数量	比例
1 月	68812	35.58	124570	64.42
2 月	65079	46.69	74317	53.31
3 月	69151	47.28	77119	52.72
4 月	64477	41.84	89637	58.16

资料来源：台湾"内政部移民署"统计资料网

表 4　受访旅客为团客或散客之比例

旅游方式	数量	比例(%)
团客	3025	57
散客	2237	43
总合	5262	100

2.2　来台目的

在受访大陆地区旅客5262人中，无论是团客或是散客来台最主要目的皆为观光(88.07%)，远高于其他项目，其次为业务旅次(5.15%)及探访亲友(4.01%)(表5)。

表 5　受访旅客来台主要目的

来台主要目的	全体旅客		团客		散客	
	人数	比例(%)	人数	比例(%)	人数	比例(%)
观光	4634	88.07	2949	97.49	1685	75.32
业务	271	5.15	35	1.16	236	10.55
国际会议或展览	54	1.03	22	0.73	32	1.43
探亲或访友	211	4.01	5	0.17	206	9.21
求学	24	0.46	3	0.10	21	0.94
医疗	7	0.13	2	0.07	5	0.22
其他	61	1.16	9	0.30	52	2.32
总人数	5262	100.00	3025	100.00	2237	100.00

2.3　吸引来台观光的原因

在以观光为目的来台的4963位旅客中，吸引观光的主要原因依序为风光景色(73.24%)、台湾民情风俗和文化(35.14%)、菜肴(24.88%)、历史文物(23.88%)和购物(22.75%)。吸引中国大陆旅客来台旅游的主要原因是风光景色及台湾的文化。而在菜肴方面，散客的比例明显高于团客，在吸引散客来台观光的原因中名列第三，说明了台湾美食对于散客的吸引力；在购物方面，散客亦高于团客，推测可能是散客能自由规划购物行程(表6)。

表 6　受访旅客吸引来台观光的原因

吸引来台观光原因	大陆旅客		团客		自由行旅客	
	次数	比例(%)	次数	比例(%)	次数	比例(%)
风光景色	3635	73.24	2183	72.72	1452	74.04
购物	1129	22.75	552	18.39	577	29.42
菜肴	1230	24.78	454	15.12	776	39.57
水果	1128	22.73	645	21.49	483	24.63
花卉	82	1.65	48	1.60	34	1.73
距离居住地近	395	7.96	220	7.33	175	8.92
气候宜人	567	11.42	291	9.69	276	14.07
历史文物	1185	23.88	657	21.89	528	26.93
夜间休闲活动	295	5.94	105	3.50	190	9.69
参观节庆活动	22	0.44	4	0.13	18	0.92
游憩设施	37	0.75	8	0.27	29	1.48
保健医疗	35	0.71	15	0.50	20	1.02
台湾民情风俗和文化	1744	35.14	1031	34.34	713	36.36
人民友善	886	17.85	355	11.83	531	27.08
治安良好	382	7.70	152	5.06	230	11.73
民主政治	159	3.20	77	2.56	82	4.18
公司安排	215	4.33	173	5.76	42	2.14
其他	473	9.53	320	10.66	153	7.80

2.4　曾参与过的活动

大陆地区的旅客在台期间曾参与过的活动排名依序为购物(98.25%)、逛夜市(93.10%)、参观古迹(62.66%)和游湖(57.26%)。来台团客、散客在主要参与过的项目皆以购物、逛夜市、参观古迹为主，但在较小的行程上有些许的差异。与团客相较，较少比例的散客曾安排游湖、泡温泉等旅行团行程，反之，参观展览的比例较高(表 7)。

表 7　受访旅客层参与过的活动

曾参与过的活动	全体旅客		团客		散客	
	次数	比例(%)	次数	比例(%)	次数	比例(%)
生态旅游	153	2.91	27	0.89	126	5.39
运动或赛事	44	0.84	7	0.23	37	1.58
泡温泉浴	1362	25.88	976	32.26	386	16.52
拍婚纱或个人艺术照	7	0.13	1	0.03	6	0.26
参观展览	387	7.35	27	0.89	360	15.40
参观艺文表演活动	46	0.87	11	0.36	35	1.50
参观节庆活动	53	1.01	16	0.53	37	1.58
购物	5170	98.25	3013	99.60	2157	92.30
逛夜市	4899	93.10	2901	95.90	1998	85.49
参观古迹	3297	62.66	2164	71.54	1133	48.48
SPA	27	0.51	10	0.33	17	0.73
按摩、指压	96	1.82	22	0.73	74	3.17
护肤、美容、彩绘指甲	10	0.19	3	0.10	7	0.30
卡拉 OK 或 KTV	41	0.78	10	0.33	31	1.33
夜总会、PUB 活动	42	0.80	3	0.10	39	1.67
游湖	3013	57.26	2648	87.54	365	15.62
主题乐园	262	4.98	148	4.89	114	4.88
保健医疗	27	0.51	4	0.13	23	0.98
其他	31	0.59	8	0.26	23	0.98

2.5　主要游览地点

大陆地区的旅客常去的旅游地点排名依序为台北 101(97.97%)、台北故宫博物馆(81.41%)、垦丁(69.73%)等。团客的部分以著名的观光景点为主要旅游地点,交通方面由旅行社安排所以旅游地点分布较广,而散客的部分则除了垦丁及太鲁阁、天祥以外,都在大台北地区,可以推测相较团客,散客较少到离市区太远或交通不便的景点(表 8)。

表 8　受访旅客主要游览地点

全体旅客			团客			散客		
景点	次数	比例(%)	景点	次数	比例(%)	景点	次数	比例(%)
台北 101	5155	97.97	台北 101	2982	98.58	台北 101	2173	92.98
台北故宫博物院	4284	81.41	台北故宫博物院	2909	96.17	台北故宫博物院	1375	58.84
垦丁	3669	69.73	日月潭	2901	95.90	垦丁	1030	44.07
日月潭	3385	64.33	阿里山	2693	89.02	中正纪念堂	958	40.99
台北中山纪念馆	3279	62.31	垦丁	2639	87.24	士林夜市	891	38.13
太鲁阁、天祥	3062	58.19	台北中山纪念馆	2546	84.17	九份	878	37.57
阿里山	2949	56.04	太鲁阁、天祥	2381	78.71	淡水	876	37.48
台北中正纪念堂	2810	53.40	西子湾	2301	76.07	台北中山纪念馆	733	31.36
西子湾	2705	51.41	野柳	2114	69.88	太鲁阁、天祥	681	29.14
野柳	2421	46.01	中正纪念堂	1852	61.22	西门町	624	26.70

2.6　最喜欢的景点

大陆地区的旅客最喜欢的景点排名依序为日月潭(15.98%)、垦丁(15.15%)、阿里山(12.03%)、太鲁阁(10.15%)和故宫博物院(9.10%)(表9)。

从最喜欢的景点中可发现,前几名都是观光风景区,与上述最吸引陆客来的主要原因风光景色呼应,表示台湾的风景区为最吸引陆客来台旅游也是最让旅客喜爱的类别。此外,表中每个景点中比例最高为24%,比例较为分散,可以推测台湾有许多景点受到陆客的喜爱。

表9　　受访旅客最喜欢的景点

全体旅客			团客			散客		
景点	次数	比例(%)	景点	次数	比例(%)	景点	次数	比例(%)
日月潭	841	15.98	日月潭	733	24.23	垦丁	456	19.51
垦丁	797	15.15	阿里山	590	19.50	台北故宫博物院	236	10.10
阿里山	633	12.03	垦丁	341	11.27	台北101	236	10.10
太鲁阁	534	10.15	太鲁阁天祥	329	10.88	太鲁阁	205	8.77
故宫	479	9.10	野柳	317	10.48	日月潭	108	4.62
台北101	368	6.99	台北故宫博物院	243	8.03	九份	105	4.49
野柳	360	6.84	台北101	132	4.36	淡水	98	4.19
九份	123	2.34	士林官邸	26	0.86	七星潭	80	3.42
淡水	121	2.30	七星潭	25	0.83	清境农场	64	2.74
七星潭	105	2.00	士林夜市	23	0.76	野柳	43	1.84
其他	901	17.12	其他	266	8.8	其他	706	30.25
总人数	5262		总人数	3025		总人数	2337	

3　消费概况

在分析消费概况时,为求消费单位一致,本研究以每位旅客平均一天花费之金额(每人每日消费金额)为共同比较基准,作为消费概况的探讨依据。然考虑问卷问项设计的限制,该问卷在预付金额的部分并没有提供以每人为单位的消费金额,故本研究探讨之消费金额为扣除可能在行前先支付之费用如:住宿费、机票、交通费等,仅讨论在台湾期间花费的娱乐及购物费。

3.1　购物费品项分析

整体而言,全体旅客购买项目较最高的前两名为珠宝或玉器(25.94%)及名产或特产(23.74%)。此两项目与团客之主要消费品项相同,而散客则以服饰或相关配件及名产或特产为主要消费之品项,如表10所示。

表10　　受访旅客来台每人每日平均消费金额

购物项目	平均消费金额(单位:新台币)					
	全部		团客		散客	
	次数	比例(%)	次数	比例(%)	次数	比例(%)
服饰或相关配件	646	15.10	647	11.49	645	26.34
珠宝或玉器	1110	25.94	1830	32.49	135	5.51
纪念品或手工艺品	259	6.05	328	5.82	164	6.70
化妆品或香水	608	14.21	682	12.11	506	20.66
名产或特产	1016	23.74	1325	23.53	598	24.42
烟或酒	165	3.86	251	4.46	50	2.04
中药健康食品	77	1.80	108	1.92	35	1.43
电子或电器用品	105	2.45	88	1.56	127	5.19
茶叶	236	5.52	329	5.84	110	4.49
其他	57	1.33	42	0.75	78	3.18
合计	4279		5632		2449	

3.2 消费金额之影响因素

消费金额影响因素方面，本研究探讨之影响变量包括此次旅游特性及旅客个人社经特性两部分，考虑因素之次数统计表(表 11)。包含年份、停留天数、来台次数、此次来台主要目的、旅行方式、出发地区、年龄、年收入、最高学历及性别。

表 11 消费金额考虑影响因素之次数统计

	变量名称	资料类型	类别/单位	个数/平均数	百分比(%)
旅游特性	年份	类别型	2014 年	2345	44.56
			2015 年	2917	55.44
	停留天数	连续型	单位(天)	7.51	—
	来台次数	连续型	单位(次)	1.28	—
	此次来台主要目的	类别型	1=观光	4634	88.07
			2=业务	271	5.15
			3=国际会议或展览	54	1.03
			4=探亲或访友	211	4.01
			5=求学	24	0.46
			6=医疗	7	0.13
			7=其他	61	1.16
	旅行方式	类别型	1=团客	3025	57.49
			2=散客	2237	42.51
个人社经特性	出发地区	类别型	1=西北区	294	5.59
			2=西南区	352	6.69
			3=东北区	368	6.99
			4=华北区	962	18.28
			5=华东区	1901	36.13
			6=中南区	1385	26.32
	年龄	类别型	1=12—19 岁	98	1.86
			2=20—29 岁	1216	23.11
			3=30—39 岁	1225	23.28
			4=40—49 岁	922	17.52
			5=50—59 岁	899	17.08
			6=60—65 岁	681	12.94
			7=66 岁以上	221	4.20
	年收入(美元)	类别型	1=9999 美元以下	1236	23.49
			2=10000—14999 美元	1003	19.06
			3=15000—29999 美元	1041	19.78
			4=30000—39999 美元	277	5.26
			5=40000—69999 美元	243	4.62
			6=70000—99999 美元	65	1.24
			7=100000 美元以上	61	1.16
			8=无固定收入	1284	24.40
			99=未回答	52	0.99
	性别	类别型	1=男性	2078	39.49
			2=女性	3184	60.51

在考虑的变量当中，此次来台主要目的中有 61 位受访者填答其他选项，然本研究并未取得其他选项之详细信息。此外，在年收入的变量中，有 52 位受访者未回答该选项，故在建立多元回归模式前，本研究将填答上述两种情况的受访资料剔除，以求能够合理且完整地解释所有变量之类别。

本研究建立多元回归模式以解释消费金额之影响因素，透过逐步选取变量建立模式，统计显著行与解释合理性为变量选择原则，建立之消费金额影响因素之多元回归模式，由模式可以得知各变量与消费金额的关系。在模式中，影响消费金额之变量包含旅次目的、旅行方式、停留天数、年龄及性别(表 12)。

表 12　　消费金额影响因素之多元回归模式

变量	系数	P 值
B0	1490.62	0.0028*
旅行方式		
团客	2791.21	<.0001*
散客(比较基底)	—	—
主要目的		
商务	1043.59	0.015*
国际会议或展览	6.39	0.9943
探亲或访友	112.91	0.8219
求学	672.71	0.632
医疗	−553.92	0.8221
年龄		
12～19 岁	−8.57	0.9914
20～29 岁	1037.39	0.0335*
30～39 岁	1697.35	0.0005*
40～49 岁	2045.79	<.0001*
50～59 岁	2246.07	<.0001*
60～65 岁	1003.42	0.0472*
66 岁以上(比较基底)	—	—
性别		
女性	461.35	0.0145*
停留天数	−74.95	<.0001*

从建构的模式中可发现，在旅行方式方面，团客的平均每人每日消费金额较散客多新台币2791 元；在主要来台目的方面，与观光目的相比，仅有商务目的旅次的消费金额有显著差异，商务旅次的较观光旅次多新台币 1043 元；以年龄区分，与 66 岁以上的旅客相比，20 岁～65 岁的旅客之消费金额皆较高，而与 19 岁以下旅客之消费金额无显著差异，表示位于青壮年期的旅客消费的金额较高。在性别部分，女性的消费金额较男性高新台币 461 元。最后，本研究发现停留天数越多，消费金额呈下降趋势，每多停留一天，平均每人每日的消费金额就减少新台币 74 元。

4　结语

本研究探讨大陆地区来台旅客之旅游动向及消费特性，依照不同的旅行方式分析动向及消费品项，最后建立多元回归模式找出影响消费金额的因素。结果发现无论团客、散客，皆以观光为主要来台目的，且在这些旅客中，风光景色及民情文化皆为吸引两类旅客的最大因素，而散客部分另有台湾美食为其吸引原因。在行程方面，团客主要游览的景点分布于北中南东各大风景区，喜欢的景点亦为大型观光风景区，包含日月潭、阿里山等。而散客主要游览的景点则以大台北地区为主，另包含了垦丁及太鲁阁、天祥，其喜欢的景点较分散，包含垦丁、台北故宫博物馆、台北 101 等。

在消费品项部分，有约 3 成的团客会购买珠宝或玉器类的产品，在此类产品中，包含了红珊瑚、钻石等非台湾生产之商品，建议台湾的旅游业者应积极推广自产商品，以导正团客之消费迷思。在消费金额影响因素部分，结果发现影响变量包含了旅次目的、旅行方式、停留天数、年龄和性别。在旅次目的中，商务旅次的娱乐及购物费高于其他类别之群体，年龄部分 20 岁至 65 岁的旅客消费金额较高，表示位于青壮年期为较有消费力的群体。在性别部分，女性的消费金额较男性高。因此，本研究建议台湾的娱乐、购物产业业者以及相关单位可视未来团客、散客结构的改变，调整发展及服务策略。此外，亦可依照商务人士、青壮年期族群及女性消费力较强的族群，重新检视现阶段相关的宣传与推广策略。

参考文献

[1]　台湾地区交通事务主管部门观光局统计查询网，http://admin.taiwan.net.tw/statistics/market.aspx? no=133.

[2]　曾薰瑶，吴怡芳.锁定台北市外籍旅客目标市场与有效营销之初探——以 2014 年来台旅客在台北市的旅游动向与旅游经验调查为例[C]专利与产学合作计划报告，2016，2(1)，53-71.

[3]　邹幼涵，李仁棻，黄登源.来台旅客消费结构分析[J]商业现代化学刊，2007，4(2)：23-30.

埃塞俄比亚首都亚的斯·亚贝巴快速公交(BRT)规划与探索

BRT Network Plan in Addis Ababa, Ethiopia

段小梅

摘　要:埃塞俄比亚首都亚的斯·亚贝巴的快速公交(BRT)规划设计是我院参与编制的首个非洲城市的BRT项目。在借鉴国内城市BRT系统规划设计经验基础上,针对非洲城市特点和客观条件限制,有针对性地提出和探索适应当地特点的BRT系统规划方法,并对关键技术进行总结。其中运营模式选择和BRT的组织架构,商业模式重组作为BRT规划设计的重点,而降低系统造价,减少运营成本,车站模块化拼装,缩短工期,减少交通影响等关键技术贯穿整个规划过程。
关键词:埃塞俄比亚;亚的斯·亚贝巴;快速公交;规划;关键技术

Abstract: Addis Ababa is the capital city of Ethiopia. The Addis Ababa BRT system plan is the first BRT project we got in Africa. Based on the BRT system planning best practices of Chinese cities, and focus on the African city's local conditions and restrictions, we explored a set of methods on Addis Ababa BRT system plan, and summarized the key technologies. BRT operational plan, restructuring BRT institutional and commercial plan are the key aspects for a successful BRT plan. How to reduce infrastructure cost, minimize system operational cost, station modularized design, and shorten the construction period, reduce traffic impact are the key technologies of the planning and design.
Keywords: Africa; Ethiopia; Addis Ababa; BRT; plan; Key technology

0　引言

截至2017年年底,世界上已经有205个城市修建了超过5568公里的快速公交(BRT)系统,每天承载着5400万乘客[1]。BRT系统具有极大的灵活性和适应力,既可以在人口超过1000万的特大城市实施,如圣保罗(巴西)、墨西哥城(墨西哥)、首尔(韩国)和巴黎(法国)等;又可以在人口不足100万的小城市中得到很好应用,如佩雷拉(哥伦比亚)、基多(厄瓜多尔)南特(法国)等。系统运载能力可以适应5000人次/单向小时~4.5万人次/小时[2]。非洲大陆目前有4个城市修建了BRT系统,总里程104公里。

同亚洲城市一样,目前非洲的主要城市均面临着人口迅速增加,私人小汽车不断增长,公交服务架构不合理,出行分担率低,交通拥堵和环境污染等问题。综观国内外城市和交通发展的经验教训,非洲城市地少人多,城市交通发展的根本出路也是发展以公共交通为主的大众运输系统。但是,由于经济条件和其他客观因素制约,非洲的BRT规划设计中有一些特定要求。应国内建筑企业邀请,有幸参与埃塞俄比亚首都亚的斯亚·贝巴快速公交网络规划研究,对此进行归纳和小结。

1　背景

埃塞俄比亚是非洲第二人口大国,2016年人口已突破1亿,同时也是非洲国家城镇化较低的国家之一,目前城镇化率仅为20%;但其城镇化以惊人的速度发展。根据联合国人居署预测,2050年其人口将达到1.6亿至3.1亿[3]。其首都亚的斯·亚贝巴,行政面积940平方公里,不仅是国家的经济、政治中心,也是非洲联盟总部所在地,是一个快速发展中的城市,目前拥有350万人口,占整个国家城镇人口23%,是该国第二大城市的11倍。截至2015年年中,注册机动车为46.5万辆,占全国机动车总数的60%,随着城镇化进程的增加,按照预期发展,亚的斯·亚贝巴的城镇人口有望在2020年达到300万或者500万,届时公共交通日均客流量预测将达到770万人次[4]。城市将进一步面临着人口膨胀、交通拥堵和环境恶化问题。当地政府已意识到城市地少人多,交通发展的根本出路是发展以公共交通为主的大

作者简介:段小梅,女,硕士,高级工程师,广州市市政工程设计研究总院、副总工程师,主要研究方向:交通运输规划、快速公交规划设计。

众运输系统。

2　亚的斯·亚贝巴交通现状分析

2.1　道路

近7年来一直在加速城市基本路网建设，道路覆盖率从7.4%增长到13.7%，市内道路由2005年2200公里增加到2014年3272公里，其中41%为沥青路面，28%为石子路[5]。但是道路建设时缺乏人行道和自行车道设施，无交通信号等管理设施，大部分路面未有交通标线，交叉口普遍无渠化，安全事故率较高。

2.2　出行模式

步行一直是城市中最主要的出行模式，私家车占有率仍较低。城市居民各种出行方式构成和变化(表1)。

表1　　亚的斯·亚贝巴1994年、2005年和2010年居民出行方式构成

调查年代	步行	公交	出租车	私家车和其他	合计
1984	70%	11%	10%	9%	100%
2005	60%	10%	21%	9%	100%
2010	55%	12%	22%	11%	100%

2.3　公共交通

亚的斯·亚贝巴的公共交通系统主要由轻轨、政府所有公交车、私营小巴、出租车等组成(图1)。由于资金、技术和管理手段匮乏，相比中国城市，公共交通基础设施建设严重滞后，公交改革面临极大挑战。

2.3.1　轻轨

2015年9月开通两条轻轨，总里程34.25公里，32座车站，日均客流20万人，由中铁集团投资建设，深圳地铁总公司运营。

2.3.2　政府所有公交公司

Anbessa公司为唯一的政府所有公交运营企业，提供119条线路，服务市区以及与周边城镇的连接，线网里程1240公里，日均客流仅29万。由于面临交通拥堵和私营小巴及出租车的竞争，公交客流持续下降。

政府主导的公交企业面临以下问题：

(1) 公交车辆数量缺口大，车辆残旧。现有公交车数量1000辆，缺口为2500辆。

(2) 公交专用道路权缺失造成公交运营速度低，准点率低，致使候车时间较长。

(3) 车内过度拥挤，公交服务可靠性差。

(4) 公交场站和枢纽建设落后，大部分为公交占道停车，管理混乱，运营效率低，乘客候车环境亟待提升。

2.3.3　私营公交车

私营小巴为市内公共交通系统骨干，1万辆迷你小巴每日载客量为140万次。目前共有243条迷你小巴线路，分布在5个区域，由13家私人运营公司联合运行。

2.3.4　出租车

市内拥有6500辆出租车，日载客量约104万。

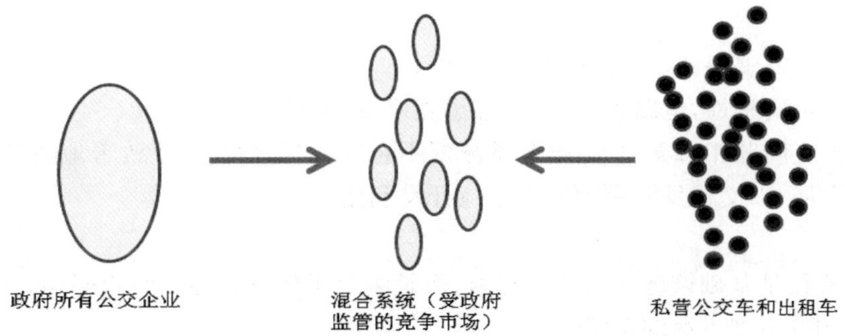

图1　亚的斯·亚贝巴的公共交通系统现状

2.4　步行

大部分道路年久失修，人行道铺装破损严重。道路设计缺乏行人过街和安全设施，人车混行，缺乏停

车管理，行人步行环境迅速恶化，存在较大交通安全问题。

小结：亚的斯·亚贝巴面临着城市快速扩张，交通环境恶化，交通拥堵，公交运营环境恶化，客流下滑等风险，需要落实公交优先发展政策，迅速发展和建成快速公交（BRT）网络，以应对城市快速发展。

与国内不同的是，亚的斯·亚贝巴的公共交通系统的骨干是私营小巴。因此，在快速公交（BRT）的规划设计中，需要将 BRT 的组织架构、商业模式重组作为运营设计的重点。

3　BRT 网络规划

3.1　定位和目标

亚的斯·亚贝巴的 BRT 系统定位为一个具有中、高运量的、高效率的公共交通骨干网络运输系统，与轨道交通共同形成网络骨架（图 2）。城市中规划了非洲大陆最庞大的快速公交线网，远期规划 20 条，线网总长 226 公里，近期建设计划 7 条，总长度为 55.6 公里。

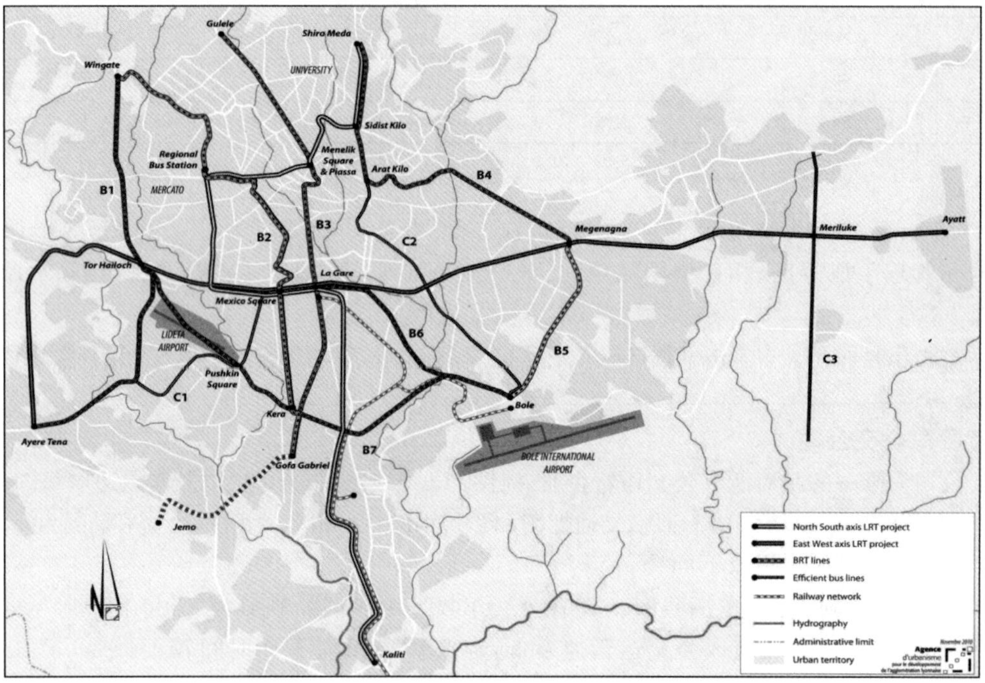

图 2　亚的斯·亚贝巴 BRT 系统近期建设规划

3.2　发展原则

（1）弥补轨道线网不足；

（2）规范交通秩序，改善地面交通环境；

（3）重组公交体系，形成合理分级；

（4）建立完善接驳换乘模式，实现多模式整合。

3.3　选线原则

（1）符合客流时空需求特征，有较好的客流保障；

（2）具有较好的可实施性，道路条件较好（理想宽度 34 米以上）；

（3）现状走廊公交问题相对突出、道路资源分配不合理，实施后有助于改善地面交通；

（4）引导城市发展，以交通发展带动城市土地开发利用。

3.4　运营模式

快速公交规划不仅是基础设施和车站的规划，而是集合了运营、线路、组织架构、票务结构、运营企业商业计划和交通影响等诸多方面的系统性工程。

考虑到亚的斯·亚贝巴 BRT 通道宽度普遍偏窄，多为 30～45 米红线宽度，BRT 规划时必须更多考虑集约的通道型运营模式，经比选推荐采用“专用走廊＋灵活线路”的广州模式。这种运营模式将专用通道、高效车站、灵活线路等要素有机整合，不仅有效提升了常规公交的服务水平，而且改善了道路交通秩序，缓解了交通拥堵，充分发挥常规公交灵活性、可达性强的优势。

规划要点：运营模式研究中，如何更有效发挥系统运力，最大化吸引客流，更合理使用道路空间，如何使得将来系统盈利和融资能力最强，是决定系统成败的关键。

3.5 商业和体制结构重组

与中国城市不同，亚的斯·亚贝巴的公交服务更多依靠私营运营商，这一点同南美城市类似。因此BRT规划设计的重点和难点为系统的营销和商业模式谈判，系统管理架构构建和公交运营重组等挑战。

（1）在公交垄断中创建快速公交系统；

（2）转变非正规的私人公交企业为BRT运营商；

（3）组建政府的公交监管部门；

（4）通过招投标，私营部门获得特许经营权；

（5）重建票款清分模式。

规划要点：公共监管和私人经营相结合。商业和体制结构重组研究中，需要以提高长期的服务质量、降低长期的运营成本、提高私营部门投资水平和提高公共投资的公共利益为根本目的，根据南美国家的经验，为快速公交系统重建一个良好的体制结构是一个复杂的政治过程。公交管理部门需要逐一与私人运营商和政府的公交企业进行谈判，重新分配市场份额和运营权，吸纳私人运营商进入未来的BRT系统运营，实行按运营里程统一票款清分，需要将现有的市场机构转型成为能够兼顾成本效益和高质量服务。

3.6 建设时序

综合考虑走廊客流量、实施难度、管辖范围、交通影响和带动城市发展等因素，对七条近期建设走廊进行分析比选（表2）。

表2 近期BRT建设走廊效益比选

	客流量	远期扩展	直属管辖	实施难度	交通影响	受益人群	带动发展
B1	+++	++	+	−	++	+	++
B2	+++	+++	+++	++	+++	+++	+++
B3	+++	++	+++	−	+	+++	++
B4	++	++	+	+++	+	+++	+++
B5	++	++	+	−	++	+++	++
B6	++	++	+++	++	−	++	++
B7	++	+++	+	++	++	+++	+++

综上，B2，B4，B5走廊作为首期启动走廊。B2为法国政府投资，B4，B5将由中国企业进行投资建设。

4 关键技术

亚的斯·亚贝巴城市基础设施差，水泥、钢材等原材料紧缺，大部分依赖进口。规划中提出以下关键技术，以缩短工期，减少社会影响，减少运营成本，保证系统可持续运作。

4.1 适应于城市的快速模块化建设技术，方便施工

由于走廊均位于市中心，道路窄，车流压力大，当地施工管理组织水平较低。BRT车站宜采用模块化设计。车站、天桥、楼梯、主梁、钢柱和基础以预制拼装为主，减少施工期间交通影响，加快施工进度。

4.2 以客流服务为导向的车站建设技术

依据客流和线路规模，站台按模块化拼装组合，分40米、80米组合。车站采用类似宜昌BRT车站（同向岛式站台）形式，车辆可同时停靠站台左右两侧。

优点：节省用地50%，兼容部分旧车，减少换车资金50%。车辆可在25秒内完成上下客离站，有效提高公交运营效率。

4.3 建立完善的运管和智能交通系统，形成高效管理中心

为有效监督快速公交通道内所有快速公交线路的运营行为，整合资源，加强监管，确保快速公交资源充分共享，并使各类设施能够得到及时有效维护，切实提高公交服务水平，政府成立BRT管理公司，监管整合后的多家公交运营企业，按运营车公里对各企业进行票款清分。

系统设超车道和长短线结合，最大化保持BRT系统运营灵活和调度灵活性。

建立 BRT 智能监控系统,并整合周边普通公交线路进行联合调度,力求最大化保证专用道公交运输效率。

4.4 与其他交通系统的衔接整合

作为非洲大陆所规划的最庞大的 BRT 系统,当地政府高度重视,希望建成典范。走廊沿线均配建完善自行车道和人行道,有条件的地方设置绿化公园和公共广场,同步对市政道路,交叉口渠化和行人过街设施等进行了完善和提升。

首期三条走廊规划设置三座大型换乘枢纽,三处公交首末站,包括机场候机楼、换乘枢纽站等。

BRT 的实施为完善城市公共交通基础设施和进行走廊沿线综合整治提供了极好的契机。

4.5 性别行动计划

在项目效益定位中,依据国际惯例,需要考虑性别平等,为女性创造更多就业机会。在社会影响分析中,考虑在 BRT 系统司机招聘、站务管理、乘客服务中心等为女性提供超过 50%以上的就业机会。

4.6 其他

(1) 尽量减低系统运营成本,产品选择上优先考虑低成本和耐用、防盗;

(2) 电力供应不稳定,有条件的车站采用太阳能供电或为一级负荷备份供电;

(3) 加强人性化引导系统,便于使用;

(4) 建筑风格契合当地文化;

(5) 注重公共宣传和引导。

5 结语

交通、环境与能源的巨大压力,使优先发展公共交通从理念逐步转变为世界各国政府的公共政策乃至具体行动,已经得到国际的广泛认同。但是由于国情和城市基础条件不同,非洲城市的快速公交 BRT 系统规划中面临着更多挑战和机遇,以及管理模式和组织架构重组等机遇。

世界上没有一个城市的 BRT 是相同的,不同城市的特点和本地因素决定了其系统的特征。BRT 系统不是简单的基础设施建设项目,尤其在非洲城市的 BRT 规划设计更需要结合本地客流特点和商业运作模式,根据所选走廊选取相匹配的运营模式,再确定基础设施和技术选型,借项目契机,整合多种交通模式,扩大项目实施效益,最终目的是在城市应对人口、交通、环境恶化的挑战中,引导和建立可持续发展和绿色出行观念,提供高质量的公共交通系统,使大多数乘客出行更快速、准时和安全。

参考文献

[1] 世界资源研究所 世界快速公交技术网站。www.hrtdata.org,2017.

[2] Karl Fjellstrom. 快速公交规划设计指南[M]. 段小梅等译. 广州:交通与发展政策研究所,2007.

[3] National Transport Master Plan Study, 2008 埃塞俄比亚交通总体规划 2008.

[4],[5] Addis Ababa BRT conceptual study,亚的斯·亚贝巴城市交通局, 2010.

多元化出租车实施后对乘客选择行为影响之研究

A Study on Influence of Passenger's Choice Behavior for the Diversified Taxi

范俊海 蔡 昀

摘 要：出租车在台营运四十年之久，数量已趋饱和；然而2014年Uber的闯入却意外地得到了消费者的青睐，此一现象凸显了台湾出租车业者的素质良莠不齐，同时也验证了Uber的经营模式确实能创造更广大的市场，满足更多消费者的需求。因此，政府顺应这股潮流推动了《多元化出租车规范》提供消费者与Uber叫车模式相仿的出租车可供选择。为了了解《多元化出租车规范》推动后消费者的选择偏好，本研究首先透过第一阶段问卷调查双北地区民众搭乘一般出租车及Uber之相关属性资料以决定区隔变量与服务质量的重视程度；其次利用第一阶段问卷结果设计叙述性偏好问卷以探讨各旅次目的下，民众对多元化出租车的选择偏好情形，并以罗吉特模式校估消费者对于一般出租车、Uber及多元化出租车的选择模型；另一方面也同时利用驾驶问卷询问一般出租车驾驶转移意愿和所重视之政策，进而合并二者结果进行相关业者和政府单位之深度访谈以作为分析及预测未来选择几率之转移情形；最后针对访谈结果作为未来政策推广以及技术升级之重要参考。
关键词：多元化出租车；服务质量；罗吉特模式；叙述性偏好

Abstract: Taxi has been operating in Taiwan for forty years and the number has become saturated; However, in 2014 Uber 's entry accidentally got the favor of consumers, This phenomenon highlights the uneven quality of Taiwan taxi industry, But also verify that Uber's business model does create a broader market to meet the needs of more consumers; So the government has responded to this trend to promote the "diversified taxi specifications" to provide consumers with Uber taxi model similar to the taxi to choose from. In order to understand the "diversified taxi specifications" to promote the choice of consumer preferences, This study first through the first phase of the questionnaire survey Shuangbei area people take the general taxi and Uber related attribute data to determine the degree of segmentation and service quality of attention, Secondly, we use the results of the first stage questionnaire to design the stated preference questionnaire to explore the preference of the diversified taxi, And to verify the selection model of the consumer for the general taxi, Uber and the diversified taxi in the Logit model; On the other hand also use the driving question to ask the general taxi driving intention and the importance of the policy, And then merge the results of the two to conduct in-depth interviews with relevant industry and government units as a means of analyzing and predicting the probability of future selection; Finally, the interview results as an important reference for future policy promotion and technology upgrading.
Keywords: Diversified taxi; service quality; Logit model; Stated Preference

1 引言

为何在出租车数量已经饱和的台湾，即便Uber不符合规定，仍能广受台湾消费者青睐？答案出现在许多文献中——台湾出租车业者的素质良莠不齐（邱昱芳，2014；陈姿妙，2014），且在Judd Cramer and Alan B. Krueger(2015)一篇实证的经济学论文提到Uber出现的城市，Uber的空车率比出租车低，Uber的载客行驶里程也比出租车高，Uber乘客的待车时间比出租车短，而当然Uber的车费比出租车低。再显示，Uber出现前的出租车业是没有效率的，这样新颖的经营方式让民众更省钱、更方便。

这次，台湾出租车业要面对的是Uber这个600亿美元估值的全球独角兽，交通事务主管部门推出的台版Uber《多元出租车方案》对出租车产业来说是关键一战，而这一战至关重要的成败要素是以人为本的核心思想。意指司机虽然安装了台版Uber APP，但是民众使用意愿不高而接不到生意，或者是民众真的买单了，却没有司机愿意驾驶多元化出租车，又甚或根本没有业者看上《多元出租车方案》的商机，唯有在三方扎下深厚的根基，方能使《多元出租车方案》与之抗衡。既然Uber挑战了原有的出租车或者出租车生态，那么有没有可能透过这样的共享经济商业模式，让原来的体系能够因为新的游戏规则反而享

作者简介：范俊海，淡江大学运输管理学系 副教授。
蔡昀，淡江大学运输管理学系硕士。

有更大的市场？台湾有没有可能善用这次的《多元出租车方案》，在引导一只独角兽闯入台湾地区的同时，迫使独角兽在本地催生几个混血品种，让台湾衍生更活络的扩张机会呢？

依据上述背景与动机，本研究目的有下列三点：

(1) 探讨台北地区出租车产业之营运状况与面临问题，并了解现阶段推动多元化出租车的营运状况。

(2) 透过问卷设计与调查，了解乘客对小客车载客服务之选择偏好与市场需求特性，并利用叙述性偏好设计情境以获取乘客在不同旅运特性下对于小客车载客服务的偏好程度。

(3) 探讨多元化出租车政策的优劣势以及市场外部环境的机会与威胁，进而设计驾驶问卷探讨驾驶意愿，最后整合乘客与驾驶结果进行专家访谈，以作为未来政策推广及技术升级之重要参考。

2　文献回顾

文献回顾共分为两个部分，首先回顾多元化出租车推动之相关规范，第二部分则是叙述性偏好之应用，以作为问卷设计之重要基础。

Uber来台营运后，凸显岛内营业小客车运输已无法满足消费者需求，小客车载客服务有必要调整，来顺应消费者的期待。新增的多元化出租车透过交易信息的透通取代部分政府对行业的监管，提供民众公开、公平、合理的客运服务，同时也给市场充分的空间，让更多的行业创新模式问世，借由创新、多元的服务模式，刺激需求成长。创新是要在开放的市场环境中，透过竞争而创造出来。因此，要让人民感受生活质量的提升，将参与主体、商业模式等"不确定性"交给市场，由业者提供不同类型服务并自行定价，朝客制化、精致化方向思考。也就是市场是具弹性的、容易灵活调动的，不容易造成全面性或是一致性的市场失灵状况，反而容易激发出新的蓝海市场，使台湾能发展全球最便捷、安全的营业小客车载客服务业。

在过去研究中，关于新运输系统的需求预测可区分为"修正性新产品"与"独创性新产品"。"修正性新产品"系指将现有运输系统之服务水平提高、成本降低、改善服务方式如大众运输系统与高铁系统之引进；而"独创性新产品"系指因科技技术的演进所发明之新系统，如电动汽(机)车、智能型运输系统等。《多元化出租车方案》属于未来运输政策之影响以及运具选择，其利用松绑费率、车身车型，信息透明及评价机制等策略来提升服务质量，其竞争优势期望能吸引其他运具之使用者以及出租车市场内之旅运者转移至多元化出租车。然而本研究只考虑小客车载客服务市场内之需求变化，不探讨其他运具移转至多元化出租车之移转量。

3　研究方法

在个体选择模式中，较著名的有罗吉特(Logit)模式与普罗比(Probit)模式，其中普罗比模式因运算较为复杂，且无适当之软件可使用，故以罗吉特模式较被广为使用。本研究拟采用罗吉特模式来建立乘客对小客车载客服务选择模式，以探讨乘客对不同情境组合之偏好。罗吉特模式之基本假设是以旅运者效用最大化与随机效用理论为原则，亦即旅运者 n 将会选择带给他最大效用之替选方案 i：

$$U_{in} > U_{jn}\ \forall\, i, j \in A_n, i \neq j \tag{1}$$

其中 U_{in}：替选方案 i 所能带给旅运者 n 之效用

A_n：旅运者 n 所能选择之全部替选方案集合

一般皆假设效用函数 U_{in} 为随机变量，因为效用函数中经常存在一些不可衡量部分。因此，式(1)之随机效用函数 U_{in} 包含了可衡量部分 V_{in} 和不可衡量部分 ε_{in} 二部分。又根据效用最大化原则之假设，则旅运者选择某替选方案之几率为该方案所产生效用最大之机率：

$$P_{in} = Prob(V_{in} + \varepsilon_{in} \geqslant V_{jn} + \varepsilon_{jn})\ \forall\, i, j \in A_n, i \neq j \tag{2}$$

式(2)中，P_{in} 表示旅运者 n 选择替选方案 i 之最大几率，V_{in} 表示可衡量效用，(如本研究调查之个人社经特性与步行时间、拦车时间等旅次特性)。不可衡量随机误差项 ε_{in} 假设服从独立且同一分配(Independent and identical distribution，I. I. D)之冈伯(Gumbel)分配。因此，可推导出罗吉特模式之基本形式：

$$P_{in} = \frac{e^{uV_{in}}}{\sum_{j=1}^{j} e^{uV_{jn}}} \tag{3}$$

式(3)中，当 u (尺度因子)=1 时即为一般化的多项罗吉特模式。此外，模式中之可衡量效用函数 V_{in}，一般多假设为线性可加性：

$$V_{in} = \beta' X_{in} \tag{4}$$

其中，X_{in}：替选方案 i 之属性矢量；

β':待推估之参数矢量。

多项罗吉特模式(Multinominal Logit Model, MNL)假设无法观测而得的随机误差项为独立且相同(Independent and identical distribution, i. i. d)之冈勃分配(Gumbel Distribution),经推导后得多项罗吉特模式如下:

$$P(k)=\frac{e^{v_k}}{\sum_m e^{v_m}} \tag{5}$$

$$v_m=\sum_n a_{mh}x_{mn} \tag{6}$$

其中,$P(k)$:选择运具 k 之机率,v_m:运具 m 的非随机效用函数,

x_{mh}:运具 m 的第 h 种属性变量,a_{mh}:运具 m 的第 h 种属性效用函数系数。

由式(5)、式(6)可知,多项罗吉特模式假设误差项独立且一致,导致多项罗吉特模式具有不相关替选方案的独立性(Independence of Irrelavant Alternatives, IIA),即两替选方案选择几率之比值仅与两方案的效用有关,而与其他的替选方案之效用无关,此特性的优点如下:

(1) 当有新的替选方案可供选择时,仅需将新替选方案之效用代入公式即可,不需重新校估效用函数之系数值。

(2) 当替选方案数目很多时,可抽取全部替选方案中之部分替选方案来校估模式即可。

其最大缺点为假设各替选方案间完全独立,若实际情况不符合此假设条件,则会造成错误估计及估计上的误差。透过对几率函数中误差项分配之不同假设,则可推导出不同个体选择模式,若假设方案之误差项为方案独立且完全相同(Independent and identical distribution,i. i. d)之冈勃分配(Gumbel Distribution),则可推导出多项罗吉特模式,其选择方案的几率可表示为:

$$P_n(i)=\frac{e^{v_{in}}}{\sum_{j\in c_n} e^{v_{jn}}} \tag{7}$$

模式中参数之校估与预测将可简化不少的限制条件:

$$\frac{P_{in}}{P_{kn}}=\frac{\dfrac{e^{V_{in}}}{\sum_j e^{V_{jn}}}}{\dfrac{e^{V_{kn}}}{\sum_j e^{V_{kn}}}}=\frac{e^{V_{in}}}{e^{V_{kn}}}=e^{V_{in}-V_{kn}} \tag{8}$$

然若替选方案之间存在某种程度之相关性时,直接套用上述公式将会造成偏差,一般常用的解决方式有二种,其一为市场分隔(Market Segmentation),主要将旅运者依照其社经特性分类为不同族群。

4 资料搜集与分析

本研究以双北地区的小客车载客服务消费者以及一般出租车驾驶为主要调查对象,样本来源主要系透过实地问卷调查获得相关属性资料。透过初步分析、交叉分析以了解旅运者之选择行为,并利用不同的情境建构叙述性偏好模式以探讨乘客对多元化出租车的偏好情形。

4.1 问卷设计与调查实施

4.1.1 调查时间

根据交通事务主管部门统计处“出租车营运状况调查报告”资料显示,截至 2015 年 12 月底,全台湾地区出租车数量计 86 979 辆,各县市中以台北市 28 857 辆最多,新北市 22 555 辆次之,二者合计占 59.1%。为提升出租车业者的服务质量及提供主管机关研订出租车管理措施之参考,本研究参考其调查结果,以台北市与新北市为主要调查范围,并对区域内之乘客以及驾驶进行访问调查作业。本研究除考量出租车营运之现况外亦参考出租车相关业者访谈结果、相关文献以及第一阶段问卷结果,设计二阶段问卷以了解民众使用小客车载客服务的偏好选择。第一阶段问卷之调查时间为 2017 年 1 月至 2 月完成调查;第二阶段问卷于 3 月中旬完成试调,并预计于 3 月至 5 月完成调查。

4.1.2 抽样及调查方法

本研究共设计二阶段问卷,各阶段之调查方式并不完全相同,兹将各阶段调查方法叙述如下:

(1) 第一阶段问卷调查内容

① 调查方式

为了解民众搭乘出租车之实际决策行为，本研究采聘请调查员进行现场辅助填写问卷方式，虽然该方式将花费较多的时间、人力、经费，然而却能搜集到最正确之使用者行为决策资料，并透过调查员之协助可避免受访者对问卷内容有认知上的差距。

② 抽样方法与调查样本

在样本数不变的情况下，样本异质性愈大，则代表性愈高，本研究以“简单随机抽样法”作为抽样方法，依据交通事务主管部门“民众日常使用运具状况调查”进行抽样，依据年龄层分配针对双北地区使用小客车载客服务之民众进行问卷调查，问卷共发放1000份，去除不合理者可得有效样本951份，有效率为95.1%。

(2) 第二阶段问卷调查内容

① 调查方式。

本阶段透过Google表单制作网络问卷与现场访问并行，其优点在于能节省较多人力与时间成本，并与大庆车队合作，赠与填答者乘车折价券以增加填答意愿；问卷所发放之机构与公司行号和第一阶段问卷相同；由于第二阶段问卷除现场发放外同时也利用网络问卷并行，考虑到网络使用者多为30岁以下之年轻族群。因此，实地发放以考虑中年族群优先。

② 抽样方法与调查样本。

由于第二阶段问卷为探索性意向叙述性偏好问卷，故在研究对象上需有条件限制，如下说明：

搭乘过出租车或Uber之乘客。

有能力搭乘出租车或Uber之乘客(需使用电子支付，无法使用电子支付之乘客不予考虑)。

抽样方法与第一阶段相同，以求样本之一致性，本阶段问卷共发放800份，有效样本数定义为完全填答个人基本资料与受访者该趟旅次目的旅次特性资料，故去除不合理或回答不完整之问卷共可得有效样本为664份，有效率为83%。

5 问卷分析与模式推估

5.1 问卷分析

出租车旅次目的与性别、年龄、教育程度、职业及所得具有显著性相关；Uber旅次目的除所得外，与性别、年龄、教育程度和职业都具有显著性相关(表1、表2)。因此，本研究将以旅次目的作为第二阶段问卷发展之基础，探讨各旅次目的所具有的旅次特性，进而针对各旅次目的设计情境。

表1 出租车旅次目的与社经特性因子关联性检定表

分析因子	数值	自由度	P值	检定结果
性别	28.445	3	0.000	有相关
年龄	77.214	15	0.000	有相关
教育程度	38.109	9	0.000	有相关
职业	57.243	21	0.000	有相关
所得	48.537	15	0.000	有相关

表2 Uber旅次目的与社经特性因子关联性检定表

分析因子	数值	自由度	P值	检定结果
性别	12.782	4	0.012	有相关
年龄	46.602	20	0.001	有相关
教育程度	112.246	12	0.000	有相关
职业	106.62	28	0.000	有相关
所得	16.89	20	0.66	无相关

本研究参考(张胜雄等，2015)之因子分析流程，利用相关的文献、个人因素和争议点设计问卷，让受访者填写，期能客观地在众多服务质量项目中选出重要的因子并将其排序，排序方式为勾选为“重要”之项目皆须列入排名，而其名次便等同于该项目之得分，最后将认为该项目“重要”之人数设为分母，分子则为名次加总，最后得到的分数越接近1者为越重要者，如式(9)所示。此一方式较为简便直观，所得之结果也能作为第二阶段问卷设计依据以及后续深度访谈之参考。

$$S=\frac{\sum_{i=1}^{n} r}{\sum i} \tag{9}$$

其中，s：评分，$s\approx1$ 表示越重要；i：勾选为重要者；n：勾选为重要者总数；r：勾选为重要者给定之名次。

受访者搭乘小客车载客服务时所重视之因素中，首先考虑“叫车方便性”因素，其次依序考虑“候车时间”“驾驶员服务态度”“车内舒适度”与“费用高低”等。显示近几年 Uber 来台所造成之影响完全体现于重视之服务质量上，除了原本一成不变的费用为排名第五外，叫车方方便性与驾驶员服务态度都高居前三名，如表 3 所示。

5.2　模式校估

构建双北地区民众使用小客车载客服务之选择行为，利用探索性意向分析设计叙述性偏好问卷，以期较符合真实情况。本研究使用 Limdep8.0 及 gretl 软件进行罗吉特模式参数之校估。兹将模式校估结果分述如下：

表 3　小客车载客服务服务质量得分排序表

评分	项目	评分	项目
4.120567	叫车方便性	7.168067	乘车前信息
4.554307	候车时间	7.189781	电子支付
4.650327	驾驶员服务态度良好	7.466321	优惠方案
5.702422	车内舒适度	7.471366	车辆外观
5.75641	费用高低	7.656	业者合法性与法律责任
5.979381	乘客安全与保险	8.044444	个资隐私
6.484979	司机之合法性与法律责任	8.240642	车行态度
6.64557	准点性	12.4	品牌车行形象良好

以第三章所述之方案建构多项罗吉特模式，其效用函数包括共生属属性变量(Generic Variable)、方案特定变量(Alternative Specific Variable)和方案特定常数(Alternative Specific Constants)，并以一般出租车方案作为比较基础。

本研究针对不同旅次目的下之不同偏好进行模式之校估，分别为通勤旅次、洽公出差旅次以及休闲活动旅次，校估结果如下：

5.2.1　通勤旅次离峰短程

模式显示在离峰短程的通勤旅次下，相较于一般出租车民众较愿意选择 Uber 方案，而由于费率相同，一般出租车方案与多元化出租车方案并无显著差异；年龄对于 Uber 方案成负值代表 40 岁以下之民众较愿意搭乘 Uber；教育程度对多元化出租车方案呈现正值代表大学专科以上之民众较愿意选乘多元化出租车；职业对于多元化出租车方案成正值说明非学生族群较偏好选择多元化出租车，原因可能在于费率相同却能享受较高的服务(表 4)。

表 4　通勤旅次离峰短程模式校估表

属性变量	参数校估值(t-值)	属性变量	参数校估值(t-值)
Uber(方案特定常数)	0.920(0.77)*	搭乘舒适性(多元化出租车)	2.8922(3.83)**
多元化出租车(方案特定常数)	−0.380(−1.331)	搭车方便(多元化出租车)	2.0547(3.17)*
费用(共生变量)	−0.6278(−3.28)**	费用高低(Uber)	2.0451(3.23)**
年龄(Uber)	−0.745(−2.457)**	LL(β)	−603.837
教育程度(多元化出租车)	−0.746(−3.86)*	$LL(0)$	−778.140
职业(多元化出租车)	0.834(1.97)*	ρ^2	0.2240
所得(多元化出租车)	1.309(1.881)**		

注：*表示显著水平 a 为 0.10，($|t|\leqslant1.28$)；**表示显著水平 a 为 0.05，($|t|\leqslant1.645$)

5.2.2　洽公/出差旅次尖峰短中程

模式显示在尖峰中短程的洽公/出差旅次下，一般出租车方案相较于多元化出租车方案以及 Uber 方案较受消费者喜爱；性别之参数值显示男性较可接受多元化出租车；年龄对于 Uber 方案成负值代表 40 岁以下之民众较愿意搭乘 Uber；职业对 Uber 和多元化出租车分别呈现负值与正值且都显著表示非学生偏好选择 Uber，而学生族群较偏好多元化出租车；所得对于多元化出租车方案呈现正值表示新台币 4 万元以上之族群倾向选择多元化出租车；在尖峰中短程的洽公/出差旅次选择 Uber 之消费者重视费用高低，Uber 在此情境中费用较高，而选择多元化出租车者重视搭乘方便性，业者可以在尖峰时段增设多元排班站。

5.2.3　休闲活动旅次尖峰短程

模式显示在尖峰短程的休闲活动旅次下，一般出租车方案相较于 Uber 较不受消费者喜好，而乘客对于一般出租车之偏好大于多元化出租车；年龄对于 Uber 方案成负值代表 40 岁以下之民众较愿意搭乘

Uber;职业对 Uber 呈现负值且显著表示学生偏好选择 Uber;所得对于多元化出租车呈正值且显著表示 4 万元以上之族群较偏好选择多元化出租车;在尖峰短程的休闲活动旅次选择多元化出租车者重视搭车方便及候车时间,业者可至各大商圈设置多元车排班站,选择 Uber 方案者较重视费用高低。

6 结论与建议

6.1 结论

(1) 出租车产业目前所遭遇之问题核心为法规过于老旧且驾驶素质参差不齐。因此,面对外来 Uber 之冲击显得不堪一击。于此,政府推行《多元化出租车》以其提振传统出租车产业之竞争力,并且将 Uber 之科技化留在台湾,以满足消费者心态。本研究首先利用卡方统计分析发现旅次目的与性别、年龄、教育程度、职业及个人每月平均所得有显著关系。因此,将旅次目的作为第二阶段问卷情境设计之基础,以进一步探讨各旅次目的下之旅次特性并结合二阶段问卷调查结果作为多元化出租车政策推动之参考。

(2) 本研究依不同的选择偏好分别探讨服务质量之重视程度排序,进一步利用探索性因素分析方法萃取出不同选择偏好之重要因素:服务质量重视程度依序为"叫车方便性""候车时间""驾驶员服务态度""车内舒适度"及"费用高低"。

(3) 第二阶段问卷系透过网络问卷及现场发放方式调查,去除不合理或回答不完整之问卷共得有效样本为 662 份。其调查结果显示各情境中,消费者较倾向于选择费用最低之方案

(4) 在各情境中我们发现,多元化出租车方案的选择几率都是最低的,除了在于其费率最高,还有该方案之其他诱因仍显不足。而在考虑因素部分,"驾驶服务态度""搭乘方便"以及"舒适性"为民众在选择多元化出租车时较重视之因素。因此,业者能提供服务较好之兼职司机,增设更多车款、多元排化排班站来吸引更多消费者,而费率也能提供业者及政府一项相当重要的参考依据。

6.2 未来研究建议

(1) 未来多元化出租车具一定规模时能考虑双北地区以外之研究范围,探讨其营运的效率与民众的选择行为以验证本模式的预测结果。

(2) 本研究仅考虑出租车与 Uber 之间乘客搭乘方式与方案选择之情形,如同专家所提及,未来可将租赁车产业纳入考量,进一步了解乘客选择情形。

(3) 目前多元化出租车之费率仍较固定,若将来开放费率后可考虑愿付价格之研究贡献。

参考文献

[1] Boyd Cohen,Jan Kietzmann. Ride On! Mobility Business Models for the Sharing Economy[J],. Organization & Environment,2014, 27(3): 279-296.

[2] Finley, K. Trust in the Sharing Economy: An Exploratory Study. University of Warwick,Centre for Cultural Policy Studies[C]. Coventry: University of Warwick. 2013.

[3] McFadden, D. Conditional Logit Analysis of Qualitative Choice Behavior , In Zaremmbka , P. (ed.) , Frontiers in Econometrics .[M] New York . Academic Press , 1973.

[4] Rifkin, J. The Zero Marginal Cost Society:The Internet of Things, the CollaborativeCommons, and the Eclipse of Capitalism[M]. New York: St. Martin's Press,2014

[5] Stephany, A. The Business of Sharing: Making it in the New Sharing Economy. London,United Kingdom: Palgrave Macmillan. 2015.

[6] 周贝宇.整合显示性偏好与叙述性偏好之城际旅运转乘接驳运具选择分析[D].台湾:逢甲大学,2012.

[7] 交通事务主管部门统计处,出租车营运状况调查报告,2016 年 10 月.

[8] 许惇子. Uber 与传统出租车服务平台之竞争模型[D].台湾:台湾大学,2014.

[9] 许书豪.共乘制度实施后的选择行为[D].台湾:逢甲大学,2012.

[10] 胡会荣.共享经济之商业平台模式研究-以 Uber 为例[D].北京:清华大学,2014.

[11] 张新立,叶祖宏.以陈述性偏好法探讨停车需求行为[J].运输计划, 1995,03,24(1):39-58.

出租车乘客招车方式选择意愿

Willingness of A Passenger's Choice of Operational Modes to Find A Taxi

葛晓婉　陆　键

摘　要:出租车是公共交通的重要组成部分,出租车运营模式影响出租车服务水平。招车方式主要分为路边扬招模式、停靠站模式和电招模式,我国城市出租车服务主要采用传统的路边扬招模式。近三年来,随着移动互联和在线支付技术发展,打车软件迅速发展,这种招车方式为居民出行带来便利,但因为可能引发社会资源的不公平分配而备受争议。基于个体调查对乘客招车方式进行分析,在上海市做了250份调查问卷,调查获取了乘客性别、年龄、月平均收入、职业、出行特征及招车方式等数据,利用主成分分析法对相关性高的自变量进行归类,得到经济因素、交通工具因素和出行因素三类主成分。对招车方式与主成分、独立变量做回归分析,发现上海市乘客招车方式影响因素为每周打车频率和出发地点。
关键词:出租车;招车方式;个体特征;主成分分析

Abstract: Taxis are an important part of public transportation, and taxis'operating modes influence the level of service. Operational modes consist of three different options, which are hailing, stand and dispatching. In China, we mainly adopt the traditional mode-hailing. However, over the past three years, with the rapid development of internet and paying technology, taxi apps run into a fashion. The apps brought convenience to passengers, but they also might cause an unfair distribution of social resources, which led to much controversy. The paper analyze passengers'choices of operational modes basing on the survey made in Anshan and Shanghai. There are total 400 questionnaires which got passengers'information like sex, age, income, occupation, travel characteristics, operational modes, etc. The paper use principal component analysis to classify variables which are highly correlated, and got three major parts named economic factor, transportation factor and travel factor. Make a regression analysis between influencing factors and the independent variable, finding that transportation factor influence passenger's choice of operational modes in Anshan, and weekly frequency, departing place influence passenger's choice of operational modes in Shanghai.
Keywords: taxi; operational modes; personal characteristics; principal component analysis

1　引言

随着人们对出租车需求的变化,出租车服务模式一直在不断转变。中国国内主要大城市早期出租车服务主要采用路边扬招模式。然而近年来,随着打车软件的兴起,路边扬招模式已失去了以往独占鳌头的地位,二者的竞争关系日益激烈。随着城市交通供需矛盾的逐步加剧,扬招服务模式引发了出租车空驶、道路资源无效占用、环境污染等问题,打车软件的应用一定程度上缓解了出租车空驶带来的问题;但另一方面,自打车软件兴起以来,也伴随产生了老年人群体无法适应招车方式的转变,以及小费收取问题引起的社会公共资源分配不公平现象。现行研究多从出租车运营角度出发,分析出租车服务模式转变的利弊,如Flores-Guri D的"An Economic Analysis of Regulated Taxicab Markets"[1]主要是以纽约市出租车市场的数据为依据,研究市场管制条件下出租车运营的特点,更侧重经济层面而非从乘客的角度出发;或是各类新闻媒体报道,从乘客角度出发,主要针对出租车运营模式转变做出反映民意的评论,但这类评论一般缺少数据支撑,无法证明招车方式的转变、打车软件的出现确实引发了社会不公。论文的研究意义有以下几点:从乘客意愿角度出发进行问卷设计与发放,用确实的统计数据说明出租车模式转变引发的问题;通过筛选、归类乘客招车方式的影响因素,分析各类影响因素对乘客招车方式选择起到的作用,并据此为政府引导转变出租车服务模式、引导不同乘客采用合理的招车方式做出建议。

作者简介:同济大学 交通运输工程学院。

2 招车方式特点及影响因素

2.1 招车方式特点

参考李兵的《基于 TFCD 的交通运行管理研究》[2]一文可知，出租车市场运行现阶段主要存在三种服务模式：路边扬招服务模式、停靠站模式和电招服务模式，而电招服务模式又可分为电话预约和打车软件两种类型。杨俊琴在《出租汽车运营模式转型发展研究》[3]中对几种招车方式的含义和特点做了如下总结。

路边扬招模式是指沿街招手即停使用出租车的方式，是车辆与乘客都不固定的一种模式。优点是方便、步行距离短，在出租车密度满足的情况下，是等待时间最短的方式；缺点是带来了较高的空驶率，造成各类资源的浪费，增加了对环境的负面影响。其较为适合于车辆密度较大、需求也较大的区域。潘国进在《出租车电招系统的优化与应用》[4]中也指出，路边扬招模式可能会产生出租车遇客随意停靠、增加道路车流、加重司机疲劳、加重城市空气污染以及道路行驶的安全性降低等问题。

电招模式，指的是通过电话、网络等叫车的一种方式，是一些发达国家城市市民乘坐出租车的主要方式。优点是车辆行驶的目的性较强，减少了无效的行驶距离和乘客在外等待的时间；缺点是要配置容量与需求相匹配的调度平台及相应的调度人员，需一定量的建设和运营费用，同时，需解决车辆在后台等待的停车空间。其较为适合于客流较为分散的区域。庄子骏在《无线电计程车智慧型派遣系统之研究》[5]一文中也提到，电招系统的实施可以很好地实现节能减排、降低城市交通拥堵、缓解司机疲劳等目的；电招服务实施后，更多乘客可以享受出租车的门到门服务，不再需要到路上去等车，既方便了乘客出行，又可避免在路上的危险。但是，目前依旧存在运作成本高，电招业务占总体业务比例较低等问题。

停靠站模式，是指乘客与车辆都进入候客站点内排队等候的运营方式。优点是通过固定站点实现了供给与需求的良好对接，减少了车辆和乘客盲目寻客和等车的时间；缺点是大部分商场、办公大楼、公共活动中心等公共建筑在规划建设时没有考虑停靠站的配置，使得停靠站的建设面临较大难度。其较为适合于客流较为集中的区域。国内目前只有机场等客流非常集中地区采取停靠站模式，国外则多采用扬招＋停靠站或电招＋停靠站模式，停靠站在平峰期间作为出租车的停靠集散港，客观上可以有效地减少出租车的无效空驶，既有利于减少出租车司机的空驶成本，又减少了城市道路的负荷。停靠站模式多为一种辅助模式。

2.2 招车方式影响因素

乘客的招车方式与乘客的出行行为有关。因此，需要先了解影响居民出行的因素。童晓君在《基于出租车 GPS 数据的居民出行行为分析》[6]中提到：影响居民出行行为的因素有很多，如交通政策、城市布局、距离等。居民出行行为的研究内容一般包括出行交通方式选择、出行距离、出行时间和出行目的地等。另外，乘客的招车方式与出租车的服务水平也有一定关系，由 Bruce Schallerr 在 *Elasticities for taxicab fares and service availability*[7]中提到的，出租车的费用与出租车服务水平有弹性关系可知，费用也是影响招车方式的一个因素。从 Josep Maria Salanova 的 *Aggregated Modeling of Urban Taxi Services*[8]一文中的“Variables Table”中可提取出几个影响出租车服务水平的因素，如乘客候车时间、出行距离、出租车占有率等。最后，从乘客意愿角度出发，筛选出与乘客意愿相关的因素，如：出行目的、出行频率、对出租车公司的偏好、性别、年龄、受教育程度、职业、月收入、所居住城市、能接受的候车时间、价格及电招成功率等。

3 影响因素分析基础

3.1 数据来源

针对乘客招车方式选择意愿进行问卷调查，旨在通过数据分析确定乘客自身特征和出行行为对招车方式的影响。

以居民出行影响因素和出租车服务水平评价标准为基础，结合上海市经济水平、区域划分等城市特征，参考李江敏《环城游憩体验价值与乘客满意度及行为意向的关系研究》[9]中的量表题项设计表格，作设计说明表。问卷格式参考张元榜《智慧型派遣计程车系统对乘客选择行为影响之研究》[10]中的问卷格式，调查方法参考赵鹏《SP 调查方法在交通预测中的应用》[11]一文，选择以 RP 调查为主、以 SP 调查为辅的调查方法。问卷调查采取线上、线下相结合的方式，问卷调查样本量为250份，其中线上调查回收问卷206份，有效问卷160份；线下调查90份，线下调查地点集中在人民广场、四平路校区、嘉定南翔等地点。在进行调查问卷的过程中发现50岁以上的群体包括一部分退休人员，出行次数较少，打车频率较低。因此，稍微降低了这部分人群的调查样本量，分配到其他年龄层次进行调查。

3.2　模型建立

主成分分析是采取一种数学降维的方法，找出几个综合变量来代替原来众多的变量，使这些综合变量能尽可能地代表原来变量的信息量，而且彼此之间互不相关。这种将把多个变量化为少数几个互相无关的综合变量的统计分析方法就叫做主成分分析或主分量分析。

对于一个样本资料，观测 p 个变量 $x, x_2, \cdots, x_p$，n 个样品的数据资料阵为：

$$X=\begin{pmatrix} x_{11} & \cdots & x_{1p} \\ \vdots & & \vdots \\ x_{n1} & \cdots & x_{np} \end{pmatrix}=(x_1, x_2, \cdots, x_n) \tag{1}$$

其中：$x_j=\begin{pmatrix} x_{1j} \\ \vdots \\ x_{nj} \end{pmatrix}$，$j=1,2,\cdots,p$

主成分分析就是将 p 个观测变量综合为 p 个新的变量(综合变量)，即

$$\begin{cases} F_1=a_{11}x_1+a_{12}x_2+\cdots+a_{1p}x_p \\ F_2=a_{21}x_1+a_{22}x_2+\cdots+a_{2p}x_p \\ \vdots \\ F_p=a_{p1}x_1+a_{p2}x_2+\cdots+a_{pp}x_p \end{cases} \tag{2}$$

$$F_j=a_{j1}x_1+a_{1j}x_2+\cdots+a_{jp}x_p$$

$$j=1,2,\cdots,p$$

要求模型满足以下条件：

① F_i, F_j 互不相关($i\neq j$，$i,j=1,2,\cdots,p$)

② F_1 的方差大于 F_2 的方差大于 F_3 的方差，以此类推。

③ $a_{k1}^2+a_{k2}^2+\cdots+a_{kp}^2=1 \quad k=1,2,\cdots,p$

于是，称 F_1 为第一主成分，F_2 为第二主成分，以此类推，有第 p 个主成分。主成分又叫主分量，这里 a_{ij} 称为主成分系数。

上述模型可用矩阵表示为：

$$\boldsymbol{F}=\boldsymbol{AX}$$

4　模型应用

4.1　单个因素对招车方式的影响

4.1.1　招车方式与年龄

交叉分析表明，随着年龄的增长，选择路边扬招模式的比例增高，选择打车软件的比例降低，这表明打车软件在社会资源的公平性方面有欠缺，年龄偏大的乘客无法适应智能化，或对新型招车方式不感兴趣，招车方式停留在传统层面，因而造就了这种不公平性(图1)。

4.1.2　招车方式与月平均收入

交叉分析表明，收入在平均水平或以下的乘客选择路边扬招模式比例高于收入在平均水平以上乘客，对于打车软件的选择比例则相反。这表明打车软件在社会资源的公平性方面有欠缺，低收入群体由于无法适应智能化而不选择打车软件(图2)。

4.1.3　招车方式与是否拥有私人小汽车

交叉分析表明，拥有私人小汽车的乘客选择打车软件的比例低，没有私人小汽车的乘客选择比例高，原因是拥有私人小汽车的乘客不选择出租车作通勤工具，选择出租车目的多为休闲娱乐，该情况下对出租车的准点率要求不高。因此，更能接受打车软件，且这种情况下打车软件的到门服务更能满足乘客的需求(图3)。

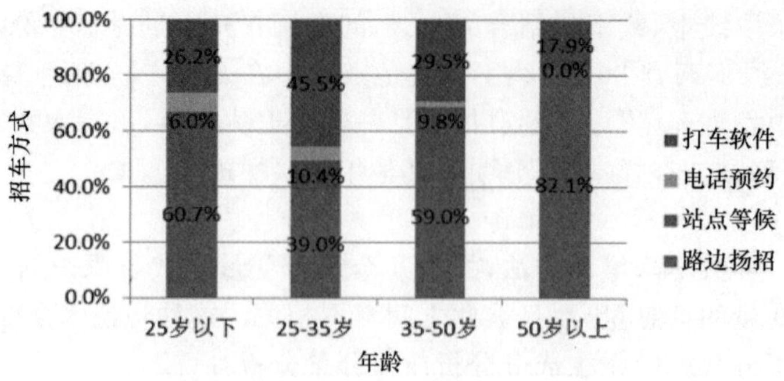

图 1　招车方式—年龄交叉分析图

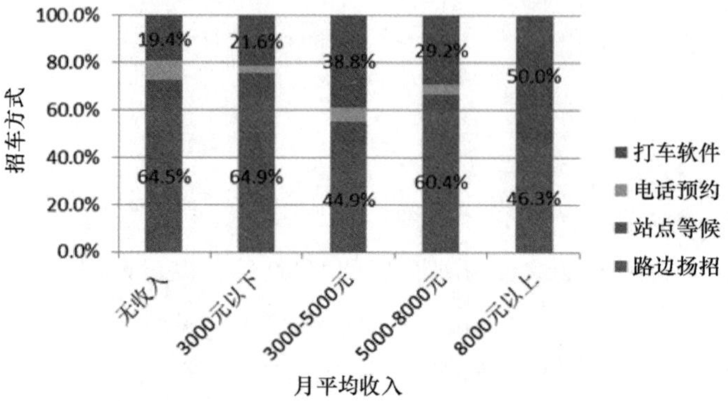

图 2　招车方式　月平均收入交叉分析图

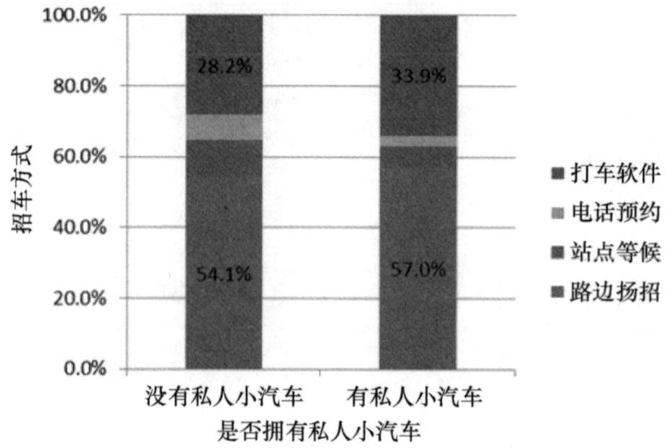

图 3　招车方式—是否拥有私人小汽车交叉分析图

4.1.4　招车方式与每周打车频率

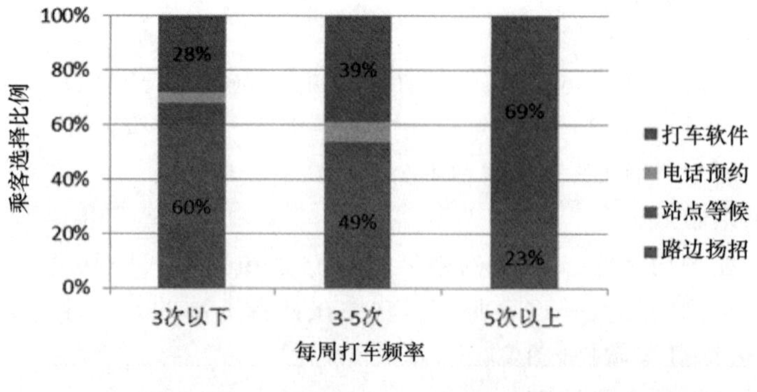

图 4　招车方式—每周打车频率交叉分析图

交叉分析表明，每周打车频率越高，选择打车软件的比例越高。原因是打车频率高的乘客多为计划性出行，选择打车软件比例高，而非计划性出行则路边扬招比例高(图 4)。

4.2　影响因素主成分分析

问卷题项包含 11 个影响因素，其中“您家庭拥有的交通工具”一题为多选题，将其选项化为四个影响因素，共得到 14 个影响因素，将这 14 个影响因素定义为自变量，招车方式定义为因变量。因变量与自变量均为离散变量，采用主成分分析法对相关性强的影响因素进行筛选与归类，拟合为虚拟变量，再通过回归分析独立变量与虚拟变量对因变量的影响。

首先，利用 spss 软件对 14 个自变量进行相关性检验，相关性较低的因素可视为独立变量，相关性较高的因素要用主因子分析法进行降维。通过 KMO 检验筛选出适合做因子分析的自变量，先对全部自变量做 KMO 检验，检验结果(表 1)。

表 1　　KMO 和 Bartlett 检验 1

取样足够度的 Kaiser-Meyer-Olkin 度量		0.607
Bartlett 的球形度检验	近似卡方	455.138
	df	91
	Sig	0.000

逐步筛掉相关性较低的变量，得到 KMO 统计量最大的方案，参与因子分析的变量为年龄、月平均收入、职业、是否拥有私人小汽车、周末出行时间和能够接受的候车时间，其 KMO 检验结果(表 2)。

表 2　　KMO 和 Bartlett 检验 2

取样足够度的 Kaiser-Meyer-Olkin 度量		0.689
Bartlett 的球形度检验	近似卡方	283.021
	df	15
	Sig	0.000

将年龄、月平均收入、职业、是否拥有私人小汽车、周末出行时间和能够接受的候车时间选定为主成分分析的变量，继续进行主成分分析得到解释总方差表和成分矩阵(表 3、表 4)。

表 3　　解释总方差

成份	初始特征值			提取平方和载入		
	合计	方差的%	累积%	合计	方差的%	累积%
1	2.307	38.455	38.455	2.307	38.455	38.455
2	1.103	18.390	56.846	1.103	18.390	56.846
3	1.031	17.178	74.024	1.031	17.178	74.024
4	.712	11.860	85.884			
5	.522	8.701	94.585			
6	.325	5.415	100.000			

提取方法：主分析。

表 4　　成分矩阵

主要成分 / 调查内容	成份		
	1	2	3
年龄	0.871	−0.137	0.106
月平均收入	0.762	−0.050	0.316
职业	0.787	−0.279	0.087
有私人小汽车	0.217	0.841	0.143
周末出行时间	0.463	0.521	−0.386
能接受的候车时间	−0.295	0.157	0.862

提取方法：主成分。

根据表 3，成分 1 解释的总方差比例最大，为第一主成分；成分 2 解释的总方差比例次之，为第二主成分；成分 3 解释的总方差比例最小，为第三主成分。

根据表 4 成分矩阵，年龄、月平均收入、职业三个变量在第一主成分上有较高载荷，说明第一主成分基本反映了乘客这三个指标的信息，将这一成分定义为经济因素；是否有私人小汽车、周末出行时间两个变量在第二主成分上有较高载荷，将这一成分定义为交通工具因素；能接受的候车时间在第三主成分上有较高载荷，将这一成分定义为出行因素。

用表4成分矩阵中的数据除以主成分相对应的特征值开平方根，得到三个主成分中每个指标所对应的系数，计算结果如表5所示。

表5 主成分指标系数

	成份		
	1	2	3
年龄	0.573	−0.090	0.070
月平均收入	0.726	−0.048	0.301
职业	0.775	−0.275	0.086
有私人小汽车	0.257	0.997	0.169
周末出行时间	0.641	0.721	−0.534
能接受的候车时间	−0.517	0.275	1.512

根据表4-11系数矩阵得出三个主成分的表达式为：

$F1=0.573\times D1+0.726\times D2+0.775\times D3+0.257\times D4-0.641\times D5-0.517\times D6$

$F2=-0.090\times D1-0.048\times D2-0.275\times D3+0.997\times D4+0.721\times D5+0.275\times D6$

$F3=0.070\times D1+0.301\times D2+0.086\times D3+0.169\times D4-0.534\times D5+1.512\times D6$

其中，$F1$表示经济因素，$F2$表示交通工具因素，$F3$表示出行因素，$D1$表示年龄，$D2$表示月平均收入，$D3$表示职业，$D4$表示是否有私人小汽车，$D5$周末出行时间，$D6$表示能接受的候车时间。

利用上述三个公式将原始变量数据转换为三类虚拟变量，再分别对招车方式与三类虚拟变量及其他独立变量做回归分析，得到每周打车频率显著性水平为$0.001<0.05$，出发地点显著性水平为$0.003<0.05$，表明每周打车频率、出发地点为影响乘客招车方式的主要因素。

5 结语

本文通过对上海市乘客招车方式选择意愿进行RP调查，利用excel和spss软件对问卷数据进行统计分析，总结出可能影响乘客招车方式的因素有三大类，分别是经济因素、交通工具因素和出行因素。经济因素包括年龄、月平均收入和职业；交通工具因素包括是否拥有私人小汽车和周末出行时间；出行因素是能接受的候车时间。影响乘客招车方式的主要因素为每周打车频率和出发地点。

参考文献

[1] Flores-Guri D. An Economic Analysis of Regulated Taxicab Markets[J]. Review of Industrial Organization. 2003: 255-266.

[2] 李兵. 基于TFCD的交通运行管理研究[D]. 上海:同济大学,2009.

[3] 杨俊琴,闫亚文. 出租汽车运营模式转型发展研究[J]. 城市公用事业,2013,01:7-8.

[4] 潘国进,马骏. 出租车电招系统的优化与应用[J]. 中国交通信息化,2011,01:124-126.

[5] 庄子骏. 无线电计程车智慧型派遣系统之研究[D]. 中华大学,2005.

[6] 童晓君. 基于出租车GPS数据的居民出行行为分析[D]. 中南大学,2012.

[7] Bruce Schaller. Elasticities for taxicab fares and service availability[J]. Transportation. 1999(26): 283-297.

[8] Josep Maria Salanova, Miquel Estrada Romeu, Carles Amat. Aggregated Modeling of Urban Taxi Services[J]. Procedia-Social and Behavioral Sciences. 2014(160):354.

[9] 李江敏. 环城游憩体验价值与乘客满意度及行为意向的关系研究[D]. 中国地质大学,2011.

[10] 张元榜. 智慧型派遣计程车系统对乘客选择行为影响之研究[D]. 淡江大学, 2003:138-140.

[11] 赵鹏,藤原章正,杉惠赖宁. SP调查方法在交通预测中的应用[J]. 北方交通大学学报,2000,24(6):1-2.

附录

会议概要

时　　间：2017 年 7 月 21—24 日

地　　点：上海·同济大学

指导单位：中国科学技术协会

主办单位：上海市科学技术协会
台北市交通安全促进会

承办单位：上海市交通工程学会
同济大学
上海市国际科技交流中心

协办单位：上海市城市规划设计研究院
上海市城乡建设和交通发展研究院
上海海事大学
上海市交通港航发展研究中心
上海市城市建设设计研究总院(集团)有限公司
南京市城市与交通规划设计研究院有限公司
广州市交通规划研究院
武汉市交通发展战略研究院

主　　题：四分之一世纪的城市交通发展与未来挑战

子　　题：1. 城市群(圈、带)综合交通规划设计
2. 供给侧改革与城市交通结构优化
3. 交通在城市更新再造中的重塑作用
4. 交通设计与交通安全
5. 城市公共交通一体化建设
6. 智能交通与智慧城市建设
7. 城市地下交通空间开发
8. 绿色生态交通发展
9. 陆岛交通解决方案
10. 其他

大会主席

陆　檩　上海市科学技术协会副主席
孙以濬　台北市交通安全促进会理事长

组织委员会

主　　任：

许培星　上海市交通工程学会理事长

林志盈　台北市交通安全促进会常务理事

副主任：

冯日光　广东省科学技术协会副主席

朱惠君　上海市交通工程学会秘书长

黄台生　台湾交通大学运输与物流管理学系教授

邱显明　淡江大学运输管理学系教授

委　员(以姓氏笔画为序)：

李俊贤　台湾鼎汉国际顾问股份有限公司董事长

毕湘利　上海申通地铁集团公司副总裁

陈学台　台北市交通安全促进会理事

张本涌　武汉市交通发展战略研究院院长

张堂贤　台湾大学土木工程学系教授

杨毅国　上海市科学技术协会交流部部长

逄本华　山东省青岛市科学技术协会对台交流办公室主任

钟鸣时　台北市交通安全促进会常务理事

施　勇　上海市交通港航发展研究中心主任

涂辉招　同济大学交通运输工程学院教授

景国胜　广州市交通规划研究院院长

韩　皓　上海海事大学交通运输学院教授

学术委员会

主　任：

方守恩　同济大学校务委员会主任

罗孝贤　淡江大学总务长

副主任：

陆　键　同济大学交通运输工程学院教授

黄合来　中南大学交通运输工程学院副院长、教授
　　　　湖南省交通工程学会副理事长

吴健生　中央大学土木工程系教授

赖勇成　台湾大学土木工程系教授

委　　员(以姓氏笔画为序)：

马　清　青岛市城市规划设计研究院副院长

刘士仙　淡江大学运输管理学系教授

陈小鸿　同济大学磁悬浮技术研究中心主任、教授

沈国红　上海市城市建设设计研究总院(集团)有限公司常务副院长

李祚达　天津市城乡建设委员会原软科学研究发展中心主任、
　　　　高级工程师、享国务院特殊津贴专家
杨　涛　南京市城市与交通规划设计研究院有限责任公司董事长
林丽玉　台北市交通安全促进会交流委员
范俊海　淡江大学运输管理学系教授
高　岳　上海市城市规划设计研究院副院长
陶治中　淡江大学运输管理学系教授
焦国安　台湾智慧城市股份有限公司董事长
薛美根　上海市城乡建设和交通发展研究院副院长

海峡两岸都市交通学术研讨会 历届基本情况汇总表

1993年,上海市科学技术协会与台北市交通安全促进会、上海市交通工程学会在上海共同发起、创办了首届海峡两岸都市交通学术研讨会。时任海协会会长汪道涵、上海市副市长夏克强出席会议并讲话。

迄今,研讨会已按两届大陆、一届台湾召开的模式,先后在上海、台北、武汉、天津、台中、重庆、西安、台南、呼和浩特、昆明、高雄、哈尔滨、合肥、新竹、福州、南京、嘉义县、沈阳、贵阳、桃园县、成都、杭州、新北、青岛等城市成功举办了25届,成为中国科协和上海市科协对台交流的重点项目。来大陆参加会议的台湾专家从最初的近20人,发展到最多时的近百人;赴台参加交流的大陆专家从最初的10人,发展到最多时的73人。

创办以来,两岸专家通过学术交流,拓宽思路,互鉴经验,为改善都市交通提出了许多建设性建议和理论依据,并对研讨会举办城市的交通改善和经济社会发展起到了促进作用。

现将首届至第25届海峡两岸都市交通学术研讨会的基本情况汇总如下:

届别	举办时间	举办地点	主办单位	承办/协办单位	主题	子题
第1届	1993年4月4—6日	上海科学会堂	上海市科学技术协会	承办:上海市交通工程学会,台北市交通安全促进会 协办:上海市航海学会、上海市铁道学会、上海市公路学会、上海市航空学会、刘湖涵教育基金会、上海燎原灯具厂	都市现代化过程中所面临的交通问题及其对策	1.都市交通发展战略; 2.都市规模与大容量快速轨道交通; 3.都市交通与土地使用规划; 4.都市交通与道路系统建设; 5.城市间交通(陆海空)与都市发展; 6.都市公共客运交通的规划与管理; 7.都市货运交通的规划与管理; 8.都市停车设施的规划与管理; 9.都市交通的管理; 10.大型道路工程施工期间的交通对策
第2届	1994年11月28—29日	台北市	台北市交通安全促进会	上海市科学技术协会	现代化之交通建设与都市发展	1.捷运系统与公车系统之整合; 2.私人运具成长之控制管理; 3.快速道路系统之规划与发展; 4.都市交通管理之新技术; 5.都市更新与交通发展; 6.陆上城际运输之规划与发展
第3届	1995年9月1—3日	湖北省武汉市	武汉市科学技术协会、上海市科学技术协会、台北市交通安全促进会	武汉市交通工程学会	21世纪城市交通	
第4届	1996年8月28—31日	天津市	天津市科学技术协会、上海市科学技术协会、台北市交通安全促进会	天津市交通工程学会	都市交通综合发展与对策	
第5届	1997年12月29—30日	台中市逢甲大学	台北市交通安全促进会、逢甲大学交通工程与管理学系	上海市科学技术协会、财团法人台北市交通文教基金会、交通大学交通运输研究所、淡江大学交通管理学系	城市建设与都市交通之展望	1.都市交通问题与对策; 2.先进交通系统之发展; 3.都市大众运输系统问题与对策; 4.城际交通运输系统问题与对策; 5.城市建设与都市交通之关连

续表

届别	举办时间	举办地点	主办单位	承办/协办单位	主题	子题
第6届	1998年	重庆市	重庆市科学技术协会、上海市科学技术协会、台北市交通安全促进会		都市交通运输—新世纪的挑战与对策	
第7届	1999年8月	陕西省西安市	陕西省科学技术协会、上海市科学技术协会、台北市交通安全促进会		二十一世纪都市交通运输系统的可持续发展	
第8届	2000年9月24日—10月4日	台南市成功大学	台北市交通安全促进会、成功大学交通管理科学系	上海市科学技术协会、财团法人台北市交通文教基金会、长荣管理学院航运管理系	开创两岸智慧化都市运输之新纪元	1. 都市智慧型运输系统； 2. 都市与城际运输网络； 3. 都市计划与运输规划； 4. 都市运输政策与经济； 5. 都市运输经营与管理； 6. 都市运输工程与设计； 7. 都市交通管理与控制； 8. 都市运输科技与新知； 9. 都市运输安全与执法； 10. 都市运输资讯之使用
第9届	2001年8月21—24日	内蒙古自治区呼和浩特市	上海市科学技术协会、内蒙古自治区科学技术协会、台北市交通安全促进会		交通的明天	
第10届	2002年	云南省昆明市	昆明市科学技术协会、上海市科学技术协会、台北市交通安全促进会		城市交通现代化与经济发展	
第11届	2003年12月12—22日	高雄市中山大学国际会议厅	台北市交通安全促进会、中山大学公共事务管理研究所	上海市科学技术协会、台北市交通文教基金会、高雄21世纪都市发展协会、高雄都会发展文教基金会	都市交通之挑战与实践	1. 交通建设与产业社会经济发展； 2. 大众运输导向之都市发展策略； 3. 城市交通与旅游经济； 4. 因应加入WTO之运输系统调整； 5. 海、空港及铁、公路运输与都市交通界面整合； 6. 都市交通规划与政策； 7. 道路交通安全设计与管理； 8. 大型建筑之交通影响与减轻对策； 9. 绿色交通与环保
第12届	2004年8月17—21日	黑龙江省哈尔滨市友谊宫	哈尔滨市科学技术协会、上海市科学技术协会、台北市交通安全促进会	哈尔滨市交通工程学会	城市交通可持续发展与绿色交通	1. 绿色交通理论探讨； 2. 城市可持续发展和未来城市交通预测； 3. 清洁环保车辆的开发和使用； 4. 汽车排放和噪声污染防治技术； 5. 公共交通优先发展战略； 6. 交通规划与绿色交通； 7. 路桥工程与绿色交通； 8. 交通管理现代化与绿色交通； 9. 交通资源的合理利用及交通方案的技术经济评价； 10. 交通方式的优化； 11. 寒地交通与绿色交通； 12. 其他

续表

届别	举办时间	举办地点	主办单位	承办/协办单位	主题	子题
第13届	2005年8月19—23日	安徽省合肥市稻香楼宾馆	安徽省科学技术协会、上海市科学技术协会、台北市交通安全促进会	安徽省公路学会	都市区及区域交通现代化	1. 都市区及区域交通规划理论探讨； 2. 中心城市、都市圈、卫星城镇的交通研究； 3. 生态交通与旅游交通实践与展望； 4. 数字交通(数位交通)与交通信息(资讯)化； 5. 现代物流理论与实践； 6. 山区高速公路设计、建筑技术； 7. 交通安全与事故预防； 8. 高速铁路之发展； 9. 其他
第14届	2006年11月25—26日	台湾新竹中华大学国际会议厅	台北市交通安全促进会、上海市科学技术协会、中华大学、新竹市政府	台湾交通大学交通运输研究所、台湾交通大学运输科技与管理学系、新竹县政府	科技文化生态都市交通新纪元	1. 都市交通规划与实践； 2. 生态文化旅游与交通 ； 3. 都市大众运输； 4. 轨道运输与管理； 5. 都市交通工程与管理； 6. 交通安全与危险物品运输； 7. 高速公路管理与技术； 8. 智能化运输系统信息与物流
第15届	2007年8月25—27日	福建省福州市	福建省科学技术协会、上海市科学技术协会、台北市交通安全促进会	福建农林大学、福建交通职业技术学院、福州市规划设计研究院、福建省科协闽台科技交流中心	城乡综合交通一体化	1. 城乡综合交通一体化理论探讨； 2. 城乡客运一体化管理体制； 3. 城乡一体化交通政策与社会发展； 4. 城乡综合交通规划一体化； 5. 城乡综合交通信息一体化； 6. 公共交通导向型的城乡土地开发； 7. 绿色交通体系； 8. 智能交通管理； 9. 物流规划与管理； 10. 旧城交通改善对策研究
第16届	2008年9月18—20日	江苏省南京市国际会议大酒店	江苏省科学技术协会、上海市科学技术协会、台北市交通安全促进会	江苏省交通运输协会、南京市交通局、南京市交通运输协会	和谐交通——都市交通发展新战略、新任务	1. 和谐交通体系构建：理念、规划与策略； 2. 区域与都市交通体系一体化模式：体制及规划； 3. 土地开发与交通互动发展政策、机制与技术； 4. 小汽车高增长背景下的交通拥堵治理策略及技术； 5. 都市公交与城市空间布局规划； 6. 发达城市间区域与大都市的铁路(轨道交通)运输发展； 7. 经济全球化与区域一体化背景下的港口、水运发展； 8. 城郊与城市交通和谐发展； 9. 都市交通发展新技术、新方法、新模型； 10. 防灾减灾交通应急预案与实施
第17届	2009年8月24日—9月3日	台湾嘉义市	台北市交通安全促进会、上海市科学技术协会、嘉义大学		文化与生态之交通运输	1. 文化与生态之交通发展； 2. 休闲旅游交通； 3. 人文运输服务； 4. 智慧运输管理； 5. 物流体系建立； 6. 大众运输与运输补贴； 7. 运输安全之提升； 8. 防灾与应变之交通系统； 9. 新技术、新方法与新模式； 10. 其他

续表

届别	举办时间	举办地点	主办单位	承办/协办单位	主题	子题
第18届	2010年7月4—5日	辽宁省沈阳市	上海市科学技术协会、辽宁省科学技术协会、台北市交通安全促进会	沈阳市科学技术协会、沈阳市交通局、沈阳市交通学会	区域经济发展与交通运输	1. 沈阳经济区一体化交通发展战略、规划与实施； 2. 城际连接带、新城、新市镇交通规划与发展； 3. 铁路、航空、轨道交通与常规公交协调发展、管理运营与衔接策略； 4. 城市交通组织策略及解决拥堵对策优化方案； 5. 重大活动期间的交通保障策略与实施； 6. 土地利用与城市交通规划、管理的协调发展； 7. 区域物流规划与管理； 8. 多元化交通体系； 9. 交通安全、应急、节能、环保、生态和文化； 10. 城市交通的新技术应用； 11. 交通投融资效率与可持续发展； 12. 其他涉及区域和城市交通的相关问题研究
第19届	2011年8月12—14日	贵州省贵阳市	贵州省科学技术协会、上海市科学技术协会、台北市交通安全促进会	贵州省公路学会、上海市交通工程学会、贵阳市人民政府驻京联络处、天津市科学技术协会、安徽省科学技术协会、江西省科学技术协会、贵阳市公安局交警支队、贵阳市公共交通(集团)有限公司、四川省科学技术协会	构建生态人文交通促进经济跨越发展	1. 生态人文交通与城镇化建设； 2. 生态文明交通与城市经济建设； 3. 都市经济圈与交通运输体系的构建； 4. 道路建设与生态文明； 5. 现代化大都市交通的科学管理； 6. 低碳交通与城市环境； 7. 旅游交通； 8. 交通安全管理； 9. 城市交通建设与规划； 10. 应急交通体系建设； 11. 其他
第20届	2012年7月20—22日	台湾桃园开南大学	台北市交通安全促进会、上海市科学技术协会、桃园县政府、开南大学	中华航空股份有限公司、台湾高速铁路股份有限公司、中兴工程顾问有限公司、台湾世曦工程顾问股份有限公司、上海市交通工程学会、天津市科协、四川省科协、浙江省科协、贵州省科协、辽宁省科协、湖北省科协	交通枢纽与城市发展	1. 机场城市之产业发展； 2. 产业、城市规划与运输系统发展之互动； 3. 休闲游憩与旅游交通之发展； 4. 交通信息与智能运输系统之发展； 5.. 物流现代化及展望； 6. 交通安全与管理； 7. 人本交通与环境改善； 8. 公共运输之发展； 9. 轨道运输之发展与财务筹措； 10. 其他
第21届	2013年8月16—18日	四川省成都市西南交通大学九里堤校区	四川省科学技术协会、上海市科学技术协会、台北市交通安全促进会	西南交通大学交通运输与物流学院，综合交通运输智能化国家地方联合工程实验室	构建科学都市公共交通　促进社会经济和谐发展	1. 城市公共交通与城市经济建设； 2. 都市经济圈与交通运输体系的构建； 3. 生态人文交通与城镇化建设； 4. 现代化大都市公共交通的科学管理； 5. 城市智能交通建设； 6. 城市旅游交通； 7. 交通安全管理； 8. 城市公共交通规划、公共交通线路网格化； 9. 解决城市公共交通拥堵的对策； 10. 都市突发事件、灾害性天气等对公共交通的影响及对策； 11. 新能源和环保型公交车辆的研发与推广使用； 12. 其他

续表

届别	举办时间	举办地点	主办单位	承办/协办单位	主题	子题
第22届	2014年6月28—29日	浙江省杭州市	浙江省科学技术协会、上海市科学技术协会、台北市交通安全促进会	承办：浙江省台港澳民间科技交流中心 协办：上海市交通工程学会等	创建宜行宜游低碳绿色的都市交通	1. 基于可持续交通模式的交通政策与发展战略； 2. 城市公共交通规划、建设与评价； 3. 慢行交通系统构建与优化； 4. "反恐"背景下城市公共交通安全预防与应对； 5. 交通安全教育与管理； 6. 城市交通智能诱导、工程建设与多元分布； 7. 新能源和环保型车辆的推广使用； 8. 交通需求管理与排堵保畅； 9. 都市旅游交通； 10. 其他
第23届	2015年8月2—8日	台湾新北市淡江大学	台北市交通安全促进会、上海市科学技术协会、新北市政府、淡江大学	协办：大都会汽车客运股份有限公司、中兴工程顾问有限公司、台湾世曦工程顾问股份有限公司、台湾高速铁路股份有限公司、首都客运股份有限公司、国光汽车客运股份有限公司、悠游卡股份有限公司、青岛市科学技术协会、上海市交通工程学会	基于美好生活的交通综合治理	1. 宜居小区的交通管理； 2. 末端里程的公共自行车； 3. 绿能运具与电动二轮车的发展方向； 4. 老龄化社会的交通改造； 5. 儿童通学的安全保障； 6. 都市商旅休闲与步行区规划； 7. 多元运输下的都市转运系统规划； 8. 大数据与交通管理改革的链接； 9. 区域交通功能与城市土地价值的同步提升； 10. 其他
第24届	2016年9月1—2日	山东省青岛市黄海饭店	山东省科学技术协会、上海市科学技术协会、台北市交通安全促进会	承办单位：青岛市科协、上海市交通工程学会、山东科技大学、青岛市城市规划设计研究院、青岛市市南区科学技术协会	以人为本的交通运输	1. 交通与土地利用的协调； 2. 城市群背景下的区域交通系统构建； 3. 绿色出行与绿能运具； 4. 城市公共交通优先发展与转型； 5. 老城区交通整治； 6. 大数据及新技术在交通运输中的应用； 7. 交通管控信息化建设； 8. 停车问题综合治理； 9. 地下空间开发利用； 10. 交通投融资体制机制创新； 11. 交通运输相关课题探讨
第25届	2017年7月21—24日	上海市同济大学	上海市科学技术协会、台北市交通安全促进会	承办单位：上海市交通工程学会、同济大学、上海市科普教育展示技术中心(上海市国际科技交流中心)	四分之一世纪的城市交通发展与未来挑战	1. 城市群(圈、带)综合交通规划设计； 2. 供给侧改革与城市交通结构优化； 3. 交通在城市更新再造中的重塑作用； 4. 交通设计与交通安全； 5. 城市公共交通一体化建设； 6. 智能交通与智慧城市建设； 7. 城市地下交通空间开发； 8. 绿色生态交通发展； 9. 陆岛交通解决方案； 10. 其他